HISTOIRE

DE LA VILLE ET DE TOUT LE DIOCÈSE

DE PARIS

HISTOIRE
DE LA VILLE ET DE TOUT LE DIOCÈSE
DE PARIS

PAR

L'Abbé LEBEUF
DE L'ACADÉMIE DES INSCRIPTIONS ET BELLES-LETTRES

TABLE ANALYTIQUE

PAR

Adrien AUGIER	Fernand BOURNON
Juge au Tribunal de Coulommiers	Archiviste-Paléographe

PARIS
LIBRAIRIE FÉCHOZ ET Cie
RUE DES SAINTS-PÈRES, 5

—

1893

TABLE ANALYTIQUE

A..., abbé de Saint-Victor. Voy. Ascelin.

AALEZ, forme du nom Adélaïde, I, 343.

AALEZ (terre), près Paris. Donnée par Louis-le-Gros à l'abbaye de St-Victor ; comprise dans les fortifications de la ville, I, 342-3.

AALIPS, veuve de Gazon de Combs. Fait hommage à l'év. de Paris (1270), V, 178. [La même sans doute qu'Aliz du Plessis.]

AALIPS. Voy. Alips, Alix.

AALIS (nemus). Voy. Laix (bois).

AALIS, femme de Clément de Créteil (XIIIe s.), V, 17.

AALIS, femme d'Arnoul Maloël. Bienfaitrice du prieuré de Longpont (XIIe s.), III, 479.

AANOR, femme de Robert [III] de Dreux (1215), V, 39.

AANOR, nom de femme. Etymol. du nom de lieu la Norville, IV, 230.

AARON, représenté au soubassement d'une statue du parvis Notre-Dame, I, 8 ; — à Notre-Dame-des-Champs, I, 147.

ABAILARD. Sa polémique avec Gautier, prieur de Saint-Victor de Paris, I, 340. — Ses écoles au prieuré de Deuil, 602 ; — à Corbeil, IV, 309.

Abbatia, désignant une église séculière, I, 32, 122-3, 294.

Abbatiola, s'est dit d'une communauté de prêtres, III, 132.

Abbatissæ Curtis, latinisation inexacte du nom de lieu Bessancourt, II, 72.

ABBAYE (Jean de l'), *de Abbatia*. Vend ses vignes de Marly à l'abbaye de Ste-Geneviève (1250), III, 125.

ABBAYE-AUX-BOIS (l'), [Oise, arr. de Compiègne, canton de Guiscard, comm. d'Ognolles]. Confondue avec l'abbaye du Val de Grâce, III, 216.
— Transférée à Paris. Voy. Paris.

ABBÉ, emploi de ce titre pour les églises séculières, I, 132, 189, 230 ;
— des Béjaunes, I, 153-4.

ABBECOURT [Seine-et-Oise, ham. d'Orgeval]. Abbaye : acte la concernant (1244), V, 40 ; — abbé. Voy. Raimbert.

ABBEVILLE, *Abbatis villa*, fief situé sur la paroisse d'Herblay. Ses possesseurs, II, 86.

ABBEVILLE [Somme]. Ses marchands au Landit de St-Denis, I, 548.
— Collégiale de St-Wulfran ; ordonn. du roi Jean datée de ce lieu (1350), IV, 152 ; — reliques de St Willebrord, V, 370 ; — chanoines. Voy. Hecquet, Prevost (le). — Prieuré de Saint-Pierre ; prieur. Voy. Poille (Guillaume). — (histoire d') par Ignace de Jésus-Maria, citée, I, 614.

ABBON, abbé de St-Benoît-sur-Loire. Assiste au Concile de Saint-Denis (Xe s.), I, 509.

ABBON, év. de Soissons. Reconstruit le monastère de St-Maur-des-Fossés (Xe s.), II, 427. — Aurait donné à cette maison une relique de Ste Macre, 435.

ABBON, vassal du comte de Paris, Adalard. Bienfaiteur de la chapelle

St-Pierre (St-Merry) de Paris (Xe s.), I, 160 ; IV, 117.

ABELLY (Antoine), abbé de Livry, confesseur de Catherine de Médicis (XVIe s.). Ses œuvres, II, 597.

ABLON, *Ablun, Ablunum*, éc. de la paroisse d'Athis [Seine-et-Oise, arr. de Corbeil, comm. du cant. de Longjumeau]. *Notice*, IV, 423-6.
— Lieu de réunion des protestants, II, 376. — Tombe revenant de Vigneux, signalée dans ce lieu, V, 53.
— (collège d') à Paris. Voy. Paris.
— (Agnès, dame d') en 1258, IV, 424.
— (Herbert d'). Donne au prieuré de Longpont des biens à Juvisy, IV, 412. — Sa femme, Hodearde.

Ablun, Ablunum (XIIe s.). Voy. Ablon.

ABOILANT (Jehan), habitant de Montlhéry (XVe s.), IV, 113.

ABREUVOIR (ruelle de l') à Charenton, II, 376.

ABSALON, abbé de Saint-Victor de Paris, I, 340. — Reçoit de l'év. de Paris le pouvoir de révoquer certains curés (1202), II, 177 ; III, 379-380 ; IV, 415-6.

ABSTINENCE sévère d'un évêque de Meaux, I, 337.

Abtoulium (XIIe s.) : Auteuil, I, 385.

ACADÉMIE FRANÇAISE. Décerne un prix à L. Savary en 1679, II, 447.
— Membres. Voy. Benserade, Boze (de), Chapelain, Roy (Marin le), Patru (Olivier), Perrault.

ACADÉMIE DES INSCRIPTIONS. Examine en 1751 une tête antique trouvée à Paris, I, 69-70. — Tient des séances à Meudon vers l'année 1683, III, 236. — Ses membres reçus à Sceaux par Colbert, 549. — Secrétaire perpétuel. Voy. Bougainville (de). — Membres. Voy. Boivin, Boze (de), Galland, Lancelot (Antoine), Vaillant ; — membre honoraire. Voy. Surbeck (Eugène de).

ACADÉMIE DES SCIENCES. Fait poser à Montmartre un obélisque indiquant le méridien de Paris, I, 455. — Est chargée d'étudier la qualité des eaux de l'aqueduc de Rocquencourt, III, 159. — Fait graver en 1674 la carte des environs de Paris, IV, 522-523 ; — rectifications à cette carte, II, 227, 246 ; IV, 364, 523. — Membres. Voy. Couplet, Duclos, Du Hamel, Fontenelle (de), Hire (de la), Malézieu (de), Perrault.

ACARIE, maître des Comptes. Seigneur de Champlatreux (XVIe s.), II, 220. — Sa femme, Barbe Avrillot.

ACARIE (Marguerite), fille du précédent. Carmélite de Pontoise (XVIIe s.), II, 220.

Acha (fief de). Ses possesseurs au XIIIe s., II, 578.

Achis (chap. N.-D. de). Voy. Arches.

ACHARD, abbé de Saint-Victor de Paris, puis év. d'Avranches (XIIe s.). Ses sermons, I, 340. — Acte relatif à Saint-Brice, II, 162 ; — à Villiers-le-Bel, 176.

ACHEREL, lieu-dit de la paroisse de Saint-Cloud (XIIIe s.), III, 37 (note).

ACHIROPÉE (N.-D. de l'), église de Constantinople. Voy. ce mot.

ACHERY (Dom Luc d'). Son *Spicilège* rectifié, II, 590.

ACHON, religieux de St-Victor, puis abbé de Livry (XIIIe s.), II, 595.

ACQS. Voy. Dax.

ACQUIERT (Jean), bienfaiteur de St-Antoine de Paris (1285), V, 48.

ACRE (Jean d'). Voy. Brienne (Jean de).

Acrifolium ou *Aquifolium*. Voy. Houx.

ACROCHART (Eudes d'Eaubonne dit), I, 641.

ACROCHART (Guillaume). Sa censive à Garges (1241), II, 255.

ACTAINVILLE-EN-DUNOIS [?], seigneurie cédée par Christophe d'Aligre à Jean Hennequin (1529), II, 370.

Acum, acus. Signification erronée attribuée à ces désinences de noms de lieu, II, 618.

ACYS (Gilles d'), chevalier. Son fief à Gentilly (XIIIe s.), IV, 6, 9, 11.

ADAINVILLE [Seine-et-Oise, arr. de Mantes, cant. de Houdan]. Déprédations commises par les seigneurs de ce lieu au XIIe s., III, 288. Voy. *Villa Aten*.

ADALEIDE, femme de Manasse. Donne au prieuré de Longpont une vigne à Sceaux (XIIe s.), III, 545.

ADALARD, comte de Paris. Bienfaiteur de la chapelle St-Pierre (St-Merry) de Paris (Xe s.), I, 160 ; IV, 117.

ADALGUDE, femme de Garnon. Fonde avec lui le couvent de Limoux en Berry, III, 431.

A[DAM], abbé de Chaalis [et non de Chartres]. Arbitre dans un règlement de dîmes à Rungis [1201], IV, 49.

ADAM, abbé de Saint-Denis. Acte relat. au prieuré d'Essonnes (1110), IV, 264 ; — aux reliques de son abbaye (1120), I, 499, 500. — Bienfaiteur des chanoines de St-Paul de St-Denis (1114), I, 524.— Biens qu'il obtient pour son monastère, à Rueil (1113), III, 92 ;— à Arcueil (1119), IV, 14.

ADAM, archidiacre de Paris, puis év. de Térouenne (1213-1229). Acte relat. à Croissy (1211), II, 26. — Ses biens à Paris (fief de Terouenne), I, 70 ; — à Louvres, II, 303 ; — à Bellefontaine (moulin de Saulx), 332 ;— au Plessis-Luzarches (1220), 225. — Se fait religieux à Clairvaux (1229), I, 70.

ADAM, mentionné vers 1140 comme chantre de Corbeil, IV, 240, 281 ; — en 1147 comme chapelain de Corbeil, 311.

ADAM, clerc du roi. Bienfaiteur de l'Hôtel-Dieu de Paris (vers 1199), I, 17. — Son neveu, Pierre, chanoine de la Cathédrale de Paris, III, 247.

ADAM, concierge du Roi [?]. Seigneur d'Ablon en 1233, IV, 425.

ADAM, connétable de France. Mentionné en 1079. Donne son nom à l'Isle-Adam et à Villiers-Adam, II, 130. Voy. Villiers (Adam de).

ADAM, curé de St-Gervais de Paris en 1329, I, 170.

ADAM, év. de Senlis. Voy. Chambly (Adam de).

ADAM, maire de Mesly (XIIe s.), V, 21.

ADAM, préchantre de la Cathédrale de Paris. Donne à cette église des biens à Bagneux, III, 569 ; — à Ivry (1146), IV, 460.

ADAM, prieur de Gournay. Acte relatif à la forêt de Roissy (1275), IV, 500, 611. — Mentionné en 1271 et 1283, *ibid.*

ADAM, prieur de Saint-Eloy de Paris (XIIIe s.), I, 311.

ADAM, grand-queux de Louis IX. Sa maison à Clamart; il y fonde une chapelle, III, 246.

ADAM, sculpteur. Statues de lui au château de Saint-Cloud, III, 36.

ADAM, vicomte. Témoin dans un acte de 1065, IV, 123.

ADAM. Voy. *Paganus*.

Addalaldus, diacre. Maître de musique au prieuré d'Argenteuil ; son épitaphe dans ce lieu (XIe s.), II, 9.

ADE, femme d'Etienne Berot (XIIIe s.), I, 56.

ADE, femme de Pierre de Marly-la-Ville (1266), II, 327 ; V, 354.

ADE, fils d'Anculf de Lagny (1161), V, 132.

ADE, surnommée Machan, femme de Geoffroy d'Yerres (XIIe s.), V, 213.

ADELAÏS, abbesse de Malnoue, V, 402.

ADÉLAÏDE, femme de Hugues Capet. Rétablit l'abbaye d'Argenteuil, II, 3. — Ses biens à Sartrouville, 39. — Son parent, Haganon.

ADÉLAÏDE ou ALIX DE SAVOIE, femme de Louis VI. — Bienfaitrice et fondatrice de la léproserie de Saint-Lazare à Paris, I, 73, 299 ; — de l'abbaye de Montmartre (1134), I, 210, 393, 423-4, 444 ; II, 498. — Confirme une donation de biens à Montmélian faite à l'abbaye de Chaalis, II, 338. — Auvers, près Pontoise, est compris dans son douaire, I, 147. — Se remarie à Mathieu I de Montmorency ; se retire à l'abbaye de Montmartre où elle est inhumée (1154), I, 447-8. — Son souvenir rappelé par différents noms de lieu, I, 73, 343 ; III, 554.

ADÉLAÏDE, première abbesse de Montmartre (XIIe s.), I, 444.

ADÉLAÏDE, femme de Guillaume de Garlande. Voy. Châtillon (Alix de).

ADÉLAÏDE, femme de Guy de Montjay. Mentionnée en 1168, II, 530 ; — en 1174, 515 ; — en 1184, 525 ; — en 1194, 478 ; — en 1196, 553 ; — en 1204, 610 ; — en 1205, 534. — Epouse en secondes noces Raoul de Nesle, comte de Soissons, II, 530.

ADÉLAÏDE, femme de Hugues du Puiset, III, 519.

ADÉLAÏSE, femme de Nicolas de Pomponne. Se fait religieuse à Faremoutiers (XIIIe s.), II, 508.

ADÈLE DE CHAMPAGNE, femme de Louis VII. Voy. Alix.

ADELELME, év. de Paris. Confère les ordres aux religieux de Saint-Denis (Xe s.), I, 505 (note).

ADELELME, év. de Seez ; auteur d'un écrit sur Ste Opportune, I, 41, 47.

ADELELME, bienfaiteur de l'abbaye de Lagny, II, 514.

ADELINE, femme de Pierre de Chenevières (1270), II, 310, 346.

ADELISE, femme de Guy le Sanglier (1145), IV, 485.

ADET (François), chevalier (1523), III, 408.

ADHELDE, curé de Deuil (VIIIe s.), I, 600.

ADHELNÉE, abbé de Saint-Maur. Obtient du vicomte de Paris une terre dans cette ville (925), II, 427.

ADHÉMAR DE MONTEIL (François), archev. d'Arles. Fait don d'une relique à Mme de Vendôme [1665], I, 78.

Adicus, moine de Saint-Maur-les-Fossés (Xe s.), II, 428.

ADINE (Joseph), curé de Notre-Dame de Corbeil. Son épitaphe dans cette église (1684), IV, 291-2.

ADON, archev. de Vienne en 843, II, 495.

ADORATION PERPÉTUELLE DU SAINT-SACREMENT (couvent de l'). Voy.

Charonne. — (Institut de l'), établi au couvent des Bénédictines du Val d'Osne à Charenton, II, 378; — à l'abbaye de Port-Royal, III, 297.

Adrabletum (XIe s.). Voy. Herblay.

ADRALD, abbé de Saint-Germain-des-Prés. Obtient pour son monastère la voirie d'Antony, III, 535; — l'égl. de Villeneuve-Saint-Georges (1045), V, 36-7.

ADRETS (Pierre de Manchy, seigneur des), V, 269.

ADRIEN IV, pape. Bulle confirmant les biens de l'abbaye de Lagny (1153), IV, 558; — de Saint-Magloire de Paris (1155), III, 445, 451 (note); — de Saint-Marcel de Paris (1158), I, 123, 126; II, 373; III, 56, 57; IV, 31, 219; V, 89, 94, 420; — de Saint-Victor, II, 162, 176; — de l'abbaye de St-Denis, I, 522. — Lettre qu'il reçoit de l'abbé de Saint-Florent de Saumur au sujet des églises de Bougival et de Gometz (1156), III, 106. — Une requête lui est présentée en faveur de l'hôpital Saint-Benoît de Paris (vers 1155), I, 134, 148.

ADRIEN V, pape. Donne à la Cathédrale de Paris une relique de S. Jean-Baptiste, III, 224.

ADVENTUS, év. de Paris, I, 2.

ADVISE, femme de Guy de Vitry, V, 330.

ADVOCAT (Catherine l'), femme de Simon Arnaud de Pomponne. Fonde une chapellenie à Pomponne (1701), II, 510.

ADVOCAT (Louis l'), conseiller du Roi, IV, 524.

ADVOCAT (Madeleine l'), fille de Louis; femme de Jérôme de Bragelogne. Sa sépulture dans l'égl. de Jossigny (1549), IV, 524.

ADVOCAT ou AVOCAT (Nicolas l'), secrétaire du Roi, maître des Comptes. Sa maison à Guibeville, IV, 228; — à Bourg, paroisse d'Etiolles (XVIIe s.), V, 77.

ADVOCAT (l'), maître des Comptes (XVIIIe s.). Son pavillon à Conflans, II, 370.

ADVOCAT (l'abbé l'), bibliothécaire de la Sorbonne. Ses travaux sur cet établissement, cités, I, 151, 154.

ÆGA, maire du Palais. Sa mort à Clichy (640), I, 422.

Ægina, seigneur Saxon. Ses domestiques assassinent Ermenaire à Clichy (627), I, 421, 441.

ÆLIEN, chef des Bagaudes. Fables sur sa prétendue résidence au lieu appelé depuis Saint-Maur, II, 419.

Æquata (XIe s.) : Yvette, III, 346.

ÆSIS (Etienne), chartrain. Bienfaiteur des Chartreux de Paris, IV, 429.

Æthe (in). Voy. *Inethe*.

AFFRANCHISSEMENT des habitants d'Antony (1248), III, 531, 536; — d'Asnières (1248), III, 58; — d'Auteuil (1247), I, 390; — de Bagneux, III, 574; — de Bourg-la-Reine (1247), III, 557; — du bourg Saint-Germain de Paris (1247), I, 279; — de Champeaux (1162), V, 411; — de Chantcloup (XIIIe s.?), IV, 533; — de Chantcloup (ham. de Moissy-Cramayel), (XIIIe s.), V, 114; — de la Chapelle Saint-Denis (1229), I, 458; — de Chatenay-les-Bagneux (1266), III, 543; — de Chennevières-sur-Marne (1250), IV, 477; — de Chevilly (post. à 1267), IV, 35-6; — de Chezy (vers 1259), IV, 537; — de Colombes (1248), III, 68; — de Creteil, V, 17; — de Filliancourt (1228), III, 137; — de Fontenay-aux-Roses (1247), 561; — de Gennevilliers (1248), 63; — de Grignon (1248), IV, 440; — des serfs de l'abbaye d'Hérivaux (de 1470 à 1475), II, 17; — d'Ivry (1247), IV, 460; — de Jossigny (XIIIe s.), IV, 526; — de Juvisy (1136), IV, 411, 412; — de L'Hay (1238), IV, 42; — de Lisses (1190), IV, 316-17; — de Mareil-Marly (1335), III, 147; — de Massy (1248), III, 529; — de Moissy-Cramayel, V, 109; — de Nanterre (1247), II, 78; — de Paray (1248), IV, 440; — du Pecq, (1248), III, 137; — de Puteaux (1248), 53; — de Ris (1133), IV, 375; — de Rosny (1246), II, 557; — de Rueil (XIIIe s.), III, 97; — de Rungis (1249), IV, 48; — de St-Germain-en-Laye (1228), III, 137; — de Thiais (1248), IV, 440; (1238), 442; — de Valenton (1248), V, 30; — de Vanves, III, 581; — de la Varenne-St-Maur, II, 455; — de Verrières (1248), III, 531, 536; — de Villeneuve-le-Roi (XIIIe s.), IV, 431; — de Villeneuve-St-Georges, V, 39; — de Wissous (1255), IV, 54.

AGATHE, femme d'Etienne de Vernouillet (1256), V, 156.

AGATHE, fille de Béatrix, dame de Pierrefonds, III, 571.

AGATHE-ONYX, à la Sainte-Chapelle de Paris, représentant l'apothéose de l'empereur Auguste, I, 222.

AGAUNE [auj. Saint-Maurice-en-Valais]. Prieuré : psalmodie continuelle qui s'y célèbre, I, 495, 504; — abbé. Voy. S. Severin.

AGDE [Hérault] (évêque d'). Voy. Chastre (Claude-Louis de la).

Agdiæ (XIIe s.) : Egly, IV, 169.

AGEN [Lot-et-Garonne], lieu du martyre de S. Vrain et de Ste Foy, IV, 197. — (évêques d'). Voy. Hébert (François), Gélas (Cl. de), Giraud.

Aggliæ, Agliæ : Egly, IV, 169.

AGILBERT ou AGLIBERT, év. de Paris. Acte relatif au monastère de Bruyères [670], III, 464, 465 (note). — Fonde la chapelle de S. Paul à l'abbaye de Jouarre ; sa sépulture en ce lieu (680) ; sa sœur, abbesse de Jouarre, I, 321.

AGINAN, duc des Gascons. Son entrevue avec Dagobert à Clichy (637), I, 422.

AGINCOURT (Gilles d'), seigneur de Soisy-sous-Étiolles. Vend cette terre à Olivier le Daim (1480), V, 70.

Aglati ou *Oglati*. Signification de ce mot, origine du nom du lieu Egly, IV, 169.

Agna. Voy. Ste Agnès.

AGNEAUX (les), Auneaux (les), [Seine-et-Marne, ham. d'Ozouer-la-Ferrière]. Mentionné en 1644, V, 355.

Agnelli (Johannes), marguillier de l'église d'Arcueil (1298), IV, 23.

Agnès (fontaine de *la défunte*) à Rungis (1244), IV, 48.

AGNÈS, femme d'Aubert I d'Andrezel. Voy. Garlande (Agnès de).

AGNÈS, femme de Guy d'Attainville. Bienfaitrice de l'abbaye du Val N.-D. (XIIe siècle), II, 192.

AGNÈS, femme de Philippe d'Aulnay. Voy. Montmorency (Agnès de).

AGNÈS, femme de Simon d'Auteuil, V, 179.

AGNÈS, femme d'Eudes de Compans. Vend à l'abbaye de Livry des biens au Tremblay (1241), II, 611-2.

AGNÈS, femme de Jean de Crosne (1277), IV, 501 ; V, 43, 45.

AGNÈS, femme de Jean de Garlande (1293), IV, 573 ; V, 325.

AGNÈS, femme de Raoul de Gonesse (XIIe s.), II, 272.

AGNÈS, femme de Jean d'Issy, dit Jean Thibaud (XIIIe s.), III, 8.

AGNÈS, femme de Pierre Marcel. Bienfaitrice de l'égl. St-Barthélemy de Paris (1306), I, 175-6.

AGNÈS, femme de Bouchard III [ou II] de Marly. Voy. Beaumont (Agnès de).

AGNÈS, femme de Raoul de Méry. Fonde une chapellenie (1223), II, 127.

AGNÈS, femme de Henri de Moissy (1219), V, 114.

AGNÈS, femme de Guérin de Moncel (1217), II, 235.

AGNÈS, femme de Guillaume de Montfermeil (1218), II, 279.

AGNÈS, femme de Jean d'Ormoy. Sa sépulture, IV, 256-7.

AGNÈS, femme d'Amaury de Piscop. (XIIIe s.), II, 106, 166.

AGNÈS, femme d'Eudes de la Queue, seigneur de Monsoult (XIIIe s.), II, 146.

AGNÈS, femme de Philippe de Roissy (1224), II, 281.

AGNÈS, femme d'Eudes le Roux (1260), V, 33.

AGNÈS, femme de Adam Saille-en-Bien, bourgeois de Paris (1268), I, 119.

AGNÈS, femme de Raoul de Suresnes (XIIIe s.), III, 50, 96.

AGNÈS, fille de Guillaume de Gravelles. Son consentement à un acte concernant la dîme de la Norville (1245), IV, 232.

AGNÈS, fille de Guillaume Marmerel (1226), V, 28.

AGNÈS, fille de Pierre.... Sa sépulture dans l'égl. Saint-Jean-en-l'Ile à Corbeil (1300), IV, 293.

AGNÈS DE RUSSIE, reine de France, femme de Henri I, I, 196.

AGNETRUDE, fille de Hagneric, sœur de Ste Fare (VIIe s.), II, 296.

Agnus Dei, figuré sur le sceau de la léproserie du Roule, I, 439.

AGOULT (Jean-Antoine d'), chanoine de la Cathédrale de Paris. Prieur de Deuil (XVIIIe s.), I, 604.

AGOULT (Louis d'), prieur de Deuil (XVIIIe s.), I, 604.

AGOUST (François-Louis d') de Montauban, de Vesc et de Montlaur. Possède en 1583 le fief des Garnisons, V, 115.

— (Louis d'), seigneur de Thorigny en 1580, II, 515 ; — d'Orangis, IV, 373 ; — de Trousseaux, 379 ; — de Savigny-sur-Orge, 391-2 ; — de Viry, 402.

AGRÉGÉS (prêtres) du Calvaire du Mont-Valérien, III, 89.

AGRENCE [?] (évêque d'). Voy. Gombaud.

AGUENIN, dit Duc (Guillaume le), fils de Pierre ; conseiller au Parlement, I, 410. — Seigneur de Villevaudé ; son épitaphe à Saint-Jean-en-Grève (1480), II, 526. — Sa femme, Julienne Sanguin.

AGUENIN (Pierre), conseiller au Châtelet. Seigneur de Villevaudé ; épouse Marguerite le Duc à la charge que leurs enfants porteront le nom d'Aguenin le Duc, II, 526.

AGUENIN (Pierre), auditeur à la Chambre des Comptes. Seigneur de Villevaudé (XVIᵉ s.), II, 526.
AGUENIN (Pierre), seigneur de Villevaudé. Épouse Marguerite Matthieu en 1578, II, 526.
AGUESSEAU ou DAGUESSEAU (Henri d'). Sa sépulture dans le cimetière St-André-des-Arts [1716], I, 288.
AGUESSEAU (Henri-François d'), fils du précédent, chancelier de France. — Son épitaphe à Auteuil (1751), I, 386. — Sa femme Anne Le Fevre d'Ormesson.
AGUESSEAU (Marie d'), femme de Claude Housset (XVIIᵉ s.), II, 656.
AGUESSEAU de VALJOUAN (d'). Seigneur en partie de Baillet (XVIIIᵉ s.), II, 150.
AIDE, succursale d'une église, I, 87.
AIDES (Cour des). Arrêt en faveur de la dame de Luzarches (1611), II, 212; — relat. à Montreuil-sous-Bois, 401. — Sa compétence pour les procès de l'hôpital de St-Cloud, III, 30.
— Premiers présidents. Voy. Amelot (Jacques), Camus (Nicolas le), Chevalier (Nicolas), Coq (Nicolas le), Luillier.
— Présidents. Voy. Beauvais (de), Briçonnet (Jean), Camus (Denis le), Charron (Jean le), Hurault (Jean), Levasseur (Nicolas), Levy (de), Noir (Charles-Alexandre le), Petit d'Etigny, Prêtre (Nicolas le), Versigny (de), Villeneuve (de).
— (receveur général des), seigneur de Rocquencourt (1387), III, 158.
AIGNAN (dom Nicolas), prieur de St-Médard de Villetain (1705), III, 266-7.
AIGREFOIN, Aigrefin, [Seine-et-Oise, ham. de St-Remy-lez-Chevreuse], III, 382; anciennement de la paroisse de Magny-les-Hameaux, III, 294. — Dépendant du duché de Chevreuse, III, 372. — Seigneur. Voy. Moulins (des).
AIGUILLON (Léonard), prieur de Conflans-Sainte-Honorine. Acte relatif aux biens de son prieuré à Saint-Gratien (1562), I, 631.
AIGUILLON (Marie-Madeleine de Vignerot, duchesse d'). Donne une relique à St-Josse de Paris (1671), I, 304. — Fonde à Rueil le couvent des Filles de la Croix, III, 95. — Son château à Rueil, 102-3.
AIGULFE, abbé de Saint-Denis, I, 504.
AILINE, abbesse d'Argenteuil (7⁰, 0), II, 2.
AILLY (Jeanne de Macourne, dame d'), V, 298.

AILLY (Pierre d'), trésorier de la Sainte-Chapelle de Paris, puis cardinal, I, 223. — Donne au collège de Navarre un moulin à Charenton [?], II, 380.
AIMANT. Voy. Esmans.
AIMERIC, chevalier. Reconstruit l'église de Châteaufort (XIᵉ s.), III, 299. — Fonde le prieuré du même lieu, 301.
AIMERY. Voy. Aymery.
AINARD ou EINHARD, abbé de Saint-Pierre-des-Fossés. Mentionné en 847, II, 425. — Charles le Chauve lui concède une pêcherie sur la Marne, à Nogent (848), 467. — Mentionné en 855, IV, 574.
AINDRE. Voy. Indre.
AINVILLIERS. Voy. Invilliers.
AIRARD [ou Aicard], év. de Chartres. Sa présence à Sannois en 696, II, 42.
AIRBLAI. Voy. Herblay.
AIRE [Landes, arr. de Saint-Sever, ch.-l. de canton] (évêques d'). Mention de l'un d'eux en avril 1649, III, 94. Voy. Clausse (Henri).
AIRE-SUR-LA-LYS [Pas-de-Calais, arr. de Saint-Omer, ch.-l. de canton]. Ses marchands au Landit de Saint-Denis, I, 548.
— Collégiale; chanoine. Voy. Cossigny (Pierre de).
AIRES, trouvés sous le pavé de la Cathédrale de Paris, I, 12.
AIRES (fontaine des). Voy. Sairet.
AISANCE (droit d'), essentiæ, à Bonneuil-sur-Marne au XIIIᵉ s., V, 28.
AISENVILLE (XIIᵉ s.) : Ezanville, II, 181.
AIVIER, Évier. Voy. Aquarium.
Aivreum, Aivreium (XIᵉ s.) : Evry-sur-Seine, IV, 323.
AIX [Bouches-du-Rhône] (archevêques d'). Voy. Filhol (Pierre), Genebrard, Hurault (Paul).
AIX-LA-CHAPELLE [Allemagne]. Concile de 817, I, 15; II, 395. — Reliques dites à tort avoir été apportées de cette ville à Saint-Denis, I, 501, 538, 539, 544. — Louis le Débonnaire s'y trouve en 818, II, 485; en 833, 424. — (règle d') concernant les chanoines, I, 189.
AKAKIA (Jacques), prieur de Saint-Fiacre de Gagny en 1596, II, 549.
AKAKIA (Jean), prieur de Saint-Fiacre de Gagny en 1601, II, 549.
ALAIN, chanoine de la cathédrale d'Évreux. Arbitre dans un procès relatif à Rosny (XIIIᵉ s.), II, 556.
ALAINS (les), peuplade appelée en France par Richard Iᵉʳ, duc de Normandie, I, 174.

ALAIS (comte d'), V, 231. Voy. Valois (Louis-Emmanuel de).

Alani ou *Alanorum (vallis)*, étymologie proposée de Vauhallan, III, 320.

ALARD, prieur de Sainte-Geneviève de Paris. Arbitre dans une contestation entre cette abbaye et celle de Saint-Germain-des-Prés (1223), III, 77.

ALART DE COURT-ALARI (Jean), écuyer. Seigneur de Leuville (1466), IV, 130. — Sa femme, Jeanne de Germigny.

ALARY, prieur de Gournay (XVIII° s.), IV, 612.

Alateum, terre mentionnée au VII° et au IX° s. Identifiée avec Pierrelaye, II, 76-7.

ALAUX, prieur de Montjay (XVIII s.), II, 527.

ALBANO [Italie] (évêques d'). Acte de l'un d'eux, pénitencier du pape Martin V, relat. à Saint-Germain-des-Prés, I, 312. Voy. Mathieu.

Albacha (XI° s.), lieu-dit dépendant de la seigneurie du Pecq, III, 127, 130.

Albamarna. Voy. Aumale.

ALBAREA, femme d'Ernaud de la Ferté. Mentionnée dans un acte de 1178, III, 180, 184.

ALBÉRADE, mère de Jean (Voy. ce nom).

ALBERGATI (Nicolas), cardinal de Sainte-Croix, légat du pape. Se rend à Corbeil et à Brie-Comte-Robert pour négocier la paix (1431), IV, 306 ; V, 267.

ALBÉRIC, habitant de Mauregard. Détenu dans la prison d'Épiais-les-Louvres (1276), II, 307.

ALBERIC, prêtre du Petit Groslay. Son épitaphe dans l'égl. de l'abbaye de Livry (XIII° s.), II, 566, 594.

ALBERT, abbé de N.-D. de Corbeil (1170), IV, 287.

ALBERT, chantre de la cathédrale de Paris. Bienfaiteur de cette église (1146), IV, 30.

ALBERT, chevalier, parent de Guillaume de Garlande. Donne au prieuré de St-Martin-des-Champs l'égl. de Moussy-le-Neuf, II, 350 ; — des biens à Bondy (XI° s.), 563, 565.

ALBERT, fils d'Emeline de Ver (XII° s.), IV, 209.

ALBERT, fils d'Haymon, comte de Corbeil, IV, 273.

ALBERT, fils d'Hoidric de Trousseau (XII° s.), IV, 206.

Alberti Villare (XI° s.) : Aubervilliers, I, 557.

ALBERT (Charles d'), duc de Luynes ; pair et connétable de France, II, 547 ; III, 372. — Sa femme, Marie de Rohan.

— (Charles-Honoré d'), fils de Louis-Charles. Reçoit de son père le duché de Chevreuse (1663) ; l'échange avec le roi pour le comté de Montfort-l'Amaury (1692), III, 372.

— (Louis-Charles d'), fils de Charles. Sa mère lui donne en 1663 le duché de Chevreuse, III, 372. — Sa femme, Louise-Marie Séguier.

ALBERT (d') de Luynes. Seigneurs de Maincourt, III, 357 ; — de Dampierre, 360, 420.

ALBI [Tarn] (cardinal d'). Voy. Gouffier (Adrien de). — (évêque d'). Voy. Cazillac (Bernard de).

ALBIAC (fief d'), à Franconville. Dépend de l'abbaye de Saint-Denis, II, 49.

ALBIAC (Jacques d'), nommé administrateur de la léproserie de Corbeil en 1513, IV, 298.

— Louis d'), prédécesseur du précédent à la léproserie de Corbeil, IV, 298.

— Louis d'), mentionné en 1524 comme défendant les droits de son pupille Jean du Fresnay sur la terre de Chaillot, I, 411.

ALBIAT (Acace d'), seigneur de la Borde et du Ris, conseiller au Parlement de Paris. Ses biens à Villiers-le-Bâcle (1503), III, 313.

— (Charles d'), fils du précédent, auditeur à la Chambre des Comptes. Seigneur de Villiers-le-Bâcle en partie (1517), III, 313.

— (François d'), son frère, prêtre. Seigneur de Villiers-le-Bâcle en partie (1517), *ibid.*

— (Jeanne d'), leur sœur [?], femme de Philippe Lamy (1529), *ibid.*

— (X... d'), dame de Savigny-sur-Orge en 1540, IV, 391.

ALBIGEOIS (croisade des), II, 242. — Bouchard II de Marly y est fait prisonnier (1209), III, 121. — Voy. Vaux de Cernay (Pierre des).

— (hérésie des), V, 81.

— (maréchal d'). Voy. Montfort (Simon de).

ALBOFLÈDE, sœur de Clovis. Confondue avec la Reine Blanche, I, 239.

ALBON (Marie d'), femme de Bénigne le Ragois. Dame de Groslay (1724), I, 613. — Possède la terre de Saint-Aubin en 1691, III, 335.

ALBRET (Catherine d'), fille de Charles ; femme de Charles de Montaigu, III, 484.

ALBRET (Charles d'), connétable de

France. Seigneur de Conflans-Ste-Honorine par son mariage avec Marie de Sully, II, 94.
ALBRET (hôtel d') à Paris. Voy. Paris.
Albus Murus, lieu-dit de la paroisse de Bougival, près Charlevanne (1352), III, 111.
ALDERAN et THIERY (les frères). Entrent dans Paris assiégé par les Normands [886], I, 442.
ALDERIC. Sa fille Urse (VIIᵉ s.), V, 175.
ALDRIC [ou Andri], archev. de Sens. Dédie l'église de Saint-Maur-des-Fossés (839), II, 425.
ALEAUME (Françoise), nièce de Guillaume. Femme de Jacques Ribier, V, 140.
ALEAUME (Guillaume), év. de Riez. Est sacré à St-Jean-le-Rond (1615), I, 20. — Evêque et comte de Lisieux; acquiert la terre de Lissy (1628), V, 140.
ALEAUME (Jacques), mathématicien. Ses observations sur l'orientation des églises, I, 336.
ALEAUME, conseiller au Parlement. Seigneur de Villeneuve-le-Roi par sa femme Antoinette Du Vair (XVIIᵉ s.), IV, 430
ALEAUME. Voy. Ansolde.
ALÈGRE (Yves, marquis d'), maréchal de France. Sa veuve, dame du Perreux (XVIIIᵉ s.), II, 473.
ALENÇON [Orne] (comte d'). Voy. Valois (Charles de). — (comtesse d'). Voy. Espagne (Marie d'). — (duchesse d'). Voy. Orléans (Isabelle d').
— (généralité d') : général des finances. Voy. Mignon (Jean); — trésorier. Voy. Pomonier.
ALENÇON (Anne [ou Emme], comtesse d'), femme de Matthieu II de Montmorency. Donne à l'abbaye du Val une rente sur le travers de Conflans-Ste-Honorine (1230), II, 96.
ALENÇON (Catherine d'), duchesse de Bavière. Bienfaitrice des Chartreux de Paris, I, 115. — Dame de Coulommiers; reçoit l'hommage de la terre d'Attilly (1443), V, 232.
— (François, duc d'), appelé Monsieur, frère unique du Roi, III, 176.
— (Pierre de France, comte d'), de Blois et de Chartres, frère du roi Philippe le Hardi. Seigneur de la Queue-en-Brie, de Gournay-sur-Marne et de Brie-Comte-Robert par son mariage avec Jeanne de Châtillon; hommage qu'il rend à l'év. de Paris (1277); — en procès avec l'abbé de St-Maur (1281), IV, 481, 487, 617; V, 243, 265, 267.

Alermus, curé de Conflans (1256), II, 361.
ALERAN ou ALRAN, fils de Badon ou Baudouin, prévôt de Corbeil. Biens qu'il donne à l'abbaye de Saint-Maur (1028), IV, 316; V, 82, 98. — Dit [à tort] fils de Bouchard, comte de Corbeil; reçoit de l'abbaye de St-Maur des biens en viager, V, 68.
ALESSO (Anne d'), mariée à Olivier le Fevre en 1559, I, 606, 641. — Sa sépulture dans l'égl. de Chaillot (1590), 416.
— (François d'), fils de Jean. Seigneur d'Eragny en 1580, II, 111. — Sa femme Marie de Vigny.
— (François d'), gouverneur des îles et terres d'Amérique. Seigneur d'Eragny (XVIIIᵉ s.), II, 111. — Sa femme, Marie Durand de Villeblain.
— (Jean d'), petit-neveu de Saint-François de Paule, I, 415; — maître des Comptes, seigneur d'Eragny, II, 111. — Sa sépulture dans l'égl. des Minimes de Chaillot (1572), I, 415. — Sa femme, Marie de la Saussaye.
— (Madeleine d'), femme de Pierre Chaillou. Sa sépulture dans l'égl. des Minimes de Chaillot (1583), I, 416.
— (Olivier d'), correcteur de la Chambre des Comptes. Sa sépulture aux Minimes de la Place Royale (1638), II, 111. — Sa femme, Marie du Buisson.
ALET [Aude, arr. de Limoux] (évêque d'). Voy. Meliand.
ALETH en Bretagne (évêques d'). Voy. S. Malo, Salvator.
ALETZ (comte d'). Voy. Alais.
ALEU (bois de l') à Bouflemont. Mentionné en 1214, II, 153.
Alexandre le Grand (le testament d'), poëme français de Pierre de Saint-Cloud, III, 38.
ALEXANDRE III, pape. Son séjour à Saint-Denis (1163), I, 498, 509; — à St-Germain-des-Prés de Paris, I, 272. — Dédie l'église de cette abbaye (1163), I, 265, 270. — Reçoit une requête relative à Saint-Jean-de-Latran; acte à ce sujet, I, 148. — Bulles relatives : à Sainte-Geneviève de Paris (1163), I, 141, 256; II, 552; III, 75, 125, 150, 205, 331, 362, 386, 571, 579; IV, 31, 48, 67, 211; V, 63, 68, 196, 197; — à l'abbaye d'Hérivaux (1163), II, 323, 335; — à l'abbaye de Montmartre (1175), I, 448; — à l'abbaye de Chaalis (1175), II, 306, 315, 515, 611; — à Saint-Germain-des-

Prés (1177), III, 534; V. 30, 37, 42; — à l'abbaye de Lagny (1178), IV, 549; — à l'abbaye de Gif et à celle d'Yerres (1180), III, 388; — à Saint-Paul de Saint-Denis, I, 525; — au prieuré de Deuil, I, 602; II, 622; — au prieuré de Châteaufort, III, 301. — Croisade inexactement placée sous son pontificat, II, 201.

ALEXANDRE IV, pape. Accorde aux abbés de Sainte-Geneviève de Paris l'usage de la mitre et de l'anneau (1256), I, 240. — Envoie des reliques au collège des Bernardins de Paris (1261), I, 346. — Bulle relative au prieuré de St-Denis de l'Etrée, I, 515; — aux Guillemites de Montrouge (1260), III, 588; — à Saint-Nicolas-du-Chardonnet de Paris (1260), I, 344; — à la cure du Tremblay (1254), II, 608. — Rédige la règle des religieuses de Longchamps. Sa mort en 1261, I, 398.

ALEXANDRE VII, pape. Autorise la conversion en abbaye du prieuré des Bénédictines d'Issy (1657) III, 13. — Bulle relative à la confrérie de S. Roch dans l'église de Pontcarré (1661), IV, 506. — Son légat, le cardinal Chigi, III, 210. — Sa mort en 1667, *ibid*.

ALEXANDRE, prieur de N.-D.-des-Champs à Paris, au XIIe s., I, 147. — Acquiert pour son prieuré des biens à Vanves, III, 583.

ALEXANDRE (Pierre), grenetier de Paris. Sa veuve, femme de François Allegrain (XVIe s), IV, 643.

ALEXANDRE, propriétaire d'une maison à Marly (XVIIIe s.), III, 125.

ALEXANDRE, seigneurs de la Brosse, IV, 643.

ALEXANDRE. Voy. Longaulnay.

ALEXANDRIE (patriarches d'). L'un d'eux augmente les terres de Porchefontaine, III, 214; — Voy. Théophile.

Alexia (évêque d'). Voy. Guillaume.

ALFONSE, fils d'Agnès de Beaumont, IV, 237.

ALFORT, *Harefort, Hallefort* [Seine, comm. de Maisons-Alfort]. *Notice*, V, 9.

Algardis (mansum), lieu-dit du Parisis, voisin de Lisses. Mentionné au XIe s., IV, 315, 316.

ALGRIN, chancelier (XIIe s.). Lègue à la cathédrale de Paris des biens *in monte Cetarii* à Paris, I, 121. — Mentionné en 1139, IV, 266.

ALIBERT (Michel), jardinier à Vitry, père d'enfants monstres (1701), IV, 455.

ALIÉNOR, femme de Pierre de Villiers (XIIIe s.). Son épitaphe à Domont, II, 157, 158.

ALIÉNOR. Voy. Eléonor d'Angleterre.

ALIGRE (Christophe d'). Cède une partie du fief de la Grange-aux-Merciers (1529), II, 370.
— (Etienne d'), chancelier de France. Sa sépulture à Saint Germain-l'Auxerrois, I, 33.
— (Etienne d'), maître des Requêtes. Sa maison à Auteuil, I, 391.
— (François). Sa veuve possède un fief à Lieusaint (1597), V, 119.
— (Louise d'). Epouse en 1711 Guillaume de Lamoignon, II, 629.

ALIGRET (Anne), fille d'Olivier; femme de Louis Hennequin. Apporte à son mari la moitié de la seigneurie de Clichy, I, 426-7.

ALIGRET (François), fils d'Olivier; conseiller au Parlement. Seigneur de Charentonneau, V, 9.

ALIGRET (Hugues), greffier du Parlement. Possède le fief du Plessis-Chalan en 1479, IV, 319. — Prend à bail des terres à Évry-sur-Seine (1482), 327. — Sa femme, Isabeau de Vienne.

ALIGRET (Jean), lieutenant civil de Paris. Seigneur de Clichy, I, 426; du Plessis-Chalan. Sa sépulture aux Grands-Augustins de Paris (1583), IV, 319. — Sa femme, Guillemette L'Huillier.

ALIGRET (Olivier), avocat au Parlement, Seigneur de Clichy, I, 426-7; — de Charentonneau, II, 379. — Sa sépulture à Saint-André-des-Arts (1535), V, 8-9. — Sa femme, Claire Le Gendre.

ALIGRET (Jérôme DUFOUR). Voy. Dufour.

ALIGRET (Charles de FLORETTE). Voy. Florette.

ALIGRETS (chapelle des), à Saint-André-des-Arts, I, 426; V, 9.

ALINCOUR (Nicolas de Neufville, seigneur d'), IV, 305.

ALIPS (Gautier), archiprêtre de la Madeleine de Paris. Sa sépulture à Nevers (1240), I, 216.

ALIPS, femme d'Enguerrand de Marigny. Voy. Mons (Alips, dame de).

ALIPS, femme de Nicolas de Provins. Sa sépulture dans l'église de Clichy (XIVe s.), I, 424-5.

ALIPS (les prés Dame), à Egly; mention en 1378, IV, 170.

ALIS, femme d'Alelme de Fosses. Bienfaitrice de l'abbaye de Chaalis (1166), II, 324.

ALISE, femme de Mathieu de Montmorency (XIIIe s.), II, 65.

ALISE ou ALIX, *Alisia*, mère de l'évêque Renaud de Corbeil. Sa demeure à Corbeil mentionnée en 1248 et en 1260, IV, 278, 301. — Sa sépulture à St-Spire de Corbeil (1261), IV, 278.

ALIX (Michel), curé de Saint-Ouen-l'Aumône (XVIIᵉ s.), II, 117-8.

ALIX, femme de Jean de Brenne, comte de Mâcon. Voy. Vienne (Alix de).

ALIX, femme de Jean de Châtillon. Voy. Bretagne (Alix de).

ALIX, femme d'Ansel de Chetainville, (1196), III, 541; IV, 195.

ALIX, femme de Pierre de Dreux, duc de Bretagne (XIIIᵉ s.), V, 265.

ALIX, femme d'Ernaud de la Ferté (XIIᵉ s.), III, 180.

ALIX, femme d'Ives de Gaillon, qualifiée *Majorissa de Charonna*, I, 475.

ALIX, ou AALIPS, femme d'Henri de Jagny (1227), II, 230, 254.

ALIX, femme de Philippe *de Montegeriaco* (1228), III, 583.

ALIX, femme de Radulf de Rocquencourt, III, 158.

ALIX, femme de Gilon de Roissy (1228), II, 281.

ALIX, femme de Pierre de Vaugrigneuse (1258), III, 463.

ALIX, sœur de Philippe-Auguste ; femme de Guillaume, comte de Ponthieu. Rente dont elle jouit sur la sénéchaussée de Montlhéry, IV, 102.

ALIX, religieuse de l'abbaye de Malnoue (XIIᵉ s.), II, 23.

ALIX, femme de Louis VI. Voy. Adélaïde.

ALIX ou ADÉLAIDE, femme de Guy le Rouge de Montlhéry. Voy. Crécy (Alix de).

ALIX ou ADÈLE DE CHAMPAGNE, femme de Louis VII. Accouchée peut-être à Gonesse, II, 271. — Son séjour à Melun en 1190, IV, 281. — Bienfaitrice du couvent du Val profond (Yonne), III, 262 ; de l'Hôtel-Dieu de Corbeil, IV, 298. — Possède en douaire la terre de Corbeil ; légende à propos de sa résidence en ce lieu, IV, 302; V, 87. — Mentionnée dans un acte de 1199, V, 129. — Achète un bois à Grisy, V, 160. — Service célébré pour le repos de son âme dans la chapelle de Croissy-en-Brie, IV, 520.

ALIZ, femme d'Hervé de la Ferté (XIIIᵉ s.). Son sceau, III, 181.

ALLAIN (Jacques), vicaire de Jouy-le-Moutier (1539), II, 105.

ALLAIN (Jean), hab. de Jouy-le-Moutier (XVIᵉ s.), II, 105. — Sa femme, Denise Porché.

ALLAIN (Martin), fils des précédents. Curé des SS. Innocents à Paris ; bienfaiteur de l'église de Jouy-le-Moutier (158.?), II, 105.

ALLARD (Geneviève), femme de Jean de Neuville, IV, 154.

ALLEGRAIN (Dauphine), femme de Guillaume Boucher, III, 322.

ALLEGRAIN (Eustache), général de la justice des Aides. Seigneur d'Herblay. II, 84. — Ses biens à Luzarches (1489), 212 ; — à Malépargne, 336. — Sa sépulture à Saint-Gervais de Paris (1517), II, 84. — Marié à : 1º Catherine de Nanterre ; 2º Catherine Ruzé.

ALLEGRAIN (Eustache), fils du précédent ; correcteur des Comptes. Son fief à Montigny-lès-Cormeilles, II, 56. — Seigneur d'Herblay ; son épitaphe dans l'église de ce lieu (1580), 81, 85. — Sa femme, Françoise Larcher.

ALLEGRAIN (François), seigneur de la Mothe. Ses droits sur la terre de la Brosse (1561), IV, 643.

ALLEGRAIN (Guillaume), fils de Simon. Possède le fief de Malépargne à Coye (1469), II, 336. — Seigneur d'Ablon, IV, 424 ; — de Coudray-Montceaux en 1479, V, 104.

ALLEGRAIN (Guillemette), abbesse d'Yerres au XVIᵉ s., V, 228.

ALLEGRAIN (Jean), conseiller au Parlement. Seigneur d'Amblainvilliers en 1580, III, 533.

ALLEGRAIN (Jeanne), abbesse d'Yerres ; sa mort en 1513, V, 228.

ALLEGRAIN (Madeleine), femme de David, sieur de la Fautrière. Ses biens à Épinay (XVIIᵉ s.), I, 597.

ALLEGRAIN (Madeleine), dame d'Herblay. Apporte cette terre en mariage à Charles Le Prévost (1588), II, 85.

ALLEGRAIN (Marie), femme de Dreux Budé (XVIᵉ s.), V, 215.

ALLEGRAIN (Simon), seigneur du Coudray et d'Ablon (XVᵉ s.), IV, 158, 424 ; V, 106.

ALLEGRAIN (Simon), fils du précédent. Seigneur d'Ablon vers 1433, IV, 424.

Alleluia, chanté sur les hauteurs de Montmartre par les clercs d'Othon II, empereur d'Allemagne (978), I, 442.

ALLEMAGNE (collège d'). Voy. Paris.

ALLEMAGNE (procureur de la nation d') dans l'Université de Paris, I, 554.

ALLEMAGNE (Sixte d), chirurgien de Louis XI. Biens qui lui sont donnés par ce roi (1483), II, 366-7.

ALLEMAND (Robert l'), prieur de St-Eloy, près Longjumeau (XIVe s.). Compromis passé devant lui, IV, 60.
ALLEMAND (prédications en) au couvent des Grands-Augustins, I, 289.
ALLEMAND DE NANTOUILLET (l'), fermier-général. Seigneur de Puiseux, II, 320; — de Marly-la-Ville (XVIIIe s.), 328.
ALLEMANDS (soldats) du roi Sigebert. Pillent l'église de Saint-Denis, I, 494.
ALLEMANT (Anne l'), femme de Jacques Viole. Dame d'Andrezel (XVIIe s.), V, 424.
ALLEMANT (Etienne l'), maître des Requêtes. Seigneur de Courcouronnes en 1580, IV, 323. — Sa femme, Anne du Tillet.
ALLEMANT (François), président au Grand Conseil. Seigneur de Gué-Péan (XVIIe s.), IV, 607. — Voy. Lallemant de Gué-Péan. — ¡Sa femme Charlotte de Prie.
ALLEMANT (Jacques l'), conseiller au Châtelet. Mentionné en 1573, V, 143. — Seigneur de Sucy-en-Brie (1580), V, 384.
ALLEMANT (Jacques l'), fils ou neveu du précédent. Prieur de St-Sébastien de Mont (1594), V, 143.
ALLEMANT (Nicolas l'). Acquiert une ferme au Buisson (1545), V, 361.
ALLEMANT (Pierre l'), religieux de Ste-Geneviève de Paris, I, 241.
ALLEMANT (l'), curé d'Andrezel (XVIIº s.), V, 422, 424.
ALLÉS (Jacques), doyen de la Chambre des Comptes. Sa fille mariée à Marcel, seigneur de Bouqueval (XVIIe s.), II, 250.
ALLIER (Lubin d'), bailli de Saint-Germain-des-Prés. Seigneur de Grigny et du Plessis-le-Comte par son mariage avec Antoinette de Luynes, IV, 369, 405.
— (Marie d'), sa fille. Femme de Jean Mercier, ibid.
ALLIGRET. Voy. Aligret.
ALLONVILLE (Charles d'), écuyer. Seigneur d'Oisonville et de la Roue (1466), IV, 125. — Sa femme Bertranne de Richebourg.
ALLONVILLE (Jean d'), seigneur de Bruyères-le-Châtel (1543), III, 468, 474. — Sa femme, Jeanne de la Rochette.
ALLUYE (François d'Escoubleau, marquis d'). Voy. Escoubleau (d').
Almanachus, ouvrage manuscrit de Guillaume de Saint-Cloud, III, 39.
Almaricus, curé de Méry au XIIIe s., IV, 24.

ALMODE, archidiacre du Mans (IXe s.). Reçoit la dédicace d'une vie de S. Maur, II, 443.
ALNEL [?], (dîme d'), mentionnée en 1206, III, 471.
Alneti vallis. Voy. Aulnay (Val d').
Alnetum, Alnetus. Voy. Aulnay, Aunay, Launay.
Alnetum, de Alnetis. Voy. Aulnois (les).
Alnis (capella de), de Asninis, de Asinis seu de Asineto, dénominations au XVIe s. de la chapelle St-Nicolas près St-Denis, I, 531.
ALORY (Marguerite), femme de Hervé de Neauville. Dame du Val Coquatrix (XVe s.); sa sépulture aux Chartreux de Paris, V, 84, 119.
— (Marie), femme de Pierre de Maignac. Projette une fondation au Petit Saint-Antoine (XVe s.), I, 331.
Alpec (Galterius de), mentionné au XIIe siècle, III, 128.
Alpecum, (VIIIe s.) : le Pecq, III, 126.
ALPES, analogie du nom de ces montagnes avec celui de la paroisse d'Aupec [le Pecq], III, 127.
ALPHONSE IX, roi de Castille. Prières dites pour lui à l'abbaye de Maubuisson, II, 118.
ALPHONSE X, roi de Castille. Préparatifs de guerre contre lui (1274) II, 455.
Alpiacum, Alpicum : le Pecq, III, 126.
ALSACE (intendant d'). Voy. Vanholles.
Also, riv. du pays Viennois. Mentionnée en 843, II, 495.
Altare, non synonyme d'Ecclesia, IV, 14.
Altaria, Altaribus (de), nom d'une localité disparue, traduit par les Authieux ou les Authiaux; — cure à la nomination de l'abbaye d'Yerres (XIIe s.), V, 223, 224.
Alteolum (XIIIe s.) : Auteuil, I, 391.
Altifolium : Hautefeuille, IV, 158.
ALTILLY (Henri d'). Voy. Attilly.
Altolium (XIIe s.) : Auteuil, I, 385.
ALUMELLE (Jean de Villiers dit), II, 157.
ALVAREZ, joaillier. Fait construire le château de la Honville, IV, 187.
ALVERNES, lieu-dit de la paroisse de Palaiseau. Mentionné en 1351, III, 327.
Amalgundis, femme guérie au tombeau de St-Denis, I, 494.
AMALTRUDE, femme d'Etienne, comte de Paris (811), V, 24, 378.
AMAND, chef de Bagaudes. Fables sur son prétendu séjour au lieu appelé depuis Saint-Maur, II, 419.

AMAND, écolier de l'abbaye de Saint-Maur-des-Fossés (XIe s.), II, 444.
AMANZAY, lieutenant du prince de Condé. Occupe Buzenval en 1567, III, 99.
AMARITON (Claude), femme d'Adrien Portail, III, 443.
Amaroboscus (XIIe s.) : Marbois, V, 224.
AMAULRY, fils de Thibaud *de Mura*. Donne des biens situés à Lysiu au prieuré de Longpont, IV, 90.
AMAURY, frère de Colin d'Andrezy. Sa terre de Chambord qui avait été saisie pour ses crimes lui est restituée par le chapitre de N.-D. (XIIe s.), II, 98.
AMAURY, visionnaire du XIIIe s. Ses sectateurs châtiés, II, 585 ; III, 223, 428 ; V, 81.
Amb, localités dont le nom commence par ce préfixe, IV, 480.
Ambaella (XIIe s.) : Amboile, IV, 480.
AMBEELE (XIIe s.) : Amboile, IV, 480.
AMBESIES (les), Ambesi *(Haya de)* [Seine-et-Oise, ham. du Mesnil-St-Denis], mentionné en 1218, III, 289.
AMBLAINVILLIERS , Amblanvilliers , Amblenvillier, Amploviller [Seine-et-Oise, ham. de Verrières]. *Notice*, III, 532-3.
— Origine de ce nom, III, 60. — Bois vendus au Roi par l'abbaye de Saint-Germain-des-Prés, IV, 46.
— (Bouchard d'), vassal de l'évêque de Paris pour sa dîme à Massy (XIIIe s.), III, 521, 533.
— (Soutan d'), *de Amploviller*, mentionné dans un acte de 1218, III, 331, 533.
AMBLEVILLE (Guillaume des Essarts, seigneur d'), IV, 500.
AMBOILE, *Ambaella*, *Amboalla*, *Amboella*, Ambeele, Amboelle, paroisse du doyenné de Lagny [Seine-et-Oise, ham. de Boissy-Saint-Léger], *Notice*. IV, 480-483.
— Château ; écuries situées au ham. des Bordes, IV, 490. — Hab. admis à la léproserie de la Queue-en-Brie, IV, 485 (note).
— (Ansel d'), chevalier de la châtellenie de Montlhéry, IV, 104. — Donne à Saint-Martin-des-Champs des biens à Sucy en échange de biens à Marolles (1203 ou 1205), IV, 481 ; V, 240, 384. — Mentionné en 1218 et 1225, IV, 482. — Sa femme, Contesse.
— (Garin d'), chevalier (XIIe siècle), IV, 481.
— (Gui d'), bienfaiteur du prieuré de Marolles-en-Brie (XIIIe s.). V, 241.

AMBOILE (Jean d') (XIIe s.), IV, 481.
AMBOISE [Indre-et-Loire, arr. de Tours, ch.-l. de cant.]. Paraît avoir appartenu à l'égl. de Paris au VIe s., I, 5. — Le duc et le chevalier de Vendôme y sont arrêtés (1626), II, 410.
— (actes royaux datés d') : en 1467, IV, 308 ; — en 1572, V, 130 ; — en 1468, V, 184.
— (conjuration d') : assemblée préliminaire tenue à Vaugirard en 1559, I, 487.
— (histoire des seigneurs d'), traduite par Hervé de la Queue, IV, 490.
— (Charles d'), III, 485. — Sa femme, Jeanne Malet de Graville.
— (Georges d'), év. de Montauban. Prisonnier à Corbeil en 1487, IV, 306. — Acte relat. aux chanoines de St-Georges de Chelles (1507), II, 496.
— (Jeanne, dame d'). Voy. Chevreuse (Jeanne de).
AMBRES (le marquis d'), seigneur de Cramayel par son mariage (XVIIIe s.), V, 112.
— (la marquise d'), femme du précédent, fille du président de 'Mesme. Dame de Cramayel ; — de Limoges ; son château en ce lieu, V, 136 ; — dame de Fourches, 137.
AMBRIÈRES (Jean de Portis, vicomte d'), I, 102.
AMEL (Jean), év. de Sebaste. Bénit cinq chapelles dans l'égl. des Quinze-Vingts de Paris (1530), I, 40.
AMELIN (Nicolas), seigneur de Chaiges en 1648, IV, 426.
AMELINE, abbesse de Chelles. Ses différends avec l'év. de Paris et l'archidiacre ; leur solution (1196, 1197), II, 492. — Mentionnée en 1192, 507 ; — en 1202, 497.
AMELINE, femme de Vautier Calunge, III, 583.
AMELINE, femme de Robert de Meudon ; décédée en 1328, III, 232.
AMELON, seigneur de Chanteloup, près Châtres (1693), IV, 153.
AMELOT (Charles), président au Parlement. Possède la dîme du fief de la Quatorzième à Villiers-le-Bel (XVIIe s.), II, 179. — Sa fille obtient un arrêt du Parlement en faveur du même fief (1702), II, 179-180.
AMELOT (Jacques), premier président de la Cour des Aides. Sa maison de campagne à la Planchette (XVIIIe s.), I, 429. — Sa femme, Elisabeth Du Pré.
AMELOT (Michel-Charles), président

au Parlement, IV, 382-3. — Sa femme, Marguerite-Pélagie Danican.
AMELOT, sa maison à Sucy-en-Brie (XVIIe s), V, 385.
AMELOT, seigneur de Mauregard (XVIIIe s.?), II, 306.
AMELOT DE CHAILLOU, prieur commendataire de Marolles en Brie (XVIe s.?), V, 241.
AMELOT DE LA HOUSSAYE. Sa sépulture dans l'égl. St. Gervais de Paris, I, 82.
AMERIQUE (gouverneur des îles et terres fermes d'). Voy. Alesso (François d').
AMFREVILLE en Normandie (Guillaume de Gouppil, seigneur d'), IV, 346.
AMICIE, abbesse de Saint-Antoine de Paris (1219), I, 141.
AMIENS [Somme]. Lieu de naissance de Jacques Fernel, I, 200. — Ses marchands au Landit de St-Denis, 548. — (acte royal daté d') en 1306, IV, 419. — Peste de 1669, 556.
— Cathédrale, commencée par Robert de Luzarches (1220), II, 215 ; — chanoine. Voy. Roche (Guil. de la) ; chapelain. Voy. Delavault.
— Collège des Jésuites ; le prieuré de Pomponne lui appartient, II, 506. — Couvent des Célestins ; chapelle de S. Antoine ; relique de ce saint transférée au Chesnay, III, 165.
— Ancienne porte dite *clypeana ou clypearia*, I, 118.
— (cardinal d'). Voy. Grange (Jean de la). — (évêques d'). Voy. Bertefride, Faure (François), Heilli (Thibaut d'), Sabatier (René), S. Firmin, S. Honoré, Ursinien. — Monnaie (directeur de la). Voy. Juliot. — Présidial (conseiller au). Voy. Prévost (Nicolas le).
— (Hugues d'), archev. de Rouen. Acte relatif aux reliques d'Argenteuil (1156), II, 5-6.
AMICT d'un évêque représenté au portail de Saint-Germain-des-Prés, servant à dater cette construction, I, 269.
AMILLEAU (Claude), receveur du domaine de Paris. Administrateur judiciaire de la terre de Rungis (1608), IV, 50-51.
AMIONS, grand-maître de l'ordre des Templiers. Acte relatif à Rosny (1183), II, 554.
AMIRAUX DE FRANCE. Voy. Biron (de), Châtillon (Jacques de), Coëtivy (Prégent de), Graville (Louis Malet de), Montmorency (Henri de), Trie (Renaud de).
AMIRAUTÉ (ordonnance de 1341 sur l'), V, 75.
AMIRAUTÉ (l'), lieu-dit [le même sans doute que Lamirault]. Voy. ce mot.
AMISON (François d'), commandeur de Boussy-Saint-Antoine (XVIIe s.), V, 195.
AMONTONS. Ses expériences de communication aérienne à Meudon (1695), III, 237.
AMORRAND, chanoine d'Arras. Fondateur d'une chapellenie à Saint-Benoît de Paris (1251), I, 137.
AMORY (Nicolas), seigneur des Casseaux (XVIIe s.), V, 341. — Sa femme, Elisabeth de Fontenay.
AMOURS-LEZ-CREIL (Anne de Garges dit dans son épitaphe seigneur d'), II, 253.
AMPLOVILLER (XIIIe s.) : Amblainvilliers. III, 533.
Ampudia Amanda, dame romaine. Urne contenant ses cendres, découverte à Paris en 1751, I, 70.
AMUNDEVILLE (Pierre du Thillay, seigneur d'), II, 263.
AMYART (Jean), possède les fiefs du Tremblay (pressoir Chevreau) et de Marcenost en 1415, V, 85.
— (Marie), femme de Jean Bureau (XVe s.), V, 85.
AMYOT (Edme), chefcier de Saint-Merry de Paris (XVIIe s.), I, 162.
AMYOT (Jacques), év. d'Auxerre. Ses études au collège du Cardinal le Moine à Paris, I, 346. — Seigneur de Vaujours (1583), II, 576.
AMYOT, payeur des rentes de la ville de Paris. Fief qu'il possède à Noisy-le-Grand (XVIIIe s.), IV, 626.
AMYOT. Son épitaphe dans l'égl. d'Ozouer-la-Ferrière, V, 352.
ANASTASE, empereur d'Orient. Fait transporter à Duras les reliques de S. Barthélemy, I, 173.
ANASTASE IV, pape. Confirme la réunion des églises du château de Montlhéry au prieuré de Longpont, IV, 111.
Anastase (l') de Marcoussis. Circonstances dans lesquelles cet ouvrage anonyme fut composé, III, 477.
ANCELIN (Humbert), év. de Tulle. Dédie la chapelle des Annonciades Bleues de Saint-Denis (1712), I, 532.
ANCELIN, prieur de Saint-Lazare de Paris (1450), I, 300.
[ANCELIN (Pierrette Dufour, femme], nourrice de Louis XIV. Dame de Montesson, II, 30.
ANCELLES. Voy. Annonciades.

ANCEZUNE, duc de Caderousse. Sa sépulture dans l'égl. de Sceaux (1751), III, 548.
ANCHER (masure d'), lieudit, voisin de Rosny, possédé par les Templiers en 1224, II, 554.
ANCHIN [Nord, arr. de Douai?]. Abbaye; abbé. Voy. Pacy (Robert de).
ANCIENVILLE (Claude d'), seigneur de Villiers, III, 241. — Sa femme, Andrée de Saint-Benoit.
— (Louis d'), baron de Revillon. Reçoit hommage pour le fief du Denier Parisis (1598), III, 242.
ANCRE (maréchal ou marquis d'). Voy. Concini.
And ou *Ant*, racines celtiques. Mots qui en sont dérivés, II, 1; — signifiant un sillon de terre, un *andain*, V, 422.
Andegavum, Andematunum, noms d'origine celtique, I, 633.
Andegavensis (Guido). Voy. Anjou (Guy d').
ANDEGLOU [Loiret, arr. d'Orléans, ham. de Chevilly]. Paroisse: son hameau de Lenginerie, I, 572.
Andel, signification de ce mot celtique. Noms de lieu qui en sont formés, I, 633.
ANDELI, *Andeliacum*, Andelli (XIII° s.): Andilly, I, 634, 636.
ANDELYS (les) [Eure], étymologie de ce nom, I, 633. — Ses marchands au Landit de Saint-Denis, I, 548.
ANDÉRITIENS (bateliers), transportés aux environs de Paris, I, 470; II, 97.
Anderitum, capitale des *Gabali*, II, 97.
Andesellum, Andesel (XI° s.): Andrezel, V, 420-1.
ANDIGNÉ (Louis-Henri d'), docteur de Sorbonne. Assiste aux obsèques de Mlle de Chausseraye (1733), I, 432.
Andiliacum, Andilli (XII° s.): Andilly, I, 634.
ANDILLY, *Andiliacum*, *Andeliacum*, Andeli, Andelli, Andilli, paroisse du doyenné de Montmorency [Seine-et-Oise, arr. de Pontoise, cant. de Montmorency]. *Notice*, I, 633-636.
— Dépendant en 1293 de la seigneurie de Montmorency, I, 625.
— Cure; ses prétentions sur l'égl. de Maulignon, I, 651. — Paroisse: Margency en est un démembrement, 634, 638. — Saisie de reliques qui y est faite en 1448, III, 589.
ANDILLY (Arnaud d'). Voy. Arnaud.
— (Baudouin d'), *d'Andely*, seigneur de ce lieu. Son fief à Garges (1125), I, 634; II, 253-54. — Autres seigneurs du même nom (XII° s.), I, 634-5.

ANDILLY (Erard d'), bienfaiteur de Sainte-Geneviève de Paris (XIII° s.), II, 634.
— (Guy d'). Ses droits sur le travers de Conflans-Ste-Honorine (XIII° s.), II, 95.
— (Raoul d'), chevalier de la châtellenie de Paris (XIII° s.), I, 635.
— (Reric d'), mentionné en 1148 et 1151, I, 634.
ANDOC, personnage légendaire. Voy. Condat.
ANDRE, seigneurie sur la paroisse d'Etiolles. Mentions au XVII° s., V, 77.
ANDRÉ (Claude), procureur au Parlement. Possède la terre d'Aulnay-lès-Châtenay en 1549, III, 545.
ANDRÉ (Jean), secrétaire du Roi. Seigneur de Montgeron en 1719, V, 48.
ANDRÉ (Pierre), greffier de l'élection de Paris. Donne à l'abbaye de Saint-Victor un manoir au Pin (1505), II, 535.
ANDRÉ, abbé d'Hiverneau (1518-1523); — évêque de *Troïacum*, V, 372.
ANDRÉ, chambrier du Roi. Fondateur d'une chapellenie à Saint-Germain l'Auxerrois de Paris (1189), I, 31.
— Sa femme Elisabeth.
ANDRÉ, chapelain d'Ablon. Mentionné en 1238, IV, 425-6.
ANDRÉ, curé d'Attilly. Mentionné en 1241, V, 279-80.
ANDRÉ, habitant de Clamart. Ses biens en ce lieu (XIII° s.), III, 248.
ANDRÉ, maire de Moissy-l'Evêque. Vend à Renaud de Corbeil, év. de Paris, des biens en ce lieu (1259), V, 108.
Andresiacum (IX° s.): Andrésy, II, 98.
ANDRÉSIS (les) [Loiret, arr. de Montargis, ham. de Saint-Hilaire-les-Andresis]. Prieuré dépendant de l'abbaye de Saint-Pierre-le-Vif, II, 102.
ANDRÉSY, Andrezy, *Andresiacum* ou *Andrisiacum*, paroisse du doyenné de Montmorency [Seine-et-Oise, arr. de Versailles, cant. de Poissy]. *Notice*, II, 97-102.
— Origine de ce nom, I, 470; II, 97. — Cens dû au chapitre de Notre-Dame par l'Hôtel-Dieu de Saint-Germain-en-Laye, acquitté à Andrésy, III, 143. — Paroisse: Jouy-le-Moutier en a été démembré, II, 104.
— Lieux dits: Bellefontaine, Calville, Choisy, Denouval, Fay (le), Glatigny, Héricourt, Maurecourt, Mormay, Roulette (la), Treslan, Villette.
ANDRESY (Colin d'), abandonne ses biens d'Andresy et de Jouy au chapitre de Paris (1189), II, 98.

ANDRESY (antienne de Noël appelé *O d'*), II, 99.
ANDREZEL ou ANDRESEL, *Andesel, Andesellum*, paroisse du doyenné de Champeaux [Seine-et-Marne, arr. de Melun, cant. de Mormant]. *Notice*, V, 420-425.
— Biens de l'abbaye de Saint-Maur, IV, 201. — Cure : biens à Vernouillet, V, 436. — Habitants : admis à la léproserie de Champeaux, V, 420.
— Lieux-dits : Courtenet, Hautes-Loges (les), Minpincien, Truisy (le).
ANDREZEL (hôtel d'), sur la paroisse de Marcoussis, III, 492.
ANDREZEL (Aubert d'), seigneur de ce lieu (XIIe s.), V, 423, — Son fief à Grisy, V, 157, 423. — Mentionné en 1192, 323. — Sa femme, Agnès de Garlande.
— (Aubert d'), fils du précédent. Mentionné en 1222 et 1285, V, 423, 431. — Fonde avec Jeanne sa femme, la chapelle St-Eloy, à Andrezel (1236), V, 422, 423.
— (Eustachie d'), fille d'Aubert. Religieuse de l'abbaye d'Yerres (XIIIe s.) V, 423.
— (Jean d'), fils de Aubert I. Fondateur présumé de la cure d'Andrezel, V, 421. — Mentionné en 1222, V, 423 et note ; — en 1230 comme seigneur de Barneaux, 423. — Sa femme, Agnès ou Elisabeth.
— (Jean d'), seigneur de Gretz. Capitaine de Brie-Comte-Robert. Obtient des lettres de rémission (1359 ou 1399 ?), V, 315, 423-4.
— (Jean, sire d'), chambellan du Roi. Mentionné en 1356, V, 423.
— (Jean d'), surnommé Viole, chambellan du Roi ; mort dès 1367. Le même sans doute que le précédent, V, 423-4. — Sa femme, Jeanne de Maligny.
— (Jeanne d'), fille de Jean ; femme de Jean [*corr.* Guillaume] de Montmorency. Dame d'Andrezel ; sa sépulture à Ste-Catherine du Val des Ecoliers (1395), V, 424.
— (Marguerite d'), fille de Jean ; femme de Guillaume [*corr.* Jean] de Montmorency (XIVe s.), V, 424.
— (Marguerite d'), femme de Jean de Montmorency (XIVe s.), la même que la précédente, II, 70 ; V, 309-10.
ANDREZY. Voy. Andrésis (les) et Andrezy.
ANDRI, curé d'Igny. Sa sépulture à Saint-Germain de Châtres (XIIIe s.), III, 529 ; IV, 149.

ANDRY (Jean), bourgeois de Paris. Seigneur de Vaux-la-Reine (1492), V, 181, 185.
Anemons, Anemont, Annemont. Voy. Hennemont.
ANES, montures habituelles des Mathurins, II, 520.
ANET [Eure-et-Loir, arr. de Dreux]. Dîmes mentionnées en 1193, III, 79 ; — (actes royaux datés d'), en 1204, III, 575 ; en 1540, IV, 108.
ANET (Ferric d'). Ses biens à Crosne (1230), V, 42, 43. — Sa femme, Christienne.
— (Guillaume d'), chevalier de la châtellenie de Montlhéry, IV, 104.
— (Hugues d'). Vend au chapitre de la cathédrale de Paris le droit de tensement d'Orly (1207), IV, 436, 492.
ANGENNES [Catherine-Charlotte d'], abbesse d'Yerres en 1675, V, 229.
— (François d'), seigneur de Thorigny (1580), II, 515 ; — de Montjay et de Montlouet, 532-3 ; — du Pin, 535 ; — de Courtry, 537. — Sa femme, Madeleine du Brouillat.
ANEISANZ (Adam d'). Voy. Nesans.
ANGERAN (Isabelle d'), femme de Jean de la Rivière. Son épitaphe dans la chapelle N.-D. des Miracles à Saint-Maur (1363), II, 441.
ANGERS [Maine-et-Loire] (actes signés à) en 1377, IV, 21 ; en 1598, I, 131. — Abbaye de Saint-Nicolas ; chartes mentionnant un *Indictum* à Angers, 1, 538. — Abbaye de Saint-Serge ; abbés. Voy. Daquin, Foing (Jacques), Lorme (Philibert de).
— Cathédrale (St-Maurice) ; chant en l'honneur de saint René, I, 59 ; — chanoines. Voy. Ormoy (Jean II d'), Versailles (Guy de) ; — trésorier. Voy. Bellay (Louis du).
— Evêques, I, 603. Voy. Michel (Jean), Olivier (Jean), Rueil (Claude de), S. Aubin, S. Lezin, S. René. — Grand archidiacre. Voy. Balue (Jean).
— (personnage né à). Voy. Jourdan (François).
ANGERVILLIERS [Seine-et-Oise, arr. de Rambouillet, cant. de Dourdan], paroisse du diocèse de Chartres, III, 459. — Seigneurs. Voy. Sanguin.
ANGES (hommes vêtus en) pour représenter S. Michel, I, 180.
ANGEST, fief dépendant de la seigneurie de Boussy-Saint-Antoine, V, 195.
ANGEZIN (Jean d'). Voy. Aughin (d').
ANGICOURT [Oise, arr. de Beauvais]. Voy. Bouqueval.

ANGLAIS, emportent en Angleterre le corps de S. Richard (XVe s.), I, 49. — Pillent Rueil (1346), II, 97. — Occupent Creil et Gonesse en 1358, II, 271. — S'emparent du château de Louvres (1438), II, 302 ; — du pont de Charenton puis en sont chassés (1436), II, 372. — Pillent le monastère de Chelles (1429), II, 493. — Pillent et incendient Nanterre et Charlevanne (1346), III, 79, 111. — Abattent la Maison-Dieu de Marly, III, 120. — Prennent et incendient le château de St-Germain-en-Laye (1346), III, 138, 141. — S'emparent d'une maison-forte à Amblainvilliers (1358), III, 533. — Occupent Montlhéry (1358), IV, 106. — S'établissent près d'Ablon (1370), IV, 423. — Leurs ravages à Orly (1360), IV, 435. — Dévastent l'abbaye de Lagny (XIVe s.), IV, 548 ; — sont chassés de la ville (1429), 560. — Fabuleux stratagème auquel aurait été dû leur départ de la plaine d'Ivry, V, 19.

ANGLAIS (Bénédictins). Voy. Bénédictins.

ANGLAIS (Séminaire des). Voy. Paris.

ANGLAISES (Filles) de l'Immaculée conception. Voy. Paris, com. relig.

ANGLETERRE (reines d'). Voy. Boulen (Anne de), Catherine de France, Eléonor, Henriette-Marie de France, Mathilde. — (rois d'), leurs biens à Chaillot au XVe s., I, 415. — Voy. Charles I, Edouard II, Edouard III, Guillaume le Conquérant, Guillaume II, Henri II, Henri V, Henri VI, Henri VIII, Jacques II, Richard Cœur de Lion.

ANGLETERRE (Béatrix d'), fille d'Henri III et femme de Jean II, duc de Bretagne, V, 366.

ANGLETERRE, nom d'un quartier de Lagny en 1188, V, 558.

ANGLETERRE (saintes d'), leur fête à l'abbaye de Chelles, II, 491.

Anglicus (Guillaume). Voy. Guillaume.

ANGLO-BOURGUIGNONS, à Lagny, IV, 560-1.

ANGLO-NAVARRAIS, ravagent Saint-Cloud (1358), III, 33.

ANGLURE (Nicolas d'), seigneur de Boudemont. Possède la baronnie de Conflans-Sainte-Honorine ; en rend hommage (1475-1483), II, 94.

— (Nicolas d'), marquis de Bourlemont, comte de Buzancy, général des armées du Roi. Sa sépulture à St-Séverin de Paris (1706), I, 110-111.

ANGLURE (Oger d'), nommé abbé de Lagny en 1474, IV, 550.

— (Saladin d'), possède la baronnie de Conflans-Sainte-Honorine ; en rend hommage (1507), II, 94.

ANGOT (Pierre), marguillier de Saint-Lambert en 1539, III, 340.

ANGOUILLANT, curé de Morangis (1736), IV, 59.

ANGOULÊME [Charente]. Etymologie, I, 537. — (acte royal daté d') en 1530, IV, 146.

— Communauté de l'Union chrétienne ; sa fondation, I, 479.

— Comtes, seigneurs de Corbeil au XVe s., V, 267. Voy. Orléans (Jean d'), Lusignan (Hugues de).

— Diocèse, IV, 64.

— Duc. Voy. Valois (de). — Duchesse. Voy. ci-après et Montmorency (Charlotte de), Valois (Marie-Françoise de).

— Evêques : l'un d'eux inhumé à Saint-Denis, I, 503. Voy. Barre (Antoine de la).

— (histoire d'), par Corlieu, citée, I, 89 (note). — (personnage né à), I, 603.

— (Alduin, vicomte d'), I, 89 (note).

— (Diane de France, duchesse d'), sœur légitimée d'Henri III, I, 333. — Dame d'Ollainville, III, 475.

ANGOULÊME (Souveraine d'), sœur naturelle de François I. Transmet à son mari, Michel Gaillard, les seigneuries de Chailly et de Longjumeau, IV, 66, 75.

ANGOUMOIS (lieutenant de la maréchaussée d'). Voy. Hélie.

ANGRAN, seigneur de Vaugirard (XVIIIe s.), I, 486.

ANGUECHIN (Eléonore d'), femme de Guy Carré, V, 48.

ANGUIER, sculpteur. Statues de lui au château de Choisy-le-Roi, IV, 446.

ANGUIÈRES-LES-NEUVES [?]. Censives qu'y perçoit le duché de Chevreuse, III, 373.

ANIAN (Philippe), bienfaiteur de l'abbaye d'Yerres (XIIe s.), V, 222, 224. — Sa femme, Heremburge.

ANIÈRES. Voy. Asnières.

ANIMAL (pierre représentant une tête d') à Sainte-Geneviève de Paris, I, 234.

ANIMAUX (procès contre les) au moyen-âge, I, 476 ; III, 290 (et note 1), 563.

ANIZY-LE-CHATEAU [Aisne, arr. de Laon] (acte daté d') en 1307, IV, 389.

ANJORRANT (Marie d'), veuve de Jean [Hodoard?]. Mentionnée en 1597, V, 113.

ANJOU. Pierre Mauclerc cède à Louis IX les terres qu'il y possède (1234), IV, 64. — Chambre aux deniers (maître de la), I, 329. — Gouverneur. Voy. Chabot (Henri).

ANJOU (rue d'). Voy. Paris.

ANJOU (Charles I d'), frère de Louis IX, II, 214.

— (Charles d'), comte du Maine. Seigneur de Chilly et de Longjumeau ; institue Louis XI son héritier (1481), IV, 65, 66, 75.

— (Louis I, duc d') et roi de Sicile. Sa maison à Chaillot, I, 414-5. — Acquiert le manoir royal de Cachan (1377) ; le lègue à son fils Louis, IV, 21. — Seigneur de Chilly et de Longjumeau par sa femme Marie de Bretagne, 65, 75. — Son testament (1383), V, 148.

— (Louis II, duc d'), fils du précédent, IV, 21.

— (Marie d'), reine de France. Voy. Marie.

— (René, duc d') et roi de Sicile. Seigneur de Chilly et de Longjumeau, IV, 63, 65, 75.

ANLEZY [Nièvre, arr. de Nevers] (marquis d'). Voy. Damas (de).

Annacharius, nom d'homme, contracté en *Annarius*, II, 420.

ANNE, femme de Pierre de Montreuil, architecte. Son épitaphe, II, 401.

ANNE, femme de Pierre Rigaut. Son épitaphe, V, 295.

ANNE D'AUTRICHE. Son passage à Corbeil (1622), II, 620. — Donne une relique à l'église Saint-Germain-l'Auxerrois (1644), I, 30. — Pose la première pierre de l'église Saint-Roch à Paris (1653), I, 78 ; — du collège ou séminaire de Nanterre (1652), III, 76. — Séjours qu'elle fait à Rueil, III, 103 ; — à Guermantes (1656), IV, 584. — Sa grossesse lui est prédite, IV, 383. — Bienfaitrice de la chapelle Ste-Geneviève de Nanterre, III, 75.

ANNE DE BRETAGNE, reine de France. Fonde le couvent des Minimes de Chaillot, I, 415. — Sa résidence à Vincennes, II, 410. — Obtient la réforme de l'abbaye du Val-Profond dont elle fait changer le nom en celui de Val-de-Grâce, III, 262.

ANNEAU (usage de l') accordé au trésorier de la Ste-Chapelle de Paris, I, 223. — à l'abbé de Ste-Geneviève, 240 ; — de St-Victor, 342 ; — de St-Denis, 507 ; — de St-Maur, II, 452.

ANNEAU des chevaliers de l'ordre de l'Etoile, légué par eux à la Noble Maison, I, 571.

ANNEAU de fer remarquable, a Sainte-Geneviève de Paris, I, 234.

ANNEAU d'or légué à St-Gervais de de Paris, I, 79 ; — à St-Etienne-des-Grès, 140. — Symbole d'investiture, II, 93, 209, 527-8, 531 ; III, 367, 368 ; IV, 592-3 ; V, 322, 324 ; — de renonciation à un droit, II, 208.

ANNEVILLE (Jean de), talmelier de Paris. Bienfaiteur du collège Saint-Nicolas de Paris, I, 57.

ANNERI (Agnès), abbesse de Longchamps (1260), I, 399.

ANNIVET ou AUVEINET (François d'), duc d'Atry. Possède la seigneurie de Brie-Comte-Robert (1547), V, 268. — Sa femme, Suzanne Caracciolo.

ANNONCIADES, dites aussi religieuses des Dix-Vertus et Ancelles. Leurs couvents. Voy. Châtres, Paris (com. relig.), Melun, St-Denis, St-Mandé.

ANNONCIATION (chapelle de l') à Saint-Germain-l'Auxerrois, I, 32 ; — à Saint-Sauveur de Paris, 72 ; — à Saint-Jean-en-Grève, 91 ; — à la Roue, paroisse de Linas, IV, 124.

ANNUELS (droit des) après le décès de chaque chanoine ; perçu par les prêtres de St-Jean-le-Rond, ensuite par l'abbaye de Saint-Victor dans les collégiales de fondation royale, I, 14 ; IV, 111, 112.

ANORVILLE, nom de lieu abrégé en celui de Norville (la), IV, 230.

ANQUIER (ru d'), V, 428.

Ans, ains, terminaison de certains noms de lieux, équivalant à *amnis*, IV, 58.

ANSBERT, abbé de Fontenelle. Sacré à Clichy évêque de Rouen (683), I, 422.

ANSCOULPH (moulin d'), mentionné au XIe s., IV, 201.

ANSCULFE, chevalier. Se fait moine à Saint-Maur-des-Fossés. Biens à St-Vrain qu'il donne à cette abbaye, IV, 197, 202.

ANSEAU ou ANSEL, prieur de l'abbaye de Saint-Denis. Acte relat. au Tremblay (1153), II, 609-10.

ANSEGISE, abbé de Fontenelle ou St-Wandrille. Son testament cité, II, 194 (note 1). — Acte mentionnant les revenus de la terre d'Aupec au IXe s., III, 127.

ANSEL, chancelier de N.-D. de Paris (1006), II, 427.

ANSEL, chantre de Saint-Spire de Corbeil (1260), IV, 278.

ANSEL, doyen de Saint-Martin de Tours. Biens à Rosny (1195), II, 553 (note).

ANSEL, év. de Meaux. Acte relatif à Epiais (1199), II, 305.
ANSEL, év. de Terouenne. Sa sépulture à St-Martin-des-Champs (XII° s.), I, 194.
ANSEL, fils de Hugues et de Haïlde la Riche, IV, 8.
ANSEL, prieur de Saint-Eloy de Paris (XIII° s.), I, 311.
ANSELME, abbé de Gemblcux, auparavant écolatre de Lagny. Ouvrage qui peut lui être attribué, IV, 563.
ANSELME, abbé d'Hiverneau. Epoque où il vivait; son obit à Saint-Victor de Paris, V, 365.
ANSELME, prétendu abbé de Saint-Victor de Paris en 1085, I, 335.
ANSELME, préchantre du St-Sépulcre de Jérusalem. Envoie à la Cathédrale de Paris le bois de la vraie croix (1109), III, 24.
ANSELME, seigneur de Saint-Remy-les-Chevreuse. Traite avec le prieur de ce lieu en 1206, III, 377.
ANSELME (l'abbé), membre de l'Association fidèle de Villiers-le-Bel (1685), II, 176. — Epitaphe dont il est l'auteur, V, 232.
ANSELME (le P.). Son Hist. généalog. rectifiée, II, 31, 179, 339; IV, 323.
ANSEREDE, dit Sultanus, fils de Girold Gastinel, IV, 402.
ANSGARDE, fille d'Hervé Basset. Bienfaitrice du prieuré de Longpont, IV, 222.
ANSKERIK, év. de Paris. Donne à des laïcs des terres appartenant aux chanoines de Saint-Marcel (886), I, 122, 123. — Obtient du roi la réunion de l'abbaye de Rebais à l'égl. de Paris (907), V, 410.
ANSOALD, comte du palais de Childebert III (VII° s.), II, 42.
ANSOLD, abbé de Saint-Corneille de Compiègne (XII° s.), III, 581.
ANSOLD, chanoine de Saint-Pierre de Montlhéry. Bienfaiteur du prieuré de Longpont (XII° s.), II, 250.
ANSOLD, seigneur du XI° s. Donne des terres pour la fondation de l'abbaye de Saint-Martin-des-Champs (1060), I, 189.
ANSOLD, bienfaiteur de l'égl. Saint-Denis de la Chartre à Paris (1013), I, 210; III, 492, 499-500, 501, 504; V, 135. — Sa femme, Reitrude.
ANSOLDE ou ALEAUME, prieur d'Argenteuil (1156), II, 5.
Anssati. Voy. Hansati.
Ant, racine celtique. Voy. And.
ANTECHRIST (l'), lieu-dit de Buc. Conjectures sur l'origine de ce nom; — autrefois appelé les Entes et l'Antiquerie, III, 277-8.

Antes, terme d'agriculture. Etymologie supposée du nom d'Antony, III, 538.
ANTEUIL (le bois d'). Voy. Bois d'Autel (le).
ANTEUIL (Simon d') de Antholio. Voy. Autheuil (Simon d').
ANTHEAUME (Denis) dit le frère Fiacre, augustin déchaussé, né à Marly-la-Ville (XVII° s.), II, 330.
— (François), père du précédent, II, 330.
ANTHONIS (Gilles), secrétaire du roi. Seigneur de Vemars; sa sépulture au cimetière des Innocents (1493), II, 346-7.
— (Jacques), fils de Gilles; élu de Paris. Seigneur de Vémars; mort en 1533, II, 347. — Sa femme, Marguerite Fournier.
ANTIENNES, autrefois chantées à Saint-Denis, I, 507; — d'Andresy, de Corbreuse et de Vitry, II, 99; IV, 450.
ANTIN (duc d'). Voy. Pardaillan (de).
ANTIOCHE (prince d'). Voy. Bohémond. — (princesse d'). Voy. Brienne-Beaumont (Marguerite de).
ANTIQUERIE (l'). Voy. l'Antechrist.
Antogni (XIII° s.) : Antony, III, 534.
Antogniacum (XIV° s.) : Antony, IV, 22.
ANTOINE, maître de l'hôpital du Haut-Pas à Paris. Mentionné en 1348, I, 156.
ANTOINE, reclus du Mont Valérien, III, 81-2.
ANTOINE, [prétendu] roi de Portugal. Ses fils, Emmanuel et Christophe, posent la première pierre de l'église de Rueil (1584), III, 93.
ANTOINE (héritiers de Jean), seigneurs en partie de Chennevières (1580), II, 97.
ANTOINE, seigneur du Perreux (XVI° s.), II, 173.
ANTOINE, mentionné dans un partage (XIII° s.), II, 250.
Antoniacum, Antony. Etymologie de ce nom de lieu, III, 538.
ANTONIN LE PIEUX, empereur, I, 70.
ANTONY, Antoniacum, Antoigny, Anthoigny, Antogni, paroisse du doyenné de Châteaufort [Seine, canton de Sceaux]. Notice, III, 534-538.
— Dégâts qui y sont causés par les Calvinistes en 1562, III, 50, 531, 538. — Habitants admis à la léproserie de la Banlieue, IV, 22; —affranchis en 1248, III, 524, 529, 531, 536. — Manufacture de cire, III, 538. — Seigneurie; sa mouvance, IV, 46.
— (bois d'), III, 535 et note, 536, 543.

ANTONY (le pont d'), écart de ce village, III, 527, 538 ; IV, 44, 394.
— (prévôté d'), III, 537.
— Lieu-dit : Chanteloup (le petit).
— (Philippe d'), d'*Antogny* ou d'*Antongny*. Garde du grand sceau de S. Louis; né à Antony ; ses gages, III, 538.
ANTOUIN (Jeanne de Vergy, dame d'), II, 532.
Aolinivilla (VIIe s.) : Ollainville, III, 466.
Aovilla, Aonvilla, Aunvilla : la Honville, IV, 187.
Aper, Aprinus, Evrinus, noms romains. Noms de lieu qui semblent en provenir, IV, 191, 324.
Aper (Guido). Voy Sanglier (Guy le).
APESTIGNY (Pierre d'), général de Bourgogne. Seigneur de Chennevières-sur-Marne et des Romaines (1534-1539), IV, 478 ; V, 214, 278, 359. — Sa femme, Claude de Bidaut.
Aplanos, devise des Montmorency. Endroits où elle est inscrite, I, 620; II, 61, 182.
APOCALYPSE (visions de l'), figurées sur les vitraux de la Sainte-Chapelle de Paris, I, 221.
APOTRES (fête de la division [des), célébrée au collège de Montaigu, à Paris, I, 252.
APOTRES (terre et chapelle dites des), sur la paroisse de Brie-Comte-Robert, V, 259.
APPARITION (l') ou fête des Rois, I, 571 ; II, 181 (note).
APPOUGNY (André-François d'), chanoine de S. Augustin. Prieur-curé de Pomponne ; mentionné en 1718, II, 506.
APREMONT (Catherine-Angélique d'), veuve du sieur Gourdon en 1700. Sa maison seigneuriale de Fresnes, IV, 339.
Aprini villa : Avrainville, IV, 191.
Aprinus, nom d'homme. Voy. *Aper*.
Aqua bona (XIVe s.) : Eaubonne, II, 69.
Aqua mortua (XIIIe s.) : Morteau, III, 529.
Aqua Puta ou *Putta*, incertitude sur l'identification de ce nom de lieu, III, 52-3.
AQUAQUIA (Martin), docteur en médecine. Mentionné en 1539, V, 258. — Sa femme, Marie Chauveau.
AQUEDUCS d'Arcueil, IV, 14, 15, 17, 18, 19, 22 ; — de Belleville, I, 469; — des Prés-Saint-Gervais, II, 652 ; — de Rocquencourt, III, 159.
Aquifolium. Voy. *Acrifolium*.

Aquilina (Sylva) : la forêt d'Iveline, III, 346 ; IV, 133.
AQUINIÈRE (l'). Voy. Haquinière (la).
AQUITAINE (roi d'). Voy. Pépin.
Aquosus, adjectif traduit par *Evieux*, I, 274.
ARABI (Geneviève), femme de Martin Ruzé, IV, 66.
Arablis (Gandulphe de). Ses biens à Montreuil-sous-Bois (1304), II, 403.
ARAGON (rois d'). Voy. Ferdinand le Catholique, Jacques I.
Arbalaster (Guillaume) [ou Gautier]. Donne au prieuré de Longpont des biens à Bussière (XIIe s.), III, 396.
ARBALÈTE (l'), l'Arbaleste [Seine-et-Oise, ham. de Grigny]. *Notice*, IV, 406-7.
ARBALESTE (Gui l'), vicomte de Melun, président de la Chambre des Comptes. Seigneur de la Borde ; engagiste de la châtellenie de Corbeil (1552), IV, 304.
ARBALESTE (Gui), prieur de Saint-Fiacre de Gagny en 1571, II, 549.
— (Nicolas), prieur de Saint-Fiacre de Gagny. Mentionné en 1538, II, 549.
ARBALÈTRE (famille). Ses armoiries à l'église de la Madeleine de Paris, I, 215.
— (Gui). Sa maison à Paris, I, 215.
ARBLAY. Voy. Herblay.
ARBOIS (Claude-Albert d'), seigneur de Romeny, Lecheries, Largilière, Blanchefontaine, etc. Ses autres titres rapportés dans son épitaphe à l'égl. de Luzarches (1698), II, 206.
ARBON (l'abbé d'), prieur de Saint-Jean-Baptiste de Conches en 1664, IV, 572.
ARBOULIN (d'), seigneur de Montmagny (XVIIIe s.), I, 588.
ARBOUZE (Marguerite de VENY d'), abbesse du Val-de-Grâce (1618). Obtient la réforme de cette abbaye et sa translation à Paris (1636), III, 263.
ARC (Jeanne d'), représentée sur les vitraux de l'égl. St-Paul, I, 324.
Arca ou *Area* (IXe s.), lieu voisin du Pecq, III, 127, 130.
Arcandium, terme omis par du Cange, II, 582.
ARCES (Raymond d'), dit le frère Marcian. Protestant converti ; lieutenant des Gardes de la Porte. Se fait ermite de N.-D.-de-l'Ermitage ; son épitaphe en ce lieu (1598), V, 61.
ARCELLES (Gandulphe d'). Ses biens à Ville-Évrard, II, 480 ; mort vers 1308, 481.
ARCHAMBAUD, sous-chantre de Paris (XIIIe s.), IV, 70.

ARCHAMBAULD. Voy. Erchinoald.
ARCHE (fief de l') assis à Corbeil, V, 96. Voy. Archet (l').
ARCHE (Jérôme de l'), conseiller du Roi. Seigneur de Saint-Mandé (1629), II, 382.
Archeilus (XIIe s.) : Arcueil, IV, 14.
ARCHER (Jean), procureur de la nation de France. Mentionné en 1407, I, 251.
ARCHER, curé de Saint-Jacques-la-Boucherie. Fondateur de l'hôpital Saint-Gervais (XIIe s.), I, 198.
ARCHES (N.-D. d'), *de Achis, de Coschis*, chapelle à Vemars, II, 345.
ARCHES (Jacques du Bouchet, seigneur des), IV, 626.
ARCHET (l') ou l'ARCHER, *Archerus*, noms de trois fiefs relevant de Saintry et situés à Boucournu, à Corbeil et à Evry-sur-Seine, IV, 301 ; V, 95, 97.
ARCHIDIACRES, leur droit de dépouille, II, 197, 240.
ARCHIPRÊTRE (titre d') ; à qui donné, II, 344.
Archisterium, Arcisterium, synonymes de *Monasterium*, I, 315.
ARCIS (des), origine de ce surnom, I, 315.
ARCIS-SUR-AUBE [Aube, ch.-l. d'arrond.]. Reliques de S. Victor, I, 338.
ARCISSES [Eure-et-Loir]. Abbaye : la première prieure de l'abbaye des Bénédictines d'Issy en est tirée, III, 13.
Arcisterium. Voy. *Archisterium*.
Arcoilo (molendinus de) : Arcueil (moulin d'), IV, 14.
Arcolium (XIVe s.) : Arcueil, IV, 22.
ARCS (fief et rue des) à Arcueil. Etymologie, IV, 16, 17.
ARCUEIL *Archeilus, Arcoilum, Arcolium*, paroisse du doy. de Montlhéry [Seine, canton de Villejuif.] *Notice*, IV, 14-25.
— Aqueducs, IV, 17, 18, 19, 48. — Biens qu'y possède Jean, év. de Wincester, 11. — Château ; démoli en 1752, 17. — Cure ; à qui en appartient la présentation, I, 515, 526 ; IV, 15.
— Lieux-dits : Arcs (rue et fief des), Banlieue (la), Cachant, Clos-Mignon (le), Notre-Dame (vigne de), Croix bouissée (la), Vaudenoir, *Wucelli (terra)*.
Arcus Juliani (le nom d'Arcueil ne peut provenir d'), IV, 17, 18 (note).
ARCY (le petit), lieu-dit de la paroisse du Bois-d'Arcy, compris dans le parc de Versailles, III, 191.

ARCY (forêt d'), *sylva* ou *nemus de Arsitio*, d'Arsis [Seine-et-Oise], mentionnée en 1169 et en 1231, III, 180, 181, 190, 192.
— (Hugues d'), év. de Laon, puis archev. de Reims. Un des fondateurs du collège des Trois-Evêques à Paris, I, 252.
ARDELAY [Vendée, arr. de la Roche-sur-Yon, cant. des Herbiers]. Acte royal daté de ce lieu en 1472, IV, 594.
Ardanum (nemus), identifié avec le bois de Rarez, V, 65 ; — partie de la forêt de Senart. Origine celtique de ce nom, 72.
ARDENNE (le pont d'), lieu-dit de la paroisse de Jouy-en-Josas [?] Mentionné en 1697, III, 267.
ARDENNES (forêt des), origine celtique de ce nom, V, 72.
— (pierres des), vendues au landit de Saint-Denis, I, 546.
ARDENTS (mal de-). Individus atteints de ce mal séjournant dans l'égl. N.-D. de Paris, I, 10. — Epidémie de 945, I, 123. — Nom de lieu cru à tort en dériver, III, 190. — (miracle des) et procession à laquelle il donne lieu à Paris (1129), I, 126, 242, 243, 244, 245.
ARDENTS (Notre-Dame des), surnom donné à l'égl. du prieuré de Conflans-Ste-Honorine, II, 88.
ARDENTS (Ste-Geneviève des). Voy. Paris, églises.
ARDIER (Jean), augustin de Paris. Nommé prieur du Ménel (1582), II, 146-7.
ARDILLIÈRES, Ardilliers [Seine-et-Oise, ham. de Forges], III, 441.
Arebrelidum (VIIIe s.) : Herblay, II, 79.
ARGENSON (famille d'). Sa sépulture à St-Nicolas-du-Chardonnet, I, 345.
ARGENSON (François-Elie d'), doyen de Saint-Germain-l'Auxerrois. Mort archev. de Bourges [corr. de Bordeaux], I, 33.
ARGENSON (René-Louis, marquis d'), ministre de la guerre. Sa maison de campagne à Neuilly, I, 436.
ARGENSON (le comte d'). Maison possédée par son intendant à Rueil, III, 104.
ARGENSON (de VOYER d'). Sa maison de plaisance à Asnières, III, 59.
Argent (nom de lieu commençant par le préfixe), II, 1.
ARGENTEUIL, *Argentoïalum, Argentogilum, Argentoilum, Argentolium*, paroisse du doyenné de Montmorency [Seine-et-Oise, arr. de Versailles, ch.-l. cant.] *Notice*, II, 1-19.

— Abbaye de Bénédictines devenue simple prieuré, II, 2-10; — son différend avec l'év. de Paris au sujet du droit de procuration, 77 ; — avec l'abbaye de Malnoue, 372 ; — ses biens à Asnières, III, 58 ; — à Cormeilles, II, 50, 51 ; — à Merlan, 643 ; — à Montmélian (seigneurie), 340, 341, 343 ; — à Sannois (seigneurie), 41, 43 ; — à Sartrouville (seigneurie), 38 ; — à Vaulerand, 315 ; — à Villaines, 198. — Prieur. Voy. *Mediolano* (Hugues *de*) ; — reliques, IV, 522.
— Bailliage, II, 7, 8 ; appellations qui en ressortissent, 643.
— Comté ; ses droits sur le travers de Conflans-Sainte-Honorine (XVIIIᵉ s.), II, 96.
— Couvents : d'Augustins, II, 16 ; — de Bernardines, 16-7 ; — de Billettes, 16 ; — d'Ursulines, 13, 16.
— Dîmes, 23, 46.
— Habitants admis à la maladrerie de Franconville, 15, 46.
— Hôpital ; la maladrerie de Franconville y est réunie, 16, 47.
— Prise de la ville par les calvinistes (1567), III, 99.
— Lieux-dits : Bonne-Mine (fief de), Chalucet, Clos-l'Abbé (le), Marais (le), May (château de), Mont-Trouillet (le), Montubois, Robiol.
ARGENTEUIL (Jean d'), fils de Thibaud. Bienfaiteur de l'abbaye du Val (1288), II, 18, 19.
— (Thibaud d'), écuyer. Mentionné au XIIIᵉ s., II, 18.
— (Thomas d'), prévôt de la Cathédrale d'Arras. Sa mort tragique en 1226, II, 19.
ARGENTIÈRE (Catherine l'), femme de Jacques Gouthières. Son épitaphe à l'abbaye d'Hermières (1648), V, 348, 349.
ARGENTUEL (XIIᵉ s.) : Argenteuil, II, 192.
ARGENVILLE, château situé sur la paroisse de Bezons, II, 22.
ARGENVILLE (d'). Voy. Dezallier.
ARGIES (Gobert d'), seigneur de Quittebœuf. Ses droits sur la forêt de Roissy (1275), IV, 500.
ARGILLIERS (Gauthier, sieur d'), chevalier. Seigneur de Saint-Leu (1398), II, 70.
ARGINI (Antoinette de Vignols, dame d'), IV, 507.
ARGNY (Jean d') et Maurice de Sasseville, sa femme. Fondent un Hôtel-Dieu à Montevrain (1477), IV, 540.

ARGOUGES (Anne d'), femme d'Henri de Masparault (XVIIᵉ s.), IV, 478-9.
— (Florent d'), conseiller du Roi. Seigneur de Bobigny (XVIᵉ s.), II, 638.
— (François d'), maître des Requêtes, chancelier de la Reine. Seigneur de Bobigny (XVIIᵉ s.), II, 638 ; — de Bondoufle, IV, 335. — Premier président du Parlement de Bretagne ; acquiert la seigneurie du Plessis-Pâté, 356.
— (Louis d'), vicaire-général de l'év. de Paris. Ses visites à l'abbaye d'Hérivaux (1474), II, 218.
— (Nicolas d'), curé d'Argenteuil au XVᵉ siècle, II, 12.
— (d'), marquis de Gratot. Epouse la fille de Nicolas Levasseur (1678), IV, 206.
ARGUEL, nom de plusieurs localités en France, IV, 23.
ARHOULT (Michel), seigneur de Tournan en 1641, V, 327.
ARIBON. Voy. Frisinge (Aribon de).
ARLES [Bouches-du-Rhône.] Consuls : remettent à Madame de Vendôme une relique de S. Roch (1665), I, 78, — Couvent des Mathurins ou Trinitaires ; relique de S. Roch en provenant, I, 78 ; IV, 27-8. — Archevêque. Voy. Adhémar de Monteil (François).
ARLY (Agnès d'), femme de Jean Rouillé (XVᵉ s.), IV, 342.
— (X... d'), femme de Jean de Guillerville (XVᵉ s.), IV, 342.
ARMAGNAC (acte de Philippe-le-Bel concernant le comte d'), IV, 21.
— (Bernard d'), seigneur de Gonesse (XVᵉ s.), II, 266.
— (Jacques d') [duc de Nemours], IV, 65.
— (Jean et Louis d') [ducs de Nemours et comtes de Guise], fils du précédent. Seigneurs de Chilly et de Longjumeau (1483), IV, 65, 66, 75.
— (Jean V, comte d'). Ses biens à Garges confisqués par le roi (1471), II, 255.
— (comtes d'), seigneurs de Gonesse au XVᵉ s., II, 266.
ARMAGNAC (d'), apothicaire du prince de Conti (XVIIIᵉ s.). Son château à Lugny, V, 114.
ARMAGNACS, pillent le prieuré d'Argenteuil (1411), II, 14. — Cruautés qu'ils commettent à Nanterre (1411), II, 79. — S'emparent de Luzarches (1429), 211, 214. — Incendient un convoi de blé destiné aux Parisiens (1430), II, 624. — S'emparent du

fort de St-Cloud, III, 32. — Incendient les châteaux de Croissy en Brie et de Champigny-sur-Marne (1419), IV, 473, 518.

ARMAILLÉ (François de la FOREST d'), conseiller au Parlement de Bretagne (XVIIIe s.). Seigneur de Lésigny, IV, 489; V, 262, 359. — Hommage qu'il rend pour cette terre, 262. — Seigneur de Berchères, IV, 495 ; — de la Queue-en-Brie, 489. — Sa femme, Gabrielle de Boilève.

ARMAILLÉ (Mme d') et après elle, son fils, seigneurs de Chevry, V, 289.

ARMAINVILLIERS, Ermanvilliers, Hermainvilliers [Seine-et-Marne, ham. de Gretz.] Notice, V, 329.

— Comté : terre du dépendant, V, 305. — Vente de cette terre en 1496, 315. — (bois d'), canton de la forêt de Ferrières, 313, 351.

ARMEEL (Jean Bureau de la Rivière, seigneur de la Rivière d'), IV, 364. [Peut-être au lieu d'Armeel faut-il lire de la Rivière, d'Alneel, Auncel [Auneau], terre dont J. Bureau était seigneur — ou encore de la Rivière d'Aulnoy.]

ARMENON [Seine-et-Oise, ham. des Molières). Porte ce nom dans le village des Molières, III, 412.

ARMENONVILLE (seigneurs d'), II, 197; III, 576 ; V, 112 [Armenonville est ici Ermenouville, aujourd. Arnouville.]

ARMENONVILLE (famille d'). Sa sépulture à St-Eustache de Paris, I, 64.

ARMENONVILLE (FLEURIAU d'), garde des sceaux. Sa résidence au château de Madrid, I, 436.

ARMENTIÈRES [Seine-et-Marne, arr. de Meaux, cant. de Lizy-sur-Ourcq]. Incorporé à la seigneurie de Saint-Cloud (1674), III, 31. — Seigneurie, V, 268.

ARMES (Jean Baluc, seigneur d'), III, 186.

.RMES (droit de port d') accordé à des serfs, II, 430.

ARMIGNY. Voy. Arvigny.

ARMOIRIES, d'Isabelle d'Angerran, II, 441; — de la famille Arbalétre, I, 215 ; — d'Ydoine, dame d'Attainville, II, 191 ; — de Jean d'Aunay dit le Gallois, II, 290 ; — de Jean d'Auret, III, 422 ; — de la famille Baillet, I, 167 ; — de la Bateste, seigneur de Franconville, II, 46 ; — d'Adam Bazon, V, 73 ; — d'Honorine de Beauvais, II, 564 ; — de Jeanne de Begegy [ou Begeon], II, 352 ; — de Pierre Bernard, V, 95 ; — de Pierre de Billy-sur-Ourcq, II, 278-9 ; — de Louis Blanchet, IV, 485 ; — de Jean Blosset, IV, 338 ; — de Marguerite Bollard, IV, 315 ; — des seigneurs des Bordes, III, 474 ; — de Nicole Bossard ou Bollard et de sa femme Jeanne Feron, IV, 263 ; — de Guy Bountalg, II, 264 ; — du cardinal de Bourbon, abbé de St-Denis, 607 ; — d'Antoine le Bouteiller [de Senlis], II, 352 ; — de Philippe Braque, 167 ; — de Guillaume de Braye ? V, 258 ; — écartelées de Bretagne, II, 309 ; — de la famille de Briart, V, 430 ; — de Jean de Bruyères, III, 473 ; — de la famille Budé, V, 216.; — de Jeanne de Caours, 187 ; — de la famille de Carnazet, IV, 210 ; — de Castille, I, 221, 497 ; — d'Arthur de Champluysant, II, 158 ; — de la famille Chardon, 183 ; — de Nicolas Charles, seigneur du Plessis-Piquet, III, 251-2 ; — prétendues de l'abbaye de Chelles, II, 482 (note) ; — d'un seigneur de Chennevières, II, 309 ; — du duc de Chevreuse, III, 359 ; — de Jean de Chevru, IV, 294 ; —. de la famille de Chevry, V, 367 ; — d'un comte Clarembaud, II, 120 ; — de Jacques de Cocqueborne, V, 187 ; — de la famille de Coligny-Chastillon, I, 618 ; — d'Eustache de Corbeil, V, 229 ; — — (fausses) d'Haymon, comte de Corbeil, IV, 277 ; — de la famille de Corbie, II, 232 ; — de Pierre de Courquetaine, V, 295 ; — de la famille de Courtenay, 226 ; — de Martin Courtin, II, 505 ; — d'Anne de Crouy, IV, 539 ; — des Danuts [?] de Saint-Simon, II, 352 ; — de Nicolas Durand de Villeblain, V, 430 ; — de la famille Du Val, II, 232 ; — d'un seigneur de Fontenne, III, 180 ; — de France, I, 473, 497 ; III, 438 ; IV, 278 ; — de Regnault de Gaillonnet, II, 136 ; — d'Anne de Garges, II, 253 ; — de la famille de Garlande, V, 367 ; — de Jean Gentien, IV, 484-5 ; — des seigneurs de la Grange, III, 486 ; — de la famille de Graville, III, 482 ; — de Guillaume de Grez (Gretz), V, 318 ; — de X... Grivel, seigneur de Noiseau, V, 376 ; — des sieurs Gruyn, IV, 216 ; — de Charles de Hangest, V, 128 ; — d'un vigneron à Herblay, II, 82 ; — de Hongrie, IV, 278 ; — de Louis de l'Hospital, V, 151 ; — de la famille Langlois, IV, 315 ; — de Le Bret, seigneur de Pantin, 649;

— de Jean Le Clerc, dit Cottier, 602 ; — de Hutin Lestendart, V, 151 ; — de Michel Le Tellier, III, 224, 236 ; — des seigneurs de Lévis, III, 351 ; — (parlantes) de Pierre Loisel, cordonnier, I, 116 ; — du prieuré de Longpont, IV, 97 ; — d'un sieur Longuet, V, 436 ; — des le Loup de Villepinte, II, 614 ; — de la maison de Lorraine, I, 453 ; — de Marguerite de Marchières, V, 147 ; — de Pierre de Margeret, V, 14 ; — d'une abbesse de Maubuisson, II, 74 ; — de Menard, seigneur de la Grange-Neuville, II, 110 ; — de la famille de Mesme, IV, 224 ; — des seigneurs de Montaigu, III, 481, 486 ; — de la dame de Montesson, nourrice de Louis XIV, II, 30 ; — de la famille de Montmorency, II, 62, 90, 92, 182 ; — de Guillaume de Montmorency, I, 617 ; — d'Antoinette de Mornay, IV, 210 ; — de Pierre de la Mouche, III, 499 ; — d'Antoine de Mourches, IV, 293 ; — de Françoise de Moutiers, IV, 199 ; — d'Antoine de Nacaille, II, 437 ; — d'un seigneur de Nanteuil, II, 437 ; — (prétendues) sur le tombeau de Foulques de Neuilly, II, 482 ; — de Notre-Dame du Mesche, V, 20 ; — de la famille d'Orgemont, II, 125 ; — des seigneurs de Palaiseau, III, 518 ; — de Lorent (ou Florent) Pasquier, IV, 210 ; — de la famille le Pileur, II, 23 ; — de Jean de Plaisance, II, 466 ; — de Jean de Ploisy, II, 278 ; — d'Artus de Pommeuse, V, 170 ; — de la famille Poncher, III, 432 ; — d'Anne Pot, femme de Guillaume de Montmorency, I, 617 ; — de la famille de Pôtel, V, 124, 125 ; — de Françoise de Prunelay, IV, 199 ; — d'Antoine-Martin Pussort, V, 13 ; — d'Eudes de la Queue, II, 145 ; — de Clement Raison, 564 ; — de Tristan de Reilhac, IV, 496 ; — de Jean de Repenti, V, 103 ; — de Marguerite de la Rivière, 128 ; — des seigneurs de la Rochette, III, 474 ; — de Françoise de Rosny, V, 203 ; — sur une statue de la collégiale de Saint-Cloud, III, 24 ; — de Catherine de Sainte-Marie, 422 ; — de l'ordre de S. Lazare, I, 439 ; — d'un abbé de Saint-Maur-les-Fossés, II, 438 ; — des chevaliers de l'ordre de St-Michel, II, 414 ; — de Jeanne de Sansac, III, 161 ; — de Jean le Saunier, II, 136 ; — de la famille Simon, I, 286 ; — d'*Aales de Soisel*, femme de Jean de Soisel, V, 167 (note) ; — de la famille de Stuart, II, 165 ; — de Charlotte le Tardif, II, 274 ; — de Jean Thiriot, V, 212 ; — de X... Thoinard, IV, 18 ; — de Perrette de Thyois, femme de Jean de Ploisy, II, 278 ; — de Mathieu de la Tournelle, II, 209 ; — de Marie de Troyes, femme de Jean le Clerc dit Cottier, II, 603 ; — de Guillaume de Tunberel, III, 42 ; — de Thibaud de Valangoujart, II, 136 ; — d'un seigneur de la Varenne-Saint-Maur, II, 438 ; — d Jean de Ver, IV, 210 ; — de Jeanne de Villeberne, III, 16 ; — du portail de l'égl. de Villeneuve-Saint-Georges, V, 37 ; — de seigneurs de Villiers, II, 157-8 ; — de Villiers-Adam, II, 62 ; — des seigneurs de Voisins, III, 310 ; — de l'abbaye d'Yerres, V, 229 ; sans attribution..., II, 37, 62, 203, 229, 247 ; III, 180, 226, 330, 374, 412, 420, 432, 467, 525 ; IV, 210 ; V, 131, 203, 258, 295, 313, 395, 396, 402.

ARNAUD (Antoine), avocat au Parlement. Acquiert une partie de la seigneurie d'Andilly ; mentionné en 1612, I, 635. — Sa mort en 1619, 636. — Sa femme, Catherine Marion.

ARNAUD (Catherine-Félicité), femme de Jean-Baptiste Colbert, IV, 519.

ARNAUD (Marie), femme de Hilaire l'Hoste, II, 544.

ARNAUD (Marie-Angélique), dite de Sainte-Madeleine. Abbesse de Port-Royal, III, 297 (et note). — Rétablit la règle à l'abbaye de Maubuisson (1618-1922), II, 119.

ARNAUD, solitaires de Port-Royal. Leurs ossements déposés en 1710 dans l'église de Pomponne, II, 510 ; — de Palaiseau, III, 326.

ARNAUD D'ANDILLY (Robert), fils d'Antoine Arnaud; conseiller d'Etat. Aliène la terre d'Andilly, I, 636. — Seigneur de Pomponne ; décédé en 1674, II, 510. — Sa femme, Catherine le Fèvre de la Boderie.

ARNAUD ou ARNAULD de Pomponne (Simon), fils du précédent, ministre d'Etat. Marquis de Pomponne ; sa sépulture à St-Merry de Paris, I, 167. — Ses autres titres rapportés dans une inscription de l'égl. de Pomponne (1699), II, 505, 510. — Sa femme, Catherine l'Advocat.

ARNAUD D'ANDILLY (Simon), fils du précédent. Marquis de Pomponne, II, 510. — Seigneur de Palaiseau par son mariage avec Constance de Harville (1694); son cœur conservé en ce lieu (1737), III, 330.

ARNAUD D'ANDILLY (X...), fille du précédent. Femme de Joachim Rouault (1715), II, 510.

ARNAUD ou ARTAUD, religieux de Savigny. Premier abbé des Vaux-de-Cernay (1128-1145), III, 423.

ARNAULD, official de Paris. Acte relatif à Suresnes (1212), III, 50.

ARNAULD, trésorier de l'extraordinaire des guerres. Seigneur de l'Etang (1699), III, 43.

ARNAULT (Françoise), femme d'Antoine de Chaulnes. Sa sépulture dans l'église de Bures (1585), III, 392.

ARNAULT (Jean), frère de Françoise. Auteur d'une inscription conservée dans l'église de Bures, III, 392.

ARNO (rivière d') en Italie. Voy. Hautpas (le), I, 155.

ARNONCOURT (DUREY d'). Voy. Durey.

Arnonvilla, Arnonville, altération du nom de lieu Arnouville, II, 257.

ARNOU [Arnoul] (Robert), secrétaire du Roi. Mentionné à propos de Verrières (1598), III, 533.

ARNOUL (Pierre), secrétaire et interprète du Roi. Sa maison à Verrières (1619), III, 533.

ARNOUL, abbé de Lagny. Reliques qu'il donne à son monastère (XIe s.), IV, 546, 566. — [Auteur d'une vie de S. Fursy, 563.

ARNOUL, abbé de Saint-Denis (IXe s.), I, 504.

ARNOUL, abbé de Sainte-Geneviève de Paris. Acte relatif à la terre de Coupières (1278), III, 387.

ARNOUL, év. de Lisieux. Sa résidence et sa sépulture à Saint-Victor de Paris (XIIe s.), I, 336.

ARNOUL, évêque. Présent à une donation (XIIe s.), IV, 129.

ARNOUL, moine de Longpont [qualifié à tort par Lebeuf de moine du comte Raoul. Voy. le *Cartul. de Longpont*, p. 235]. Mentionné vers 1140, IV, 368.

ARNOUL. Son fief à Clamart (XIIe s.), III, 245.

ARNOUL, fils d'Adrald d'Etampes. Donne ses biens à Favières au prieuré de Longpont, IV, 171.

ARNOULD, *Arnulfus*, abbé de Livry. Acte relatif à Clichy-en-l'Aunois (1323), II, 571. — Son épitaphe, 595.

ARNOUVILLE, *Ermenolvilla, Ermenovilla, Hermenovilla, Villa Ermain,* Ermenouville, Ernouville, paroisse du doyenné de Montmorency [Seine-et-Oise, arr. de Pontoise, cant. de Gonesse.] *Notice*, II, 257-259. — Voy. Ermenouville.

ARNOUVILLE (Machault d'). Voy. Machault.

Arnulphus, maire de Santeny. Mentionné au XIIe s. V, 243 (note).

ARNY Seine-et-Oise, ham. de Bruyères-le-Châtel], III, 476.

ARONDEL (le comte d'), aide le duc de Bourgogne à s'emparer de Saint-Cloud (1410), III, 33.

ARPAJON [Cantal, arr. et cant. d'Aurillac] (marquisat d'), IV, 144.

ARPAJON, nom moderne de Châtres. Voy. Châtres.
— (Anne-Claude-Louise d'), comtesse de Noailles. Créée chevalière de Malte, IV, 145.
— (Louis, marquis d'), lieutenant-général. Acquiert la châtellenie de Châtres (1720) et en obtient l'érection en marquisat, IV, 144, 145.
— Bienfaiteur de l'Hôtel-Dieu de Châtres, 141.

ARPAJON-LE-CHATEAU, nom donné au hameau de la Bretonnière, près Châtres, IV, 155, 157.

ARPENT-FRANC (l'), lieu-dit de la paroisse de St-Cloud (1144), III, 37.

ARPENTY [Seine-et-Oise, ham. de Fontenay-les-Briis], dépendant en partie de la paroisse de Fontenay, III, 458; — de celle de Bruyères-le-Chatel, III, 322, 458, 476.

ARPENTY, Repenty [Seine-et-Oise, ham. de Vauhallan]. *Notice*, III, 321-2. — Fief mouvant de Corbeil; mentions en 1471 et en 1629, V, 104.
— (Jean d'), de Repenty, seigneur du Coudray-Montceaux. Sa sépulture dans l'église de ce lieu (1280), V, 103, 104.
— (Jeanne d'), de Repenti, abbesse de Montmartre. Acte relat. à l'égl. de Boulogne-sur-Seine (1320), I, 394; III, 323.
— (Robert d'), de Repenti. Mentionné dans un acte de la fin du XIe ou du commencement du XIIe s., III, 322.
— (Robert d'), fils du précédent (?). Mentionné en 1170, III, 322; IV, 145, 146.

ARQUENVILLIERS (Jean d'), abbé d'Hiverneau. Mentionné en 1461, V, 371-2.

ARQUIEN (le Lièvre d'). Voy. Lièvre (le).

ARRAGONOIS (Antoine l'), trésorier des gardes de France. Acquiert la terre de Romaine en 1642, V, 360.

ARRAS [Pas-de-Calais]. Ses marchands au Landit de St-Denis, I, 548. — Etymol. celtique, II, 78. — (acte royal daté d') en 1304, 403. — Siège (au XVIIe s.), III, 18. — Lieu de convocation de l'armée royale en 1302, III, 122. — Prise de la ville par les Bourguignons en 1489, IV, 290. — Cathédrale ; appelée *Monasterium*, I, 32 ; — associée à l'abbaye de St-Denis, 508.
— Evéques. Voy. Dinant (Jacques de), Florence (André de), Issy (Guillaume d'), Pasté (Jean), Pierre I. — Gouverneurs. Voy. Montesquiou (de), Saint-Benoît (Jacques de). — Grand pénitencier. Voy. Duduel, IV, 157. — Lieutenant de roi. Voy. Roque (de la).
— (collège d'. — rue d'). Voy. Paris.
— (Jean et Louis Sanguin, seigneurs du Gavre d'), I, 52.
— (Françoise d'), femme de Joseph de Nantia. Dame de Vaujours (XVIIe s.), II, 576.
— (Louise d'), femme de Hugues Chauveau (XVIe s.), V, 258.
— (Pierre d'), premier président en l'élection d'Étampes, mort vers 1600. Son épitaphe à Saint-Clément de Châtres, IV, 137.
ARRODE (famille). Sa sépulture à St-Martin-des-Champs de Paris, I, 194. — Dite de Chaillouel (Chaillot), 409, 410.
ARRODE (Jean), bourgeois de Paris. Ses biens à Neuilly (1316), I, 434.
ARRODE (Jean), échevin de Paris. Mentionné en 1281, I, 365 (note 7). — [le même?] dit fils de Nicolas. Seigneur de Chaillot, 410.
ARRODE (Jean), panetier du Roi, V, 104.
ARRODE (Nicolas). Fonde une chapelle près de St-Martin-des-Champs de Paris où il est inhumé (1252), I, 194.
ARRODE (Nicolas), fils de Jean, panetier. Seigneur de Chaillot et du Coudray-Montceaux ; sa sépulture à Paris (1316), I, 410 ; V, 104.
ARRODE (rue Nicolas). Voy. Paris.
Arsi ou *Arsitii*, personnes atteintes du mal des Ardents, III, 190.
ARSI (le petit). Voy. Arcy.
ARSILLY (d'), seigneur de Bertinval (XVIIIe s.), II, 214.
ARSIS, Arsy (Bois, forêt d'). Voy. Arcy.
— (Jean d'), seigneur d'Orangis. Fonde une chapelle dans l'égl. de Grigny (1311), IV, 372, 404.
Arsitium, arsitio (nemus, sylva de) : Bois d'Arcy, III, 190, 191, 192.

Art de vérifier les dates (l'), rectifié, IV, 274 (note).
ARTAGNAN (Pierre de Montesquiou, comte d'), III, 252.
Artaliis (S. Maturinus de) (XVIe s.) : Retal, paroisse de Liverdy, V, 301.
ARTAUD, archev. de Reims. Couronne Louis d'Outre-mer (936), IV, 117.
ARTAUD (Pierre-Joseph), curé chercier de St-Merry, I, 162. — Renseignements qu'il communique à l'auteur, 172.
ARTAUD. Voy. Arnaud.
ARTENAY [Loiret, arr. d'Orléans, ch-l. de cant.], I, 572.
ARTHOIS (Pierre d'), religieux et procureur de la commanderie de St-Jean-en-l'Ile à Corbeil. Son épitaphe en ce lieu, IV, 295.
ARTIGALOUPE (Mathieu d'), év. de Pamiers. Dédie l'égl. de Clamart (1508), III, 245.
ARTILLERIE (contrôleur de l'), IV, 217. — (grand maître de l'), IV, 185.
ARTOIS (comtes d'), leurs biens à Conflans vendus en 1548, II, 366. — Leur hôtel à Paris. Voy. Paris.
ARTOIS (rue de la comtesse d'). Voy. Paris.
ARTOIS (Charles d'). Son hôtel à Issy, III, 9.
— (Jean d'), comte d'Eu, III, 8.
— (Mahaut ou Mathilde, comtesse d') et de Bourgogne. Reçoit de Philippe le Long la garenne de Charenton (1316), II, 365, 369. — Son épitaphe dans l'église de l'abbaye de Maubuisson, II, 121.
— (Marguerite d'), fille de Philippe d'Artois. Femme de Louis, comte d'Evreux, auquel elle apporte la seigneurie de Brie-Comte-Robert (1300), V, 266.
— (Philippe d'), fils de Jean. Ses prétentions sur un hôtel à Issy (1381), III, 8-9.
— (Philippe d'), fils de Robert II, comte d'Artois. Seigneur de Conches (XIIIe s.), V, 266. — Sa femme, Blanche de Bretagne.
— (Robert d'), frère de Louis IX. Sa maladie et sa guérison à Gonesse, II, 271.
— (Robert II, comte d'), fils du précédent. Tué à Courtray (1302) ; sa sépulture à Maubuisson, II, 122.
ARTUER, échanson de Philippe-Auguste. Ses biens à Cormeilles et à Montigny (1220), II, 52, 56.
ARVIGNY, Armigny, Remigny ou Revigny [Seine-et-Marne, lieu-dit de

Moissy-Cramayel]. *Notice*, V, 115. Donné à l'év. de Paris par Philippe-Auguste (1216), I, 87; V, 181.
ASCELIN, abbé de Saint-Maur. Mentionné (de 1135 à 1140), II, 431; V, 224, 285.
[ASCELIN], abbé de St-Victor. Mentionné en 1249, V, 55.
ASCELIN, chevalier. Bienfaiteur de l'abbaye d'Hérivaux, II, 323.
ASCELIN, doyen de Notre-Dame de Paris (XIIe s.). Témoin dans un acte, IV, 63.
ASCELIN, doyen de St-Marcel de Paris (XIIe s.), III, 57.
ASCELIN, seigneur de Marly-la-Ville. Se fait ermite à Hérivaux où il fonde une abbaye (1160), II, 216; III, 408. — Donne à cette maison des biens à Fosses, II, 323. — Autres mentions de ce personnage, 329-30.
ASCELINE, abbesse de St-Martial de Paris, I, 307-8.
Asceterium, synon. de *Monasterium*, I, 315.
ASFELD (famille d'). Son château à Colombes, III, 69.
ASFELD (maréchal d'), III, 64.
Asinariæ : Asnières, III, 56.
Asineto, Asinis (capella de). Voy. *Alnis (capella de)*.
ASNE (Jean l'), seigneur de Chaville, valet de chambre du Roi. Obtient l'annexion de sa terre à la juridiction de Paris, III, 219-20.
Asneriæ in Garenna (XVIe s.) : Asnières (Seine), III, 56.
ASNIÈRES, nom de plusieurs localités en France, III, 59.
ASNIERES, *Asinariæ, Asneriæ,* Anières, paroisse du doyenné de Châteaufort [Seine, cant. de Courbevoie]. *Notice*, III, 56-60.
— Gennevilliers en est un démembrement, III, 61, 62. — (curés et vicaire d'), 585.
— Lieux-dits : Broce (la), *Bus rotundus,* Croix (la), Giroud (le mont de défunt), Laumont (le fonds de), Marchais (la Noüe de), *Pratellis* (vignes de), Rimont (le pré).
— (Jean d'), avocat. Accusateur d'Enguerrand de Marigny, III, 59.
— (Pierre d'). Livre de la Bibliothèque de Charles V lui ayant appartenu, I, 571.
ASNIÈRES-SUR-OISE [Seine-et-Oise, cant. de Luzarches]. Résidence royale, III, 58-9.
Asninis (capella de). Voy. *Alnis (capella de)*.
ASRELES, lieu-dit voisin de Villeneuve-St-Georges; mention au XIIIe s., V, 38.

Ass (église St-André surnommée *des*), à Paris, I, 284.
ASSAUT (moulin de l'), à Montfermeil [?] (XIIIe s.), II, 541.
ASSE (Ravaud), greffier du Parlement. Possède en partie la terre de Villiers-le-Sec, II, 237.
ASSELIN (Jean), hab. de Paris au XIIIe s., mentionné par Guillot, I, 360.
ASSIGNY (Pierre d'), écuyer, sieur des Bordes. Bienfaiteur de l'église de Colombes (1676), III, 66. — Sa femme, Henriette de Castor.
ASSOCIATION (charte d'), entre le roi et un seigneur, IV, 143.
Association fidèle (l'), fondée dans l'église de Villiers-le-Bel. Particularités de ses statuts, II, 176.
ASSOMPTION (chapelle de l'). Voy. Paris.
— (église de l') à Ezanville, II, 187; — à Montlhery, IV, 114.
— (religieuses de l'). Voy. Paris, commun. relig.
ASSUÉRUS (statue d') au portail nord de la cathédrale de Paris, I, 9.
Assummumbragium, réunion défectueuse des trois mots *ad summum bragium*, III, 444 et note.
ASSY (comte d'), seigneur de Bougival. Vend cette terre au roi en 1683, III, 108.
ASSY (vicomte d'). Ses droits sur le Mesnil-Aubry confisqués sur ses enfants (XVe s.), II, 245.
ASSY (Anne Guibert Fusée, sieur d'), IV, 264.
ASTORGE, prieur de la Sorbonne. Curé d'Eaubonne en 1325, I, 641.
ASTRÉE (l'), bâtiment du château de Dampierre où sont peints plusieurs sujets tirés de l'*Astrée*, III, 359.
ASTRONOMIE (ouvrage de Guillaume de Saint-Cloud sur l'), III, 39.
ASTULPHE, roi des Lombards (VIIIe s.), II, 321.
Ateinvilla (XIIIe s.) : Attainville, II, 190.
ATELIERS monétaires de la première race : à *Axsona,* IV, 260; — à *Bannaciacum,* III, 566; — à *Cabrianecum,* V, 285; — à *Catolacum,* I, 493-4; — à *Catonacum,* II, 40; — à *Combelli,* IV, 491; V, 76; — à *Drionnus vicus,* II, 221; — à *Locus sanctus,* V, 116; — à *Luavium,* II, 535; IV, 474; — à *Save,* I, 466; III, 15; — à *Vesunnum,* II, 20; — à *Vicus novus,* V, 51 (note). — de la seconde race : à *Ranciacum,* IV, 502.
Atenvilla (XIIIe s.) : Attainville, II, 190. Voy. *Villa Aten*.
Athegia (IXe s.) : Athis, IV, 414.

Athegiolæ (XIII° s.) : Etiolles, V, 71, 74.
Atheinvilla (XIII° s.) : Attainville, II, 190.
Atheiolæ (XIII° s.) : Etiolles, V, 71.
ATHIES [Aisne, arr. et cant. de Laon]. Mentionné au VI° s., IV, 413, 421.
ATHIS [Marne, arr. de Châlons, cant. d'Ecury-sur-Coole], IV, 413.
ATHIS [Athis-Mons], *Attegia*, Athies, paroisse du doyenné de Montlhéry [Seine-et-Oise, arr. de Corbeil, cant. de Longjumeau]. *Notice*, IV, 413-426.
— Erreur sur la situation de ce lieu commise par les Bollandistes, 96.
— Biens appartenant au prieuré de Longpont, 112 ; — au prieuré de Châtres, 143. — Dîme perçue par l'abbaye d'Yerres, V, 223. — Ermitage, IV, 419.
— Lieux-dits : Ablon, Brétigny-sur-Mons, Chaiges, Courcelles, Mardelle (la fosse de la), Mons, Moulin-le-Roi (le).
— (Aubert d'). Voy. Athis (Hugues d').
— (Girard d'), archev. de Besançon. Sa maison à Saint-Cloud, III, 34.
— (Hugues d'), grand panetier de France. Chargé par Louis IX d'une enquête à Gonesse, II, 270. — Cède une pièce de terre à l'abbaye de Marmoutiers (1226), IV, 411.
— Autres mentions, 418-9. — Appelé Aubert, II, 583. — Sa veuve, Marguerite de Savigny.
— (Jean d'), *de Atheiis*, maître ès-arts. Bénéficier du diocèse de Laon (?) ; sa sépulture dans l'église d'Athis (XIII° s.), IV, 415.
— (Landry d'), *de Attiis*, mentionné au XII° s., IV, 418.
— (Alaise, dite Lucienne d'). Sa sépulture dans l'église de Vigneux (1272), V, 52.
— (Brennart, dit Lucienne d'), clerc. Sa sépulture dans l'église de Vigneux (1291), V, 53.
— (Philippe d'), mentionné en 1171, IV, 418 ; — sous Philippe-Auguste, *ibid*.
— (Philippe d'), mentionné au XIII° s. comme tenant un fief à Massy, III, 524 ; IV, 419.
— (Regnauld d'), bienfaiteur de l'abbaye de Saint-Victor de Paris (XII° s.), IV, 418.
ATHYOLES (XIV° s.), *Atiolæ* (XIII° s.) : Etiolles, V, 71, 72, 73.
Atrabletum (XIII° s.) : Herblay, II, 78.
Atrii (hospites) à Deuil. Donnés à l'abbaye de St-Florent de Saumur (1060), I, 601.

Atrio (Georgius de), mentionné dans une charte du XI° s., IV, 333 (note).
Atrium, signifiant cimetière, I, 97, 278, 518 ; II, 350 ; IV, 555.
ATRY (François d'Annivet, duc d'), V, 268.
ATTAINVILLE, *Atenvilla*, *Atheinvilla*, *Ateinvilla*, *Attenvilla*, Atteinville, paroisse du doyenné de Montmorency [Seine-et-Oise, arr. de Pontoise, cant. d'Ecouen]. *Notice*, II, 190-193.
— Biens qu'y possède Gui de Goussainville (1332), II, 292. — Curé ; son collateur, I, 543. — Curé, *ibid*. — Habitants admis à la maison-Dieu de Moisselles, II, 189.
— (Agnès d'), dame d'Attainville (XIV° s.), II, 192-3.
— (Ferric d'), *de Ateinvilla*, chevalier. Bienfaiteur de l'abbaye du Val ; mentionné en 1246, II, 192.
— (Guillaume d'), fils de Guy. Bienfaiteur de l'abbaye du Val (XIII° s.), II, 192.
— (Guy d'), de Atheinville, seigneur de ce lieu (1197). Inhumé à l'abbaye du Val, II, 192.
— (Jean d'), bienfaiteur de l'abbaye du Val (1249 et 1271), II, 192.
— (Odon Ponceart d'), *de Ateinvilla*, chevalier (1233), II, 192.
— (Robert d'), écuyer. Bienfaiteur de l'abbaye du Val (1271), II, 192.
— (Ydoine, dame d'). Son épitaphe dans l'égl. de ce lieu (1285), II, 191, 192.
Attegiæ, signification de ce mot. Origine du nom de lieu Athis ; — son diminutif, origine du nom d'Etiolles, IV, 413 ; V, 71, 72.
Attenvilla (XIII° s.) : Attainville, II, 190.
ATTICHY [Oise, arr. de Compiègne, ch.-l. de cant.]. Seigneurs, II, 354.
— (Mathieu I d'), III, 296. — Sa femme, Mathilde de Garlande.
ATTIGNY [Ardennes, arr. de Vouziers, ch.-l. de cant.]. Concile de 765, III, 20. — Lieu d'assemblées sous Louis le Débonnaire, confondu avec Lagny (*Latiniacum*), IV, 562.
ATTILA, I, 13 ; II, 423.
Attilius, nom romain. Origine du nom de lieu Attilly, V, 278.
ATTILLY [Aisne, arr. de Saint-Quentin, comm. de Marteville], V, 281.
ATTILLY, *Attileium*, *Attiliacum*, paroisse du doyenné du Vieux-Corbeil [Seine-et-Marne, arr. de Melun,

cant. de Brie-Comte-Robert, comm. de Ferrolles-Attilly]. *Notice*, V, 278-284.
— Chapelle S. Éloi du Breuil, détruite, 280. — Château (la Motte), 281, 282.
— Lieux-dits : Aubervilliers, Beaurose, Breuil (le), Borde (la), Forcilles.
— (Emeline d'), sœur d'Adam Lisiard. Mentionnée au XIIᵉ s., V, 281.
— (Gaucher d'). Son fief à Noisement (XIIIᵉ s.), V, 282.
— (Guillaume d'), *de Attiliaco*, maître en médecine. Son obit à St-Eloy de Paris (XIIIᵉ s.), V, 284.
— (Guy d'), bienfaiteur de l'abbaye d'Yerres (1173). Ses biens à Chalandray, V, 125, 281.
— (Henri d'). Emprunt qu'il fait à l'église de Brie-Comte-Robert (1248), III, 16 ; IV, 399 ; V, 259.
— (Louis d'), seigneur en partie de Châtres (XIVᵉ s.), IV, 143.
— (Milon d'), *de Attiliaco*. Confirme une donation faite au prieuré de Longpont de terres à Savigny-sur-Orge (XIIᵉ s.), IV, 395 ; V, 281.
— (Milon d'), bienfaiteur de l'abbaye d'Yerres. Mentionné en 1178, V, 281, 291.
— (Pierre d'), seigneur de ce lieu. Bienfaiteur de l'abbaye d'Yerres, V, 282. — Seigneur du même nom mentionné en 1273, 282.
— (Radulfe ou Raoul d'). Vend à l'abbaye de Saint-Maur-des-Fossés son droit de tensement à Ferrolles (1168), V, 277, 281.
— (Robert d'). Son droit de tensement à Ferrolles, V, 276-7. — Mentionné à la fin du XIIᵉ s., 281.
— (Roger d'), *de Atiliaco*. Ses fiefs à Combs-la-Ville et à Moissy-Cramayel en 1262, V, 282. — Mentionné en 1275, II, 445.
Attrio (Eustachius de). Voy. L'Aitre (Eustache de).
Au, Eu, signifiant prairie en celtique, I, 385 ; II, 107.
AUBAINE (droit d') du prieuré de St-Martin-des-Champs à Paris, I, 195.
AUBAINS (disposition de Louis le Gros concernant les), IV, 411.
AUBEC (la Tour de Chaumont dite), III, 254.
AUBECOURT (Raoul d'). Donne à l'abbaye de St-Magloire des terres à Briis (1328), III, 447.
AUBERDERIE (l'), la Lombarderie ou la Laubarderie [Seine-et-Oise, ham. de l'Etang-la-Ville], III, 153.

AUBERI (Jean), marquis de Vatan. Sa sépulture à St-Merry de Paris (1711), I, 167.
AUBERIVE (Etienne d'), curé de Choisy-le-Roi. Mentionné en 1696, IV, 444.
AUBERT (Audoin), évêque de Paris. Mentionné en 1350, I, 156. — Acte relatif à St-Lazare de Paris, 300 ; — à la léproserie de la Queue-en-Brie, IV, 485.
AUBERT (Jacques), maître-d'hôtel des Filles de Madame, I, 200. — Sa femme, Marguerite Mousset.
AUBERT (frère Jean), chapelain de la chapelle St-Blaise à Paris (1522), I, 98.
AUBERT, curé de Ste-Croix de Paris. Mentionné en 1239, I, 217.
AUBERT, maire de Fontenay-aux-Roses pour l'abbaye de Ste-Geneviève (XIIIᵉ s.), III, 563.
AUBERT, personnage du XIIᵉ s. Localités auxquelles il a pu donner son nom, I, 557 ; III, 60, 239.
AUBERT, prieur de Deuil (XIIIᵉ s.), I, 603.
AUBERT, secrétaire du Roi. Seigneur en partie de Launay, paroisse d'Orly (1628), IV, 438.
AUBERVILLIERS, *Alberti Villare, Halbervillare*, Hautberviliiers, paroisse du doyenné de Montmorency [Seine, cant. de St-Denis]. *Notice*, I, 557-564.
— Etymologie, III, 60, 239. — Château, I, 559. — Cure ; ses nominateurs, I, 518-9, 604. — Fête de N.-D.-des-Vertus, I, 98. — Paroisse ; s'étendait autrefois sur le territoire de la Villette, I, 463. — Rues : de Paris, de Saint-Maur, I, 560. — Séminaire ; sa fondation, I, 560.
— Lieux-dits : Champ-pourri, Vivier (le).
AUBERVILLIERS, lieu-dit dans le bois de Meudon, I, 564. *Notice*, III, 239-40. — Fief dépendant de Meudon, 233 ; — Seigneurs, 235.
AUBERVILLIERS [Seine-et-Marne, ham. de Ferrolles-Attilly]. *Notice*, V, 284.
— (Jean d') *de Hauberto Villari*, chevalier. Vend ses biens de Combault au prieuré du Cormier (XIIIᵉ s.), IV, 492, 503. — Son fief à Coubert (1223), V, 153. — Mentionné en 1226 et en 1230, 284. — Sa femme, Lucienne ou Julienne.
AUBERY (Marie), fille de Robert, femme de Geoffroy Luillier (1627), V, 34.
AUBERY (Robert), président de la Chambre des Comptes. Seigneur de

Brevannes (XVIIe s.), V, 34. — Sa femme, Anne Gruel.

AUBERY (Tanneguy) et Jeanne Formentin, sa femme. Donnent une tapisserie à l'égl. de Toussus, III, 307.

AUBES parées, conservées au trésor de St-Germain-des-Prés de Paris et de St-Denis, I, 271.

AUBESPINE (Charles de l'), fils de Guillaume ; garde des sceaux, marquis de Verderonne. Seigneur de Villiers-Adam (XVIIIe s.), II, 133. — Maître des requêtes, 480. — Sa résidence à Montrouge (1643-1650), III, 590. — Décédé au château de Leuville (1653), IV, 131. — Sa femme, Marie Le Bret.

AUBESPINE (Guillaume de l'), seigneur de Châteauneuf, conseiller d'Etat. Vend aux protestants sa maison de Charenton (1606), II, 376. — Seigneur de Montrouge, III, 590.

AUBESPINE (Magdeleine de l'), femme de Jean Olivier, IV, 130.

AUBETERRE, lieu-dit de la paroisse de Rueil (1230), III, 97, 100.

AUBEVILLE (Gabriel Choart, seigneur d'), V, 86.

AUBIGNY (René de Villequier, baron d'), V, 128.

AUBIGNY (Pierre d'), chanoine de St-Jean-le-Rond. Lègue à la cathédrale de Paris ses biens à Ivry (XIIIe s.), IV, 460.

AUBIGNY (Renaud d'), prieur de Poissy. Acte relat. aux biens de son prieuré à Neuilly-sur-Marne (1309), II, 481.

AUBONNE. Voy. Eaubonne.

AUBOUR (Guillaume). Vend son moulin de Villiers-le-Bacle (1657), III, 315. — Sa femme, Marguerite Chauvin.

AUBOURG (Anne), femme de Jean-Paul du Tronchet (1715), II, 504.

AUBRAY (Claude d'), frère de Nicolas. Seigneur de Bruyères-le-Châtel, de St-Sulpice et de Mauchamps, en 1575 ; — sa sépulture à St-André-des-Arts (1609), III, 474.

AUBRAY (Marguerite d'), fille de Claude, III, 474.

AUBRAY (Marie d'), fille de Claude ; femme de Louis Le Cirier. Vend la terre de Bruyères (1641), III, 474-5.

AUBRAY (Nicolas d'). Acquiert la seigneurie de Bruyères-le-Châtel en 1537 ; mort en 1575, III, 474.

AUBRAY (d'), lieutenant civil. Seigneur de Villiers-sur-Orge, IV, 88. — Sa fille. Voy. Brinvilliers (marquise de).

AUBRIOT (Hugues), prévôt de Paris. Acte relat. à Bagnolet, II, 655 ; — à Meudon (1370?), III, 231 ; — à un fief de Louans (1372), IV,

60 ; — à Fontenay-sous-Bois (1376), II, 386 ; — à Montreuil-sous-Bois (1376), 397.

AUBRY (Christophe), curé de St-André-des-Arts de Paris. Sa participation à la Ligue, I, 288.

AUBRY (Claude), marguillier de Villiers-la-Garenne. Mentionné en 1549, I, 431.

AUBRY (Jacques), abbé de Lagny. Elu en 1525, IV, 551.

AUBRY (Robert), maître des Comptes. Seigneur d'Andilly, I, 636. — S'oppose à l'érection de la cure de Margency (1699), 638.

AUBRY, avocat du duc de Grammont. Plaide contre le duc de Chaulnes pour la suppression d'un chemin à Suresnes (vers 1720), III, 52.

AUBRY, curé de Senlisse. Son travail sur la nature de l'eau de sa paroisse, III, 421.

AUBRY, seigneurs de Vitry-sur-Seine en 1610, IV, 453.

AUCH [Gers]. Archevêques. Voy. Clermont (François de), Levis (Philippe de).

AUCLAIR (Sébastien), curé de Palaiseau (XVIIIe s.), III, 333.

AUCQUINVILLE ou Auquainville [Calvados, arr. de Lisieux]. Seigneur : Arnaud de Pomponne (Simon), II, 505.

Auda, abbesse de Jarcy. Voy. Ode.

AUDE, femme de Simon de Bondy (XIIIe s.), II, 567.

AUDEBERT, év. de Paris. Consacre deux autels de l'égl. de Champs (VIIe s.), IV, 603.

Audenna, terme d'agriculture. Etymol. possible du nom d'Antony, III, 538.

Audiernæ, écrit pour Hodiernæ dans une épitaphe, IV, 92.

AUDOIN, év. de Paris. Voy. Aubert.

AUDRAND, abbé de St-Fuscien. Bienfaiteur de St-Sulpice de Paris (XVe s.), I, 279-80.

AUFRIÉ (Pierre), curé de la Celle-St-Cloud. En procès au sujet des dîmes de sa paroisse (1669), III, 161.

AUGE (Guillaume d'), docteur en médecine. Pourvu d'une chapellenie dans l'église de l'abbaye de Maubuisson (XVe s.), II, 123 (note).

AUGER (fief), sur la paroisse de Morsang-sur-Seine. Mentionné en 1597, V, 101.

AUGER (Adrien), seigneur d'Aubervilliers en 1518, I, 561. — Sa femme, Jeanne le Moine.

AUGER (Anne), femme de Jean Croquesel ; remariée à Louis de Montmorency. Mentionnée en 1520, IV, 607.

Auger (Etiennette), femme de Christophe Hesselin (XVIe s.), V, 121.
Auger (Jacques), fils de Jean, Seigneur de Villecresne ; né en 1475, V, 236.
Auger (Jean), écuyer. Vend une rente sur la terre de Marly-la-Ville (XVe s.), II, 327.
Auger (Jean), seigneur de Villecresnes au XVe s., V, 236.
Auger (Jean), capitaine de Corbeil. Gruyer de la forêt de Sénart en 1550, IV, 308.
Augeri (Johannes). Voy. Augier (Jean).
Aughin (Jean d') ou d'Angezin, seigneur de Buc (XVIIe s.), III, 276.— Sa femme, Nicole Comtesse.
Augier (Fleur-de-Lys), fille de Jean, femme de Pierre de Grandroue. Dame de Toussus, III, 308.
Augier (Jean), *Johannes Augeri*, écuyer. Vassal de l'abbaye de St-Maur en 1275, II, 445 ; — en 1278, avec la qualification de bourgeois de Paris, 446.
Augier (Jean), seigneur de Toussus au XVe s., III, 308.
Auguste (apothéose de l'empereur), représentée sur une agathe de la Ste-Chapelle de Paris, I, 222.
Augustins (couvents d'). Voy. Argenteuil, Loges (de St-Germain-en-Laye), Paris (commun. relig.), Pomponne.
Augustins (rue des). Voy. Paris.
Augustines (religieuses). Voy. Chaillot, Colombes, S. Augustin (chanoinesses de).
Augustobona Tricassium. Etymol. de ce nom de lieu, II, 618.
Aulaide (Mis d'). Sa maison à Colombes, III, 69.
Aulard, nom d'une famille de Paris. — (Pierre), éguilletier. Son testament en 1419 ; rue de Paris qui porte son nom, I, 367 (note 17).
Aulnay ou Aunay, *Alnetum* [Seine, ham. de Chatenay], II, 607. — Notice, III, 544-5.
— (le Poirier d'), III, 542, 544, 545.
Aulnay [Seine-et-Oise, éc. d'Orgeval?], mentionné au XIIIe s., III, 151.
Aulnay (moulin d') [Seine-et-Oise, lieu-dit de Senlisse]. Distrait du duché de Chevreuse en 1692, III, 360.
Aulnay (le Val d') [Seine-et-Oise], lieu-dit de la paroisse de Villepreux. Mentionné au XIIIe s., III, 182.
— (Sedile, dame d'). Ses biens à Roissy en France (1236), II, 280.
Aulné (l'). Voy. Aulnois (les).
Aulnes. Lieux qui en ont tiré leur dénomination, III, 449-450.

Aulnois ou Aunois (pays d'). Localités qui y sont situées, II, 519, 569, 584, 599, 600.
Aulnois (les), *Alnetum*, l'Aulné, les Aunois, lieu-dit de la paroisse de St-Remy-les-Chevreuse, appelé inexactement Vaunori, III, 376. — Prieuré de St-Paul ; son histoire, 379-80.
Aulnois (Clémence d'), femme d'Henri de Chevreuse. Sa sépulture aux Vaux-de-Cernay, III, 357.
Aumale [Seine-Inf., arr. de Neufchâtel, ch.-l. de cant.]. Nom formé du latin *Albamarna*, IV, 72. — Ses marchands au Landit de St-Denis, I, 548.
— (duc d'). Voy. Lorraine (Charles de).
— (le duc et la duchesse d'), héritiers de la duchesse de Valentinois. Leurs droits sur Limours reconnus (1568), III, 435.
— (Claude d'), chevalier de Malte. S'empare de Saint-Denis pour Henri IV, I, 535.
Aumône (l'). Etymologie de ce nom de lieu, II, 113 ; — synonyme d'hôpital, IV, 152, 153.
Aumone (l'), nom donné à Saint-Ouen près Pontoise, II, 113 ; — au ham. de la Charité [les Corbins], paroisse de Montevrain, IV, 540.
— (Odon de l'), *de Eleemosyna*. Mentionné au XIIe s., II, 113.
Aumonerie (l') ou la Maulnerie, lieu-dit dépendant en partie de la paroisse des Layes et en partie de celle de Dampierre, III, 354, 358.
Aumones quadragésimales. Acte de Maurice de Sully à leur sujet, III, 26 ; mentionnées, 46.
Aumonier (chapelle de l'). Voy. Paris, abbaye de Ste-Geneviève.
Aumonier (grand), dignitaire de l'abbaye de St-Denis, I, 507. — Seigneurie lui appartenant, 569.
Aumonier (grand) de France), II, 576.
Aumont (famille d'). Possède la terre de Vaujours par son alliance avec la famille Scarron (XVIIe s.), II, 576.
Aumont (Anne d'), femme d'Antoine Potier, III, 549.
Aumont (Blanche d'), femme de Jacques Le Brun, III, 329.
Aumont (César d'), marquis de Clairvaux et vicomte de la Guerche. Mentionné en 1624, V, 177.
Aumont (Jacques d'). Sa sépulture dans l'égl. d'Evry-les-Châteaux (1614), V, 128. — Sa femme, Charlotte-Catherine de Villequier.

— 31 —

AUMONT (Louis d'), marquis de Villequier, V, 216-7, 391, — Sa femme, Olympe de Brouilly.

AUMONT (Louis-Marie, duc d'). Sa maison à Passy, I, 406.

AUMONT (Roger d'), év. d'Avranches. Sacre Hardouin de Péréfixe, évêque de Rodez (1649), III. 94.

AUMONT (hôtel d'). Voy. Paris.

AUMONT (régiment d'). Capitaine. Voy. Boucher (Charles Isaac).

AUMONT (Jean), paysan de Montmorency. Mort en odeur de sainteté (XVIIe s.), I, 627.

AUMONT, tabellion de Briis. Commis à la rédaction du terrier du comté de Launay-Courson, III, 454.

AUMUSSE (couleur de l') des chanoines de la Ste-Chapelle de Paris, I, 223. — (emploi de l') pour les religieuses, I, 417.

AUNAY [Aulnay-lès-Bondy], *Alnetum*, Aulnay, paroisse du doyenné de Chelles [Seine-et-Oise, arr. de Pontoise, cant. de Gonesse]. *Notice*, II, 600-607.

— Biens qu'y obtiennent les hôtes du prieuré de St-Martin-des-Champs (XIIe s.), 567-8. — Procès entre le seigneur de ce lieu et les habit. de Livry (1512), 588-9. — Vicaires, quelquefois curés de Nonneville, 600, 603.

— Lieu-dit : Savigny.

AUNAY, lieu-dit de la paroisse de Montreuil-sous-Bois, II, 402, 607 ; — appelé depuis Saint-Antoine, 402.

AUNAY, lieu-dit de la paroisse de St-Cloud, II, 607 ; — appartenant au prieuré de St-Martin-des-Champs (XIIe s.), III, 36-7, 184 ; — dîme qu'y perçoit le prieuré de Villepreux, 180.

AUNAY, fief situé sur la paroisse de St-Ouen-l'Aumône. Acquis en 1237-8 par Blanche de Castille pour la fondation d'une abbaye, II, 118. — Réuni à celui de Maubuisson ; prend le nom de ce dernier, 118, 119.

— (Antoine d'), fils de Philippe, chanoine de Beauvais et de Laon. Seigneur de Goussainville ; aliène cette seigneurie en 1527, II, 292. — Revendique la terre de Villeron en 1494, 313-4. — Présente à la chapelle Notre-Dame de Moussy-le-Neuf (1521), 351 ; à une chapellenie de Saint-Eustache de Paris, 293.

— (Artus d'), fils de Jean ; chanoine de la Sainte-Chapelle. Seigneur de Louvres et d'Orville (XVes.); sa sépulture dans l'égl. de Goussainville, II, 290, 302. — Curé de Gentilly en 1500, IV, 10.

AUNAY (Charles d'), seigneur de Goussainville par son mariage avec Jacqueline Paillard (1403), II, 292. Seigneur de Louvres, 302 ; — de Villeron ; mort en 1427, 313.

— (Gaucher ou Gautier d'). Ratifie une donation à l'hôpital Ste-Catherine de Paris de biens à Epiais (1209), II, 306. — Sénéchal de Dammartin. Seigneur en partie de Moussy-le-Neuf (1220), 353.

— (Gautier d'), seigneur de Savigny ; acte en cette qualité (1301), II, 606. — Sa femme, Isabelle.

— (Gautier d'), fils du précédent, mentionné en 1301, II, 606.

— (Gautier d'), chantre de la cathédrale de Senlis ; chanoine de celle de Beauvais. Possède en partie la seigneurie de Moussy-le-Neuf (1282-1317), II, 354, 606.

— (Guillaume d'). Donne à la maison-Dieu de Dammartin une rente sur sa grange de Moussy-le-Neuf (1205), II, 606.

— (Guillaume d'), chevalier. Fondateur d'une chapellenie à St-Jean-en-Grève de Paris (1399), I, 90.

— (Hugues d'), *de Alneto*, mentionné dans un acte (1140), II, 306.

— Donne, avec son frère Raoul, une partie de la dîme de Sevran au prieuré de Mauregard, 583.

— (Jean d') dit le Gallois, fils de Charles. Vassal de l'év. de Paris pour ses biens à St-Denis, I, 519. — Seigneur d'Epinay-sur-Seine, 596. — Seigneur en partie de Goussainville et d'Orville, II, 290, 292 ; de Louvres (1468), 302 ; — de Chennevières en France, 310 ; — de Villeron, 313. — Echanson du Roi. Ses biens à Vitry-sur-Seine (1453), IV, 453. — Son épitaphe au collège de Beauvais à Paris (1489), II, 292. — Sa femme, Isabeau de Rouvroy.

— (Jeanne d'), femme de Jean de Chantilly. Mentionnée en 1282, II, 354.

— (Jeanne d'), femme de Jean de Garges. Mentionnée en 1362, II, 255.

— (Jeanne d'), abbesse de Malnoue au XIVe s., V, 403.

— (Jeanne d'), fille de Philippe ; femme de Thibaud Baillet, II, 292.

— Dame d'Orville et de Louvres, 302.

— (Marguerite d'), fille de Philippe ; femme de Pierre de Villiers-le-Bel (XIVe s.). II, 179.

— ou AULNAY (Marie d'), dame

d'Aunay èt de Pomponne. Rend hommage à l'év. de Paris (1275), II, 503, 508, 606.
AUNAY (Nicolas d'). Nomme à la chapellenie de St-Sauveur dans l'égl. St-Eustache de Paris (1521), II, 293.
— (Perrette d'), fille de Pierre. Dame de Moussy-le-Neuf (1266), II, 353.
— (Perrette d'), fille de Philippe; femme de Jean Le Bouteiller (XVᵉ s.), II, 355.
— (Philippe d'), maître d'hôtel de Charles V, II, 179, 355. — Seigneur de Villeron, II, 313; — de Moussy-le-Neuf. Fonde une chapellenie dans le prieuré de ce lieu (1386), II, 351, 606. — Envoyé à Brie-Comte-Robert par le roi (1372), V, 267. — Sa femme, Agnès [de Montmorency].
— (Philippe d'), fils de Jean. Paye un droit de reliet pour le fief de Cepoy (1469), II, 159. — Seigneur de Goussainville en 1468, II, 292; — d'Orville et de Louvres, 302; — de Chennevières en France, 310; — de Villeron. Vend cette terre à Jean Gilbert (1491), 313. — Sa sépulture dans l'égl. de Goussainville (1518), II, 289. — Sa femme, Catherine de Montmorency.
— (Pierre d'), chevalier. Droits qu'il perçoit injustement au Blanc-Mesnil; le roi l'oblige à s'en désister (1130), II, 626.
— (Pierre d'), sénéchal de Dammartin. Seigneur de Moussy-le-Neuf en 1250, II, 353. — Donne à l'abbaye de St-Maur son fief de St-Pierre situé à Lisses (1253), IV, 317.
— (Pierre d'), secrétaire du Roi, chanoine de N.-D. de Paris. Né à Aulnay-lès-Bondy; mort en 1350, II, 606.
— (Pierre d'), trésorier de la cathédrale de Laon. Seigneur de Houilles (1404). II, 33, 34.
— (Raoul d'). Donne, avec son frère Hugues, une partie de la dîme de Sevran au prieuré de Mauregard (1140), II, 583. — Dit fondateur de ce prieuré avec Vautier, son frère; lui donne un moulin à Villepinte, 605, 617.
— (Robert d') dit le Gallois, fils de Philippe; grand-maître des eaux-et-forêts. Seigneur d'Orville en 1374, II, 302; — de Villeron, 313; — d'Aulnay-les-Bondy, 606.
— ou AULNAY (Sedile, *Sedilia* d'). Dame de ce lieu. Ses biens à Roissy-en-France (1237), II, 280, 538. — Bienfaitrice de l'abbaye de Livry (1238), 606.
AUNAY (Thomas d'). Ses biens à Ville-Evrard confisqués par Charles VI (1411), II, 480.
— (Vautier d'). Fonde, avec son frère Raoul, le prieuré de Mauregard (1140), II, 605, 617.
— (X... d'), seigneur de Maisons-sur-Seine et de Poissy. Bienfaiteur de la cure de Sartrouville (1373), II, 38.
AUNAY. Voy. Aulnay, Launay.
AUNAY-COURÇON (l'). Voy. Courson-l'Aunay.
AUNAY-SOUS-AUNEAU [Eure-et-Loir, cant. d'Auneau]. Biens du prieuré de St-Eloy de Paris, III, 345.
AUNEAU (Guillaume d'), diacre. Bienfaiteur du chapitre de la cathédrale de Paris (XIIᵉ s.), IV, 400.
AUNEAU (Guillaume d'), chanoine de la cathédrale de Paris. Donne au chapitre une rente à Sarcelles (XIIIᵉ s.), II, 173.
AUNEUIL [Oise, arr. de Beauvais, ch.-l. de cant.]. Seigneur : Nicolas de Fremont, IV, 635.
AUNOY [Seine-et-Marne, chât. de Champeaux]. Ferme mentionnée en 1276, V, 412; — château en 1560, 420.
AUNOY. Voy. Aulnay, Aunay.
Aunvilla : La Honville, IV, 187.
AUPEC. Voy. le Pecq.
Aupec (Petrus de), mentionné au XIIᵉ s., III, 128.
Aupicum (XIIIᵉ s.) : Aupec, III, 129.
Aureliacum (IXᵉ s.) : Orly, IV, 435.
Aurelius, nom romain. Origine du nom de lieu Orly, IV, 435.
Aurenvilla (XIIIᵉ s.) : Avrainville, IV, 192.
AURET (Jean d'). Sa sépulture dans l'église de Cernay (1521); ses armoiries, III, 422. — Sa femme, Catherine de Ste-Marie.
AURILLAC (Guillaume d'), év. de Paris. Voy. Baufet (de).
Aurivilla XIIIᵉ s.) : Orville, II, 302.
AROUSSE (Gilles), avocat au Parlement; chapelain de St-Michel dans l'église des Innocents de Paris. Possesseur d'un fief à Servigny (1598), V. 122.
AUSEUSTRE (Gui), prieur de St-Lazare de Paris (1414), I, 300.
AUSOY-LA-FERRIÈRE, forme incorrecte du nom de lieu Ozouer-la-Ferrière, V, 352.
AUSTRASIE (rois d'). Voy. Childebert, Childéric, Théodebert.
AUTEUIL, *Abtoulium, Alteolum, Alto-*

lium, *Autolium*, paroisse de la banlieue de Paris [Seine, commune annexée à Paris]. *Notice*, I, 385-392.
— Biens qu'y acquiert l'abbaye de Ste-Geneviève en 1236, II, 302. — Chapelle de Ste-Marie-Madeleine; sa fondation, I, 388. — Fontaine, célèbre au XVIIe s., I, 391. — Paroisse; démembrement de St-Germain-l'Auxerrois de Paris, I, 43. — Henri d'Escoubleau, archev. de Bordeaux, mort à Auteuil (1645), III, 266.
— Lieux-dits : Billancourt, Corbel, Folie Le Large (fief de la), Grenelle, Grois, *Mariscus, Oserii, Rota*.
AUTEUIL, Auteul, Autheuil [Seine-et-Marne, ham. de Presles]. *Notice*, V, 310, 311.
AUTEUIL (Nicolas Moreau, seigneur d'), IV, 246.
— (Jean d'), grand-prieur de l'abbaye de St-Denis. Abbé de St-Ouen de Rouen (XIIIe s.), I, 391.
— (Pierre d'), abbé de St-Denis (XIIIe s.), I, 391. — Reconnaissance de vassalité à lui faite pour des biens situés à Colombes (1220), III, 67.
AUTHEUIL (Simon d'), *de Autholio*, et Agnès, sa femme. Leurs biens à Egrenay (1234). V. 179. — Le même appelé d'Antheuil, 237.
AUTHIAUX (les), les Authieux, localité disparue. Sa situation présumée, V, 223, 224. Voy. *Altaria*.
Autolium (XIIIe s.) : Auteuil, I, 385.
AUTRÉ, près la Rochelle. Lieu du décès de Jean Hérouard, III, 460.
AUTRICHE (archiduc d'). Voy. Maximilien.
AUTRICHE (Anne d'). Voy. Anne.
AUTRICHE (rue d'). Voy. Paris.
AUTUN [Saône-et-Loire]. Abbé. Voy. S. Merry, I, 159. — Cathédrale; chanoine. Voy. Gruot; — patron : S. Lazare, I, 255; IV, 183. — Église Saint-Roques, I, 233 (note).
— Évêques. Voy. Auxonne (Guill. d'), Rollin, Valette (de la).
— Faubourg St-André, I, 233 (note).
— Lieu de naissance de S. Germain, I, 250. — Martyr : S. Symphorien, 209. — Montagne, dite de Couar, III, 476.
AUVEINET (d'). Voy. Annivet (d).
AUVERGNE (coutume d'), I, 7. — Intendant. Voy. Brunet (Gilles).
AUVERGNE (Charles de Valois, comte d'). Voy. Valois.
AUVERGNE (Jean, duc du Berry et d'). Voy. Berry (Jean duc de).
AUVERGNE (Guillaume d'), év. de Paris. Son entrée épiscopale à Paris (1228), II, 530; III, 368, 417; IV, 100, 575, 592; V, 69, 143, 144, 205-6, 308. — Reçoit la dédicace d'un poëme de Nicolas de Braye (1228), V, 274. — Hommage qu'il reçoit du seigneur de Tournan (1228), V, 324; — de Guy de Chevreuse (1228), III, 368; — pour le fief d'Epiais (1228), II, 256. — Acte relatif au Quien (1228), V, 311; — aux dîmes de Roissy-en-France (1228), II, 279; (1247), II, 256; — à la chapellenie de St-André à St-Eustache de Paris (1229), I, 61-2; — à Charenton (1230), II, 363. — Reçoit l'hommage d'une partie du fief du travers de Conflans-Ste-Honorine (1230), II, 95, 178. — Fonde l'égl. St-Nicolas-du-Chardonnet à Paris (vers 1230), I, 343, 346. — Acte relatif à Juvisy (1231), IV, 412; — à Chaumontel (1232), II, 226; — à Briis (1232), III, 469-70; — au lieu-dit le Déluge (1232), III, 496; — au chapitre de St-Cloud (1212), III, 27; V, 108; — à Coubert (1233), V, 153; — à l'abbaye d'Hérivaux (1234), II, 216; — à la cure de Bougival (1234), III, 106; — à Crosne (1234), V, 38, 42; — à St-Laurent de Paris (1235), I, 298; — à l'abbaye d'Yerres (1235), V, 208; — à la chapelle St-Eloy d'Andrezel (1236), V, 422; — à Ozouer-la-Ferrière (1237), V, 351, 352; (1241), 354; — à Brie-Comte-Robert (1238), V, 265, 290, 291; — à Gretz (1239), V, 313; — à la léproserie de Louvres (1241), II, 301; — à Neuilly-sur-Marne (1241 et 1244), II, 477; — à Fouju (1242), V, 419, 429, 430; — à la Chapelle-Gauthier (1243), V, 426. Etablit des chapelains au palais épiscopal de Paris (1243), I, 20. — Dédie l'égl. de l'abbaye de Maubuisson (1244), II, 118. — Conditions qu'il met à un mariage entre serfs (1244), IV, 54. — Acquiert une rente à Massy (1245), III, 522, 524. — Son pèlerinage à Argenteuil (1246), II, 7. — Acte relat. à Bretigny (1246), IV, 341, 344. — Mentionné dans un acte de 1248, V, 69. — Indiqué comme témoin dans un acte de 1249 [cet évêque est mort en 1248], V, 55. — Acte relat. à la cure de St-Nicolas de St-Maur, II, 458. — Reçoit l'hommage de Gervais de Glatigny, III, 207. — Acte relat. à l'établissement du prieuré de St-Eloi à Chilly, IV, 70; — à la cure de Rungis, IV, 50. — Ce qu'il dit du château de Montlhéry, IV, 105.

— Sa sépulture à Saint-Vi[c]t[o]r de Paris (1248), I, 336.

AUVERNEAUX [Seine-et-Oise, arr. et cant. de Corbeil]. Seigneurie dépendant du duché-pairie de Villeroy, IV, 248.

AUVERS [Seine-et-Oise, arr. et cant. de Pontoise]. Biens qu'y possède le prieuré de N.-D.-des-Champs de Paris, I, 146-7. — Bailli : Montmélian (Geoffroy de). — Collégiale. Prévôt : Baillet (Jean). — Pont, mentionné au IXe s., II, 126-7. — Seigneurie, cédée à l'abbaye de St-Denis par Guillaume de Chantilly (1284), II, 339.

AUVERS en l'égl. de Chartres, (Nicolas de Luzarches prévôt d'), II, 215.

— (Jeanne d'). femme de Philippe des Bordes. Sa sépulture dans l'égl. de la Celle-les-Bordes (1326), III, 427.

AUVERS-SAINT-GEORGES [Seine-et-Oise, arr. d'Etampes, cant. de la Ferté-Alais]. Hameau : Janville, IV, 186.

AUVILLER : Hautvilliers, III, 373.

AUXÉPAULES (Claude), femme de Gilles Brulart de Genlis. Mentionnée en 1623, V, 44.

AUXERRE [Yonne]. Abbaye de St-Germain; religieux : Pysart. — Cathédrale (St-Etienne), I, 13 ; — archidiacre. Voy. Paillard (Jean de) ; — chanoine. Voy. Broc (Jean de), Drenci (Guil. de) ; — chapitre. Biens à Paris, I, 141 ; — pénitencier. Voy. Venier (Pierre le) ; — reliques, I, 11 (note) ; II, 298. — Chapelle S. Père ; origine de ce nom, I, 277.

— (comtes d'). Voy. Chalon (Guillaume et Jean de).

— Eglises : S. Jean-le-Rond et Notre-Dame, I, 13 ; — S. Etienne. Voy. Cathédrale.

— Evêques. Voy. Amyot (Jacques), Cassinel (Ferry), Crenay (Michel de), Dinteville (François de), Grez (de), Longueil (Pierre de), Mello (Gui de), Mornay (Pierre de), Noyers (Hugues de), S. Amatre, S. Aunaire, S. Germain, S. Pélerin, Seguier (Dominique), Seignelay (Guillaume de), Scopilion, Villeneuve (Henri de).

— Fête locale appelée Landit, I, 538.

— Gouverneur. Voy. Braque (Paul-Benoît).

— Paroisse St-Eusèbe ; épitaphe d'un personnage de la famille de Chaulnes, III, 392.

— Prévôt. Voy. Moine (Sevestre le).

— Monastère de S. Marien ; chanoine. Voy. Robert.

— Prêtre. Voy. S. Vital.

AUXERRE (traité d'), II, 135.

— (Guillaume d'), curé d'Athis, puis abbé de Ste-Geneviève de Paris en 1281, IV, 416.

— (Hugues d'), bienfaiteur de la chapelle de la Sorbonne, I, 151.

— (Robert de). Sa *Chronique* citée, II, 476.

AUXI (Philippe d'), seigneur de Dampierre, sénéchal de Ponthieu. Vend la terre de Bois-Roger à Charles VI pour la Sainte Chapelle de Vincennes (1399), II, 413.

Auxiliis (relation de la Congrégation *de*), par Jacques le Bossu, I, 511.

AUXONNE (Guillaume d'), évêque d'Autun et de Cambrai. Un des fondateurs du collège des Trois-Evêques, à Paris, I, 252-3.

AVAUGOUR (marquis d'). Sa maison de campagne à Athis, IV, 421. — Seigneur d'Attilly, V, 284.

AVAUX (comte d'). Voy. Mesme (de).

Aveium, sens de ce mot, IV, 401.

AVELINE, bienfaitrice du prieuré de Longpont (XIIe s.), III, 479 ; IV, 88.

AVELINE, femme de Josbert Briard. Bienfaitrice de l'abbaye d'Yerres (XIIe s.), IV, 255 ; V, 114, 115 ; — appelée *Vicina*, 129.

AVELINE, femme de Jean de Briis le Jeune (1265), III, 447.

AVELINE, femme de Pierre de Bainelle (1218), V, 143.

AVELINE [de Corbeil], femme de Guy [III] de Chevreuse (1204), III, 353, 304. — Bienfaitrice de l'abbaye de Port-Royal, 367.

AVELINE, femme de Girold Gastinel (XIIe s.), IV, 402.

AVELINE, femme de Guillaume de Massy (XIIe s.), IV, 450.

AVELINE, femme de Philippe de Meulan. Sa sépulture dans la chapelle inférieure du palais épiscopal à Paris, I, 21, 86.

AVELINE, fille d'Udon, femme de Nantier de Montjay (XIe s.), II, 529 ; IV, 469.

AVELINE, femme de Roger, seigneur de Sèvres, III, 16.

AVELINE, nièce de Pierre de Petitpont, femme de Hugues de Beaumont. Mentionnée en 1191, IV, 423.

AVELINE, religieuse de l'abbaye de Malnoue (1182), II, 23.

AVELLI (Phelise d'), dame de Périgny ? Sa sépulture dans l'église de ce lieu (1318), V, 187, 188.

AVEMAR, Avemart (XIIe s.) : Vemars, II, 344 (et note).

AVE-MARIA (collège de l'). — (couvent de l') à Paris. Voy. Paris, collèges, commun. relig.

AVENAT (François), avocat au Parlement, intendant de la maison de Villeroy. Acquiert la seigneurie de Saintry (1724), V, 97.
AVENIÈRES, lieu voisin de Poissy (?). Mentionné en 1218, III, 27.
AVENNES. Voy. Avernes.
AVERGNE (François d'), conseiller du Roi. Son château à Aulnay (1560), V, 420.
AVERNES, Avennes [Seine-et-Oise, arr. de Pontoise, cant. de Marines]. Seigneur : Charles d'O, II, 148.
[AVESNES (Jean d')], comte de Hainaut. Enfermé dans la Tour de Montlhéry (1292), IV, 105.
AVESNES (Marguerite d'), femme de Jean Foucault, IV, 372. Dame de Viry (XVIᵉ s), 402.
AVIGNON [Vaucluse]. Siège de 1226, II, 121. — Lieu où mourut Etienne de Paris, cardinal (1373), IV, 455.
— (rue d'). Voy. Paris.
— (Jean d'), menestrel du Roi. Ses biens à la Folie Regnaud (XVᵉ s.), I, 480.
AVILERS, architecte du Roi. Fournit le dessin du dôme de l'égl. des Annonciades Bleues à St-Denis, I, 532.
AVIN (Simon), maître des Comptes. Seigneur de Villebon ; mort en 1518, III, 513. — Sa femme, Catherine Luillier.
Avis (Petrus). Voy. Loisel (Pierre).
AVOCAT (l'). Voy. Advocat (l').
AVOINE (François), curé de St-Ouen de Bayeux, puis d'Orangis. Sa sépulture dans cette dernière paroisse (1731), IV, 370.
AVOUÉ de St-Maur-des-Fossés (part attribuée à un) dans les amendes prononcées par la Cour de l'abbé, III, 346.
AVOYE, femme de Hugues le Grand, IV, 272, 614.
AVRAINVILLE ou AVRINVILLE, Evrini Villa, Aurenvilla, Avrinvilla, Evranvilla, paroisse du doyenné de Montlhéry. [Seine-et-Oise, arr. de Corbeil, cant. d'Arpajon]. Notice, IV, 191-193.
— Biens du prieuré de Châtres, IV, 140. — Eglise cédée à l'abbaye de St-Germain-des-Prés, III, 40 ; IV, 228.
— Lieux-dits : Bois-Blancs (les), Grange-au-Prieur (la), Motte (la).
AVRAINVILLE, autres localités de ce nom, IV, 191.
AVRANCHES [Manche]. Cathédrale. Chanoine. Voy. Marle (Christophe de) ; — trésorier. Voy. Saunier (Jean le). — Evêques. Voy. Achard, Aumont (Roger d'), Boislève (de), Cenalis (Robert), Huet, Jean I, Luzarches (Nicolas de), S. Sinier.
AVRANCHES (Jeanne, veuve de Jean d'), pelletier du Roi. Bienfaitrice de St-Barthélemy de Paris (1344), I, 176.
Avriacum (XIᵉ s.) : Evry-sur-Seine, IV, 323.
AVRESMENIL (Mathurin de Montmorency, sire d'), II, 62.
AVRILLOT (Ambroise), femme d'Audoin de Thurin. Ses fiefs à Luzarches (XVIIᵉ s.), II, 212.
AVRILLOT (Barbe), fille de Nicolas ; veuve d'Acarie, maître des Comptes. Se retire aux Carmélites de Pontoise. Décédée en 1618. — Sa Vie, écrite par André du Val, II, 220.
AVRILLOT (Jacques), conseiller au Parlement (XVIᵉ s.), I, 416. — Sa femme, Marie de Drac.
AVRILLOT (Nicolas), seigneur de Champlatreux (1524-1580). Qualifié maître des Comptes (1530 ou 1540), II, 220. — Sa femme, Marie Luillier.
AVRINVILLE. Voy. Avrainville.
AVRON, Evron, lieu-dit de la paroisse de Neuilly-sur-Marne [Seine]. Notice, II, 478-9.
— (bois d'), leur étendue, II, 465 ; — droits qu'y possède l'abbaye de St-Maur, 530, 553 (note), 587.
— Château, résidence du seigneur de Villemomble, II, 559-561.
Axsona : Essonnes, IV, 260.
AY (Girard et Guillaume du Drac, vicomtes d'), IV, 512.
AYMAR, trésorier du Temple à Paris. Arbitre dans une contestation relative à Rosny (XIIIᵉ s.), II, 556.
AYMERET (Catherine), femme de François de Machault, III, 243.
AYMERET (Paul), frère de la précédente [?] et tuteur de ses enfants, III, 243.
AYMERY (Adam), seigneur de Chaville, de Ferrières et du Val de Galie. Mentionné dans l'épitaphe de sa femme Louise le Picart (1539), IV, 637, 639.
AYMERY (Anne), III, 217.
AYMERY (Claude), contrôleur du grenier à sel de Paris. Seigneur de Viroflay, III, 216.
AYMERY (François), seigneur de Châteaupers et de Viroflay. Mentionné dans une épitaphe de l'église de Palaiseau, III, 325.
AYMERY (Françoise), femme d'Olivier Aymery. Mentionnée en 1580, III, 216.
AYMERY (Jacques), év. de Calcédoine. Bénit l'égl. de Suresnes (1537), III,

49. — Dédie l'égl. de Lévy-Saint-Nom (1537), III, 342 ; — des autels à St-Leu de Paris (1538), I, 185 ;— l'égl. de Combs-la-Ville (1538), V, 176 ; — d'Attilly (vers 1538), V, 279 ; — de Noiseau (1538), 376.— Bénit une chapelle à St-Jean-en-Grève de Paris, I, 91. — Qualifié professeur en théologie, chevalier de Ste-Geneviève, prieur-curé de Nanterre ; mort en 1540, III, 80.

AYMERY (Jean), chanoine de la cathédrale de Paris, archiprêtre de St-Séverin et de la Madeleine. Seigneur de Viroflay ; décédé en 1517, III, 216.

AYMERY (Jean), lieutenant du bailli royal du Palais. Seigneur de Viroflay en 1546, III, 215, 216,

AYMERY (Jean), tuteur d'Anne Aymery. Seigneur de Viroflay en 1580, III, 216-7.

AYMERY (Olivier), général des Monnaies. Seigneur de Viroflay, III, 216.

AYMON ou mieux peut-être Aymery (Nicolas), écuyer. Seigneur de Viroflay (XVIe s.), III, 217.

AYMON, bienfaiteur du prieuré de Longpont, IV, 347.

Ayoux (Es), lieu-dit de Louveciennes. Mentionné en 1223, III, 114.

AYS (Agnès d'), femme de Jean de Mornay. Ses biens à Villeneuve-le-Roi (1335), IV, 429.

AYSENVILLE (XIe s.) : Ezanville, II, 186.

Ayvreum (XIe s.) : Evry-sur-Seine, IV, 323.

AYSCELIN (Gilles), archev. de Rouen. Actes de lui datés de Rungis, IV, 50.

AZENAY au diocèse de Luçon. Archidiacre. Voy. Trouvant.

AZINCOURT (seigneurs tués à la bataille d'), II, 163, 470 ; III, 329, 485 ; V, 214.

— (Gilles d'), écuyer. Seigneur de Fontenay-les-Louvres et du Plessis-Gassot ; mentionné en 1442 et en 1450, II, 240, 248.

Azo (Gauter.), chevalier. Mentionné comme témoin au rôle des fiefs de la châtellenie de Montlhéry, IV, 103.

AZON, habitant de Rosny. Mentionné en 1223, II, 556.

BAALAI (XIIIe s.) : Belloy, II, 195.

Baaliaco (Agnès de). Voy. Baillet (Agnès de).

BAALIS (Pierre de). Vend des dîmes à Villiers-le-Sec au chapitre de Paris (1217), II, 236. -- Sa femme, Béatrix.

BAALY (Roger de). Bienfaiteur de l'abbaye du Valprofond (1204) III, 226. — Sa femme, Melisende.

BABEURE (Marie), femme de Crosse de Montlor. Dame de Vaujours (XVIIIe s.), II, 576.

Baboleni ou *Babolini (pons)*. Origine supposée du nom de Pont Olin, II, 457.

BABON, abbé de Saint-Germain-des-Prés (vers 720), V, 29.

BABYLONE. Evêque. Voy. Duval.

BACAUDES. Voy. Bagaudes.

BACCARA (cérémonie du), en usage à Draveil, V, 66.

BACCHANTES (représentation des), III, 490.

BACCHUS (vallée de), fausse étymologie du nom de Bougival, III, 105.

BACHELIER (Arnaud), seigneur de Chaillot (XVe s.), I, 410.

BACHELIER [Jean], bienfaiteur de l'église de Villeneuve-Saint-Georges (XVIIe s.), V, 37.

BACHELIER (Jean-Baptiste-Joseph), fils de Simon II. Seigneur de Beaubourg et de Clotaumont en 1697, IV, 513.

BACHELIER (Louis-Jean-Baptiste), fils du précédent. Succède à son père dans ses seigneuries en 1711, IV, 513.

BACHELIER (Lucas), écuyer de Jean Sobieski, roi de Pologne. Son épitaphe dans l'église des Camaldules d'Yerres (1707), V, 232.

BACHELIER (Marie-Bonne), fille de Simon II : femme de [Denis-Noël] Brulart (XVIIIe s.), IV, 513.

BACHELIER (Simon), receveur général des finances d'Orléans (XVIIe s.), IV, 513. — Sa femme, Marie Vivien.

BACHELIER (Simon), fils des précédents; receveur général des finances d'Orléans. Seigneur de Beaubourg et de Clotaumont (1668), IV, 513. — Sa femme, Madeleine de Broé.

BACHELIER. Fonde un établissement de sœurs de charité à Champrosay, V, 65.

BACHELIER, marchand drapier. Fonde un salut à Saint-Séverin de Paris (1669), I, 107.

BACHELIER, seigneur de la Celle-Saint-Cloud, III, 161. — Sa femme. Voy. Launay (de).

BACHELIER (Mme). Nomme à la chapellenie de Saint-Jean-Baptiste à Brie-Comte-Robert (XVIIIe s.), V, 259.

BACHELIS (Hugues), III, 331. — Sa femme, Guiburge.

Bacchivallis, Bacchivallis, Buchivallis (XIIIe s.) : Bougival, III, 105, 108, 111.

BACHOT (Jean), curé de Mormant en Brie, auteur des *Noctes Mormantinæ*. Son épitaphe dans l'égl. d'Evry-sur-Seine (XVIIe s.), IV, 324.

BACHUNCEL, lieu-dit voisin de Juvisy. Mentionné en 1226, IV, 411.

BACLE (le), fief situé sur la paroisse de Thiais, IV, 440, 443.

BADON, prévôt de Corbeil au Xe s. Terres que lui donne Bouchard I, comte de cette ville, IV, 316.

BAFFET (Hugues). Voy. Basset.

BAFFOU (Jean), prieur commandataire de Chessy en 1572, IV, 537.

BAGATELLE, lieu-dit dépendant de Villiers-la-Garenne, I, 437.

BAGAUDES, Bagauds ou Bacaudes, gens qui composaient ces bandes. Epoques où elles ont existé, II, 419-21. Voy. Baud.

BAGAUDES (château des), *Bagaudarum castrum*. Réfutation des fausses traditions qui s'y rattachent, II, 418-9.

BAGAUDS. Voy. Bagaudes.

BAGEREAU (Jean), prieur de Chevreuse en 1597, III, 365.

BAGLIANI (le comte de), envoyé extraordinaire de Mantoue. Sa résidence à Villiers-sur-Orge (XVIIe s.), IV, 89.

BAGNEDOUX, lieu-dit de la paroisse de Cossigny. Mentionné en 1651, V, 289.

BAGNEUX [Aisne, arr. de Soissons canton de Vic-sur-Aisne]. Confondu avec Bagneux [Seine], III, 571.

BAGNEUX. *Banniolum, Balneolum, Baneolæ*, Baigneux, paroisse du doyenné de Châteaufort [Seine, cant. de Sceaux]. *Notice* III, 565-572.

— Importance de ce lieu au moyen-âge, III, 538. — Curés assistant à la procession de la châsse de S. Turiaf, à Saint-Germain-des-Prés, I, 271. — Habit. admis à la léproserie de la Banlieue, IV, 22. — Mairie au XIIe s., III, 573. — Paroisse : celle de Bourg-la-Reine en est un démembrement, III, 555. — Henri IV campe en ce lieu en 1589, IV, 127.
— Lieux dits : Boutervillier, Garlande, Lozeret, *Moncello (censiva de)*, Paroy, Tropcoustant.

BAGNEUX (Aveline de), bienfaitrice des Chartreux de Paris, III, 572.
— (Jean de), seigneur de Gentilly (XIIIe s.), IV, 9.
— (Vautier de), *de Banniolis*. Tient en fief une partie de l'église de Clamart, III, 245.

BAGNOLET, *Bagnolia juxta Charonem, Baneletum*, Baigniaux, Baignolet, paroisse de doyenné de Chelles [Seine, arr. de Saint-Denis, cant. de Pantin]. *Notice*, II, 652-659.
— Peut-être le *Balneolum* du cartulaire de Saint-Maur (1255), III, 571.
— Eaux en découlant. Alimentent l'étang de Vincennes (XVe s.), II, 409.
— Hab. admis à la léproserie de Fontenay-sous-Bois, II, 388. — Paroisse : s'étendait autrefois sur la montagne de Belleville, I, 467 ; — distraite de celle de Charonne, 471.
— Lieux-dits : Bois-Bagnolet, *Champvia*, Bruyères (les), Epine (l'), Folie Nicolas Guépié (la), Malassis, Marais de Villiers (le), Ménilmontant.

Bagnolia juxta Charonem (XIIIe s.) : Bagnolet, II, 653.

BAGNOLS [Rhône, arr. de Villefranche], Baron. Voy. Camus (Jean.)

BAGNOLS (Louis Dreux du Gué, seigneur de) III. 503.

BAGUETTE, symbole de réparation de dommage, I, 12 ; V, 16.

BAGUETTE (bois de la) [près de Châtres ?] Possédé par les religieuses de Saint-Eutrope-lez-Châtres (1580), IV, 154.

BAIGNIAUX (XIIIe s.) : Bagnolet, II, 653.

BAIGNIÈRES. Voy. Besnières (les.)

BAIL (Guillaume), curé de Bougival (1351), III, 110.

Bailhol (XIIIe s.) : Baillet, II, 149.

BAILLAY. Voy. Baillet.

BAILLE (Jacques), chapelain de la chapelle Ste-Suzanne, à Paris en 1584, I, 77.

BAILLE (demoiselle), fille d'un valet de chambre du Roi. Son épitaphe, IV, 173.

BAILLEIL, Baillel. Voy. Baillet.
BAILLER. Voy. Bel air.
BAILLET, *Baliolum, Bailletum*, Baillhol, Baillay, Bailleil, Balluel, paroisse du doyen. de Montmorency [Seine-et-Oise arr. de Pontoise, cant. d'Ecouen]. *Notice*, II, 147-151. — Biens qu'y possède l'abbaye de Saint-Denis, II, 188. — Dîmes, III, 108.
— Lieu dit : Fayel.
BAILLET (le Haut-), canton du bois de Vincennes, II, 411.
BAILLET (Agnès de Bailly ou de), *de Baaliaco*. Vend à l'abbaye d'Hérivaux une dime à Marly-la-Ville (1237), II, 326.
— (Gui de), de Bailliel. Acquiert des biens à Villiers-Adam (XIIIe s. ?) II, 131 ; — à Montsoult, 146.
— (Gui de), *de Baillolo*. Seigneur de Baillet (1285), II, 149.
— (Hugues de), de Bailleil. Seigneur de ce lieu (XIIIe s.) II, 149. — Bienfaiteur de l'abbaye de Saint-Victor de Paris, 154.
— *(Varnerus de), de Baillolio*. Bienfaiteur de l'abbaye du Val (XIIIe s.), II, 149. — Sa femme, Cornélie.
BAILLET (famille). Ses armoiries sur les vitraux de Saint-Merry de Paris, I, 167.
BAILLET (Adrien), écrivain. Sa sépulture à Saint-Paul de Paris (1706), I, 325. — Auteur rectifié III, 478 ; IV, 122 ; V, 175, 431.
BAILLET (André), bailli du Palais-Royal de Paris. Seigneur de Sceaux (1580), III, 549.
BAILLET (Anne), fille de Thibaud ; femme d'Aymar de Nicolaï. Dame de Louvres, de Goussainville et d'Orville (1580), II, 292-3, 302. — Présente à une chapelle du prieuré de Moussy-le-Neuf (1556), 351.
— Baillet (Jean dit). Procès qu'il soutient à l'occasion d'une terre à Attainville (1326), II, 193.
BAILLET (Jean), maître des requêtes. Seigneur de Sceaux. Fait rebâtir l'église de ce lieu ; droit de haute justice que Louis XI lui concède (XVe s.), III, 548, 549.
BAILLET (Jean), conseiller au Parlement ; chanoine-prévôt d'Auvers puis chapelain de la chapelle de Montaumer au château de Croissy (1477), IV, 517.
BAILLET (Jean-Baptiste-Gaston), arrière petit-neveu de S. François de Sales. Seigneur de Pamphou en partie (XVIIIe s.), V, 272.
BAILLET (Miles). Ses biens au Petit Tremblay (1398), II, 611.

BAILLET (Odette), femme de Robert Thiboust (XVe s.), IV, 345.
BAILLET (Pierre), maître des requêtes. Seigneur de Sceaux (XVe s.), III, 549.
BAILLET (René), fils de Thibaud ; président au Parlement. Seigneur de Sceaux ; décédé en 1579, III, 549.
BAILLET (Renée), veuve de Jean de Thou. Dame de Bonneuil-en-France (1537) II, 620 ; — de Saux [Sceaux ?]. Acquiert la seigneurie de Fontenay-aux-Roses (1588), III, 563.
BAILLET (Thibaud), fils de Jean. Président au Parlement, II, 292. — Seigneur de Louvres et d'Orville par son mariage avec Jeanne d'Aunay, 302. — Seigneur de Sceaux ; décédé en 1525, III, 549.
BAILLET, marquis de Vaugrenant. Possède le château de Pamphou (XVIIe s.), V, 272.
— (X.) fils aîné du précédent, *ibid*.
Bailleto (cura de) : Baillet, II, 147.
BAILLET-SUR-ESCHE. [Bailleul-sur-Esche ? Voy. sur la situation de ce lieu Douet-d'Arcq. *Comtes de Beaumont-sur-O. Introd.* p. XXXVI]. Dame : Louise d'Orgemont, II, 188.
BAILLEU (Baillet?] lieu-dit mentionné en 1556, II, 133.
BAILLEUL (rue), à Paris. Voy. Paris.
BAILLEUL (famille de). Sa sépulture dans l'église de Soisy-sous-Etiolles, V, 67.
— (Charles de), grand louvetier de France. Seigneur de Courcouronnes (XVIIe s.), IV, 323.
— (Gallois de), seigneur de Longpont, baron de Grandmoulin et de Steule. Acquiert, puis cède la seigneurie de Chevreuse (1533-1545), III, 371.
— (Guillaume le), architecte. Biens qu'il acquiert à Courtry (1457) II, 537.
— (Louis-Dominique de), président à mortier. Seigneur de Soisy-sous-Etiolles, V, 71 ; — d'Etiolles, 75 ; — sa mort en 1701. 71. — Sa femme, Marie le Ragois.
— (Nicolas de), seigneur de Bois-Briard en 1606, IV, 323.
— (Nicolas de) [fils du précédent]. Seigneur de Soisy-sous-Etiolles, V, 71 ; — d'Etiolles, 75 ; ses dignités, sa mort en 1662, 71. — Sa femme, Louise de Fortia.
— (Nicolas de), grand louvetier du roi. Seigneur de Courcouronnes ; sa sépulture dans l'égl. de ce lieu (1683), IV, 321, 323. — Sa femme, Catherine Bertrand.
— (Nicolas-Louis de), fils de Louis-Dominique ; président à mortier.

Seigneur de Soisy-sous-Etiolles, V, 71; — d'Etiolles,75 ; — sa mort en 1714,71, 75.
— (Nicolas-Louis de), fils du précédent. Sucède à son père dans ses terres et dignités; décédé en 1737, V, 71, 75.
— [Nicolas-Louis de], marquis de Château-Gontier [fils de Nicolas-Louis et de Louise Girard], président à mortier [1714]. Seigneur du Thillay, II, 276.
BAILLEVAL [Oise, arr. de Clermont, cant. de Liancourt]. Seigneur : Louis de Hangest, II, 603.
BAILLI de l'évêque de Paris. Office quelquefois rempli par des personnes de qualité, I, 38.
Baillolo (Guy de; — Varnerus de). Voy. Baillet.
BAILLOL. Voy. Baillot.
BAILLOLET, nom primitif supposé de Bagnolet. Sa signification, II, 653.
BAILLON (Alexandre de), seigneur de Forges. II, 214. — Sa femme, Marguerite de Besançon.
BAILLON (Alexandre de), seigneur de Forges et de Bajolet. Sa sépulture dans l'égl. de Forges (1643) III, 439. — Sa femme, Joachine du Mesnil-le-Simon.
BAILLON (Claude de), grand audiencier de France. Seigneur de Forges et de Bajolet ; sa sépulture dans l'égl. de Forges (1619), III, 438-9. — Mentionné en 1580 et en 1606, 440.
BAILLON (Guillaume de), écuyer. Seigneur de Louans; sa sépulture à Morangis (1591) IV, 59, 60.
BAILLON (Odet de), seigneur de Forges et de Bajolet. Sa sépulture dans l'égl. de ce lieu (1573), III, 438, 440.
BAILLOT, *Balleolum*, Baillol, [Seine-et-Oise, ham. d'Ollainville], lieu-dit mentionné sur la paroisse de Bruyères, III, 476.
BAILLOT (Geoffroy de), *de Balleolo*. Vassal de Montlhéry, III, 476.
BAILLY, lieu-dit de la paroisse de Champs. Mentionné en 1628, IV, 607.
BAILLY (Agnès de). Voy. Baillet (Agnès de).
BAILLY (Charles), fils de Guillaume ; président en la chambre des Comptes. Fonde en 1615 la communauté des Carmes de Conflans, II, 362. — Sa femme, Chrestienne Leclerc.
BAILLY (Guillaume), abbé de Bourgueil ; mort en 1582, II, 362.
BAILLY (Jacqueline de), fille de Jean;
femme de Jean Budé. Dame de Fleury, III, 242; — d'Yerres. A droit à l'hommage du seigneur de Fleury-Mérogis, IV, 365 ; V, 214. — Mentionnée [à tort] en 1562 comme veuve de Dreux Budé, V, 133
BAILLY (Jacques), peintre. Sa sépulture, à Saint-Germain-l'Auxerrois, I, 33.
BAILLY (Jean de). Donne à Ste-Geneviève de Paris des terres à Jossigny, IV, 526.
BAILLY (Jean de). Ses biens à Fleury (XVIe s.), III, 241, 242. — Sa femme, Marie de Feugerais.
BAILLY-LÈS-NOISY [Seine-et-Oise, cant. de Marly]. Terres cédées au roi avec la seigneurie de Marly. III, 123, 124. — Dépendance en 1692 de la terre de Chevreuse, 373.
BAIN, abbé de Fontenelle (VIIIe s.), III, 127.
BAINS romains trouvés à Montmartre, I, 455.
BAIOLET (Nicolas Mesme, seigneur en partie de), IV, 224.
BAISIEUX (forêt de) [Somme, arr. d'Amiens]. Lieu où mourut Carloman, roi de France, IV, 99.
BAJOLET, Braiolet [Seine-et-Oise, ham. de Forges]. Justice, réunie à celle de Launay-Courson (1709), III, 440-1. — Seigneurs, 438.
BAJULE (Guillaume), religieux de Saint-Martin-des-Champs. Son ouvrage sur ce prieuré (XIVe s.) I, 195.
BALAISIS (ferme de). Voy. Balisy.
BALBET (Regnaut), prévôt de Paris. Acte relatif à Vitry-sur-Seine, IV, 453.
BALBIN, nom d'homme. Origine du nom de lieu Bobigny, II, 635. — *Balbiniacum :* Baubigny (Bobigny) II, 229, 635.
Baldaeri (vicus), Balderii, Baldeorum (porta). Noms sous lesquels sont désignés au XIIIe s. la rue et la place Baudoyer à Paris, II, 420.
BALE. Voy. Conciles.
BALEINE (de), écuyer du duc de Bourgogne. Sa résidence à Pommeret en 1697, III, 437.
BALEMONT, lieu-dit voisin de Louvres [?]. Mentionné en 1198, II, 302.
BALENVILLIER. Voy. Ballainvilliers.
Bali, mot celtique. Sa signification, II, 147.
Balliolum, diminutif de *Bali*. Origine de certains noms de lieu, II, 147.
Baliolum : Baillet, II, 147.
BALISY, *Basiliacum*, Balizy, Balaisis [Seine-et-Oise, comm. de Longjumeau], divisé en grand et petit

Balisy [ce dernier appartenant à la paroisse d'Epinay-sur-Orge], IV, 77-78, 396.
BALISY (le petit) [comm. d'Epinay-sur-Orge] IV, 77, 86.
— (Etienne de), mentionné au XIIᵉ s., IV, 411.
— (Gazon de), écuyer. Ses biens à Saint-Cloud (XIIIᵉ s.), III, 32.
— (Gilbert de), bienfaiteur du prieuré de Longpont, IV, 78.
— (Guillaume de), chevalier. Rend hommage à l'évêque de Paris pour une vigne à Saint-Cloud (1269), IV, 78. — Sa veuve, mentionnée en 1273, IV, 416.
— (Thibaud de), bienfaiteur du prieuré de Longpont. IV, 78.
BALLAINVILLIERS, *Berlenviller, Bellenviller, Bulanviller, Ballenviller,* Balleinvilliers, Ballenvilliers, paroisse du doyenné de Montlhéry [Seine-et-Oise, cant. de Longjumeau]. *Notice,* IV, 79-82.
— Contestations au sujet des dîmes, III, 225, 471; IV, 76, 77. — Biens qu'y possède le prieuré de Longpont, IV, 195; — la cathédrale de Paris, IV, 149.
— Lieux-dits : Boursiers (fief des), Croix Saint-Jacques (château de la), Villebousin.
— (Ansel et Pierre de), de Ballenviller, chevaliers. Font ériger Ballainvilliers en paroisse (1265), IV, 80, 81.
BALLANCOURT [Seine-et-Oise, arr. et cant. de Corbeil]. Fief réuni au marquisat de Villeroy (1665), IV, 247.
BALLENVILLER, Ballenvilliers. Voy. Ballainvilliers.
Balleolum (XIIIᵉ s.) Voy. Baillot.
— *Balleolo (Galfridus de).* Voy. Baillot (Geoffroy de).
BALLET, curé de Gif au XVIIIᵉ s. Ses œuvres, III, 387.
BALLEURS (Adam de), chevalier. Vend des dîmes à Villiers-le-Sec au chapitre de Paris (1217), II, 236.
BALLIEU (Jacqueline de), abbesse du Val-Profond. Décédée vers 1513, III, 262.
BALLIN (Jean), religieux de l'Oratoire à Paris. Prieur du séminaire de cette maison (XVIIᵉ s.), I, 158.
Balliolis (Radulfus de) [Raoul de Chelles], év. de Terouenne. Sa sépulture à l'abbaye de Chelles (1262), II, 491-2.
BALLUAU (Jean). Ses biens à Garches (1618), III, 43.
BALLUEL (XIIIᵉ s.) : Baillet, II, 150.
Balm, mot celtique. Sa signification, IV, 357.

Balneoli (XIVᵉ s.) : Bagneux, IV, 22.
Balneolum, bain. Mot considéré à tort comme l'origine de tous les noms de lieu Bagnaux, Bagneux, Bagnoles, etc., III, 565-6.
Balneolum (XIIᵉ s.) : Bagneux III, 566, 568, 571.
Balneum caballi, canton de Rosny (XIIᵉ s.), II, 554.
BALSAC (de). Voy. Balzac (de).
BALTHAZAR, roi mage. Figuré sur une châsse de l'abbaye de Saint-Maur, II, 436.
BALUE (Antoine), év. de Saint-Pons de Tomieres. Consacre un autel dans l'église de Villepreux (1197) III, 177, 178, 186.
BALUE (Claude), fils de Jean. Seigneur de Villepreux; mort en 1570, III, 186-7. — Sa femme, Marthe du Thisnel.
— (Claude), fils du précédent, IV, 187.
BALUE (Antoinette ou Etiennette), mentionnée en 1542, V, 177.
BALUE ou de LA BALUE (Jean), fils aîné de Nicolas. Curé de Saint-Eustache (1510, 1525) I, 59; III, 186; grand archidiacre d'Angers et archidiacre de Souvigny, II, 241; III, 186. — Seigneur de Fontenay-les-Louvres (1510), II, 241. — Prieur commandataire de Villepreux (1514); seigneur de ce lieu (1510), III, 186.
BALUE ou de LA BALUE (Jean), frère du précédent. Seigneur de Villepreux (1514; 1520; 1544) III, 182, 186; — de Gometz; de Goix et d'Armes, 186.
BALUE ou BALLUE (Nicolas), frère du cardinal; maître des Comptes. Seigneur de Villepreux (1467, 1506) II, 212; III, 185, 186; — de Luzarches en partie, II, 212; — de Fontenay-les-Louvres (1475), II, 241; — du Plessis-Gassot (1473), 248; — de Noisy-le-Sec, 642. — Sa femme, Philippe Bureau.
BALUZE (Etienne). Sa sépulture à Saint-Sulpice de Paris (1718), I, 280. — Auteur rectifié, I, 140, 650; II, 478.
BALZAC ou de BALSAC (Antoinette de), abbesse de Malnoue en 1544, V, 403.
— (Catherine-Charlotte de) d'Entragues, fille de François. Apporte la terre de Marcoussis à son mari Jacques d'Illiers, III, 485.
— (Charles de), fils de Thomas; év. de Noyon. Bienfaiteur des Célestins de Marcoussis; sa sépulture dans leur chapelle (1627), III, 490.
— Nomme Jean Griffon son exé-

cuteur testamentaire, IV, 89, 90.
— Ses dispositions en faveur des jeunes garçons et des pauvres filles de Montlhéry et de Linas, 117, 127.
BALZAC (François de), seigneur d'Entragues et de Marcoussis, III, 492, 493-4. — Baron de Boissy [sous-Saint-Yon] et comte de Montlhéry (1550 ou 1560), IV, 108.
— (Galeas de), gentilhomme de la chambre du Roi. Seigneur de Tournenfil (XVIIᵉ s.), IV, 251.
— (Guillaume de) d'Entragues, fils de Pierre; capitaine de chevau-légers. Seigneur de Marcoussis (XVIᵉ s.), III, 485. — Sa femme, Louise d'Humières.
— (Henriette de), maîtresse d'Henri IV. Son portrait au château de Marcoussis, III, 487.
— (Jean de) [fils de Thomas]. Seigneur de Châtres (1580), IV, 144.
— (Marie de), femme de Louis Mallet de Graville, III, 408. — Bienfaitrice des Célestins de Marcoussis; sa sépulture dans ce couvent (1503), 488-9. — Par son mariage la seigneurie de Châtres passe dans la maison d'Entragues, IV, 144.
— (Marie-Charlotte de) maîtresse du maréchal de Bassompierre. Dame de Bassompierre et de Boissy-sous-Saint-Yon (1646), IV, 167 ; — de Mauchamp, 179 ; — de Torfou. Crimes commis en ce lieu par ses garde-chasses, 190.
— (Pierre de), seigneur d'Entragues. Sa femme, Anne Malet de Graville, III, 485.
— (Pierre de). Voy. Balzac (Thomas de).
— (Robert de), héritier [frère] de Thomas de Balzac. Seigneur de Châtres ; vend cette seigneurie à Camus de Saint-Bonnet (1606), IV, 144.
— (Thomas de), seigneur de Gometz (1580) III, 408 ; — de Villejust, 505 ; — de Montaigu, de Châtres et de la Roue. Epouse Anne Gaillard (1590) ; sa sépulture aux Célestins de Marcoussis, III, 489, 490; IV, 75, 126. — Son héritier Robert de Balzac, IV, 144. — [Son père Pierre confondu par Lebeuf avec lui], ibid.
BANCS, dans l'égl. de Sucy, V, 380.
BANDEVILLE (Simon de), chevalier. Seigneur de Marly-la-Ville; ses biens à Ozoir-la-Ferrière, II, 327 ; — dans la forêt de Ferrières (1266), V, 354.
Baneletum (XVᵉ s.) : Bagnolet, II, 653.

Baneolæ (XVᵉ s.) : Bagneux III, 568.
BANETON à poissons, terme de pêche employé dans un acte de 1294, IV, 471.
Banis ou *Bano*, mot celtique ; sa signification. Origine du nom de lieu Bagneux, III, 565, 566.
BANLIEUE de Paris. Comprenait une partie du territoire de Fontenay-aux-Roses, III, 562-3. — Sa limite à Bagneux, origine du nom de ce lieu, 566.
BANLIEUE (la), *Bannaleuca*, lieu-dit (auberge) de la paroisse d'Arcueil. Ancienne léproserie. *Notice*, IV, 22-3.
Banna. Voy. *Vanna*.
Bannaciacum, localité où existait au VIᵉ s. un atelier monétaire. Son emplacement, III, 566.
Bannaleuca (XIIIᵉ s.) : la Banlieue, lieu-dit d'Arcueil, IV, 22.
BANNIERES (les), canton du bois de Vincennes (XVIIᵉ s.), II, 411.
BANNIEULS (Vautier de), *de Banniolis*. Son fief à Clamart, III, 245.
Banniolæ : Bagneux, III, 566, 573 ; V, 177.
Banniola, *Banniolum* (banlieue), diminutif de *Bannus*. Origine proposée du nom de Bagneux, III, 565-6, 573.
Banniolum (IXᵉ-XIᵉ s.) : Bagneux, III, 566, 573.
BANNISOIRE (la), écrit peut-être pour « la Tombisoire », IV, 23.
Bannus, origine proposée des noms de lieu Bagneux et Bagnolet, II, 653 ; III, 565-6.
BANS de mariage, publiés à Saint-Germain-des-Prés par le clergé de Saint-Séverin, I, 107.
BANTERLU. Voy. Banthelu.
BANTHELU, Banterlu [Seine-et-Oise], cant. de Magny, arr. de Mantes]. Seigneur : Richard de Montmorency, II, 15.
BANVIN, marchand de Paris. Propriétaire de la maison de l'Hôpital des Veuves à Paris ; la fait démolir (XVIIIᵉ s.), I, 67.
Baolthildis. Voy. Clotaire III.
BAPTISTÈRES, construits souvent en forme de rotonde, I, 13, 25 ; — leur emplacement, 13 ; — sous l'invocation de S. Jean-Baptiste, 87.
BAR [?]. Archidiacre. Voy. Noir (le).
BAR (Geoffroy de), cardinal du titre de Ste-Suzanne. Donne ses biens de Sucy-en-Brie au chapitre de la cathédrale de Paris (1287), V, 382.
BAR... (Jean), capitaine à Paris. Bienfaiteur des écoles de l'Hay (1627 ou 1637) ; mémorial dans l'égl. de cette paroisse, IV, 40-1.

BAR (Pierre de), religieux de l'abbaye de Sainte-Geneviève. Prieur de Roissy (1415), II, 285.
BAR (Henri II, comte de). Approuve une donation faite au prieuré du Cormier (1223), IV, 503, 603. — Seigneur de Torcy ; acte relat. à la forêt de Roissy-en-Brie (1236), IV, 500, 592. — Bienfaiteur de l'abbaye de Lagny, 592, 603. — Sa femme, Philippe de Dreux.
BAR [Henri III, comte de]. Sa terre de Torcy confisquée par Philippe-le-Bel (1297), IV, 593 ; V, 288.
BAR (Pierre de), prieur de Roissy-en-France (1415), II, 285.
BAR (Renaud de), év. de Chartres. Acte relatif à la cure de Verneuil (1184), I, 603. — Revendique la chapelle de la Grange-St-Clair (1210), III. 429-30.
BAR (Renaud, comte de), seigneur de Torcy (1263, 1268), IV, 593.
BAR (Thibaut I, comte de), seigneur de Torcy (1242, 1246), IV, 592-3, 611.
BAR (Thibaut II, comte de), seigneur de Torcy (1274, 1286), IV, 593.
BAR [et non Berry] (René d'Anjou, duc de). Fin de sa captivité à Dijon prédite par un astrologue, III, 52.
BARANGUE (Pierre). Est autorisé à fonder une messe à Satory, III, 209.
BARAT (Denis), marguillier de l'égl. de la Courneuve. Mentionné en 1580, I, 577.
Barbariæ (insula) (XIIIe s.) : l'île Barbière, IV, 477.
BARBAY (Pierre), professeur de philosophie. Sa sépulture à Saint-Etienne-du-Mont (1664), I, 248.
BARBAZAN (Arnaud Guillem, sire de), I, 503.
BARBE (port de la), interdit aux abbés, III, 207.
BARBEAU ou BARBEAUX (abbaye de), diocèse de Sens [Seine-et-Marne, arr. de Melun]. Biens à Corbeil, IV, 312 ; — à Sénart IV, 417. — Cloître : épitaphe de Jehanne, dame de Boissy-sous-Saint-Yon, IV, 164. — Abbé ; commis par le pape pour juger un différend, I, 577. Voy. Henry.
BARBEDAUR ou BARBEDOR, doyen du chapitre de la cathédrale de Paris, chapelain de Louis VII. Bienfaiteur de Saint-Denis-du-Pas I, 19 ; — de Notre-Dame de Paris I, 466 ; IV, 25, 30, 35, 41. — Participe à une sentence rendue contre les habitants de Vanves III, 581. — Mentionné en 1173 dans un traité relat. à Bonneuil, V, 28.
BARBEDOR (Guillaume), marguillier de Boulogne-sur-Seine (1469), I, 394.
BARBEREAU (Geoffroy), curé de Guyancourt. Acte relat. à la chapelle de Bouviers, III, 283.
BARBERY [Oise, arr. et cant. de Senlis]. Biens qu'y possède l'abbaye de Montmartre I, 448.
BARBETTE (Agnès), femme de Jean Sarrasin. Fondatrice d'une chapellenie à Saint-Gervais de Paris (1275), I, 83.
BARBETTE (Etienne), procureur de la confrérie de la marchandise de l'eau, à Paris en 1245, I, 216.
— (Simon), prévôt de Paris. Sentence relative aux habitants de Neuilly-sur-Marne (1241), II, 481.
BARBETTE (rue), à Paris. Voy. Paris.
BARBETS (le marquis de Leuville, tué par les), IV, 131.
BARBEZIEUX [Charente] (marquis de). Voy. Le Tellier (Louis).
BARBIER (Jehan), secrétaire de St-Maur-des-Fossés. Reliques qu'il donne à cette abbaye (1373), II, 435.
BARBIER, secrétaire du cardinal de Rohan. Prieur de Saint-Thibault-les-Vignes (XVIIIe s.), IV, 567.
BARBIÈRE (île), *insula Barbariæ*, dans la Marne à Bonneuil. Biens qu'y possède l'abbaye de Sainte-Geneviève, IV, 477. — Conjectures sur son origine, V, 10. — Mentionnée en 1277, 353.
BARBOTEAU (Louis). Fonde une école de charité à Montrouge (1666), III, 587.
BARBOU (Renaud), bailli de Rouen. Débiteur d'une rente inféodée à Villejuif (1287), IV, 31.
BARCELONE (Espagne). Le corps de S. Cucufat est transféré de cette ville à l'abbaye de St-Denis, I, 498.
BARCOS (D.), intendant de la maison de Villeroy. Possède à Yerres la maison de Guillaume Budé (XVIIIe s.), V, 214, 220, 221.
BARDE (Louise-Antoinette de la), veuve de Jean le Comte. Dame de Villiers-Adam (1675), II, 132.
BARDEAU, trésorier général des finances. Seigneur de Vignolles (1614), V, 315.
BARDELIN (Jacques), curé de Châtillon. Conclut un accord avec l'abbaye de Gif (1534), III, 576.
BARDIN (Léonard), chanoine de St-Martin de Champeaux. Hôtel-Dieu qu'il fonde en ce lieu (1457), V, 420.
BARDON de MORANGES, seigneur de Launay. Transaction qu'il conclut avec Olivier Monnerot (XVIIe s.), IV, 360, 383.

Bardorum (societas), à Paris au XIVᵉ siècle, I, 217.
BARDOUVILLE (Le Marchand de). Voy. Marchand (le).
BARÈGES [Hautes-Pyrénées]. Séjour qu'y fait le duc du Maine, III, 207.
BARENTIN (Charles), président de la Chambre des Comptes. Aliène la seigneurie de Charonne (1648), I, 477.
BARENTIN (Honoré), trésorier des parties casuelles. Acquiert la seigneurie de Charonne en 1623 ; sa sépulture aux Grands-Augustins de Paris (1639), I, 477, 480.
BARENTIN (Madeleine), mentionnée dans l'épitaphe de Henri Girard, son mari (1625), II, 274.
BARI [Italie]. Les reliques de S. Nicolas y sont apportées en 1087, III, 180.
BARILLON (Antoine de), maître des Comptes [mort en 1572], II, 580. — Sa femme, Louise de Billon.
BARILLON (Antoine de), chevalier. Seigneur de Morangis (1733), Montigny etc. ; conseiller du Roi et maître des requêtes de l'Hôtel, IV, 59, 60. — Sa femme, Catherine Boucherat.
BARILLON (Jean de), conseiller au Parlement. Seigneur de Villeparisis (1620), II, 580.
BARILLON (Jean-Jacques de), président au Parlement. Seigneur de Maugarny (1633), I, 639 ; — de Louans. Obtient le changement du nom de cette terre en celui de Morangis avec titre de comté (1693), IV, 60.
BARILLON (de), conseiller au Parlement. Possède le fief de Maugarny en 1699, I, 639.
BAR-LE-DUC [Meuse]. Comtes, seigneurs de Torcy. Voy. Bar.
BARME (Marie), fille de Roger. Dame de Villetaneuse, Charonne et Cheptainville ; femme de Guillaume de Vaudetar, I, 592 ; IV, 196.
BARME (Roger), avocat du Roi puis Président au Parlement. Seigneur de Cheptainville, I, 592 ; III, 223 ; IV, 196.
BARNABITES (religieux), à St-Eloi de Paris, I, 309 ; — desservant la cure de Passy, I, 402-3.
BARNEAUX (les). *Bernolium*, Barneau [Seine-et-Marne, ham. de Soignolles]. *Notice* V, 144.
— Terres qu'y possède l'abbaye de Livry (1244), V, III. — Dîmes mentionnées en 1233, 130. — Mouvant du fief de Jean d'Egrenay (1256), 180. — Seigneur : Jean d'Andrezel, 423.

BARNEVILLE (Pierre du Tilley, seigneur de), II, 263.
BAROIS (Etienne de), fils de Guillaume ; doyen de Saint-Omer, chanoine et archidiacre de Beaugency, confesseur du roi Jean. Fonde un autel dans l'égl. d'Herblay. Inhumé dans ce lieu (1351), II, 80.
BAROIS ou de BAROIS (Guillaume), bienfaiteur de l'égl. d'Herblay. Sa sépulture en ce lieu (1333), II, 80.
BAROIS (Jean le). Nommé à une chapelle de l'église Sainte-Croix de Paris, I, 314.
BARON (Adam), appelé à tort Adam Haron ou Bazon [?]. Son fief de Brevannes (1220), V, 34, 74. — Seigneur d'Étiolles, 74.
BARON, seigneur de Chauvigny. Son épitaphe dans l'église de Luzarches (XVIIᵉ s.), II, 206, 214.
BARONIUS, rectifié, V, 117.
BARONNE (Emeline, fille de Petronille la), serve de l'abbaye de Ste-Geneviève à Chanteloup en 1257, IV, 533.
BARRAND ou BUREAU (Guillaume), secrétaire du Roi. Ses biens à Montreuil-sous-Bois confisqués par Charles VI (1409), II, 399.
BARRE (la) [Seine-et-Marne, ham. de Ferrolles-Attilly]. Fief, V, 278.
BARRE (la) [Seine-et-Oise, ham. de Deuil] dépend. en partie d'Épinay. *Notice* I, 598, 607.
BARRE (la), les Barres [Seine-et-Oise, ham. de Senlisse]. Ses possesseurs, III, 420. — Biens qu'y acquiert le chapitre de Notre-Dame (1262), 473.
BARRE (la), fief situé sur la paroisse de Noisy-le-Grand, IV, 626.
BARRE (la), maison sise à Issy, III, 12.
BARRE (André de la). Acquiert le fief de Malépargne à Coye (XVᵉ s.), II, 336.
BARRE (Antoine de la), év. d'Angoulême. Prévôt de Champeaux en 1527 ; prieur de N.-D. du Parc, V, 417.
BARRE (Claire de la), femme de Jacques de Postel (XVIIᵉ s.), V, 126.
BARRE (Denise de la), dame de Villebon (1528), III, 512.
BARRE (Jean de la), comte d'Etampes, lieutenant général et prévôt de Paris. Pose la première pierre de Saint-Eustache de Paris (1532), I, 60. — Possède le fief d'Aunay, près Saint-Cloud, III, 37. — Seigneur de Jouy-en-Josas, 268 ; reçoit de François Iᵉʳ la seigneurie de Châteaufort (1529), 304.

— 44 —

BARRE (Jean de la), historien. Critiqué, IV, 269, 270, 274, 275, 292, 318, 327, 365, 401, 422 (note); — V, 78, 90, 104, 133 (et note), 166, 167, 182, 183, 184, 202 (note), 223, 254, 328.

BARRE (de la), président des Trésoriers de France. Son épitaphe dans l'égl. de Jouy-le-Moutier, II, 105. — Sa femme, Catherine Pietre.

BARRE (Mlle de la), dame de Vanves. Sa résidence en ce lieu, III, 584.

BARRÉ (André), chanoine, puis abbé de St-Victor où il est inhumé (1448). Né à Villiers-le-Bel, II, 180.

BARRÉ (Etienne), exécuteur testamentaire de Guillaume le Loup. Affecte des biens pour l'entretien d'un prêtre à Villepinte (XIIIe s.), II, 616.

BARRÉ (Folquin), prieur de Saint-Jean-Baptiste de Conches (1634-1664), IV, 572.

BARRÉ (Jean), lieutenant du bailli d'Ivry en 1672, IV, 437.

BARRÉ (Melchior), *eques, Regis fratris chlamidophorus*. Inscriptions en souvenir de ses ancêtres posées par ses soins dans l'égl. de Villejuif, IV, 29.

BARRÉ (Pascal), officier chez la Reine-Mère [de Louis XIV] ; mort en 1660. Inscription commémorative dans l'égl. de Villejuif, IV, 28.

BARRÉ (Pierre), officier chez la Reine; mort en 1677. Inscription commémorative dans l'égl. de Villejuif, IV, 28-9.

BARRÉ (Pierre), chanoine de la cathédrale de Paris, secrétaire du Roi. Lègue des biens à Mons à la cathédrale de Paris, IV, 422.

BARREAU (Dominique). Arrêt du Conseil d'Etat rendu contre sa veuve au sujet du fief de Chefdeville à Clamart, III, 248.

BARRÊME, financier. Ses biens à Villemomble (XVIIIe s.), II, 562.

BARRERE (Cousteau de la). Voy. Cousteau.

BARRES (les), canton de Saint-Maur-les-Fossés, compris dans l'enclos du parc de Vincennes, II, 411.

— (seigneurs des), possesseurs de fiefs dans le pays Mulcien. Leurs prétentions sur le fief de Moussy-le-Neuf (XIII° s.), II, 353.

— (Guillaume des), chevalier. Vend ses biens à Croy à Charles de Valois (1301), II, 282. — Ses biens à Lardy, IV, 184 ; — à Corbeil (1248), 301. — Seigneur de Villegenard, V, 309, 326. — Son épitaphe dans l'égl. de Presles (1301), 307, 309. — Sa femme, Isabeau de Pacy.

— (Helvide des), dame d'Oissery. Ensaisine Colas de Pompenne de biens à Villepinte (1250), II, 615.

— (Jean des). Seigneur de Villegenard ; mentionné en 1219, V, 309 ; — en 1253, 324.

— (Pierre des), chevalier. Son fief à Ezanville (1272), II, 187. — Sa femme, Marguerite de la Guierie.

BARRES (la Cour des), près Luzarches [?]. Acquise par le chancelier Jean Le Clerc (XVe s.), II, 211.

Barrez. Voy. Carmes.

BARRIÈRE (la), lieu-dit de la paroisse de Combs-la-Ville, V, 185.

BARRIERE (Jean de la), instituteur des Feuillants. Nommé par Henri III, abbé commendataire du Val, II, 134. — Est reçu à Vincennes par le même roi (1587), 410.

BARRIÈRES (de). Sa maison à Bourg, paroisse d'Etiolles (1697), V, 77.

BARRIN (Toussaint), dit de Vincelles, chanoine de la Sainte-Chapelle, abbé de Ferrières et de Saint-Lô. Sa sépulture à l'abbaye de Jarcy (1581), V, 170.

BARTHELEMI (Guillaume), maître des requêtes (XVe s.), I, 67. — Sa femme, Catherine du Homme.

BARTHELEMY (Louis), notaire (1476), II, 239.

BARTHELEMY (Perrette), dame de Roissy. Fait une fondation à Saint-Jacques-la-Boucherie (1606), II, 284.

BARTHÉLEMI, chanoine de la cathédrale de Chartres. Arbitre pour la cure de la Courneuve (Saint-Lucien), I, 577 ; — sur l'attribution au diocèse de Paris de la chapelle de la Grange-Saint-Clair (1212), III, 430.

BARTHÉLEMI, chanoine de Senlis. Exécuteur testamentaire d'André Trox (XIIIe s.), III, 470.

BARTHÉLEMY, doyen du chapitre de la cathédrale de Paris. Acte relat. au Landit de Saint-Denis (1146), I, 542 ; — neveu d'Etienne de Senlis. Charte de lui, citée II, 223.

BARTHELEMY, év. de Paris. Acte relat. à Choisy-sur-Seine [Choisy-le-Roi] (1224), IV, 444 ; — à Baillet (1226), II, 149. — Transige avec les religieux de Saint-Faron de Meaux (1226), II, 548. — Revendique de N.-D. de Corbeil le droit de procuration (1227), IV, 287.

BARTHÉLEMY, prieur de Gournay. Voy. Gretz (Barthélemy de).

BARTHÉLEMI, vassal du roi Philippe-Auguste pour la moitié de Dam-

pierre, III, 359 [Dampierre dont il s'agit ici n'est pas la commune de ce nom mais un ham. de Saint-Yon].
BARTHET de BONNEVAL, caissier de la Caisse des emprunts. Acquiert temporairement la seigneurie de Sainte-Geneviève-des-Bois,IV,382.
BASANIER (Hugues), curé de la Brosse (1529), IV, 506, 642.
BAS-BRETONS (collège de Tou, fondé pour des), I, 130.
BAS·LE (sœur), maîtresse *(magistra)* de la maison-Dieu de Saint-Germain-en-Laye (1267), III, 143.
Basiliacum (XIIIe s.) : Balisy, IV, 78.
Basilica. Voy. Basilique.
BASILICE, femme de Ferric de Massy, III, 522.
BASILIE, femme de Guillaume Marmerel (1226), V, 28.
BASILIQUE, *Basilica.* Sens de ce mot dans Grégoire de Tours, I, 96, 230.
Basilla, recluse de Saint-Victor de Paris (XIIe s.), I, 242, 335.
BASILLE (Jean), prieur de Saint-Thibault-les-Vignes. Seigneur en cette qualité de Saint-Germain-des-Noyers (1506), IV, 567.
BASIN (Simon), curé de Toussus. Mentionné en 1364, III, 318.
BASOCHE du Palais. Se rend chaque année dans la forêt de Bondy, II, 568-9.
BASSE-COUR (la), lieu-dit du parc de Vincennes ainsi désigné, II, 412.
BASSET (le moulin) [Seine-et-Oise, éc. de Longpont], IV, 87. — *Notice,* 90. — Ses possesseurs, 90, 345.
BASSET (Hervé). Sa fille Ansgarde, IV, 222.
BASSET (Hugues). Biens qu'il cède au prieuré de Longpont (XIIe s.), IV, 88-90, 344, 347.
BASSET (Milon de), *Bassetus.* Seigneur de Basset (XIIe s), IV, 90.
BASSET (Pierre), chanoine de Notre-Dame de Paris. Prieur commandataire de Montjay ; inhumé à Notre-Dame (1543), II, 527.
BASSETH (Hugues). Sa forteresse dans l'île Saint-Denis au Xe s., I, 564.
BASSIGNY (Pierre de), chevalier. Vend à Saint-Thomas du Louvre et au chapitre de N.-D. des dîmes à Longjumeau et à Ballainvilliers (1237-8), IV, 76, 80.
BASSOMPIERRE (François de), maréchal de France. Bienfaiteur de Sainte-Perrine de Paris (1646), I, 302. — Seigneur haut-justicier de Chaillot (1633), 412 ; — sa maison en ce lieu, 417.
BASSOMPIERRE (la maréchale de). Voy. Balzac (Marie-Charlotte de).

BASSON (Charlotte). Reliques données par elle à l'église de Châteaufort, III, 299.
BASSONS (Hugues de), homme lige du roi pour ses biens à Ver-le-Grand, IV, 211-2.
BASTILLE (porte de la), au village des Molières, III, 411.
BASTON (Jehanne), veuve de Jean Behannet. Dame de la Folie-Baston et du Perreux ; construit et dote une chapelle dans l'église de Nogent-sur-Marne (1530), II, 472.
BASTON (Hugues de), mentionné en 1208, V, 353.
BASTONNEAU (François), sieur de la Béraudière et de Belleville. Sa mort au siège de Corbeil (1590) ; sa sépulture dans l'église de Saint-Germain-les-Corbeil, V, 80, 86.
BASTONNEAU (Madeleine), femme de Gabriel Miron. Dame du Tremblay; mentionnée en 1574 et en 1603, V, 86.
BATAILLE, lieu-dit voisin de Corbeil. Fief du marquisat de Villeroy, IV, 247. — Dépendant de la seigneurie de Corbeil en 1471, V, 104.
BATAILLE (Jean), chevalier. Possesseur du fief de l'Erable à Mardilly (1399), V, 133.
BATAILLE (Pierre). Possesseur du même fief (1454), V, 133.
BATAILLER (François), év. de Bethléem. Bénit l'égl. St-Symphorien de Paris (1670), I, 268. — Consacre un autel à St-Germain-des-Prés (1678), 270 ; — l'égl. de Marly (1689), III, 119 ; — l'égl. N.-D. de Versailles, 198.
BATARDS (droits sur la succession des), attribués au prieuré de Saint-Martin-des-Champs, I, 195.
BATEAUX (phare servant à éclairer les), au cimetière des Innocents, I, 50.
BATELIERS (Saint Nicolas, patron des), I, 214, 344.
BATESTE (fief) situé à Franconville. Relevant du duché de Montmorency, II, 49.
BATESTE (Guillaume), chevalier. Son fief à Aubervilliers en 1221, I, 561. — Vend, conjointement avec sa femme Marguerite, à l'abbaye de Saint-Denis des biens à Pierrefitte, 585 ; — à Tremblay, II, 610 ; — à Gennevilliers, III, 63 ; — à Rueil (1186), 96.
BATESTE, seigneur de Franconville. Bâtit l'église de ce lieu, II, 46.
BATHILDE, reine. Voy. Ste Bathilde.
BATHILDE, femme de Childéric II. Est assassinée avec lui dans la forêt de Lognes (673), IV, 601.

BATIDE (Joseph), mentionné en 1668, IV, 423.
BATILLY (Pierre de Billy-sur-Ourcq, sire de), II, 278.
BATLARD. Voy. Brulart (Marie).
BATON blanc porté par les religieux de l'Hôtel-Dieu de Paris, I, 18. — Symbole d'investiture, III, 504; IV, 206; V, 324.
BAUBIGNY ou BOBIGNY, localités de ce nom en France, II, 635, 639.
BAUBIGNY. Voy. Bobigny.
BAUBRIARD, altération du nom de lieu Bois-Briard, IV, 322.
BAUCERONS (les). Voy. Beaucerons (les).
BAUCHES (les), lieu-dit de la paroisse de Passy, I, 405.
BAUCHISY (Guy de), prieur de Saint-Jean-de-l'Ile à Corbeil (XIVᵉ s.), IV, 294, 295.
BAUD, mot celtique entrant dans la composition des noms Baudet ou Baudoyer. Considéré à tort comme l'abrégé des mots Bagaud, Bagaudes, I, 80; II, 420.
BAUD (Geoffroi). Donne au prieuré de Longpont des biens au Plessis-Paté (XIIᵉ s.), IV, 353.
BAUD (Radulfe). Donne au prieuré de Longpont des biens à Charcois (XIIᵉ s.), IV, 357.
Baudacharius, défenseur de la cité de Paris (vers 1700). Son nom conservé dans celui de la Place et de la Porte Baudoyer, I, 80; II, 420, 558.
BAUDARD (Girard), procureur au Parlement. Possède en 1566 la Folie-Cornu, près de Bercy, II, 370.
Baudarius, forme contractée du nom *Baudacharius*, II, 420.
BAUDAYER, Baudet, Baudoyer (place et porte). Voy. Paris.
BAUDEMENT, Baudiment, Boudemont [Marne, arr. d'Epernay, cant. d'Anglure] Seigneur. Voy. Anglure (d').
BAUDEMENT (André de), officier de Thibaut II, comte de Champagne, IV, 275. — Défend Corbeil contre Louis le Gros, 276. — Prend part à l'accord conclu entre ce roi et Thibaud II (vers 1116), V, 107.
— (Eustache de) [fille d'André; épouse en premières noces de Eudes, comte de Corbeil], femme de Gilbert de Garlande (XIIᵉ s.), V, 323.
BAUDEQUIN (Nicolas), chanoine de la cathédrale de Paris. Prieur de Deuil (1531-5), I, 604.
BAUDÈRE, BAUDET (la porte), *Bauderi*, *Bauderia (porta)* : la porte Baudoyer à Paris, II, 420.
BAUDIMENT. Voy. Baudement.
BAUDOUIN, ferme située sur la paroisse du Plessis-le-Comte, IV, 368.
— Justice dont elle dépend, 369.
BAUDOIN, abbé de St-Vincent de Senlis. Traite avec l'abbé de St-Magloire au sujet de Blancmesnil (1141), II, 626.
BAUDOIN (Nicolas), prieur du Bois-Saint-Père (1564), II, 154.
BAUDOIN (Marguerite), femme de Claude-Joseph de Fécamp (XVIIIᵉ s.), II, 315.
BAUDOIN, abbé de St-Magloire de Paris. Acte relat. aux terres de l'abbaye à Briis (1274), III, 447.
BAUDOIN, prieur de St-Martin-des-Champs. Voy. Belloy (Baudoin de).
BAUDOIN, chevalier. Ses biens à Draveil (1223), V, 63.
BAUDOIN, frère de Thibaud de Balizy. Acquiesce à une donation faite par ce dernier, IV, 78.
BAUDOIN, sous-diacre de Notre-Dame. Donne à cette église des biens à Mont-Sivry, IV, 30.
BAUDOUIN Iᵉʳ. S'empare de Constantinople, I, 543.
BAUDOUIN [II], empereur de Constantinople. Sa résidence à Saint-Germain-en-Laye en 1247, III, 137.
BAUDOUIN II, roi de Jérusalem. Est secouru par Godefroi et Guillaume de Bures (1120), III, 393.
BAUDOUIN (Guy-Louis), curé de Sceaux. Fait reconstruire la nef de l'égl. de ce lieu, III, 547.
BAUDOUIN (Jean), seigneur de Brétigny. Son fief de Montrouge (1258, 1265), III, 588-9; IV, 344-5. — Est tenu de porter l'év. de Paris à son avènement (1268); identifié avec Gédoin de Beauvilliers, IV, 345.
BAUDOUIN, chevalier. Mentionné en 1147, IV, 311.
BAUDOUIN, év. de Teroüenne. Assiste à la dédicace de l'abbaye de Lagny (1019), I, 546.
BAUDOUIN, *Balduinus*, curé d'Argenteuil. Mentionné en 1186, II, 11.
BAUDOUIN, prévôt de Corbeil. Ses biens à St-Germain-lès-Corbeil (XIᵉ s.). — Son fils, Aleran [?], V, 82.
BAUDOUIN-LEZ-AUTEUIL (fief). Son possesseur en 1743, I, 392.
BAUDOUIN FRENGALE (rue) à Paris. Voy. Paris.
BAUDOUYN, correcteur des Comptes. Vend sa seigneurie de Combault (1664), IV, 493.
BAUDOYER (porte) à Paris. Voy. Paris.
BAUDOYER (F.), chanoine de Saint-Germain-l'Auxerrois. Assiste à la translation des reliques de l'abbaye de Montmartre (1612), I, 446.

BAUDRAND (Michel), géographe. Sa sépulture à St-Jean-en-Grève, I, 91.
BAUDREUIL (Guy de), prieur de Montjay, puis abbé de St-Martin-aux-Bois (XVᵉ s.), II, 527.
BAUDREVILLE Voy. Beaudreville.
BAUDRY (porte de), *porta Baudrici*, au bourg de Montlhéry, IV, 102, 111.
BAUDRY, abbé de Bourgueil. Obtient pour son abbaye la confirmation de la possession des égl. de Châteaufort et de Chevreuse (1105), III, 301, 364. — Reçoit de l'év. de Paris l'égl. de Limours (1091), 431.
BAUDRY (Guillaume), curé de Limours. Traite avec le prieur de ce lieu (1532), III, 433.
BAUFET ou D'AURILLAC (Guillaume de), év. de Paris. Reçoit hommage d'un doyen de St-Germain-l'Auxerrois (1305), I, 33. — Célèbre les ordres à St-Ouen-sur-Seine (1308), 574. — Acte relat. à Briis (1309), III, 446 ; IV, 6. — Ordonne un prêtre dans l'égl. de Montlhéry (1309), IV, 113. — Lègue au chapitre de Paris ses biens à Moissy-l'Evêque (1311), V, 108, 114. — Acte relat. à St-Barthélemy de Paris (1319), I, 176. — Sa sépulture à St-Victor de Paris (1319), I, 137. — Acte relat. à la chapelle du St-Martyre de Montmartre, I, 451.
BAUFREMONT (Henri de), marquis de Sennecey. Sa maison à Conflans (XVIIᵉ s.), II, 371.
BAUGIER (Edme), écuyer. Seigneur de Montrouge (XVIIIᵉ s.), III, 590.
BAUGIER (Madeleine-Charlotte), fille du précédent; femme de Nicolas le Camus, III, 590.
BAUGY (Gaspard de), fils de Jean, IV, 221.
BAUGY (Jacques de), maître des Comptes. Seigneur de Leudeville, IV, 223, 226 ; — de Bichecorne et de Bondy (1580), 226.
BAUGY (Jean de), écuyer. Seigneur de Leudeville, décédé en 1640 ; sa sépulture, IV, 221. — Sa femme, Barbe de Bragelogne.
BAUGY (Jérôme de), fils de Jean, IV, 221.
BAUGY (Marie de), femme de Jean Sanguin, III, 159.
BAUGY (Martin de), fils de Jean, IV, 221.
BAULT (Vincent), curé de St-Marcel de St-Denis. Mentionné en 1620, I, 565.
BAUME (Ferrand de la), comte de Maurevert [Montrevel?]. Seigneur de Savigny-sur-Orge ; prise de son château par l'armée d'Henri IV (1592), IV, 393-4.
BAUME-MONTREVEL (Ferdinand de la). Seigneur de Savigny-sur-Orge (1641), IV, 392, 395.
BAUME-MONTREVEL (François de la). Sa sépulture dans l'égl. de Savigny-sur-Orge (1657), IV, 389, 392.
BAUT (Pierre), curé d'Attilly en 1538, V, 279.
BAUTEUR, ancienne forme du nom Batilde, I, 71.
BAUTRU (Nicolas de), marquis de Vaubrun, lieutenant-général des armées du Roi. Seigneur de Clichy (1671), I, 427.
BAVEUSE (Jeanne la), dame de Baillet, II, 149 ; — d'Ecquevilly. Rend hommage au seigneur de Marly (1446), III, 123.
BAVEUX (le). Voy. Le Baveux.
BAVIÈRE (reliquaire portant un écusson aux armes de), II, 166.
— Duchesse. Voy. Alençon (Catherine d').
— (Charlotte-Elisabeth de), princesse palatine. Acquiert la terre du Raincy, II, 592, 593.
— (Edouard de), prince palatin. Sa maison de plaisance à Asnières, III, 59.
— (Isabeau de). Voy. Isabeau.
— (Louis, duc de), frère de la reine Isabeau. Seigneur de Marcoussis, III, 485.
— (Louise-Marie, palatine de), fille de Frédéric II, roi de Bohême, nièce d'Henriette de France. Son séjour au couvent de la Visitation de Chaillot, I, 417. — Prend le voile à Maubuisson (1658) dont elle devient abbesse (1664), II, 120.
-- [Marie-Anne-Christine], princesse palatine. Possède le château du Raincy (XVIIᵉ s.), II, 592, 593.
— (Maximilien-Emmanuel, duc de), bienfaiteur de l'égl. de Villiers-la-Garenne, I, 432.
BAVILLE [Seine-et-Oise, ham. de Saint-Chéron, cant. de Dourdan, arrond. de Rambouillet]. Marquisat ; le fief de Segrets en dépend, IV, 176 ; — érigé en 1671 ; terres en relevant, 190-1.
— (fontaine de), à Goussainville, II, 294 (et note.)
— (Hugues de), chevalier. Bienfaiteur du prieuré de Bruyères-le-Châtel (1226), III, 471.
BAYE [Marne, arr. d'Epernay, cant. de Montmort], lieu de naissance de Nicolas de Baye, I, 19.
— (Nicolas de), chanoine de la cathédrale de Soissons, curé de Mon-

tigny-Lencoupe, greffier au Parlement. Sa sépulture à St-Denis-du-Pas de Paris (XVe s.), I, 19. — Ses biens à Epinay-sur-Seine, 195.
BAYEUX [Calvados]. Ses marchands au Landit de Saint-Denis, I, 548.
— Cathédrale : archidiacre. Voy. Pierre ; — doyen. Voy. Bessancourt (Robert de) ; — chanoine. Voy. Justice (Jean de) ; — cryptes, I, 267.
— Evêques. Voy. Nesmond (de), S. Exupère. S. Regnobert, S. Vigor.
— (Personnages nés à), I, 222 ; III, 118.
BAYEUX (collège de). Voy. Paris.
BAYON (Nicolas de), abbé des Vaux de Cernay. Mentionné en 1524, III, 424.
BAYONNE [Basses-Pyrénées]. Jean de Montaigu y réside en 1492, III, 234.
— Évêques. Voy. Maury (Jacques de), Poncher (Etienne), Rueil (Claude de).
— (monnaies de). Edit de 1541 les concernant, I, 482.
BAZEMONT [Seine-et-Oise, arr. de Versailles]. Seigneur. Voy. Lisle (Joachim de), O (Charles d').
— (Jean de). Voy. Monceaux (Jean des).
BAZIN (Jacques), maréchal de France. Seigneur de Bezons ; sa sépulture à St-Côme de Paris (1733), I, 291, II, 22.
BAZIN (Jean), chevalier. Epoux de *Sanctissima* de Vaumoise (XIIIe s.), IV, 16.
BAZIN (Louis-Gabriel), gouverneur de Cambrai. Seigneur (comte) de Bezons, II, 22.
BAZIN DE LA BAZINIÈRE, trésorier de l'épargne. Sa maison à Issy, III, 9.
BAZINIÈRE (Macé de la). Seigneur de Clichy en 1630, I, 427.
BAZINS (Jean-Paul ARRAULT des), curé de la Chapelle-Saint-Denis. Ses travaux sur sa paroisse, cités, I, 462.
BAZON (Adam), seigneur d'Etiolles. Sa sépulture dans l'église de ce lieu (1324), V, 73, 74.
BAROT (Claude), procureur de la Nation de France, recteur de l'Université puis de la Société de Sorbonne. Curé de Luzarches ; sa sépulture en ce lieu (1652), II, 206.
Beanus. Voy. Béjaunes.
BEATRIX, prétendue femme du prophète Elie, I, 255.
BÉATRIX, femme de Manassès de Tournan, IV, 165.
BÉATRIX, femme de Pierre de Baalis et sœur d'Adam de Balleurs (1217), II, 236.
BÉATRIX, sœur de Thibaud de Marly. Ses biens, à Fontenay-aux-Roses, III, 564.
Beatus (fief dit) à Epinay-sur-Seine, I, 598.
Beatus Germanus de Noerüs (XIVe s.) : Saint-Germain-des-Noyers, IV, 588.
BEAUBOURG, *Bellus burgus,* paroisse du doyenné de Lagny [Seine-et-Marne, arr. de Meaux, cant. de Lagny, comm. de Croissy-Beaubourg]. *Notice,* IV, 510-515.
— Hab. admis à la léproserie de Gournay, IV, 614.
— Lieux-dits : Clotaumont, Grez (les), Loges (fief des).
BEAUBOURG (île de), près de Saint-Maur-les-Fossés. Cédée par l'év. de Paris à Catherine de Médicis (1563), II, 461.
BEAUBOURG (rue), séparant Montreuil-sous-Bois de Saint-Maur, II, 387.
— (Jean de), *de Belleburgo,* mentionné en 1221, IV, 223, 511. — Son nom donné à une rue de Paris, 515.
— (Simon de). Son fief à Chennevières-sur-Marne (1240), IV, 477. — Cautionne une vente faite au prieuré du Cormier, 503. — Autre mention en 1240, 511-12.
BEAUBOURG (le président), conseiller d'Etat sous Louis XIII, IV, 515.
BEAUCAIRE (Pierre de), chambellan de Saint Louis. Inhumé à Saint-Denis, I, 503.
BEAUCERONS (les), ou Baucerons, hameau dépendant de la paroisse de Brunoy, V, 203. *Notice,* 207-8.
BEAUCHAMP [Seine-et-Oise, éc. de Taverny], II, 67.
BEAUCHESNE (Pierre du Holde, seigneur de), V, 329.
BEAUCLERC (Nicolas de), général des finances. Seigneur de Rouvres et de Mainville (1574), V, 66.
BEAUDREVILLE, Baudreville [Seine-et-Oise, ham. de Gometz-la-Ville]. Fief mentionné en 1580 ; ses dépendances, III, 410-11.
BEAUFORT en Bretagne. Comte. Voy. Matignon (Henri de).
BEAUFORT (Gabrielle d'Estrées, duchesse de). Voy. Estrées.
BEAUFORT-FERRAND. Voy. Ferrand.
BEAUGENCY [Loiret, arr. d'Orléans]. Archidiacre. Voy. Barois (Etienne de).
BEAUGY (Jean de), trésorier de la Ste-Chapelle de Bourges en 1583, II, 576.

BEAUJEU (Marguerite de), première femme de Charles de Montmorency. Sa sépulture, II, 134-5.
BEAULIEU [Seine-et-Oise, éc. de Marolles-en-Hurepoix]. Fief et château appelé autrefois Biscorne ou Bichecorne. *Notice*, IV, 226-7.
BEAULIEU, *Bellus locus* [Seine-et-Oise, ham. de Saint-Remy-les-Chevreuse]. Prieuré dit aussi de Ste-Avoye; son histoire, III, 376, 377-378.
BEAULIEU, lieu-dit de la paroisse de Chevilly (XVIIe s.), IV, 36.
BEAULIEU (fief) appelé aussi du Moineau ou Garentières, à Nogent-sur-Marne, II, 465.
— (Pierre de Marillac, seigneur de), V, 255.
— (Jacques de), curé de Meudon au XIVe s., III, 230.
— (Marguerite de), veuve de Pierre Duhamel. Dame de Guibeville (1623), IV, 228.
— (Renaud de) ou de Saint-Remi, abbé de Saint-Florent de Saumur. Né à Saint-Remy-les-Chevreuse; son zèle pour le prieuré de ce lieu (XIVe s.), III, 378, 383.
BEAULIEU DE BETHOMAS (Eléonor de), frère du suivant; chef d'escadre. Abbé d'Hiverneau en 1678, V, 374.
— (Jean de), abbé d'Hiverneau en 1662, V, 374.
— (marquis de), marié à la sœur d'Alexandre Bontemps (XVIIe s.), V, 374.
BEAULIEU-EN-ARGONNE. Abbaye: abbé. Voy. Floreau (Geoffroy).
BEAUMARCHAIS, Beaumarché [Seine-et-Marne, château, comm. des Chapelles-Bourbon]. Chapelle de Notre-Dame, V, 333, 334.
— (Vincente Boyer, dame de), II, 658.
— (X... dame de). Vend la seigneurie du Luat à Arnoul Braque (1370), II, 167.
— (le sieur de). Achète la terre de St-Ouen-l'Aumône (1602), II, 117.
BEAUMIGNIES en Beauvaisis (Jean de Marseille, seigneur en partie de), IV, 542.
BEAUMONT, fief situé sur la paroisse de Draveil. Ses dépendances, V, 57. — Mentionné au XVIe s., 65.
— (hôtel de), à Corbeil. Mentionné en 1488, IV, 312.
BEAUMONT [?] (seigneur de). Voy. Le Nain (Jean).
— (Guillette de), femme de Claude Foiny, IV, 225.
— (Hugues de) (XIIe s.), IV, 423.
BEAUMONT[-BRESSUIRE] (Jacques de), seigneur de Villiers-le-Sec (XVe s.), II, 236.

— (Philippote de), fille de Jacques; femme de Pierre de Laval. Apporte à son mari la seigneurie de Villiers-le-Sec (1495), II, 236.
— (Thibaud de). Se départit de ses droits sur Villiers-le-Sec en faveur de Pierre de Laval (1495), II, 236.
BEAUMONT DE LA FORÊT (Louis de), év. de Paris. Acte relat. à la chapelle St-Quentin de St-Denis (1472), I, 530; — à la chapelle St-Michel de Bougival (1472), III, 109; — à Jean Castel, abbé de St-Maur (1473), II, 447; — à l'égl. de Marly (1473), III, 118; — aux cures de Buc et de Toussus (1473), 275, 307-8; — à l'égl. de Torfou (1473), IV, 189; — à l'abbaye de Lagny (1473-4, 1490), 550; — au Landit de St-Denis (1474), I, 543; — à la maladrerie de Survilliers (1474), II, 343; — à l'égl. de Saint-Cloud; y célèbre l'ordination (1474), III, 25; — à la seigneurie de Chennevières-sur-Marne; en reçoit l'hommage (1474), IV, 478; — à Egrenay (1474), V, 176; — à St-Symphorien de Paris (1475), I, 213; — aux cures de Liverdy et de Châtres (1475), V, 300; — à l'égl. de Villejuif (1476, 1480), IV, 27; — à l'hôtel-Dieu de Montevrain (1477), 540; — à la cure de Montigny (1479), II, 57; — aux égl. de Vauhallan, de Saclay et de Saint-Aubin (1479), III, 318, 334; — à l'égl. de Bures (1479), 392; — à l'égl. N.-D. de Corbeil (1479), IV, 289; — à l'abbaye de Gif (1480), III, 390; — à la cure d'Attainville (1482), I, 543, 551; — de Chaville (1482), III, 218; — à la léproserie de Bruyères-le-Châtel (1483 et 1488), III, 470; — à Thiais et à celle de Noisy-le-Grand; en fait la dédicace (1484), IV, 441, 621; — à une chapelle de Lévy-Saint-Nom (1485), III, 344; — à l'égl. de Méry-sur-Oise (1487), II, 125; — à l'union des deux cures de Gometz (1488), III, 405; — à l'égl. St-Clément de Châtres (1488), IV, 139; — aux égl. de Saint-Denis-du-Port (1488), IV, 543; — à la Madeleine de Paris (dans la cité) (1491), I, 215; — à la seigneurie de Jaigny; en reçoit hommage (1491), II, 230; — à l'abbaye de Chelles; en entreprend la réforme (1491), II, 493. — Son testament; clauses relatives à sa sépulture (1492), I, 53.
BEAUMONT DU REPAIRE (Christophe de), archev. de Paris. Acte relat. aux

4.

Bernardines d'Argenteuil (1747), II, 17 ; — à l'égl. de Choisy-le-Roi ; en pose la première pierre (1748), IV, 144 ; — a la répartition de reliques entre les égl. de Paris (1750), I, 21 ; — à la translation des reliques de l'abbaye de St-Maur (1750), II, 451 et ss. — à l'ermitage de Draveil (1751), V, 62.

BEAUMONT LE DÉRAMÉ, lieu d'où les Beaumont de Clichy tirent leur origine, I, 426.

BEAUMONT-SUR-OISE [Seine-et-Oise, arr. de Pontoise, cant. de l'Isle-Adam]. Reliques qui y sont apportées au IXᵉ s., I, 174.
— (comtes de), II, 88, 93, 336.
— (comté de). Mouvance, II, 132.
— (le comte de). Offre l'hommage de Luzarches à S. Louis (ou plutôt à Philippe-Auguste) qui refuse et le renvoie à l'év. de Paris, II, 209 ; — fait hommage à ce dernier (1251), 210.
— (Adam, seigneur de), frère d'Evrard II de Villepreux, III, 184.
— (Agnès de), fille d'Yves. Epouse de Bouchard IV de Montmorency (XIᵉ s.), II, 90.
— (Agnès de), femme de Bouchard II de Marly. Bienfaitrice de l'abbaye de Port-Royal (1255), III, 122 ; IV, 237.
— (Blanchet de), seigneur de Luzarches (1406), II, 211.
— (Charles de), seigneur de Luzarches (1421), II, 211.
— (Geoffroy de), seigneur de Luzarches. Possesseur d'un des châteaux de ce lieu. Se rend à l'armée du roi (1346), II, 210.
— (Ives de), bienfaiteur du prieuré de Conflans-Sainte-Honorine (1082), II, 88 ; — lui donne la justice de ce lieu, 91.
— (Jean, comte de) [fils de Matthieu II]. Ratifie une vente au chapitre de Paris (1200) [1190], II, 291. — Seigneur de Luzarches en partie ; bienfaiteur de l'abbaye d'Hérivaux (1213). — Donne au prieuré de Gournay des biens à Montreuil (1222), II, 398.
— (Jean de) [fils d'Adam], chambellan du roi. Bienfaiteur du prieuré du Cormier (1231), IV, 486. — Ses droits sur Groslay comme seigneur de Conflans-Ste-Honorine (1235), I, 611. — Donne à l'abbaye de Livry des biens à Villemomble (1237), II, 560.
— (Jean de) [fils du précédent], chambellan de Louis IX. Seigneur de Clichy en 1262, I, 426.
— (Jean de) [fils du précédent]. Seigneur de Clichy (1288), I, 426.
— (Jean de) (dit le Déramé, fils du précédent ?) et maréchal de France, seigneur de Clichy et de Courcelles ; décédé en 1318, I, 426.
— Jean de) [fils du maréchal], seigneur de Courcelles (1323), I, 426.
— (Jean de) fils de Dreux ?, seigneur de Ste-Geneviève [Oise]. Echange de biens a Aulnay [-les-Bondy] et à Coubron avec Philippe le Bel (1295), II, 539, 605. Voy. Belmont (de).
— (Jean de), maître d'hôtel de Philippe VI. Ses biens (seigneurie ?) à Antony et à Viry (1333), III, 537 ; IV, 401.
— (Jean de), seigneur de Luzarches. Possesseur d'un des châteaux de ce lieu (1346), II, 210.
— (Jean de) [fils de Blanchet]. Cède la seigneurie de Luzarches au duc d'Orléans (1491), II, 211.
— (Jean de). Rapporte d'Orient à Luzarches les corps de S. Côme et et de S. Damien et fonde la collégiale de Luzarches, II, 201, 202.
— (Jean, comte de). Possède la seigneurie de la Morlaye (XIIIᵉ s.), II, 336.
— (Jeanne de), femme de Jean de Tillay. Succède à Thibaud [?] de Beaumont pour la moitié de Luzarches, II, 209. — Son procès avec les habitants de ce lieu, (1306), 210. — Dame de Roissy-en-France ; fait échange de Coye et de Luzarches (1322;1312?)) 210, 336.
— (Marguerite de), fondatrice d'une chapelle à l'abbaye de Maubuisson (XVᵉ s.), II, 123 (note).
— Mathieu I, comte de]. Guerre qu'il soutient contre Louis le Gros, I, 615. — Seigneur de Luzarches en partie, II, 201 ; — ses démêlés au sujet de cette seigneurie avec Hugues de Clermont, son beau-père, 208. — Seigneur de Chantilly, 208. — Concède des terres à l'ermite Ascelin, 216.
— (Mathieu III, comte de), bienfaiteur de St-Symphorien de Paris (XIIIᵉ s.), I, 212.
— (Philippe de), seigneur de Luzarches. Donne à l'abbaye de St-Maur le fief de Villiers près Tournan (1387), II, 210-11.
— (Philippe de), femme de Renaud de Trie. Dame de Coye (1313), II, 336.
— (Thibaud I de), seigneur de Conflans-Ste-Honorine, II, 93 ; — de Luzarches (1229), 209.

— (Thibaud [II] de) [fils du précédent]. Fait hommage à l'év. de Paris pour une partie de Luzarches (1268), II, 209. — Mentionné dans un acte relat. à Vemars (1270), 346.
BEAUNE (Dominique de), abbé des Vaux-de-Cernay. Mentionné dans un acte de 1433, III, 471.
BEAUNIER (dom), auteur rectifié, V, 357, 367.
BEAUPRÉ (abbaye de) au diocèse de Beauvais [Oise, arr. de Beauvais]. Sentence qui y est rendue contre un taureau en 1499, III, 290 (note 1).
BEAUPRÉ (Nicolas de Gresle, seigneur de), V, 125.
BEAUQUESNE, seigneur de Chaillot. Sa veuve mentionnée en 1586, I, 411.
BEAUREGARD [Seine-et-Oise, lieu-dit de la Celle-Saint-Cloud], III, 161, 162.
BEAUREGARD [Seine-et-Oise, lieu-dit de Milon-la-Chapelle]. III, 337.
BEAUREGARD, nom donné au XVIIᵉ s. à la terre de Neubourg, IV, 330.
BEAUREGARD. Voy. Saint-Jean-de-Beauregard.
BEAUREPAIRE [Seine-et-Oise, ham. de Lisses]. Château et seigneurie, IV, 318, 320.
— [Claude de], seigneur de Liverdy (XVIIIᵉ s.), V, 301.
BEAURIN, *Firmitas Bellirami*, Beauray, Beaurain [ham. du Mesnil-Saint-Denis. Identifié à tort avec Bellepenne ou Bellepanne, ham. de Levy-Saint-Nom]. Mentions de ce lieu au XIIIᵉ s., III, 289, 368. — Chapelle fondée par les seigneurs de Chevreuse, 289. — Terre relevant du domaine de la couronne ; sa justice réunie au bailliage de Chevreuse (1571), III, 371-2.
BEAUROSE, Beauroy, [Seine-et-Marne, lieu-dit de Ferroles-Attilly]. Ferme qu'y possède l'abbaye de St-Victor de Paris, V, 277, 284.
BEAUROY, appellation inexacte du lieu-dit Beauvert ou Beauvais, III, 496 ; — du lieu-dit Beaurose, V, 284.
BEAUSAULT [Seine-Inférieure, arr. de de Neufchâtel]. Prieuré de Saint-Germain : prieurs. Voy. Bel (Philippe le), Duc (Guillaume le).
BEAUSSAN (Madeleine), religieuse de Chelles. Sa guérison miraculeuse (1631), II, 490, 491.
BEAUTÉ-SUR-MARNE, *Bellitas, Domus Pulchritudinis*, château situé sur la paroisse de Fontenay-sous-Bois. *Notice*, II, 389-390. — Députation qui y est envoyée par les Parisiens vers les princes ligués (1465), I, 35. — Abreuvoirs : ordonnance royale les concernant (1377), II, 389. — Acte daté de ce lieu par Charles V (1377), V, 8. — Capitaine. Voy. Cordelier. — Concierges, II, 390. — Moulins, mentionnés en 1206, II, 389 ; — appartenant au seigneur de Plaisance, 390. — Parc, compris dans celui de Vincennes, II, 412. — Porte, 411.
— (le bas de), lieu-dit du territoire de Saint-Maur-des-Fossés (1660), II, 411.
BEAUTERROIS (terre de), donnée au prieuré de Saint-Paul-des-Aunois, III, 381.
BEAUVAIS [Oise]. Ste Angadreme, patronne de cette ville, I, 124. — Ses marchands au Landit de Saint-Denis, 548. — Ses habitants prêtent à l'évêque le serment de fidélité (1216), III, 195.
— Abbaye de Saint-Lucien. Biens à Louvres, II, 301 ; à Puiseux, 318. — Abbaye de Saint-Quentin : abbé. Voy. Olivier (François).
— Cathédrale : archidiacre. Voy. Gilles ; — chanoines. Voy. Aulnay (Antoine d'), Corbie (Jean de), Damiette (Simon de) ; — chapitre. Ses biens à Neuilly-sur-Marne, II, 481.
— Evêché. Ses prétentions sur la terre de Montmélian (XIVᵉ s.), II, 339 ; — receveur. Voy. Berson.
— Evêques. Voy. Cauchon (Pierre), Choart (Nicolas), Constantin, Dreux (Philippe de), Fumée (Nicolas), Gretz (Guillaume de), Potier (Henry), Savoisy (Pierre de), Villiers (Charles de).
— (Personnages nés à). Voy. Robergues (Charles de).
BEAUVAIS (collège et rue de), à Paris. Voy. Paris.
BEAUVAIS [Seine-et-Oise, ham. de Champceuil], fief dépendant du marquisat de Villeroy, IV, 247 ; V, 230.
BEAUVAIS ou BEAUVERT, [Seine-et-Oise, ham. de Marcoussis], III, 492 ; — inexactement nommé Beauvert ou Beauroy, 496.
BEAUVAIS, fief situé à Herblay. *Notice*, II, 85-6.
— (sieurs de), héritiers de la famille de Barois ; leurs armoiries dans l'église d'Herblay, II, 80.
— (Antoine de), président de la cour des Aides. Seigneur de Valenton ; sa sépulture (1609), V, 31. — Seigneur de Limeil et de la Tour de Mesly en 1571, 31, 33.
— (Baudoin de), *de Belvaco*, posses-

seur du village de ce nom dépendant de Champceuil] (XIIe s.), IV, 334 ; V, 229-30.
— (Bertrand de), président de la chambre des Comptes ; seigneur de Prengues. Acquiert l'usufruit de l'hôtel d'Avron (1463), II, 476.
— (Claude de), gouverneur de la citadelle de Pierre-Châtel. Seigneur de Limeil, la Tour-Mesly et Valenton en 1617, V, 33.
— (Germaine de), femme de Jean Fortier (XVe s.), I, 52.
— (Girard de), fils de Jean. Capitaine du château de Conflans-Sainte-Honorine, II, 86.
— (Jean de), ainsi nommé du fief qu'il possédait à Herblay (1350), II, 85.
— (Jean de). Son fief à Gentilly (1390), IV, 7.
— (Jean de), *de Belvaco*. Obtient du Parlement une pension alimentaire de l'abbaye de Lagny (1360), IV, 565.
— (Jean-Daniel de). Partage ses biens entre ses frères et sœurs (1669), II, 86. — Possède une partie du fief d'Abbeville, *ibid*.
— (Jeanne de), fille de Jean Pillet de Lutinauve ; femme de Pierre de Villiers-le-Bel. Dame de Massy ; sa sépulture (XIVe s.), II, 156, 158.
— [Louis de], fils de Pierre et de Henriette de Bélier. Baron de Gentilly, IV, 9.
— (Mathieu de), chanoine de Notre-Dame. Donne des biens à Montreuil-sous-Bois pour la fondation d'une chapelle à Notre-Dame, II, 398. — Donne des biens à Bagneux au chapitre (XIIIe s.), III, 570.
— (Mathieu de). Fait un prêt aux habitants d'Herblay pour achever leur église (XVIe s.), II, 80.
— (Michel-Gabriel-Raphaël de), capitaine des gardes du duc de Berry. Seigneur de Gentilly, IV, 9.
— (Pierre de), IV, 9.
— (Raoul de), chanoine de Notre-Dame. Sa prébende à Mitry ; son obit à Saint-Victor de Paris (XIIe s.), IV, 437-8.
— [Robert de], contrôleur de la ville de Paris. Son fief à Tournenfil (1551), IV, 250. — Seigneur de la Tour-Mesly, V, 31.
— (baron de), possesseur du fief des Ternes (vers 1660), I, 419.
— (de), notaire à Paris. Acte passé par lui en 1708, III, 315.
— (Mme de), fille de Bertelot, secrétaire du roi et femme de Louis de Beauvais, baron de Gentilly.

Reçoit en don de Louis XIV la terre et seigneurie de Gentilly (1687), IV, 9.
BEAUVAU (le marquis de), seigneur de Villetaneuse, I, 592 ; — d'Epinay-sur-Seine (XVIIIe s.), 596.
BEAUVAU (la princesse de), épouse de M. de Lorraine, prince de Guise, seigneur d'Arcueil, IV, 24.
BEAUVENTRE (Philippe), écuyer. Donne à l'abbaye d'Hérivaux des biens à Belle-Fontaine (XIIIe s.), II, 333.
BEAUVERT. Voy. Beauvais.
BEAUVILLIERS (hôtel de). Voy. Paris.
BEAUVILLIERS (Anne de), femme de Pierre Forget de Fresne, I, 452-3.
— (Antoinette de) [fille de François], femme de Louis Sanguin ; décédée en 1723, II, 589.
— (François de), comte [et premier duc] de Saint-Aignan. Constitue avec sa femme, Antoinette Servien, la rente de l'acquisition de Meudon par Abel Servien (1654), III, 236.
— Son poème sur les embellissements de Versailles, III, 201.
— (Gedoin de), seigneur de Brétigny, mentionné en 1250. Identifié avec Jean Beaudouin, IV, 345.
— (Marie de), abbesse de Montmartre. Concède des reliques à l'égl. St-Sauveur de Paris (1607), I, 72, 447. — Fait déplacer le tombeau d'Adélaïde, femme de Louis le Gros (1643), I, 48. — Fait reconstruire la chapelle du St-Martyre à Montmartre, 452. — Donne des reliques au curé de Montreuil-sous-Bois, II, 397, 417 ; — à l'abbaye de Gif, III, 389 ; — à Françoise Hurault, 446.
BEAUVOIR [Allier, arr. de Montluçon, ham. de Colombier]. Marquis : Alexandre, comte de Longaulnay, II, 49.
BEAUVOIR [Oise ?]. Seigneur : Louis de Hangest, II, 603.
BEAUVOIR, lieu-dit de la paroisse de Meudon ; appelé aussi la fosse Regnault-Chaillais, III, 239-40.
BEAUVOIS (Honorine de), femme de Clément Raison. Sa sépulture dans l'égl. de Bondy (XVIe s.), II, 564.
BEAUX-AMIS (Robert), curé d'Epinay-sous-Sénart en 1410, V, 198.
BEBART *(Johannes)*, le même que *Johannes* Briard, IV, 104.
BEC (abbaye du) [Eure, arr. de Bernay]. Abbés : leur hôtel à Paris, I, 368 (note 12). Voy. S. Anselme.
— Indiquée par erreur comme possédant le fief du Monceau-Saint-Gervais à Paris, I, 87. — Biens (seigneurie) à Auteuil et à Vernon, 388. — Présente aux cures

de St-Gervais et de St-Jean-en-Grève, I, 83, 88, 92 ; — de St-Gratien, I, 629 ; — de Bethemont, II, 141 ; — de Villiers-Adam, II, 131, 138 ; — de Mériel, II, 139 ; — de Chauvry, II, 143 ; — de Goussainville, II, 288. — Prieurés en dépendant : St-Nicaise de Meulan, I, 81 ; — Conflans-Ste-Honorine, I, 388, 629 ; II, 88.

BEC (Charles du), conseiller au Parlement. Curé de St-Paul de Paris ; mentionné en 1492, I, 327.

— (Charles du), seigneur de Luzarches en partie, par sa femme Claudine Prudhomme (1636), II, 212-3.

— (Jean du), év. de Saint-Mâlo. Est sacré à Saint-Eustache de Paris (1599), I, 69.

— (Jean du), chevalier. Seigneur de Cany ; son fief de Courtabeuf à Combs-la-Ville (XVIe s.), V, 181.

— (Marie du), fille de Charles. Dame de Luzarches, II, 213.

— (Michel du), cardinal. Bienfaiteur de la cathédrale de Paris ; mort en 1318, V, 148.

BECARD (Etienne), archev. de Sens. Acquiert un hôtel à Paris (1306), I, 330.

BECASSE (Thomas), curé de Brie-Comte-Robert, doyen du Vieux Corbeil. Son épitaphe dans l'égl. de ce lieu (1694), V, 258. — Revendique la chapellenie de St-Eloi dans l'Hôtel-Dieu de Brie, 261.

BECHEBIEN (Pierre), trésorier de la Ste-Chapelle. Médecin de Charles VII ; fait év. de Chartres, I, 223.

BÉCHELLE (Jacques), notaire. Mentionné en 1413, II, 332.

BEC-HELLOUIN (le). Voy. Bec (abb. du).

BECHEREL [Becheret (le) ? Oise, arr. de Senlis]. Etang, II, 205.

BECHERET, Becheret ou Brechet [Seine-et-Oise, ham. de la Celle-Saint-Cloud], III, 162.

BECOISEAU (château de), résidence royale [Seine-et-Marne, arr. de Coulommiers, comm. de Mortcerf], V, 341.

BECON [Seine, éc. de Courbevoie], ham. de Colombes, III, 71.

BECQUANCOURT, Bellancourt, Betancourt [Seine-et-Oise, éc. de Saint-Forget]. Château situé dans le parc de Dampierre, III, 362. — Ferme, 359. — Seigneurie, 364.

BEDA (Noël), principal du collège de Montaigu, à Paris (1522), I, 252.

BEDAT (seigneur de la), III, 110-11.

BEDFORT (Jean, duc de), régent de France. Montre la vraie croix de la Ste-Chapelle de Paris au nom du roi d'Angleterre, I, 221-2. — S'empare de la tour de Montjay (1430), II, 528. — Son hôtel à Bagnolet, II, 658. — Fait prendre à Marcoussis cent malfaiteurs qui s'y cachaient (1431), III, 485-6. — Fait mettre le siège devant Lagny (1430), IV, 561.

BEELOY (XIIIe s.) : Belloy, II, 196.

BEFEHT (coutume appelée), I, 413 ; IV, 428.

BEGEGY (Jeanne de) [de BEGEON, suivant le P. Anselme], femme de Charles le Bouteiller. Son épitaphe (XVIe s.), II, 352.

BEGIN (Louis), curé de la Marche. Acte relat. à Marnes (1487), III, 46.

[BEGNET] (Robert), abbé d'Herivaux. Acte relat. à Bellefontaine (1437), II, 331.

BEGON (Michel), seigneur de Montfermeil en 1706, II, 544.

BEGON, comte de Paris. Contribue au relèvement du monastère des Fossés (816), II, 424, 425 ; — lui aurait fait donation de ses biens à Brie-sur-Marne, IV, 630.

BEGON, prieur de Taverny (1700 ?) II, 63.

BÈGUE (Jean le), notaire. Ses biens à Maisons-Alfort (1385), V, 7.

BÈGUE DE VILLAINES (le). Met Corbeil au pillage (1357), IV, 305.

BÉGUINES, à Paris, I, 331 ; — à Saint-Denis, III, 68.

BEHAN (Louis de). Voy. Boulen (Louis de).

BEHANNET (Jean), président au Parlement (XVIe s), II, 472.

BEHENE (de), seigneur de Saint-Yon en partie ; mort en 1470, IV, 164.

BEHENE (Louis de), fils du précédent. Voy. Boulen (Louis de.)

BEINES. Voy. Beynes.

Beingneus (XIIe s.) : Bagneux, IV, 23.

BEJARD (Nicolas), abbé d'Hiverneau. Principal du collège des Trois Evêques à Paris ; prieur de St-Aignan de Tonnerre (XVIe s.), V, 373.

BEJAUNES. Usages les concernant ; leur abbé, II, 153.

BEL (Adam le), fils de Matthieu. Mentionné en 1148, II, 162.

— (Amaury le), fils de Matthieu. Mentionné en 1148, II, 162.

— (Guillaume le). Son fief à Ville-Parisis (XIIe s.), II, 578.

— (Jean le), frère de Matthieu. Mentionné en 1148, II, 162.

— (Mathieu le). Fiefs qu'il tient de l'abbaye de St-Denis (XIIe s.), I, 580, 610, 630, 634, 649 ; II, 49, 162, 166, 172, 175, 177, 192, 253, 272, 307, 309, 311, 322, 578 ; III,

— 54 —

62-3. — Donne à un nommé Pierre un fief à Pierrelaye (1125), II, 76-7. — Dispose de la dîme de St-Brice, 162, 178. — Seigneur de Villiers-le-Bel ; donne son nom à cette paroisse, 175, 253. — Seigneur de Villiers-le-Sec, 235. — Fiefs relevant de lui à Sarcelles, 172 ; — à Goussainville, 290 ; — à Epiais, 306 ; à Fosses, 322.
— (Philippe le), né à Luzarches, II, 215. — Chanoine régulier puis abbé de Ste-Geneviève en 1534, I, 236, 248. — Curé de St-Etienne-du-Mont, I, 236 ; — de Roissy, II, 281 ; — de Voisins-le-Bretonneux (1537) ; prieur de St-Germain de Beausault, III, 285. — Transfère les reliques de Ste Clotilde (1539), I, 236.
— (Philippe le), neveu du précédent. Principal du collège de Calvy-Sorbonne ; docteur des Chollets ; curé de Luzarches, II, 206, 215. — Ses droits sur le fief de la Clochette à Grigny, IV, 406. — Son épitaphe (1626), II, 206.
— (Raoul ou Radulfe le), appelé à tort Renaud II, 176 (note) ; frère ou fils de Mathieu. Donne à l'abbaye de S. Victor des dîmes à Cormeilles, II, 52. — Seigneur de Domont, 155. — Dispose de l'égl. de Domont, 155 ; — de l'égl. de Saint-Brice, 161-162 ; — de l'égl. de Villiers-le-Bel, 176.
BELAIR, Bailler, moulin sur la paroisse de Bruyères-le-Châtel [aujourd'hui éc. d'Ollainville], III, 476.
BELAIR (château de) à Monceaux, ham. de Clichy-la-Garenne, I, 428.
BELAIR (maison et porte du), près de Vincennes, II, 412.
BELAIR, lieudit d'Orsay [?] Identifié avec *la Grange des moines de Vaus* (XIIIᵉ s.), III, 401.
BELAMY, propriétaire des eaux minérales de Passy (XVIIIᵉ s.), I, 406.
BELÉBAT [Seine-et-Oise, hameau de la Celle-St-Cloud], III, 162. — Fief relevant de Guyancourt, 282.
BELEBAT [Seine-et-Oise, ham. de Marcoussis], III, 496.
— (Robert Hurault, seigneur de), IV, 212.
BELETTE, fief à Fcharcon, IV, 241.
BELGIQUE (armée de Lothaire en), II, 32. — (noms de lieu en), IV, 72.
Beli (campus de), canton de St-Lucien (la Courneuve) ainsi désigné [XIIIᵉ s.], I, 578.
BELIART *(Federicus)*, chevalier. Ses biens dans la châtellenie de Corbeil (XIIIᵉ s.), IV, 300.

— (Hugues et Jean), chevaliers de la châtellenie de Corbeil (XIIIᵉ s.), IV, 300.
BELIER (Henriette de), femme de Pierre de Beauvais et première femme de chambre de la reine-mère (Anne d'Autriche), IV, 9.
BELIGNY. Voy. Bligny.
BELIN (Claude), secrétaire du Roi. Seigneur de la Grange-Feu-Louis (XVIIᵉ s.), IV, 330.
— (Jean), abbé d'Hiverneau. Mentionné en 1411, V, 371.
BELIN (le comte de), gouverneur de Paris pendant la Ligue. Fait occuper le château de Savigny-sur-Orge ; en est délogé (1592), IV, 393-4.
Bella Fontana (XIIᵉ s.) : Bellefontaine, II, 330.
BELLANCOURT [*corr.* Becquancourt], III, 359.
BELLANGER (Toussaint), secrétaire du Roi ; trésorier-général du sceau de France. Seigneur de Stains ; ses fondations charitables en ce lieu. Décédé en 1740, I, 582-3.
BELLAY (Eustache du), vicaire-général puis év. de Paris. Acte relat. à Viroflay (1543), III, 215 ; — à Sceaux (1543), 547. — Visite le diocèse (1551), III, 27, 50, 230. — Dédie l'égl. de Magny-les-Hameaux (1551), 292. — Autorise le chapitre de St-Germain-l'Auxerrois à aliéner des biens à Villededon (1551), V, 91. — Autorise la dédicace de l'égl. de St-Gratien (1555), I, 628. — Acte relat. à la Ville-du-Bois (1559), III, 502. — Reçoit la ferme de la Bercosse, à Pontault, en compensation de ses droits sur la terre de Chevreuse (1559), IV, 498. — Seigneur de Lésigny (1559), V, 359. — Dédie l'église de Stains (1560), I, 581. — Doyen de St-Maur-les-Fossés ; vend cette terre et le château à Catherine de Médicis (1563), II, 441, 461. — Curé de St-Germain-les-Corbeil, V, 81.
BELLAY (Jean du), cardinal, év. de Paris. Acte concernant l'usage de la viande en carême (1534), III, 448. — Actes relat. à Chatillon (1534), 576 ; — à Villejuif (1534), IV, 28 ; — à la chapelle Ste-Barbe de Lagny (1535), 552. — Donne à Rabelais une prébende à St-Maur-les-Fossés (1536), II, 447. — Actes relat. à l'égl. de Gif (1536), III, 385 ; — à St-Eustache de Paris (1537), I, 60 ; — à Ste-Croix de St-Denis (1537), 523 ; — à Voisins-le-Bretonneux (1537), III, 285 ; — à St-Ouen-sur-Seine (1538), I, 569 ; — à Noiseau

(1538), V, 376 ; — à St-Lambert (1539), III, 340 ; — à Montreuil-sous-Bois (1540), II, 396. — Mentionné dans la dédicace de l'égl. de Grégy (1540), V, 163. — Actes relat. à St-Nicolas du Louvre (1541), I, 57-8 ; — au Bois-d'Arcy (1541), III, 191 ; — à Saint-Cheours (1541 et 1544), 450. — Projette d'acquérir l'hôtel des Piliers à Charenton (1543), II, 383. — Acquiert une ferme à Tremblay (1543), 612. — Acte concernant la chapelle de Bobigny (1543), 638. — Autorise la dédicace de l'égl. de Bruyères-le-Châtel (1543), III, 468. — Acte relat. à St-Thibault-les-Vignes (1543), IV, 568 ; — à l'abbaye de Chelles (1544), II, 490 ; — à Creteil (1544-7), V, 17 ; — à l'hôpital S. Anastase de Paris (1545), I, 86 ; — à Soignolles (1545), V, 142. — Bénit des autels à Chelles (1546), II, 486. — Actes relat. à Montfermeil (1546), II, 540 ; — à Monteloup (1546), III, 451 ; — à la chapellenie de N.-D.-de-Lorette à St-Séverin de Paris (1549), I, 106 ; — à Jouy-en-Josas (1549), III, 265 ; — à la terre des Garnisons (1549), V, 115. — Abbé commandataire et premier doyen de Saint-Maur ; reçoit les restes de S. Mein, II, 433. — Construit le château de Saint-Maur et en fait fermer le parc, 460-1.
— (Louis du), abbé de St-Florent de Saumur. Acte relat. au prieuré de Bruyères (1476), III, 472 ; — à Deuil (1495), I, 604 ; — au prieuré de Saulx-les-Chartreux (1495), III, 509.
— (Louis du), neveu de l'év. Jean du Bellay. Chapelain à St-Séverin de Paris, I, 106. — Trésorier de la cathédrale d'Angers ; conseiller au Parlement ; vicaire-général de l'év. de Paris. Acte relat. à Châtillon (1541), III, 574.
— (René du), abbé de Saint-Mein ; vicaire général de l'év. de Paris. Présumé avoir donné à l'abbaye de St-Maur les reliques de S. Mein, II, 435. — Acte relat. à l'hôtel-Dieu de Lagny (1534), IV, 558. — Évêque du Mans : dédie l'égl. de Bièvre (1536), III, 256 ; — l'égl. de Gentilly (1536), IV, 4.
BELLÉ (commanderie de Bellay ou du). Voy. Neuilly-en-Thelles.
BELLEASSISE, Bienassise [Seine-et-Marne, ham. de Jossigny]. Notice, IV, 527.
— (Agnès, dame de), fondatrice d'une chapelle dans l'égl. de Brie-Comte-Robert (1326), IV, 527 ; V, 244, 259. — Femme de Henri le Vanier, 259.
— (Artus, sire de Pomeuse et de), IV, 527 ; V, 170.
BELLEAU (Jacques), abbé de Cheminon. Seigneur d'Aubervilliers près Meudon, III, 239, 242 ; — de Villiers-le-Bâcle (1581), 314.
BELLEBRANCHE [Mayenne, arr. de Château-Gontier, ham. de Saint-Brice]. Abbaye : abbé. Voy. Mesnil (Jean du).
BELLEBRUNE [Pas-de-Calais ? arr. de Boulogne]. Seigneur : Antoine de Joigny, II, 71.
BELLEFAYE ou de BELLEFOUYE (Martin de), conseiller au Parlement. Son fief à St-Cloud (1485), III, 31. — Commis pour une enquête à l'Hôtel-Dieu de Gonesse (1495), II, 264. — Seigneur de Ferrières ; sa sépulture (1502), IV, 639.
— Robert de), curé de St-Jacques-la-Boucherie (1499), I, 198.
BELLEFONTAINE, Bella Fontana, Bellus fons, paroisse du doyenné de Montmorency [Seine-et-Oise, arr. de Pontoise, cant. de Luzarches]. Notice, II, 330-4.
— Cure dépendant de l'abbaye d'Hérivaux, II, 219. — Mention, II, 222. — Puiseux ressortit de la justice de ce lieu, 320. — Biens qu'y possède Jean de Drancy, 633.
— Lieux-dits : Saint-Remi (ferme de), (Saulx moulin de).
BELLEFONTAINE [Seine-et-Oise, arr. de Versailles, cant. de Poissy, ham. de Maurecourt], lieu-dit d'Andrézy en 1697, II, 101 ; — dit aussi de Jouy-le-Moutier ; divisé en Grand et Petit Bellefontaine, 105, 333.
— (Gui de), fils de Milon, II, 333.
— (Jean de), domicellus de Bello Fonte, fils de Milon. Bienfaiteur de l'abbaye d'Hérivaux (1238), II, 332, 333.
— (Milon de), de Bello Fonte, fils de Radulfe. Restitue des biens au chapitre de St-Germain-l'Auxerrois (1202), II, 332. — Autres mentions, 333.
— (Radulfe de), père du précédent. Mentionné en 1160 et en 1174, II, 333.
— (Radulfe de), fils de Milon (XIIIᵉ s.), II, 333.
BELLEFOREST [François de], critiqué, V, 70.
BELLEGARDE (Octave de), archev de Sens. Acte relat. à St-Nicolas de Melun, IV, 154. — Décédé à Montreuil-sous-Bois (1646), II, 403.

— 56 —

— (Pierre de), marquis de Montbrun. Possède le fief de Sous-Carrières (XVIIᵉ s.), V, 360.
— (La Live de). Voy. Live (la).
BELLEBACHE (Jean), notaire au Châtelet. Son fief à Villebon, III, 239.
BELLE-IMAGE (la), ferme dépendant, en 1647, du duché de Chevreuse, III, 372.
BELLE-ISLE, nom donné à Asnières [Seine] au XVIII s., III, 56.
— (château de), [Seine-et-Marne, comm. de Vaires], II, 502.
BELLEJAMBE (Guillaume de), seigneur de ce lieu et de Chouanville en 1378, III, 493, 496.
— (Simon de), père de Guillaume. Seigneur de Bellejambe, de Hercepoix et de l'Echanville, III, 496.
BELLEJAMBE. Voy. Bellejame.
BELLEJAME, Bellejambe [Seine-et-Oise, ham. de Marcoussis], confondu avec Guillerville. Ses possesseurs, III, 492, 494. — Fief situé primitivement à Longjumeau, IV, 77.
BELLÊME (Guillaume de), év. de Châlons-sur-Marne. Donne à la cathédrale de Paris trois autels à Gonesse ; mort en 1226, II, 260-1.
BELLENGER (Denise), fondatrice d'un couvent d'Augustines à Chaillot (1638), I, 416.
BELLENGUES (Jeanne de), mariée 1º à Renaud de Trie ; 2º à Jean Malet de Graville. Revend à Jacques de Trie la moitié de Mareil en France et du fief de Chantilly (1408), II, 233.
Bellenus, Belen, possesseur de terre qui a donné son nom à Ballainvilliers, IV, 79, 80.
Bellenviller (XIIᵉ s.) : Ballainvilliers, IV, 79.
BELLEPENNE, lieu mentionné en 1218. Identifié avec Beaurin, III, 289.
BELLEPERCHE (Pierre de), clerc de Philippe le Bel. Sa maison à Paris, IV, 207.
BELLEPLACE [Seine-et-Oise], château sur le territ. de Villeneuve-St-Georges], V, 41.
BELLEPOLE, lieu-dit de Clamart. Mentionné au XIIᵉ s., III, 248.
BELLES (Etienne des), auditeur des Comptes. Possède la terre de Migneaux (XVIIᵉ s.), III, 532.
— (Jérôme-Etienne des), auditeur des Comptes. Possède la terre de Migneaux, III, 532.
BELLEVILLE, ville et villages portant ce nom, I, 469.
BELLEVILLE, *Savegium, Savegiæ, Saveiæ, Saviæ*, originairement Savie, puis Poitronville, village dépendant de St-Merry de Paris [aujourd'hui annexé à Paris]. *Notice*, I, 465-9.
— Expériences de communication aérienne qui y sont faites en 1695 par Amontons, III, 237. — Hôtel appartenant au prieuré de St-Martin-des-Champs, I, 466.
— (François-Bastonneau, sieur de), V, 80.
— [Marguerite de], dite la petite Reine, fille naturelle de Charles VI. Biens que le roi lui donne à Bagnolet, II, 658 ; — à Créteil, V, 22.
BELLEVILLE-SUR-SABLON, surnom de Belleville [Paris], II, 467, 469.
BELLEVUE [Seine-et-Marne, arr. de Coulommiers, comm. de Tigeaux]. Château au XVIIIᵉ s., V, 339.
BELLEY [Ain,]. Evêque. Voy. Camus (Jean-Pierre).
BELLIÈVRE (Arnoul de), archevêque de Lyon. Est sacré à St-Eustache (1599), I, 69.
— (Catherine de), abbesse de Longchamps (1669), I, 399.
— [Nicolas de], président au Parlement. Seigneur de Ménilmontant (XVIIIᵉ s.), II, 656.
— (Pomponne de), président au Parlement. Seigneur en partie de Bussy-St-Georges (1580), IV, 577 ; — de Buc. Sa terre de Grignon est érigée en châtellenie (1585), III, 276. — Chancelier de France ; propriétaire du château de Berny, IV, 46. — Sa sépulture, I, 32.
Bellitas (XIIIᵉ s.) : Beauté-sur-Marne, II, 389.
Bello Fonte (Gui, Jean, Milon, Radulfe *de*). Voy. Belle-Fontaine.
BELLONE, lieu-dit entre Romainville et Noisy-le-Sec, II, 642.
BELLON-LE-TIERS, ancien nom de la Tafarette, IV, 637, 641.
BELLOT (Mᵐᵉ). Son fief de Chaiges (XVIIIᵉ s.), IV, 426.
BELLOY, paroisse du diocèse de Beauvais [Oise, arr. de Compiègne, cant. de Ressous], II, 197.
BELLOY, *Bidolidum* ou *Bidolitum*, Baalai, Beloy, paroisse du doyen. de Montmorency [Seine-et-Oise, arr. de Pontoise, cant. de Luzarches]. *Notice*, II, 193-7. — Ses démembrements, 198, 235.
— (Anseau de), fils de Jacques [I] ; décédé avant 1415, II, 196.
— (Antoine [I] de), père de Guillaume, II, 197.
— (Antoine [II] de), fils de Guillaume. Seigneur de Belloy (1538-1567). Inhumé en ce lieu, II, 197.
— (Baudoin de), frère de Guillaume.

Prieur de St-Martin-des-Champs (XIIIᵉ s.), II, 196. — Acte concernant la dîme de Roissy, 279 ; — relat. à Rosny, 553.
— (Charles de), fils de Jean. Seigneur de Belloy (1607), II, 197.
— (Gui de), seigneur en partie de Belloy (XIIIᵉ s.), II, 196.
— (Guillaume de), de Beeloy, chevalier. Bienfaiteur de St-Martin-des-Champs (XIIIᵉ s.), II, 196.
— (Guillaume de), fils d'Antoine [I]. Seigneur de Belloy (1517), II, 197.
— (Hercule de), fils de Charles. Seigneur de Belloy ; vend cette terre aux chanoines de Notre-Dame (1694), II, 197.
— (Jacques de), fils de Jean. Héritier de Matthieu de Montmorency (1362), II, 196.
— (Jacques [II] de), fils d'Anseau. Rend hommage au seigneur de Viarmes ; est tué à la bataille de Verneuil (1424), II, 196.
— (Jean de), fils de Gui. Seigneur de ce lieu, II, 196.
— (Jean de), fils d'Antoine, seigneur de Belloy-Saint-Liénard. Seigneur de Belloy (1571) ; son testament (1590), II, 197.
— (Jeanne de), femme d'un seigneur de l'Isle-Adam et de Villacoublay. Son testament en 1453, III, 226 (note).
— (Matthieu de), seigneur de Belloy. Rend aveu au seigneur de Viarmes (1327), II, 196.
— (Michelle de), fille d'Antoine [II]. Femme d'Antoine de Belloy-Saint-Liénard (XVIᵉ s.), II, 197.
— (Philippe de), écuyer. Seigneur de Belloy ; son procès avec l'abbaye de Maubuisson (1351), II, 196.
— (Philippe, seigneur de). Vassal de l'abbaye de St-Denis pour ses fiefs à Arnouville (1429), II, 259.
— (Pierre de), seigneur de ce lieu. Fait construire un moulin sur sa terre ; procès à ce sujet (1275), II, 196, 269.
BELLOY-SAINT-LIÉNARD [Belloy-Saint-Léonard. Somme, arr. d'Amiens, cant. d'Hornoy]. (Antoine, seigneur de) (XVIᵉ s.), II, 197.
BELLUNE (évêque de). Voy. Duc (Guillaume le).
Bellus, surnom, II, 108.
Bellus Burgus (XIIIᵉ s.) : Beaubourg, IV, 510, 511, 514.
Bellus fons (XIIIᵉ s.) : Bellefontaine, II, 330.
Bellus locus (XIIIᵉ s.) : Beaulieu, III, 376.

Bellus visus (Beauvoir), lieu-dit de Torcy (XIIIᵉ s.), IV, 596.
BELMONT (Jean de), seigneur de Ste-Geneviève-des-Bois. Mentionné en 1304, IV, 382. [Doit être plutôt identifié avec Jean de Beaumont-sur-Oise, seigneur de Ste-Geneviève, arr. de Beauvais.]
BELOT (Claude), abbé d'Evron, chanoine de N. D. Seigneur de Soisy-sous-Etiolles ; sa sépulture (1619), V, 68.
BELOY. Voy. Belloy.
Belsinaca (insula) (VIIIᵉ s.), île de la Seine en face de Caudebec [île de Belsignac]. Origine de son nom, II, 368 (note).
BELUZE (Jean), prieur de Mons. Mentionné en 1573, V, 143.
Belvaco (Johannes de). Voy. Beauvais (Jean de).
BENAIZE (Pierre), possesseur de Marolles-en-Hurepoix, IV, 225.
BENARD (Jean), prieur et seigneur de St-Blaise. Curé de Sermaise ; sa sépulture (1558), I, 425.
BENARD DE REZAY (Guillaume), doyen du chapitre de Tours, conseiller au Parlement. Prieur de Saulx-les-Chartreux ; donne ce prieuré aux Chartreux de Paris (XVIIᵉ s.), III, 510. — Chanoine de Notre-Dame de Paris ; sa mort en 1684, *ibid*.
BÉNÉDICTINES. Voy. Argenteuil, Charenton-St-Maurice, Chelles, Conflans, Gif, Issy, Jarcy, Lagny, Malnoue, Montmartre, Paris (com. relig.), Saint-Leu, Saussaye (la), Torcy, Val-profond, Yerres.
BÉNÉDICTINS. Voy. Gagny, Lagny, Paris (com. relig.), Raincy (le), St-Denis, S. Maur (congrégation de), St-Maur-des-Fossés.
BÉNÉDICTINS anglais. Etablis comme chapelains à l'abbaye de Chelles (1600), II, 496. — Voy. Paris (com. relig.).
Beneficiati, mentionnés au XVᵉ s. à la Madeleine de la Cité, I, 216.
BÈNERIE (la), la Besnerie [Seine-et-Oise, ham. de Limours]. Terre acquise en 1626 par Gaston d'Orléans, III, 435.
BENEVENT [Italie]. Archevêque. Voy. Milon. — Bulle du pape Calixte II datée de ce lieu, I, 602.
BENICOURT (de), entrepreneur des armes et armées de France (XVIIᵉ s.). Sa maison à Bagneux, III, 571, 572.
BENOISE (Charles), secrétaire du cabinet d'Henri III. Fait élever à St-Cloud le monument contenant le cœur de ce roi, III, 25.

BENOIST (Jean). Est arrêté dans l'Ile St-Denis en 1561 pour avoir voulu y enseigner le calvinisme, I, 567.

Benoist Sire Diex, ancien nom désignant la Ste Trinité, I, 2.

BENOIT VII, pape. Bulles datées de 980 à 984 confirmant à l'év. de Paris la possession de St-Germain-l'Auxerrois, I, 25 ; — de St-Marcel de Paris, 122-3 ; — de Fontenay-sous-Bois, II, 385 ; — de Vincennes, 404 ; — de l'abbaye de St-Saturnin de Chevreuse (975), III, 362, 364 ; — de Mézières-sur-Seine, 520 (note) ; — de l'égl. de Bagneux, 567 ; — des abbayes de St-Martin de Champeaux et de Rebais, V, 410.

BENOIT XII, pape. Bulle relat. à St-Victor de Paris, I. 339.

BENOIT (René), nommé curé de Saint-Eustache de Paris en 1568, I, 59. — Fête qu'il fonde dans l'Université de Paris en l'honneur de S. René, I, 153. -- Sa Vie de S. Maur, II, 446. — Son sermon imprimé sur Jean du Houssai, III, 84.

— (Robert), chanoine de l'égl. de Paris. Administrateur de la léproserie de Survilliers (1550), II, 343.

— (Thomas), chanoine de S. Victor ; religieux de Ste-Geneviève de Paris. Ses ouvrages, I, 241.

BENOIT, abbé de St-Denis (IXᵉ s.), I, 504.

BENOIT, abbé des Fossés (IXᵉ s.), II, 424. — Fait rebâtir l'égl. de cette abbaye, 425. — Mentionné dans une charte fausse, IV, 630.

BENOIT (de), curé-doyen de St-Germain. Acte relat. au prieuré de Chevaudos (1714), III, 155.

BENSE (Pierre), chapelain de la chapelle de St-Louis à Torcy (1501), IV, 592.

BENSERADE (Isaac), de l'Académie française. Sa maison de campagne à Gentilly, IV, 10. — Sa sépulture à St-Eustache [1691], I, 64.

BENTIVOGLIO (Guillaume), év. de Riez. Sacré à St-Jean-le-Rond de Paris (1615), I, 20.

Beppolinus, guerrier franc du VIᵉ s., III, 225 (note).

BEQUARD (Gui), chevalier. Mentionné en 1278, IV, 303.

BEQUET (Pierre), prieur et seigneur de Marolles-en-Brie. Sous-prieur de St-Martin-des-Champs de Paris (XVIᵉ s.), V, 241.

BÉRAUDIÈRE (François de la), conseiller au Parlement (1587). Seigneur de Bièvres par son mariage avec Elisabeth de Dormans. Doyen de la cathédrale de Poitiers et év. de Périgueux ; mort vers 1646, III, 258.

BÉRAUDIÈRE (François Bastonneau, sieur de la), V, 80.

BERAULT (Françoise), sœur de Joachim ; femme de Charles Colbert, marquis de Croissy. Dame de Croissy en 1700, IV, 519.

-- (Joachim), grand audiencier de France. Seigneur de Croissy en Brie et de Torcy (1675), IV, 518.

— (Louise), femme de Joseph-Omer de Fleury. Fait les frais de la reconstruction de l'égl. de Fleury-Mérogis (1725), IV, 362.

— (Marie), femme de Henri I de Lyonne (1634), V, 252.

Bercaudus, nom d'homme. Origine du nom de lieu Bessancourt, II, 72.

BERCENCORT, Bercencourt, *Bercencuria, Bercencurtis* (XIIIᵉ s.) : Bessancourt, II, 72.

BERCHEINVILLE (Henry de). Son fief à Orsay (XIIIᵉ s.), III, 397.

BERCHEIRES. Voy. Berchères.

BERCHEREL (moulin de), à Vanves. Mentionné au XIIᵉ s., III, 583.

BERCHÈRES, *Bercheriæ, Bergeriæ,* paroisse du doyenné de Lagny [Seine-et-Marne, ham. de Pontault]. *Notice,* IV, 494-495.

— Cure à la collation du prieuré de Gournay-sur-Marne, IV, 612. — Dîme donnée au même prieuré (XIIᵉ s.), II, 643. — Habit. admis à la léproserie de la Queue-en-Brie, IV, 485 (note) ; à celle de Gournay, 614. — Paroisse unie à Pontault dans les dénombrements du XVIIIᵉ s., 496. — Seigneurs ; supposés à tort seigneurs du fief de Culdoc ou de Garges à Paris II, 256.

— (Alis de), fille de Pierre ; femme de Pierre de Gamache. Mentionnée en 1211, II, 651.

— (Guillaume de). Donne à Ste-Geneviève de Paris son fief de Nanterre (1234), III, 78 ; IV, 495.

— (Jean de), de Bercheires, fils d'Oudart. Sa sépulture (1412), II, 226-27.

— (Mathilde de), abbesse de Chelles en 1208, IV, 495.

— (Oudart de), de Bercheires, écuyer. Sa sépulture (1369), II, 226.

— (Philippe de), *de Bergeriis.* Mentionné en 1170, IV, 495, 525, 626.

-- (Pierre de), *de Bercheriis.* Mentionné en 1207, IV, 492, 495. — Vend à l'abbaye de St-Denis ses biens au Pré-Saint-Gervais (1211), II, 651 ; IV, 495.

Berchorius (Petrus). Voy. Berseure (Pierre).
Berciaco (la tour *de*) : la tour de Bercy (1316), II, 365, 369.
Bercilliis (insula de) : l'île de Bercy. Mentionnée au XIIᵉ s., II, 368.
Bercix (la grange de) : la grange de Bercy (1172), II, 368.
BERCOSSE (la), ferme située sur la paroisse de Pontault. Mentionnée en 1559, IV, 498.
BERCY, *Berciacum, Bercilliæ, Bercix* [Seine, commune annexée à Paris]. *Notice*, II, 368-9.
— Dépend en partie de la paroisse St-Paul de Paris ; chapelle, succursale de cette église, I, 333. — (château de), II, 371. — (île de), II, 368. — (port de), II, 369. — (tour de), II, 365, 369.
— Lieu-dit. Voy. Grande-pinte (la).
BERCY, seigneurie en Poitou [?], II, 369.
— (Hugues de), poète du XIIIᵉ siècle. Son lieu de naissance, II, 369.
— (marquis de). La propriété des eaux minérales de Passy lui est léguée (vers 1726), II, 406.
— (le sieur de), seigneur du Pont de Charenton. Son procès avec l'év. de Paris (1613), II, 367.
BERENGER, abbé de Figeac. Sa présence à St-Martin-des-Champs de Paris en 1307, I, 192.
BERENGER, moine de St-Martin-des-Champs. Donne à son monastère des biens à Jouy-le-Moutier (XIIᵉ s.), II, 105.
BERENGER, seigneur de Montsoult pour le fief du Pied-de-fer (XVIIIᵉ s.), II, 146.
BÉRENGER, dit l'Avare. Ses biens à Rueil : l'abbaye de St-Denis lui rachète la mairie de ce lieu (1238), III, 96.
BERENGIER, prieur en Allemagne et grand-commandeur de Hongrie. Sa sépulture (1302), IV, 294.
BERGER (Claude de), prévôt de Corbeil. Abjure le protestantisme ; décédé en 1607, IV, 307.
Bergeriæ, Bercheriæ (XIIᵉ s.) : Berchères, IV, 495.
BERGERIES (les) [Seine-et-Oise, lieu-dit de Vigneux]. Château mentionné comme dépendant de la paroisse de Draveil, V, 57, 66.
BERGERON (Philippe), sergent du Roi et de la Reine. Seigneur du Fay ; sa résidence à Pommeret en 1609, III, 437.
BERGEROU (Geneviève de), femme de Jacques II Bernard. Vend la terre de Saintry à Nicolas le Jay (1634), V, 96.

BERGERS (la fontaine aux), à Dampmard. Mentionnée en 1518, II, 518.
BERGIÈRE (Jeanne la), chargée par testament de la reconstruction du portail de l'Hôtel-Dieu de Paris (1466), I, 18.
BERGNI. Voy. Breny.
BERINGHEN (François-Charles de), fils de Jacques-Louis ; év. du Puy. Comte d'Armainvilliers ; mort en 1742, V, 329.
— (Henri de), premier écuyer du Roi. Seigneur de Tournan, V, 317, 327.
— Échange qu'il fait avec l'abbaye d'Hermières (fin du XVIIᵉ s.), 350.
— (Jacques-Louis de), fils de Henri et premier écuyer de Louis XIV. Seigneur de Louveciennes, III, 114 ; — d'Ivry, IV, 462 ; — de Châtres-en-Brie et des Boulaies en partie, V, 305. — Comte d'Armainvilliers, 329. — Echange de seigneuries qu'il fait avec le Roi (1700), III, 114.
— Son enlèvement près du pont de Sèvres (1707 ou 1709), III, 19, 156.
— Sa mort en 1723, V, 329.
BERLENVILLER (XIIIᵉ s.) : Ballainvilliers, IV, 79.
BERLINGUINERIE (la), la Berlinquinerie [Seine-et-Oise, ham. de la Celle-les-Bordes], III, 426.
Berliseïa ou *Bertileia* (île), dépendant de la paroisse de Sartrouville. Mentionnée en 1009, II, 38-9.
BERMONT (Jean-Baptiste de), maître des requêtes. Seigneur des Tournelles (1619), II, 611.
BERNAGE (chapelle de) dans l'égl. de Presles, V, 308.
BERNAGE (de), seigneur de Mauny en 1700, IV, 528.
BERNAGE DE FESARCHES (de), seigneur de Chenevières (XVIIIᵉ s.), II, 310.
BERNARD, abbé de Marmoutiers. Acquiert le droit de sépulture à Issy (1034), III, 4.
BERNARD, abbé du Mont-St-Michel ; ancien moine de Conflans, II, 89.
BERNARD, archidiacre de la cathédrale de Paris. Reçoit de Maurice de Sully l'église de St-Paul à St-Remy-les-Chevreuse ; la donne à St-Victor de Paris (1162), III, 379, 380.
BERNARD, chevalier. Seigneur du fief de Sauciel-Bernard, IV, 187, 236, 238.
BERNARD, comte. Mentionné en 834, V, 24.
BERNARD, curé d'Évry-sur-Seine (1295), IV, 326.
BERNARD, curé de la Norville (1230), IV, 231-2.
BERNARD, possesseur laïque de l'église de Montmartre (XIᵉ s.), I, 443.

BERNARD, prieur de Marmoutiers. Mentionné dans une charte relative à Villepreux [XIIᵉ s.], III, 181.
BERNARD, religieux du Bois de Vincennes. Détermine Philippe Auguste à chasser les Juifs du royaume ; traité qu'il passe avec l'abbaye de St-Maur (1196), II, 392.
BERNARD, sous-fermier. Propriétaire du château de Villebousin (XVIIIᵉ s.), IV, 90.
BERNARD, (maître), personnage mentionné en 1219 comme possédant une maison près de St-Étienne-des-Grès, I, 141.
BERNARD (le P.), théatin, frère du sieur de Varenne, I, 630.
BERNARD (Charles), payeur des rentes de l'Hôtel de Ville, secrétaire du Roi. Seigneur de Ballainvilliers (1747), IV, 82 ; — de Neufmoutiers (1697), V, 340.
— (Étienne), prieur de la commanderie de St-Jean-en-l'Ile à Corbeil. Sa sépulture (1515), IV, 294, 295.
— (Henry), fils de Jacques II. Succède à son père dans ses seigneuries ; mentionné en 1633, V, 96.
— (Jacques), fils de Jean II. Seigneur de Saintry ; en rend hommage (1574 et 1575) ; ses autres fiefs, V, 96.
— (Jacques II), seigneur de Montgermont et de Saintry. Mentionné en 1604, V, 96 ; — en 1627, 104.
— (Jean), fils de Pierre. Seigneur de Saintry, du Plessis-Chesnay et de Moulignons; sa sépulture (1538), V, 95-6, 106.
— (Jean II), fils du précédent. Seigneur de Saintry; rend hommage pour cette terre (1548), V, 96.
— (Pierre), panetier du Roi. Seigneur de Saintry, Tanlay et Monceaux, V, 95. — Obtient de Louis XI la haute justice de Saintry (1480), 96. — Sa sépulture, 95.
— (Samuel), financier, secrétaire du Roi. Acquiert de l'abbaye de Chaumes la ferme de Fontaines à Coubert, V, 150. — Coubert est érigé en comté en sa faveur (1725) ; décédé en 1739, 154.
— (Samuel-Jacques), maître des requêtes, fils du précédent. Seigneur de Sognolles ; possède les fiefs de la Burelle et de Fontaines, V, 145.
— Seigneur (comte) de Coubert, 154 ; — d'Yerres (1718) ; — de Villecresnes, 236 ; — de Grosbois, 392.
— [Olive-Samuel-Jacques], fils du précédent. Comte de Coubert, V, 154.

BERNARDIN (Antoine), seigneur de Bry-sur-Marne, III, 313 ; IV, 633, 634. — Sa sépulture (1548), IV, 633.
— (Bureau), seigneur de Bry-sur-Marne. Sa sépulture (1518), IV, 633, 634.
— (François), seigneur de Bry-sur-Marne en 1580, IV, 634.
— (Isabeau), femme de Louis de la Sangle. Dame de Bry-sur-Marne et de Varennes ; son épitaphe (1549), IV, 634 ; V, 173.
— (X...), seigneur de Bry-sur-Marne. Sa mort en 1501, IV, 634.
BERNARDINES. Voy. Argenteuil, Paris (com. relig.).
BERNARDINS (collège des). Voy. Paris.
BERNAY [Eure, ch.-l. d'arr.]. Abbaye ; abbé. Voy. Vialart (Antoine).
BERNAY [Seine-et-Marne, arr. de Coulommiers, cant. de Rozoy], fief dépendant de la seigneurie de Tournan, V, 330.
— (Flore de), *Floria de Bernayo*, tutrice de Jean du Genitoy en 1246, IV, 577.
Bernerius, decanus. Présent aux obsèques de Milon de Montlhéry, vicomte de Troyes (XIIᵉ s.), IV, 94. Voy. Bernier, doyen de Montreuil.
Bernerus, decanus de Mosteriolo. Voy. Bernier.
BERNERUT ou BERNIER, abbé de Notre-Dame de Corbeil. Mentionné en 1125 et 1127, IV, 287 et note.
BERNEVAL, Bernival [Seine-Inférieure, arr. de Dieppe]. Suger donne à l'égl. de ce lieu une partie de la terre de Carrières-St-Denis, II, 35. — Échangé par l'abbaye de St-Denis (1284), 339.
BERNIER, qualifié évêque de Ste-Geneviève de Paris, I, 232.
BERNIER, doyen du chapitre de la cathédrale de Paris. Acte relatif aux serfs de la cathédrale à Corbeil (1109), IV, 300. — Mentionné en 1122, 36 ; — en 1123, V, 14.
BERNIER, doyen de Montreuil, *Bernerus, decanus de Mosteriolo* [Sans doute le même que *Bernerius, decanus*]. Mentionné en 1168, II, 396.
BERNIER (Catherine), femme d'Antoine de Brise. Vend le fief de Vaux-sur-Orge (vers 1462), IV, 396.
— (Guillaume), chevalier. Son fief de Vaux-sur-Orge (XVᵉ s.), IV, 396.
— (Jean), chevalier. Possède le même fief (1463-1474), *ibid.*
BERNIER (de), ou de BERNIÈRES, conseiller d'État. Bienfaiteur de la paroisse du Chesnay, III, 164-5. — Sa maison en ce lieu, refuge des

maîtres de Port-Royal au XVIIᵉ siècle, 166.
BERNIVAL. Voy. Berneval.
Bernolium (XIIIᵉ s.) : les Barneaux, V, 144.
BERNON [abbé de Gigny], II, 238 (note.)
BERNON (Paul de), maître des requêtes. Seigneur d'Arpenty en 1655, III, 322.
BERNUIS (Jeanne), mère de Hugues Aligret. Mentionnée en 1479, IV, 319.
BERNY [Seine, éc. de Fresnes-les-Rungis]. Château, IV, 44 ; — indiqué en 1679 comme faisant partie du territoire d'Antony, III, 538. Ses possesseurs, IV, 46-7. — (Croix de). Poste qui y est établie, III, 555.
BEROT (Etienne) et Ade, sa femme, Fondateurs du collège des Bons-Enfants à Paris (1208), I, 56.
BEROUT (Etienne), doyen du chapitre de Saint-Germain-l'Auxerrois (vers 1230), I, 56.
— (Jean), chevalier. Seigneur de Vemars (1266), II, 345-6.
BERRIER, secrétaire du Conseil d'Etat. Sa maison, rue Coquillière ; antiquités qui y sont trouvées en 1684, I, 69. — (l'abbé), son fils, *ibid*.
BERRON [?] Procès sur des biens situés en ce lieu entre les abbayes de Chalis et de Chelles (1194), II, 526.
— (Gui de), chevalier. Possède la terre d'Arnouville (1224), II, 258.
— Vend à l'abbaye de Chaalis des terres près de Villeron (1213), 345.
— (Guiard de). Ses biens à Villeron (1265), II, 313.
— (Henri de), chevalier. Son neveu, Adam de Villeron (1250), II, 313. Voy. Berrun.
BERRUIER (Robert), I, 474.
BERRUN (Eudes de), chevalier. Donne sa dîme de Quincy au prieuré de Cormier (1227), IV, 503.
BERRUYER (Philippe), archevêque de Bourges. Dédie la Sainte-Chapelle de Paris (1248), I, 221. — Mentionné en 1250, III, 582.
BERRY. Eaux et forêts (grand-maître des). Voy. Blanchebarbe.
— Famine de 1662, IV, 217.
— (Généralité de). Intendant. Voy. Ronjault (Nicolas-Etienne).
— (Charles, duc de). Fait hommage du duché de Normandie à Louis XI, son frère, à Vincennes (1465), II, 409. — Son séjour à Saint-Maur, 442. — Entreprend contre le Roi la guerre du Bien public, IV, 107.

— (le duc de) [Charles de France, petit-fils de Louis XIV]. Sa réception au château d'Ecouen en 1705, II, 185.
— (Jean de France, duc de), fils du Roi Jean. Bienfaiteur des Chartreux de Paris, I, 116 ; IV, 429 ; — du collège de Navarre (1407), 251; — de l'abbaye de St-Victor, 338.
— Duel d'un de ses champions contre un champion du duc de Bourgogne (1414), 574-5. — Fait continuer par Nicolas de Gonesse la traduction de Valère-Maxime, II, 272.
— Acquiert la Grange-aux-Merciers (1398), 369. — Dit duc de Berry et d'Auvergne ; son hôtel à St-Cloud, III, 34. — Assiste à la dédicace de la chapelle des Célestins de Marcoussis (1408), III, 487. — Son château à Bicêtre, IV, 12, 13. — Possède le manoir royal de Cachan, IV, 21 ; — le château de Chanteloup près Châtres, 152 ; — la seigneurie de Vaux-la-Reine (1380), V, 183.
— (la duchesse de) [Marie-Louise-Elisabeth d'Orléans, fille du régent et femme de Charles, duc de Berry]. Sa mort au château de la Muette (1719), I, 404-405. — Assiste en 1716 à une fête à Issy, III, 9 (note).
— (le duc de), prisonnier à Dijon. [*corr.* : duc de Bar], III, 52.
— (Thiboust de). Voy. Thiboust.
— (Clos de) à St-Cloud. Mentionné en 1497, III, 34.
BERRYER (Louis), abbé de N.-D. du Tronchet. Fonde à Torcy un prieuré de bénédictines (1674), IV, 597-8.
BERRYER DE LA FERRIÈRE (Andrée-Elisabeth), prieure de Torcy (XVIIIᵉ s.), IV, 598.
Bersecuria, Bersencuria (XIIIᵉ s.) : Bessancourt, II, 72.
Bersendi Curia (XVᵉ s.) : Bessancourt, II, 76.
BERSEURE (Lorence), femme de Guillaume Philippeau (XIVᵉ s.), I, 312.
BERSEURE (Pierre) ou BERSUYRE ou BRESSEURE, *Berchorius*, religieux de Colombes, puis prieur de St-Eloi de Paris. Détails sur ce personnage ; sa mort en 1362, I, 311-2.
BERSON (Guillaume), receveur de l'évêché de Beauvais. Bienfaiteur de la paroisse du Blanc-Mesnil, II, 627.
BERTAULT (Jean), seigneur de Vauvert [Villevert], à Pecqueuse (1580), III, 430.
BERTAULT QUI DORT (rue). Voy. Paris.

BERTE, fille de Charlemagne. Bienfaitrice de l'abbaye d'Argenteuil, II, 3.
BERTEAUD, comte, appelé à tort Bertrand. Possède à St-Denis la terre de St-Marcel; sa mort (VIIIe? s.), I, 517-8.
BERTÈCHE (Antoine de la Lacre, seigneur de la) en Brie, IV, 448.
BERTEFRIDE, év. d'Amiens. Sa présence à Sannois en 663, II, 42.
BERTELOT (Mlle). Voy. Beauvais (Mme de).
BERTENAY (Guillaume de Meaux, vicomte de), II, 231.
BERTHAUD (Samuel). Sa sépulture, IV, 469.
BERTHAULT (Mathieu), prieur de St-Lazare de Paris. Mentionné en 1509 et en 1512, I, 300.
BERTHE [DE HOLLANDE], femme de Philippe Ier, roi de France. Aurait donné son nom au village de Bettemont; réfutation de cette opinion, II, 140.
BERTHE (Marguerite), femme de Robert Miron, V, 86.
BERTHE (Richard), curé de Meudon. Se démet de ses fonctions (1550), III, 229.
BERTHEFREN, diacre de Saint-Germain-l'Auxerrois. Mentionné dans un acte du VIIe s., I, 24.
BERTHELOT, secrétaire d'Etat (XVIIIe s.). Sa maison à Passy, I, 406-7. — Seigneur de Jouy-en-Josas, III, 269.
BERTHELOT DE PLENEUF. Acquiert la terre de Ville-Evrard (1705), II, 480.
BERTHELOT DE SAINT-LAURENT, seigneur de Bouqueval (XVIIIe s.), II, 250.
— [Marie-Elisabeth], fille du précédent; femme de M. de Damas. Dame de Bouqueval, II, 250.
BERTHEMONT ou BERETHMONT, fief situé sur la paroisse de Servon. Notice, V, 255.
BERTHEREAU (Anne), fils de Nicolas; secrétaire du Roi. Seigneur de Villiers-le-Sec (XVIe s.), II, 236.
BERTHEREAU (Françoise), femme de Michel Bouillon. Dame de Villiers-le-Sec, II, 236.
BERTHEREAU (Nicolas), secrétaire du Roi, etc. Acquiert la terre de Villiers-le-Sec (1532); en rend hommage, II, 236.
BERTHEVIN (Anne de). Voy. Saint-Berthevin.
BERTICHIERE (Denisette la), lavandière du corps du Roi. Son épitaphe (1441), I, 325.

— (Husson de la), garde-huche de l'échansonnerie du Roi. Mari de la précédente, ibid.
BERTHIER (Jean de), év. de Rieux. Sacré à Villepreux (1603), III, 187.
BERTHOU (Charles), curé de la Celle-St-Cloud (XVIIIe s.). En procès au sujet des dîmes de sa paroisse, III, 161.
BERTIER (Louis), évêque d'Héliopolis. Sacré à St-Denis-du-Pas (1617), I, 20.
Bertileïa (insula). Voy. Berliseïa..
BERTILLAT (JEHANNET DE). Voy. Jehannet.
BERTILLAT (marquis de). Acquiert une portion de la terre de Villiers-le-Bâcle (1700), III, 315.
BERTILLE, première abbesse de Chelles. Voy. Ste Bertille.
BERTIN (fief) à Franconville, II, 50.
BERTIN, prêtre de St-Germain-l'Auxerrois. Mentionné au VIIe s., I, 24.
BERTIN (Nicolas), acolyte de Paris. Ses notes historiques perdues. Sa sépulture dans le cimetière de Palaiseau (1728), III, 326.
— (Nicolas), conseiller au Parlement, maître des requêtes. Seigneur de Vaugien; mort en 1742, III, 383.
— (Bruno-Maximilien), fils du précédent. Seigneur de Vaugien, III, 383.
BERTIN DE BLAGNY (Louis-Charles), maître des requêtes. Seigneur des Coudrais-lez-Etiolles; décédé en 1742, V, 77. — Sa maison, vendue en 1746, ibid.
BERTIN-POIRÉE (rue). Voy. Paris.
BERTINVAL [Seine-et-Oise, lieu-dit de Luzarches]. Notice, II, 214.
BERTLON (Jeanne de), veuve de Mathurin Bohier. Son fief à Pommereux (1533), IV, 110.
BERTOT (Jacques), de Caen, confesseur du couvent de Montmartre; ouvrage qu'il y compose; sa sépulture [XVIIe s.], I, 454.
BENTOUVILLE [Berthouville? Eure, arr. de Bernay]. Curé. Voy. Cauchois (Guillaume).
BERTRAND (Catherine), femme de Nicolas de Bailleul. Sa sépulture (1685), IV, 321.
— (Jean), avocat du Roi à la chambre des Comptes (XVIe s.). Seigneur d'Avron, II, 479.
— (Macé), trésorier des Epargnes. Seigneur de Clichy (vers 1620), I, 427.
— (Pierre), procureur de l'Hôtel-Dieu de Corbeil. Mentionné en 1597, IV, 250.
BERTRAND, abbé de Cluny. Sa pré-

sence à St-Martin-des-Champ des Paris en 1307, I, 192.
BERTRAND, comte. Voy. Berteaud.
BERTRAND, curé de Boissy-St-Léger. Mentionné en 1644, V, 391.
BERTRAND, fils de Hugues de Verrières. Homme de corps de l'abbaye de St-Germain-des-Prés ; conditions mises à son mariage avec une serve de Wissous (1244), III, 531.
BERTRAND, bienfaiteur de St-Germain-des-Prés (Xe s. ?), IV, 395.
BERTRAND, prieur de St-Martin-des-Champs. Acte relat. à St-Jacques-la-Boucherie (1331), I, 199.
BERTRAND, religieux de Longpont. Bienfaiteur de ce prieuré, III, 492 ; IV, 78.
BERTRANDI (fief) situé à Sarcelles, II, 173.
BERTRANDI (Gilles), chapelain de la chapelle de la Chaumette, II, 69.
Bertrandi Curia, imprimé pour *Bersendi Curia*. II, 76.
BERTRANFOSSEZ [Bertrandfosse. Oise, arr. de Senlis]. Seigneur. Voy. Hotman (François).
BÉRULLE (Louise de), sœur du cardinal de Bérulle. Femme de Robert Piédefer, III, 282.
— (de), maître des requêtes. Seigneur de Saint-Mandé, II, 381 ; — de Guyancourt (1662), III, 282.
BERWICK (duchesse de). Habite le château de Colombes (1697), III, 69.
BESANÇON [Doubs]. Archevêque. Voy. Athies (Girard d').
— (Guillaume de). Vend le fief de la Chaussée à Charenton au président de Thou (1556), II, 376.
— (Hugues de), chantre de la cathédrale de Paris en 1324 ; y fonde une chapelle, I, 7. — Evêque de Paris. Acte relat. à l'hôpital des Haudriettes (1326), I, 94 ; — au St-Sépulcre de Paris (1326), 170 ; — à Pomponne (1329), II, 511 ; — à St-Jacques-la-Boucherie (1331), I, 199 ; — à Conflans (1331), II, 364. — Acquiert le château de la Motte à Luzarches (1329), II, 210. — Son épiscopat inscrit à la Ste-Chapelle sur les tables de cire fixées au cierge pascal, I, 223-4.
— (Marguerite de), veuve d'Alexandre de Baillon. Dame de Thimécourt (1661), II, 214.
BESANÇONS (les), canton du bois de Vincennes (XVIIe s.), II, 411.
BESANT, donné en marque de soumission par un abbé à un év. de Paris lors de l'élévation de ce dernier, III, 134, 135.
BESANTS, représentés sur le sceau d'un seigneur de Villepreux (XIIe s.), 181.
BESCHEREL ou LECHEREL (Louis de), seigneur de Chevry. Son épitaphe (1502), V, 285, 288.
— (Marguerite de) [appelée à tort Deschelles], femme de Jean de Villebranche. Son épitaphe dans l'égl. de Chevry (1523), V, 286.
— (Péronne de), femme de Jean Chenu. Dame de Germenay ; son épitaphe (1530), V, 286.
BESENCOR ou BESENCOURT (Gilles de). Voy. Bessancourt.
BESENVAL. Voy. BUZENVAL.
BESMERIE (la). Voy. Bènerie (la).
BESNARD (gord) à la Varenne-St-Maur (XVIe s.), II, 461.
BESNIÈRES ou BAIGNIÈRES (les) [Seine-et-Oise, ham. de la Celle-les-Bordes], III, 426.
BESONCELLE (Richard de), curé de St-Eustache de Paris (1333), I, 59.
BESONS. Voy. Bezons.
BESSANCOURT, *Bercecuria*, *Bercencuria*, *Bercencurtis*, Berchoucourt, Bercencourt, Bessaucourt, paroisse du doyenné de Montmorency [Seine-et-Oise, arr. de Pontoise, cant. de Montmorency]. *Notice*, II, 72-6.
— Habit. admis à la léproserie de St-Leu, II, 69.
— (Etienne de), *de Bersecuria*, bienfaiteur de l'abbaye de Ste-Geneviève, II, 75.
— (Gilles de), de Besencor, prieur de St-Jean-en-l'Ile à Corbeil (XIIIe s.), IV, 293, 295. — Sa sépulture, 293.
— (Jean de), de Bercencourt, chanoine de la cathédrale de Paris. Acquiert pour le chapitre des terres à Châtenay (XIIIe s.), III, 544 ; à Sceaux, 545.
— (Philippe de), *de Bersecuria*, frère d'Etienne et de Robert., Bienfaiteur de l'abbaye Ste-Geneviève (XIIIe s.), II, 75.
— (Robert de), de Bercencourt, chanoine et official de Paris, puis doyen de Bayeux. Représenté sur les vitraux de l'église de Bessancourt, II, 74. — Arbitre d'un procès (1264), III, 348. — Lègue à Notre-Dame des terres à Chevilly, II, 75 ; IV, 35.
— (Théobald de), *de Bersecuria*, bienfaiteur de l'abbaye de Ste-Geneviève (XIIIe s.), II, 75.
BESSART (Jean), vigneron de la paroisse de Stains (XVIIe s.). Sa sépulture, I, 583.
BESSAUCOURT. Voy. Bessancourt.
BESSÉE (Pierre de la), commandeur de l'hôpital du Haut-Pas, à Paris (1570), I, 156.

BESSET (Daniel-Henry de), fils de Henry. Seigneur de Milon-la-Chapelle ; intendant de St-Domingue ; mort en 1731, III, 338.
— (François de), seigneur de Milon et de la Chapelle ; gouverneur de Chevreuse. Épouse Marie Simon (1615), III, 337.
— (Henry de), seigneur de Milon-la-Chapelle, fils du précédent ; contrôleur général des bâtiments du Roi, III, 337. — Ses ouvrages, 338.
— (Henry de), fils du précédent, conseiller au Parlement de Metz, secrétaire du Conseil de la Marine ; mort en 1748, III, 337.
— (Nicolas-Pierre de), frère de Daniel ; chef du bureau des affaires étrangères. Seigneur de Milon-la-Chapelle, III, 338.
— (Raymond de), fils de François. Bienfaiteur de la cure de Milon-la-Chapelle, III, 337. — Seigneur de Milon, 338. — Sa mort (1698), 337.
BESSON (Jean), curé de Magny-les-Hameaux. Sa sépulture, III, 293.
BESSON (de), seigneur du Perreux par sa femme, née de la Cour des Chiens, II, 473.
BESSUYER ou BESUYER (le), fief à Limours [?]. Dépendant de la seigneurie de ce lieu, III, 436. — Métairie du même nom, 436.
Bestournet ou *Bestourné* (Saint-Benoît le). Sens de ce mot, I, 135.
Besuntio (Petrus de). Voy. Bezons (Pierre de).
BETANCOURT. Voy. Becquencourt.
BETEMONT (XIIIe s.) : Bethemont, II, 141.
BETHARAN ou BETHARRAM [Basses-Pyrénées, arr. de Pau], diocèse d'Auch ou de Lescar. Etablissement religieux fondé par Hubert Charpentier, III, 86 et note.
BETHE (Benoît). Ses biens à Groslay (XIIIe s.), I, 610 ; II, 140.
BETHEMONT, BETTEMONT, paroisse du doyenné de Montmorency [Seine-et-Oise, arr. de Pontoise, cant. de Montmorency]. *Notice*, II, 140-1.
— Lieu-dit : Montauglan.
— (Jean de), *armiger*. Seigneur de Bethemont (1271), II, 141.
— (Mathieu de), écuyer. Seigneur de Bethemont (1252), II, 141.
— (de), seigneur de Forges, et en partie d'Orangis (XVIIIe s.), IV, 373.
BETHFORT (le duc de). Voy. Bedfort.
BÉTHIZY (Charles de), seigneur de Mézières. Seigneur en partie de Bobigny par son mariage avec Anne Perdrier (1657), II, 638.
— (rue de). Voy. Paris.

BETHLEHEM [Palestine] Evéques. Voy. Batailler (François de), Taste (Louis-Bernard la).
— *(per sanctos* de), serment du Roi Louis VII, I, 49.
BETHOMAS (de). Voy. Beaulieu de Bethomas.
BETHSABÉE, mère de Salomon. Sa statue au portail de Notre-Dame de Paris, I, 8.
BÉTHUNE [Pas-de-Calais]. Gouverneur. Voy. Tarneau de Courtilleau.
— (Henri de), bailli de l'Evéque de Paris (1303), I, 38.
— (Jacques de), archev. de Glasgow. Fonde à Paris une congrégation d'étudiants écossais (1639), V, 161.
— (Robert de), fils de Gui, comte de Flandre ; comte de Flandre et de Nevers. Seigneur de Montjay. Rend hommage à l'év. de Paris (1272), II, 531.
BETHUNE (de). Voy. Charost, Orval.
BETISY, ancien lieu-dit de la paroisse de St-Cloud, III, 37.
BETTEMONT. Voy. Bethemont.
BEU (Pierre de), vassal de Philippe de Saint-Yon (XIIIe s.), IV, 164.
BEURIER ou BEURRIER (Claude ou Claudine), sœur de Paul. Fondatrice d'un couvent de chanoinesses régulières à Nanterre (1638), I, 416 ; III, 77 ; — décédée en 1646, III, 77.
— (Lubin), frère de Paul. Contribue à la fondation du couvent de chanoinesses régulières de Nanterre, III, 77.
— (le P. Paul), prieur-curé de Nanterre, cité I, 416 ; III, 72 (note 1), 74, 76 (note), 79. — Sa retraite chez les chanoinesses régulières de Nanterre, 77. — Curé de St-Etienne-du-Mont, I, 417 ; III, 77.
BEURRE de Vanves. Sa réputation, III, 578 et note 2.
— (produit des indulgences du) et du lait affecté à la construction de St-Etienne-du-Mont, I, 247.
BEURRERIE (la), ferme de la paroisse de St-Nom-de-la-Bretèche. Son emplacement, III, 149.
BEURRIER. Voy. Beurier.
BEUVANT (Thomas). Ses biens à Bution (XIIIe s.), III, 479.
BEUVENES (XIIIe s.), identifié avec Brevannes, V, 34, 74.
BEUVRON. Voy. Saint-James de Beuvron.
BEUVRONNE (la) ou la BREVONNE, *riparia de Bevron*, affluent de la Marne. Mentionné en 1273, II, 349, 601.
BEUZE (Jean), fondateur d'une cha-

pellenie dans l'égl. de la Trinité de Montlhéry, IV, 114.
BEVILLIERS [Seine-et-Oise, h:m. de Choisel], III, 417.
Bevra, Bevria (XIII⁰ s.) : Bièvres, III, 256.
BEVRANE, forme incorrecte du nom de lieu Brevannes, V, 34.
BÈVRE (XIII⁰ s.) : Bièvres, III, 256.
BEYNES [Seine-et-Oise, arr. de Rambouillet]. Lieu-dit : la Pissotte, II, 416.
BEZE (Nicolas de), oncle de Théodore; conseiller au Parlement, archidiacre d'Etampes. Sa sépulture à St-Côme de Paris (1543), I, 290-1.
BEZE (Théodore de). Epitaphes composées par lui, I, 290. — Prieur commandataire de Saint-Eloi de Chilly (1546), IV, 71. — Son *Histoire ecclésiastique*, citée, 39.
BEZET (Alphonse de), abbé de Livry. Cité comme poète et écrivain (XVI⁰ s.), II, 597.
BEZIERS [Hérault], I, 622. — Evêques. Voy. Bois (Antoine du), Bureau (Jean).
BEZONS, *Vesunnum*, *Bezuns*, paroisse du doyenné de Montmorency [Seine-et-Oise, arr. de Versailles, cant. d'Argenteuil]. *Notice*, II, 20-2.
— Fief à Houilles relevant de cette seigneurie, II, 34. — Habit. admis à la léproserie de Franconville, II, 46. — Dîme, 280. — Port, mentionné au XIII⁰ s., 280.
— Lieux dits : Argenville, Perrosel, Prunay, Roissy (fief de).
— ou BESONS (Guillaume de). Ses biens à Vitry (XII⁰ s.), II, 21.
— (Jacques de), écuyer, hab. de Bourges. Acquiert le fief de Blenne ou Blemie à Vitry-sur-Seine (vers 1470), IV, 453.
— (Pierre de), *de Besuntio*, chevalier. Mentionné au XII⁰ s., II, 21. — Son fief à Montigny-les-Cormeilles, 55-6.
BEZUNS (XIII³ s.) : Bezons, II, 21.
BIARD (Pierre), architecte. Sa sépulture (1609), I, 325.
BIANCOC (île de), île de la Seine au-dessous d'Epinay (1294), I, 597.
BIAULIEU, lieu-dit de Fosses (1285), II, 324.
BIAUVAS (Jacqueline-Chasteline de), femme de Jean des Bordes. Sa sépulture (1413), III, 468.
BIAUVEIS (Pierre de). Ses biens à Clamart (XIV⁰ s.), III, 249.
Bibens (Thomas). Voy. Thomas.
Bibliotheca, signifiant bible, au Moyen-âge, IV, 265 (note 1).
BIBLIOTHÈQUE des églises (chancelier, chargé de la), I, 233. — de l'abbaye de Ste-Geneviève, I, 241. — de l'abbaye de St-Denis, I, 512. — de Charles V au château de Vincennes, II, 415. — du Roi. Bréviaire manuscrit du XV⁰ s. provenant de Villecresne, V, 235.
Bibrax, Bibracte, localité mentionnée par César. Identifiée avec Bièvre en Picardie, III, 256, 261.
BICÊTRE, Bicestre [Seine, lieu-dit de Gentilly]. *Notice*, IV, 11-13. — Hôtel des ducs d'Anjou, 21.
BICHECORNE, BISCORNE ou BISCHECORNE, ancien nom de la terre et du château de Beaulieu, près Marolles, IV, 223, 226. — Qualifié ferme en 1579, IV, 226.
BICHELY, lieu-dit de Gif (?). Dépendant en 1647 du duché de Chevreuse, III, 372. [peut-être faut-il lire Cressely. *Comp.* p. 372 et p. 386].
BICHERY, vicaire de Nogent-sur-Marne. Fondateur de la chapelle de la Croix de Bichery, II, 467.
BIDAUT (Claude de), femme de Pierre d'Apestigny (XVI⁰ s.), IV, 478.
BIDAUT (Pierre), grand-prieur de St-Denis, docteur en décret. Ses fondations à St-Eloy de Paris (1406), I, 312.
BIDEGISILE, archidiacre. Est dit faussement avoir sollicité de Clovis II le château des Bagaudes, II, 419.
Bidolidum, *Bidolitum* (IX⁰ s.) : Belloy, II, 194.
BIENASSIS (Simon), receveur de Sully-sur-Loire (1444), III, 378.
BIENASSISE. Voy. Belleassise.
BIENCOURT (Giles de), seigneur de Fleury (1497), III, 241.
— (Milet de), seigneur de Fleury (1406), III, 241.
BIENFAITE, lieu-dit voisin de Villepescle (XIV⁰ s.), V, 120. — Seigneurs, 125.
BIENHEUREUX (Jean), fondateur d'une chapelle à Ste-Geneviève de Paris (1339), I, 238.
BIEN PUBLIC (Ligue du). Sa réunion à St-Maur en 1465, II, 462. — Louis XI projette de faire une levée d'écoliers pour y résister, 606.
BIEN TOURNÉ (Egl. Saint-Benoît le), à Paris. Origine de cette dénomination, I, 135. 136.
BIENVENUE (Jean), abbé de Livry. Se fait bénir à la chapelle de l'Evêché (1520), II, 596. — Donne homme vivant et mourant au seigneur de Courtry (1532), 537.
BIÈRE (ode latine sur la), citée à propos du vin de Brétigny, IV, 348.

5.

BIÈRE (forêt de), ancien nom de la forêt de Fontainebleau. Droits qui y sont concédés aux religieuses de la Saussaye, IV, 39; — au prieuré de Saint-Éloi de Chilly, 70.
BIERNY (seigneur de), V, 97.
BIESVRES (XIII° s.) : Bièvres, III, 256.
BIÈVRE, localités de ce nom en France, III, 256. Voy. *Bibrax*.
BIÈVRE (fief de) à Wissous (XVI° s.), IV, 55.
BIÈVRE, rivière; affluent de la Seine. Antiquité et origine de son nom, III, 13, 255. — Sa source, 283-3. — Son cours, I, 121, 128, 256; III, 527, 534, 555, 556; IV, 4, 17, 18, 22, 40, 44. — Ses débordements, IV, 46. — Recevait autrefois les eaux de Rungis, 47. — Ses marais protégent Lutèce contre César, II, 369; IV, 26. — (ponts sur la), I, 259, 343, 345; III, 527, 555.
BIÈVRE, rivière du Dauphiné, III, 256.
BIÈVRE (rue de). Voy. Paris.
BIÈVRES, *Bevria*, Bevre, Biesvres, Bièvre, paroisse du doyenné de Châteaufort (Seine-et-Oise, cant. de Palaiseau). *Notice*, III, 255, 261. — Foires; leur établissement au XVI° s., 258. — Peste au XVII° s., 258.
— Seigneurie, donnée à Pierre de Chevreuse par Charles V (1377), 369.
— Lieux-dits : Demoiselles (hôtel des), Gisy, Menillez, Montéclin, Maumoulin, Reaux-en-Bièvre, Valprofond (abbaye du), Vauboyen, Villefavreuse.
— (Eustache de), *de Bevra*. Seigneur en partie de Montrouge (XIII° s.), III, 589; — vassal à ce titre de l'év. de Paris, 257.
— (Foulques de), *de Bevres*. Donne au prieuré de Longpont des biens à Charcois (XII° s.), III, 257; IV, 357.
— (Garnier de), *de Bevria*. Mentionné avant 1150, III, 257.
— (Guillaume de), banni du royaume pour félonie envers l'évêque de Paris (XIII° s.), III, 257. — Confiscation de son fief de Clamart (1265), 247-8; — de Montrouge, 587-8, 589. Son fief à St-Cloud acquis par l'év. de Paris (1282), 32.
— (Jean de), *de Bevre*. Son fief à Châtenay (1196), III, 257, 541.
— (*Paganus de*), *de Bevria*. Mentionné au XII° s., III, 257.
BIEZ, sens de ce mot, IV, 596.
Bigargium, résidence royale sous la première race. Doit être identifié avec Garges, II, 251-2.
BIGNE (Adam), fondateur d'une chapelle à la Grange-aux-Bois (1247), II, 219.
BIGNE ou BINGUE (Jean), échevin de Paris en 1281. Son nom donné à une ancienne rue de Paris, I, 365 (note 6).
BIGNON (famille). Sa sépulture, I, 345.
— (l'abbé), doyen du chapitre de Saint-Germain-l'Auxerrois, I, 34. — Sa sépulture 345. — Fait une enquête au sujet de l'égl. de Livry (1697), II, 585. — Prieur de Longpont; acte relat. aux biens du prieuré à Pecqueuse, III, 430. — Mentionné, IV, 97.
BIGORRE (Agnès, comtesse de). Arrêt relat. à sa succession (1315), IV, 354.
BIGOT (Anne), femme de M. de Henault. Sa sépulture, V, 242.
— (Nicolas). Ses droits sur la terre de Thiais (1561), IV, 441.
— (Pierre), teinturier. Inhumé (1339) ainsi que son fils Parin à St-Clément de Châtres, IV, 141, 142.
Büsseium ou *Busseium*, lieu-dit de Chilly (?) (XIII° s.), IV, 70.
BILAD (Aymery). Son hôtel à St-Cloud (1438), III, 34.
BILANCOURT (XVII° s.) : Billancourt, I, 392.
BILECHILDE, femme du comte Rorigon (IX° s.), II, 424.
BILLANCOURT, Bilancourt, Billencourt (Seine, ham. de Boulogne), anc. écart de la paroisse d'Auteuil. Ses possesseurs au XVIII° s., I, 392.
BILLARD (Pierre), prêtre missionnaire, mort à Charenton-Saint-Maurice. Sa sépulture (1726), II, 373.
BILLARD, év. d'Olympe. Sacré dans l'égl. de Brunoy (1747), V, 203.
BILLARD DE LORIÈRE. Voy. Lorière.
BILLECOQ (Gabriel), prieur des Chartreux de Paris (XV° s.), V, 61.
BILLENCOURT. Voy. Bilancourt.
BILLERY (Bénigne), ermite du prieuré de N.-D.-de-l'Ermitage, V, 61.
— (Nicolas), notaire (1476), II, 239.
BILLETTES. Voy. Charité Notre-Dame (frères de la). — (rue des). Voy. Paris.
BILLIAD ou BRILLIAD (Timoléon), contrôleur général des armées du Roi. Mentionné dans une épitaphe, II, 274. — Sa maison à Dampmart (XVII° s.), 519.
BILLON (Louise de), femme d'Antoine de Barillon. Dame de Villeparisis en partie; son épitaphe (1585), II, 580.
BILLOUARD. Ses biens à Liverdy en 1329, V, 300. — (Jean), fils du précédent, et Jeanne, sa femme.

Bienfaiteurs des Chartreux de Paris, V, 306. — Ses biens dans la forêt de Ferrières (1362), V, 354.
BILLY (Godefroi de), év. de Laon (1601), I, 238. — Abbé de St-Vincent de Laon et grand prieur de St-Denis, 511.
— (Jacques de), abbé de St-Michel-en-l'Herm. Curé de St-Séverin de Paris ; sa sépulture dans cette égl. (1581), I, 111.
— (Jean de), seigneur de Mauregard et de Roissy en partie. Mentionné en 1365 et 1367, II, 282, 292.
— (Marie de), femme de Jean Nicolaï. Dite dame de Courville (Corvillæa) dans son épitaphe à l'égl. de Goussainville (1597), II, 289.
— (de), seigneur de Mauregard. Possède le fief de Tournedos II, 306.
BILLY-SUR-OUIR [sur-Ourcq] [Aisne, arr. de Soissons, cant. d'Oulchy-le-Château. — (Pierre de), écuyer. Son épitaphe (1500), II, 278-279.
BINEL (Jean), prieur de St-Lazare de Paris (1348), I, 300.
BINET (Henry), procureur général de la Reine. Seigneur de Châtres-en-Brie ; obtient l'érection de cette seigneurie en châtellenie (XVIIe s.), V, 304-5. — Sa fille, femme du marquis de Ségur, 305.
— (Jean), abbé de St-Maur-des-Fossés. Décédé en 1525, II, 434.
BINGNE (Jean). Voy. Bigne.
BIONNEAU (Jean), trésorier de France. Seigneur de Trousseaux (XVIIe s.), IV, 379.
BIRAGUE (René de), cardinal. Seigneur en partie de la Queue-en-Brie (1578), IV, 488-9.
Bireta, coiffure des Chartreux, I, 116.
BIRON (moulin de) sur la paroisse de Linas, IV, 123.
BIRON (Armand de), maréchal de France. Son armée à Chelles en 1590, II, 499.
— (l'amiral de). Jouit du revenu de la terre de Brie-Comte-Robert (XVIe s.), V, 268.
— (le maréchal de), [fils du précédent]. Ses biens à Lieusaint et à Varâtre en 1751, V, 122.
BISCOP, nom de personne en Angleterre au VIIe s., II, 164 (note).
BISCORNE, BISCHECORNE. Voy. Beaulieu et Bichecorne.
BISEMONT (de), seigneurs en partie de Dampmart (XVIIIe s.), II, 517.
BISET (fief de) près de Moussy-le-Neuf [?]. Seigneurs, II, 352.
BISSELOUP (Antoine de Guérapin, seigneur de), II, 108.
BISSEUIL, Bissueil [Marne, arr. de Reims, comm. d'Ay]. Confondu avec Belloy, II, 194.
BISSY (cardinal de). Son secrétaire. Voy. Darnaudin.
BISTOURNÉ, sens de ce mot, I, 136.
Bisuntius, curé de St-Leu à Paris. Mentionné en 1308, I, 185.
BIZET (Jean), curé de Charonne. Mentionné dans une inscription de 1661, I, 473.
BIZET (Tristan de), év. de Saintes. Prieur d'Orsay en 1572, III, 396.
Blabia. Voy. Blaye.
Blagiæ (XIIe s.) : Bleigiz, III, 562.
Blagiis [locus de] (XIIIe s.) : le Plessis, III, 253.
— (fons de) appelée ensuite fontaine du Moulin. Son emplacement, III, 253, 255, 545, 557.
BLAGNY (Bertin de). Voy. Bertin.
BLAINVILLE (Pierre de St-Aubin, seigneur de), III, 313-4.
— (MM. de). Leur maison à Sannois, II, 44.
BLAIR (Louis-François de), fils de Melchior ; conseiller au Parlement. Seigneur de Cernay (XVIIIe s.), I, 645.
— (Melchior de), fermier-général. Seigneur de Cernay ; mort en ce lieu (1744), I, 645.
BLAISY (Jean de). S'empare pour le Roi du pont de Charenton (1436), II, 372.
BLAIZY, fief situé sur la paroisse de Fouju, V, 431. — (Jean de), possesseur de ce lieu en 1246, 431.
BLAMPIGNON (Nicolas), chefcier de Saint-Merry de Paris (1685), I, 162.
Blamu (XIIIe s.) : Blémur, II, 165.
BLANC (Anne le), de Marseille, religieuse de l'abbaye de Gif (XVIIIe s.), III, 390.
— ou LE BLANC (Denis le), vicaire général de l'archev. de Paris. Acte relat. à l'égl. de St-Leu (1635), II, 68 ; — à l'égl. de Bouqueval (1622), 249. — Official de l'évêché de Paris ; acte relat. à l'abbaye de Lagny (1637), IV, 551. — Archidiacre de Brie ; acte relat. à Grisy (1636), V, 156 ; — à Malassise (1631), 298.
— (Etienne le), premier curé de l'Ile St-Denis en 1668, I, 566.
— (Guillaume le), év. de Grasse. Dédie l'église de Pierrefitte (1599), I, 584.
— (Hugues le), seigneur de Choisy et de Thiais. Bienfaiteur de Saint-Germain-l'Auxerrois de Paris (1528), IV, 445-6.
— (Hyacinthe le), év. de Joppé Est commis à l'examen des reliques

de l'église de Villepreux (1735), III, 178. — Dédie l'église de Sceaux (1738), III, 547.
— (Jean le), secrétaire du Roi. Fonde une chapelle à St-Jean-en-Grève (1475), I, 91.
— (Jean le), partisan de Charles VII. Ses biens à l'Hay confisqués par les Anglais, IV, 43.
— (Jean le), Voy. Blanc (Sébastien le).
— (Laurent le), procureur au Châtelet de Paris. Seigneur de Choisy-le-Roi en 1482, IV, 445.
— (Sébastien, appelé aussi Jean le), sieur de Saint-Jean, contrôleur des guerres. Bienfaiteur des Frères de la Charité à Charenton (1642), II, 378, 379.
BLANC (le), seigneur de Romainville (XVIIIe s.), II, 647.
BLANC d'Espagne (fabrique de) à Bougival, III, 105.
BLANCHARD, ferme appartenant à la léproserie de Linas (1351), IV, 126.
BLANCHARD. Son histoire des Présidents du Parlement de Paris rectifiée, IV, 130 (note).
BLANCHARD, corruption du nom de Pancrace, I, 177.
BLANCHE (la reine). Voy. Blanche de Castille. — (rue de la Reine). Voy. Paris.
BLANCHE, femme de Jean le Breton, seigneur de la Bretonnière; morte en 1333. Confondue avec la reine Blanche, IV, 156.
BLANCHE, sœur de Simon de Corbeil. Femme de Girard de Chasteliers (XIIIe s.), I, 564.
BLANCHE DE BOURGOGNE, femme de Charles-le-Bel. Se fait religieuse à Maubuisson après sa répudiation ; inhumée dans cette abbaye (1326), II, 121.
BLANCHE DE CASTILLE ou la reine Blanche, mère de Louis IX. Habite l'hôtel de Nesle, I, 68. — Fait partie de la Grande Confrérie de Paris, I, 217. — Bienfaitrice de l'égl. de St-Denis, I, 497. — Fonde l'abbaye de Maubuisson (1239), II, 72 ; — fiefs qu'elle acquiert pour la doter, 118, 119. — Bienfaitrice de l'Hôtel-Dieu de Louvres, II, 300. — Confirme des affranchissements de serfs (1251), II, 455. — Fait mettre en liberté les serfs de Châtenay (1248), III, 543. — Conspiration et guerre des princes contre elle (1227), IV, 104, 147. — Donne à l'év. de Paris une épine de la couronne de J.-C., IV, 283. — La terre de Corbeil est comprise dans son douaire, IV, 302, 303. — Défend les habitants d'Orly contre les exigences du Chapitre de Paris, IV, 436, 437. — Confirme l'affranchissement des serfs de Chennevières-sur-Marne (1251), IV, 477. — Fondatrice de l'abbaye du Lys ; lui donne la terre de Chaintreaux, V, 114. — Sa tombe dans l'égl. de l'abbaye de Maubuisson, II, 120. — Son obit à la cathédrale de Paris ; biens donnés au chapitre par S. Louis à cette intention, II, 83 ; III, 463. — Son obit célébré à Ste-Geneviève de Paris, I, 239 ; V, 200, 201. — Fausses traditions attachées à son nom, III, 552 ; IV, 155, 156. — Son chambellan. Voy. Corbeil (Thierric de).

BLANCHE [de France], fille de Louis IX. Ses fiançailles au château de St-Germain (1266), III, 137.

BLANCHE DE FRANCE, fille posthume de Charles-le-Bel, II, 136. — Sa naissance à Vincennes (1328), II, 407. — Comtesse de Beaumont. Femme de Philippe, duc d'Orléans; lui apporte la terre de Gournay et celle de Brie-Comte-Robert (1345), IV, 617; V, 266. — Cède ces terres au roi (1376), V, 267.

BLANCHE DE NAVARRE, reine douairière de France. Bienfaitrice des Carmes de la place Maubert (1398), I, 254.

BLANCHEBARBE, grand-maître des eaux et forêts du Berry. Seigneur en partie de Grand-Bourg (XVIIIe s.), IV, 328.

BLANCHEFACE, Blanchefouace [Seine-et-Oise, ham. de Sermaise], terre dépendant de la châtellenie de Marcoussis, III, 484.

BLANCHEFONTAINE (Claude-Albert d'Arbois, seigneur de), II, 206.

BLANCHEFORT (Esther de), femme de Jacques I Bernard (XVIe s.), V, 96.

BLANCHEFOUACE. Voy. Blancheface.

BLANCHES MAISONS (les), faubourg de Chevreuse. Droits seigneuriaux perçus par le prieuré de St-Paul-des-Aulnois, III, 379.

BLANCHET (Anne-Antoinette), femme de Georges-Louis Maréchal, III, 258.
— (Guillaume), proviseur à la chapelle Ste-Catherine à Charenton. (1357), II, 374.
— (Louis), écuyer. Seigneur en partie de la Queue-en-Brie ; sa sépulture (XVIe s.), IV, 485, 488.
— (Pierre), secrétaire du Roi. Seigneur de Charenton-le-Pont en 1367, II, 367 ; — de la Queue-en-

— 69 —

Brie (1362, 1365), II, 375; IV, 488; — de Pontault, IV, 497. — Sa femme, Jacqueline, IV, 583.
— (Robert), huissier du Roi. Fondateur de la chapelle Ste-Catherine à Charenton; sa maison en ce lieu, mentionnée en 1357 et 1366, II, 374.
BLANCPORT (le), [?]. Droits de l'abbaye de St-Denis, depuis ce lieu jusqu'à l'embouchure du ruisseau de Chambourcy. Procès à ce sujet (1327), III, 122.
BLANCS-MANTEAUX (couvent des). Voy. Paris, com. relig. — (rue des). Voy. Paris, rues.
BLANDEQUE (François de), sergent d'armes du Roi, I, 635.
— (Isabeau de), fille du précédent; femme de Jean Fromont. Sa sépulture (xve s.), I, 635.
BLANDY en Brie [Seine-et-Marne, arr. de Melun, cant. du Châtelet], II, 247.
BLANGY-SUR-TERNOISE, Blangis-en-Ternois [Pas-de-Calais, arr. de St-Paul, cant. du Parcq]. Abbaye de Ste-Berthe; religieux. Voy. Rouger (Jean).
BLANQUEFORT [Gironde, arr. de Bordeaux, ch.-l. de cant.]. Seigneurie cédée au Roi par Antoine de Chabannes en échange de Gonesse (1465), II, 266; IV, 618.
BLANQUERMONT (Michel), curé de St-Pierre et de St-Philibert de Brétigny en 1473, IV, 342.
Blarruaco (Simon *de*), chanoine de Poissy. Arbitre dans un procès (1264), III, 347.
BLART (Jean), seigneur de Vignolles en 1510, V, 315.
BLARU (Jeanne de), femme de Nicolas de Longueil (1465). Dame de Roissy en partie, II, 282. — Mentionnée en 1514, III, 248.
BLASPHÉMATEURS (ordonnance de Philippe de Valois contre les), I, 430.
BLAVET [ancien nom de Port-Louis. Morbihan, arr. de Lorient]. Identifié à tort avec le *Blabia* de la *Notice des Gaules*, I, 470.
Blavius, dit pour *Blasius*, I, 98.
BLAY (la fontaine du vivier de), lieu-dit de Dampmart (1518), II, 518.
BLAYE [Gironde], le *Blabia* de la *Notice des Gaules*, I, 469-70. — Église: sépulture du Roi Caribert [d'Aquitaine], III, 15. — Voy. S. Romain.
BLÉ (confrérie des porteurs de) à St-Eustache de Paris, I, 53.
BLECOURT (Pierre de), seigneur en

partie de Chevreuse (1527), III, 371.
BLEIGIZ, *Blagiæ* ou FLEIGIZ, lieu-dit de la paroisse de Fontenay-aux-Roses. Voy. Plessis (le).
BLEMUR, *Blamu*, Blesmur [Seine-et-Oise, ham. de Piscop]. *Notice*, II, 168-9. — Seigneurie, 165, 167.
— (Adam de), écuyer. Passe un acte avec l'abbaye du Val (1239), II, 168.
— (Mme de). Voy. Bouette (Jacqueline).
BLÉMY, fief de la paroisse de St-Remy-les-Chevreuse. Dépend de la seigneurie de Vaugien, III, 469.
BLÉNEAU [Yonne, arr. de Joigny, ch.-l. de cant.], IV, 149, 190.
BLENNE ou BLEMIE (fief de), à Vitry-sur-Seine. IV, 453.
BLERANCOURT [Aisne, cant. de Coucy-le-Château, arr. de Laon]. Seigneur. Voy. Potier.
BLESMUR. Voy. Blemur.
BLÉSOIS (pays). I, 145, 240.
BLIDEGÉSILE, diacre de la cathédrale de Paris. Sa prétendue requête à Clovis II, II, 469. — Obtient de ce Roi le territoire sur lequel il construit une *cella* devenue depuis l'abbaye de St-Maur (vers 640), 423-4. — Saints sous l'invocation desquels il désirait la placer, II, 423; V, 10, 11. — Lègue à l'abbaye des Fossés (de St-Maur) la terre de Boissy-St-Léger, V, 388.
BLIGNY, Beligny, Blegny [Seine-et-Oise, ham. de Briis], mentionné en 1265, III, 447, 449.
BLIXAT (mont) *Blixata*, mentionné dans le testament d'Ermentrude (VIIIe s.), II, 581.
BLOIS [Loir-et-Cher]. Etienne Poncher, év. de Paris, y reçoit un hommage (1510), I, 62. — Actes royaux datés de — (1483), IV, 308; — (1510), V, 170; — (1512), II, 355; III, 474; — (1513), I, 582; — (1599), IV, 600. — Archidiacres. Voy. Gretz (Jean et Henri de), Jumelles (Simon de).
— Abbayes: de Bourg-Moyen; abbé. Voy. Phélypeaux. — de S. Laumer; envoie des religieux à Vitry-sur-Seine (IXe s.); ses biens en ce lieu, IV, 447, 450-1; abbé. Voy. Robert.
— Bailliage. Terres qu'y possède l'abbaye de St-Germain-des-Prés, III, 166.
— Comtes. Voy. Alençon (Pierre d'), Châtillon (Jean de).
— Diocèse: jour de la célébration de la fête des Stes Reliques, I, 115.
— Evêque. Voy. Caumartin (de).

— (Personnages nés ou décédés à), I, 66, 167 ; III, 84.
— (Charles de). Donne à sa fille Marie, lors de son mariage, Chilly et Longjumeau (1360), IV, 65.
— (Eudes, comte de). Voy. Chartres (Eudes I, comte de Blois et de).
— (Jean de), prévôt du chapitre de Saint-Omer, puis chanoine de Paris. Agrandit la maison du chapitre de Notre-Dame à Rungis, IV, 49.
— (Pierre de). Ses œuvres, III, 278.
BLONDEAU (Elisabeth), femme de Jean Phelippeaux de Villesavin. Dame de Plaisance et du fief du Moineau (XVIIe s.), II, 471.
— (Roger), vicaire de St-Nicolas de Gonesse (1532), II, 261.
BLONDEL (André), contrôleur général des finances. Seigneur de Rocquencourt (XVIe s.), III, 158-9.
— (Colette), femme de Jean Soudain. Sa sépulture (1557), II, 170.
— (Renaud). Vend à l'év. de Paris un droit à Wissous (XIIIe s.), IV, 55.
BLONDEL DE GASPY, seigneur de Gagny (XVIIe s.), II, 549.
BLONDEL DE JOIGNY (Anne-Isabelle), femme de François de Harville, III, 330.
BLONDEL de Sarcelles (Gui), mentionné au nécrologe de l'abbaye de Ste-Geneviève, II, 174.
BLONDIS (Olivier), curé d'Argenteuil. Reçoit Louis XIII chez lui, II, 12.
— Traite avec le couvent des Ursulines d'Argenteuil (1647), 17. — Mentionné en 1665, 16.
BLOSSET (Charles), fils de Rogerin. Mentionné en 1462, IV, 355.
— (Claude), fille de Jean I. Femme de Louis de Montberon (XVIe s.), IV, 350, 355.
— (Françoise), femme de Jean de Briqueville, mère de François d'Orléans, bâtard de Longueville, IV, 350.
— (Jean), seigneur du Plessis-Pasté. Mentionné en 1414, IV, 355.
— (Jean), baron de Torcy. IV, 349.
— Seigneur du Plessis-Pâté sous Louis XI, 355.
— (Jean), fils du précédent. Seigneur du Plessis-Pâté, IV, 355. — Ses armoiries dans l'égl. de Brétigny, IV, 338. — Acquiert le fief de Fontaines à Brétigny (1580), 347. — Détails sur ce personnage; sa sépulture, 349-51.
— (Jeanne de), religieuse de Poissy, nommée abbesse de Gif en 1543. Mentions sur elle et sa sœur, professe de Moncel, III, 390 (et note).
— (Louis), protonotaire apostolique. Curé de St-Philbert de Brétigny en 1478, IV, 342.
— (Rogerin), seigneur du Plessis-Pasté et de St-Maurice-Thizouaille. Mentionné en 1446 et en 1462, IV, 355.
BLOUERE (Robert de la), écuyer, sieur du Saulet. Héritier de Marie du Bec. Rend hommage pour Luzarches (1641), II, 213.
Bobart (Johannes), marguillier de l'église d'Arcueil (1298), IV, 23.
BOBEY (Louis), prévôt de Torcy (1580), IV, 595.
BOBIGNY, paroisse de Poitou ; — du diocèse d'Autun, II, 639.
BOBIGNY, Balbiniacum, Baubigny, paroisse du doyenné de Chelles [Seine, arr. de St-Denis, cant. de Pantin]. Notice, II, 634-9.
— Lieu-dit : Emery (fief d').
— (Etienne de), chevalier. Seigneur de Bobigny; commensal de Suger, II, 637.
— (Jean de), chevalier. Seigneur de Bobigny, mentionné en 1164; bienfaiteur de l'abbaye de Lagny, II, 637.
— (Jean Perdrier dit), tué à la bataille de Dreux le maréchal de Saint-André (1562), II, 638.
BOCAU (les), lieu-dit mentionné comme dépendant du duché de Chevreuse, III, 373.
BOCÉE (Pierre de la), administrateur de la commanderie de St-Jacques du Haut-Pas à Servon (1577), V, 251.
BOCHARD. Voy. Bochart.
BOCHARD DE SARRON, I, 226.
BOCHART (Gautier), témoin dans un acte (1140), II, 306.
— (Guillaume), gentilhomme du Roi. Seigneur de Nozay, III, 502.
— (Jean), fils du précédent, conseiller au Parlement. Seigneur de Nozay en 1490, III, 502.
— (Jean), avocat. La terre de Boitron est érigée pour lui en baronnie, V, 305.
— (Jean), maître des requêtes. Seigneur de Champigny-sur-Marne en 1573, IV, 472.
— (Jean), maître des requêtes et intendant. Seigneur de Champigny-sur-Marne; mort en 1691, II, 85 ; IV, 472.
— (Jeanne), femme de Nicolas-Charles du Plessis. Sa sépulture au Plessis-Piquet, III, 252, 253.
Bocunval (XIIIe s.) : Bouqueval, II, 249.
BODERIE (Le Fèvre de la), ambassadeur de France en Angleterre. Seigneur de Pomponne (XVIIe s.), II, 510.

— (Catherine Le Fevre de la), fille du précédent. Apporte en mariage la seigneurie de Pomponne à Robert Arnaud, II, 510. — Son épitaphe (1637), I, 636.
BODILON, leude de Childéric II. Assassine ce roi dans la forêt de Logues (673), IV, 601.
BODIN (Jean), curé de Conflans. Sa présence à Rome en 1472, II, 362.
— (Jean-Baptiste), sieur des Périers. Procureur du Roi à Montlhéry; fonde l'égl. de l'Assomption (1708), IV, 115.
BOECE. Sa *Consolation de la Philosophie* traduite en vers français par Renaud de Louens, IV, 61.
BOESSET (Antoine), intendant de la musique de chambre du Roi. Sa sépulture (XVIIe s.), I, 453.
BŒUF, représenté en relief sur une pierre conservée à St-Marcel, I, 124. — (têtes de), représentées aux voûtes de l'égl. de Guyancourt, III, 279.
BŒUFS (aux). Famille et monuments portant ce surnom, I, 317, 318.
BOFFESMUNT (XIIIe s.) : Bouffemont, II, 152.
BOFFRAND, architecte du Roi. Sa machine hydraulique à Cachan, IV, 22. — Son *Livre [d'Architecture]* cité, V, 112.
BOFIER ou BORFIER, ancien lieu-dit à l'Hay (XIIIe s.), IV, 42.
BOG, BOI, mot celtique signifiant concavité, III, 104.
BOGES (vallée des), origine du nom de lieu Bougival, III, 104.
BOGEVAL, Bogevaux, Bogival : Bougival, III, 105, 106.
Boguivalle (égl. S. Marie de), mentionnée en 1186, III, 403 (note).
BOHÈME (hôtel de). Voy. Paris. — (roi de). Voy. Jean de Luxembourg.
BOHÉMIENS à Paris au XIVe s., I, 66.
BOHÉMOND, prince d'Antioche et comte de Tripoli, II, 121.
BOHIER (Antoine), seigneur de Villemenon (XVIe s.), V, 250, 253, 254.
— (François), év. de St-Malo. Bénit une chapelle à St-Jean-en-Grève (1537), I, 91 ; — à l'hôpital des Enfants-Rouges (1551), 208.
— (Mathurin), IV, 110.
BOIFFLE (Perrinet de), écuyer. Seigneur de Buc (XIVe s.), III, 276.
BOIGNY [Loiret, arr. d'Orléans]. Etablissement en ce lieu au XIIe s. de chevaliers de l'Ordre de S. Lazare, I, 299.
BOILEAU, curé de Vitry (XVIIe s.,) IV, 449.

— (Etienne), prévôt de Paris. Chargé d'une enquête sur la justice de Roissy-en-France (1264), II, 281 ; — de Villeron, 313 ; — de Romainville (1263), 646. — Possède la terre de Porchefontaine, III, 214.
— (Henri), avocat général. Sa sépulture (1491), I, 14.
— (Jean), curé de Bruyères-le-Châtel au XIVe s., III, 469.
— (Jean), curé de Montfaucon (St-Jean-de-Beauregard), en 1385, III, 499.
— (Jean), curé de Ste-Croix de la Cité en 1455, I, 314.
— (Jean), marguillier de Boulogne-sur-Seine en 1469, I, 394.
— (Jean), vicaire de la cathédrale de Paris. Bienfaiteur des Chartreux, II, 18, 269. — Sa sépulture dans ce couvent (1304), II, 18 ; III, 508-9.
BOILEAU-DESPREAUX (Nicolas), né à Crosne (1636), V, 45. — Sa maison d'Auteuil, I, 391-2. — Sa sépulture (1711), I, 221. — Son *Lutrin* cité, IV, 115, 117.
BOILEVE (de). Voy. Boisleve (de).
Boillognellum (XIIIe s.) : Boillonet (prieuré de), IV, 251.
BOILLONET, *Boillognellum*, prieuré voisin de Corbeil, appelé depuis de Ste-Radegonde, IV, 251.
BOINVILLE, Boiville [Seine-et-Oise, lieu-dit de Châlo-St-Mard]. Seigneurie, IV, 223. — (le grand). Fiefs en relevant, IV, 181, 182.
BOIS (morceau de), symbole de réparation de dommages, I, 12. — Marque d'approbation de donation, IV, 165, 332-3.
BOIS (Adam du), chevalier. Bienfaiteur de l'abbaye d'Yerres (1235), V, 287.
— (Antoine du), év. de Béziers. Seigneur (comte) de Corbeil (XVIe s.), IV, 240, 304 ; V, 398 ; — de Gournay, IV, 619.
— (Antoine du), écrit au lieu d'Antoine du Bourg, IV, 176.
— (Béatrix du), femme d'Ansel de Chevreuse. Bienfaitrice de l'abbaye de Port-Royal, III, 369.
— (François du), maître d'hôtel du Roi. Seigneur de Monsoult (1656), II, 146.
— (Gacon du), seigneur de Versailles (XIIe s.), III, 193.
— (Guillaume du), chapelain de la chapelle St-Fiacre, aux Loges de St-Germain-en-Laye (XIVe s.), III, 144.
— (Guillaume du), écuyer. Possède le fief de Saint-Port, IV, 241.
— (Guillaume du), tabellion à Argenteuil (1378), II, 15.

— (Hugues du), chevalier. Donne à l'abbaye de St-Denis des biens à Chennevières (1183), II, 309-10.
— (Jean du), fils de Nicolas. Seigneur de Baillet (1661), II, 150.
— (Marie du), femme d'Ansel Choquart, puis d'Etienne de la Grange. Ses fondations à St-Jean-en-Grève (1402), I, 91.
— (Nicolas du), secrétaire du Roi. Seign. de Baillet (1649), II, 150.
— (Simon du), clerc de S. Jacques à Paris. Donne à l'abbaye du Val des biens à Baillet (XIIe s.), II, 149.
BOIS (du). Voy. Du Bois et Dubois.
BOIS (Thomas le), prieur de St-Lazare de Paris au XIVe s., I, 300.
BOIS A MADAME (fief du), dépendant de la seigneurie de Soucy à Fontenay-lès-Briis, III, 457.
BOIS AUX DAMES (abbaye du) : l'abbaye de Malnoue, V, 400, 401.
BOIS BAGNOLET, *Boscus Bagnolet*, ancien fief sur la paroisse de Bagnolet. Mentionné en 1263, II, 654. — Ses possesseurs au XVe s., 658.
— (Jean du), écuyer. Vend à l'abbaye de St-Denis des biens à Bagnolet (1276), II, 655.
BOIS-BAUDRY (François de), seigneur de Bobigny (XVIe s.), II, 637.
BOIS-BÉRENGER, lieu-dit de la paroisse de Rueil. Origine de ce nom, III, 96, 97. — Mentions au XIIIe s., 100. — Possédé par les abbayes de St-Denis et de St-Germain-des-Prés, III, 111.
BOIS BLANCS (les) [Seine-et-Oise, éc. d'Avrainville], IV, 190, 193.
BOIS-BRIARD, anciennement Biaubriard et le Plessis-Briard [Seine-et-Oise, ham. de Courcouronnes]. Seigneurie, IV, 322.
BOIS BRULÉS (les), lieu-dit voisin de Montlhéry. Donnés en 1378 au prieuré de Ste-Catherine du Val-des-Ecoliers, III, 464.
BOIS-CHALAND [Seine-et-Oise, ham. de Lisses], anciennement appelé le Plessis-Chalan (Voy. ce mot).
BOISCHATEAU (Jean de), bienfaiteur des Chartreux de Paris; mort vers 1515, III, 509.
BOIS-COLBERT (le), lieu-dit de Villeneuve-St-Georges, V, 41.
BOIS L'ARCHIER, fief dépendant de la châtellenie de Gournay en 1596, IV, 619.
BOIS D'ARCY ou D'ARSY (le), *Nemus Arsitii, de Arsitio*, paroisse du doyenné de Châteaufort [Seine-et-Oise, cant. de Versailles]. *Notice*, III, 190-192. — Eglise ; reliques,

II, 451. — Habit. admis à la léproserie de Villepreux, III, 183.
— Lieux-dits : Arcy (le petit), Franchinerie (la), Greffiers (les), Trappe (la), Tremblée (la).
BOIS D'ARDEAU [Seine-et-Oise, ham. de Forges], III, 441.
BOIS D'AUTEL (le), anciennement le bois d'Anteuil ou d'Antheuil [Seine-et-Oise, ham. de Villecresnes]. *Notice*, V, 237.
BOIS DE FIENNES (OLIVIER du). Voy. Olivier de Fiennes.
BOIS DE LA TRAHISON. Voy. Trahison.
BOIS DE LA PRESSE ou DE LA PLESSE (hôtel du) à Marly-la-Ville. Son possesseur au XVe s., II, 329.
BOIS DE L'ISLE, lieu-dit de Liverdy (?). Mentionné en 1510, V, 301.
BOISDIN (Mathurin), curé de Mérysur-Oise (XVe s.), II, 125.
BOISEMONT (de), officier de la chancellerie. Seigneur de St-Pierre du Perray en 1744, V, 93.
— (Héloïse de). Revenus dont elle dispose en faveur de l'égl. de Lieux, II, 107.
BOIS-FRANC, lieu-dit de la paroisse de St-Ouen-sur-Seine. Mentionné en 1669, I, 575.
BOISFRANC (de). Voy. Seiglière (de).
BOIS-GALON, lieu-dit de Nogent-sur-Marne. Mentionné en 1225, II, 468.
BOIS-GAUTIER [Seine-et-Marne, lieu-dit de Lissy], V, 139.
BOISGINOL (Robert de), écuyer. Possède la terre de Porchéfontaine, III, 214.
BOIS-GUY D'ANJOU, *Boscum Guidonis Andegavensis*, près de Nozay. Mentionné au XIIIe s., III, 501, 503.
BOIS-GUYON, *Nemus Guidonis*, dépendant de Levy-St-Nom. (ermites du), remplacés par les chanoines de l'abbaye de la Roche, III, 125 ; — les seigneurs de Levis favorisent leur établissement (XIIe s.), III, 344, 349. Voy. Roche (abbaye de la).
BOIS-HARDI (épitaphe d'un seigneur de) dans l'égl. de Tournan, V, 319.
BOIS-HERLANT, voisin de Marolles-en-Brie [?]. Mentionné en 1203, V, 240.
BOIS-HERPIN (Guillaume de). Ses biens à Ozouer-la-Ferrière (1260), V, 354.
BOIS-JEAN OGIER, à Buzenval. Concession du droit de chasse au XIVe siècle, III, 98-99.
BOISJOLET, lieu-dit de la paroisse de Limours [?]. Acquis par Gaston d'Orléans (1626), III, 435.

— 73 —

BOIS-L'ABBÉ (le), lieu-dit d'Evry-sur-Seine (1482), IV, 327.
BOIS LAIX. Voy. Laix (bois).
BOIS-LA-REINE (le), lieu-dit de la paroisse de Combs-la-Ville, V, 185.
BOISLEGAT, fief de la paroisse de Fontenay-les-Louvres. Seigneurie, II, 239.
BOISLEVE ou BOILÈVE (Claude de), intendant des finances. Acquiert la terre de Lésigny en 1650, V, 359.
— (Gabriel de), év. d'Avranches. Prieur de Jardy (1667), III, 171.
— (Gabrielle de), fille de Claude, femme de François de la Forest d'Armaillé, V, 262, 359. — Dame de Chevry (XVIIIᵉ s.), 289.
— (Mᵐᵉ de), veuve de M. de Bussy. Dame de Cœuilly (1695), IV, 473.
BOISLUISANT, *Nemus lucens*, lieu-dit de Longpont (XIIIᵒ s.), IV, 88.
BOIS-MALES-HERBES. Voy. Malesherbes.
BOISOT (Jean), principal du collège de Hubant. Curé de Goussainville (1561), II, 288.
— (Philippe), principal du collège de l'Ave-Maria à Paris. Curé d'Orsay (1561), III, 397.
— (Pierre), curé de Goussainville. Administrateur de l'hôtel-Dieu de Gonesse (XVIIᵉ s.), II, 265.
BOIS-RAOUL (le), *Boscum* ou *nemus Radulfi*, Bois-Roy, Bois-Raut, écart d'Epinay-sur-Seine, I, 598. — Affecté par Burchard de Montmorency à l'exécution de son testament (1237), II, 65.
BOIS-RIDEAU. Voy. Le Clerc.
BOIS-ROBERT, *Nemus Roberti*, hameau de Villepreux (XIIᵉ s.), III, 189.
— (la porte de) [Seine-et-Oise, éc. de Versailles], III, 199.
BOIS-ROGER [?], seigneurie vendue par Philippe d'Auxy à Charles VI qui la donne à la collégiale de Vincennes (1409), II, 413.
BOIS-ROY. Voy. Bois-Raoul.
BOIS-RUFFIN, lieu dit de Montreuil-sous-Bois (1220), II, 397.
BOIS-SAINT-PÈRE (le) ou SAINT-PIERRE, sur la paroisse de Bouffémont. Communauté de religieuses, II, 154. — Hôtel des seigneurs de Montmorency, II, 53.
— Prieuré, dépendant de St-Victor de Paris. *Notice*, II, 152-154. — Son revenu, I, 648 et note 1. — Compris dans le doyenné de Sarcelles, II, 170. — Ses biens à Groslay, I, 611 ; — à Sarcelles, II, 173 ; — à Écouen, 185. — *Factum* sur ce prieuré (1678), II, 177.

BOISSEAU (rue Guérin-). Voy. Paris.
BOISSEAU (Jean), verdurier de la Reine. Sa sépulture, III, 579.
— (Nicolas), curé de Montreuil-sous-Bois (1547), II, 417.
BOISSELET (Nicolas). Son fief à Margency (XVᵉ s.), I, 639.
BOISSERET (Charles de), fils de Jean. Seigneur d'Herblay, décédé en 1715, II, 85.
— (Jean de), correcteur des Comptes. Son fief à Montigny-les-Cormeilles (1650), II, 56.
— (Mᵐᵉ de). Voy. Gillebert d'Haleinne (Marie).
Boissiacum (XIIᵉ s.) : Boissy-Saint-Léger, V, 386.
BOISSIÈRE, lieu-dit de la paroisse de Montreuil-sous-Bois (1626), II, 402.
BOISSIÈRE (la), Boissière, Bussière, *Bosseria*, *Buxeria* [Seine-et-Oise, ham. de Villebon], III, 396 (et note) ; — mentionné, IV, 143.
BOISSIÈRE (la), *Bosseria* [Seine-et-Oise, château à St-Vrain], ancienne seigneurie, IV, 197, 200, 206.
BOISSIÈRE (la), ancien lieu-dit voisin de Versailles, III, 201, 205, 210.
BOISSIÈRE, *de Bosseria* (Gazo Peluz, chevalier de la), IV, 206.
— (Nicolas de la), né à Gonesse. Chirurgien militaire puis ermite du Mont-Valérien (1664), II, 272 ; III, 84.
BOISSISE [peut-être, Seine-et-Marne, cant. de Melun]. Seigneur : Thumery (Jean de), V, 65.
BOISSON (Jacques), curé de la Ville-l'Évêque de Paris, né à Poitiers. Sa sépulture (1429), I, 75.
BOISSY [?] mention, V, 34.
BOISSY [Seine-et-Oise, lieu-dit de Taverny], II, 67.
BOISSY, fief uni au duché-pairie de Villeroy (1680), IV, 248.
BOISSY (collège de). Voy. Paris.
— (Hugues de), *de Buxi*. Seigneur de Boissy-sous-St-Yon (XIIᵉ s.), IV, 166.
— (Nicolas de), prieur d'Argenteuil (XIIIᵉ s.), II, 5.
— (Philippe de), chevalier. Mentionné au XIIIᵉ s., V, 388.
— (Thomas de), seigneur de Boissy-sous-St-Yon ? Fondateur de la chapelle S. Thomas en ce lieu ; décédé en 1368, IV, 169.
— (de), curé de Brie-Comte-Robert. Acte relat. à l'hôtel-Dieu de ce lieu (1696), V, 262-3.
BOISSY-SAINT-LÉGER, *Buxeus*, *Buxiacus*, *Buxidus*, *Buxiacum*, *Boissiacum*, paroisse du doyenné du Vieux-

Corbeil [Seine-et-Oise, arr. de Corbeil, ch.-l. de canton]. *Notice*, V, 385-394.
— Affranchissement des hab. au XIIIe s., V, 34. — Dépend de la capitainerie de Corbeil (1694), IV, 312. — Autres mentions, II, 385; V, 379-80.
— Lieux-dits : Grosbois, Piples (le).
BOISSY-SOUS-SAINT-YON, *Buxiacum, Buxium, Bussiacum*, Buxi, Boissy, paroisse du doyenné de Montlhéry [Seine-et-Oise, arr. de Rambouillet, cant. de Dourdan]. *Notice*, IV, 165-170.
— Hab. admis à la léproserie de la Magdeleine, IV, 162. — Justice : ressortit nuement au Parlement, IV, 191. — Seigneurie : dépend de la châtellenie de Marcoussis, 484.
— Autres mentions, III, 461, 462, 478 ; IV, 190.
— Lieux-dits : Villelouvette.
BOISTON (Nicolas), chapelain de St-Sauveur du Mont-Valérien (1564), III, 83.
BOISY (cardinal de), légat du pape. Acte relat. à l'abbaye de Longchamps (1521), I, 399.
BOITRAC (de), seigneur de Chauvry (XVIIIe s.), II, 144.
BOITRON [Seine-et-Marne, ham. de Châtres]. *Notice*, V, 305-306.
BOITRON. Voy. Poitron et Valboitron.
BOIVILLE. Voy. Boinville.
BOIVIN, membre de l'Académie des Inscriptions, IV, 431.
BOIVIN, marchand de dentelles de la Reine. Propriétaire du château de la Honville (XVIIIe s.), IV, 187.
BOIZARD (Lucien), écuyer. Seigneur de Villemoisson en 1670, IV, 399.
BOLET (forêt de) *Boletum*, appartenant au prieuré de Gournay, IV, 592, 611.
BOLLANDISTES rectifiés, II, 551, 645 ; IV, 95-6, 122, 164, 421, 490-1, 567, 598; V, 52, 140-1.
BOLLARD (héritiers d'Etienne). Leur fief sur la paroisse d'Emery (Emérainville) en 1489, IV, 514.
— (Marguerite), femme de Martin Langlois. Ses armoiries ; sa sépulture (1584), IV, 315.
— (Nicole). Voy. Bossart.
Bolonis (Villa). Voy. *Villa Bolonis*.
L'OMBARDE, trésorier de l'électeur de Bavière. Son château aux Ternes (XVIIe s.), I, 429.
BOMBE, chanoine de la cathédrale de Paris. Auteur rectifié, I, 5.
BOMBELLE (de), seigneur en partie d'Orangis en 1738, IV, 373.

BOMBON, [Seine-et-Marne, arr. de Melun, cant. de Mormant]. Seigneurs, V, 126, 163, 164.
BOMEREL [Beaumoret? Seine-et-Oise, ferme de la Celle-les-Bordes], III, 426.
BOMEZ (Marguerite de), femme de Jean de Bouville. Ses biens à Milly et à Tournenfil (XIVe s.), IV, 251.
BON (Adrien le), prieur de St-Lazare de Paris (XVIIe s.), I, 301.
Bona (XIIe s.) : Bonnes, IV, 179.
Bona villa [Villebon?], III, 455.
Bonam Villam [Villebon?] (fief *apud)*, III, 473.
BONAMY, historiographe de la ville de Paris. Son mémoire sur le lieu dit *Tricinæ* à St-Denis, cité, I, 536.
BONARD, orfèvre. Auteur de la châsse de Ste Geneviève (XIIIe s.), I, 235.
BONAVENTURE (frère). « Eprouve » la règle des religieuses de Longchamps (XIIIe s.), I, 398.
BONBON, fief situé sur la paroisse de Servon, V, 255.
— ou BORBON (Pierre de), chevalier. Mentionné en 1226, V, 250, 384.
BONCOURT (collège de). Voy. Paris.
BONDIES. Voy. Bondy.
BONDIS (de), seigneur de Montsaigle (XVIIIe s.), II, 580.
Bondofla (XIIIe s.) : Bondoufle, IV, 334.
BONDOUFLE, *Bundufla, Bunduflum, Bondofla*, paroisse du doyenné de Montlhéry [Seine-et-Oise, arr. et cant. de Corbeil]. *Notice*, IV, 331-336.
— Biens appartenant au prieuré de Longpont, IV, 96. — Eglise, donnée à ce prieuré, IV, 95, 275, 316, 332-3, 362; V, 63, 69. — Acte relatif à ce lieu, IV, 123.
— Lieu-dit : Cocatrix (fief de la).
— (Guillaume de), procureur de la Sorbonne en 1284, IV, 336.
— (Jean de), écuyer. Souscrit à une charte concernant l'égl. de ce lieu (XIe s.), IV, 332.
BONDY, *Bongeiæ, Bungeiæ, Bonisiaca, Bonzeir*, Bonziers, Bondies, paroisse du doyenné de Chelles [Seine, cant. de Pantin]. *Notice*, II, 563-569. — Démembrements de cette paroisse, II, 593, 599.
— Lieux-dits : Brichet, Groslay (le petit), *Mons Buxata*, Raincy (le), *Volannus*.
— (forêt de), II, 567, 568, 629 ; III, 173.
— (Jean de), écuyer. Mentionné en 1273, II, 567.
— (Simon de), écuyer. Ses biens au Raincy en 1238, II, 567, 591.

— (de), seigneur de Montsaigle (XVIIIᵉ s.), II, 580.
Bonelio (les prés *de*) à Lagny, IV, 565.
BONELLE. Voy. Bonnelles.
BONENFANT (Pierre), prieur de Ste-Catherine du Val. Acte relat. à Châtres-en-Brie (1397), V, 304.
BONENFANT, secrétaire du Roi. Seigneur de St-Pierre du Perray (XVIIIᵉ s.), V, 93.
BONEUIL. Voy. Bonneuil.
Bongeiœ (XIᵉs.) : Bondy, II, 564.
BONGUERET LE BLANC (Jean-Baptiste de), doyen de la cathédrale de Paris. Possède en 1697 la terre de Mauny, V, 138 ; — surnommé de Mony, *ibid*.
Boniacum, localités de ce nom, V, 23.
BONIRACE (Catherine de), femme de Louis de Giffart, II, 49.
BONIFACE (Jean), prêtre. Maître de la maladrerie de Châtres ; sa sépulture, IV, 141.
Bonisiaca (VIIᵉ s.) : Bondy, II, 563.
BONIVAUX (ruisseau de) sur la paroisse de Champigny-sur-Marne. Mentionné en 1480, IV, 474.
BONNAIRE (Michel de), curé de Boissy-Saint-Léger. Son épitaphe (1552), V, 387.
BONNAULT (Michel), seigneur en partie de Presles en 1580, V, 308.
BONNE DE LUXEMBOURG, fille de Jean, roi de Bohême, et femme de Jean II, roi de France. Sa sépulture (1349), III, 121.
BONNEAU, secrétaire du Roi. Seigneur en partie de Launay, à Orly (1628), IV, 438.
BONNEFIN. Sa maison à Fresnes (XVIIIᵉs.), IV, 339, 347.
BONNEFOY (X...), femme de Jean-Jacques de Barillon. Dame de Maugarny en 1679, I, 639.
BONNEIL, localités de ce nom en France, V, 23.
BONNELAIE, Bovelaie, ancien lieu-dit du Mesnil-St-Denis (1218), III, 289.
BONNELLES [Seine-et-Oise, arr. de Rambouillet, cant. de Dourdan]. Prieuré ; biens en Porrois, III, 285.
BONNE-MINE (fief de) à Argenteuil. Mentionné en 1421, II, 19.
BONNERIE (de la), seigneur de Bertinval (1697), II, 214.
BONNES ou BOUNES. Voy. Bornes.
BONNES, ancien nom de Chamarande. (Voy. ce mot). Dépend de la châtellenie de Montlhéry, IV, 103, 189.
— (poste [et non porte] de), IV, 181.
BONNES FEMMES. Voy. Paris, Haudriettes.

BONNET (Noël), infirmier de l'abbaye de Chaumes. (1426), V, 195.
BONNET, propriétaires du fief de la Rue à Domont (XVIIIᵉ s.), II, 159.
BONNETTE (Robert), prêtre étudiant à Paris. Chapelain de l'égl. de Villiers-le-Sec (1425), II, 235.
BONNETIN (Louis), bourgeois de Paris. Possède à Charonne le fief de la Cour Point-l'Asne (1348), I, 476.
Bonnetis (capella de), désignation inexacte de la chapelle St-Thomas à Bruyères-le-Châtel, III, 470.
BONNEUIL, localités de ce nom en France, V, 23.
— (fief de) à Wissous (XVIᵉ s.), IV, 55.
BONNEUIL-EN-FRANCE, *Bonogilum*, *Bonoilum*, *Bonolium*, *de Bono oculo*, Bonuel, Boneuil, paroisse du doyenné de Chelles [Seine-et-Oise, arr. de Pontoise, cant. de Gonesse]. *Notice*, II, 617-621.
— Relève de Montigny, II, 529. — Autres mentions, IV, 302 ; V, 24.
BONNEUIL-SUR-MARNE, *Bonoilum*, *Bonogilum*, paroisse du doyenné du Vieux-Corbeil [Seine, cant. de Charenton]. *Notice*, V, 23-28.
— Acte de l'Empereur Lothaire daté de ce lieu (842), II, 425, 640 ; V, 91. — Différend au sujet des dîmes, II, 539 ; V, 28. — Hab. admis à la léproserie de la Queue-en-Brie, IV, 485 (note). — Donation faite par Etienne, comte de Paris, datée de ce lieu (811), V, 24, 378. — (l'Orme de), V, 27. — (Pont de), mentionné en 1226, V, 26, 28. — (seigneurs de), V, 128.
— (Guillaume de), *de Bonolio*, écuyer. Vassal de l'abbaye de St-Maur (1275), II, 445. — Ses biens à Ozouer-la-Ferrière (1277), V, 353.
— (Oudard de), écuyer. Fait abandon de la terre de Godde au prieur de St-Denis (1281), II, 254.
— (Pierre de), écuyer. Vend à l'abbaye de Livry des terres à Epiais (1245), II, 306.
BONNEVAL [Eure-et-Loir, arr. de Châteaudun]. Phares élevés dans son cimetière, I, 51. — Ses marchands au Landit de St-Denis, 548.
— (Barthet de). Voy. Barthet.
BONNEVILLE (la), ham. de Méry-sur-Oise, II, 125-6.
BONNIÈRES-LE-CHATEL, écrit sans doute pour Bruyères-le-Châtel, III, 471.
BONNIN (Anne-Louise), femme de Nicolas de Lamoignon (1682), III, 460-1.

Bonnis (Ursio de), seigneur de Bonnes et vassal de Montlhéry, IV, 181.
BONNOU (Claude), prieur de Briis (1618), III, 460.
Bonofonte (Antoine de), prieur de Voisय. Abbé de la Roche en 1478, III, 350.
Bonogilum, Bonoilum, Bonolium (XIIe s.) : Bonneuil, II, 618 ; V, 23.
Bononia. Voy. Boulogne. — *Parva* (XVIe s.) : Boulogne-sur-Seine, I, 395.
BONPORT (abbaye de). [Eure, arr. de Louviers]. Soumise au droit de visite des abbés du Val, II, 138 ;
— abbé. Voy. Guillaume.
BONS-ENFANTS (collèges des). Voy. Paris.
BONSHOMMES (les) [Seine-et-Oise, ham. de Maffliers]. (prieuré des) ou Grammontins du Menel ; dépendant du diocèse de Beauvais, puis de celui de Paris, II, 146-147.
— Biens à Andilly, I, 638 ; — au Plessis-Bouchard, II, 59 ; — à Montsoult, 145 ; — à Domont, 156, 178 ; — à Écouen, 185.
BONSHOMMES de Montfermeil. Voy. Val-Adam (ermitage du). — du bois de Vincennes. Voy. Fontenay-sous-Bois.
BONSIES (VIIe s.) : Bondy, II, 563.
BONTEMPS (Alexandre), abbé d'Hiverneau et valet de chambre de Louis XIV, mort en 1701. Réforme l'abbaye, V, 366, 373.
— (Jean-Baptiste), père d'Alexandre. Chirurgien de Louis XIII, V, 373.
— Sa fille, mariée au marquis de Béthomas, 374.
BONTEMPS, gouverneur du château de Marly, III, 124. — Commissaire du Roi pour la terre de Marly, 125.
BONUEL (XIIIe s.) : Bonneuil, II, 619.
Bonus oculus, Bono oculo (de) (XIIIe s.) : Bonneuil, II, 619 ; V, 23.
BONVARLET (fief) à Vitry-sur-Seine, mentionné en 1518, IV, 454.
Bonzeia (XIe s.) : Bondy, II, 563.
BONZIERS (XIIIe s.) : Bondy, II, 565.
BOOLAY (Jean de), prieur de St-Éloy de Paris (XIVe s.), I, 311.
Boolum (fief de). Voy. (Bouillons les).
BOQUENVAL (XIIIe s.) : Bouqueval, II, 275.
BOQUET (Pierre de), doyen de Saint-Merry de Linas (1490), IV, 120.
BORAN. Voy. Borrenc-sur-Oise.
BORBON (Pierre de). Voy. Bonbon.
BORDE ou BORDES, signification de ce nom de lieu, IV, 69 ; V, 278.
BORDE, fief situé sur la paroisse de Villeparisis (1516), II, 580.
BORDE (la), auparavant la Borde-Fournier, la Borde-la-Jeune, la Borde-Morin [Seine-et-Marne, ham. de Brie-Comte-Robert]. Seigneurie, V, 258, 259, 273.
BORDE (la) [Seine-et-Oise, ham. de Montesson, dit Vailly-la-Borde, II, 31. — Course à pied qui y a lieu en 1679, III, 131.
BORDE (la) [Seine-et-Oise; ham. de Ris-Orangis]. Port sur la Seine, IV, 374 ; III, 313.
BORDE (la), ham. d'Attilly, V, 284.
BORDE (la), lieu-dit de Presles, V, 311. — Fief dépendant de la prévôté de Tournan, 330.
BORDE (la), fief dépendant de St-Germain-lès-Corbeil, IV, 304 ; V, 87.
BORDE (dlle de la), veuve de Gui l'Arbaleste ? Possède en 1580 la châtellenie de Corbeil, IV, 304.
BORDEAUX [Gironde]. Abbaye de Ste-Croix ; abbé. Voy. Molé.
— Archevêques. Voy. Argenson (François-Élie d'), Épinay (André, card. d'), Escoubleau (Henri d'), Montauban (Artus de). — Maire, Voy. Bureau (Jean).
— Palais Gallien, I, 119. — Parlement. Greffier. Voy. Thevenin.
BORDEAUX [Seine-et-Marne, ham. de Villevaudé], II, 523. — Seigneur, 526.
— (porte de) à Saint-Yon. Origine de ce nom, IV, 160.
— (Jean de), prieur-curé de Vaujours. Sa sépulture (1587), II, 575.
BORDE-FOURNIER (la). Voy. la Borde.
BORDE-GRAPPIN (la) [Seine-et-Marne, ham. de Ferrolles]. *Notice*, V, 278.
— Seigneurie, 351.
BORDEL (le), lieu-dit des Layes, III, 354.
BORDE-LA-JEUNE (la). Voy. Borde (la).
BORDE-MORIN (la). Seigneur ; collateur d'une chapelle de Brie-Comte-Robert, V, 258. Voy. Borde (la).
BORDEREL DE CAUMONT, substitut. Possède la terre de Gagny, II, 549.
BORDES. Voy. Borde.
BORDES (les) [Seine-et-Oise, ham. de la Celle-les-Bordes]. Chapelle, III, 427-28. — Seigneurie, 426, 428.
— (Alexandre, seigneur des) Prend part à la fondation de l'abbaye de la Roche, III, 349, 428.
— (Philippe, seigneur des). Mentionné en 1326, III, 427, 428.
BORDES (les) [Seine-et-Oise, ham. d'Essonnes], IV, 268, 313 ; — fief appelé Jérusalem, *ibid.*
BORDES (les), les Bordes Maulavées [Seine-et-Oise, ham. de la Queue-en-Brie]. *Notice*, IV, 489-90. — Dîme mentionnée en 1573, V, 240.

BORDES (les), faubourg de Villepreux. Prieuré, III, 177, 180.
BORDES (les), fief dépendant en partie de Beaubourg et de Croissy, IV, 514.
BORDES (les), fief voisin de Fontenay-les-Briis. Uni à la seigneurie de Soucy, III, 457. — Ses seigneurs, leur sépulture, 457 (note 1), 468 ; — leurs armoiries, 474.
— (Guillaume des), seigneur des Bordes, III, 468, 474.
— (Jehan des), fils de Guillaume. Sa sépulture (1412), III, 468.
— (Laurent des), secrétaire du Roi. Acquiert l'hôtel d'Avron (1434), II, 479.
— (sieur des). Voy. Assigny (Pierre d').
BORDES (famille des) en Nivernais. Imbert de la Platière en est issu, I, 313.
BORDES-HACHETS (les) [Seine-et-Oise, ham. de Plessis-Pâté]. Terre détachée de Brétigny en 1657 ; — appelée Piédefer, IV, 340, 357 ; — mentionnée en 1698, 357.
BORDIER (Jacques), secrétaire du Roi. Seigneur de Bondy, II, 567. — Achète la terre de Bercy et y fait construire le château, 591, 592, 593.
— (Jean), abbé de St-Victor en 1517, I, 336 ; — de Chaage, II, 596. — Prieur-curé d'Athis, IV, 416.
— (Jean), argentier de la petite écurie du Roi. Fonde à Belleville le couvent des Pénitents du Tiers-Ordre (1638), I, 469.
BORDIER (Jean le), de Ceongnolles [Soignolles]. Possède une dîme à Châteleines, V, 144.
BORDRE (pain de), IV, 69.
BORÉE (Nicolas), abbé de Lagny ; mort en 1473, IV, 550.
BORFIER. Voy. Bofier.
BORNE-BLANCHE (la), lieu-dit de Neufmoutiers (XVIIe s.), V, 341.
BORNES, étymologie du nom de lieu Bonnes, IV, 179.
BORRANT en Beauvoisis. Voy. Borrenc-sur-Oise.
Borra ou *Porra*, sens de ces mots de basse latinité. Etymologie du nom de lieu Porrois, III, 296.
BORRAS (Jean de), écuyer (XIIIe s.). Son droit sur la dîme de Moussy-le-Neuf, II, 353.
BORRAY (port de), *portus de Borrei* [Bouray? Seine-et-Oise, cant. de la Ferté-Alais, arr. d'Étampes], IV, 183.
BORRENC-SUR-OISE, Boran, Borrant [Oise, arr. de Senlis, cant. de Neuilly-en-Thelle], II, 206 ; III, 133.

BORRET (Étienne de). Voy. Bourret.
— (Jean de), premier prieur de la Chaumette, puis abbé de Ste-Geneviève, II, 70, 72. — Acte relat. à la chapelle de la Chaumette, II, 69 ; — à Vanves (1342), III, 582.
Borro, signification de ce mot italien identique à celle de *Borra*, III, 296.
BORRY (Guillaume), curé de Noisy-le-Grand (1517), I, 446.
BOSC (Claude), prévôt des marchands. Seigneur d'Ivry ; mort en 1715, IV, 457, 462.
— (Jean-Baptiste), fils de Claude ; procureur général de la cour des Aides. Possède le fief de Sous-Carrières (XVIIIe s.), V, 360. — Son beau-frère, prieur de St-Ouen de Favières, 346.
BOSC, maître des requêtes. Marquis du Bouchet-Valgrand, IV, 218. — Possède la terre de Mauny (XVIIIe siècle), V, 138.
BOSCHANT (Herbert de), clerc de St-Thomas de Cantorbery. (XIIe s.), III, 581.
Bosco (sanctimoniales B. Mariæ de), nom ancien des religieuses de l'abbaye de Malnoue, IV, 213 ; V, 400.
Boscum, Boscus, origine du nom de lieu Boissy, IV, 165, 166. — Bagnolet. Voy. Bois-Bagnolet (le). — *Radulfi* : Bois-Raoul, I, 598.
BOSDELLE (Gilles), curé de Châtres. Ses difficultés avec l'abbaye de St-Maur-des-Fossés, IV, 140.
BOSON, roi de Bourgogne. Tradition relat. à un de ses officiers qui avait pillé l'égl. de Moussy (879), II, 349.
BOSON, familier de Charles le Chauve. Fondation faite pour lui par ce Roi à St-Denis, III, 91. — Biens qu'il en reçoit au lieu dit plus tard Buzenval, 98.
BOSON, prieur de Saint-Léonard-le-Noblat. L'égl. de Croissy lui est donnée (1211), II, 25.
BOSONVAL, forme primitive supposée du nom de lieu Buzenval, III, 98.
BOSREI *(portus de)*. Voy. Borray.
BOSSART ou BOLLART (Nicole), et Jeanne Ferron, sa femme. Bienfaiteurs d'Essonnes ; leurs armoiries (XVIe s.), IV, 263, 264.
— (X...), fille des précédents, femme de Claude Guibert (1601), IV, 264.
BOSSAY [Indre-et-Loire, arr. de Loches, cant. de Preuilly], V, 42.
BOSSELLE (moulin de la), à St-Germain de Châtres, IV, 151.
Bossellus (Guido), vassal de Montlhéry, IV, 104.

— 78 —

BOSSENCOURT [Bessancourt?], fief situé à St-Leu. (1402), II, 70.
Bosseria : la Boissière, IV, 206.
BOSSINIÈRE (la), lieu-dit de Châtres V, 306.
BOSSU (famille le), alliée à celle de Saint-Simon, II, 376.
— (Claude le), secrétaire du Roi. Seigneur de Courbevoie, II, 69, 70.
— (Eustache le), seigneur de Courbevoie (1630), III, 69, 70.
— (François le), seigneur de Charenton-St-Maurice (1657), II, 375.
— (Jacques le), bourgeois de Paris (XVIe s.), I, 477.
— (Jacques le), religieux de St-Denis et écrivain; mort en 1626, I, 511.
— (Jacques le), seigneur de Charenton-St-Maurice (1657), II, 375.
— (Jean le), secrétaire du Roi. Ses fiefs de Charenton (1597) et de la Chaussée; sa sépulture, II, 375, 376.
— (Jean le), avocat général à la Cour des Aides. Seigneur de Courbevoie, III, 70.
— (Nicolas le), habit. de Courbevoie, (XVIIe s), III, 68.
— (René le), religieux de Ste-Geneviève, I, 241 ; chanoine régulier de Nanterre, III, 76, 77.
— (Simon le), fils de Jean. Seigneur de la Chaussée (1626), II, 376.
BOSSUET, év. de Meaux. Son oraison funèbre de l'abbé Bourgoin (1662), I, 425. — Ses conférences à Issy en 1695, III, 10. — Présente au Roi une ode sur la machine de Marly, 124. — Ses lettres à Mlle de Luynes, prieure de Torcy, IV, 598.
BOSSUET, personnage de ce nom, qualifié seigneur de Marly (1676), III, 123.
BOSSUS (les), ham. de la paroisse de Neufmoutiers, V, 341.
Bostar, signification de ce mot, origine du nom de lieu suivant, I, 483.
Bostaroniæ, Bostroniæ (vallis), nom primitif de Vaugirard, I, 483.
BOSTIALS (Radulfe). Ses biens à Verle-Petit, IV, 216.
BOTEREL, signifiant crapaud, I, 71.
Botle, mot teuton signifiant maison, IV, 26 (note).
BOTTE, sur l'écusson d'un cordonnier, I, 116.
BOTTELIN (Nicolas), abbé d'Hiverneau (1441 et 1451), V, 371.
BOTTES fourrées, portées par les religieuses de Montmartre, I, 449-50.
[BOUBERS (Nicolle de), femme de Claude de Meaux], fille de Guillaume de Boubers. Sa sépulture [1561], IV, 539.
BOUCAUD, receveur de la ville de Paris. Seigneur d'Ollainville (XVIIIe s.), III, 476 ; — d'Egly, IV, 170.
BOUCEL (Adam), marguillier de St-Merry de Paris (1339), I, 165.
BOUCEL. (Guillaume et Nicolas) ou les BOUSSEAUX. Fondateurs de la chapelle de N.-D.-des-Boisseaux dans l'égl. de Châteaufort (1350), III, 300.
Bouch, Bouk, mots celtiques ou francs, synonymes de *hædus*. Etymol. du nom de lieu Bouqueval, II, 248-9.
BOUCHARD, fief situé sur la paroisse de Ris, IV, 379.
BOUCHARD (Denis), prieur de St-Jean de Corbeil en 1500, IV, 285.
BOUCHARD (Etienne). Vend la terre de Guyancourt à Germain Braque (XVe s.), III, 281.
BOUCHARD (Guillaume), chevalier de Brétigny. Sa sépulture (1300), IV, 341, 345.
BOUCHARD, bienfaiteur de l'abbaye de St-Maur-des-Fossés (1057). Seigneur d'Huêtre, IV, 202.
BOUCHARD, maire de Bagneux (1192), III, 573.
BOUCHARD, fils d'Odon, chevalier, IV, 201.
BOUCHARD, seigneur de ce nom. Son vassal, Ansculf, IV, 102.
BOUCHAREL (Claude, *alias* Georges), curé et chanoine de St-Cloud. Sa *Vie de S. Cloud*, III, 39.
BOUCHART (Etienne), avocat. Seigneur de Boitron en 1580, V, 305.
BOUCHART (Jean), seigneur de Boitron en 1510, V, 305.
BOUCHEAU (sire du), II, 227.
BOUCHER (Adam), secrétaire du Roi. Seigneur de Louans (fin du XVe s.), IV, 59.
— (Arnoul), maître des Comptes. Acquiert la seigneurie de Piscop (XVe s.), II, 166.
— (Arnoul), fils de Pierre ; président au Grand Conseil. Seigneur de Piscop, II, 167 ; — de Villiers-le-Bel (1588), 237 ; — d'Orsay, III, 398.
— (Berenger), prévôt de Corbeil en 1530, IV, 307.
— (Bureau), maître des requêtes ; garde des sceaux. Ses biens confisqués en 1423 par le Roi d'Angleterre à Poitronville (Belleville) et à la Courneuve, I, 578 ; — à Ecouen, II, 186 ; — à Garges, 255.
— Seigneur de Piscop, II, 166 ; — d'Orsay par sa femme, Gilette Raguier, III, 398.
— (Charles) d'Orsay. Abbé de Saint-Magloire de Paris. Présent à une bénédiction d'abbé (1521), V, 350;

— à la dédicace de l'égl. de Charonne (1527), I, 473. — Ev. de Mégare. Bénit des chapelles à St-Nicolas-des-Champs de Paris (1531), I, 204. — Dédie l'égl. de la Houssaye (1536), V, 335; — l'égl. de Montreuil-sous-Bois (1540), II, 396; — l'égl. de Toussus (1540), III, 307; — l'égl. du Bois-d'Arcy (1541), III, 191; — l'égl. de Châtillon (1541), III, 574; — l'égl. d'Arnouville (1542), II, 258; — l'égl. de Viroflay (1543), III, 215; — l'égl. de Bruyères-le-Châtel (1543), III, 468; — l'égl. de Sceaux (1543), III, 547; — la chap. de St-Cheours (1544), III, 450; — la chap. de l'hôpital des Enfants-Rouges à Paris (1545?) I, 208; — l'égl. de Bouqueval (1545), II, 249; — l'égl. de Soignolles (1545), V, 142; — l'égl. de Montfermeil (1545), II, 540; — l'égl. de Chevilly (1546), IV, 33; — l'égl. de Draveil (1547), V, 58; — l'égl. de Santeny (1547), V, 242; de Margency (1548), I, 637; — de Villiers-la-Garenne (1549), I, 431; de Torigny (1549), II, 513; — l'égl. de Jouy-en-Josas (1549), III, 265; — l'égl. de Pecqueuse (1549), III, 429; — l'égl. de la Ville-du-Bois (1549), III, 502; — visite les reliques de St-Jean-en-Grève (1550), I, 89; — dédie l'égl. de Marolles-en-Brie (1550), V, 240; — l'égl. de Moisselles (1551), II, 188, 189; — l'égl. de la Pissotte (1551), II, 417; — l'égl. de Sévran (1551), II, 582; — l'égl. de Bonneuil-en-France (1551), II, 618; — l'égl. du Bourget (1551), II, 623; — une chapelle à Louans (1551), IV, 59; — l'égl. de Villemomble (1554), II, 559; — de St-Gratien (1555), I, 628; — l'égl. de Cernay (1556), III, 421; — l'égl. de Villejust (1556), III, 505; — l'égl. de St-Pierre de Brétigny (1556), IV, 338; — l'égl. de Villiers-le-Sec (1557), II, 235; — l'égl. de Bobigny (1557), II, 635; — l'égl. St-Philbert de Brétigny (1558), IV, 341. — Seigneur de Roynville et d'Orsay, III, 395, 398; — décédé en 1559, I, 184; — sa sépulture, III, 395.

BOUCHER (Charles), conseiller au Parlement. Seigneur de Houilles [le même sans doute que le précédent] (1546), II, 33.

— (Charles), conseiller au Parlement. Seigneur de Houilles et de Vernoy, II, 33.

— (Charles), intendant de Limoges. Seigneur d'Orsay; décédé en 1730, III, 398.

— (Charles-Isaac), fils du précédent. Seigneur d'Orsay, capitaine de cavalerie au régiment d'Aumont; mort en 1741, III, 398.

— (Claude), écuyer. Seigneur de Roynville et d'Orsay; sa sépulture (1551), III, 395.

— (François), boucher de Paris. Possède en 1549 le fief de la Grand-Maison, V, 77.

— (Guillaume), seigneur de Limon en 1530, III, 322.

— (Guillaume), recteur de l'Université de Paris en 1368. Né à Aulnay-lès-Bondy, II, 606.

— (Jacques), abbé de Troarn; aumônier du Roi. Seigneur de Montguichet (1640), II, 550.

— (Jean), fils de Bureau; premier président au Parlement. Seigneur d'Orsay et de Piscop (1497), II, 166-7; III, 398.

— (Jean), seigneur de Louans (1566), IV, 59.

— (Jean), curé de Méry-sur-Oise (XVIe s.), II, 126.

— (Marguerite) d'Orsay, femme d'Antoine-Robert Malon. Donne aux Guillemites de Paris la terre du Plessis-Gassot (1521), II, 248.

— (Michel), curé de St-Germain-lès-Corbeil (XVIIe s.), V, 80.

— (Philippe), frère de Raymond. Seigneur de Louans, IV, 59.

— (Pierre), frère de Bureau. Ses biens à Poitronville (Belleville) et à la Courneuve (XVe s.), I, 578.

— (Pierre), seigneur de Houilles (1510), II, 33.

— (Pierre), fils de Jean, premier président du Parlement. Seigneur de Houilles (1560), II, 33; — de Piscop, 167; — d'Orsay, III, 312, 313, 398.

— (Pierre), proposé pour l'administration de l'hôtel-Dieu de Louvres (1561), II, 300.

— (Pierre), procureur au Parlement. Sa maison de la Folie, à Moussy-le-Neuf (1551), II, 356.

— (Pierre), seigneur d'Orsay en 1633, III, 398.

— (Pierre), contrôleur de l'artillerie; sieur d'Essonville. Seigneur du Bouchet et de Ver-le-Petit (1642), IV, 217.

— (Raymond), fils d'Adam. Seigneur de Saint-Aubin et de Louans; sa sépulture à Marcoussis (1537), III, 335; IV, 59.

BOUCHER, conseiller au Parlement, chantre du chapitre de St-Honoré

de Paris. Pose la première pierre du chœur de l'égl. de Neuilly-sur-Seine (1750), I, 436.
BOUCHER, receveur de la capitation de la Cour (XVIIIᵉ s.), II, 168.
BOUCHER (Madeleine du), femme de Oudart Hennequin (XVIIᵉs.), II, 303.
BOUCHER (Jean Le). Guérison miraculeuse de sa fille dite la Pucelle de Groslay (XIIIᵉ s.), I, 613, 614.
— (Pierre Le) [alias de Bouchery], curé de Vitry-en-Perthois; archidiacre de Vertus. Vicaire de Saint-Jean-en-Grève; sa sépulture (1483), I, 91.
BOUCHER D'ARGIS, avocat au Parlement. Son mémoire historique sur Marcoussis, III, 477; — sur Montlhéry, IV, 110. — Son fief de la Fontaine à Bretigny (XVIIIᵉ s.), IV, 342.
BOUCHER DE VERNEUIL, prévôt de Châteaufort en 1325, III, 303.
BOUCHERAT (Catherine) [fille du chancelier], veuve d'Antoine de Barillon. Son épitaphe dans l'égl. de Morangis (1733), IV, 59, 60.
— (Gabriel). Sa maison de campagne à Mons (1658), IV, 426.
— (Guillaume), seigneur de Piédefer. Mentionné en 1575, IV, 426.
— (Louis), chancelier de France. Son épitaphe à St-Landry de Paris, I, 46. — Sa sépulture à St-Gervais, 82.
BOUCHERAT (rue de). Voy. Paris.
BOUCHERIE (église St-Jacques de la) à Paris. Origine de ce surnom, I, 200. Voy. Paris.
BOUCHET ou BOUCHEL, sens de ce mot, IV, 218.
BOUCHET ou BOUCHER (îles au) près de St-Maur. Cédées par l'év. de Paris à Catherine de Médicis (XVIᵉ s.), II, 461.
BOUCHET (le) [Seine-et-Oise, ham. de Ver-le-Petit]. Notice, IV, 217-219.
— Etymologie, 218. — (château du), chef-lieu de la baronnie du Bouchet-Valgrand, IV, 212, 217.
— (Henri du), conseiller au Parlement. Donne sa bibliothèque à St-Victor de Paris, I, 342.
— (Jacques du), seigneur des Arches et de Villeflix en 1644, IV, 626.
BOUCHET-VALGRAND (baronnie du), formée de la réunion de la baronnie de Valgrand à la seigneurie de Ver-le-Petit, IV, 212, 217. — Fief en relevant, 214.
BOUCHIER (Gilles), seigneur de Gifen 1587, III, 386.
BOUCI (XIIIᵉ s.) : Boussy-St-Antoine, V, 192.
BOUCICAUT (Jean le Meingre, maréchal de). Bienfaiteur de la paroisse des Innocents de Paris, I, 52. — Négociateur de la paix avec Édouard III (1359), IV, 79.
BOUCLAIE (terre de la) [sans doute la Boulaye ou Courbard-la-Boulaye, ancien lieu-dit de Coubert], V, 328.
BOUCONVAL (XIIIᵒ s.) : Bouqueval, II, 249.
BOUCONVILLIERS [Oise, arr. de Beauvais, cant. de Chaumont-en-Vexin]. Seigneur : Jean de Neuville, IV, 154.
BOUCORNU, Bocornu, lieu-dit de Lisses au XIIIᵉ s., IV, 317. — Identifié avec Malcornet, 320.
BOUCY-SAINT-ANTOINE. Voy. Boussy-Saint-Antoine.
BOUDEMONT. Voy. Baudement.
BOUDET (Guillaume), curé de Buc (1643), III, 275.
BOUDIN (Guillaume), partisan de la domination anglaise. Ses biens à Marly-la-Ville, II, 329.
BOUDON (Charlotte), fille d'Etienne, femme de François Joly (XVIIᵉ s.), IV, 366.
— (Etienne), IV, 366.
BOUDOU (Pierre), chirurgien-major de l'Hôtel-Dieu de Paris. Né à Asnières; mort en 1751, III, 59.
BOUDRAT (Jeanne de), femme de Jean Dauvet. Sa sépulture à St-Landry de Paris (XVᵉ s.), I, 46.
BOUET (Geoffroy). Vend ses biens de Garnevoisin en partant pour Jérusalem (XIIᵉ s.), III, 436.
BOUETTE (Eustache), gentilhomme de la maison du Roi (1580), II, 168.
— (Jacqueline), connue sous le nom de Mᵐᵉ de Blémur. Religieuse bénédictine, auteur d'ouvrages de piété, II, 169. — Mentionnée comme ayant habité Corbeil, IV, 283. — Décédée en 1696, II, 169.
— (Jean), seigneur de Blémur, II, 168.
— (Jean [II]), seigneur de Blémur, II, 169.
— (Marie), fille de Robert. Femme de François II de Braque, II, 168.
— (Robert), conseiller au Parlement. Seigneur de Blémur (1540), II, 168.
— (Robert), fils du précédent. Seigneur de Blémur (1580), II, 168.
BOUEXIÈRE (de la), fermier général. Seigneur de Gagny (XVIIIᵉ s.), II, 549.
BOUFFÉ ou BUFFÉ, famille ayant donné son nom à Bouffémont, II, 151. Voy. Buflé.
BOUFFÉMONT, Buffemunt, Bofesmunt, Boufémont, paroisse du doyenné de Montmorency [Seine-et-

Oise, arr. de Pontoise, cant. d'Écouen]. *Notice*, II, 151-4.
— Lieux-dits : Bois-Saint-Père (prieuré), Remolée.
— (Lambert de), *de Boffesmunt*. (1148), II, 152.
BOUGAINVILLE (Mahiette de), femme de Guillaume le Carlier. Mentionnée dans un acte de 1475, V, 104.
BOUGAINVILLE (de), secrétaire perpétuel de l'Académie des Inscriptions. Auteur de deux épitaphes à l'égl. St-Paul de Paris, I, 325.
BOUGIVAL, *Buchivallis* ou *Bacchivallis, Buchivallis, Burgi vallis*, Bogeval, Bogival, Bogevaux, paroisse du doyenné de Châteaufort [Seine-et-Oise, arr. de Versailles, cant. de Marly]. *Notice*, III, 104-111. Autres mentions, II, 248 ; III, 201.
— Lieux-dits : Charlevanne (la Chaussée), Marly-la-Machine, Saint-Michel.
— (Adam de), *de Bachivalle*. Ses prétentions sur des dîmes à Baillet (XIIIe s.), II, 148. — Donne à l'abbaye du Val ses dîmes de Fayel, II, 149 ; III, 108.
— (Jean de). Reçoit de Bouchard de Marly le moulin de Mauport (1240), III, 108.
— (Simon de) *de Bachivalle*, prieur de Ste-Geneviève de Paris (1240). Né à Bougival ?, III, 111.
BOUGUIER (Christophe), conseiller au Parlement, IV, 240.
— ou FRAGUIER (Dlle Claude). Voy. Fraguier.
— (Jean), conseiller au Parlement. Seigneur d'Echarcon (vers 1500) ; sa sépulture, IV, 239, 240.
— (Pierre), bourgeois de Paris. Son fief à Montblin (XVIe s.), IV, 319.
BOUGUIER, conseiller au Parlement. Seigneur d'Echarcon ; sa maison seigneuriale à Montblin (XVIIe s.), IV, 240, 319.
BOUHIER (Lucrèce), femme de Nicolas de l'Hôpital, V, 270.
BOUI (Isabeau de), femme d'un seigneur de Marchières. Mentionnée dans une épitaphe (1300), V, 147.
BOUILLARD (dom), rectifié, I, 267, 271 ; III, 155 (note), 160.
BOUILLÉ ou DE BRUILLE (Hugues de), chambellan de Philippe le Bel. Seigneur de Milly ; reçoit les biens confisqués sur Jean, év. de Wincester, IV, 11, 16, 453.
BOUILLON (Michel), sieur de Jalanges. Seigneur en partie de Villiers-le-Sec par sa femme, Françoise Berthereau, II, 236.
— (Palamedes), fils de Michel. Seigneur de Villiers-le-Sec en partie, II, 236. — Cède cette seigneurie à Germain Du Val (1602-1603), 237.
BOUILLON (cardinal de), abbé général de Cluny. Concourt en cette qualité à la réforme du prieuré de Longpont (1700), IV, 97.
BOUILLONS (les), Bouillon [Seine-et-Oise, ham. de Senlisses], fief. Identifié avec *Boolum*, III, 420.
BOULAIE (la) [Seine-et-Marne, ham. de la Chapelle-Gauthier], V, 428.
BOULAIES (les) ou les BOULETS [Seine-et-Marne, lieu-dit de Châtres-en-Brie]. *Notice*, V, 305.
BOULAINVILLIERS (Bernard de), président au Parlement. Seigneur de Passy (XVIIIe s.), I, 404.
— (Jean de), gouverneur du comté de Clermont. Seigneur de Chaillot (XVe s.), I, 411. — Son fief à Sèvres, III, 17, 19.
BOULANGER (Claude), femme de Pierre Thibeuf. Dame du Val Coquatrix (XVIIe s.) V, 85.
BOULANGER (le président), possesseur du château de Maffliers (1697), II, 147.
BOULANGER, conseiller au Parlement. Son fief de Berthemont (XVIIIe s.), V, 255.
BOULANGER (Jean le), premier président au Parlement. Ses biens à Bagneux (1472), III, 570. — Sa sépulture (1482), I, 53.
BOULANGER (Marie-Anne-Claude-Auguste le), femme de Nicolas-Pierre Camus (XVIIe s.), IV, 507.
BOULANGER DE L'ESTOC (Geneviève), femme de François de Luynes (XVIe s.), IV, 405.
— (Jean le), premier président au Parlement (XVIe s.), IV, 369, 405.
BOULARD, curé de St-Germain-en-Laye. III, 141.
BOULARDE (Jeanne la), dame de Gif. Mentionnée en 1394, III, 386.
BOULART (Etienne) [et non Boumet], écuyer. Sa sépulture [1397 et non 1414], IV, 583.
— (Pierre). Ses biens à la Varenne-St-Maur confisqués en 1423, II, 457.
BOULAY (le), lieu-dit (1593), IV, 89.
BOULAY (bois du), sur la paroisse de Lognes, IV, 601.
BOULAY (César-Egasse du). Voy. Du Boulay.
BOULAY ou DE BOULOY (Hugues du), châtelain de Montlhéry (1362), IV, 106. — Son épitaphe, 113. *
BOU-LE-GRAND (XVIe s.) : Grand-Bourg, IV, 327.
BOULEHART, Boullart, ham. de Voi-

6.

sins-le-Bretonneux [?]. Fief mentionné en 1580, III, 286.
— (Jean de), chevalier, maître d'hôtel du Roi, III, 286.
— (Jeanne de) sa fille. Abbesse de Port-Royal en 1575, III, 286.
BOULEN (Anne de), reine d'Angleterre. Conjectures sur les lieux où se passa son enfance, III, 448 ; V, 251.
BOULEN, DE BEHAN ou DE BEHENE (Louis de) dit de la Rochette ; capitaine de la Bastille. Seigneur de Bruyères-le-Châtel, III, 474 ; IV, 164 ; — de St-Yon en partie, IV, 164 ; — de Servon et de la Borde-Grappin (1460), V, 251. — Mort en 1471, III, 474.
BOULEN (Thomas de), ambassadeur d'Henri VIII, roi d'Angleterre. Sa résidence à Servon, V, 251. — Sa fille, Anne de Boulen.
BOULENOIS (archidiacre du). Voy. Culant (Henri de).
BOULET, payeur des rentes. Possède le fief de Sous-Larrières (XVIIIe s.), V, 360.
BOULETS (les). Voy. Boulaies (les).
BOULIE (la) [Seine-et-Oise, éc. de Buc], III, 170. — Voy. Etoile (maison de l').
BOULIE (la) Seine-et-Oise, ham. de Jouy-en-Josas], III, 213 (notes 2 et 3).
— (Philippe de la). Rente perçue sur son hôtel par le prieur de Jardy, III, 170.
— (Simon), homme d'armes. Cède à l'abbaye de Saint-Maur ses droits d'usage dans la forêt de Roissy (1280), IV, 501.
BOULIGNY (Louis du Tillet, seigneur de) [probablement faute de lecture pour Genouilly. Cf. de Guilhermy, Inscriptions... IV, 235-6], V, 80.
BOULLARD (Mahiet), père d'Agnès la Boullarde, IV, 579.
— (Mathieu) [le même que le précédent ?], seigneur de Collégien (1394), IV, 586.
BOULLARDE (Agnès la), femme de Pierre de Fay. Dame de Pissecoc ; son épitaphe (1412), IV, 579, 587.
BOULLART. Voy. Boulehart.
BOULLAY-LES-TROUX, *Trociis (de)*, Trous, les Troues, les Trous, paroisse du doyenné de Châteaufort [Seine-et-Oise, cant. de Limours]. *Notice*, III, 413-415.
— Lieu-dit : Montabé.
BOULOGNE, *Bononia*, IV, 72.
BOULOGNE, *Bononia parva*, Menus-les-St-Cloud [Seine, arr. de St-Denis, cant. de Neuilly]. *Notice*, I, 392-401.

— L'abbesse de Montmartre autorise la construction de l'église (1320), III, 323. — Erection de la cure (1343), I, 387. — (acte royal daté de), I, 436. — (confrérie de). Son bureau à Paris, II, 628.
BOULOGNE (bois de) [Seine] appelé aussi bois de Saint-Cloud et bois (garenne ou forêt) de Rouvray (Voy. ce mot). *Notice*, I, 396-7. — Ses anciennes dénominations, 390, 392-3. — Traversé par les pélerins du Mont-Valérien, III, 90. — Porte Maillot, I, 404, 437.
— (Eustache [III], comte de). Sa fille Mathilde, reine d'Angleterre, I, 444.
BOULOGNE (Geoffroi de), év. de Paris. Acte relat. au prieuré de Longpont (1061), IV, 87, 91 ; — au prieuré de Châteaufort (1068), III, 301 ; — aux égl. de Suresnes et d'Avrainville (1070), III, 40, 48 ; IV, 191, 192 ; — aux égl. de Gometz (1070), 403, 405, 410 ; — à Bruyères-le-Châtel (1070), III, 466, 468 ; — à Deuil (1072) [Lebeuf appelle ici par erreur ce prélat Guillaume], I, 601 ; — à l'égl. de St-Germain-en-Laye (1073), III, 133 ; — à diverses égl. qu'il donne à l'abbaye de Marmoutiers (1084), I, 146 ; III, 150, 179, 193 ; IV, 222 ; — à Champigny-sur-Marne (1085), IV, 469 ; — à Marly (1087), III, 117 ; — à Bondy (1088), II, 564 ; — à Marolles-en-Brie (1088), V, 238-9 ; — à Tournan (1088?), 317 ; — à Sevran (1089), II, 582 ; — à Bobigny (1089), II, 636 ; — à l'égl. d'Orsay (1089), III, 395 ; — à l'égl. de Noisy-le-Grand (1089), IV, 622 ; — à St-Prix (1090), I, 646 ; — à Ferrolles (1090), V, 276 ; — à l'égl. de Limours (1091), III, 431, 432 ; — à Bondoufle (1093), IV, 333 ; — à la chapelle d'Ezanville, II, 181 ; — à Orly, IV, 437. — Biens qu'il acquiert à Sèvres et à Garches (1070), III, 18, 40. — Assiste à la translation des reliques de Ste Honorine à Conflans, II, 88.
— (Jeanne de), reine de France. Voy. Jeanne.
— (Philippe *Hurepel*, comte de). Reçoit du Roi la terre de la Morlaye (1226), II, 336. — Se rend à Corbeil pour s'emparer de la personne de Louis IX (1226), IV, 305.
— (le comte de) [Philippe-le-Bon, duc de Bourgogne]. S'oppose à la réunion de diverses terres au comté de Dammartin (1465), II, 266.
BOULOGNE-SUR-MER [Pas-de-Calais]. Rente de harengs à prendre en ce

lieu concédée par Mathilde, reine d'Angleterre, à l'abbaye de Montmartre (XIIᵉ s.), I, 344. — Le mariage entre Isabelle, fille de Philippe le Bel et Edouard II, roi d'Angleterre, y est célébré, IV, 258.
— (comte de). Voy. Dammartin (Renaud de).
— Eglise Notre-Dame : pèlerinage qui y est accompli en 1320 par des parisiens, I, 394 ; III, 323. — Evêque. Voy. Henriau.
BOULON, fief relevant du marquisat de Villeroy, IV, 247.
BOULOY (Hue de). Voy. Boulay.
BOULU (Antoine), prieur de Gournay (XVIᵉ s.), IV, 611.
BOUMET (Etienne). Voy. Boulart.
BOUNTALG (Guy), prudhomme de l'Hôtel-Dieu de Gonesse. Sa sépulture en ce lieu, II, 264.
BOUQUE (Pierre), chevalier. Vassal de l'abbaye de St-Maur ; mentionné en 1275 et en 1278, II, 445.
BOUQUET (Charles), seigneur du petit Val à Sucy-en-Brie (1580), V, 384.
BOUQUET (dom), rectifié, V, 246 (note).
BOUQUETS (redevance de), I, 413.
BOUQUETS (Philippe et Jean les). Leurs droits sur le manoir de Presles à Villiers-le-Bâcle, III, 313.
BOUQUEVAL, *Bocunval, Bouconval*, Boquenval, paroisse du doyenné de Montmorency. [Seine-et-Oise, arr. de Pontoise, cant. d'Ecouen]. *Notice*, II, 248-251.
— Cure unie souvent à celle du Plessis-Gassot au XVᵉ s., II, 247.—Dîme appartenant à l'hôtel-Dieu de Gonesse, 250, 264.
— Lieu-dit : Tessonville.
BOUQUEVAL [Oise, arr. de Clermont, cant. de Liancourt, comm. d'Angicourt], paroisse du diocèse de Beauvais, II, 250.
— (Gautier de), de Boquenval. Approuve la vente d'une dîme au Thillay (1213), II, 249, 275.
— (Pierre de). Consent à une vente de biens de sa mouvance à Fontenay-les-Louvres (1216), II, 242.
— Seigneur de Bouqueval ; bienfaiteur de l'abbaye du Val, 249.
BOURBON (hôtel de) à St-Cloud, III, 34.
BOURBON (rue de). Voy. Paris.
BOURBON (Alexandrine de), dite Mademoiselle de Sens. Vend sa terre de Vallery, I, 626. — Dame de Villegenis, III, 525 ; — d'Igny, 529.
— (Antoine de), roi de Navarre. Possède la baronnie d'Enghien en Hainaut, I, 625.
— (Archambaud de), seigneur de Montjay par son mariage avec Yolande de Châtillon (1227), II, 530.
— [et non de Bourgogne] (Charles Iᵉʳ, duc de) et d'Auvergne. Reçoit hommage de la terre de Baillet (1446), II, 149.
— (Charles de), abbé de St-Germain-des-Prés. Donne asile dans son palais à sa sœur et aux religieuses de Chelles (1561), II, 493.
— (Charles, cardinal de). Reliques extraites pour lui de la châsse de S. Maur (1573), II, 432. — Abbé de St-Denis ; ses armoiries dans l'égl. de Tremblay, 607.
— (Charles de), [fils naturel d'Antoine de Navarre], archev. de Rouen. Son sacre à Saint-Victor de Paris (1597), I, 337.
— (Charles de), duc de Vendôme, II, 470.
— (Charlotte de), bienfaitrice de l'abbaye de Malnoue (XVIᵉ s.), V. 403.
— (Jacques de), marié à [Jeanne], fille de Jean de Montaigu, III, 484.
— (Jean le Bon, duc de). Amendes auxquelles il est condamné en 1487, I, 50.
— (Jean de), prieur de Deuil. Mentionné en 1414, I, 603.
— (Jeanne de), reine de France. Voy. Jeanne.
— (Louis I, duc de). Livre que lui dédie Jean de Vignay, I, 156. — Comte de Clermont et de la Marche. Fonde à Paris l'hôpital du St-Sépulcre (1325), I, 169. — Autorisé à habiter le couvent des Bons-hommes du bois de Vincennes (1314), II, 392. — [et non de Bourgogne] (Louis II, duc de). Reçoit hommage pour la terre de Baillet (1379), II, 149.
— (Louis de), abbé de St-Denis. Donne une châsse à son abbaye (vers 1550), I, 500.
— (Louis-Henri, prince de). Voy. Soissons (Bourbon).
— (Mahaut ou Mathilde de), fille d'Archambaud. Apporte à son mari Eudes de Bourgogne la terre de Montjay (XIIIᵉ s.), II, 530. — Mentionnée en 1259, 515.
— (Pierre de), marié à [Elisabeth], fille de Jean de Montaigu III, 484.
— Sieur de Préaux ; capitaine de Marcoussis (XVᵉ s.), 491.
— (Pierre de), ermite du Mont-Valérien. Sa *Vie* citée, III, 84.
— (Renée de), fille de Charles, duc de Vendôme. Abbesse de Chelles ; dame de Plaisance (1575), II, 470. — Se réfugie à Paris (1561), 493.
BOURBON (princes de), inhumés dans l'égl. de Montmorency, I, 626.

BOURBON. Voy. Condé, Conti, Dombes, Eu, Maine, Montpensier, Penthièvre, Soissons, Toulouse, Verneuil.
BOURBON (rue de). Voy. Paris.
Bourbonio (Odo, dominus de), qualité prise par Eudes de Bourgogne (Voy. ce mot) en 1255, II, 530.
BOURBONDERIE (la) [Seine-et-Marne, ferme de Lésigny], V, 364.
BOURBON-L'ARCHAMBAUD [Allier, arr. de Moulins, ch.-l. de cant.]. Lieu de naissance de François Reverdy, IV, 121.
BOURBONNAIS (le duc de). Voy. Bourbon (Jean le Bon, duc de).
BOURDELOT (Jean), procureur général. Seigneur de Montfermeil (XVIᵉ s.), II, 544.
— (l'abbé). Sa sépulture (1685), I, 280.
BOURDEREUL (Jean), avocat. Seigneur de Rentilly au XVIᵉ s., IV, 581.
BOURDIN (Gilles), procureur général au Parlement et ses enfants. Seigneurs de Bougival (XVIᵉ s.), III, 108.
— (Guillaume). Contribue à faire entrer les Bourguignons dans Paris en 1418 ; reçoit du roi d'Angleterre des biens à Bonneuil en France (1425), II, 620 ; à Mesly, V, 22.
— (Isabelle), femme de Noël Brulart, V, 44.
— (Jacques), curé de Pontault. Son épitaphe (XVIᵉ s.), IV, 496.
BOURDIN-BESONVILLE. Possède la terre de Cordon (XVIIᵉ s.), V, 160.
BOURDINIÈRE (la), fief situé à Chennevières-sur-Marne, IV, 479.
BOURDIS (Benoîte), femme de Charles-Louis Kadot de Sebbeville. Sa sépulture (1706), IV, 356.
BOURDOISE (l'abbé Adrien), fondateur du Séminaire de St-Nicolas. Sa sépulture à Paris, I, 345. — Prêche à Villetaneuse, 591 ; — à St-Cloud. Sa réponse à Louis XIII, III, 43.— Fonde à Villeneuve-St-Georges la communauté de St. Nicolas, V, 38, 40. — Mission qu'il organise à Draveil (1623), V, 59. — Sa Viecitée, I, 591 ; IV, 29, 30, 43.
BOURDON de S. Louis, conservé à la léproserie de Pontoise, II, 116.
BOURDONNAYE (Yves-Marie de la). Son épitaphe (1726), V, 233.
— (de la), fils du précédent, maître des requêtes. V, 233.
BOURÉE DE CORBERON. Son hôtel à Paris, I, 93.
BOURET, seigneur de la Briche en 1699, I, 598.
BOURG (désinence en), IV, 510.
BOURG, lieu-dit d'Etiolles, V, 77.

BOURG (Pascal), curé de Guibeville (XVIIᵉ s.), IV, 228.
BOURG (Antoine Du), chancelier de France. Sa maison à St-Sulpice de Favières, IV, 176.
— (Antoine Du), fils du précédent. Seigneur de St-Sulpice de Favières (1556), IV, 176.
BOURG (Julien le), curé de Marnes. Revendique pour sa paroisse le lieudit l'Etang, III, 44.
BOURGAIMONT (Isabelle de), femme de Jean de Massy. Hommage qu'elle rend en 1269, III, 522.
BOURGEEL (le) : le Bourget (XIVᵒ s), II, 624.
BOURGEOIS (Jean, dit), archiprêtre de St-Séverin (XIVᵉ s.) I, 111.
— (Louis), *Burgensis*, médecin du Roi. Son fief à Vitry-sur-Seine (vers 1510), IV, 453.
— (Thomas), nommé à une chapellenie de l'égl. de Bures (1479), III, 392.
BOURGEOIS de Paris. Exemption de la contribution au ban accordée en raison de ce titre, IV, 237, 241.
BOURGEOIS (pain), IV, 69.
BOURGES [Cher]. Abbaye de St-Ambroise : abbé. Voy. Colin (Jacques). — de St-Sulpice. Envoie des reliques à St-Sulpice de Favières, IV, 173.
— Cathédrale : chanoine. Voy. Terric.
— Ste-Chapelle : trésorier. Voy. Beaugy (Jean de).
— Archevêques : mention de l'un d'eux, II, 268. Voy. Berruyer (Philippe), Cambrai (Guillaume de), Chapelle (Etienne de la), Cœur (Jean), Frémiot (André), Hardivilliers (Pierre d'), Hébert (Roland), Pontchevron (Geoffroy de), Roy (Jacques le), Sancerre (Thibaud de), S. Guillaume, S. Sulpice (évêque), S. Philbert, Sully (Henri de), Ternes (Roger le Fort des), Vialart (Antoine).
— (généralité de). Intendant : Roujault (Nicolas-Etienne).
— (personnages décédés à), I, 116 ; III, 398.
— (Pierre, dit de), chanoine de la cathédrale de Paris. Arbitre d'un différent relatif à Brunoy (vers 1230), V, 204.
BOURGES (de), correcteur des Comptes. Fêtes qu'il donne dans l'île de Puteaux (1679), III, 55.
BOURGET (le), *Burgellum*, le Bourgeel [Seine, cant. de Pantin], autrefois ham. de la paroisse de Dugny. Son importance, II, 621. — *Notice*, 623-5.
— Biens qu'y possède le prieuré de

St-Lazare de Paris, II, 629. — Mentionné au XIIIᵉ s. ?, 650.

BOURG-FONTAINE [Aisne, arr. de Soissons, cant. de Villers-Cotterets, ham. de Pisseleux]. Couvent de Chartreux : sépulture de François le Picard, I, 33-4 ; — ses biens aux Prés-Saint-Gervais, II, 652 ; — religieux. Voy. Paillard (Jean).

BOURGIN (baronnie de), IV, 24.

BOURG-LA-REINE, *Burgus Reginæ*, paroisse du doyenné de Châteaufort [Seine, cant. de Sceaux]. *Notice*, III, 552-558.
— Origine de ce nom, II, 42, 43. — Communauté des Fères de la Doctrine chrétienne, I, 333. — Justices unies à la châtellenie de Sceaux (1612), III, 549. — Hab. admis à la léproserie de la Banlieue, IV, 22. — Prés dépendant de la seigneurie d'Arcueil, IV, 24.
— Lieux-dits : Bulbienne (maladrerie de la), Luxembourg (fief de), Plessis (le), Porte-Galant (la), Ste-Geneviève (clos de).
— (Anseau de). Sa courtille à Paris en 1244, III, 558.
— (Guillaume de), sergent d'armes de S. Louis. Ses exploits à la Massoure, III, 558.

BOURGNEUF [Charente-Inférieure, arr. de la Rochelle, cant. de La Jarrie], IV, 130.
— (Gérard de), bienfaiteur de l'abbaye d'Yerres en 1230, V, 119.

BOURGOGNE (comtesse de). Voy. Artois (Mahaut, comtesse d'). — (duchesse de). Voy. Savoie (Adélaïde de). — (États de). Greffier : Joly (Barthélemy), IV, 366. — (général de). Voy. Apestigny (Pierre d'). — (hôtels de) à Paris, I, 62 ; — à Conflans, II, 363, 366. — (rois de). Voy. Gontran. — (régiment de). Mestre de camp : Charles de Houdetost, II, 544.
— (rue au duc de). Voy. Paris.
— (Alix de), dame de Montjay. Femme de Jean de Challon (XIIIᵉ s.), II, 531.
— (Blanche de), reine de France. Voy. Blanche.
— (Charles, duc de) et d'Auvergne. [*corr* : Charles, duc de Bourbon], II, 149.
— (Eudes de), comte de Nevers, fils du duc de Bourgogne [Hugues IV]. Acte relat. à Thorigny (1259), II, 515. — Seigneur de Montjay par son mariage avec Mahaut de Bourbon (1255), 530-1. — Acte en cette qualité (1263), 532.
— (Jean Sans-Peur, duc de). Son armée aux environs de Paris en 1413, I, 418 ; — en 1417, III, 577, 591. — Combat à St-Ouen d'un de ses champions contre un de ceux du duc de Berry (1414), I, 574-5. — Possède la terre de Plaisance-sur-Marne en 1417, II, 470.
— S'empare de St-Cloud en 1410, III, 33 ; — de Chevreuse, III, 370 ; — de Marcoussis en 1417, III, 491; — de Montlhéry, IV, 106. — Sa rentrée dans Paris (1418), 107. — Assiège Corbeil, IV, 306. — Son séjour à Lagny en 1415, IV, 560.
— (Jeanne de), reine de France. Voy. Jeanne.
— (Jeanne, duchesse de), fille de la reine Jeanne [de Bourgogne et de Philippe le Long]. Assiste à la translation des reliques de S. Côme et de S. Damien dans la collégiale de Luzarches (1320), II, 203.
— [Louis, dauphin] (duc de). Sa réception au château d'Ecouen (1705), II, 185. — Voyage qu'il fait au Raincy en 1700, II, 592. — Sa mort à Marly (1712), III, 126.
— (Marie de), fille de Charles le Téméraire. Femme de Maximilien d'Autriche, II, 366.
— (Philippe-le-Hardi, duc de). Soupe à St-Maur (1363), II, 442. — Acquiert l'hôtel de Plaisance (1366), le rend au Roi en 1375 ; le reçoit de nouveau de Charles VI en 1380 et le donne à son fils Philippe, 469, 470.
— (Philippe [le Bon?], duc de). Indiqué à tort comme seigneur de Conflans, II, 366.
— (Philippe de). Voy. Nevers (comte de).

BOURGOIN [François], curé de Clichy, puis général de l'Oratoire (XVIIᵉ s.), I, 425.
— (Jacques de), fondateur du collège de Corbeil. Sa sépulture [1661], IV, 290. — Lègue ses biens aux pauvres, 298.
— (Philippe), abbé de Livry. Se démet (après 1490), II, 595. — Prieur de St-Martin-des-Champs. Réforme le prieuré de Gournay (1505), IV, 611.

BOURGONNEAU (Denis), chanoine de St-Honoré. Curé de Charonne ; sa sépulture (1626), I, 474.

BOURGONNERIE (la), la Bourgonnière, *Burgunnaria*, ancien ham. de Lisses (XIᵉ s.), IV, 316.

BOURGONNERIE (la) [Seine-et-Marne, lieu-dit de Tournan], fief mentionné en 1484. *Notice*, V, 329.

BOURGOTTE (Alix la), recluse de l'égl. des Innocents. Sa statue, I, 50.

BOURGUEIL (abbaye de) [Indre-et-Loire, arr. de Chinon]. Abbé. Voy. Bailly (Guillaume), Baudry, Hubert, Luc. — Biens à Chevreuse, III, 337; — à Limours (église), 431, 432, 433. — Nomme à la cure de Saint-Lambert, III, 339, 340; — de Choisel, 416, 417; — de Limours, 433. — Prieurés en dépendant : Chateaufort, III, 301 ; Falaiseau, 324, 327, 328 ; St-Saturnin de Chevreuse, 339, 364 ; St-Clair-sur-Epte, 365.
— (Etienne de), archev. de Tours. Dote le collège de Tours, à Paris, de biens à Grisy (1330), V, 160-1.
BOURGUET l'aîné, jardinier. Cercueils trouvés par lui dans le faubourg St-Marcel (1753), I, 127.
BOURGUIGNONS. Occupent Gonesse (1465), II, 271. — S'emparent de Villemomble et de Dammartin (1465), II, 561. — Massacrent à Sèvres une compagnie écossaise (1465), III, 17. — Reprennent le pont de St-Cloud sur les Armagnacs, III, 32. — Pillent le château de Bicêtre, IV, 13. — Occupent Lagny (1465), IV, 561.
BOURGUIGNONS (le cimetière des), lieu-dit à Montlhéry, IV, 108.
BOURLEMONT (Nicolas d'Anglure, marquis de), I, 110-11.
BOURLIER (Geneviève), femme de Jean Bar..., IV, 40.
BOURLON (Charles), év. de Soissons. Charge d'examiner des reliques envoyées à St-Marcel (1668), I, 126.
— (Charlotte), femme de Jean Joly (XVIIᵉ s.), IV, 366.
— (Charlotte), fille des précédents. Femme de Denis Boutillier, ibid.
— (Marie de), femme de Jean du Mouceau. Son fief de Villiers à Draveil, mentionné en 1666, V, 66.
BOURNASOL (Pierre). Reçoit de Charles VI des biens à Clichy, II, 572.
BOURNONVILLE (Ambroise, duc de), pair de France. Seigneur de la Barre (1658), I, 607.
BOURRÉ (Milon), professeur en théologie. Sermon qu'il prononce à Corbeil (1479), IV, 289.
BOURRÉES, anciennement burées. Origine du nom de lieu Bures, III, 391.
BOURRELIER (Simon), secrétaire du Roi, greffier de la Chambre des Comptes. Fonde un hôpital à Villeneuve-St-Georges (1458), V, 37.
BOURRET ou DE BORRET (Etienne), év. de Paris. Transige au sujet du prieuré de Villepreux (1324), III, 382. — Déclare orthodoxe la doctrine de S. Thomas d'Aquin [1324],

IV, 6. — Legs qu'il fait à la cathédrale de Paris de biens à Cormeilles, II, 52 ; — à Conflans-Ste-Honorine (1325), 96. — Décédé en 1325, II, 52. — Son testament cité, III, 130 (note).
BOURRON ou BOUVRON (le) [Seine-et-Oise, ham. d'Yerres]. Les Camaldules d'Yerres s'y établissent en 1642, V, 231, 391.
BOURSIER (Alexandre le). Ses biens confisqués à Vaires (XVᵉ s.), II, 503 ; — à Dampmart, 519.
— (Guillaume, prieur d'Argenteuil. Mentionné en 1421, II, 19.
— (Etienne), docteur de Sorbonne. Curé de Fontenay-les-Louvres ; son épitaphe (1730). II, 240.
— (Jean), habitant de Paris, a maison à Brevannes (XVIᵉ s.), V, 34.
BOURSIER, secrétaire du Roi. Seigneur de l'Isle à Gennevilliers, III, 63.
BOURSIERS (fief des) ou de la Grande-Maison, à Ballainvilliers (1580), IV, 82.
BOURSILLÈRE (la), lieu-dit de Verrières. Château en ruines, III, 533.
BOURVALAIS (Paul POISSON de), seigneur de Lognes et du Buisson-St-Antoine (1711), IV, 600, 602, 603; — de Champs, 607; — de Noisy-le-Grand (1786), 625.
BOURY, capitaine huguenot. S'empare d'Argenteuil (1567), II, 14, 15.
BOUSSARD (Pierre), curé de Méry-sur-Oise (1539), II, 126.
BOUSSART (Geoffroy), docteur en théologie. Curé de Ste-Geneviève-la-Petite au XVIᵉ s., I, 245.
BOUSSEAUX (Guillaume et Nicolas les). Voy. Boucel.
BOUSSY-SAINT-ANTOINE, Buccizeum, Bucciacus, Bouci, Boucy, Bussy, paroisse du doyenné du Vieux-Corbeil [Seine-et-Oise, cant. de Boissy-St-Léger]. Notice, V, 192-195.
— Union de la cure à celle de Mandres (1497), V, 190.
BOUT, étymologie de ce mot, IV, 179.
BOUT (le grand et le petit). Voy. Grand-Bourg et Petit-Bourg.
BOUTARD (l'abbé François). Son ode sur Issy, III, 12 ; — sur la machine de Marly, 124 ; — sur le château de Trianon, 204; — sur Meudon, 237.
BOUT-DES-PRÉS (le) [Seine-et-Oise, ham. de Cernay-la-Ville], écart de la paroisse de Senlisses, III, 420.
BOUT-DES-VIGNES (canton nommé les Fontaines et le) ou la Justice, à Charenton (XVIIᵉ s.), II, 411.
BOUTEILLER DE SENLIS, (famille le). Origine de son nom, II, 352. — Ses biens à Montmélian, 338. —

Possède la seigneurie de Charenton et de Villepinte, 614, 615. Voy. Pica (Roger) et Senlis.
— (Adam le), seigneur de Draveil. Mentionné au commencement du XIVe s., V, 64.
— (Amaury le) [fils du précédent], seigneur de Coye; décédé en 1346, II, 336.
— (Ansel le), seigneur de Luzarches. Vente qu'il fait à l'abbaye de la Victoire de Senlis (1278), II, 209.
— (Anthoine le), seigneur des fiefs de Biset et de Moussy-le-Neuf en partie. Son épitaphe (1552), II, 352, 355.
— (Armand le), fils de Jean [V, de la br. de St. Chartier]. Mestre de camp du régiment de la reine, I', 355.
— (Charles le), chevalier. Seigneur de Vigneul, du fief de Biset et de Moussy-le-Neuf en partie; décédé en 1551 [1561 d'ap. le P. Anselme]; son épitaphe, II, 352, 355.
— (Charles le), seigneur de Vigneul et de Moussy-le-Neuf : ses autres titres énumérés dans son épitaphe [Décédé en 1626, suiv. le P. Anselme], II, 352, 355. —
— (Chretien le), écuyer, fils de Girard. Seigneur de Moussy-le-Neuf (1580), II, 355.
— Françoise le), fille de Jean II [br. de St. Chartier]; femme de Grignardon de Landesay. Dame de Moussy-le-Neuf, II, 355.
— (Girard le), sénéchal de Lorraine, II, 355.
— (Guillaume le) [Guill. I, fils de Guy I], br. de St. Chartier], II, 217 ; III, 232.
— (Guillaume le) [Guill. II, br. de St. Chartier], seigneur de Moussy-le-Neuf en partie (1383), II, 354.
— (Guillaume le) [Guill. III, fils du précéd.], seigneur de Moussy-le-Neuf; décédé en 1461 [1471 suiv. le P. Anselme]. Son épitaphe, II, 354.
— (Guillaume III le), seigneur de Chantilly. Possède une rente sur le travers de Conflans par son mariage avec Blanche de Montmorency (XIVe s.), II, 95.
— (Guillaume le) [Guill. IV, fils du précéd.], seigneur de Chantilly et de Moussy-le-Neuf. Son procès avec le couvent de St-Martin-des-Champs (1342), II, 354.
— (Guillaume le). Ses biens de Guyancourt confisqués pendant la domination anglaise (1423), I.I, 282.
— (Guy [IV] le) et sa femme [Elisabeth de Trie], donnent un terrain à Fosses à l'abbaye d'Hérivaux (1193). II, 323. — Approuve une vente des dîmes de Goussainville au chapitre de Paris (1203). — Confirme une donation à l'abbaye d'Hérivaux (1209), II, 206.
— (Guy le) [Guy I? br. d'Ermenonville], seigneur de Draveil. Mentionné en 1277, V, 64.
— (Guy le) [Guy II, br. d'Ermenonville], chevalier, seigneur d'Ermenonville et sa femme [Blanche de Chauvigny]. Vendent au roi des biens à Montvinois (1332), II, 336.
— (Jean le) [Jean II, br. princip.], seigneur de Belloy en partie, II, 196.
— (Jean le) [fils de Raoul II, br. d'Ermenonville]. Cède à Philippe-le-Bel des biens à Draveil (1304), V, 64.
— (Jean le), seigneur de Noiseau. Cède cette seigneurie à son gendre, Pierre Viole (1399), V, 377.
— (Jean le), neveu de Guillaume [Jean II, neveu de Guillaume III, br. de St. Chartier], capitaine du guet. Seigneur de Moussy-le-Neuf (XVe s.), II, 354, 355.
— (Jean III le), fils du précédent. Seigneur de Moussy-le-Neuf et du Vineuil, II, 355. — Son épitaphe (1545) [1547 suiv. le P. Anselme], 352.
— (Jean IV le) [fils du précéd.], seigneur de Moussy-le-Neuf (1564), II, 355 ; — de Guyancourt, III, 282.
— (Jean le [Jean V, br. St. Chartier, dit le comte de Moussy], seigneur de Moussy-le-Neuf ; mentionné en 1620 et en 1640. Obtient l'érection de cette terre en comté (1667) ; — sa sépulture, II, 355.
— (Marguerite le). Fait hommage à l'év. de Paris pour une partie de Luzarches (1268), II, 209.
— (Philippe le), seigneur de Moussy-le-Neuf (1584 et 1589), II, 321, 355.
— (Raoul le). Cède au roi ses biens à Draveil (1304), V, 64.
— (X... le), seigneur de Moussy-le-Neuf, de Pierreval et de Vineuil, protonotaire du St-Siège. Son épitaphe (1545) [1515 suiv. de Guilhermy, II, 666], II, 352.
BOUTEILLER (grand) de l'abbaye de St-Denis, I, 507.
BOUTEILLÈRE (Isabelle la) [Isabelle de Garlande, veuve de Gui le Bouteiller], femme de Jean de Beaumont, II, 560 ; IV, 486, 503, 519, 620, 640.
BOUTERAYS (Raoul). Son poème sur *Lutetia*, cité, III, 34, 52, 85.
BOUTEROUE (Michel), médecin. Au-

teur du poème le *Petit Olympe* d'Issy, III, 12.
BOUTERVILLIER, lieu-dit de la paroisse de Bagneux (XIIIe s.), III, 570.
BOUTET, capitaine du régiment de Picardie. Seigneur de Franconville-la-Garenne (1697), II, 49.
BOUTEVILLE [*corr.* d'Estouteville] (Marie de), abbesse d'Yerres ; décédée en 1537, V, 229.
BOUTHILLIER DE CHAVIGNY (François), év. de Troyes. Sa sépulture (1731), I, 290.
— (Léon), seigneur des fiefs du Moineau et de Plaisance par sa femme, Anne Phelippeaux, II, 471.
BOUTIER (François), chevalier. Seigneur de Gif en 1629, III, 386.
BOUTILLAT (Louise de), veuve de Charles d'O. Donne à ferme les dimes de Baillet (1643), II, 150.
BOUTILLIER [de Rancé] (Armand), fils de Denis. Abbé de la Trappe, IV, 366.
BOUTILLIER (Clément). Ses prétentions sur la chapelle St-Léonard de Quiers, rejetées (1649), V, 435.
BOUTILLIER (Denis), IV, 366.
BOUTIN (Nicolas), curé de Garches. Revendique pour sa paroisse le lieu-dit l'Étang (XVIIe s.), III, 44.
— (Thomas). Vend à Dreux Budé des biens à Montreuil-sous-Bois (1466), II, 399.
BOUTON (Henri), prêtre. Vend aux Templiers des biens à Fosses (XIIIe s.), II, 324.
— (Philippe), seigneur de Coubron ou mieux de Corberon [Côte-d'Or]. Sa curieuse épitaphe, II, 539.
BOUVART, médecin du Roi, III, 472.
— (Charles), fils du précédent. Abbé de St-Florent de Saumur ; sa sépulture (1645) ; son cœur conservé au prieuré de Bruyères, III, 472.
BOUVIER (Gilles), apothicaire. Acquiert le fief Bonvarlet à Vitry-sur-Seine (1518), IV, 454.
— (Jean), curé de Nanterre. Abbé de Ste-Geneviève (1463), III, 80.
— curé de St. Sulpice de Favières, IV, 173.
BOUVIERS [Seine-et-Oise, ham. de Guyancourt]. *Notice*, III, 282-283.
— Marchands de bœufs qui y demeuraient, ayant contribué à la construction de l'égl. de Guyancourt, III, 279. — Seigneurie, 281.
BOUVILLE (Charles, seigneur de) et de St-Vrain ; fils de Hugues. Donne à l'égl. de Chartres des biens à St-Vrain (1369), IV, 203-4.
— Hue, Hugues ou Huon de), seigneur de St-Vrain (1314), IV, 204.

— Ses biens à Tournenfil en 1308, 251. — Droits qu'il possède dans la forêt de Sequigny (1319), 387.
— (Jean de), fils du précédent, IV, 251.
— (Thierry de). Son fief au Mesnil-Racoin (1139), V, 224.
— (le chevalier de). Possède la terre de Mauny (XVIIIe s.), V, 138.
— (Jacques Jubert, seigneur de), III, 239.
BOUVRAY (Blanche de), femme de Thibaud de Pouville, IV, 204.
BOUVRON (le). Voy. Bouron.
BOUY [Bouilly ? Yonne, arr. d'Auxerre, cant. de St-Florentin]. Découverte de reliques de S. Pèlerin en 1645, I, 499.
BOVE (Bery de la). Vend son fief de Margency à Nicolas Braque (1367), I, 639.
BOVES ou de la BEUVE (Enguerrand de), père de Thomas de Marle. Sa délivrance miraculeuse, II, 89.
BOYS [Briis ?]. Ses hab. admis à la léproserie de Linas, IV, 127.
BOYER (Anne), femme de Nicolas Viole. Dame de Chaumontel et de Luzarches en partie, II, 228. — Sa sépulture (1655), 203.
— (Antoine), conseiller au Parlement. Seigneur de Ste-Geneviève-des-Bois ; reconstruit le château de ce lieu (XVIIe s.), IV, 382.
— (Louise), fille d'Antoine, femme d'Anne de Noailles. Sa sépulture [1697], IV, 381, 382
— (Pierre), bailly d'Ivry. Mentionné en 1672, IV, 457.
— (Vincente), dame de Beaumarchais et de Malassis (1624), II, 658.
BOYVIN, lieu-dit dépendant de la seigneurie de Fleury-Mérogis (1399), IV, 364.
BOZE [Claude GROS de], académicien Lettre de lui au cardinal Quérini (1743) ; son cabinet d'antiquité, IV, 421.
BOZRE (Pierre), *miles de Chanuveriis* [Chennevières]. Vente à l'abbaye de Chaalis (1207), II, 310.
Bra (Eremburge de). Voy. Brie (Eremburge de).
BRABAN (Georges), nommé curé de Créteil en 1598, V, 14.
— (Jean de), fils de Pierre. Collateur d'une chapellenie dans l'égl. des Innocents (1437, 1476), I, 52.
— (Pierre de), curé de St-Eustache de Paris en 1462, I, 59.
BRABANT (ducs de). Leur hôtel à Paris. Voy. Paris.
— (Antoine, duc de), fils de Philippe le Hardi, duc de Bourgogne. Possesseur de l'hôtel de Plaisance

— 89 —

(1404); mort à Azincourt (1415), II, 470.
— (Jean, duc de), fils du précédent. Obtient des délais pour faire hommage de l'hôtel de Plaisance (1418), II, 470.
— (Louis de). Reçoit de Louis XI la terre de Chateaufort (1480), III, 303.
— (Marie de), reine de France Voy. Marie.
Brachium (VIIIᵉ s.) : Briis, III, 503.
Bradeia (VIᵉ s.): Brie-Comte-Robert, V, 256.
Braetel, Brætellum : Brateau, IV, 95.
BRAGELOGNE, BRAGELONGNE ou BRAGELONNE (famille de). Nommé à une chapellenie à St-Paul de Paris, I, 327. — Seigneurs de la Lande, IV, 629.
— (Anne de), veuve de Charles Perdrier, seigneur de Bobigny. Son épitaphe II, 636, 638.
— (Barbe de), femme de Jean de Baugy, IV, 221.
— [Jacques de], conseiller en la Chambre des Comptes, II, 639.
— (Jean de), seigneur de Villejuif (1574), IV, 32.
— (Jérôme de), doyen de la Cour des Aides. Sa maison à Jossigny, IV, 524, 529.
— (Martin de), lieutenant-particulier de la prévôté de Paris. Seigneur de Charonne (XVIᵉ s.), I, 477.
— (Martin de), fils du précéd., conseiller au Parlement. Seigneur de Charonne en 1570, I, 477.
— (Pierre-Nicolas de), chevalier. Son épitaphe (1641), III, 73-4.
— (de), seigneur en partie de Villejuif (XVIIᵉ s.), IV, 32. — Colonel de dragons ; propriétaire de la Magdeleine près St-Yon, IV, 164.
Bragium (VIIIᵉ s.) : Briis, III, 444.
Braia, Braiacum, Braium (XIIᵉ s.) : Brie-Comte-Robert, V, 256.
Braia (Guillaume de). Ses biens à Ozouer-la-Ferrière (1189), V, 280.
BRAIE Voy. Brie.
BRAINE, Brinnacum [Aisne], résidence royale, I, 494, 495. — Confondu avec Brunoy, V, 204. — Voy. St-Ived (abbaye de).
— (Agnès de), femme de Robert I, comte de Dreux. Mentionnée en 1189, V, 263. — Sa résidence à Brie-Comte-Robert, 264.
— (Jean de). Voy. Dreux (Jean de).
BRAIOLET, Voy. Bajolet.
BRAIOLET (Renaud, dit de) ou BAJOLET (XIIᵉ s.), III, 441.
BRANAY (Ferric de) Voy. Brunoy.
BRANCAS (Louis, marquis de), seigneur de Juvisy (XVIIIᵉ s.), IV, 413.

BRANDEBOURG (paix avec le) conclue à St-Germain en 1679, III, 140.
Brannadum, Brannate in Briegio : Brunoy, V, 202
BRANNETOT (Jean de), abbé de St-Vandrille (1467), III, 497.
BRAQUE (chapelle de). Voy. Paris.
— (étang de), sur la paroisse de Guyancourt, III, 281.
— (seigneurs de), qualifiés seigneurs de Saint Brice, II, 163. — Possèdent des biens à Blémur en 1456 ; dits seigneurs de ce lieu en 1472, 168. — Possèdent la terre de Thimécourt (XVIIᵉ s.), 214.
— (Antoinette), femme de Guillaume le Prevost. Dame d'Andilly (XVIᵉ s.), I, 635.
— (Arnoul). Fonde une chapelle à Paris, rue de Chaume (1348), I, 207.
— Ses biens à Villetaneuse (1350), 592. — Anobli par Philippe de Valois. Seigneur de Piscop, II, 166 ; — du Luat, 167.
— (Beraut), fils de Philippe II; prieur de Ste-Céline de Meaux. Curé de Piscop ; fait rebâtir l'égl. de ce lieu, II, 165. — Réfugie les reliques de Ste Céline au chateau du Luat (1567), II, 168. — Décédé en 1571, 165.
— (Bernard), chambellan du Roi. Seigneur du Luat en 1441, II, 167.
— Ses biens confisqués (1423) à Fontenay-aux-Roses, III, 564 ; — à Châtillon, 577.
— (Catherine), femme de Michel le Camus, II, 214.
— (Christophe), fils de François III. Seigneur de Saint-Brice, II, 168 ; — de Piscop, 331. — Décédé en 1740, 168.
— (François I), fils de Philippe II. Seigneur du Luat, II, 168.
— (François II, fils du précédent. Seigneur de Piscop et du Luat, II, 168. Possède le fief Godin à Saint-Brice (1600), II, 163.
— (François III), fils du précédent. Seigneur du Luat, de la Motte et autres lieux; décédé en 1691, II, 168.
— (Germain), général des Monnaies. Seigneur de Guyancourt (1443), III, 281 ; — de Boullay-les-Troux, 414 ; — de Châtillon, 575.
— (Jean), seigneur de Maugarny, I, 637, 639 ; — du Luat. Ses biens confisqués par le roi d'Angleterre (1423), II, 167, 172. — Rend hommage pour les fiefs Heugot et de la Motte (1430), 163.
— ou BRACQUE (Jeanne), femme : 1º de Jean de l'Hôpital ; 2º de Philippe de Beaumont, II, 210-211.

— (Jeanne), veuve de Matthieu de Montmorency (1414). Dame de de Bouqueval, II, 249 ; — de Goussainville, 292 ; — de Bobigny, 637.
— (Jeanne), femme de Jacques Encuvel (1506), III, 151.
— (Marie), dame de Beaubourg. Veuve de Pierre de Villebeon ; remariée à Raoul de Longueval (XIVe s.), IV, 512.
— (Marie), fille de François II (XVIIe s.), II, 168.
— (Marie-Elisabeth de), fille de Christophe ; femme de Maximilien Forest. Dame de Bellefontaine ; sa sépulture (172.), II, 331
— (Nicolas), fils d'Arnoul ; maître d'hôtel de Charles V. Administre la chapelle fondée par son père, rue du Chaume à Paris, I, 207. — Acquiert un fief à Margency (1367), 639. — Ses fiefs Heugot et de la Motte à St-Brice, II, 163. — Seigneur du Luat, 167 ; — de Bellefontaine en partie (1370), II, 331-2, 333 ; — de Beaubourg et de Clotaumont (1355), IV, 514 ; — de Crecissy-en-Brie, 518. — Vend au Roi ses biens à Charentonneau, V, 8. — Est chargé de la défense de Courquetaine (1359), 296. — Tué à Azincourt (1415), II, 163.
— (Paul-Benoit), fils de François III ; gouverneur d'Auxerre. Possède un fief à Domont, II, 160. — Seigneur du Luat et de Domont ; inhumé à Piscop (1739), 168.
— (Paul-Emile de), fils du précédent ; dit le comte de Braque. Seigneur de Château-Vert et du Luat ; mort en 1744, II, 168.
— (Perrette), dame de Guyancourt ; femme de Robert Piédefer, III, 2×1.
— (Philippe), fils de Jean ; conseiller au Parlement. Son fief de la Motte à Saint-Brice (1451), II, 163. — Rend hommage pour la seigneurie du Luat (1445), II, 167.
— (Philippe II), fils de Jean. Seigneur du Luat et de la Motte ; ses armoiries, II, 167.
— (Pierre), fils de Jean II. Seigneur de Blémur, II, 167.
— (Robert), fils de Philippe II ; échanson de Catherine de Médicis. Seigneur du Luat ; sa sépulture, II, 167,
— (Simon de). Sa fille, mariée au sieur du Mesnil surnommé Marcelet, II, 166.
— (Thomas de). Hommage qui lui est dû pour le fief du Luat (XVIe s.), II, 167.

BRAQUE (le comte de). Voy. Braque (Paul-Émile de).

BRAS-DE-FER (le) [Seine-et-Oise, ham. d'Evry-Petit-Bourg], peut-être le même que le Pot-de-Fer, IV, 330.

BRASSEUSE DE FRESSIGNY (de), doyen de l'église de Paris. Prieur de Conflans-St-Honorine (1707), II, 91.

BRATEAU, *Braetello (de), Bratellum*, Braietel [Seine-et-Oise, ham. de Saint-Vrain]. *Notice*, IV, 206.
— Biens donnés en ce lieu au prieuré de Longpont (XIe s.), IV, 95 ; — à l'abbaye de St-Maur-des-Fossés (1259), 359. — Qualifié de *municipium* au XIe s., 197.
— (forêt de), IV, 200, 201, 202.
— (don de , bienfaiteur de l'abbaye de St-Maur (XIe s.), IV, 197, 201 ; V, 421.

BRAY, mot celtique. Sa signification, II, 443-4.

BRAY : Brie-Comte-Robert, III, 136 ; IV, 355.

BRAY (pays de). Eglise St. Salve, II, 194 (note 1).
— (Adam de). Ses biens à Bercy (1772), II, 368 ; — à Montreuil-sous-Bois, 397.
— (Etienne de), intendant des finances (1583), II, 471.
— (Jean de), prieur de St-Eloy de Paris au XIIIe s, I, 311.
— (Jean de), héritier d'Agnès de Goussainville. Fait échange d'une partie du château de Meudon (1397), III, 233.
— (Milon de), seigneur de Châtres. Voy. Montlhéry (Milon *le Grand*, de)
— (Milon de), fils du précéd. Seigneur de Châtres (le même peut-être que Milon de Châtres), IV, 142 et note. — Investi de la terre de Châtres par Louis le Gros, 146, 147.
— (Pierre de), chevalier. Ses biens à Attilly (1283), V, 280.
— (Thibaud de), fils d'Adam. Ses biens à Montreuil-sous-Bois (1172), II, 397.

Bra.. (Jean, Thibaud et Thomas de) de Brie. Mentionnés en 1264, V, 273.

Brayacum (XVe s.) : Bry-sur-Marne, IV, 630.

BRAYE. Voy. Brie-Comte-Robert.
— (Jean de), écuyer. Seigneur d'Epiais en 1390, II, 307.
— (Nicolas de) de Brie. Son poème sur Louis VIII (XIIIe s.), V, 274.
— (Nicolas de), chanoine de Chartres. Mentionné en 1314, V, 274.
— (Pierre de). Acquiert des biens à Epiais (1390), II, 307.
— (Thierry de), doyen de la cathédrale de Sens. Son épitaphe (1349), V, 274.

— (Thomas de), seigneur d'Epiais (1376), II, 307.
BRAYON, ruisseau formant la limite des diocèses de Meaux et de Paris, V, 305.
BRAZEUX [Seine-et-Oise, ferme de Vert-le-Grand]. Notice, IV, 214. — Seigneurie, IV, 198, 199, 212, 320.
BREAUDEAU (Jean), curé de Vauhallan en 1481, III, 321.
BREBAN (Renault de), curé d'Essonnes et de Corbeil. Son épitaphe (1437), IV, 264.
BRECHES (Guérin), chanoine de Soissons Mentionné en 1211, II, 534.
BRECHET. Voy. Bechevet.
Brecis (Odo de), religieux de Longpont. Sa sépulture (1210), IV, 93.
BREDA (Corneille de), mentionné en 1564, V, 61.
BRÉE (Mathias de), chanoine de N.-D. de Paris. Assiste à la translation des reliques de S. Yon à Corbeil (1479), IV, 289.
— (Mathieu de), doyen de la cathédrale de Lisieux. Visite l'abbaye de Lagny (1474), IV, 550.
BREGET (de), conseiller au Grand Conseil; commandeur de l'Ordre de St-Lazare. Cède au Roi la commanderie de Villaroy, III, 283.
BREGY (Geoffroy de), abbé de Lagny. Acte relat. à Chessy (1228), IV, 537.
BREGY (comte de), seigneur de Tigery (XVIIᵉ s.), V, 398.
BREHANT (Antoine de), écuyer. Nommé à la chapellenie de Reilhac à St-Médard de Paris (1588), I, 257.
BREHAULT (Antoine de), gentilhomme de la maison de la Reine. Seigneur de Bonneuil-sur-Marne en 1580, V, 28 [le même que le précéd.].
Breis (Symon de), témoin dans un acte [1116] IV, 94.
BREN, mot celtique. Sa signification, V, 202.
BRENAGE (droit de). En quoi il consistait, IV, 492, 525.
Brennacum. Voy. Breny.
Brennacum (XIIᵉ s.) : Brunoy, V, 202.
BRENNE (de). Voy. Bresnes (de).
BRENNE DE POSTEL (Basile), comte de Bombon, Montjay et Ormoy-en-Brie (XVIIIᵉ s.), V, 126.
— (Edmée-Charlotte de), femme du marquis de Matignon (1720), V, 126.
BRENNUS, rapprochement entre le nom de ce chef gaulois et celui de Brunoy, V, 202.
BRENOU ou de BREMEU (Jean de), seigneur de Vitry-sur-Seine. Terres qu'il donne au collège Ste-Barbe (1556), IV, 453.
BRENY [Aisne, arr. de Soissons, cant. d'Oulchy-le-Château]. Identifié avec Brennacum, lieu où se tint un concile au VIᵉ s., I, 230.
BRESLAY (René de), év. de Troyes. Dédie l'égl. d'Etiolles (1610), V, 73.
BRESNES ou de BRENNE (Antoine de), seigneur de Bombon et de Grégy. Sa sépulture (1628), V, 163, 164-5.
— (François de), seigneur de Bombon. Acquiert la seigneurie d'Ormoy-en-Brie par son mariage avec Félice de Postel, V, 126.
— (Guy de), frère d'Antoine Seigneur de Grégy (XVIIᵉ s.), V, 165.
— (Jean de), seigneur de Grégy. Ses fiefs (XVIᵉ s.), V, 164.
BRESSEURE. Voy. Berseure.
BRESSONVILLIERS [Seine-et-Oise, éc. de Leudeville], fief relevant du Roi, IV, 222, 223. — La haute justice en est concédée à Jean Pasté, 354.
BREST [Finistère]. Intendant. Voy. Champy (de).
BRET (le), terre faisant partie de la ferme de Lieusaint (1751), V, 122.
BRETAGNE (comte de). Voy. Brienne (Pierre de) — (ducs de). Voy. ci-après et Dreux (Pierre de).
— (écoliers de) à St-Maur-des-Fossés, II, 444.
— hôtel de) à Chaillot au XIVᵉ siècle, I, 414, 415; — à Paris. Voy. Paris.
— (maison du comte de) à Paris, mentionnée en [1283], I, 39.
— (maréchal de). Voy. Rieux (Jean de).
— (parlement de) : premier président. Voy. Argouges (François d'), Dodieu (Louis), Faucon (Claude).
— (province de) contribuant à l'entretien du pont de St-Cloud, III, 33.
— (rois de). Voy. Judicaël, S. Cloud.
— (rue de). Voy. Paris.
— (saints de), I, 186.
— (vigne dite) à St-Cloud (XIIᵉ ou XIIIᵉ s.), III, 37.
— (Alix de), fille de Jean I, duc de Bretagne, mariée (1254) à Jean de Chatillon. — Dame de la Queue-en-Brie (1269), IV, 487. — Apporte à son mari la seigneurie de Brie-Comte-Robert, V, 265.
— (Anne de), reine de France. Voy. Anne.
— (Artus, duc de). Son maître d'hôtel, Charles de Montmorency, I, 641.
— (Blanche de), fille de Jean II, duc de Bretagne; mariée (1280) à Philippe d'Artois. Dame de Brie-Comte-Robert, IV, 266.
— François II, duc de). Fait homma-

ge pour Luzarches à l'év. de Paris (1474), II, 211.
— (Gui de). Voy. Penthièvre.
— (Jean I, duc de), fils de Pierre de Dreux. Seigneur de Brie-Comte-Robert, V, 265.
— (Jean II, duc de), V, 266. Seigneur de Chailly et de Longjumeau (1331). IV, 65, 75.
— (Jean V, duc de). Voy. Montfort Jean, comte de).
— (Jean VI, duc de), bienfaiteur de la collégiale de St-Thomas du Louvre (1428), I, 54. — S'entremet à Charenton pour la paix en 1418, II, 372.
— (Jean [de BROSSE dit de], duc d'Etampes, III, 234. — Seigneur, puis duc de Chevreuse (1530), 371.
— (Jeanne [?] duchesse de), mentionnée en 1375, III, 98.
— (Jeanne, duchesse de) en 1360. Voy. Penthièvre.
— (Louis, dauphin, duc de). Son oraison funèbre prononcée à Suresnes (1712), III, 49.
— (Marie de), femme de Charles de Châtillon puis de Louis, duc d'Anjou. Sa maison à Chaillot (1360), I, 414-5.
BRETAGNE (Grande-), visitée par S. Germain d'Auxerre, IV, 150.
BRETEAU (Claude), procureur au Parlement. Prévôt de Montreuil-sous-Bois en 1580, II, 399.
BRETÈCHE, sens de ce mot, III, 148.
BRETÈCHE (la), lieu-dit de la paroisse St-Nom. Château, III, 149, 151.
— (Philippe de la), chevalier. Approuve une vente à Fontenay-les-Louvres (1239), II, 242 ; III, 151.
— (Robert de la), chevalier. Mentionné au XII° s., III, 151.
BRETEIGNY (XIII° s.) : Brétigny, IV, 352.
BRETESCHE (chantier de), canton du bois de Vincennes, II, 411.
BRETESCHE (de la), seigneur de Saint-Cheours [?]. Présente à la chapelle de ce lieu (1566), III, 452.
BRETEUIL [Eure, arr. d'Évreux, ch.-l. de cant.]. — Ses marchands au Landit de St-Denis, I, 547.
BRETEUIL (le TONNELIER de). Voy. Tonnelier (le).
BRETEVILLE (seigneur du Quesnay de), II, 122.
Bretigni (Johannes de). Voy. Bretigny.
BRETIGNIÈRE (les sieurs de la), seigneurs du Val Coquatrix.— (Etienne de la), chanoine de Vincennes, V, 85, 93. — (X... de la), conseiller au Grand-Conseil, V, 85. — (X...

de la), conseiller au Parlement, ibid.
BRETIGNY, Breteigny, Brictiniacum, Brictonacum, Britigniacum, Fiscus Brictonicus, domaine de l'abbaye de St-Maur (VII° siècle), IV, 352.
— Peut-être Grandval, hameau de Sucy-en-Brie ; confondu avec Sucy (XVI° s.), V, 382, 383.
BRETIGNY [?] Seigneurs, III, 588, 589.
BRÉTIGNY - SUR - ORGE, Britiniacum, paroisse du doyenné de Montlhéry [Seine-et-Oise, arr. de Corbeil, cant. d'Arpajon]. Notice, IV, 336-352.
— Biens appartenant à Guy de Vaugrigneuse (XIII° s.), III, 462 ; — au prieuré de Longpont, IV, 96. — Égl. St-Pierre ; ses droits sur l'égl. du Plessis-Paté, IV, 355-356. — Droit des habit. à la léproserie de Linas, IV, 127.
— (bailliage de). Son ressort, IV, 226. — (seigneurie de), IV, 225.
— Lieux-dits : Carouge, Clos-Margot (le), Cochets (les), Cossigny, Essonville, Fontaine (la), Fontaines (fief de), Fresnes, Garde (la), Halliers (château des), Maison-Neuve (la), Mesnil (le), Pavillon (le), Rosières, Saint-Antoine, Saint-Philbert, Saint-Pierre, Valorge, Voisin (le fief).
— (Ebrard de), mentionné au XII° s, IV, 344.
— (Fulchard de), de Britiniaco, frère d'Arnoul. Ses mesures à la Villeneuve (XII° s.), IV, 344.
— (Guillaume de), de Britiniaco, de Bretigny. Seigneur de ce lieu ; chevalier de la châtellenie de Montlhéry (XIII° s.), IV, 104, 341, 344, 347, 348.
— (Jean de), chevalier. Témoin à la rédaction du rôle des fiefs de Montlhéry, IV, 103. — Son fief à Brétigny, 341.
— (Marie de), fille de Milon. Acte de légitimation la concernant (1381), IV, 345.
— (Milon de), IV, 345.
— (Philbert de), chevalier. Sa sépulture (XIII° s.), IV, 341, 344.
— (Philippe de), chanoine de la cathédrale de Paris. Arbitre d'un procès (1264), III, 348. — Donne à N.-D. des biens à Ballainvilliers, IV, 81, 349. — Exécuteur testamentaire de Thibaud de Marly, IV, 349.
— (Pierre de), fils de Guillaume. Seigneur de ce lieu (1246), IV, 341.
— (Simon de), fils de Guillaume. Mentionné en 1220, IV, 341.

— (Thomas de), chevalier. Seigneur de Basset (1430), IV, 90, 345 ; — de Marolles, 225 ; — de Bretigny, 345.
BRÉTIGNY-SUR-MONS, fief situé sur la paroisse d'Athis (1637), IV, 422. — Seigneur, V, 97.
BRETON (Geoffroi), grand-prieur des Hospitaliers de St-Jean de Jérusalem. Mentionné en 1171, I, 148.
— (Hervé le) dit *Raucus*, diacre de la cathédrale de Paris. Donne à cette église sa dîme de Ville-Dombe, III, 322 ; — des biens à Bagneux, 569 ; — à Créteil (XIIIe s.), V, 16.
— (Jean le). Nommé chapelain des Quinze-Vingts en 1260, I, 39.
— (Jean le), abbé de Livry. Acte relat. au prieuré de la Mainferme (1476), II, 598.
— (Jean le), seigneur de la Bretonnière, près Châtres. Le même peut-être que Jean de la Bretonnière (Voy. ce nom) ou son père. IV, 155, 156.
— (Milon), mentionné au XIIIe s., IV, 338, 339, 347.
— (Robert), curé de Gometz-le-Châtel et de Gometz-la-Ville en 1488, III, 405.
BRETONN... (Jacqueline de la), femme de Pierre de Richerville. Sa sépulture (XIIIe s.), IV, 198.
BRETONNERIE (chapelle de la), sur la paroisse de la Norville, IV, 232.
BRETONNIÈRE (la) [Seine-et-Oise, ham. de Chambourcy]. Biens qu'y possédait la léproserie de Versailles, III, 201.
BRETONNIÈRE (la) [Seine-et-Oise, ham. de St-Germain-les-Arpajon]. Seigneurie, IV, 134, 145, 151.
— (Gautier de la). Donne au prieuré de Longpont des biens à Brétigny (XIIe s.), IV, 340.
— (Jehan de la), dit le Breton (1383). Sa sépulture, IV, 149.
BRETONS (compagnie de) et Bourguignons. Massacrent des Écossais à Sèvres (1465), III, 17.
BRETONVILLIERS (marquis de), propriétaire des eaux minérales de Passy, I, 406. — Seigneur de Noisy-le-Sec (XVIIIe s.), II, 642.
BRETONVILLIERS (Mme de). Sa résidence au Houssay (XVIIIe s.), III, 496.
BRETONVILLIERS (de). Voy. Ragois (le).
BRETTES (Marguerite de), femme de David de Chambellan. Sa sépulture à Argenteuil (1559), II, 11.
BREUIL, nom de lieu. Sa signification, II, 521 ; IV, 86.
BREUIL (le) [Seine-et-Oise, comm. d'Epinay-sur-Orge]. *Notice*, IV, 86. Dépendance. Voy. Gilquière (la).
BREUIL (le), ancien lieu-dit d'Attilly (1280). — (chapelle S. Eloi du), V, 280-1.
BREUIL (le), hameau de Buc, III, 277.
BREUIL ou BRUEL, lieu-dit de la paroisse de Combs-la-Ville, V, 185.
BREUIL (le) (?), III, 450 ; IV, 222. — Seigneurs, II, 142, 144 ; V, 333.
— (Adam du), mentionné en 1189, V, 280.
— (Catherine du), femme de Charles Boucher, III, 398.
— (Jean du), conseiller au Parlement. Seigneur de Brunoy en 1452, V, 206.
BREUIL (les sieurs du), frères. Leurs biens à Trianon, III, 205.
BREUIL-BENOIT (abbaye du) [Eure, arr. d'Evreux]. Reliques de Ste Agnès transportées à St-Eustache de Paris en 1545, I, 61.
BREUILLET, Broulet, Brouillet, Broulot [Seine-et-Oise, arr. de Rambouillet, cant. de Dourdan]. Seigneurie dépendant de la châtellenie de Marcoussis, III, 483, 484.
BREUL (dom Jacques du). Voy. Du Breul.
BREVAL (Bathilde de), relig. de Chelles. Guérie par le toucher de la châsse de Ste Bathilde (1631), II, 490.
BREVAN (Jean Chauchon, sire de), V, 255.
BREVANNES, Beuvenes, Brevane ou Bevrane [Seine-et-Oise, ham. de Limeil], V, 33. — *Notice*, 34.
BRÈVES (marquis de). Voy. Harlay (Achille de).
BRÉVIAIRES (les) [Seine-et-Oise, arr. et cant. de Rambouillet]. Eglise de S. Sulpice, III, 165.
BREVONNE (la), rivière. Voy. Beuvronne (la).
BREZILLAC (Jean de). Reçoit du Roi d'Angleterre une terre à Guyancourt (XVe s.), III, 282.
BREZILLE (François), capitaine de Corbeil en 1483, IV, 308.
BRI. Voy. Bray.
BRI (XIIe s.) : Bry-sur-Marne, IV, 630.
— *(Simon de)*, écuyer (XIIIe s.), II, 445, 446.
Briacum (XIIIe s.) : Bry-sur-Marne, IV, 630, 631.
BRIANT (Philippe), archidiacre de Josas. Procède à la translation des reliques de S. Quirin à Corbeil (1569), IV, 286.
BRIARD ou BRIAZ (Josbert), bienfaiteur de l'abbaye d'Yerres (XIIe s.), V, 115, 129.

BRIARD (Odon). Son fief à Villecresnes (1235), V, 236.
Briardus (domnus) mentionné avec Odon, son fils, dans une charte du XIIᵉ s., relat. à Bondoufle, IV, 322, 334.
Briardus (Hugo), mentionné au XIIᵉ s., IV, 322.
BRIART (Eudes), habitant de Corbeil. Ses droits à Villeneuve-St-Georges (1138), V, 38.
— (Gui), seigneur de Villepescle. (1227), V, 120, 218.
— [Henri] (appelé Brisart par Lebeuf), conseiller du Roi. Son épitaphe (13... ?), V, 430.
— (Jean), *Briardus*, écuyer. Vend à l'abbaye de St-Denis des biens aux Prés St-Gervais (XIIIᵉ s.), II, 652;
— dit aussi Bebart. Vassal de Montlhéry, IV, 103, 104.
— (Jean), chevalier. Mentionné en 1288, IV, 503, 519.
BRIART DE VILLEPESCLE (Amicie de), abbesse de St-Antoine de Paris (XIIIᵉ s.), V, 123.
— (Ferric), *de Villa Pescla*, chevalier. Possesseur d'un fief à Ozoir-la-Ferrière (1248), V, 353.
BRIAUGOUR (Guichard de), poète. Originaire de Vaujours, II, 576.
BRIAULT (Philippe), chanoine de Notre-Dame et de Saint-Maur. Doyen de Saint-Cloud, archidiacre de Josas, curé de Sarcelles, II, 174. — Fait hommage de son doyenné à l'év. de Tréguier (1549), III, 27. — Inhumé à Notre-Dame (1572), II, 174. — Voy. Briant (Philippe).
BRIAZ (Josbert). Voy. Briard.
BRICART (Marie), femme de Jean Bordier (1638), I, 469.
ERICART, maître-maçon. Reconstruit l'église de Boullay-les-Troux (XVIIᵉ s.), III, 414.
BRICE (Antoine), seigneur de Houilles (1649), II, 33.
— (Jacques), curé de Rueil (1566), III, 95.
BRICHANTEAU [Benjamin de], abbé de Ste-Geneviève. Vend les manuscrits de l'abbaye, I, 241. — Év. de Laon ; sa sépulture (1619), 238.
— (Crépin de), religieux de St-Denis ; confesseur d'Henri II et de François II. Abbé de St-Vincent de Laon ; év. de Senlis, I, 511.
— (François de), femme de Louis de l'Hôpital (XVIᵉ s.), V, 153.
— (Pétronille), femme de Pierre le Prince. Son épitaphe, IV, 156.
BRICHE (la) [Seine, ham. d'Épinay et de Saint-Denis]. *Notice*, I, 597-8.
BRICHE (la) [Seine-et-Oise, lieu-dit de St-Sulpice de Favières et de Souzy-la-Briche], dépendant du diocèse de Chartres, IV, 173 ; — distraite de la châtellenie de Montlhéry (XIIᵉ s.), 103. — Moulin, 177. — Seigneur, 156.
BRICHET, canton de Bondy relevant de la seigneurie de Livry, II, 565, 588. — Manoir, mentionné en 1345, 568.
BRIÇONNET (famille), alliée à la famille des Le Clerc dits Cottier, II, 606 (note).
BRIÇONNET (Alexandre), fils de François. Seigneur de Glatigny, III, 208.
— (Anne), femme de Jean le Genevois. Ses fiefs à Santeny (XVIᵉ s.), V, 245.
— (Charles), fils d'Alexandre. Seigneur de Glatigny ; mort président du Parlement de Metz (1680), III, 208, 209.
— (Charlotte), femme de Guillaume de Baillon. Sa sépulture, IV, 59, 60.
— (Clémence), femme de Denis Maréchal ; décédée en 1691, I, 486.
— (François), fils de Jean ; conseiller à la cour des Aides. Seigneur de Glatigny, III, 208.
— (François), seigneur de Vauhallan. Mentionné avec sa femme, Marie Le Cirier, dans un acte de 1563, III, 321. — Seigneur de Leuville (1550), IV, 130 (note).
— (Françoise), femme de René Le Tellier, III, 219.
— (Guillaume), fondateur de la chapelle des Brinon à St-Séverin de Paris (1471), I, 106.
— (Guillaume), abbé de St-Germain-des-Prés. Acte relat. à Puteaux (1509), III, 53-54.
— (Guillaume), secrétaire du Roi. Seigneur de Glatigny ; décédé en 1574, III, 208.
— (Isabelle), femme de Jean de la Fontaine, V, 121.
— (Jean), fils de Guillaume, secrétaire du Roi ; président à la cour des Aides. Seigneur de Glatigny, III, 171, 208.
— (Jean), chevalier, conseiller en la Chambre des Comptes. Fondateur (?) de la chapelle de la Trinité à St-Jean-en-Grève (1537), I, 91.
— Vend à Jacques Olivier la haute justice d'Ourcines (1522), III, 223.
— (Jeanne), femme de Robert Piédefer, III, 282.
— (Madeleine), femme de François II de Braque, II, 168.
— (Marie), fille de François ; femme de Philippe le Bouteiller. Dame de Vauhallan (1584), III, 321.

— (Nicolas), général des finances (XVIe s.), V, 358.
Brictiniacum (XIIIe s.), Brictonacum (VIIe s.): Brétigny, IV, 352; V, 382.
BRIDEL (Pierre), chapelain de la chapelle St-Hilaire, près de St-Ouenl'Aumône (XVe s.), II, 115.
BRIE (XVIIIe s.): Briis, III, 444.
BRIE (canton de la Touraine appelé), V, 425.
BRIE (archidiacres de). Voy. Blanc (Denis le), Forges (Jean de), Gallicher (Martial), Garnier.
— (comtes de Champagne et de). Voy. Champagne.
— (porte de) à la Queue-en-Brie, IV, 484.
— (Auger de), abbé de Lagny. Prête serment en 1490; pourvu de nouveau en 1497, IV, 550. — Mort en 1503, 551.
— [corr. de PRIE] (Aymar ou Emon de), baron de Buzançais. Seigneur de Villemomble par son mariage avec Avoye de Chabannes; vend cette terre en 1507, II, 561.
— (Erembourg ou Eremburge de), de Bra. Son nom retrouvé dans celui de la rue Boutebrie à Paris, I, 118. — Bienfaitrice de l'égl. de Piscop (XIIIe s.), II, 165.
— (Guillaume de), fils de Robert I, comte de Dreux, V, 263-4.
— (Guillaume de), de Braye, chevalier; mentionné en 1248. Sa sépulture V, 258.
— (Simon de), cardinal, chargé de modifier la règle de l'abbaye de Longchamp (XIIIe s.), I, 398. — Légat en France; sa résidence à St-Maur (1278), II, 442. — Pape sous le nom de Martin IV; lieu de sa naissance; bienfaiteur de l'abbaye de St-Denis, V, 425.
— (Thomas de), de Braia. Accord qu'il conclut avec le prieuré de St-Martin-des-Champs de Paris (1157), V, 108, 263, 271.
— (Thomas de), fils du précédent. Chevalier de la châtellenie de Corbeil (XIIIe s.), IV, 300 ; V, 263.
— (le comte de) [Pierre de Dreux, duc de Bretagne]. Remet à l'abbaye de Lagny le droit de messio levé à Dampmart (1206), II, 517-518.
BRIE-COMTE-ROBERT, Bradeia, Braia, Braiacum, Braium, Bray, Braye, paroisse du doyenné du Vieux-Corbeil [Seine-et-Marne, arr. de Melun, ch.-l. de cant.]. Notice, V, 256-274.
— (acte daté de) [par Charles, dauphin] en 1357, IV, 625. — Biens qu'y possède la collégiale de St-Thomas-du-Louvre, I, 54; — le chapitre de N.-D. (1340), II, 517.
— (capitaine de). Voy. Andresel (Jean d').
— Château. Notice, V, 269; ses mouvances, V, 155, 294-5, 359; chapelle St-Denis, 164, 262. — Couvents: des Filles de la Croix, Notice, V, 269-70. — des Minimes, Notice, V, 270. — Cure, IV, 399; V, 259, 282; — desservie par deux curés, IV, 555; V, 260.
— Dîmes, perçues par l'abbaye d'Yerres, IV, 355; V, 223, 270; — par le prieuré de Marolles-en-Brie, 240.
— Eglise: chapelle Ste-Marguerite. Sa fondation, ses biens, IV, 527; V, 244, 259; — chapelle permutée contre un canonicat de St-Georges de Chelles (1476), II, 496.
— Hab. employés au transport du vin de leur seigneur, V, 38, 39, 265.
— Hôtel-Dieu, Notice, V, 261; — administrateur, 286.
— Léproserie ou chapelle St-Lazare, Notice, V, 262; — ses biens à Passy (éc. de Cossigny), 291.
— (seigneurie de), IV, 500; — hommage qui en est rendu à l'év. de Paris (1333), V, 206, 266.
— (Lieux-dits: Voy. Apôtres (terre des), Borde (la), Grivelle (la), Herches, Pamphou, Sansal, Vaudry, Villemeneux.
BRIENNE [Aube, arr. de Bar-sur-Aube, ch.-l. de cant.]. Comtes. Voy. Luxembourg. — Seigneurs: possesseurs de la forteresse de Coye (XIIe s.), II, 335; — ceux de Bresnes en sont issus, V, 164
— (Alerme de). Son procès avec le chapitre de St-Germain-l'Auxerrois (1317), II, 332.
— (Blanche de), d'Eu, fille d'Alphonse, comte d'Eu. Abbesse de Maubuisson; chapelle qu'elle fonde en ce lieu (1308); son épitaphe II, 119, 121, 122.
— (Geoffroy de). Promet de rendre au Roi la forteresse de Coye (1212), II, 335.
— ou d'ACRE (Jean de), roi de Jérusalem, II, 121, 267.
— ou d'ACRE (Jean de), fils du précédent; bouteiller de France. Acquiert une rente à Gonesse (1265), II, 267. — Ses biens à Charentonneau, V, 8. — Sa sépulture, II, 120.
— (Jean de), administrateur de la léproserie de Charlevanne, III, 111.
— (Pierre de) [de Brena], comte de Bretagne [Pierre de Dreux], V, 291.

— (le comte de), seigneur de la Ville-aux-Clercs [Henry-Auguste de Loménie]. Fondateur des Carmélites de St-Denis (1625), I, 532.
BRIENNE [corr. Piennes]. Voy. Piennes (Louis Halwin, seigneur de).
BRIENNE-BEAUMONT (Marguerite de), femme de Bohemond, prince d'Antioche; appelée princesse d'Antioche. Son épitaphe (1328), II, 121.
BRIENON-L'ARCHEVÊQUE [Yonne, arr. de Joigny]. Collégiale; chanoine. Voy. Raulet (Jean).
BRIERCHE (Etienne). Ses biens à Vanves au XIIIe s., III, 580.
BRIÈRE (de la), seigneur en partie d'Ivry (1574), IV, 461.
BRIÈRES (les). Voy. Bruyères.
BRIÈRES-LES-SCELLÉS [Seine-et-Oise, arr. et cant. d'Etampes]. Confondu avec Bruyères-le-Châtel, III, 465 (note).
BRIES. Voy. Briis.
BRIEZAC (Salomon) Sa Description du Mont-Valérien, III, 80.
BRIFFE (Pierre-Armand de la), procureur-général au Parlement. Marquis de Ferrières, IV, 639, 640. — Seigneur de la Brosse, 643; — mort en 1700, IV, 640.
— (Pierre-Armand de la), intendant de Caen, puis de Dijon; marquis de Ferrières. Vend cette terre en 1720, IV, 640.
— (l'abbé de la), membre de l'*Association fidèle* de Villiers-le-Bel (1685), II, 176.
BRIIS-SOUS-FORGES, *Bragium*, Brie, Bries, Briies, Bris, paroisse du doyenné de Châteaufort [Seine-et-Oise, arr. de Rambouillet, cant. de Limours]. *Notice*, III, 443-449.
— Curé; traité avec l'abbé de St-Magloire (1309), II, 445, 446; IV, 6. — Dîmes, III, 469. — Maison-Dieu; donation pour sa fondation (1265), III, 447. — Paroisse; ses démembrements, III, 460.
— Prieuré de Sainte-Croix: son histoire, III, 445-6; — ses biens unis à la chambrerie de l'abbaye de St-Magloire, puis à la cure de Courson-l'Aunay (1622), 452.
— Seigneurie; unie au comté de Courson-l'Aunay (1671), III, 449, 453-4.
— Lieux-dits: Bligny, Chassiniers (les), Chaudoron, Coudray (le), Hainvilliers, Launay-Maréchaux.
BRIIS (Jean de), *de Bries*. Seigneur de ce lieu; vassal de Montlhéry (XIIIe s.), III, 447; IV, 104.
— (Jean de), le jeune, fils du précédent, et sa femme, Aveline. Mentionnés en 1265, III, 447.
— (Simon de), de Bries. Seigneur de ce lieu (1328), III, 447.
BRILHAC (Marguerite de), femme d'Antoine [II] de Carnazet. Sa sépulture (1584), IV, 198, 205.
BRILLET (François), écuyer. Seigneur de Limon en 1626, III, 322.
— (Guillaume), év. de Rennes. Acte relat. aux reliques de S. Maur (1434), II, 432.
— (Pierre), secrétaire de la Chambre du Roi. Seigneur de Limon en 1580, III, 322.
BRILLIAD (Timoléon). Voy. Billiad.
Brinnacum : Braine, I, 494.
BRINON (Guillaume), fondateur d'une chapelle à Saint-Séverin de Paris (1471), I. 106. — Procureur au Parlement. Acquiert la seigneurie de Guyancourt (1463), III, 281.
— (Henriette), femme de Melchior Blair (XVIIe s.), I, 645.
— (Jean), maître des Comptes. Seigneur de Pontillaut en 1504, IV, 498.
— (Jean de), conseiller au Parlement. Seigneur de Villaines (1545), II, 199.
— (Jeanne), femme de Guillaume Briçonnet (XVe s.), I, 106.
— (Jeanne), femme de Mathieu Chartier. Sa sépulture (XVIe s.), I, 287.
— (Marie), femme de Jean Ruzé (XVIe s.), I, 581.
— (Mme de), ursuline. Fonde un pensionnat à Montmorency, puis à Rueil, III, 95.
BRINVILLIERS (Marie d'Aubray, marquise de). Dame de Villiers-sur-Orge, IV, 89.
BRINVILLIET (Jean de), garde de la prévôté de Melun (1364), V, 298.
BRIOIS (André). Sa maison à Bagnolet, II, 658.
BRION (Gile de), chevalier. Vassal de l'abbaye de St-Maur (1278), II, 445.
ERIOUDE [Haute-Loire]. Voy. S. Julien.
BRIOYS (Etienne), secrétaire du Roi. Seigneur de Bagnolet (1631), II, 656.
BRIQUES, leur emploi dans les constructions romaines, I, 119.
BRIQUET, nom primitif prétendu de Bourg-la-Reine. Traditions fabuleuses qui s'y rattachent, III, 553.
BRIQUETERIE (la) maison [Seine-et-Oise, éc. de Ris-Orangis], IV, 379.
BRIQUEVILLE (Jean de), seigneur de Colombières, IV, 350.
BRIS. Voy. Briis.
BRISART. Voy. Briart (Henri).
BRISE (Antoine de), chevalier (XVe s.), IV, 396.
BRISE-IMAGES (les). Lieu où cette secte prit naissance au XVIe s., II, 330.

BRISOUL (M⁰ Raoul). Biens à Romainville confisqués sur Jeanne, sa femme, II, 646.
BRISSAC (Timoléon de COSSÉ, duc de). Possède la terre de Villarceau (XVIIIᵉ s.), III, 504, 506. — Seigneur de Villejust, 506.
— (Louise d'OUGNIES, duchesse de). Sa maison à Cormeilles (XVIIIᵉ s.), II, 54. — Dame de Mousseaux (XVIIIᵉ s.), IV, 329. — Possède le fief l'Archet à Évry-sur-Seine (XVIIIᵉ s.), V, 97.
BRISSE (Étienne), fils de Martin. Possède le fief du Coulombier à Meudon (XVIᵉ s.), III, 240.
— (Martin), bourgeois de Paris, III, 240.
BRISSET (André-Jean-Baptiste), chanoine de St-Victor de Paris. Administrateur du prieuré de St-Paul à St-Remy-les-Chevreuse (1727), III, 380.
BRISSON (Barnabé), président à mortier au Parlement. Seigneur d'Epinay-sur-Orge (1580); son épitaphe, IV, 85, 86.
BRITEL (Jean), abbé de Lagny. Reconstruit l'égl. de l'abbaye (vers 1200), IV, 546. — Mentionné en 1188, 558. — Son différend avec Robert, comte de Dreux, IV, 592.
Britigniacum, Britiniacum (XIIIᵉ s.) : Brétigny, IV, 352 ; V, 382.
Brito, nom d'homme. Origine de noms de lieu, IV, 336.
Brito (Hugues), chevalier. Souscrit une charte relat. à Bondoufle (XIᵉ s.), IV, 332.
Brito (Yvo), écolier de St-Nicolas du Louvre. Différent de S. Yves; mentionné en 1284, I, 57.
Britonaria, la Bretonnière. Origine de ce nom de lieu, IV, 358.
Briva Isaræ: Pontoise, II, 45.
BRIVES (Antoinette de), femme de Jean d'Escoubleau. Sa sépulture, III, 265.
BRIZARD (Claude), V, 86.
Bro (XIIIᵉ s.) : Brou, II, 520.
BROC (censive de), à Wissous (XIIIᵉ s.), IV, 54.
BROC (Benoit-François), président aux Requêtes. Seigneur de la Guette (1626), IV, 522.
— (Roger). Sa maison à Paris (XIIIᵉ s.), I, 135.
— (Jean de), curé de St-Sulpice de Favières, puis chanoine d'Auxerre (1535), IV, 174, 175 (note).
BROC (du), enfant inhumé dans l'égl. de Sèvres au XVIᵉ s., III, 14.
Brocaria (VIIᵉ s.): Bruyères-le-Châtel, III, 465.

BROCE (la), lieu-dit d'Asnières (XIIIᵉ s.), III, 58.
BROCE (la), lieu-dit de Châtenay (XIIIᵉ s.), III, 542.
BROCE (la) [Seine-et-Oise, ham. de Janvry ?], bois dépendant de la seigneurie de Hercepoix (XIIIᵉ s.), III, 496. Voy. Brosse (la).
— (Simon de la). Ses biens au Plessis-Paté (XIIᵉ s.?), IV, 353.
BROCHAND (Charles), fournisseur de la maison du Roi. Seigneur de Fontenay-aux-Roses en 1745, III, 564.
BROCHANT (Louis), seigneur en partie d'Orangis: capitaine des chasses de la forêt de Séquigny. Sa sépulture (1693), IV, 370.
BROCHE de cuisine *(veru)*, symbole d'investiture, IV, 209.
BROCHET (Anne de), femme de Pierre Budé (XVIᵉ s), V, 215.
Brocia, Brucia, sens de ce mot, IV, 636.
Brocia (XIIIᵉ s.) : la Brosse, lieu-dit de Longjumeau ? IV, 77.
BRODEAU (Julien), avocat. Sa résidence à Charonne (1642), I, 482.— Sa *Vie* de Charles du Moulin, rectifiée, V, 251.
BRODEAU DU CANDÉ. Acquiert la seigneurie de Châtres (1656), IV, 144, 146.
BRODULFE, oncle de Caribert [roi d'Aquitaine], I, 421.
BROÉ (Madeleine de), femme de Simon Bachelier (XVIIᵉ s.), IV, 513.
Brogariæ (VIIIᵉ s.) : Bruyères-le-Châtel, III, 465.
BROGLIE ou BROGLIO [Charles-Maurice de], abbé des Vaux-de-Cernay (XVIIIᵉ s.), III, 424.
BROGIIE (de), seigneur de Lardy (XVIIIᵉ s.), IV, 186.
BROGNE [Belgique]. Abbaye ; reliques, I, 500 ; — abbé. Voy. Gérard.
BROHIER (fief), à Combs-la-Ville (1597), V, 181 ; — à Grigny (1597), IV, 406.
BROIS (Adam de), commandeur de l'Hôpital à Clichy-en-l'Aunois (1323), II, 571.
BROISSY. Voy. Broussy.
Brolium. Voy. Breuil et Brou.
BROLLY (Antoine de). Voy. Brouilly.
BRONAI, Broni, *Broniacum*. Voy. Brunoy.
BRONOD, notaire. Seigneur de la Lande (XVIIIᵉ s.), IV, 629.
BROSSAMAIN (Charles), propriétaire du Plessis-St-Père (1657), IV, 82.
BROSSART (Henri), chirurgien. Fausses reliques qu'il découvre à St-Marcel de Paris (1668), I, 126.
BROSSE (Salomon [et non Jacques]

7.

de), architecte du temple protestant de Charenton, II, 376; — de l'aqueduc d'Arcueil, IV, 17.

BROSSE (la), *Brocia*, la Brocc, ancienne paroisse réunie à celle de Ferrières [Seine-et-Marne, ham. de Ferrières]. *Notice*, IV, 641-3. — Unie temporairement à celle de Croissy-en-Brie, 516, 641. — Moulins, mentionnés en 1197, II, 516; IV, 643.
— Lieu-dit : *Longum Boellum*.

BROSSE (la) [Seine-et-Marne, ham. de Presles]. Fief relevant de la prévôté de Tournan, V, 330.

BROSSE (la) [Seine-et-Oise, ham. de Janvry], mentionnée au XIIIᵉ s., III, 443.

BROSSE (la) [Seine-et-Oise, ferme de la commune de Saint-Lambert], origine de la paroisse de St-Lambert. Dépend. de la commanderie de Louviers ou de Bellé ; chapelle, dite de St-Jacques, III, 339 et note, 341. — Même lieu dit la petite Brosse [?], 373.
— (Guy de la], médecin, intendant du Jardin des Plantes. Fondateur de la chapelle de cet établissement ; y est inhumé, I, 267.
— (dames de la), (XVIIIᵉ s.), dames de Courbevoie, III, 70.

BROSSET (Pierre), écuyer. Seigneur de Morsang-sur-Seine en 1550, V, 100.

BROU, *Bro*, dit autrefois la Villeneuve-aux-Anes (Voy. ce mot) et la Forêt, paroisse du doyenné de Chelles [Seine-et-Marne, arr. de Meaux, cant. de Lagny]. *Notice*, II, 519-522. — Cure, unie temporairement à celle de Vaires, 503, 521.
— Lieux-dits : Forêt (la), Villeneuve-aux-Anes (la).

BROUAISSIS, Brouassis. Voy. Broussy.
BROUCY. Voy. Chambourcy.

BROUET (Denis), seigneur des Rivières ; lieutenant de cavalerie. Sa sépulture (1672), V, 320.

BROUILLAT (Charles du), seigneur de Montjay. Fait hommage à l'év. de Paris (1512), II, 532.
— (Guillaume du), écuyer. Seigneur de Thorigny, de Ladouville, Lizy-sur-Ourcq, St-Jean-les-deux-Jumeaux ; décédé en 1488, II, 514, 515. — Ses enfants mineurs prétendent au fief de Montigny (1492), II, 515, 532.
— (Jacques du), abbé commandataire de Lagny. Son rôle dans les désastres de cette ville au XVIᵉ s., IV, 548-9.

— (Louis du), seigneur de Montjay et de Thorigny, II, 515.
— (Madeleine-Catherine du), baronne de Montjay. Femme de François d'Angennes (XVIᵉ s.), II, 532-3.
— (Pierre du), seigneur de Montjay. Rend hommage à l'év. de Paris (1500), II, 532.

BROUILLET. Voy. Breuillet.

BROUILLY (Antoine de), seigneur du Mesnil. Traite avec les religieuses de Montmartre (1573), II, 624.
— (Antoine de), marquis de Pienne. Seigneur de Grosbois et de Boissy-St-Léger (1677), V, 216, 391 ; — d'Yerres en partie (1676), 216; de Villecresnes, 236.
— (Olympe de), duchesse d'Aumont, fille d'Antoine ; femme de Louis d'Aumont. Possède les mêmes seigneuries que son père, V, 216-7, 236, 391 ; — les vend en 1701, 217, 392.

BROULART (Guillaume du), capitaine de Chevreuse et de Dreux (XVᵉ s.). Livre ces villes à Charles VII, III, 370 [le même sans doute que Guill. du Brouillat].

BROULET, Broulot (XIVᵉ s.) : Breuillet, III, 483, 484.

BROUSSE (Jean de la), lieutenant des Cent Suisses. Seigneur d'Athis ; son épitaphe (1703), IV, 415 ; — mentionné en 1699, 420.

BROUSSEL (Pierre), conseiller au Parlement. Vend sa maison de Sceaux à Colbert, III, 552.

BROUSSY, Broissy, Brouaissis, Brouassis [Seine-et-Oise, éc. de Magny-les-Hameaux], III, 294, 295.

BROUTEL (Antoine), architecte du Roi. Possède la terre de la Cour-Roland (1660), III, 271.

BROUTIN (Jean), changeur. Fait opposition à une donation de biens situés à Sarcelles, II, 172.

BROYE (Catherine de la), dame de Carnoy. Femme de François de Monceaux, III, 226.

BROYES (Anne de), première abbesse du Val-de-Grâce, III, 262.

Bruacium (VIIᵉ s.) : Broucy (Chambourcy), III, 130.

BRUCE (Robert I), roi d'Ecosse. Traite à Corbeil avec le roi de France (1326), IV, 304.

Brucia. Voy. *Brocia*.
BRUERES. Voy. Bruyères.
Brueria. Voy. Vanves.
Brueria. Voy. Bruyères.
Brueriis, de Brugeriis (Thomas de). Voy. Bruyères.

BRUGES [Belgique]. Jean de Villiers, maréchal de France, y est tué dans une émeute (1437), II, 179.

— (Pierre de), abbé de la Roche, III, 350-1.
BRUILLE (Hugues de). Voy. Bouille (Hugues de).
BRULART [de SILLERY] (Fabius), év. de Soissons. Sacre Nicolas de Malezieu év. de Lavaur (1713), III, 540.
— [de GENLIS] (Gilles), seigneur de Crosne (1623), V, 44.
— (Marguerite), femme de Emery de Hugues (1496), IV, 580.
— [et non BATLARD] (Marie), femme de Charles le Prévost (1580), I, 577. — Ses biens à la Courneuve en 1577, 578. — Dame de Grandville et de la Villeneuve-aux-Anes (Brou), II, 522.
— (Mathieu), fils du président Pierre. Seigneur de Berny, IV, 46.
— (Nicolas), marquis de Sillery ; chancelier de France. Seigneur de Vaugien (1613), III, 382 ; — de Puisieux et de Berny (1621) ; projette d'ériger un chapitre à Fresnes-les-Rungis, IV, 45, 46. — Bâtit le château de Pamphou, V, 272. — Seigneur d'Attilly, V, 283. — Décédé en 1624, IV, 45.
— (Nicolas), premier valet de chambre du duc d'Orléans. Sa résidence à Villemeneux en 1648, V, 273.
— (Noël), procureur général au Parlement. Seigneur de Crosne ; décédé en 1557, V, 44.
— [Noël], commandeur de Sillery. Seigneur de Grisy, V, 158 ; — des Granges-le-Roi (XVIIᵉ s), 294.
— (Pierre), conseiller au Parlement. Seigneur de Berny par sa femme, Ambroise Renaud (1535) ; décédé en 1541, IV, 46.
— (Pierre), fils du précédent ; président aux Enquêtes. Seigneur de Berny ; mort en 1544 [1584], IV, 46.
— (Pierre), fils de Noël, procureur-général, secrétaire d'État. Seigneur de Crosne ; mentionné en 1580 et 1604, V, 44. — Seigneur de Montgeron, 47.
— (Pierre) [fils du précéd.], conseiller au Grand-Conseil. Seigneur de Montgeron, V, 47, 48, 50 (note).
— (Pierre), conseiller d'État. Seigneur d'Étiolles en 1597, V, 74, 75.
— (Simon-Louis de), fils de [Denis-Noël et de] Marie-Bonne Bachelier. Seigneur de Beaubourg et de Clotaumont par héritage maternel (1717), IV, 513.
Brulez (le chemin *dou*), ancien lieu-dit voisin des Barneaux (XIIIᵉ s.), V, 111.
Bruliau, sens de ce mot, I, 355.
BRULLÉ (Olivier). Voy. Bruslé.

BRULONS (SAVARY des). Voy. Savary.
Brunai (XIIIᵉ s.) : Brunoy, V, 202.
BRUNEAU (Antoine), avocat, né à Chevreuse. Ses ouvrages, III, 375.
— (Jean), greffier de la Chambre ecclésiastique et chapelain de l'év. de Paris. Curé de Bobigny ; son épitaphe (1504), II, 636, 637.
— (Jeanne), femme de Guillaume le Vavasseur, IV, 27.
Brunecum (XIIᵉ s.) : Brunoy, V, 202.
BRUNEHAUT, reine. Le souvenir de son supplice cru à tort conservé par le nom de la Croix du Trahoir à Paris, I, 37. — Reçoit d'Orient les reliques de S. Julien, I, 260.
— (chaussées dites à tort de), I, 354 (note 13.)
Bruneium, *Bruneyum* (XIIᵉ s.) : Brunoy, V, 202.
BRUNEL (Philippe), seigneur de Grigny (XVᵉ-XVIᵉ s.), IV, 405.
BRUNET (Antoine), chanoine de St-Agnan de Paris. Abbé de la confrérie des Matines. Sa sépulture à Notre-Dame (1574), I, 12, 13.
— (Gilles), intendant d'Auvergne, puis de Moulins. Seigneur d'Evry-les-Châteaux (XVIIIᵉ s.), V, 130.
— (Joseph), supérieur du Calvaire du Mont-Valérien, abbé de St-Crépin de Soissons, III, 88.
— (Pierre), fondateur d'une chapellenie à St-André-des-Arts (XVᵉ s.), I, 286.
BRUNET, garde du trésor royal. Sa maison de campagne à Brunoy (XVIIIᵉ s.), V, 207.
BRUNET DE RANCY (Etienne), seigneur d'Evry-les-Châteaux, Rancy, Vaux-la-Reine. Sa sépulture (1717), V, 128. — Le même (Paul-Etienne), seign. de Combs-la-Ville, Egrenay et Vaux-la-Reine en 1717, V, 185.
BRUNET DE RANCY (Mᵐᵉ) [Marie, fille du précéd.], femme de [Louis-Henri-François] Colbert de Croissy, V, 185.
BRUNETIÈRE (de la), vicaire général de l'év. de Paris. Acte relat. à l'abbaye de St-Antoine de Paris (1666), I, 332 ; — à la paroisse de Passy, 402.
Brunetum (XIIᵉ s.) : Brunoy, V, 202.
BRUNOY, *Brannadum*, *Brannate in Briegio*, *Brennacum*, Bronai, Broni, *Broniacum*, Brunoi, *Brunecum*, *Bruneium*, *Bruneyum*, *Brunetum*, *Burnegum*, *Ebronadus*, paroisse du doyenné du Vieux-Corbeil, [Seine-et-Oise, cant. de Boissy-St-Léger]. Notice, V, 201-208. — Péage (droit de), concédé à l'abbaye d'Yerres (1206), II, 622 ; III, 184.

— Lieux-dits : Beaucerons (les), Ganne (tour de), Monceaux, Revillon, Soulin, Tifaine.
— (Ansel de) de Bruneio, frère de Frédéric de Gentilly ; mentionné en 1171, IV, 8 ; V, 205.
— (Ansel de), de Bronaio, de Bronay, chevalier. Ses biens dans la châtellenie de Corbeil, IV, 300 ; V, 205.
— (Federicus de), de Bronai. Vassal de l'év. de Paris pour un fief à Gentilly (XIIIᵉ s.), IV, 5, 8 ; chevalier de la châtellenie de Corbeil, IV, 300 ; V, 205 ; — le même peut être encore mentionné en 1228 (Ferricus de Bruneio), V, 205-206.
— (Philippe de), de Bruneio, chevalier. Sa maison à Brunoy, mentionnée vers 1230, V, 204. — Vassal de l'év. de Paris pour un fief à Gentilly (1270), IV, 6, 8 ; V. 206. — Terres relevant de lui à Jaigny (1271), II, 230 ; V, 206. — Vend à l'abbaye de Ste-Geneviève un bois à Mainville (1277), V, 64, 206.
— (Raoul de), frère d'Ansel. Ses biens dans la châtellenie de Corbeil (XIIIᵉ s.), IV, 300.
BRUNSAY (Jacques de), sieur de la Courrouge. Ses fiefs à Grigny en 1597, IV, 406.
BRUNSWICK (duchesse de). Sa maison à Asnières, III, 59.
BRUSLÉ ou BRULLÉ (Olivier), marguillier de l'égl. de Villeron. Mentionné en 1532, II, 312.
BRUSLÉ (les sieurs), fermiers de Vaulaurent. Leurs épitaphes, II, 312.
BRUSSEL, auditeur des Comptes. Auteur du Traité de l'usage des fiefs, I, 475 ; — rectifié, IV, 461.
BRUTÉ, curé de St-Benoît à Paris. Auteur cité, I, 137, 138, 147-8, 583, 627.
BRUXELLES [Belgique]. Ses marchands au Landit de St-Denis, I, 547. — Ses draps renommés au XIVᵉ s., II, 270. — Archives citées, II, 470.
— (Jean de). Voy. Jean Mauburin.
BRUYÈRES, au pays de Chambly [Seine-et-Oise, arr. de Pontoise, cant. de l'Isle-Adam]. Mentionné en 799, II, 465 (note.)
BRUYÈRES. Voy. Bruyères-le-Châtel.
BRUYÈRES (ferme de), proche Limeil-en-Brie (1260), V, 33.
BRUYÈRES (les), les Brières [Seine, ham. de Bagnolet]. Notice, II, 657.
BRUYÈRES (les), fief dépendant de Groslay. Appartenant au prieuré de la Saussaye, I, 612, 613.
BRUYÈRES, Brueriæ, hameau de Nanterre (XIIIᵉ s.), III, 77.

BRUYÈRES (Guy de), de Brueria, prieur de Saint-Yon. Sa tombe dans l'égl. de ce lieu (1272), IV, 161.
— (Hugues de), de Brueres, mentionné en 1250, II, 280.
— (Pierre de), abbé de St-Victor de Paris (1356), I, 344.
— (Thibaud de), seigneur d'Andilly (1244), I, 635.
BRUYÈRES-LE-CHATEL, Brocaria, Brogariæ, Brieres, Bruceres, Bruyères-la-Ville, paroisse du doyenné de Châteaufort [Seine-et-Oise, arr. de Corbeil, cant. d'Arpajon]. Notice, III, 464-476.
— (Adam de), mentionné en 1262, III, 473.
— (Agnès de), peut-être sœur d'Hugues et de Thomas (XIIᵉ s.), III, 472 ; IV, 225.
— (Alix de). Ses fiefs d'Orsay et de Villehier (XIIIᵉ s.), III, 397, 473.
— (Hervé de), vassal de Montlhéry pour son fief à Villebon (XIIIᵉ s.), III, 473, 512.
— (Hugues de), peut-être frère de Thomas (XIIᵉ s.), III, 441, 473.
— (Jean de) ou de Poissy (1262-1291), III. 420, 473.
— (Marguerite de), dame des Bordes et de Bruyères-le-Châtel ; femme de Guillaume des Bordes. Sa sépulture (1419), III, 468, 474.
— (Pierre, fils d'Agnès de). Voy. Pierre.
— (Sedile de) de Brueriis. Dame du Mesnil ; vassale (vavassoria) du Roi au XIIIᵉ s., III, 473.
— (Thomas Iᵉʳ de), seigneur de Bruyères-le-Châtel (XIIᵉ s.), III, 441, 469, 472 ; IV, 94.
— (Thomas II de) de Brières. Ses biens à Briis en 1200, III, 447. — Bienfaiteur de la chapelle St-Thomas de Bruyères-le-Châtel (1201), 469. — Seigneur de ce lieu, transige avec l'abbé de St-Magloire (1209), III, 473 ; IV, 381.
— (Thomas III de), frère de Jean. Seigneur de Bruyères-le-Châtel (1262), III, 473.
— (Thomas IV de), fils de Jean. Mentionné en 1304 ; décédé en 1351. Fondateur présumé du collège Mignon à Bruyères-le-Châtel, III, 473.
— (Thomas de), de Brueres, de Brugeriis, vassal de Montlhéry (XIIIᵉ s.), IV, 103, 104.
— Compris dans le Castrensis pagus, IV, 133. — Étymologie, IV, 171. Château ; sa chapelle la Madeleine, ancienne égl. paroiss., III, 466, 467, 470.
— Collège Mignon, IV, 473.

— Léproserie et Maison-Dieu, IV, 470.
— Marquisat (érection en), 475.
— Paroisse : deux curés, 467, 469.
— Prieuré de St-Didier, dépendant de St-Florent de Saumur puis réuni à celui de la Saussaye, IV, 471, 472 ; — mentionné en 1206, III, 471 ; IV, 80 ; prieurs, 471, 472. Voy. Louet (René).
— Seigneurs, leur dîme à Marolles-en-Hurepoix, IV, 225.
— Lieux-dits : Arny, Arpenty, Baillot, Bel air (moulin) Busserie [?], Couard, Forêt (la), Ollainville, Plessis-Saint-Thibaud (le), Trevoye et Tremerolles (moulins), Tron, Rué le grand et le petit), Saint-Didier, Verville, Vinain [?].

BRYE (Jean de), curé d'Andresy (1562), II, 100.

BRY-SUR-MARNE, *Brayacum, Briacum*, Bri, paroisse du doyenné de Lagny [Seine, arr. de Sceaux, cant. de Charenton]. *Notice*, IV, 630-635.
— Paroisse ; IV, 622-3, 632. — Habitants, exempts du droit de prises (1404), IV, 625-6, 636.
— (Albert de). Son fief du Chesnay, II, 550 ; — il le donne au prieuré de Gournay, IV, 609. — En guerre avec Pierre de Clacy (XIIe s.), IV, 633.
— (Drogon de), fils de Foulques. Seigneur de Bry-sur-Marne ; mentionné en 1157, IV, 633.
— (Foulques de), chevalier. Seigneur de Bry-sur-Marne (1145), IV, 633.

BRY (O... de), en guerre avec Pierre de Clacy (XIIes.), IV, 633.
— (Sicard de), seigneur de Bry-sur-Marne en 1214, IV, 633.
— (Thomas de), fils de Sicard. Son anniversaire célébré à la cathédrale de Paris (XIIIe s.), IV, 633.

BUA (le) ou le BUS, lieu-dit de Jouy-le-Moutier [le même peut-être que le Pré-du-Buc], II, 109.

BUAT (Marguerite de), veuve d'Antoine de Guérapin. Dame de Lieux, Gency, le Bus et Mélandon ; sa sépulture (1649), II, 108.

BUAU (Denise), femme de Pierre Forget. Mentionnée en 1597, V, 65.

BUC, *Bucum*, Buch, paroisse du doyenné de Châteaufort [Seine-et-Oise, arr. et cant. de Versailles]. *Notice*, III, 274-278.
— premier village que traverse la Bièvre, III, 255. — Aqueduc, construit sous Louis XIV, 277. — Eglise, 274-5 ; — unie à celle de Toussus, puis séparée (XVe s.), III, 275, 307. — Seigneurie ; la terre de Vauhallan en dépend (1398),

III, 320 ; — sa réunion au domaine royal (1692), 372.
— (porte de), lieu-dit de Versailles. Paroisse dont il dépend, III, 199.
— (prés du), fiefs ainsi appelés à Jouy-le-Moutier, II, 106, 109.
— Lieux-dits : Antechrist (l'), Boulie (la), Breuil (le), Guérinière (la), Hacqueville, Launay, Montmoyen, Vaubetain.
— (Adam de), de Buch. Ses biens à Louveciennes (1223), III, 114. — Seign. de Buc ; vend une terre à l'abbaye de St-Denis, III, 276.
— *(Guerundus de), de Bucco*. Mentionné en 1301, III, 276.

BUCAILLE, curé d'Andilly (1699), I, 638.

Bucciacus (vicus) (VIe s.) : Boussy-St-Antoine, V, 192.

Buccidius, nom d'homme. Nom de lieu en dérivant, V, 193.

Bucco (Guerundus de). Voy. Buc.

Buccus, synon. d'*hircus* dans la basse latinité, bouc ; étymologie possible du nom de Buc, III, 274.

BUCH (Adam de). Voy. Buc.

BUCH (captal de). Voy. Grailly (Jean de).

BUCHARD, chevalier. Donne à St-Maur-des-Fossés des biens à Escorcy, IV, 197.

BUCHES (Yves), chevalier de Franconville. Bienfaiteur de l'abbaye du Val ; mentionné en 1190, II, 49.

Buchivallis (XIIIe s.) : Bougival, III, 105.

Buciaco (Philippus de), mentionné en 1161, V, 132.

Buciacum (XIIIe s.) : Boussy-Saint-Antoine, V, 192.

Buciona (VIIe s.) : le Buisson, III, 478, 479.

BUCOLÉON (chapelle du), à Constantinople ; reliques qui en proviennent, I, 543.

BUCUNVAL (XIIIe s.) : Bouqueval, II, 250.

BUCY (XIIIe s.) : Boussy-St-Antoine, V, 200.

BUCY (Adam de), fils de Raoul. Mentionné en 1206 [et non 1195], II, 514.
— (Ansel de), chanoine de la cathédrale de Paris. Arbitre dans un procès (1264), III, 347.
— (Louis de), sieur de Mérival (XVIIe s.) V, 376.
— (Pierre de), fils de Raoul. Mentionné en 1206 [et non 1195], II, 514. — Fait hommage du fief de Montjay à l'év. de Paris au nom d'Archambaud de Bourbon (1228), II, 530.

— (Raoul de), chevalier ; mentionné en 1206 [et non 1195], II, 514.
— ou Bussy (Simon Matifas de), év. de Paris. Acte relat. à l'égl. St-Etienne-des-Grez (1290), I, 143 ; — à N.-D. de Corbeil (1292 et 1297), IV, 287. — Reçoit l'hommage de la terre de Montjay (1293), II, 531. — Acte relat. à la Pissote (1294), II, 399 ; — à la chapelle du palais épiscopal (1300), I, 20 ; — au curé de Versailles (1301), III, 194 ; — à Gennevilliers (1302), III, 62 ; — au prieuré de Suresnes (1304), III, 50. — Son testament en 1304, cité, III, 412, 458. — Accroissement et travaux faits sous son épiscopat au manoir de Gentilly, IV, 6 ; — de Wissous, 50 ; — de Moissy-l'Evéque, V, 108. — Meurt à Gentilly (1304), IV, 6. — Ses relations d'amitié avec Gazon de Champagne, évêque de Laon, IV, 396. — Son nom donné à une rue de Paris, I, 486.

Bucy, payeur des rentes. Possède le château de Tillemont (XVIIIe s.), II, 402.

Bucy. Voy. Bussy.

Bucy-Saint-Georges ; — Saint-Martin. Voy. Bussy.

Budé (famille). Ses armoiries au château d'Yerres, V, 216.
— (Anne), femme de Fr. de Machault. Mentionnée en 1606, III, 242 ; — en 1649, III, 249.
— (Annibal), fils de Dreux [IV]. Ses fiefs à Villabé en 1577, IV, 254. — Vend la seigneurie de Montgeron en 1604, V, 47.
— (Antoine), seigneur de Marly-la-Ville en partie. Obtient sentence contre l'abbé de St-Magloire (1552), II, 328.
— (Charlotte), fille d'Eustache ; femme de Marc du Paultray. Sa sépulture (1623), V, 212, 215.
— (Dreux [I]), garde des chartes du Roi. Seigneur de Villiers-sur-Marne (1448), IV, 628. — Audiencier de la chancellerie ; acquiert la seigneurie d'Yerres et est nommé prévôt des marchands (1452), V, 214. — Reçoit l'hommage de la terre de Fleury-Mérogis (1454), IV, 354, 355. — Son fief de la Tour quarrée à Gentilly (1458), IV, 7. — Acquiert la terre de Marly-la-Ville (1464), II, 327 ; — des biens à Montreuil-sous-Bois (1466), II, 399.
— (Dreux [II]), fils de Jean. Seigneur de Drancy-le-Petit (1504-1510), II, 633 ; — de Montgeron, V, 47 ; — d'Yerres, V, 214 ; — de Villiers-sur-Marne (1515), IV, 629. — Mentionné en 1520, V, 44.
— (Dreux [III ?]), curé de St-Ouen-l'Aumône (vers 1560), II, 118.
— (Dreux [IV]), fils de Jean ; secrétaire du Roi et greffier du Parlement. Rend hommage pour la seigneurie de Fleury-près-Meudon (1566), III, 242. — Reçoit hommage de la seigneurie de Mardilly (1571), V, 133. — Seigneur d'Yerres en partie (1573, 1580) ; sa sépulture (1587) ; son cœur dans l'égl. d'Yerres, V, 212, 214, 215.
— (Étiennette), femme de Nicolas de la Chesnaye (XVe s.), I, 629.
— (Eustache), fils de Dreux [IV] ; correcteur en la Chambre des Comptes. Seigneur d'Yerres (1597), V, 212, 215 ; — son épitaphe (1608), 212.
— (Guillaume), annobli par Charles VI en 1399, V, 214.
— (Guillaume), fils de Jean [II] et de Catherine le Picard ; érudit, maître des Requêtes, I, 629. — Seigneur de Marly-la-Ville, II, 327-328, 462. — Sa résidence à St-Maur-les-Fossés (vers 1520), II, 462 ; — à Yerres ; son nom conservé à une fontaine de ce lieu, V, 214, 220, 221. — Sa sépulture (1540), I, 204, 205.
— (Hector), ses biens à Villabé (XVIIe s.), IV, 254.
— (Isabelle), fille d'Eustache ; femme de Florent Pasquier. Dame d'Yerres (XVIIe s.), V, 215.
— (Jacques), fils de Dreux [II]. Seigneur de Drancy-le-Petit en 1553 et 1556, II, 633.
— (Jean), notaire du Roi. Son anoblissement en 1399, V, 214.
— (Jean II), fils de Dreux [I]. Seigneur de Villiers-sur-Marne et d'Yerres en 1467, IV, 628 ; — d'Yerres en 1476, V, 214. — Secrétaire du Roi ; ses biens (seigneurie) à Marly-la-Ville en 1481, II, 327 ; — à Mandres. Cède cette terre aux Chartreux de Paris (1488), V, 192-2.
— (Jean [III]), fils de Dreux. Seigneur d'Yerres (1534) ; décédé dès 1558, V, 214.
— (Jean [IV]), seigneur de Drancy-le-Petit (XVIe s.), II, 633.
— (Jean), fils du précédent. Seigneur de Drancy-le-Petit en 1580, II, 633.
— (Jean), seigneur en partie de Villiers-sur-Marne (1660), IV, 629.
— (Louis), frère de Guillaume (vers 1520), II, 462.
— (Louis), fils de Dreux [II], com-

missaire d'artillerie. Seigneur de Villiers-sur-Marne, IV, 629 ; — de Montgeron. Son mariage avec Anne de Valenciennes (1550), V, 47.
— (Louis), écuyer, fils des précédents. Mentionné en 1580 et 1597, IV, 254 ; V, 47.
— (Nicolas), fils de Dreux [II]. Seigneur de Villiers-sur-Marne en 1551, IV, 629.
— (Nicolas), fils de Pierre. Seigneur de Villiers-sur-Marne, IV, 629 ; V, 215 ; — d'Yerres en partie, V, 215.
— (Nicolas), [curé?] de St-Ouen-l'Aumône (vers 1560), II, 118.
— (Pierre), frère de Dreux [IV]. Seigneur de Fleury près Meudon (1566, 1575), III, 242 ; — de Villiers-sur-Marne (1580), IV, 629 ; — d'Yerres en partie (1580), IV, 629; V, 215. — Son épitaphe [1592], IV, 627.
— (Pierre), fils du précéd. Vend sa part dans la seigneurie d'Yerres (1628), V, 215.
BUDES (Raimond de), neveu de Bernard de Surgis. Son testament fait à Issy (1334), III, 8.
BUEF (Pierre le) ou le Veuf. Prieur de Deuil ; mentionné en 1398 et 1404, I, 603.
BUFÉ. Voy. Bouffé et Buffé.
Bufetagium, droit sur le vin, II, 119.
BUFFÉ (Dreux). Voy. Méry (Dreux Buffé de).
BUFFÉ ou BUFÉ (Gautier). Fait remise, à l'abbaye de St-Victor, de droits à Boufflémont (1174), II, 151.
— (Odon), mentionné en 1185, II, 151.
Buffemunt : Boufflémont, II, 153.
BUFFETEAU (Michel), abbé des Vaux de Cernay (1502), IV, 259.
BUFFLES (peaux de), commerce important à Corbeil, IV, 311, 312-3.
BUGEALEAU (Thibaud) [Lebeuf a lu : Burgaleail] et Guillemette, sa femme. Bienfaiteurs de l'égl. de Pomponne [1461. Cf. Guilhermy, *Inscriptions*, III, 48-9], II, 505.
BUIGNELLE ou BUINELLE (famille de), V, 166.
— (Pierre). Ses biens à Jarcy; mentionné en 1213, V, 166.
— (Thibaud), père du précédent, V, 166.
BUINEL (Guillaume), ses biens à Soignolles (1220), V, 144.
— (Pierre), *de Lissiaco*, écuyer. Sa censive à Chanteloup ; mentionné en 1268 ; identifié avec Pierre de Lissy, V, 140.
BUINELLE (Pierre de), chevalier [le même que le précédent ?]. Ses biens dans la châtellenie de Corbeil (XIIIe s.), IV, 300 ; — qualifié *miles de Lyssi* en 1228, V, 139 ; — mentionné au sujet de ses dîmes de Soignolles (1218) et de Barneau (1228), V, 139, 143, 144.
BUISON (XIIe s.) : le Buisson, III, 479.
BUISSON (le) [Seine, éc. de Créteil], V, 22.
BUISSON (le) [Seine-et-Marne, ham. de Lésigny], 372.
BUISSON (le), *Buciona*, Buison, *Butio*, Bution. Conjecture sur la situation de cette localité [devenue plus tard Guillerville] (Voy. ce mot).
BUISSON, seigneur de Brevannes en 1700, V, 34.
— (Jean du), dit de Saint-Michel, chevalier. Vend à N.-D. de Paris des droits à Chevilly, IV, 335.
— (Louis), avocat au Parlement. Seigneur de St-Aubin en 1580, III, 335.
— (Marie du), femme d'Olivier d'Alesso, II, 111.
— (Mathieu de) (XIIIe s.), IV, 502, 603.
— (Pierre du). Possède la seigneurie de Vaux-la-Reine (XVe s.), V, 184.
BUISSON-AU-PRÊTRE (le), lieu-dit de la paroisse de Clamart, III, 249.
BUISSON-CHEVRIER (le), lieu-dit dépendant de la seigneurie de Fleury-Mérogis (1399), IV, 364.
BUISSON DE LA MINIÈRE (le), bois situé sur la paroisse de Beaubourg, IV, 514.
BUISSON-SAINT-ANTOINE (le) [Seine-et-Marne, ham. de Lognes]. IV, 602-3.
BUISSON DE SAINT-MARTIN (famille). Mentionnée comme possédant la terre de Voisins-le-Thuit, III, 316.
— (Louise). Vend la terre de Voisins-le-Thuit en 1675, III, 315.
Bulanviller. Voy. Ballainvilliers.
BULBIENNE (maladrerie de la) à Bourg-la-Reine, III, 558.
BULIURE (X... dit du). Ses biens à Villeparisis (1125), II, 578.
BULLANT (Jean), auteur du mausolée d'Anne de Montmorency I, 620.
BULLION [Seine-et-Oise, arr. de Rambouillet, cant. de Dourdan]. Lieux-dits : Gasseaux (le), Longchêne, Ronqueux.
— (Claude de), surintendant des finances (1632) et président à mortier (1636), V, 272. — Contribue à la reconstruction de St-Eustache, I, 60, 61. — Seigneur de Grisy [1633], V, 138 ; — d'Attilly, 283 [mort en 1640].
— (Claude de), fils du précéd. Seigneur de Longchêne, de Pamphou

et d'Attilly, terres érigées pour lui en marquisat (1670), V, 272, 283.
— Décédé en 1678, V, 283.
— (François de), fils de Claude. Seigneur de Longchêne, marquis d'Attilly et de Pamphou, V, 283.
— (Louis de), fils de Claude; marquis de Longchêne. Possède le château de Pamphou, V, 272.
— (Marie-Catherine de), femme de Pierre Rousselin de Montcour. Dame d'Attilly (XVIIIᵉ s.), V, 283-4.
— (Pierre de), fils de Claude, surintendant; abbé de St-Faron de Meaux. Seigneur de Grisy en 1645, V, 158.
BULLION (de), conseiller au Parlement de Paris. Seigneur de Fontenay-lès-Briis (fin du XVIIᵉ s.), III, 455.
BULLIOUD (Maurice), doyen du chapitre de St-Marcel. Son épitaphe (1540), I, 125.
BULOYER, Bulloher, [Seine-et-Oise, ham. de Magny-les-Hameaux]. Fief relevant de Villepreux, III, 294.
— (la chevée de), 294, 295.
Bundufla, Bunduflum (XIᵉ s.) : Bondoufle, IV, 331.
Bungeiæ (XIᵉ s.) : Bondy, II, 563.
BUNNELLE (Hugues), chanoine de St-Spire de Corbeil. Ses biens à Lieusaint (1182), V, 118-9.
Buno [Buno-Bonnevaux, Seine-et-Oise, arr. d'Etampes, cant. de Milly]
— (Foulques de), bienfaiteur du prieuré de Longpont, IV, 88. — ou BUNOU (Thescelin de), fils du précéd. Vassal du Roi pour les fours de Montlhéry (XIIᵉ s.), IV, 102.
BURCHARD, év. de Meaux. Sa résidence et sa sépulture à St-Victor de Paris (1134), I, 337.
BURCHARD, religieux de St-Martin-des-Champs. Donne à ce prieuré des biens à Clamart (1127), III, 247.
BURDELET (Jean) (XVIᵉ s.). V, 237.
BUREAU TYPOGRAPHIQUE ; son inventeur. Voy. Dumas.
BUREAU (Antoine), fils de Merry; référendaire à la Chancellerie. Seigneur de la Queue-en-Brie en 1550, IV, 488; — de la Houssaye, V, 337.
— (Catherine), femme de Guillaume Rivière. (1545), V, 86.
— (Etienne), secrétaire du roi d'Angleterre. En reçoit des biens à Romainville (1425), II, 646.
— (Gaspard ou Jaspard), grand-maître de l'artillerie. Seigneur du fief du Moineau à Nogent-sur-Marne, II, 472; — de Montfermeil, 544; — de Villemomble (XVᵉ s.), 472, 544, 561. — Capitaine du Louvre, 561.

— (Geneviève), dame d'Ormesson (1535), I, 606.
— (Geoffroy), bourgeois de Paris. Son fief de la tour de Tigery (1597), V, 399.
— (Guillaume). Voy. Barrand.
— (Jean), maître des Comptes; maire de Bordeaux. Fonde avec sa femme Germaine [Hesselin] une chapellenie à l'égl. des SS. Innocents, I, 52 ; III, 186. — Commissaire au Châtelet; acquiert des Célestins de Paris des biens à Attainville (1425), II, 193. — Trésorier de France. Seigneur de Fontenay-les-Louvres ; mentionné en 1448 et 1520 [corr. 1450], II, 240, 243. — Maître de l'artillerie. Seigneur de la Houssaye, V, 337.
— (Jean) [fils du précéd.] ; archidiacre de Reims, puis év. de Béziers. Seign. d'Ezanville, II, 187; — de la Houssaye ; mort en 1490, V, 337.
— (Jean) [fils de Hugues et de Jeanne Jayer], écuyer. Seigneur de la Tour-Tigery et du Tremblay en 1490 par sa femme, Marie Amyart, V, 85.
— (Jean), fils des précédents. Seigneur du Tremblay en 1540, V, 86.
— (Jean), fils du précéd. ; bourgeois de Paris. Seigneur de la Tour de Tigery en 1570, V, 399.
— (Jean), écuyer. Possède le fief de Combeaux en 1597, V, 76.
— (Jean-Baptiste), seigneur de la Queue-en-Brie (1580) ; mort en 1593, IV, 489.
— (Laurent), carme, puis év. de Sisteron. Auteur des peintures du cloître des Carmes de la place Maubert (XVIᵉ s.), I, 254.
— (Marguerite), fille du grand-maître de l'artillerie ; femme : 1° de Yves de Carnazet ; 2° de Charles du Buz (Voy. ces noms). Sa tombe dans l'égl. de Lardy, IV, 184, 185, 205, 212.
— (Merry), seigneur de la Houssaye (1505). Administrateur de l'Hôtel-Dieu de Paris en 1528, V, 337.
— (Philippe), femme de Nicolas Ballue, II, 212; III, 186. — Rend hommage pour la terre de Fontenay-les-Louvres (1464), II, 240.
— (Pierre), chevalier du Monglat. Seigneur d'Ezanville en partie (1487), II, 187 ; présent à un hommage rendu pour Luzarches (1474), 211.
— (Simon), fils de Jean, maître de l'artillerie ; écuyer. Seigneur en partie de Luzarches (1474) ; cède cette

seigneurie à Louis XI, II, 211. — Maître des Comptes. Seigneur de la Houssaye; mort en 1496, V, 337.
— (les sieurs), conciergcs du château de Beauté-sur-Marne en 1463-1464 [les frères Jean et Gaspard], II, 390.
— (Jean de Dicy, dit). Voy. Dicy.
BUREAU DE LA RIVIÈRE. Voy. Rivière (Bureau de la).
BURÉES. Voy. Bourrées.
BURELLE (fief de la), situé sur la paroisse de Soignolles, V, 145.
BURES (dimanche des), nom donné, en Lorraine, au premier dimanche de carême, III, 391.
BURES, localités de ce nom en France; origine de leur nom, III, 391.
BURES, de Buris, paroisse du doyenné de Châteaufort [Seine-et-Oise, cant. de Palaiseau]. Notice, III, 391-394. — Détaché du duché de Chevreuse au XVIe s., III, 371.
— Lieux-dits : Grand-Monil (le), Grange du Bas-Moulon (la), Guyonnerie (la), Haquinière (la), Launay (le Petit), Montjay, Rheaume.
— (Godefroi de). Ses exploits en Terre Sainte (1120), III, 393.
— (Guillaume de), frère du précédent. Vice-roi de Jérusalem (1124), III, 393.
BURGALEAIL (Thibaud). Voy. Bugealeau.
Burgellum : le Bourget, II, 623.
Burgensis (Louis). Voy. Bourgeois (Louis).
BURGHO (Thomas), anglais. Reçoit du roi d'Angleterre des biens à Palaiseau (XVe s.), III, 329.
Burgi vallis, nom inexact de Bougival, III, 105.
Burgo (societas de), à Paris. Mentionnée en 1307, I, 217.
Burgunnaria. Voy. Bourgonnerie (la).
Burgus novus (XIIIe s.): le Bourget (?). II, 650.
Burgus Reginæ : Bourg-la-Reine, III, 552; IV, 22.
BURIAU (Jean de la Rivière dit). Voy. Rivière (Bureau de la).
BURIN (Rollin). Acquiert un tiers de la seigneurie d'Yerres (1657), V, 215. — Cède cette seigneurie à l'abbaye d'Yerres (1673), 216.
BURLUGAY (Jean), curé de Boullayles-Trous et de Magny-les-Hameaux; théologal de Sens. Auteur du bréviaire de cette cathédrale (1702), III, 293. — Son séjour au château de Corbeville (1690), 400. Décédé à Sens (1702), 415..
Burnegum (XIIe s.) : Brunoy, V, 202.
BUS (fief du) sur la paroisse d'Yerres. Mentionné en 1597, V, 220.

BUS (le). Voy. Bua (le).
Busco (Girard de), mentionné en 1326, V, 417.
Buscus, buis; étymologie du nom de Boissy, V, 385 et note.
Bus rotundus, lieu-dit de la paroisse d'Asnières (XIIIe s.), III, 58.
Busseium. Voy. Biisseium.
BUSSERIE, lieu-dit de la paroisse de Bruyères-le-Châtel [?]. Mentionné en 1226, III, 471.
BUSSI (Guillaume de), év. d'Orléans; arbitre en 1252, IV, 437.
Bussiacum : Boissy-sous-St-Yon, IV, 165.
BUSSIÈRE. Voy. Boissière (la).
BUSSIÈRE (Renaud de), chanoine de la cathédrale de Paris. Son testament (XIVe s.), III, 506.
BUSSY, Buciacum, primitivement paroisse du doyenné de Lagny, subdivisée en trois paroisses : Bussy-St-Georges, Bussy-Saint-Martin et Guermantes. Notice, IV, 574-575.
— (Adam de), remplit, auprès de l'év. de Paris, le devoir de portage comme représentant le comte de Bar (1228), IV, 575.
— (Anthoine de), dit Piquet, écuyer. Seigneur de Gournay-en-France; maître d'hôtel du légat d'Amboise; son épitaphe, II, 145.
— ou BUCY (Guillaume de). Ses prétentions sur la terre de Jossigny (1232), IV, 526, 575.
— (Philippe de), représente le comte de Bar, seigneur de Torcy, à l'entrée épiscopale d'Etienne Tempier (1268), IV, 575, 593.
— (Pierre de), représente le seigneur de Montjay à l'entrée épiscopale de Guillaume d'Auvergne (1228); mentionné en 1241, IV, 575.
— (Raoul de), mentionné en 1170, IV, 525, 626.
— (Raoul de), fils de Pierre. Mentionné en 1241, IV, 575.
— (Simon de), év. de Soissons (1370), IV, 211.
— (Simon de), conseiller du Roi. Fondateur de la paroisse de Vaugirard (1352), I, 484.
BUSSY. Voy. Bucy...
BUSSY-LAMETH (X... comte de), seigneur de Presles en 1700, V, 309.
BUSSY-LE-REPOS [Marne, arr. de Vitry-le-François, cant. de Heiltz]. Mentionné en 1643, II, 246.
BUSSY-SAINT-GEORGES, Buciacum, Bucy, paroisse du doyenné de Lagny [Seine-et-Marne, arr. de Meaux, cant. de Lagny]. Notice, IV, 576-578. — Biens qu'y possède l'Hôtel-Dieu de Lagny, IV, 557.

— Lieu-dit : Genitoy (le).
BUSSY-SAINT-MARTIN, paroisse du doyenné de Lagny [Seine-et-Marne, arr. de Meaux, cant. de Lagny]. *Notice*, IV, 578-582. — Seigneurie dépendant de la châtellenie de Torcy, 595-6.
— Lieu-dit : Rentilly.
BUTARDIE (Marie la), mère de Guy de Châtres, abbé de St-Denis. Sa sépulture (1324), IV, 137.
Buticularius Silvanectensis ; — regis, II, 614. Voy. Bouteillers de Senlis.
Butio, domaine ainsi appelé au VIIe s. Identifié avec Villebousin, IV, 133.
Butio (VIIe s.) : le Buisson, Bution, III, 478-9.
Butnæ (XIe s.) : Bonnes, signification de ce mot, IV, 179.
BUTTE DE BONHEUR (la), canton du bois de Vincennes, II, 411.
Buxeium : Boissy-sous-St-Yon, IV, 165.
Buxeus, Buxiacus (VIIIe s.) : Boissy-St-Léger, V, 386.
BUXI (Hugues de). Voy. Boissy (Hugues de).
Buxiacum : Boissy-sous-St-Yon, IV, 165. — Boissy-St-Léger, V, 386.

Buxidus (VIIe s.) : Boissy-St-Léger, V, 386.
Buxus, étymologie de Boissy-sous-St-Yon, IV, 165.
BUY (Henri et Pierre de Masparault, seigneurs de). Voy. Masparault.
BUZ (Charles du), écuyer d'écurie, nommé par le Roi capitaine de Châteaufort (1467), III, 303. Seigneur de Ville-Mareuil et de Lardy, IV, 185 ; — de Brétigny en 1487, 346 ; — de Tournan, V, 326.
BUZANÇAIS (Aymar ou Emon de Prie, baron de), II, 561.
BUZANCY (Nicolas d'Anglure, comte de), I, 110-11.
BUZAY [Loire-Inférieure]. Abbaye ; abbé. Voy. Caumartin (de).
BUZE (Charles de), prieur de St-Ouen de Favières en 1570, V, 346.
BUZÉ (Jean), barbier du roi Philippe-le-Bel. Bienfaiteur de l'égl. St-Germain-l'Auxerrois (1309), I, 30.
BUZENVAL, Besenval, Bozonval ? [Seine-et-Oise, ham. de Rueil]. Mentionné au XIIIe s., III, 97. *Notice*, III, 98-100.
— Château (prise du) par les Calvinistes en 1567, III, 99, 214. — Confondu avec Bougival, 105.

CABANAT (Marie-Angélique de JORDY de), femme de Jean-François de Fitte, III, 457.
Cabannarum villa, étymol. proposée du nom de Chouanville, III, 494.
Cabrianecum, nom de lieu indiqué sur une monnaie mérovingienne. Son identification, V, 284-5.
CACHAN, *Caticantus, Caticampus, Cachentum, Karoli campus*, Cachant [Seine, ham. d'Arcueil]. *Notice*, IV, 20-25.
— Possession de St-Germain-des-Prés (872), III, 535. — Habité avant Arcueil dès le IXe s. ; faisait partie du domaine royal, IV, 5, 14. — Dépendait de l'égl. de Gentilly au XIIIe s., IV, 14. — Château royal mentionné en 1316, II, 365 ; — visité par Louis XIII, IV, 47, 48.
— (la Croix de), *crux de Cachant* ; lieu-dit près de Bourg-la-Reine. Mentionné au XIIe s., III, 562.

CACHANT (1356), *Cachentum* : Cachan, IV, 21.
CACHER (verbe), étymologie peu plausible du nom de lieu Cachan, IV, 20.
CADEROUSSE (duc de). Voy. Ancezune.
Cadolaicum, Cadolagum. Voy. *Catolagum*.
Caducum, droit féodal, II, 555 ; III, 581.
Cæcorum (congregatio) : les Quinze-Vingts, I, 39.
CAEN [Calvados]. Ville aussi grande que Paris sous Philippe-Auguste, I, 69 (note) ; — ses marchands au Landit de St-Denis, 547.
— (bailli de) en 1252, IV, 625.
— (château de). Michel de Marillac y est gardé prisonnier, III, 208.
— (généralité de). Intendants. Voy. Foucault, Briffe (de la).
— *(Origines de)* citées I, 454.
— Personnages célèbres. Voy. Bertot (Jacques).

— (Marie de), femme de Jean de Cuigy, III, 248.
CAFÉ, employé en 1669 à la réception de l'envoyé turc, III, 51.
Cagia. Voy. Cave.
CAGNÉ (Pierre), professeur au collège de Navarre, né à St-Germain-en-Laye ; mort en 1619, III, 145.
CAGNIE, principal des grammairiens du collège de Navarre [le même sans doute que le précédent], III, 245.
CAGNOUL, frère de Ste Fare. Ses biens à Gagny (VIIe s.), II, 546.
CAGUERINE (Marie). Ses biens à Bagnolet, II, 657.
CAHORS. Evêque, I, 61 ; — mentionné en 1211, III, 8. — Voy. Ganay (Germain de), Habert, S. Anatole, Saint-Mauris (de).
CAILLE (Jean de la), auteur rectifié, I, 427, 460 ; III, 586.
CAILLOT (Anselme), prieur de St-Fiacre de Gagny (XVIe s.), II, 549.
CAILLOT (Geoffroy de), écuyer. Ses biens à Vaumartin (1593), III, 152.
CAILLOT (Jean). Cède à St-Martin-des-Champs le fief de Neufmoulin (1408), II, 186.
CAILLOU (Pierre), prieur-curé de Jossigny en 1414. Abbé de Ste-Geneviève de Paris en 1466, IV, 529.
CAILLOUÉ (Robert de Vieupont, seigneur de), III, 329.
CAILLY (Agnan de), vicomte de Carentan. Seigneur de St-Gratien ; sa sépulture (1548), I, 630.
CAIUS ou GAIUS, nom romain. Origine de nom de lieu, II, 527.
Cala (VIu s.) : Chelles, II, 482, 483.
CALABRE (croix potencée du duché de), I, 324.
CALAIS [Pas-de-Calais]. Gouverneur. Voy. Harville (Antoine de). — Lieutenant du roi. Voy. Luzenay (Philippe de).
CALCÉDOINE [Bithynie]. Evêque : égl· qu'il dédie (1537), I, 523. Voy. Aymery (Jacques). — Ste Euphémie, martyre, I, 153.
Caleium (XIe s.) : Chaillot, I, 407.
Calidia ou *Callidia*, famille romaine présumée avoir habité Chailly et donné son nom à ce lieu, IV, 62.
Calidi fumi ou *furni* (ruisseau de) Voy. Chaufour.
Calidus mons ; — *Calido monte* (Pierre de). Voy. Chaumontel.
CALIGAUT (Claude). Son fief à Etiolles (1385), V, 74. — Sa fille. Voy. Challigaut (Jeanne).
CALIXTE II, pape. Bulle confirmant les possessions de St-Martin-des-Champs (1119), I, 197, 203 ; II, 58, 105, 110, 155, 182, 238, 257, 299, 316, 318, 350, 361, 565, 582, 584, 621, 625, 641, 642, 648, 649 ; III, 36, 245 ; IV, 14, 452, 469, 599, 613. — Bulle relat. à St-Florent de Saumur (1122), I, 602 ; III, 106, 375, 403, 405, 410, 468-9, 471, 507. — Son séjour à St-Denis, I, 509 ; — à Corbeil (1120), IV, 308.
CALLETOT (Guillaume. Voy. Chantilly (Guillaume de).
CALLEVILLE (Georges de), capitaine de Montlhéry (1412), IV, 106.
— (Guillaume), seigneur de Montrouge au XVe s., III, 589.
Callevium (XIIe s.) : Chaillot, I, 407.
Calliaco (Burchard de). Voy. Chailly Burchard de).
CALLIACUM, *Callidiacum*. Voy. Chailly.
Calloïum, Caloilum (XIIe s) : Chaillot, I, 407.
Calmeta. Voy. Chaumette (la).
Calmis (abbaye de), V, 152. Voy. Chaumes.
CALUNGE (Vautier), habit. de Vanves. Cède au prieuré de N.-D.-des-Champs des biens à Vanves, III, 583. — Sa femme, Ameline.
CALVAIRE (bénédictines du). Voy. Paris (couvents).
CALVAIRE (le MONT) près Jérusalem, III, 86. Voy. Mont-Valérien.
CALVI (collège de). Voy. Paris.
CALVILLE, fief situé sur la paroisse d'Andrésy, II, 102.
— (redevances de pommes de), III, 510.
CALVINISTES. Leurs ravages, III, 214, 449, 455, 491, 531, 538 ; IV, 180, 198 ; V, 403. Voy. Huguenots.
Calvo monticulo (XIIe s.) : Chaumontel, II, 225.
CAMAIEU (vitres peintes en), au château d'Ecouen, II, 184.
CAMALDOLI [Italie]. Ermites établis dans ce lieu par S. Romuald, V, 230.
CAMALDULES. Leur séjour présumé au Mont-Valérien, III, 85, 88 (note).
— Leur couvent à Yerres. Voy. Yerres.
Camborciacum (IXe s.) : Chambourcy, III, 154.
CAMBOUT (du) de Coislin. Voy. Coislin.
CAMBRAI [Nord]. Ses marchands au Landit de St-Denis, I, 547.
— Archevêques Possèdent au XVIIIe s. la terre de la Maison-Blanche à Gagny, II, 550. — Voy. Auxonne (Guillaume d'), Fénelon (de), Saint-Albin (Charles de).
— Cathédrale. Chantre. Voy. Marly (Jacques de).
— (collège de). Voy. Paris.

— Diocèse, I, 30.
— Evêques. Voy. Corbeil (Pierre de), S. Géry.
— Gouverneur. Voy. Bazin (Louis-Gabriel).
— (Ambroise de), curé de St-André-des-Arts à Paris, I, 288. — Chancelier de Notre-Dame ; curé de Montmagny en 1486, I, 587. — Chancelier de l'Université. Lègue au collège de Sorbonne des biens à Fontenay-aux-Roses (1495), III, 564.
— (Baudry de), chantre de Terouenne. Sa *chronique*, citée, I, 442.
— (Guillaume de), doyen de Beauvais, conseiller au Parlement. Prieur de Deuil (1480), I, 604 ; — acte relat. à Gonesse (1486), II, 202. — archev. de Bourges, I, 33.
— (Jean de), curé de Montmagny (1486), I, 587. — Confondu avec Ambroise de Cambrai, III, 564.
— (Simon de), prieur de Deuil (xvᵉ s.), I, 604.
CAMERIER. Voy. Chambrier.
CAMET, curé de Montgeron, V, 49.
Camliacensis (pagus). Voy. Chambly (pays de).
Camlimptum, localité mentionnée dans une charte de Charles-le-Chauve (863) : Champlan ? III, 517.
CAMP (le), canton près de Carrières-St-Denis, II, 36.
CAMP (le), lieu-dit situé sur la paroisse de Monceaux, IV, 252.
Campanilium (quinque), fausse étymologie de la rue Quincampoix, I, 169.
Campellensis, le territoire de Champeaux. Paroisses qui y étaient comprises, V, 408.
Campelli : Champeaux (paroisse et doyenné), V, 408. — Voy. Paris, Champeaux.
Campenninum (XIᵉ s.) : Champigny, IV, 467.
Campi, plaine couronnant la montagne Ste-Geneviève à Paris, I, 143.
Campi clini : Champlin et Clinchamp, IV, 481.
Campiniacum (XIᵉ s.) : Champigny, IV, 467.
Campi planctus, mauvaise latinisation du nom de lieu Champlan, III, 517.
Campi plantarium, forme étymologique de Champlan, III, 517.
Campis (Guido, Renaudus, Guillelmus de). Voy. Champs.
Campo Muloso (terre *de*), donnée en 1124 au prieuré de Gournay, II, 529, 580 ; V, 296.
Campsamentum, droit mentionné au XIIIᵉ s., III, 561.

Campus Christophori, lieu-dit de Senlisses [?]. (1218), III, 419, 422.
Campus Garnodi. Voy. Champ-Garnod (le).
Campus petrosus, lieu-dit de Roissy-en-France (XIIIᵉ s.), II, 278.
Campusplanus, Campiplantum (XIIIᵉ s.) : Champlan, III, 517.
Campus platani ou *pladani*, forme latine présumée du nom de lieu Champlan, III, 516, 517.
Campus Rutridis, lieu-dit de Fontenay-aux-Roses [?] (XIIIᵉ s.). Origine de ce nom, III, 562.
CAMULOGÈNE. Lieu où ce chef gaulois fut défait par Labiénus, V, 78-9.
CAMUS (Angélique Le), femme du sieur Gallant. Dame d'Evry-sur-Seine ; aliène cette terre en 1646, IV, 327.
— (Antoine Le), maître des Requêtes. Seigneur de Trousseaux en 1636, IV, 379.
— (Antoinette), dame de Pontillant en 1539, IV, 498.
— (Charles), seigneur de Buloyer en 1608, III, 294.
— (Claude Le). Son fief de la Porte-Jaune à Grigny (1597), IV, 406.
— (Denis), chanoine de l'abbaye de St-Maur (1536), II, 433.
— (Denis), curé-prieur de Palaiseau. Mentionné en 1571, III, 326.
— (Denis Le), président à la Cour des Aides. Seigneur d'Emérainville, Courcerain et Malnoue ; sa sépulture [1688], IV, 508. — Mentionné en 1680, 510.
— (Etienne Le), habitant de Fontenay-aux-Roses au XIIIᵉ s., III, 563.
CAMUS ou LE CAMUS (Geoffroy), seigneur de Pontcarré, IV, 507 ; — de Torcy, 591, 594-5.
CAMUS (Geneviève), religieuse de Chelles. Sa guérison miraculeuse (1631), II, 489-90.
— (Geoffroy-Macé), fils de Nicolas-Pierre ; maître des Requêtes. Seigneur de Béthemont en 1719, II, 141. — Conseiller au Parlement, seigneur de Pontcarré, IV, 507.
— (Henri), administrateur de l'hôpital de St-Germain-en-Laye (1423), III, 143.
— (Jean), baron de Bagnols. Seigneur de Pontcarré par son mariage avec Antoinette de Vignols (XVIᵉ s.), IV, 507.
— (Jean-Pierre), doyen de St-Germain-l'Auxerrois (1621) ; év. de Belley, I, 34. — Inscription le mentionnant à St-Jean-en-Grève (1641), 91.
— ou LE CAMUS (Marie), femme

de Michel Particelli. Fonde une confrérie dans l'égl. d'Emerainville (1686), IV, 508, 510.
— (Marie-Catherine Le), femme de Jean-Aymar Nicolaï. Bienfaitrice de la paroisse de Goussainville (1696), II, 290.
— (Michel le), seigneur de Bertinval (1667), II, 214.
— (Nicolas), seigneur de Bertinval (1607), II, 214.
— (Nicolas), sous-doyen du Parlement. Seigneur de Pontcarré en 1645, IV, 507.
— (Nicolas), conseiller au Parlement. Seigneur de Pontcarré ; mort en 1660, IV, 507.
— (Nicolas), conseiller d'honneur des Parlements de France. Seigneur de Pontcarré ; mort en 1705, IV, 507.
— (Nicolas Le), premier président de la Cour des Aides. Seigneur de Montrouge, par sa femme, Charlotte Baugier, III, 590. — Bienfaiteur de la paroisse d'Yerres, V, 213. — Possède le château de la Grange (XVIIIᵉ s.), V, 219. — Marié [en secondes noces à Marie-Anne] Le Maître, V, 66.
— (Nicolas-Pierre), seigneur de Montsoult en partie, II, 146 ; — de Pontcarré ; premier président du Parlement de Rouen en 1703, IV, 507.
— (dame Le). Transmet à son fils, M. de Flamarens, la terre de St-Mandé, II, 381.
CAMUS DE PONTCARRÉ (Jean-Baptiste-Elie), conseiller au Parlement (1721) Seigneur de Belloy en partie, II, 197.
CAMUS DE SAINT-BONNET. Voy. Saint-Bonnet (Camus de).
Canaberiæ (XIIIᵉ s.) : Chennevières, II, 310.
CANABRE, nom défiguré de Chennevières-en-France, II, 309.
CANAL (le), ruisseau à Châtenay (XIIIᵉ s.), III, 541.
CANAPEVILLE (Jean de), marchand. Marguillier de l'égl. St-Sauveur, I, 72.
Canaveriæ (veteres) (XIIᵉ s.) : Chennevières-en-France ? II, 309.
Cancellaria, synonyme de Cartitularia, I, 508.
CANDALE (Louise de FOIX de), abbesse de Ste-Glossine de Metz, I, 345.
CANDAT. Voy. Condat.
CANAYE (Etienne), doyen du Parlement de Paris. Epouse, en 1699, Marie-Jeanne Garnier ; mort en 1744, II, 402.

— (Jean), propriétaire de la maison du Patriarche, à Paris, I, 258.
CANDAS (Jean [de Belley], seigneur de), II, 196.
Candusoccus, mot celtique. Sa signification, II, 650.
CANES (Frédéric), seigneur de Vaugien. Cède cette terre en 1635, III, 382.
CANETTES (ferme des) au Plessis-Pâté, IV, 357.
CANGE (Charles DU FRESNE du), inhumé à St-Gervais, I, 82. — Critiqué, II, 24, 52, 254 (note), 582 ; III, 46 (note), 58-9, 190-1 ; IV, 155 ; V, 30.
CANIVET (Georges), doyen du chapitre de St-Cloud, III, 28.
CANLERZ (Marguerite de), femme de Philippe Braque. Dame du Luat (1497), II, 167.
Cannabis, chanvre. Origine du nom de lieu Chennevières, IV, 474.
CANNAYE (Jacques), avocat. Seigneur de Fresnes, IV, 44.
CANNAYE (Philippe de), dit Fraxineus, fils de Jacques. Seigneur de Fresnes-les-Rungis ; son épitaphe (1610), IV, 44.
CANNOY. Voy. Sannois.
Canoilo (Robertus de). Voy. Chesnay (Robert du).
Canoilum, Canoilus, Canolium, II, 549-50. — Terre donnée au prieuré de Gournay par Albert de Bry (XIIᵉ s.), IV, 609 ; — identifiée avec Chennuel (le Chesnay, ham. de Gagny), 610.
CANONE (Roger de), sieur de Marsac, gouverneur de la citadelle de Nancy, lieutenant-commandant du château de Vincennes. Son épitaphe (1665), II, 393.
Canonicus plebanus, I, 162.
CANONS, donnés par Louis XIV ; conservés au château de la Norville, IV, 234.
CANTELEU (Antoine de), seigneur de Chevreuse (1486, 1507), III, 370, 371.
— (Pierre de), conseiller de la Chambre des Comptes, I, 91.
Cantilupum, poésie latine anonyme composée, en 1587, sur Chanteloup-lez-Châtres, IV, 155.
Canti platanus ou Cantus Platani, origine du nom de lieu Champlan, III, 517.
CANTORBE (de), fermier général. Son fief du Piples (XVIIᵉ s.), V, 389.
CANTORBERY [Angleterre]. Archevêques. Voy. Corbeil (Guillaume de), S. Anselme, S. Edme, S. Thomas.
— (Théodore de). Son Pénitentiel cité, I, 341.

Cantus, signifiant grand chemin, canton, III, 517; IV, 532. — Noms de lieux qui en sont dérivés, IV, 20.
Cantus lupi : Chanteloup, IV, 532, 533.
CANU (Antoine), commandeur de l'hôpital du Haut-Pas à Paris, I, 156.
— (Tristan), curé de N.-D. de Corbeil vers 1601, IV, 291.
CANY (Jean du Bec, seigneur de), V, 181.
CAOURS (Jeanne de), femme de Jean de Vaucilles. Dame de Périgny; ses armoiries; sa sépulture dans l'égl. de ce lieu (1484), V, 187, 188.
Capella, signifiant paroisse, I, 308.
Capella Domini Galterii (XIIIe s.) : la Chapelle-Gautier, V, 426.
Capellanus, signifiant curé, I, 308.
CAPELLE (Jean de Saint-Omer, dit le bâtard de Valère-), II, 365.
CAPET (Jean), cordelier, docteur en théologie. Apporte des reliques à Villeron (1501), II, 312, 313.
Capicerii, Capitiarii (chefciers), origine de ce nom, I, 162.
Capitalia (redevances appelées), IV, 476.
Capitaneus. Son abrégé *Cataneus* a formé le radical du nom de lieu Cheptainville, IV, 194.
Capitanei Villa. Voy. *Catanei Villa*.
CAPITAUT (Simon), chanoine de N.-D. de Corbeil. Bienfaiteur de cette église (1479), IV, 289. — Sa sépulture, 290.
Capitiarii. Voy. *Capicerii*.
Caponum (Societas), Société des négociants juifs à Paris au XIVe s., I, 217-8.
CAPPADOCE (S. Mammès, martyr de), I, 104.
CAPPEL (Jérôme), religieux de Livry. Curé de Clichy-en-l'Aunois en 1535, II, 572.
Capra aurea (Simon de), chanoine de St-Victor de Paris. Épitaphes qu'il compose en vers latins, I, 341.
CAPREUSE (Pierre de). Voy. Chevreuse.
Capriacus (vicus) (XIIe s.) : Chevry, V, 285.
Caprius, nom romain. Origine proposée du nom de lieu Chevry, V, 284.
Caprosa, Caprosia : Chevreuse, III, 363.
Capsum, terme d'architecture religieuse. Sens de ce mot, III, 245.
CAPTIF, CHÉTIF, mots formés du latin *captivus*, IV, 194.
CAPTIFS. Leurs patrons : S. Léonard, II, 26 ; — Ste Honorine, 89.
Captifs (les) de Michel-Ange au château d'Écouen, II, 184.

Captiva Villa, forme latine non justifiée employée pour désigner Cheptainville, IV, 194.
Captonacum, Captunacum. Voy. *Catonacum*.
CAPUCINS. Leur premier couvent en France, à Picpus de Paris, I, 332 ; — à Meudon (1570), III, 238. — Leur établissement à la léproserie de Pontoise, II, 116-7; — à Louvres, 303. — Voy. Paris (couvents).
Caput villæ, forme latine inexacte du nom de Chaville, III, 217.
CARACCIOLO (Suzanne), femme de François d'Annivet (XVIe s.), V, 268.
CARADEU (Pierre), curé de Montevrain (1232), IV, 526.
CARAMAN (RIQUET de), maréchal de camp. Possesseur du château de Roissy, II, 284.
CARAUSIUS (histoire de l'empereur) par Genebrier, citée, II, 421.
Cara Vicina (Milesende, surnommée), IV, 209.
Carcassona (domina). Ses biens à Draveil en 1223, V, 63.
CARCASSONNE [Aude]. Évêques. Voy. Chévry (Jean de), Donjon (Jean du), Guy. — Sénéchaussée, V, 274.
Carcere (S. Dionysius de), étymologie du surnom de cette égl. de Paris, I, 208-9.
Carcoicum (XIIe s.) : Charcois, IV, 357.
CARDAILLAC (Christophe de), baron de Montbrun. Seigneur de Briis en 1618, III, 449. — Mentionné avec sa femme dans un acte relat. à Vaugrigneuse, 460.
CARDIER, fief de la paroisse de Villiers-le-Bâcle [?] III, 314.
CARDIN. Voy. Le Bret (Pierre Cardin).
CARDINAUX (liste des prêtres) de Paris au XIIIe s., I, 80 (note); — au nombre de douze en mémoire des apôtres, 161, 162.
CAREL, receveur-général des finances de la généralité de Paris. Sa maison à Passy, I, 406-7.
CARÊME (pains de) distribués au chapitre de la cathédrale ; règlement à ce sujet en 1125, III, 568 ; IV, 34.
CARÊME (permission accordée de manger de la viande en secret pendant le), III, 448.
CARENTAN [Manche, arr. de St-Lô]. — Vicomte : Agnan de Cailly, I, 630.
Carento : Charenton, II, 373.
Carentoniolum (XIIIe s.) : Charentonneau, V, 7.

— III —

Carentonium (XIIIe s.) : Charenton, II, 364.
CARIBERT, roi de France. Son palais à Paris, I, 173, 421. — Lieu de sa mort ; sa sépulture, III, 15. — Monnaies frappées à son nom, III, 566.
CARIGNAN (le prince de). Son fief à Saint-Cloud, III, 37.
Carisiacum (IXe s.) : Quierzy, II, 467.
CARLOMAN, roi, I, 160. — Acte relat. à St-Polycarpe de Narbonne (881), I, 585 ; — à l'égl. St-Pierre (St-Merry) de Paris, IV, 117, 118. — Lieu de sa mort, IV, 99.
CARLOMAN, fils de Pépin-le-Bref. Acte relat. à l'abbaye d'Argenteuil (770), II, 2.
CARLOVINGIAQUE, mot créé par l'abbé Chastelain pour désigner certain style d'architecture, IV, 92 (et note).
CARMÉLITES. Voy. Paris (couv.), Pontoise.
CARMES, appelés *Barrez* à cause de leurs manteaux, I, 254 ; — déchaux. Leur couvent près de Charenton, II, 362, 365. Voy. Paris.
Carmiliacum (XIIe s.) : Gamilly, I, 388.
CARMONE (le président de), II, 84. — Sa femme, sœur d'Eustache Allegrain [Christophe de Carmone, président du Parlement de Normandie, avait épousé non pas la sœur mais la belle-sœur d'Eustache Allegrain, Radegonde de Nanterre].
CARMONES (chapelle des). Voy. Paris, égl. St-Gervais.
CARNAZET (famille de). Ses armoiries, IV, 210. — Sa *Généalogie*, citée, 185 ; — en désaccord avec l'*Hist. de Corbeil*, 212.
— (Adam de), frère de François. Sieur de St-Vrain et de Lusières ; décédé en 1584 ; sa sépulture, IV, 199.
— (Anne de), sœur de Guillaume ; femme de François Gouffier. Dame de Montaubert, IV, 213, 214.
— ou KARNAZET (Antoine [Ier] de), capitaine des Francs-Archers de Paris. Seigneur de Brazeux, Valgrand, Montaubert ; sa sépulture (1502), IV, 210, 213, 214.
— ou KARNAZET (Antoine II de), maître d'hôtel de François Ier. Sieur de Brazeux et de St-Vrain ; sa sépulture (1552), IV, 198, 205, 214.
— (Antoine [III] de), baron de St-Vrain ; décédé en 1625, IV, 205.
— (Charles de), frère d'Antoine [I]. Seigneur de Montaubert (1506), IV, 214.
— (François de), fils d'Antoine ; chevalier. Sieur de Brazeux et de St-Vrain ; maître d'hôtel du duc d'Anjou ; décédé en 1568, IV, 199, 205.
— Capitaine de la compagnie du vidame de Chartres (1561), 214.
— (François de), seigneur de Montaubert en 1597, IV, 213.
— (François de), fils d'Antoine II. Baron de St-Vrain ; mort en 1657, IV, 205.
— (Guillaume de), fils de Jean suivant de la Barre, ou de René suivant la généalogie de sa maison. Seigneur de Lardy et de Janville, IV, 185 ; — de Valgrand, 212 ; — de Montaubert, 213 ; — de Leudeville (1520), 223 ; — de St-Vrain et d'Echarcon, 240 ; — décédé avant 1523, 213, 223, 240.
— (Jean de), fils d'Yvon, suivant de la Barre, IV, 212.
— (Jean de), fils de Jean ou d'Yvon et père de Guillaume, IV, 212. — Sa femme appartenant à la famille Sanguin ? III, 370-71.
— (Jeanne de), fille de Guillaume, femme de Nicolas de Champgirauld. Dame de Lardy, IV, 186.
— (Louis de), neveu de Guillaume. Sieur de Montaubert, Grigny et Chignoles, IV, 199 ; — de Brazeux ; maître d'Hôtel du duc d'Anjou, 214. — Sa sépulture (1588), 199.
— (Pompée de), neveu d'Anne. Seigneur en partie de Montaubert (1604), IV, 214.
— (Yves ou Yvon de), écuyer de Charles VII, gouverneur de Vincennes, capitaine des Archers de la ville de Paris. Seigneur de Lardy (1446), III, 434 ; IV, 184, 185, 205. — Acquiert les seigneuries de Bondoufle, d'Echarcon et de Montaubert, IV, 240, 335. — Sa sépulture (1462), 185.
— (René de), fils d'Yves. Seigneur de Limours, III, 434 ; — de Lardy, IV, 185 ; — de St-Vrain, 205.
CARNEAUX (fief des), sur la paroisse de Lisses, IV, 319. — Fiefs en dépendant, 343.
CARNEAUX (maison ou hôtel des), fief dépendant de Meudon (XVe s.), III, 233, 234.
CARNEAUX (les), lieu-dit de la paroisse de Vemars. Chapelle de Ste-Geneviève, II, 347.
Carnifer (Renaudus), chevalier. Vassal de Montlhéry, IV, 103.
Carnificeria. Voy. Boucherie.
CARNOY (Catherine de la BROYE, dame de), III, 226.
CAROLE, *choraula*. Signification de ce mot, I, 191. Voy. : *Chorea*.
Carolico (Guido de), diacre (XIVe s.).

Sa tombe dans l'égl. du prieuré de Longpont, IV, 93.
Caro macra, surnom. Voy. Thomas, IV, 233.
CARON (Olivier), curé de Croissy et de la Brosse (XVᵉ s.), IV, 516.
CAROUGE, *Carrugium* [Seine-et-Oise, ham. de Brétigny], IV, 343. — — (moulin de) sur l'Orge, IV, 123. — (Radulfe de), *de Carruglo* (XIIᵉ s.), IV, 343.
CARPEN (Philippe), abbé de Lagny. S'emploie à réunir les archives de cette abbaye (XIVᵉ s.), IV, 548.
CARRÉ (Guy), secrétaire du Roi. Seigneur de Montgeron (1642), V, 48.
— (Guy), maître des Requêtes. Seigneur de Montgeron (XVIIᵉ s.), V, 48.
— (Guy), conseiller au Grand-Conseil. Seigneur de Montgeron et d'Yerres (1680), V, 48.
— (Simon), curé de Montigny-les-Cormeilles. Lègue à l'égl. de ce lieu une maison à Paris (1543), II, 55.
CARRÉ DE MONTGERON. Sa ferme à Vigneux (XVIIIᵉ s.), V, 53.
CARREAU (Anselme). Se démet de la cure de Montreuil (1546), III, 215.
CARRELU (Guillaume), curé de Pantin. Pose la première pierre de l'égl. de ce lieu (1664), II, 649.
Carreria, Carreriis (ecclesia de) (XVIᵉ s.) : Carrières-Saint-Denis, II, 33.
Carri, Carris (ecclesia de) : Quiers, V, 421, 433.
CARRIÈRES (les), lieu-dit de Conflans [Seine, lieu-dit de Charenton-le-Pont], II, 360 (et note). — Mentionnées en 1430, 366 ; — en 1574, 367. — (Acte royal daté de) (1519), II, 389. — Biens appartenant aux Carmes de Charenton, 362.
— Hôtel du séjour, résidence royale, II, 365 ; V, 17.
CARRIÈRES-SAINT-DENIS, *Carreria, Carreriis (ecclesia de) Quadraria*, annexe de la paroisse de Houilles [Seine-et-Oise, arr. de Versailles, cant. d'Argenteuil]. *Notice*, II, 35-6. — Habit. admis à la léproserie de Franconville (XIVᵉ s.), II, 46.
— Lieux-dits : Camp (le), Courbe (la).
Carronenses, Cataronenses ou *Garronnenses*, troupes mentionnées dans la *Notice* des Gaules. Origine possible du nom de lieu Charenton et Charonne, I, 469-70.
Carrugium (XIIᵉ s.) : Carouge, IV, 343.
CARTE (marquise de la). Acquiert le château de Roissy-en-France (1713), II, 284.

Cartellus (Milon), religieux de Cluny. Donne à l'égl. d'Orsay la dîme de sa terre en ce lieu, III, 396.
CARTELS (Foucher), chevalier. Bienfaiteur de l'abbaye d'Yerres (1211), V, 205.
CARTHAGE [Afrique]. Martyr. Voy. S. Sperat. — (acte royal daté du camp devant) en 1270, V, 69.
Cartitularia, dignité de l'abbaye de St-Denis, I, 508.
CARVOISIN (Marie de), femme d'Antoine II de Carnazet, IV, 205.
CAS ROYAUX. Les officiers du chapitre de St-Maur en connaissent, II, 415.
CASAUBON. Epitaphes composées par lui, IV, 44.
CASCADES. Les premières, construites en France dans le parc du château de Richelieu, à Rueil, III, 102.
CASIMIR [V] ou JEAN-CASIMIR, roi de Pologne. Relique donnée par lui, III, 59. — Abbé de Vaux-de-Cernay en 1668, 424.
Casn. Sens de ce mot celtique, III, 163.
CASQUE (redevance d'un), III, 396.
CASSAL (Andry de), dit le Lombard. Seigneur de Tournan (1446), V, 326.
CASSAN, auteur d'un poëme sur la machine de Marly, III, 124.
CASSE (Jean, dit), curé des SS. Innocents, I, 170.
CASSEAUX (les) [Seine-et-Oise, ham. de Villebon], III, 516. — Seigneurs, III, 514 ; V, 341.
CASSIANITES (moines). Leur établissement présumé à Paris, I, 335.
CASSINE (la), maison sise à St-Maur (1563), II, 461.
CASSINEL (Bétin), chevalier. Seigneur de Bagnolet et de Romainville en 1309, II, 655.
— (Biette), fille de François. Ses biens à Vaires (XIVᵉ s.), II, 503. — Dame de Montaigu, III, 484.
— (Catherine), fille de Guillaume ; religieuse à Poissy. Ses biens à Pomponne (XVᵉ s.), II, 509.
— (Ferry), fils de François, év. d'Auxerre, puis archev. de Reims, mort en 1390. Seigneur de Vaires, II, 503. — Echange de terres qu'il fait avec Charles VI (1386), III, 483-4, 495-6. — Seigneur de Marcoussis, 484.
— (François), fils de Guillaume. Seigneur de Pomponne, II, 509 ; — de Vaires en 1340, II, 503, 509. — Sergent d'armes du Roi. Seigneur de Romainville ; mort en 1360, II, 646.

— (Guillaume), fils de François. Seigneur de Pomponne et de Vaires en 1363, II, 509 ; — de Romainville, 646.
— (Guillaume), fils du précédent ; maître d'hôtel de la Reine. Possède les mêmes seigneuries en 1405, II, 503, 509, 646. — Son épitaphe (1413), 646.
Cassius, nom romain. Origine des noms de lieu, IV, 534.
CASTAGNÈRES (Pierre-Antoine de), marquis de Châteauneuf. Acquiert la seigneurie de Marolles-en-Hurepoix (1680), IV, 225.
Castaneum, Castaneium, Castanetum : Châtenay, II, 316 ; III, 539 ; IV, 22.
CASTANIER D'AURIAC *(alias* D'ORIA), maître des Requêtes. Sa maison à St-Ouen (XVIIIe s.), I, 570, 573, 575.
CASTEL (Etienne), II, 446.
— (Jean), fils d'Etienne, religieux de St-Martin-des-Champs, puis abbé de St-Maur. Détails sur ce personnage et ses écrits (XVe s.), I, 195 ; II, 446-7.
— (Jean de). Ses biens à Moiry, V, 89.
— (Pierre du). Voy. Chastel (de).
— (Robert). Donne au prieuré de Longpont ses biens à Péqueuse (XIIIe s.), III, 430.
CASTELLANE (le marquis de), seigneur de Conflans-Ste-Honorine par son mariage avec Mlle de Ménard, II, 95.
Castellar (Guillaume *de*), chevalier. Texte de sa charte de fondation d'une chapellenie à St-Martin de Champeaux (1227), V, 417-8.
Castellio, sens de ce mot, III, 572.
Castellio (XIVe s.) : Châtillon [Seine], IV, 22.
Castellio, nom donné au XIe s. à la presqu'île de la Marne où se construisit l'abbaye de St-Maur, II, 423.
Castellonio (Fredericus de ; — Joscelinus de). Voy. Châtillon.
Castellumforte : Châteaufort, IV, 94.
CASTELNAU (Fr. de). Voy. Clermont-Lodève.
Casteneio (Ric. de), chevalier. Vassal de Montlhéry, IV, 103.
Castenereium (XIIIe s.) : Chateignereye, III, 462.
Casteneria, nom, au XIIIe s., des bois voisins d'Antony, III, 543, 544.
Castenidum (IXe s.) : Châtenay, III, 539, 544.
Castenio (ecclesia de) (XIe s.) : Châtenay-en-France, II, 316.

CASTILLE (armes de) représentées au portail de la Ste-Chapelle de Paris, I, 221 ; — à l'abbaye de St-Denis, 497. — (reines de). Voy. Elisabeth.
— (Blanche de), Reine de France. Voy. Blanche.
— (Nicolas), baron de Montieu. Seigneur de Lamirault en 1648, IV, 587.
CASTOR (Henriette de), femme de Pierre d'Assigny, III, 66.
— (Richard de), écuyer. Bienfaiteur de l'église de Colombes (1676), III, 66.
CASTORIE (l'évêque de). Bénit un autel à St-Jean-en-Grève (1535), I, 94.
Castra, origine critiquée du nom de lieu Châtres (Arpajon), IV, 132.
Castra, Castrum (XIIe s.) : Châtres-en-Brie, V, 302.
Castra Lælia, — *Cornelia,* — *Ulpia*, IV, 132.
Castræ (XIIe s.) : Châtres (Arpajon), IV, 132.
Castreium (XIIe s.) : Châtres-en-Brie, V, 302.
Castrensis pagus, Castrisus pagus, Castrense territorium. Situation de ce pays ; localités qui y étaient comprises, IV, 131, 132, 133, 220, 271.
CASTRES [Tarn]. Confondu avec Châtres, I, 513 ; V, 137. — (Evêques de). Voy. Martigny (Pierre de). —
— (Moines de), I, 32.
Castris (Guido de ; — Petrus de). Voy. Châtres.
Castrisus pagus. Voy. *Castrensis pagus*.
Castroforti (Thomas *de*). Voy. Châteaufort.
Castrolium (Châtres), confondu avec *Christolium* (Creteil), IV, 159 (note).
Castrum Bagaudarum, II, 418.
Castrum Mediolanense ou *Mediolanum :* Châteaumeillan, II, 337.
Castrum Nantonis : Château-Landon, IV, 72.
Castrus : Châtres, IV, 132, 134.
Cataneus. Voy. *Capitaneus*.
Catanei Villa, abréviation de *Capitanei Villa*. Forme latine rationnelle du nom de lieu Chetainville, IV, 194.
Cataronenses. Voy. *Carronenses*.
Catenvilla : Chetainville, IV, 194, 196.
CATHÉDRALES (portique des), lieu où l'on prononçait les jugements ecclésiastiques, I, 20.
CATHERINE, fille de Charles V et femme de Jean, comte de Montpensier. Sa sépulture (1388), II, 122.
— Charles VI lui donne la seigneurie de Gallargues, III, 484.

8.

CATHERINE [de Courtenay], impératrice de Constantinople, femme de Charles de Valois. Son douaire ; sa résidence à St-Cloud, III, 34.
CATHERINE de France, veuve de Henri V, roi d'Angleterre. Sa résidence supposée au château de L'Hay, IV, 43. — Réside à Corbeil en 1420, 306.
CATHERINE DE MÉDICIS, reine de France. Habite à Paris l'hôtel de Soissons, I, 68. — Son hôtel à Chaillot, 417. — Acquiert la terre de St-Maur (1563); dame de ce lieu. II, 410, 441, 433, 442. — Confie à Philibert de Lorme l'intendance des bâtiments du Roi, 470. — Ses négociations avec le prince de Condé à Gentilly, IV, 11.
Caticampus, Caticantus : Cachan, III, 535 ; IV, 20.
CATIN (Catherine), femme de Nicolas de Noyon. Dame de Fleury (XVIe s.), III, 242.
— (Jean), avocat au Parlement. Son fief du Denier-Parisis (xve s.), III, 241. — S'oppose à l'élection du prévôt de Châteaufort (1495), 304.
— (Jean), fils du précédent. Seigneur de Fleury (1532), III, 242.
— (Jean), chauffe-cire de la chancellerie. Seigneur de Fleury (1561) et de Clamart en partie (1566), III, 242, 248.
CATINAT (Nicolas de), maréchal de France. Seigneur de Saint-Gratien; sa sépulture (1712), I, 629, 630.
— (Pierre de), conseiller au Parlement, neveu du maréchal. Seigneur de St-Gratien ; mort en 1745, I, 631.
Cativilla (XIIIe s.) : Chaville, III, 217, 218.
Cato, Catou : Chatou, II, 24, 27.
Catolacum, puis *Catulliacum,* village qui a donné naissance à la ville de St-Denis, I, 491-495.
Catonacum, Capronacum, Catunacum, Captunacum, résidence royale sous la première race : Sannois et non Chatou, II, 22, 40-42.
Catou. Voy. *Cato.*
CATRES, GATRES, formes primitives supposées du nom de lieu Châtres, IV, 132.
Catulia ou *Catilia,* famille romaine présumée avoir donné son nom à Chailly, IV, 62.
Catulla, femme qui donna la sépulture à S. Denis et à ses compagnons, I, 492.
Catulliacum. Voy. *Catolacum.*
Catulliacum, nom primitif supposé de Chailly, IV, 62.

CAUBRIÈRE (Charles), curé de Lévy-Saint-Nom. Arrêt qu'il obtient du Parlement en faveur de sa cure (1699), III, 344.
CAUCHOIS (Guillaume), curé de Bertouville. Chargé par les Chartreux de Paris d'administrer leur terre de Villeneuve-le-Roi (XVe s.), IV, 429.
CAUCHON (Pierre), év. de Beauvais. Reçoit du roi d'Angleterre un hôtel à St-Cloud, III, 34.
Cauciacum, origine du nom de lieu Choisy, IV, 443.
Cauda (XIIIe s.) : la Queue-en-Brie, IV, 483, 485.
CAUDERON (Gabriel), prieur-curé de Vaujours. Nommé doyen de Chelles en 1593, II, 575.
CAULERS (Jacques de), archev. d'Embrun Prieur de St-Eloi de Paris (1480), I, 313.
CAUMARTIN (Jacques de), prieur de Saint-Eloi de Chilly, IV, 71.
— (Jean-François-Paul LEFÈVRE de), abbé de Buzay, év. de Blois, prieur de N.-D. de l'Ermitage de Draveil (1690), V, 62. — Possède (1697) le château des Bergeries, 66. — Ouvrage qui lui est dédié (1722), II, 330.
— (Louis LEFÈVRE de), garde des sceaux. Son fief de Mainville, V, 66.
— (de), conseiller d'Etat, III, 39.
CAUMONT (BORDEREL de). Voy. Borderel.
CAUREL de TARGNY (du). Son fief à Montigny-les-Cormeilles (1695), II, 56.
Caurosa (Xe s.) : Chevreuse, III, 362.
CAUSON (Michel), écuyer. Seigneur de Buloyer en 1580, III, 294.
CAUX (archidiacre de). Voy. Saulnier (Robert). — (pays de), III, 121.
CAVAILLON [Vaucluse, arr. d'Avignon, ch.-l. de cant.]. Evêque. Voy. S. Vrain.
Cavaniacum villa, forme inexacte du nom de lieu Gagny, II, 546.
CAVE, *cavea, cagia.* Sens de ce mot, I, 537 ; V, 11.
CAVE (la), ham. de Saint-Denis. Notice, I, 537.
CAVE-SAINT-FÉLIX (la), souterrain existant au XVIIe s. dans la presqu'île de St-Maur. Hypothèses sur son antiquité, II, 422 ; V, 10-11.
CAVÉ, synonyme de Café, III, 51.
CAVÉ (fief) sur la paroisse de Conches, IV, 573.
Cavea. Voy. Cave.
CAVOIS (marquise de). Sa maison à Louveciennes (1697), III, 115.

Cavrilium (XIIᵉ s.) : Chevry, V, 286.
Cavrosa, origine proposée du nom de Chevreuse, III, 363.
CAYEUX (Joachim Rouault, marquis de), II, 510.
CAZE, fermier général. Sa maison à Torcy, IV, 596.
CAZILLAC (Bernard de), év. d'Albi. Procède à la translation des reliques de S. Spire à Corbeil, IV, 279 et note.
CEANNOY, CEANOY. Voy. Sannois.
CEAUX (XIIIᵉ s.) : Sceaux, III, 546.
Ceber (mons), montagne où a été bâti Saint-Yon, IV, 158.
CÉCILE, femme de Guillaume du Poncel, II, 169.
CEINTURE FUNÈBRE (droit de) ou de litre, II, 371 ; III, 382 ; IV, 420.
CÉLESTIN III, pape, III, 150. — Acte relat. à N.-D.-des-Champs (1192), III, 573 ; — à St-Spire de Corbeil (1196), III, 237, 326. — Son légat en France. Voy. Octavien.
CÉLESTINS. Voy. Lagny, Marcoussis, Paris (couv.).
Cella signifiant habitation. Origine du nom de la Celle-les-Bordes, III, 425.
Cella (IXᵉ s.) : la Celle-Saint-Cloud, III, 160.
Cella, nom donné, au XIᵉ s., au village de la Varenne, II, 456. — Hameau de ce même village en 1296, 457.
Cella Æqualina : la Celle-en-Iveline III, 425.
— *juxta Bougival* (XIIIᵉ s.) : la Celle-Saint-Cloud, III, 159.
Cellæ (XIIIᵉ s.) : Sceaux, III, 545, 546.
Cellæ magnæ et parvæ (XIVᵉ s.) : le grand et le petit Sceaux, IV, 22.
Cellarium (maison appelée), III, 333.
CELLE, sens de ce mot, III, 159.
CELLE (la), fief situé sur la paroisse de Viry, IV, 402.
CELLE (la) [?], diocèse de Troyes. Prieuré de S. Serein, uni à la chapelle du château de Madrid (1724), I, 436-7.
CELLE (la) [?]. Prieuré ; prieur. Voy. Issy (Hugues d').
CELLE (la) [?]. Charles le Simple confirme à St-Marcel de Paris une donation de biens situés en ce lieu (918), I, 122.
CELLE-EN-IVELINE (la). Voy. Celle-les-Bordes.
CELLE-LES-BORDES (la), *Cella Æqualina*, la Celle près Sairnay, la Celle-en-Iveline, paroisse du doyenné de Châteaufort [Seine-et-Oise, cant. de Dourdan]. *Notice*, III, 425-428.

— Eglise ; sa dédicace, III, 427. — Possession de St-Germain-des-Prés, III, 160.
— Seigneurs. Voy. Harville (de).
— Lieux-dits : Berlinguinerie (la), Besnières (les), Bomerel, Bordes (les), Maupas, Rouqueux, Verrerie (la), Villeneuve (la), Voise.
CELLE-SAINT-CLOUD (la), *Villare* ou *Villaris*, *Cella*, la Celle-sur-Seine, la Celle-près-Bougival, la Celle-lez-St-Cloud, paroisse du doyenné de Châteaufort [Seine-et-Oise, cant. de Marly]. *Notice*, III, 159-62.
— Bois ; vendus au Roi par l'abbaye de St-Germain-des-Prés, IV, 46.
— Cure : son collateur, III, 118, 161.
— Eglises ; les Normands essaient de les incendier (846), III, 109. — Habitants ; leur droit à la léproserie de Charlevanne, 110. — Paroisse ; son démembrement, 163.
— Lieux-dits : Becheret, Beauregard, Belebat, Clos-Tontain, Gressets (les).
CELLE-SAINT-CYR (la) [Yonne, arr. de Joigny, comm. de St-Julien-du-Sault]. Seigneur : Rolland Cruyn, IV, 210.
CELLE-SAINT-OUEN (la), *Cella* ou *Capella S. Audoeni*, lieu où mourut S. Ouen. Origine de la paroisse de St-Ouen, I, 567-8.
CELLE-SUR-MORIN (la) ou la CELLE-EN-BRIE [Seine-et-Marne, arr. et cant. de Coulommiers]. Prieuré : son antiquité ; l'église de Châtres en dépend, V, 303, 304 ; — réuni au séminaire des Missions Etrangères à Paris, 304, 335 ; — nomme à la cure de la Houssaye, 335 ; — sépulture de Gautier de Montmorency, 336.
CELLES en Berry. Rente acquise sur cette seigneurie pour la chapelle des Ramais à St-André-des-Arts, I, 287.
Cellis (maison de) à Vitry-sur-Seine. Appartenant au prieuré de la Saussaye, IV, 37.
CENAL ou CENALIS (Robert), év. d'Avranches. Bénit une chapelle à l'hôpital Ste-Anastase de Paris (1545), I, 86. — Trésorier de la Ste-Chapelle de Paris ; ses ouvrages, I, 223. — Sa sépulture dans l'égl. St-Paul (1560), I, 325.
CENAME (Jacques), seigneur de Mandres au XVᵉ s., V, 191.
— ou de CENESME (Jean et Louis de), fils de Marc. Possèdent les deux châteaux de Luzarches (1533), II, 212. — Seigneurs d'Ablon (1527), IV, 424.

— ou CENESME ou SENESME (Marc), élu de Paris. Seigneur de Luzarches en partie (XV° s.), II, 212; — d'Ablon, IV, 424.
— ou CENAMI (Paul), prieur de Deuil (1616), I, 559, 604.
CENCIUS, acolyte ou camérier du pape Célestin III. Possède la cure de St-Nom de la Bretéche, III, 150.
CÈNE (représentation de la) au portail de St-Germain-des-Prés de Paris, I, 269.
CENEDON (Marguerite), femme de Mathieu du Saussay. Sa sépulture (1523), V, 308.
CENESME (François de), tuteur des enfants de Jean. Rend en leur nom hommage pour Luzarches à l'év. de Paris (1537), II, 212.
CENESME (Jean, Louis et Marc). Voy. Cename.
CENESME (Marguerite de), mère de Bernard Prudhomme, II, 212.
— (Pierre) et les autres enfants de Jean. Hommage rendu en leur nom pour Luzarches (1537), II, 212.
— (Sidoine de). Obtient souffrance pour l'hommage de sa part de Luzarches (1575), II, 212.
— (Suzanne de), femme du sieur d'Erquinvilliers. Rend hommage pour une partie de Luzarches (1575), II, 212.
CENIER de l'abbaye de St-Denis, I, 508 (et note).
Cenliciæ (XIII° s.) : Senlisses, III, 419.
CENNOY (Udon de). Voy. Sannois.
Censale, redevance féodale, IV, 590.
CENSIER (Madeleine), femme de Nicolas Brulard (1648), V, 273.
CENSIVES, délimitées par des bornes en grez, I, 142.
CENSY (Jean de), bailli de Montfort-l'Amaury. Son hôtel à Chaillot, I, 415.
CENTEGNY (XIV° s), Centeni, *Centeniacum* (XII° s.) : Santeny, V, 242, 244.
Centenius, personnage romain. Origine du nom de lieu Santeny, V, 242.
Centigniacum (XVI° s.) : Santeny, V, 242, 243.
Centinodium, nom d'une sorte d'herbe. Etymologie du nom de lieu Cennoy (Sannois), V, 39, 40.
Centum écrit pour *Cervum*, V, 246 (note).
Centum nuces (XIII° s.) : Sannois, II, 39.
Ceodus, nom d'un possesseur de Montsoult. Origine de ce nom de lieu, II, 144.
CEONGNOLLES (XIII° s.) : Soignolles, V, 144.

CEPOY, fief assis à Domont, II, 159.
CEPOZ [Cepoy ? Loiret, arr. et cant. de Montargis]. Le bailli reçoit de Charles VI l'ordre de faire respecter les droits de l'abbaye de St-Laumer de Blois à Vitry-sur-Seine, IV, 451.
CEPS DE VIGNE (table faite d'un) au château d'Ecouen, II, 184.
Cera (cire), emploi de ce mot, I, 162.
CERCANCEAUX, Sercanceaux, *Sacra cella*, Saircreceaux (abbaye de) [Seine-et-Marne, arr. de Fontainebleau, cant. de Château-Landon, comm. de Souppes]. Origine de son nom, III, 546.
CERÇAY, *Sarciacum*, *Serseyum*, Sersay, Sarçay [Seine-et-Oise, ham. de Villecresnes], V, 234. — *Notice*, 236-7.
CERCELLES. Voy. Sarcelles.
CERCUEILS (découvertes de), I, 79, 103, 124, 127, 228, 239, 241, 252, 271, 272, 278, 294, 417; II, 32, 139; III, 60, 540.
Cercilla (IX° s.) : Sarcelles, II, 169.
CERDA (Ferdinand de la), infant de Castille. Ses fiançailles avec Blanche de France au château de St-Germain (1266), III, 137.
Cereris villa, fausse origine du nom de Viceour [Wissous], III, 105. — Prétendu temple de Cerès en ce lieu, IV, 51, 52.
Cereseio ou *Cerisio* (Jean de), trésorier de Lisieux, I, 115.
CERF-VOLANT (la porte du) [Seine-et-Oise, éc. de Versailles], III, 199.
CERGY [Seine-et-Oise, arr. de Pontoise] du diocèse de Rouen, II, 112.
— Hameaux, 108-9.
CERISAY (Antoinette de), femme de François Olivier. Dame de Charenton-le-Pont (XVI° s.), II, 367.
— (Jean de). Ses droits sur le prieuré du Cormier (1549), IV, 504.
— (Nicolas de), seigneur de Charenton-le-Pont en 1520, II, 367.
— (Pierre), seigneur de Charenton-le-Pont (XV° s.), II, 367.
— (Pierre de), doyen de St-Germain-l'Auxerrois. Inhumé en cette église (1507), I, 32.
CERISAYE (clos de la), canton du bois de Vincennes, II, 411.
CERISES (redevances de), I, 82. — Droit dont elles sont exemptes à Groslay, I, 613.
CERISY ? terre déclarée relever de Brie-Comte-Robert (1587), V, 293.
CERLIEU (Jean), seigneur de Passy, I, 403-4.
CERMOISE (Marie de), fille de Pierre. Apporte en mariage la seigneurie de Moussy-le-Neuf à Guillaume

le Bouteiller (1387), II, 354; — bienfaitrice de l'abbaye de St-Denis (1431), *ibid.*
— (Pierre de), chevalier. Sa mort en 1387, II, 354.
CERNAY, localités de ce nom, V, 425.
CERNAY, Sarnoy [Seine-et-Oise, ham. d'Ermont], I, 643, 645. — Ses possesseurs, II, 45, 50; V, 425.
— (Eudes ou *Odo* de), *de Serneio*, chevalier (1218), III, 419, 422.
— (Jean de). Vend le fief de Malassise (1362), V, 298.
— (Antoine-Martin Pussort, seigneur de), V, 13.
CERNAY (abbaye des Vaux-de). Voy. Vaux-de-Cernay.
CERNAY-LA-VILLE, *Sarnetum, Sarnaicum,* Sairnay, Sernay, paroisse du doyenné de Châteaufort [Seine-et-Oise, cant. de Chevreuse]. *Notice,* III, 421-423.
— Lieux-dits : Bout des Prés (le), Champhoudry, Charmes (les), Dalonnerie (la), Plaine-Coulon, Saint-Robert.
CERTAIN (Hubert), chapelain de St-Sauveur du Mont-Valérien (1576), III, 83.
CERVEAU (Guillaume), élu des Aides. Bienfaiteur de St-Eloi de Paris (1417), I, 310. — Procureur au Châtelet ; acte relat. à Châteaufort (1406), III, 305.
Cervidunum (Xe s.) : Cervon (Nièvre), V, 246.
CERVILLIERS. Voy. Survilliers.
Cervo : Servon, V, 246 (note).
CERVOISIERS au Landit de St-Denis, I, 546.
CERVOLLES, terre comprise dans le marquisat de Courquetaine, V, 295, 297.
CERVON. Voy. Servon.
CERVON [Nièvre, arr. de Clamecy, cant. de Corbigny]. Eglise ; son véritable patron, S. Eptade, III, 320. — Miracle qu'y accomplit S. Germain, év. de Paris, IV, 246.
Cervum : Servon, V, 246, (note).
CÉSAR (Jules). Considéré à tort comme ayant construit un châteaufort au lieu appelé depuis Saint-Maur, II, 418, 419. — Son passage à Villejuif, IV, 26. — Ses *Commentaires,* cités, *passim.*
CÉSARÉE [Palestine]. Archevêque : Cheffontaines (Christophe de). — Evêque : bénit l'égl. d'Issy (1661), III, 5.
CESSARD (Noël), curé de Brie-Comte-Robert (1389), V, 275.
Cetardus ou *Cetarius (mons).* Voy. Paris (Mont-Cetard).

CEVRAN, *Cevrannum, Cevrenum,* Cevren, Cevrent. Voy. Sévran.
CHAAGE (abbaye de). Voy. Meaux.
CHAALIS (abbaye de) [Oise, arr. de Senlis]. Abbés. Voy. Adam, Guillaume. — Biens à Berron, II, 526 ; — à Chennevières, 306, 309, 310 ; — à Choisy-aux-Bœufs (Soissy), 347 ; — « *in territorio Commelensi* », 507; — à Epiais, 306, 307 ; — près d'Epinay-Champlatreux, 221 ; — à Fosses, 324 ; — à Lagny, II, 530 ; IV, 564 ; — à Marly-la-Ville, II, 326 ; — à Mauregard, 306 ; — à Montevrain, IV, 540 ; — à Montmelian, II, 338 ; — à *Tarenta Fossa,* 538-9 ; — au Thillay, 249, 275 ; — à Thorigny, 515, 643 ; — au Tremblay, 611 ; — à Vaires, 503 ; — à Vaulaurent, 315, 316 ; — à Villeron, 311 (note), 313, 345.
— Mentionnée dans une donation en 1168, IV, 486.
CHABANAIS (le marquis de), fils de [Louis-François-Henri] Colbert de Croissy. Seigneur de Combs-la-Ville, de Varenne et de Vaux-la-Reine (XVIIIe s.), V, 174, 181, 185.
CHABANNES (Antoine de). Reçoit de Louis XI des biens à Taverny (1465), II, 65. — Comte de Dammartin. Seigneuries qu'il échange avec Louis XI, II, 266. — Ses droits sur Montjay (1465), 532. — Seigneur de Montfermeil en 1497, 544. — Capitaine de Corbeil en 1487, IV, 308. — Grand-maître de France. Seigneur de Courcouronnes, IV, 322 ; — de Gournay (1466), IV, 594, 618 ; — — autres seigneuries, 618.
— (Avoye de). Apporte en mariage la seigneurie de Villemomble à Aymar de Brie [de Prie] (XVIe s.), II, 561.
— (Gilbert de), capitaine de Corbeil en 1489, V, 308.
— (Jacques de), capitaine de Corbeil au XVe s., IV, 308.
— (Jean de), fils d'Antoine, comte de Dammartin. Seigneur de Villemomble en 1490, II, 561 ; — de Gournay, IV, 618.
— (Suzanne de), femme de Jean Olivier, IV, 130.
CHABENAT (de), introducteur des ambassadeurs. Seigneur de Bonneuil-sur-Marne, V, 28.
— (Louis de), fils du précédent ; conseiller au Parlement. Seigneur du même lieu, V, 28.
— (de), conseiller au Parlement. Seigneur du même lieu (1744), *ibid.*
CHABLIS, Chablies [Yonne, arr. d'Au-

xerre]. Collégiale de St-Martin; fers à cheval attachés à la porte de l'église, I, 104.
CHABOT (Hélie), de Périgueux; chanoine de la cath. de Troyes. Acquiert une terre à Roissy-en-France et en dote un canonicat à la Mainferme (1242), II, 280 (note), 598.
— Achète une maison à Paris, 392.
— Sous-diacre du pape; religieux de Livry. Donne ses biens de Clamart à cette abbaye, III, 247.
— (Henri). Acquiert des biens à Roissy-en-France (XIII° s.), II, 598.
— (Henri), duc de Rohan; gouverneur d'Anjou. Lieu de sa mort et de sa sépulture (1655), IV, 149, 153.
— (Jean), écuyer. Seigneur de Richebourg; son fief de St-Marc de Villetain (1476), III, 267.
— (Léonor), comte de Charny. Seigneur de Conflans-Ste-Honorine (1551), II, 95.
CHABRAY (le sieur de), seigneur de Montigny-les-Cormeilles (XVII° s.), II, 56.
CHABRILLAN [Drôme, arr. de Die, cant. de Crest]. Seigneur : Sébastien de Morton, V, 251.
CHACE-LEZ-DOOMONT (la) (XIV° s.) : le château de la Chasse, II, 160.
CHACER, CHASSER (verbe), proposé pour l'étymologie du nom de lieu Cachant, IV, 20.
Chado, Chadus, noms d'hommes, III, 217.
CHAGE (abbaye de). Voy. Meaux.
CHAGNOULF, baron de Bourgogne, fils d'Hagneric. Frère de Ste Fare (VII° s.), II, 296.
CHAHENGNAY, *Chahengneium,* (XIII° s.) : Jagny, III, 296, 362.
CHAHU (Claude), trésorier de France. Seigneur de Passy; bienfaiteur de l'égl. d'Auteuil (XVII° s.), I, 387, 402, 404. — Ses biens à Villoison (XVII° s.), IV, 255; — à Moulin-Galant, 268.
CHAIGES, Chages [Seine-et-Oise, ham. d'Athis-Mons], fief et château. *Notice,* IV, 426.
CHAIGNAY : Jagny, III, 362.
Chailli, Chailliacum: Chilly, IV, 64, 68.
CHAILLOT, appelé primitivement *Nimio,* Nijon, Nijeon, puis *Caleium, Callevium, Calloïum,* Challoïum, Chailluyau, Chailliau, Chaleau, Challoel, Chaillol [Seine, annexé à Paris], I, 34, 383. — *Notice,* I, 407-419.
— Abbaye de religieuses Augustines. *Notice,* I, 416-7; — sa réunion avec Ste-Perrine de Paris, I, 302, 417.

— (conférences de) en 1593, III, 51.
— Couvent des Minimes. Son emplacement, I, 404. — *Notice,* I, 415-6; — envoie des religieux au couvent des Bonshommes de Vincennes (1585), II, 393. — de Ste-Geneviève, autrefois à Nanterre, III, 77. — de la Visitation. Biens (seigneurie) à Chaillot, I, 412-3, 414. — *Notice,* 417-8.
— Cure, appartenant au collège des Bons-Enfants à Paris, I, 346. — Curé. Voy. Niobet.
— Lieu de naissance de Jean du Houssay, III, 83.
— Paroisse; son étendue en 1699, I, 405.
— Ponceau; mentionné en 1222, I, 27.
— Seigneurie; mouvance, III, 17, 19; — seigneurs, I, 194; III, 123; V, 104.
Chaillot (Agnès de), pièce de théâtre (1723), I, 419.
— (Pierre de), de Challoel, chanoine de la cathédrale de Paris (XIII° s.), I, 419.
CHAILLOU, lieu-dit de la paroisse de St-Cloud (XIII° s.), III, 37 (note).
— (Amelot de). Voy. Amelot.
— (Catherine de), femme de Frédéric Versoris. Son oratoire à Clichy (1623), I, 425.
— (Pierre), secrétaire de la Chambre du Roi, I, 416.
CHAILLUYAU : Chaillot, I, 407.
CHAILLY, nom de plusieurs localités en France, IV, 61.
CHAILLY ou CHILLY, *Calliacum, Challiacum, Charliacum,* paroisse du doyenné de Montlhéry [Chilly-Mazarin. Seine-et-Oise, arr. de Corbeil, cant. de Longjumeau]. *Notice,* IV, 61-72.
— Biens de l'abbaye d'Yerres (XII° s.), III, 554; IV, 67. — Dîmes données à St-Thomas du Louvre (XII° s.), I, 54. — Erection en marquisat (1626), IV, 66. — Moulin, III, 388. — (pain de), renommé, II, 270; IV, 69. — Seigneurs, IV, 75, 167.
— Lieux-dits : *Biisseium, Pratellum Hilduini,* St-Eloi (prieuré de).
— (Agnès de). Acquiert la terre de Clotaumont (1326), IV, 512.
— (Amaulry de), *de Chailliaco,* surnommé de Meudon. Vend des biens à Chailly au chapitre de N.-D. (1235), IV, 68.
— (Ansold de) *de Challiaco,* bienfaiteur de l'abbaye de St-Victor de Paris. Seigneur de Chailly (?) et de Longjumeau en partie, IV, 64, 76.

— (Burchard de), *de Calliaco*, fils d'Hugues. Seigneur de Nozay; vend la dîme de ce lieu au prieuré de Longpont (XIIe s.), III, 501; IV, 64.
— (Erchambaud de), sous-chantre de la cathédrale de Paris. Bienfaiteur du chapitre, IV, 400.
— (Guillaume de), sergent de Louis IX. Acquiert une terre à Ivry (1258), IV, 70, 460.
— (Philippe de). Redevance qui lui est payée par l'abbaye de Ste-Geneviève (1250), IV, 61.
— (Pierre de), inscrit à l'Obituaire de N.-D. (XIIIe s.), IV, 70.
— (Radulfe de), de Chally, seigneur de ce lieu (?), IV, 64.
CHAILLY-EN-BIÈRE [Seine-et-Marne, arr. et cant. de Melun]. Biens qu'y possède le chapitre de la Cathédrale de Paris, IV, 425.
CHAINE (Jean de la), *de Catena*, abbé de St-Pierre de Montlhéry. Consent à la réunion des égl. de ce lieu au prieuré de Longpont, IV, 111. — Donne à l'abbaye de St-Victor une prébende dans sa collégiale, 112.
CHAINEMELUN (de), sieur de Cluniairencourt. Sa femme, inhumée dans l'égl. de Villejust (1533), III, 505.
CHAINES de S. Denis; où conservées, I, 212. — Déposées en *ex-voto* dans l'égl. du prieuré de Conflans-Ste-Honorine; leur emploi, II, 90.
CHAINGY, Chingy [Loiret, arr. et cant. d'Orléans]. Fief, III, 233.
CHAINON, abbé de St-Denis. Souscrit un acte (696), II, 42. — Procès qu'il soutient à Nogent-sur-Marne (692), 465.
CHAINTREAUX, *Chaintrians, Chinstrellos (apud),* Cintreaux [Chaintereau, lieu-dit de Moissy-Cramayel]. Fief, 109, 114-5, 118.
CHAIRES à prêcher, remarquables, I, 107; II, 223, 453; III, 356; IV, 375.
CHAIRMAIGE (Thomas), homme-lige du Roi pour ses biens à Châtres, IV, 143.
CHAISE (le P. la), confesseur de Louis XIV. Sa maison à Charonne, I, 480.
CHAISES ROULANTES employées dans le parc de Sceaux. Leur description, III, 550.
Chal, racine celtique. Origine de plusieurs noms de lieu, I, 407, 408.
CHALAIS ou CHALLAIS, étang de Meudon, III, 237, 240.
CHALAM (Girard), chevalier de la châtellenie de Corbeil (XIIIe s.), IV, 300, 318.
CHALANDRAY, *Chalendreüm,* Calendré, Kalendrei, Chalendray, Chalendré [Seine-et-Oise, ham. de Montgeron]. Mentionné en 1234 comme dépendant de la paroisse de Villeneuve-St-Georges, V, 38, 43. — *Notice,* 48-9. — Biens qu'y possède l'abbaye d'Yerres (1173), V, 223, 281.
Chalannum, sorte de petit bateau. Mentionné dans un acte de 1178, III, 181.
CHALANT (cardinal de), légat en France. Acte relat. à St-André-des-Arts, I, 286.
CHALEHAUT, lieu-dit de la paroisse de Louveciennes (1294), III, 114.
CHALEMARS (Urbain de), diacre ermite. Chapelain de St-Michel, à Bougival (1472), III, 109.
Chalendreüm (XIIIe s.) : Chalandray, V, 49.
CHALENTRU. Voy. Charentru.
CHALERANGES (Ferric Pasté, seigneur de), IV, 353.
CHALIFER [Seine-et-Marne, arr. de Meaux, cant. de Lagny]. Prieuré de St-Jacques; cédé par l'abbaye de Marmoutiers à St-Magloire de Paris, III, 193.
CHALIGAUT ou SALIGAUT (Charles), seigneur de Crosne au XVe s., V, 43.
— ou CHALLIGAUT (Claude), seigneur d'Etiolles et de Crosne (1510), V, 44, 74.
— ou CHALIGANT (Michel), bourgeois de Paris. Confiscation, en 1423, de ses biens à la Ville l'Évêque, I, 76 [Le même que le suivant].
— (Miles). Ses biens à Garges confisqués en 1423, II, 255.
CHALINE (Marguerite), veuve de Jean Bellechache. Vend son fief de Villebon (1655), III, 239.
CHALIOT (Jehan de). Voy. Houssay (Jean du).
Challas, lieu-dit de la paroisse de Roissy-en-France (XIIIe s.), II, 278.
CHALLEVENNE : Charlevanne, III, 94.
CBALLERAT (Alix de), femme de X... Cordelier (XIVe s.), IV, 477.
Challiacum (XIIe s.) : Chilly, III, 331; IV, 62.
CHALLIGAUT ou DE SALLIGAUT (Jeanne), fille de Claude Caligaut. — Ses biens au Plessis-le-Comte et à Crone, IV, 369. — Dame d'Ethiolles, V, 74.
CHALLOEL, Challo, ou Chalet, lieu-dit voisin de St-Médard de Paris (XIIIe s.), I, 258. — *(eccl. de),* I, 382.
CHALLO-SAINT-MARD [Chalo-Saint-Mars, Seine-et-Oise, arr. et cant. d'Etampes]. Fief : Boinville (le grand).

CHALLON, ancien lieu-dit de la paroisse d'Issy, III, 7.
CHALLON. Voy. Châlon.
CHALLOU (Pierre de), écuyer. Seigneur en partie de Bondoufle en 1597, IV, 335.
CHALLUAU, fief sur la paroisse de St-Aubin (XVIe s.), III, 335.
CHALLY (Radulfe de). Voy. Chailly.
CHALMAZEL ou CHALMAISELLE (le marquis de), seigneur de Mauchamp et de Chamarande, IV, 179, 182.
CHALON [Saône-et-Loire]. Évêque. Voy. Nuchèze (de). — Martyr. Voy. S. Marcel.
— ou CHALLON (Guillaume de), fils de Jean ; comte d'Auxerre et de Tonnerre. Seigneur de Montjay en 1299, II, 531.
— (Jean de), comte d'Auxerre. Possède la terre de Plaisance (vers 1325) ; tué à Crécy (1346), II, 469.
— Seigneur de Montjay par sa femme, Alix de Bourgogne (1293), II, 531.
— (Jean de), comte d'Auxerre. Seigneur de Montjay en 1346, II, 531. — Son droit de péage à Lagny (1351), 561. — Acte relat. à la terre de Clotaumont (1355), IV, 514.
— (Jean de), prince d'Orange. Seigneur en partie de Luzarches ; confiscation de ses biens en 1478, II, 211.
— (Louis de), comte d'Auxerre et de Tonnerre, I, 287.
— (Marguerite de), dame de Thouci. Inhumée à St-Séverin, I, 110, 117.
CHALONS-SUR-MARNE [Marne]. Ses marchands au Landit de St-Denis, I, 548. — Assemblée de 1113, II, 386.
— Cathédrale ou Notre-Dame. Son clocher, I, 28 ; — canonicat offert au curé de Favières, IV, 175 ; — chanoine. Voy. Chennevières (Guillaume de). — Diocèse, I, 91.
— Evêques. Voy. Bellême (Guillaume de), Champeaux (Guillaume de), Floreau (Geoffroy), Nemours (Philippe de), Noailles (de), Perche (Guillaume du).
CHALOT (Pétronelle de), fondatrice d'une chapelle dans l'égl. St-Clément de Châtres (1300), IV, 139.
CHALUCET, lieu-dit de la paroisse d'Argenteuil, II, 19.
CHALUCET (de), abbé des Vaux de Cernay en 1673 ; mort év. de Toulon, III, 424.
CHALUMEAU. Voy. Communion.
CHALUS, ham. de Lésigny, V, 359.
CHALVERI. Voy. Chauvry.

Chamaïo (Fulco ; — Guillelmus de). Voy. Chanac (de).
CHAMARANDE, Chamarante, jadis appelé Bonnes, Bona, Bonnæ, Butnæ, paroisse du doyenné de Montlhéry [Seine-et-Oise ; arr. d'Etampes, cant. de la Ferté-Alais]. Notice, IV, 179, 183.
— Erection en comté, IV, 182.
— Lieux-dits : Bonnes (porte de), Coquatrix (côte), Tuilerie (la).
CHAMBELLAN, titre devenu nom de famille, V, 428.
— (Adam le). Son procès au sujet de la justice de Châtres en Brie (1260), V, 304.
— (David), doyen du chapitre de la Cathédrale de Paris. Bienfaiteur de l'abbaye de Malnoue, V, 402, 403.
— Sa mort en 1517, 402.
— (David de), écuyer. Son épitaphe (1545), II, 10-1.
— (Jérôme de), fils du précédent, grand-prieur de St-Denis (XVIe s.), II, 11.
— (Jacques). Arbitre dans un procès relatif à l'Hôtel-Dieu de Gonesse (1495), II, 264. — Son fief de Jérôme Gilles à Combs-la-Ville (1488), V, 181.
CHAMBELLANE (Isabelle la), fille d'Adam de Villebeon. Femme de Mathieu de Montmirail, puis de Robert de Dreux ; sa mort en 1300, V, 428.
CHAMBELLIN (Gilles), laboureur. Sa sépulture (1493), IV, 448.
CHAMBÉRY [Savoie]. Parlement ; conseiller. Voy. Dugué (Jean).
CHAMBLY (pays de), pagus Camliacensis. Comte, II, 73, 124, 126 ; III, 465 (note).
CHAMBLY (Adam de), év. de Senlis. Donne des biens à Châtenay au chapitre de Notre-Dame, III, 542.
— Mentionné en 1250, III, 582.
— (Charles de), seigneur de Livry en 1366, II, 588. — Ses biens à Cachan, IV, 21.
— (Gaultier ou Vautier de), év. de Meaux. Mentionné en 1090, V, 276 ; — en 1093, IV, 333.
— (Gervais de), chevalier. Vassal de l'abbaye de St-Denis pour ses biens à Colombes (1220) ; ses difficultés avec les religieuses du Val-Profond, III, 67, 68.
— (Jean de). Arrêt du Parlement rendu contre lui (1318), IV, 97.
— (Jeanne de), identifiée avec Jeanne de Trie. Dame de Livry en 1352, II, 588.
— (Marie de), femme de Hue de Bouville (XIVe s.), IV, 251.

— (Nicole de), femme de Gilles Malet, II, 24. — Inscription la concernant dans l'égl. de Soisy, V, 68.
— (Pierre de), chambellan de Philippe-le-Bel. Fait un échange de terres avec Jeanne de Beaumont, II, 210. — Dit le Gras. Ses biens à Coye, II, 336. — Acquiert des biens à St-Antoine, près Montreuil (1310), II, 402. — Seigneur de Viarmes. Reçoit du Roi des biens à Aulnay, à Livry et à Coubron (1299); — les perd en 1320, II, 539, 587-8, 605. Cède au Roi le vicomté de Troyes (1299), 605. — Acquiert, en 1293, les seigneuries de Conches, Favières, Fontenay, Marles et Tournan, IV, 573; V, 325, 344.
— (Simon de), chanoine de St-Martin de Champeaux. Sa maison de la Tournelle à Fouju (XIIIe s.), V, 431.
— (X... de), seigneur de Livry. Mentionné en 1403, II, 565, 588.
CHAMBONAS (Henri-Joseph de La Garde, comte de), III, 548.
CHAMBORD [Loir-et-Cher] (Voyage de Louis XIV à) en 1685, III, 103.
— (Acte royal daté de), IV, 182.
CHAMBORT [Oise, arr. de Beauvais]. Voy. Amaury.
CHAMBOURCY, *Bruacium, Camborciacum*, Broucy, Champbourcy [Seine-et-Oise, arr. de Versailles, cant. de St-Germain-en-Laye]. Église; son patron, III, 130, 154.
— (ruisseau de), III, 91, 109, 110, 122.
CHAMBRE (X... de), trésorier-payeur de la gendarmerie. Tourbes combustibles qu'il exploite à Essonnes (1658), IV, 269.
CHAMBRE (Cristin de la), seigneur de Montrouge au XVe s., III, 589.
CHAMBRE (Pierre de la), év. de Nazareth et abbé de Froidmont. Dédie l'égl. de Méry-sur-Oise (1487), II, 125.
CHAMBRE (l'abbé de la), chargé d'exécuter le mausolée de Mézeray, I, 419.
CHAMBRE AUX DENIERS. Contrôleur. Voy. Prince (Pierre le).
CHAMBRE DES COMPTES. Arrêt relat. à Chaillot (1492), I, 410; — à Clichy (1423), 426; — à Bagneux (1543), III, 570. — Exemption accordée à ses officiers (1331), IV, 215. — (Hommages rendus à la), II, 255; IV, 153, 214. — Entériné sous conditions la donation du château de Bicêtre au chapitre de Notre-Dame, IV, 12. — Stylet de fer qui lui était dû en hommage, 16.
— Reçoit à serment Olivier de Clisson, préposé à la garde du château de Montlhéry (1382), IV, 106.
— Premiers présidents : Boulanger (le), Nicolaï (de). — Présidents: Arbaleste (Gui l'), Aubery (Robert), Bailly, Barentin, Beauvais (Bertrand de), Bragelonne (Martin de), Coitier (Jacques), Cornuel, Danès (Jacques), Dolu (François), Driesche (Jean de la), Duret (Charles), Flexelles (Jean de), Fraguier (Martin), Hennequin (Dreux), Hennequin (Oudart), Le Febvre (Olivier), L'huillier (Jean), Mallet (Jacques-François), Maupeou (Pierre), Milon (Benoît), Nicolaï (Aymar), Pastourel (Jean), Ragois de Bretonvilliers (le), Rapiout (Simon-Charles), Rose (Toussaint).
CHAM-BRAUX, écrit pour Champlin, IV, 486.
CHAMBREFONTAINE [Seine-et-Marne, arr. de Meaux, cant. de Dammartin, ham. de Cuisy]. Abbaye; sépultures des seigneurs de Pomponne et de Vaires (XIVe s.), II, 503.
CHAMBRIER ou CAMERIER de Ste-Geneviève de Paris. Ses attributions, I, 233.
— (grand). Ses armes à l'égl. de Charonne, I, 473-4.
CHAMBROIS ou BROGLIE [Eure, arr. de Bernay]. Seigneur : Arnaud de Pomponne (Simon), II, 505.
CHAMIGNY (Jean de), seigneur de Saintry et de Soubtour (1384 et 1388), V, 95.
CHAMILLARD (de), ministre de Louis XIV. Sa propriété à l'Étang, III, 156, 169. — Seigneur de Montfermeil (XVIIe s.), II, 544.
CHAMMEVILLE (THIROUX de), fermier-général des postes et messageries de France. Seigneur de Brétigny et de Marolles (1756), IV, 225, 340-1, 346.
CHAMOIS, architecte du château de Chaville, III, 220.
CHAMONTAL, écrit pour Chaumontel, II, 227.
CHAMOS, fief à Fresnes-les-Rungis relevant de l'év. de Paris, IV, 45, 46.
CHAMOUSSET (de), maître des Comptes. Seigneur en partie du Perray (XVIIIe s.), IV, 386.
CHAMP (Jeanne de). Voy. Champs [?].
CHAMPAGNE (province), II, 498; III, 32; IV, 12. — Famine de 1662, IV, 217. — Connétable. Voy. Mercœur (Béraud de). — Lieutenant général. Voy. Ségur (marquis de).
— (Adèle, comtesse de), femme de

Thibaud III. Fondatrice du prieuré de St-Fiacre à Gagny ; son épitaphe à St-Faron de Meaux (XIIIᵉ s.), II, 548.
— (Blanche, comtesse de), mentionnée au XIIIᵉ s., II, 508 ; III, 184. — Femme de Jean I, duc de Bretagne, V, 265.
— (Eudes II, comte de). En guerre avec le roi Henri Iᵉʳ, V, 77.
— (Henri I, comte de). Charte citée (1152), IV, 547. — Ses querelles avec l'abbaye de Lagny (1152-1156), *ibid.*
— (Henri III, comte de). Charte relat. à l'abbaye de Lagny (1271), IV, 563.
— (Herbert, comte de) et de Brie. Fonde l'abbaye de Lagny, IV, 545.
— Sa sépulture en ce lieu, 540, 547. — Autres mentions, 546, 552, 553.
— (Thibaud I, comte de). Ses entreprises sur le comté de Corbeil (vers 1120), IV, 276.
— (Thibaud II, comte de). Fait venir en France le légat du Pape (1144), IV, 562. — Renonce à la possession de Corbeil (vers 1116), V, 107. — Sa sépulture à Lagny (1152), II, 590 ; IV, 547.
— (Thibaut III, comte de), II, 548.
— (Thibaut IV, comte de) et de Brie. Acte relat. à Dampmard (1206), II, 517-8. — En guerre avec Louis IX, III, 122. — Donne aux Chartreux de Paris une rente sur les foires de Lagny, IV, 558-9.
— (généralité de). Intendant. Voy. L'Escalopier.
CHAMPAGNE, *Campania* [Seine-et-Oise, ham. de Savigny-sur-Orge]. *Notice,* IV, 395-6. — Ferme qu'y possède l'Hôtel-Dieu de Corbeil (XIVᵉ s.), IV, 298, 396. — Autre mention, 411.
— (Mᵉ Gazon de), mentionné au XIVᵉ s., III, 458. — Év. de Laon. Bienfaiteur de l'égl. de Savigny-sur-Orge (1307), IV, 389. — Son épitaphe à Laon (1317), 396.
— (Hermund et Hugues de), mentionnés au XIIᵉ s., IV, 411.
— (Jean de). Rente qu'il perçoit à Juvisy (1300), IV, 412.
— (Mathieu de) (XIIᵉ s.), IV, 411.
— (Reine, dame de), bienfaitrice de l'égl. de Juvisy (XIIᵉ s.), III, 554 ; IV, 411.
CHAMPAGNE, lieu-dit de Vitry-sur-Seine (1249), IV, 452.
CHAMPAGNE (Jean), prieur de St-Jean de Corbeil en 1421, IV, 285.
CHAMPAGNE (Philippe de), peintre. Inhumé à St-Gervais de Paris, I, 82.

CHAMPAGNOLLE (Guillaume), bourgeois de Paris. Son fief à Meudon, III, 232-3.
CHAMPANGES (Clerambaud de), notaire et secrétaire du Roi. Seigneur d'Attilly (XVᵉ s.) ; sa sépulture, V, 282-3.
— (Jacqueline ou Jacquette de), fille du précédent ; femme de Jean le Picart. Dame d'Attilly ; sa sépulture (XVIᵉ s.), II, 314 ; V, 283.
CHAMPBERCHIER, lieu-dit de Gretz. Mentionné en 1239, V, 313.
CHAMPCUEIL [Seine-et-Oise, arr. et cant. de Corbeil]. Seigneurie relevant du duché-pairie de Villeroy, IV, 248.
CHAMP DE BATAILLE (chantier du), entre Longpont et Montlhéry. Origine de ce nom, IV, 107.
CHAMP DE LANDRY (le), lieu-dit de Villepreux (XVIIIᵉ s.), III, 189.
CHAMP DE RONCIN (le), lieu-dit de la paroisse de Combs-la-Ville, V, 185.
CHAMPDEUIL [Seine-et-Marne, arr. de Melun, cant. de Mormant]. Seigneur : Anne Guibert-Fusée, IV, 264.
CHAMP DOLENT, localités de ce nom en France, V, 87.
CHAMPDOLENT, lieu-dit de la paroisse de St-Germain-lez-Corbeil. Origine de son nom, V, 78, 87.
CHAMPEAUX (doyenné de), V, 407-436.
CHAMPEAUX, *Campelli,* paroisse du doyenné de Champeaux [Seine-et-Marne, arr. de Melun, cant. de Mormant]. *Notice,* V, 407-420.
— Collégiale de St-Martin (ancienne abbaye de femmes), IV, 408-418 ; — mentionnée en 1110 comme appartenant à l'év. de Paris, I, 26 ; — canonicat qu'y possède St-Victor de Paris, 336 ; — chanoine. Voy. Chelles (Pierre de). — Cures à sa collation ; ses biens aux mêmes lieux, V, 110, 422, 426, 427, 429, 430, 433, 434, 435. — Reliques en provenant, I, 104, 166. — Séjour de S. Merry, V, 24.
— Lieux-dits : Aunoy, Chaunoy, Varvannes.
— (Guillaume de), archidiacre de Paris, évêque de Châlons, I, 335 ; V, 417. — Ses écoles à Melun, IV, 309.
— (Guillaume de), év. de Laon, V, 417.
— (Jean de), *de Campellis,* archidiacre de Melun. Seigneur de Cramayel en 1353, V, 111.
— (Odon de), sous-diacre de la cathédrale de Paris. — Biens qu'il tient en précaire à Montcivry, IV, 30. — Lègue ses biens d'Orly au chapitre, 437.

CHAMPGARNIER (le) [Seine-et-Oise, ferme de St-Lambert], III, 367, 368, 374.
CHAMP-GARNOD (le), *Campus Garnodi*, lieu-dit mentionné au XIIe s., III, 518. [Identifié par l'édit. du *Cartul.* de Longpont avec Chagrenon, lieu-dit d'Auvers-St-Georges, Seine-et-Oise, arr. d'Etampes].
CHAMPGIRAULD (Nicolas de), seigneur de Germonville, IV, 186.
CHAMPGIRAULT (François de), seigneur de Guillerville (1556), IV, 177.
CHAMPHOURDY, [Champhoudry. Seine-et-Oise, ham. de Cernay-la-Ville], III, 422.
CHAMPIGNEAU, Champigné, Champignelle, Champignot, Champigot, ham. de la Varenne-St-Maur [Champignol, Seine, ham. de St-Maur-les-Fossés]. Mentionné en 1294 et en 1311, II, 457; IV, 471; V, 7.
CHAMPIGNELLE Voy. Champigneau.
Champigniaco (Guillelmus de). Voy. Champigny.
CHAMPIGNOT. Voy. Champigneau.
CHAMPIGNY (Baudoin de), *de Campiniaco.* Son fief mentionné en 1161, V, 132.
— (Guillaume de), *de Champigniaco*, chevalier. Vassal de l'abbaye de St-Maur en 1273, II, 445.
— (Hilduin de), mentionné dans un acte du XIIe (?) s., IV, 471.
— (Hugues de), bienfaiteur du prieuré de Longpont (XIIe s.), IV, 90, 471.
— (Isabelle de), femme d'Hellouin de Meulan. Donne ses biens à Rueil ou à Champigny (1229), III, 98; IV, 471.
— (Jean de), neveu de *Manasserus*, curé d'Amboile (1273), IV, 473.
— (Tristan de), seigneur de Champigny-sur-Marne (1294), IV, 471.
CHAMPIGNY (le Père), barnabite. Ses sermons composés à Passy, I, 403.
CHAMPIGNY-SUR-MARNE, *Campenninum*, *Campiniacum*, *Champiniacum*, paroisse du doyenné de Lagny [Seine, cant. de Charenton]. *Notice*, IV, 467, 474.
— Chapelle, fondée par Jean, curé de Bougival (1210), III, 106. — Château, sa construction en 1490; comparé au Petit-Châtelet de Paris, IV, 472. — Eglise (autel), enlevée puis restituée à St-Martin-des-Champs (XIe s.), II, 519. — Habitants; leur redevance envers l'abbaye de St-Maur, II, 387; — admis à la léproserie de la Queue-en-Brie, IV, 485 (note). — Rente qu'y perçoit l'abbaye de Saint-Denis, IV, 517.

— Lieux-dits : Cœuilly, Luat.
CHAMPIGOT. Voy. Champigneau.
CHAMPIN (Pierre), président à la Cour des Monnaies, seigneur de Roissy-le-Plâtry. Ses fiefs sur la paroisse de Coudray (1629), V, 104.
Champiniacum (XIIe s.) : Champigny-sur-Marne, IV, 469.
CHAMPION (Jacques), avocat au Parlement. Fonde, à Bercy, une maison de Pères de la Doctrine (1677), I, 333; III, 558.
CHAMPLAN, *Camlimptum? Campusplanus, Campiplantum*, Champlant, paroisse du doyenné de Châteaufort [Seine-et-Oise, cant. de Longjumeau]. *Notice*, III, 516-520.
— Biens appartenant à l'abbaye de Bruyères (VIIe s.), III, 406; — au prieuré de Longpont, IV, 96. — Curé. Voy. Michel. — La place du marché de Longjumeau en dépend, IV, 73, 76. — Seigneurie enlevée à la châtellenie de Montlhéry, IV, 103, 367.
— (Hugues de). Donne au prieuré de Longpont la moitié de la dîme du Fay (XIIe s.), III, 494-5.
— (Houdard ou Oudart de), *de Campo plano*, seigneur de ce lieu (1218), III, 331, 519.
CHAMPLATREUX [Seine-et-Oise, ham. d'Epinay-Champlatreux]. *Notice*, II, 220-1. — Habit. admis à la léproserie de Luzarches, 207.
CHAMPLATREUX (fief Pelletier, dit) [Seine-et-Oise, ham. de Saintry], V, 97.
CHAMPLIN ou mieux CHAMPS-CLINS (territoire de), *Campi clini*, Chanclin, Champecins, sur la paroisse de la Queue-en-Brie, IV, 481. — Léproserie. *Notice*, 485-6; — biens à Combault, 493. — Moulin, 486.
CHAMP-LONG, lieu-dit de Villiers-le-Bel (XIVe s.), II, 179.
CHAMPLUYSANT (Antoine de), seigneur de Domont, Manine et Montsoult. Ses autres seigneuries énumérées dans son épitaphe à Domont (1557), II, 158.
— (Arthur de), seigneur de Manine et de Recourt. Sa sépulture à Domont (1550), II, 158.
— (Gabriel de), fils d'Antoine. Inhumé à Domont, II, 158.
— (Louis et François de), fils d'Antoine. Leur sépulture à Domont, II, 158.
CHAMP-MAINARD (bois de) près de Domont (?). Mentionné au XIIe s., II, 155.
CHAMP-PÈLERIN (le), lieu-dit de Créteil (1540), V, 22.

— 124 —

CHAMP-POURRI, hameau dépendant d'Aubervilliers [Seine]. Léproserie, I, 563-4.
CHAMPROBERT (Georges de), seigneur de Marolles-en-Hurepoix, IV, 225.
CHAMPROND (Michel de), bailli et capitaine de Chartres. Seigneur de Croissy et de la Bourdinière en 1553, IV, 518.
CHAMPROSAY, Champroset, [Seine-et-Oise, ham. de Draveil], V, 57, 63, 64. *Notice*, 65.
— (Adam de). Rend hommage à l'abbaye de St-Maur pour la seigneurie d'Évry-sur-Seine (1273), IV, 326 ; V, 65.
CHAMPROSE, Champrouze [Seine-et-Marne, ham. des Chapelles-Bourbon], V, 334, 345.
CHAMPS, *Campi*, paroisse du doyenné de Lagny [Seine-et-Marne, arr. de Meaux, cant. de Lagny]. *Notice*, IV, 603-607.
— Hab. admis à la léproserie de Gournay, IV, 614. — Seigneurie dépendant de la seigneurie de Croissy-en-Brie, 518.
— Lieux-dits : Bailly, Haute-Maison (la), Luisard.
CHAMPS (Adam des), clerc des Comptes. Bienfaiteur de St-Séverin, I, 102.
— (Béatrix, dame de). Ses biens à Aubervilliers (XIIIe s.), I, 561.
— (Gui de), *de Campis*, chevalier. Vassal de l'abbaye de St-Maur (XIIIe s.), II, 445.
— (Guillaume de), dit le Roux. Vassal de Montlhéry, IV, 104. — Donne à l'abbaye du Val des biens à Lagny (1209), IV, 606.
— (Jean de), mentionné en 1145, IV, 606.
— (Jeanne de). Son fief de Vaularron (XIVe s.), III, 495.
— (Renaud de). Vassal de la châtellenie de Montlhéry (1215), IV, 104, 606.
CHAMPS (Thomas des), curé de Montreuil-sous-Bois (XVIIe s.), II, 417.
CHAMPS-CLINS ou CHAMPECIN. Voy. Champlin.
CHAMPSMOTEUX [Seine-et-Oise, arr. d'Étampes, cant. de Milly], ferme, IV, 604.
CHAMPTIBOUST, dépendance de Porchefontaine au XIVe s., III, 213.
CHAMP-TOURTEL, hameau de la paroisse de la Courneuve, I, 579.
CHAMPURSY, terre unie à la baronnie de Montmorency (1551), I, 625.
Champvia, fief sis à Bagnolet (XIIIe s.), II, 655.
CHAMPY [Hubert de], intendant de la marine à Brest ; seigneur de Villejust, III, 506 ; — de Villebon, 514, 515.
CHAMURETS (Guillaume de), prieur de Longpont (1318), IV, 97.
CHAMVILE [Chaville] (Nicolas de), bailli du Roi. Seigneur de Chaville (1218), III, 219, 331.
CHANAC (Foulques de), év. de Paris. Sacré à N.-D.-des-Champs (1342), I, 147. — Acte relat. à Vaugirard (1342), I, 484 ; III, 5 ; — à la confrérie du Palais épiscopal (1343), I, 21 ; — aux Quinze-Vingts (1343), I, 40 ; — à l'égl. de Menus (Boulogne) (1343), 394 ; — à la léproserie du Roule (1343), 438 ; — à la chapelle de la Chaumette (1343), II, 69 ; — aux reliques de S. Yon (1343), IV, 162, 288-9 ; — à l'égl. St-Barthélemy (1344), I, 176 ; — à l'abbaye de Longchamp (1345), I, 399 ; IV, 6 ; — à St-Martin de Champeaux (1346), V, 414 ; — à la chapelle St-Yves de Paris (1348), I, 149 ; — à St-Jacques du Haut-Pas (1348), 156 ; — à l'égl. St-André-des-Arts (1348), 286 ; — à la léproserie de St-Lazare (1348), 300 ; — à la léproserie de Juvisy, IV, 409. — Convoque ses vassaux à l'armée du Roi (1346), I, 519 ; II, 93-4, 210, 531. — Autres mentions, I, 260 ; IV, 37, 97.
— (Foulques de), év. d'Orléans. Prieur de Longpont, appelé à tort *de Chamaio*, IV, 97.
— (Guill. de), év. de Paris. Acte relat. à la léproserie de Châteaufort (1333), III, 302 ; — au travers de Conflans-Ste-Honorine (1340), II, 95. — Fondateur du collège St-Michel, I, 252. — Acquiert le château de Luzarches (1333), II, 210. — Reçoit l'hommage pour Brie-Comte-Robert (1333), V, 266. — Sa sépulture (1348), I, 337. — Autres mentions, I, 126, 260 ; IV, 97.
— (Guillaume de), prieur de Longpont, abbé de Vezelay ; év. de Chartres puis de Mende. Appelé par erreur *de Chamaio*, IV, 97.
— (cardinal de), patriarche de Jérusalem. Bienfaiteur du collège de Chanac ; mort en 1404, I, 258.
— (collège de). Voy. Paris.
Chanceaux (la nymphe de), poésie contenant un éloge de Marly, III, 124, 237.
CHANCELIER de Ste-Geneviève de Paris, I, 232, 233 ; — de l'abbaye de St-Denis, 507.
CHANCELLERIE (la), partie du village de Domont, II, 159.

— 125 —

CHANDEL (le), *Chandus saccum*, lieu-dit voisin de Pantin, II, 650.
CHANDELIER, symbole d'investiture, II, 90.
CHANDELIER (Jean), dit l'Epicier, archidiacre de Troyes, conseiller du Roi. Fondateur d'une chapelle à St-Pierre-aux-Bœufs de Paris, I, 318.
CHANDELIERS (les), lieu-dit de Palaiseau, III, 332.
CHANDELLES (redevance de), III, 50.
— (Restes de) donnés aux religieuses de la Saussaye, IV, 39.
CHANDELOU (Jean), chanoine de l'abbaye de St-Maur (1536), II, 433.
CHANDEVILLE, poète, neveu de Malherbe. Sa sépulture, I, 33.
Chandus saccum (XIe s.) : le Chandel, II, 650.
CHANEUL : le Chesnay, II, 550.
CHANEVIÈRES (fontaine et ruisseau dits) — (moulins à draps de), mentionnés en 1512, II, 275. — Voy. Chennevières.
CHANGEURS (ordonnance de 1343 concernant les), IV, 151, 152.
CHANGI, lieu-dit de Roissy-en-France (XIIIe s.), II, 278.
CHANGY (fontaine de), à Moissy-l'Evêque (1493), V, 115.
Chanistriaus. Voy. Chaintreaux.
CHANLAY (Mme). Sa résidence à l'Arbalète (XVIIIe s.), IV, 407.
CHANOEIL, Chaneul (XIIe s.) : le Chesnay, écart de Gagny, II, 397, 479, 550.
CHANOINERIE (la), ham. d'Ozouer-la-Ferrière, V, 355.
CHANOINES, appelés *Frères*, I, 122. — Réguliers de la congrégation de France. Voy. Ste-Geneviève.
CHANOINESSES ANGLAISES. Voy. Paris, couvent de N.-D. de Sion ; — de St-Augustin, à Nanterre, III, 77 ; — de St-Victor de Paris, à l'abbaye de Jarcy, V, 168.
CHANOT (le P.), religieux de St-Antoine. Curé de Croissy-sur-Seine, II, 27.
CHANS (Gui de). Voy. Champs.
Chant, mot celtique. Sa signification, III, 517.
CHANTEAU (de). Sa conversion, III, 39.
CHANTECLER (J.), chevalier. Mentionné en 1308, III, 185.
CHANTECOQ [Seine-et-Oise, ham. de Janvry], III, 443.
CHANTELLE (Catherine), femme de Jean de Broye (1390), II, 307.
— (Guillaume), prieur de N.-D.-des-Champs, I, 147.
CHANTELOU (le petit), écart d'Antony (1619), III, 538.

CHANTELOU, ferme de Moissy-l'Evêque, V, 114, 140.
CHANTELOUP, étymologie de ce nom de lieu, IV, 20.
CHANTELOUP, lieu-dit de St-Germain de Châtres [Seine-et-Oise, ham. de St-Germain-lez-Arpajon]. *Notice*, IV, 151-5.
— Couvent d'Annonciades et Hôpital de St-Eutrope (ancienne léproserie), IV, 151-5. — Biens à la Norville, 232 ; — au Plessis-le-Comte, 369.
CHANTELOUP, *Cantus lupi*, *Cantalupi*, paroisse du doyenné de Lagny [Seine-et-Marne, arr. de Meaux, cant. de Lagny]. *Notice*, IV, 532-533.
— Confondu avec Chanteloup-près-Châtres, IV, 155. — Cure réunie à celle de Conches, IV, 572.
— Habit. contribuent aux réparations de Lagny (1357), IV, 548. — Biens qu'y possède l'abbaye d'Yerres, V, 223.
CHANTELOUP lieu-dit de Clichy (1372), I, 429.
CHANTELOUP (Arnoul de), chanoine de Ste-Geneviève. Donne à cette abbaye des biens à Jossigny, IV, 526.
— (Aubert de), chevalier (fin du XIIe s.), IV, 533.
— (Hugues de), mentionné en 1210, V, 114, 129.
— (Jean de), *de Cantalupo* (1213), IV, 533.
— (Pierre de), chevalier. Vend à l'év. de Paris son moulin à Corbeil (XIIe s.), IV, 312 ; V, 114, 309.
— (Robert de). Vend à l'év. de Paris des biens à Moissy-l'Evêque (1259), V, 108, 114, 140.
— (Terric de), fils de Hugues. Ses biens à Evry-les-Châteaux (1210), V, 129.
— (MALLET de). Voy. Mallet (Jacques-François).
CHANTELOU-SOUS-DEUX-AMANS (Jehan de Mansigny, seigneur de), II, 122.
CHANTEMERLE ou CHANTEMESLE [Seine-et-Oise, ham. d'Essonnes]. *Notice*, IV, 268.
CHANTEMERLE (Jacques d'Illiers, baron de), III, 485.
CHANTEPRIME (François de). Ses biens à Bagnolet et à Charonne en 1392, I, 475 ; II, 655.
— (Jean de), maître des Comptes. Concierge du château de Chanteloup-les-Châtres, IV, 152.
— (Jean de), doyen de la cathédrale de Paris. Ses biens à Châtenay-les-Bagneux, III, 542 ; — à Viry. Sa mort en 1413, IV, 401.

— (Jean), seigneur de Sucy. Son fief à Charonne (1442), I, 476.
— (Jeanne), femme de Philippe de Corbie, II, 233.
— (Joachim de), chanoine d'Auxerre, de Sens et de Péronne. Archiprêtre de St-Séverin ; mort en 1413, I, 104, 111-112.
— (Marguerite de), veuve de Pierre de Canteleu, I, 91.
— (Marie). Sa sépulture (XIVᵉ s.?), IV, 485.
CHANTERAINE, étymol. de ce nom, III, 174.
CHANTERAINE (moulin de), à Corbeil, IV, 312 ; V, 129, 148 ; — à Pontoise (1229), II, 138.
CHANTEREAU, altération du nom de lieu Chaintreaux, V, 114.
CHANTEREINE, lieu-dit de Combs-la-Ville, V, 185.
CHANTEREL (sieurs de), seigneurs de Bezons, II, 22.
— (Marie), épouse de X... Bazin. Dame de Bezons, II, 22.
CHANTERVILLE (François de Dampierre, sieur de), III, 314.
CHANTIER, synonyme de canton, III, 7 ; IV, 181.
Chantilliacum (XIIIᵉ s.) : Chantilly, II, 326.
CHANTILLY [Oise, arr. de Senlis, cant. de Creil] (acte royal daté de) en 1724, III, 196. — Châtellenie, II, 234. — Forêt, son ancien nom, II, 321. — Seigneurie, II, 95, 233, 266, 354 ; III, 196 ; — mouvance, II, 306.
— (Guillaume de), *de Chantilliaco* ; appelé à tort Guillaume Calletot. Ses biens à Marly-la-Ville (1237), II, 326. — Seigneur de Montmélian par sa femme, 339.
— (Guillaume de). Ses droits sur les fiefs d'Aulnay et de Coubron (1299), II, 605.
— (Jean de). Ses biens à Moussy-le-Neuf (1282), II, 354.
CHANTOR (Renaud de), mentionné en 1220, III, 471.
Chantou, imprimé pour *Chatou*, II, 24.
CHANTRE, dignitaire de l'abbaye de St-Denis, I, 508. — (bâton du) de la Ste-Chapelle de Paris, I, 222.
CHANTREAU (Isaac), seigneur de Brevannes, de Châteaufort et de Courquetaine (XVIᵉ s.), V, 34, 296.
CHANU (François), curé des paroisses de Chanteloup et de Conches réunies (1473), IV, 572.
Chanuvertæ (XVIIIᵉ s.) : Chennevières, II, 310.
CHANVILLE (Robert de), maître de la maison du Temple à Paris (1209), II, 554.
Chanvis (Maurice de), curé de Coubert (1385), V, 152.
CHANVRE, origine du nom de lieu Chennevières, II, 307.
CHANUT, abbé de la Roche (XVIIIᵉ s.), III, 350.
CHAOURCE (Philippe de), év. d'Evreux (1271), IV, 593.
CHAPEAUX (terre des), à Saint-Port, IV, 285.
CHAPEAUX de feuille, I, 352 ; — de roses (redevance de), I, 62, 330 ; IV, 285.
CHAPEIGNON (Agnès de), femme de Pierre de Lyvronne. Ses droits sur la terre de Vemars (1270), II, 346.
CHAPELAIN, signifiant curé au XIIIᵉ s., I, 135 ; — jouissant des droits curiaux, IV, 38. — Titre donné aux curés de Longpont nommés par les prieurs, 94.
CHAPELAIN (Bernard), curé de Lognes et de Torcy en 1498, IV, 602.
— (Gilles), secrétaire du Roi (XVIᵉ s.), IV, 319.
— (Jean), académicien. Sa sépulture (1674), I, 167.
CHAPELAINS (costume des) de St-Eustache de Paris, I, 61. — du Roi. Rente dont ils jouissent à Villeneuve-le-Roi, IV, 432.
CHAPELLE (Lullier dit), poète né à la Chapelle-St-Denis, I, 462. — Sa maison à Chilly, IV, 70.
CHAPELLE (la), lieux de ce nom en France, I, 458 ; II, 394.
CHAPELLE (la) ou la CHAPELLE-SAINT-DENIS, la Chapelle-Sainte-Geneviève, la Chapelle-Ostran, paroisse de la banlieue de Paris [aujourd'hui annexée à Paris]. *Notice*, I, 458-62.
CHAPELLE (Etienne de la), év. de Meaux, archev. de Bourges. Son épitaphe (1774), I, 336-7 ; IV, 402 ; — son frère, V, 428.
— (Gautier de la), frère du précédent. Donne à St-Victor de Paris des terres à Viry, IV, 402.
— (Geoffroy de la), conseiller du Roi (1252), IV, 625.
CHAPELLE-AUX-HOINS (la) ou AUX OINS. Voy. Chapelle-Haouis (la), V, 332.
CHAPELLE-BERLOUIN (Jean d'Escoubleau, comte de la), III, 265.
CHAPELLE-BRETEUIL. Voy. Chapelle-Haouis (la).
CHAPELLE-CERNAY (la), ancien nom de la Chapelle-Gauthier, V, 425.
CHAPELLE-GAUTHIER (la), *Capella Domini Galterii*, la Chapelle-Cernay, la Chapelle-Thiboust de Berry, paroisse du doyenné de Champeaux

[Seine-et-Marne, arr. de Melun, cant. de Mormant]. *Notice*, V, 425-429. — Seigneurie, II, 128.
— Lieux-dits : Boulaie (la), Clotée (la), Gaillard, Grandvillier, Maison-Rouge (la), Maupas, Maupertuis, Pausse (la), Sausseux, Trois-Chevaux (les).

CHAPELLE-HAOÜÏS (la), la Chapelle-Hoins ou aux Hoins ou aux Oins, la Chapelle ou les Chapelles-en-Brie, depuis appelée la ou les Chapelles-Breteuil, paroisse du doyenné du Vieux-Corbeil [les Chapelles-Bourbon, Seine-et-Marne, arr. de Coulommiers, cant. de Rozoy]. *Notice*, V, 331-334.
— Lieux-dits : Beaumarchais, Champrose, Menillet.

CHAPELLE-IGER (la) [Seine-et-Marne, arr. de Coulommiers, cant. de Rozoy, fief mentionné en 1328, V, 111.

CHAPELLE-LA-REINE [Seine-et-Marne, arr. de Fontainebleau, ch.-l. de cant.]. Prieuré ; cédé au chapitre de St-Maur, III, 348.

CHAPELLE-MILON (la). Voy. Milon-la-Chapelle.

CHAPELLE-OSTRAN (la), nom donné à la Chapelle-Saint-Denis (XVe s.), I, 458.

CHAPELLE-RABELAIS (la) [Seine-et-Marne, arr. de Provins, cant. de Nangis], mentionnée en 1518, V, 428.

CHAPELLE-RAINFOIN (la), ancien nom de Clos-Toutain, III, 170.

CHAPELLERIE (la), maison sise à Montreuil-sous-Bois (1329), II, 396.

CHAPELLE-SAINT-DENIS. Voy. Chapelle (la).

CHAPELLE - SAINTE - GENEVIÈVE (la). Voy. Chapelle (la).

CHAPELLE-THIBOUST DE BERRY (la), ancien nom de la Chapelle-Gauthier, V, 425.

CHAPERON (usage de prendre le) aux mariés, I, 387.

CHAPITEAU DE TROAND (Odon), prieur de St-Martin-des-Champs, I, 192.

CHAPITRE (le), lieu-dit de Gif [?], III, 372.

CHAPONEL (Raymond), prieur de St-Eloi de Roissy-en-France (XVIIIe s.), II, 285.

CHAPONS (redevance de) au XIIe s., III, 447.

CHAPOTIN, commis à la Bibliothèque du Roi. Ouvrage de lui, cité, I, 450.

CHAPPES (de), prévôt de Paris (XVIIe s.), V, 130.

CHAPUIS (Denis), curé du Plessis-Gassot (1455), II, 247.

CHARAT (Thibaud), secrétaire du Roi. Chapelain de Savigny (1459), II, 605.

CHARBONNIÈRE (forêt). Voy. Lederic.

CHARCEL (Jeanne), femme de Raoul de Presles (1346), II, 531.

CHARCOIS, *Carcoicum*, *Charcosium* [Seine-et-Oise, ham. du Plessis-Pasté]. *Notice*, IV, 357. — Fief mentionné en 1317, IV, 354.

CHARDERIC, abbé de St-Denis. Bâtit un monastère à Vaux (VIIe s.), II, 124.

CHARDERONNAY. Voy. Chardonnet.

CHARDON (famille), alliée aux Montmorency et aux Condé, II, 183.
— (Nicolas), fils de Pierre ; sieur de Villegray, capitaine d'Ecouen, Villiers-le-Bel, etc. Son épitaphe, II, 183.
— (Nicolas), curé d'Ecouen. Son épitaphe, II, 183.
— (Nicolas-Christophe de), *Domni-Martini Decanus ac Prior Raʒinnensis* ; décédé en 1708, II, 183.
— (Pierre), écuyer, seigneur de Villegray. Son épitaphe, II, 183.
— (Pierre de), chanoine de Soissons. Son épitaphe (1691), II, 183.

CHARDON, marié à une descendante de l'imprimeur Léonard. Sa maison à Rueil, III, 104.

CHARDONNET et non CHARDERONNAY [Seine-et-Oise, ham. de Forges], III, 441.

CHARENTON, origine de ce nom de lieu, I, 470.

CHARENTON (le pont de), *pons Carantonis*, bourg de la paroisse de Conflans [Charenton-le-Pont, Seine, ch.-l. de cant.]. *Notice*, réunie à celle de Conflans, II, 359-372.
— Abbaye que Philippe-Auguste prescrit d'y élever (1222), V, 365. — Châtellenie, II, 367-8. — Dépendance de la capitainerie de Corbeil (1694), IV, 312. — Léproserie, II, 362. — Moulins, IV, 520. — Pont, II, 459 ; péage, 562. — Seigneurie, II, 432, 614 ; IV, 354.
— (rue de). Voy. Paris.

CHARENTON (Mathurin), vicaire de Crosne. Son épitaphe (1512), V, 42.

Charentonium (XIIIe s.) : Charenton, II, 364.

CHARENTONNEAU, *Carentoniolum*, *Charentonellum* [Seine, ham. de Maisons-Alfort]. *Notice*, V, 7-9. — Terre dépendant de la seigneurie de Beaubourg, IV, 514. — Moulin banal, 6.
— (Aalips de), femme de Guillaume dit Morin. Cède ses biens à Charentonneau à l'abbaye de St-Maur (1285), V, 7-8.

CHARENTON-SAINT-MAURICE, *Karentona villa*, paroisse du doyenné de Chelles [Seine, ham. de Charenton-le-Pont]. *Notice*, II, 373-383. — Chapelle de N.-D. de Presles, 383 ; — de Ste-Catherine. Voy. Hôtel-Dieu ; — de St-Jean, 379. — Cure ; biens dans le bois de Vincennes, II, 406. — Fiefs, 375-6. — Hôpital de la Charité, II, 378-9, 412. — Hôtel des Piliers, II, 383. — Hôtel-Dieu, II, 362 ; — sa chapelle de Ste-Catherine, 373, 374-5 ; — biens à St-Mandé, 381. — Moulins, 383. — Paroisse, II, 454. — Prieuré des Bénédictines du Val d'Osne, 377-8. — Ruelle Leguillière ou l'Éguillier, II, 373, 376. — Temple protestant, 376-7 ; III, 448. — Lieu-dit : Saint-Mandé.
CHARENTRU ou CHALENTRU [Charaintru. Seine-et-Oise, ham. d'Epinay-sur-Orge], IV, 86.
CHARGELART (Mathieu), chapelain de N.-D. de Villetain, puis curé de St-Aubin (1479), III, 334.
Charicardus, personnage du VIIe siècle, III, 455.
Charitas duodecim denariorum, distribution de deniers au clergé lors de certaines processions, I, 542.
CHARITÉ (confréries de la), à St-Germain-en-Laye, III, 143 ; — à Villepreux, 179 ; — à Émerainville, IV, 508.
— (frères de la). Leurs hôpitaux. Voy. Charenton-St-Maurice et Paris.
— (sœurs de la) ou Sœurs grises. Leurs établissements, I, 575, 582 ; II, 45, 47, 172, 290, 360 ; III, 30, 475 ; IV, 46, 623 ; V, 65, 103.
CHARITÉ (la), l'Aumône, les Corbins [les Corbins, ham. de Montevrain]. *Notice*, IV, 540.
CHARITÉ (Adam de la). Fonde une chapellenie à N.-D. de Paris, II, 619.
— (Dreux de la). Donne à N.-D. de Paris ses terres à Chevilly, IV, 35.
— (S. Jean de Dieu de la), archidiacre de Soissons (1319), IV, 266.
CHARITÉ-LEZ-LESIGNES (la) [Yonne, arr. de Tonnerre]. Abbaye ; reliques en provenant, II, 129.
CHARITÉ-NOTRE-DAME (frères de la) ou BILLETTES. Nombre de leurs maisons en France, II, 287. — Auraient occupé le prieuré de St-Jean à Corbeil, IV, 285 et note. — Leurs couvents. Voy. Argenteuil, Paris, Vaudherland.
— (collège de la). Voy. Paris, collège des Lombards.
CHARITÉS DE ST-DENIS (hôtel des). Voy. Paris.

CHARITÉ-SUR-LOIRE (la) [Nièvre, arr. de Crosne, ch.-l. de cant.]. Abbaye ou prieuré ; fournit des religieux au prieuré de St-Yon, IV, 160 ; — ses biens à Lisses, 317.
Charlavana : Charlevanne, III, 109.
CHARLEMAGNE, empereur. Traditions fabuleuses sur son expédition en Espagne, I, 196. — Son palais à St-Denis, 494, 506. — Rebâtit ou répare l'église de St-Denis, I, 496. Donne à cette abbaye ses métairies de Luzarches (775), I, 496 ; II, 199, 200. — Histoire de son prétendu voyage en Terre-Sainte, fabriquée à St-Denis, I, 512. — Aurait rapporté de la Terre-Sainte à Aix-la-Chapelle les instruments de la Passion, I, 538. — Établit des religieuses à l'abbaye d'Argenteuil sous la direction de sa sœur, Théodrade, à laquelle il donne la Sainte tunique, II, 2, 7. — Confirme à *Goddinga* les privilèges de l'abbaye de St-Denis (778), II, 252. — Acte relatif à l'abbaye de St-Denis (774), III, 425-6 ; — à St-Germain-des-Prés (778), V, 35. — Sa présence à l'abbaye de Chelles en 804, II, 484.
CHARLEMAISON [Chalmaison. Seine-et-Marne, arr. de Provins, cant. de Bray-sur-Seine]. Seigneur : Louis de Villiers, IV, 329.
CHARLES II, *le Chauve*, roi de France. Acte relat. à un pont de Paris (870), I, 25 ; — à l'abbaye de St-Éloi de Paris, 307, 322 ; — à la ville et à la basilique de St-Denis, 532, 538, 539 ; — à Morancy [Oise], 614 ; — à Andrézy, II, 98 ; — à Corneilles, 51 ; — à Gacourt, 213 ; — à Villiers-le-Sec, 234 ; — au pont de Charenton, 360 ; — au bois de Vincennes (847), 385 ; — à St-Maur (866), 419 ; — à l'abbaye des Fossés (846 ou 847), 425 ; (868) 426 ; — à Nogent-sur-Marne (848), 467 ; — à Thorigny, 513 ; — aux Prés St-Gervais et à Ménilmontant, 651, 655 ; — à Rueil et à Suresnes, III, 47, 78, 91, 92, 98, 109 ; — aux possessions de l'abbaye de St-Vandrille (845), 127, 478 ; — à Villepreux et à Ozoir-la-Ferrière, 176 ; — à Senlisses, 354, 366, 418, 419 ; — à *Camlimptum* (863), 517 ; — à Antony (872), 535 ; — à Cachan (872), IV, 20 ; — à Épinay-sur-Orge (872), 85 ; — à Thiais, 440 ; — à un lieu appelé Champigny (862), 467 ; — à Lagny (845), 545 ; — à Bry-sur-Marne, 630 ; — à Villeneuve-St-Georges (872), V, 38. — Campe près de St-Cloud

en 841, III, 32. — Lampe entretenue à St-Denis auprès de son tombeau, III, 91. — Marche contre les Normands (846), III, 109. — Ses résidences à St-Denis, I, 506; (869), II, 426; (873), III, 91; — à l'abbaye de St-Maur (869), II, 426; — au confluent de la Seine et du Loing (841), IV, 270; — dans la forêt de Roissy en Brie (845 et 851), 502; — à Bonneuil-sur-Marne, V, 25. — Sa dévotion pour S. Vincent, prêtre de Magny, I, 30. — Usuard lui dédie son Martyrologe, I, 264.

CHARLES III, *le Simple*, roi de France. Acte relat. à la collégiale de St-Marcel (918), I, 120, 122; — à l'enceinte de Saint-Denis (898), 532-3; — à l'abbaye des Fossés (920), II, 427; — à Chelles (912), 485; — à Thorigny, 513; — à Suresnes, III, 47, 52; — à Bagneux et à Châtenay, III, 539; — à Lagny, IV, 545; — à Créteil (900), V, 11-12; — à l'abbaye de Rebais (907), V, 410. — Son séjour à Issy (907), III, 10; — à la Neuville, près de Gennevilliers (922), 63.

CHARLES IV, *le Bel*, roi de France. Acte relat. à St-Jacques du Haut-Pas (1322), I, 156; — aux reliques de la Ste-Chapelle (1322), 222; — à la garenne de Charonne (1328), 474, 482; — à Deuil (1327), 606; — à Coye et à Luzarches (1322), II, 210, 336; — à Aulnay, Livry et Coubron (1324), 605; — à l'égl. St-Jean-en-Grève (1326), IV, 21; — à Brie-Comte-Robert (1326), V, 259. — Sa présence à Epieds [Loiret?] (1325), II, 304 (note); — à Rueil (1326), III, 103; — à Cachan (1326), IV, 21; — à Corbeil; y signe un traité avec le roi d'Écosse (1326), 304; — au Val Coquatrix (1326), V, 84. — Sa mort à Vincennes (1328), I, 474; II, 407. — Ses entrailles conservées à l'abbaye de Maubuisson, II, 121.

CHARLES V, roi de France; d'abord duc de Normandie et régent. Né à Vincennes (et non au château de Beauté) (1337), II, 390, 407. — Baptisé à Montreuil-sous-Bois, 399. — Acte relat. à la Grande Confrérie de Notre-Dame (1362), I, 217; — aux habit. d'Auteuil et de Passy, 404; — aux habit. de la Villette, 464; — à la Basilique de St-Denis (1358), 497; — à Aubervilliers (1371), 562; — à la Noble Maison de St-Ouen, 572; — à la Sainte-Chapelle de Vincennes, 652; — à Argenteuil (1359), II, 14; — à l'égl. de Cormeilles; la fait abattre, 53; — à Méry-sur-Oise (1375), 127; — aux habit. du Mesnil-Aubry (1376), 245; — à Gonesse, 270; — à Montmélian (1368), 339; — à St-Mandé (1376), 381; — aux eaux de Fontenay-sous-Bois (1377), 389; — aux Bonshommes de Vincennes, 392-3; — aux habit. de Montreuil-sous-Bois (1363), 400; — à la sépulture d'Arnoult de Larron (1375), 400 (note 1); — au château de Vincennes, 407, 408; — à la Pissotte (1364), 417; — à l'abbaye de St-Maur (1378), 431-2; — aux hab. de St-Maur, 442; — au prieuré de Pomponne (1367), 506; — à l'abbaye de Livry (1365), 571; — aux habit. du Bourget, 624; — à Buzenval (1375), III, 98-9; — à Satory, 209; — aux Célestins de Paris, 213, 275, 321; — à la seigneurie de Bièvre (1377), 257, 259, 369; — à l'hôtel de Valois à Gentilly, IV, 6; — au château de Villeroy (1364), 244; — à Viry, 403; — à Vitry-sur-Seine (1371), 449, 455; — à Lagny (1367), 560; — au fief de Villiers près Tournan (1362), 593; V, 327; — à Torcy (1362), IV, 593; — à Noisy-le-Grand (1357), 625; — à Charentonneau (1377), V, 8; — à Moissy-l'Evêque (1358 et 1359), 109; — à Brie-Comte-Robert (1372), V, 267; — aux Carmes-Billettes (1376), 298; — à Grosbois (1367), 389-90. — Ses libéralités envers les Chartreux de Paris, I, 116; — envers une recluse de St-Merry, 167. — Montre la vraie croix conservée à la Ste-Chapelle de Paris I, 221; — reliques par lui données à cette église, 222. — Acquiert l'hôtel St-Paul, I, 329-30. — Cérémonial de la procession de la chasse de Ste-Geneviève sous son règne, I, 235. — Dit sans preuves avoir fondé l'égl. de Boulogne-sur-Seine, I, 394, 395. — Ses entrailles conservées à l'abbaye de Maubuisson, II, 121. — Fait construire le château de Beauté; y meurt (1380), II, 389, 390. — Convoque à Vincennes un concile (1371), II, 408. — Fait construire à Vincennes la collégiale de la Ste Trinité (Ste-Chapelle), II, 413. — Fondateur du chapitre du Vivier en Brie, II, 415. — Reçoit l'empereur d'Allemagne Charles IV (1377), I, 461; III, 431. — Donne la terre de Plaisance à sa femme, Jeanne de Bourbon (1375), II, 470. — Reconstruit le château

— 130 —

de St-Germain (1363), III, 137; y fait bâtir une chapelle, 142. — Octroie des lettres de rémission à Jean Fouchier (1375), III, 276. — Acquiert la seigneurie de Limours (1376), III, 434. — Contrainte qu'il exerce contre Bernard de Montlhéry, III, 483. — Prix payé au prieuré de la Saussaye pour le rachat de ses chevaux à sa mort, IV, 39. — Acquiert la seigneurie de Chanteloup près Châtres (1365), IV, 152; — la terre du Val-Coquatrix, V, 84. — Ses lieux de séjour, II, 137, 369, 372, 486; IV, 106, 455; V, 120, 182, 183, 304, 671.

CHARLES VI, roi de France. Baptisé à St-Paul de Paris, I, 324. — Sa gouvernante, Agnès de Trie, II, 217. — Acte relat. à une confrérie de l'égl. St-Gervais, I, 84; — du couvent de Ste-Croix de la Bretonnerie (1410), 93; — au bourg St-Marcel (1410), 125; — à la confrérie des bouchers à St-Jacques-la-Boucherie (1406), 200; — à la confrérie de S. Fiacre à St-Josse (1415), 304; — aux habit. de Passy (1381), 404; — à Poitronville, 466; — à Charonne (1384), 480; — à Aubervilliers (1405), 562; — à la Noble Maison de St-Ouen, 572-3; — à la Ste-chapelle de Vincennes (1397), 652; — à Bezons (1404), II, 20-1; — à Charenton (1422), 375; — à Fontenay-sous-Bois (1399), 386; — à Montreuil-sous-Bois (1413), 399; (1380), 400; — à Vincennes, 408-9, 412-3; — aux habit. de la Varenne-St-Maur (1406), 456; — aux barrages de la Marne à St-Maur et à Charenton (1384), 459; — au château de Plaisance, 489; — aux habit. de Nogent-sur-Marne (1404), 473; — à Ville-Evrard (1411), 480; — à Neuilly-sur-Marne (1394), 482; — à Chelles en 1400 et 1411, 500; — à Montjay (1399), 532; — à Bondy (1418), 568; — à Clichy en l'Aulnois, 572; — à la confrérie du Blanc-Mesnil (1407), 627-8; — aux Bruyères (1384), 657; — à Suresnes (1406), III, 48; — à Viroflay, 215; — à la justice de Villefavreuse (1380), 258, 259; — à Châteaufort (1406), 305; — à Villiers-le-Bâcle (1398), 316; — à Vauhallan (1393 et 1395), 321; — à Janvry (1389), 442; — à Marcoussis (1386), 483, 484, 485; — à Chevilly (1398), IV, 35; — à Chanteloup près Châtres (1401), 152; — à St-Spire de Corbeil (1384), 277; — à Champigny-sur-Marne (1405), 472; — à Chennevières-sur-Marne (1396), 479; — — à Créteil (1381), V, 17; — à la chapelle de N.-D. des Mèches (1394), 19; — à Villeneuve-St-Georges (1407), 39; — au Val-Coquatrix (1380), 84; — à Villepescle (1382), 120; — à Melun (1405), 420. — Donne l'hôtel de Bohême au duc d'Orléans, I, 68. — Affecte le petit Châtelet au logement du prévôt de Paris (1402), 118. — Accorde à St-Victor de Paris le droit de pêche dans les fossés de Paris, 343. — Procession faite à l'occasion du péril qu'il avait couru dans l'incendie de l'hôtel St-Paul, 450. — Son testament en 1393, 413. — Maléfices employés contre ce roi par le duc d'Orléans, 528. — Chasse dans la forêt de Bondy en 1417, 568. — Donne à la demoiselle de Belleville un manoir à Bagnolet, 658; — à Créteil, V, 22. — Réside à St-Germain-en-Laye, III, 137-8. — Dote la chapelle du château de St-Germain (1384), 142. — Donne aux Célestins de Paris une rente sur la terre de Satory (1393), 209. — Représenté au château de Marcoussis, 488. — au portail de l'église des Célestins de ce lieu, 488. — Ses séjours à Villeneuve-St-Georges, V, 39, 40; — à Villepescle, 121. — Anoblit Guillaume et Jean Budé (1399), 214.

CHARLES VII, roi de France. Acte relat. à la seigneurie de Mesnil-Aulnay (1437), II, 245; — à la terre de Gonesse, 266; — à Bagnolet (1437), 658; — à Issy (1449), III, 9; — à Rueil (1440), 98; — à Montrouge, 589; — au château de Bicêtre, IV, 12; — à Villiers-sur-Marne, 628; — à Villeneuve-St-Georges (1417), V, 39; — à l'abbaye d'Yerres, 224; — à Tournan (1446), 326. — Ses funérailles, I, 448. — Son obit à l'égl. de Charonne, 474. — Privilèges qu'il accorde aux habit. de St-Denis (1437 et 1451), 534-5. — N'a pas aboli l'ordre de l'Étoile, 573. — Donne le château de Beauté à Agnès Sorel, II, 390. — Rachète aux Anglais le château de St-Germain, III, 138. — Institue les Archers de la Ville de Paris, IV, 185. — Conduit en 1418 à Corbeil, puis à Montargis, IV, 306. — Donne la garde de Corbeil à Mme de la Roche-Guyon (1454), 308. — Aurait fait construire le château de Savigny-sur-Orge ; traditions populaires à ce sujet, 392. — Est ramené de Juvisy à Paris par le duc de Bourgogne, 413. — Vient séjourner à Lagny après la soumission de cette ville (1429), 560 ; — force les Anglais à en abandonner le siège; privilèges qu'il accorde aux habitants (1431), 561.

CHARLES VIII, roi de France. Acte relat. à la ville de St-Denis, I, 535; — à Dampmard (1491), II, 518 ;— à Vauhallan (1491), III, 321 ; — à Marcoussis (1488), 491 ; — aux habit. de Bry-sur-Marne et de Noisy-le-Grand (1491), IV, 626 ; — à l'abbaye d'Yerres (1498), V, 224-5. — Son séjour à La Chapelle St-Denis (1484), I, 462. — Dit avoir aboli l'ordre de l'Étoile, 573. — Restitue aux enfants du duc de Nemours les biens de leur père, IV, 65, 66. — Confirme les droits de Mallet de Greville dans la seigneurie de Châtres, 143, 144. — Donne l'hôtel de Beaumont sis à Corbeil (1488), 312. — Fait acheter, pour sa table, du vin de Villeneuve-le-Roi (1484), 429.

CHARLES IX, roi de France. Acte relat. au Tremblay (1566), II, 613 ; — à Noisy-le-Sec (1576), 643 ; — à la lieutenance des eaux et forêts de St-Germain, III, 144 ; — à la verrerie du même lieu (1561), 145; — à Versailles, 196 ; — à Vauhallan (1563), 321 ; — au duché de Chevreuse (1571), 371-2 ; — à Villebon (1563), 513; — à la maladrerie de Bourg-la-Reine (1564), 558 ; — à Châtres (1570), IV, 146; — à Juvisy (1563), 410 ; — à Champigny-sur-Marne (1563), 473; — à Pontcarré, 507 ; — à Brie-Comte-Robert (1568), V, 269 ; — à Tournan (1562), 327 —Actes datés de St-Maur, II, 442 ; — de Chanteloup près Châtres, IV, 153. — Donne à la Ste Chapelle la régale des évêchés du royaume (1566), I, 223. — Bienfaiteur des Minimes de Chaillot (1563), 415. — Reçoit hommage pour la seigneurie de Charenton (1561), II, 367. — Donne à Philbert Fillots des biens à Montreuil-sous-Bois (1564), 403. — Sa mort au château de Vincennes (1574), 410. — Ses séjours à St-Maur, II, 461. — Permet l'exercice du culte protestant à Noisy-le-Sec, 643. — Don qu'il fait à Pierre Brulart (1576), V, 44. — Donne Brie-Comte-Robert à la dame du Perron (1564), V, 268.

CHARLES (roi de France du nom de), fondateur d'une chapelle dans l'égl. de Charonne, I, 473-4.

CHARLES I, roi d'Angleterre, I, 417.

CHARLES II le Mauvais, roi de Navarre, I, 116 ; IV, 486. — Ses séjours, en 1358, à St-Denis, I, 461 ; — à Charonne, 482. — Occupe Gonesse, II, 271. — Combat qu'il livre au dauphin à Carrières, 369, 372. — Brûle Châtres (Arpajon), IV, 147.

CHARLES II, roi de Sicile, IV, 303.

CHARLES IV, empereur d'Allemagne. Son voyage en France en 1378 : à Louvres, I, 461 ; II, 303 ; — à la Chapelle-St-Denis, I, 461; — à St-Maur, II, 431, 442, 448; — au château de Beauté, 390 ; — à Plaisance, 470.

CHARLES-QUINT, empereur d'Allemagne. Titre que François I prend ironiquement en lui écrivant, III, 585. — Traité qu'il conclut avec François I (1528), V, 327. — S'empare de Château-Thierry (1544), V, 329.

CHARLES MARTEL, I, 509. — Donne à l'abbaye de St-Denis la terre de Clichy-sur-Seine (741), I, 423, 424, 567, 568; II, 569. — Fait construire une pêcherie à Charlevanne ; en fait donation à trois abbayes, III, 91, 104, 105.

CHARLES LE TÉMÉRAIRE. Voy. Bourgogne (ducs de) et Charolais (comte de).

CHARLES, prince de France (1310) [Charles, comte de la Marche, plus tard Charles-le-Bel, IV, 16.

CHARLES, fils de Philippe-le-Bel. Ses prétentions sur le comté de Bigorre ; arrêt rendu contre lui (1315), IV, 354.

CHARLES, fils de Charles VI. Sa naissance et sa mort à Vincennes (1386), II, 408.

CHARLES, frère de Louis XI. Voy. Berry, Guyenne (duc de).

CHARLES, év. de Mégare. Voy. Boucher (Charles).

CHARLES (Alexandre), marchand à Paris. Ses filles fondent l'hôpital de Colombes, III, 67.

— (Claude), seigneur du Plessis-Piquet. Vend cette terre (1609), III, 253-4.

— (Étienne), président aux Enquêtes. Seigneur de Touroy, IV, 46.

— (Gilles), femme de Richard Tardieu ; morte en 1631, III, 576.

— (Nicolas), seigneur du Plessis et de Grandfontaine. Sa sépulture, III, 251-2, 253.

— (Nicolas), avocat au Parlement. Possède le fief de Hangest (1597), V, 76.
— (Sidoine), fille d'un seigneur du Plessis-Piquet, femme d'Antoine de Mauterne, III, 316.
— (Simon), maître des requêtes. Seigneur du Plessis-Piquet (1423), III, 253.
CHARLET (Mme). Dame d'Epiais-les-Louvres en partie (XVIIIe s.), II, 307.
CHARLEVANNE, *Karoli venna. Charlavana*, ancien nom de la Chaussée, ham. de Bougival. Simple pêcherie à l'origine ; à qui donnée, III, 91 (et note 1), 104-5. — Vigne qu'y possède la cure de Rueil, 94. — Dîme du vin appartenant à l'égl. de St-Germain-en-Laye, 109, 110, 135. — Biens à l'abbaye de St-Denis, 110. — Léproserie, II, 30 ; III, 110-11.
CHARLEVILLE [Ardennes]. Couvent des religieuses du S. Sépulcre, transféré à Paris, I, 281. — Gouverneur. Voy. Harville (François de).
Charliacum (XIIe s.) : Chilly, IV, 67.
CHARLIER, fabricant de ras de St-Maur (XVIIe s.), II, 462.
CHARLOTTE, femme d'Ivonet Du Mas (Voy. ce nom).
CHARLOTTE DE SAVOIE, femme de Louis XI, V, 96.
CHARLUS (Jean, baron de), III, 329.
CHARME (prieuré de), diocèse de Soissons [Aisne], de l'ordre de Fontevrauld, IV, 38.
CHARMES (fief de), près de Brétigny, IV, 355.
CHARMES (les) ou la CHARTERIE [Seine-et-Oise, ham. de Cernay-la-Ville], III, 422.
CHARMOISE (la) [Seine-et-Oise, ham. de Fontenay-lès-Briis], rattachée en partie à la paroisse de Courson-l'Aunay (1671), III, 453, 458.
CHARMOLUE (Jean-François de Salles), curé de Houilles (XVIIe s.), II, 33.
— (Guillaume). Son fief à Garges (1500), II, 255.
— (Marie), fille de Nicolas; femme de Nicolas de Hacqueville. Dame de Garges (1535), II, 256.
— (Nicolas), procureur du Roi en Cour d'église. Son fief à Garges (1489) ; en fait hommage à la Chambre des Comptes (1510), II, 255.
— (Nicolas), lieutenant civil. Seigneur de Garges (XVIe s.), II, 256.
CHARMOYE (la) [Marne, arr. d'Epernay, cant. et com. de Montmort]. Abbaye ; abbés. Voy. Nouel (Jacques), Pezron (Paul).

CHARNY (Guiard de), marguillier de St-Séverin, I, 105.
— (Jean de). Ses biens à Fosses (1238), II, 324.
— (Pierre de), archev. de Sens. Son pèlerinage à Argenteuil (1268), II, 7.
— (Léonore Chabot, comte de), II, 95.
CHAROLAIS (le comte de) Son séjour à Villiers-le-Bel (1465), II, 180. — Fait pendre un bourguignon à Charenton, 370. — Prend part à la bataille de Montlhéry, IV, 107, 108.
CHARON, nom de plusieurs paroisses en France, I, 469.
CHARON (François), laboureur. Retrouve le chef de S. Maur (1629), II, 382.
— (Jean le). Voy. Charron (le).
CHARONNE, *Cataronis (potestas), Carronna, Charonna, Karonna*, paroisse de la banlieue de Paris [annexée à Paris]. *Notice*, I, 470-483. — I, 80 (note) ; II, 369, 409, 644, 655.
— Couvent des Filles de la Croix, I, 478. — de N.-D. de la Paix, I, 478 ; — acquiert la seigneurie du lieu (1648), I, 477 ; — chaire de l'égl. transportée à Ris, IV, 375.— — des Filles de la Providence ou de l'Union chrétienne, I, 478-9; III, 565. — de la Sainte Famille de l'Adoration perpétuelle du S. Sacrement, I, 479-80.
— Lieux-dits : Charonneau, Clos Ferry, Cour-Point-l'Asne (fief de la), Dive (fief de), Engrenet, Farfaigne, Folie-Regnault (la), Garenne (la), Mézières, Montibeuf, Mont-Louis, Servaye (fontaine), Vignoles.
— (le petit), écart de Charonne Peut-être le même que Charonneau et Mézières, I, 481.
— (rue de). Voy. Paris.
— (Arnoul de), personnage du XVe s Son nom donné à une rue de Paris, I, 483.
— (Richard de), curé de St-Paul (1297), I, 482.
CHARONNEAU. Voy. Charonne (le petit).
CHAROST [Armand de BÉTHUNE, duc de], Ses droits sur le fief de la Chaussée à Charenton, par sa femme, Catherine de Lameth (1703), II, 376. — Sa maison de campagne aux Prés-St-Gervais, II, 652.—Seigneur de la Queue-en-Brie, IV, 489.
CHARPENTIER (Antoine). Sa thèse de médecine sur les eaux de la fontaine de la Hacquinière (1621), III, 409.
— (Denise), femme de Pierre Barré, IV, 29.

— (Hubert). Fonde la communauté du Calvaire au Mont-Valérien, III, 86-7.
— (Jean), IV, 28.
— (Mathurin), prieur de St-Jean de Corbeil en 1536, IV, 284; — en 1530, 285.
— (Pierre), marguillier de Boulogne-sur-Seine, I, 394.
— (Pierre), imprimeur d'une *Vie* de S. Cyr, IV, 28.
CHARPENTIER secrétaire du Roi, possesseur de Lunezy en 1697, III, 504.
CHARRIER (Guillaume), receveur-général des finances. Possède à Corbeil l'hôtel de Beaumont (1488), IV, 312.
CHARRON (abbaye du), diocèse de la Rochelle [Charente-Inférieure]. Abbé. Voy. Trépagne de Ménerville (René).
CHARRON ou le CHARON (Jean le), président à la Cour des Aides, prévôt des marchands. Seigneur de Louans (Morangis) (1574), IV, 59-60; — d'Evry-les-Châteaux, V, 130.
— (N. le). Vend à l'abbé de Livry des biens à Clichy-en-l'Aunois (1379), II, 572.
— (Robert), capitaine de Dourdan. Sa sépulture et celle de son fils, Etienne, I, 428.
CHARTAIN (Hervé), seigneur du Bacle à Thiais. Sa sépulture (1511), IV, 440-1.
CHARTELIER (Germain), seigneur de Lognes en 1510, IV, 602.
CHARTERIE (la). Voy. Charmes (les).
CHARTES (A..., abbé de). Voy. Adam, abbé de Chaalis.
CHARTIER (garde du), dignitaire de l'abbaye de St-Denis, I, 508.
CHARTIER (Guillaume), év. de Paris, natif de Bagneux, III, 118. — Acte relat. à l'égl. St-Symphorien de Paris, I, 213 ; — aux reliques de Garges, II, 253 ; — à l'Hôtel-Dieu de Louvres (1574), 300 ; — à la confrérie de S. Vigor dans l'égl. de Marly (1466), III, 118. — Dédie l'égl. de Boulogne-sur-Seine (1469), I, 394 ; — l'égl. de Charonne, 472; — l'égl. St-Marcel de Saint-Denis (1451), 520 ; — l'égl. de Groslay (1420) [date fausse], 609. — Institue une procession à Paris, I, 14.— Nomme un desservant à la chapelle St-Quentin près de St-Denis, I, 530. — Procède à la translation des reliques de S. Spire à Corbeil (1437), IV, 279 (et note). — Remet en état le domaine épiscopal de Gentilly, IV, 6 ; — de Moissy-l'Evêque, V, 108. — Unit la cure de la Frette à celle de Montigny-les-Cormeilles (1450 ou 1460), II, 54, 57 ; — la cure de Buc à celle de Toussus, III, 275, 307 ; — la cure de St-Aubin à celle de Saclay, 334 ; — la cure de Liverdy à celle de Châtres, V, 300.
— (Geneviève), femme de François de Montholon, I, 486.
— (Guillaume), doyen de Saint-Merry de Linas (1576), IV, 120.
— (Jean), religieux de St-Denis, I, 511.
— (Marie), dame de Couvray, I, 486.
— (Mathurin), avocat. Sa sépulture (1559), I, 287. — Seigneur de Vaugirard (1537), 485, 486.
— (Matthieu), conseiller au Parlement. Qualifié seigneur de Lassy (1580), II, 223 ; — du Plessis-Luzarches, 225.
CHARTON (famille), fonde un prieuré à Magny-en-Vexin, III, 13.
— (Estienne), curé de Bessancourt. Son épitaphe, II, 75.
— (Jean), pénitencier de Notre-Dame de Paris. Commis à une enquête sur les miracles de Chelles (1631), II, 490. — Donne une règle aux ermites du Mont-Valérien, III, 85.
— Approuve un ouvrage, IV, 28.
— (Nicolas), principal du collège de Beauvais à Paris, I, 253.
CHARTRAIN (Geoffroy), III, 313.
CHARTRAIN, seigneur d'Ivry au XIVe s., IV, 461.
CHARTRE (S. Léonard invoqué pour les enfants en), II, 26.
CHARTRES [Eure-et-Loir] (acte royal daté de) en 1588, III, 564. — Assemblées dites du Landit, mentionnées au IXe s., I, 538. — Ses marchands au Landit de St-Denis, I, 548.
— Abbaye de St-Chéron ; chanoine. Voy. Sainctes (Claude de). — de St-Jean-en-Vallée, I, 154. — de St-Père-en-Vallée, III, 192 ; IV, 547.
— Baillis. Voy. Champrond (Michel de), Desprez (Guillaume).
— Cathédrale : archidiacres. Voy. Gretz (Etienne de), Sarcelles (Robert de) ; — archidiacre (grand). Voy. Montholon (Jacques de) ; — chancelier. Voy. Pierre ; — chantre. Voy. Corbeil (Adam de) ; chanoines. Voy. Barthélemy, Braye (Nicolas de), Cossart (Jacques), Courtenay (Jean de), Guillaume, *Pullus* (Robert) ; — doyen. Voy. Dangeau (Milon de), Pasté (Jean) ;

— sous-chantre. Voy. Chevry (Jean de) ; — sous-doyen. Voy. Viole (Agnan) ; — Henri IV y est sacré, III, 513 ; — ses biens à St-Vrain, IV, 204.
— Chapelles : S. Père, I, 277. — S. Blanchard, IV, 213.
— Chorévêque. Voy. S. Aventin.
— Comtes. Voy. ci-après et Alençon (Pierre, comte d'), Valois (Charles de).
— Diocèse, I, 19, 37, 51, 311 ; II, 233, 293 ; — sa configuration et ses limites, III, 147-8, 152, 424 ; IV, 96.
— Duché ; apanage de Gaston d'Orléans, III, 436 ; IV, 109.
— Evêques. Leurs prétentions sur St-Germain-en-Laye, III, 144. — Voy. Airard, Bar (Renaud de), Bechebien, Chanac (Guillaume de), Fulbert, Gautier, Gretz (Henri de), Guillart (Charles), Neuville (de), Pasté (Jean), Thou (Nicolas de), S. Solenne, Yves.
— Gouverneur. Voy. Escoubleau (François d'). — Lieutenant-général. Voy. Séguier (Barthélemi).
— (Personnages nés à), II, 597 ; III, 12.
— Vidames, possesseurs de la seigneurie de Villepreux, III, 185 ; IV, 214. Voy. Hugues, Le Bacle (Henri).
— (Val de). Prieuré de St-Martin, III, 180.
— (Anne [ou Jeanne] vidamesse de), femme de Robert de Vendôme, III, 185.
— (Catherine de), cellerière de l'abbaye d'Yerres. Donne à cette abbaye une terre à Cercay (XIVᵉ s.), V, 236-7.
— (Eudes I ou Odon, comte de Blois et de), mort en 1037. Bienfaiteur du chapitre de St-Cloud, III, 26. — En lutte avec Burchard, comte de Corbeil, III, 397 ; IV, 273. — Autres mentions, III, 362, 366.
— (Eudes, comte de). Charte relat. à St-Père de Chartres où il est mentionné, III, 192, 194.
— (Hugues de), prieur de Villepreux (XIIᵉ s.), III, 180.
— (Jean de), abbé de St-Maur en 1368, II, 434. — Reçoit l'empereur Charles IV (1377), 431.
— (Nicolas de), chantre de N.-D. Ses biens à Bourg-la-Reine (XIIIᵉ s.), III, 557. — Rachète une partie du censement de Chevilly (1233), IV, 34. — Donne aux chanoines de Notre-Dame une dîme à Wissous (1220?), IV, 54.

— (Louis-Philippe, duc de), né à St-Cloud. Fort construit dans le parc pour son instruction, III, 38.
— Thibaud I, comte de. En guerre avec Richard I, duc de Normandie, I, 174 ; IV, 272.
CHARTREUSE (la grande) [Isère]. Ses biens à Villeneuve-le-Roi, IV, 429.
CHARTREUX. Leurs couvents. Voy. Bicêtre, Meudon, Paris (couv.).
CHARUES-SOUS-TORCY, lieu-dit de Torcy (XIIIᵉ s.), IV, 596.
CHASSE (droit de). Reconnu aux év. de Paris dans le bois de St-Cloud, III, 31. — Arrêt concernant ce droit, 176. — Eglises du diocèse auxquelles ce privilège est accordé, 318-19.
CHASSE (chapelle de la), à Paris. Voy. Paris, chapelles.
CHASSE (château de la), situé sur la paroisse de Saint-Prix, I, 650. — Rendez-vous de chasse des seigneurs de Montmorency ; ses ruines, II, 152, 160. — Acte de Jean, duc de Normandie, daté de ce lieu (1358), 160.
CHASSEAU (Pierre), seigneur de Vigneux en 1480, V, 54.
CHASSE-MOMAY (la), nom donné au château de la Chasse, I, 650.
CHASSEPOT DE BEAUMONT, conseiller au Grand Conseil. Possède, par sa femme, un fief à Belloy, II, 197.
CHASSEPOU DE VERNEUIL, introducteur des ambassadeurs. Sa résidence à Valenton, V, 31.
CHASSE-RIBAUD (cloche appelée), à Saint-Paul de St-Denis, I, 525.
CHASSEURS (S. Eustache en vénération parmi les), III, 272.
CHASSES à l'oiseau dans la plaine de Houilles, II, 34.
CHASSINIERS (les), lieu-dit de Briis, III, 419.
CHASTEAU (Guillaume). Sa veuve possède la terre de Cordon (XVIᵉ s.), V, 160.
CHASTAIGNERAYE (de). Sauve Henri IV au pont de Neuilly (1606), I, 434.
CHASTEIGNERAIE (de la), ancien exempt des Cent-Suisses. Propriétaire du moulin des Sureaux, IV, 126.
CHASTEL (Gaucher du), seigneur d'Armainvilliers en 1380, V, 329.
— Désigne l'égl. de l'abbaye d'Hermières pour sa sépulture, 348.
— (Guillaume de), panetier de Charles VII. Inhumé à St-Denis, I, 503.
— (Hervé du), chevalier. Son fief à Rocquencourt (1230), III, 158.
— (Pierre de) ou DU CASTEL, clerc des Comptes ; né à St-Denis. Ac-

quiert, en 1379, le fief de Bonneuil-en-France, II, 620.
— (Pierre du), ou CHASTELLAIN, év. de Mâcon. Son sacre dans l'égl. de l'abbaye de St-Maur (1545), II, 433.
— (Tanneguy du). Son hôtel à Bagnolet (XVᵉ s.), II, 658. — Prévôt de Paris ; reprend Chevreuse et Montlhéry sur les Bourguignons (1417), III, 370 ; IV, 106, 107. — Conduit le dauphin Charles à Corbeil, puis à Montargis (1418), IV, 306.
— (Jérôme de Louviers, dit du). Voy. Louviers (de).
CHASTELAIN (Hilarion), fils de Jérôme, secrétaire de la Chambre du Roi. Ses biens à Sannois (1633), II, 44.
— (Joachim), père confesseur de Gif (1517), I, 446.
CHASTELAIN (l'abbé), chanoine de N.-D. Sa naissance à Paris, I, 326. — Elevé au collège des Grassins, 254, — Maladrerie qu'il découvre à Paris, 347. — Chargé de rechercher les dénominations latines des cures du diocèse, III, 227. — Critiqué, I, 99, 458, 643 ; II, 40, 72, 487, 563 ; III, 32, 40, 222 (note), 227, 451 (note) ; IV, 33, 51, 52, 138, 263, 374 ; V, 21, 26, 53, 169, 242, 316, 357. — Terme d'architecture créé par lui, IV, 92.
CHASTELAIN, avocat au Parlement. Son fief à Gennevilliers, III, 63.
CHASTELET (le). Voy. Châtelet (le).
CHASTELET (Jean du), prieur de... ? de Corbeil (1278), IV, 303.
CHASTELIER (île de), réunie à l'île St-Denis, I, 564.
— (Girard de), chevalier. Ses biens dans l'île St-Denis (XIIIᵉ s.), I, 564-5.
CHASTELIER ou DU CHASTELLIER (Jacques), év. de Paris. Voy. Châtellier (Jacques du).
CHASTELLAIN (Pierre). Voy. Chastel (Pierre du).
CHASTELLON ou CHASTILLON, lieu-dit de Gonesse (XIIIᵉ s), II, 268. — Seigneur, 275.
CHASTENET. Voy. Châtenay-les-Louvres.
CHASTENEZ (Michel du), sieur du Feuillet. Seigneur de Gretz ; vend cette terre (vers 1496), V, 315.
CHASTILLON (Claude). Sa *Topographie* citée, passim.
CHASTILLON. Voy. Châtillon et Chastellon.
CHASTRE (de la). Voy. Châtre (de la).

CHASUBLE de S. Pierre, à Ste-Geneviève de Paris, I, 236.
CHAT (légende d'un), III, 33.
CHATAIGNIER (le), *Castenercium*, Chategneraye, le Châtenier [Seine-et-Oise, ham. de Vaugrigneuse], III, 459, 460, 462.
CHATAIGNIÈRES ou CHATAIGNEREUSE, *Castereneia*, bois voisins d'Antony (XIIIᵉ s.), III, 543, 544.
CHATAINVILLE. Voy. Chetainville, IV, 194.
CHATEAU-CENSOIR. Voy. Châtel-Censoir.
CHATEAUDUN [Eure-et-Loir]. Ses marchands au Landit de St-Denis, I, 548. — Un sellier de cette ville, âgé de 114 ans, est présenté à Louis XV (1715), II, 411.
— Abbaye de St-Avit. Ses relations spirituelles avec l'abbaye d'Yerres, V, 227. — Eglise St-Médard, III, 107.
CHATEAU-FESTU (XVIᵉ s.) : Château-Frayé, V, 57.
CHATEAU-FÊTU. Voy. Paris.
CHATEAUFORT, *Castrum forte*, chef-lieu de doyenné [Seine-et-Oise, arr. de Versailles, cant. de Palaiseau]. *Notice*, III, 297-305.
— Bailliage, III, 257. — Châtellenie, III, 213 (et notes 2 et 3).
— Doyenné, I, 383 ; II, 460, 523 ; — créé au XIᵉ s.; sa circonscription, III, 298. (Voy. tout le tome III.)
— Eglise de N.-D. des Boisseaux, III, 300, 323 ; — sépulture, 315.
— Léproserie, III, 299, 302 ; — biens à Orsigny, 323 ; — à Noisement, 401.
— Prévôté, III, 286 ; — droit de repas dont elle jouissait, III, 259, 269, 303. — Prévôt royal assassiné par Henri de Rocquencourt, III, 158. — Prieuré ; legs que lui fait Thibaut de Marly (1286), III, 299. — Seigneurie, III, 308, 372, 373, 557, 561. — Vicomté, 385, 386.
— Lieux-dits : Merantais, Perruche (la), Ruine, Trinité (la), Vilvert.
— (Amaury de), seigneur de Châteaufort (XIᵉ s.), III, 302.
— (Barthélemi de). Mentionné au XIIᵉ s., III, 303.
— (Guillaume de), recteur de l'Université de Paris (1449), grand-maître du collège de Navarre, III, 305.
— (Guy de) (XIIᵉ s.), III, 303.
— (Hugues de), dit *le Cadavre* ; appelé aussi Hugues de Crécy. Seigneur de Châteaufort, grand-sénéchal de France (XIIᵉ s.), III, 302-3, 561. — Assassine Milon de Montlhéry, 407.

— (Jean de), abbé de Livry en 1289, III, 305.
— ou de MARLY (Mathilde de), femme de Bouchard II de Marly, III, 122. — Dame de Magny ; acte relat. à l'abbaye de Port-Royal (1254), III, 293, 294, 296. — Bienfaiteur de l'abbaye de la Roche, 352. — Acte relat. à Fontenayaux-Roses (1232), 561. — Son différend avec le chapitre de N.-D., IV, 77, 80.
— (Pierre de), sous-prieur de l'abbaye de St-Denis. Son épitaphe (1394), III, 305.
— (Thomas de), de Castro forti. Mentionné au XIIe s., III, 303.
CHATEAUFORT, lieu-dit et fief de Courquetaine, V, 296, 297.
CHATEAU-FRAYÉ, Château-Festu, Château-Fraguier, Château-Frié [Seine-et-Oise, ham. de Vigneux], V, 52, 57.
CHATEAU-GONTIER [Mayenne] [Nicolas-Louis] (de Bailleul, marquis de), II, 276.
CHATEAU-LANDON, Castrum Nantonis [Seine-et-Marne, arr. de Fontainebleau, ch.-l. de cant.], I, 108 ; IV, 72. — Ses marchands au Landit de St-Denis, I, 548. — (acte de Louis VII daté de) en 1141, I, 86. — Collégiale de St-Séverin. Chanoines installés à l'abbaye de Livry (XVe s.), II, 595, 596.
CHATEAUMEILLANT, Castrum mediolanense [Cher, arr. de St-Amand, ch.-l. de cant.]. Origine du nom de ce lieu, II, 337.
CHATEAUNEUF. Voy. Aubespine (de l').
CHATEAUNEUF (marquis de), III, 254; IV, 225.
CHATEAUNEUF-SUR-LOIRE [Loiret, arr. d'Orléans, ch.-l. de cant.] (acte de Philippe-le-Bel daté de), III, 189.
CHATEAUPERS (François-Aymery, seigneur de), III, 325.
CHATEAU-RAINARD (Odeline de), femme de Robert de Maubuisson, II, 119.
CHATEAURENAULT [Indre-et-Loire, arr. de Tours, ch.-l. de cant.]. La souveraineté en est acquise par Louis XIV en 1650, III, 304.
CHATEAUROUGE (Gilles de Fay, sieur de), III, 371.
CHATEAU-SAUVAGE (le) ou le SAUVAGE, lieu-dit d'Orangis, IV, 373, 376.
CHATEAU-THIERRY [Aisne] (acte de Charles V daté de) en 1376, II, 245. — Prise par Charles-Quint en 1544, V, 329.

— (Gautier de), év. de Paris. Son pèlerinage à Argenteuil (1250), II, 7. — Reçoit hommage pour Tournan (1429), V, 324.
CHATEAU-VERT (le), Piscot-Château-Vert [Seine-et-Oise, ham. de Piscop], Fief. Notice, II, 167.
CHATEAUX (les), lieu-dit d'Evry-les-Châteaux (XIVe s.), V, 132.
CHATEGNEREYE : le Châtaignier, III, 462.
CHATEL (le) [Seine-et-Marne, arr. de Provins, ham. de Nangis]. Châtellenie, V, 311.
CHATEL (pyramide de Jean) à Paris. Ses statues transportées à St-Germain (1603), III, 140.
CHATEL (Henri du), seigneur de Nangis. Son fief de Malassise (1362), V, 298.
CHATEL (du). Voy. Chastel (du).
CHATEL-CENSOIR, Château-Censoir [Yonne, arr. d'Avallon, cant. de Vézelay]. Chapitre; chanoine. Voy. Gruot.
CHATELEINES, lieu-dit de Soignolles; V, 144-5. — Dîme, 297.
CHATELET (le) [Seine-et-Marne, arr. de Melun, ch.-l. de cant.]. Seigneur, I, 329.
CHATELET (Paul du Hai, seigneur du), III, 189.
CHATELLIER (Jacques du), év. de Paris. Acte relat. au collège des Bons-Enfants, rue St-Honoré (1432), I, 56 ; — à l'égl. St-Symphorien, 213 ; — à l'égl. de Charonne (1428), 472 ; — à l'Hôtel-Dieu de Charenton (1428), II, 374; — à la collégiale de St-Cloud (1428), III, 22-3. — Dédie l'égl. de St-Laurent à Paris (1429), I, 296.
— Se rend à Corbeil pour négocier la paix (1431), IV, 306.
CHATENAY (Pierre de), abbé d'Hérivaux, puis prieur de Marly-la-Ville (XIVe s.). Né à Châtenay-en-France, II, 317, 330.
CHATENAY-EN-FRANCE ou LES-LOUVRES, Castaneum, Castanium, Castanetum, Chastenet, paroisse du doyenné de Montmorency [Seine-et-Oise, arr. de Pontoise, cant. d'Ecouen], II, 232. — Notice, II, 316-317.
CHATENAY-LEZ-BAGNEUX, Castanetum, Castenidum, paroisse du doyenné de Châteaufort [Seine, cant. de Sceaux], II, 317 ; III, 231. — Notice, III, 538-545.
— Ses démembrements, III, 252, 547. — Habit. ; leur droit à la léproserie de la Banlieue, IV, 22. — Biens donnés à la cathédrale de

Paris (1196), III, 251, 257 ; IV, 195.
— Lieux-dits : Aulnay, Broce, Chrétienté (la), Demanche (pré), Crenaux (fief de), Familleus, Gervins, Grauvis, Houssaye (la), *Mandatum* (pré du), Meremorte, Mortemer, Orme-Gautier (l'), Perruches (les petites), Pissotte (la), Ravenel, Roncenoi, *Torques*, Turrel, Val-Germain (le).

CHATENAY-SUR-SEINE [Seine-et-Marne, arr. de Provins]. Fournit à N.-D. de Paris des poules pour l'anniversaire d'une victoire de Philippe-le-Bel, III, 542.

CHATENIER (le). Voy. Châtaignier (le).

Chatenvilla : Chetainville, IV, 194.

CHATERUN (Gautier de), mentionné dans un acte de 1196, III, 541.

CHATILLON, *Castellio*, Châtillon-sous-Bagneux, paroisse du doyenné de Châteaufort [Seine, cant. de Sceaux]. *Notice*, III, 572-577.
— Habit. ; droit à la léproserie de la Banlieue, IV, 22. — (Motte de), III, 17. — Possession de l'abbaye de St-Germain-des-Prés, III, 50, 573 ; V, 177, 178.
— Lieux-dits : Hanches-Marcade (fief des).

CHATILLON, *Castellonium* [Seine-et-Oise, ham. de Viry-Châtillon], réuni à Viry, IV, 401. — *Notice*, 403.
— (Frédéric de), *de Castellonio*, IV, 403. — Donne au prieuré de Longpont des biens à Bondoufle (XIIe s.), IV, 334 ; V, 229.
— (Joscelin de) (XIIe s.), IV, 403.

CHATILLON (Adrien de), curé de St-Germain-l'Auxerrois, III, 577.
— (Dominique ou *Dimanche* de), conseiller du Roi, I, 90.

CHATILLON. Voy. Châtillon-sur-Loing, Châtillon-sur-Marne.

CHATILLON (Jean Petit de). Voy. Petit.

CHATILLON-SUR-LOING [Loiret, arr. de Montargis, ch.-l. de cant.]. Acte daté de ce lieu par François I (1537), II, 382.
— (Gaspard de), I, 618.
— (le duc de), [Gaspard IV de Coligny], inhumé à St-Denis, I, 503.
— (le duc de). Ses droits sur le travers de Conflans-Ste-Honorine (XVIIIe s.), II, 96.

CHATILLON-SUR-LOIRE [Loiret, arr. de Gien]. Lettres d'Henri II datées de ce lieu, IV, 108.

CHATILLON-SUR-MARNE (Alix ou Adélaïde de), femme de Guillaume V de Garlande. Dame de Clichy, I, 426. — Mentionnée en 1194, II, 478 ; — en 1196, 553. — Ses biens à Croissy-en-Brie et à Livry (1193), IV, 517, 519-20, 587.
— (Charles de) [ou de Blois], I, 414.
— ou de MONTJAY (Gaucher de), fils de Guy de Montjay, II, 350. — Reçoit de Philippe-Auguste des biens à Montreuil-sous-Bois en échange du château de Pierrefonds (1193), I, 424 ; II, 398-9. — Connétable de Saint-Paul ; droit qu'il concède à l'abbaye du Val (1206), II, 149. — Seigneur de Montjay ; donne à l'abbaye de St-Maur des biens à Avron (1194), II, 478, 479, 530, 553 (note). — Ses biens à Dammard (1206), II, 519. — Vend au chapitre de Paris la gruerie de Mory (1200), II, 530. — Donne à l'ermitage de Montfermeil des biens au Pin (1206), II, 534. — Seigneur de Rosny ; donne à l'abbaye de Ste-Geneviève des biens en ce lieu, II, 553. — Ratifie une donation à l'abbaye de Livry (1208), II, 579. — Donne à l'abbaye de St-Denis des biens au Tremblay (1204), II, 610. — Sénéchal de Bourgogne ; vend à l'abbaye de St-Denis ses droits sur les bois de Serris (vers 1194), IV, 520, 529, 531. — Abandonne à l'abbaye de Ste-Geneviève ses biens à Jossigny (1196), IV, 525. — Donne au prieuré de Gournay sa terre de Villeprêtre (1168), IV, 613.
— (Gaucher de), connétable de Champagne. Acte relat. à la seigneurie de Tournan (1299), IV, 509.
— (Gui de), abbé de St-Maur (1400), I, 312.
— Henri de) (1130), II, 529.
— (Hugues de). Abandonne à l'abbaye de Ste-Geneviève ses biens à Jossigny (1225), IV, 525-6.
— (Isabeau de), femme de Gui de Laval (1372). Dame de Conflans-Ste-Honorine, II, 94 ; — de Moussy-le-Neuf, 354.
— (Jacques de), amiral de France. Seigneur d'Yerres par son mariage avec Jeanne Bureau de la Rivière, V, 214.
— (Jacques de), seigneur de Bonnes (1495), IV, 182.
— (Jean de), comte de Blois et de Saint-Pol. Rend hommage, pour la terre de la Queue-en-Brie à cause de sa femme, Alix de Bretagne (1269), IV, 487. — Acte relat. à Roissy-en-Brie (1276), IV, 500-1.
— Seigneur de Gournay (1269), IV, 616-7 ; — de Brie-Comte-Robert par sa femme, V, 265.

— (Jean de). Ses biens à Marly-la-Ville (1378), II, 327. — Seigneur de Bonneuil-sur-Marne en 1368, V, 28. — Comte de Blois ; acte relat. à Pontarcy et Brie-Comte-Robert (1373), V, 267.
— (Jean de), chevalier. Vend la terre de Marly-la-Ville (1464), II, 327. — Seigneur de Limours en 1495, III, 434.
— (Jeanne de), fille de Jean ; femme de Pierre de France, comte d'Alençon, IV, 487. — Comtesse de Blois; son testament (1291), V, 262. — Apporte à son mari la seigneurie de Brie-Comte-Robert (1263), V, 265.
— (Louis de), fils de Jacques. Seigneur d'Yerres (XV° s.), V, 214.
— (Robert de), seigneur de Bry-sur-Marne par sa mère, Marie de Facy (XV° s.), IV, 634.
— (Sevin de). Ses biens à Bourg-la-Reine (XIII° s.), III, 557.
— (Yolande de), dame de Montjay. Epouse en 1227, Archambaud de Bourbon, II, 530.
Chatonis villa, Chatonville : Chatouville, III, 26.
CHATOU [Rhône], II, 25.
CHATOU, *Cato, Chato, Catou*, paroisse du doyenné de Montmorency [Seine-et-Oise, arr. de Versailles, cant. de St-Germain-en-Laye]. *Notice*, II, 22-5.
— Ne peut être identifié avec *Captonacum*, II, 40-1. — Pont, III, 75, 93. — Habit. admis à la léproserie de Courbevoie, 110. — Contestation entre cette paroisse et celle de Pecq au sujet du Vésinet, 130. — Biens appartenant à l'abbaye de Malnoue, V, 400, 403.
CHATOUVILLE, *Chatonis villa* [Eure-et-Loir, arr. et cant. de Châteaudun, comm. de St-Cloud]. Possessions du chapitre de St-Cloud, III, 26.
CHATRE (la) [Indre]. Collégiale de St-Germain, qualifiée sœur de St-Germain-l'Auxerrois de Paris, I, 34.
— (Anne de la), femme de François de l'Hôpital (XVI° s.), V, 153.
— ou de la CHASTRE (Claude-Louis de la), év. d'Agde. Titulaire d'une chapelle dans l'égl. de Champeaux, V, 416
— (Françoise de la), abbesse de Faremoutiers. Donne des reliques de Ste Fare à l'abbaye de Gif (1633), III, 389 ; — à la collégiale de Champeaux (1615), V, 413.
CHATRES, *Castra, Castrum, Castreium?* Chastres-en-Brie, paroisse du doyenné du Vieux-Corbeil [Seine-et-Marne. cant. de Tournan]. *Notice*, V, 302-306.
— (justice de). Contestation à son sujet, II, 245. — Compris dans le comté d'Armainvilliers (1704), V, 329.
— Lieux-dits : Boitron, Bossinière (la), Boulaies (les), Grand-Menil (le), Hôpital (l'), Loribeau, Seigneurs (les).
CHATRES, aujourd'hui ARPAJON, *Castræ, Castris*, bourg du doyenné de Montlhéry [Seine-et-Oise, arr. de Corbeil, ch.-l. de cant.], I, 513.— *Notice*, IV, 131-158.
Boucherie, III, 322 ; IV, 233. — Hôtellerie du Singe verd, IV, 193. — Evénements historiques, III, 491 ; IV, 104, 105, 130, 190. — Seigneurie dépendant de la châtellenie de Marcoussis, III, 484. — Seigneurs, IV, 75, 170. — Voirie, IV, 195.
— *Paroisse de St-Clément*, du doyenné de Longjumeau au XIII° s., IV, 74.— *Notice*, IV, 134-142.— Prieuré dépendant de St-Maur-des-Fossés, 139, 140, 183, 193, 233, 322 ; — ses biens à Avrainville, 193 ; — à Athis, 418. — Hôtel-Dieu, 141. — Filles de Ste-Catherine, 142. — Eglise ; reliques de S. Yon, IV, 162, 289 ; V, 356.
— Lieux-dits : Ollainville, St-Blaise (léproserie de).
— *Paroisse de St-Germain* [formant aujourd'hui une commune distincte]. *Notice*, IV, 149-158. — Ses démembrements, IV, 128-9, 231.— Curé, IV, 232. — Annonciades de St-Eutrope. Voy. Chanteloup. — Eglise ; sépulture, III, 129.
— Lieux-dits : Bosselle (moulin de la), Bretonnière (la), Chanteloup, Cochets (ferme des), Coudray-Lisiard (le), Falcon (moulin de), Folie (la), Volant.
— (Burchard de) [et non Guichard]. Ses prétentions sur le Mesnil, paroisse de Bretigny du chef de sa femme, Odeline (XII° s.), IV, 142 (note).
— Gautier ou Gaucher de), seigneur de ce lieu, IV, 143.
— (Gui de), abbé de Saint-Denis; appelé à tort Gui de Castres, I, 513. — Né à Châtres, IV, 137. — En procès avec Matthieu III de Marly (1327), III, 122. — Ses œuvres, I, 510 ; IV, 157. — Son épitaphe (1350), *ibid*.
— (Guichard de), IV, 343. Voy. Châtres (Burchard de).
— (Guillaume de), fils de Gauthier.

Seigneur de ce lieu. Bienfaiteur des prieurés de Châtres et de Longpont, IV, 143, 418. — Ses biens à Athis (1150), IV, 416-7.
— (Hinger de), III, 306; IV, 143 (note).
— (Jean de). Fief qu'il tient de Thomas Chairmaige, IV, 143.
— (Milon de). Voy. Montlhéry (Milon de).
— (Pierre de), *de Castris*, vassal de Montlhéry, IV, 103, 104, 143, 195.
— (Thomas de), prieur de Ste-Catherine de la Couture de Paris; mort en 1363, IV, 142 ; V, 306.
Châtres (les bourgeoises de), ancien noël cité, IV, 348.
CHAUCHON (Jean), seigneur de Brevane, maître des courriers de Bourgogne. Acquiert le fief de Rademont (1655), V, 255.
CHAUDERLOT DE LA CLOS (Jean-Baptiste), valet de Chambre du Roi. Fait ériger son fief de la Norville en châtellenie (1685), IV, 233, 234.
CHAUDORON, lieu-dit de Briis, III, 449.
Chaudriaco (Guil. de), archidiacre de Paris. Acte relat. à St-Cloud (1274), III, 29.
CHAUDRON (Jean), seigneur de Vaugien (1495), III, 382.
CHAUFERY (Odon de). Voy. Chauvry.
CHAUFFOUR (étang et moulin du), dits situés sur la paroisse d'Ecouen [Seine-et-Oise, comm. de Sarcelles] II, 186. — (ruisseau de), *calidi fumi* ou *furni*, V, 159, 206.
CHAUFFOUR (Antoine la Pite, seigneur de), III, 313.
CHAULNES (Antoine de), seigneur de Bures. Sa sépulture (1593), III, 392, 393.
— (duc de). Sa maison à Suresnes, III, 52.
CHAUMETTE (la), *Calmeta*, lieu-dit de St-Leu. Seigneur, II, 71. — (léproserie et chapelle de la) dite aussi chapelle de Forge, 69, 70.
— (Jean de la), chancelier de la cathédrale de Meaux. Fonde la chapelle de la Chaumette (XIVᵉ s.), II, 69.
CHAUMES [Seine-et-Marne, arr. de Melun, cant. de Tournan]. Abbaye; prieurés en dépendant, II, 381; III, 266, 267; V, 130, 131 ; — ses biens et cures à sa collation, II, 381 ; V, 151, 152, 153, 159, 190, 193, 194, 198, 200, 322, 411 ; — abbés. Voy. Damoiseau (Pierre), Marie (Miles), Peuille (Etienne de), Salazar (Tristan de). — Autres mentions, V, 322 (et note 1), 409, 414.
— Lieu-dit : Forêt.
Chaumis (abbaye de) : de Chaumes, V, 152.
CHAUMONCEAUX, *Calidi Moncelli* : Chaumontel, IV, 477.
CHAUMONCEL, *Callidum Moncellum*, Chaud-Moncel [Seine-et-Oise, ham. de Sucy-en-Brie], II, 228; IV, 477 (note); V, 384-5.
CHAUMONT : Chaumontel, II, 226.
CHAUMONT (Osmond de) (XIIᵉ s.), II, 105.
— (Paul-Philippe de), de l'Académie Française, év. de Dax. Sa résidence à Essonnes, IV, 269.
— (Perrenelle de), femme de Jean de Villiers, II, 156.
CHAUMONTEL, *Culvo monticulo (de)*, *Calidus mons*, paroisse du doyenné de Montmorency [Seine-et-Oise, arr. de Pontoise, cant. de Luzarches]. *Notice*, II, 225-28.
— Cure; son collateur, II, 204. — Habit. ; admis à la léproserie de Luzarches, 207 ; — 335.
— Lieu-dit : Montmartre (ferme de).
— (Gérard de), chevalier (1236), II, 227.
— (Nicolas de), chevalier (1297), *ibid*.
— (Pierre de), *de Calido Monte*. Bienfaiteur de l'abbaye d'Hérivaux (1238), *ibid*.
CHAUMONT-EN-BASSIGNY [Haute-Marne]. Lieu de naissance de Jacques Gouthières, V, 348.
CHAUMONT-EN-VEXIN [Oise, arr. de Beauvais, ch.-l. de cant.]. Baillage: bailli, IV, 21. Voy. Neuville (Jean de); — lieutenant-général. Voy. Genevois (Jean le). — Prieuré de St-Pierre, cédé par l'abbaye de Marmoutiers à celle de St-Magloire de Paris, III, 193. — (Tour de). Seigneurs. Voy. Malherbe (de), Tronchay (Louis du).
CHAUMUSSON [Seine-et-Oise, ham. de Limours], III, 437.
CHAUNAY, fief à Grégy, V, 164.
CHAUNE (Anne de), femme de François de Rebours, I, 392.
— (Jacques de), maître des Requêtes. Seigneur d'Epinay (XVIIᵉ s.), I, 596.
CHAUNOY, *Villa Calonei* [Seine-et-Marne, ham. de Champeaux]. *Notice*, V, 420.
CHAUNY [Aisne, arr. de Laon, ch.-l. de cant.]. Prieuré-cure de St-Martin ; reliques qu'il donne à l'abbaye de Lagny (1635), IV, 549.

CHAUS (Guillaume de) [de Champs?] chevalier (1278), IV, 303.
CHAUSSÉE (la), ham. de Bougival. Voy. Charlevanne.
— (fief de la) à Charenton, II, 375, 376.
— (Bonaventure de la), sire du Boucheau. Sa sépulture (1613), II, 227.
CHAUSSEPIED DE PUYMARTIN (Pierre), seigneur de Suisnes (1666), V, 159.
CHAUSSERAYE (Marie-Thérèse LE PETIT DE VERNOT de). Sa sépulture, I, 432 (et note).
CHAUVEAU (Bernard), né à Dijon. Ses études au collège de Nanterre ; bienfaiteur de l'église de ce lieu, III, 74.
— ou CHAUVAU (Hugues), seigneur de Louveciennes (1510), III, 114.
— Mentionné en 1539, V, 258.
CHAUVEAU (Julien), procureur au Parlement. Seigneur de Villetaneuse en 1580, I, 592.
— (Marie), femme de Martin Aquaquia (XVIe s.), V, 258.
CHAUVEAU, curé de Villiers-la-Garenne, I, 436.
CHAUVELIN [Étienne]. Sa sépulture, I, 345.
— (François). Sa maison à Fleury, près Meudon (1611), III, 243.
— [Germain-Louis], garde des sceaux. Seigneur d'Yerres (XVIIIe s.), V, 217, 360 ; — de Villecresnes, 236 ; — du Bois-d'Autel, 237 ; — de Marolles-en-Brie, 241 ; — de Santeny, 244 ; — de Brie-Comte-Robert et de Sansal, 268, 273 ; — du Piples, 389 ; — de Grosbois, 392.
— [Louis V], président au Parlement, mort en 1754. Possède la terre de Mardilly, V, 133.
— [Sébastien], conseiller au Parlement. Sa maison à Draveil (1623), V, 59.
Chauveriacum (XIIIe s.) : Chauvry, II, 142.
CHAUVENIÈRES (Jean de), vassal de l'év. de Paris pour le fief de Ste-Croix à St-Denis (1346), I, 519.
CHAUVERY. Voy. Chauvry.
CHAUVETTE (Jeanne la), abbesse de Malnoue au XVe s., V, 403.
CHAUVIGNY [Seine-et-Oise, ham. de Luzarches]. *Notice*, II, 214.
CHAUVIGNY (sieurs de). Leur hôtel à St-Cloud (XVe s), III, 34.
CHAUVIN (Jean), prieur-curé de Clichy-en-l'Aulnois (1501), II, 596.— Chapelain de St-Éloi-du-Breuil à Attilly (1479), V, 280.
— (Marguerite). femme de Guillaume Aubour, III, 315.
— (Simon), secrétaire du Roi. Ses biens à St-Maur (1699), II, 387. — Sieur de Méridon. Seigneur en partie de Villiers-le-Bâcle (1635), III, 314.
CHAUVIRE (Mme de), prieure du Val-d'Osne. Procède à la translation de ce couvent à Charenton (1703), II, 378.
CHAUVRY, *Chauveriacum*, Chaufery, Chauvery, Chalveri, paroisse du doyenné de Montmorency [Seine-et-Oise, arr. de Pontoise, cant. de Montmorency]. *Notice*, II, 142-4.
— (Adam de), *de Chalveri* (fin du XIIe s.), II, 142.
— (Gautier de), fils de Jean. Bienfaiteur de l'abbaye du Val (1244), II, 143.
— (Jean de), chevalier. Seigneur de ce lieu (XIIIe s.), II, 143. — Ses biens à Baillet, 150.
— (Odon de), de Chaufery, chevalier. Seigneur de ce lieu (XIIIe s.), II, 142, 143.
— (Pierre de), bienfaiteur de l'abbaye du Val (1285), II, 143.
— (Raoul du), frère d'Adam. Mentionné en 1185 et 1193, II, 142, 143.
— (Simon de), écuyer. Vend à l'abbaye du Val des biens à Baillet (1280), II, 143, 150.
Chavalea ou *Chevalea*. Voy. Chevelee (la).
CHAVAUDON (de), président au Grand-Conseil (XVIIIe s.), I, 588. — Sa femme, fille du fermier général Masson, dame de Montmagny (XVIIIe s.), *ibid*.
Chaveriacum : Chauvry, II, 142.
CHAVIGNY : Chauvigny, II, 222.
CHAVIGNY (de). Voy. Bouthillier.
— (Marie de), fille de Léon Bouthillier, femme d'Auguste de Choiseul. Dame de Plaisance et du Moineau (XVIIe s.), II, 471.
CHAVILLE, *Cativilla*, *Chadivilla*, *Chavilla*, *Inchadivilla*, Chanville, paroisse du doyenné de Châteaufort [Seine-et-Oise, arr. de Versailles, cant. de Sèvres]. *Notice*, III, 217-220.
— Cure, III, 183, 212. — Église, III, 225. — Hab. admis à la léproserie de Versailles, III, 200. — Parc, 221. — Prévôté, réunie au bailliage de Meudon (1704), III, 237.
— Lieux-dits : Courcelles, Doisu, Fayel.
— (Jean de), dit le sieur de Hase. Conduit Urbain V de Rome à Avignon, III, 219.
— (Nicolas de). Voy. Chamville.
— (Raoul ou Radulfe de), *de Cati-*

— 141 —

villa. Ses biens à Chaville et à Clamart (1129), III, 219, 247.

CHEFDEVILLE, fief à Clamart, dépendant du domaine de Meudon (1739), III, 248.

CHEFDEVILLE ou CHEDEVILLE (Guillaume), curé de la Celle-les-Bordes (1524), III, 427; — chanoine de N.-D. (1523), V, 356.

— ou CHIEFDEVILLE (Raoul de), chapelain de St-Jean de Montmélian (1477), II, 342. — Curé de Croissy et de la Brosse, IV, 516, 641.

CHEFFONTAINES (Christophe de), archev. ou év. de Césarée. Bénit l'égl. de St-Jacques du Haut-Pas (1584), I, 157. — Egl. dont il fait la dédicace (1579 et 1580), I, 577; II, 608; V, 292.

CHELLES [Oise, arr. de Compiègne, cant. d'Attichy], II, 482 (note).

CHELLES, *Cala, Kala, Scalensis [locus]*, Chelle, ch.-l. de doyenné [Seine-et-Marne, arr. de Meaux, cant. de Lagny]. *Notice*, II, 482-501.

— (charte du roi Robert datée de) en 1029, IV, 316; V, 98.

— Abbaye. *Notice*, II, 483-94; — envoie des députés à l'anniversaire du comte Etienne, I, 24-5; — les religieuses se réfugient à St-Germain-des-Prés (1562), I, 272; — biens et seigneurie, II, 345, 481, 485, 521, 526, 544-5; IV, 628-9; — ses relations avec l'abbaye de Malnoue, V, 402; — abbesses. Voy. Ameline, Berchères (Mathilde de), Bourbon (Renée de), Chelles (Madeleine de), Clery (Marie de), Dugny (Marie de), Forêt (Jeanne de la), Gisèle, Hegilvige, Hermentrude, Lignères (Catherine de), Lorraine (Marie de), Marguerite, Mathilde, Meilleraye (Madeleine de la), Moulin (Martine du), Nanteuil (Mathilde de), Neuville (Agnès de), Orléans (Louise-Adélaïde d'), Pacy (Alix et Marguerite de), Reilhac (Marie de), Rivière (Jeanne de la), Rothilde, Ste Bertille.

— Chapelle de S. Martin, II, 483.

— Doyenné, II, 394, 396, 497, 537; — (paroisses du), II, 360-659. — Doyen. Voy. Cauderon (Gabriel).

— Eglise collégiale St-Georges. *Notice*, II, 494-6; — biens à Thorigny, II, 495, 513; — chanoine. Voy. Monmouth (Jean de).

— Eglise St-André, II, 496-7.

— Hab. admis à la léproserie de Gournay, IV, 614. — Hôpital, II, 497-8. — Palais: séjours qu'y font les rois, II, 483, 485; — son emplacement, 486.

— Lieux-dits: Croix-Sainte-Bauteur (la), Mont-Chalat.

— (Jean de), architecte de la cathédrale de Paris. Inscription où il est mentionné (1257), II, 501.

— (Madeleine de), abbesse de Chelles en 1530, II, 488.

— (Pierre de), bailli de l'év. de Paris, chanoine de Champeaux. Sentence relative à Villemomble (1273), II, 501, 560.

— (Pierre de), vicaire de St-Victor. Donne au chapitre de N.-D. des vignes à Vitry-sur-Seine, IV, 452.

CHELLOIS (le), *Kalense*, II, 498.

CHELOUIS. Voy. Grange-Feu-Louis (la).

CHEMAULT (Guyot Pot, sieur de), V, 133.

CHEMIN, *caminus*, signifiant fourneau. Origine de nom de lieu, IV, 582.

CHEMIN (le) [Seine-et-Marne, ham. de Neufmoutiers], V, 340, 341.

CHEMIN (le), ancien nom de la paroisse de Guermantes, IV, 582. — Seigneur, II, 16.

CHEMIN-EN-BRIE (Louis de Villetain, seigneur du), III, 385.

CHEMIN DE LA REINE (le), canton du bois de Vincennes, II, 411.

Chemino (terra de), à Wissous (XIIIᵉ s.), IV, 55.

CHEMINON [Marne, arr. de Vitry-le-François, cant. de Thiéblemont]. Abbaye; abbé. Voy. Belleau (Jacques).

CHENARDERIE (maison dite de la), à Tournan, V, 320.

CHENE (René), curé de Briis (1536), III, 446.

CHÊNE (le) [Seine-et-Marne, lieu-dit de Combs-la-Ville], V, 74 (note), 180, 185.

— (Heremburge, dame du), bienfaitrice de l'abbaye d'Yerres (XIIIᵉ s.), V, 34, 74, 180.

CHÊNE (le), lieu-dit de Villepreux (XVIᵉ s.), III, 189.

CHÊNE (le), fief de Presles (1373), V, 310.

CHÊNE DE L'ASSEMBLÉE (le), canton de Fleury-Mérogis (1512), IV, 364-5.

CHÊNE-PRIEUR (le), près de N.-D. de l'Ermitage, V, 61 (note).

CHÊNE-ROND (le), Seine-et-Oise, ham. de Marcoussis, III, 496.

Cheneverix (XIIIᵉ s.): Chennevières, II, 309.

CHENEVIÈRES. Voy. Chennevières

CHENIL (le), lieu-dit de Ris (1730), IV, 378.

CHENNEVIÈRES, *Canaberiæ, Chanuveriæ, Cheneveria*, Chenevières-en-France [Seine-et-Oise, arr. de Pon-

toise, cant. de Luzarches], II, 278.
— *Notice*, II, 307-310. — Dîme, II, 306. — Paroisse ; son démembrement, 305. — Seigneur, 347.
— (Adam de), *de Canaberiis*, surnommé Choisel. Son différend avec l'abbaye de Chaalis (1247), II, 310.
— (*Geletus*, Gilles de), dit Choisel ; fils d'Adam II, 310.
— (Pierre de), dit Choisel (1270-1300), II, 310, 346.

CHENNEVIÈRES, Chanevière, Chenevière [Seine-et-Oise, ham. de Conflans-Ste-Honorine]. *Notice*, II, 96-7. — Habit., admis à la léproserie de Franconville, II, 46.
— (Pierre de). Voy. Bozre.

CHENNEVIÈRES-SUR-MARNE, Chanevières, Chenevières, paroisse du doyenné de Lagny [Seine-et-Oise, arr. de Corbeil, cant. de Boissy-Saint-Léger]. *Notice*, IV, 474-479.
— Dîmes, V, 363. — Habit., leur affranchissement (1250), II, 455 ; — admis à la léproserie de la Queue-en-Brie, IV, 485 (note). — Port ; cédé par l'év. de Paris à Catherine de Médicis, II, 461. — Seigneur, II, 537.
— Lieux-dits : Bourdinière (la), Conches (île de), Guidonnaye (la), Longperrier, Plessis-Saint-Antoine (le), *Querellos (ad)*, Triben.
— (Guillaume de), chanoine de Provins et de Châlons (XIIIe s.), IV, 479.

CHENNUEL, Chenoil (le), Chenuel : le Chesnay, II, 549-50 ; IV, 610.

CHENOY, Chesnaye, Quesnoy, étymologie de ces noms de lieu, III, 4.

CHENU (Guillaume), gruyer de la garenne de Rouvray (XVe s.), I, 396.
— (Jean), seigneur de Montreuil (XVIe s.), V, 286.

CHENUEL. Voy. Chennuel.

CHENUEL (pont-). Voy. *Chetivel (pons)*.

CHEPTAINVILLE. Voy. Chetainville.

CHERBOURG [Manche]. Abbaye ; abbé. Voy. Le Jay (Alexandre).

CHERESY (de), gentilhomme de Normandie Marié à une fille du comte de Braque, dame de Chateauvert (XVIIIe s.), II, 167.

CHEREY (Renold) et sa femme, Sybille. Font bâtir l'égl. St-Honoré de Paris (XIIIe s.), I, 55, 56.

CHERLIEU ou CHARLIEU [Loire, arr. de Roanne, ch.-l. de cant.]. Abbaye, I, 51.
— (Guillaume de), chanoine de la cathédrale de Paris. Ses biens à Orly (XIIIe s.), IV, 437.

CHERMENTON (bois de), près de l'abbaye du Val, II, 133.

CHÉRON (Elisabeth-Sophie), III, 204-5.
— (Isaac), maître des Comptes. Son fief de la Saussaie (1661), IV, 214.

CHESI (XIIe s.) : Chessy, IV, 536.

CHESNAUD (Jeanne), femme d'Etienne de Tournes (XVIe s.), IV, 485.

CHESNAY (le), nom de lieu. Son étymologie, IV, 188.

CHESNAY (le), *Canoilum, Canolium, Canoilum*, Chanoeil, Chaneul, Chennuel [Seine-et-Oise, ham. de Gagny], II, 397, 478-9. — *Notice*, III, 549-50.

CHESNAY (le), *Chesnetum*, Chesnaye, Chesnée, paroisse du doyenné de Châteaufort [Seine-et-Oise, arr. et cant. de Versailles], III, 157. — *Notice*, III, 163-6. — Ses habit. admis à la léproserie de Versailles, III, 200-207.
— Lieu-dit : Saint-Antoine-du-Buisson.
— (Arraud du), seigneur de Favières. Vassal de Montlhéry (1200), IV, 176.
— (Robert du), *de Canoilo* (1067), II, 550.

CHESNAYE. Voy. Chenoy.

CHESNAYE, CHESNIÉ : le Chesnay, III, 163.

CHESNAYE (Nicolas de la), maître d'hôtel du Roi. Ses biens à Issy, III, 7, 9.
— (Olive de la), femme de Jean Poille. Sa sépulture (1630), I, 628-9.
— (de la), seigneur de Drancy (XVIIIe s.), II, 633.

CHESNE (le). Voy. Chêne (le).

CHESNEAU, libraire à Paris, III, 39.

CHESNET (le), *Chesneto (ecclesia de)* : le Chesnay, II, 479 ; III, 165.

CHESNOI (Gui de), chevalier. Vassal de St-Maur en 1278, II, 445.

CHESOIS (Jean de), curé de Lieux [Vauréal] (1253), II, 107.

CHESSY, Chési, paroisse du doyenné de Lagny [Seine-et-Marne, arr. de Meaux, cant. de Lagny]. *Notice*, IV, 534-538.
— Habit. admis à la léproserie de Pomponne, II, 507 ; — contribuent aux réparations de Lagny (1357), IV, 548. — Prieuré, IV, 536-7.

CHETAINVILLE, *Captiva villa, Catenvilla, Chatenvilla, Chetenvilla*, Chatainville, Stainville, paroisse du doyenné de Montlhéry [Cheptainville. Seine-et-Oise, arr. de Corbeil, cant. d'Arpajon]. *Notice*, IV, 194-6. — Son démembrement, 227.
— (Ansel ou Anselme de), de Chetainville. Vend au Chapitre de N.-D. des biens à Châtenay (1196), III, 541. — Son fief à Ballainvilliers,

IV, 80. — Vassal de Montlhéry, 103, 104, 195. — Accord entre lui et Pierre de Châtres, 143.
— (Ansel de), différent peut-être du précédent, IV, 195, 196.
— (Gui le *Bossu*, de), IV, 195. — Vend au prieuré de Longpont une dîme à Fontaines (XIe s.), IV, 347.
— (Jean de), mentionné en 1200, IV, 196.
— (Jean de), écuyer, fils du précédent. Vend à l'év. de Paris des biens en cette ville (1231 et 1238), I, 117, 141 ; IV, 196.
Chetivel (pons) ou CHENUEL (1282) : peut-être le pont de Gournay, II, 473, 479, 550.
Chetoinvilla, Chettainville : Chetainville, IV, 194.
CHEUSY. Voy. Seugy.
CHEVAL, fourni à l'évêque de Paris par le chapitre de St-Germain-l'Auxerrois, I, 33 ; — harnaché, donné en rente à l'abbaye de St-Denis, 519 ; — (pain de la grandeur d'un pied de), dû par les habitants de Nanterre, III, 78.
CHEVALDOS (prieuré de), III, 50. Voy. Chevaudeau.
Chevalea. Voy. *Chavalea*.
CHEVALIER (fief du) à Gennevilliers, III, 63.
CHEVALIER (André), marguillier de Jouy-en-Josas (1549), III, 265.
— (Antoine), seigneur du Coudray. Sa sépulture (1645), V, 103, 105.
— (Elisabeth), mère de Jean Desjardins (XVIIe s.), V, 373.
— (Etienne), trisaïeul de la précédente, ministre de Charles VII et de Louis XI. Seigneur de Grigny et du Plessis-le-Comte, IV, 405 ; V, 373.
— (Jacqueline), femme de Jean Soly puis de Claude Aymery, II, 646 ; III, 216.
— (Jacques), maître des Comptes. Seigneur de Montreuil-sous-Bois (1490), II, 399.
— (Jacques). Sa maison à la Boissière (1626), II, 402.
— (Jacques), fils d'Antoine. Seigneur du Coudray (1661), V, 105.
— (Jean), seigneur de Candas et de Belloy (1425), II, 196.
— [Madeleine], femme de Pierre Brulart (1576), V, 44.
— (Marie), femme de Jean le Boulanger de l'Estoc. Ses biens à Bagneux (1472), III, 570. — Dame de Grigny et du Plessis-le-Comte, IV, 369. — Sa sépulture (1521), IV, 405.
— (Nicolas), premier président de la Cour des Aides. Son procès avec l'év. de Paris au sujet d'un fief à Gentilly (1614), IV, 7. — Acquiert le domaine épiscopal de Gentilly, IV, 9, 10. — Seigneur en partie de Villeneuve-le-Roi (1580), IV, 430 ; — de Jossigny et de la Lande (1640), IV, 529, 629.
— (Pierre). Son fief de la Poterne à Livry (XVIe s.), II, 589.
— (Simon), lieutenant-général du château du Louvre. Possède la terre des Agneaux (1644), V, 355.
CHEVALIER (l'abbé), chanoine de St-Maur, puis de N.-D. de Paris, II, 421 (note).
CHEVALIER dit le Romain. Pourvu d'un bénéfice à Herblay (XVIIIe s.), II, 81.
CHEVALIER (Mme), propriétaire des eaux minérales de Passy, I, 405.
CHEVALIERS (fief des). Voy. *Militum (feodus)*.
CHEVALIERS de Saint-Germain-l'Auxerrois, I, 31, 33 ; — du guet. Tableau les représentant à la chapelle St-Michel, à Paris, I, 180.
CHEVALLERAYE (sieur de la), I, 432
CHEVANVILLE [Chouanville, Seine-et-Oise, ham. de Marcoussis], III, 492, 494.
— (Geoffroi de), seigneur de ce lieu, III, 494. — Donne au prieuré de Longpont des biens à l'Ormoy (1140), IV, 90.
— (Lisiard de), *de Chevanvilla* (XIIIe s.), III, 494.
— (Nicolas de), *de Chevanvilla* (XIIIe s.), III, 494.
— (Raimbert de), bienfaiteur du prieuré de Longpont (XIIe s.), III, 494 ; IV, 116.
CHEVAUDEAU ou CHEVAUDOS, *Chevaudeus, Equidorsum*, Chevaldos, écart de l'Etang-la-Ville, III, 153. — Prieuré, III, 121, 154-5 ; — uni à la mense de St-Germain-des-Prés, 50.
CHEVAUX (offrandes de), à l'église du St-Sépulcre à Paris, I, 170. — (vœux faits à S. Martin pour la guérison des), I, 104. — d'argent (Hervé de Chevreuse, condamné à fournir des) (1264), III, 347. — du Roi, appartenant, après sa mort, au prieuré de la Saussaye, IV, 39.
CHEVÉE DE BULLOHER (la). Voy. Buloyer.
CHEVELEE (la), *Chavalea* ou *Chevalea*, lieu-dit de Senlisses ou de Dampierre (1218), III, 359, 419 [Moutié écrit la Chenelée. Voy. *Chevreuse*, I, 442].
CHEVERNY ou CHIVERNY (HURAULT de). Voy. Hurault.

Chevi (Jean de). Voy. Chevry.
CHEVILLY, *Civiliacum*, Civilly, paroisse du doyenné de Montlhéry [Seine, cant. de Villejuif]. *Notice*, IV, 32-39. — Autres mentions, III, 335; IV, 3, 53. — Léproserie et prieuré. Voy. Saussaye (la).
— Lieux-dits : Beaulieu, *Chèvre (la voye de la)*, Closel, *Quartarum (census)*, Saussaye (la).
— (Matthieu de) de Civilly, clerc (XIIIe s.), IV, 34, 49.
— (Pierre de), *de Civiliaco*, chevalier (XIIIe s.), IV, 36.
CHEVINCOURT [Seine-et-Oise, ham. de St-Remy-les-Chevreuse], fief, III, 382.
CHÈVRE, hab. de Brétigny ; mentionné dans un dicton populaire, IV, 348.
Chèvre (la voye de la), lieu-dit de Chevilly (XIIIe s.), IV, 35.
CHEVREAU (fief) ou du TREMBLAY (Voy. ce mot).
CHEVRELOUP [Seine-et-Oise, éc. de Rocquancourt]. Chapelle St-Martin, III, 157.
CHEVRETTE (la) [Seine-et-Oise, ham. de Deuil], I, 607.
CHEVREUSE, *Caprosia, Caprosa, Cavrosa*, paroisse du doyenné de Châteaufort [Seine-et-Oise, arr. de Rambouillet, ch.-l. de cant.]. *Notice*, III, 362-375.
— Baillage, III, 359, 369, 530.
— Baronnie, III, 235. — Bois (droit de chasse dans les), 184. — Capitaine. Voy. Broulart (du). — Chapelle St-Lubin, 365-6.
— Duché (1555), III, 359, 371 ; — érigé en pairie (1612), 372 ; — terres en relevant, 242, 269, 270, 273, 277, 278, 286, 288, 294, 304, 305, 307, 308, 319, 320, 323, 332, 359, 386. — Duchesse. Voy. Rohan (Marie de). — Ducs ; leurs armoiries, 359. Voy. Albert (d') de Luynes. — Gouverneur, 337.
— Paroisse ; ses démembrements, III, 339. — Prévôté, III, 369, 374.
— Prieuré de St-Saturnin, III, 362. *Notice*, 364-5.
— Seigneurs ; bienfaiteurs de l'abbaye de la Roche, III, 352.
— Lieux-dits : Bailly, Blanches-Maisons (les), Bocau (les), Crane (la), Fertelet, Hautvilliers, Jagny, Meridon, Milon, Noroy (le), Poissy, Pont-de-pierre, Talon, Trois-Cheminées (les), Tronchet, Trotigny, Vaucery.
CHEVREUSE (Ansel de), seigneur de ce lieu ; tué à Mons-en-Puelle (1304), III, 369.

— (Bernard de), seigneur de ce lieu au XIIe s. Bienfaiteur du prieuré de Longpont, III, 366.
— (Bernard de), son fils, religieux du prieuré de Longpont, III, 366.
— (Gui de), fils de Milon. Mentionné en 1065, III, 366. — Son nom donné au village de Guyancourt, 278. — Bienfaiteur de St-Victor de Paris, 279.
— (Gui II de), mentionné en 1168, II, 441 ; V, 277. — Donne à l'abbaye de St-Maur des biens à Yvette (1182), III, 347. — Son procès avec l'abbaye de St-Denis (1172), 367.
— (Gui [III] de). Détails biographiques (1204-1208), III, 367, 379. — Autres mentions, en 1204, 353, 354, 356, 417 ; — en 1207 et 1208, 367-8 ; — en 1206, 377.
— (Gui [IV] de), fils du précédent. Détails biographiques (1226-1261), III, 368. — Autres mentions, en 1248, II, 615 ; — en 1238, III, 230 ; — en 1249, 289 [Lebeuf l'appelle à tort Gui II] ; — en [1255], 407 ; — en 1228, 417.
— (Hervé de) [fils de Gui IV et non frère de Gui II, comme le dit Lebeuf, III, 289]. Détails biographiques (1260-1268), III, 368-9. — Autres mentions, III, 289 ; — en 1260, 417 ; — en 1262, 420, 473 ; — en 1264, III, 347-8 ; — en 1275, 379.
— (Hervé de) [frère de Gui IV]. Seigneur de Maincourt ; mentionné en 1238, III, 230-1. — Vend à l'abbaye de Port-Royal des terres à St-Lambert, III, 341. — Sa sépulture (1262), III, 357, 424.
— (Hugues de), chanoine-diacre de la cathédrale de Paris, frère d'Hervé, seigneur de Chevreuse, III, 368-9 ; IV, 35, 41.
— (Ide de), femme d'Antoine de Canteleu. Dame de Chevreuse, III, 370, 371.
— (Jean de), *de Caprosia*, bailli d'Orléans (1284), III, 374.
— (Jean de), seigneur de ce lieu (1414), III, 369-70.
— (Jeanne, dame de) et d'Amboise. Acte relat. aux habit. d'Yvette (1326), III, 348.
— (Louis de). Cède la seigneurie de Vaugien (1495), III, 382.
— (Marie de), tutrice de sa fille Jeanne. Son procès avec le prieuré d'Yvette (1264), III, 348.
— (Milon de), familier du roi Robert et d'Eudes, comte de Chartres, III, 336-7, 362, 366. — Autres seigneurs du même nom : sous Louis le Gros, vassal de St-Denis,

366 ; — sous Philippe-Auguste, 367; IV, 103.
— (Nicolas ou Colard de), seigneur de ce lieu et de Maurepas. Louis XI confisque puis lui rend ses biens (1483), III, 364, 370.
— (Pierre de), seigneur de ce lieu. Investi de la seigneurie de Bièvre (1377), III, 257-8 ; — en rend hommage au comte de Dreux, 369. — Le même dit de Capreuse ? gouverneur du Languedoc, 374.
— (duc de) [Charles-Honoré d'Albert]. Aliène des droits de justice à Lieux et à Jouy-le-Moutier (1700), II, 109.
CHÉVREVILLE au dioc. de Meaux [Oise [?] arr. de Senlis, cant. de Nanteuil-le-Haudouin], IV, 545.
CHEVRI. Voy. Chevry.
Chevriaco (Evrardus de ; — Johannes de). Voy. Chevry.
CHEVRICE (Jacques), conseiller au Parlement, V, 44.
CHEVRIER (Marie), femme de Léon Lescot (1560), V, 140.
CHEVRIGNY [Seine-et-Oise, ham. de St-Remy-les-Chevreuse], III, 372 [Leb. a écrit Clarigny], 382, 420, 473. — Identifié à *Joviniacum*, 386.
CHEVRY, *Capriacus*, Chevri, paroisse du doyenné du Vieux-Corbeil [Chevry-Cossigny, Seine-et-Marne, arr. de Melun, cant. de Brie-Comte-Robert]. *Notice*, V, 284-289. — Autres mentions, 277, 278.
— (famille de). Ses armoiries, V, 367, 368.
— (Agnès de), abbesse de St-Paul-les-Beauvais (XIIIᵉ s.), V, 368.
— (Barthélemy de). Fonde une chapelle à Attilly (1233), V, 280.
— (Evrard de), *de Capriaco, de Chevriaco*. Vassal des châtellenies de Montlhéry et de Corbeil, IV, 104, 300 ; V, 287. — Bienfaiteur de l'abbaye d'Yerres (1228), V, 271. — Autres mentions en 1275 et en 1278, II, 445.
— (Guillaume de), seigneur de Combault, IV, 492, 503. — Mentionné vers 1230, V, 287.
— (Jean de), chevalier. Vassal de l'abbaye de St-Maur (1275 et 1278), II, 445. — Bienfaiteur de cette abbaye (1280), V, 213.
— (Jean de) [et non CHEVRU] frère de Raoul ; prieur de St-Jean de Jérusalem. Sa sépulture (1287), IV, 294. — Mentionné en 1270, V, 288.
— (Jean de), neveu de Raoul. Seigneur de Torcy (1297), IV, 593 ; V, 288. — Echanges qu'il fait avec l'abbaye de St-Maur (1280), V, 34, 389. — Le même, archidiacre de Rouen puis év. de Carcassonne (1298), V, 288.
— (Jean de), chevalier, mort en 1464, V, 288.
— (Marguerite de), abbesse de Faremoutiers (1290), V, 288.
— (Pierre de), abbé de St-Maur (1256-1285). Cartulaire de cette abbaye composé sous son gouvernement (1284), II, 431, 445 ; V, 288. — Premier abbé du lieu autorisé à porter les ornements pontificaux, II, 434. — Fait réparer le manoir de l'Aumônerie à Nogent-sur-Marne, où il réside souvent ; renonce au droit de gîte en ce lieu, II, 468. — Fait bâtir une chapelle à Neuilly-sur-Marne, II, 477. — Biens qu'il échange à Champigny-sur-Marne avec l'abbaye de St-Denis, IV, 470. — Institue les offices de chambrier et de cellerier (1256) ; revenus qu'il leur assigne, II, 641 ; IV, 445, 642 ; V, 30, 55, 82, 287, 327, 383, 388. — Biens qu'il acquiert pour son abbaye (1257), V, 89, 327, 344. — Procès qu'il soutient contre des hôtes du monastère (1276), IV, 473, 625, 629, 635. — Sa sépulture (1285), II, 438 ; V, 288 ; — retrouvée en 1750, 452-3.
— (Raoul de), fils d'Evrard ; archidiacre de Paris puis év. d'Evreux, chanoine de Clermont. Seigneur de Combault (1230), IV, 492, 503-4 ; V, 287. — Bienfaiteur de l'abbaye de St-Maur, IV, 477 ; — de l'abbaye d'Yerres, V, 288 ; — de la cathédrale de Paris, V, 270-1 ; — du prieuré de St-Eloi de Chilly où il est inhumé (1269), IV, 71 ; V, 288.
— (Thomas de), *de Capriaco*, chevalier. Mentionné en 1278, II, 445 ; IV, 303.
CHEZAL-BENOIST [Cher, arr. de St-Amand, cant. de Lignières]. Abbaye ; ses religieux introduisent la réforme à l'abbaye de Lagny, IV, 548.
CHÉZY-L'ABBAYE [Aisne, arr. de Château-Thierry, cant. de Charly], confondu avec Chessy, IV, 534.
CHICANEAU, fondateur de la manufacture de porcelaines de St-Cloud, III, 38.
CHIDÉ (Marie de), femme de Guillaume Tumberel. Dame de Lestendu ; sa sépulture (1400), III, 42.
CHIEFDEVILLE. Voy. Chefdeville.
CHIEN (combat d'un) avec le meurtrier de son maître, II, 568.
CHIÈVRE (la), lieu-dit de Balisy ? IV, 78.

10.

— 146 —

CHIGI ou CHISI (cardinal), mentionné en 1666, I, 447. — Sa mais n à Formelle (Italie) appelée Verselles, III, 210.
CHIGNOLES (sieur de), IV, 199.
CHILDEBERT Ier, roi de France. Rebâtit l'église (cathédrale) de Paris, I, 3, 4, 5, 6. — Sa statue à St-Germain-l'Auxerrois, I, 28. — Son palais dans la cité, I, 73. — Charte mentionnant une chapelle St-Andeol à Paris, I, 284-5. — Fonde l'égl. de Ste-Croix et de St-Vincent ; y dépose l'étole de ce dernier saint, I, 262, 265. — Ses libéralités envers cette église (devenueSt-Germain-des-Prés), III, 4, 6, 15, 227, 426 ; IV, 56. — Diplômes de ce roi datés de Sannois (518, 526), II, 42. — Reçoit S. Lubin à Rueil, III, 91 ; — S. Rigomer et Ste Tenestine à Palaiseau, 324.
CHILDEBERT II, roi d'Austrasie. Envoie une ambassade trouver Chilpéric Ier à Nogent-sur-Marne (581), II, 464. — Reçoit à Meaux les trésors de son oncle Chilpéric demeurés à Chelles, II, 483.
CHILDEBERT III. Diplôme de ce roi mentionnant la basilique de St-Martin-des-Champs (710), I, 188 ; — relatif à l'abbaye d'Argenteuil (697), II, 2, 41, 50 ; — concernant les privilèges de l'égl. de Chartres daté de *Captonacum* (696), II, 42 ; — concernant Taverny, II, 60 ; — mentionnant Maurecourt (710), II, 100 ; — daté de *Novigentum* (695), II, 465. — Terres qu'il donne à l'abbaye de Fontenelle (700), III, 127, 146, 477-8, 481.
CHILDÉRIC II, roi d'Austrasie. Lieu de son assassinat (672), II, 568 ; IV, 601.
CHILDÉRIC [III], II, 146.
CHILLY, localités de ce nom en France, IV, 61.
CHILLY [-Mazarin]. Voy. Chailly.
CHILPÉRIC Ier, roi. Sa convention avec ses frères au sujet de Paris, I, 493. — Fait ensevelir, à St-Denis, son fils Dagobert (580), 494. — Son séjour à Nogent-sur-Marne, II, 464 ; — à Chelles, II, 483 ; — y bâtit le palais des Tournelles, 486 ; — y est assassiné (584), 483, 499 ; III, 72.
CHILPÉRIC II. surnommé Daniel. Donne la forêt de Rouvray à l'abbaye de St-Denis (717), I, 392, 423 ; III, 112.
Chimino (Johannes et *Theobaldus de)*, chevaliers. Vassaux de St-Maurdes-Fossés (XIIIe s.), II, 445.

CHINGY. Voy. Chaingy.
Chineval, lieu-dit près de Senlisses (1218), III, 419.
CHINI de MALPIGHI (André). Voy. Florence (André de).
CHINON [Indre-et-Loire], III, 122.
CHINOIS, représentés sur un bassin, II, 413.
Chinstrellos (...apud) : Chaintreaux, V, 115.
CHINY (bois de) sur la paroisse de Conches, IV, 573.
CHIRURGIENS de Paris. Leur confrérie dans l'égl. St-Côme, I, 291. — Leurs réunions dans la collégiale de Luzarches, II, 203, 204-5.
CHISI (cardinal). Voy. Chigi.
CHITRY (Reynaud de). Voy. Citry.
CHIVERNY. Voy. Cheverny.
CHOART (André), lieutenant-général des armées du Roi. Seigneur de Buzenval ; mort en 1717, III, 99-100.
— (Charles), seigneur de Borde, à Villeparisis, en 1516, II, 580. — Greffier des Aides de Soissons ; seigneur de Buzenval, III, 99.
— (Eustache), seigneur de Buzenval. Son épitaphe (1609), III, 94, 99.
— (Gabriel), trésorier général des fortifications. Seigneur d'Aubeville et du Tremblay (1677-1713), V, 86.
— (Guillaume), fils d'André. Marquis de Buzenval ; mort en 1742, III, 100.
— (Henri), fils d'André. Seigneur de Buzenval (1648), III, 99.
— (Jean), lieutenant-civil de la prévôté de Paris. Seigneur d'Epinay-sur-Seine (XVe s.), I, 595-6.
— (Nicolas), év. de Beauvais, III, 100.
— (Pierre), gentilhomme du roi de Navarre. Seigneur des Granges-le-Roi en 1596, V, 294.
— (Théodore), fils d'Eustache ; enseigne du prince de Condé. Seigneur de Buzenval ; son épitaphe (1626), III, 93, 94, 99.
CHOIGNOLLES : Soignolles, V, 141.
CHOISEL, *Soyseium*, Soiseil, Soisey, paroisse du doyenné de Châteaufort [Seine-et-Oise, arr. de Rambouillet, cant. de Chevreuse], I, 631. — *Notice*, III, 415-417.
— Chapelle St-Jacques, III, 357, 417. — Seigneurie, III, 360.
— Lieux-dits : Bevilliers, Ferté (la), Herbouvilliers, Houlbran, Moncourant, Pré-de-Celle, Veros.
— (Adam). Voy. Chennevières.
— (Ebrard), bienfaiteur du prieuré de Longpont, III, 518.
— (Gilles), archidiacre de Senlis.

Bienfaiteur de l'abbaye de Lagny (1272), IV, 542. Voy. Chennevières.
— (Jean de), de *Soiseio*, de Soisel. Représente Guy de Chevreuse à l'entrée de Guillaume d'Auvergne (1228), III, 368; V, 69.
CHOISEUL (famille de). Ses biens à Vitry-sur-Seine en 1669, IV, 454.
— (Auguste de), comte du Plessis-Praslin. Ses fiefs à Nogent-sur-Marne; mort en 1705, II, 471.
CHOISI, *Choisiacum* (XIIᵉ s.) : Choisy, II, 99 ; IV, 444.
CHOISY, écrit pour Soisy, V, 67.
CHOISY, *Choisiacum*, Choisy-sous-Conflans, lieu-dit d'Andrézy [aujourd'hui ham. de Maurecourt]. Moulin (XIIIᵉ s.), II, 99. — Mentionné en 1670, II, 101.
— (Jean de). Son fief à Issy (1628), III, 9. — Seigneur de Brie-Comte-Robert (1621), V, 268.
CHOISY-AU-BAC [Oise, arr. et cant. de Compiègne], IV, 445.
CHOISY-AUX-BŒUFS, *Soisiacum*, Soissy [Seine-et-Oise, ham. de Vemars], II, 347 ; IV, 445.
CHOISY ou SOISY-AUX-BŒUFS, ancien lieu-dit de Versailles. Cure du diocèse de Chartres rattachée au diocèse de Paris (1670), III, 204, 205, 207. — Seigneurie acquise par Louis XIV, III, 205.
CHOISY-LE-ROI ou SUR-SEINE, *Choisiacum*, Choisi, Choisy-Mademoiselle, paroisse du doyenné de Montlhéry [Seine, cant. de Villejuif], III, 533. — *Notice*, IV, 443-446.
— Seigneurie acquise par Louis XIV et donnée au Dauphin, III, 229, 237, 533.
— Lieux-dits : Folie (la), Saint-Placide (maison de).
CHOISY-MADEMOISELLE (XVIIᵉ s.). Voy. Choisy-le-Roi.
CHOLET, lieu-dit de St-Cloud (XIIIᵉ s.), III, 37 (note).
CHOLETS (collège et chapelle des). Voy. Paris.
CHOLLET (Gabriel), commandeur de St-Denis (1504), I, 507 (note).
CHOMEL (Jean), trésorier des guerres. Ses biens à Villetaneuse (1350), I, 592.
CHOPIN (René), jurisconsulte. Sa sépulture (1606), I, 138. — Cité, III, 554.
— (X...), seigneur de Monceaux (XVIIᵉ s.), IV, 250.
CHOQUART (Ansel), professeur ès-lois, conseiller de Charles V, I, 91.
Chora, lieu près d'Auxerre, IV, 4.
Choraula. Voy. Carole.

Chorea, (partie des basiliques appelée), I, 267.
CHOTARD (X...), vicaire de Pantin. Sa sépulture (1573), II, 649.
CHOU (Jacques du), prieur-curé de St-Paul à St-Remy-lez-Chevreuse (1621), III, 380, 381.
CHOUANVILLE. Voy. Chevanville.
CHOUARD (Françoise), femme de Jean de Loymes (1637), III, 395.
CHRÉTIEN (Richard), curé de St-Laurent de Paris (XVᵉ s.), I, 296, 297.
CHRÉTIENTÉ (la Vigne de la), à Châtenay-lez-Bagneux (XIIIᵉ s.), III, 541, 542, 545.
CHRIST du Rosso, au château d'Ecouen, II, 184.
Christianus, curé de Brétigny (XIIᵉ s.), IV, 338.
CHRISTIENNE ou CHRISTINE, abbesse de Montmartre (1137), I, 444, 445.
CHRISTIENNE, dame du VIIᵉ siècle, III, 146.
CHRISTIENNE, femme de Ferric d'Anet (1234), V, 42 ; — dite comtesse de Crosne (1219), 44-5.
CHRISTINE, reine de Suède, II, 284 ; III, 552.
Christoilum, *Christolium* (IXᵉ s.) : Créteil, IV, 159 (note); V, 11, 12.
CHRISTOPHE, év. de Cesarée. Voy. Cheffontaines (de).
CHRISTOPHE, fils d'Antoine, roi de Portugal. Voy. Antoine.
Chrocus, nom gaulois, IV, 515.
Chrona (XIIIᵉ s.) : Crosne, V, 41.
Chronique des Evêques de Cambrai. Son auteur ; sa date, I, 442.
Chronique scandaleuse. Son auteur, I, 195 ; II, 447 ; III, 243 (note).
Chroniques de Saint-Denis, réfutées, I, 538-9 ; V, 204.
CHROTILDE, fondatrice d'un monastère de filles à Bruyères (670), III, 454, 455, 457 (note 2), 464-5, 466, 516.
CHUFFART (Jean), doyen de St-Germain-l'Auxerrois, décédé en 1451, I, 28 ; — curé de St-Eustache de Paris (1448), I, 59 ; — chapelain de Ste Catherine dans l'égl. de Boulogne, puis doyen de St-Marcel de Paris (1437), I, 396. — Visite l'Hôtel-Dieu de Lagny, IV, 558.
CHUMONT ou de RHUMONT (Christophe de), maître des Requêtes. Seigneur d'Herblay (1498), II, 84.
CHUNSANE, *Chunsana* ou *Gunsana*, femme de Clotaire Iᵉʳ. A peut-être donné son nom à Goussainville, II, 288.
CHUPIN, fief relevant du marquisat de Villeroy, IV, 247.

CHYPRE (île de), I, 301 — (chancelier du roi de). Voy. Mezières (Philippe de).
CIABRE (le mont), *Mons Ceber*, nom donné à la montagne où fut bâti Saint-Yon, IV, 159.
CIAUX (XIIIe s.) : Sceaux, III, 546.
Cichonoliis (parrochia de) (XIIIe s.) : Soignolles, V, 141.
Ciconellæ, Ciconeliæ (XIIIe s.) : Soignolles, V, 141.
Ciconiolis (Andreas de). Voy. Soignoles (André de).
CIERGE (obligation de porter un) à la procession de Ste Bathilde, imposée au seigneur de Montfermeil, II, 545 ; — offert en *ex-voto* à N.-D. de Pontoise par les habit. de Houilles, II, 34 ; — pascal. Usage d'y attacher une table chronologique à la Ste-Chapelle de Paris, I, 223.
CIERGES (redevances de), I, 87, 172 ; II, 17 ; III, 50, 53, 367 ; IV, 5, 71, 99, 360, 383.
CIGOGNE [Nièvre, arr. de Nevers, comm. de la Fermeté]. Etymol., V, 141.
CIGOGNES, origine proposée du nom de lieu Soignolles, V, 141.
CIGREFEIN ou ZIGREFEIN, grange située à Versailles. Mentionnée au XIIIe s., III, 193, 210.
CIMETIÈRE découvert près de Carrières-Saint-Denis (1743), II, 36.
CIMETIÈRE (le), pièce de terre près Saint-Yon, IV, 162.
CIMETIÈRE SAINT-MARTIN (le), lieu-dit voisin de Juvisy, IV, 409.
CIMETIÈRES (églises dans les), I, 48, 79, 278. — (oratoires de), sous l'invocation de S. Michel, I, 194, 527 ; II, 343.
CINCEHOUR. Voy. Saint-Cheours.
CINQ-MARS (de), grand écuyer de France. Son château à Versailles, III, 196.
CINQ PLAIES (confrérie des) à Paris, I, 314. — (messe en mémoire des), fondée à St-Merry de Linas, IV, 121.
CINQ-SAINTS (autel des), à Saint-Germain-l'Auxerrois, I, 32.
CINQ SOLS, *Sanctus Ceoldus?* Voy. Saint-Cheours.
CINTREAUX. Voy. Chaintreaux.
Ciperente, Ciperentum (VIIe s.) : Sévran, II, 581.
CIRE (manufacture de) à Antony, III, 538. — (souches de) offertes aux saints par les fidèles, IV, 381.
CIRET (Jean). Voy. Cirot.
CIRIER (François le), président aux Enquêtes. Seigneur de Sucy-en-Brie (1577-1580), V, 383, 384.

— (Louis le), III, 474.
— (Marie le), femme de François Briçonnet, III, 321.
CIROT (Jean) et non CIRET, dernier abbé régulier d'Hérivaux ; mort en 1490, II, 218.
CITEAUX (ordre de). Abbayes. Voy. Chaalis, Maubuisson, Port-Royal, St-Antoine (Paris), Savigny (Manche), Val-Notre-Dame, Vaux-de-Cernay.
— Disposition de ses statuts concernant les vitraux des églises, II, 74.
— Les laïques ne pouvaient être inhumés dans les églises de cet ordre, II, 136. — Abbé général. Voy. Pare (Gui de).
CITRY ou CHITRY (Reynaud de), prieur de l'abbaye de St-Maur (XIVe s.), II, 446.
Civiliacum. Voy. Chevilly.
Civilis, nom romain, IV, 3, 33.
CIVILLY : Chevilly, IV, 25, 36, 49.
CIVITAYE (Gautier) (1461), III, 497.
CLACEI, *Claciacum.* Voy. Clacy.
CLACY, *Claciacum*, Clacei, Clici, Cleici, Glazy, lieu-dit de Noisy-le-Sec, II, 642-3 ; IV, 631.
— (Adam de), de Clasei. Mentionné en 1206, II, 21 ; — en 1157, 1174 et 1235, II, 643.
— (Baudouin de), seigneur de Lysiu, IV, 90. — Bienfaiteur du prieuré de Gournay (vers 1120), IV, 494, 609, 643.
— (Dreux de), mentionné en 1170, IV, 525.
— (Garin de), de Clacei. Vend aux religieux de Chaalis des vignes à Thorigny (1174), II, 515, 643.
— (Garin de), chevalier. Vend à l'abbaye de St-Maur des biens à Morant (1250), II, 643.
— *(Godelsadus, Odilo, Ravenus de)*, de *Cliciaco.* Mentionnés au IXe s., II, 642.
— (Guillaume de), mentionné en 1220, II, 642, 643.
— (Pierre de), de Glazy, seigneur de ce lieu au XIIe s. En guerre avec les seigneurs de Bry, IV, 633.
— (Thibaud de), frère de Guillaume. Bienfaiteur de l'abbaye de Livry (XIIIe s.), II, 566.
CLAGNY, dépendance de Versailles, III, 207.
CLAIRAMBAULT (de), généalogiste des ordres du Roi, III, 540.
CLAIREFONTAINE, Clair-fontaine [Seine-et-Oise, arr. de Rambouillet, cant. de Dourdan]. Origine de ce nom, III, 403. — Abbaye ; ses prétentions sur la chapelle de la Grange-St-Clair à Pecqueuse, III,

— 149 —

404, 429-30 ; — abbé. Voy. Harville (Mathurin de).
CLAIRSENS (Jean de), *Clari sensus*, clerc du Roi, chanoine de St-Quentin. Fondateur d'une chapellenie à St-Gervais (1304), I, 83, 84.
CLAIRVAUX [Aube, arr. et cant. de Bar-sur-Aube], comm. de Villesous-Laferté]. Abbaye ; reliques, I, 346 ; — abbé. Voy. S. Bernard ; — religieux. Voy. Adam, év. de Térouenne.
CLAIRVAUX (César d'Aumont, marquis de), V, 177.
CLAMARD. Voy. Clamart.
Clamardum : Clamart, III, 244, 245.
CLAMART, *Clamardum, Clemartium*, Clamard, Claumar, paroisse du doyenné de Châteaufort [Seine, cant. de Sceaux], III, 219.— *Notice*, III, 244-250.
— Cure, III, 575. — Curés; assistent à une procession à St-Germain-des-Prés (1490), I, 271. — Dîmes, III, 229. — Habitants, agrégés à la confrérie de St-Sulpice de Favières, IV, 174. — Prévôté, réunie au bailliage de Meudon (1704), III, 237, 248.
— Lieux-dits : Bellepole, Buisson-au-Prêtre (le), Chefdeville, Coulomb (fief dit de Guillaume), Croix-Henry (la), Fausillon, Fleury, Gros (les), Maudétour, Noé (la), Trou-Hourri (le).
— (Gilles de). Ses héritiers mentionnés en 1334, III, 248.
— (Herbert de), prêtre. Acquiert une maison à Clamart (1239), III, 246.
— (Pierre de) et Yllaria, sa femme (1277), III, 248.
— (Thomas de), chevalier, et sa femme Sedile. Bienfaiteur du prieuré de St-Martin-des-Champs (1252), II, I, 247.
CLAMECY (Gilles de), marchand de Paris. Ses biens à St-Ouen (1397), I, 572.
— (Gilles de), chevalier (1431), IV, 306.
— (Guillaume et Jean de), seigneurs usufruitiers de la terre d'Antony (XIVe s.), III, 537.
CLAPIER (sens du mot) en Provence, I, 420.
CLAPIERS (terre des), à la Varenne-St-Maur (1563), II, 461.
Clara Vallis, identifiée avec les Vaux-de-Cernay, III, 422.
CLARCY, Clecy, Clercy, lieu-dit de Courtry. Fief et bois mentionnés au XIVe s., II, 537 ; IV, 514.
CLAREMBAUD. Épitaphe d'un comte de ce nom (1247), II, 120.

CLARIGNY. Voy. Chevrigny.
Clari sensus (Jean). Voy. Clairsens.
CLARISSES (religieuses). Voy. Moncel (le).
CLASEI (Adam de). Voy. Clacy.
Claseria (Jean Jolivet de). Voy. Jolivet.
CLAUDE DE FRANCE, reine de France. Contribue à la réformation de l'abbaye de Jarcy (1515), V, 171 ; — de l'abbaye d'Yerres, 228.
CLAUMAR : Clamart, III, 244.
Clausa Varenna : la Varenne-St-Maur, II, 455.
CLAUSSE (Anne), dame de Lésigny et de la Queue-en-Brie (1554), IV, 488.
— (Cosme), seigneur en partie de Bondoufle, IV, 335 ; — d'Orangis (1597), 373 ; — de Vitry-sur-Seine (1556), 453.
— (Henri), év. d'Aire. Sacré à St-Denis-du-Pas (1616), I, 20. — Ev. de Châlons ; dédie l'égl. de Juvisy (1624), IV, 409.
— ou CLAUDE (Jeanne), femme de Charles de Pierrevive. Dame de Lézigny, V, 278, 358. — Acquiert la terre de Ferroles (1563), 278.
Clausum Castellani, lieu-dit de Noisy-le-Sec (XIIIe s.), II, 641.
CLAVEAU (Marie), femme de Philbert Gassot, II, 97.
CLAVIER (Jean), angevin. Chapelain de Monteloup (1546), III, 451.
CLAYE [Seine-et-Marne, arr. de Meaux, ch.-l. de cant.], II, 349. — Redevances dues par cette terre aux év. de Paris (XIIIe s.), II, 531.
CLAYES (les) [Seine-et-Oise, arr. de Versailles, cant. de Marly-le-Roy]. Justice de ce lieu réunie au baillage de Chevreuse (1571), III, 371, 372.
CLÉCY Voy. Clacy et Clarcy.
CLEGNY (Etienne), bourgeois de Paris. Ses biens à Clichy-en-l'Aulnois (1502), II, 572.
CLEICI. Voy. Clacy.
CLEMANGES (Nicolas de), écrivain sous Charles VI, I, 19.
Clemartium : Clamart, III, 244.
CLÉMENCE, sœur d'Hugues le Loup. Abbesse d'Yerres (XIIIe s.), I, 187 ; II, 615.
CLÉMENCE, femme d'Hervé de Chevreuse. Sa sépulture, III, 424.
CLÉMENCE, femme de Jean d'Yerres (1235), V, 208, 213.
CLÉMENCE (Michelle), femme de Laurent de Lumège puis de Raoul de Garges, V, 7.
CLÉMENCE DE HONGRIE, femme de Louis X. Cède à Philippe V la maison royale de Vincennes (1317), II,

406-7. — Dame de Corbeil ; ses démêlés avec l'abbaye de St-Denis (1319), IV, 266. — Figurée sur une châsse, IV, 278. — Possède en douaire la terre de Corbeil, IV, 303. — Acte relat. à l'abbaye de St-Antoine de Paris (1325), V, 48. — Son exécuteur testamentaire. Voy. Villepreux (Philippe de).
CLÉMENT III, pape. Bulle relat. à l'abbaye de Gif, III, 388 ; — à St-Spire de Corbeil (vers 1190), IV, 281 ; — à l'abbaye de Montéty [d'Hiverneau] (1208), IV, 475 ; V, 362 ; — à St-Paul de Lagny, IV, 552 ; — à la collégiale St-Thomas du Louvre (1189), V, 263.
CLÉMENT IV, pape. Bulle relat. à l'abbaye de St-Denis (1268), I, 507 ; — à la léproserie de la Saussaye (1265), IV, 37.
CLÉMENT V, pape. Bulle relat. au prieuré de la Saussaye (1305), IV, 37.
CLÉMENT VI, pape. Bulle relat. à St-Séverin de Paris (1347), I, 101. — Bâtit le monastère de Gentilly près d'Avignon, IV, 11.
CLÉMENT VII [antipape]. Reconnu comme pape par le concile de Vincennes (1371), II, 408. — Son portrait au château de Bicêtre, IV, 12. — Bulle relat. au prieuré de la Saussaye (1382), IV, 38.
CLÉMENT VII, pape. Bulle supprimant la dignité abbatiale à St-Maur-des-Fossés (1533), II, 433. — Lettres relat. à des reliques de S. Cyr et de Ste Julitte, IV, 27.
CLÉMENT IX, pape, I, 126.
CLÉMENT XI, pape. Bulle relat. à Port-Royal-des-Champs (1708), III, 297.
CLÉMENT, archidiacre de Laon. Donne ses terres de Châtenay au chapitre de N.-D. (XIIIe s.), III, 542.
CLÉMENT, curé de Luzarches (1232), II, 226, 332.
CLÉMENT (Eudes ou Odon), abbé de St-Denis. Fait travailler à l'égl. de cette abbaye, I, 497. — Acte relat. aux Cordeliers de St-Denis (1231), I, 531 ; — au Tremblay (1243), II, 612. — Son séjour à Gennevilliers, III, 63. — Accord concernant la seigneurie de Beaurin (1230), III, 368. — Acte relat. au prieuré d'Essonnes (1233), IV, 266.
— (François), curé de Wissous ; receveur du temporel de l'év. de Paris (1493), IV, 53.
— (Hugues), doyen du chapitre N.-D. de Paris. Ses biens à Ormoy (XIIIe s.), IV, 259.

Clementis (Odo), doyen de Saint-Martin de Tours, archidiacre de la cathédrale de Paris. Sa sépulture, I, 19.
CLERAMBAUD, maire de Clichy en 1172, III, 581.
CLERBAUDIÈRES (Silvain du Drac, seigneur des), V, 195.
CLERC (Terrie). Ses dîmes à Evry-en-Brie (XIIIe s.), V, 129.
CLERC (Thomas), intendant des finances (XVIIe s.), II, 562.
CLERC (le). Voy. Le Clerc.
CLERCS (confrérie des) de la Cour ecclésiastique de Paris, I, 21 ; V, 179. — (confrérie des) de la ville de Paris, I, 199.
CLERCY. Voy. Clarcy.
CLEREMBAULT (marquis de). Possède le fief de Fromont (XVIIe s.), IV, 378.
CLERET (Pierre), seigneur de Torcy (1472), IV, 594.
CLERGÉ (assemblée du) à St-Germain-en-Laye (1700), III, 145.
CLERGERIE (Etienne de la), fondateur d'une chapelle à St-Germain-le-Vieux de Paris, I, 275. — Ses biens à Vitry-sur-Seine (1383), IV, 453.
— (Guerin de la), épicier à Paris. Seigneur de Montrouge au XIVe s., III, 589.
CLERMONT [Puy-de-Dôme]. Cathédrale ; archidiacre, II, 241 ; III, 186 ; chanoine, V, 287. — Evêques. Voy. Guy [de la Tour], S. Bonet, S. Prict.
CLERMONT (collège de). Voy. Paris.
CLERMONT [Mayenne, arr. de Laval]. Abbaye : abbé. Voy. Lescot (Pierre).
CLERMONT (Catherine de), abbesse de Montmartre (1549), I, 449.
— (François de), archev. d'Auch, abbé de Lagny (1521), IV, 551, 552.
CLERMONT-D'AMBOISE (J.-B.-Louis de), marquis de Renel, II, 25.
CLERMONT-EN-BEAUVAISIS [Oise]. Comté : terres en relevant, II, 149, 209 ; — fait retour à la couronne (1251), 209. — Comtes. Voy. ci-après et Bourbon (Louis de). — Gouverneur. Voy. Boullainvilliers (Jean de). — Lieutenant-général. Voy. Mercier (Pierre).
— (Gui I, comte de), fils de Raoul. Seigneur de Luzarches (XIIe s.), II, 208.
— (Gui II, comte de), fils de Gui I. Seigneur de Luzarches (XIIe s.), II, 208.
— (Hugues, comte de), seigneur de

— 151 —

Luzarches et de Chantilly (vers 1100). Ses démêlés avec son gendre, Mathieu de Beaumont, II, 201, 208.
— (Jean de). Se désiste des terres de Chantilly et de Moussy-le-Neuf (1385), II, 354.
— (Jeanne de), femme de Guillaume le Bouteiller (XIVᵉ s.), II, 354.
— (Pierre, comte de). Reçoit hommage pour la terre de Baillet (1484), II, 149.
— (Rainaud ou Renaud de), seigneur en partie de Luzarches. Bienfaiteur de l'abbaye d'Hérivaux (XIIᵉ s.), II, 216, 335. — Acte relat. à Goussainville, 292.
— (Raoul ou Radulf, comte de), fils de Hugues. Seigneur de Luzarches (XIIᵉ s.), II, 208.
— (Robert de France, comte de), bienfaiteur des Bonshommes du bois de Vincennes (XIVᵉ s.), II, 392.
CLERMONT - LODEVE (François de CASTELNAU de), archev. d'Auch. Abbé de Lagny, IV, 548, 551, 552.
CLERMONT-TONNERRE (Gaspard, duc de), maréchal de France. Seigneur de Saintry, V, 97.
CLERSELIER (Claude), philosophe. Sa sépulture (1684), I, 177.
CLERVAUX (René de Villequier, comte de), V, 128.
CLÉRY ou CLEREAU [Loiret? arr. d'Orléans] (1480), V, 96.
CLÉRY, fief sis à Courtry. Terres en relevant, IV, 512, 513.
— (Marie de), abbesse de Chelles en 1429, II, 493.
— (Pierre de), écuyer, seigneur de ce lieu. Reçoit l'hommage de la terre de Beaubourg (1393), IV, 512.
CLÉRY (Raphaël), curé de Bouqueval (XVIIᵉ s.), II, 249.
CLÈVES (François de), prieur de St-Eloy de Paris (XVIᵉ s.), I, 313.
Clichiaci (ecclesia) : Clichy-la-Garenne, I, 425.
CLICHY ? (maire de). Voy. Clerembaud.
CLICHY-EN-L'AUNOIS ou SOUS-BOIS, Clippiacum superius, paroisse du doyenné de Chelles [Seine-et-Oise, arr. de Pontoise, cant. du Raincy]. Notice, II, 569-573.
— Est donné à l'abbaye de St-Denis par Dagobert, I, 422. — Biens qu'y possède l'abbaye de Livry (XIIIᵉ s.), II, 77, 401 (note), 569. — Prieuré ; biens à Massy, II, 570 ; III, 323 ; IV, 419.
— Lieux-dits : Notre-Dame-des-Anges (chapelle et fontaine de).
— (Aubert de). Vend son fief de Massy (XIIIᵉ s.), III, 524.

CLICHY-LA-GARENNE ou SUR-SEINE, Clichiacum, Clippiacum, paroisse de la banlieue de Paris [Seine], I, 5. — Notice, I, 419-430 ; III, 59, 91, 226 (note)
— Lieux-dits : Chanteloup, Courcelles, Monceaux, Planchette (la), Ternes (les).
— (Jeanne de), femme de Jean de Beaumont ; décédée en 1275, I, 426.
CLICI, de Cliciaco : Clacy, II, 642.
Cliens, synonyme d'armiger, IV, 254, 332.
CLIGNANCOURT, Clignencourt, Clignencort, écart de la paroisse de Montmartre [aujourd'hui dans Paris]. Notice, I, 456-7.
CLINCHAMP, origine de ces noms de lieu, IV, 481.
— (Gervais de), chanoine de N.-D. Ses biens à Bagneux (XIIIᵉ s.), III, 569 ; — à Créteil, V, 16.
Clipp, racine celtique. Origine de nom de lieu, I, 419, 420.
Clippiacum, Clippicum superius : Clichy-en-l'Aunois ; — vetus : Clichy-la-Garenne, I, 429 ; II, 569. — Dit par erreur situé près de St-Germain-en-Laye, I, 430.
CLISE (abbaye de). Voy. Glise.
CLISSON (Olivier de), connétable, III, 213. — Seigneur de Jouy-en-Josas, 268, 271. — Chargé de la garde du château de Montlhéry (1382), IV, 106.
CLOCHE de la Sorbonne, I, 153.
CLOCHE (Jean de la), partisan de Charles VII. Ses biens de Juvisy confisqués (1423), IV, 413.
— (Thierry de la), seigneur de Rocquencourt (XVIᵉ s.), III, 158.
CLOCHER renfermant des reliques à son sommet, I, 115 ; — son emplacement au XIIᵉ s., III, 66.
CLOCHETTE (fief de la) à Grigny (1597), IV, 406.
CLODOMIR, roi d'Orléans, III, 20.
CLOIÈRE (chemin de la) à Jossigny (1232), IV, 526.
CLOS (les), ferme sur la paroisse du Perray-St-Pierre, V, 91.
CLOS (rue du) à Châtres, IV, 142.
CLOS (Louis du), écuyer. Seigneur en partie d'Orangis (1580), IV, 373.
CLOS DE MARD (de Médard), étymol. du nom de Clamart, III, 244.
CLOS DU ROI (du), lieu-dit de Charlevanne (1279), III, 110.
CLOSEL, lieu-dit de Chevilly (XIIIᵉ s.), IV, 35.
CLOS-FERRY, vignoble à Charonne (1400), I, 481.
CLOS-HEUDRENE (le), lieu-dit de St-Leu (XIIIᵉ s.), II, 71.

— 152 —

Clos-l'Abbé (le), lieu-dit d'Argenteuil, II, 19.

Clos-Margot (le), fief enclavé dans le parc de Brétigny, IV, 340.

Clos-Mignon (le), lieu-dit d'Arcueil (1426), IV, 16.

Clos-Milon (le), lieu-dit près de Lieux (XIII° s), II, 107.

Clos-Poulain (le), hameau de Villepreux (XVIII° s.), III, 177.

Clostomau, Clos-Tommeau. Voy. Clotaumont.

Clos-Toutain, anciennement appelé la Chapelle-Rainfoin, dépendant des paroisses de la Celle-St-Cloud et de Vaucresson [Seine-et-Oise, éc. de Vaucresson], III, 162.

Clotaire Ier, roi, I, 188.

Clotaire II, roi, I, 11, 493. — Son séjour à Clichy (625), I, 420. — Son entrevue avec S. Valery en 614, I, 623. — Ses Etats ravagés par Théodebert II, II, 42. — Réside à Chelles, 483. — Est baptisé à Nanterre, III, 72-3, 90-1. — Donne à S. Vandrille des biens au territoire de Châtres, IV, 131. — Vaincu à Dormelles (600), IV. 261 (note 1). — Tient une assemblée à *Massolacum* (613), V, 21; — à Bonneuil-sur-Marne (616), 24.

Clotaire III, roi. Donne au monastère des Fossés des biens à Savie, I, 465. — Acte relat. à Argenteuil (vers 665), II, 2. — Sa présence à Sannois (663), II, 42 ; — fils de Ste Bathilde *(Balchidis* ou *Baolchildis)*. Sa sépulture (668), II, 484, 487-8. — Confirme à S. Vandrille la donation de la terre de Fontenelle (661), III, 324, 478. — Donne à l'abbaye de St-Denis la terre d'Essonnes, IV, 261 et note 1.

Clotaumont ou Clotomont, Clos Tommeau, Lostomaux, lieu-dit et seigneurie de la paroisse de Beaubourg, II, 537. — *Notice*, IV, 514.

Clotée (la), ham. de la Chapelle-Gauthier, V, 428.

Clothacharius, contracté en *Clotharius*, II, 420.

Clotilde, femme de Clovis. Termine la construction de la basilique de SS. Pierre et Paul, où elle est inhumée, I, 229. Voy. Ste Clotilde.

Clotilde, sœur du roi Childebert. Sa sépulture, I, 229.

Clouet (Pierre), garde du corps (XVII° s.), I, 575.

— (Thomas), prêtre, procureur au Parlement ; chanoine de St-Hilaire de Poitiers et de Montmorency; curé de Sorel. Sa sépulture (1546 ou 1549), II, 75, 142.

Clous (tombe parsemée de têtes de), IV, 161.

Clovis Ier, roi. Fait construire la basilique de S. Pierre et S. Paul à Paris (Ste-Geneviève) où il est inhumé, I, 129, 239. — Ses donations à cette égl., I, 187 ; III, 4, 6, 47, 75-6, 579. — Légende de son duel avec le roi Condat, II, 87. — Prétendu fondateur de l'abbaye des Fossés, II, 432.

Clovis II, roi. Est dit avoir donné la terre de St-Marcel de St-Denis à la cathédrale de Paris, I, 493. — Diplôme de ce Roi concernant l'abbaye de St-Denis (653), 504 ; — relatif au Landit, 541. — Sa présence à Chelles (vers 584), II, 483. — Autorise Blidegisile à bâtir un monastère au lieu appelé depuis St-Maur, II, 419, 423. — Donne à l'abbaye de St-Maur la terre de Brétigny, IV, 352 ; — la terre de Boissy-St-Léger, V, 192, 381, 386.

Clovis, fils de Chilpéric Ier. Est assassiné à Noisy-le-Grand ; sa sépulture (581), IV, 623-4.

Clozier de Juvigny (Philippe), femme de Louis Thiboust de Berry. Sa sépulture (1722), V, 427.

Cluet (Guillaume), curé de Suresnes (1646), II, 49.

Cluniacensis (Petrus), religieux de St-Maur-des-Fossés (1088), V, 331.

Cluniairencourt. Voy. Chainemelun (de).

Cluny [Saône-et-Loire, arr. de Mâcon]. Abbaye ; redevance envers l'église, II, 173 ; — époque où les religieux ne peuvent faire usage d'aliments gras, 492 ; — (chapitre général tenu à) : peine qu'il prononce contre les religieux de Moussy-le-Neuf, 351 ; — abbayes et prieurés en dépendant, I, 190-1, 193, 210 ; II, 428, 443-4, 579, 580, 601, 602 ; IV, 91, 92, 112, 160, 610 ; — biens à Franconville, II, 48 ; — à Sarcelles, 173 ; — au Mesnil-Rance, 602 ; — cures à sa collation, II, 520-1, 604, 605 ; — abbés ; leur hôtel à Paris. Voy. Paris. — Voy. Bertrand, Pierre le Vénérable, Pin (Jean du), Pontoise (Guillaume de), Rence, S. Hugues, S. Mayeul, S. Odilon ; — abbé général. Voy. Bouillon (cardinal de), Maurice (Pierre). — (collège et rue de). Voy. Paris.

Clusius. Voy. Ecluse (de l').

Clutin (Henri), président au Parlement. Seigneur de Villeparisis (XVI° s.), II, 580.

— (Henri), prieur de Gournay (1537), IV, 611.

— (Marie), dame de Villeparisis (XVIIe s.), II, 580.
— (Pierre), prieur de Gournay ; mort en 1533, IV, 611.
COCATRIX ou COQUATRIX (chapelles) à St-Gervais et à St-Jean-en-Grève, I, 83, 90.
— (côte) près de Chamarande, IV, 180, 181.
— (fief de la) sur la paroisse de Bondoufle, IV, 334 et note. — Voy. Paris.
— (rue). Voy. Paris.
— (val). Voy. Val-Coquatrix.
— (famille), de Paris. Noms de lieu qui en tirent origine, I, 83, 357 ; V, 83-4.
— (Geoffroy), qualifié « familier le Roi ». Acquiert une part du travers de Conflans-Ste-Honorine (1314), II, 95. — Ses biens à Evry-sur-Seine (1304), IV, 326 ; — à Corbeil ; dit échanson du Roi, V, 83-4.
— (Jacques), écuyer. Ses biens à Fontenay-le-Vicomte (1395), IV, 238.
— (Jean), échevin de Paris. Seigneur de Bonnes (1358-1361), III, 281 ; IV, 181.
— (Jeanne), femme de Jean de la Croix (1412), I, 182-3.
— (Jeanne), femme de Pierre ou Jacques Marcel (fin du XIIIe s.), V, 84 (note).
— (Jeanne), femme de Simon Legrand (XIVe s.), IV, 334 ; V, 84.
— (Pierre), conseiller au Parlement (1314), V, 84.
Cocegniacum, Coctigniacum (XIIIe s.) : Cossigny, V, 289.
COCEIGNY. Voy. Cossigny.
COCHE (Ponce), valet de chambre du duc d'Orléans. Seigneur de Ville-Evrard (1719), II, 480. — Possesseur de la Maison-Blanche, 550.
COCHENI (Guillaume). Voy. Cucheni.
COCHEREL (Burchard), seigneur de Villebousin (XIIe s.), IV, 82, 89. — Sa femme, Holdearde.
— (Jacques de), seigneur d'un lieu appelé Servon (1532), V, 251.
— (Pierre de), prieur de St-Jean de Corbeil (XIVe s.), IV, 285.
— (Thibaud). Son fief de Villejust, III, 505. — Seigneur de Villebousin, IV, 80, 82. — Ses biens à Viry et à Ivry (1169), IV, 400, 460.
COCHERI (Guillaume). Voy. Cuchauth.
COCHERIES (Saint-Nicolas des). Voy. Saint-Nicolas (chapelle).
COCHET [Les Cochets, ham. de Lardy], IV, 187, 339.
COCHET (Ermengarde de), bienfaitrice du prieuré de Longpont (XIIe s.), IV, 187, 339.

COCHETIER (Pierre le), bourgeois de Corbeil. Sa sépulture (1303), IV, 294.
COCHETS (les) [Seine-et-Oise, ham. de Brétigny-sur-Orge], IV, 187, 339. — (ferme des), écart de St-Germain de Châtres, IV, 151.
COCHETTE (Jean la), bourgeois de Paris. Sa veuve mentionnée (XVIe s.), V, 85.
Cochlaeris (Geoffroy), pénitencier de Paris. Sa sépulture (XVe s.), I, 21.
COCHON (Noël), marchand à Herblay. Son épitaphe (1575), II, 81.
— (Pierre), év. de Lisieux. Bienfaiteur de Ste-Geneviève de Paris, I, 238.
Cochuus (Guillelmus), chevalier de Montlhéry (1146), IV, 102 (note).
Cocigniacum, Cociniacum, Cocini, Cocigny. Voy. Cossigny.
COCONAS, favori du duc d'Alençon. Sa sépulture, I, 453.
COCQUEBORNE (Jacques de), Ecossais, premier archer du corps du Roi. Sa sépulture (1523), V, 187.
COCQUENART (moulin), à Epinay-sur-Seine, I, 598.
Codonariæ. Voy. Coignières.
CODRAY, Codret, Codroi. Voy. Coudray.
Codreellus : Coudray, II, 565.
Codres, lieu-dit près de Fontenay-aux-Roses (XIIIe s.), III, 562.
Cœnoilum. Voy. Chesnay (le).
COENTIN (François), abbé du Mont-St-Quentin ; mort à Passy (1739), I, 405.
COESNE (Pierre le), abbé de la Roche (1456), III, 350.
COETIVY (Gillette de), femme de Jacques d'Estouteville, puis d'Antoine de Luxembourg (XVIe s.). Dame de la Grange-aux-Merciers, II, 370.
— (Pregent de), amiral de France. Seigneur de la Grange-aux-Merciers en 1439, II, 369. — Son hôtel à Bagnolet, 658.
COETLOGON (de), seigneur de la Houssaye (XVIIIe s.), V, 338.
COETMEAN, chantre de la cathédrale de Tréguier. Fondateur du collège de Tréguier à Paris (1400), III, 18. — Terre à Sèvres ayant conservé ce nom, *ibid*.
CŒUILLY, Cueilly, *Cuilliacum* [Seine, ham. de Champigny-sur-Marne]. *Notice*, IV, 473.
— (Robert de). Sa censive en ce lieu (1240), IV, 473.
CŒUR (Geoffroy), fils de Jacques. Sa sépulture, I, 56.
— (Jacques), argentier de Charles VII, I, 56.

— (Jean), archev. de Bourges. Bénit des autels à St-Landry de Paris, I, 46. — Prêche à St-André, 286.
COGNIÈRES. Voy. Coignières.
Cognoliis (de) (XIIIᵉ s.) : Soignolles, V, 143.
COHEN (le seigneur de), envoyé par Jean-sans-Peur pour reprendre Montlhéry et Marcoussis (1418), IV, 107.
Coia, Coya. Voy. Coye.
COIFFIER (Jean), seigneur de Roquemont. — Son épitaphe (XVIᵉ s.), II, 203, 207.
— (René), prieur de St-Paul-ès-Lions. Seigneur de Roquemont (1653), II, 207.
— (Antoine), dit RUZÉ ; marquis d'Effiat, surintendant des finances, maréchal de France. Seigneur de Chilly et de Longjumeau (XVIIᵉ s.), IV, 62, 66, 67, 75. Voy. Ruzé.
COIGNET (Ansel). Ses biens à Clamart (1349), III, 249.
COIGNIÈRES, Cognieres [Seine-et-Oise, ham. de Chevreuse], mentionné sous le nom de Codonariæ en 774, III, 342. — (le Nouveau-), III, 181, 184.
— (Renaud de), chevalier, IV, 222, 227.
COIGNY (François de), maréchal de France. Sa maison à Orly (XVIIIᵉ s.), IV, 438.
— (François de), fils du précédent ; gouverneur de Choisy-le-Roy, IV, 438.
COILLON ou TOILLON, moulin situé à Sucy-en-Brie (XIIIᵉ s.), V, 382.
COIRETTE, chantre et chanoine de St-Merry de Linas, curé de St-Pierre de Montlhéry. Sa sépulture (1401), IV, 120.
COISEUX, Coisevox. Voy. Coysevox.
COISLIN (DU CAMBOUT de), év. d'Orléans, décédé en 1706. Prieur d'Argenteuil, II, 5 ; — de Longpont, IV, 97.
COISSÉ [corr. Crissé] (Denise de Montmorency, dame de), II, 235, 236.
COISSY (Robert), clerc des Comptes. Fondateur d'une chapelle à St-André-des-Arts à Paris, I, 286.
COITIER (Jacques), médecin de Louis XI. Sa chapelle à St-André-des-Arts, I, 286. — Président de la Chambre des Comptes ; reçoit la châtellenie de Poissy, III, 138.
COIZ. Voy. Coye.
COLANDIERS (Damiens de), curé de Liverdy. Son épitaphe (1733), V, 299, 330.
COLAS (Jean), contrôleur des gardes du Roi, seigneur de Versailles. Sa sépulture (1510), III, 195-6.

COLBERT (famille). Sa sépulture à St-Eustache de Paris, I, 64.
— (Charles), marquis de Croissy, IV, 519. — Seigneur en partie de la Brosse, IV, 643.
— (Claire-Cécile), abbesse de Chaillot, I, 417.
— (Édouard-François), comte de Maulevrier. Co-seigneur de Clichy (1671), I, 427. — Ses père et mère acquièrent puis revendent la baronnie de Villepreux (1685), III, 188.
— (Geneviève), femme d'Étienne Brunet de Rancy, V, 128.
— (Jean-Baptiste), contrôleur général des Finances ; marquis de Châteauneuf. Seigneur (baron puis marquis) de Sceaux, du Plessis-Piquet, de Châtillon et de Fontenay-aux-Roses, III, 254, 547, 549-50, 552, 563, 576. — Sa maison à Suresnes (1633), III, 51.
— (Jean-Baptiste), marquis de Seignelay, fils du précédent. Seigneur de Sceaux (1685), III, 550, 551.
— (Jean-Baptiste), fils de Charles. Marquis de Croissy et de Torcy, IV, 519, 595, 596.
— (Jean-Baptiste-Joachim), fils du précédent ; colonel du régiment Royal. Marquis de Croissy, IV, 519.
— (Madeleine), femme de Louis Jossier (XVIIᵉ s.), V, 370.
COLBERT DE CROISSY (Charlotte), abbesse de Maubuisson (1719), II, 120.
— [Louis-Henri-François], lieutenant-général, V, 185.
COLDOE (Jean), abbe d'Hermières. Son épitaphe (1396), IV, 541. — Mentionné en 1388, V, 350.
Coldreyum, Coldriacum : le Coudray, V, 102, 106.
COLERS (Jean), prieur des Carmes Billettes de Paris (1367), V, 298.
— (Jean de), conseiller au Parlement. Seigneur de Chaillot par sa femme (1450), I, 410.
COLEZ (Hugues) [Hugues dit Cholet, comte de Roucy]. Sa fille [Ade] mariée à Gaucher de Montjay (XIIᵉ s.), II, 530.
COLIGNON ou COTIGNON (Gabriel de), secrétaire du Roi et des commandements de Marie de Médicis. Seigneur de Chauvry (1610), II, 144.
— (Joseph-Antoine), seigneur de Chauvry ; mort en 1722, II, 142, 144.
— (Nicolas de), seigneur de Chauvry et du Breuil (1654), II, 144.
COLIGNY (le cardinal Odet de), fils de Gaspard de Châtillon. Ses armoiries, I, 618.
COLIGNY DU CORDIER (Jean de). Ses fiefs à Meudon (1399), III, 239.

COLIN (Jacques), principal du collège des Bons-Enfants (St-Honoré) à Paris, puis abbé de St-Ambroise de Bourges, I, 56.
COLINCOUR (X...), femme de Grimod du Fort, III, 399 (note).
COLINES (Simon), graveur d'imprimerie ; né à Gentilly, IV, 9.
COLIQUES (saints invoqués pour la guérison des), III, 548 ; IV, 121.
Collauduno (Girard de). Voy. Courlandon.
COLLEBERT (Isabelle), femme de Jean de Royer (1611), V, 57.
COLLEGIEN, Corlegien, Corlogien, Corlognen, *Collogenum*, *Collegianum*, Collolongen, Collogen, Collogien, *Cologenum*, paroisse du doyenné de Lagny [Seine-et-Marne, arr. de Meaux, cant. de Lagny], II, 643. *Notice*, IV, 584-587.
— Dîme, II, 537. — Hab. admis à la léproserie de Gournay, IV, 614.
— Lieux-dits : Lamirault, Pissecoc.
Colle Medio (Pierre de), mentionné en 1224, V, 194, 199.
COLLERIE, cant. du territoire de Wissous (XIIIe s.) ; le même peut-être que le *Colridum* du polyptique d'Irminon, IV, 54 et note, 55.
COLLERIE (Roger dit de), poète (XVIe s.). Son lieu de naissance, IV, 55.
COLLET (Mathurin), curé de Pontault. Son épitaphe (XVIe s.), IV, 496-7.
COLLETET (Guillaume). Sa maison à Rungis, IV, 51.
COLLETET, biographe de Jean du Houssay, III, 83.
COLLIMER DE TOURNAY (Nicolas), sire des Loges. Vend la terre de Clotaumont (1326), IV, 512.
COLLIN DE MURCY, conseiller honoraire de la Cour des Monnaies. Propriétaire de la Magdeleine près Saint-Yon, IV, 162, 164.
Colloduno (Girard de). Voy. Courlandon.
COLLOGEN, *Collogenum*, Collogien, Collolongen. Voy. Collégien.
COLLOT (Bernard), principal du collège de Fortet, puis chanoine de St-Germain-l'Auxerrois. Auteur d'une épitaphe (XVIIIe s.), II, 604.
— (Pierre), curé de Chevreuse (XVIIIe s.), III, 375.
COLMAR [Alsace-Lorraine]. Gouverneur au XVIIIe s., né à Milon-la-Chapelle, III, 338.
Cologenum : Collegien, IV, 586.
COLOGNE [Allemagne]. Archevêque, I, 500. Voy. S. Clair. — Electeur, III, 104. — Eglise des Macchabées, III, 587. — (vierges de). Reliques, I, 152, 186, 193 ; IV, 189.
— (Jean de), maître en médecine, curé de Maisons-Alfort (XVe s.), V, 5.
COLOMBAT, imprimeur du cabinet du Roi. — (Jacques), son père, célèbre imprimeur et graveur, mort en 1743. Leur résidence au Fay, III, 412-413.
COLOMBE, reine de Frise. Son enlèvement par Gérard de Dammartin, III, 553.
COLOMBEL (Guillaume), seigneur de Dammard en 1450. Sa sépulture (1475), II, 519.
COLOMBES, *Columba*, *Columbis*, *Columbus*, paroisse du doyenné de Châteaufort [Seine, cant. de Courbevoie]. *Notice*, III, 65-71.
— Cure : dîmes à Suresnes, III, 51. — Hab. admis à la léproserie de Charlevanne, 110.
— Lieux-dits : Bicon, Courbevoie, Garenne (fief de la).
— (Eudes de), *de Columba*. Fait chevalier par Philippe-le-Bel (1308), III, 68.
— (Hervé de) (XIVe s.), III, 68.
COLOMBIER (fief de) à Santeny (1597), V, 245.
COLOMBIER (maison du), à Villejuif (XVIe s.), IV, 31.
COLOMBIÈRES (seigneur de), IV, 350.
COLONIA (le P. de), rectifié, IV, 388.
COLONNA (Octavie CARDOLI), femme d'Etienne de Masparault (XVIIe s.), IV, 479.
COLONS, Colanges, Colonges, Colognes. Sens de ces mots, III, 403.
COLOORS (A. de), grand-maître des Templiers. Acte relat. à Rosny-sous-Bois (1209), II, 554 ; — à Vitry-sur-Seine, IV, 451 ; — à Noisy-le-Grand (1204), 625.
Colridum [Coudray-sur-Seine]. Voy. Collerie.
Columba (Odo de). Voy. Colombes.
Columbariis (Jacobus de) (XIIIe s.), I, 164.
Columbaux, écrit pour Colombes, III, 67.
Columbus, Columbis : Colombes, III, 65.
COMANT (Anne), femme de François de Harville ; décédée en 1694, III, 330.
COMBAULT, *Combelli*, Combiaux, Combeaux, paroisse du doyenné de Lagny [Seine-et-Marne, ham. de Pontault]. *Notice*, IV, 491-493.
— Dîme : vendue au prieuré de Cormier, V, 287. — Hab. admis à la léproserie de la Queue-en-Brie, IV, 485 (note). — Résidence des Rois

Mérovingiens et atelier monétaire, IV, 491, 502; V, 76.
— (Ansel de), frère de Raoul, IV, 492 (note). — Bienfaiteur du prieuré de Gournay (XIIᵉ s.), 498.
— (Gaucher de), frère du précédent. Mentionné en 1161, IV, 492; V, 132; — en 1170, 492, 525, 626.
— (Guillaume de), de Combellis, chevalier. Vassal de l'abbaye de St-Maur en 1275, II, 445; — en 1278, IV, 303.
— (Philippe de), chevalier (1207), IV, 492, 495.
— (Raoul de), bienfaiteur de l'abbaye de Montéty (XIIᵉ s.), IV, 476, 481, 492; V, 132, 363.
— (Robert de), mentionné en 1145, IV, 492.
COMBE (Jean de la), administrateur de la léproserie de Pontoise (1600), II, 116.
COMBEAUX. Voy. Combault.
COMBEAUX (fief de), appelé aussi les bois du Tremblay sur la paroisse d'Etiolles (XVIᵉ s.), V, 76.
— (Jean de), curé de St-Josse de Paris (1329), I, 170.
COMBES (Jean de), curé de Guyancourt (XIVᵉ s.), III, 280.
Combelli : Combault, IV, 491.
COMBIAUX : Combault, IV, 491.
Combis Villa. Voy. Combs-la-Ville.
Combr. Voy. Concœdes.
COMBRACILLES, écrit pour Cormeilles, II, 51.
COMBREUX [Seine-et-Marne, ham. de Tournan], V, 315. — Notice, V, 328.
— (Ansel de), V, 328.
— (Gervais de), bienfaiteur du prieuré de Tournan (XIIᵉ s.), V, 323, 328.
— (Guillaume de), chevalier. Bienfaiteur de Coubert, V, 328.
— (Pierre de). Assiste à l'entrée épiscopale d'Etienne Tempier (1268), V, 325, 328.
Combros facere, sens de cette expression, IV, 491; V, 328.
COMBS-LA-VILLE, Cons, Combis Villa, paroisse du doyenné du Vieux-Corbeil [Seine-et-Marne, cant. de Brie-Comte-Robert]. Notice, V, 174-185. — Autres mentions, I, 87, 262; III, 573; V, 223, 282.
— Lieux-dits : Barrière (la), Bois-la-Reine (le), Breuil, Brohier (fief), Champ de Roncin (le), Chantereine, Chesne (le), Courtabœuf (fief), Egrenay, Grand-Hôtel (fief du), Paloisel, Saint-George (la fontaine de), Sommeville, Vaux-la-Reine.
Comestor. Voy. Pierre Comestor.
Cometissa, fille de Radulfus Delicatus, II, 109.

COMINES (Philippe de), seigneur d'Argenton et de Revescar. Reçoit de Louis XI la seigneurie de Chaillot, I, 410, 411.
Comitissa, femme de Frédéric de Castellonio (XIIᵉ s.), V, 229.
Commelense (territorium), au diocèse de Beauvais (?), II, 507.
COMMERCY (Jean de), curé de St-Gervais de Paris (XIVᵉ s.), I, 83.
COMMIN (Philippe), bourgeois. Sa maison à Paris, I, 330.
COMMIRE (le P.), jésuite. Son poème sur les Fontaines de St-Cloud, III, 36.
COMMUNE (tentatives pour établir une) à Lagny au XIIᵉ s., IV, 547.
Communia, Communium, bois voisin d'Avron (1194), II, 478.
COMMUNION (usage de la) avec un chalumeau, I, 507.
Communitas Vanvarum: Vanves, III, 6.
COMMÈNE (Manuel), empereur d'Orient, III, 59, 89.
COMPAGNON (Charles), curé de Ris (1730), IV, 378.
COMPAIGNE (Antoine de), enlumineur de pincel, I, 102.
COMPAIN, bienfaiteur de la communauté des prêtres de St-Nicolas (XVIIᵉ s.), IV, 30.
COMPAING, seigneur de l'Etang (XVIIᵉ s.), III, 43.
COMPAINS (Jean), marchand de Paris, III, 189.
COMPANS, Compens [Seine-et-Marne, arr. de Meaux], II, 601.
— (Eudes ou Odon de), mentionné en 1336, II, 280. — Aliène des biens à Roissy en France, II, 280 (note), 598. — Sa femme, Agnès, 612.
COMPIÈGNE [Oise], III, 187. — (actes royaux datés de), II, 425, 427; III, 418. (forêt de), II, 321.
— Abbaye de St-Corneille; abbé. Voy. Ansold. — de Ste-Perrine. Voy. ce mot.
— Eglise St-Jacques; ses jubés, I, 35.
— (Gilles de), prévôt de Paris. Traite avec l'abbaye de St-Denis (1283), II, 214. — Acte relat. à Rosny (1284), II, 553.
COMPOSTELLE [Espagne]. Contours de la cloche de l'égl. St-Jacques figurés sur le mur de l'égl. d'Arcueil, IV, 15 (note).
COMTE abbés ayant titre de), IV, 549.
COMTÉ (nombre de terres exigé pour l'érection d'un), IV, 60.
COMTESSE (Nicole), dame de Buc, femme de Jean d'Aughin (1626), III, 276.
CONARDIÈRES (les), hameau de Saint-Yon, IV, 160.

— 157 —

Concœdes, Combr, sens de ces mots. Noms de lieu qui en dérivent, IV, 491 ; V, 218, 328.

CONCEPTION (Immaculée), défendue par le théologien Scot, I, 221.
— (Bénédictines de la) et de St-Joseph. Voy. Conflans et Lagny.

Conche (la), lieu-dit de Senlisses (1218), III, 419.

CONCHES, *Conchæ, Conchiæ*, paroisse du doyenné de Lagny [Seine-et-Marne, arr. de Meaux, cant. de Lagny]. *Notice*, IV, 571-573.
— Hab. : admis à la léproserie de Pomponne, II, 507 ; — contribuent aux réparations de Lagny (1357), IV, 548. — Seigneurie, V, 325.
— Lieux-dits : Cavé (fief), Chiny (bois de), Fontaine (la), Fort du Bois (le), Laurenson (fief).
— (île de), dans la Marne, IV, 479.
— (Garin de) (1236), II, 280 ; IV, 573.
— (Guillaume de) (1228), II, 279 ; IV, 573.

CONCHES [Conchez] de Bearn [Basses-Pyrénées, arr. de Pau, cant. de Garlin], IV, 571.

CONCHES-EN-OUCHE [Eure, arr. d'Evreux, ch.-l. de cant.], IV, 571. — Seigneur. Voy. Artois (Philippe d').

Conchiæ (XIIIᵉ s.) : Conches, IV, 571.

CONCIERGE du Palais. Redevances qu'il perçoit à Bagneux (1358), III, 570.

CONCIES (Louis de), collateur d'une chapellenie à l'égl. de Boulogne-sur-Seine, I, 396.

CONCILES : d'Aix-la-Chapelle, I, 15 ; — d'Attigny, III, 20 ; — de Bâle. III, 204 ; V, 195 ; — de *Brennacum*, I, 230 ; — de Chelles., I, 508 ; II, 485 ; — de Constance, III, 204 ; — de Florence, III, 304 ; — de Gentilly, IV, 5 ; — de Lagny, IV, 562 ; — de Latran, I, 500 ; — de Paris, I, 6, 229-30, 504-5 ; II, 98 ; III, 39. — Tenus à St-Denis, I, 509 ; — à St-Germain-des-Prés. II, 3 ; — à Soissons, II, 150. — (première édition des), I, 454. — (ouvrage sur l'autorité des), 510-11.

CONCINI (Concino), maréchal d'Ancre, III, 499. — Seigneur de Lésigny. V, 358-9.

Concisum, Concissum : Concy, V, 218.

CONCIZ (grange de), IV, 49.

CONCOURS ou Procession des Assises. Célébration de cette fête à St-Maur-des-Fossés, II, 438-440.

CONCY, *Concisum, Concissum*, Concis [Seine-et-Oise, ham. d'Yerres], V, 38, 43. — *Notice*, V, 218-9. — Dîme. 223.

CONDAN, DE COUDART ou DANCONDARE (Daufine de), femme de Marc Cenesme. Dame de Luzarches (1513), II, 212 ; IV, 424.

CONDAT. ANDOC ou DAUDAT, personnage fabuleux qui aurait donné son nom à Conflans-Ste-Honorine ; battu par Clovis, II. 87.

CONDAT (Guillaume de), prieur de Longpont (1473), IV, 342.

Condate, Condatum, sens de ce mot. Détermination d'un lieu ainsi nommé, II, 87 ; IV, 270-1.

Condatensis (vicus), IV, 573.

CONDÉ [?] au diocèse de Meaux (XIIᵉ s.), II, 637.

CONDÉ (princes de) de la maison de Bourbon. Seigneuries leur appartenant, II, 49, 50, 59, 71, 146, 163, 179, 185, 187, 188, 189, 190, 199, 204, 213, 228, 246, 337, 372, 461.
— [Henri II]. Est enfermé à Vincennes, II, 410 ; — reçoit de sa mère la terre de St-Maur, 461 ; — son abjuration à St-Germain-en-Laye (1596), III, 139, 145. — [Henri-Jules]. Reçoit le dénombrement de la terre de Mareil-en-France (1696), II, 214. — [Louis Iᵉʳ]. Sa sépulture, I, 618 ; — occupe Buzenval (1567), III, 99 ; — assiège inutilement Corbeil et vient camper à Gentilly où il essaie de traiter avec Catherine de Médicis (1562), IV, 11, 306-7. — [Louis II]. Assiège St-Denis (1652), I, 335 ; — actes relat. à Taverny (1675), II, 66 ; — à Sarcelles, 172 ; — s'empare du pont de Charenton (1649), 372 ; — est emprisonné à Vincennes puis à Marcoussis, III, 477, 491. — (Louis III). Fait reconstruire l'égl. de la Varenne-St-Maur (XVIII s.), II, 456. — (Louis-Henri), duc de Bourbon. Sa ceinture funèbre dans l'égl. de Montmagny, I, 587 ; — rebâtit l'égl. d'Epinay-sur-Seine, I, 594 ; — acquiert la seigneurie de Vanves (1718), III, 584. — (Louise-Anne). Pose la première pierre de l'égl. de Neuilly (1749), I, 436.
— (princesse de), bienfaitrice du Calvaire du Mont-Valérien, III, 89.
— (Jean de), clerc du Roi et trésorier de Charles de France. Sa censive à Arcueil (1310), IV, 16.
— (Pierre de), doyen du chapitre de St-Marcel à Paris, I, 125 ; — chapelain de S. Louis. Ses lettres à Nicolas de Boissy, II, 5 ; — archidiacre de Soissons et clerc du Roi. Son droit de tensement à Massy et à Antony III, 523, 537. — Tient en fief le *Vin du Roi* à Arcueil (1294), IV, 16.

CONDREIL (chapelle dite de) à Livry, II, 586.
CONDURIER (Charles ou Guillaume), chanoine de l'égl. de Paris et de St-Thomas du Louvre; curé d'Issy. Seigneur de Vaugirard; sa sépulture, (1510), I, 486; III, 5.
CONFÉRENCE (faubourg de la), nom donné à Chaillot, I, 414.
CONFLAC, tyran de Conflans; vaincu par Clovis, II. 87.
CONFLANS, *Conflans, Conflentium, Confluantium*, paroisse du doyenné de Chelles [Seine, ham. de Charenton-le-Pont]. *Notice*, II, 359-372.
— Bénédictines de la Conception et de St-Joseph, II, 363 ; IV, 556. — Communauté des Carmes, II, 362-3. — Religieuses de la Saussaye, IV, 38.
— Lieux-dits : Bercy, Carrières, Charenton-le-Pont, Grange-aux-Merciers (la), Haye aux Demoiselles (la).
— (la Croix de), mentionnée en 1409, II, 366 (note).
— (Albéric de) (XIIIᵉ s.), II, 91.
— (Eustache de), partisan de Charles VII (XVᵉ s.), II, 245.
— (Raoul de) et ses frères Dreux et Guillaume. Leur droit de tensement à Andrezy (1213 et 1225), II, 99. — Ses biens à Neuville (1210), 111. — Seigneur de Goussainville ; mentionné avec les précédents et ses deux autres frères, Gérard et Hugues, 291.
— (Yves de). Ses biens à Goussainville (XIIᵉ s.), II, 88, 290.
CONFLANS-LES-CARRIÈRES, — LES-PARIS (XIVᵉ s.) : Conflans [Seine], II, 365.
CONFLANS-SAINTE-HONORINE, *Conflentia, Confluentium*, paroisse du doyenné de Montmorency [Seine-et-Oise, arr. de Versailles, cant. de Poissy] I, 611. — *Notice*, II, 87-97.
— Châteaux dits la Baronnie et le Château-Neuf, II, 93-4.
— Hab. admis à la léproserie de Franconville, II, 46.
— Prieuré. *Notice*, II, 88-92 ; — dépend de l'abbaye du Bec, I, 388 ; — compris dans le doyenné de Sarcelles, II, 170 ; — ses biens, II, 48, 73, 99, 106, 143, 291 ; — cures à sa nomination, I, 629 ; II, 131, 141, 143, 288 ; — prieur. Voy. Aiguillon.
— Travers ; ses possesseurs, II, 66, 94. — *Notice*, 95-96.
— Seigneurie ; la terre d'Eragny en relève, II, 111.

— Lieu-dit : Chennevières.
CONFLENS, *Conflentium, Confluentium* : Conflans, II, 361.
CONFRÉRIES (abbé de), I, 12-13, 216.
— Pour les diverses confréries voy. aux mots qui les déterminent.
CONGRÉGATION DE FRANCE (chanoines de la). Leur établissement au prieuré de St-Eloi de Chilly, IV, 70. — Voy. Ste-Geneviève (chanoines de). — NOTRE-DAME (Filles de la). Voy. Paris (couvents). — de S. MAUR. Voy. S. Maur, de S. VICTOR, I, 340.
CONINS (chapelle des) à l'hospice des Haudriettes de Paris, I, 95.
CONNIS, lieu mentionné en 1192, V, 323.
CONQUES, CONQUETTES, localités de ce nom en France, IV, 571.
CONRAD, empereur d'Allemagne, beau-frère de Gaucher de Montjay, II, 530.
CONS : Combs-la-Ville, V, 176.
CONSEIL. Arrêt relat. à la paroisse St-Laurent de Paris (1718), I, 297 ; — à un notaire d'Eragny (1608), II, 110 ; — aux dîmes du Mesnil-Aubry (1718), 246 ; — aux assemblées des chevaliers de S. Michel (1728), 414 ; — à la répartition des revenus entre les Saintes Chapelles de Vincennes et du Vivier (1698), 415 ; — à Noisy-le-Sec (1698), 640.
CONSEIL (GRAND). Arrêt relat. à St-Nicolas-des-Champs (1720), I, 192 ; — au bac d'Auteuil (1656), 391 ; — à Chaillot (1639), 412 ; — aux religieux de St-Antoine, II, 27 ; — aux dîmes de Houilles (1707), 33 ; — aux dîmes de Cormeilles (1677), 52 ; — à la seigneurie de Montigny (1678), 56 ; — à Herblay (1677), 82, 83-4 ; — au prieuré de Conflans (1751), 91 ; — à l'Hôtel-Dieu de Gonesse (1597 et 1609), 265 ; — à l'hôpital de Roissy (1668), 279 ; — à Châtenay-en-France (1719), II, 317 ; — à Pomponne (1718), 506 ; — au pain bénit à Puteaux et à Suresnes (1733), III, 50 ; — au séminaire de Ste-Geneviève à Nanterre, 76 ; — au prieuré de St-Médard de Villetain (1697), 267 ; — à Verrières (1598), 533 ; — à l'égl. de Bourg-la-Reine (1701), 556 ; — au prieuré de la Saussaye (1652), IV, 38 ; — à Fresnes (1715), 45 ; — au pain bénit à Wissous (1738), 55, 56 ; — à Maisons-Alfort (1664 et 1665), V, 7.
— Présidents. Voy. Allemant (François), Bailleul (Nicolas de), Bou-

cher (Arnoul), Breget (de), Dubois de Guédreville, Durey (Jacques-Bernard), Le Fèvre (Gervais), Le Lièvre (Thomas), Malon (Charles de), Olivier (Jacques).

CONSEIL DE CONSCIENCE. Arrêt relat. aux religieux de N.-D. de l'Ermitage (1724), V, 62.

CONSEIL D'ÉTAT. Arrêt relat. à l'hôpital St-Jacques-du-Haut-pas (1554), I, 157; — à Clichy (1731), 430; — à la Chapelle-St-Denis (1718), 460; — à Charonne (1702), 474; — au bois de Vincennes (1660), II, 411; — au bac d'Asnières (1733), III, 58; — à St-Germain-en-Laye (1670, 1683), 136, 144; — à l'égl. de Vaucresson (1683), 167; — au fief de Chefdeville (1739), 248; — à l'égl. de Bourg-la-Reine (1701), 556; — à l'Hôtel-Dieu de Montlhéry (1697), IV, 115-6; — à Servon (1666), V, 195.

CONSEIL DU ROI. Arrêt relat. à l'aqueduc d'Arcueil (1671), IV, 22.

CONSEIL PRIVÉ. Arrêt relat. aux inondations de la presqu'île de Gennevilliers, III, 64; IV, 144; — aux Annonciades de Châtres (1638), IV, 154.

CONSERANS (Ariège). Evêque. Voy. S. Licier.

— (Mme de), femme de M. de Launac. Dame d'Hemery au XVIIe s., IV, 510.

CONSEVREUX [Concevreux. Aisne, arr. de Laon], I, 502.

CONSTANCE [Bade]. Voy. Conciles.

CONSTANCE (médailles de), empereur romain, I, 143.

CONSTANCE, reine, femme de Robert le Pieux, IV, 273. — Ses séjours à Chelles, II, 485.

CONSTANCE, fille de Louis VI. Ses biens à Vitry-sur-Seine, IV, 452. — Acquiert la Queue-en-Brie, 486.

CONSTANCE, sœur de Pierre II de Courtenay; femme de Guillaume de la Ferté, III, 181, 184.

CONSTANCE, veuve de Renier de la Noë. Ses biens à Clamart (1253), III, 247.

CONSTANT (médailles de), empereur romain, I, 143.

CONSTANT (Jean de). Son mariage célébré à Mardilly (1558), V, 132.

CONSTANTIN, empereur, I, 1 — (médailles de), 143.

CONSTANTIN, fils d'Irène, impératrice d'Orient. Donne à Charlemagne la Ste tunique de J.-C., II, 7.

CONSTANTIN, év. de Beauvais. Sa présence à *Captonacum* (696), II, 42; — à Luzarches (692), 199.

CONSTANTIN (J.-B.-Georges), curé de Carrières-St-Denis (XVIIIe s.), II, 36.

CONSTANTINOPLE [Turquie]. Reliques en provenant, II, 436. — L'impératrice accompagne Philippe le Bel en 1306 et 1307, III, 369. — Chapelle de Bucoléon; explication de ce surnom, I, 318; — reliques qui en proviennent, 543.
— Eglises : N.-D. de l'Archiropée; origine de ce surnom, II, 441. — N.-D. de Panachrante; reliques en provenant, 463. — Ste-Irène, I, 133. — St-Jean-de-l'Hôpital; sépulture de Mathieu de Marly, III, 121. — Ste-Sophie; explication de ce surnom, I, 133; — doyen et trésorier, II, 463.
— Empereurs. Voy. Baudouin et Pierre II.
— Impératrice. Voy. Courtenay (Catherine de).

CONTAIN, CONTEIN ou CONTIN, terre. et ferme sur la paroisse de Louans [aujourd'. dépend. de Paray]. Dépendant de l'abbaye de Ste-Geneviève, III, 557; IV, 57, 60, 61, 64.

CONTE (N. Catherine de), veuve de Guillaume de Matherin. Vend la terre de Marolles (1394), IV, 225.

CONTEIGNIES : Cottigny, III, 240.

CONTES (Jean-Baptiste de), chancelier de la cathédrale de Paris (1631), II, 490.

CONTES (des), vicaire général de l'év. de Paris (1661), I, 473.

CONTESSE (Charles). Bâtit le clocher de St-Nicolas-du-Chardonnet, I, 344.

CONTESSE, *Contessia*, femme d'Anseau d'Amboile, IV, 481, 482.

CONTEYN. Voy. Contein.

CONTI (princes de). Leurs seigneuries, II, 109, 133; — leur maison à Rueil, III, 9, 12. — Armand de BOURBON, abbé de St-Denis. Pose la première pierre de l'égl. de Gennevilliers (1651), III, 62; — acte relat. au Mont-Valérien, 87; — à Rueil, 97; — sa détention à Vincennes puis à Marcoussis (1650), 477, 491; — bienfaiteur des Minimes de Brie-Comte-Robert, V, 270. — François-Louis de BOURBON. Sa sépulture (1709), I, 287; III, 66. — Louis-Armand de BOURBON, fils d'Armand. Sa sépulture (1685), I, 287.

— (princesse de), présente à l'accident de Neuilly (1606), I, 434; — son fief à Jouy-le-Moutier, II, 106; — sa maison à Issy, III, 9 et note; — dame de Lognes, IV, 602; — de Champs, 603; — de Gournay, 614.

— 160 —

Voy. Martinozzi et Roche-sur-Yon (la).
— (princesse de) [Anne-Marie de BOURBON], fille légitimée de Louis XIV. Possède le château de Choisy-sur-Seine, IV, 446.
— (François de), seigneur de Rocquencourt (1576), III, 158.
— (Guillaume de), abbé de Lagny (vers 1432), IV, 561.
— (Jean de), seigneur de Rocquencourt (1550), III, 158.
CONTI (hôtel). Voy. Paris, (hôtels).
CONTROUVÉ, lieu-dit de Liverdy, V, 301.
CONVERS (le), surnom de Louis et de Philippe de Villepreux, III, 189.
CONVERS (Philippe le), chanoine de Paris. Ses biens à Montlhéry (1316), IV, 105 ; — archidiacre de Brie (1310), V, 40.
— (Pierre le), curé de Suresnes (1547), III, 49.
CONVERSET (François), prieur-curé de St-Germain-en-Laye, III, 136, 143.
Conversus (Johannes), écuyer. Vassal de l'abbaye de St-Maur (1275), II, 445.
CONYCHAN (Robert de), écossais. Sa compagnie massacrée à Sèvres en 1465, III, 17.
COOURDON (Jean de). Voy. Cordon (Jean de).
COPEAUX, lieu-dit de Villabé. Fief réuni au marquisat de Villeroy (1665), IV, 247. — Ses possesseurs, 254-5.
COPIN (Pierre), prieur de St-Ouen de Favières ; mort en 1557, V, 346.
COQ blanc (offrande d'un), III, 340.
COQUATRIX. Voy. Cocatrix.
COQUART DE LA MOTTE (Charles), archidiacre de Josas (1684), IV, 371 ; V, 366.
COQUELET (Claude), év. de Digne (1599), III, 179.
— (Jacques), écuyer. Sa veuve vend la terre d'Avron (1424), II, 479.
COQUEREL (Hector de), conseiller au Parlement de Rouen, maître des Requêtes. Prieur de Deuil (XVe s.), I, 604.
COQUERET, docteur [en Sorbonne ?], IV, 28.
COQUESALE, écart de Villiers-Adam, II, 133, 139.
COQUILLE (Claude), secrétaire du Conseil d'Etat. Seigneur de Stains (XVIIe s.), I, 582.
COQUILLIER (Pierre), bourgeois de Paris (XIIIe s.). Porte et rue qui en ont retenu le nom, I, 69.
COQUILLIÈRE (Adeline), fondateur d'une chapelle à N.-D. de Paris (1254), V, 137-8.
Coquus (Petrus). Voy. Queux (Pierre le).
CORB, radical celtique, V, 79.
CORBAART, Courbaart : Coubert, V, 152, 153.
CORBÉ, couvreur. Acquiert le château de Bruyères et le démolit en partie (XVIIIe s.), II, 657.
CORBEAUX (bataille de), IV, 32.
CORBEIL (LE NOUVEAU-) Junius Corboilum, Curbuilum, ville du doyenné de Montlhéry [Corbeil, Seine-et-Oise, ch.-l. d'arrond.]. Notice, IV, 269-313.
— Devient possession royale (vers 1116), V, 107. — Est occupé par les seigneurs révoltés contre Blanche de Castille, IV, 104, 105. — Grands-Jours tenus en ce lieu (1325), V, 48. — Louis XI s'y retire après la bataille de Montlhéry, IV, 107. — Siège de 1562, IV, 11 ; — de 1590, V, 80. — Prise par Henri IV, 130, 149 — Les Annonciades tentent de s'y établir, II, 382. — S. Yon cru à tort y avoir été martyrisé, IV, 159 (note), 164. — Reliques qui y sont apportées de Paris (Xe s.), I, 174. — Château ; droit de guet, V, 109.
— Chapelle royale. Notice, IV, 297-8. — Châtellenie, III, 364, 462 ; — mouvance, V, 202 (note).
— Comtes, IV, 235.
— Écoles (1248), IV, 378.
— Eglises : Notre-Dame. Notice, 286-292 ; — ses biens à Essonnes, IV, 267 ; à Ville-Louvette, V, 87 ; — cures à sa nomination, IV, 243, 257 ; — inscription dans l'égl. d'Essonnes la concernant, IV, 263, 296 ; — reliques de S. Yon, IV, 138, 162 ; V, 356 ; — chefcier. Voy. Laurenceau. — Saint-Guenaul (prieuré). Notice, IV, 282-283 ; — dépendait du doyenné de Longjumeau, IV, 74 ; — ses biens à Essonnes, 267, 268 ; à Courcouronnes, 322, 323 ; au Vieux-Corbeil, V, 82. — St-Jean-Baptiste, St-Jean-de-l'Ermitage ou le petit St-Jean (prieuré). Notice, IV, 283-286 ; — biens à Moiry, V, 89. — St-Jean-en-l'Ile (commanderie-prieuré de). Notice, IV, 292-296 ; — son emplacement, 267 ; — ses biens aux Bordes, 268, 313 ; à Fresnoy, V, 361 ; à Tigery, 292, V, 395 ; à Varennes, V, 174 ; au Vieux-Corbeil, V, 81, 83 ; — manuscrit, cité, 122 ; prieur. Voy. Simon, Turpin (Jean). — St-Nicolas. No-

tice, IV, 296-297 ; — remplacée par N.-D. comme égl. paroissiale, 267, 291. — St-Spire (collégiale). *Notice*, IV, 276-282 ; — son patron S. Exupère, I, 222 ; — chartes la concernant, III, 302, 407 ; — châsse de S. Spire : miracle qui s'y opère, II, 620 ; — ses biens à Essonnes, IV, 267 ; à Evry-sur-Seine, 326 ; à Fontenay - le - Vicomte, 237 ; au Perray, V, 91 ; — ses relations avec le prieuré d'Essonnes, IV, 265, 266, 291 ; — abbé. Voy. Philippe *de France*.
— Étuves, V, 91.
— Hôtel-Dieu. *Notice*, IV, 298 ; — biens à Montgeron, V, 47 ; à Tournenfil, IV, 250, 251.
— Justice : seigneuries en ressortissant, V, 288, 291.
— Léproserie de St-Lazare. *Notice*, IV, 298-299 ; — actes la concernant (1308), V, 84 ; (1664), IV, 612.
— Maison du Donjon, IV, 267, 301.
— Moulins, IV, 307, 312 ; V, 84, 109, 148.
— Prévôté : lieux en ressortissant, IV, 268, 347 ; V, 254 ; — prévôts. Voy. Laisné (Jean), Surcau (Robert).
— Prieur ; son accord avec la comtesse de Flandres (1362), IV, 152.
— Vicomtes, IV, 235, 236, 237, 301-2 ; V, 254, 398.
— Lieux-dits : Bordes (les), Cosson, Damiette, Jérusalem, Marcilly, Nagis, Rubanpré, Tourvoye, Tremblay (le).

CORBEIL (LE VIEUX-) ou SAINT-GERMAIN-LEZ-CORBEIL, paroisse du doyenné de ce nom [Seine-et-Oise, cant. de Corbeil]. *Notice*, V, 77-88.
— Eglise et faubourg St-Jacques, IV, 296, 304.
— Lieux-dits : Borde (la), Champdolent, Croix (fief de la), Gravois, Pradels, Tremblay (le), Val-Coquatrix (le), Vieux-Marché (le), Ville-Louvette.
— (doyenné du Vieux-), compris dans l'archidiaconné de Brie ; autrefois appelé doyenné de Moissy, V, 3-404.
— (maison dite du Petit-). Voy. Paris.
— (porte de) à Châtres, IV, 157.

CORBEIL (Adam de), chantre de la cathédrale de Chartres (1296), IV, 310.
— *(Archerus de), de Corbolio* (1248), IV, 301.
— (Asceline, vicomtesse de). Bienfaitrice de l'abbaye d'Yerres (1173), V, 125.

— (Baudouin de), *Corboliensis* (1070), IV, 301.
— (Baudouin de), *de Corboïlo*, ami de Suger, IV, 301.
— (Baudouin de), chevalier. Mentionné comme ayant porté l'év. de Paris lors de son entrée (1228 ?), IV, 100, 299 ; — vassal de Montlhéry, 103 ; — chevalier de la châtellenie de Corbeil, (1251), 300-301. — Ses biens à Ormoy (1232), IV, 259. — Bienfaiteur de l'abbaye d'Yerres, V, 271 ; — lui donne la terre de Villoison, 255.
— (Burchard I, comte de), surnommé *le Pieux*, IV, 299. — Détails biographiques, IV, 273. — Bienfaiteur de St-Pierre-des-Fossés, II, 477, 478, 640 ; IV, 315 ; V, 68. — Défait Eudes comte de Chartres près de Maudétour, III, 397. — Autres mentions, II, 428, 437, 443, 444 ; IV, 273, 316 ; V, 82. — Sa *Vie*. Voy. Odon.
— (Burchard ou Bouchard II, comte de). Détails biographiques, IV, 274-5.
— (Elisabeth, comtesse de), II, 477. Voy. Elisabeth.
— (Eudes, comte de), fils de Bouchard II. Ses démêlés avec le prieuré d'Essonnes (1211), IV, 264-5. — Détails biographiques, 275-6. — Bienfaiteur du prieuré de Gournay, 609 (note).
— (Eustachie de), femme de Jean d'Etampes. Fondatrice de l'abbaye d'Yerres (1132) ; détails biographiques, V, 229-30. — Bienfaitrice de ce monastère, IV, 252, 253 ; V, 65, 75, 114, 118, 222-3. — Sa sépulture détruite en 1557, V, 226.
— (Ferric de), frère de Milon (XIIIe s.), IV, 310.
— (Germaine de), femme du comte Mauger, IV, 273.
— (Gilbert, vicomte de). Donne au chapitre de N.-D. une dîme à Bonneuil-en-France (XIIe s.), II, 529, 619 ; IV, 302.
— (Gilles de), chanoine de N.-D. et médecin de Philippe-Auguste. Ses ouvrages, IV, 309-10.
— (Gui, vicomte de), mentionné en 1070, IV, 302.
— (Gui, vicomte de). Ses biens aux Prés-St-Gervais (1237), II, 652. — Mentionné en 1220, V, 144.
— (Guillaume, comte de). Se fait religieux à St-Maur-des-Fossés (1060), II, 446. — Détails biographiques, IV, 274.
— (Guillaume de), archev. de Cantorbery en 1112, IV, 310.

11.

CORBEIL (Jean de), de Corbullio. Mentionné en 1136, IV, 301.
— (Jean de), seigneur de Plessis-le-Comte et de Grigny au XIII° s., IV, 301 ; — vassal de Montlhéry, 367, 405.
— (Jean de), seigneur engagiste de Montlhéry (1130), IV, 103 (note).
— (Jean de), prévôt de cette ville en 1297, IV, 307.
— (Jean de). Son obit à St-Pierre de Montlhéry, IV, 112.
— (Jean de). Voy. Gretz (Jean de).
— (Haymon, comte de). Détails sur ce personnage, IV, 272-3. — Aurait reçu de Hugues le Grand le comté de Corbeil et la seigneurie de Gournay (950), IV, 614. — Fondateur des égl. de St-Spire et de St-Guénault à Corbeil, IV, 277, 282-3.
— (Mauger, comte de), fils de Richard I, duc de Normandie. Détails sur ce personnage, IV, 273-4.
— (Michel de), professeur de théologie, doyen des cathédrales de Meaux, de Paris et de Laon, archev. de Sens ; mort en 1199, IV, 309.
— (Milon de), chanoine de la cathéd. de Paris vers 1250. Détails sur ce personnage et ses frères, IV, 310. — Ses biens à Gravois, V, 86.
— (Nantier, vicomte de). Donne l'égl. St-Jean de Corbeil à l'abbaye de St-Maur (vers 1040), IV, 274, 284, 302.
— (Perrenelle de), femme de Pierre de la Neuville. Sa sépulture, IV, 310-1.
— (Pierre de), év. de Cambrai puis archev. de Sens. Acte relat. à Coubron (1201), II, 539. — Tient un concile à Paris, III, 39. — Ses œuvres ; mort en 1222, IV, 310.
— (Rainaud, comte de). Détails biographiques (XI° s.), IV, 274.
— (Renaud de), de Corbolio, détenteur d'un fief à Montlhéry, IV, 124.
— (Rainaud, Reynaud ou Renaud de), év. de Paris, fils du comte Burchard ; né à Corbeil. Son nom de famille Mignon, II, 444 ; IV, 273, 278, 310. Acte relat. à St-Leufroy de Paris (1253), I, 44 ; — à la collégiale St-Honoré (1257), 55 ; — à St-Eustache (1254), 59 ; — à St-Gervais (1267), 83 ; — à St-Jean-en-Grève (1262), 90 ; — à St-Nicolas-du-Chardonnet (1260), 344 ; — à Vaugirard, 485 ; — au Landit (1258), 545 ; — à la cure de Lieux (1252), II, 107 ; — au prieuré de Domont (1267), II, 159 ; — à Gonesse, 264 ; — à Fosses (1260), 323 ; — à la léproserie de Bondy (1255), II, 566 ; — à Montjay (1260), 528, 531 ; — à Noisy-le-Sec, 640 ; — au prieuré de Villepreux (1255), III, 181 ; — à Versailles, III, 195 ; — à l'abbaye de Port-Royal, III, 373 ; — à Limours (1255), III, 433 ; — à Châtenay (1263), 541 ; — à Chevilly (1253), IV, 34 ; — à Ballainvilliers (1265), 80 ; — à Orly (1252), IV, 437 ; — à Limoges (1255), V, 136 ; — à Chanteloup (1259), 140 ; — à Grisy (1256), 156 ; — à Tournan (1260), 328. — Acquiert des biens à St-Cloud ; y reçoit un hommage, III, 32, 368 ; IV, 283. — Acquiert une rente à Suresnes, III, 218. — Affranchit des serfs à Wissous, IV, 54. — Son intronisation (1250), II, 614 ; III, 368. — Sa résidence à Moissy-l'Évêque, V, 108, 213. — Mentions diverses, III, 582 ; IV, 283 ; V, 153. — Sa sépulture, I, 336. — Son anniversaire, I, 603.
— (Robert, vicomte de). Donne à l'abbaye des Fossés une terre sise à Nogent-sur-Marne (XI° s.), II, 467 ; — IV, 302.
— (Simon de), mentionné en 1251, I, 564.
— (Thierric de), chambellan de la reine Blanche (1222), IV, 310.
— (Valderic de), IV, 202.
— (Gilbert Ponchet, dit de). Voy. Ponchet.
CORBEL, canton d'Auteuil (XIII° s.). Identifié avec Torval, I, 389 et note.
CORBERON [Côte-d'Or, arr. de Beaune, cant. de Seurre]. Seigneur, II, 539.
CORBERON, Corbreon : Coubron, II, 537.
CORBERTIN. Voy. Coubertin.
CORBERUN (Arnoul de). Voy. Coubron.
CORBES. Voy. Cormes.
CORBEVILLE, Cordeville [Seine-et-Oise, château d'Orsay], III, 399, 400. — Seigneur, 335.
CORBIE [Somme]. Ses marchands au Landit de St-Denis, I, 548. — (Acte royal daté de) en 1513, IV, 298.
— Abbaye : acte la concernant (663), II, 42 ; — chartes relat. au Landit, I, 538 ; — séjour qu'y fait Foulques de Neuilly, II, 476 ; — reliques, II, 489.
— (famille de). Ses armoiries, II, 232. — Possède une chapelle à Villiers-le-Sec (XV° s.), 235.
— (Antoinette de), femme de Guillaume de Meaux, II, 231.
— (Arnaud de), chancelier de France (XV° s.). Seigneur de Jaigny, II,

230 ; — de Mareuil, 233. — Son fief d'Aubervilliers près Meudon, III, 239.
CORBIE (Arnaude de), fille de Philippe; femme de Jean de Livres. Dame de Sèvres (1408), III, 16, 248.
— (Charles de), fils de Guillaume. Seigneur de Jaigny (1491), II, 230.
— (François de), écuyer. Seigneur de Jaigny (1579, 1580), II, 231.
— (Guillaume de), fils de Philippe ; président au Parlement. Seigneur de Jaigny, II, 230 ; — de Mareil-en-France ; décédé en 1490, 233-34. — Autre personnage du même nom, 234.
— (Guillaume II de), seigneur de Mareil-en-France (XVIe s.), II, 234.
— (Jean de), fils de Guillaume ; archidiacre et chanoine de Beauvais. Pourvu d'une chapellenie à Jaigny (1479). — Conseiller au Parlement, archidiacre du Gatinais ; hommage rendu par lui pour Jaigny à l'év. de Paris (1491), II, 230. — Curé des deux paroisses de Gonesse en 1486, II, 262.
— (Marie de), veuve de Germain Du Val. Dame de Mareil et de Fontenay-en-France (XVe s.), II, 234, 241.
— (Nicolas de), conseiller au Parlement. Seigneur de Brevannes et de Mareil-en-France (XVIe s.), II, 234; V, 34.
— (Philippe de), maître des Requêtes. Seigneur de Jaigny et de Mareil-en-France (1415), II, 231, 233. — Son fief d'Aubervilliers près Meudon, III, 239.
— (Philippe de), curé d'Attainville (1482), I, 543 ; II, 192.
CORBIGNY [Nièvre, arr. de Clamecy, ch.-l. de cant.]. Abbaye ; abbé. Voy. Pucelle.
— (Guillaume de), prieur de St-Eloy de Paris (XVe s.), I, 312.
CORBILLARD, nom donné au coche d'eau allant de Corbeil à Paris, IV, 270.
Corbilo, ville gauloise à l'embouchure de la Loire. Tradition erronée attribuant à ses habitants la fondation de Corbeil, IV, 269 ; V, 78.
CORBINIÈRE (David de la), prévôt des chirurgiens de Paris. Né à Luzarches ; mort en 1365, II, 215.
CORBINS (les), lieu-dit de Montevrain, appelé aussi la Charité, IV, 540.
Corboilus, Corboïlum. Voy. Corbeil.
Corbolio (Archerus, Balduinus, Simon de). Voy. Corbeil.
CORBREON (XIIIe s.) : Coubron, II, 537.
CORBREUSE [Seine-et-Oise, arr. de Rambouillet, cant. de Dourdan].

Antienne dite de Corbreuse chantée à N.-D. de Paris, II, 99.
Corbulo (Gnæus Domitius), général romain. Opinion erronée lui attribuant la fondation de Corbeil, IV, 269-70.
CORCHERIES (chapelle St-Nicolas des) à Montmeillan, II, 342.
CORDE (la), terre faisant partie de la ferme de Lieusaint (1751), V, 122.
CORCONS (Gautier). Voy. Courson.
Corcorona : Courcouronnes, IV, 321.
CORDEAU (Claude), prévôt de Corbeil (1567), IV, 307.
CORDELIER (André), avocat. Seigneur de la Brosse (1580), V, 330.
— (Benoît), seigneur de Chennevières (XVe s.), IV, 478.
— (Françoise, Isabeau et Jeanne), sœurs de Jacques. Dames en partie de Chennevières (1254), IV, 478.
— (Gentien et Jacques), seigneurs de Chennevières (XVIe s.), IV, 478.
— (Michel), fils de Jacques. Seigneur de Chennevières ; sa sépulture (1590), IV, 478. — Son fief de Montgazon, V, 297.
— (Robert), ambassadeur de Charles V en Espagne. Seigneur de Chennevières ; chapelle fondée par lui au Petit-St-Antoine de Paris, IV, 477.
— (X...), fils de Robert. Seigneur de Chennevières ; capitaine des châteaux de Beauté et de Vincennes, IV, 477.
CORDELIERS ou frères mineurs. Etablis à Vincennes, II, 293. — Voy. Paris (couvents), St-Denis, Villemomble.
CORDELIERS (rue des) à Meudon, III, 233.
CORDELIÈRES. Voy. Paris (couvents).
CORDEVILLE. Voy. Corbeville.
CORDIER (Jean), bourgeois de Brie-Comte-Robert. Fondateur d'une chapellenie dans l'égl. de ce lieu (XIVe s.), V, 258.
— (Jacques-René), seigneur de la Verrière. Obtient l'érection de ce lieu en paroisse (1739), III, 291.
— (Jean), seigneur de la Grivelle. Sa fille Jeanne, femme de Guillaume Scutifer (1521), V, 258.
— (Thomas), abbé des Vaux-de-Cernay, puis de Pontigny (XVe s.), III, 437.
CORDON, Cordaol, Cordoen [Seine-et-Marne, ham. de Grisy], V, 132. — Notice, V, 160.
— (Guillaume de), de Cordaol, chevalier. Ses biens à Grisy (XIIIe s.), V, 160.
— (Jean de), de Coourdon, de Cor-

doen, écuyer. Ses biens à Maisons-Alfort (1270), V, 130. — Mentionné en 1218, V, 160.
CORDOUX [Seine-et-Marne, arr. de Coulommiers, ham. de Courpalais], terre détachée de la paroisse de Quiers en 1493, V, 436.
CORÉ (Regnaud), commandeur de l'Hôpital du Haut-Pas à Paris (1457), I, 156.
CORÉE (de la), seigneurs de St-Ouen-l'Aumône (XVIIIe s.), II, 117.
— (P. Simon de la), év. de Saintes. Né à St-Ouen, ibid.
CORINTHE [Grèce]. Voy. S. Denis.
CORLEGEN, Corlogien, Corlognen. Voy. Collegien.
CORMEILLES, écrit pour Courcelles, II, 51.
CORMEILLES, au diocèse de Lisieux [Eure, arr. de Pont-Audemer], II, 50.
CORMEILLES [Oise, arr. de Clermont]. Identifié avec le *Curmiliaca* des itinéraires romains, II, 50.
CORMEILLES au diocèse de Bayeux. Voy. Cormelle.
CORMEILLES ou CORMEILLES-EN-PARISIS, *Cormiliæ, Cormellæ, Cormellæ*, paroisse du doyen. de Montmorency [Seine-et-Oise, arr. de Versailles, cant. d'Argenteuil]. *Notice*, II, 50-54.
— Habit. : admis à la léproserie de Franconville, II, 46. — Maladrerie réunie à la maison-Dieu d'Argenteuil (1697), 16.
— Lieu-dit : Martray (le).
CORMEILLES-EN-VEXIN [Seine-et-Oise, arr. de Pontoise], II, 50.
Cormella (XIe s.) : Cormeilles en Parisis, II, 51.
CORMELLE, Cormeilles [Calvados, arr. de Caen], II, 50.
Cormellis (bois de), près de Chenevières (1271), II, 310.
Cormer (domus de) (XIe s.) : le prieuré du Cormier, IV, 502.
Cormerio (territoire de) sur la paroisse de Bougival? (1250), III, 110.
CORMERY [Indre-et-Loire, arr. de Tours, cant. de Montbazon]. Abbaye ; abbé. Voy. Thibaud.
CORMES ou CORBES (arbres appelés), origine de nom de lieu, II, 50.
CORMIER (le), Cormier [Seine-et-Oise, ham. de Limours], mentionné au XIIIe s., III, 433 ; — dépendant de la seigneurie de ce lieu, 436 ; — mentionné au XVIe s., 437.
CORMIER (le), lieu-dit de Limoges? (1255), V, 136.
CORMIER (le), lieu-dit de Senlisses, III, 420.

CORMIER (prieuré du), sur la paroisse de Roissy-en-Brie. *Notice*, IV, 501-4. — Réuni à l'abbaye de Livry, II, 594. — Ses biens à Croissy-en-Brie, IV, 486, 517, 519, 520, 638 ; — à Ferrières, 486, 640 ; — à Gournay-sur-Marne, 486, 620 ; — à Gretz, V, 314 ; — à Lognes, IV, 603 ; — à St-Germain-des-Noyers, 588.
Cormiliæ (IXe s.) : Cormeilles-en-Parisis, II, 51.
Cormoletus, forêt entre Épinay et Cormeilles, II, 2, 37, 41, 50.
CORNED (Rainard). Donne à St-Martin-des-Champs des dîmes à Brunoy (XIIe s.), V, 204.
CORNEIL, notaire au Châtelet de Paris (1651), V, 231.
Cornelia (castra), IV, 132.
CORNÉLIE, femme de Garnier de Baillet, II, 149.
CORNEZ (Jean), vassal de Montlhéry pour son fief de Vaularron (XIIIe s.), III, 495.
CORNILLON (Guillaume de), de Corniun. Ses biens à St-Gratien (1125), I, 630 ; — à Villeparisis, II, 578.
— (Pierre de), seigneur de Quincy (1227), IV, 503.
CORNILLONS (fief des), réuni à la seigneurie de Marly-la-Ville (1464), II, 327.
CORNIUN (Guillaume de). Voy. Cornillon.
CORNOUAILLE (bois de) à Épinay-sous-Sénart (1228), V, 199, 213.
CORNU (famille), II, 370. Voy. Folie-Cornu.
— (Gautier), chanoine de N.-D. de Paris puis archev. de Sens. Son pélerinage à Argenteuil (1236), II, 7. — Arbitre dans un procès relat. à Rosny, II, 556. — Sa donation au chapitre de N.-D., IV, 35.
— (Gilon), archev. de Sens. Son pélerinage à Argenteuil (1254), II, 7.
— (Henry), archev. de Sens. Son pélerinage à Argenteuil (1255), II, 7.
— (Marie), abbesse de Montmartre (1503), I, 449.
CORNUT (Renaud surnommé), religieux et bienfaiteur du prieuré de Longpont (XIIe s.), III, 501.
CORNUEL, seigneurs de Lardy, IV, 186.
— (pont), *ibid.* Voy. Mesnil-Cornuel.
CORNUEL, président à la Chambre des Comptes. Bienfaiteur de la paroisse de la Marche, III, 169.
Corquelonem (versus), lieu-dit mentionné en 1205 : Courcouronne ? IV, 317.
Corquetellis (Arnulfus de). Voy. Courquetaine.

Corquetenis (ecclesia de): Courquetaine, V, 296.
CORQUILLERON [Loiret, arr. et cant. de Montargis], IV, 631.
CORSUS (Albert), italien. Sa conversion par S. Raynier ; sa sépulture, III, 422.
Corteriaco (Radulfe *de*). Voy. Courtry.
Corteri : Courtry, II, 536.
CORTERY (Garin et Milon de). Leurs biens à Grisy (XIIIᵉ s.), V, 160.
Cortis Catellorum, étymol. proposée du nom de Courquetaine, V, 194.
CORTVESNES, *Corvanæ, Corvennæ* : Gouvernes, IV, 568.
Corvillæa. Voy. Courville.
Corelytum, étymologie de noms de lieu, V, 101.
Coschis (chapelle-St-Nicolas de) à Vemars, II, 345.
Cosigniacum : Cossigny, V, 289.
Cosinius, nom romain. Etymol. de nom de lieu, V, 289.
COSNAC (de), év. de Die, ancien doyen de St-Germain-l'Auxerrois, I, 33.
COSPEAN (de), év. de Lisieux (XVIIᵉ s.), I, 59, 327.
COSSART (Eustache), auditeur des Comptes. Seigneur d'Amblainvilliers (1606), III, 533.
— (Jacques), chanoine de Paris, président au Parlement. Sa sépulture (1370), IV, 79.
COSSET (Guillaume), curé de Nanterre ; abbé de St-Crépin-le-Petit (1445), III, 79-80.
COSSIGNY, *Cocegniacum, Cociniacum, Cosigniacum*, Quocigny, paroisse du doyenné du Vieux-Corbeil [Seine-et-Marne, ham. de Chevry-Cossigny]. *Notice*, V, 289-292.
— Lieux-dits : Bagnedoux, Couchy, Passy.
— (forêt de), V, 265, 291.
COSSIGNY [Seine-et-Oise, ham. de Brétigny], IV, 339.
COSSIGNY (Ansel de), *de Cocini*. Son fief à la Varenne-St-Maur (1214), II, 456 ; V, 290 ; — chevalier de la châtellenie de Corbeil, IV, 300.
— (Gautier de), mentionné vers 1180, V, 290.
— (Jean de), *de Coceigny*, vassal de l'abbaye de St-Maur en 1278, II, 445.
— (Pierre de), chanoine d'Aire, trésorier du roi de Jérusalem (1300), V, 292.
— (Simon de), *de Cosigniaco*, bailli de Pierre de Bretagne, V, 265. — Ses biens à Sucy-en-Brie (1226), V, 290-1, 384.
COSSON, arrière-fief de la vicomté de Corbeil (1415), IV, 313.

COSSONNERIE (la) [Seine-et-Oise, ham. de Ste-Geneviève-des-Bois], IV, 382.
COSTAR [littérateur], cité à propos de Chilly, IV, 69.
COSTE (Nicolas), marguillier de Villiers-la-Garenne (XVIᵉ s.), I, 431.
COSTES (Jean de), prieur-curé de Ferrières. Acte relat. à Pontcarré (1506), IV, 505.
COSTIOU (Hervé), docteur en décret. Bienfaiteur de la chapelle St-Yves à Paris (1393), I, 150.
COTE, mot saxon, II, 334.
COTELIER (Jean-Baptiste), professeur de grec. Sa sépulture, I, 138.
Coterotum vini (mesure appelée), IV, 317.
CÔTE-SAINT-ANDRÉ [Isère, arr. de Vienne, ch.-l. de cant.]. Acte daté de ce lieu (1548), II, 366.
Cotia sylva, ancien nom de la forêt de Compiègne et de la forêt de Coye (Voy. ce mot).
COTIGNON (Michel), chanoine de Nevers. Curé de St-Séverin ; sa sépulture (1617), I, 110.
COTIGNON (de). Voy. Colignon.
Cotoniariæ ? lieu donné à l'abbaye de St-Denis (VIIIᵉ s.), III, 421.
COTTE-BLANCHE (Guy de), seigneur de Villepescle (1531), V, 121.
— (Hélie de), chapelain de Villepescle (1531), *ibid*.
COTTEREAU (Jacques), seigneur de Villejuif (1640), IV, 32.
COTTIER (Le Clerc dit). Voy. Le Clerc.
COTTIGNY, *Conteignies*, fief à Meudon (XIIIᵉ s.), III, 240.
COTTIN (François), curé de Marly (1682), III, 119, 120.
COUAR (montagne de). Voy. Autun.
COUARD ou COUART [Seine-et-Oise, ham. d'Ollainville], mentionné en 1206 comme étant sur la paroisse de Bruyères-le-Châtel, III, 471, 476.
COUAUX ou COICAUX (Jacques) [sans doute Jacques Coureau. Voy. L. Delisle, *Cabinet des Manuscrits*, I, 60 et note 16], trésorier du duc de Berry. Mentionné à propos d'une traduction de Valère Maxime (XVᵉ s.), II, 272.
COUBERON. Voy. Coubron.
COUBERT, *Curia Bardi, Behardi, Curtis Bardi, Behardi*, Corbaart, Courbaart, Courtbaart, Curbelhart, paroisse du doyenné de Vieux-Corbeil [Seine-et-Marne, arr. de Melun, cant. de Brie-Comte-Robert]. *Notice*, V, 149-154.
— Etymologie, IV, 584.

— Couvent ; nécrologe cité, V, 328.
— Lieux-dits : Bouclaie (la), Courbard-la-Boulaye, Courbard-la-Ville, Fontaines, Hôtelleries (les), Plessis-Courbard (le).
COUBERT (Guillaume de), de Corbaart (XIII⁰ s.), V, 152-3.
— (Jean de), de Courtbaart, écuyer (1262), V, 153.
— (Pierre de), de Courbaart, chevalier de la châtellenie de Corbeil (XIII⁰ s.), IV, 300 ; V, 153.
— (Séguin de), de Curbelhart (XIIᵉ s.), V, 152.
COUBERTIN, *Curtis Bertini*, Corbertin, Courbertin [Seine-et-Oise, ham. de St-Remy-les-Chevreuse], III, 376, 380, 381-2.
— (Barthélemy de), de *Corbertin* (1196), III, 381.
— (Etienne de), IV, 581.
— (Garnier de). Ses biens à Bussy-Saint-Martin (1173), IV, 581.
— (Regnaud de), possesseur d'un fief en Brie (XIVᵉ s.), III, 381 [Il s'agit ici de Coubertin, ham. de Mouroux, arr. de Coulommiers].
COUBERTIN (de) (XVIIIᵉ s.). Son banc dans l'égl. de St-Remy-les-Chevreuse, III, 376.
COUBLANZ (Étienne de), prieur des Célestins de Marcoussis (1408), III, 487.
COUBRON, Curtbreun, Corberon, Corbreon, Courberon, Couberon, paroisse du doyenné de Chelles [Seine-et-Oise, arr. de Pontoise, cant. de Raincy]. *Notice*, II, 537-540. — Autre mention, 605.
— (bois de), appartenant au chapitre de Linas, IV, 122.
— Lieu-dit : Montauban.
COUBRON (Arnoul de), de Corberun. Ses biens à Bonneuil-sur-Marne (1170-3), II, 539 ; V, 28.
— (Barthélemi de), bienfaiteur de l'abbaye de Chaalis (XIIᵉ s.), II, 538-9.
COUCHY, lieu-dit de Cossigny (1595), V, 291.
COUCY (Enguerrand de), inhumé à St-Denis (XIIᵉ s.), I, 503.
— (Guy de), bienfaiteur de l'abbaye de Malnoue (XIIᵉ s.), IV, 640.
— (Iolande de), femme de Robert II, comte de Dreux, IV, 64 ; — dame de Chilly et de Longjumeau ; ses autres seigneuries (1200), 166, 167 ; mentionnée en 1208, V, 264.
COUDART (Dauphine de). Voy. Condan (de).
COUDERE (Pierre), vicaire de St-Sulpice, supérieur du Calvaire du Mont-Valérien, III, 88 ; — curé de Rueil, *ibid*.

Coudra, lieu-dit de Torcy au XIIIᵉ s., IV, 596.
COUDRAIS (les) [Seine-et-Oise, ham. d'Etiolles], V, 77.
COUDRAY, localités de ce nom en France, V, 106.
COUDRAY (le), *Coldriacum, Coldreium*, le Couldray-Liziard, le Couldraylez-le-Bois [Seine-et-Oise, ham. de Briis-sous-Forges], V, 106.
— Dépend de Montlhéry ; mentionné en 1475 ; origine de ce nom, IV, 240.
— Rente assignée aux chanoines de Montlhéry, IV, 111. — Seigneurie, IV, 130, 156, 158, 233.
COUDRAY ou LE COUDRAY, *Coldreium, Coudreyum in Breia*, Codroi, Couldray, paroisse du doyenné du Vieux-Corbeil [Seine-et-Oise, arr. et cant. de Corbeil, ham. du Coudray-Monceaux]. *Notice*, V, 101-106.
— Lieux-dits : Murs (les), Plessis-Chenet (le), Salle (fief de la).
COUDRAY (le), canton de Jouy-le-Moutier, II, 106, 166.
COUDRAY (le), près Luzarches. Seigneurie, II, 331.
COUDRAY, *Codreellus*, localité voisine du Blanc-Mesnil. Mentionnée en 1124, II, 565 ; — en 1313, 602.
COUDRAY ou COUDREY (le), ancien lieu-dit entre Grisy et Coubert. Église ou chapelle Ste-Geneviève ; fontaine Ste-Geneviève, V, 106, 150, 151, 158, 159, 160, 206.
COUDRAY (Ansel ou Ansold du), seigneur de Mulleron, III, 443 ; — de Limours et de Vaugrigneuse, 434, 462.
— (Barthélemy du). Ses biens à Vanves (1228), III, 583.
— (Gui du), de Codroi (XIIIᵉ s.). Sa tombe, V, 103.
— (Guichard du), mentionné en 1313, II, 602.
— (Jean de), de Codret (XIIIᵉ s.), V, 103-4.
— (Philippe de), chevalier. Son fief à Ballainvilliers, IV, 81.
COUDRAY (bois de la) [bois des Coudreaux], sur la paroisse de Montfermeil (XVᵉ s.), II, 544.
COUDREY. Voy. Coudray (le).
Coudreyum in Bria : le Coudray [ham. du Coudray-Monceaux], V, 102.
COULET, secrétaire du Roi. Seigneur d'Eaubonne (XVIIIᵉ s.), I, 642.
COULANGES (Christophe de), abbé de Livry (XVIIᵉ s.), II, 592, 597.
— (Philippe de), secrétaire du Roi. Son fief de Montaleau à Sucy-en-Brie (XVIIᵉ s.), V, 385.
COULDRAYE (la), fief dépendant du marquisat de Villeroy, IV, 247.

COULDRAY-LIZIARD, Couldray-lès-le-bois (le). Voy. Coudray (le).
COULEUVRINES, conservées à l'abbaye de la Roche, III, 352.
COULLARD (Simon), curé de Fresnes-les-Rungis (1623), IV, 45.
COULOMB (fief dit de Guillaume) à Clamart, appartenant à l'Hôtel-Dieu de Paris (xve s.), III, 248.
COULOMBIER (fief du) à Meudon (XVIe s.), III, 240.
COULOMBS [Seine-et-Marne, arr. de Meaux, cant. de Lizy]. Village donné à l'abbaye de Chelles (IXe s.), II, 485.
COULOMBS (abbaye de) au diocèse de Chartres [Eure-et-Loir, arr. de Dreux, cant. de Nogent-le-Roi]. Cures à sa nomination, II, 22, 233; III, 117, 118, 119, 133, 134-5, 136, 141, 147, 161 ; — échange les prieurés de Marly et de St-Germain-en-Laye contre celui d'Essonnes [1708], IV, 267 ; — acte la concernant (1120), III, 158; — abbé. Voy. Roger.
COULOMMIERS [Seine-et-Marne, ch.-l. d'arr.] III, 86. — Fortifications ; charte de Philippe-Auguste les concernant (1213), IV, 559.
— Dame. Voy. Alençon (Catherine d').
COULOMP (Nicolas), prieur de St-Victor de Paris (XVIIe s.), I, 341.
COULON (Jean), prieur de St-Lazare de Paris (1515), I, 300 ; — abbé de Livry (1518), 301 ; — de Chaage (1520), II, 596.
COUPE d'or, payée comme droit de relief, III, 371. — de S. Macaire. Voy. S. Macaire.
COUPIÈRES, *Curti-Petra, Curia Petræ*, Court-Pierre [Seine-et-Oise, ham. de Gif]. Biens de l'abbaye de Ste-Geneviève, III, 362. — Ses possesseurs aux XIIe et XIIIe s., 386-7.
— (Isabelle de), identifiée à Isabelle de Gif, III, 386-7.
COUPLERE. Voy. N.-D. de Couplere.
COUPLET, de l'Académie des Sciences. Son mémoire sur les eaux de Senlisses, III, 421.
COUR (Jean de la), bienfaiteur de l'abbaye du Val, II, 97 ; — év. d'Evreux ; mentionné en 1250, III, 582.
COURANCES [Seine-et-Oise, arr. d'Etampes, comm. de Milly]. Prieuré; ses religieuses s'établissent à Chaillot puis à Picpus, I, 416.
COURBAART (Pierre de). V. Coubert.
COURBARD-LA-BOULAYE, COURBARD-LA-VILLE, lieux-dits de Coubert, V, 150.

COURBE (la), lieu-dit entre Carrières et Bezons, II, 36.
COURBERON. Voy. Coubron.
COUR BERTRAND (la), COUR BESSAND (la), noms improprement donnés à Bessancourt, II, 76.
COURBEVOIE, *Curva via*, écart de Colombes [Seine, ch.-l. de cant.], 68. — *Notice*, III, 69-71.
— Habit. : admis à la léproserie de Charlevanne, III, 110.
— Couvent de Pénitents, III, 70.
— (Pierre de). Son fief à Rueil (1209), III, 69, 96.
COURCEAUX [Seine-et-Marne, arr. et cant. de Melun, ham. de Montereau-sur-Jard], II, 430.
COURCEL. Voy. Le Clerc.
COURCELLES, *Curteciolum*? lieu-dit de Clichy-la-Garenne [aujourd'hui dans Paris]. *Notice*, I, 429. — Seigneurs, 426.
COURCELLES [Seine-et-Marne, ham. de Tournan], V, 324, 329.
COURCELLES, *Curticella* [Seine-et-Oise, ham. de Gif], III, 384. — *Notice*, III, 386. — Dépend du duché de Chevreuse, III, 372, 373.
COURCELLES [Seine-et-Oise, ferme à Saint-Ouen-l'Aumône]. *Notice*, II, 115. — Chapelle, fondée par Alix de Mery, II, 51 (note), 123. — Fief acquis par l'abbaye de Maubuisson, II, 119. — Dime cédée à l'abbaye du Val (1236), II, 199.
COURCELLES, lieu-dit de Vigneux [le Port-Courcel, Seine-et-Oise, ham. de Vigneux], IV, 425 ; V, 52, 56.
COURCELLES, lieu-dit de Chaville (XIIIe s.), III, 218.
COURCELLES (pont de), III, 300.
COURCELLES (Adrien de), possesseur du château de la Planchette (1258), I, 429.
— (Guillaume de). Ses biens à Vemars (XIIIe s.), II, 346.
— [Jean de]. Reçoit du roi d'Angleterre des biens à Marly-la-Ville (xve s.), II, 329.
— (Jean de), archidiacre de Josas (1448), III, 299-300.
— (Pierre de), écuyer. Ses biens à Vemars (XIIIe s.), II, 346.
— (Thomas de), curé de St-André-des-Arts (xve s.), I, 288.
— (André Poolin de), chevalier. Son fief à Antony (1294), III, 536.
COURCELLES-LES-GISORS [Oise]. Voy. Gisors.
GOURCERAIN (seigneurs de), IV, 508.
COURCEREQUENES, lieu voisin de Gournay-sur-Marne. Mentionné en 1351 ; peut-être Courquetaine, IV, 614.

COURCHAMP (chevalier de). Sa maison à Créteil, V, 22.
COURCOURONNE, *Corcorona, Corquelonem (versus)*, paroisse du doyenné de Montlhéry [Seine-et-Oise, arr. et cant. de Corbeil], IV, 273, 314. — *Notice,* IV, 320-323.
— Lieux-dits : Bois-Briard, Grange-au-Prieur (la), Saint-Guenault.
COUR DES BARRES (la). Voy. Barres.
COUR DES BOIS ([Louis] Girard, seigneur de la), II, 276.
COUR DES CHIENS (de la). Voy. Deschiens.
COUR-DIEU (abbaye de la), diocèse d'Orléans [Loiret]. Les premiers religieux de l'abbaye du Val en proviennent, II, 133.
COURDIMANCHE, *Curia Dominica,* Courtdimanche, au diocèse de Rouen [Seine-et-Oise, arr. de Pontoise], I, 440 (note). Mentionné au XIIe s., II, 98. — Seigneurs, 101, 102.
COURETIER (François). Droits de ses enfants sur le fief de la Clochette à Grigny (1598), IV, 406.
COURGAIN [Seine-et-Marne, ham. du Pin], II, 533, 535.
COURK (Jean de la), maître de la léproserie de Juvisy (XIVe s.), IV, 409.
COURLANDON, (Girard de), *de Colloduno, de Collauduno,* archidiacre de la cathédrale de Paris. Fondateur d'une chapellenie dans cette église, II, 269; III, 15, 557-8 ; — dit seigneur de Courlandon. Fait une donation à Notre-Dame ; mort en 1319, II, 276 (note).
— (Gui de). Ses droits sur le travers de Conflans-Ste-Honorine par son mariage avec Blanche de Montmorency (XIVe s.), II, 96. — Ses biens à Bethemont, 141.
COUR-LES-CERCELLES (la), seigneurie située à Sarcelles (XVIe s.), II, 172.
COURMERIER (la Motte-). Voy. Motte (la).
COURNEUVE (la), *Curtis nova,* anciennement Saint-Lucien, puis la Court-Neuve, paroisse du doyenné de Montmorency [Seine, cant. de St-Denis]. *Notice,* I, 575-579.
— Hab. admis à la léproserie de Champ-Pourri, I, 563. — Prévôté : appartenant à l'abbaye de St-Denis, II, 624.
— Lieux-dits : *Beli (campus de),* Champrots, Champ-Tourtel, Courtille (la), Crève-cœur, Merville, *Sellonis (cultura).*
COURONNE (mont de), ermitage près Baville. Ode composée sur ce lieu, IV, 158, 175.

COURONNE d'épines de J.-C., I, 539; II, 406 ; IV, 79, 283 ; V, 427, — et Ste Croix, titre de la Ste-Chapelle de Paris, I, 222-3.
COURPALAIS ou COURPALAY [Seine-et-Marne, arr. de Coulommiers, cant. de Rozoy]. Chapitre ; biens à Champrose, V, 334.
— (Jean de). Ses fiefs de Courpalais et de la Chapelle-Iger (1328), V, 111.
— (Pierre de), abbé de St-Germain-des-Prés (1330), III, 7.
COUR-POINT-LASNE (fief de la) à Charonne (XIVe s.), I, 476, 477.
COURQUETAINE, *Corquetellis, Corquetenis (ecclesia de), Qurquetana,* Croquetaines, Courquetelles, paroisse du doyenné du Vieux-Corbeil [Seine-et-Marne, cant. de Tournan], IV, 614. — *Notice,* V, 294-298.
— Lieux-dits : Cervolles, Malassise, Montgazon, Villepayen.
— (Arnoul de), *de Corquetellis.* Donne un bois au prieuré de Gournay (1124), II, 529 ; V, 296.
— (Pierre de), *de Qurquetana* (1161), V, 132, 296.
COUR-ROLAND (la) [Seine-et-Oise, éc. de Jouy-en-Josas], III, 270, 271.
COURROUGE (Jacques de Brunsay, sieur de la), IV, 406.
COURSE entre un Anglais et un Français au Pecq (1679), III, 131.
— (jeu de) à Vanves, III, 582.
COURSON. Voy. Courson-Launay.
COURSON, Corçons (Gautier). Son fief du Breuil (XIIIe s.), III, 450 ; IV, 222.
COURSON-L'AUNAY, Launay-Courçon, l'Aunay-Courson, paroisse du doyenné de Châteaufort [Seine-et-Oise, arr. de Rambouillet, cant. de Limours]. *Notice,* III, 449-454.
— Justice : seigneuries de son ressort (1709), III, 440-1.
— Lieux-dits : Charmoise (la), Gloriette (la), Monteloup, Saint-Cheours, Roncière (la).
COURSY (Jacques Pinon, baron de), IV, 453.
COURT (Claude-Elisée de), chef d'escadre. Seigneur en partie de Gournay (XVIIIe s.), IV, 614, 619, 620.
— (Jean de la), prieur de Roissy-en-France. Son épitaphe (1510), II, 285.
COURTABEUF [Seine-et-Oise, ham. d'Orsay], fief, III, 400, 514.
COURTABEUF (fief) ou de PALOISEL, situé sur la paroisse de Combs-la-Ville, V, 180, 181.
COURTAVAU (famille). Possède la seigneurie de Grégy (XVIIe s.), V, 165.
COURTDIMANCHE. Voy. Courdimanche.

COURTE-BRAY, fief sur la paroisse de St-Vrain, IV, 206.
COURTECUISSE (Jean), curé de Limeil (1305), V, 32.
COURTENAY [Loiret, arr. de Montargis, ch.-l. de cant.]. Seigneurie appartenant à Charles de Valois, III, 34.
— (Catherine de), héritière de l'empire de Constantinople, femme de Charles de Valois. Sa mort à St-Ouen (1307), I, 570. — Son épitaphe, II, 121. — Voy. Catherine.
— (Constance de), mentionnée au XIIe s., III, 190.
— (Eustache de), femme de Guillaume (ou Pierre) de Villiers-le-Bel. Sa sépulture, II, 178.
— (Guillaume de), seigneur de Baillet (1275), II, 149.
— (Jean de), archev. de Reims. Seigneur de Baillet, II, 149.
— (Jean de), frère de Robert, archevêque; chanoine de Chartres (1251). Seigneur de Baillet, II, 149.
— (Jean de) et sa femme. Leur sépulture, V, 226.
— (Jean de), seigneur d'Yerres en 1380, V, 214.
— (Marguerite de), fille du précédent. Abbesse d'Yerres ; sa sépulture (1312), V, 226.
— (Pierre de), V, 214.
— (Robert de) [neveu de l'archev. Jean], archev. de Reims. Seigneur de Baillet ; bienfaiteur de l'abbaye du Val (1299), II, 149.
— (Robert de), chevalier. Bienfaiteur de Ste-Geneviève de Paris, I, 235.
COURTENET, hameau d'Andresel, V, 419 ; — (porte de), à Champeaux, ibid.
COURTERY. Voy. Courtry.
COURTEIL [Courteuil. Oise, arr. et cant. de Senlis]. Terre unie à la baronnie de Montmorency (1551), I, 625.
COURT-EVROUL. Voy. Coutevroult.
COURTIGNON (Jeanne de), femme d'un seigneur de Chennevières et de Vemars. Son épitaphe (1506), II, 308-9.
COURTIL-AUX-GALLOIS (le), fief dépendant de la seigneurie de Villeroy, IV, 245.
COURTILLE (la), lieu-dit de la Courneuve, I, 579.
COURTILLIERS (les prés des), à Lagny, IV, 565.
COURTIN (Agnès), femme de Pierre Bernard. Demoiselle de l'hôtel de la reine Charlotte de Savoie, V, 96.
— (André), chanoine de la cathédrale de Paris (1618), IV, 286. —

Seigneur de Petit-Bourg et d'Evry-sur-Seine, IV, 324, 327.
— (Louis), fils de Martin ; conseiller au Parlement. Seigneur de Pomponne, II, 510 ; — de Brou ; mort en 1530, 522.
— (Marie), femme de Pierre Chaussepied de Puymartin (1666), V, 159.
— (Marie), fille de Louis, femme de Nicolas de Hacqueville (XVIe s.), II, 510.
— (Martin), notaire et greffier du Trésor du Roi. Seigneur de Pomponne et de la Villeneuve-aux-Anes ; son épitaphe (1516), II, 505, 509, 522.
COURTOIS (Aimery), bourgeois de Paris. Ses biens à Charonne, I, 476.
— (Anne), femme d'Etienne de Vesez (1477), V, 115.
— (Guillaume), avocat au Parlement. Son fief des Garnisons (1474), V, 115.
— (Nicolas). Fonde une chapellenie dans l'égl. de la Pissotte (XVIIe s.), II, 417.
COURTONNE (Gérard de), év. de Soissons (1317), IV, 278.
COURTRAY [Nord]. Ses marchands au Landit de St-Denis, I, 548.
COURT-ROBERT (la). Voy. Paris, rues.
COURTRY [Seine-et-Marne, arr. de Melun, cant. du Châtelet, commune de Sivry-Courtry], paroisse du diocèse de Sens, II, 537.
COURTRY, Corteriacum, Curtis Erici, Corteri, Courtery, paroisse du doyenné de Chelles [Seine-et-Marne, arr. de Meaux, cant. de Claye]. Notice, II, 536-537.
— Lieu-dit : Clarcy.
— (Eudes de), de Curte Erici, chevalier (1168), II, 536.
— (Guillaume de), de Curteriaco. Mentionné en 1153 et 1168, II, 536.
— (Jean de). Son fief à Chennevières-sur-Marne (1240), 537 ; IV, 477.
— (Raoul de), seigneur de ce lieu (1236), II, 537.
— (Thibaud de). Donne à l'abbaye de Livry des biens à Collégien (1234), II, 537 ; IV, 586, 587.
COURT-SENLISSE (la). Voy. Senlisses.
COURVILLE, Corvillææ (Marie de Billy, dame de), II, 289.
COURZON en Poitou. Commanderie ; commandeur. Voy. Seguier (Jean).
COUSDUN (Emery de), prieur de Deuil en 1450, I, 604.
COUSIN (Jean). Son tableau du Jugement Universel aux Minimes du bois de Vincennes, II, 393. — Vitraux qui lui sont attribués dans la Ste-Chapelle de Vincennes, 413.

— 170 —

Cousin (Louis), de l'Académie Française. Sa sépulture (1707), I, 287; — président de la Cour des Monnaies. Donne sa bibliothèque à St-Victor de Paris, I, 342.
— (Philippe), prieur-curé de Roissy-en-France, chanoine de Ste-Geneviève de Paris (XVIe s.), II, 281.
Cousinet (MM.), seigneur de Fosses (XVIIIe s.), II, 324.
Cousinot (Nicolas), prieur-curé de Nanterre (XVIe s.), III, 51, 80.
Coustardière (Guérin de la), IV, 22.
Cousteau de la Barrère, écuyer, valet de chambre du Roi. Sa maison à la Grange-St-Clair, III, 430.
Cousterele (la), lieu-dit du Thillay (1287), II, 275.
Coustes (fief nommé), mentionné en 1538, III, 186.
Cousturier de Cocqueburne (Le), commissaire des mousquetaires. Seigneur de la Garenne (1698), II, 563.
Coutances [Manche]. Bailli. Voy. Villepreux (Louis de). — Evêque. Voy. Loménie (François de).
Couteau, symbole de tradition, I, 12; III, 180.
Coutevroult, *Erulfi curtis*, Court-Evroul [Seine-et-Marne, arr. de Meaux, cant. de Crécy]. Mentionné en 867, II, 213.
Coutier (Claude), marquis de Souhé, gouverneur de Flavigny, V, 97.
Coutras (bataille de), V, 377.
Couttes (Anne de), femme de Guillaume II de Harville, III, 329.
Couture (terroir de la) à Villejuif (XIIIe s.), IV, 31.
Couture-Ermengarde (la), lieu-dit du Tremblay (1241), II, 612.
Couture-Morel (la), à Montmartre, I, 444.
Couturier, chanoine de St-Quentin. Curé de Chamarande, IV, 180.
Couturier, président aux Enquêtes. Seigneur de Mauregard et d'Epiais (1745), II, 307.
Couturier (le). Vend la justice de Gometz-la-Ville (1661), III, 411.
Couve ou Couvres, localité imaginée par Ad. de Valois, V, 220.
Couverne. Voy. Gouvernes.
Couvieux ou Couviz [Gouvieux? Oise, arr. de Senlis, cant. de Creil]. Seigneurie cédée à l'abbaye de St-Denis (1284), II, 339.
Couvray [Coupvray, Seine-et-Marne, arr. de Meaux, cant. de Lagny]. Couvent des Mathurins, IV, 537.
Couvre-feu (sonnerie du), fondée à Herblay au XIVe s., II, 80.

Coye, *Coya, Cotia,* Coiz, paroisse du doyenné de Montmorency [Oise, arr. de Senlis, cant. de Creil]. *Notice,* II, 334-337. — Autres mentions, II, 205, 210, 226.
— (forêt de), II, 212; — appelée *Cotia sylva,* 321, 334.
— Lieu-dit : Malépargne.
Coyfier. Voy. Coiffier.
Coypel (Noël), peintre. Sa sépulture, I, 33.
Coyvault (Jeanne), femme de Martin le Picart (XVIe s.), V, 293.
Coyzevox, Coiseux (Antoine), sculpteur, inhumé à St-Germain-l'Auxerrois, I, 33. — *Centaures* au château du Plessis-Pâté, IV, 356; — statue de *Louis XIV* au château d'Ivry, 462.
Craie (industrie de la), à Bougival, III, 105.
Cramaee : Cramayel, V, 110.
Cramailles (Jean de), chevalier. Ses biens à Saint-Leu (1423), II, 70.
Cramaud (Simon de), év. de Poitiers. Seigneur de Vauhallan, III, 321.
Cramayel, *Craumellum, Cramuellum,* Cramoël, Gamoël, Cramoyau, Cramoyel, Cramuel [Seine-et-Marne, ham. de Moissy-l'Evêque]. *Notice,* V, 110-113.
— Dépend de la capitainerie de Corbeil (1694), IV, 312. — Dîme qu'y perçoit l'abbaye d'Yerres, V, 223.
— (Adam de), mentionné en 1220, V, 110.
— (Ferric de), mentionné en 1203, V, 110-1.
— (Jean de), de Cramael (1140), V, 110. — Le même ? et sa femme Marthe, bienfaiteurs du couvent de Franchard, *ibid.*
— (Mathilde de), bienfaitrice de l'abbaye de Livry (1244), V, 144.
— (Thierry de), mentionné en 1203, V, 110-1.
Cranche (Etienne), chevalier. Vassal de l'abbaye de St-Maur (1278), II, 445.
Crane (la), lieu-dit dépendant du duché de Chevreuse, III, 360, 373.
Craon (étang de), dans le parc de Marcoussis, III, 487.
Craon (Antoine de). Reprend Gennevilliers sur le parti d'Orléans (1411), III, 63.
— (Pierre de). Ses biens de Porchefontaine et de Montreuil confisqués, III, 213.
Crapauds figurés en relief, II, 38.
Crapin (Jean), chevalier dit de Neuilly (1288), II, 481.
Craque [*corr.* Braque] (Jeanne de), femme de Jean de Trie (XIVe s.), V, 306.

Crassus (Robertus), mentionné en 1161, V, 132.
CRATIN écrit pour Contein, IV, 61.
Craumello (decima de) : Cramayel, V, 110.
CRAVENCHON. Voy. N.-D. de Gravenchon.
CRECELY. Voy. Cressely.
CRECHES, lieu-dit de Limoges (1255), V, 136.
CRÈCHES, lieu-dit de Limours (XIIIᵉ s.), III, 433.
CRÉCY [Somme, arr. d'Abbeville]. Bataille de 1346, II, 469.
CRÉCY-EN-BRIE [Seine-et-Marne, arr. et cant. de Meaux], II, 266 ; IV, 165. — Seigneurie donnée à Isabeau de Bavière (1427), V, 267. — Mention en 1140, V, 322.
— (forêt de), V, 345, 403. Voy. *Medunta* (forêt *de*).
— Seigneur. Voy. Pomponne (Hugues de).
— (Alix de), femme de Bouchard II de Corbeil, IV, 274-5 ; — [remariée] à Gui le Rouge de Montlhéry. Fondatrice du prieuré de Gournay (XIIᵉ s.), IV, 500, 609 et note.
— (Guillaume de), prieur de St-Jean de Corbeil (1325), IV, 285.
— (Hugues de), *de Crecio*. Fait assassiner Milon de Montlhéry, vicomte de Troyes, IV, 93, 94, 102 ; — chassé de Châtres, 146, 147 ; témoin dans un acte (1140), 165 ; — assiège Eudes de Corbeil dans le château de la Ferté-Alais, 275. Voy. Châteaufort (Hugues de).
Creia, Creva, Croa (forêt *de*), noms anciens de la forêt de Cruye, III, 154.
CREIL [Oise, arr. de Senlis]. (Acte royal daté de) en 1378, II, 431. — Occupé par les Anglais en 1358, I, 626 ; II, 271.
— (Odon de), seigneur de Vauboyen et Merintou (XVᵉ s.), III, 259. — Son fils Michel, puis Nicolas et ensuite Louis dits de Creil, successivement seigneurs de Vauboyen, *ibid*.
— (Pierre de), maître des Comptes. Son fief du Grand-Ménil à Bures, III, 393-4.
CRENAUX (fief de) à Châtenay (1559), III, 542.
CRENEAUX (hôtel des), sur la paroisse de Marcoussis, III, 492, 496.
CRENAY (Michel de), év. d'Auxerre. Sa sépulture, I, 117.
CRÉPY-EN-VALOIS, Crespy [Oise, arr. de Senlis, ch.-l. de cant.]. Prieuré de St-Arnoul, V, 240.
— (Agnès de), héritière de Guillaume. Biens qu'elle cède à Charles de Valois (1299), I, 569.
— (Guillaume de), doyen de St-Agnan d'Orléans, clerc du Roi. Ses biens à St-Ouen (XIIIᵉ s.), I, 569.
— (Hugues de). Tient en fief le *capsum* de l'égl. de Clamart, III, 245.
— (Isabelle de). Donne à l'abbaye de Chaalis des vignes à Lagny (1167), II, 530 ; IV, 564.
— (Philippe de), *de Crespiaco*. Possède la dîme de *Gehenni* (Oise), II, 231.
— (Raoul II, comte de). Sa fille, Ste Elisabeth (XIIᵉ s.), II, 501.
CRÉQUY (Charles de), mestre-de-camp. Dispute à sa sœur la possession du château de Savigny-sur-Orge (vers 1605), IV, 394.
CRESILLY. Voy. Cressely.
CRESLEUX, forme inexacte du nom de Cressely, III, 294.
CRESNES (Jean de Neuville, seigneur de), IV, 154.
CRESPIÈRES, fief à Montmagny, I, 588.
CRESPIÈRES [Seine-et-Oise, arr. de de Versailles, cant. de Poissy], paroisse du diocèse de Chartres, III, 213 (note 1).
— (Hugues de). Son fief à Montreuil, III, 213.
CRESPIN (Angélique), femme de Charles Briçonnet. Bienfaitrice de l'égl. St-Julien de Versailles, III, 208-9.
— (Jean). Son fief de Jean Viel ou de la Motte à Grigny (1597), IV, 406.
CRESPY. Voy. Crépy.
CRESSÉ (Philippe), seigneur de Chaillot (XVIᵉ s.), I, 411, 412.
— (Simon), général de la Cour des Monnaies. Haut-justicier de Chaillot (XVIᵉ s.), I, 411.
CRESSELY, Cresleux, Crecely [Seine-et-Oise, ham. de Magny-les-Hameaux], ferme, III, 295, 300, 373 ; — dépendance du duché de Chevreuse, 386 [La 1ʳᵉ édit. de Lebeuf porte ici Cresilly].
CRESSON, origine du nom de Vaucresson, III, 167.
CRESSON (Jean du), commandeur du Saussoy et de Gandelu. Son épitaphe (1400), IV, 294.
CRESSONSAC (Robinet de Durfort, seigneur de), III, 370.
CRETÉ (Yves), doyen du chapitre de St-Cloud (XVIᵉ s.), III, 27.
CRÉTEIL, *Cristoïlum, Cristolium, Christoïlum, Christolium*, paroisse du doyenné du Vieux-Corbeil [Seine, cant. de Charenton], IV, 55. — *Notice*, V, 10-22. — Incorporé à la seigneurie de St-Cloud, III, 31.

— Habit. ; privilège que leur accorde Jean le Bon, II, 365. — Moulin, II, 456. — Port, II, 457. 461.
— Lieux-dits : Barbière (île), Buisson (le), Champ-Pèlerin (le), Croix-Faubourg (la), Croix-Taboury (la), Fossé-Mahy (le), Grosse-Pierre (la), Harjaplat, Lespinay, Maucartier, Mèches (N.-D. des), Mesly, Montaigu, Orme St-Christophe, Orme St-Siméon (l'), Ormoy, Petitmont, Pontault, Porte Caillotin (la), Préaus (les), Quinte (la), Rond de l'Eschelle (le), Sainte-Croix de la Bretonnerie (cours).
— (Clément de) (XIIIᵉ s.), V, 17.
— (Mathieu de), fils de Clément. Ses biens en ce lieu (1244), V, 17.
CRETIN (Guillaume), écrivain et chantre de la Ste-Chapelle de Paris. Son épitaphe (1525), II, 413-4.
CRETTÉ (Marie), veuve de Jean Charpentier ; remariée à Melchior Grandhofer, IV, 28.
CREUSES (les), lieu-dit de Draveil, V, 66.
CREUX-FOSSÉ (le), lieu-dit situé à St-Mandé (1629), II, 434, 435.
CRÈVECŒUR [Seine, ham. de la Courneuve], I, 563, 579.
CRÈVECŒUR [Seine-et-Marne, arr. de Coulommiers, cant. de Rozoy], fief dépendant du marquisat de Villeroy, IV, 247. — Seigneur, 245.
CRÈVECŒUR [?] (acte de Philippe le Bel daté de), IV, 11, 16, 453.
CRÈVECŒUR (Mᵐᵉ de), dame de Bonneuil-en-France (XVIIIᵉ s.), II, 620.
CRIE (de), possesseur de la terre de Mardilly (XVIIIᵉ s.), V, 133.
CRIEURS DE NUIT. Leur confrérie à l'égl. des Innocents, I, 51.
Crievecuer (ulmus qui dicitur) près de St-Marcel de Paris (XIIIᵉ s.), I, 125.
CRIMINELS d'État dans les premiers siècles, non inhumés en terre sainte, III, 10.
Crioïlum, localité ainsi désignée au VIIᵉ s., I, 422 ; III, 91. — Voy. *Romiliacum*.
CRIQUE (Pierre) ou de la CRIQUE, panetier du Roi, capitaine de Lagny et de la Maison-Forte, IV, 548 ; — mentionné en 1372, 560.
Cristoïlum, Cristolium (IXᵉ s.) : Créteil, V, 10 (et note).
CROCHERI (Jean), bourgeois de Paris. Achète l'ancien cimetière de St-Eustache (1560), I, 64.
CROCQ (Antoine du), seigneur de Chenevières et de Vemars en 1510. Son épitaphe (1518), II, 308, 310, 347.
— (Christophe du), seigneur de Belloy (1580), II, 197 ; — de Chenevières, 310 ; — de Vemars, 347 ; — de Villeparisis, 580.
— (Claude du), écuyer, seigneur de Clichy (1580), I, 427.
— (Guillaume du), écuyer. Seigneur en partie de Vemars (XVIIᵉ s.), II, 347.
— (Louis du), écuyer. Seigneur en partie de Chenevières (1580), II, 310 ; — de Vémars, 347 ; — de Villeparisis, 580.
Crodoldus : le Crould, II, 617 (note).
CROICY. Voy. Croissy.
CROICY (Hugues de), président au Parlement. Son arrestation à Issy (XIVᵉ s.), III, 8.
CROICY-LA-GARENNE : Croissy-sur-Seine, II, 28.
CROISADES, II, 98, 413 ; III, 121.
CROISET (Charles), secrétaire du Roi, contrôleur général de la Grande Chancellerie, I, 412.
CROISIERS (frères), nom donné aux religieux de Ste-Croix-de-la-Bretonnerie, I, 93.
CROISSANT, contenant les reliques de Ste Opportune, I, 43 ; — de plomb surmontant le clocher d'Herblay, II, 79.
Croissiacum : Croissy-en-Brie, IV, 515 ; — Croissy-sur-Seine, II, 27.
CROISSY ? Droit du prêtre de ce lieu sur les moulins de Charenton (XIIIᵉ s.), II, 383.
CROISSY-EN-BRIE, *Cruciacum, Croissiacum*, Croicy, paroisse du doyenné de Lagny [Croissy-Beaubourg, Seine-et-Marne, arr. de Meaux, cant. de Lagny]. *Notice*, IV, 515-520 ; — 486, 503.
— Église : son patron, I, 493. — Hab. : admis à la léproserie de Gournay, IV, 614. — Paroisse, 641.
— Lieu-dit : Maledimé, Tirebarbe.
— (Henri de). Donne cette terre à l'abbaye de Lagny (XIᵉ s.), IV, 515, 517.
CROISSY-SAINT-LÉONARD : Croissy-sur-Seine, II, 28.
CROISSY-SUR-SEINE, *Crociacum, Croissiacum*, Croicy, paroisse du doyenné de Montmorency [Seine-et-Oise, arr. de Versailles, cant. de St-Germain-en-Laye]. *Notice*, II, 25-8.
— Habit., admis à la léproserie de Charlevanne, III, 111.
— Lieu-dit : Gabillons (les).
— (Robert de). Biens qu'il donne à l'abbaye de St-Denis (1206), II, 27, 28 ; III, 96, 162.
CROIX (usage des Rois de montrer la vraie) à la Ste-Chapelle de Paris, I,

221-2; (bois de la vraie), I, 107, 313-14, 540-1, 543 ; II, 239-40, 241 ; III, 24, 59, 89, 490.
Croix (filles de la). Voy. Paris (couvents). Rueil.
Croix (œufs des). Voy. Œufs.
Croix (la), lieu-dit de Rosny (1183), II, 554.
Croix (la), lieu-dit entre Suresnes et Puteaux, III, 50, 52, 54, 58, 81, 82, 85, 86.
Croix (fief de la), réuni au Val Coquatrix, V, 85.
Croix (fief de la). Voy. Moucet (fief du).
Croix (Claude de la), prêtre de St-Nicolas-du-Chardonnet de Paris (XVIIe s.), I, 345.
— (Geoffroy de la), baron de Plancy (XVIe s.), V, 358.
— (Gourgon de la) et Marion, sa femme, bienfaiteurs de la paroisse d'Essonnes (1499), IV, 263, 296.
— (Jean de la), clerc des Comptes. Fondateur d'une chapelle à St-Magloire de Paris (1412), I, 182-3.
— (Jean de la), maître des Comptes. Seigneur de Torcy (1674), IV, 595, 597.
— (Nicolas de la), seigneur du Vivier à Torcy (1674), IV, 597.
Croix (de la), grand archidiacre de Paris. Son fief à Belloy, II, 197.
Croix (de la), chevalier. Seigneur de Montguichet (XVIIIe s.), II, 550.
Croix (de la), argentier du prince de Conti. Possède le fief de Forcilles (XVIIIe s.), V, 284.
Croix (de la), auteur d'une biographie de Jean du Houssai, III, 83.
Croix-au-Comte (la), lieu-dit de St-Ouen (1331), I, 570.
Croix-Blanche (la), lieu-dit de la paroisse de Limours [?], III, 436.
Croix-Boissée (la), canton du bois de Vincennes, II, 411.
Croix-Bouissée (la), lieu-dit d'Arcueil (XVe s.), IV, 16.
Croix-Brisié (la) en Bertinval. Lieu mentionné en 1283, II, 214.
Croix-Courtery (la), lieu-dit de St-Cloud (XVe s.), III, 37.
Croix de la Reine (hôpital de la) : la Trinité à Paris, I, 73.
Croix de Nezant (la) sur le territoire de Groslay, II, 610.
Croix de Quincy (la). Voy. Quincy.
Croix de Saint Georges (la), lieu-dit de Belloy ? (XIVe s.), II, 196.
Croix-Faubourg (la), lieu-dit de Créteil (1540), V, 22.
Croix-Fossés (la), lieu où fut retrouvé le chef de S. Maur en 1629, II, 382.

Croix-Gunier (la), lieu-dit de Louveciennes (1223), III, 114.
Croix-Henry (la), lieu-dit de Clamart (XIVe s.), III, 249.
Croix-Jubeline (la), lieu-dit de Santeny (1574), V, 244.
Croix-Martel (de la), maître des Comptes. Seigneur en partie d'Orangis (1744), IV, 373.
Croix-Paillard (la), lieu-dit de Favières (1274), V, 344.
Croix-Sainte-Bauteur (la), lieu-dit voisin de Chelles, II, 499.
Croix-Saint-Hilaire (la), lieu-dit de la Varenne-St-Maur, II, 456.
Croix-Saint-Jacques (château de la), autrefois du Plessis-Saint-Père [com. de Ballainvilliers], IV, 84. Voy. Plessis-Saint-Père.
Croix-Saint-Leufroy (la), abbaye du diocèse d'Evreux. Ses religieux réfugiés à St-Germain-des-Prés, III, 47, 48.
Croix-Saint-Quintien (la), lieu-dit de Lieusaint, V, 118.
Croix-Taboury (la), à Creteil, V, 11.
Cron (Pierre de), seigneur de Carouge (1658), IV, 343.
Crone, lieu-dit du Plessis-le-Comte, IV, 369.
Cronière (Pierre de) ou de Croneaux, curé de Bessancourt, titulaire de la chapelle de Montubois (1652), II, 63. — Son épitaphe, 75.
Cropte de Sainte-Abre (Louise-Marie de la), femme de Charles Boucher, III, 398.
Croquesel (Claude), fils de Jean, seigneur de Luisard (1520), IV, 607.
Croquetaines: Courquetaine, V, 155, 295.
Crosne, Chrona, Chrosna, Crona, Crône, Grone, paroisse du doyenné du Vieux-Corbeil [Seine-et-Oise, arr. de Corbeil, cant. de Boissy-St-Léger]. Notice, V, 41-45.
— (Adam de), chevalier (XIVe s.), V, 43.
— (Jean de), de Crona, chevalier. Ses biens à Roissy-en-Brie (1277), V, 43, 45.
Crosneau (Lorent), clerc de St-Ouen-l'Aumône (1499), II, 114.
— (Nicolle), curé de St-Ouen-l'Aumône (1499), II, 114.
Crosse (jeu de la), en usage à Vanves au XVe s., III, 583.
Crosse de Montlor (de) (XVIIIe s.), II, 576.
Croue de Dame Alix (la), lieu-dit de Villeneuve-le-Roi (1519), IV, 432.
Crould (le), Crodoldus, rivière, I, 120, 593 ; II, 252, 257, 260, 617, 621 ; V, 24, 26.

CROUY (Anne de), femme de Louis de Vion. Son épitaphe (1521), IV, 539.
CROY [Crouy-sur-Ourcq? Seine-et-Marne, arr. de Meaux, cant. de Lizy]. Biens qu'y acquiert Charles, comte de Valois (1301), II, 282.
CROZAT. Vend au président Molé la seigneurie d'Epinay-Champlatreux, II, 222.
CROZAT le cadet. Bienfaiteur de la communauté des prêtres de St-Eustache de Paris (1735), I, 64. — Sa maison à Montmorency possédée depuis par son neveu, Crozat du Châtel, I, 626.
CROZAT DU CHATEL, Voy. Crozat le cadet.
CROZAT DE TUGNY. Sa maison à Clichy (XVIIIe s.), I, 428.
CROZE DES BORDES (Anne de), supérieure du couvent de l'Union Chrétienne à Charonne (XVIIIe s.), I, 479.
CROZET [ou mieux CROZAT] (Mlle). Ouvrage qui lui est dédié, IV, 10.
Cruciacum (XIe s.) : Croissy-en-Brie, IV, 515.
CRUSART (Barthélemi), seigneur en partie d'Epiais-les-Louvres (1125), II, 306-7.
Crusciniacum. Voy. *Grusciniacum*.
CRUSLY (comte de). Sa propriété de la Ronce, à Sèvres (XVIIe s.), III, 19.
CRUSY (Hugues de), prévôt de Paris. Sentence relat. à Dammard (1326), II, 518.
CRUSSOL (Jacques de), chambellan du Roi. Seigneur de Lévy-Saint-Nom (1485-1506), III, 345.
CRUSSOL D'UZÈS (Suzanne de), abbesse d'Yerres en 1691, V, 229.
CRUYE (forêt de), III, 26, 121, 131, 147, 148, 152, 154. — Ses noms latins. Voy. *Creia*. — Distinguée au IXe s. de la forêt de *Leda* (de St-Germain), 161, 210.
CRUYN (Rolland). Voy. Gruyn.
Cryptarius, mot servant à désigner une fonction restée indéterminée, II, 422.
CRYPTES à St-Marcel de Paris, 123-4; — à N.-D.-des-Champs, I, 146; — à St-Barthélemy, 175, 176; — à l'abbaye de Ste-Geneviève, 236; — à l'abbaye de St-Germain-des-Prés, 266; — à la cathédrale de Bayeux et à l'abbaye de Jouarre, 267; — à l'abbaye de St-Denis, 496; — à Creteil, V, 10, 12.
CUBAUT (Jean), de Sevran. Mentionné en 1249, II, 280, 583.
CUCHAUTH (Guillaume), Cuchuuth, Cochus ou Cocheri, bienfaiteur du prieuré de Longpont, IV, 337, 347, 353.
CUCHENI ou COCHENI (Guillaume). Ses biens à Clamart, III, 247, 253. — Bienfaiteur du prieuré de Longpont, 519. — Seigneur de Montrouge, 589. [L'édit du cartul. de Longpont a lu « Cochivi », le nom de ce personnage qui est sans doute le même que Guillaume Cuchauth non mentionné au cartulaire].
CUCHUUTH (Guillaume). Voy. Cuchauth.
Cuciaco (Odo de) quondam Curatus de... ncio, mort en 1341. Inscription tumulaire dans l'égl. de Morangis, IV, 59.
CUEILLETTE (Françoise), femme de Jacques Potier. Dame du Blanc-Mesnil en 1567, II, 629.
CUEILLY. Voy. Cœuilly.
CUEUR (Marie), dame de Montrouge en 1533, III, 590.
CUGNAC (Anne de), femme de Jean II Blosset (XVIe s.), IV, 349.
— (Gabriel de), sieur de Richarville. Ses biens à Villiers-le-Bacle, III, 315.
CUGNIÈRES (figure de Pierre de) ou du CUIGNET, à N.-D., I, 10.
CUIGY (Jean de), bourgeois de Paris. Son fief de Maudetour à Clamart (1583), III, 247, 248.
— (Jean de), avocat aux Conseils et au Parlement, secrétaire du Roi. Seigneur de Clamart (XVIIIe s.), III, 248.
CUILLER d'airain, symbole d'investiture, IV, 76.
Cuilliacum : Cœuilly, IV, 473.
CUIRET, gentilhomme du Roi. Seigneur de Margency (XVIIIe s.), I, 639.
CUIRY (Ansel de), chevalier. Bienfaiteur des Mathurins de la Villeneuve-aux-Anes (1239), II, 522.
CUISE (forêt de), II, 483; — confondue avec la forêt de Cruye, III, 155.
CUISINE (N.-D. de la). Voy. N.-D. de Miséricorde.
CUISINIER de l'abbaye de St-Denis; redevance à laquelle il est tenu (XIIIe s.), I, 596.
— (port du), près d'Epinay-sur-Seine; mentionné au XIIIe s., I, 596.
CUISSAY (Milon de), chevalier (1219), V, 45.
CUISSE (Adam de), seigneur de la Chapelle-Haouïs, (1457), V, 333; — de Neufmoutiers, 340.
— (Antoine de), fils du précédent. Seigneur de Neufmoutiers (1478), V, 340.

CULAN ou CULANT (Guillaume de), homme d'armes de Philippe de Bourgogne (XVe s.), V, 282.
— (Guillaume II de), examinateur au Châtelet. Seigneur d'Attilly (fin du XVe s.), IV, 576 ; V, 282.
— (Henri de), archidiacre de Boulenois. Biens qu'il donne à la chapelle de la Noble Maison de St-Ouen (XIVe s.), I, 571.
— (Philippe de), fils de Guillaume I. Seigneur d'Attilly (1443), V, 282.
CULDOE (fief de). Voy. Paris, fiefs.
CULDOE (Charles), dépossédé de ses biens à Châtillon en 1423, III, 577.
— (Pierre), seigneur du fief Pasquier, à Vitry. Bienfaiteur de l'égl. de Choisy-sur-Seine (1536), IV, 444.
CULEVERT, fief dépendant de la prévôté de Tournan, V, 330.
Culez (Villa). Voy. *Villa Culez.*
Cumba lunga. Voy. Haute-Combe.
Cumbello (Gaucherus de), mentionné en 1161, V, 132. — *(Radulfus de),* frère du précédent, *ibid.*
CUMES [Italie], lieu du martyre de S. Gunibolde, II, 166.
Cuneus, fief et hameau mentionnés au XIIIe s. Identifiés avec le Quin, V, 311.
Cuneus Feodi, identifié avec Vaux-la-Reine, V, 182.
CUPERLY (de), curé de Gennevilliers (XVIIIe s.), III, 64.
Curatus. Epoque où ce mot apparaît dans les actes, I, 82, 520.
Curba via : Courbevoie, III, 127.
CURBELHART. Voy. Coubert.
CURBION (abbaye de). Voy. Moutiers-au-Perche.
Curcello (Hilduin de), bienfaiteur du prieuré de N.-D.-des-Champs (XIIIe s.), III, 590.
CURÉ, mot non employé avant le XIIIe s., III, 45, 135 ; — synonyme de *presbyter,* 117 ; — infirme recevant une pension viagère, 194 ; — en même temps maître d'école, 273 ; — vicaire dans une autre paroisse, IV, 53 ; — ne résidant pas dans sa paroisse, 53 (note) ; — cumulant plusieurs cures, 81 ; — régulier, 94, 136.
CURES DE PARIS (particularités sur certaines), I, 59, 346.
Curia, substitué à tort à *Curtis* dans les noms de lieu terminés en *court,* III, 278-9, 355.
Curia (ou *Curtis*) *Bardi* ou *Behardi* (XIIe s.) : Coubert, V, 149.
Curtialium ecclesiæ parisiensis (confratria). Voy. Clercs de la Cour ecclésiastique.
Curia Petræ : Coupières, III, 386.
Curmiliaca. Voy. Cormeilles (Oise).
CURTBERUN, Curtbreun (XIIIe s.) : Coubron, II, 537.
Curteriacum : Courtry, II, 536.
Curteciolum : Courcelles ? I, 429.
Curte Erici (Guillaume, *Odo de*). Voy. Courtry.
Curti-Petra : Coupières, III, 386.
Curtis, sens de ce mot dans la formation des noms de lieu, II, 536, 538. Voy. *Curia.*
Curtis Breonis, Curtis Beronis : Coubron, II, 538.
Curtis Bardi. Voy. *Curia Bardi.*
Curtis Bertini : Coubertin, III, 381.
Curtis coronæ : Courcouronnes, IV, 321.
Curtis dominica, terre royale, IV, 427 ; V, 26.
Curtis Guldulfi : Gacourt, II, 213.
Curva via : Courbevoie, III, 69.
Curvennæ, Curvisnæ : Gouvernes, IV, 568 ; V, 220.
CUVES baptismales (actes passés près des), I, 14 ; II, 469.
CYBÈLE (représentation de), I, 70.
Cyconingus, localité du Viennois. Terres qu'y possède l'égl. St-Georges de Chelles au IXe s., II, 495.
CYNI (Giot de), écuyer, et sa femme Clémence. Leur sépulture, III, 42.
CYS [Aisne, arr. de Soissons, cant. de Braine]. Ecole (1314), V, 108.
Cyssiacum, Cyssac, nom défiguré d'Issy, III, 6.
CZAR. (le). Visite l'égl. de St-Denis en 1717, I, 497.

DADIEU, nom d'un prêtre représenté sur les vitraux de l'égl. du Blanc-Mesnil, II, 627.
DADON (S. Ouen), référendaire de Dagobert, I, 421.
DAGOBERT I, roi. Lieu où il épouse et où il répudie Gomatrude, I, 420-422 ; II, 647. — Reçoit Judicaël à *Crioïlum,* III, 91. — Son palais à St-Denis, 493. — Proclamé roi à *Massolacum,* V, 21. — Tient une assemblée à *Bigargium,* II, 251, 252.

— Bienfaiteur de l'abbaye de St-Denis ; terres qu'il donne à ce monastère, I, 209, 422-3, 442, 495, 496, 502 ; II, 76, 180, 569 ; III, 52, 316, 506 ; IV, 545 ; V, 201-2, 204 ; — à St-Éloi, IV, 5 ; — à l'abbaye de Ste-Geneviève, V, 58 ; — à St-Germain-des-Prés, I, 262 ; V, 174-5. — Tombe malade à Épinay et meurt à St-Denis où il est inhumé, I, 496, 593. — Reliques données par lui à l'abbaye de St-Denis, I, 499 ; III, 15. — Sa lance y était conservée, I, 502. — Sa prétendue maison retrouvée à St-Ouen, I, 573. — Autres mentions, I, 503, 504, 516, 517, 538, 598 ; II, 296.

DAGOBERT, fils de Chilpéric Ier. Inhumé à St-Denis (580), I, 494-5.

DAGOBERT. Résidence, à Asnières, d'un roi de ce nom, III, 60.

DAGOUMER (Guillaume), recteur de l'Université ; proviseur du collège d'Harcourt. Sa maison à Courbevoie ; sa sépulture (1745), III, 71.

DAGUESSEAU. Voy. Aguesseau (d').

DAILLY (X...), seigneur d'Hemery en 1664, IV, 510. — Sa fille Madeleine, II, 71.

DAINS, avocat, auteur d'un *Mémoire* relat. à Brie-Comte-Robert (1731), V, 257.

DALLARD, seigneur de Chatou et de Montesson (XVIIe s.), II, 23, 30.

DALLON [DAILLON] (Jean de), sieur du Lude, chambellan de Louis XI. Biens qu'il reçoit du Roi, II, 211.

DALONNERIE (la, [Seine-et-Oise], ham. de Cernay-la-Ville], III, 422.

DAMAS [Louis-François de], marquis d'Anlezy, II, 250.

— (chevalier de). Son fief de Marcenal, V, 66.

DAMAS [Syrie], III, 393.

DAME-BLANCHE (fief de), uni au duché de Villeroy (1680), IV, 248.

DAME-GILLE, lieu-dit de Vitry-sur-Seine (1556), IV, 453.

DAMIETTE, Damiete [Seine-et-Oise, ham. de Gif], III, 310, 387.

DAMIETTE, lieu-dit près de Corbeil (1260), IV, 313.

DAMIETTE (Jean de). Voy. Jean de de France.

— (Simon de), chanoine de Beauvais. Possède le fief de Coupières (1278), III, 387.

DAMMAHART. Voy. Dammard.

DAMMARD, Dam-mahart, paroisse du doyenné de Chelles [Dampmard, Seine-et-Marne, arr. de Meaux, cant. de Lagny]. *Notice*, II, 516-519.
— Autres mentions, IV, 558, 638.
— Lieux-dits : Bergers (fontaine aux),
Blay (fontaine du vivier de), Maleespine.

— (Pierre de), de Dam-mahart (1184), II, 519.

DAMMART (Jean de Lagny, dit). Voy. Lagny.

DAMMARTIN, DAMMARTIN-EN-GOËLE [Seine-et-Marne, arr. de Meaux, ch.-l. de cant.]. Château, IV, 392. — Châtellenie, II, 508.

— Comté, II, 266. — Comtes. Leurs prétentions sur la terre du Tremblay, II, 609-10 ; — seigneurs de Montfermeil en 1497, 544 ; — mention en 1328, IV, 125. — Voy. ci-après et Chabannes (Antoine de), Trie (Charles de).

— Maison-Dieu, II, 606.

— Sénéchaux, seigneurs de Moussy-le-Neuf, II, 353, 354. Voy. Aunay (Gaucher et Pierre d'). — Vicomte. Voy. Forbin. — Autres mentions, II, 349, 353 ; III, 196, 205.

— (Clémence, comtesse de) (1153), II, 609.

— (Bureau de). Ses biens à Garges confisqués en 1423, II, 255.

— (Gérard de). Ses exploits fabuleux, III, 553.

— (Hugues, comte de), II, 338-9. Ses droits sur Sevran, 582 ; — sur Noisy-le-Grand (1089), IV, 622.

— (Jean de). Sa veuve fonde une chapelle à St-Jacques-la-Boucherie, I, 199.

— (Renaud, comte de). Son hôtel à Paris, I, 183. — Seigneur de la Morlaye (1226), II, 336.

Damma Petra : Dampierre, III, 357.

DAMOISEAU, titre donné à un seigneur d'Arcueil, IV, 16. Voy. Guillaume.

DAMOISEAU (Pierre), abbé d'Hiverneau, puis de Chaumes (XVe s.), V, 372.

DAMOND (Marie), marquise d'Estiaux, veuve de Charles Croiset. Ses droits de justice à Chaillot (XVIIe s.), I, 412.

Damonis (Petrus de), chevalier de la châtellenie de Corbeil (XIIIe s.), IV, 300.

DAMORIN (Nicolas), seigneur de Villiers-le-Bâcle, III, 315.

DAMORT, fief situé à Grégy (XVIe s.), V, 164.

Dampetra : Dampierre, III, 357.

DAMPIERRE, *Damna Petra, Domma Petra, Dampetra*, paroisse du doyenné de Châteaufort [Seine-et-Oise, arr. de Rambouillet, cant. de Chevreuse]. *Notice*, III, 357-360. — Autres mentions, III, 275, 300, 371, 372, 417, 420.

— Lieux-dits : Aumônerie (l'), Cha-

velée (la), *Essarto-Moysseron (terra de)*, Fourcherolles, Monceau (le), Montreuil, Roictiz (le).
— (Alain de). Voy. Paris, rues.
— (Barthélemi de), vassal de Mont-lhéry (XIIe s.), III, 334.
— (François de), sieur de Chanter-ville et de Villiers-le-Bâcle (XVIIe s.), III, 314, 315.
— (Gui de), *de Dampetra* (XIIe s.), IV, 94.
— (Gui de), comte de Flandre ; prisonnier au château de Corbeil, IV, 303.
— (Jean de), sire de Saint-Dizier. Aliène la vicomté de Troyes (XIIIe s.), II, 605.
— (Philippe de), prieur d'Argenteuil (1523-6), II, 5.
DAMPIERRE, hameau de Saint-Yon, IV, 160.
DAMPMARTIN (François), prieur de St-Thibault-les-Vignes (1579), IV, 567.
DANCONDARE (Dauphine). Voy. Condan (de).
DANDRÉ, curé d'Epinay-sur-Orge, IV, 86.
DANÈS (Jacques), président en la Chambre des Comptes, prévôt des Marchands. Seigneur de Marly-la-Ville (XVIe s.), II, 328.
— (Jacques), fils du précédent ; maître de l'Oratoire du Roi, puis év. de Toulon. Seigneur de Marly-la-Ville ; sa sépulture (1662), I, 245 ; II, 328.
— (Pierre), avocat au Parlement. Seigneur de Passy (XVIe s.), I, 403.
— (Pierre), curé et seigneur de Suresnes (1548), puis év. de Lavaur, III, 49-50, 51.
DANET (Pierre), curé de Ste-Croix de la Cité [m. en 1709], I, 315.
— (Robert), président de la Chambre des Comptes (1548), II, 366.
DANGÉ (François Hardy, seigneur de), II, 559.
DANGEAU (Milon ou Miles de), doyen de la cathédrale de Chartres, chanoine de N.-D. Ses biens à Ville-d'Avray (XVe s.), III, 173.
— (Robert de), chanoine de N.-D., puis év. de Nevers. Ses biens à Ville-d'Avray (XVe s.), III, 173.
DANGEUIL (Robert de), év. de Nevers. Lègue la seigneurie de Mons au chapitre de N.-D. (1430), IV, 422 [le même que le précéd.].
DANGI [?], lieu mentionné dans une épitaphe (XVIe s.), III, 468.
DANGUEIL (Guillaume de), écuyer. Ses biens à Meudon (1423), III, 240 ; — au Plessis-Piquet, 253.

DANICAN (Marguerite-Pélagie), femme de Michel-Charles Amelot. Dame de Ste-Geneviève-des-Bois et de Villemoisson. Sa sépulture (1472), IV, 382-3, 399.
DANIEL (Charles), seigneur de Cernay. Sa sépulture (1573), I, 643, 645.
DANIEL, prieur de Deuil (XIIe s.), I, 602 ; II, 622.
DANIEL, secrétaire du Roi (XVIIe s.). Ses biens à Vitry-sur-Seine, IV, 452 ; — à Villepatour, V, 311.
Danielis (fief) à Grégy, V, 164.
DANNEGUIN (Jeanne), femme de Claude Gilet (XVIe s.), I, 627.
DANOIS, I, 174 ; II, 425. Voy. Normands.
DAQUIN ou D'AQUIN (Louis), abbé de St-Serge d'Angers. Seigneur de Jouy-en-Josas, III, 269. — Ses biens à Buc, 277.
DARBON (Jean), seigneur de Bellon-le-Tiers. Son épitaphe (1670), IV, 637.
DARCY (Pierre de), écuyer, IV, 512.
DARENCI (Jean de). Voy. Drancy.
Darentiacum (IXe s.) : Drancy, II, 630 ; — en Dauphiné, 631.
Darentius, nom romain, II, 630.
DARGENVILLE. Voy. Dezallier.
DARGONNE (Nicolas), curé du Petit-Drancy (1620), II, 632.
DARIOLE (*Paganus*) (1161), V, 132.
DARLUS, fermier général. Seigneur de Crosne (1739), V, 44.
DARNAUDIN, secrétaire du cardinal de Bissy, III, 145.
DARNETAL [Seine-Inférieure], I, 548.
DAUBRAY (Claude), seigneur de St-Sulpice de Favières et de Mau-champs. Son épitaphe (1609), IV, 176.
DAUDAT, personnage fabuleux. Voy. Condat.
DAULLEMYE (Nicolas), possesseur d'un fief à Yerres (1597), V, 220.
DAUMAREZ (Jean). Ses biens au Tremblay (XIVe s.), II, 611.
DAUMONT. Voy. Domont.
DAUPHIN (le) [plus tard Charles VII], II, 372.
DAUPHIN (le) [fils de Louis XIV]. Terres qu'il reçoit du Roi (1696), III, 20. — Acquiert la terre de Meudon en échange de Choisy, III, 229, 237 ; IV, 446. — II, 461, 592 ; III, 19, 38, 229, 238, 239.
DAUPHIN (le). Voy. Bourgogne (Louis duc de), Bretagne (Louis duc de).
DAUPHINE (la), à la manufacture de St-Cloud (1700), III, 38 ; — à Puteaux, 55.
DAUPHINÉ (trésoriers du), III, 483 ; IV, 335.

12.

DAUVET (Guillaume), maître des Requêtes. Bienfaiteur de St-Landry de Paris (xve s.), I, 46.
— (Jean), premier président au Parlement. Sa sépulture (1471), I, 46.
— (Jeanne), veuve de Charles d'Orgemont (xvie s.), II, 127.
— (Jeanne), femme de Charles le Bouteiller. Son épitaphe (xviie s.), II, 352.
DAVENEVILLIERS, lieu-dit ? en 1209, III, 29, 30.
DAVERON, DAVRON [Seine-et-Oise, arr. de Versailles, cant. de Poissy]. Prieuré : son nom donné à une rue de Paris, I, 362 (note 9).
DAVID (statues du roi), I, 8, 9, 147 ; — représenté sur des vitraux, I, 324.
DAVID (Louis), seigneur de Becquancourt. Sa sépulture, III, 364.
— (Nicolas), religieux de Marmoutiers (1572), II, 168.
— (Noël), prieur-commandataire de Gometz (1495), III, 406.
— ou DAVY (René), seigneur de la Fautrière, conseiller au Parlement (xviie s.), I, 597 ; IV, 86.
— ou DAVY (Simon), chevalier (xve s.). Ses biens à Pierrefitte, I, 585 ; — à Deuil, 607 ; — à Soisy-sous-Étiolles, V, 70.
DAVID, év. de Murey. Bienfaiteur du collège de Grisy, V, 161.
DAVID, architecte de St-Eustache de Paris, I, 60.
DAVID. Fait les frais de la reconstruction de l'égl. de Clichy-en-l'Aunois (xviie s.), II, 570.
DAVOLT [d'Avon] (Albert), officier de Louis VII. Seigneur d'Andrezel, V, 423. — (Hugues), son fils, *ibid.*
DAVY (Nicolas), bailli de Sully-[sur-Loire] (1444), III, 378.
DAVY (Renée), femme de Jean le Maître, IV, 86.
DAVY. Voy. David.
DAVY DU PERRON (Jean), frère du cardinal (Voy. Du Perron). Seigneur de la Guette, IV, 522.
DAX, Acqs [Landes]. Évêques. Voy. Chaumont (Paul-Philippe de), Le Boux (Guillaume), Sault (Jacques du).
DECHAMPY. Voy. Champy (de).
DÉDICACE des églises, souvent différée, I, 9, 47-8. — I, 20, 464, 496 ; IV, 375.
DEEL, hab. de Rosny (1223), II, 556.
DEFAIS (le), lieu-dit près de Villeron (1219), II, 311 (note).
Defensor de Paris, I, 80.
DE FER (Nicolas), géographe, rectifié, II, 139, 625 ; III, 152, 250, 259, 267, 387, 393 ; IV, 318, 364, 448, 504 ; V, 100, 114, 143, 146 (note), 409, 416, 428.
DÉGUSTE (rue de la), à Corbeil, IV, 312.
DÉIRES (les). Par qui appelées en France, I, 174.
DELAMARE, curé d'Asnières, III, 585.
DELAVAULT (Gervais-Nicolas), chapelain de l'égl. d'Amiens. Curé de Guibeville. IV, 229.
Delicatus (Amalricus), fondateur de l'abbaye de St-Martin de Pontoise (xiie s.). Son nom traduit à tort par celui de Amaury de Lieux, II, 108-109. — *(Radulfus)*, père du précédent, II, 109. — *(Radulfus)*, fils du précédent, II, 109.
Deliciis (cura de sine), III, 419.
DELISLE (Guillaume), géographe, rectifié, II, 389-90 ; III, 183 ; IV, 239, 254. 364, 449 ; V, 183 (note 2).
Dellandi (Vallis) : Vaudherland, II, 287.
DÉLUGE (le) [Seine-et-Oise, ham. de Marcoussis]. Commanderie du Temple. III, 496-7 ; IV, 109.
— (forêt du) à Hermeray, III, 496.
DÉLUGE (Geoffroy du) (xiiie s. ?), II, 650 ; III, 496. — (Jean du), *de Dilugio*, chevalier (1244), III, 496.
DEMISALMON (Jean), habitant de Fromont (xvie s.), IV, 377.
DEMOISELLE (fief de la) à Gennevilliers, III, 63.
DEMOISELLES (hôtel des), ancien lieu-dit de Bièvres, III, 261.
DEMANCHE (pré) à Châtenay (xiiie s.), III, 542.
DEMONVAL, *Demonvallis* [Demontval, ham. de Marly-le-Roi], III, 127, 129, 130.
Denariata vini, mesure de vin, III, 46.
DENIAU (Catherin), chantre de St-Maur (1536), II, 433.
DENIER-PARISIS (le), fief à Fleury, près Meudon, III, 241, 242.
DENIS (François), curé d'Orangis (1684), IV, 371.
DENIS, curé de St-Benoît de Paris, IV, 6.
DENIS, curé de St-Sauveur de Paris (1329), I, 170.
DENISON (Hugues), possesseur d'un moulin à papier à Essonne (1480), IV, 268.
DENOUVAL [Seine-et-Oise, ham. d'Andresy], II, 101.
DENIERS (droit de quatre), IV, 181.
DENTELLES. Paroisses où l'on en fabrique, II, 140, 151, 159, 189-190, 240, 288, 329, 353.
DENTS (fontaine dont l'eau fait tomber les), III, 420.

DENYSON (Etiennette), femme de Jean Compains. Ses biens à Villepreux, III, 189.
— (Guillaume), chapelain de St-Jean de Malnoue (1500), V, 404.
DEOLS (princes de), I, 34.
DEOROVALD, fils d'Ermentrude. Ses biens à Vaujours (VIIᵉ s.), II, 573.
DÉPOUILLE des curés (droit des archidiacres de Paris sur la), II, 197, 240.
Derentiacum, Derenzegium : Drancy, II, 631.
Derlandi (Vallis) : Vaudherland, II, 287.
DERON (Mathieu), chevalier. Son fief a St-Cloud, III, 32. — Seigneur de Montrouge (1273), 589.
DESALLEURS, prieur de Beaulieu. Curé de Triel (XVIIᵉ s.), III, 378.
DESCARS (François). Voy. Escars (d').
DESCARTES (René), philosophe. Sa sépulture, I, 240.
DESCHAMPS (Arthur), V, 176.
— (Jacques). Investi du privilège du coche d'eau de Paris à Charenton (1657), II, 377 (note).
— (Marie). Sa sépulture (1645), IV, 224.
— (Martin), abbé de Livry (1517), I, 446.
— (Thomas), curé de Montreuilsous-Bois (1621), II, 396-7, 417.
DESCHAMPS, secrétaire du Roi. Bienfaiteur de Noisy-le-Grand, IV, 623.
DESCHELLES. Voy. Bescherel (de).
DESCHIENS ou de LA COUR DES CHIENS, financier (XVIIIᵉ s.). Possède Plaisance, II, 471 ; — le Perreux, 473. — Sa maison à Chalandrey, V, 49.
DÉSERT (le) [Seine-et-Oise, ham. de Villiers-sur-Marne], IV, 629.
DÉSERT (le). Voy. Étoile (l').
Designatus rex (Louis le Gros qualifié), II, 109.
DESJARDINS (Jean), abbé d'Hiverneau (1638), V, 373.
DESJARDINS (MM.), conseillers au Châtelet, échevins de Paris. Leur terre de Montereau près Montreuil (XVIᵉ s.), II, 402.
DESLYONS, doyen du chapitre de Senlis. Auteur rectifié, IV, 573.
DES MARES (Jean), conseiller du Roi. Acquiert l'hôtel de Plaisance, II, 469. — Ses biens aux Bruyères confisqués (1382), 657.
DESNAULT ou DESNAUX (Denis), curé de Colombes, aumônier de Louis XIV. Fondateur des Bernardines d'Argenteuil (1635), II, 16-7 ; III, 68.
DESNOTS, écuyer du Roi. Sa veuve, dame de Montaubert (1697), IV, 214.

DESPENCE (Claude), théologien. Sa sépulture, I, 291.
DESPONT (Philippe), bienfaiteur des Annonciades Bleues de St-Denis (XVIIᵉ s.), I, 532.
DESPORTES (Philippe), abbé des Vaux de Cernay, III, 150.
DESPRÉS (Macé), écuyer. Ses biens à Liverdy et à Châtres (1467), V, 301.
DESPREZ (Guillaume), bailli de Chartres, grand fauconnier de France Rend hommage pour St-Leu (1430), II, 70.
DESQUAY (Girard), écuyer, partisan du Roi d'Angleterre. Ses biens à Pierrefitte, I, 585 ; — à Deuil, 607 ; — à Garges, II, 255.
DESROCHES. Mission dont il est chargé par le card. de Richelieu (1637), III, 575.
DESVIEUX, fermier général. Sa veuve, dame d'Epiais (XVIIIᵉ s.), II, 307.
DE TROY, peintre. Tableau de lui dans l'égl. de Bry, IV, 631.
DEUIL, Dueil, Douai [Seine-et-Marne, ham. de Gouvernes], IV, 570.
DEUIL, *Diogilum, Dioilum, Dyoilum*, Dueil, paroisse du doyenné de Montmorency [Seine-et-Oise, arr. de Pontoise, cant. de Montmorency]. *Notice*, I, 598-607.
— Dîme, II, 264. — Prieuré, II, 170 ; — sa fondation, III, 507 ; — ses biens et cures à sa collation, I, 518, 519, 520, 559, 560, 576, 595, 610, 632 ; II, 57, 163, 260, 261-2, 268, 286, 287, 622, 628.
— Lieux-dits : Barre (la), Chevrette (la), Fontaine des Oreillons (la), Marchais (le), Ormesson, Thibaud de Soisy (fief de).
DEUIL (Odon de), abbé de St-Denis (XIIᵉ s.), I, 299, 510, 607.
— (Raoul de), doyen de Senlis, chanoine de St-Victor (XIIIᵉ s.), I, 607.
DEUX-AMANTS (les). Voy. Chanteloup-sous-Deux-Amants.
DEVINCY. Voy. Vincy (de).
DEVINERESSE à Charonne (1230), I, 482.
DEXTRIER, signifiant cheval de guerre, IV, 353 (et note).
DEZALLIER [Antoine], libraire de Paris. Propriétaire du château d'Argenville à Bezons, II, 22.
DEZALLIER D'ARGENVILLE [Antoine-Joseph], fils du précédent ; secrétaire du Roi et maître des Comptes. Propriétaire du château d'Argenville, II, 22. — Son parc à Bièvres, III, 261.
DIABLE (légende du) au pont de St-Cloud, III, 33.

DIABLES (cavalcades d'hommes déguisés en) à Paris, I, 180.
DIANE (statue de), III, 552.
DIAUBONNE (Etienne). Voy. Eaubonne.
Dictionnaire universel de France, rectifié, I, 648; II, 200, 288, 317, 344, 514, 547, 584; III, 10, 62, 229, 244, 256, 271, 273, 274, 406, 453, 547, 578; IV, 51; V, 146-7, 292, 302, 307, 312, 317, 332, 338, 342, 392, 418, 430, 432.
DICY (Hue de), seigneur d'Ablon (1427), IV, 424.
— (Jean de), dit Moreau [père du précéd.]. Capitaine de Corbeil (1388), IV, 307.
— (Jean de), dit Bureau [fils du précéd.], grand-écuyer (1398), capitaine de Corbeil. Seigneur de Luzarches, II, 211; — de Vaux, IV, 267; — d'Ablon, 424; — de Launoy (1449), V, 122.
DIE [Drôme]. Evêque. Voy. Cosnac (Gabriel de).
DIEU (représentation de), III, 567.
DIEUDONNÉ, év. de Soissons (1019), IV, 546.
DIEUPAR ou DIEUPER (Jean) (1423). Ses biens à Villemomble, II, 561; — à Fontenay-sous-Bois, III, 391.
DIGNE [Basses-Alpes]. Evêques. Voy. Coquelet, Le Meignen (Henri), Versailles (Pierre de).
DIGOINE (Erard de), seigneur de Savigny et de St-Gratien, I, 630.
DIJON, *Divio* [Côte-d'Or], I, 407 (note). — Lebeuf y découvre le manuscrit du *Dit des rues de Paris*, I, 350.
— Abbaye de St-Etienne : abbé, I, 424.
— (généralité de), IV, 640 — (parlement de), IV, 365. — Autres mentions, III, 52; IV, 366.
Diluvium : le Déluge, III, 496.
DIMANCHE, même nom que Dominique, I, 90.
DIMBERT (Jean), curé de Pomponne (1669), II, 512.
DINAN [Côtes du Nord], I, 547.
DINANT (Jacques de), chanoine de Laon, archidiacre de Terouenne. Ev. d'Arras, I, 235, 250-1.
DINET (Gaspard), év. de Mâcon. Dédie l'égl. de Bry, IV, 631.
DINTEVILLE (François de), év. d'Auxerre, I, 449. Représenté sur des vitraux, I, 618; III, 144.
DIOCLETIEN (l'empereur), II, 419.
Diodurum, identifications proposées, III, 148, 176.
Diœcesis (St-Germain-en-Laye dit *nullius*), III, 144.
Diogilum, Dioilum, Dyoilum : Deuil, I, 598, 601.

DIONIS (famille). Possède la terre de Carrières (XVIIᵉ et XVIIIᵉ s.), II, 365.
DISCRET (Jean), habit. d'Aubervilliers, père d'enfants monstres, I, 563.
DISQUE (Pierre), prieur de St-Ouen de Favières, V, 346.
Dit (le) du Lendit, I, 545-549; — *des rues de Paris*, I, 350-373.
DIVE (fief de), à Charonne, appelé Engrenet vers 1400, I, 481.
DIVERS (Raoul de), de Lucques, commandeur des Hospitaliers de France (XVᵉ s.), I, 156.
Divertissements de Sceaux (les), III, 551.
DIVITIACUS, guerrier gaulois, III, 476.
DOANAC (Hugues de), prieur de Dueil (XIVᵉ s.), I, 603.
DOC (Jean), grand prieur de l'abbaye de St-Denis, év. de Laon (1552), I, 511, 528.
DOCHÈRES (Jeanne). Sa sépulture [XVIᵉ s.], IV, 539.
DOCTRINE CHRÉTIENNE (confrérie de la), I, 95. — (pères de la) Voy. Paris (couvents).
DODA, femme de Hugues. Bienfaitrice du prieuré de Longpont, IV, 80, 89.
DODART (Denis), médecin. Sa sépulture, I, 33.
DODIEU (famille). Sa sépulture, II, 30. — (Claude), ambassadeur, II, 30; — év. de Rennes Ses biens à Conflans (1554), II, 366, 371. — (Claude), seigneur de Vely-la-Borde (XVIIᵉ s.), II, 30, 31. — (Guillaume), seigneur de la Grange-aux-Merciers (1529), II, 370. — (Loys), sieur de la Borde, premier président au Parlement de Bretagne, II, 30, 31.
DODON, abbé de St-Denis (VIIᵉ s.), I, 495.
DODON, curé de St-Jacques-la-Boucherie, I, 198.
Dodorcho (Pierre de), bienfaiteur du prieuré de Villepreux, III, 182.
DODUN (M.) et son fils [Charles Gaspard, marquis d'Herbault-en-Blaisois], contrôleur général. Seigneurs d'Echarcon, IV, 241.
DOE, seigneur de Combault, IV, 493.
DŒIL, localités de ce nom en France, I, 601.
Doemont : Domont, II, 156.
DOGNON (château du) [Haute-Vienne], IV, 390.
Dohumonte (de) : Domont, II, 154.
DOISY, auteur rectifié, II, 191; IV, 123; V, 342, 418.
DOISU, lieu-dit de Chaville, III, 219.
DOL, mot celtique, I, 601.

— 181 —

DOL [Ille-et-Vilaine]. Évêque : mentionné en 1649, III, 94. Voy. S. Magloire, S. Samson.
— (Jean de), abbé de la Roche (XVᵉ s.), III, 350.
DOLAINVILLE. Voy. Ollainville.
DOLE (Jean de), curé de Drancy (1351), II, 624.
DOLET [Claude], femme d'Hubert de Champy, III, 515.
Dolomonte (de) : Domont, II, 154.
DOLU, conseiller. Sa sépulture, IV, 37.
DOLU (François), président en la Chambre des Comptes (XVIᵉ s.), II, 480. — Son fils, François Dolu le Picart, aliène la terre de Ville-Evrard (1663), *ibid.*
DOLLU (Jacques), seigneur de Villemenon (XVIIᵉ s.), V, 254.
DOMANIE, femme de S. Germer, II, 546.
DOMBES (principauté de). Chancelier, III, 551.
DOMBES (Louis de BOURBON, prince de). Son pavillon de chasse à Clichy-en-l'Aunois, II, 572. — Sa sépulture, III, 198. — Seigneur de la Queue-en-Brie, IV, 489.
DOMGRELOT, verrier à Chaillot, I, 418.
Domibus (de) : Maison-Alfort, V, 5.
Domicellus de Bello Fonte. Voy. Bellefontaine (Jean de).
DOMINICAINS. Voy. Paris, Poissy.
DOMMIERS (fief de) ou de la Tour à Vitry-sur-Seine, IV, 453.
Domna Petra : Dampierre, III, 357.
Domnolus, nom d'homme, III, 323.
Domno Medardo (prioratus de). Voy. Dammard.
DOMONT, *Doolmonte, Dohumonte, Dolomonte (ecclesia de), Domuntum,* Doomont, Doomunt, Dosmunt, paroisse du doyenné de Montmorency [Seine-et-Oise, arr. de Pontoise, cant. d'Ecouen]. *Notice,* II, 154-160. — Autres mentions, II, 170, 189, 281.
— Lieux-dits : Cepoy, Chancellerie (la), Chasse (château de la), Manine, Ombreval, Pigal, Rue (la).
— (Adam de), bienfaiteur du prieuré de Domont (1190), II, 155.
— (Adam de), bienfaiteur de l'abbaye du Val (XIIIᵉ s.), II, 156.
— (Philippe, seigneur de) et de Villiers-le-Bel, II, 156, 178.
DOMPIERRE (seigneur de), II, 413.
Domuntum : Domont, II, 154.
DON (Pierre de), curé de Linas (1486), IV, 122 (note).
DONDAUVILLE (Jeanne de), femme de Guillaume d'Estouteville. Ses biens à Mons (XVᵉ s.), IV, 422.

DONFRONT (seigneur de), V, 128.
DONGION (Baudouin de). Voy. Donjon.
DONGOIS (Gilles), chanoine de la Ste-Chapelle, I, 220.
DONGON (Charlotte), femme de Henri de Besset (1668), III, 337.
— (Jean de). Voy. Donjon.
Donione (Aymon *de*). Voy. Donjon.
DONIZY (Marguerite de), prieure de Hautes-Bruyères (1319), I, 481.
DONJON (seigneurs du) ou de Corbeil. Leurs armoiries, IV, 311.
— (Aymon de), de *Donione,* bienfaiteur et religieux du prieuré de Longpont (XIIᵉ s.), IV, 76, 88, 301, 387.
— (Baudouin de), *de Dungummo* (1136), IV, 301, 333 ; IV, 129.
— (Frédéric de), mentionné en 1138, IV, 301.
— (Gui de), chevalier de la châtellenie de Corbeil (XIIIᵉ s.), IV, 290, 300, 301.
— (Jean du), dit de Corbeil, év. de Carcassonne en 1196, IV, 310.
— ou DONGON (Jean de), seigneur d'Yerres. Ses biens à Cornoualle (XIIIᵉ s.), V, 199, 213.
— (Nantier de), *de Donjonio* (fin du XIᵉ s.), IV, 301.
DONNEMARIE [Seine-et-Marne, arr. de Provins, ch.-l. de cant.], IV, 557.
Donnincum. Voy. Doullens.
DONON (Louis de), trésorier de France. Seigneur d'Avron (1612), II, 479.
— (Médéric de), contrôleur du domaine de Paris (XVIᵉ s). Fait commencer le parc de St-Germain, III, 139. — Seigneur de Châtres-en-Brie ; sa sépulture, V, 304 [D'après son épitaphe qui se trouve encore au château du Vivier il mourut en ce lieu en 1590].
DONOM (Madeleine de), femme de Pierre de la Fontaine. Dame de Villepescle (1635), V, 96.
DONTILLY (de), dame de Chevreuse. Sa sépulture (1507), III, 364.
Doomont, Doomunt, Dootmonte (de) : Domont, II, 154, 155.
DOR, *dour,* mot celtique, III, 71 ; V, 146.
DORAT (Jean), poëte. Sa sépulture (1588), I, 138.
— (Joseph), conseiller au Parlement. Seigneur de la Barre (1661), IV, 626.
DORDENC : Dourdan, II, 214.
DORÉ (Catherine), femme de Jean Gilbert, III, 69.
DORESMIEUX, seigneur de Palluel (1724), II, 626.
DORET (Saint-Germain le), I, 4.
DORMANS [Marne, arr. d'Epernay, ch.-l. de cant.], I, 253.

— (Charles de), conseiller au Parlement. Seigneur de Bièvres, III, 258.
— (Charles de), son fils, secrétaire du Roi. Seigneur de Bièvres (vers 1580), III, 258.
— (Elisabeth de), fille de Charles ; femme de François de la Béraudière, III, 258.
— (Guillaume de), év. de Meaux, puis archev. de Sens. Seigneur en partie de Goussainville (1403), II, 292.
— (Guillaume et Jean de), frères, avocats au Parlement. Acquièrent une terre à Clamart (1349), III, 249. — Leur maison à Paris, 250.
— (Jean, cardinal de), fondateur et bienfaiteur du collège de Beauvais (1370), I, 253 ; IV, 445.
— (Jean de). Ses biens à la Chapelle-St-Denis (XVe s.), I, 461.
— (Jeanne de), femme de Jean Girard, I, 461.
— (Jeanne de), femme de Philbert Paillard, II, 292.
— (Pierre de) (XIVe s.). Ses biens à la Chapelle, I, 458, 461. — Seigneur de Nozay, III, 502 ; IV, 61.
DORMELLES [Seine-et-Marne, arr. de Fontainebleau, cant. de Moret], IV, 261 (note 1).
DORSANNE. Voy. Orsanne (d').
DORSANT. Son château à Villeray (XVIIIe s.), V, 91 (paraît être la même personne que Lebeuf appelle ailleurs Oursin].
DOS D'ANE (le), localité voisine de St-Denis (1697), I, 528.
DOSMUNT : Domont, II, 154.
DOSSIER (Claude), curé de Chennevières-sur-Marne (1683), IV, 476.
DOUAI (Etienne de). prévôt de Gonesse (1264), II, 281-2.
— (Robert de), chanoine de Senlis, médecin de la reine Marguerite de Provence, I, 150.
DOUBLET (Jacques), religieux de St-Denis, historien critique, I, 495, 500, 511, 522, 539.
DOUCY-LÈS-VITRY, *Unciacus*, localité disparue, identifiée avec Vitry-sur-Seine, IV, 447.
DOUÉ [Maine-et-Loire, arr. de Saumur, ch.-l. de cant.], II, 425.
DOUESU, Dovesu, écrit pour Doizu, III, 219.
DOUFFDERMONT, capitaine au régiment des gardes suisses. Seigneur de Combault (1664), IV, 493.
DOUGLAS (Valentin), religieux de St-Denis, abbé de S. Remi de Sens, év. de Laon, I, 511.
DOULCIN (Remi), mandataire de Rabelais pour sa démission de la cure de Meudon, III, 230.

DOULLENS, *Donnincum* [Somme], I, 548 ; IV, 72.
DOUJAT, ancien conseiller du Grand Conseil. Sa maison à Arcueil, IV, 19.
DOUR, mot celtique. Voy. Dor.
DOURDAN, Dordene [Seine-et-Oise, arr. de Rambouillet, ch.-l. de cant.], III, 364, 366, 395, 491 ; IV, 116, 169, 304, 359. — (capitaine de). Voy. Charron (Robert).
— (Payen Serlon de). Voy. Serlon.
DOUTE (la), ham. d'Ozouer-la-Ferrière, V, 354.
DOUVE, sens de ce mot, I, 481.
DOUVES, *Dubrum*, lieu sur la Marne, en face de Bussy (855), IV, 574 (et note). — (moulin de), 597.
DOUVILLE (dame de), I, 519.
DOUY en Mulcien [Douy-la-Ramée. Seine-et-Marne, arr. de Meaux, cant. de Lizy-sur-Ourcq]. Seigneur. Voy. Meaux (Claude de).
— (Regnaud de), bienfaiteur de St-Séverin, I, 106.
— (Perrette de), veuve de Guillaume Romain. Vend le fief de Roquemont (1466), IV, 595.
DOUZONVILLE (Jean de), seigneur d'Ablon, bienfaiteur de St-Gervais de Paris (XVe s.), I, 83 ; IV, 424.
— (Mathurin de), seigneur d'Ablon (1446). IV, 424.
DOYEN, sens de ce mot, III, 331 ; IV, 54, 437.
DOYEN (Guy), chanoine de Soissons (XIIIe s.), II, 534.
DOYENNE (Agnès la). Ses terres à Châtenay (XIIIe s.), III, 542.
DOYENNÉS. Leur origine, II, 394.
DRAC (Anne du), fille de Jean ; femme de Jean de Marle (1501), IV, 512, 513.
— (Antoinette du), femme de Charles Huault (XVIe s.), I, 587-8.
— (Girard du), vicomte d'Ay. Seigneur de Beaubourg (1468), IV, 512.
— (Guillaume du), seigneur de Beaubourg et de Clotaumont par sa femme Marguerite de Villebon (XVe s.), IV, 512.
— (Jean du), seigneur de Beaubourg (1475), IV, 512, 587.
— (Jean du), ancien doyen de Paris. Curé de Wissous (1547), IV, 55.
— (Marie de), femme de Jacques Avrillot. Sa sépulture, I, 416.
— (Silvain du), seigneur des Hayes et des Clerbaudières (1666), V, 195.
DRAGON (bois de), faisant partie de la forêt de Roissy (1236), IV, 500.
DRAGONARE (Jean, évêque de), I, 156.

DRAGONS, envoyés au château de Beaulieu près Marolles (1687), IV, 227.
Dragorianum, siège d'un évêché. Voy. Troyes (Jean de).
DRANCY, *Darentiacum, Derentiacum, Derenzegium*, Drency, paroisse du doyenné de Chelles, divisée en Drancy-le-Grand et Drancy-le-Petit [Seine, cant. de Pantin]. *Notice*, II, 630-634. — Autres mentions, I, 444, 564 ; II, 599, 624, 629.
— (Guillaume de), chanoine d'Auxerre. Bienfaiteur de l'abbaye de Livry (XIIIᵉ s.), II, 255, 634.
— (Jean de), chevalier. Ses biens à Groslay (1202), I, 610.
— (Jean de), de Darenci, écuyer. Sa résidence à Bellefontaine (1316), II, 332-3, 633.
DRAPIERS de Paris (confrérie des), I, 211, 217 ; III, 262.
DRAPS de Gonesse, II, 270. — (manufacture de) à Rocourt, 329.
DRAPS (fouleurs et tondeurs de), à Paris, fondateurs de l'égl. St-Paul, I, 323. — (offrandes de), I, 170.
DRAVÉ : Draveil, V, 196.
DRAVEIL, *Dravetum, Dravellum, Ravetum, Raviacum, Dravernum*, Drevet, Drevert, Dravet, Dravern, paroisse du doyenné du Vieux-Corbeil [Seine-et-Oise, arr. de Corbeil, cant. de Boissy-St-Léger]. *Notice*, V, 57-67. — Autres mentions, V, 54, 68, 196, 226. — (Prieuré de N.-D. de l'Ermitage. *Notice*, V, 60-2.
— Lieux-dits : Beaumont, Bergeries (les), Champrosay, Creuses (les), Mainville, Marcenal, Monceaux, Villiers.
— (Hugues de), écuyer (XIᵉ s.), IV, 332 ; V, 63.
Dravellum, Dravern, Dravernum : Draveil, V, 58.
DRENCY, lieu voisin de Meaux (1004), II, 634 (note).
Drentiacum : Drancy, II, 630.
DRESSY (seigneur de), II, 543.
DREUX [Eure-et-Loir]. Capitaine. Voy. Broulard (du). — Comte, III, 369.
— Election, II, 293 ; IV, 46.
— (Béatrix de), abbesse de Port-Royal (1316), III, 297.
— (Guillaume de), fils de Robert I. Seigneur de Torcy, IV, 592.
— (Guillaume de), monétaire de St-Lô. Seigneur de Montrouge (1351), III, 589.
— (Henri de) [fils de Robert I, comte de Dreux], év. d'Orléans. Bienfaiteur du chapitre de N.-D., II, 530.
— (Henri de), fils de Robert II. Trésorier de la cathéd. de Beauvais (1226), II, 651.
— (Jean de), dit *de Braine*, comte de Mâcon. Sa maison à Paris (1233), IV, 57. — Fonde le prieuré de St-Eloi, 70. — IV, 68.
— (Jean, vicomte de), III, 185.
— (Philippe de) [fils de Robert I] ; év. de Beauvais (1209), I, 54.
— (Philippe de), fille de Robert II : femme d'Henri, comte de Bar. Dame de Torcy (XIIIᵉ s.), IV, 592.
— (Pierre de), dit *Mauclerc*, duc de Bretagne. Seigneur de Chailly et de Longjumeau (1234), IV, 64. — Sa révolte pendant la minorité de Louis IX, 104. — Seigneur de Brie-Comte-Robert, V, 265. — Appelé Pierre de Brienne, V, 291.
— (Robert I, comte de), fils du Roi Louis VI. Fonde les collégiales de St-Thomas et de St-Nicolas du Louvre, I, 54, 57 ; V, 40, 263. — Seigneur de Chilly, IV, 64 ; — de Longjumeau, 75 ; — de Torcy, 592 ; — de Brie-Comte-Robert, V, 38, 263. — Mentionné [à tort comme connte d'Evreux] en 1180, V, 110. — Autres mentions, II, 555 ; III, 475 ; IV, 68, 525.
— (Robert II, comte de), fils du précédent auquel il succède dans ses seigneuries, IV, 64, 75, 592 ; V, 30, 39, 261, 263-5. — Autres mentions, I, 54 ; III, 292 ; IV, 49, 57, 450, 486.
— (Robert III, comte de), fils du précédent. Seigneur de Brie-Comte-Robert ; décédé en 1233, V, 265.
— (Robert IV, comte de), III, 297 ; V, 428.
— (Robert de), seigneur d'Amboile (1347), IV, 482.
DREUX (Antoine), chanoine de N.-D. Ses seigneuries (1645), IV, 36.
— (Charlotte), femme de [Louis du Belloy]. Sa sépulture (XVIIᵉ s.), V, 99.
— (Claude), archidiacre de Paris (1635), II, 313.
— [Emery], sous-chantre de la cathédrale de Paris. Seigneur de Morsang-sur-Seine, V, 99, 101.
— (Pierre), vicaire-général de l'év. de Paris (1576), III, 83. — Curé de Brie-Comte-Robert (1503), V, 259-60.
— ou DROGON, archidiacre de Paris ; — connétable. Voy. Mello (Dreux de).
DREUX, chevalier. Seigneur de Creuilly (1697), IV, 36.
DREUX ou DROGON, prieur de Gournay, II, 550, 553. — Sa sépulture (1239), IV, 610.

DREVERT, Drevet, Drovet : Draveil, V, 58.
DRIESCHE (Jean de la), président des Comptes. Seigneur d'Auteuil et de Passy, I, 389, 390, 403.
Drionnus Vicus, atelier monétaire, II, 221.
DROGON. Voy. Dreux.
Drogonis (nemus) (XIII° s.), II, 91.
DROITS seigneuriaux; résumés en cinq mots, II, 454 ; — les officiers du Roi en sont exempts, III, 225.
DROITURES, IV, 233.— (les trois) de Châtres, 143 (note).
DROUART (Vincent), bourgeois de Paris. Seigneur de Noisy-le-Sec (XV° s.), II, 642.
DROUIN (Jean), écuyer (1461), IV, 106.
DRUIDES, III, 4, 72, 495.
DRUYES [Yonne], III, 15.
DUBOIS (Jacques), dit *Sylvius*, médecin. Sa sépulture (1551), I. 33.
DUBOIS (cardinal). Sa sépulture, I, 56 ; V, 19.
DUBOIS, frère du cardinal ; intendant des Ponts et Chaussées. Seigneur de Villemenon (1724), V, 255. — (le chevalier), son fils, *ibid*.
DU BOIS (le P.), rectifié, I, 163 ; II, 427, 428, 429 ; III, 349 (note), 407, 458 (note) ; IV, 183, 278, 280, 375 (note), 421, 437 (note), 460 (note) ; V, 82, 98, 375.
DU BOIS DE GUÉDREVILLE, président au Grand Conseil (XVIII° s.), IV, 573.
DU BOS (l'abbé), rectifié, V, 201.
DU BOULAY (César-Egasse), historien. Sa sépulture, I, 252. — Rectifié, II, 585.
DU BREUL, religieux de Saint-Germain-des-Prés, I, 119. — Auteur rectifié, I, 12, 22, 23, 44, 56, 58, 66, 116-17, 120, 165, 181, 190, 200, 214, 295, 296, 344, 435, 493, 502, 623, 631, 642, 648 ; II, 222, 257, 482 (note), 491, 513, 575 ; III, 3, 44, 80, 143 (note), 487 ; IV, 4, 26, 50, 334, 439, 538, 620 ; V, 11 (note), 229, 432.
Dubrum : Douves, IV, 574.
DUC (le). Voy. Le Duc.
DU CANDÉ. Voy. Brodeau.
DUCANGE ou DU CANGE. Voy. Cange (du).
DUCAROUGE, curé de Brétigny (XVIII° s.), IV, 350, 351.
DUCHÉ (J.-B.), chevalier d'honneur du bureau des finances de La Rochelle. Seigneur de Passy (XVIII° s.), V, 292.
DU CHEMIN (Jacqueline), veuve de X...), remariée à René Blanchet (1362), IV, 583.

— (Jean et Thibaud), *de Chimino*, écuyers. Vassaux de l'abbaye de St-Maur (1275), II, 445.
DUCHEMIN (Nicolas), retrouve le chef de S. Maur (1629), II, 382.
DUCHÈNE, procureur de la ville d'Argenteuil, II, 7.
DUCHESNE (André), historien. Sa mort tragique à Verrières ; sa sépulture (1640), I, 287 ; III, 532. — Rectifié, I, 616, 623 ; II, 61 ; III, 306.
DUCHY (Jeanne), femme de Milon de Brétigny (XIV° s.), IV, 345.
DUCLOS, membre de l'Académie des Sciences (1667), I, 405.
DU CLOS. Voy. Clos (du).
DU CLOUY, habitant du Bourget (1440), II, 625.
DUCY (Jean), seigneur de Saintry et de Montgermont (1385), V, 95.
DU CROCQ. Voy. Crocq (du).
DUCROQ (Nicolas), seigneur des Tours Blanches, IV, 448. — (Nicole), sa fille (1672), *ibid*.
DU DEFEND (Jean-Baptiste), marquis de la Lande. Seigneur de Châtres (1691), IV, 144.
DUDUEL, prêtre de l'Oratoire, grand pénitencier d'Arras. Curé de St-Clément de Châtres, IV, 157.
DUEIL. Voy. Deuil.
DUEILLE ESTAGE (Marguerite), femme de Guillaume de Renelle. Sa sépulture, IV, 257.
DUEL, I, 413 ; — judiciaire, II, 430, 555 ; III, 213, 521, 535.
DUEL (Héliodore), religieux camaldule, V, 62.
DUESMER (Nicolas), prêtre (1532), II, 312.
DU FAULTRAY (Marc), conseiller au Parlement (1623), V, 212, 215, 216. — (Michel), V, 216.
DU FAUR. Voy. Saint-Jorry (de).
DUFORT, maître des Comptes (XVIII° s.). Sa maison à Colombes, III, 69; — à Créteil, V, 22. — Seigneur de St-Leu, II, 71. — Son fils, introducteur des ambassadeurs. Seigneur de St-Leu, II, 71.
DU FOSSÉ (Louis), gouverneur de la Samaritaine à Paris (1697), IV, 139.
DU FOUR (Dagobert), curé de Jaigny. Sa sépulture (1600), II, 229.
DUFOUR (Jean), curé de Luzarches, II, 206. — (Jérôme), conseiller au Parlement (1575), II, 398.
DU FOUR (Julien), commandeur de l'Hôpital du Haut-Pas, à Paris (XVI° s.), I, 156.
DU FOUR-ALIGRET (Jérôme), conseiller au Parlement (XVII° s.). Bienfaiteur de St-Eustache de Paris, I, 63-4. — Etablit les pères de la Doc-

— 185 —

trine à Bourg-la-Reine, III, 558. — Seigneur de Charentonneau, V, 9.

DUFRESNOY, seigneur de Glatigny (1697), II, 101. — Voy. Fresnoy (du).

DUGAL (Bénédict), marchand de Lucques. Ses biens à Charonne, I, 480.

DUGARD (François), seigneur de Longpré. Possesseur du fief Baudouin-lès-Auteuil (XVIIIᵉ s.), I, 392.

DUGNY, Tuni, Duny, *Dumnium*, paroisse du doyenné de Chelles [Seine, cant. de Saint-Denis]. *Notice*, II, 621-626; — I, 602; II, 178, 627.

— Lieux-dits : Bourget (le), Paluel, Pointe (hôtel de la), Pont-Galland, Pont-Iblon.

— (Adam, seigneur de) en 1300, II, 623.

— (Geoffroy de). Ses biens à Brunoy (1206), II, 622 ; V, 205.

— (Henri de) (XIIIᵉ s.), II, 622.

— (Jean de). Ses biens à Saint-Denis (1268), II, 622.

— (Marie de). abbesse de Chelles (1178-1183), II, 626.

— (Odon de), chevalier. Mentionné sous Philippe-Auguste, II, 622.

DUGUÉ (Gabriel), prêtre (1526), V, 212.

— (Jean), conseiller au Parlement de Chambéry (XVIᵉ s.), V, 279. — (Louis et Françoise), ses enfants. Leur sépulture, V, 279.

— (Jean), seigneur de Champs (1583), IV, 606-7.

— (Jean), conseiller et aumônier du Roi. Prieur de Deuil (XVᵉ s.), I, 604.

— (Jean), maître des Comptes. Seigneur de Villetaneuse ; sa sépulture (1639), I, 592.

DU GUÉ (Louis-Dreux), seigneur de Bagnols et de la Ville-du-Bois (1675), III, 513.

DUGUÉ DE BAGNOLS (Guillaume), maître des Requêtes. Seigneur de Boullay-les-Troux (1654), III, 414.

DUGUÉ DE BAGNOLS, seigneur des Trous. Son château à Méridon, III, 374. Voy. Gué (Louis-Dreux du).

DU GUESCLIN (Bertrand), connétable. Sa sépulture, I, 503. — Possesseur du manoir de Cachant, IV, 21. — II, 408 ; IV, 125.

DUGUET (Anne), femme de Jean de Ligny (XVIᵉ s.), IV, 581.

DU GUET (Joseph). Sa sépulture, I, 257.

DUGUET, curé de Bruyères-le-Châtel (?), III, 466, 467.

DU HAMEL (Jean), propriétaire du fief de la Gode, IV, 238.

— (Jean-Baptiste), de l'Académie des Sciences. Curé de Neuilly-sur-Marne ; sa sépulture (1706), I, 14 ; II, 476.

— (Louise), femme de Pierre Le Clerc, IV, 214.

— (Pierre), maître des Comptes. Seigneur de Guibeville, IV, 228.

DUIGNY [Dugny] (seigneur de), IV, 479.

DUISON (Ferric de). Ses biens à Bonnes, IV, 181.

DU LAC (Madeleine), fille de Pierre, femme d'Abel de Ste-Marthe, III, 226.

— (Marie), femme de Séraphin Ragois (XVIIᵉ s.), II, 402.

— (Pierre), avocat au Parlement. Seigneur de Villacoublay, III, 226.

Dulciolenus, solitaire de Paris (VIIᵉ s.), I, 239.

Dum, Dun, sens de ces mots celtiques, II, 621.

DUMAS (Antoine), chapelain de Guibeville (1485), IV, 227.

DU MAS (Antoine-Aimé-Gaspard), fermier général des postes de France. Seigneur de Corbeville ; possède le fief de St-Aubin (1750), III, 335.

— (Benoît), gouverneur de Pondichéry, directeur de la Compagnie des Indes. Seigneur de Stains (XVIIIᵉ s.), I, 582.

— (Ivonnet) et Charlotte, sa femme. Bienfaiteurs de St-Pierre de Montlhéry (1467), IV, 113.

DUMAS (Louis), inventeur du bureau typographique. Sa sépulture (1744), II, 576.

DU MAS, notaire au Châtelet (1627), II, 11.

Dumnium : Dugny, II, 622.

Dumo (Philippe et Théobald *de*), vassaux de l'abbaye de St-Maur (1275), II, 445.

DUMONT (Guillaume), bourgeois de Paris. Seigneur de Merlan (1580), II, 643.

— (Henri), abbé de Silly, organiste de St-Paul. Sa sépulture, I, 325.

— (Jean), écuyer. Seigneur du Fay (1641), II, 101.

DUMONT, paroissien de St-Côme, à Paris, I, 292.

DU MOULIN (Antoine), seigneur de Vaugrigneuse (1554), III, 464 ; — de St-Yon, IV, 164.

— (Charles), jurisconsulte, III, 226, 260. — Sa sépulture (1566), I, 288.

— Ses biens à Charenton, II, 380.

— Seigneur de Migneaux, III, 532.

— (Ferry), frère du précédent. Seigneur de Migneaux, III, 532.

— (Jean), père des précédents. Sei-

— 186 —

gneur de Migneaux et de Villefavreuse (1526), III, 260.
Du MOULIN. Voy. Moulin (Du).
Dun. Voy. *Dum*.
DUNGALE, religieux de St-Denis, I, 510.
Dungunno (Baudouin *de*). Voy. Donjon.
DUNOIS (le). Archidiaconé ; archidiacre. Voy. Vaugrigneuse (Guillaume de) ; — II, 370.
DUNY : Dugny, II, 626.
Duodenæ (offrandes appelées), III, 42.
DUPAY (Merry), seigneur de Dugny (1580), II, 623.
Du FERRON (cardinal). Sa maison à Bagnolet (1618), II, 658. — Epitaphes composées par lui, III, 392.
DUPES (journée des), III, 196.
Du PIN (Jean), abbé de Cluny (XIVe s.), I, 43 ; — prieur de St-Martin-des-Champs, 338.
— (Louis-Ellies) Sa sépulture (1719), I, 111.
DUPIN, verrier à Chaillot, I, 418.
DUPLEIX, historien, III, 102 ; — rectifié, V, 293.
DUPLESSIS (Dom Toussaint-), historien rectifié, V, 162.
Du PONT (Pierre), prieur de Gournay (1533), IV, 611.
Du PORT (Marie), femme de Jacques Champion, fondatrice d'une maison des Pères de la Doctrine à Bercy (1677), III, 558.
Du PORT. Voy. Port (du).
DUPOULTS, avocat au Conseil. Seigneur de St-Jean de Beauregard, III, 499.
Du PRAT (famille), alliée aux Le Clerc dits Cottier, II, 606 (note).
— (Antoine), cardinal, chancelier, archev. de Sens. Sa maison à Vanves, III, 584. — Seigneur d'Amboile (1530), IV, 482. — Autres mentions, I, 415 ; V, 9, 96.
Du PRÉ (Elisabeth), femme de Jacques Amelot, I, 429.
— (François), conseiller au Grand Conseil. Seigneur de Cossigny (XVIe s.), V, 291.
— (Jacques), curé de St-Paul de Paris, I, 327.
— (Jean), secrétaire du Roi, I, 199.
— (Jean), chapelain de St-Sauveur du Mont-Valérien, III, 83.
— (Jean), maître des Comptes, V, 290.
— (J.), licencié ès-lois, III, 201.
— (Nicolas), maître des Requêtes. Seigneur de Passy (1529), I, 407 ; V, 291.
— (Pierre), seigneur de Cossigny (1510), V, 291.
Du PRÉ, correcteur des Comptes.

Seigneur de Cossigny (XVIIe s.), V, 291.
Du QUESNE ou DUQUESNE (Abraham), baron du Bouchet-Valgrand puis marquis de Duquesne. Sa sépulture (1688), IV, 217, 218.
DUPUIS (Jean). Confiscation de ses biens à Garges (1423), II, 235 ; — à Athis, IV, 419. — Seigneur de Juvisy, IV, 412.
— (Louise), femme de Pascal Barré, IV, 28.
Du PUY (MM.), historiens. Leur sépulture, I, 291.
DUPUY (Antoine), commissaire des guerres. Seigneur de Thiais et de Grignon (1580), IV, 412 ; — de Choisy-sur-Seine, 446.
— (Germain), prêtre de l'Oratoire, curé de St-Clément de Châtres (XVIIe s.), IV, 140, 157.
— (Jean), curé de Boissy-sous-St-Yon et d'Egly (1488), IV, 168.
— (Jérôme), seigneur de Grignon (?), IV, 441.
— (Judith), femme de Claude Séguier. Sa sépulture, III, 288.
— (Nicolas), seigneur d'Igny (1510), III, 529.
Du PUY DE VATAN (Jeanne), abbesse de Jarcy, V, 171.
DUPUYS (Georges), écuyer. Seigneur de Marché-Paluz (1545), III, 300.
DURAN, prévôt de Montlhéry (1140), IV, 94, 102.
DURAND (Aymard), conseiller au Parlement. Seigneur de Chaillot (XVe s.), I, 410.
— (Nicolas), seigneur de Villeblain. Sa sépulture (1652) ; ses armoirise, V, 430.
DURAND, curé de St-Germain-le-Vieux (1329), I, 170.
DURAND, doyen du chapitre de St-Cloud, III, 27.
DURAND, vice-chancelier de Louis le Débonnaire, IV, 235.
DURAND DE VILLEBLAIN (Marie), femme de François d'Alesso (XVIIIe s.), II, 111.
Durannus, doyen de Bondy (1088), II, 565.
DURANT DE VILLEGAGNON. Voy. Villegagnon.
DURAS (Mésapotamie), I, 173.
DURDON (Almaric), bourgeois de Paris. Ses biens à Clamart (1242), III, 248.
DURET (Charles), président de la Chambre des Comptes. Possède le château de la Grange en 1621, V, 219. — Seigneur de Chevry, 288.
DUREY (Jacques-Bernard), président au Grand Conseil. Seigneur de Bier-

ny, Estrées, Magny, Meluzion, Presle et du Tremblay, V, 86 ; — de Saintry (1739), V, 97.

DUREY D'ARNONCOURT, fermier général. Seigneur de Ste-Geneviève-des-Bois (XVIIIᵉ s.), IV, 383.

DURFORT (Robinet de), seigneur de Cressonsac et de Chevreuse, III, 370.

DURFORT (Mᵉ de). Voy. Mazarin (duchesse de).

DU RUEL, curé de Sarcelles. Auteur d'une histoire de Senlis, II, 174.

DU SAUSSAY (André), curé de Briis et de Vaugrigneuse (1618), de Lieusaint, de St-Leu, chanoine de St-Marcel, vicaire-général de l'év. de Paris ; mort év. de Toul (1675), I, 186, 344-5, 460; II, 64, 570-1, 592; III, 40, 326, 341, 449, 460 ; IV, 549, 557; V, 119, 229. — Son *Martyrologe* rectifié, I, 456 ; II, 201, 491 (note).

— ou DE SAULSAY (Jean [VIII]), abbé d'Hermières (1506), IV, 505.

— (Jean [IX]), prieur-curé de Ferrières. Abbé d'Hermières (1521), IV, 639 ; V, 350.

— (Mathieu), seigneur d'Auteuil-en-Brie. Sa sépulture (1498), V, 308, 310.

DURY (Hélin de), curé de St-Sulpice de Favières (XIVᵉ s.), IV, 174.

DU VAIR (Antoinette), femme d'Aleaume. Dame de Villeneuve-le-Roy (1630), IV, 430.

— (Guillaume), év. de Lisieux. Seigneur de Villeneuve-le-Roi (1617), IV, 430.

DU VAL (famille). Ses armoiries, II, 232.

— (André), II, 220.

— (Anne), fille de Germain (1545), II, 241.

— (Anne), fille de Guillaume, femme de Jean Hérouard. Dame de Vaugrigneuse, III, 460, 464.

— (Catherine), fille de Tristan, II, 234, 241.

— (Charles), fils de Guillaume. Seigneur de Vaugrigneuse, III, 464 ; V, 189.

— (Claude), abbé de Selincourt. Seigneur de Mandres (1671), V, 192.

— (Colette), femme de Hugues Rapiout. Dame de Livry (XVᵉ s.), II, 588.

— (François), fils de Tristan ; conseiller à la Chambre des Comptes. Seigneur de Mareil-en-France(1579), II, 234; — de Fontenay, 239, 241.

— (François), fils de Germain ; mestre de camp au régiment de Piémont; vicomte de Corbeil. Seigneur (puis marquis) de Fontenay, de Jaigny, de Mareil-en-France, de Villiers-le-Sec, de Tigery et de Brevannes (1619-1664), II, 231, 234, 237, 241 ; V, 34, 398.

— (Geoffroy), fils de Germain (1545), II, 241.

— (Germain), seigneur de Fontenay-en-France et de Drancy (1518-1531), II, 241, 633.

— (Germain), fils du précédent, II, 241.

— (Germain), fils de Tristan ; gentilhomme ordinaire de la chambre du Roi, capitaine du Louvre. Marquis de Fontenay-Mareuil (1604), seigneur de Villiers-le-Sec, de Tigery (1624) et vicomte de Corbeil, II, 237, 241 ; V, 34, 398.

— (Guillaume), trésorier à Tours. Seigneur de Vaugrigneuse, III, 460, 464.

— (Jean), mentionné en 1505, III, 410.— Seigneur de Dampierre(1539), III, 359.

— (Jean), prêtre, III, 88.

— (Magdeleine), femme de Sébastien de la Grange. Sa sépulture (1537), II, 258.

— (Marguerite), dame de Villiers-le-Sec. Femme de Sébastien I de la Grange, II, 221 — appelée Madeleine dans son épitaphe (1537), 258.

— (Marie), fille de Germain, femme de Christophe de Harlay. Dame de Fontenay en partie (1545), II, 241.

— (Marie), fille de Tristan. Dame de Fontenay en partie (1578), II, 241.

— (Marie-Françoise-Angélique). Apporte en mariage la terre de Jaigny à Potier, duc de Gèvres, II, 231 ; — celles de Fontenay et de Mareil-en-France, 234, 241 ; — de Villiers-le-Sec, 237.

— (Nicolas), fils de Germain (1545), II, 241.

— (Nicolas), fils de Tristan. Prieur de Montjay, II, 234, 241.

— (Pierre), év. de Seez. Sa sépulture (1564), II, 414.

— (Regnaud) ou de Vemars. Abbé d'Hérivaux (XIVᵉ s.), II, 348.

— (Tristan), fils de Germain. Seigneur de Mareuil et de Fontenay-en-France(1550, 1566), II, 234, 241.

DUVAL [*alias* Bernard de Sainte-Thérèse], év. de Babylone. Fondateur du séminaire des Missions étrangères (1633), I, 282.

DUVAL, curé de Fontenay-sous-Bois (1752), II, 385.

DUVAL-DELEPINOI (Louis), secrétaire du Roi. Marquis de Saint-Vrain (1751), IV, 206.

DU VAUCEL (François-Jules), fermier

général. Seigneur de la Norville (XVIII° s.), IV, 234.
DUVELIN DE LIONS (Raoult). Voy. Lions.
DUYSON, Duysan (Jean de), écuyer.

Seigneur de Vaularron (1380), III, 495.
DYNOCHEAU (Jean), fondateur d'une chapelle à Paris, I, 77. — (Etienne), son neveu, ibid.

EAU (expériences pour l'élévation de l'), I, 582 ; III, 139. — (jets et nappes d') les plus anciens en France, III, 102. — bénite (procès au sujet du port de l'), I, 84.
EAUBONNE, Albona, Aqua bona, Aubonne, paroisse du doyenné de Montmorency [Seine-et-Oise, arr. de Pontoise, cant. de Montmorency]. Notice, I, 640-642.
— Hab., admis à la léproserie de St-Leu-Taverny, II, 69.
— Autres mentions, I, 416, 625 ; II, 34 ; III, 52-3 ; IV, 221.
— Lieux-dits : Moulin-Martinet (le), Meaux (fief).
EAUBONNE (Etienne d'), Diaubonne, chevalier (1278), IV, 303.
— (Eudes d'), dit Acrochart. Voy. Acrochart.
— (Eustache, dame d') vers 1180, I, 641.
— (Philippe d'), mentionné en 1193 et 1199, I, 641. — Autre seigneur du même nom mentionné en 1246 et en 1273, ibid.
— (Radulfe ou Raoul d'), bienfaiteur de l'abbaye d'Hérivaux (XII° s.), I, 641 ; II, 235.
EAUBONNE, ferme voisine du Blanc-Mesnil, II, 634-5.
EAUBONNE (Louis d'), fils d'Eustache Le Picart, II, 312 (et note).
EAUX (propriétés de certaines), I, 405-6 ; III, 159, 202, 261, 408-9, 420-1 ; IV, 48.
EAUX ET FORÊTS, III, 144, 185 — (règlement de 1346 sur les), V, 207.
EBORIAC, Evoriac, Floriacum, noms primitifs de Faremoutiers, II, 296, 546 ; V, 407.
EBROIN, év. de Poitiers (850), abbé de St-Maur-sur-Loire, II, 454 ; IV, 135.
EBROIN, maire du Palais, II, 60.
EBRON (l'évêque d'). Eglises qu'il dédie (1535 et 1539), IV, 81 ; V, 46.
Ebronadus : Brunoy, V, 202.

ECANCOURT [Seine-et-Oise, ham. de Jouy-le-Moutier], II, 105, 106.
ECAUX (Mme des). Sa maison à Chaiges (XVIII° s.), IV, 426.
Ecclesia, différent d'Altare, IV, 14, 33. — Parisiaca ou parisiensis : la cathédrale de Paris, I, 4, 5.
Ecclesiola (chapelle appelée), I, 126.
ECHAINVILLIERS (Huet et Pierre d'), fils de Jacques. Vendent en 1407 le fief de Guillerville, III, 493.
— (Jacques d'), fils de René. Seigneur de Guillerville (1361), III, 493.
— (René d'), seigneur de Guillerville en 1330, III, 493.
ECHALLIS (abbaye des), au diocèse de Sens. Hôtel de ses abbés à Paris, I, 101, 117.
ECHANSONNERIE (l'), lieu-dit de Passy (1305), I, 404.
ECHANVILLE (l'), lieu dépendant de la seigneurie de Bellejambe (XIV° s. ?), III, 496.
ECHARCON, Eschercum, Escharcon, paroisse du doyenné de Montlhéry [Seine-et-Oise, arr. et cant. de Corbeil]. Notice, IV, 238-41.
— Hab. admis à la léproserie de Linas, IV, 127.
— Fiefs : Belette, Gravelle, St-Port.
— Lieu-dit : Montblin.
— (Lisiard d'), de Eschercun, seigneur de ce lieu. A donné son nom au Couldray-Lisiard, IV, 240.
ECHAUDÉS (redevance d'), II, 254 ; V, 139.
ECHAUFOUR, ancien nom du Vésinet, III, 129.
Echecs (Jeu des). Voy. Moralité.
ECHELLE patibulaire de Chelles, II, 500.
ECHELLE (l'), lieu-dit de Rosny (XIII° s.), II, 557.
ECHELLE (carrefour de l') à Marcoussis (1350), III, 496.
ECHELLE (forêt de l'), mentionnée au XVI° s., V, 269.
ECHILLEUSE ou ESCHILLEUSES [Loiret,

— 189 —

arr. de Pithiviers, cant. de Puiseaux], II, 272.
ECHOS remarquables, II, 363, 462.
ECLUSE (Jean de l') ou *Clusius*, médecin, I, 397.
ECOLATRE du chapitre de St-Cloud au XIIIe siècle, III, 28.
ECOLES, I, 10, 24, 31, 233, 387, 479; III, 28, 66, 165; IV, 29, 30, 41, 63.
ECOLIERS (levée d') projetée par Louis XI, II, 606.
ECOLIERS (ferme des) à Grisy, V, 156.
ECORCÉ (seigneur d'), II, 559.
ECOSSAIS (compagnie d') massacrée à Sèvres en 1465, III, 17.
ECOSSE (évêque d'), I, 252. Voy. David. — (roi d'), III, 17. Voy. Robert Bruce.
ECOUEN, *Iscoan, Escuen, Eschonium, Eschovium*, Écouan, paroisse du doyenné de Montmorency [Seine-et-Oise, arr. de Pontoise, ch.-l. de cant.). *Notice*, II, 180-188.
— Union de cette terre à la baronnie de Montmorency (1551), I, 625. — Autres mentions, I, 595; II, 153, 232.
— Lieux-dits : Chauffour (le), Ezanville, Neufmoulin.
ECQUEVILLY, Equevilly [Seine-et-Oise, arr. de Versailles, cant. de Meulan], mouvant de la seigneurie de Marly, III, 123.
ECRENNES (les), Escrennes, les Ecregnes [Seine-et-Marne, arr. de Melun, cant. du Châtelet]. Etymol., V, 234. — Grange dite l'Eglise des Ecrennes (1227), V, 418, 428.
ECROUELLES (hôpital où l'on soigne les), I, 77 — (rois guérissant les), III, 43 — (saint invoqué pour les), III, 23.
ECU de France, représenté à St-Séverin de Paris, I, 109, 110.
EDELINE. Voy. Hedelin (Guillaume).
Edera : Yerres, V, 209.
EDESSE (S. Nom pris à tort pour un évêque d'), III, 149.
EDOUARD II, roi d'Angleterre. Son mariage avec Isabelle, fille de Philippe-le-Bel, IV, 258.
EDOUARD III, roi d'Angleterre. Brûle Saint-Germain-en-Laye (1346), III, 137. — Son séjour à Longjumeau (1359), IV, 79 ; — à Chanteloup près Châtres (1360), 147, 152. — Autres mentions, II, 531 ; III, 537.
EFFIAT (Jean d'), prieur de St-Éloi de Chilly, IV, 70. — Son épitaphe (1698), IV, 72.
— (l'abbé d'), IV, 70.
— (le marquis d'). Voy. Coiffier.
EGBERT ou HERBERT, abbé de Ste-Geneviève (846), IV, 414; V, 59.

EGINHARD, abbé de St-Maur (847), V, 388. Voy. Ainard et Einhard.
Egliæ, Eglies : Egly, IV, 165.
EGLISES (coutume de donner des terres aux) approuvée par Philippe Ier sous condition, IV, 102. — (orientation des). Voy. Orientation.
EGLY, *Agdiæ, Agliæ* ou *Aggliæ, Egliæ*, Aiglies, Eglies, paroisse du doyenné de Montlhéry, devenue succursale de Boissy-sous-St-Yon [Seine-et-Oise, arr. de Corbeil, cant. d'Arpajon]. *Notice* (réunie à celle de Boissy-sous-St-Yon), IV, 165-170. — Autres mentions, III, 461, 476, 483, 484 ; IV, 225.
EGRA [Bohême], IV, 131.
EGRAY (seigneur d'), V, 337.
EGRE, rivière ainsi nommée, V, 222.
EGRESFINS, Aigrefins [Les Egrefins, lieu-dit de Neufmoutiers], château appelé Aigre-Sainte en 1350. *Notice*, V, 341.
— (Gilles d'), seigneur de Neufmoutiers (?). Son épitaphe, V, 339.
EGREMONT (Jacques d'), seigneur de Presles et du Fort de Presles. Son épitaphe (1631), V, 308, 310.
EGRENAY, *Egrenuellum*, Esguerneil, *Esguernolium* [Seine-et-Marne, ham. de Combs-la-Ville]. Fief, V, 177, 179, 180, 185. — Chapelle de Notre-Dame, 176, 177. — Dîme, 54, 237.
— (Jean d'), d'Eguerneil, écuyer. Son fief des Barneaux (1256), V, 180.
— (Pierre d'), *de Egrenuello*, chevalier de la châtellenie de Corbeil (XIIIe s.), IV, 300 ; V, 179, 180.
EGRENEIL. Voy. Egrenay.
Egrenuellum : Egrenay, IV, 300 ; V, 180.
EGRY (actes royaux datés de la Motte d') (1467, 1480), II, 327 ; III, 303.
EGUILLON (l'), terre à Egly (?) mentionnée en 1378, IV, 170.
EGYPTE (l'), lieu-dit de Pantin (1744), II, 650.
EGYPTIENS. Leur présence à Paris, I, 66, 354. — Logés à la Chapelle-St-Denis (1427), 462.
EINHARD, abbé (824), II, 2.
EINARD, abbé de St-Maur (856), III, 176. Voy. Ainard et Eginhard.
ELBACH [ou d'ERLACH] (Jacob d'), baron de Spietz ; calviniste converti. Sa sépulture (1694), II, 11.
ELBENE (Madeleine d'), abbesse de Jarcy, décédée en 1590, V, 171.
ELBEUF (Emmanuel-Maurice, prince d'), seigneur de Brunoy (XVIIIe s.), V, 207.
ELECTRICITÉ (première expérience d') pour préserver de la foudre, II, 330.

Eleemosyna (Odo de). Voy. Aumône (Odon de l').

Elemosinaria de cruce Reginæ : hôpital de la Trinité, à Paris, I, 73.

ELÉONOR D'ANGLETERRE (ou Aliénore) femme d'Alphonse IX, roi de Castille. Prières dites pour elle à l'abbaye de Maubuisson, II, 118.

ELEVÉMONT (MM. d'), prieurs commandataires de Conflans-Ste-Honorine (XVIII° s.), II, 91.

ÉLIE (le prophète). Fait calomnieux rapporté à son propos, I, 255. — (histoire d') et de la veuve de Sarepta, représentée sur un tombeau, I, 278.

ELINAND ou ELIMAND, curé de Thiais. Ses biens à Meudon (1284), IV, 441. — Le même, peut être, mentionné dans un acte relat. à Choisy-sur-Seine (1224), 444.

ELISABELLE, femme d'Adam Tade (1348), III, 311, 312.

ELISABETH, abbesse de Montmartre (XII° s.), II, 225.

ELISABETH, femme d'Adam de Domont. Bienfaitrice de l'abbaye du Val (XIII° s), II, 156, 235.

ELISABETH, femme d'André, chambrier du Roi, I. 31.

ELISABETH, femme de Gaucher de Châtillon (1206), II, 519, 534.

ELISABETH, femme de Milon de Chevreuse. Bienfaitrice du prieuré de Longpont, III, 366.

ELISABETH, femme d'Haymon puis de Burchard, comtes de Corbeil, II, 437, 452 ; IV, 272, 273, 597, 614.

ELISABETH, femme de Gui de Villiers-le-Bel, II, 178.

ELISABETH, fille de Guy Troussel, femme de Philippe, comte de Mantes, IV, 101, 209, 378-9.

ELISABETH, fille de Raoul, comte de Crépy, appelée Rose et Sainte Elisabeth (Voy. ce nom), II, 501.

ELISABETH [Isabelle], reine de Castille (1498), III, 491.

ELISABETH, religieuse et bienfaitrice de l'abbaye d'Yerres, V, 123.

ELISIARD, archidiacre de Paris (XI° s.), I, 161.

ELISIARD, év. de Paris (X° s.), I, 549 (note) ; III, 362, 364 ; V, 410.

ELLAIN (Jean), bachelier en médecine. Chapelain de la chapelle St-Quentin à St-Denis (1625), I, 530. — Doyen du chapitre de St-Cloud, III, 28.

Ellychniis (de), surnom moderne et erroné donné à N.-D. du Mesche, V, 20.

ÉLNE [Roussillon]. Evêque. Voy. Flamanville (Basan de).

ELOÏSE, femme de Mathieu de la Tournelle (1276), II, 132.

EMBRUN [Hautes-Alpes]. Archevêque. Voy. Caulers (J. de).

EMDA (Ennon de), prince allemand. Sa sépulture (1545), I, 111.

EMELINE (dame), bienfaitrice du prieuré de Longpont, IV, 78.

EMELINE, *familiaris* de l'abbaye de Ste-Geneviève. Fondatrice d'une chapelle à Auteuil, I, 388.

EMELINE, femme d'Adam de Bray, II, 368.

EMELINE, femme de Jean le Menagier (XIV° s.), V, 83.

EMELINE, femme de Raoul de Mortery. Ses biens à Soignolles (XIII° s.), V, 145.

EMELINE, religieuse d'Yerres. Ses biens à Chalandray (XII° s.), V, 49.

EMELINE, veuve de Philippe de Garges. Traite avec l'abbaye de Saint-Denis (1231), II, 254.

EMÉRAINVILLE, Emery, Hemery, (Voy. ce mot) Hermery, paroisse du doyenné de Lagny [Seine-et-Marne, arr. de Meaux, cant. de Lagny]. *Notice*, IV, 507-510. — Autres mentions, IV, 514, 614.

EMERENVILLE : Emérainville, IV, 508.

EMERY. Voy. Emérainville.

EMERY (fief d') à Bobigny, II, 638.

EMERY ou HÉMERY (famille), III, 7.

EMERY (Guillaume), conseiller du Roi. Son hôtel à Issy en 1421, III, 7, 9.

— (Jean), chanoine de N.-D., archiprêtre de la Madeleine à Paris. Seigneur de Viroflay (1495), I, 216.

— (Jeanne), fille de Pierre et femme de Thomas du Hellay, III, 9.

— (Pierre). Ses biens à Issy confisqués, III, 9.

EMMANUEL, fils d'Antoine, roi de Portugal (Voy. ce nom).

EMME, fille de Hugues, comte de Clermont-en-Beauvoisis ; femme de Matthieu de Beaumont, II, 208.

EMPOISONNEURS (chambre de justice contre les) établie à Vincennes (1679), II, 411.

EMPRUNET écrit pour Prunay, III, 115.

ENCLAVES (les), l'Enclave [Seine-et-Oise, commune des Essarts-le-Roi], dépendant des Layes, III, 354.

ENÉE, év. de Paris, I, 224. — Son élection (856), II, 231. — Transfère le corps de S. Maur à l'abbaye des Fossés (868), II, 426, 429.

ENCUVEL (Jacques), écuyer-queux du Roi (XVI° s.). Sa résidence à Vaumartin, III, 151.

ENFANT double, I, 563.

ENFANTS de chœur de N.-D. (lavement des pieds des), I, 21.
ENFANTS pauvres. Logés dans la salle de représentation des confrères de la Passion, I, 74.
ENFANTS issus du mariage de personnes serves et appartenant à différents seigneurs. Leur condition, III, 531, 568 ; IV, 54.
ENFOUISSEMENT d'une femme pour vol, I, 389 ; — pour autre crime, IV, 258.
ENGELARD, abbé de St-Martin-des-Champs (XIe s.), I, 189, 190, 303.
ENGELBERT ou INGELBERT, abbé des Fossés (IXe s.), II, 424, 425 ; IV, 545.
ENGELVIN, év. de Paris. Voy. Ingelvin.
ENGHIEN, baronie du Hainaut. Son nom substitué à celui de Montmorency (1689), I, 625.
ENGHIEN [Seine-et-Oise, arr. de Pontoise, cant. de Montmorency]. Duché, I, 593. Voy. Matha.
ENGHIEN (Marie-Anne d'), III, 544.
ENGOUELLE (Michel), curé de Saclay puis de St-Denis de la Chartre à Paris. Sa sépulture (1490), III, 318.
— (Nicole), curé de Saclay. Sa sépulture, III, 318.
ENGOULE-AOUT (S. Pierre). Sens de ce surnom, IV, 341 et note.
ENGRENET, nom du fief de Dive à Charonne, en 1400, I, 481.
ENGUIEN. Voy. Enghien.
ENJOURRANT (Evrard), curé de Janvry (1473), III, 442.
ENLUMINEUR de pinceel, I, 102.
ENLUMINEURS (communauté des) à la chapelle de S. Luc, I, 213.
ENIXE (Pierre), seigneur en partie de Toussus (1580), III, 308.
ENNAOUI (Pierre), chanoine et chantre de Champeaux. Sa sépulture (1330), V, 413, 415.
ENNOSANDE, femme d'Ermenfrède. Sa sépulture (XIe s.), II, 437.
ENTRAGUES (Seigneurs d'). Voy. Balzac (de).
ENTRAGUES (le sr d'), seigneur de Châtres (1578), IV, 223. — Seigneur engagiste de Montlhéry (1611), 346.
— [Louis d'ILLERS d'], év. de Lectoure, III, 481.
ENTRAIGUES [Aveyron, arr. d'Espalion, ch.-l. de cant.]. V, 374. Voy. Montvallat (de).
Entre deux voes, lieu-dit du territoire de Sceaux au XIIIe s., III, 545.
ENTRÉE à Paris des évêques, I, 240. Voy. Portage. — des reines, III, 17.
EPÉE (redevance d'une), IV, 355.

EPÉE (fête de l') à Vanves, III, 582.
EPERIES : Epiais, II, 305.
EPERNON (le duc d'). Fait ériger un monument pour le cœur d'Henri III dans l'égl. de St-Cloud, III, 25.
— Son fief de Fontaines, V, 145. Voy. Valette (J.-L. de la).
EPHÈSE (évêque d'), I, 89.
EPIAIS, nom de divers lieux en France, II, 304.
EPIAIS[-LEZ-LOUVRES], Spieriæ, Esperiæ, Esperi, Espieriæ, Espiès, Espiers, Epieriæ, Epiers, paroisse du doyenné de Montmorency [Seine-et-Oise, arr. de Pontoise, cant. de Luzarches]. Notice, II, 304-307. — Autres mentions, 166, 308, 348.
— Lieux-dits : Perruchei de Champagne, Tournedos.
— (Adam d'), d'Epiès, chevalier. Vassal de l'abbaye de St-Maur en 1275, II, 445 ; — mentionné en 1283, II, 307.
— (Albert d'), de Esperiis (1175), II, 307.
— (Anselme d'), d'Espiers (1140), II, 306, 307.
— (Guillaume d'), d'Espiès, chevalier (XIIIe s.?), II, 307.
— (Thomas d'), de Esperiis (1244), II, 307.
EPICES (redevance de gâteaux d'), I, 604.
EPICIER (Jean Chandelier, dit l'). Voy. Chandelier.
EPIDÉMIQUES ou ENDÉMIQUES (maladies), II, 34. — Versailles en est exempt, III, 203.
EPIEDS, EPIEZ : Epiais, II, 304.
EPIEDS [Loiret, arr. d'Orléans, cant. de Meung-sur-Loire]. Charles-le-Bel y séjourne en 1325, II, 304 (note).
Epieriæ, Epiers. Voy. Epiais.
EPIÉS-EN-VEXIN [Epiais-Rhus, Seine-et-Oise, arr. de Pontoise], Dîme, II, 91.
EPILEPTIQUES (pèlerinages d') à St-Maur et à St-Denis, II, 439 (et note 1).
EPINASSE (Robert de l'). Voy. Espinasse.
EPINAY, localités de ce nom, I, 593.
EPINAY (André d'), cardinal de Lyon et de Bordeaux. Acquiert l'île Louviers (1492), I, 329.
— (Jean d'), év. de Mirepoix ; intendant de Louis de Graville. Fait rédiger le terrier de la seigneurie de Marcoussis, III, 487.
EPINAY-CHAMPLATREUX, Spinetum, Spinoilum, Spinolium, Epinay-lez-Luzarches, Épinay-le-Sec, paroisse du doyenné de Montmorency [Sei-

ne-et-Oise, arr. de Pontoise, cant. de Luzarches]. *Notice*, II, 219-222.
— Autres mentions, 204, 207, 235.
— Lieux-dits : Champlatreux et Trianon.
ÉPINAY-LE-SEC. Voy. Épinay-Champlatreux.
ÉPINAY-LES-SAINT-DENIS. Voy. Épinay-sur-Seine.
ÉPINAY-LEZ-LUZARCHES. Voy. Épinay-Champlatreux.
ÉPINAY-SOUS-SÉNART, *Spinogilum, Spinolium, Espinoletum, Espinolium*, Épinay-en-Brie, paroisse du doyenné du Vieux-Corbeil [Seine-et-Oise, cant. de Boissy-St-Léger]. *Notice*, V, 195-199. — Prieuré, V, 168.
— Lieu-dit : Quincy.
ÉPINAY-SUR-ORGE, *Spinogilum, Spinolium, Spinolium, Espinolium, Spinetum*, paroisse du doyenné de Montlhéry [Seine-et-Oise, cant. de Longjumeau]. *Notice*, IV, 83-86.
— Dépendance de Saint-Germain-des-Prés en 872, III, 535. — Église ; sa dédicace, IV, 221. — Habit. admis à la léproserie de Juvisy, IV, 409.
— Lieux-dits : Balisy (le petit), Breuil, Charenton, Villiers-sur-Orge.
ÉPINAY-SUR-SEINE, *Spinogelum, Spinolium*, Espigneul, Épinay-lès-St-Denis, paroisse du doyenné de Montmorency [Seine, cant. de St-Denis]. *Notice*, I, 593-598. — Autres mentions, I, 120, 517, 625.
— Lieux-dits : Barre (la), Beatus (fief), Bois Raoul (le), Briche (la), Cocquenart, Mont (le), Piscop.
ÉPINE (l'), lieu-dit de Bagnolet [aujourd'hui de Montreuil-sous-Bois], II, 656.
ÉPINE (Jean de l'), secrétaire du Roi. Son hôtel à Issy (1420), III, 7. — Voy. Paris, rues.
— (Philippe de l'). Voy. Paris, rues.
ÉPINE (de l'), curé de Nanterre (1741), III, 85.
ÉPINE DE LA GARDE (l'), lieu-dit de Fontenay-les-Louvres (1239), II, 242.
ÉPINETTE LE MAIRAT (de l'). Voy. Le Mairat.
ÉPINETTES (les), canton du bois de Vincennes (1660), II, 411.
ÉPINEY-EN-BRIE. Voy. Épinay-sous-Sénart.
ÉPIPHANE, gardien des Capucins de Paris ; mort à Meudon (1627), III, 238.
ÉPISCOPAL (fief) sur la paroisse de Marcoussis (1122), III, 492, 502.
ÉPLUCHES, Pluches, ham. de Saint-Ouen-l'Aumône. *Notice*, II, 115, 117.

— Dîme (1236), 199.
ÉPONE [Seine-et-Oise, arr. de Mantes, ch.-l. de cant.]. Prévôté, IV, 42.
ÉPOYSES (des). Voy. Espoisses.
Equata sylva : la forêt d'Yvette, III, 346, 347.
ÉQUEVILLY. Voy. Ecquevilly.
Equidorsum (XIIIe s.) : le prieuré de Chevaudos, III, 155.
ÉRABLE (fief de l') à Mardilly (1399), V, 133.
ÉRABLE (l'), lieu-dit de Moussy-le-Neuf, II, 356.
ÉRAGNY, *Erinniacus, Herigniacus*, Érigny, paroisse du doyenné de Montmorency [Seine-et-Oise, arr. et cant. de Pontoise]. *Notice*, II, 109-112. — Autre mention, II, 91.
— Lieux-dits : Ham (le), Neuville.
Erardus, curé de Bagneux (1196), III, 568.
ÉRASME. Sa correspondance avec Jean Mauburn, II, 596.
ERBLAY ou ERBLEY. Voy. Herblay.
Erbledum, Erbleium. Voy. Herblay.
ERBONE (Jean d'), curé de Moissy-l'Évêque (1309), V, 108.
ERCAMBERTE, femme de Vandemir, III, 466.
ERCANFRED. Ses biens à Essonnes (847), IV, 261.
ERCANRAD ou ERCHANRAD. Voy. Erkenrad.
ERCHEMBALD, père de Jean de la Chaine, IV, 112.
ERCHINOALD, maire du Palais, dit à tort comte de Paris au VIIe s. Sa prétendue statue au parvis de N.-D., I, 8, 15. — Donne une terre à S. Fursy sur la Marne, IV, 543-4.
ERCOLD, personnage de l'époque mérov. Ses biens à Deuil, I, 599.
ERCONVALD. Voy. Erchinoald.
Ἔρχος, synonyme de *Tudella*. Voy. ce mot.
ERDRE, *Erdera* : la rivière d'Yerre, affluent du Loir, V, 222.
EREMBERT, *Vir illustris*, III, 478.
EREMBURGE, femme de Pierre de Chailly, IV, 70.
EREMBURGE, femme de Gautier de Provins (XIIIe s.), II, 537.
EREMBURGE, fille de Hugues de Valenton ; religieuse et bienfaitrice de l'abbaye d'Yerres (XIe s.), IV, 481 ; V, 30.
EREMBURGE, fille d'Odeline de Nozay, III, 505.
ERIC. Voy. Héric.
Ericius, prieur du Bois-Saint-Père (1193), II, 154.
ÉRIGNY : Éragny, II, 109.
Erinniacus : Éragny, II, 110.
ERGAL [Seine-et-Oise, arr. de Ram-

bouillet, ham. de Jouars], fief mentionné en 1538, III, 186.
ERKENRAD, év. de Paris. Egl. qu'il aurait rebâtie dans la cité, I, 5, 6.
— Biens qu'il échange avec l'abbaye de St-Maur (847), II, 385 ; V, 388. — Autres mentions, I, 505 ; II, 425, 485 ; IV, 32.
ERMANVILLIERS. Voy. Armanvilliers.
Ermedonis viculus (IXe s.) : Ermont, I, 643.
ERMENAIRE, maire du palais de Caribert. Assassiné à Clichy, I, 421, 441.
ERMENALD, prêtre (XIIe s.), III, 257 ; IV, 357.
ERMENFREDE, chevalier. Seigneur de Lisses ; bienfaiteur et religieux de l'abbaye de St-Maur (XIe s.), II, 437 ; IV, 316, 325.
ERMENGARDE, bienfaitrice de l'abbaye d'Yerres (XIIe s.), III, 270.
ERMENGARDE, femme de Pierre de Berchères (1211), II, 651.
ERMENGARDE, femme de Pierre de Chantelou (XIIe s.), V, 114.
ERMENGARDE dite *Papasela*, femme d'Ansel de Chetainville. Bienfaitrice du prieuré de Longpont (XIIe s.), IV, 187, 196, 395.
ERMENGARDE, fille d'Albéric *Paganus*; femme de Henri de Châtillon-sur-Marne (XIIe s.), II, 529.
ERMENOALD, abbé (1692), II, 465.
ERMENOLD, vassal de l'abbaye de St-Denis pour un moulin à Sarcelles (IXe s.), II, 257.
Ermenolvilla, Ermenovilla : Arnouville, II, 257.
ERMENONVILLE. Voy. Ermenouville.
ERMENOUVILLE [Arnouville], curé, II, 293. — Seigneurs, II, 221, 326, 336. Voy. Arnouville.
ERMENOUVILLE (Adam d'), mentionné en 1177, II, 259. — Seigneur du même nom en 1236, *ibid*.
— (Guillaume d'), *de Hermenovilla*, vassal de l'abbaye de Saint-Denis (1251), II, 258.
— (Pierre d'), mentionné en 1177, II, 259.
Ermenoldus, nom de lieu qui en dérive, II, 257.
ERMENRIC et Nummane, sa femme. Fondent l'abbaye d'Argenteuil (VIIe s.), II, 2.
ERMENSENDE, femme d'Ermenfred (XIe s.). Se retire à l'abbaye de St-Maur (1000), IV, 316, 325.
ERMENTRUDE ou HERMENTRUDE, dame du VIIe s. Son testament, I, 5, 79, 80, 140, 145, 230 ; II, 420, 495, 513, 557-8, 563, 573, 581, 635, 643.

ERMENTRUDE, mère d'un cardinal clerc de l'Egl. de Paris, IV, 45.
ERMENTRUDE. Voy. Hermentrude.
Ermeron : Ermont, I, 643.
ERMITAGE (prieuré de N.-D. de l'). Voy. Draveil — du Val-Adam. Voy. ce mot — de St-Flaive, à Sannois, II, 44.
ERMITES du Mont-Valérien, III, 81-85. — de S. Guillaume. Voy. Guillemins. — (chapelle des) à la Mainferme, II, 598.
ERMONT, *Ermedonis viculus, Ermeron, Hermont*, Ormont, paroisse du doyenné de Montmorency [Seine-et-Oise, arr. de Pontoise, cant. de Montmorency]. *Notice*, I, 642-645.
— Autres mentions, I, 625 ; II, 44, 69.
— Lieu-dit : Cernay.
ERNAUD, official de la cathédrale de Paris (XIIIe s.), V, 166.
ERNÉE [Mayenne]. Doyenné, IV, 349.
ERNISE ou ERVISE, abbé de St-Victor de Paris, relégué comme prieur de St-Paul à St-Remy-les-Chevreuse. Faits ayant motivé cette disgrâce (1172), III, 379. — Autres mentions, I, 340 ; II, 153.
ERQUINVILLIERS (le sieur d') et sa femme, Suzanne de Cenesme, seigneurs en partie de Luzarches (1582), II, 212.
Erra : Yerres, V, 209.
ERRAY-LE-COUDRAY-MONTPENSIER (Seigneur d'), III, 265.
ERRICIASTIQUE (style d'architecture dit), II, 384 ; IV, 44 ; V, 37.
Erulfi Curtis : Coutevroult, II, 213.
ERVAUD, chevalier habitant le château de Marly (XIe s.), III, 128.
ERVAL (d'). Voy. Le Clerc de Courcel.
ESANVILLE, *Esenvilla*. Voy. Ezanville.
ESCARS (François d'), seigneur de la Vauguyon. Acquiert, en 1529, les seigneuries de Montlhéry, de Torcy et de Tournan, IV, 108, 594 ; V, 327.
ESCAMIN (Hiérôme d'), seigneur de St-Michel-sur-Orge et de Launay. Mentionné en 1599 et en 1615, IV, 360.
— (Louis d'), seigneur des mêmes terres en 1618, *ibid*.
Eschala\u{z} (origine du mot), I, 408 (note).
ESCHALLITS (les). Voy. Echallis.
ESCHARRAS (Renaud). Ses biens à Lardy, IV, 184.
ESCHARCON. Voy. Echarcon.
ESCHARD (Claude), seigneur de Bondoufle (XVIe s.), IV, 335.
Eschercum (Liziardus de). Voy. Echarcon *(Liziard d')*.

13.

Eschercus, étymologie de Echarcon, IV, 238, 239.
Eschonium, Eschovium : Ecouen, II, 183-4.
ESCLUSELLE (seigneur de l'), III, 43.
ESCORCHY ou ESCORCY, Scorcy, *Scorciacus, Scortiacum*. Voy. St-Vrain.
Escorciaco (cura de) : la cure de St-Vrain, IV, 200.
ESCORTE (dérivé du mot), IV, 197.
ESCOUBART (Robert), curé de Courquetaine. Ses biens à Malassise (1363), V, 298.
ESCOUBLEAU (d'). Voy. Sourdis (de).
ESCOUYS (Jean d') pourvu par le Pape du prieuré-cure de Villiers-le-Bel. Arrêt du Parlement rendu contre lui (1470), II, 177.
ESCRENNES. Voy. Ecrennes (les).
ESCROUES (Jeanne des), dame de Bagnolet (XIVᵉ s.), II, 655.
ESCUACOL [Guillaume], fondateur de l'hôpital de la Trinité, à Paris, I, 73 ; — prévôt de Paris (1195), II, 149 ; — fondateur d'une chapelle à Rennemoulin, III, 174.
— (Guillaume), seigneur de Chatou (1295), II, 24.
Escuen : Ecouen, II, 182.
ESCUENCOL. Voy. Escuacol.
ESCULAPE (prétendue statue d'), I, 8.
ESCURY, [moulin de l'Ecurie, Seine-et-Oise, comm. de St-Sulpice de Favières], IV, 176, 177.
Esguernolium, Esguerneil. Voy. Egrenay.
ESMANS, Aimant [Seine-et-Marne, arr. de Fontainebleau, canton de Montereau], V, 36.
Esmeriaco (Mathieu de). Voy. Hemery.
ESMERY-HALLON [Somme, arr. de Péronne, cant. de Ham], IV, 510.
ESMOLIÈRES : les Molières, III, 413.
ESPAGNE, I, 197, 199, 533. — (ambassadeur en), IV, 477. — (blanc d'). Voy. Blanc. — (martyrs d'), I, 262, 270, 498. — (reine d'), III, 39.
— (l'infante d') reçue à Bourg-la-Reine (1722), III, 558.
ESPAGNE (Alphonse d'), chanoine et archidiacre de Paris, puis homme de guerre. Sa mort à Gentilly, IV, 7.
— (Bertrandon d') (XVᵉ s.), II, 543.
— (Marie d'), comtesse d'Alençon et d'Etampes ; femme de Charles de Valois, comte d'Alençon. Sa maison à St-Ouen (1356), I, 570, 572.
— (Marie d'), fille de Bertrandon (1478), II, 543.
ESPAILLART (moulin d') (1237), II, 153.
Esperiæ, Esperi, Espeais. Voy. Epiais.
ESPESSES (seigneur d'), V, 278.
ESPESSES (FAYE D'). Voy. Faye.

Espieriæ, Espiers, Espiès. Voy. Epiais.
ESPIGNEUL : Epinay-sur-Seine, I, 403, 595.
ESPIGNOLET, lieu-dit d'Epinay-sur-Seine [?] au XVᵉ s., I, 403, 595.
ESPINASSE (Robert de l'), abbé de St-Germain-des-Prés. Mentionné en 1472, IV, 269. — Prévôt d'Antony [après sa déposition] en 1482, 537.
ESPINEUIL, Espineil, Espinei : Epinay, IV, 83.
Espinoletum sanctæ Genovefæ (XIIIᵉ s.) : Epinay-sous-Sénart, V, 197.
Espinolium, Epinay, IV, 83 ; V, 198.
ESPOISSES (François VIREAU des), IV, 623. — Seigneur de Villeflix, 626.
ESPRITS (apparition d'), II, 462-3 ; III, 125-6 ; — follets, I, 144.
ESSART (l'), lieu-dit de Neuilly-sur-Marne (1233), II, 481.
Essarto-Moysseron (terra de), lieu-dit de Dampierre (XIIIᵒ s.), III, 359.
ESSARTS (Antoine des), seigneur de Glatigny et de Thieux, III, 208.
— (Antoine des) son petit-fils, bailli de Meaux, *ibid*.
— (Charles des). Possède la terre de Quincampoix (1635), III, 458.
— (Geoffroy des). Acquiert des biens à Fosses (1331), II, 292.
— (Guillaume des), sire d'Ambleville. Ses droits sur la forêt de Roissy (XIIIᵉ s.), IV, 500.
— (Guillaume des), doyen de Saint-Germain-l'Auxerrois. Y fonde une chapelle (1328), I, 31 ; — év. d'Evreux (1334), 33.
— (Guillaume des), chevalier. Ses biens à la Queue-en-Brie (XVᵉ s.), IV, 488.
— (Jean des). Son fief d'Ormoy-en-Brie (1373), V, 126.
— (Marie des), fille de Philippe. Femme d'Anseau de Belloy, II, 196.
— (Philippe des), seigneur de Thieux (XIVᵉ s.), II, 196.
— (Philippe des), fils d'Antoine ; maître d'hôtel de Louis XI et du duc de Bretagne. Seigneur de Glatigny, III, 208.
— (Pierre des), bourgeois de Paris. Bienfaiteur de l'hôpital des Quinze-Vingts (1343), I, 39 ; — possesseur du fief de Terouenne (1330), 70.
— (Pierre des), marié à Jeanne de Pacy (vers 1380), IV, 634.
— (Pierre des), prévôt de Paris. Vend à Isabeau de Bavière un hôtel à Bagnolet (1412), II, 657.
— (Simon des), seigneur de Beaubourg en 1326. Ses biens à Clotaumont, IV, 512.
ESSAY [Essai, Orne, arr. d'Alençon] (acte royal daté d') en 1450, IV, 628.

ESSAY (abbaye de l'). Voy. Lessay.
ESSELIN. Voy. Hesselin.
Essentia. Voy. Aisance.
Essenvilla : Ézanville, II, 186.
ESSERGENTS (les). Voy. Sergents (les).
ESSONNE, *Issona,* rivière, I, 122 ; III, 13 ; IV, 260, 262, 265-6, 268.
ESSONNES, *Axona, Essona, Exona, Iscima, Iscuina, Sciona,* Essone, paroisse du doyenné de Montlhéry [Seine-et-Oise, arr. et cant. de Corbeil]. *Notice,* IV, 260-269.
— Etendue de ce *vicus* au VIe s , IV, 270.
— Curé, qualifié curé de N. D. de Corbeil, IV, 287-8. Voy. Tartaret.
— Eglise : inscription (1499), IV, 263, 296.
— Prieuré : biens à Mandres, V, 190 ; à Brunoy, 202, 204 ; à Sénart, 204 ; à Lourdy, 206 ; — prieur ; assiste, en 1278, aux assises de Corbeil, IV, 303. — Voy. Serres (Jean de).
— Autres mentions, IV, 26, 74, 295.
— Lieux-dits : Bordes (les), Chantemesle, Moulin-Galant, Nacelle (château de la), Nagis, Pressoir-Prompt (le), Vaux-sur-Essonnes.
— ((Jean d'), *socius* de Sorbonne (XIIIe s.), IV, 269.
— (Pierre d'), *de Essoniis,* bienfaiteur de la Sorbonne (1278), IV, 269.
ESSONVILLE, *Summum villæ* [Seine-et-Oise, ham. de Brétigny-sur-Orge]. Seigneur, IV, 217. — Mentionné en 1643, IV, 340. — Fief dépendant de Plessis-Pâté, IV, 355.
EST (cardinal d'), I, 61. Voy. Este.
ESTAFFORD (le sire d'). Voy. Stafford.
ESTAING, *Stagnum,* Stain [Aveyron, arr. d'Espalion, ch.-l. de cant.], I, 580.
ESTAMPE DE VALENCE [de Valencay] (Eléonore d'), femme de Charles de Mouchy [de Monchy] d'Hocquincourt. Sa résidence à Bois-franc (1669), I, 575.
ESTANG (Jean d'), prieur de Deuil (1319), I, 603.
ESTE (Marie d'), femme de Jacques II, roi d'Angleterre, II, 7 ; — décédée au château de St-Germain (1718), III, 140. — Sa sépulture, I, 418.
ESTELLAN (FICARD d'). Voy. Picard.
ESTERNAY [Marne, arr. d'Epernay, ch.-l. de cant.]. Inscription concernant un curé de cette paroisse dans l'égl. de Fresnes-les-Rungis, IV, 45.
ESTERNE (l') écrit pour les Ternes, I, 429.

ESTHER (la reine). Sa statue, 1, 9.
ESTIAUX (marquise d'), I, 412.
ESTIOLLES, fief mouvant de Boussy-St-Antoine, V, 195.
ESTOURCY, écrit pour Escorchy, IV, 200.
ESTOUTEVILLE (Guillaume d'). Acquiert, d'un seigneur du même nom, la terre de Mons (1417), IV, 422.
— (Guillaume, cardinal d'), légat du Pape. Acte relat. au pèlerinage d'Aubervilliers (1452) ; — à la confrérie du Blanc-Mesnil (1450), II, 627.
— (Jacques d') [fils de Robert], chambellan du Roi, II, 370. — Prévôt de Paris ; sentence relat. à Sèvres (1507), III, 17 ; — acte relat. à Choisy-sur-Seine (1482), IV, 445.
— Seigneur de Beyne, baron d'Ivry ; seigneur de Croissy-en-Brie (1481), IV, 518.
— (Jean d'), maître des Comptes. Seigneur de Mons (1400), IV, 422 ;
— reçoit hommage pour Soisy (1407), V, 70.
— (Jean d') [frère de Robert], prévôt de Paris. Acte relat. à Villeron (1497), II, 314.
— (Marie d') [et non de Bouteville], abbesse d'Yerres (XVIe s.), V, 229.
— [Robert d'], prévôt de Paris (1456), V, 298.
ESTRADES (maréchal d'), I, 405. —
(Jean-François d'), son fils, abbé de Moissac ; mort à Passy, *ibid.*
ESTRELLE (seigneur d'), IV, 482.
ESTRÉES (hôtel d'). Voy. Paris.
ESTRÉES (seigneur d'), V, 97.
— (Angélique d'), abbesse de Maubuisson ; déposée (1618), II, 119.
— [François-Annibal, duc d'], maréchal de France. Seigneur de Gonesse (1645), II, 267. — Sa maison à Issy, III, 12.
— (François-Annibal II, duc d'), fils du précéd. Seigneur de Gonesse (1684), II, 267.
— (Gabrielle d'). Ses maisons à Paris, I, 131 ; — aux Prés-St-Gervais, II, 652 ; à Bourg-la-Reine, III, 558. — Sa sépulture, II, 122.
ESTREPEIZ (île des), dans la Seine au-dessous d'Epinay (1294), I, 597.
ESTRICHY (Bernard d'), bienfaiteur du prieuré de Longpont. Son francalleu à Bonnes, IV, 181.
ESVRY-EN-BRIE. Voy. Evry-les-Châteaux.
ETALONNAGE (droit d'), I, 556.
ÉTAMPES [Seine-et-Oise], IV, 101, 104, 116, 190. — (acte royal daté d') en 1073, IV, 192. — (archidiacre d'), I, 290. — (baillage d'), IV, 181, 182. — (bailli d'). Voy. Pon-

cher (Jean). — (comtes d'). Leur hôtel à Paris, I, 329-30. Voy. ci-après et Barre (Jean de la). — (comtesse d'). Voy. Espagne (Marie d'). — (coutume d'), 176, 177, 178, 180. — (duc d'). Voy. Bretagne (Jean de). — (duché d'), III, 188. — (duchesse d'). Voy. Pisseleu (Anne de).
— Églises : collégiale de Notre-Dame, IV, 289, 308. — St-Martin des Vieilles-Etampes (XIIe s.), III, 303.
— (prévôté d'), IV, 103, 166, 176, 177, 178, 181, 189. — (grosse tour d'), IV, 182.
— (porte d'), à Châtres, IV, 157.
ETAMPES (Adrald d'). Son fils Arnoul, IV, 171.
— (Ansel d'), fils de Jean. Bienfaiteur de l'abbaye d'Yerres (1139), V, 224.
— (Isembard dit *Payen* d'). Donne au prieuré de Longpont l'égl. et la dîme de Bondoufle (V. 1093), IV, 275, 332 ; — la dîme de Fleury-Méraugis, 362. — Sa femme, Alix, 332.
— (Jean d') (XIIe s.), V, 222. — Détails biographiques, 229-30.
— Louis II, comte d'), bienfaiteur de l'église d'Aubervilliers, I, 557-8. — Son testament, IV, 167.
— (Marc, vicomte d') au XIIe s., V, 230.
— (Payen d'), V, 229.
ETAMPOIS (l'), *Stampensis pagus*, *Stampisum*, III, 430-1 ; IV, 132, 133, 189, 271.
ETANG (l'), III, 152. Voy. Villeneuve-l'Etang.
ETANG (moulin de l'), sur la paroisse de Linas, IV, 123.
ETANG (Valentin de l'). Voy. Stain.
ETANG DE VERNOUILLET (l'), paroisse du doyenné de Champeaux [Seine-et-Marne, arr. de Melun, ham. de Verneuil]. *Notice*, V, 436.
ETANG-LA-VILLE (l'), *Stagnum*, l'Etang-sous-Marty, paroisse du doyenné de Châteaufort. *Notice*, III, 152-156.
— Lieux-dits : Auberderie (l'), Chevaudos, Montbrisset.
ETAPE (droit d'), III, 435-6.
ETAPLES (Hunold d'), prévôt de Paris. Acte relat. à Clamart (1242), III, 248.
ETARDS (les) [Seine-et-Marne, arr. de Melun, ham. d'Ozouer-le-Voulgis], V, 146 (note).
ETATS-GÉNÉRAUX de 1356, IV, 106.
ETAU (l') [Seine-et-Oise, ham. de St-Remy-lez-Chevreuse], fief mouvant de Vaugien, III, 382.

ETHIOLES. Voy. Etiolles.
ETHIOPIE (roi d'). Voy. Gaza Christ.
ETIENNE I, pape. Voy. S. Etienne.
ETIENNE II, pape, à St-Denis en 754, I, 506, 508, 523-4 ; II, 321.
ETIENNE, abbé de Marmoutiers. Acte relat. au prieuré de Villepreux (1263), III, 181.
ETIENNE, abbé de Montlhéry (1125), IV, 112.
ETIENNE, abbé de Ste-Geneviève. Son différend avec l'év. de Paris au sujet de la cure de St-Etienne-du-Mont, I, 246. — Autres mentions, I, 135, 233, 388 ; II, 555 ; IV, 525.
ETIENNE, abbé de Tiron. Acte relat. au prieuré de Jardy (1260), III, 170.
ETIENNE, archidiacre de Paris. Acte relat. à Châteaufort (1216), III, 302, 406. — Texte d'un acte relat. à l'égl. d'Arcueil (1217), IV, 24. — Mentionné, IV, 94, 206.
ETIENNE, chevalier (XIIe s.). Bienfaiteur de St-Jean-le-Rond, II, 402.
ETIENNE, chevalier. Bienfaiteur de l'abbaye d'Yerres (XIIe s.), IV, 417 (note) ; V, 210.
ETIENNE, comte de Paris. Biens qu'il donne à la Cathédrale (811), V, 24, 56, 378, 380-1. — Son obit et celui de sa femme, Amaltrude, célébré à N.-D., I, 122 ; V, 381 (note).
ETIENNE, curé de la Celle-les-Bordes. Exécuté à Paris pour hérésie (1209), III, 428.
ETIENNE, curé du Vieux-Corbeil, et son diacre du même nom. Punis pour hérésie (1209), V, 81.
ETIENNE, curé de N.-D. de Corbeil (1226), IV, 287.
ETIENNE, curé *(persona)* de Villetain (1248), III, 267.
ETIENNE, doyen du chapitre de Senlis, chanoine de Paris. Ses biens à Viry (XIIIe s.), IV, 400.
ETIENNE, doyen de l'égl. de Paris (XIIe s.), I, 16, 161.
ETIENNE [I], doyen de Ste-Geneviève. Affranchit un serf (XIe s.), III, 581.
ETIENNE [II], doyen de Ste-Geneviève (1124), I, 413 ; IV, 48.
ETIENNE, év. de Paris. Voy. Poncher, Tempier, Senlis.
ETIENNE, prieur de St-Lazare de Paris (1283), I, 300.
ETIENNE, trésorier de l'abbaye de St-Denis. Acte relat. à Bezons (XIIe s.), II, 20, 35.
ETIENNE, trésorier de Ste-Sophie de Constantinople (1245), II, 463.
ETIENNE (Henri), imprimeur, I, 341.
ETIENNETTE, femme d'Henri Hemon, I, 105.
ETIGNY (PETIT d'). Voy. Petit.

ETIOLLES, *Athegiolæ, Atheiolæ, Atiolæ,* Athyoles, paroisse du doyenné du Vieux-Corbeil [Seine-et-Oise], arr. et cant. de Corbeil], V, 68. — *Notice,* V, 71-77.
— Lieux-dits : Andre, Bourg, Combeaux, Coudrais (les), Grand-Maison (la), Hangest, Houdre, Ile-aux-Paveurs (l'), Mandres, Senart.
ETIOLLES (Jeanne d'), *de Athegioliis,* appelée Jeanne Chaligaut. Bienfaitrice de Ste-Geneviève de Paris (XIIIᵉ s.), V, 74.
ETOILE (ordre de l'). Lieu de ses assemblées ; ses statuts, I, 558, 570-3.
ETOILE (maison de l') à Buc ; appelée aussi la Boulie et le Désert, III, 275-6.
ETOILE (Jean de l') avocat. Ses biens à Fleury-les-Meudon (XIVᵉ s.), III, 241.
ETOUTEVILLE. Voy. Estouteville.
ETRECHY [Seine-et-Oise ? arr. et cant. d'Etampes], IV, 182.
ETRECHY (Robert d'), curé de Saint-Yon. Son épitaphe, IV, 161.
ETRILLE (l'), lieu-dit des Layes, III, 354.
Eu (li), la Prairie. Etymologie hasardeuse du nom de Lieux, II, 107.
EU [Seine-Inférieure, arr. de Dieppe], III, 90. — Comtes. Voy. ci-après et Artois (Jean d'). — Leur hôtel. Voy. Paris.
EU (Alphonse, comte d'), II, 119. — Fondateur d'une chapellenie à l'abbaye de St-Denis (XIIIᵉ s.), II, 267.
— (Louis-Charles de BOURBON, comte d'), fils du duc du Maine. Seigneur de Fontenay-aux-Roses, III, 563.
— (Jean de ...ault, comte d'), fondateur de la collégiale de Luzarches. Son épitaphe, II, 201.
EUDES, roi de France. Ses libéralités envers l'égl. et le trésorier de St-Denis (894), I, 536 ; II, 169, 190. — Autres mentions, II, 257 ; IV, 117.
EUDES, abbé de Ste-Geneviève, I, 241.
EUDES, abbé de St-Germain-des-Prés. Acte relat. à Nanterre (1223), V, 77 ; — à Meudon (1231), 232 ; — à Choisy-sur-Seine (1223), IV, 444 ; — mentionné (1234), V, 42.
EUDES, archidiacre de l'égl. de Paris (1242), IV, 303.
EUDES, comte de Paris. Son dévouement pendant le siège de cette ville (886), I, 442. Voy. Eudes, roi de France.
EUDES, curé de Châteaufort (1216), III, 406.
EUDES, fils de Manassès. Possède la terre de Combs-la-Ville (XIᵉ s.), V, 177, 178.

EUDES (François). Voy. Mézeray.
EUFÉMIE, bienfaitrice de l'abbaye de Livry (XIIIᵉ s.), II, 585.
EUFÉMIE. Voy. Luzarches.
Eufriacum (XIIIᵉ s.) : Evry-les-Châteaux, V, 133.
EUGÈNE III, pape. Sa résidence à l'abbaye Ste-Geneviève, I, 241, 272 ; — à St-Denis, 509. — Dédie l'égl. de Montmartre, I, 445, 451. — Bulle confirmant les biens de l'abbaye de Faremoutiers (1145), IV, 586 ; — de l'év. de Paris (1147), 485 ; — de l'abbaye de Montmartre (1147), II, 225, 404 ; — du prieuré de Longpont (1151), I, 97 ; III, 396, 429, 501, 518 ; IV, 25, 26, 31, 45, 76, 96, 118, 123, 209 ; — de l'abbaye de St-Martin-des-Champs (1147), I, 197, 470 ; II, 126, 130, 131, 155, 182, 191, 238, 257, 299, 316, 335, 350, 361, 523-4, 550, 565, 582, 585, 631, 648 ; III, 36, 245 ; IV, 469, 613 ; V, 135 ; — de l'abbaye de St-Victor, IV, 281 ; — de l'abbaye de Tiron (1147), II, 591 (note 1) ; III, 170 ; IV, 251 ; V, 345 ; — de l'abbaye d'Yerres (1147), II, 634 ; V, 39, 49, 65, 108, 110, 118, 179, 225, 226. — Décret relat. aux écoles de Corbeil, IV, 309. — Autres mentions, I, 10, 246.
EULOGIES dues par le chapitre de N.-D., I, 161 ; — envoyées par S. Germain à Ste Geneviève, conservées à N.-D., IV, 150 ; — en quoi elles consistaient, V, 107.
EUSÈBE, *le Syrien,* év. de Paris, I, 132. — Confère l'ordination à S. Cloud (551), III, 20.
EUSTACHE [Luillier], seigneur de Montrouge (XVIᵉ s.), III, 590.
EUSTACHE, femme de Radulfe de Puteaux, III, 101. — Donne au prieuré de Longpont ses biens de Bondoufle [vers 1090], IV, 333 ; — ses biens de Brétigny, 347.
EUSTACHE, femme de Guillaume de Villiers-le-Bel. Voy. Courtenay (Eustache de).
EUSTACHE, femme de Jean de Bruyères (XIIIᵉ s.), III, 420, 473.
EUSTACHE, fille de Frédéric *de Castellonio,* femme de Beaudouin de Beauvais (XIIᵉ s.), IV, 334.
EUSTACHIE, abbesse d'Yerres (1213), V, 40.
Eustachius (formes françaises du nom), I, 58.
EVAGRE (Jean), professeur de grec au collège du Cardinal-Le-Moine, I, 346.
EVANGÉLIAIRE conservé à la Ste-Chapelle de Paris. Son antiquité, I, 222.

ÉVANGÉLISTES (chapelle des quatre) à Ste-Geneviève de Paris, I, 237. — (représentation des), I. 7. — (symboles des) sur la tour de St-Jacques-la-Boucherie, I, 198.

Eve, forme ancienne du mot eau, I, 274 (note).

EVE (Christophe), marchand à Brie-Comte-Robert (1651), V, 271.

EVE, abbesse de St-Remy de Senlis. Bienfaitrice de l'abbaye d'Yerres, V, 219.

EVE, abbesse d'Yerres (1200), V, 164.

EVE, femme d'Odon, chevalier, IV, 200.

EVE, femme de Simon, connétable. Fonde avec lui l'abbaye des Vaux-de-Cernay (1128), III, 423. — Sa sépulture, 424.

EVE, femme de Vautier, qualifiée comtesse. Bienfaitrice de St-Germain-des-Prés. IV, 209, 220.

Evemars. Voy. Vemars.

— *(miles de).* Voy. St-Denis (Robert de).

ÉVÊQUE de St-Denis, de Ste-Geneviève, I, 232 et note.

Evericum, Everiacum : Evry-les-Châteaux, V, 127, 129.

EVIEUX, *aquosus* (église St-Germain-le-Vieux ou mieux l'), I, 274 et note.

EVORIAC. Voy. Eboriac.

Evranvilla, Evranville : Avrainville, IV, 192.

EVRARD (Guillaume), curé de S. Gervais (1445), I, 84; — de St-Pierre-des-Arcis (1437), 316.

EVRARD, curé de Vaucresson, chanoine de Ste-Geneviève, III, 168.

EVRARD, prieur de St-Germain-des-Champs. Voy. Gretz (Evrard de).

EVRARD, personnage ayant donné son nom au lieu-dit Ville-Evrard, II, 480.

EVRE, altération du nom *Aper,* IV, 191.

ÉVREUX [Eure]. Ses marchands au Landit de St-Denis, I, 548. — I, 600.

— Bailli. Voy. Melun (Ch. de).
— Cathédrale, II, 202, 556.
— Egl. des Dominicains, III, 41.
— Évêque, II, 556. Voy. Balue (Jean), Chaource (Phil. de), Chevry (Raoul de), Cour (Jean de la), Essarts (Guillaume des), Guillaume [de Cantiers], Heberge (Jean), Luc, Rotrou, Sainctes (Cl. de), S. Aquilin, S. Etern.
— Diocèse, I, 44, 61, 115, 252; III, 48.

ÉVREUX (Amaury, comte d'). Ses droits d'avouerie à Valenton (1138), V, 30; — à Villeneuve-Saint-Georges, 38.

— (Louis de FRANCE, comte d') et de Gien, fils de Philippe-le-Hardi. Seigneur de Brie-Comte-Robert par sa femme, Marguerite d'Artois (1300), V, 266; — mort au prieuré de Longpont (1319), IV, 97.

— (Robert, comte d'). Voy. Dreux (Robert I, de).

— (Simon, comte d'). Donne à l'abbaye de St-Maur la prévôté de St-Clément de Châtres (1107), IV, 139, 140.

Evriacum : Evry-sur-Seine, IV, 325.

EVRIN, seigneur du lieu depuis nommé Montevrain. Se fait prêtre; sa mort en 1077. Sa sépulture à l'abbaye de Lagny; son épitaphe (1127), IV, 538, 540, 547.

Evrini Villa : Avrinville, IV, 191.

Evrinus. Voy. *Aper.*

EVRON. Voy. Avron.

EVRON [Mayenne, arr. de Laval, ch.-de cant.]. Abbaye : abbé. Voy. Belot (Cl.), Petit (Achille le).

EVRY-LES-CHATEAUX, *Everiacum, Evericum, Evriacum, Eufriacum,* Evry-en-Brie, paroisse du doyenné du Vieux-Corbeil [Seine-et-Marne, cant. de Brie-Comte-Robert]. *Notice,* V, 126-133. — Autres mentions, V, 28, 175, 223.

— Lieux-dits : Châteaux (les), Floret, Fontaine-Iseru (la), Fosse-Johannon, Frontaut, Jarreau, Mardilly, Perouse (la), Trembleseau, Vernelle.
— (Hugues d') (XIIe s.), V, 129.
— (Jean d'), chevalier (1233), V, 129-30.
— (Jean d'), fils du précédent. Donne à l'abbaye de St-Maur des fiefs à Maisons (1270), V, 6, 130, 160. — Fondateur présumé du prieuré de Vernelle, V, 131.
— (Manassès d'), *de Everiaco* (1173), V, 129.

EVRY-SUR-SEINE ou EVRY-PETIT-BOURG, *Avriacum, Aivreum, Ayvreum, Evriacum,* Aivry, paroisse du doyenné de Montlhéry [Seine-et-Oise, arr. et cant. de Corbeil]. *Notice,* IV, 323-331. — Autres mentions, IV, 201 (note).

— Lieux-dits : Bois-l'Abbé (le), Bras de Fer (le), Gallande, Grand-Bourg, Grange (la), Grange-Feu-Louis (la), Larchet, Mousseaux, Neubourg, Petit-Bourg, Petite-Montagne (la), Pot-de-Fer (le), Rouillon, Saint-Just.

Exona : Essonnes, IV, 260, 261.

EXORCISMES prononcés contre les insectes des vignes, II, 18, 38.

EZANVILLE, *Idcina Villa, Esenvilla, Essenvilla,* Aisenville, Esanville, ham. de la paroisse d'Ecouen [Seine-et-Oise, arr. de Pontoise, cant. d'Ecouen]. *Notice,* II, 186-188. — Autres mentions, I, 610 ; II, 180, 181.
— (Adam, sire d') [le même sans doute qu'Adam de Villiers], bienfaiteur de l'abb. du Val, II, 156, 187.

EZANVILLE (Ansel de VILLIERS, chevalier d'), II, 157.
— (Gui d') (1177), II, 187.
— (Pierre d') (1177), II, 187.
— (Renaud d') (1177), II, 187.
— (Reric d') (1177), II, 187.
— (Robert d'), chevalier. Vassal de Pierre de Marly (1230), II, 187.

F (changement de la lettre V en), III, 130 (note).
Fabariæ, origine du nom de lieu Favières, V, 342.
FABER (Anne), femme de Yves Mallet (XVIIᵉ s.), IV, 600.
FABRÉGOU. Ses prétentions sur deux chapelles à St-Cloud rejetées (1653), III, 29.
Fabricius, év. d'Alexia (1537), I, 523.
FABROT (Annibal), jurisconsulte. Sa sépulture, I, 33.
FABRY (Germain), doyen du chapitre de St-Cloud (XVIᵉ s.), III, 27.
FACHON (Charlotte), dame de Bièvres (1626), III, 258.
FAGE (bois de), du Fougi. Sa situation, IV, 566.
Fagidum. Voy. Fay (le).
FAÏENCES (manufacture de), à Saint-Cloud, III, 37-8. Voy. Fayence.
FAILLIT (Hugues), fils de Jean. Ses biens à Villiers-le-Bacle (1650), III, 315.
— (Jean), avocat. Ses biens à Villiers-le-Bacle (1643), III, 315.
Fais : le Fay, III, 494.
FALAISE, *falesia.* Sens de ce mot, II, 24.
FALAISE [Calvados]. Abbaye de St-Jean; abbé. Voy. Machault (Paul de).
Falcherollæ. Voy. Fourcherolles.
Falco, sens de ce mot, I, 160.
FALCON ou FOULCON (moulin de) à St-Germain-de-Châtres, IV, 151, 152.
Falconagium (coutume appelée), II, 52.
Falconarius, origine de ce surnom, I, 160.
FALCONY (MM.). Possèdent la terre de Maisons-Alfort (1665), V, 7.
Falsardis. Voy. Faussart.
FAMILLEUS, lieu-dit de Châtenay (XIIIᵉ s.), III, 542.
FAOE (Geneviève de la) [femme de Guiart du Plessis]. Sa sépulture (1336), III, 251.

FARAINVILLIERS (Jean de Marseille, seigneur de). Voy. Marseille.
FARCILLY (Etienne), curé de Baillet (XVIᵉ s.), II, 147.
FARDEAU, notaire à Paris (1620), I, 457.
FARDEL, sens de ce mot, IV, 375.
FARDONAS (Jean) [*corr.* de Faudoas], prieur d'Argenteuil (1486), II, 6.
FARDULFE, abbé de St-Denis. Edifices qu'il fait bâtir en cette ville, I, 494, 506, 527. — Mentionné, 512.
FARFAIGNE, lieu-dit de Charonne (1296), I, 480.
FAREMOUTIERS, Eboriac, Evoriac, *Floriacum,* Faremoustier [Seine-et-Marne, arr. de Coulommiers, cant. de Rozoy], II, 296, 546 ; IV, 294 ; V, 407. — Monastère fondé par Ste Fare, V, 407-8 ; — incendié au XIIᵉ s., 410 ; — fournit des religieuses à St-Martin de Champeaux, 408, 410 ; — des religieuses de Chelles y sont envoyées (XVIᵉ s.), II, 493 ; — biens à Collégien, IV, 586 ; — à Gagny, II, 498, 546, 548; — à Louvres, 296 ; — à Neufmoutiers, V, 340 ; — à Quiers, 434 ;— à Torcy, IV, 593, 597 ; — abbesses. Voy. Châtre (de la), Chevry (Marguerite de) Mons (Marguerite de) ; — religieuse. Voy. Adélaïse.
FARGES (Guillaume), curé d'Aubervilliers (XVIIᵉ s.), I, 559, 560.
FARGUES (Balthazar de), seigneur de Saint-Cheours, III, 453.
FARON. Voy. S. Faron.
FASTOL (Jean), capitaine de Corbeil pour le roi d'Angleterre, IV, 308.
FATORT (Thomas), curé de Lésigny, V, 357.
FAUCHAINVILLE [Farcheville ? arr. d'Etampes, comm. de Bouville], III, 484.
FAUBOURG (étymol. du mot), I, 273 (note) ; IV, 149.
FAUCHER, maire de Sevran (XIIᵉ s.), II, 583.

FAUCHET, premier président de la Cour des Monnaies et historiographe du Roi. Anecdote à son sujet, III, 139. — Sa sépulture, I, 32.
FAUCON « sor de relief », dû au Roi (XVᵉ s.), I, 626.
FAUCON (Alexandre), fils de Claude ; président du Parlement de Rouen, IV, 376.
— (Catherine), fille de Claude ; femme d'Isaac Loisel. Sa fondation dans l'égl. de Ris (1639), IV, 376.
— (Charles), fils de Claude, IV, 376.
— (Charles) [fils de Jean-Louis], mentionné en 1665, IV, 377.
— (Claude), président aux Enquêtes puis premier président du Parlement de Bretagne. Seigneur d'Orangis en partie et de Torigny (1580), IV, 372-3 ; — de Ris, de Messy, de Frainville et de la Borde, 376, 377. — Son cœur conservé dans l'égl. de Ris ; sa sépulture (1601), 376.
— (François), chevalier de Malte, fils de Claude, IV, 376.
— (Jean-Louis), seigneur de Ris (1639), IV, 377.
FAUCONNIER (Guillaume et Maillard) (1265), II, 313.
— (Lambert), et sa femme *Idonea* (1234), II, 537; IV, 587.
FAULTRAY (du). Voy. Du Faultray.
FAURE (Charles), fils de Jean. Réformateur des chanoines réguliers de Nanterre, III, 76. — Son lieu de naissance (1594), 115.
— (François), év. d'Amiens. Dédie l'égl. des Augustins d'Argenteuil (1657), II, 16. — Épitaphe dont il est l'auteur, 120.
— (Jean), commissaire ordinaire des guerres, seigneur de Marsinval (1594). Sa maison à Louveciennes, III, 115.
FAURE (X...), seigneur d'Aulnoy en 1697, V, 420.
— (P.), géomètre (1739), I, 36.
FAUSILION (le champ), lieu-dit de Clamart (XIVᵉ s.), III, 249.
FAUSSARD ou FAUSSART, *Falsardis* (Guillemette), recluse du Mont-Valérien (1556-1561), III, 82-3.
FAUSTE, auteur prétendu d'une Vie de S. Maur, II, 443.
FAUSTINE (médaille de), mère de l'empereur Antonin, I, 70.
FAUTRIER (les sieurs), propriétaires de Montbrisset (1636), III, 153.
FAUTRIÈRE (sieur de la). Voy. David.
FAUVETTE (Toussaint), laboureur. Bienfaiteur de l'égl. d'Argenteuil ; son épitaphe (XVIIᵉ s.), II, 11.
FAVEREUSE. Voy. Favreuse.

Faveriæ. Voy. Favières.
FAVIER (Jacques), maître des Requêtes. Son château de Maison-Rouge (1622), V, 315.
— (Jacques), prieur de St-Ouen de Favières (1570), V, 346.
FAVIER, seigneur de Trousseaux (1699), IV, 379.
FAVIER DU BOULAY (Elisabeth ou Isabelle), femme d'Antoine de Harville. Bienfaitrice de l'égl. de la Celle-les-Bordes (1700), III, 330, 427.
FAVIÈRES [Meurthe-et-Moselle, arr. de Toul], IV, 171.
FAVIÈRES, *Fabariæ*, Favières-en-Brie, paroisse du doyenné du Vieux-Corbeil [Seine-et-Marne, cant. de Tournan]. *Notice*, V, 341-345. — Autres mentions, IV, 170, 171 ; V, 324, 326 (note), 343, 346.
— Abbaye d'Hermières. Voy. Hermières.
— Prieuré de St-Ouen. *Notice*, V, 345-346.
— Lieux-dits : Croix-Paillard (la), Fontaine-le-Hongre, Mandegris, Planchette (la), Puyquarré, Villemigeon.
FAVIÈRES (Dreux de), fils de Henri ; chanoine de N.-D. (XIIIᵉ s.), V, 344.
— (Henri de) et Richarde, sa femme (XIIIᵉ s.), V, 344.
— (Jean de), mentionné en 1170, IV, 525, 626 ; V, 343.
— (Jean de), écuyer. Son épitaphe (XIVᵉ s.), V, 343.
FAVIÈRES, ancien nom de St-Sulpice de Favières (Voy. ce nom), IV, 171 ; — a dépendu de la châtellenie de Montlhéry, 103, 189.
FAVIÈRES (Etienne), religieux de St-Victor de Paris. Administrateur du prieuré du Bois-St-Père (XVIIᵉ s.), II, 154.
FAY, le Fay, la Faye [Seine-et-Oise, ham. d'Andrésy], II, 101.
FAY (le), FAIS ou FOUS [Seine-et-Oise, ham. de Linas], III, 462, 479 ; IV, 127 ; — conjectures sur le souterrain qu'on y remarque, 494-5.
FAY (le) [Seine-et-Oise, ham. des Molières], III, 412-3. — Seigneur, 437.
FAY (le) en Vexin ; mentionné en 862 sous le nom de *Fagidum*, II, 150.
FAY (Gilles de), écuyer, sieur de Châteaurouge et de Maurepas. Seigneur en partie, par sa femme, de la seigneurie de Chevreuse (1529), III, 371.
— (Jeanne du), femme de Robert de Malherbe, III, 173.
— (Phelippotes de). Son épitaphe (1412), IV, 59.

— (Pierre de), son père, *ibid.*
FAYE (Charles), prieur de Gournay (1600), IV, 612.
FAYE (la). Voy. Fay (le).
FAYE (Jean de la), prieur de Deuil (xve s.), I, 603.
— (Marie de la), femme de René de Thou (xvie s.), II, 620.
FAYE D'ESPESSES (Louis-Henry), prieur de Gournay, abbé de St-Pierre de Vienne, chanoine de N.-D. de Paris (1664), IV, 612.
FAYEL, *Fayellum*, Fayet [Seine-et-Oise, lieu-dit de Baillet]. *Notice*, II, 150. — Autres mentions, II, 143, 227, 233.
FAYEL [Seine-et-Oise], lieu-dit de Chaville (xiiie s.), III, 218-9.
FAYENCE (manufacture de) à Sceaux, III, 552 ; — à Villeroy, IV, 248.
FAYETTE (de la). Voy. La Fayette (de).
FAYOLLE, seigneur de Gagny (xviiie s.), II, 549.
FAYS (hêtres), étymologie de nom de lieu, II, 150.
FEBVRE (le). Voy. Fevre (le) et St-Hilaire.
FECAMP, Fécan [Seine-Inférieure]. Abbaye : maison à Paris, I, 103 ; — documents relat. au Landit de St-Denis, I, 538 ; — à Coubert, V, 95, 152.
— (vallée de). Voy. Paris.
FÉCAMP (Claude-Joseph de), seigneur de Villeron en 1736, II, 315.
FÉE (la), écrit pour le Fay, III, 412.
FÉLIBIEN (Dom), historien critiqué, I, 407 ; II, 195, 254, 401, 639 ; III, 63, 444 ; IV, 534-5.
FELIOC [?], lieu-dit près Champeaux (1164), V, 110.
FELIX, doyen de Ste-Geneviève de Paris, écrivain, I, 241.
Femina, signifiant vassale, III, 385.
FEMMES surnommées aux xiiie et xive s. du nom de leur mari, I, 103.
FEMUCHORT (Jean de), chevalier (xvie s.), III, 400.
FENELON. Ses livres examinés à Issy, III, 10.
FENESTE (André de), écuyer (xiiie s.). Ses biens à Rueil, III, 96.
FENOCIE, femme de Martin de Vaugare (1512), V, 133.
FER LAMINÉ (manufacture de) à Essonne, IV, 267.
FER (Nic. de). Voy. De Fer.
FERCADE (Godefroy-Olivier de) [*de Fertada*], bienfaiteur du prieuré de Longpont, IV, 187.
Ferculorum (stations *quatuor*), II, 398 ; III, 280, 491 ; IV, 8, 41.
FERDINAND le *Catholique*, roi d'Aragon. Traité entre Louis XII et lui signé à Marcoussis (1498), III, 491.
FERDINAND, infant de Castille. Fiancé avec Blanche, fille de S. Louis (1266), III, 137.
FERE (la) [Aisne]. Château (gouverneur du), II, 256.
FERET (Anne), femme de Pierre Le Clerc. Dame de Montjay (1610), II, 533 ; — du Pin et de Courtgain, 535 ; — de Courtry, 537.
— (Hippolyte), curé de St-Nicolas du Chardonnet (1651), I, 345.
— (Nicolas). Sa veuve bienfaitrice de l'hôpital St-Eustache à Paris (1500), I, 65.
Feriæ, étymol. du mot Foire, I, 542.
Feritate (*Guillelmus de*). Voy. Ferte (Guil. de la).
FERME (la Petite), lieu-dit de Massy, III, 522.
Fermeolus (*mons*). Voy. Montfermeil.
FERNEL (Jacques), médecin de Henri II. Sa sépulture, I, 200.
FERON (Jérôme le), sous-doyen du Parlement. Seigneur de Louvres et d'Orville ; mort en 1727, II, 303.
— (Marie), femme de Jérôme-Etienne des Belles, III, 532.
— (Nicolas le), président au Parlement. Seigneur de Louvres et d'Orville ; mort en 1734, II, 303.
— (Nicolas le), fils du précéd. Seigneur de Louvres ; sa sépulture (1742), II, 299-300, 303.
— (Oudart le), fils de Raoul, président aux Enquêtes, prévôt des Marchands. Seigneur de Louvres et d'Orville ; mort en 1641, II, 303.
— (Pierre). Son fief à Charenton (xve s.), II, 375. Voy. Ferron.
— (Raoul le), maître des Comptes. Seigneur de Louvres et d'Orville par sa femme (xviie s.), II, 303.
FERRAND (Jacques), maître des Requêtes. Possède les fiefs d'Essonville (1643), et de Charmes (1656), IV, 340, 355.
— (Jean). Voy. Thierse (Jeanne la).
— (Marie), femme de Philippe Sanguin, III, 159.
FERRAND ou FERRANT (Michel), sieur de Beaufort, conseiller au Parlement. Seigneur de Janvry, III, 442, 443, 448 ; V, 7.
FERRARY DE BERSILLY, seigneur de Gagny (xviie s.), II, 549.
FERRÉ, avocat. Sa sépulture, III, 556.
FERREBOUC (Grégoire de). Reçoit du roi d'Angleterre des biens à la Varenne-St-Maur (1423), II, 457.
— (Jean, fils de Pierre). Son fief à Lagny (1478), IV, 564.
FERRIC, chanoine de St-Victor. Bien

faiteur de cette abbaye (1171), IV, 8, 19, 460.
FERRIER (Marie), femme de Jacques Tardieu. Assassinée en 1665, III, 576.
FERRIÈRE, chevalier nivernais. Capitaine de Corbeil ; mentionné en 1429 et en 1436, II, 372 ; IV, 308.
FERRIÈRES [Eure, arr. d'Evreux]. Baron, II, 505.
FERRIÈRES [?] (seigneur de), III, 453.
FERRIÈRES (seigneurs de Vendôme), III, 185 (note).
FERRIÈRES, *Ferrariæ*, paroisse du doyenné de Lagny [Seine-et-Marne, arr. de Meaux, cant. de Lagny], IV, 505. — *Notice*, IV, 635-643.
— Curés. Voy. Costes (J. de), Robert.
— Forêt, IV, 425 ; V, 280, 351, 353.
— Lieux-dits : Brosse (la), Tafarrette (la).
FERRIÈRES (François de), seigneur de Maligny, de Boissy-sous-St-Yon et d'Égly, IV, 167.
— (Raoul de), bienfaiteur du prieuré de Gournay (vers 1150), IV, 639, 640.
— (Pierre de), prieur-curé d'Epinay-sous-Sénart (1269), puis abbé de St-Victor, V, 198. — Vend à l'abbaye de St-Denis des biens au Thillay (1287), II, 275.
FERRIÈRES-EN-GATINAIS [Loiret, arr. de Montargis], I, 502. — Abbaye ; abbé. Voy. Barrin.
FERROLLES, *Ferrolæ, Ferroliæ, Ferreolæ*, paroisse du doyenné du Vieux-Corbeil [aujourd'hui uni à Attilly sous le nom de Ferrolles-Attilly. Seine-et-Marne, arr. de Melun, cant. de Brie-Comte-Robert]. *Notice*, V, 275-278. — Dîmes, IV, 327 ; V, 241.
— Lieux-dits : Barre (la), Borde-Grappin (la), Petites-Romaines (les).
FERRON (Benjamin), grand-aumônier de l'abbaye de St-Denis (1640), I, 574.
FERRON (Guido le), chevalier, IV, 103.
FERRON (Jeanne), femme de Nicole Bossart (XVIe s.), IV, 263.
FERRON (Pierre). Sa maison à Arcueil confisquée, IV, 16.
FERROUL (Jean), fondateur d'une chapelle à St-André-des-Arts, I, 287.
FERS à cheval cloués à la porte des églises, I, 104 ; II, 80.
FERVACQUES (de), seigneur des Bordes (XVIIIe s.), III, 426.
FERTAY, Ferté, la Ferté. Voy. Fretay.
FERTÉ (la) [Seine-et-Oise, ham. de Choisel], III, 373. — Chapelle de St-Jacques, 368, 373, 417.

FERTÉ (seigneurs de la) (Geoffroy de la). Ses biens à Grisy (1204), V, 157, 160 — (Guillaume de la), chevalier. Ses biens en Porrois, III, 285 — (Guillaume de la). Ses biens à Verville (XIIIe s.), III, 476. (Guillaume de la), vassal du Roi pour ses biens à Ver-le-Grand, IV, 212. — (Hervé de la). Son différend avec le prieuré de Villepreux (1232), III, 181. — (Pierre de la) dit Meselant, fils d'Hervé, III, 281. — Voy. aussi Vendôme et Villepreux.
FERTÉ-ALAIS (la), anciennement la Ferté-Baudouin [Seine-et-Oise, arr. d'Etampes, ch.-l. de cant.]. Château ; Eudes, comte de Corbeil y est assiégé, IV, 275. — Dîmes, IV, 39. — Seigneur, IV, 594. — Autres mentions, IV, 149, 190.
FERTÉ-BAUDOUIN (la). Voy. Ferté-Alais (la).
FERTÉ-BEAURAIN (la) : Beaurin, III, 289.
FERTÉ-HUBERT (la) [Loir-et-Cher]. Seigneur, I, 572.
FERTÉ-IMBAULT (la) [Loir-et-Cher]. Dame, II, 236.
FERTÉ-SOUS-JOUARRE (la) [Seine-et-Marne, arr. de Meaux, ch.-l. de cant.]. Occupée par les Anglo-Navarrais (1358), IV, 559-60.
FERTÉ-MILON (la) [Aisne]. Gouverneur. Voy. St-Chamant (Ant. de).
FERTÉ-MILON (Robert de la), abbé de Ste-Geneviève), I, 235.
FERTÉ-SENNETERRE (Catherine de la), femme de François de Bullion, morte en 1747, V, 283.
FERTELET, localité dépendant de la terre de Chevreuse (1692), III, 373.
FESHEIM, village donné à S. Remi par Clovis, II, 164.
FETIGNY ou FITIGNY (Pierre de), avocat au Parlement. Sa demeure à Issy (1381), III, 9. — Cardinal (1400), chanoine de St-Germain-l'Auxerrois, I, 34.
FÊTU, symbole de déguerpissement, II, 42 ; — d'investiture, V, 324.
FEU (François), curé de S. Gervais, I, 84.
FEUCHERIE (Nicolas de la), doyen du chapitre de St-Cloud (XVe s.), III, 27.
FEUCHEROLLES. Voy. Fourcherolles.
FEUGERAIS (Marie de), femme de Jean de Bailly, puis de M. de Villeroy. Dame de Fleury (XVIe s.), III, 241-2.
FEUGÈRES [Seine-et-Oise, ham. de St-Yon], IV, 160.
FEUGRUE (Françoise des), femme de Jean de la Sengle (1434), V, 173.

FEUILLADE (ferme de la), à l'abbaye de Vaux-de-Cernay (1698) [la Feuillarde ? Seine-et-Oise, ferme de Gometz-la-Ville], III, 424.

FEUILLADE (François, duc de la). Ses biens à Villepreux, III, 188. — Acquiert la terre de Satory (1685), III, 209 ; — des biens à Buc, 276.

FEUILLANCOURT, *Villioli curtis* (ou *cortis*) *Filioli cortis, Filiacum cortis, Filioli curia,* Villiancourt, Filiacourt, Filliaucourt, Filliancourt, hameau de la paroisse de St-Léger [Seine-et-Oise, ham. de St-Germain-en-Laye], III, 130, 132. — Moulin, 133.

FEUILLANTS. Leur séjour à Vincennes en 1587, II, 410. Voy. Paris (couv.), Plessis-Piquet (le).

FEUILLARDE (seigneurie de), V, 293.

FEUILLET (sieur du), V, 315.

FEUILLET (Catherine), femme de Michel Alibert. Met au monde deux enfants monstres (1701), IV, 455.
— (Gilles), curé du Tremblay. Sa sépulture (1501), II, 608.
— (Nicolas), chanoine de St-Cloud. Ses ouvrages ; mort en 1693, III, 39.

FEULARDE, lieu-dit de Rueil (XIIIe s.), III, 98, 101.

FEVRE (le). Voy. Le Fevre.

FÉVRIER (fief de) à Mardilly (1512), V, 132.

FEYDEAU, seigneurs de Brou, II, 521-2. — (Denis), conseiller d'État, acquiert cette terre (XVIIe s.), *ibid.*
— (X...), intendant de Strasbourg, puis de Paris, *ibid.*

FEYDEAU, seigneurs de Vaugien. (Pierre), chevalier, secrétaire du Roi (1635-1654), III, 376-7, 383. Son château à Courcelles, 386. — (Denis), fils du précédent ; correcteur des Comptes. Sa sépulture (1682), III, 376, 377, 383. — (Louise), fille du précédent, femme de Nicolas Bertin, 383.
— (Elisabeth), femme d'Antoine le Camus (XVIIe s.), IV, 379.
— (Marie), veuve de Pierre Maupeou en 1635. Sa maison de Mousseaux, IV, 329.

FIACRE (le frère). Voy. Antheaume (Denis).

FICHEPAIN (Claude de), femme de Jehan Tronçon. Sa sépulture (1612), II, 227.

FICHET ou FISCET (Guillaume), recteur de l'Université de Paris. Son lieu de naissance ; détourne Louis XI de faire une levée d'écoliers, II, 606.

FIEFFES (Jean Pied-de-fer, commandeur de) ou de Siestes, II, 400.

FIENNES ([Robert] de) connétable de France, IV, 79.

FIENNES (OLIVIER de). Voy. Olivier.

FIESQUE (Urbain de), abbé de Lagny, et év. de Fréjus ; mort en 1485, IV, 550.

FIEUBET (Gaspard de). Possède la terre de Sous-Carrières (1660), V, 360. — Chancelier de la Reine, secrétaire d'Etat. Se retire chez les Camaldules d'Yerres ; son épitaphe (1694), V, 231-2.

FIÈVRE (guérison de la) au tombeau de Ste-Geneviève, I, 231. — vermineuse à Sannois, II, 45.

FIEZ (Simon de), baron de Saulve. Seigneur de Charonne (1576), I, 477.

FIGEAC [Lot]. Abbé. Voy. Berenger.

FIGEAC (Raymond de), sous-diacre et bienfaiteur de N.-D. (XIIe s.), II, 619 ; IV, 116.

FILESAC (Jean), curé de St-Jean-en-Grève et écrivain ; mort en [1638], I, 92 ; — chefcier de St-Merry, 162.

FILETIÈRE (de la), seigneur de Combreux (XVIIIe s.), V, 328.

FILIIOL (Pierre), archev. d'Aix (1254), I, 223.

Filiacum cortis, Filioli curtis ou *curia* : Feuillancourt, III, 130.

Filles de l'évêque (églises de Paris dites), I, 80.

FILLEUL (Anne), religieuse de la Conception de Lagny (1661), IV, 556.

FILLEUX, seigneur de Palluel (1669), II, 626.

FILLIANCOURT, Filliaucourt. Voy. Feuillancourt.

FILLON (Guillaume), chapelain de St-Fiacre dans la forêt de St-Germain, III, 144.
— (Nicolas), bienfaiteur de l'église d'Auteuil, I, 387.

FILLOTS (Philbert). Biens qu'il reçoit de Charles IX (1564), II, 403.

FIN (Jeanne de la), abbesse de Port-Royal en 1468, III, 297.
— (Jeanne de la), nièce de la précéd. Abbesse de Port-Royal (1513-1558), III, 294, 297, 341.

FINEL (Guillaume), vicaire du prieuré de Longpont. Autorisé à se réfugier à Paris (1562), IV, 97-8.

FINS, nom de lieu. Son étymologie, IV, 179.

Firmoilus, Firmolius, Firmalis (Mons). Voy. Montfermeil.

Firmitas Bellirami : Beaurin, III, 289.

FITIGNY (Pierre de). Voy. Fétigny.

FITTE (Charles de), baron de Soucy, III, 456, 457.
— (Claudine de), femme de Charles des Essarts. Dame de Quincampoix, III, 458.

— (Jean-François de), seigneur de Soucy (XVIIIe s.), III, 457.
— (Pierre de), seigneur de Bruyères-le-Châtel (1580), III, 474.
— (Pierre de), baron de Soucy; mort en 1647, III, 457.
FITZ-JAMES (Henriette de), fille du maréchal de Berwick, femme de J.-B.-Louis-Clermont d'Amboise. Morte à Chatou (1739), II, 25.
FIZEAUX DE CLEMON, écuyer. Seigneur de Guibeville (XVIIIe s.), IV, 229.
FLADEBERT, prêtre de St-Germain-l'Auxerrois, I, 24.
FLAGHEAC (Anne de), fille de Pierre. Vend la terre du Moineau (1638), II, 472.
— (Pierre de), seigneur du Moineau et de Villemomble en 1608, II, 472, 561 ; — de Noisy-le-Sec, 561.
FLAICOURT (Hugues de), abbé de St-Germain-des-Prés (1218), III, 155.
FLAMAN (Hugues le), seigneur haut-justicier de Bures (1474), III, 393.
FLAMAND (Baudoin). Voy. Hildeande.
FLAMANDS (la FOSSE AUX), lieu-dit près de Belleville (1360), I, 469.
FLAMANVILLE (Hervé BASAN de), év. d'Elne (1700), III, 89.
— (marquise de). Sa maison à Suresnes, III, 52.
FLAMARENS (de). Possède la terre de St-Mandé (XVIIIe s.), II, 381.
FLAMEL (Nicolas), bienfaiteur de l'égl. St-Jacques-la-Boucherie, I, 198. — Sa statue, I, 244. — Cité, 395.
FLAMESBURE (Robert de), religieux de St-Victor de Paris et écrivain, I, 341.
FLAMING (Herbert), tisserand. Fonde une chapelle à St-Gervais, I, 83.
— (Jean). Autel qu'il fait bâtir à St-Jean-en-Grève, I, 90.
FLAMING (chapelle des) à St-Jean-en-Grève, I, 90.
FLANDRE, I, 502 ; II, 476 ; III, 122 ; IV, 125.
FLANDRE (comtes de). Leur hôtel à Paris, I, 68 ; — à Conflans, II, 366. — Voy. ci-après et Béthune (Robert de).
— (le comte de). Ses incursions en France, II, 303 [Lebeuf donne à ce fait la date de 1162 qui est inexacte ; il s'agit en effet de Philippe d'Alsace, comte de Flandre, qui fut en guerre avec Philippe-Auguste de 1183 à 1186].
— (comtesses de), qualifiées reines, III, 554 (note). — Voy. ci-après.
— (Charles [corr. Louis de NEVERS, comte de), vassal de l'év. de Paris pour un fief à Jaigny (1346), II, 230.

— (Marguerite de FRANCE, comtesse de), fille de Philippe-le-Long. Rend hommage pour Luzarches à l'év. de Paris, II, 210. — Possède le château de Chanteloup près Châtres, IV, 152.
— (Robert [I], comte de), allié du roi de France, I, 615 ; II, 529.
— (Robert [III], comte de). Agrandit l'hôtel des comtes de Flandres à Paris, I, 69. Voy. Bethune (Robert de).
— (Yolande, comtesse de), veuve de Jean de Damiette. Rend hommage à l'év. de Paris pour la seigneurie de Montjay (1270), II, 406, 531.
FLAVIGNY [Côte-d'Or, arr. de Semur]. Abbaye, I, 61. — Gouverneur. Voy. Coutier.
FLECELLES (Anne de), femme de Nicolas Vignier (XVIIe s.), V, 427.
FLÉCHIER, év. de Nîmes. Vers qui lui sont attribués, III, 202.
FLEUREAU (Dom Basile), historien rectifié, IV, 617 ; V, 224.
— (Guillaume). Ses biens à St-Ouen (XVe s.), II, 264.
FLEURET (Alexis), barnabite. Curé de Passy, I, 405.
FLEURIGNY [Yonne, arr. de Sens]. Seigneur, IV, 125.
— (Catherine de), femme de Jacques de Trie, II, 233.
FLEURY, *Floriacum*, Flori, Flory-es-Glaisières, ham. dépendant de Meudon et de Clamart (Fleury-la-Ville) [Seine-et-Oise, ham. de Meudon]. *Notices*, III, 240-243 ; 249-250. — Autres mentions, III. 7, 228, 237.
— Lieux-Dits : Denier parisis (le), Glaisières, Gouche (la), Monceau-Réparé (le), Révillon.
FLEURY, fief dépendant de St-Cloud, III, 31, 37.
— (Anne de), mariée à : 1º Fiacre de Saint-Berthevin ; 2º Georges de Villecardel ; 3º François de Rivière. Dame de Fleury-Mérogis (1571-1584), IV, 365.
— (Charles de), sieur du Luat. Seigneur de Varennes (XVIIe s.), V, 173-4 ; — de Périgny (1606), 188.
— (François de), seigneur de Fleury-Mérogis (1454), IV, 364.
— (François de), seigneur de Fleury-Mérogis (1510 et 1512), IV, 364-5.
— (François de), conseiller au Parlement. Obtient la nouvelle érection en cure de Fleury-Mérogis (XVIIe s.), IV, 362, 363.
— (Geoffroy de), fondateur d'une chapelle à St-Josse de Paris (1303), I, 304. — Le même ou son fils, trésorier du Roi, fondateur d'une chapelle à Clamart, III, 249.

— (Gilles et Jeanne de), descendants de Jean de Fleury, III, 31.
— (Jean de), secrétaire du Roi (1435). Son fief à St-Cloud, III, 31, 37.
— (Joseph-Omer de), avocat-général. Fait rebâtir l'égl. de Fleury-Mérogis (XVIIIe s.), IV, 362, 363.
— (Louis de), seigneur de Varennes (XVIIe s.), V, 174.
— (Pierre de), seigneur de Fleury-Mérogis (XVe s.), IV, 364.
— (Robert de), seigneur de Fleury-Mérogis (1140), IV, 363.
— (Thomas de). Possède un fief à Charenton en 1362, II, 375.
— (X... de), seigneur de Périgny par son mariage (XVIe s.), V, 188.
— (le cardinal de), mort à Issy, III, 6, 12. — Sa sépulture, I, 55; III, 6. — Secourt les inondés de Gennevilliers, III, 64.
— (Claude), sous-précepteur des petits-fils de Louis XIV ; mort en 1723. Prieur d'Argenteuil, II, 5. — Son *Hist. ecclésiast.* citée II, 443 (note).
— (Etienne), seigneur de la Borde en 1597. Son fief à St-Germain-lez-Corbeil, V, 87.
FLEURY (JOLY de). Voy. Joly.
FLEURY-AUX-CHOUX. Voy. St-Benoît-sur-Loire.
FLEURY-EN-BIÈRE [Seine-et-Marne, arr. et cant. de Melun], IV, 363 (note).
FLEURY-LA-RIVIÈRE [Marne, arr. et cant. d'Epernay], II, 467 (note).
FLEURY-MÉRAUGIS ou MÉROGIS, *Fleuriacum,* paroisse du doyenné de Montlhéry [Seine-et-Oise, arr. de Corbeil, cant. de Longjumeau]. *Notice,* IV. 361-366. — Autres mentions, IV, 332, 334, 362, 363 ; V, 132.
— Lieux-dits : Boyvin, Buisson-Chévrier (le), Chêne de l'assemblée (le), Greffière (la), Grés (la terre de), Haye-Charlo (la), Haye-au-Prêtre (la), Hayes d'Illiers (les), Lannoy, Longuion, Murgiers (les), Poillebrebis, Pré-au-Maistre (le), Tertre (le), Viezville (la).
FLEURY-SUR-LOIRE. Voy. St-Benoît-sur-Loire.
FLEXELLES (Jean de), président de la Chambre des Comptes. Ses biens à Villepinte et au Plessis (1649), II, 617. — Seigneur de Tigery, V, 397, 398.
— (Jean-Baptiste de), comte de Bregy. Aliène le vicomté de Corbeil (1709), IV, 302.
FLOGNY (de), gentilhomme de Bourgogne. Sa femme, dame du Luat, aliène cette seigneurie (1752), II, 168.
FLOHAIRE, prêtre, chroniqueur, I, 599
FLORE (dame), recluse de St-Séverin, I, 111.
FLORE, femme de Gilles Grange. Sa sépulture (1300), I, 260.
FLOREAU (Geoffroy), év. de Châlons. Cède l'abbaye de Beaulieu-en-Argonne et la prévôté d'Antony avec [en échange de] l'abbaye de Saint-Germain-des-Prés (1482), III, 537.
FLORENCE [Italie], II, 30 ; III, 8. — Concile de 1439, III, 204.
— (André de), clerc de Charles le Bel; év. d'Arras, puis de Tournay. Bienfaiteur des Chartreux de Paris (1337), III, 509.
FLORENT, archidiacre de Maëstricht. Bienfaiteur des Chartreux de Paris (XIVe s.), IV, 472.
FLORET, lieu-dit d'Evry-les-Châteaux? (XIVe s.), V, 132.
FLORET (Charles de). Voy. Florette-Aligret.
— (Blaise), principal du collège de Chanac (1538), I, 481.
FLORETTE (Catherine), femme d'Eustache Budé, V, 212, 215.
FLORETTE-ALIGRET (Charles de). Saisie de sa terre de Villiers-Adam (1613), II, 132. — Seigneur de Charentonneau en 1413 [*corr.* 1613], V, 9.
FLORETTES (Jean de), seigneur de Villiers-Adam (XVIe s.), II, 132.
FLORI, Flory-ès-Glaisières. Voy. Fleury.
Floriacum. Voy. Faremoutiers.
Floriacum : Fleury, III, 240.
FLORIEL, curé de Franconville (XVIIIe s.), I, 49.
Florus, nom d'homme. Origine de nom de lieu, IV, 361.
FLORUS de Lyon, V, 26.
FLOTTE (la), fief compris dans l'enclos de Bellejame, III, 494.
Fluriacum : Fleury-Méraugis, IV, 361.
FOES (Antoine), auditeur des Comptes. Sa sépulture (1743), I, 591.
— (Etienne), de Chevillon, père du précéd. Seigneur de la Motte-Bréchain et de Villetaneuse ; lieutenant du Roi à Metz, I, 591.
FOIGNY [Aisne]. Abbé. Voy. Rainard.
FOING (Jacques), chanoine de la cathédrale de Paris. Prieur d'Argenteuil (1573), II, 5 ; — (1584), 15 ; — abbé de St-Serge d'Angers. Possède à Yerres la Grange du Milieu (1581), V, 215, 219.
FOINY (Claude), écuyer. Vend Marolles-en-Hurepoix (1481), IV, 225.

FOISSY (Marguerite de), femme de Jean Colas. Sa sépulture, III, 196.
FOIX (acte de Philippe le Bel concernant le comté de), IV, 21. — (comtes de), I, 538 ; II, 354 ; III, 286 ; IV, 49. — (pays de). Gouverneur, I, 111.
— (Gaston de), chevalier de l'Etoile (1458), I, 573.
— (Marie de). Reçoit du roi la terre de Garges (1513), II, 256.
FOIX DE CANDALE (Louise de). Voy. Candale.
FOLETEMPS (Guillaume de), partisan du duc de Bourgogne. Ses biens à Athis (1423), IV, 419.
FOLIE, sens de ce mot, II, 370.
FOLIE (la), anciennement Choisy-Thiais [Seine, ham. de Choisy-le-Roi], IV, 445.
FOLIE (la) [Seine-et-Oise, ham. de St-Germain-les-Arpajon], IV, 134, 151.
FOLIE (la), fief dépendant de la châtellenie de Corbeil (1597), V, 161.
FOLIE (la), maison à Moussy-le-Neuf (XVIe s.), II, 352, 356.
FOLIE (la). Voy. Folie-Rigaut (la).
FOLIE (porte de la), à St-Yon, IV, 160.
FOLIE (Mathurin de la), prieur-curé de Villiers-le-Bel (1470), II, 177.
FOLIE-BASTON (Jeanne Baston, dame de la), II, 472.
FOLIE-CORNU (la), maison située près de la Grange-aux-Merciers (1506), II, 370.
FOLIE-HERBAUT (Françoise de Moutiers, dame de la), IV, 199.
FOLIE-NICOLAS-GUÉPIÉ (la), maison située sur le territoire de Bagnolet (1384), II, 657.
FOLIE-REGNAULD (la), à Charonne, I, 480-1.
FOLIE-RIGAULT (la), la Folie [Seine-et-Oise, éc. de Gometz-la-Ville], III, 410.
Foliosa : Fouilleuse, III, 100.
FOLIOT (Chrestien), possesseur d'un fief à St-Cloud, III, 31.
FOLLANT (Simon), prieur de Beaulieu (1580), III, 378.
FOLLEVILLE (Jean de), prévôt de Paris (1376), V, 298.
FOLLEVILLE (Louis de Giffart, seigneur de la Pierre-Saint-Macloux de), II, 49.
FOLLON (Jean), prieur de St-Jean-en-l'Ile de Corbeil (1494), IV, 295.
FORMENTEAU. Voy. Fromenteau.
FONCARVILLE. Voy. Tancarville.
Fond des Aunois (le), fief à Margency (XIVe s.), I, 639.
FONDEURS, signifiant fondateurs, IV, 125.

Fons Bruiandi, ancien lieu-dit d'Issy, III, 8.
FONTAINE (Jean), curé de Villeron (1635), II, 312.
— (Jeanne), veuve de Noël Robert, I, 72.
FONTAINE, fermier-général (XVIIIe s.). Propriétaire de Cramayel, V, 112 ; — de Limoges, 136.
FONTAINE (Mme de), dame de Passy (1730), I, 404.
FONTAINE (rue) à Châtres, IV, 142.
FONTAINE (la) [Seine-et-Oise, ham. de Brétigny], IV, 340. — Fief, 342, 346.
FONTAINE (la), fief sur la paroisse de Conches, IV, 573 ; — sur la paroisse de Vigneux, V, 57.
FONTAINE (la), Fontaines, ham. de Soignolles, V, 145.
FONTAINE (Antoine de la), dit de la Fontaine-Solare, lieutenant de vaisseau. Seigneur de Villepesche ; mort en 1712, V, 121.
— (Jean de la), fils de Pierre (XVIIe s.), V, 121.
— (Françoise-Henriette de la), abbesse d'Issy, III, 13.
— (Marie de la), mère de Guy de Bauchisy. *Donnée* de l'Hôpital ; sa sépulture (1336), IV, 294.
— (Pierre de la), commissaire de l'artillerie. Seigneur de Villepesche (XVIIe s.), V, 96, 121.
FONTAINE (de la). Voy. La Fontaine (de).
FONTAINE-AUX-ÂNES (chemin de la), près de Corbeil (XVe s.), IV, 313.
FONTAINE-AUX-BERGERS (la), lieudit de Dampmart (1518), II, 518.
FONTAINE-AUX-COCHONS (la) [la Fontaine-aux-Cossons. Seine-et-Oise, ham. de Vaugrigneuse], III, 459, 460.
FONTAINE-BELLE-ENCONTRE (seigneurs de) en Normandie, IV, 346.
FONTAINEBLEAU [Seine-et-Marne] (actes royaux datés de) en 1273, III, 110 ; — en 1290, II, 431 ; — en 1544, III, 186 ; — en 1547, IV, 130 ; V, 39 ; — en 1554, III, 321 ; — en 1563, IV, 410.
— Château : garde de la Bibliothèque. Voy. Sainte-Marthe.
— Forêt, V, 113. Voy. Bière (forêt de).
— Autres mentions, IV, 374, 407, 409.
FONTAINE-CHALLENDREUX (seigneur de). Voy. Montberon (Louis de).
FONTAINE-DES-OREILLONS (la), fief sis à Deuil, I, 607.
FONTAINE-ISERU (la), lieu-dit d'Evry-les-Châteaux [?] (XIVe s.), V, 132.
FONTAINE-LE-HONGRE, hameau de Favières? V, 345.

FONTAINE-MARTEL (comte de), IV, 346, 350.
FONTAINE-MICHEL (la), lieu-dit de Massy, III, 525.
FONTAINES [la Fontaine, ham. de Brétigny-sur-Orge], IV, 195.
FONTAINES, lieu-dit de Coubert, II, 150.
FONTAINES (fief de) à Brétigny, distinct du fief de la Fontaine, IV, 347.
FONTAINES (prieuré de) [Seine-et-Marne, ham. de Thorigny]. Fournit des religieuses à l'abbaye de Chelles (1499), II, 493. — Prieure. Voy. Rivière (Jeanne de la).
FONTAINES (les), canton du bois de Vincennes, II, 411.
FONTAINES (Adam de), sacriste de St-Maur. Prieur de St-Eloy de Paris (XIVe s.), I, 311.
— (Gautier de), chanoine de Sens. Possesseur d'un gord près de Nanterre (1275), III, 78.
— (Godefroy des), docteur allemand, I, 152.
— (Martin de), possesseur d'un fief à Torigny (XVIIIe s.), II, 515.
— (ROUILLÉ de). Voy. Rouillé.
FONTAINES-LA-PEROCHE (Nicolas Picot, seigneur de), V, 33.
FONTAINES-LES-BLANCHES (abbaye de), au diocèse de Tours. Sépulture d'un de ses abbés dans l'égl. de Vaux-de-Cernay, III, 424.
FONTAINE-SAINT-FLAIVE (la), à Sannois, II, 44.
FONTAINE-SAINT-GERMAIN (la), lieu-dit de Garges (1360), II, 254.
FONTAINE-SAINTE-GENEVIÈVE (la), située entre Coubert et Grisy, V, 150, 159.
FONTAINE-SAINT-VINCENT (la), canton d'Issy (XIVe s.), III, 5.
FONTAINE-SOLARE (la). Voy. Fontaine (Antoine de la).
Fontanedus : Fontenay-sous-Bois, II, 385 ; — Fontenay-le-Vicomte, IV, 235.
Fontanetum, Fontanetum prope Balneolum ou *juxta Balneol.* : Fontenay-aux-Roses, III, 560 ; IV, 22.
Fontanidum (IXe s.) : Fontenay-sous-Louvres, II, 238.
Fontanitum, lieu voisin de Chaillot (VIIe s.), I, 408.
Fontanis in Turonia (Johannes abbas de). Voy. Fontaines-les-Blanches.
Fontano (ecclesia de) : Fontenay ? II, 238.
FONTANOY ou de FONTENAY (Jean de), bourgeois de Paris et Bauteur, sa femme. Leur testament (1227), I, 71, 199.
Fonte (Henricus de), témoin ? *(jurator)* dans un acte (1298), IV, 23.

FONTEMAN (Jean de), curé d'Ozouer-le-Voulgis (1363), V, 298.
FONTENAILLES-SUR-MAS (seigneur de), IV, 200.
FONTENAY, Fontenet. Etymologie de ces noms de lieu, II, 237 ; IV, 235.
FONTENAY (Elisabeth de), femme de Nicolas Amory. Son fief de la Borne-Blanche (1672), V, 341.
— (Jean de). Voy. Fontanoy (de).
— (Jean de), chevalier. Ses biens à Colombes (1209), III, 67.
— (Jean de), prieur de St-Eloy de Paris. Sa sépulture (1505), I, 313.
— (Mathieu de). Ses biens à Châtillon pendant la domination anglaise, III, 577.
— (Philippe de), év. de Nevers, I, 313.
— (Pierre de), partisan des Anglais. Ses biens à la Briche, I, 597 ; — à Châtillon, III, 577.
— (Pierre de), professeur en théologie. Prieur de St-Jean de Corbeil (1524), IV, 284.
FONTENAY [Seine-et-Oise, ham. de Sevran], II, 583, 584.
— (Philippe de), chevalier (1255), II, 584.
FONTENAY [?]. Seigneur, IV, 81.
FONTENAY-AUX-ROSES ou SOUS-BAGNEUX, *Fontanetum*, Fontenet, paroisse du doyenné de Châteaufort [Seine, cant. de Sceaux]. *Notice*, III, 559-565.
— Filles de la Providence, I, 479 ; III, 565. — Habit. admis à la léproserie de la Banlieue, IV, 22. — Autres mentions, I, 146, 271.
— Lieux-dits : *Campus-Rutrudis*, Manherion, Plessis (le), Rosiers (moulin des), Vernon (fief Thibaud de), Vignerun [?]
FONTENAY-EN-BRIE. Voy. Fontenay-Trésigny.
FONTENAY-EN-FRANCE. Voy. Fontenay-les-Louvres.
FONTENAY-EN-PARISIS, II, 507 ; III, 560. Voy. Fontenay-les-Louvres.
FONTENAY-LE-COMTE [Vendée], IV, 235 (note), 236.
FONTENAY-LE-FLEURI [Seine-et-Oise, arr. et cant. de Versailles], II, 193, 194. — Confondu avec Fontenay-aux-Roses, III, 559.
FONTENAY-LÈS-BRIIS ou SOUS-BRIIS, *Fontanetum, Fonteneium*, Fontenay-sous-Brières, paroisse du doyenné de Châteaufort [Seine-et-Oise, cant. de Limours]. *Notice*, III, 454-456. — Autres mentions, III, 466 ; IV, 133, 235.
— Lieux-dits : Arpenty, Bois-à-Madame (fief du), Charmoise (la),

Gloriette (la), Graffart, Launay-Jacquet, Moines-Blancs (fief des), Quincampoix, Roncière (la), Soucy, Soulaudière (la), Verville.
— (Bochard de), de *Fonteneio* (XIIIe s.), III, 455.
FONTENAY-LES-LOUVRES ou SOUS-LOUVRES, *Fontanetum, Fontanidum, Fontanum*, Fontenay-en-France, Fontenay-en-Parisis, paroisse du doyenné de Montmorency [Seine-et-Oise, arr. de Pontoise, cant. d'Ecouen]. *Notice*, II, 237-243. — La vraie croix y est déposée (1109), I, 540; III, 560. — II, 292.
— Maladrerie, II, 243 ; — biens à Gonesse, 268.
— Lieux-dits : Boislégat (fief), Epine de la Garde (fief), Ourze (hôtel de), Pomereth, Troussevache (fief).
— (Gervais de), chevalier (XIIIe s.), II, 242.
— (Jacques de), né en ce lieu. Abbé d'Hérivaux (1208), II, 243.
— (Richilde de), mentionnée en 1239, II, 242.
FONTENAY-LES ou PRÈS-VINCENNES. Voy. Fontenay-sous-Bois.
FONTENAY-LE-VICOMTE, *Fontanedum, Fontanetum, Fontanetum Vicecomitis*, paroisse du doyenné de Montlhéry [Seine-et-Oise, arr. et cant. de Corbeil]. *Notice*, IV, 235-238.
— Eglise ; sépulture, IV, 187. — Autres mentions, IV, 219, 246, 301-2.
— Maison dite de la Roque, IV, 237.
— Fiefs : Gode (la), Hôtel (l') aux Payens ou Salle Mandegarde, Laisne, Mailly ou Marly, Sauciel-Bernard, Tour-Pancrace (la).
FONTENAY-MAREUIL (marquisat de), II, 237, 241.
FONTENAY-SOUS-BAGNEUX ou LES-BAGNEUX. Voy. Fontenay-aux-Roses.
FONTENAY-SOUS-BOIS, *Fontanedus*, Fontenay-sur-le-Bois, paroisse du doyenné de Chelles [Seine, cant. de Vincennes]. *Notice*, II, 384-393. — Autres mentions, I, 199, 471; II, 400, 404, 407-8, 454, 459, 468-9.
— Maladrerie, II, 388-9, 478. — Biens qu'elle possède, II, 275, 276, 480.
— Prieuré des Bonshommes ou Grammontains, puis des Minimes du Bois de Vincennes, II, 387. — *Notice*, II, 391-3. — Ses biens, II, 267, 275, 397, 405, 554 ; III, 247 ; IV, 481 ; V, 40, 86-7.
— Lieux-dits : Beauté, Jardin (fief du), Maison-Rouge (la).
— (Genouard de). Sa sépulture (1547), III, 325.

— (Jean de), bienfaiteur de St-Jacques-la-Boucherie (1227), I, 199.
FONTENAY-SOUS-BRIÈRES, SOUS-BRIES. Voy. Fontenay-lès-Briis.
FONTENAY-TRÉSIGNY, Fontenet de Braye, Fontenai-en-Brie [Seine-et-Marne, arr. de Coulommiers, cant. de Rozoy], V, 262. — Dépend. de la châtellenie de Tournan (1271), V, 325. — Seigneurie acquise par Pierre de Chambly (1293), IV, 573 ; V, 325.
Fonteneium. Voy. Fontenay-lès-Briis.
FONTENELLE [Seine-et-Marne, ham. de Chanteloup], dépendant de la paroisse de Jossigny. *Notice*, IV, 528.
FONTENELLE (abbaye de). Voy. St-Vandrille (abbaye de).
FONTENELLE (de), secrétaire de l'Académie des Sciences, II, 476.
FONTENELLES, ancien lieu-dit identifié à Guillerville [à la Fontaine, ham. de Bretigny-sur-Orge par l'édit. du cartul. de Longpont], III, 479 ; — le même [?], IV, 89, 359 ; V, 147.
FONTENELLES [?] (bois de), mentionnés en 1229, II, 209.
— (Gui de), chevalier. Ses biens à Roissy-en-France (1228), II, 279-80.
FONTENET. Voy. Fontenay.
FONTENET, I, 146. Voy. Fontenay-aux-Roses.
FONTENET de Braye : Fontenay-Trésigny ? V, 262.
FONTENET (Helwide de), femme de Robert le Fort (1203), II, 305.
FONTENNE (de). Sépulture d'un chevalier de ce nom, III, 180.
FONTENU (Magdeleine de). Ses biens à Villepreux, III, 188.
FONTEVRAULD [Maine-et-Loire, arr. et cant. de Saumur]. Abbaye : fournit des religieuses aux Filles-Dieu de Paris, I, 74 ; — à l'abbaye de Chelles, II, 493 ; — des prieures au prieuré de la Saussaye, IV, 38. — Costume des religieux et des religieuses, IV, 38 ; V, 402. — Bréviaire de cet ordre suivi à l'abbaye de Malnoue, V, 403.
FONTON, contrôleur de Mme la douairière d'Orléans (XVIIIe s.). Seigneur de l'Etang-la-Ville, III, 153.
FOOTEL, *Footellum*, ancien nom de l'abbaye de Malnoue (Voy. ce mot).
FORAGE (droit de), III, 195 ; IV, 298.
Foraginem, mot non expliqué par du Cange, II, 149.
FORAX (de), gentilhomme du duc de Nemours. Possède le château de Pamphou (XVIIe s.), V, 272.
FORBAIS, FORBOYS ou FORTBOIS (Sa-

muel de), écuyer. Seigneur de Presle et de Villiers-le-Bacle ; sa sépulture (1690), III, 310 ; — mentionné en 1587, 314.
— (Marie de), femme de Guillaume du Verrail. Dame de Presle, III, 314, 315.
— (Thomas de), seigneur de Villiers-le-Bacle en 1587, III, 314.
FORBAUT (Jean), prieur de St-Jean-en-l'Ile de Corbeil (1430), IV, 295.
FORBIN (Palamedes), seigneur de Solers et vicomte de Dammartin (1482), V, 149.
FORBOURG. Voy. Faubourg.
FORCE (la duchesse de la). Son fief de Mauny, à Belleville, I, 468.
FORCEVAL (Jacques de), seigneur de Pantin (1654), II, 650.
FORCHEVOIE. Voy. Fourbevoie.
Forchia, Furcia, Furquia, sens de ces mots, III, 437.
FORCILLE, Fourcilles [Seine-et-Marne, ham. de Ferrolles-Attilly]. *Notice*, V, 284. — Seigneurie ; d'où elle relève, 252, 254.
FORÈS (Jean), possesseur d'un fief à Chessy (1259), IV, 537.
FOREST (île), dans la Seine, au-dessous d'Epinay (1294), I, 597.
FOREST (Maximilien-Bruno-Joseph), seigneur de Bellefontaine et du Coudray (XVIIIᵉ s.), II, 331, 333.
— (Pierre), conseiller au Parlement. Seigneur de Puiseux et de Bellefontaine, II, 320.
— (X...), ancien officier. Seigneur de Bellefontaine (XVIIIᵉ s.), II, 333.
FOREST (la). Voy. Forêt (la).
FOREST (le sr de la). Reçoit du roi la terre de Garges (1471), II, 255.
FORESTIER (Jean le), archer du Roi. Seigneur d'Avron en 1522-1525, II, 479.
FORET (Blaise), principal du collège de Chanac. Fonde une chapelle à St-Gervais (1538), I, 83.
FORÊT (la), la Forest [Seine-et-Oise, ham. de Bruyères-le-Châtel]. Fief et dîme ; d'où ils relèvent, III, 457.
— Seigneur, 476.
FORÊT [Seine-et-Marne, ham. de Chaumes]. Arrêt relat. aux dîmes de ce lieu (1705), III, 267.
FORÊT (la), bois voisins de Brou, II, 519. — Ancien hameau de cette paroisse, 521.
— (Jeanne de la), abbesse de Chelles (XIVᵉ s.), II, 493, 499.
— (Gui de la), écuyer. Vend au roi des terres à St-Mandé (1274), II, 381.
— (Sylvestre de la), seigneur de Cossigny (1721), V, 291.

— (BEAUMONT de la). Voy. Beaumont.
— (ROBERT de la). Voy. Robert.
FORGE (chapelle de). Voy. Chaumette.
FORGER (étymol. du mot), III, 437.
FORGES (les), près Chinon [Indre-et-Loire]. Acte daté de ce lieu (1480), I, 581 ; IV, 225, 345, 360.
FORGES, *Forgiæ*, paroisse du doyenné de Châteaufort [Seine-et-Oise, arr. de Rambouillet, cant. de Limours]. *Notice*, III, 437-441. — Autres mentions, II, 214 ; III, 275 ; IV, 96, 127, 133.
— Lieux-dits : Ardillières, Bajolet, Bois d'Ardeau, Chardonnet, Malassis, Pivot.
— (Adam de), fils de Tevin. Bienfaiteur du prieuré de Longpont, III, 440 ; IV, 215.
— (Adélaïde et Agnès de), filles de Tévin (XIIᵉ s.), III, 440.
— ou de FORGETTES (Jean de), archidiacre de Brie. Bienfaiteur de N.-D. de Paris, III, 441, 503.
— (Jean des), seigneur en partie de Villiers-le-Bacle (1602), III, 314.
— (Milon de), fils de Tevin (XIIᵉ s.), III, 440.
— (Philippe de), fils de Tevin (XIIᵉ s.), III, 440.
— (Tevin de), *de Forgiis*, bienfaiteur du prieuré de Longpont (XIIᵉ s.), III, 303, 438, 440 ; IV, 94, 215.
— (Tevin II de), seigneur de ce lieu et de Ver-le-Petit, III, 440.
FORGET (Pierre), secrétaire du Roi. Son fief de Monceaux à Draveil (1597), V, 65.
FORGET DE FRESNE (Pierre), secrétaire des commandements. Bienfaiteur de l'égl. de Montmartre, I, 452 [le même que le précéd.?]
FORGETTES (Jean de). Voy. Forges (Jean de).
Forgiæ. Voy. Forges.
FORMARIAGE (droit de), IV, 54 ; V, 43.
FORMELLE [Italie]. Maison appelée Versaillles, III, 210.
FORMENTIN (Jeanne), femme de Tanneguy Aubery, III, 307.
FORNE (Jean-Baptiste), consul de Paris, administrateur de l'Hôtel-Dieu. Fonde à Courbevoie le couvent des Pénitents (1658), III, 70.
Fornil (ad), canton de St-Lucien (la Courneuve) ainsi désigné [XIIIᵉ s.], I, 578.
FORNOUE [Italie]. Bataille de 1495, III, 371.
FORT (Robert le). Voy. Fontenet (Helwide de).
FORTBOIS (de). Voy. Forbais (de).

14.

— 210 —

FORT DE FRESLES (le), château et fief de Presles. *Notice*, V, 310. — Seigneurie, 308, 309.
FORT-DU-BOIS (le), fief à Conches, IV, 573.
FORTE-AFFAIRE, ferme à Villepinte, II, 617.
Fortereces, châteaux ainsi désignés (XIIIe s.), II, 93.
Forteritia : la maison-forte du Thillay, II, 275.
FORTET (abbaye du) : l'abbaye de Malnoue, V, 403.
FORTIA (Louise de), femme de Nicolas de Bailleul, V, 71.
FORTIER (Jean), fondateur d'une chapelle dans l'égl. des Innocents (XVe s.), I, 52.
FORTIÈRE, lieu-dit de Montreuil-sous-Bois (1740), II, 403.
Forum Episcopi : le For-l'Evêque. Voy. Paris.
Fossa Rubea. Voy. Fosse-Rouge (la).
Fossatensis, Fossati, Fossatus, anciens noms du lieu où fut bâtie l'abbaye de St-Maur-les-Fossés, II, 418, 424, 425.
Fossatis (pons de) : le pont de Saint-Maur, II, 459.
Fossauz, lieu-dit de Rueil (1218), III, 97.
FOSSE (Antoine de la), poète. Sa sépulture, I, 82.
— (Jean de la), trésorier des guerres. Seigneur de Bondoufle (1597), IV, 335 ; — de Ste-Geneviève-des-Bois. Sa sépulture, 382.
FOSSÉ (le), les Fossés, l'abbaye des Fossés. Voy. *Fossatensis*.
FOSSÉE (la), lieu-dit de Servon (1605), V, 255.
FOSSÉE (la), lieu-dit (fief) de Sevran. Identifié aux Fourchelles, II, 583.
— Seigneur. Voy. Theresse.
FOSSE-FLOAST (la), lieu-dit de St-Nom-de-la-Bretèche [?] (XIIIe s.), III, 151.
FOSSE-JOHANNON, lieu-dit d'Évry-les-Châteaux ? (XIVe s.), V, 132.
FOSSÉ-MAHY (le), lieu-dit de Créteil (1540), V, 22.
FOSSE-ROUGE (la), *Fossa Rubea*, lieu-dit de Vanves (XIIIe s.), III, 582.
FOSSES (les), lieu-dit près de Louvres (1331), II, 392 [le même sans doute que Fosses].
FOSSES, paroisse du doyenné de Montmorency [Seine-et-Oise, arr. de Pontoise, cant. de Luzarches]. *Notice*, II, 320-324. — Autres mentions, II, 219, 292, 325.
— Lieux-dits : Biaulieu, Hapay, Périer, Recourt.
FOSSES (Alelme de). Sa femme Alis, mentionnée en 1166, II, 324.

— (Gui *Parvi* de), mentionné au XIIe s., II, 324.
— (Gui de), bienfaiteur de l'abbaye d'Hérivaux, II, 326.
— (Guillaume de), *de Fossis*, abbé d'Hérivaux (1240), II, 324.
— (Réric de), mentionné au XIIe s., II, 323.
FOSSÉS (abbaye des). Voy. St-Maur-des-Fossés.
FOSSÉS (pont des). Voy. *Fossatis (pons de)*.
FOSSÉS (château des), à Louans, IV, 59.
— (Jean des), pénitencier de la cathédrale de Paris (1523), V, 356.
— (Lyénard des), prieur de Bruyères (XVIe s.), III, 468.
FOSSETTE (la). Voy. Pont-Gilbert.
Fossis (Ludovicus presbyter de), II, 324.
FOSSOYEURS. Leurs charges gravées sur la tour de St-Séverin, I, 102.
FOU (Jacques du), chanoine de St-Maur (1536), II, 433.
FOUACIÈRE (Jeanne la), bienfaitrice de Ste-Opportune, I, 42.
Fouberti (Vallis), lieu-dit de Roissy-en-France (XIIIe s.), II, 278.
FOUCAULT (Anne et Claude), abbesses de Jarcy. Leurs épitaphes, V, 171.
— (Guillaume), dit le Borgne, écuyer. Son hôtel à Romainville (XVe s.), II, 657.
— (Hugues), abbé de St-Denis. Achète le port de Bezons (1196), II, 21.
— Fonde Villeneuve-Saint-Denis (1193), IV, 520-1, 529-30.
— (Jean), capitaine de Charles VII, chargé de la défense de Lagny en 1429, IV, 560.
— (Jean), seigneur d'Orangis et de Torigny (XVIe s.), IV, 372, 402.
— (Jeanne), fille du précéd. ; femme de Richard de St-Marcy, IV, 372, 402.
— (Nicolas-Joseph), intendant de la généralité de Caen. Sa maison à Athis ; IV, 420 ; — sa mort en 1721, 421.
FOUCAULT, notaire à Paris (1708), III, 315.
FOUCHEROLS : Fourcherolles, III, 359.
FOUCHERON (le), lieu-dit de Liverdy (1391), V, 300.
FOUCHIER (Jean), de Montreuil-lès-Versailles. Lettres de rémission qu'il obtient (1375), III, 276.
FOUG, dérivé de *Fagus*. Origine de noms de lieu, IV, 188 ; V, 429.
FOUGEART, ruisseau, III, 495.
FOUGI (bois du). Voy. Fage (bois de).
FOUILLEUSE, *Foliosa*, lieu-dit de Rueil, III, 53, 96, 98, 100-1.

Fouju, *Foujucium, Fouuchus*, paroisse du doyenné de Champeaux [Seine-et-Marne, arr. de Melun, cant. de Mormant]. *Notice,* V, 429-431.
— Lieux-dits : Blaizy, Tournelle (la), Vilbelin.
— (Etienne de). Son épitaphe (XIIIᵉ s.), V, 413-431.
Foulaudière (la), écrit pour la Soulaudière, III, 458.
Fouleurs de draps et tondeurs, fondateurs supposés de l'égl. St-Paul de Paris. Leurs plaintes à Philippe le Hardi, I, 323.
Foulcon (moulin de). Voy. Falcon.
Foulon (le), lieu-dit de Villebon, III, 516.
Foulon (Joseph), curé de Rosny (1550), puis de Saint-Etienne-du-Mont. Abbé de Sainte-Geneviève (1557) ; sa sépulture (1607), I, 238, 248 ; II, 553.
Foulques, abbé de St-Germain-des-Prés (1181), III, 164.
Foulques, curé de Chennevières (XIIᵉ s.), IV, 476.
Foulques, curé de Neuilly-sur-Marne. Détails sur ce personnage et ses prédications ; son tombeau (1201), I, 101 ; II, 284, 475-6, 482.
Foulques, doyen du chapitre de la cathédrale de Paris (XIᵉ s.), IV, 333 ; V, 276.
Foulques [Iᵉʳ], év. de Paris. Donne au chapitre de la cathédrale des biens à Montreuil-sous-Bois (XIIᵉ s.), II, 395. — Autre mention, V, 382.
Foulques, év. de Paris. Voy. Chanac.
Foulques, prêtre [curé] de Vémars. Ses biens en ce lieu (1180), II, 345.
Foulques, prieur de Deuil (XIIᵉ s.), I, 602.
Foulques, prieur de Gournay (XIIᵉ s.), IV, 610.
Foulques, seigneur *de Buno*. Voy. *Buno*.
Fouques (Jean), religieux de Livry. Son bénéfice de la Mainferme accru (1476), II, 598.
Fouquet (Nicolas), surintendant des Finances. Sa maison à St-Mandé, II, 382, 383 ; — à St-Cloud, III, 35. — Seigneur d'Andrezel, V, 424. — Statues faites pour lui, IV, 446.
— (Robin), bourgeois de Paris. Acquiert la terre de Marolles (1394), IV, 225.
Fouquet de Belle-Isle (Magdeleine) [petite-fille du surintend.]. Son mariage avec le marquis de la Vieuville célébré au château de Berny (1722), IV, 47.
Four (Du). Voy. Du Four.

Fourbevoie ou Forchevoie, lieu-dit de Jossigny (1232), IV, 526, 575.
Fourchelles, fief situé à Sevran. Identifié avec la Fossée, II, 583.
Fourches, *Furcæ* [Seine-et-Marne, ham. de Limoges], I, 210. — *Notice*, V, 136-7.
— (Garin de), chevalier (1228), V, 137.
— (Milon de), dit *le Petit*, chevalier (1157), V, 108, 137.
— (Pierre de), chambrier de l'abbaye de St-Maur (XIIIᵉ s.), V, 287.
Fourcherolles, Foucherols [Seine-et-Oise, ham. de Dampierre], III, 358, 359.
Fourcherolles, *Falcherollæ, Fulcherollæ, Fulchodiæ*, Feucherolles, Foucherolles [Seine-et-Oise, ham. de Palaiseau]. *Notice,* III, 332. — Autres mentions, II, 190 ; III, 516 ; IV, 399.
— (Galeran de), mentionné en 1218, III, 331, 332.
Fourcilles. Voy. Forcilles.
Fourcy (Jean de), surintendant des bâtiments de France. Seigneur de Chessy (XVIIᵉ s.), IV, 537.
— (Jeanne-Henriette de) de Chessy, femme du marquis de Puységur, IV, 538.
— (Marie de), veuve d'Antoine Ruzé (1633), III, 525.
— (X... de), conseiller d'Etat. Seigneur de Chessy en 1697 et 1710, IV, 538.
Fourcy (abbé de), abbé de Trois-Fontaines et prieur de Longjumeau. Sa sépulture, IV, 63 ; — prieur de Chessy (1700), 536.
Fouré (Jacques), abbé de Livry en 1564. Son lieu de naissance ; ses sermons, II, 597.
— (Jean), prévôt de la Monnaie de Paris. Ses droits sur la léproserie du Roule, I, 438.
Fourmicon ou Fournisson (Jean de), seigneur de la Raguenière. Acquiert la terre de Morsang-sur-Orge (1564), IV, 384, 386.
Fourmont (Etienne), né à Herblay. Professeur d'arabe au Collège Royal, etc. ; mort en 1745, II, 86.
— (Michel), de l'Académie des Inscriptions, frère d'Etienne. Né à Herblay, II, 86.
— (Simon), fondateur d'une chapellenie dans l'égl. de l'Ile-St-Denis, I, 566.
Fournaise (sieur de la), IV, 264.
Fourneaux (les). Etymol. de ces noms de lieu, IV, 582.
Fourneaux (les), lieu-dit de Thorigny, II, 514 [Il y a, dans la Manche, un lieu de ce nom qui était

dans la sergenterie de Thorigny-sur-Vire. N'y a-t-il pas ici confusion ?].
FOURNET (Claude), vicaire-général des Mathurins (1668), IV, 506.
FOURNIER (André). Sa maison dite de S. André à Epluches (XVIIe s.), II, 115.
— (Denis), chirurgien. Né à Lagny, IV, 564.
— (Jean Le), official de la cathédrale de Paris (1473), II, 447.
— (Marguerite), femme de Jacques Anthonis (XVIe s.), II, 347.
— (Philippe), veuve de Pierre Taumery, III, 158.
FOURNIER, prêtre de St-Séverin. Bienfaiteur de cette égl. (XVIIe s.), I, 101.
FOURNISSON (Jean). Voy. Fourmicon.
FOURQUAUT (famille), patronne d'une chapelle dans l'égl. St-Séverin (XVe s.), I, 105.
FOURQUAUX (Christophe), procureur au Parlement. Seigneur de Ville-Granche et de Villemoisson ; sa sépulture (1487), IV, 399.
FOURQUEUX, *Fulcosia*, *Fulcoium*, *Fulcona* [Seine-et-Oise, arr. de Versailles, cant. de St-Germain-en-Laye], III, 147, 154.
— (Barthélemy de). Ses biens à Issy, III, 5 ; — à St-Germain-en-Laye, 133. — Cède au Roi ses droits à Fourqueux (1140), III, 154. — Donne à N.-D.-des-Champs un moulin à Vanves, III, 583.
FOURRIER (le bienheureux Pierre), fondateur de la congrégation Notre-Dame, I, 478. — Ses reliques à Brunoy, IV, 203.
FOURS donnés en fief, IV, 103.
FOUS des rois de France. Leur sépulture, I, 33.
— (hôpital de) projeté au Val de Meudon (1556), III, 243.
FOUS : le Fay, III, 462.
Fouuchus : Fouju, V, 430.
FOUYN (Jacques), prieur de Gournay (1597, 1599), IV, 612.
FOYOLLES, fief réuni à la seigneurie de Coubert (1725), V, 154.
FOZ (Pierre du), secrétaire du Roi. Seigneur de Cossigny (1646), V, 291.
Fracta : la Frette, II, 57.
FRAGUIER ou mieux BOUGUIER (Dlle Claude), dame d'Echarcon, IV, 241.
— (Martin), président à la Chambre des Comptes. Seigneur de Tigery (XVIIIe s.), V, 398.
— (Marie), femme d'Antoine Chevalier. Dame du Coudray (1645), V, 105.
— (Marie), femme de Pierre de Catinat (XVIIIe s.), I, 631.

— ou FRAGUER (Pierre), maître des Comptes. Seigneur de Vauhallan (1554), III, 321. — Son fief de Château-Frayé ou Fraguier (1597), V, 57.
FRAILLON (Nicolas), archidiacre de Paris (1434). Exerce le droit de dépouille, II, 240. — Acte relat. à l'Hôtel-Dieu de Louvres (1435), II, 300.
FRAINVILLE (Cl. Faucon, seigneur de), IV, 376.
FRAMBOISIÈRE (Abraham de la), seigneur de Beauchamp (1672), II, 67.
FRAMERY (Marie), femme du jurisconsulte Brussel. Sa sépulture, I, 475.
FRANC (Honoré de), prévôt de Gonesse (1367), II, 282.
— (Martin), poète sous Charles VII, IV, 188.
— (Simon le), habitant de Paris en 1211. Son nom donné à une rue, I, 368 (note 2).
— (Thomas le), curé de Torfou en 1652, IV, 190.
FRANC-ARCHER de Meudon (expériences médicales faites sur un), III, 243.
FRANCE (congrégation de). Voy. Congrégation.
— (duc de). Voy. Hugues le Grand.
— (grand prieuré de). Voy. Prieuré (grand).
— (nation de), I, 251.
FRANCE (pays appelé la). Localités qui y sont situées, I, 491 (note). Voy. Châtenay, Chennevières, Fontenay, Gaillonnet, Gournay, Mareil, Roissy, St-Denis.
FRANCE (Blanche de), fille de Philippe V. Religieuse de Longchamps, I, 400, 401.
FRANCEBISE *(Paganus)*. Son fief à Chaumontel (XIIe s.), II, 225.
FRANCHARD [Seine-et-Marne, lieu-dit de la forêt de Fontainebleau]. Couvent (1198), V, 110.
FRANCHE-COMTÉ, I, 71.
FRANCHINERIE (la), lieu-dit du Bois-d'Arcy, III, 192.
Francholvilla : Franconville, II, 45.
FRANCINI (Clémence de), dame de Villepreux (1660), III, 187-8. — Son neveu, seigneur du même lieu (1686), 188.
— (Henri de), intendant des fontaines de France. Echange de terres qu'il fait avec le Roi (1732), III, 188.
— [Jean-Nicolas de], maître d'hôtel du Roi. Seigneur de Bièvres, III, 258.
— (X... de). Sa participation à l'aqueduc d'Arcueil (1655), IV, 48.

— ou FRANCINE, prévôt-général de l'Ile de France. Créé comte de Villepreux (1707), III, 188.

FRANCINI DE GRAND-MAISON, prêtre. Sa résidence sur la paroisse de Villepreux, III, 189.

FRANÇOIS Ier, roi de France. Acquiert la maison des Tuileries à Paris (1518), IV, 152, 153. — Acte relat. à l'agrandissement de Paris (1543), I, 62 ; — aux foires de Sarcelles (1545), II, 171 ; — à Roissy-en-France (1541, 1544), 283 ; — à Louvres (1545), 304 ; — à Saint-Mandé, 381-2 ; — à Fontenay-sous-Bois (1519), 389 ; — au château de Beauté (1516), 390 ; — à Villepreux, III, 186 ; — à Meudon, 231 ; — à l'abbaye du Val-profond (1515), 262 ; — à Châteaufort (1529), 304 ; — à Limours, 434 ; — à Antony (1545), 537 ; — au prieuré de la Saussaye, IV, 38 ; — aux foires de Gravigny, 78 ; — à la clôture du bourg de Montlhéry (1540), 108 ; — aux foires de Leuville (1547), 130 ; — à la clôture du bourg de Châtres (1530), 146 ; — au chancelier du Bourg (1536), 176 ; — à l'év. Antoine du Bois, 240 ; — à Champigny (1545), 473 ; — à Lagny (1545), 562 ; — à Torcy (1530), 594 ; — à Bry-sur-Marne et à Noisy-le-Grand (1537), 626, 635 ; — à Yerres (1518), V, 217 ; — à Brie-Comte-Robert, 267, 268 ; — à Tournan (1529), 327 ; — à la Houssaye, 337 ; — à Sucy-en-Brie, 384 ; — à l'abbaye de Malnoue (1544), 403. — Bâtit le château de Madrid, I, 436. — Fait reconstruire le château de St-Germain, III, 138-9. — Fonde le Collège Royal à Paris, I, 254. — Inscription en son honneur au château de St-Maur, II, 460. — Qualification plaisante qu'il prend en écrivant à Charles-Quint, II, 271 ; III, 585. — Requête en vers que lui adresse G. Crétin, II, 414. — Son séjour à Charonne, I, 482 ; — à Neuilly, 434 ; — à Écouen, II, 185 ; — à St-Germain-en-Laye, 283 ; III, 138 ; — à Villemomble, II, 562 ; — à Meudon, III, 234 ; — à Limours, 435 ; — au couvent des Célestins de Marcoussis, 484, 486, 488 ; — à Chailly, IV, 68 ; — à Yerres, V, 220 ; — à Armainvilliers, 329. — Autres mentions, I, 72, 186 ; II, 384.

— *(Chronique de)*. Son auteur, I, 511.

FRANÇOIS II, roi de France, I, 511.

FRANÇOIS (Nicolas), orfèvre. Bienfaiteur de la confrérie du Blanc-Mesnil (1448), II, 628.

FRANCONVILLE ou FRANCONVILLE-LA-GARENNE, *Francorum villa, Francholvilla*, paroisse du doyenné de Montmorency [Seine-et-Oise, arr. de Pontoise, cant. de Montmorency]. *Notice*, II, 45-50. — Maladrerie dite autrefois de Cormeilles, II, 15, 16, 46-47, 51. — Travers, II, 50, 90. — Autres mentions, I, 625 ; II, 41, 52.

— Lieux-dits (fiefs) : Albiac, Bateste, Bertin, Cernay.

— (Philippe de) *de Francorum villa, de Francorvilla, de Francholvilla* (XIIe s.). Son fief à Montigny, II, 49, 55. — Bienfaiteur du prieuré de Conflans-Ste-Honorine, II, 73.

FRANCONVILLE au diocèse de Beauvais [Seine-et-Oise, arr. de Pontoise, cant. de Luzarches, ham. de St-Martin-du-Tertre]. Couvent de Pénitents du Tiers-Ordre de S. François, II, 47. Voy. Muswart (Vincent). — Seigneur, II, 148.

Francorum villa. Voy. Franconville.

Francovilla (Adam de), chanoine de St-Martin de Champeaux (1346), V, 414.

FRANC-SALÉ (droit de), V, 403.

Fratres, signifiant chanoines, I, 122.

Fraustum. Voy. *Freta*.

Fraxinis (de) : Fresnes-lez-Rungis, IV, 44.

FREDEAU (THOMASSIN de). Voy. Thomassin.

FREDEBERT, évêque inconnu (IXe s.), I, 89 (note).

FREDEGISE ou FRIDEGISE, abbé de St-Martin de Tours, I, 594, 600.

FRÉDÉGONDE, reine. Ordonne la mort du comte Leudaste, III, 10.

FRÉDÉRIC IV, roi de Bohême, II, 120.

FRÉDÉRIC, archev. de Milan (1617), I, 199.

FRÉDÉRIC, fils d'Haïlde *la Riche*, IV, 8.

FRÉDÉRIC, fils d'Holdric de Trousseau, IV, 206.

FRÉDÉRIC, fils de Gaudric. Bienfaiteur du prieuré de Longpont (XIe s.), IV, 332-3, 362.

FRÉDÉRIC, fils de Payen d'Étampes. Bienfaiteur du prieuré de Longpont (XIIe s.), IV, 334.

FRÉDEVAL (Jean), curé de Gif (1536), III, 385.

FREDY (Bernard). Possède le fief de Coubertin (1697), III, 381 ; — terres qu'il achète des dames de St-Cyr, 383.

— (Jean), avocat au Parlement. Ses fiefs de la Verrière et de Coubertin (1620), III, 381.

FREIDEAUX, seigneur de Mandres et de Périgny (XVIII° s.), V, 188.
FRÉJUS [Var. arr. de Draguignan, ch.-l. de cant.]. Evêque. Voy. Fiesque (Urbain de).
FRELOIS (Roland). Voy. Frolois.
FREMAIL des chevaliers de l'Etoile légué à leur mort à la Noble Maison de St-Ouen, I, 571.
FREMIN, maître des Comptes. Acquiert la seigneurie du Coudray [-Montceaux] (1745), V, 105.
FREMIOT (André), archev. de Bourges (1606), I, 20, 192.
FREMON (de) [Nicolas de Fremont]. Seigneur de Villeparisis en 1730, II, 580. — Sa veuve [Aimée-Urbaine-Florence de Grailly de Vaudricourt] remariée à X... des Utières, ibid.
— (Nicolas de), marquis de Rozoy. Seigneur d'Auneuil et de Bry-sur-Marne ; mort en 1748, IV, 635 [différent du précéd.].
FREMONVILLE (de). Sa maison à Lisses (XVII° s.), IV, 318.
FRÉNAY (Marguerite de Vieupont, dame de), III, 329.
FRÊNE (le) [Seine-et-Oise, ham. de St-Pierre-du-Perray], V, 91, 93.
FRÉNÉTIQUES (S. Hildevert invoqué pour la guérison des), I, 296.
FRENOY, appelé anciennement Gratepelle, ham. de la paroisse de Lésigny, V, 361.
FREPEILLUN : Frepillon, II, 129.
FRÉPILLON, Frepilium, Frepilio, Frepellum, Freipellum, Frespillon, paroisse du doyenné de Montmorency [Seine-et-Oise, arr. de Pontoise, cant. de Montmorency]. Notice, II, 128-130. — Autres mentions, II, 69, 126.
— (rue de). Voy. Paris.
— (Albéric de), chevalier (1228), II, 129.
— (Guy de) (1260), II, 129-30.
— (Haimard de). Vend à Burchard de Montmorency des bois près de Montubois, II, 63.
— (Jean de), mentionné en 1288, II, 130.
— (Raoul de), chevalier. Traite avec les religieux du Val (1248), II, 129.
FRESPILLON. Voy. Frépillon.
FRÈRES des Ecoles chrétiennes appelés aussi frères de St-Ion. Leur maison à Rouen, IV, 138. — Prêcheurs. Voy. Jacobins.
FRERON (Regnault), partisan de Charles VII. Dépossédé, par les Anglais, de ses biens à la Villette, I, 465 ; — à Pierrefitte, 584 ; — à Bonneuil-en-France, II, 620.

FRESNAY (Guillaume du), abbé de St-Maur (1343), II, 433.
— (Jean du), I, 411.
Fresne. Voy. Fresnes-lez-Rungis.
FRESNE (Etienne de). Dispose de la dîme de ce lieu, IV, 45.
FRESNE au diocèse de Meaux [Seine-et-Marne, cant. de Mormant], confondu avec Fresnes-les-Rungis, IV, 45.
FRESNE (de), vicaire de Colombes. Son épitaphe, III, 66.
FRESNE (le), fief dépendant de la seigneurie de Villeroy, IV, 246.
FRESNE (FORGET de). Voy. Forget.
FRESNE (Charles du). Voy. Cange (du).
FRESNE (Elie du), curé de Gonesse. Mentionné dans une inscription (1652), II, 293.
— (Marie du), femme de Jean Lebeuf, III, 98.
FRESNEAU [Seine-et-Oise, ham. de Janvry], III, 443.
FRESNEAU, curé de Fresnes-les-Rungis. Y institue des sœurs de Charité, IV, 47.
FRESNEL ou de FROMELS (hôtel de), sur la paroisse de Marcoussis, III, 492, 497.
FRESNEL (Pierre de), év. de Meaux. Pose la première pierre de la chapelle des Célestins de Marcoussis (1404), III, 487. — Né peut-être à Marcoussis, 497.
FRESNES, Fresne, anciennement Marchais-tué [Seine-et-Oise, ham. de Brétigny]. Notice, IV, 338-9.
FRESNES (Nicolas de), chevalier. Sa sépulture (XIII° s.), IV, 338, 339.
FRESNES-LES-RUNGIS, Frene, Fresne, Frenes, Fraxinis (... de), Fretnes, Fretnis, Fresnes-lez-Rungy, paroisse du doyenné de Montlhéry [Seine, cant. de Villejuif]. Notice, IV, 44-47. — Sœurs de Charité, IV, 47. — Autres mentions, IV, 34, 96.
— Lieux-dits : Berny (château de), Chamos (fief), Tourvoye.
FRESNIÈRES (sieur de). Voy. Hangest.
FRESNOY (François du) (XVI° s.), II, 471.
— (Gilles de), seigneur de Chaillot (XVI° s.), I, 411 (note).
FRESNOY (du). Voy. Du Fresnoy.
FRESQUE (peintures à), II, 37, 79, 147 ; V, 83.
FRESQUE (Elisabeth), femme de Pierre de Creil. Dame du Grand-Ménil à Bures (1657), III, 394.
FRESSENCOURT (Thierrion de), seigneur de Fontenay-en-France (XV° s.), II, 240.
FRESSON, abbé d'Hermières (XVIII° s.), V, 349.

Freta, Fretta ou *Fretum* [fret], sens de ce mot. Origine de nom de lieu, II, 57.

FRETAY, Fertay, Frettay [Seine-et-Marne, ham. de Tournan], V, 329.

FRETAY [Seine-et-Oise, ham. de Villejust] appelé inexactement Ferté ou la Ferté, III, 505.

FRETE (la), lieu-dit de Villejust, III, 506 [Peut-être le même lieu que Fretay].

FRETEL (Jeanne), femme de Robert Braque. Dame de Misy-sur-Yonne, II, 167.

Fretnis ou *Fretnes (villa)* : Fresnes-les-Rungis ? IV, 26, 45.

Fretta. Voy. *Freta.*

FRETTE (la), *Fracta*, annexe de Montigny-les-Cormeilles [Seine-et-Oise, arr. de Versailles, cant. d'Argenteuil]. *Notice,* II, 56-8. — Autres mentions, II, 46, 52.

FRETTE-SAINT-PIERRE (la). Voy. Haut-pas (le).

Fretum. Voy. *Freta.*

FRIANT (Philibert), chanoine de St-Maur (1536), II, 433.

FRIARDEL [Calvados, arr. de Lisieux, cant. d'Orbec]. Chanoines réguliers ; leur établissement à l'abbaye d'Hiverneau (1684), V, 366, 373.

FRICHES (Etienne des), seigneur de Monceaux (1529), I, 428, 435.

— (Germain des), seigneur de Monceaux (1569), I, 428.

FRIDEGISE. Voy. Frédegise.

FRIEBAS (seigneur de). Voy. (Tillay P. du).

FRIPIERS de Paris. Leur confrérie, I, 183.

FRISE [Hollande]. Ses marchands aux foires de St-Denis, I, 533.

FRISINGE [Freising.Bavière]. Eglise ; son fondateur, IV, 134, 150 et note. — Les curés de St-Germain de Châtres en sont chanoines honoraires, IV, 151. — Evêque. Voy. Jean-François.

— (Aribon de). Sa *Vie de S. Corbinien,* citée, IV, 132, 134.

FRISON (Thierri) et sa femme Petronelle, fondateurs d'une chapelle à St-Séverin, I, 103, 382.

FRISON, possesseur du fief de Narelle à Yerres (1722), V, 230.

FRIZON (Pierre), curé de Vaugrigneuse (1618), III, 460.

FRODOIN. Possède Taverny en précaire, II, 60.

FRODOIN, abbé. Donne à l'abbaye de S. Vincent et de Ste-Croix à Paris une terre appelée *Filcherolas* (775), II 190 ; III, 332.

FRODON, curé-doyen de Grisy (1239), V, 145, 156.

FRODULFE ou FROU, disciple de S. Merry, I, 159.

FROGER, abbé de St-Magloire de Paris, omis dans le *Gallia,* I, 183.

FROGER, chambrier de Louis VII et sa femme Aliz. Bienfaiteurs de St-Martin-des-Champs de Paris (XIIIe s.), II, 21 ; — de l'abbaye de Chaalis, 305-6, 309. — Son fils. Voy. Montreuil (Jean de).

FROIDMONT [Oise]. Abbaye : abbé. Voy. Chambre (Pierre de la).

FROLLAND, év. de Senlis (1040), IV, 284.

FROLOIS ou FRELOIS (Roland), secrétaire du Roi. Seigneur de Bondy ; sa sépulture, II, 564, 567.

FROMAGE gras (redevance de), I, 413 ; — de Cramayel. Sa réputation, V, 115.

FROMELS (hôtel de). Voy. Fresnel.

FROMENTEAU ou FRUMENTAL [Seine-et-Oise, ham. de Juvisy]. Fief (1550), IV, 426.

FROMENTIN (Jeanne), femme de Tanneguy Aubery, III, 307.

FROMONT, Fromond [Seine-et-Oise, ham. de Ris-Orangis]. *Notice,* IV, 377-8. — Château, IV, 109.

FROMONT (Guillaume), fils de Jean. Lui succède dans ses seigneuries, I, 635.

— (Jean), seigneur d'Andilly et de Boissy (1426). Sa sépulture, I, 635.

— (Jeanne), fille de Guillaume ; femme de Jean le Prevost, I, 635, 641.

FROMENTEAU, Formenteau [Seine-et-Oise, ham. de Pecqueuse], III, 429, 430.

FROMONVILLE (TRUMELOT de). Voy. Trumelot.

FRONTAUT, lieu-dit d'Evry-les-Châteaux [?] (XIVe s.), V, 132.

FRONTEAU (Jean), chanoine de Ste-Geneviève, I, 241. — Arrêt qu'il obtient en faveur du séminaire de Nanterre, III, 76.

FROTBALD, abbé de Ste-Geneviève, I, 129 ; V, 59.

FROTGER, doyen [de Longpont ?] (XIIe s.), III, 257 ; IV, 357.

FROYMONT. Voy. Froidmont.

FRUMENTAL. Voy. Fromenteau.

Frumentum (Arnulfus) de Gumets (XIIe s.?), III, 402 (note 1).

FULBERT, év. de Chartres, cité, III, 362.

Fulcherolas, II, 190. Voy. Fourcherolles.

Fulcherollæ, Fulchodiæ : Fourcherolles, III, 332, 399.

Fulcoio (Barthélemy de). Voy. Fourqueux.
Fulcona, III, 154. Voy. Fourqueux.
Fulcosia : Fourqueux? III, 5.
FULENZ. Echange de biens avec l'abbaye de St-Denis (828), II, 124.
Fuliacum, canton voisin de St-Marcel de Paris (1217), I, 125.
FULLERET (moulin de), mentionné en 1204, III, 356.
Fulloni campus, franc-alleu de ce nom, IV, 220.
FULRAD, abbé de St-Denis, frère d'un seigneur de Montmélian, II, 321.
— Privilège qu'il obtient du Pape, I, 506. — Fait confirmer par Charlemagne les immunités de son monastère, II, 252. — Son voyage à Rome; reliques qu'il en rapporte, II, 321, 338. — Assiste au concile d'Attigny (765), III, 20. — Autres mentions, I, 492, 494, 496, 498, 521-2 ; II, 60.
FULRAD, év. de Paris, I, 505 (note).
FUMÉE (Martin), maître des Requêtes. Seigneur de Marly, III, 123.
— (Martin), fils du précéd. Détails sur sa vie et ses ouvrages, ibid.
— (Martin), prieur de St-Eloy de Paris (XVe s.), I, 310, 313.
— (Nicolas), év. de Beauvais. Son fief à Gentilly, IV, 7. — Prieur de Gournay (1580, 1582), 612.
— (Pierre), chapelain du Roi. Chapellenie dont il est pourvu à St-Séverin, I, 105.
Furcia. Voy. Forchia.
FURET (Gaston), seigneur de Cernay-la-Ville (XVIIIe s.), III, 422.
— (Raoul de), écuyer. Seigneur de Cernay-la-Ville (1556), III, 422.
FURETIÈRE, écrivain. Sa sépulture, I, 64.
FURGEAU, seigneur de Villiers-Adam (XVIIIe s.), II, 132-3.
Furquia. Voy. Forchia.
FURSTEMBERG (princesse de). Voy. Ligny (Marie de).
FUSÉ (Huguette), femme de Hugues Chauveau (XVIe s.), V, 258.
FUSÉE (Isabeau), femme de Gilles Bourdin. Possède un fief à Combs-la-Ville (1597), V, 181.
— (Jean), seigneur de Lugny et de Voisenon (XVIIIe s.). Son château à Lugny, V, 113, 114.
FUSÉE (Anne GUIBERT-). Voy. Guibert.
FUST (Jean), imprimeur. Son anniversaire à St-Victor de Paris, I, 342.
FYOT (François), baron de Montpont. Sa sépulture (1716), I, 138.

G (permutation de la lettre) en J., IV, 408.
G..., abbé de Tiron, III, 96. Voy. Gervais.
G..., archidiacre de Paris. Mentionné en 1218, II, 610, 616 ; — en 1223, II, 556.
G..., bourgeois de Paris, écuyer. Vassal de l'abbaye de Saint-Maur (1275), II, 445.
G. decanus de Cercella; le même qu'un doyen de Sarcelles mentionné en 1219, II, 171.
GABILLONS (les), hameau de Croissy-sur-Seine, II, 28.
GABILON, possesseur de biens à Essonnes (847), IV, 261.
GABRIELLE (la belle). Voy. Estrées (Gabrielle d').
GACOURT. Voy. Gascourt.
GADANINE, ruisseau, III, 480.
GADENCOUR (seigneur de). Voy. Gaillonnet (R. de).
GAGNIE (François), auteur d'une description en vers de St-Germain-en-Laye ; né dans cette ville, III, 145.
GAGNIÈRES (Nicolas), curé de Saint-Germain-en-Laye. Mémoire sur son église, cité, III, 141.
GAGNY, Gavigny, Gaigny [Seine-et-Marne, ham. de Presles]. Notice, V, 311.
GAGNY ou GAIGNY, Gavaniacum, Waniacum, Guenniacum, Guagnicum, Guegni, paroisse du doyenné de Chelles [Seine-et-Oise, arr. de Pontoise, cant. du Raincy]. Notice, II, 546-551. — Prieuré de St-Fiacre. Voy. Maison-Rouge (la). — Autres mentions, II, 229, 498, 545, 546, 560, 561, 621.
— Lieux-dits : Chenay (le), Maison-Blanche (la), Maison-Guyot (la), Maison-Rouge (la), Montguichet.
— (Béatrix de), femme d'Etienne (XIIIe s.), II, 549.
— (Etienne de), chevalier (XIIIe s), II, 549.

— (Etiennette de), abbesse d'Yerres (XVIe s.), II, 551.
— (Guarin de), *de Guenniaco*. Mentionné en 1228 et en 1259, II, 549.
— (Jean de), recteur de l'Université, chancelier, aumônier du Roi ; mort en 1549, II, 551.
Gaii, Gaudii (Vallis), forme du nom de lieu Vaujours, II, 573.
GAIGNIER (Raoul), chanoine de St-Victor. Curé de Villiers-le-Bel (1561), II, 175.
GAIGNIÈRES, auteur rectifié, V, 367, 368, 369.
GAIGNON (François de), comte de Vilaines. Seigneur de Clos-Toutin (1749), III, 170.
GAIGNONS ou VENGNIONS (fief des), situé à Jouy-le-Moutier (XIIIe s.), II, 106.
GAIGNY. Voy. Gagny.
GAILLANDON (Raphaël), possesseur du fief d'Emery à Bobigny (XVIe s.), II, 638.
GAILLARBOIS (de), comte de Marcouville. Seigneur de Domont et du fief de Cépoy (XVIIIe s.), II, 159.
GAILLARD, ham. de la Chapelle-Gauthier, V, 428.
GAILLARD (Anne), fille de Michel II, femme de Thomas de Balzac, IV, 75. — Sa sépulture, III, 490.
— (Louis), sieur du Fayet, fils de Michel II (1605), IV, 66.
— (Michel), panetier de François Ier. Seigneur de Chilly et de Longjumeau ; sa sépulture (1531), IV, 66, 75, 78.
— (Michel), fils du précéd. Aliène les seigneuries de Chilly et de Longjumeau (1596), IV, 66, 75. — Dit à tort avoir acheté la commanderie du prieuré de St-Eloi de Chilly, IV, 71, 72.
— (Nicolas), aumônier de l'abbaye de Ste-Geneviève. Son domaine d'Aulnay-lès-Châtenay (1622), III, 544-5.
GAILLARD, conseiller à la Cour des Aides ; seigneur de Charentonneau ; sa mort en 1744, V, 9. — Son fils, seigneur de Charentonneau ; conseiller à la Cour des Aides en 1740, V, 9.
GAILLARD, seigneur de Villeparisis. Fait bâtir le château de ce lieu (XVIIIe s.), II, 580.
GAILLARDES (les), canton du bois de Vincennes, II, 411.
GAILLEVILLE, nom donné, au XVIIe s., à la paroisse de St-Gratien, I, 628.
GAILLON [Seine-et-Oise, ham. d'Herblay]. Ses vignes renommées, II, 82.
GAILLON (bois de) cédés au Roi pour les religieuses de Saint-Eutrope-lez-Châtres (1580), IV, 154.
GAILLON (Guillaume de), seigneur de Massy (1510), III, 523.
— (Jean de), seigneur de Massy (1488), III, 523.
— (Yves de), sa femme, *mairesse* de Charonne, I, 475.
GAILLON (Mlle de). Biens à Juvisy que lui donne le roi d'Angleterre, IV, 413.
GAILLONEL ou GAILLONET (Adam de). Ses biens à Brunoy (1373), V, 206.
— Sa sépulture (1412), II, 135.
— (Jean de), chambellan du Roi, III, 232, 233. Ses biens à Brunoy (1373), V, 206.
— (Jeanne de), femme de Jean de Mont-Revel. Dame de Meudon (1415), III, 233.
— (Regnaud de), panetier de Charles VI, I, 296. — Seigneur de Gadencour ; sa sépulture, II, 136.
GAILLONNET en France (seigneur de). Voy. Montholon (Fr. de).
GAINE. Voy. Genne.
GAITE (Jean), curé de Ver-le-Grand (1370), IV, 211.
GAÏUS. Voy. Caïus.
GALARDON. Voy. Gallardon.
GALARGUE. Voy. Gallargues.
Galcherus, presbyter de Grolayo parvo (1220), II, 566.
GALEMAN (Jacques), supérieur général des Carmélites. Curé d'Aubervilliers (XVIIe s.), I, 559.
GALERAN, chantre de la Cathédrale. Ses droits sur l'égl. de Bobigny (1089), II, 636. — Le même dit préchantre (1093), IV, 333.
GALERAN, fils de Vivien. Bienfaiteur du prieuré de Longpont (XIIe s.), IV, 334.
GALERAN, doyen de St-Frambault de Senlis. Vend ses biens de Vanves (1224), III, 581.
GALESINIUS. Erreur commise par cet auteur, V, 117.
GALICE (St-Jacques en), I, 65.
GALIE, GALLIE ou GALLYE, lieu qui a donné son nom à toute la vallée voisine de Versailles, III, 205, 206.
— (le Val de), près de Versailles, III, 27, 122, 178. — *Notice*, III, 205-7. — Localités qui y sont situées, III, 151, 211, 214, 266 ; IV, 637.
GALIEN [de Poix], prétendu fondateur des Cordelières du faubourg St-Marceau [1287], III, 115.
GALLANDE, lieu-dit d'Evry-sur-Seine (XVe s.), IV, 329.
GALLANDE, nom donné à la cure de St-Nicolas de Gonesse, II, 262.
GALLANDE (Suzanne de). Chapelle

fondée par elle à St-Séverin de Paris, I, 103, 382.
GALLANT (Jean), secrétaire du Conseil d'État. Acquiert la terre d'Évry-sur-Seine en échange d'une maison sise à Paris rue Bourg-l'Abbé (1639), IV, 327. — Sa maison à Petit-Bourg, 327-8.
GALLARDON [Eure-et-Loir, arr. de Chartres, cant. de Maintenon]. Ruines du château-fort, IV, 484. — Autres mentions, III, 280, 296.
— (Galeran de). Ses biens à Vitry (1180), III, 344; IV, 450.
— (Hervé de), II, 102.
— (Hildeburge de), fille du précéd. Bâtit un hôpital à Ivry; se retire près de Jouy-le-Moutier (XIᵉ s.), II, 102-3. — Sa *Vie* citée, III, 264.
GALLARGUES [Gard, arr. de Nîmes], terre acquise de Ferric Cassinel par Charles VI qui en fait don à Catherine de France, III, 483, 484.
GALLENDE (Odon de). Voy. Garlande.
GALLERAN (Louise), ancienne religieuse, employée à l'hôpital de Colombes, III, 67.
GALLES (le prince Noir ou prince de), II, 400. — Son séjour à Chanteloup près Châtres (1360), IV, 152.
GALLET (Barthélemy de), seigneur de Bellefontaine (1633-1637), II, 101.
Gallia christiana, rectifiée, I, 33, 148, 183, 310, 585, 602 ; II, 80, 218, 432 (note), 433, 450, 491-2; III, 113, 208, 351, 390, 451 (note), 534 (note), 537, 555 ; IV, 71, 97, 183, 201 (note 1), 287 (note), 337 (note), 353, 363 (note); 529 ; V, 224, 228, 371.
GALLICHER ou GALLICHIER (Martial), chanoine de Paris et archidiacre de Brie. Fondateur d'une prébende à St-Nicolas du Louvre, I, 58. — Bienfaiteur du collège de la Marche, I, 254.
GALLICHERS (famille des), I, 58.
GALLIE (Val de). Voy. Galie.
Galligus, gardien des Hospitaliers du Haut-Pas, en Italie. Statuts de cet ordre rédigés par lui (1240), I, 155.
GALLOIS (l'abbé). Sa sépulture (1707), I, 248.
GALLOIS D'AUNAY (le). Voy. Aunay (Jean et Robert d').
GALLOT, seigneur de Mesle et de Buloyer. Son fief à Romainville, III, 294, 295.
GALLOUIS. Voy. Queue-Galluis (la).
GALLOYS ou GALOIS (Gilles), seigneur de Luzarches, mort en 1386 et Jeanne, sa femme. Bienfaiteurs des Chartreux de Paris, I, 116 ; II, 211.

GALLYE (seigneur du fief de) en 1365, III, 281. Voy. Galie.
GALOIS (Gilles). Voy. Galloys.
GALON, abbé de Ste-Geneviève (1222), V, 63.
GALON, *Waldo*, abbé de St-Germain-des-Prés, mort en 990. Chapelle qu'il fait construire à Thiais, IV, 443.
GALON, év. de Paris. Chartes de lui datées de 1105, IV, 553 ; V, 317, 331 ; — de 1106, III, 117 ; — de 1107, I, 308, 322 ; II, 110, 299, 430, 621 ; — de 1108, I, 42 ; III, 36 ; — de 1109, III, 24 ; — de 1110, I, 518 ; II, 260 ; — de 1113, I, 44. — Autres mentions, I, 25, 590 ; II, 257 ; IV, 549.
GALON dit Ploich (XVᵉ s.), II, 543.
GALON, sous-chantre de la cathédrale de Paris. Ses biens à la Queue-en-Brie, IV, 489.
GALOPPE (Louis), avocat. Possesseur de fief à Ballainvilliers (1580), IV, 82.
Galterus (magister), bienfaiteur du chapitre de N.-D., IV, 437.
GAMACHES [Somme, arr. d'Abbeville, ch.-l. de cant.¹. Ses marchands au Landit de St-Denis, I, 548. — Seigneur, II, 510.
— (Mahaud de), femme de Pierre de Massy. Sa sépulture, II, 178-9.
— (Philippe de), abbé de St-Denis. Acte relat. au Landit (vers 1444), I, 550.
— (Pierre de) (XIIIᵉ s.), II, 651.
GAMARD, frère de S. Érembert. Possède la terre de Filliancourt, III, 130.
GAMBAIS, *Gomedus* [Seine-et-Oise, arr. de Mantes, cant. de Houdan]. Église de St-Aignan, III, 401. — Seigneur. Voy. Gometz (Geoffroi de).
GAMELINE, fille de Clerembaud, maire de Clichy. Autorisée à épouser Gautier, maire de Vanves (1172), III, 581.
GAMILLY, *Carmiliacum*, *Gamilliacum* [Eure, arr. d'Évreux, com. de Vernon], I, 388.
GAMOEL : Cramayel, V, 111.
GANAY (Germain de), év. de Cahors (1509). Chapelain de St-André-des-Arts, I, 286-7.
— [Jean de], chancelier de France. Sa sépulture (1512), I, 167.
GAND (Belgique). Ses marchands au Landit de St-Denis, I, 547. — Abbaye de St-Bavon, I, 290.
GANDELU [Aisne, arr. de Château-Thierry, cant. de Neuilly], II, 485.
— Commandeur. Voy. Cresson (Jean du).
GANE, GANNES ou GANELON, person-

nage fabuleux. Tradition dont il est le héros, IV, 98, 158 et note, 161. Voy. *Paganus*.
— (châteaux de), III, 61 ; IV, 98, 158 et note.
— (tours de). Lieux où l'on en trouve des vestiges, IV, 484 ; V, 207.
GANELON. Souvenir de sa trahison perpétué par un nom de lieu, III, 145. Voy. Gane.
GA...NERY, ancien seigneur du village d'*Iticiniscoam*, II, 180.
GANNELONS. Sens de ce mot en Franche-Comté, V, 207.
GANNES. Voy. Gane.
GANTS ROUGES (redevance de), IV, 285.
GANY en Vexin. Voy. Gasny.
GAP [Hautes-Alpes]. Evêques. Voy. Méliand, Paparin de Chaumont.
— (Guillaume de), abbé de St-Denis, I, 507 ; — (1172), III, 581.
GARANCIÈRES (Yon, seigneur de), IV, 59. Voy. Garencières.
Garanella, origine de nom de lieu, I, 248.
Garanellæ : Grenelle, III, 581.
Garanelnis (Roger de). Voy. Grenelle (Roger de).
GARCHES, *Garsiachus* ou *Garziachus*, Garzy, Guerches, paroisse du doyenné de Châteaufort [Seine-et-Oise, arr. de Versailles, cant. de Sèvres]. *Notice*, III, 40-44. — Autres mentions, II, 251-2 ; III, 18, 28, 36, 47, 170 ; IV, 192.
— Lieu-dit : Villeneuve-l'Etang.
— (Guillaume de), curé de Ste-Geneviève-la-Petite. Bienfaiteur du collège de Sorbonne, III, 44.
GARCHEVILLE (seigneur de), I, 346.
Garciacum : Jarcy, V, 171.
GARDE BOURGEOISE. N'a pas lieu à Chaillot, I, 414.
GARDE (l'Epine de la). Voy. Epine.
GARDE (territoire de la), mentionné en 1254, II, 291.
GARDE (la) [Seine-et-Oise, ham. de Brétigny]. *Notice*, IV, 340.
GARDE (Henri-Joseph de la), comte de Chambonas. Sa sépulture (1729), III, 548.
— (Hugues de la), possesseur d'un fief à Brétigny (XVIe s.), IV, 340.
— (X... de la), possesseur du même fief en 1608, *ibid*.
GARDE (de la), curé du Plessis-Piquet (1737), III, 251.
GARDE (de la), fermier général. Sa veuve, dame de Villeparisis (XVIIIe s.), II, 580.
GARDE DES SCEAUX de l'abbaye de St-Denis, I, 507.
GAREMBURGE, bienfaitrice de l'abbaye d'Yerres (XIIIe s.?), V, 145.

GARENCIÈRES ou GARENTIÈRES (Jean de), seigneur de Massy et de Croissy (XVe s.), III, 523 ; IV, 518.
Garenna (Asneriæ in) : Asnières (Seine), III, 56.
GARENNE, dépendance de Méry-sur-Oise, II, 126.
GARENNE (fief de la) à Colombes (XIIIe s.), III, 68 ; — à Villemomble, II, 561, 562-3.
GARENNE [la], lieu-dit à Charonne (1442), I, 476.
GARENNE (la), lieu-dit de St-Forget, III, 362.
GARENNE (Clichy-la). Voy. Clichy.
GARENNE (Jean de la), chambrier puis abbé de Ste-Geneviève (1304), V, 164.
GARENNES [Seine-et-Oise, com. d'Achères], III, 143.
GARENTIÈRES (fief de). Voy. Moineau (fief du).
GARENTIÈRES [Garencières? Seine-et-Oise, arr. de Rambouillet. Seigneur, III, 282.
GARENTIÈRES (Jean de). Voy. Garencières.
GARGAN (Pierre), secrétaire du Trésor du Roi. Son fief d'Andre (1643), V, 77.
GARGARIN (Jean), chevalier. Sa sépulture (XIVe s.), V, 279.
GARGATRE (Thomas), Anglais. Gratifié par Henri VI de biens à Issy, III, 9.
GARGES, paroisse du doyenné de Montmorency [Seine-et-Oise, arr. de Pontoise, cant. de Gonesse]. *Notice*, II, 251-256. — Autres mentions, II, 230, 634 ; III, 41, 43 ; V, 26.
— Lieux-dits : Fontaine-St-Germain (la), Gicault (fief), Godde (terre de).
GARGES (fief de) ou de CULDOE. Voy. Paris, fiefs.
GARGES (Adam de), clerc. Vend un fief sur le Travers de Conflans-Ste-Honorine (vers 1230), II, 95, 178.
— (Anne de), seigneur de Thiverny. Ses autres seigneuries mentionnées dans son épitaphe (1572), II, 253.
— (Christophe de), écuyer, gouverneur du château de la Fère. Sa sépulture (1550), II, 256.
— (Guillaume de). Voy. Garges (Jean de).
— (Jean de). Fait hommage pour des fiefs à Fontenay-en-France et à Epiers (1228), II, 242, 256, 306.
— Vend une dîme à Roissy-en-France (1250), II, 280.
— (Jean et Raoul de), écuyers, fils

de Guillaume. Vendent un fief à Garges (1360). II, 254.
— (Jean de). Ses biens à Garges confisqués (1423), II, 255.
— (Philippe de), traite avec l'abbaye de St-Denis. Sa veuve, Emeline (1231), II, 254.
— (Pierre de), chevalier. Mentionné en 1254, II, 254 ; — en 1250, 280.
— (Raoul de), bienfaiteur de l'abbaye de St-Denis (1237), II, 254.
— (Raoul de), fils de Guillaume. Voy. Garges (Jean de).
— (Raoul de). Ses biens à Maisons-Alfort (1414), V, 7.
— (Thomas de), bourgeois de Paris. Bienfaiteur de St-Magloire de Paris (1365), I, 182.
GARIER (Jeanne), femme de Robert Neveu, III, 362.
GARIN, abbé de St-Victor de Paris (vers 1180), I, 340 ; IV, 452.
GARIN, év. de Senlis, chancelier du Roi (1204), II, 610 ; — (1220), 350.
GARIN, maçon. Hôpital qu'il fonde à Paris (1170), I, 86.
GARIN, fils d'un seigneur appelé Michel. Son procès au sujet de Garnevoisin (XIIe s.), III, 436.
GARIN, possesseur de biens à Bonnes, IV, 81.
GARIN, possesseur laïque de l'égl. de Noisy-le-Grand (1089), IV, 622.
GARLANDE, lieu-dit de Bagneux (XIIIe s.), III, 569. — Fief et château, 572.
GARLANDE, terre d'où la famille de ce nom était originaire. Dite sans preuve être une portion de celle de la Houssaye, V, 336.
— (clos de). Voy. Paris.
— (étang de) entre Lumigny et Pezarches, V, 336.
— (rue). Voy. Paris.
GARLANDE (les). Soutiennent Milon, vicomte de Troyes, contre Louis le Gros puis l'abandonnent, IV, 101.
— (Agnès de), femme d'Amaury III de Châteaufort. Dame de Gometz (1120), III, 407.
— (Amanjeu ou Amanyon de), seigneur de la Roue en Linois (XVe s.), III, 493 ; IV, 125.
— (Ansel ou Anseau de), frère d'Etienne ; sénéchal de Louis le Gros. Ses biens au Chesnay (1122), II, 550. — Seigneur d'Essonnes, IV, 262 ; — de Gournay par sa femme fille de Gui le Rouge [de Montlhéry]. — Bienfaiteur du prieuré de Gournay, IV, 262, 494, 497, 500, 597, 599, 609. — Sa sépulture (1117), IV, 612, 115.
— (Ansel de) [fils de Guillaume IV ?]. Sa sépulture (XIIIe s.), II, 469.

— (Etienne de), frère d'Anseau I ; archidiacre de Paris. Bienfaiteur de N.-D. ; mort en 1142, I, 6. — Chancelier de France ; doyen de St-Agnan d'Orléans. Fait bâtir la chapelle St-Agnan à Paris, I, 21, 23 ; — biens qu'il lui donne, IV, 401. — Résiste à Louis VI dans son château de Livry, II, 586. — Ses droits d'avouerie à Valenton, V, 30 ; — à Villeneuve-St-Georges, 38. — Allié aux Bouteillers de Senlis ; confondu avec Et. de Senlis, év. de Paris, V, 223 et note. — Bienfaiteur du prieuré de Gournay où il est inhumé (1148), II, 550 ; IV, 262, 612.
— (Gilbert de), père de Gui I de Tournan, V, 323.
— (Gui de). Mentionné dans le contrat de mariage d'Hélissen de (1161), V, 132.
— (Guillaume [I] de), dapifer. Bienfaiteur de l'hôpital St-Lazare à Paris (1124), I, 299. — Seigneur de Garlande et de Livry, V, 331-2.
— (Guillaume [IV] de) et sa femme Idoine [de Trie]. Fondateurs de l'abbaye de Livry (1186), II, 587, 593. — [?] Bienfaiteur du prieuré de Gournay (XIIIe s.), II, 469 ; IV, 612.
— (Guillaume V de), I, 426. — Acquiert l'avouerie d'Argenteuil, II, 15. — Ses biens à Lieux, 107 ; — à Montreuil-sous-Bois, 399. — Seigneur de Livry et bienfaiteur de l'abbaye de ce lieu ; mentionné de 1186 à 1212, II, 478, 585, 586, 587 ; IV, 519-20, 587. — Bienfaiteur de l'abbaye des Fossés, II, 478 ; — du prieuré du Cormier (1213), IV, 519. — Donne à sa femme, Alix de Châtillon, une maison à Croissy-en-Brie (1193), IV, 517. — Rente qu'il fonde en ce lieu pour le repos de l'âme d'Alix de Champagne, IV, 520.
— (Guillaume de), de Garlandia [Guillaume IV ?]. Mentionné dans le contrat de mariage de sa sœur Hélissende (1161), V, 132.
— (Hélissende de), femme de Simon de Mardilly. Son contrat de mariage (1161) rapporté et cité, V, 131-2 ; 296.
— (Jeanne de), fille d'Amanjeu. Femme de Louis Malet de Graville, IV, 125.
— (Jeanne de), fille de Guillaume V ; femme de Jean, comte de Beaumont-sur-Oise. Bienfaitrice de l'abbaye de Livry (1220), II, 398.
— (Mahaut de). Voy. Garlande (Mathilde de).

— (Manassès de) [fils de Guillaume II], év. d'Orléans [1146]. Ses biens à Villoison, IV, 242, 255.
— (Mathilde ou Mahaut de) [fille de Guillaume IV], femme de Mathieu de Marly (ou de Montmorency), III, 121. — Fondatrice de l'abbaye de Port-Royal, III, 285, 296. — Bienfaitrice du prieuré de Gournay (1200), IV, 610.
— (Odon de), archidiacre de Paris. Bienfaiteur de N.-D., IV, 30. — Chanoine de Paris. Mentionné en 1230, IV, 60.
— (Robert de). Voy. *Malusvicinus (Robertus)*.
— (Thibaud de) [fils de Guillaume IV]. Bienfaiteur de l'abbaye de Livry ; sa sépulture, II, 507, 520, 587 ; IV, 620.
GARLANDE (de Tournan et Possesse) (Agnès de) fille d'Anseau Ier ; femme d'Aubert d'Andresel, V, 323, 423. — Sa sépulture (XIIIe s.), V, 157. — (Agnès de), abbesse de St-Paul-les-Beauvais. Sa sépulture, V, 368, 369 [la même que la précéd.?].
— (Anseau I de), fils de Gui. Seigneur de Tournan et de Possesse, V, 323. — Sa sépulture, V, 368. — (Anseau II), fils du précéd. Mentionné de 1192 à 1238, V, 323-4 ; — en 1192, 320 ; — en 1223, 336, 343 ; — en 1237, 348 ; — en 1238 [?], 344 ; — en 1239 [?], 313. — Sa sépulture, V, 368. — Sa femme, Sophie, V, 323, 368. — (Anseau III de), fils de Robert. Mentionné de 1246 à 1255, V, 324 ; — en 1254, 334 ; — avec Isabeau, sa femme, en 1256, 156. — (Anseau IV de), fils du précéd. Mentions diverses de 1157 à 1287, V, 324-5 ; — en 1260, II, 245 ; V, 324 ; — en 1268, V, 369 [Leb. l'appelle par erreur Anseau III] ; — en 1269, V, 322. — Sa sépulture (1287), V, 348. — Sa femme. Voy. Montmorency (Haouise de). — (Ansel de). Donne la dîme de Rosière à l'abbaye de St-Denis, V, 331. — (Eve de), fille d'Anseau I ; femme d'Anseau de l'Isle, V, 323. — Sa sépulture, V, 368. — (Gui I de), fils de Gilbert ; marié à la sœur de Hugues de Possesse. Acquiert la seigneurie de Tournan vers 1140 ; seigneur de la Houssaye, V, 336. — Mentionné de 1182 à 1186, V, 323 ; — en 1182, 304, 305, 320, 332, 343 ; — en 1186, IV, 525 ; — (Gui II), fils du précéd., marié à Hélissende de Chaumont. Seigneur de la Houssaye, V, 336. — (Gui III de), fils du précéd. Seigneur de la Houssaye, V, 336. — Mentionné en 1212, V, 133 et note. — (Guillaume de), fils d'Anseau Ier et frère de Manassès. Bienfaiteur de l'abbaye de Livry (1209), V, 327. — Sa sépulture, V, 369. — (Haouise de), *Haduis*, sœur de Gui I, V, 304. — [Hugues de], fils d'Anseau I ; archidiacre de Vendôme. Bienfaiteur de St-Antoine de Paris (1209), V, 328. — Sa sépulture, V, 368. — (Jean de), fils d'Anseau I et frère de Hugues, V, 328. — Bienfaiteur du prieuré de Tournan (1192), V, 323. — Sa sépulture, V, 368. — (Jean de), fils de Gui II [et non frère d'Anseau II]. Accord entre lui et Hugues, vidame de Chartres, au sujet de la Houssaye (1228), V, 323, 336. — Mentionné en 1223, V, 304. — (Jean de), frère d'Anseau IV. Mentionné en 1268, V, 325. — Représenté à l'abbaye d'Hermières, V, 348. — (Jean de), fils du précéd. Mentionné en 1287, V, 325. — Ses biens à Grisy (1288), V, 156. — Vend Tournan et d'autres seigneuries à P. de Chambly (1293), IV, 573 ; V, 325. — Sa femme, Agnès. — (Jean de). Ses biens à Trembleseau (1212?), V, 133 et note. — (Jean de). Ses droits sur le péage de Tournan (1336), V, 326. — (Manassès de), fils d'Anseau I. Mentionné en 1209, V, 327. — Sa sépulture, V, 368. — (Robert II), fils d'Anseau II, V, 324.
Garnerius. Voy. Garnier.
GARNES, Garne [Seine-et-Oise, ham. de Senlisses], III, 420.
GARNEVOISIN, *Guarnoversin*, lieu-dit de Limours (XIIe s.), III, 436.
GARNIER (le P. Jean), jésuite. Son pèlerinage annuel à l'égl. d'Aubervilliers, I, 558.
— (Jérôme), recteur de l'Université de Paris. Acte relat. à la foire du Landit (1550), I, 553.
— (Marie-Jeanne), femme d'Etienne Canaye, Dame de Montereau près Montreuil (XVIIe s.), II, 402.
GARNIER, abbé d'Hermières (XIIe s.), V, 347.
GARNIER, *Garnerius*, archidiacre de la cathédrale de Paris, I, 163, 164. — Mentionné en 1264, III, 569. — Archidiacre de Brie (1269), V, 172 ; — lègue au chapitre de N.-D. des biens à Créteil (1280?), V, 16.
GARNIER, chanoine de Meaux. Prieur de St-Fiacre de Gagny (XVIIIe s.), II, 549.
GARNIER, curé de St-Marcel de St-Denis (1282), I, 519.

GARNIER, doyen de Sarcelles (XIIIe s.), II, 77.
GARNIER, prieur de Notre-Dame-des-Champs. Acte relat. à Ivry (XIIe s.), IV, 459.
GARNIER, sous-prieur de St-Victor de Paris et écrivain, I, 340-1.
GARNISONS (les), fief situé à Moissy-l'Évêque, V, 115.
GARNON, fondateur du couvent de Limoux en Berry (XIIIe s.) [sa femme] Adalgude, III, 430.
GARNY, écrit pour Gagny, II, 547.
GARRAULT (Claude), seigneur de Belleassise en 1580. Le même? conseiller au Parlement (1612), IV, 527.
GARRIER (Edme), curé d'Andrezel (1560), V, 422.
Garronenses Voy. Carronenses.
GARSILIUS, fils de Payen Serlon. Bienfaiteur du prieuré de Longpont (XIIe s.). II, 214.
Garziachus : GARCHES, III, 40.
GARZY [Garches], III, 18.
GASCHOIN ou GRACHOIN (Pierre de Longueil, seigneur de), IV, 327.
GASCOGNE (Arnoul). Son fief de Lardy (XIIIe s.), III, 475 ; IV, 184.
GASCOURT, Gacourt (Seine-et-Oise, ham. de Luzarches), II, 207. — Notice, II, 213-214.
GASCOURT (HESSELIN de). Voy. Hesselin.
GASNY, Gany-en-Vexin [Eure, arr. des Andelys, cant. d'Écos]. Lieu du mariage de S. Germer et de Domanie (VIIe s.), II, 546.
GASPAR, roi mage. Figuré sur une châsse, II, 436.
GASPY (BLONDEL de). Voy. Blondel.
GASSEAUX (le), lieu-dit de Bullion (1700), III, 427.
GASSENDI (Pierre), philosophe. Sa sépulture, I, 205. — Précepteur de Chapelle, I, 462.
GASSENVILLE. Voy. St-Léger.
GASSION (Jean, comte de), maréchal de France. Sa sépulture (1647), II, 377.
GASSON ou GASSEN. Terres qui ont pu être possédées par ce personnage, II, 246.
Gassonis ou Vasconis villa : St-Léger de Gassenville, I, 580 ; II, 246.
GASSOT (Philbert). Sa maison à Chennevières (XVIIe s.), II, 97.
GAST (Robert du), fondateur du collège de Ste-Barbe à Paris (1556), IV, 453.
GASTE (Adrien le), religieux de l'abbaye de Chaumes (1426), V, 195.
GASTEL (Jean du), chanoine de St-Aignan d'Orléans. Ses biens à Charentonneau (XIIIe s.), V, 8.

— (Thibaud du), prieur de Gouvernes (1318), IV, 570.
GASTELLIER (Stephanus le), chevalier (XIIIe s.?), IV, 103.
GASTINE (la), fief à St-Cloud, III, 37.
GASTINE (Geoffroy et Guy de). Leur sépulture (1275), III, 351.
GASTINEAU (Nicolas), aumônier du Roi ; mort en 1696. Ses ouvrages, sa sépulture, III, 39.
GASTINEL (Girold), bienfaiteur du prieuré de Longpont (XIIe s.), IV, 402.
GATEAUX de Villeneuve-St-Georges. Leur réputation, V, 41.
GATINAIS. Archidiacre. Voy. Corbie (Jean de).
GAUCHER, Galcherus, prêtre du Petit-Groslay (1220), II, 566.
GAUCHER, prieur de St-Eloi de Paris (1227), I, 311.
GAUCHEREL ou GOSSEREL, marchand de soies à Paris. Seigneur de Vigneux (XVIIIe s.), V, 54, 57.
GAUCOURT (Colaye de), nièce de Jean ; femme de Jean d'Avesnes, IV, 372. Dame de Viry (XVe s.), IV, 401-2.
— (Eustache de), grand fauconnier de France. Seigneur de Torigny, IV, 372 ; — de Viry (1414 et 1415), IV, 401 ; V, 65.
— (Jean de), chevalier. Reprend St-Cloud pour le roi (1411), III, 33.
— (Jean de), archidiacre de Joinville. Seigneur d'Orangis et de Torigny, IV, 372 ; — de Viry (1437), 401.
GAUDART, conseiller au Parlement. Son fief du Piple (XVIIe s.), V, 389.
GAUDETTE (fief). Voy. Longperrier.
Gaudiacum, Gaugiacum : Jouy, II, 104 ; III, 264.
Gaudiaci villa : Jouy-le-Moutier, II, 103.
GAUDIN (Raoul), habitant de Wissous. Sa fille Odeline, IV, 54.
GAUDION, garde du Trésor royal. Seigneur de la Grange à Yerres (XVIIIe s.), V, 217, 219.
GAUDONNERIE (la) ou GONDONNERIE, ham. de Villepreux, III, 188, 189.
GAUDRÉ ou GODRÉ, appelé inexactement Gondré, lieu-dit de Morsang-sur-Seine, V, 101.
Gauffredus, moine de St-Denis, auteur de poésies, I, 512.
Gaufridus, capicerius (XIIIe s.), I, 163.
Gaufridus, decanus parisiensis (XIIIe s.), I, 163. Voy. Geoffroy.
GAUG, GAUGIAC, radicaux celtiques, III, 264.
Gaugiacum. Voy. Gaudiacum.
Gaugiacus (VIe s.) : Gouaix [?], III, 264.
GAULBOUT : Grand-Bourg, IV, 328.
GAULTIER (Etienne), auteur religieux

cité à propos de l'abbaye du Val-de-Grâce (1541), III, 263.
GAULTIER ou GAUTIER, préchantre de la Cathédrale (XIIe s.), IV, 63. — Donne ses biens d'Orly au Chapitre, IV, 437.
GAULTIER DE BEAUVAIS, receveur général des Finances. Propriétaire de Croissy-sur-Seine (XVIIIe s.), II, 28.
GAUMIER (Georges), curé de Saint-Cheours (1671), III, 452.
GAUMONT (Robert de), bourgeois de Paris. Seigneur en partie de Cléry. Reçoit l'hommage de la terre de Beaubourg (1594), IV, 513.
Gaunissa : Gonesse, II, 260.
GAUSSAN (Marthe de), femme d'Antoine de Saine (XVIIe s.), V, 310.
Gauteru (Michel), prévôt de Montlhéry (1313), IV, 109.
GAUTIER (Gabriel), prieur de Marcoussis. Son mémoire sur ce lieu, III, 484.
GAUTIER (Mathieu). Sa fondation à la Sorbonne, I, 153.
GAUTIER, abbé de St-Germain-des-Prés (XIIIe s.), III, 546.
GAUTIER, abbé de St-Magloire (1301), III, 194.
GAUTIER, dit S. Gautier, abbé de St-Martin de Pontoise (XIe s.), I, 646.
GAUTIER, chambrier du Roi. Possesseur du Monceau St-Gervais (XIIIe s.), I, 87.
GAUTIER, curé de Louveciennes. Son testament (1184), III, 113.
GAUTIER, *dapifer* du Roi. Se fait religieux à Longpont (XIIe s.), III, 472. — Ses biens à Bretigny, IV, 347.
GAUTIER, év. de Chartres. Acte relat. à l'abbaye de Joyenval (1224), II, 268.
GAUTIER I, év. de Meaux. Acte relat. à l'abbaye de Lagny (1050), IV, 549.
GAUTIER, év. de Paris. Sa requête à Louis d'Outre-mer (936), I, 160 ; IV, 117.
GAUTIER, fils de Jean, IV, 117.
GAUTIER, maire de Vanves. Voy. Gameline.
GAUTIER, prêtre de St-Nicolas-des-Champs de Paris (1246), I, 471.
GAUTIER, prêtre. Bienfaiteur du prieuré de Longpont (XIIe s.), III, 503-4.
GAUTIER, prieur de St-Victor de Paris. Ses écrits contre Abailard, I, 340.
GAUTIER. Voy. Gaultier.
GAUVE (Catherine de), femme de Simon Morhier. Acquiert le fief de Vaux-sur-Orge (vers 1462), IV, 396.
GAUVILLE (Jean de), (XVIIe s.), IV, 397.
GAUZBERT, seigneur d'Aquitaine.

Bienfaiteur et religieux de l'abbaye des Fossés (835 ou 836), II, 425.
GAUZLIN, abbé de Glanteuil. Son histoire de ce monastère, II, 442, 443.
Gavaniacum in Kalense : Gagny, II, 498, 546.
GAVIGNY. Voy. Gagny.
GAVRÉ de Cormeilles, possesseur du fief de Montigny (XVIIIe s), II, 56.
GAYANT (Louis), conseiller au Parlement. Seigneur en partie de Varatre (XVIIe s.), V, 122.
GAYEN (le président). Possède la ferme des Clos au Perray (XVIIe s.), V, 91.
Gayeté (la), bâtiments construits pour le duc de Chartres dans le parc de St-Cloud, III, 38.
GAYNEAU (Etiennette), fondatrice du couvent des Feuillants du Plessis-Piquet (1614), III, 254.
GAYUS (Jean), bienfaiteur de la chapelle de la Jussienne à Paris, I, 67.
GAZA CHRIST, prétendu roi d'Ethiopie. Sa mort à Rueil ; son épitaphe, III, 102.
Gazo, nom d'homme. Origine de nom de lieu, V, 297.
GEDOYN (Magdelene), femme de Jean Bouette. Fondatrice d'une chapellenie à Piscop (1698), II, 168.
Gehenni. Voy. Jaigny.
Gehenni [Glaignes? Oise, arr. de Senlis, cant. de Crépy-en-Valois], II, 231.
Gehenniaco (bois *de*) près de Frépillon (1190), II, 129, 231.
Gehenniacum. Voy. Jaigny.
Gehenvilla : Gennevilliers, III, 61, 62.
GELAS (Claude de), év. d'Agen (1614), II, 434.
GELÉ (Marguerite), femme de Lucien Boizard (XVIIe s.), IV, 399.
GELINIER (le), lieu-dit de Villiers-le-Bel (XIVe s.), II, 179.
GELON, seigneur de Lisses, IV, 316.
GEMBLOUX [Belgique]. Abbés. Voy. Anselme et Sigebert.
GENART, *Genardus*, nom d'homme. Etymol. de nom de lieu, V, 309.
GENCY [Seine-et-Oise, ham. de Cergy]. Dame. Voy. Buat (Marguerite de).
GENDRON, médecin. Sa maison à Auteuil ; sa sépulture, I, 386, 391-2.
GENDRON, officier de la grande écurie. Sa maison à Arcueil, IV, 18.
GENDULFE. Voy. S. Gendulfe.
GENE. Voy. Genne.
GENEBRARD (Gilbert), prieur commendataire du Cormier (1574), IV, 504 ; — prieur de St-Denis de la Chartre (1592), I, 211 ; — archev. d'Aix, IV, 210 (note).

GENEBRIER, auteur rectifié, II, 421.
Generale, sens de ce mot, II, 458.
GENEROY [*corr*. Genitoy?] (Louis Sanguin, sieur de), II, 567.
GENES (de). Voy. Gesny (de).
GENÈS, prêtre, contemporain de Ste Geneviève, I, 494.
GENÈS [aumônier] de Ste Bathilde, II, 558. Voy. S. Genès, év. de Lyon.
GENEST (Etienne). Son fief à Bussy-St-Martin (1454), IV, 580.
Genestalum. Voy. Genitoy (le).
GENESTAY (Albert et Jean de). Voy. Genitoy.
Genesteium, Genestey. Voy. Genitoy (le).
GENESTON [Loire-Inférieure, arr. de Nantes]. Abbaye, I, 342.
GENÈVE [Suisse], résidence des derniers Budé, V, 216. — Évêque. Voy. S. François de Sales.
— (Béatrix de), femme de Frédéric, marquis de Saluces. Son procès au sujet de Montjay (1386), II, 532.
GENEVEFE ou GENOVEVE, noms probables de Ste Geneviève, III, 72 (note 2).
GENEVIÈVE, bourgeoise de Paris. Son testament en faveur d'établissements religieux (1247), I, 346.
GENEVIÈVE, femme de Pierre Coquillier (XIIIᵉ s.), I, 69.
GENEVIÈVE, femme de Gauthier Giffart (XIIIᵉ s), II, 267.
GENEVIÈVE, fille d'Odon, serf de Créteil. Condition mise à sa manumission (XIIᵉ s.), V, 18.
GENEVIÈVE, fondatrice d'une chapelle à St-Jean-en-Grève (1325), I, 90.
Genevillare. Voy. Gennevilliers.
GENEVILLIERS. Voy. Gennevilliers.
GENEVOIS (Jean le), lieutenant général au baillage de Chaumont (XVIᵉ s.), V, 245.
GENITOIRE, fausse étymologie de nom de lieu, IV, 578.
GENITOY (le), *Genestalum*, *Genesteium*, Genestey [Seine-et-Marne, ham. de Bussy-St Georges]. *Notice*, IV, 577-578.
— (Aubert de), de Genestay (1246), IV, 577 ; V, 160. — (Jean du), fils du précéd. *ibid*. — Ses biens à Sucy, V, 382.
GENLIS (ERULART de). Voy. Brulart.
GENNE, Gaine, Ganne, formes celtiques ; leur sens. Origine supposée de noms de lieu, III, 61.
GENNEVILLIERS, *Genevillare*, *Gehenvilla*, *Ginivillare*, *Janivillare*, Genevilliers, paroisse du doyenné de Châteaufort [Seine, cant. de Courbevoie]. *Notice*, III, 60-65. — Autres mentions, I, 566 ; III, 56, 58, 110.

— Lieux-dits (fiefs) : du Chevalier, de la Demoiselle, de l'Isle, de la Neuville.
GENOUD (Claude), secrétaire du roi. Seigneur de Guibeville (1634), IV, 228.
— (Philippe), conseiller au Parlement. Seigneur de Guibeville et de Chetainville, IV, 228, 229. — Son épitaphe (1684), 229.
— (l'abbé), conseiller au Parlement. Seigneur de Chetainville (XVIIIᵉ s.), IV, 196.
GENOUILLY [Seine-et-Marne, arr. de Melun, cant. de Mormant], V, 223.
GENOUX (l'abbé). Voy. Genoud.
GENOVEVE. Voy. Genevefe.
GENTE (dame), bienfaitrice de l'abbaye d'Yerres (XIIᵉ s.), II, 652.
GENTIAN [Gentien], seigneurs de Fleury près Meudon. — (Jean), général et maître des monnaies. Mentionné en 1363 et 1371), III, 241.
— Autre personnage de même nom et dignités (1444), 241. — (Oudart, mentionné (1391, 1399, 1401), 241. — (Pierre), général maître des monnaies (1444), 241.
GENTIEN (Antoine), seigneur de l'Hermitage. Gouverneur de la léproserie de Champlain (1530), IV, 486.
— (Benoît), religieux de St-Denis. Ouvrage qui lui est attribué, I, 511.
— Envoyé par Charles VI au concile de Constance (1414), III, 204.
— (Guillemette la), veuve de Jérôme Gilles. Dame de Fleury (1481), III, 241.
— (Jacques), seigneur de l'Hermitage. Gouverneur de la léproserie de Champlain (1535), IV, 486.
— (Jacques), neveu du précéd. Succède à son oncle, *ibid*.
— (Jean), bourgeois de Paris. Fonde une chapelle à St-Jean-en-Grève (1305), I, 90.
— (Jean), seigneur de l'Hermitage. Sa sépulture (1508), IV, 484, 489.
— (Jeanne), dame de Piscot et du Luat (1441), II, 167. — Dame de Charenton en 1423, II, 367 ; — en 1430, 375. — Rente due par elle à la Queue-en-Brie, IV, 488.
— (Odon), partisan de Charles VII. Dépossédé de ses biens à Romainville (1425), II, 646.
— (Pierre), seigneur de Belloy par sa femme, II, 196.
GENTIEN, receveur royal (1386), II, 612.
GENTIENNE (Jeanne la). Voy. Gentien (Jeanne).
GENTIL ou GENTILS (Etienne), prieur de St-Martin-des-Champs (1509),

I, 192. — Abbayes qu'il est chargé de réformer (1515, 1516), IV, 548 ; V, 228. — Sa mort (1536), V, 286.
— (François), curé de Louvres (1562), II, 299.
— (Guillaume), frère d'Etienne ; curé de Chevry, puis vicaire-général de l'évêché de Paris. Sa sépulture (1533), V, 286.
GENTILHOMME (Guillaume le), bailli à Gometz (1523), III, 408.
Gentiliaco (Domina de), femme (?) de Jean de Bagneux, seigneur de Gentilly. Bienfaitrice des Chartreux, IV, 8, 9.
Gentilis, surnom. Origine de nom de lieu, IV, 3.
Gentilliaco (Ferric de Brunoy dit de). Voy. Brunoy et Gentilly.
GENTILLY, *Gentiliacum*, paroisse du doyenné de Montlhéry [Seine, cant. de Villejuif]. *Notice*, IV, 3-13. — Les év. de Paris y ont une maison de plaisance, I, 125. — L'év. Et. Tempier y acquiert un fief (1270), V, 206. — Les Hospitalières de St-Julien et de St-Basilisse quittent ce lieu pour St-Mandé (1705), II, 383. — Autres mentions, I, 11 ; II, 372.
— Lieux-dits : Bicêtre, Mont-Sinaï (le), Pie (maison de la), Pomereth, Tournelle (censive de la), Tour quarrée (fief), Tour ronde (fief).
— (Agnès de). Donne la terre de Pomereth à l'abbaye du Val-Notre-Dame, II, 242 ; IV, 9.
— (Ferric de) *de Gentilliaco*, frère d'Ansel de Brunoy, V, 205. — Feudataire de l'év. de Paris pour son fief de Gentilly, IV, 5 ; — en procès avec l'abbaye de St-Victor au sujet de ce fief (1171), IV, 8, 460.
— (Gui de) et Isabeau, sa femme. Leurs biens au Monceau-St-Gervais (1245), IV, 9.
— (Marguerite de), vassale de l'év. de Paris (XIII° s.), IV, 5, 6, 8.
GENTILLY [Vaucluse], monastère bâti par Clément VI, IV, 11.
GENTILS. Voy. Gentil.
Gentiles Sarmatæ, campés près de Paris. Origine de nom de lieu, IV, 3, 4.
Geneveriæ : Janvry, III, 441.
GENVRIES, Genvery, Genvry : Janvry, III, 441 ; IV, 173.
GEOFFRIN, seigneur de Villeparisis en 1700, II, 580.
GEOFFROY (Zacharie), prieur de Gometz (1414), III, 406.
GEOFFROY (D^{lles}), propriétaires du fief de la Rue à Domont (XVIII° s.), II, 159.
GEOFFROY (le roi), personnage fabuleux, IV, 98.

GEOFFROY, abbé de Lagny (1176), IV, 542.
GEOFFROY [Ier], abbé de St-Germain-des-Prés. Son différend avec Etienne de Macy (1152), III, 535 ; IV, 57.
GEOFFROY [II, de Coutures], abbé de St-Germain-des-Prés. Acte relat. à Vaugirard (1352), I, 484.
GEOFFROY, abbé de St-Magloire (1270), I, 184.
GEOFFROY, archev. de Rouen (1111 à 1128), II, 67.
GEOFFROY, archidiacre de Pontoise (XIII° s.), II, 127.
GEOFFROY, curé de St-Sulpice de Favières (XII° s.), IV, 171, 174.
GEOFFROY, doyen du chapitre de Notre-Dame. (1262), III, 101.
GEOFFROY, doyen d'Orly. Sa femme Thezia (XIII° s.), IV, 437.
GEOFFROY, év. de Paris. Voy. Boulogne (Geoffroi de).
GEOFFROY, év. de Senlis (1185), II, 526.
GEOFFROY, fils d'Urric. Bienfaiteur de l'église d'Orsay (XI° s.), III, 395, 396.
GEOFFROY, prêtre [curé] de Bruyères-le-Châtel (XIII° s.), III, 470.
GEOFFROY, prieur d'Argenteuil (1152), II, 4.
GEOFFROY, prieur de St-Eloy de Paris (XIII° s.), I, 311.
GEOFFROY, prieur de St-Martin-des-Champs (1079), I, 190.
GEOFFROY, trésorier de Meaux (XII° s.), V, 411.
GEOLE (hôtel de la) près du pont de Charenton (XV° s.), II, 367.
GEORGE, propriétaire des eaux minérales de Passy, I, 405.
GEORGES, avocat au Conseil. Possède le fief de Pinelle à Nogent-sur-Marne, II, 473.
GÉRARD, abbé de Brogne. Sa résidence à St-Denis (X° s.), I, 509-10.
GÉRARD, comte de Paris (VIII° s.). Sa maison à Rueil, III, 91. — Ses droits à Villeneuve-Saint-Georges (VIII° s.), V, 35.
GÉRARD, archev. de Nicosie. Sa sépulture (1304), I, 240.
GÉRARD, év. *Viscosiensis*. Bienfaiteur de l'abbaye de Ste-Geneviève, III, 563. [Leb. a lu *Viscosiensis* pour *Nicosiensis* ; c'est le même personnage que le précéd.]
GÉRARD, curé de Montrouge (1413), III, 587.
GERBAUD (Bernard). Possède la terre de Porchefontaine, III, 214.
GERBAULD (Benoît), chanoine de l'abbaye d'Hiverneau et curé de Lésigny (1499), V, 357.
GERBERON (dom). Son livre sur la

— 226 —

sainte Tunique d'Argenteuil cité, II, 7.
GERBERON (Jacqueline), prieure de Torcy (1691), IV, 598.
GERBERT [pape]. Convoque à Chelles les chanoines de St-Martin de Tours pour un concile, II, 485 ; IV, 552.
Gerciacum : Jarcy, V, 173.
GERCY. Voy. Jarcy.
GERESME (Jean de), seigneur de Favières, V, 344.
— (Jean de), fils du précéd. Seigneur de Favières et de Mandegris (1483), V, 344.
GERGEAU ou JARGEAU [Loiret, arr. d'Orléans]. Reliques de S. Vrain, IV, 201, 202.
GERMAIN (Dom Michel), historien critiqué, I, 421, 422, 430 ; II, 40, 57, 194, 390, 464-5, 617 ; III, 116, 324 ; IV, 21, 546 ; V, 23, 26.
GERMAINCOURT, forme primitive supposée du nom de lieu Maincourt, III, 355.
GERMAINE, femme de Jean Bureau. Voy. Hesselin (Germaine).
GERMAINVILLE, Germeville [Seine-et-Oise, ham. de Saint-Lambert]. Mentionné (1207), III, 367.
GERMANIE (roi de). Voy. Louis.
GERMENAY (dame de). Voy. Bescherel (Péronne de).
Germendus, desservant *(persona)* de l'égl. de la Frette (1626), II, 57.
GERMEVILLE. Voy. Germainville.
GERMIGNY-SUR-LOIRE ou DES PRÉS [Loiret, arr. d'Orléans, cant. de Châteauneuf]. Ouvrages de marqueterie dans l'église, I, 233 (note).
— (Jeanne de), femme de Jean Alart de Court-Alari, IV, 130.
GERMONVILLE (seigneur de). Voy. Champgirauld (Nicolas de).
GÉRONCE, mère de Ste Geneviève, III, 74.
GÉRONTE, possesseur de Taverny, II, 60.
GERSON (Jean), curé de St-Jean-en-Grève et chancelier de N.-D., I, 92 ; III, 80. — Ses relations avec un reclus du Mont-Valérien, III, 82, 84. — Ses écrits contre Jean Petit, III, 204.
GERSY (abbaye de), III, 13. Voy. Jarcy.
GERTRUDE [de Soissons], femme de Mathieu [II] de Montmorency. Bienfaitrice du prieur de Tour (1215), I, 647.
GERVAIS, abbé de Tiron. Acte relat. au prieuré du Raincy (1239), II, 591 ; — au prieuré de Jardy (1249), II, 24 ; III, 68, 96, 170.
GERVINS, lieu-dit de Châtenay (XIIIe s.), III, 541.

GERY (Petronelle de) [*de Giriaco*], fondatrice et bienfaitrice du prieuré d'Hennemont (1308), III, 319. — Ses frères : Pierre, abbé de St-Benoît-sur-Loire et Simon, prieur de Ste-Céline de Meaux, *ibid.* — Voy. Giry.
Gesedis ou *Gesedum*, localité du Parisis dont l'égl. St-Pierre est mentionnée au Xe s. Peut difficilement être identifiée avec Gisy, III, 260 ; — sans doute *Villa Gesedum* ou Villejuif, IV, 26 [d'après Longnon, *Bullet. de la Société de l'Hist. de Paris*, I, 25, ce serait plutôt Juziers, Seine-et-Oise, arr. de Mantes].
Gesedum ou *Iosedum* (pays de) : le pays de Josas, IV, 26.
GÉSINE (la). Surnom donné à des chapelles de la Vierge, I, 238 (note).
GÉSINE (N.-D. de la). Voy. N.-D. de Miséricorde.
GESLIN (Jean), curé de Boussy-St-Antoine (1497), V, 190, 194.
GESNAULT (Quentin), curé de St-Sauveur (1607), I, 72, 447.
GESNY (de) [et non de Genes], seigneur de Vaires-sur-Marne (XVIIIe s.), II, 502, 504.
GEVAUDEAU. Voy. Chevaudos.
GEVESI, Gevisi. Voy. Juvisy.
GEVRES ou GESVRES (ducs et marquis de). Voy. Potier.
— (maison de). Possède la seigneurie de Vaires, II, 504 ; — de Torigny, 515.
— (le sieur de), seigneur engagiste de Gonesse (XVIe s.), II, 267.
GIAC (Pierre de), chancelier de France. Possède la Grange-aux-Merciers (1358), II, 369.
GIBARD, sous-diacre de la cathédrale de Paris. Donne ses biens d'Orly au Chapitre, IV, 437.
GIBBEVILLE : Guibeville, IV, 227.
Gibbosi villa, forme étymologique supposée du nom de lieu Guibeville, IV, 227.
Gibbosus, surnom porté par des seigneurs de Chetainville, IV, 195. — Origine de nom de lieu, IV, 227.
GIBIEUF (le P. Guillaume), religieux de l'Oratoire. Traite avec les bénédictins de St-Magloire (1620), I, 158.
GIBON (Rainaud), moine de St-Germain-des-Prés. Ses ouvrages, I, 272.
GICAULT (fief de) à Garges (XVIe s.), II, 256.
GIÉ (de), gentilhomme ordinaire de la chambre du roi. Voy. Reverdy (François).

GIEN [Loiret] (comté de) cédé par Louis XIV au duc de Joyeuse (1650), III, 304 — (comte de). Voy. Évreux (Louis, comte d') — (péage de), II, 605.
— (Geoffroi de), chanoine de la cathédrale de Paris. Bienfaiteur du chapitre (1297), III, 569 ; IV, 35, 41.
GIENVILLE (Guillaume de), receveur de la vicomté de Paris (1321), IV, 105.
GIETEDAS, femme de Paris. Mentionnée dans le poème de Guillot, I, 354.
GIF, paroisse du doyenné de Châteaufort [Seine-et-Oise, arr. de Versailles, cant. de Palaiseau]. *Notice*, III, 384-387.
— Abbaye de Bénédictines. *Notice*, III, 388-390. — Soumise à l'abbaye d'Yerres, V, 223, 225. — Des religieuses y sont envoyées de Chelles pour y rétablir la régularité (XVIe s.), II, 493. — Biens et revenus, III, 162, 312, 336, 387, 396, 562, 576 ; IV, 68. — Abbesses. Voy. à la *Notice* et Le Grené (Isabelle).
— Cure ; unie à celle de Villiers-le-Bâcle (1483), III, 311.
— Seigneurie : fief en relevant, III, 335 ; — dépend du duché de Chevreuse (1647), 372.
— Lieux-dits : Coupières, Courcelle, Damiette.
— (Arneus de), dominicain, prédicateur à Paris (XIIIe s.), III, 387.
— (Isabelle de), vassale de l'év. de Paris (XIIIe s.), I, 76 ; III, 385 ; — la même qu'Isabelle de Coupières, 386-7.
— (Luc de), chanoine de la cathédrale de Paris, III, 386 ; — arbitre dans un différend (1262), 543 ; — son testament mentionné, 577 ; — donne ses biens d'Orly au chapitre, IV, 437.
GIFAUMONT [Giflaumont, Marne, arr. de Vitry-le-François]. Origine de ce nom, III, 384.
GIFCOURT [Aisne ? arr. de St-Quentin]. Origine de ce nom, III, 384.
GIFFART (André), bourgeois de Paris. Fondateur d'une chapellenie à N.-D., IV, 438.
— (Gautier), bourgeois de Paris. Ses biens à Gonesse (XIIIe s.), II, 267.
— (Louis de), seigneur de Franconville et de la Pierre-St-Maclou de Folleville (1639), II, 49.
— (Renaud), abbé de St-Denis (1304), II, 615-6.
GIGAULT. Ses fiefs à Viry (XVIIIe s.), IV, 403.

GIGNY [Jura, arr. de Lons-le-Saulnier, cant. de St-Julien]. Prieuré dépendant de Cluny ; reliques, II, 238 et note.
GIGOT, possesseur de la terre de Mardilly (XVIIIe s.), V, 133.
Gil, désinence de noms de lieu. Sa signification, II, 618.
GILBERT, év. de Paris. Voy. Girbert.
GILBERT (Jacques), procureur de l'év. de Paris (1538), I, 569.
— (Jean), conseiller du roi. Acquiert la terre de Villeron en 1491, II, 313. — Mentionné en 1497, 314 ; — en 1532, 312, 314.
— (Jean), laboureur à Courbevoie. Bienfaiteur de l'église du lieu, III, 69.
— (Jeanne). Possède le fief de Narelle à Yerres (1597), V, 215.
— (Pierre), seigneur en 1580 du fief Michel Lebœuf à Versailles, III, 196 ; — de Voisins-le-Bretonneux et autres fiefs en ce lieu, 286.
— (Pierre), né à Paris en 1595. Sa sépulture, III, 285. — Le même [?] seigneur de Voisins-le-Bretonneux (1653), 286.
GILBERT, chirurgien du bailliage de Melun. Son rapport sur les reliques de l'égl. de St-Merry de Champeaux (1753), V, 432.
GILBERT, chanoine (1239), I, 141.
GILBERT, clerc. Bienfaiteur de l'abbaye d'Hérivaux, II, 221.
GILBERT, curé de Fosses (1260), II, 323.
GILBERT, doyen de la collégiale de St-Marcel de Paris (1112), IV, 183.
GILDOMER, habitant d'Essonnes. Guéri par un miracle de S. Germain, IV, 261.
GILDUIN, premier abbé de St-Victor de Paris, I, 335. — Mentionné en 1132, I, 518 ; — en 1154, III, 259 ; IV, 112. — Reçoit l'égl. de Fleury-en-Bière, IV, 363 (note) ; — celle de Combs-la-Ville, V, 176. — Mort en 1155, IV, 417. — Sa sépulture, I, 337.
GILES. Voy. Gilles.
GILET. Voy. Gillet.
GILLART (Guillaume), bénédictin. Prieur de Gometz (1534), III. 406.
GILLEBERT D'HALLEINNE (Marie-Gabrielle), seconde femme de Charles de Boisseret. Dame d'Herblay ; son procès avec le chapitre de Paris, II, 83, 85.
GILLES (Charles), célèbre chirurgien. Né à Brie-Comte-Robert, V, 274.
GILLES (Jean). Reçoit du roi d'Angleterre (1425) des biens à la Villette, I, 465 ; — à Pierrefitte, I,

585 ; — à Bonneuil-en-France, II, 620 ; — à Romainville, 646.
— ou GILES (Jean), écuyer, fils de Jérôme. Ses biens à Fleury (1490), III. 241.
— (Jérôme), III, 241. — Le même [?], possesseur, à Combs-la-Ville, d'un fief auquel il a donné son nom (1473), V, 181.
— (Nicolas). Fables qu'il rapporte sur les origines de Conflans-Ste-Honorine, II, 87.
GILLES, év. de Reims. Traités fabriqués par lui (VIe s.), II, 483.
GILLES, archidiacre de Beauvais. Bienfaiteur de l'abbaye de Lagny (1239), IV, 542.
GILLES, chantre de la cathédrale, I, 5.
GILLES, doyen du chapitre de St-Cloud. Donne un reliquaire à son église, III, 24.
GILLET ou GILET (Claude), I, 627 ; — secrétaire du roi. Seigneur de Fontenay-le-Vicomte en partie (XVIe s.); possesseur du fief de Mailly, IV, 237.
— (Pierre), fils de Claude, né à Montmorency (1607). Elu doyen de St-Germain-l'Auxerrois en 1607; sa sépulture (1624), I, 33, 627.
GILLEVOISIN [Seine-et-Oise, arr. d'Etampes, ham. d'Auvers-St-Georges]. Seigneur. Voy. Voisin (François-Daniel).
Gilliacus, localité du Blésois (995), I, 140.
GILLOT, bienfaiteur du temple protestant de Charenton (1624), II, 377.
GILLOT, *recteur* de St-Jean-en-Grève, I, 91.
GILON, chevalier. Bienfaiteur de l'abbaye d'Yerres (XIIIe s.), V, 383.
GILON, prieur de Villeneuve (1223), III, 77.
GILQUIÈRE ou GILQUINIÈRE (la), partie du ham. du Breuil (Epinay-sur-Orge), IV, 86.
GINDRE, sens de ce mot, I, 283. Voy. Paris, rues.
GINETTI (le cardinal). Reliques envoyées par lui à Paris, I, 125.
Ginivillare. Voy. Gennevilliers.
GIRALD, chapelain de St-Etienne-des-Grez, I, 141.
GIRARD, abbé de St-Germain-des-Prés (1264), III, 240.
GIRARD, archidiacre de la cath. de Paris (XIIe s.), III, 581. — Biens à Orly qu'il donne au chapitre, IV, 437.
GIRARD, curé de Suresnes (1245). Ses biens à Rueil, III, 49, 97.
GIRARD, poète français né à Montigny (XIIIe s.), II, 56.

GIRARD, prieur de St-Jean-en-l'Ile de Corbeil. Sa sépulture (1262), IV, 293, 295.
GIRARD (Claude), seigneur de Cormeilles (1541), II, 53.
— (Henri), fils de Nicolas, procureur général de la Chambre des Comptes. Seigneur du Thillay ; sa sépulture (1625), II, 274, 276.
GIRARD (Jacques), curé de Villejuif (XVIIe s.), IV, 28.
GIRARD (Jean), curé de Guyancourt. Son épitaphe (1598), III, 280.
— (Jean), écuyer. Possède la terre de Cramayel par sa femme, Valentine Le Fevre (XVIe s.), V, 112.
— (Jean). Possède à cause de sa femme, Jeanne de Dormans, des biens à La Chapelle-St-Denis (XVe s.), I, 461.
— (Louis), procureur-général de la Chambre des Comptes. Seigneur de Villetaneuse (XVIIe s.), I, 592. — Propose de reconstruire à ses frais la chapelle de St-Marc à Epinay, 595.
— (Macé), mentionné en 1560, III, 51.
— (Nicolas), conseiller du roi, trésorier des ligues suisses. Seigneur du Thillay (1614), II, 274, 276.
— (X...), conseiller au Parlement. Seigneur du Thillay en 1649, II, 276.
GIRARD DE LA COUR DES BOIS, seigneur du Thillay ((XVIIIe s.), II, 276.
Girardi villa. Voy. Graville.
GIRARDIN (Macé), laboureur, marguillier de l'égl. d'Argenteuil. Son épitaphe (1580), II, 11.
GIRARDON, sculpteur. Sa sépulture, I, 46. — Statues de lui au château de Sceaux, III, 551.
GIRARDOT, mousquetaire du roi. Crée la culture des pêches à Bagnolet, II, 658.
Girardus, presbyter de Serenis. Voy. Girard.
GIRART (Christophe), curé de Périgny. Représenté sur les vitraux de l'égl. de ce lieu (XVIe s.), V, 187.
GIRAUD, abbé de St-Maur-des Fossés (1058), II, 478.
GIRAUD, doyen du chapitre de Notre-Dame puis év. d'Agen. Vignes à L'Hay qu'il lègue au chapitre, IV, 41.
GIRAUDON [Seine-et-Oise, comm. de Sarcelles], maison, II, 172.
GIRAULT, curé de Villiers-le-Bacle (1348), III, 311, 312.
GIRBERT ou GUBERT, abbé de Saint-Vandrille (XIe s.), III, 128.

GIRBERT ou GILBERT, év. de Paris. Cède l'égl. de Monceaux à St-Martin de Pontoise (1122), II, 58 ; IV, 249. — Donne à l'abbaye de Saint-Victor des biens à Bagneux et à Ivry, III, 571 ; IV, 460. — Donne l'autel d'Arcueil à l'abbaye de St-Denis (1119), IV, 14. — Autres mentions en 1117, V, 239 ; — en 1120, III, 170 ; — en 1122, I, 210 ; II, 550 ; III, 37, 492 ; IV, 262, 497, 499, 500, 599, 610 ; — en 1123 ; V, 14. — Présent aux funérailles de Milon de Montlhéry, IV, 94. — Mort en 1123, I, 22 ; III, 571 ; — ou en 1124, IV, 460.

GIRBERT (Lucas), curé de Bruyères-le-Châtel (1543), III, 468.

GIRBOUT (Pierre), chevalier. Possesseur d'un fief à Bonneuil-sur-Marne (1173), V, 28.

GIROIR. Voy. Girouard.

GIROLD, dit le Roy, habit. de Vanves. Son fils Robert, III, 581.

GIROUARD, Giroir [Seine-et-Oise, ham. de Lévy-St-Nom], III, 345.

GIROUD (le Mont de défunt), lieu-dit d'Asnières (XIIIe s.), III, 58.

GIRY. Voy. Gisy.

— (Jean et Richard de), chevaliers. Leur épitaphe, III, 262.

GIRY (le P.), missionnaire. Son martyrologe cité, V, 11 (note).

GISÈLE, sœur de Charlemagne. Abbesse de Chelles, II, 484. — Reconstruit l'égl. de cette abbaye, 486, 494.

GISLEBERT, vicomte de Ligny, avoué de l'abbaye de Pontigny. Ses biens à Corbeil donnés par lui à cette abbaye (1147), IV, 311.

Gislebertus, presbyter sanctæ Mariæ de Marliaco (1202), III, 117.

GISLEMAR, chancelier de l'abbaye de St-Germain-des-Prés. Acte souscrit par lui (1070), I, 263. — Réfuté, I, 4.

GISLEMAR, moine de St-Germain-des-Prés (IXe s.), I, 263, 272.

Giso, personnage du VIIe s. qui aurait donné son nom à Montgeron, V, 45.

GISORS [Eure, arr. des Andelys]. Séjour de Philippe-Auguste (1218), I, 596. — Acte de Louis IX, daté de ce lieu, III, 78. — Victoire remportée sur les Anglais entre ce lieu et Courcelles (1198), III, 121. — Gui de Vaugrigneuse, capitaine du château pour Philippe-Auguste, III, 462.

— (Jean de), de Gisortio. Vassal de Philippe-Auguste pour ses fiefs à St-Prix et à Ermont, I, 643, 644, 649 ; — à Jouy-le-Moutier, II, 106 ; — à Lieux, 107 ; — à Fosses et à Marly-la-Ville, II, 324.

— (Payen de). Vend à Suger une dîme à Franconville, II, 47.

— (Thibaud de). Ses biens à St-Prix (XIIe s.), I, 646-7.

GISY, Gesedum? Gisy [Seine-et-Oise, ham. de Bièvres]. Notice, III, 260. — Mentions de ses seigneurs, III, 216, 258. — Voy. Giry.

GISY-LES-NOBLES [Yonne, arr. de Sens, cant. de Pont-sur-Yonne]. Donné par Louis XI à Jean de Dallon, II, 211.

GÎTE (droit de), II, 99 ; III, 97, 530, 536, 543, 568 ; IV, 35, 42, 447, ; V, 39.

GITTARDE (Jeanne la), veuve de Jacques de Ruilly. Bienfaitrice de l'égl. de St-Cloud, III, 24.

Givaldus, nom d'homme. Origine de nom de lieu, III, 155.

GIVISI, Givisiacum. Voy. Juvisy.

GIVRY (Olivier de Fiennes, marquis de), IV, 131.

GIZLEVAL ou GRUELVAL (la coûture de), lieu-dit du Tremblay (1243), II, 612.

GLACES (manufactures de) à St-Germain-en-Laye, III, 145.

GLACIÈRE, bâtie à Gennevilliers dans la maison du duc de Richelieu, III, 64.

GLAISIÈRES (FLORY ès) : Fleury, hameau de Meudon, III, 240-1.

GLANDEUIL (sentier de) entre St-Marcel et Ivry mentionné en 1507. Origine de ce nom, IV, 456.

GLANFEUIL en Anjou [Maine-et-Loire], monastère [depuis appelé St-Maur-sur-Loire] dépendant de l'abbaye de St-Maur-des-Fossés. Reliques de S. Maur, II, 424, 426, 449, 454. — Abbé. Voy. Odon Gauzlin.

GLASCOW [Ecosse]. Archevêque. Voy. Béthune (Jacques de).

Glaseriæ : Glaisières, III, 240-1 (note).

GLATIGNY, ham. d'Andrésy ou de Jouy-le-Moutier [aujourd'hui ham. de Maurecourt ou de Jouy-le-Moutier], II, 101, 105.

GLATIGNY [lieu-dit de Versailles]. Notice, III, 207-9. — Autres mentions, III, 70, 213 et note.

— (Gervais de), mentionné au XIIIe s., III, 207.

— (Pétronille de). Donne à St-Germain-des-Prés ses biens du Chesnay (1209), III, 165-6, 207.

GLATIGNY (rue de). Voy. Paris.

Glaucinus, arx Glaucini, prison ou S. Denis aurait été renfermé. Fausse étymol. de la rue de Glatigny, I, 209 ; III, 208.

Gleseria (Johannes de) ou Glaseria,

chevalier. Ses fiefs dépendant de la châtellenie de Paris (1220), III, 240-1 (note).
— (Simon de), chevalier. Mentionné en 1246, V, 16.
Glesiis (Jean *de*). Vend aux Chartreux de Paris le four banal de Saulx (1285); sa femme Isabelle, III, 508.
GLISE ou CLISE. Conjecture sur l'origine de ce nom donné à l'abbaye de Gif, III, 388.
Gliseria (Guillaume et Philippe *de*). Leurs biens à Ozouer-la-Ferrière (1208), V, 353.
GLISIÈRE (la Grande), lieu-dit de St-Nom-de-la-Bretèche (XIIIᵉ s), III, 151.
Gloria laus, chanté au Petit-Châtelet de Paris, I, 118.
GLORIETTE (la) [Seine-et-Oise, ferme de Courson-l'Aunay]. Détachée de la paroisse de Vaugrigneuse et unie à celle de Courson-l'Aunay (1671), III, 453.
Glosera (Guillaume *de*), chevalier. Ses biens dans la châtellenie de Corbeil (XIIIᵉ s.), IV, 300.
GLOTERAY (Jacques). Son fief de la clochette à Grigny en 1597, IV, 406.
GLU des Gobelins, seigneur de Villegenis et d'Igny (XVIIIᵉ s.), III, 524-5, 529.
GLUME (moulin de), II, 227.
GLUMORT, localité située en Allemagne, II, 624.
GOBE (Claude de), seigneur de Suresnes. Cautionne une dette de jeu contractée par le frère du roi, III, 51.
GOBELIN, seigneur de Brie-Comte-Robert en 1602, V, 268.
GOBERT, abbé de St-Magloire de Paris, I, 182. Mentionné en 1316, I, 183 ; — en 1309, III, 445-6.
GOBERT, curé de Piscot (XIIIᵉ s.), II, 165.
GOBERT, sculpteur. Statue équestre de Louis XIV à Rueil, III, 103.
GOBIN (Robert), doyen de la chrétienté à Lagny. Son *Doctrinal moral* (XVIᵉ s.), IV, 564.
GODDE, territoire de Garges (XIIIᵉ s.), II, 252.
Goddinga, village mentionné au VIIIᵉ s. Identifications proposées. Voy. Godde et Gode (la).
GODE (fief de la) assis à Fontenay-le-Vicomte et relevant de Villeroy, IV, 238, 244.
GODE, seigneurs de Montfermeil, II, 543. — (Jacqueline), mariée successivement à Pierre Robin, à Galon dit Ploich et à Bertrandon d'Espagne, *ibid*
GODEAU (Michel), curé de St-Côme de Paris. Auteur de poésies latines, I, 291 ; V, 385.
GODEBERT (Louis de), vicaire général de l'év. de Paris (1594), II, 116 ; — (1601), III, 502 ; — (1596), V, 422.
Godefridus, presbyter de Luzarchiis (XIIᵉ s.), II, 206.
GODEFROY, abbé de St-Maur-des-Fossés (867), II, 213.
GODEFROY, bienfaiteur de Ste-Geneviève de Paris (XIIIᵉ s.), I, 235.
GODEFROY, écolier de l'abbaye des Fossés au XIᵉ s., II, 444.
GODEFROI, guerrier cité dans la relation du siège de Paris (886), I, 160.
GODEFROI (Henri), religieux de St-Denis. Ses ouvrages, I, 511.
GODEFROY, religieux de St-Victor de Paris. Ses ouvrages, I, 341.
GODEFROY (Guillaume), écuyer. Vend aux Chartreux de Paris sa terre de Maillard en Brie (1487), IV, 427, 429-30. — Sa maison à Paris, 430.
— (Henri), moine de St-Denis. Ses écrits, I, 514.
— (Louise), femme de Jean l'Escuyer. Ses biens à St-Maur (1699), II, 387.
— (Pierre), vassal de l'év. de Paris pour le fief de Ste-Croix à St-Denis (1346), I, 519.
GODEQUIN (Jean), prieur de St-Lazare de Paris. Chargé de la réforme de l'Hôtel-Dieu (1538), I, 301.
GODERIC, bienfaiteur du prieuré de Longpont (XIIᵉ s.). Sa femme, Eremburge, IV, 417.
GODICHART (Simon). Sa censive à Fleury, paroisse de Meudon (1334), III, 240.
GODIN, fief situé à St-Brice, II, 163.
Goellus, fils d'Hildeburge de Gallardon. Donne à sa mère une terre près de Jouy-le-Moutier, II, 102-3.
GOERIC, métropolitain de Sens (VIIᵉ s.), II, 42.
GOEZ *(Herbertus)*, chevalier de la châtellenie de Montlhéry (XIIIᵉ s.), IV, 103.
GOGER, clerc de St-Roch de Paris. Son poème sur Issy (1742), III, 12.
GOIN (Balthasar), chevau-léger du duc d'Anjou. Seigneur de Senlisses; sa sépulture (1602), III, 420.
GOISLARD (Jacques). Vend le fief du Denier-parisis (1606), III, 242.
GOIX. Voy. Gouaix.
GOLEIN (Jean), carme (XIVᵉ s.). Ses ouvrages, I, 255.
GOLIATH (statue de), I, 9.

GOMATRUDE, femme de Dagobert I, I, 420; II, 647.
GOMBAUD, év. d'Agrence. Dédie l'égl. St-Gervais (1420), I, 82.
GOMBERT (Aimé), conseiller au Parlement. Sa sépulture, I, 19.
GOMBERVILLE [Seine-et-Oise, ham. de Magny-les-Hameaux], III, 294.
— (seigneurs de). Voy. Le Roy (Marin), Presles (Jean de).
Gomed : Gometz, III, 405.
Gomedus : Gambais, III, 401.
GOMER (Charles de), seigneur de Gugnière et de Vaux-la-Reine (XVIIe s.), V, 185.
— [Claude-Charles de], chevalier. Seigneur de Combs-la-Ville et de Vaux-la-Reine (1676, 1697), V, 185.
GOMERFONTAINE [Eure]. Abbaye; biens à Conflans-Ste-Honorine, II, 96.
Gomes (Simon de). Voy. Gometz.
GOMET ou GOMETZ (Geoffroy de), seigneur de Gambais; vassal de Chevreuse. Bienfaiteur de l'abbaye de Marmoutiers (1065), III, 192, 366, 406-7.
Gomethiacum : Gometz, III, 401.
GOMETZ [*corr.* Gouaix?] (Jean Balue dit seigneur de), III, 186.
GOMETZ-LA-VILLE, paroisse du doyenné de Châteaufort [Seine-et-Oise, arr. de Rambouillet, cant. de Limours]. *Notice*, III, 409-411. — Autres mentions, III, 442; IV, 133.
— Lieux-dits : Beaudreville, Folie-Rigault (la), Lambert, Nouville, Ragonant.
GOMETZ-LE-CHATEL, *Gomethiacum ; Gumethum*, Gomet, Gomez, Gumez, *Gometio-Villa (locus de)*, Gometz-Saint-Clair, paroisse du doyenné de Châteaufort [Seine-et-Oise, canton de Limours]. *Notice*, III, 401-409.
— Autres mentions, III, 106, 412, 435; IV, 133.
— Prieuré. *Notice*, III, 405-6 ; cures à sa nomination, 358, 412 ; — prieur. Voy. Aubert.
— Lieu-dit : Grivry.
— (Geoffroy de). Voy. Gomet.
— (Guillaume de), mentionné en 1068 et en 1071, III, 401, 406, 407.
— (Guillaume de), petit-fils du précédent, III, 407.
— (Simon de), bienfaiteur de l'abbaye de Vaux-de-Cernay. Sa femme, Hersade (XIIe s.), III, 407 (note).
GOMEZ (Philippe de), prêtre, trésorier de Poitiers. Lègue à la cathédrale de Paris des vignes à Issy, III, 8.
GOMONVILLIERS [Seine-et-Oise, ham. d'Igny], III, 60, 528, 529, 530.

GONDELINE, femme de Simon de Solers (1248), V, 148.
GONDI (hôtel de) à St-Cloud, III, 34-5.
— (Albert de), maréchal de France. Seigneur de Villepreux ; détails sur ce personnage (1580, 1602), III, 187.
— (Antoine de), père du précédent. Maître d'hôtel d'Henri II, III, 187.
— Son mariage en 1516, V, 358.
— (Henri de), év. de Paris, cardinal de Retz. Abbé de St-Maur, III, 348. — Fonde le séminaire de St-Magloire (1618), I, 158. — Erige St-Denis de la Chartre en égl. paroissiale (1618), I, 211, 213. — Fixe les limites de la cure de St-Côme, I, 292. — Autorise les religieuses de Montmartre et de Chelles à modifier leur costume (1612, 1614), I, 449 ; II, 494. — Acte relat. à l'Ile-St-Denis (1620), I, 565 ; — à l'hôtel-Dieu de Montmorency (1602) I, 622 ; — à Argenteuil (1612), II, 12 ; — à la léproserie de Pontoise (1600), 116. — Arrêt rendu en sa faveur contre le seigneur de Luzarches (1600), II, 212. — Donne le moulin de St-Cloud aux év. de Paris (1605), III, 32. — Aliène le domaine épiscopal de Gentilly (1616), IV, 9. — Acte relat. au prieuré de St-Eloi de Chilly (1599), IV, 71.
— Autres mentions, I, 20, 74, 200, 446; II, 25, 397 ; III, 43, 179, 348, 452, 456, 460 ; IV, 279, 498, 631 ; V, 412.
— (Henri de), duc de Retz. Son mariage célébré à St-Jean-le-Rond (1610), I, 20.
— (Jean-François de), év. puis archev. de Paris, cardinal de Retz. Consacre la nouvelle égl. de Saint-Germain-l'Auxerrois (1637), I, 61.
— Etablit les religieuses de Ste-Perrine à la Villette (1646), I, 302. Autorise l'établissement des pénitents du Tiers-Ordre à Belleville (1649), I, 469 ; — des Filles de la Croix à Charonne et à Brie-Comte-Robert (1640), I, 478 ; V, 269. — Acte relat. aux Augustines de Chaillot (1638), I, 416. — Autorise l'établissement des Annonciades à St-Mandé (1632), II, 382. — Acte relat. aux reliques de S. Maur (1629), II, 434 ; — à la communauté du calvaire du Mont-Valérien (1637), III, 86. — Consacre l'égl. des Récollets à St-Germain-en-Laye (1625), III, 143. — Actes relat. à l'abbaye du Val-de-Grâce (1639, 1646), III, 263 ; — à l'abbaye de Port-Royal (1625), 296 ; — à l'hôtel des Invalides de Bicêtre (1634), IV, 13 ; —

aux ermites de Draveil (1627), V, 62 ; — aux camaldules d'Yerres (1640 et 1642), V, 230-1, 391. — Se retire à Liège, III, 87. — Sa maison à St-Cloud, III, 35. — Autres mentions, I, 309, 399, 460 ; II, 16, 38, 220-1, 312, 396-7, 490 ; III, 118 ; IV, 408.
— (Jérôme), financier. Sa maison à St-Cloud (1572), III, 34-35.
— (Philippe-Emmanuel de), fils d'Albert. Seigneur de Villepreux (1622-1662) ; se fait religieux de l'Oratoire, III, 187.
— (Pierre de), fils du précéd., général des galères. Seigneur de Villepreux, III, 187.
— (Pierre de), év. de Paris, cardinal de Retz. Abbé de St-Magloire (1576), I, 477. — Prieur commendataire de Conflans-Ste-Honorine, II, 89 et note, 91. — Seigneur de Villepreux. Détails biographiques ; sa sépulture (1616), III, 187, 188. — Abbé de Chaumes (1566) et év. de Langres, V, 152. — Acte relat. aux prieurés de Suresnes et de Chevaudos (1574), III, 50, 155 ; — à l'égl. de Villejuif (1574), IV, 28 ; — à Lisses (1598), IV, 318 ; — à Athis (1597), IV, 415 ; — à la seigneurie de Coubert (1566), V, 152 ; — à Champeaux (1594), V, 412, 435 ; — à Andrezel (1594), V, 422. — Reçoit l'abjuration du prince de Condé (1596), III, 139. — Autres mentions, I, 20 ; II, 298 ; III, 176, 179 ; IV, 7, 448 ; V, 191, 268, 382.
GONDONNERIE (la). Voy. Gaudonnerie.
GONDRIN (de). Voy. Pardaillan (de).
GONESSE, *Gaunissa, Gonessa*, paroisse du doyenné de Montmorency [Seine-et-Oise, arr. de Pontoise, ch.-l. de cant.]. *Notice*, II, 259-273.
— Baillage, II, 283. — Curé. Voy. Fresne (Elie du). — Doyenné, I, 568 ; II, 260, 552.
— Hôtel-Dieu. *Notice*, II, 262-6 ; — son fondateur, 276 ; — ses revenus, I, 573 ; II, 250, 264.
— Moulins, II, 196, 269, 283, 389.
— Pain ; sa renommée, II, 270, 295 ; IV, 69. — Paroisse ; démembrement, II, 287. — Prévôté et prévôts, II, 237, 275, 282, 283 (note), 304, 327, 343, 613. Voy. Douai (Etienne de), Franc (Honoré de).
— Autres mentions, I, 581, 603 ; II, 225, 286, 593 ; III, 585.
— (Baudouin de), châtelain de ce lieu en 1177, II, 266.
— (Charles de), mentionné en 1304, II, 272.

— (Eudes de), chevalier. Bienfaiteur du prieuré du Cormier (1226), IV, 503.
— (Gui de), prieur de St-Maurice de Senlis (1284), II, 272.
— (Gui-Clarembauld de), docteur de Sorbonne (1262), II, 272.
— (Guillaume de), chevalier. Bienfaiteur de la cathédrale de Senlis (XIIIe s.), II, 272.
— (Jean de), prieur des Blancs-Manteaux. Ev. de Nassau en 1391, II, 272.
— (Mathilde de), bienfaitrice de l'abbaye de Ste-Geneviève (XIIe s.), II, 272.
— (Nicolas de), maître-ès-arts et en théologie. Sa traduction de Valère-Maxime (1401), II, 272.
— (Nicole de), curé de Rui (1291), IV, 376.
— (Odon de), bienfaiteur de St-Nicolas de Senlis (1138), II, 272 ; — mentionné en 1169 et en 1180, *ibid*. — Ses droits sur la grange de Vaulaurent (1172), II, 315.
— (Pierre de), d'Echilleuse, garde du Trésor des Chartes (XIVe s), II, 272.
— (Radulphe de), *de Gaunissa*, chevalier (1125), II, 272.
— (Robert de), frère d'Eudes. Bienfaiteur du prieuré du Cormier (1226), IV, 503.
— (Thibaud de), chevalier (1169), II, 272.
Gonessia (Philippe *de*), nom sous lequel on a désigné parfois Philippe-Auguste, II, 271.
GONESSOIS (le), territoire voisin de Gonesse, II, 273.
GONOR, femme de Richard I, duc de Normandie, IV, 273.
Gonseinvilla, Gonseinville, *Gonsenvilla*. Voy. Goussainville.
GONTARD (Odon), bienfaiteur de l'abbaye de St-Magloire (1248), III, 589.
GONTHAIRE, petit-fils de la reine Clothilde. Sa sépulture, I, 229.
GONTHIER, personnage du XIIe s. auquel écrit Yves de Chartres, IV, 610.
GONTIER (Pierre), prévôt de Paris (XIIIe s.), II, 84.
GONTRAN, roi de Bourgogne. Sa *villa* à St-Denis, I, 516. — Se rend à Rueil et à Nanterre pour le baptême de son neveu Clotaire, III, 73, 90-91. — Fait inhumer son neveu Clovis dans la basilique de St-Vincent, IV, 623-4. — Sa dévotion envers S. Marcel, I, 493, 517 ; IV, 516.

GONZAGUE (Anne de), princesse palatine. Sa maison à Asnières, III, 59.
— Relique qu'elle possède de la vraie croix, III, 59, 89.
— (Charles de), duc de Rethelois. Sa résidence à Ollainville (1621), III, 476.
GOUZONVILLE (Agnès de). Voy. Goussainville.
Goolonæ (Via), lieu-dit de Roissy en France (XIIIe s.), II, 278.
Gord enfondré (le), lieu-dit de Nanterre (1275), III, 78.
GORDAN (de), seigneur de Pontault (1739), IV, 498.
GORDON, moine de St-Germain-des-Prés, écrivain, I, 272.
GOREAUL (Félix de), seigneur de la Garenne à Villemomble (1648), II, 562.
GORGON ou GOURGON de la Croix. Voy. Croix (de la).
GORIGNET (Pierre), maire de l'abbaye de Longchamps (1472), I, 412.
Gorn, mot celtique. Origine de nom de lieu, IV, 608.
Gornacum, Gornaio (de). Voy. Gournay-sur-Marne.
GORNICHES (François de), bourgeois de Paris. Seigneur de Perigny (XVIe s.), V, 188.
Gorre (Guillelmus), prieur de Saint-Vrain (1483), IV, 203.
GOSLEN, archidiacre de Josas, III, 117.
GOSLEN, év. de Paris. Voy. Gozlin.
GOSSE (Justin), administrateur de l'Hôtel-Dieu de Louvres (1561), II, 300.
GOSSEREL. Voy. Gaucherel.
GOSSET (Nicolas), chefcier de l'égl. Ste-Opportune. Auteur critiqué, I, 41-2.
Gosseynvilla. Voy. Goussainville.
GOSSON (Thomas), religieux d'Hiverneau. Prieur de N.-D. de l'Ermitage (1482), V, 60.
GOSSUIN (Claude), seigneur de Villiers-le-Bâcle (1602), III, 314.
GOTELLAS (Marie de), femme d'Antoine Bernardin. Sa sépulture (XVIe s.), IV, 633.
Goteria, lieu-dit de Rueil (1218), III, 97.
GOTHIQUES (architecture et écriture). Leurs caractères, I, 60.
GOTHIQUES capitales (lettres) employées dans les inscriptions du XIVe s. au plus tard, V, 4.
GOTHS (Alaric, roi des), I, 129.
GOUAIX, Goix, Gouay, [Seine-et-Marne, arr. de Provins, cant. de Bray-sur-Seine]. Identifié avec *Gaugiachus*, III, 264. — (Seigneur de). Voy. Balue (Jean).

GOUAY. Voy. Gouaix.
GOUCHE (la), lieu-dit de Fleury près Meudon (XIVe s.), III, 241.
GOUFFÉ (Louis), maître de la verrerie de Chaillot. Privilège qui lui est accordé (1708), I, 418.
GOUFFETTE (Nicolas), religieux de St-Germain-des-Prés. Bienfaiteur de l'abbaye de Jarcy, V, 170.
GOUFFIER (Adrien de), cardinal d'Albi, légat du pape (1532?) II, 379.
— (Charles-Antoine), seigneur de Montaubert (1630), IV, 214.
— (Claude), seigneur de Conflans-Ste-Honorine par son mariage avec Jacqueline de la Trémouille (1526), II, 94.
— (Claude), fille de Claude. Dame de Conflans-Ste-Honorine ; femme de Léonor Chabot (XVIe s.), II, 95.
— (François), maréchal de France, IV, 213, 214.
— (Timoléon), fils du précéd. Seigneur de Ver-le-Grand et de Montaubert, IV, 213, 214.
GOUGE (Germain), religieux de Longpont (1562), IV, 97.
GOUGENOT, secrétaire du roi. Possède la terre de Croissy-sur-Seine (XVIIIe s.), II, 28.
GOUILLONS (Regnaud de), capitaine de Paris. Est envoyé par le régent à Argenteuil (1359), II, 14.
GOUJON (André), prieur de St-Jean-Baptiste de Conches (1634), IV, 572.
GOUJON (Jean), sculpteur. *Nymphes* au château de Ste-Geneviève-des-Bois, IV, 382.
GOUJON DE GASVILLE [Jean-Prosper], intendant de Rouen. Seigneur de Torigny et de Ris, IV, 373, 377 ;
— sa maison à Orangis, *ibid*.
GOULARD, archidiacre de Josas (1727), III, 124.
GOULAS le Breton (Baltazar-Léonard), seigneur de Ferrières (1618), IV, 638, 639.
— (Jean), seigneur de la Motte à Jossigny (1606), IV, 528.
— (Léonard), secrétaire des commandements de Gaston d'Orléans. Seigneur de Ferrières en 1646, IV, 639. — Son épitaphe (1661), 637. — Son testament, 638.
— (Nicolas), seigneur de la Motte-Goulas. Bienfaiteur de la cure de Serris (1683), IV, 531.
GOULAS (la Motte-). Voy. Motte (la).
GOULAY, lieu-dit entre Romainville et Noisy-le-Sec, II, 642.
GOULLIER (Perriaus), habit. de Paris mentionné par Guillot (XIIIe s.), I, 360.

— 234 —

Goumez (forêt dite de) près de Montargis. Mentionnée en 1292, III, 402 (note 1.)
Goupil (Jean), bourgeois de Paris décédé vers 1508, I, 108. Voy. Goupils.
— (Jean), marchand de Paris ; sa demeure. Maison qu'il acquiert à Bagneux en 1665, III, 572.
Goupillières [Seine-et-Oise, cant. de Montfort-l'Amaury]. Seigneur. Voy. Maintenon (Simon de).
Goupillon (Etienne), év. de Seez. Bénit l'égl. St-Nicolas-des-Champs (1490), I, 204 ; — des autels à St-Éloi (1489), 310.
Goupils (Jehan), bienfaiteur de l'égl. St-Séverin, I, 107.
Gouppil (Guillaume de), seigneur d'Amfreville et de Brétigny (1521), IV, 346.
Gour (la), partie de rivière donnée au prieuré de Tournan (XIIe s.), V, 323, 328.
Gourdan, chanoine de St-Victor et historien de cette abbaye, I, 341.
Gourdon, trésorier de l'Extraordinaire des guerres (XVIIe s.), IV, 339.
Gourgues (Jacques de), marquis d'Aulnay-les-Bondy en 1706, II, 606.
— [Jacques-Armand de], conseiller du roi. Seigneur d'Aulnay (XVIIIe s.), II, 603, 606.
— (Jean-François de), fils de Jacques. Seigneur d'Aulnay et de Noneville (XVIIIes.), II, 600, 606.
Gourle (Gui de), chevalier (xve s.), I, 595.
Gournay [Seine, lieu-dit de Villejuif]. Ferme et chapelle, IV, 31.
Gournay, Gournay-en-France, le grand Gournay [Seine-et-Oise, ferme de Montsoult]. Seigneurie, II, 145, 146.
Gournay-en-Vexin [Gournay-en-Bray ? Seine-Inférieure, arr. de Neufchâtel, ch.-l. de cant.]. Sièges de 1173 et de 1202, IV, 620.
Gournay-sur-Aronde [Oise, arr. de Compiègne, cant. de Ressons], II, 505.
Gournay-sur-Epte [Gournay-en-Bray, Seine-Inférieure, arr. de Neufchâtel, ch.-l. de cant.]. Reliques de S. Hildevert, IV, 389 (note).
Gournay-sur-Marne, *Gornacum*, paroisse du doyenné de Lagny [Seine-et-Oise, arr. de Pontoise, cant. du Raincy]. *Notice*, IV, 607-620.
— Château. Louis VI s'en empare et le confie aux Garlandes, II, 507.
— Léproserie, II, 497-8 ; IV, 581, 597, 614.
— Pont, IV, 608, 620. Voy. *Chetivel (pons)*.

— Prieuré. *Notice*, IV, 609-613.— Celui de Grosbois en dépend, II, 579-80. — Biens, seigneuries et cures à sa collation, II, 398, 524, 529, 535, 550, 553, 565, 643 ; IV, 262, 264, 474, 484, 485, 494, 497, 499, 500, 501, 597, 599, 639, 640 ; V, 296. Prieurs. Voy. Dreux, Gretz (Barthélemy de).
— Seigneurie, II, 479 ; — mouvance, II, 266.
— Autres mentions, II, 507 ; IV, 486.
— (Ansel de), *de Gornaio*, vassal de Montlhéry, IV, 104. — Mentionné en 1212, IV, 616.
— (Raoul de), *de Gornaio*. Vassal de Montlhéry pour son fief de Villiers-sur-Nozay (XIIIe s.), III, 504 ; IV, 616.
Goussainville [Eure-et-Loir, arr. de Dreux, cant. d'Anet], II, 293.
Goussainville, *Gunsanavilla, Gunseivilla, Gunsonvilla, Guossenvilla, Gonseinvilla*, paroisse du doyenné de Montmorency [Seine-et-Oise, arr. de Pontoise, cant. de Gonesse], II, 88. — *Notice*, II, 287-295.
— Cure unie à celle du Tremblay en 1486, II, 289, 608.
— Curé, II, 265. Voy. Boisot (Pierre), Niceron (Jean).
— Seigneurs, I, 63 ; II, 70, 351. Leurs biens à Atteinville confisqués (1332), II, 193.
— Lieux-dits : Bâville (fontaine de), Grange des Noues (la), Monthelon, Puisarts (fontaine des).
— (Agnès de), fille de Gui, femme de Philippe de Trie. Vend les terres de Mareil (1395), de Fontenay-en-France (1391) et de Goussainville (1365), II, 233, 240, 292. — La même [?] appelée de Gouzonville. Son héritier (1397), III, 233.
— (Gaco ou Gacho de), *de Gosseynvilla*, fils de Guillaume. Vend au Chapitre de N.-D. des biens en ce lieu, II, 291 ; — mentionné en 1221, *ibid.* — Le même appelé *Gazo*. Seigneur de Roissy-en-France (1228), II, 279.
— (Gui de). Ses biens confisqués (1332), mentionné en 1343, II, 292.
— (Guillaume de) (XIIIe s.), II, 290, 291.
— (Guillaume de), fils de Gui. Mentionné en 1365, II, 292 (et note).
— (Guyard de), *de Guossenvilla* (1247), II, 291.
— (Herbert de), chanoine de N.-D. Commis à la réforme des chanoines de St-Paul de St-Denis (1231) ; pénitencier de la cathédrale (1270 ?), II, 293. — Le même [?] fondateur d'une chapellenie à N.-D., IV, 43.

— (Mahaud de), femme de Guillaume de Goussainville, puis de Pierre Lescart. Mentionnée en 1200, II, 291.
— (Renaud de), *de Gunsonvilla*. Ses biens en ce lieu (1238), II, 290. — Fief tenu de lui, IV, 490.
— (Robert de), fils de Guillaume. Vend au Chapitre de N.-D. des biens à Goussainville (1189), II, 290-1.
— (Robert de), chanoine de N.-D., II, 293.
— *(Roricus* ou Réric de), *de Gunsavilla*, chevalier. Seigneur de Goussainville, II, 290. — Autre mention (1173), 291.
— (Thibaud de), *de Gonseinvilla*, chevalier (1254), II, 291.
GOUSSENCOURT (Charles de), abbé d'Hiverneau (1587), V, 157 ; — autres mentions (1586-1601), V, 373.
GOUSTE (Claude), prévôt de Sens (XVIe s.), V, 113.
— (Jacques), clerc. Chapelain de Ste-Geneviève de Lagny (1554), V, 113.
GOUTELAS (Anne de), fille d'Antoine ; femme de Geoffroi Chartrain. Dame de Villiers-le-Bâcle (1560), III, 313-4.
— ou GOTTELAS [Antoine de], écuyer. Seigneur de Damiette ; sa sépulture, III, 310. — Mentionné en 1512, 313 ; — en 1500, 387.
— (François de), seigneur de Villiers-le-Bâcle en 1580, III, 314.
— (Louise de), fille d'Antoine ; femme de Tristan Rat. Dame de Villiers-le-Bâcle (1560), III, 313-4.
— (Marie de), fille d'Antoine ; femme d'Antoine Bernardin. Dame de Villiers-le-Bâcle (1560), III, 313-4.
— (Nicole de), fille d'Antoine ; femme de Pierre de Saint-Aubin. Dame de Villiers-le-Bâcle (1560), III, 313-4.
— (René de), fils d'Antoine. Seigneur de Villiers-le-Bâcle (1560), III, 313-4.
GOUTHIÈRES (Jacques), érudit. Son épitaphe (1638), V, 348-9.
GOUTTE (S. Maur invoqué contre la), II, 462.
GOUTTE D'OR (clos dit la) vers Charenton ou St-Maur, I, 150. — (N.-D. de la), titre d'une chapellenie à la chapelle S. Yves de Paris, *ibid.*
GOUVERNES, *Corvanæ, Corvennæ, Curvenæ, Curvennæ, Curvisnæ*, Cortverne, Couverne, paroisse du doyenné de Lagny [Seine-et-Marne, arr. de Meaux, cant. de Lagny]. *Notice*, IV, 568-571.

— Habit. admis à la léproserie de Pomponne, II, 507 ; — contribuent aux réparations de Lagny (1357), IV, 548.
— Lieu-dit : Deuil.
— (Barthélemi de), de *Corvennis* (1178), IV, 570.
— (Jean de), de Cortvernes (1203 et 1205), IV, 570.
— (Pierre de), censitaire de l'abbaye de St-Maur (XIIIe s.), IV, 570.
— (Thibaud de), *de Corvanis*, clerc du roi. Bienfaiteur de Ste-Geneviève de Paris (XIIIe s.), IV, 570-1.
GOUVIEUX [Oise, arr. de Senlis, cant. de Creil], II, 615-6.
GOUVYON (Alerme), talmelier. Fondateur d'un Hôtel-Dieu à Paris, I, 147.
GOY (Jean-Baptiste), curé et bienfaiteur de la paroisse Ste-Marguerite de Paris (XVIIIe s.), I, 332.
GOZLIN ou GOSLEN, év. de Paris, I, 123. — Fait transférer le corps de S. Merry (884), I, 123 ; IV, 118.
GOZLIN, habit. de Moussy-le-Neuf. Reçoit le corps de Ste Opportune (IXe s.), II, 348.
GRACE, ruisseau et bois de ce nom à Champs, IV, 604 ; V, 401.
GRACHOIN (fief), mentionné en 1597, IV, 328.
GRAFFART, lieu-dit de Fontenay-les-Briis [?]. Etangs, III, 457.
GRAGI, *Gragiacum*, Gragi. Voy. Grégy.
GRAILLY (Jean de), captal de Buch, prisonnier au château de Corbeil ; y meurt, IV, 305.
GRAIZ ou GRAIS, lieu-dit de St-Cloud (XIIIe s.), III, 37 et note.
GRAMMONT (maison dite de), devenue le couvent de la Visitation de Chaillot, I, 417.
GRAMMONT (le duc de). Sa maison à Puteaux ; son procès avec le duc de Chaulnes, III, 52, 55.
GRAMMONT (le sieur de). Obtient la haute justice à Montlhéry (1474), IV, 106.
GRAMMONT ou GRANDMONT (ordre de). Voy. Grammontins.
GRAMMONTINS ou BONS-HOMMES, religieux de l'Ordre de Grandmont. Voy. Bonshommes, Fontenay-sous-Bois, Paris (collège Mignon).
GRANCHE (Guillaume de la), chevalier. Vassal de l'abbaye de St-Maur (1278), II, 445.
Granchia præliata. Voy. Paris (Grange-Batelière).
GRANCOLAS (Jean), chanoine de St-Benoît, I, 137, 191 ; — historien rectifié, I, 12, 394, 493, 496-7 ; III, 222, 569-70 ; V, 194, 287 (note).

GRAND-BOURG, Gaulbout, Grand-Bou, Grand-Bout [Seine-et-Oise, ham. d'Evry-sur-Seine]. *Notice*, IV, 327-8.
GRANDCHAMP [Seine-et-Oise, lieu-dit du Pecq], III, 129, 146.
GRAND CHANTRE [de l'abbaye de St-Denis?]. Son fief à Sannois, II, 43.
GRANDE-BRETAGNE, I, 303. Voy. Bretagne (Grande).
GRANDE-MAISON (la ferme de la) [Seine-et-Oise, éc. de St-Forget], III, 360, 361, 362.
GRANDE-MAISON (fief de la) [Les Grand's-Maisons, Seine-et-Oise, ferme de Villepreux]. Uni à la châtellenie de Villepreux (1707), III, 188.
GRANDE-MAISON (fief de), lieu-dit de Limours, III, 436, 437.
GRANDE-MAISON (fief de la) sur la paroisse de Velizy. Voy. Hôtel-Dieu du petit Velizy.
GRANDE-MAISON (la). Voy. Boursiers (fief des).
GRANDE-PINTE (la), lieu-dit de Bercy. Dépend de la paroisse de Conflans, II, 368.
GRANDET (Antoine), prévôt de St-Nicolas du Louvre. Curé de Meudon, III, 230.
GRANDFONTAINE (seigneur de). Voy. Charles (Nicolas).
GRANDGUILLIET (Robert), doyen de la collégiale de Linas ; mort en 1576, IV, 120.
GRANDHOFER (Melchior), officier des Gardes suisses ; mort en 1666. Inscription commémorative dans l'égl. de Villejuif, IV, 28.
GRAND-HÔTEL (fief du) à Combs-la-Ville (1597), V, 181.
Grandi Campo (chemin de) passant près du Thillay (1287), II, 275.
GRANDIN (Jacques), sieur d'Orvilliers. Ses biens à la Barre (1465), V, 607.
— (Martin), professeur de théologie. Curé de Houilles [XVIIe s.], II, 33.
GRAND'-MAISON (fief de la) à Etiolles (1549), V, 77.
GRAND-MÉNIL (le), château et fief [Seine-et-Oise, ham. de Bures], III, 393-4.
GRAND-MÉNIL (le) [Le Ménil, ham. de Châtres-en-Brie] (1397), V. 306.
GRANDMONT (François-Marie VEYDEAU de), seigneur de Chetainville (XVIIIe s.), IV, 196.
GRANDMONT (Ordre de). Voy. Grammontins.
GRANDMOULIN, fief mentionné en 1533 [Seine-et-Oise, ham. de Bures?], III, 371.
GRANDPRÉ (comtes de). Leurs biens à Livry (XIIIe s.), II, 587.

— (Henri, comte de). Ses biens à Charenton (1279), II, 383 ; — à Montreuil-sous-Bois (1268), 397.— Bienfaiteur de l'abbaye de Livry, II, 598.
— (Marie, comtesse de), bienfaitrice de l'abbaye de Livry (1231, 1237), II, 587, 597.
GRANDROUE (Pierre de), III, 308.
GRANDRUE (Jean de), clerc des Comptes. Seigneur de l'Etang-la-Ville (1461), III, 153.
GRANDS-JOURS, à Argenteuil. Leur abolition (1563), II, 15 ; — à Corbeil (1325), IV, 103.
GRANDVILLE (de), seigneur de Bondy (XVIIIe s.), II, 567.
GRAND-VILLIER [Grandvillers. Seine-et-Marne, ham. de la Chapelle-Gauthier], V, 428.
GRANGE (Gilles), I, 260.
GRANGE, mot employé pour désigner une ferme, IV, 49.
GRANGE (la), anciennement la Grange du Meilleu ou du Milieu [Seine-et-Oise, ham. d'Yerres], dite aussi la Grange-le-Roy, V, 217. *Notice*, 219.
GRANGE (la), maison à Évry-sur-Seine (1745) ; peut-être la Grange-feu-Louis, IV, 330.
GRANGE (la) en Brie : la Grange, ham. d'Yerres. Seigneur, V, 32.
GRANGE (Ansel de la), chevalier. Ses biens dans la châtellenie de Corbeil, IV, 300 ; — mentionné en 1211, V, 153, 293.
— (Bastien de la). Voy. Grange (Sébastien de la).
— (Charles de la), maître des Comptes. Seigneur de Neuville et de la Baronie de Conflans-Ste-Honorine (1650), II, 95. — Le même [?] mentionné en 1638, II, 112.
— (Charles de la), prieur-curé de Villiers-le-Bel. Ses ouvrages ; décédé en 1709, II, 180.
— (Charles de la), conseiller au Parlement et chanoine de l'église de Paris. Descendant des la Grange, seigneurs de Trianon, II, 222. — Son bénéfice de la Chapelle-la-Reine ; décédé en 1733, III, 348.
— (Étienne de la), président au Parlement, I, 91.
— (Jacqueline de la), femme de Jean de Montaigu, III, 484 ; — ses armoiries, sa statue à Marcoussis, 486, 488.
— (Jean de la), cardinal d'Amiens. Prieur de St-Denis de la Chartre ; représenté sur les vitraux de cette église, I, 211.
— (Louis de la), écuyer, contrôleur de l'ordinaire des Guerres, III, 161.

— (Madeleine de la), bienfaitrice de la chapelle des Templiers à St-Germain-de-Corbeil (1267), V, 82.
— (Marie de la), fille de Sébastien ; femme de Nicolas Molé. Dame de Trianon, II, 221.
— (Marie-Françoise de la), veuve du marquis de Menard. Dame de Conflans-Ste-Honorine, Eragny et Neuville (1721), II, 112.
— (Michel de la), trésorier du roi, général des Monnaies. Seigneur en partie de Belloy (1475, 1482), II, 196 ; — de Trianon-les-Luzarches. Prévôt des marchands, 221.
— (Pierre de la), secrétaire du roi, trésorier des Fortifications. Sa sépulture (1549), II, 258.
— (Sébastien de la), seigneur de Trianon-lès-Luzarches, II, 221 ; — d'Arnouville et de Belloy (1511), 196, 259. — Sa sépulture, II, 258. — Fief portant son nom, II, 197.
— (Sébastien de la), fils du précéd. Seigneur de Trianon, II, 221.
— (X... de la), seigneur de Piscop (XVIIIᵉ s.), II, 167.
— X... de la), dit Trianon, ecclésiastique, frère de Charles, conseiller, II, 222.
— (seigneur de la). Voy. Mur (Doncan de).
— (dame de la). Voy. Bois (Marie du).
GRANGE-AU-BOIS (la), ferme sur le territoire de Luzarches, II, 213, 217. *Notice*, II, 219.
GRANGE-AU-PRIEUR (la), ferme d'Avrainville, IV, 193.
GRANGE-AU-PRIEUR (la), fief situé à Courcouronnes (1481), IV, 322.
GRANGE-AUX-MERCIERS (la), appelée primitivement la Grange de Bercy; lieu-dit de Conflans, II, 361, 368. — *Notice*, II, 369-70 — (ponteau de la), 366.
GRANGE-AUX-QUEUX (la) et non AUX GUEUX, lieu-dit de Bicêtre, IV, 11, 13.
GRANGE-BEL-AIR (la), ham. d'Ozouer-la-Ferrière (1634), V, 354.
GRANGE-CORNUAU (Nicolas de la), auditeur des Comptes. Son épitaphe (1692), II, 145.
Grange des Moines de Vaus (la). Voy. Belair.
GRANGE-DES-NOUES (la) [Seine-et-Oise, ham. de Goussainville], II, 292.
GRANGE DU BAS-MOULON (la), fief de Bures, III, 394.
GRANGE-DU-BOIS (la) [Seine-et-Marne, ham. de Montevrain], sur le territoire de St-Denis-du-Port. Maison de plaisance des abbés de Lagny, IV, 542.
GRANGE-DU-BOIS (la) [Seine-et-Oise, ham. des Bréviaires]. Seigneur. Voy. Harville (Phil. de).
GRANGE-FEU-LOUIS (la), Chelouis, la Grange-Chelouis, la Grange-Felouis [Seine-et-Oise, ham. d'Évry-sur-Seine], IV, 330. Voy. Grange (la).
GRANGE-GAUCHERON (épitaphe d'un seigneur de la), V, 318. — Terre dépendant de Tournan, V, 330.
GRANGES-LE-ROI (la), la Grange-Nevelon ou Nivelon, paroisse du doyenné du Vieux-Corbeil [Seine-et-Marne, ham. de Grisy]. *Notice*, V, 292-294. — Seigneurs, V, 157, 158.
— (N... de la), abbé d'Hermières (1597), V, 294.
GRANGE-LE-ROI (la). Voy. Grange (la).
GRANGE-L'ESSART (la) ou LESSART, ancien lieu-dit de Versailles. Seigneur. Voy. Poilart (Jean).
GRANGE-MENASSIER (la) en Brie. Seigneur. Voy. Saint-Merry (Richard de).
GRANGE-NEVELON ou NIVELON (la). Voy. Grange-le-Roi (la).
GRANGER (Balthazar), fils de Timoléon. Abbé de St-Barthélemy de Noyon, év. de Tréguier (1645) ; mort en 1699, V, 301.
— (Jean), écuyer. Seigneur de Gagny en 1580, II, 549 ; — de Liverdy et du Relly, V, 301.
— (Maximilien), maître des Requêtes. Son fief de Sous-Carrière en 1611, V, 360.
— (Timoléon), président aux Enquêtes. Seigneur de Liverdy (XVIIᵉ s.), V, 301.
GRANGES des abbayes, bâties en forme d'églises, V, 5-6.
GRANGES (les) [Seine-et-Oise, lieu-dit de Palaiseau], II, 346 ; III, 331.
GRANGES (Gaucher des) (XIIᵉ s.). Ses prétentions sur la boucherie de Châtres, IV, 146.
— (Jean des), curé de Chevilly (XIVᵉ s.), IV, 34.
GRANGE-SAINT-CLAIR (la) [Seine-et-Oise, lieu-dit de Pecqueuse], III, 403, 430.
GRANGES-DE-PORT-ROYAL (les) [Seine-et-Oise, ham. de Magny-les-Hameaux], III, 294.
GRANGE-SUR-VILLECONIN (Jean de Neuville, seigneur de la), IV, 154.
GRANGE-TRIANON (la), nom donné à Trianon, lieu-dit d'Épinay-Champlatreux, II, 221, 223. Seigneurs. Voy. Grange (de la).
— (X... de la), seigneur de Varennes en 1700, V, 174.

— 238 —

GRANNEÇAY (Galeran de), écuyer, IV, 113.
GRANVILLE (seigneur de). Voy. Prévost (Charles le).
GRAPIN (Jean), écuyer. Son fief de la Borde-Grappin (1275, 1288), V, 277, 278.
GRASSE [Alpes-Maritimes]. Evêques. Voy. Blanc (Guillaume le), Verjus (Fr.).
Grassia (Raoul de). Ses biens à Thorigny (1174), II, 515.
GRASSIN (Laurent), seigneur d'Ablon (XVIe s.), IV, 424.
— (Pierre), seigneur de Bombon et non de Pomponne en 1569, II, 510 (note); - d'Ablon, IV, 424; — de Chaiges et de Fromenteau, 426. — Conseiller au Parlement; fondateur du collège des Grassins; sa sépulture, I, 111; IV, 424.
— (Thierry), seigneur d'Ablon en 1580, IV, 424.
GRASSIN, directeur général des Monnaies. Seigneur de Grégy (XVIIIe s.), V, 165.
GRASSIN. Possède la terre du Thuisseau à Quiers (XVIIIe s.), V, 435.
GRASSINS (collège des). Voy. Paris.
GRATEPEAU, lieu-dit de Lieusaint (XIVe s.), V, 122.
GRATEPELLE. Voy. Frenoy.
Gratiacum : Grisy, V, 154.
GRATIEN, empereur, I, 614.
GRATOT (d'Argouges, marquis de), IV, 206.
Gratus, nom romain. Origine de nom de lieu, V, 155.
GRATVILLE (Gilles de) [ou *de Eratvilla*], mentionné en 1223, V, 153 et note.
Graulidum. Voy. Groslay.
GRAUVIS, lieu-dit de Châtenay (XIIIe s.), III, 541.
GRAVEGNI. Voy. Gravigny.
GRAVEL [Jules de], ambassadeur de France. Seigneur en partie de Neutmoutiers; son épitaphe (XVIIIe s.), V, 339, 340.
GRAVELLE, fief à Echarcon, IV, 241.
GRAVELLE [Seine-et-Oise, arr. d'Etampes, com. d'Anvers-St-Georges]. Seigneurie, IV, 176.
— (famille de), originaire des environs d'Etampes, IV, 232.
— (Catherine de), femme de Jean de Guillerville (XVe s.), IV, 342.
— (Guillaume de), écuyer. Seigneur de la Norville (XIIIe s.); sa fille, Agnès, IV, 232.
— (Hugues de), officier du roi. Pertes subies par la châtellenie de Montlhéry sous son administration (1192), IV, 103, 166, 177, 181,

185. — Seigneur engagiste de Montlhéry, IV, 103. — Confondu avec Hugues de Giaville, IV, 176.
GRAVELINES [Marne? arr. de Vitry-le-François, com. de Couvrot], mentionnée au XIVe s., III, 458.
GRAVELINES, Gravelingues [Nord], V, 371. — Etymol., IV, 72.
Graveninga : Gravelines, IV, 72.
GRAVET, prêtre de St-Germain-l'Auxerrois. Sa maison à Vitry (XVIIe s.), IV, 449.
GRAVEURS (communauté des) à la chapelle St-Luc, I, 213.
GRAVIERS (les), canton du bois de Vincennes, II, 411.
GRAVIERS (les). Voy. Greffiers (les).
GRAVIGNY, *Gravegni*, ham. de Longjumeau, IV, 78.
GRAVILLE ou GRAVILLE-SAINTE-HONORINE, *Gerardi villa* [Seine-Inférieure, arr. du Havre]. Le corps de Ste-Honorine y fut d'abord déposé, I, 483; — puis transféré à Conflans, II, 88. — Prieur. Voy. Loyauté.
— (famille de). Ses armoiries, III, 482, 486; IV, 136.
— (Hugues de), prévôt (?) de Montlhéry, IV, 176.
GRAVILLE, fief sur la paroisse de Saclay, III, 323.
— (MALET de). Voy. Malet.
GRAVIN, seigneurie, V, 295, 296.
— (Etienne), chevalier. Seigneur de Courquetaine; sa sépulture (XIVe s.), V, 295, 296.
Graecis (de), origine inexacte du surnom de l'égl. St-Etienne-des-Grez, à Paris, I, 140, 141.
GRAVOIS [Seine-et-Oise, ham. de St-Germain-lès-Corbeil], V, 75, 86-7.
GREBAN, possesseur d'un fief à Grisy (XVIIIe s.), V, 161.
GRECQUE (architecture) du portail des Ursulines à Argenteuil, IV, 17.
GRECQUE (messe chantée en langue). Lieux où cet usage existait, I, 507.
GRECQUES (inscriptions en lettres) dans l'église de Bessancourt, II, 74.
GREELE (Pierre), prieur de St-Eloi de Paris (XIVe s.), I, 311.
GREFFETS (les) [Les Gressets, Seine-et-Oise, ham. de la Celle-St-Cloud], III, 162.
GREFFIÈRE (la), lieu-dit de Plessis-le-Comte [Seine-et-Oise, ham. de Fleury-Mérogis], IV, 366, 368.
GREFFIERS (les) ou les GRAVIERS, lieu-dit du Bois-d'Arcy, compris dans le parc de Versailles, III, 191.
GRÉGY, *Gragiacum*, Gragi, Gragy, paroisse du doyenné du Vieux-Corbeil [Seine-et-Marne, arr. de Me-

lun, cant. de Brie-Comte-Robert].
Notice, V, 162-165.
— Lieux-dits : Chaunay, Damort, *Danielis* (lief), Longperrier, Malenoue.
— (Jean de) de Gragy, écuyer. Sa sépulture (XIIIe s.), V, 163, 164
— (Jean de), fils du précéd., V, 163, 164.
— (Simon de) et Reine sa femme. Leurs biens à Grégy (1200), V, 164.
GRÉGOIRE IX, pape, I, 155. — Bulle relat. à l'abbaye de la Roche, III, 350.
GRÉGOIRE XIII, pape, I, 252. — Bulle mentionnant l'égl. de Passy, I, 401 ; — relat. à Villejuif, IV, 28.
GRÉGOIRE XV, pape. Bulle relat. à la cure d'Aubervilliers (1622), I, 560.
GRÉGOIRE *de Tours*. Loge à l'égl. St-Julien de Paris, I, 96. — Sa présence à Nogent-sur-Marne en 581, II, 464.
GRÉGOIRE, curé de Maisons-Alfort (1227), V, 5.
GRÉGORIEN (chant), en usage chez les ermites de Draveil, V, 62.
GREINCOURT (Philippe), seigneur de Bobigny par son mariage avec Jeanne le Mire (1406), II, 637.
GRÊLONS de la grosseur d'un œuf d'autruche, III, 138.
GRENÉE (Louis), clerc parisien. Prieur de St-Fiacre de Gagny (1571), II, 549.
GRENÉE (la) Voy. La Grenée.
GRENELLE, *Garanella* [aujourd'hui dans Paris]. Etymologie, I, 248. — (chapelle et ferme de), appartenant aux chanoines de Ste-Geneviève ; paroisses dont elle dépend, I, 248, 392. — (plaine de), lieu de la défaite de Camulogène, V, 79. — Autres mentions, I, 415 ; III, 579, 580.
GRENELLES (Roger de), *de Garanelnis*. Sa femme, Odeline, III, 580.
GRENIER (Nicolas), prieur de St-Victor de Paris. Ses ouvrages, I, 341.
— Mentionné en 1551, III, 380.
GRENOBLE [Isère]. Évêque. Voy. S. Patrocle.
GRÈS ou GREZ, pierres délimitantes ou consacrées par certaines pratiques païennes. Origine de noms de lieu, I, 142 ; V, 312.
GRÈS (terre de), dépendant de la seigneurie de Fleury-Mérogis (1399), IV, 364.
GRÈS (St-Etienne des), *de Gressibus*, surnom connu seulement depuis le XIIIe s., I, 141.
GRESSAY, nom désignant la ferme de Belesbat à la Celle-St-Cloud, III, 162.

Gresseium, Gressium : Gretz, V, 312.
GRESSET (François), minime. Reliques données par lui à l'égl. de Chaillot, I, 409.
GRESSETS (les). Voy. Greffets (les).
Gressus : Gretz, V, 312.
GRETZ, *Gresseium, Gressium, Gressus*, Grez, paroisse du doyenné du Vieux-Corbeil [Seine-et-Marne, arr. de Melun, cant. de Tournan]. *Notice*, V, 311-315. — Compris dans le comté d'Armainvilliers (1704), V, 329. — Seigneurs : issus des comtes de Corbeil, IV, 301.
— Lieux-dits : Champberchier, Maison-Rouge, Marois, Petit-Musse, Vignolles, Villiegez.
— (Adam de), fils de Barthélemy, I, 313, 314, 319.
— (Barthélemy de), chevalier. Seigneur de Gretz et de Nesle-la-Gilberde (XIIIe s.), V, 314, 319.
— (Barthélemy de), fils du précéd. Prieur de Gournay, V, 318, 319.
— Son épitaphe (1258), IV, 610-11.
— (Béatrix de), mère de Barthélemy I (1210), V, 314.
— (Etienne de), fils de Barthélemy I. Archidiacre de Chartres, V, 313, 319.
— (Evrard de), fils de Barthélemy I. Prieur de St-Martin-des-Champs; mentionné de 1233 à 1259, II, 602; III, 246, 522 ; IV, 487, 624-5 ; V, 319.
— (Guillaume de), fils de Barthélemy Ier (XIIIe s.), V, 314, 319.
— (Guillaume de), év. de Beauvais. Son épitaphe (1262), V, 315.
— (Guillaume de), év. d'Auxerre, mort en 1293, V, 315.
— (Guillemin de), mentionné en 1299, V, 314.
— (Henri de), fils de Barthélemy Ier. Archidiacre de Blois puis év. de Chartres ; mort en 1246, V, 313, 314, 315, 319.
— (Hubert de), fils de Barthélemy Ier, écuyer, V, 318, 319.
— (Hugues de), fils de Barthélemy Ier, V, 313, 314, 319.
— ou de CORBEIL (Jean de), maréchal de France. Mentionné en 1318, IV, 310 ; en 1299, V, 314.
— (Pierre de), év. d'Auxerre ; chancelier de France. Ordonné prêtre à St-Ouen (1308) ou à Montlhéry (1309), I, 574 ; IV, 113. — Possède la terre de Plaisance (1311), II, 469. — Aliène une terre à Champdolent (1325), V, 87. — Saisie de la seigneurie de Gretz à sa mort (1325), V, 314, 315.
Grevea (Jean de), religieux d'Hermières au XIIIe s, V, 350.

— (Philippe de), parent du précédent. Chancelier de la cathédrale de Paris ; ses ouvrages, V, 350.
GREVIN (Nicolas), prieur de l'abbaye de Livry. Sa sépulture, II, 595.
GREZ (le), lieu-dit situé entre Paris et St-Denis, V, 312.
GREZ, LES GREZ : localités de ce nom en France, I, 142 ; V, 312.
GREZ (fief de) à Nesle-la-Gilberde, V, 314, 315.
GREZ. Voy. Gretz.
GREZ (les), *Fons Secretus*, Segral, Segray [Seine-et-Marne, ham. de Croissy-Beaubourg]. *Notice*, IV, 514.
GREZ, signifiant graduel, I, 516.
GRIBOVAL ou GRIBOUVAL (seigneur de). Voy. Grouches (Robert de)
GRIER *(Bertrannus* le*)*, chevalier (XIIIᵉ s.), IV, 103.
GRIEU ou GRIEUX (abbé de), prieur de St-Thibault-les-Vignes en 1700, IV, 567. — Seigneur de Noiseau, V, 377.
GRIFFON (Jean), maître d'hôtel du roi. Seigneur de Chaillot (1594), et de Villebousin (1625), I, 411 ; IV, 89.
— (Pierre du). Acquiert la seigneurie de Gournay (1556), IV. 619.
GRIGNE (Pierre de la). Ses fiefs du Moncel et de Loribeau (1467), V, 301, 305.
Grigniacum. Voy. Grigny.
GRIGNON, [Seine, ham. de Thiais]. *Notice*, IV, 442. — Autres mentions, IV, 436, 438, 439, 440.
GRIGNON [Seine-et-Oise, ham. de Pecqueuse], III, 429, 430.
GRIGNON [Seine-et-Oise, ham. de Thiverval], du diocèse de Chartres, III, 174, 177.
GRIGNON, près Montfort-l'Amaury [même lieu que le précéd.?]. Érigé en châtellenie (1585), III, 276.
GRIGNON (Louis), curé de Grigny (1589), IV, 407.
GRIGNY, *Grigniacum*, paroisse du doyenné de Montlhéry [Seine-et-Oise, arr. de Corbeil, cant. de Longjumeau]. *Notice*, IV, 403-407. — Seigneurie ; mouvance, IV, 367, 373 ; V, 114. — Autres mentions, IV, 103, 409, 442 ; V, 430.
— Lieux-dits : Arbalète (l'), Brohier (fief), Clochette (fief de la), Jean Viel (fief), Porte-Jaune (la).
— (Frédéric de), mentionné au XIIᵉ s., IV, 405.
— (Ponce de), chapelain de Notre-Dame à Moussy-le-Neuf (1386), II. 351.
— (Louis de Carnazet, sieur de), IV, 199.

GRILLET (Vincent), curé de Villeron (1532), II, 312.
GR MALDI (cardinal), abbé de St-Florent de Saumur. Acte relat. au prieuré de Saulx-les-Chartreux, III, 510.
GRIMAUT ou GR MOD DU FORT (Pierre), intendant général des Postes et fermier général. Seigneur d'Orsay, III. 335-6, 398, 399 (note).
— (Pierre-Gaspard-Marie), son fils. Lui succède dans la seigneurie d'Orsay et le fief du Mesnil-Blondel, *ibid.*
Grimfridus, nom lu sur un calice du VIIIᵉ s. conservé dans l'égl. de St-Martin-des-Champs, I, 193.
GRIMOALD, maire du Palais, oncle de Pépin le Bref. Acte concernant Taverny, II, 60.
GRIMOARD, vicomte. Bienfaiteur de l'égl. de Créteil (900), V, 11-2.
GRIMONT (Nicolas), prieur (1351), II, 624.
GRIPEAU, Gripeel, lieu-dit de Nogent-sur-Marne (1225), II, 468.
GRIPHON, métropolitain de Rouen (VIIᵒ s.), II, 42
GRIPIÈRE (la), la Grippière [Seine-et-Oise, ham. de Lévy-Saint-Nom], III, 345.
GRISACH (Balthazar de), colonel d'un régiment suisse. Mentionné dans une épitaphe, II, 114.
GRISEL, chanoine de St-Honoré. Possesseur d'un bénéfice à Herblay (1638), II, 81.
Grisiacum. Voy. Grisy.
GRISLAY (Denise de Coissé ou de). Voy. Coissé.
GRISON, habit. de Rosny. Mentionné en 1224, II, 556.
GRISY, *Grisiacum*, paroisse du doyenné du Vieux-Corbeil [Seine-et-Marne, arr. de Melun, cant. de Brie-Comte-Robert]. *Notice*, V, 154-161. — Mention, V, 423.
— Lieux-dits : Cordon, Suisnes, Villemain.
— (collège de). Voy. Paris.
— (Pierre de), écuyer (1625), V, 157.
GRIVEAU ou GRIVEL (Hugues). Possède le fief du Tremblay en 1373, V, 85.
GRIVEAU ou GUVIR (Robert). Possède le fief du Tremblay en 1415, V, 85.
GRIVEL ou GRIVEU, seigneur de Noiseau. Sa sépulture (XIIIᵉ s.), V, 376-7.
GRIVEL (Renaud), V, 397.
GRIVELLE (la), lieu-dit voisin de Brie-Comte-Robert (XVIᵉ s.), V, 258.
GRIVRY, Grivery [Seine-et-Oise, ham. de Gometz-le-Châtel], III, 408.

Grodoletum, Grodolium, Groela, Groetlium, Groeletum. Voy. Groslay.
Groëtellum. Voy. Groteau.
GROIGNET (Jean) et Rauline sa femme. Bienfaiteurs de l'égl. de Noisy-le-Grand (XVᵉ s.), IV, 622.
GROILLARD, seigneur de Dampmard (XVIIᵉ s.), II, 517.
GROIS, lieu-dit d'Auteuil (1250), I, 389.
GROLAY, Grolei. Voy. Groslay.
GRON [Madeleine], femme de Nicolas le Jay, III, 417.
Groleium, Groleyum, Grolitium. Voy. Groslay.
GROS (les), lieu-dit de Clamart (XIVᵉ s.), III, 249.
GROSBOIS [Seine-et-Marne, arr. de Meaux, cant. et ham. de Claye-Souilly], prieuré situé sur la paroisse de Villeparisis. *Notice,* II, 579-80. — Dépend du prieuré de Gournay, V, 394.
GROSBOIS, *Grossum Nemus, Grossus Boscus,* Grosbois-le-Roi [Seine-et-Oise, ham. de Boissy-Saint-Léger]. *Notice,* V, 389-394. — Autres mentions, V, 215, 231, 234, 235, 237, 241.
— (la comtesse de), dame de Grisy (XVIIIᵉ s.), V, 158.
GROSBOIS-LE-ROI. Voy. Grosbois.
GROS-CAILLOU (le) appelé aussi la Pierre de Monceaux, lieu-dit de Vigneux, V, 55.
GROSLAY, *Graulidum, Grodoletum, Groela, Groeletum, Groelium, Groleium, Groleyum, Grolitium,* Grolay, paroisse du doyenné de Montmorency [Seine-et-Oise, arr. de Pontoise, cant. de Montmorency]. *Notice,* I, 608-614. — Autres mentions, I, 519 (note), 588, 602, 625 ; II, 172.
— Lieux-dits : Bruyères, Fleury, Nésant, Piscop, Rocher (fief de), St-Martin (fief de).
— (Agnès de), femme de Guillaume le Loup (1250), I, 611.
— (Anselme de), *de Groleto.* Seigneur de ce lieu (1120), I, 610.
— (Eudes de), seigneur de ce lieu (XIIᵉ s.), I, 610.
— (Guy de), *de Groela, de Grodoleto,* seigneur de ce lieu (XIIᵉ s.), I, 610-11.
— (Henri de), archidiacre de Reims. Bienfaiteur de l'égl. Ste-Catherine du Val-des-Écoliers à Paris (XIIIᵉ s.), I, 614.
— (Hugues de). Ses biens à Conflans-Ste-Honorine (1235), I, 611.
— (Philippe de), *de Grooloi,* seigneur de ce lieu (XIIᵉ s.), I, 611.
— (Richilde de), femme de Philippe de Villiers-Adam (XIIᵉ s.), II, 132.

GROSLAY (le PETIT-), lieu-dit de Bondy [Seine-et-Oise, ham. d'Aulnay-les-Bondy]. Chapelle N.-D. de Lorette, II, 566, 567.
Grossum Nemus. Voy. Grosbois.
GROSSE-PIERRE (la), lieu-dit de Créteil (1540), V, 22.
Grossus Boscus. Voy. Grosbois.
GROTEAU [ou GROUTEAU], *Groetellum.* Grotel, ham. de Longpont au XIIIᵉ s. Moulin, IV, 87, 88, 89, 90.
GROUCHES (François de), seigneur de la Grange aux-Merciers (1550), II, 370.
— (Robert de), seigneur de Griboval et de Cramayel (1598), V, 112 ; — de Trembleseau, 133 ; — de Limoges, 136.
GRUEL (Anne), femme de Robert Aubery (XVIIᵉ s.), V, 34.
GRUELVAL. Voy. Gizleval.
GRUERIE (la), lieu voisin de Roissy-en-Brie (1278), IV, 501.
GRUGNY [Grigny?], V, 114.
GRUOT (Jean), chanoine d'Autun et de Château-Censoir, vicaire-général de l'év. de Senlis, conservateur des privilèges de l'Université. Sentence par lui rendue (1405), III, 231.
Grusciniacum, terre identifiée avec Jossigny, donnée à Ste-Geneviève ou à l'abbaye de ce nom. Conjectures sur l'auteur de cette donation, IV, 524.
GRUYN ou CRUYN (Rolland), secrétaire du Roi. Seigneur du Bouchet, Val-le-Grand, Val-le-Petit et de la Celle-St-Cyr (1660), IV, 210, 212.
— (Rolland-Pierre), maître de la Chambre aux Deniers ; vicomte de Corbeil, IV, 302. — Seigneur de Tigery, V, 396, 398. – Geneviève, sa fille [?], femme de Martin Fraguier, V, 398.
Guadum petrosum : Guipereux, IV, 88.
Guagnicum. Voy. Gagny.
GUALERAN, fils de Vivien. Bienfaiteur du prieuré de Longpont, IV, 213.
GUALON, év. de Paris. Voy. Galon.
GUARAISON, dioc. d'Auch (Garaison, Hautes-Pyrénées, arr. de Bignères, com. de Monléon-Magnoac]. Couvent fondé par Hubert Charpentier, III, 86 et note.
GUARIMOND, archidiacre de la Cathéd. de Paris (XIIᵉ s.), II, 309.
GUARIN. Voy. Garin.
[GUARIN], év. de Sagonne (1317), IV, 278.
GUARIN (dom). Sa grammaire hébraïque ; caractères avec lesquels elle a été imprimée, III, 413.
GUARNOVERSIN. Voy. Garnevoisin.

16.

Guberniis (ecclesia de) : Gouvernes, IV, 569.

GUÉ (le), le Guay [Seine-et-Oise, ham. de Marcoussis], III, 492.

GUEDON (Charles), maître de la léproserie de Pontoise (1554), II, 116.
— (Claude et Pierre), seigneurs de Bagnolet en 1580, II, 655.

GUEDREVILLE (DU BOIS DE). Voy. Du Bois.

GUEFFIER (Favin), avocat du roi au Châtelet. Son fief de Villarceau (1608), V, 361.
— (Marguerite), femme de Jacques Talon (XVIIe s.), IV, 629.

GUEFFIER, trésorier du Marc d'or. Son fief à Gennevilliers, III, 63.

GUEGNI : Gagny, II, 546.

GUENÉE (Nicolas), curé du Petit-Drancy (XVIIe s.), II, 632.

GUENET (Etienne de), vassal de Philippe-Auguste pour ses biens à Palaiseau, III, 328.

GUÉNEGAUD (Ertus de), seigneur de Ver-le-Grand, IV, 212.
— (Henri de), secrétaire d'Etat. Echange son hôtel à Paris contre la baronnie du Bouchet-Valgrand, IV, 217.
— (Isabelle-Alphonsine de), femme d'Hardouin de l'Isle. Inhumée à St-Sulpice de Paris (1737). Son cénotaphe dans la chapelle de la Roue à Linas, IV, 126.

GUENIER ou GUINIER (le bois) sur le territoire de la Varenne-St-Maur, II, 456, 461.

Guenniacum. Voy. Gagny.

GUÉPÉAN (François Allemant, seigneur de). Voy. Lallemant.

GUEPERREUX. Voy. Guipereux.

GUÉPIÉ (la Folie-Nicolas). Voy. Folie (la).

GUÉPIN (Etienne), prévôt de Montlhéry (1406), IV, 109.

GUERAPIN DE VAURÉAL, maître des Comptes. Acquiert les justices de Lieux et de Jouy-le-Moutier (1701), II, 106, 109.

GUÉRAUT (Jacques), prieur de Moussy-le-Neuf (1586), II, 351.

GUERCHES : Garches, IV, 192.

GUERCHE (vicomte de la). Voy. Aumont (César d').

GUEREY, possesseur de Voisins-le-Cuit (1675), III, 315. — (Etienne-Louis-Jean-Baptiste), son fils. Hérite de la même terre en 1711, III, 315, 316.

GUERIN (Benoît), panetier du Roi. Son hôtel à Issy (1420), III, 7.
— (Nicolas), docteur de Sorbonne né à Goussainville. Curé d'Ermenouville ; sa mort en 1652, II, 293.

GUERIN, fils de Milon. Possède la terre de Sevran (XIe s.), II, 582.

GUÉRINIÈRE (la) [Seine-et-Oise, ham. de Buc], III, 277. — (de la), seigneur de ce lieu et du Breuil (1692), III, 277.

GUERLANDE (de), gardien de Verdun (1336), V, 40.

GUERMANTES, Guermandes, Guermante, anciennement le Chemin, paroisse du doyenné de Lagny [Seine-et-Marne, arr. de Meaux, cant. de Lagny], IV, 580. — *Notice*, IV, 582-584.

GUEROUDE ou GUEROULT (Garnier), archidiacre de Josas. Curé de St-Jean-en-Grève (1402), I, 91 ; IV, 74.

GUERRE (Hugues), bienfaiteur de l'abbaye d'Yerres, IV, 31.

Guerriis (ecclesia de) : Quiers, V, 435.

GUERRY le changeur. Sa maison à Paris donnée aux religieuses de Montmartre (XIIe s.), I, 444.

GUERSANT (Jean de), seigneur du Fay (1697), II, 101.

GUESDON (Fiacre). Ses fiefs à Sarcelles (1580), II, 172. — Seigneur en partie de Presles (1580), V, 308.— Ses biens à la Borde, Montlhéry, Villepatour, 311.
— (Jean), clerc des Comptes et seigneur d'Auteuil. Son fief de Joy (1479), IV, 310.

GUESLE (François de la), archev. de Tours. Son sacre à St-Victor de Paris (1597), I, 337.

GUET dû aux châteaux de St-Germain-en-Laye et de Vincennes, II, 20, 31, 34, 35, 408.

GUÉTEVILLE (Guillette de), femme de Jean Hurault. Sa sépulture, I, 219.
— (Marie de), fille de Robert, femme de François de Saint-André. Vicomtesse de Corbeil (XVIe s.), V, 397.
— (Robert de), conseiller au Parlement, vicomte de Corbeil. Seigneur de Tigery ; sa sépulture (1512), V, 397.

GUETTE (la) [Seine-et-Marne, ham. de Villeneuve-Saint-Denis], V, 522.

GUETTE (Dreux la), valet de chambre de Philippe le Bel. Biens que ce roi lui donne en 1307, IV, 522.
— (Jean de la). Vend au roi sa terre de la Guette en 1554, IV, 522.

GUEUVILLE (Robert de), conseiller au Parlement. Bienfaiteur de l'égl. St-Nicolas-des-Champs, I, 204.

GUÈVRE (Pierre), curé de Montrouge (1386), III, 587.

GUGNIÈRE (seigneur de). Voy. Gomer (Charles).

GUI dit *de Paré*, abbé du Val, puis abbé-général de Citeaux, cardinal

et archev. de Reims. Qualifié à tort de saint dans une inscription ; décédé en 1220, II, 137.
Gui, curé de Tremblay. Bienfaiteur de l'abbaye de Livry (1235), II, 608.
Gui II, év. de Senlis (1041), I, 6.
Gui, prêtre de St-Barthélemi de Paris (XIIIᵉ s.), I, 217.
Gui, prieur de St-Lazare de Paris (1246), I, 300, 470-1.
Gui, prieur de St-Martin de Marolles (1203), V, 240-1.
Gui, trésorier de Novare (XIIᵉ s.), III, 581.
Gui. Voy. Guy.
Guiard, maire de St-Ouen-l'Aumône (XIIᵉ s.), II, 113.
Guiard (Louis de), vicaire-général de l'év. de Paris (1624), I, 305.
Guiart, vicaire de St-André-des-Arts, puis curé de Châtenay. Sa sépulture (1732), III, 540.
Guibert, curé de Villeparisis (XIIᵉ s.), II, 578.
Guibert, maire de Rosny-sous-Bois (1209), II, 554.
Guibert, *marescallus* de Bondy. Ses biens en ce lieu (1236), II, 566.
Guibert (Claude), avocat, mort en 1601, IV, 264.
— (Louis), seigneur de Bussy-Saint-Georges (1628), IV, 577.
— (Philbert), docteur en médecine (1601), IV, 264.
Guibert-Fusée (Anne), sieur d'Assy, Champdeuil et la Fournaise (1601), IV, 264.
Guiberti (Vallis), lieu-dit de St-Nom-de-la-Bretèche (XIIIᵉ s.), III, 151.
Guiberville (chapellenies de) [Guiberville? ham. de Linas], IV, 125 (note).
Guibeville, *Guibervilla, Guibevilla*, Gibbeville, paroisse du doyenné de Montlhéry [Seine-et-Oise, arr. de Corbeil, cant. d'Arpajon]. *Notice*, IV, 227-229. — Autres mentions, IV, 196, 223.
— (Ansel de), *de Guibervilla*. Son fief à Escorcy, IV, 204, 227.
— (Etienne et Simon de), frères. Leurs terres de Châtenay données au Chapitre de la Cathédrale de Paris (XIIIᵉ s.), III, 542.
Guiburge, femme d'Hugues Bachelis. Son procès avec l'abbaye de Ste-Geneviève pour des biens à Palaiseau, III, 331.
Guiburge, femme de Gui de Levis, III, 273.
Guiche (le duc et la duchesse de). Leur maison de campagne à Puteaux, III, 54, 55.

Guiche (Henriette de la), dame de la Palisse, femme de Louis de Valois, V, 216, 391.
Guichou, marchand d'étoffes à Paris. Sa maison à Passy, I, 406.
Guidonis Curia. Voy. Guyancourt.
Guidonis Nemus près de Bessancourt (XIIᵉ s.), II, 73.
Guidonis Nemus. Voy. Bois-Guyon (le).
Guidonnaye (la), fief dépendant de Chennevières-sur-Marne, IV, 479.
Guiencourt. Voy. Guyancourt.
Guierie (Marguerite de la), femme de Pierre des Barres, II, 187.
Guierville. Voy. Guillerville.
Guiet (X...), seigneur de Lamirault en 1698, IV, 587.
Guif ou Wif. Sens de ce mot, origine de nom de lieu, III, 384.
Guignecourt (Agnès de), fille de Gauthier. Dame de Montfermeil en 1293, II, 543.
— (Gauthier de). Seigneur de Montfermeil en 1263, II, 543.
— (Guillaume de), chevalier. Vend au Chapitre de N.-D. un moulin à Choisy-sous-Conflans (1256), II, 99.
Guignon (Guillaume), prieur de St-Jean-en-l'Ile de Corbeil (1538), IV, 295.
Guigou (Jean), écuyer. Seigneur de Varatre ; sa sépulture (1688), V, 122.
Guigou, lieutenant des Gardes. Seigneur du Perray, V, 93 ; — de Varâtre (XVIIIᵉ s.), 122.
Guihou (Suzanne), femme de Paul Poisson de Bourvalais (XVIIIᵉ s.), IV, 603.
Guillard (André), maître des Requêtes. Seigneur du Mortier (1537), I, 60 ; — de l'Isle. Sa maison à Conflans (1568), II, 371.
— (Charles), abbé des Vaux-de-Cernay, év. de Chartres (XVIᵉ s.), III, 423.
— (Louis), nommé abbé des Vaux-de-Cernay en 1560, III, 423.
— (Pierre), garde du château de Montlhéry (XIVᵉ s.), IV, 105.
Guillaume *le Conquérant*, duc de Normandie, IV, 274.
Guillaume II, roi d'Angleterre, II, 529.
Guillaume, abbé de Bon-Port (1463), II, 138.
Guillaume, abbé de Chaalis. Ses biens à Montfermeil (XIIIᵉ s.), II, 543.
Guillaume, abbé de Livry (1201), II, 595.
Guillaume, abbé de St-Denis. Voy. Gap, Macouris.
Guillaume, abbé de St-Florent de Saumur (1072), I, 601 ; — (1070), III, 403, 405, 410, 466, 468, 471.

GUILLAUME, abbé de St-Germain-des-Prés. Ses ouvrages, I, 272.
GUILLAUME [Ier], abbé de Saint-Germain-des-Prés (1027), III, 231, 530, 535.
GUILLAUME, abbé des Vaux-de-Cernay (1295), V, 8.
GUILLAUME [II], archevêque de Sens (1171), I, 148.
GUILLAUME, archidiacre de Josas (1212), III, 430.
GUILLAUME, archidiacre de Paris (1107), II, 621.
GUILLAUME, archiprêtre de St-Séverin (1210), I, 100.
GUILLAUME, aumônier de l'abbaye de Ste-Geneviève (1239), I, 217.
GUILLAUME, cardinal d'Ostie (1474), IV, 516.
GUILLAUME, chancelier de la cathédrale de Paris (XIIIe s.), II, 556.
GUILLAUME, chanoine de la cathédrale de Chartres (1212), III, 430.
GUILLAUME, chapelain de la léproserie de Pomponne [1184], II, 506.
GUILLAUME, curé de Brunoy (1230), V, 204.
GUILLAUME, curé de Courcouronne. Bienfaiteur de l'égl. de Vanves (1232), III, 580; IV, 321.
GUILLAUME, curé de Longjumeau, IV, 74, 80.
GUILLAUME, curé de Louveciennes (de Lupicensis) (1254), III, 114.
GUILLAUME, curé de St-Eustache de Paris (1254), I, 59.
GUILLAUME, curé de Ste-Geneviève-la-Petite (1329), I, 170.
GUILLAUME, curé de St-Martial de Paris. Ses biens à Fleury (1235), III, 240.
GUILLAUME, curé de St-Séverin (1210), I, 111.
GUILLAUME dit *Anglicus*, curé de Vémars. Bienfaiteur de Ste-Geneviève de Paris (XIIIe s.?), II, 345.
GUILLAUME, damoiseau d'Arcueil (1310), IV, 16.
GUILLAUME, év. d'*Alexia*. Chapelles qu'il bénit à Paris (1537), I, 72. [Lebeuf cite pour la même année un év. d'*Alexia* nommé *Fabricius*].
GUILLAUME, évêque de Bellune. Voy. Le Duc (Guillaume).
GUILLAUME [de Cantiers], év. d'Evreux (1411), I, 86.
GUILLAUME, év. de Paris. Voy. Auvergne, Baufet, Chanac, Montfort.
GUILLAUME, év. de Paris, mentionné [par erreur] en 1072, I, 601. Voy. Boulogne (Geoffroi de).
GUILLAUME, év. de Riez. Voy. Aleaume (Guillaume).
GUILLAUME, fils de Constance, comtesse de Toulouse. Son anniversaire célébré à l'abbaye de Montmartre, II, 225.
GUILLAUME, fils d'Ebrard. Bienfaiteur du prieuré de Longpont (XIIIe s.), IV, 76.
GUILLAUME, frère d'Evrard de Villepreux (1209), III, 181.
GUILLAUME, maître de Brétigny (?) (XIe s.), IV, 347.
GUILLAUME, maître de la léproserie de Gonesse (1351), II, 250.
GUILLAUME, neveu de Suger. Chanoine et bienfaiteur de la cathédrale de Paris (XIIe s.), IV, 436.
GUILLAUME, neveu de Maurice de Sully. Bienfaiteur de la cathédrale de Paris, IV, 400, 431.
GUILLAUME, prêtre de Lieusaint (1230), V, 119.
GUILLAUME, prévôt de l'abbaye de St-Maur (1278), II, 446.
GUILLAUME, prieur de Longpont, IV, 222.
GUILLAUME, prieur de St-Jean de Corbeil (XIIe s.), IV, 285.
GUILLAUME, prieur de St-Martin-des-Champs (1200), IV, 470; — (1157), V, 108, 263.
GUILLAUME, prieur de St-Yon (1343), IV, 162.
GUILLAUME, prieur d'Yerres (1138 et 1142), V, 225.
GUILLAUME, religieux de Livry. Prieur-curé de Villemomble (1499), II, 560.
GUILLAUME, religieux de St-Denis. Ses œuvres, I, 510.
GUILLAUME, religieux de St-Maur. Cartulaire de l'abbaye rédigé par lui (vers 1280), II, 445. — Ses biens à Vigneux, V, 54.
GUILLAUME *Scutifer*, seigneur de la Grivelle et de Quinette par sa femme Jeanne Cordier (1521), V, 258.
GUILLAUME, seigneur de Lode et de Ste-Néomaye. Sa résidence à St-Cloud, III, 34.
GUILLAUME, sergent de la mairie de Fontenay-aux-Roses (XIIIe s.), III, 563.
GUILLEBERT (Marie), femme de Josse. Dame de Senlisses (1659), III, 420.
GUILLEIN (Regnaud). Reçoit de Charles VII la terre du Mesnil-Aubry (1437), II, 245.
GUILLEMETTE, dite de la Rochelle. Sainte fille inhumée à St-Merry (XIVe s.), I, 167.
GUILLEMETTE, première abbesse de Maubuisson. Son épitaphe (XIIIe s.), II, 119.
GUILLEMETTE, femme de Thibaud Bugealeau (1461), II, 505.

GUILLEMETTE, fille de Claude d'Orgemont, femme de François des Ursins, II, 128.
GUILLEMIN (Jean). Son fief de Passy à Sucy-en-Brie (1580), V, 384.
GUILLEMIN (René), sieur de la Mourlière (XVIIe s.), IV, 404.
GUILLEMINS, GUILLEMITES ou BLANCS-MANTEAUX, noms donnés aux Ermites de S. Guillaume. Leur établissement à Montrouge (1250), III, 587-589. — Leur seigneurie du Plessis-Gassot (XVIe s.), II, 248. — Voy. Paris (couv. des Blancs-Manteaux).
GUILLERVILLE, Guierville [Seine-et-Oise, ham. de Linas], III, 479, 492, 493; IV, 109.
GUILLERVILLE [Seine-et-Oise, ferme de St-Sulpice de Favières]. Fief, IV, 177.
— (Bonne et Gaubin de), enfants de de Jean. Aliènent la terre de Saint-Pierre à Brétigny (1502), IV, 342.
— (Isabelle, dame de), femme de René d'Echainvilliers (1330), III, 493.
— (Jean de), seigneur de la Fontaine et de St-Pierre de Brétigny (1476), IV, 342, 346.
— (Nicolas de), fils de Jean. Vend la seigneurie de St-Pierre (1502), IV, 342.
— (Robert de), seigneur de la Fontaine (1502), IV, 342.
— (Pierre le Prince, seigneur de), IV, 156 et note.
GUILLET (Foulques), chapelain de l'Hôtel-Dieu de Louvres (1435), II, 300.
GUILLOT (Jean), chanoine du Mont-aux-Malades. Ses prétentions sur le prieuré du Bois-St-Père (XVIIe s.), II, 154.
GUILLOT, poète (fin du XIIIe s.), I, 118, 350.
GUINEBAUD, abbé de St-Magloire de Paris (1138), I, 475.
GUINIER (bois). Voy. Guenier.
GUIONNERIE (la). Voy. Guyonnerie.
GUIPEREUX, *Guadum* ou *Vadum petrosum*, Guepereux [Seine-et-Oise, ham. de Longpont], IV, 87, 88, 123, 126.
GUIRE (Hugues) et Hazaude sa femme. Bienfaiteurs de l'abbaye d'Yerres (1200), IV, 267; V, 187.
GUIRY (Elisabeth de), femme de Daniel-Henry de Besset, III, 338.
GUISE [Aisne, arr. de Vervins] (comtes de). Voy. Armaignac (Jean et Louis d') — (douairière de). Voy. Orléans (Isabelle d') — (seigneur engagiste de). Voy. Saint-Chamont (Antoine de).
— (Charles de LORRAINE, duc de), fils d'Henri. Seigneur de Meudon; son mariage en ce lieu (1611); sa mort (1640), III, 236.
— (Henri de LORRAINE, duc de), seigneur de Meudon; sa mort à Blois en 1588, III, 235-6.
— (Henri de LORRAINE, duc de), fils de Charles. Vend à Abel Servien la baronnie de Meudon en 1654, III, 236.
GUISE (Henriette-Catherine, duchesse de), tutrice de Louis de Lorraine (1646), III, 304.
GUISE (Mme de) [Françoise-Renée de LORRAINE], abbesse de Montmartre, I, 454.
GUISE (Mlle de) [Marie de LORRAINE]. Sa dévotion à la sainte tunique d'Argenteuil, II, 7.
GUISE (palais de). Voy. Paris, hôtels.
GUISE. Voy. Lorraine.
GUISE [Guise-sur-Madon. Meurthe-et-Moselle, arr. de Nancy] (prince de) [Anne-Marie-Joseph de LORRAINE]. Seigneur d'Arcueil, IV, 16, 17, 18, 24, 25.
GUITARD, seigneur de Marly-le-Bourg (1681), III, 119.
Gumethum. Voy. Gometz-le-Châtel.
Gumets. Voy. *Frumentum*.
GUNDELSHEIMIR, médecin, cité, I, 397.
Gunsana, nom de femme identifié avec Chunsane. Origine de nom de lieu, II, 288.
Gunsavilla, Gunsanevilla, Gunseivilla, Gonsonvilla. Voy. Goussainville.
GUNTAULD. Lègue à l'abbaye de St-Denis le village de Taverny, II, 60.
GUNTHIER, abbé de St-Maur (1043), III, 346; IV, 284.
GUNTRACHAIRE, vigneron (VIIe s.), II, 573.
Guossenvilla. Voy. Goussainville.
Gurquetana (Petrus de), mentionné en 1161, V, 132.
GUVIR (Robert). Voy. Griveau.
GUY, abbé de St-Denis. Donne à l'abbaye la terre de la Malmaison (XIVe s.), III, 100.
GUY, abbé des Vaux-de-Cernay (1184), III, 113; — év. de Carcassonne; mort en 1223, 423.
GUY, curé de Limours (1255), III, 433.
GUY, curé de Maincourt. Fondateur de l'abbaye de la Roche (1195), III, 349, 353, 356.
GUY, curé de St-Jacques-la-Boucherie et archiprêtre (XIIIe s.), I, 198, 215.
GUY, doyen de la cathéd. de Soissons (1211), II, 534.
GUY (Jean), doyen de la cathédrale

d'Orléans. Curé d'Argenteuil (1484), II, 12.
GUY, doyen de Châteaufort et curé de Saclay (1232), III, 318.
GUY, doyen de St-Germain-l'Auxerrois (1150), I, 48; V, 17-8.
GUY [de la Tour], év. de Clermont (1253), I, 236.
GUY, év. de Mégare. Voy. Montmirail (Guy de).
GUY, familier de Charles le Chauve. Fondation faite pour lui par ce roi à St-Denis, II, 91.
GUY (Jean), seigneur de Plaisance (1271), II, 469.
GUY [de Montlhéry]. Remet à l'év. de Paris l'égl. d'Orsay, III, 395.
GUYANCOURT, *Guidonis curtis* ou *curia*, Guyoncourt, Guyencourt, paroisse du doyenné de Châteaufort [Seine-et-Oise, arrond. et cant. de Versailles]. *Notice*, III, 278-283. — Mentions, III, 291, 372.
— Lieux-dits : Bouviers, Minière (la), Montigny-le-Petit, Trou-Moreau (le), Val-St-Benoît (le), Val-St-Bon (le), Villaroy.
— (Mathilde de), abbesse de Longchamps en 1262; née à Guyancourt, I, 399; III, 283.
— (Philippe de), personnages de ce nom, mentionnés au XIIIe et au XIVe s., III, 281; IV, 181.
GUYARD (Jean), marguillier de l'égl. de Meudon (XVIe s.), III, 229.

— (Louis), prêtre d'Avignon et protonotaire. Desservant de la chapelle de l'île Notre-Dame (1623), I, 225.
GUYART (Anne), femme de Jean de Vignolles, II, 199.
GUYENNE (contrôleur des mortes-payes de). Voy. Haultbois (A. de).
— (Charles, duc de), frère de Louis XI. Son départ pour la Normandie (1465), II, 180. — Réside au château de Beauté (1461), II, 390. Voy. Berry.
— (Louis, duc de), dauphin de Viennois. Son hôtel à St-Ouen acquis en 1410, I, 573.
GUYENCOURT. Voy. Guyancourt.
GUYENCOURT (Jean de), confesseur d'Henri II; né en Picardie, III, 283.
GUYGADON (Thomas), ermite du Mont-Valérien (1574), III, 84.
GUYMIER (Cosme), président aux Enquêtes, jurisconsulte. Sa sépulture, I, 53; — chanoine de St-Thomas du Louvre, 54; — curé de St-Eustache en 1497, 54, 59.
GUYONCOURT. Voy. Guyancourt.
GUYONNERIE (la), la Guionnerie [Seine-et-Oise, ham. de Bures], ferme (XVIIIe s.), III, 394.
GUYOT (Henri), bienfaiteur de l'ermitage du Mont-Valérien, III, 82, 83.
GUYOT (MAISON-). Voy. Maison.
GUYTON (Antoine), vicaire de Saint-Lambert (1539), III, 340.

H., abbé de St-Denis. Voy. Henri Ier.
H., abbé de Ste-Geneviève. Mentionné en 1208, IV, 445; — en 1223, IV, 39.
H..., official (1225), IV, 222.
HABERGE (Jean). Voy. Heberge.
HABERGERIE (l'). Voy. Hébergerie (l').
— (Simon de l'), bienfaiteur du prieuré de Villepreux (XIIIe s.), III, 181.
HABERT (Jacques), maître des Comptes. Fondation faite par lui dans l'égl. de Moisselles (1650), II, 189.
— (Louis), év. de Perpignan, abbé de la Roche, III, 351.
— (Louis), seigneur de Maincourt.

Bienfaiteur des Chartreux ; sa sépulture (1724). III, 357.
— (Pierre), év. de Cahors. Abbé de la Roche, III, 351.
— (Pierre), médecin. Son mémoire sur les eaux d'Auteuil, I, 391.
HABERT DE MONTMORT (Louis), seigneur du Mesnil-Saint-Denis, mort en 1622. Sa sépulture, III, 287-8.
HABITS PONTIFICAUX (droit de porter les) accordé aux abbés de Ste-Geneviève en 1256, I, 240.
HACQUEVILLE, lieu-dit de Buc (1692), III, 277.
— (Claude de), maître des Comptes. Bienfaiteur de St-Germain-l'Auxer-

rois (1557), I, 32. — Seigneur de Garges (1580), II, 256.
— (François de) (XVe s.), IV, 419.
— (Jacques de) (XIVe s.), I, 104 ; II, 366.
— (Joseph de), frère de Claude (1580), II, 256.
— (Nicolas de), seigneur de Garges par son mariage avec Marie Charmolue (1535), II, 256 ; — de Vaires, 504.
— (Nicolas de), fils du précéd. ; conseiller au Parlement (1544). Seigneur de Garges, II, 256 ; — de Pomponne par sa femme, 510.
— (Nicolas de), seigneur de Pomponne (1619), II, 510.
— (Nicolas de), chanoine de Paris et abbé de Livry (1499), II, 595-6 ; ses œuvres, 597. — Acte relat. à Villemomble (1499), II, 560.
— (Philippe de), fille de Nicolas ; femme de Jacques Huault (1519), II, 504.
— (Radegonde de), fille de François. Mariée à Pierre Poignant, IV, 419 ; — puis à Jean de Myraumont, V, 422, 424.
HACQUINIÈRE (la). Voy. Haquinière (la).
HADEBRAN. Donne au prieuré de St-Martin-des-Champs la terre de Sévran (XIe s.), II, 581-2.
HADVISE, abbesse de St-Martial de Paris (1102), I, 308.
HADVISE ou HAVISE, femme de Guy de Vitry (XIe s.), V, 317, 322.
HAGANON, conseiller de Charles le Simple. Possède l'abbaye de Chelles (912), II, 485.
HAGANON, comte, parent d'Adélaïde, femme de Hugues Capet. Contribue à rebâtir le monastère des Fossés (920), II, 427.
HAGNERIC, seigneur de la cour de Théodebert. Père de Ste Fare, II, 296.
HAGUENAU [Alsace]. Sa glorieuse défense en 1705, IV, 231, 234.
HAI (Paul DU), seigneur du Châtelet. Enfermé au château de Villepreux, III, 189.
HAIETTE (la), lieu-dit du Thillay (1287), II, 275.
HAILDE *la Riche*, femme de Hugues. Bienfaitrice de l'Hôtel-Dieu de Paris, IV, 8.
HAILLAN (DU), rectifié, II, 296.
HAIMERIC, archidiacre de Josas (1231), IV, 411-2.
HAIMERIC ou HAIMERY, prieur de l'abbaye de St-Denis, mort en 1216, I, 578. — Acte relat. à Dugny (1216), II, 623 ; — à Rueil, III, 97.

HAIMERIC, neveu de Giraud, év. d'Agen, IV, 41.
HAIMERY, écolier breton de l'abbaye des Fossés (XIe s.), II, 444.
HAIMON, chevalier. Donne à l'abbaye de St-Victor la terre et l'égl. de Vaujours (XIIe s. ?), II, 574.
HAINAUT, I, 59. — Comtes. Voy. ci-après et Avesnes (Jean d').
— (Guillaume Ier, comte de). Traite à Lagny avec Philippe le Bel (1314), IV, 562.
HAINEMONT. Voy. Hennemont.
HAINVILLIERS. Voy. Invilliers.
HALATE, lieu-dit mentionné au XIIIe s. [situé sans doute dans la forêt de ce nom], II, 143. Voy. St-Christophe-de-Halate. — (forêt de), II, 216.
Halbervillare : Aubervilliers, I, 557.
HALDE (Pierre du), premier valet de chambre du roi. Seigneur d'Armainvilliers et de Beauchesne en 1580, V, 329.
HALE (la), lieu-dit, III, 30 [le même qu'*Hulom ?*].
HALEWIN (Bernard), greffier des Requêtes. Son fief à Combs-la-Ville (1488), V, 181.
HALLAGE (droit de), IV, 144, 145.
HALLÉ (Claude), bailli de Rueil. Acte relat. à Colombes, III, 68.
— (François), archidiacre de Paris. Droit de dépouilles perçu par lui (1474), II, 197. — Seigneur de Viroflay (1475), III, 216.
HALLEFORT : Alfort, V, 9.
HALLIERS (château et fief des) à Brétigny, IV, 342-3.
HALWIN (Louis de), chevalier, seigneur de Brienne [*corr.* Piennes]. Capitaine du château de Montlhéry (1480), IV, 106.
HAM [Somme], III, 19.
HAM, ham. d'Eragny [auj. de Cergy], II, 112.
HAM., abbé de Vendôme (1206), IV, 80.
HAMEAU (Anne), prieure de Torcy, IV, 598.
HAMILTON (Antoine), poète français. Sa mort à St-Germain-en-Laye, III, 145.
HANCHES-MARCADE (fief des) à Châtillon, III, 576.
HANEMONT. Voy. Hennemont.
HANEQUIN (Gilles de). Voy. Hennequin (Gillette).
HANGEST (fief de), dépendant d'Etiolles (1597), V, 76.
— (Charles de), conseiller au Parlement. Curé de Montfermeil en 1500 ; év. de Noyon en 1501, II, 541.

— (Charles de). seigneur du Mesnil-St-Georges, Donfront et Fresnières en Picardie. Ses armoiries ; sa sépulture (1563), V, 128. — Seigneur de Mardilly (1562), V, 131.
— (Guillaume de), bailli de Sens. Acte relat. à Champeaux, V, 412.
— (Jacques de), capitaine de Montlhéry (1356), IV, 106.
— (Judith de), fille de Louis. Son épitaphe (1647), II, 603.
— (Louis de), seigneur de Louvaucourt, Bailleval et Beauvoir (XVIIᵉ s.), II, 603.
— (Marie de), femme de Guyot Pot (1571), V, 133.
— (Pierre de), bourgeois de Paris. Ses biens à Fleury, paroisse de Meudon, III, 241.
Hannidum (XIᵉ s.), dépendance ancienne du village d'Aupec, III, 127 (Voy. Hennemont).
HANS (Henri de), chevalier (1267), V, 325.
Hansati, anssati (vins) — Hansé (marchand). Sens de ces expressions, II, 53 et note.
HAOUISE, femme d'Anseau de Garlande. Voy. Montmorency (Haouise de).
HAPART (Anseau), confesseur d'Isabeau de Bavière. Maître [?] de l'hôpital St-Gervais (1431), V, 184 (note).
HAPAY, lieu-dit de Fosses (1285), II, 324.
HAQUINIÈRE (la) ou L'AQUINIÈRE, ham. de Bures. Origine de ce nom, III, 393 — (fontaine de la). Propriétés de ses eaux, III, 408-9.
HARAUCOURT (Catherine de), dame de Fresne. Fondation qu'elle projette d'un couvent à Chaillot (1638), I, 416.
HARCHER, prêtre. Fondateur de l'hôpital St-Gervais (1170), I, 86.
HARCOURT (Agnès d'), abbesse de Longchamps ; auteur d'une *Vie* d'Isabelle, sœur de S. Louis, I, 399-400 ; III, 115.
— (François, duc d'), maréchal de France Seigneur de Crosne, V, 44.
— (Guillaume d'), sire de Tancarville. Echange la châtellenie de Montrichard contre celle de Gournay (1461), IV, 618.
— (Jean d'). Ses biens à Charentonneau (XVᵉ s.), V, 8.
— (Louis d'). Sommé de rendre hommage à l'év. de Paris pour la terre de Massy (1533), III, 523.
— (Marie d'), femme d'Antoine de Lorraine. Ses biens à Charentonneau (XVᵉ s.), V, 8.
HARCOURT (chapelle d') à N.-D. de Paris, I, 9.

HARCOURT (rue aux Hoirs de). Voy. Paris.
HARDEVILLE (seigneur d'). Voy. Neuville (Jean de).
HARDI (Anne), femme de Claude le Bossu. Dame de Courbevoie, III, 69.
— (Nicolas), seigneur de la Cour-les-Sarcelles (1550), II, 172.
HARDIVILLIER (Pierre d'), curé de St-Benoît, puis archev. de Bourges (1639), I, 137.
HARDOUIN, archev. de Paris. Voy. Péréfixe.
HARDOUIN, *capellanus* [curé] *S. Mariæ de Longoponte*, IV, 94.
HARDOUYNE, lieu-dit de Vitry-sur-Seine (1556), IV, 453.
HARDUIN, religieux de St-Germain-des-Prés. Professe les sciences dans cette abbaye (Xᵉ s.), I, 264.
HARDY (Antoine), conseiller au Parlement, V, 33.
— (François), seigneur de Dangé et d'Ecorcé. Bienfaiteur de la paroisse de Villemomble ; son épitaphe (1725), II, 559.
— (Pierre), bailli de Melun. Seigneur de Malassise ; sa sépulture (1376), et celle de sa fille Prenelle, V, 298.
HARDY DE VIC, seigneur de Beaulieu près Marolles-en-Hurepoix (XVIIIᵉ s.), IV, 227.
HAREFORT : Alfort, V, c.
HARENGS (redevance de), I, 444 ; IV, 22.
HARENT (Adam), chevalier (1236), II, 388.
HARFLEUR [Seine-Inférieure, arr. du Havre, cant. de Montivilliers]. Gouverneur. Voy. Braque (Philippe).
HARIAGUE ou HARIAQUE (d'), trésorier du duc d'Orléans. Seigneur de Guibeville, IV, 229.
HARIAPLAT, lieu-dit de Créteil (1540), V, 22.
HARLAY (Achille de), marquis de Bréves. Sa maison à St-Mandé (1627), II, 382.
— [Achille de], président au Parlement. Seigneur de Stains par sa femme [Catherine] de Thou, I, 582.
— (Achille de), procureur général au Parlement, mort en 1671. Seigneur de Stains, I, 582.
— (Achille de), procureur général puis premier président au Parlement. Seigneur de Stains, I, 582 ; — de Ménilmontant (1687-1695), II, 656 ; — de Grosbois et d'Yerres (1701-1704), V, 217, 221, 392, 393 ; — de Villecresnes, 236.
— (Achille de), fils du précéd. ; conseiller d'Etat. Seigneur d'Yerres et de Grosbois, V, 217, 392.

— (Charlotte de), abbesse de Ste-Perrine de Paris en 1645, I, 302.
— (Christophe de) (XVIe s.), II, 241.
— (Christophe-Auguste de), seigneur de Bonneuil-en-France par sa femme (1643), II, 620.
— (Denise de), femme de Jean Boucher, II, 167.
— (François de), archev. de Paris. Acte relat. à la sépulture de Molière (1673), I, 68 ; — à la cure de St-Louis-en-l'Ile (1693), 225 ; — à l'abbaye de St-Victor, 339 ; — aux religieuses de Montmartre (1681), 453 ; — à la cure de Montmeillan, II, 341. — Acquiert une maison à Conflans (1672); y meurt (1695), II, 370-1. — Acte relat. au prieuré de la Saussaye (1676, 1689), II, 383 ; IV, 38 ; — à Fontenay-sous-Bois (1693), II, 387 ; — au bailli de Vincennes, 415 ; — au Pont de St-Maur (1693), 459 ; — à l'abbaye de Chelles (1672), 491 ; — à l'hôpital de la Charité à St-Cloud, III, 30, 31 ; — à la chapelle du Mont-Valérien (1684), 89 ; — à la cure de St Germain-en-Laye, 136 ; — à Fleury (1649), 249 ; — au prieuré de Briis (1671), 452 ; — à Ste-Geneviève-des-Bois (1671), IV, 381 ; — à Brétigny (1695), 346 ; — à Pontcarré, 506 ; — au Buisson-St-Antoine (1687), 600, 602 ; — à Attilly (1678), V, 280-1 ; — à l'abbaye d'Hiverneau (1684), 366, 374; — à Champeaux (1683), 412.
— (Jacques de), prieur de St-Jean-en-l'Ile de Corbeil (xves.), IV, 295.
— (Jean de), chevalier du guet (XVe s.), II, 253.
— (Louis du). Aliène le fief Bonvarlet à Vitry-sur-Seine (1518), IV, 454.
— (Louise-Madeleine de), fille d'Achille, femme de Louis de Montmorency. Dame d'Yerres, V, 217 ; — de Grosbois (1717), 392.
— (Nicolas de), baron de Sancy. Seigneur de Boissy-St-Léger (1599), V, 389 ; — de Grosbois (1596), 390.
HARLAY (de), intendant de la généralité de Paris (XVIIIe s.), II, 620.
HARLAY DE SANCY (Achille de), prêtre de l'Oratoire, év. de St-Malo. Acte relat. à la cure d'Aubervilliers (1621), I, 560.
Harmarius [fonction], III, 98.
HARON (Adam). Voy. Baron.
HARPIN (Hugues, fils d'Ansold). Bienfaiteur du prieuré de Longpont, IV, 129.
HARSICOURT (Pierre de), partisan de Charles VII. Dépossédé de ses biens à Bonneuil (1425), II, 620.

HARTBAIN, fils d'Erembert. Bienfaiteur et religieux de l'abbaye de Fontenelle (VIIe s.), III, 479, 480, 481.
HARVILLE (famille de). Ses seigneuries de Palaiseau et de Champlan ; ses armoiries, III, 325, 519.
— (Antoine de), fils de Claude ; gouverneur de Calais. Seigneur et marquis de Palaiseau, III, 329-30. — Seigneur de la Celle-les-Bordes, III, 427, 428.
— (Claude de), fils d'Esprit ; capitaine de cinquante hommes d'armes du roi. Seigneur de Palaiseau (1579-1636), III, 329 ; — de la Celle-les-Bordes, III, 428.
— (Constance de), femme de Simon Arnauld de Pomponne (XVIIIe s.), II, 510 ; III, 330.
— (Esprit de), fils de Guillaume II. Seigneur de Palaiseau, III, 329.
— (Esprit de), fils de Fiacre ; capitaine de cinquante hommes d'armes ; colonel du régiment de Normandie. Seigneur de Palaiseau, III, 325, 329.
— (Fiacre de), fils de Guillaume II. Seigneur de Combs-la-Ville et de Palaiseau, III, 325, 329, 400 ; V, 181. — Collateur d'une chapellenie dans l'égl. de Boulogne-sur-Seine, I, 395.
— (François de), fils du précédent. Sieur de la Celle, III, 325.
— (François de), fils d'Antoine ; gouverneur de Charleville et du Mont-Olympe. Marquis de Traynel et de Palaiseau, III, 330. — Seigneur de la Celle-les-Bordes, III, 428 ; — de la Chapelle-Gauthier, V, 428.
— (Guillaume de), seigneur de Palaiseau et de Naynville, mort à la bataille d'Azincourt, III, 329.
— (Guillaume II de), fils du précéd., III, 329. — Son fief de Courtabeuf, V, 181.
— (Jeanne de), fille du précédent, femme de Pierre de Meauze, V, 181.
— (Mathurin de), abbé de Trouart et de Clairefontaine (1571), III, 325.
— (Philippe de), seigneur de la Grange-du-Bois (1533), III, 400.
HARVILLE DES URSINS (Esprit de), fils de François de Harville ; brigadier des armées du roi. Marquis de Trainel, III, 330.
HASE (Jean de Chaville, sieur de), III, 219.
Hasta Belvacensis (bois dit) voisin de Fosses (XIIe s.), II, 324.
HASTE (Adam), bienfaiteur de l'égl. St-Sulpice de Favières, IV, 172.
HATON, secrétaire de l'évêché de Paris (1571), II, 298.

HATTE (Claude-Nicolas), conseiller à la cour des Aides, mort en 1738. Seigneur de Chevilly, IV, 36.
— (Nicolas), seigneur en partie de Villiers-le-Sec, II, 237.
HATTE DE CHEVILLY (Charlotte-Marie, femme de René Guillemin. Fonde une chapellenie à Grigny (1698), IV, 404.
— (Claude-Nicolas), lieutenant-général. Vend les terres de Grigny et de Plessis-le-Comte, IV, 369. — Sa sépulture [1722], IV, 404.
HAUBOIS (du). Voy. Haultbois (du).
HAUBUIC (forêt d'), vendue à l'abb. du Val (1220), II, 127.
HAUDE, Hauldre, ruisseau (1385), V, 72, 87.
HAUDRY ou ODRY (André), fermier général. Seigneur de Fontenay-lès-Briis et de Soucy (XVIIIe s.), III, 456, 458. — Fait bâtir le château de Segrée, IV, 176.
HAUDRY (Etienne), panetier du Roi (1306). Fondateur de l'hôpital des Haudriettes, à Paris ; détails sur lui et ses fils Etienne et Jean, I, 94.
HAUFRIDE (Jean de), seigneur de Marly. Reçoit l'hommage pour la seigneurie de Meudon (1426), III, 123, 233.
HAULTBOIS ou HAULTBOIS (Antoine de), contrôleur des mortes-payes de Guyenne. Seigneur de Rennemoulin ; ses fiefs à Meudon (XVe s.), III, 176, 234.
— (Charles de), abbé de Livry (1492, 1497), II, 544, 595.
HAULNY (Jacques de). Ses fiefs à Combs-la-Ville (1597), V, 181.
HAULQUET (Isabelle du), femme de René Pavin (XVIIe s.), V, 355.
Haultia (Stephana), femme de Claude Faucon, IV, 376.
HAULTIER (Olivier), procureur au Parlement. Sa sépulture (1587), I, 292.
Hauptovillari (tombe d'un ecclésiastique qualifié *Pbr de*), à l'hôtel-Dieu de Gonesse, II, 264.
HAUSTON ou HOSTON (Thomas de), homme d'armes écossais. Seigneur de Gournay (1454) et de Torcy (1466), IV, 594, 618.
HAUTBERVILLIERS. Voy. Aubervilliers.
HAUT-DU-ROI [Seine-et-Oise, éc. de Sarcelles]. Moulin, II, 173.
HAUTE-BRUYÈRE (prieuré de) [Seine-et-Oise, arr. de Rambouillet, cant. de Chevreuse]. Ses biens à Charonne, I, 481. — Dépend du dioc. de Chartres, III, 465 (note).
HAUTE-COMBE, *Cumba longa*. Etymol. des noms de lieu ainsi appelés, V, 174.
HAUTEFEUILLE, *Altifolium*, nom d'une ville fabuleuse qui aurait précédé le bourg de St-Yon, IV, 158 et note.
HAUTEFEUILLE [Seine-et-Marne, arr. de Coulommiers, cant. de Rozoy], V, 351.
HAUTE-FORÊT (la), territoire proche Clichy-en-l'Aunois, II, 572.
HAUTEFORT (Emmanuel-Dieudonné, marquis de) et de Surville. Seigneur de Sarcelles (XVIIIe s.), II, 172.
— [Marie de], duchesse de Schomberg. Concessionnaire des droits de péage sur le pont de Neuilly, I, 435.
— (Louis-Charles de), marquis de Surville. Concessionnaire des mêmes droits (1711), I, 435. — Seigneur de Sarcelles (1690), II. 172.
HAUTE-LOUP (fief de). Voy. Jardin (fief du).
HAUTE-MAISON (la) [Seine-et-Marne, ham. de Champs], IV, 607.
HAUTE-MAISON (fief de) [Seine-et-Oise, ham. de Sucy-en-Brie], V, 385.
HAUTES-BRUYÈRES. Voy. Haute-Bruyère.
HAUTES-LOGES (les) [Seine-et-Marne, ham. d'Andrezel], V, 424.
HAUTEPIERRE (de), chevalier. Sa sépulture (1298), II, 8.
HAUT-PAS (le), endroit dangereux de l'Arno. Origine du surnom de St-Jacques-du-Haut-Pas, I, 155.
HAUT-PAS (le), ferme dite aussi la Frette-St-Pierre, sur la paroisse de Pontault [?], IV, 498, 504.
HAUTVILLIERS, Auviller [Seine-et-Oise, ham. de Chevreuse], III, 373.
HAVEL (Jean), prieur de St-Hippolyte à Paris (1662), I, 128.
HAVILLIERS (Pierre d'), curé de St-Laurent de Paris (1624), I, 305.
Havisia, femme d'Amaury de Meudon (1270), III, 311.
HAVISE, femme de Barthélemy de Gretz, IV, 610 ; V, 314. — Sa sépulture (XIIIe s.), V, 318, 319.
HAVISE, femme de Galeron de Lieusaint (XIIe s.), V, 119.
HAWIS, *Hawisia, Hadvidis*, Hawide, Haouis, femme de Guillaume [Ier] de Garlande, bienfaitrice de l'abbaye de St-Maur. Son nom donné à la Chapelle-Haouis (XIIe s.), V, 331-2.
HAY (l'), *Laiacum, Logia*, Lahy, Lay, paroisse du doyenné de Montlhéry [Seine, cant. de Villejuif]. *Notice*, IV, 40-43. — II, 281, 319 ; IV, 25, 35.

— Lieux-dits : Bofier, Platrières (les), Saint-Victor (fief de).
— (Alix de l'), *de Logia*, femme de Mathieu de Marly (1235), IV, 42.
HAYE (Jean de la), dit Piquet, bourgeois de Paris. Seigneur du Plessis-Piquet. Ses biens confisqués (1423), III, 240, 252, 253.
— (Jean de la), président au Parlement. Seigneur de Vaujours et de Montauban (1480 ou 1490), II, 575.
— (Jean de la), fils du précéd. Lui succède dans ses seigneuries, II, 575-6. — Seigneur d'Egray, V, 337.
— (Jean de la), conseiller au Parlement. Mentionné comme seigneur de Vaujours en 1560, II, 576.
— (Jeanne de la), femme de Jean de Monceaux et de Guillaume Luillier, II, 575-6.
HAYE (Marin de la), fermier général. Seigneur de Draveil, V, 58, 59, 66 ; — sa mort en 1753, 67.
— (Roger de la), curé de Bagnolet (1385), II, 654.
HAYE-CHARLO (la). lieu-dit dépendant de Fleury-Mérogis (1399), IV, 364.
HAYE-AU-FRESTRE (la), lieu-dit dépendant de Fleury-Mérogis (1399), IV, 364.
HAYE DE BAZINVILLE (de la), fermier général. Seigneur de Louvres (1755), II, 303.
HAYE-D'IVETTE (la) [près des Vaux-de-Cernay]. Mentionnée en 1283, III, 369.
HAYER (ermites du), proche Troyes. Leur résidence présumée au Mont-Valérien, III, 85.
HAYE-RAPINE (fief de la) à Villiers-le-Sec, II, 237.
HAYES (Silvain du Drac, seigneur des). Voy. Drac (du).
HAYES (M. des), gouverneur de Montargis (XVIIᵉ s.). Sa maison à Saint-Cloud, III, 35 (note).
HAYES-AUX-DEMOISELLES (les), lieu-dit de Conflans (1385), II, 362 ; — ou du bois de Vincennes (1660), II, 411.
HAYES D'ILLIERS (les) ou de LIERS, canton de Fleury-Mérogis (1399), IV, 364.
HAYE-VISEAU (la), lieu-dit de Liverdy (1391), V, 300.
HAYMERIC, chanoine de Senlis (1218), II, 610.
HAYMERIC, trésorier de la maison du Temple (1219), II, 610.
HAYMON, év. de Verdun ; sa mort en 1024, I, 264.
HAYMON, prieur de St-Eloi de Paris (1170), I, 310.

HAYMOND, écuyer, sieur de Macy. Voy. Mouchy (Aymon de).
HAYS (Adam des), valet de chambre du Roi. Seigneur de Grosbois en 1597, V, 390.
HAZARD (Jean). Vend une terre comprise dans le parc de St-Germain-en-Laye (1331), III, 137.
HAZAUDE, femme de Hugo Guirre (XIIᵉ s.), V, 187.
HAZERAY. Voy. Pont-Iblon.
HAZON, notaire à Paris. Sa maison de Château-Frayé (XVIIIᵉ s.), V, 57.
HAZUIDE, religieuse et bienfaitrice de l'abbaye d'Yerres, V, 123.
HEAUME (maison du), près du pont de Charenton (1357), II, 374.
Hebergagium. Sens de ce mot, III, 46.
HEBERGE (Jean), év. d'Evreux. Seigneur de Savigny-sur-Orge (1474-1486), IV, 391, 392.
HÉBERGERIE (l') ou l'HABERGERIE [Seine-et-Oise, ham. de Villepreux], III, 188, 189.
HÉBERT (André-Pierre), fils de Guillaume. Seigneur de Buc, III, 276.
— (François), curé de Versailles puis év. d'Agen, III, 210.
— (Guillaume), conseiller au Parlement. Seigneur de Buc et de Toussus (1643-1651), III, 275, 276, 308.
— (Jean), bourgeois de Paris. Bienfaiteur de l'égl. St-Séverin (1506), III, 449.
— (Jean), vicaire de l'égl. de la Courneuve (1580), I, 577.
— (Marguerite), femme d'Olivier Rapouël, V, 122.
— (Roland), curé de St-Côme de Paris, puis archev. de Bourges (1622), I, 291. — Acte relat. aux limites de sa paroisse (1616), I, 292. — Donne une règle aux ermites du Mont-Valérien, III, 85.
HÉBRAÏQUES (lettres) sur une urne conservée à l'abbaye de Malnoue, V, 401.
HECELLIN (Alerme), chapelain de l'hôtel-Dieu de St-Cloud (XIIIᵉ s.), III, 30.
HECQUET (Antoine), doyen de Saint-Wulfran d'Abbeville, V, 370.
— (Pierre), chanoine de St-Wulfran d'Abbeville. Reliques qu'il donne à l'abbaye d'Hiverneau (1722), V, 370, 371.
HECTOR (Guillaume), doyen de St-Germain-l'Auxerrois, I, 32.
— (Nicolas), fils de René ; prévôt des marchands. Seigneur de Beaubourg (1580-1596), IV, 513.
— (René), seigneur de Pereuse (XVIᵉ s.), IV, 513.
HECTOR DE MARLES (Bernard), sei-

gneur de Beaubourg et de Clotaumont (1653-1663), IV, 513.
— (Christophe), fils de René Hector. Succède à son oncle dans les seigneuries de Beaubourg et de Clotaumont (XVIe s), IV, 513.
— (Claude), fille de Jacques, femme de Bernard (XVIIe s.), IV, 513.
— (Jacques), fils de Christophe ; président au Grand Conseil. Seigneur de Beaubourg en 1615, IV, 513.
HÉDELIN OU ÉDELINE (Guillaume), prieur de St-Germain-en-Laye condamné pour magie (1453), III, 135.
Hedera. Voy. Yerres.
HÉDIN. Voy. Hesdin.
HEDIN (Simon), traducteur de Valère-Maxime (XIVe s. ?), II, 272.
HEDWIDE, fille d'Albert, seigneur de Moussy-le-Neuf (XIe s.), II, 350.
HEGILVIGE, abbesse de Chelles (818), II, 485.
HEILIGENSTADT [Allemagne]. Origine de ce nom de lieu, V, 116. Rapport entre ses légendes pieuses et celles du diocèse de Paris, 117 (note).
HEILLI (Thibaut d'), év. d'Amiens (1203), I, 304.
HELDEBERGE ou HELDEBURGE, tante de Milon d'Attilly. Bienfaitrice du prieuré de Longpont (XIIe s.), IV, 395 ; V, 281.
Heleriacum (IXe s.) : Vélizy, III, 224.
HELGAUD, biographe du roi Robert. Accident dont il faillit être victime à Charlevanne, III, 91 (note).
HÉLIE, abbé de St-Magloire de Paris (XIIe s.), III, 193.
HÉLIE, aumônier de l'abbaye de St-Denis (1218), II, 616; IV, 522.
HÉLIE, chanoine de Troyes. Voy. Chabot.
HÉLIE l'aîné [Lainé?], lieutenant-particulier de la maréchaussée d'Angoumois. Sa pierre tombale (1606), III, 561.
HELIN (Jean-Robert de), conseiller au Parlement. Seigneur de Margency (1560), I, 639.
HÉLIOPOLIS [Syrie]. Évêques. Voy. Bertier, Pallu, S. Nonne.
HÉLIOT (le P.), rectifié, I, 558.
HELISENDE, abbesse de Montmartre (1231), I, 450.
HELISENDE, femme de Jean de Bobigny (XIIe s.), II, 637.
HELISENDE [de la Roche-Guyon], femme de Guy IV de Chevreuse (1238), III, 230.
HELIZENDE, femme de Gautier de St-Denis (1270), II, 346.
HELLAY (Thomas du). Ses biens à Issy (XVe s.), III, 9.

HELLEQUIN (Jean), chevalier. Sa censive à Fayel (1237), II, 150.
HELLET (Jacques), curé d'Herblay (XVIIe s.), II, 81.
HELLOIDE, femme de Vautier de Villiers-le-Bel, II, 178.
HÉLOIDE ou HÉLOISE, femme de Guillaume de Sevran (1244), II, 71, 583.
HÉLOISE, femme de Bérenger dit l'*Avare*, III, 96.
HÉLOISE, femme d'Aubert de Pouilly (XIIIe s.), V, 144.
HÉLOISE, prieure d'Argenteuil puis abbesse du Paraclet (1129), II, 3.
HÉLOIZE, religieuse de Malnoue (XIIe s.), II, 23.
HÉLU (Matthieu). Voy. Hola.
HELVIDE, abbesse de Malnoue (XIIIe s.), V, 402.
HELVISE, femme de Philippe de Versailles (XIIe s.), III, 193, 194.
HELY [Heilly] (Guillaume de Pisseleu, seigneur de). Voy. Pisseleu.
HELYOT (Robert), de la Chambre des Comptes. Sa maison à Lozère (1648), III, 332.
HEMEL (Jacques d'), chevalier de St-Louis. Sa sépulture (1729), II, 11.
HEMERÉ (Adélaïde d'), femme de Geoffroi de Rocquencourt, III, 158.
HEMERY (famille). Voy. Emery.
HEMERY. Voy. Emérainville.
— (Ansel d'), seigneur de ce lieu. Ses biens à Chennevières-sur-Marne (1220), IV, 476, 509.
— (Mathieu d'), *de Esmeriaco* (1361), IV, 509.
— (Robert d'), seigneur de ce lieu. Ses biens à Chennevières (1240), IV, 476-7, 509, 511-2.
— (Simon d'), seigneur de ce lieu (1299), IV, 509.
HÉMON (Henri), fondateur d'une chapelle à St-Séverin, I, 105.
HENAULT (de). Sa sépulture, V, 242.
HENNEMONT, *Anemons, Hannidum,* Hainemont, Hanemont [Seine-et-Oise, arr. de Versailles, ham. de St-Germain-en-Laye], III, 130, 154.
— Prieuré de l'ordre du Val-des-Ecoliers, III, 142, 232, 319 ; IV, 486.
HENNEQUIN (Alexandre), fils de Pierre. Seigneur de Clichy-la-Garenne, I, 426.
— (Anne), femme de Robert Le Clerc, II, 197.
— (Aymar), év. de Rennes (1574), I, 316.
— (Charles), petit-fils de Charles Michon. Baron de Villepinte (1600), II, 616.
— (Dreux), président en la Chambre

des Comptes. Seigneur de Louvres et d'Orville par son mariage avec Renée Nicolaï ; mort en 1550, II, 303.
— (Élisabeth), fille de Oudart. Apporte les terres de Louvres et d'Orville en dot à Raoul le Feron ; sa mort en 1631, II, 303.
— ou HANEQUIN (Gillette), femme de Jacques de Hacqueville, I, 104.
— Biens que lui donne Louis XI à Conflans (1487), II, 366.
— (Jean), seigneur de Croissy-sur-Seine, II, 28.
— (Jean), fils [d'Oudart et] de Jeanne Michon. Baron de Villepinte, II, 616.
— (Jean), conseiller au Parlement. Seigneur de la Grange-aux-Merciers (1530), II, 370 ; — de Périgny, V, 188. — Sa sépulture (1548), I, 327.
— (Jeanne), fille d'Oudart, femme de Henri de Mesme (XVIe s.), II, 283.
— (Louis), seigneur de la Bazinière, procureur général des Monnaies. Seigneur de Clichy (1562-1575), I, 426-7.
— (Marguerite), fille de Pierre, femme de Jacques le Faure, V, 100.
— (Martin), conseiller au Parlement de Rouen. Prieur de St-Eloi de Paris (1529-1537), I, 313.
— (Nicolas), secrétaire du roi. Seigneur du Perray (1564), V, 93.
— (Nicolas), président au Grand Conseil. Seigneur du Perray et de Savigny-sur-Orge ; sa sépulture (1634), IV, 386
— (Oudart), maître des Comptes, mort en 1557, II, 283, 655.
— (Oudart), fils de Dreux ; président en la Chambre des Comptes. Seigneur de Louvres et d'Orville ; mort en 1616, II, 303.
— (Pierre), mort en 1553, V, 100.
— (Pierre) [fils du précéd.], I, 427.
— (Renée), abbesse de Malnoue (XVIIe s.), V, 403.
HENNEQUIN (MM.). Chapelle de St-Jean-en-Grève à leur présentation, I, 91.
HENNUYER, év. de Lisieux (1557), ancien doyen de St-Germain-l'Auxerrois, I, 33. Erreur relevée à son sujet, I, 149.
HENRI Ier, roi de France. Diplôme de 1033, relat. à l'abbaye de St-Magloire, I, 141, 146 ; IV, 88 ; — de 1037, relat. à l'abbaye de St-Maur, II, 404 ; — de 1043, relat. à la même abbaye, III, 346 ; IV, 274 ; — de 1050 [1045?], relat. à l'évêché de Paris, I, 100, 132, 134, 139, 140, 141 ; III, 130, 133, 568 ; — de 1058, relat. à St-Maur-des-Fossés [?], II, 441 ; — de 1060, relat. à l'abbaye de St-Martin-des-Champs, I, 188, 189, 196, 466, 557, 563, 564 ; IV, 624 ; — non datés [1033?], relat. à l'abbaye de St-Magloire, II, 374 ; IV, 374 ; à l'abbaye de Ste-Geneviève, III, 7. — Lieu de sa mort, IV, 454. — Autres mentions, I, 123, 178 ; III, 581 ; IV, 201, 273.
HENRI II, roi de France. Actes datés d'Ecouen (1547, 1559), II, 185 ; — relat. à Montreuil-sous-Bois (1547), II, 401 ; — à Bry-sur-Marne et à Noisy-le-Grand (1547, 1549), IV, 626 ; — à Villeneuve-St-Georges (1547), V, 39 ; — à la vente de divers hôtels sis à Conflans (1548), II, 366 ; — à Montlhéry (1548), IV, 108 ; — à l'abbaye du Val-de-Grâce (1549), II, 255 ; III, 8, 18, 260, 270, 399, 530 ; — à Mennecy (1550), IV, 243 ; — aux foires de Lagny (1553), IV, 559 ; — à Conflans (1554), II, 366, 371 ; — à Vauhallan (1554), III, 321 ; — aux assemblées des chevaliers de St-Michel (1557), II, 414. — Actes (non datés) relat. à l'égl. de St-Germain-en-Laye, III, 141 ; — au prieuré de la Saussaye, IV, 38 ; — à Champeaux, V, 419. — Sa résidence à St-Maur en 1551, II, 442 ; — à St-Cloud dont il fait rebâtir le pont, III, 33, 34. — Autres mentions, I, 200, 511.
HENRI III, roi de France. Actes datés de St-Maur, II, 442 ; — d'Ollainville, III, 375. — Acte relat. à Jouans (1575), IV, 60 ; — à Villebon (1578), III, 513 ; — à Ferrières (1578), IV, 639 ; — à Montlhéry et à Linas (1579), IV, 116 ; — à la foire St-Matthias à St-Denis (1580), I, 533 ; — à Villeroy (1580), IV, 246 ; — à Gonesse (1581), II, 267 ; — à la Grange-du-Meilleu (1581), V, 219 ; — à l'abbaye du Val-de-Grâce (1583), III, 399 ; — à Champs (1583), IV, 606-7 ; — à Vauhallan (1584), III, 321 ; — à Grisy (1584), V, 158 ; — à Bagnolet (1586), II, 655 ; — à Marcoussis (1588), III, 492 ; — à Fontenay-aux-Roses (1588), III, 564-5. — Acquiert Ollainville, III, 375. — Donne aux Grammontins le collège Mignon en échange du prieuré du bois de Vincennes (1584), I, 292 ; II, 393. — Donne à St-Antoine de Paris des biens à Bondy (1587), II, 568. — Établit les Feuillants à Vincennes ; leur donne les revenus de

l'abbaye du Val-Notre-Dame, II, 134, 410. — Fonde la confrérie des Pénitents blancs, I, 289. — Ses séjours à Vincennes, II, 410 ; — à St-Maur, 461. — Sa mort lui est prédite, III, 83. — Autres mentions, I, 157 ; II, 7 ; III, 25, 34, 36, 460 ; IV, 38.

HENRI IV, roi de France. Accident dont il manque d'être victime à Neuilly (1606), I, 434-5. — Acte relat. au temple protestant de Charenton (1606), II, 376 ; — aux habit. du Pecq, III, 131 ; — à Montlhéry, 494 ; — à Noisiel (1599), IV, 600 ; — à Boitron, V, 305-6. — Châteaux construits pour ses maîtresses, III, 558 ; IV, 482. — Conférences tenues pour sa conversion, II, 102 ; III, 51. — Fait bâtir le Château-Neuf de St-Germain, III, 139. — Ses diverses résidences, II, 15 ; III, 36, 139 ; IV, 490. — Ses opérations militaires autour de Paris, I, 449, 453, 563 ; II, 271, 372 ; III, 187, 236, 571 ; IV, 149, 296, 307, 619. — S'oppose à la nomination d'un étranger à la cure de St-Eustache, I, 59. — Sa mort lui est prédite, III, 83. — Autres mentions, II, 34 ; III, 196, 460, 513 ; IV, 226. — (Statues et bustes d'), I, 3, 36, 131 ; II, 252.

HENRI de Bourbon, roi de Navarre [Henri IV], II, 283.

HENRI Ier, roi d'Angleterre. Confirme un échange fait par l'abbaye du Bec (1109), I, 388.

HENRI II, roi d'Angleterre. Don d'animaux sauvages qu'il fait à Philippe-Auguste, II, 405. — Son séjour à St-Germain-en-Laye (1169), III, 136.

HENRI V, roi d'Angleterre. Son séjour à Charenton, II, 372 ; — à Melun et à Corbeil, IV, 306. — Sa mort à Vincennes (1422), II, 409 ; IV, 306. — Ses entrailles conservées à St-Maur, II, 453.

HENRI VI, roi d'Angleterre se disant roi de France. Acte relatif aux reliques de S. Maur (1434), II, 432. — Confiscations et donations sous son règne, I, 76, 465, 486 ; II, 167, 172, 186, 230, 255, 282, 457, 519, 561, 620 ; III, 9, 253, 282, 329 ; IV, 16, 451.

HENRI, abbé de Barbeau (1166), IV, 417.

HENRI, abbé de St-Denis. Acte relat. à l'égl. de Stains (1213), I, 580-1 ; — à Argenteuil, II, 18 ; — au Mont-Valérien, III, 81. — Reçoit des reliques (1204), I, 543. — Ses difficultés avec Eudes de Sully (1207), II, 76-7.

HENRI de France, archev. de Reims, oncle de Philippe-Auguste. Sa maison près du Louvre, I, 27. — Abbé de St-Denis de la Chartre à Paris, I, 210. — Bienfaiteur de N.-D. de Paris, IV, 442.

HENRI, fils de Louis VI roi de France. Abbé de St-Spire de Corbeil, IV, 280, 281.

HENRI, archidiacre de Blois. Voy. Gretz (Henri de).

HENRI, archidiacre de Paris (1122), III, 492 ; IV, 14.

HENRI, curé-doyen du Vieux-Corbeil (1278), IV, 303.

HENRI, év. de Senlis. Acte relat. à Chaumontel (1180), II, 226, 335 ; — à Rosny (1182), 555 ; — à Vanves, III, 581.

HENRI, fils de Barthélemi de Fourqueux. Voy. Teceline.

HENRI, fils du comte de Grandpré. Ses biens à Livry (XIIIe s.), II, 585.

HENRI, prieur de Longpont (de 1086 à 1130), III, 322, 396, 402 (note 1), 504 ; IV, 90, 94, 129, 160, 163, 183, 186, 206, 209, 275, 332-3, 336, 338.

HENRI, seigneur du fief Heugot à Sannois (1177), II, 43.

HENRI, valet de Robert de la Marche, III, 41.

HENRI (Jean), conseiller au Parlement, chanoine d'Evreux. Ses fiefs à Vitry-sur-Seine (XVe s.), IV, 453.

HENRI le Lorrain (Lotharingus). Seigneur de la cour de Louis le Gros. Bienfaiteur de St-Magloire de Paris (1117), I, 181, 475. — Ses biens à Aubervilliers (XIIe s.), I, 561.

HENRIART (Nicolas). Voy. Manoir (du).

HENRIAU (Jean-Marie), prieur de Moussy-le-Neuf, puis évêque de Boulogne. Sa mort en 1738, II, 351.

HENRIETTE D'ANGLETERRE, duchesse d'Orléans. Sa mort à St-Cloud où ses entrailles sont conservées (1670), III, 25, 38, 39.

HENRIETTE DE FRANCE, reine d'Angleterre, fille d'Henri IV. Fondatrice du couvent de la Visitation à Chaillot (1652), I, 412, 417. — Relique qui lui est donnée, I, 620. — Bienfaitrice de la chapelle Ste-Geneviève à Nanterre, III, 74. — Sa mort au château de Colombes (1669), III, 69.

HENRIOT (Jean), chantre de la cathéd. de Paris. Administrateur de la léproserie de Survilliers (1474), II, 343.

— 255 —

HERACLIUS, empereur, I, 501.
HERAULT (Catherine), femme de François Couretier (XVIe s.), IV, 406.
— (Guienne). Reçoit de Charles VII des biens à Bagnolet (1437). II, 658.
HERAULT, lieutenant général de police. Seigneur de Vaucresson (XVIIIe s.), III, 168.
HERBAY (Girard de), chapelain de la Jussienne (XVe s.), I, 66.
HERBE répandue dans les églises, I, 11, 33. Voy. Pigment.
HERBELAY. Voy. Herblay.
HERBELOT (Anne), femme de Jean de Conty, III, 158.
— (Barthelemy d'). Sa sépulture (1695), I, 280.
HERBELOT (Nicolas), maître des Comptes. Seigneur de Ferrières (1524), IV, 639.
HERBERT, abbé de Ste-Geneviève. Voy. Egbert.
HERBERT, abbé de Ste-Geneviève, élu en 1223, I, 234. — Acte relat. à Roissy-en-France, II, 291 ; — à Vanves (1230), III, 581.
HERBERT, bienfaiteur de l'abbaye d'Yerres, V, 123.
HERBERT, chanoine de Paris (XIe s.), I, 161. — Autre chanoine mentionné en 1244, IV, 77.
HERBERT, curé d'Arcueil (1298), IV, 23.
HERBERT, disciple de Gerbert. Premier abbé de Lagny, IV, 545, 547.
HERBERT (Marguerite), femme de Jacques du Moulin et tante d'Anne de Boulen (1545). Sa sépulture (1652) [date inexacte], V, 248, 251.
HERBIN, maître des Comptes. Seigneur de Neubourg par son mariage, IV, 330.
HERBLAY, *Arebrelidum, Erbledum, Erbleium*, Arblai, Erblai ou Erblay, paroisse du doyenné de Montmorency [Seine-et-Oise, arr. de Versailles, cant. d'Argenteuil]. *Notice*, II, 78-86. — Autres mentions, I, 104 ; II, 46, 52, 60, 91 ; III, 463, 508.
— Fiefs : Abbeville, Beauvais.
— Lieux-dits : Gaillon, Herblay (val d'), Puits-l'Evêque (le), Tertre-Frilleux (le)
— (Gui d'). Sa femme Jeanne (XIIIe s.), II, 84.
— (Matthieu d') *de Erbleïo*, prêtre et chanoine de Ste-Geneviève, II, 78 (note) ; — peut-être de la famille de Beauvais, 86.
— (val d'), lieu-dit d'Herblay, II, 79.
Herbledis : Herblay, II, 83.
HERBOUVILLIERS, Herbouviller [Seine-et-Oise, ham. de Choisel], dépendance du duché de Chevreuse. Fiefs de Véros et de Moncourant, III, 373.
HERCELIN ou HESCELIN, *domicellus de Leudevilla*, IV, 223.
HERCEPOIX, Hercepost, Hercepoist (hôtel d') à Marcoussis, III, 492, 496.
HERCES, HERCHES ou HERSE, ferme à Brie-Comte-Robert, V, 262, 273.
— (Gilon d'), bienfaiteur de l'abbaye d'Yerres (XIIe s.), V, 273.
— (Jean d'), chevalier et Odeline, sa femme. Bienfaiteurs de l'abbaye d'Yerres (XIIe s.), V, 273.
HERCULE. Fausse étymologie du nom d'Arcueil, IV, 17 (note).
HEREMBURGE, femme de Hinger de Châtres. Bienfaitrice du prieuré de Longpont, III, 306 ; IV, 143.
HEREMBURGE, femme de Philippe Anian. Bienfaitrice de l'abbaye d'Yerres (XIIe s.), V, 224.
Herennius, Herinnius, noms d'homme. Origine de nom de lieu, II, 109.
HERES (le sieur de), mentionné au XVIIe s., V, 273.
HERIC, ERIC, nom d'homme. Origine de nom de lieu, II, 536.
HERICOURT, ancien lieu-dit d'Andrézy (1302), II, 99.
Herigniaco (altare de) : Eragny, II, 109.
Herilandus, nom d'homme. Origine de nom de lieu, II, 287.
HÉRIMAN, trésorier de l'abbaye de St-Denis. Biens qu'il reçoit du roi Eudes (894), I, 536 ; II, 169.
Herinnius. Voy. *Herennius*.
HÉRIPOIS. Voy. Hurepoix.
HÉRISAN (don Jean-Baptiste), colonel espagnol. Seigneur de Marolles-en-Hurepoix, IV, 225.
HERISPOY, roi des Bretons, I, 181.
HÉRIVAUX (abbaye d'), sur le territoire de Luzarches. — *Notice*, II, 215-219. — Sa fondation, I, 635 ; III, 408. — Biens et cures à sa présentation, II, 195, 208, 209, 214, 227, 235, 322, 323, 325, 326, 330-1, 333, 335, 336, 337, 341. — Sépulture, III, 232. — Abbés. Voy. Begnet (Robert), Chátenay (Pierre de), Du Val (Regnaud), Fosses (Guill. de), Hervé, Molé. — Autres mentions, I, 641 ; II, 170, 272, 332.
— (bois d'), II, 212.
HERLAN, chevalier. Bienfaiteur du prieuré de Longpont (XIIe s.), III, 439.
HERLAN, seigneur de Brateau, IV, 202.

Herlandi Vallis : Vaudherland, II, 287.
HERLUIN, personnage du VIIIe s. Découverte de son tombeau (1724), 278 et note 2.
HERMAINVILLIERS *Hermani Villare.* Voy. Armainvilliers.
HERMAS [S. Hermas disciple de S. Paul], confondu avec Hermès, I, 7.
HERMENER. Voy. Hermer.
HERMENGARDE, femme de S... de Villemoisson (XIIIe s.), IV, 361, 399.
Hermenovilla (Guillaume *de*). Voy. Ermenouville (Guillaume d').
HERMENRIC, archidiacre. Bienfaiteur de Notre-Dame, IV, 436.
HERMENSENDE, recluse de St-Médard de Paris (XIVe s.), I, 258.
HERMENTRUDE ou ERMENTRUDE, femme de Charles le Chauve. Abbesse de Chelles (855), II, 485 ; III, 91, 418 ; IV, 574.
HERMENTRUDE. Voy. Ermentrude.
HERMER ou HERMENER, écuyer et Catherine, sa femme. Bienfaiteurs de la chapelle du St-Martyre à Montmartre (1305), I, 451.
HERMERAY [Seine-et-Oise, arr. et cant. de Rambouillet]. Forêt du Déluge (XIIIe s.), III, 496.
HERMERI : Emcrainville, IV, 507.
Hermeri (terra), lieu-dit près de Fecqueuse (XIIe s.), IV, 508.
HERMÈS. Hiéroglyphes à N.-D. de Paris qui lui sont attribués, I, 7.
HERMIÈRES (abbaye d') de l'ordre de Prémontré, située sur la paroisse de Favières. *Notice,* V, 346-350. — Biens et cures à sa présentation, I, 465 ; II, 517, 518 ; III, 175 ; IV, 506, 638 ; V, 305, 310, 311. 314, 340, 344. — Sépulture, V, 325. — Abbés. Voy. Coldoë (Jean), Grange-le-Roi (N. de la), Milon, Rosoy (Jean de). — Autres mentions, I, 73 ; V, 362, 364.
HERMITAGE (l'), lieu-dit de la Queue-en-Brie. *Notice,* IV, 489.
HERMITAGE [?] (Antoine Dreux, seigneur de l'), IV, 36.
HERMITE (Pierre l'), chanoine-diacre de la cathédrale de Paris. Bienfaiteur du Chapitre, IV, 400.
HERMITES de S. Guillaume. Voy. Guillemins.
Hermitorium, l ermitoire : ermitage, V, 60.
HERMON : Ermont, II, 69.
HERMONVILLE, écrit pour Ermenonville, II, 257.
HERNALD ou HERNOLD, doyen de St-Cloud (XIIIe s.), III, 27, 216.
HERNIER de Montmartre, écuyer. Ses biens à Aubervilliers (1307), I, 562. [Le même sans doute que Hermer].

HEROART, vallée voisine de Marcoussis (XIIIe s.), III, 483.
HERON (Guillaume), prêtre (1612), I, 446.
— (Jean), prieur de Marolles-en-Brie (1573), V, 240, 261.
— (Nicolas), trésorier de la Ste-Chapelle de Vincennes (1698), II, 415.
HERONNIÈRE (île de la), dans la Marne, près de St-Maur, II, 461.
HÉRONNIÈRE (la), château en ruines près de Livry, II, 589.
HEROUARD (fontaine), lieu-dit d'Orly (1485), IV, 438.
HEROUARD (Jean), seigneur de Vaugrigneuse, de l'Orme-le-Gras et de Courson-l'Aunay, médecin de Louis XIII, III, 460, 464.
HEROUER (Louise). Son fief de Courtabeuf (1598), V, 180.
HERPEUR (Denis le), chancelier de Notre-Dame (1479), IV, 289.
HERPIN (Guillaume), curé de Gif et de St-Aubin (1483), III, 311.
HERPUN, év. de Senlis (867), II, 213.
HERSADE, femme de Simon de Gometz. Bienfaitrice de l'abbaye des Vaux-de-Cernay, III, 407 (note).
HERSENDE, femme de Vulgrain. Voy. Linas (Hersende de).
HERSENT, curé de la Norville, IV, 231.
HERVARD (d'), contrôleur général des finances. Sa maison à St-Cloud, III, 35.
HERVÉ, abbé d'Hérivaux (1260), II, 323.
HERVE, curé de Groslay (1247), II, 256.
HERVÉ, év. de Troyes (1207), V, 415.
HERVÉ, frère de Lestard de Marcoussis. Bienfaiteur du prieuré de ce lieu (XIIIe s.), III, 483.
HERVÉ, prieur de l'abbaye de St-Denis (1110), IV, 264.
HERVÉ, prieur de St-Eloy de Paris (XIIIe s.), I, 311.
HERVÉ (Charles), écuyer. Ses biens à Ver-le-Grand (1610), IV, 214.
HERVILLE (frère Michel de), prévôt de la Courneuve (1580), I, 577.
HERVILLE (de) (ou de LEUVILLE), seigneur de Puiseux au XVIe s., II, 320.
Hesdera. Voy. Yerres.
HESDIN [Pas-de-Calais, arr. de Montreuil]. Gouverneur. Voy. Joigny (Antoine de).
HESSELIN, maître d'hôtel du roi. Sa résidence à Chantemesle (XVIIe s.), IV, 268.
— (Catherine), femme de Guy de Cotte-Blanche (1531), V, 121.
— (Christophe), seigneur de Villepescle (XVIe s.), V, 121.

[HESSELIN] (Germaine), femme de Jean Bureau, I, 52.
— ou ESSELIN (Jean), bourgeois. Ses biens à St-Mandé (1276), II, 381.
— (Jean), seigneur de St-Mandé en 1391, II, 381.
— (Perrette), femme de Christophe Fourquaux. Dame de Villemoisson ; sa sépulture (1501) IV, 399.
HESSELIN DE GASCOURT (Jacques), seigneur de Villepesele (XVIe s.), V, 121.
HETILON, premier valet de chambre du roi Pépin. Sa guérison miraculeuse, I, 599-600.
HEUCH, secrétaire du Roi. Seigneur de Janvry (1738), III, 443.
HEUGOT ou HUGO (fief) sur la paroisse de Sannois, II, 43 ; — sur celle de St-Brice (1177), 163, 166.
HEUGOT (Adam), chevalier. Vend une île près de Bezons à l'abbaye de St-Denis (1214), II, 21. — Biens dont il doit hommage à la même abbaye, III, 68.
HEULLANT (Françoise de), femme de Jacques Mesmin. Dame de Villiers-le-Bâcle et de Presle (1622), III, 314.
HEUREUX (Jean l'), audiencier du Roi. Fondateur de chapelles aux Chartreux de Paris, I, 115.
HEURLES (Christine de), veuve de Claude Chahu. Fait ériger Passy en cure, I, 402, 404.
HEURTAULT (Jean), prieur de St-Victor, vicaire général de l'év. de Paris (1593), II, 575 ; III, 152.
HEURTEUR (Jean le), curé d'Eragny (1580), II, 111.
HEUTIF (Conrad), imprimeur. Son anniversaire à St-Victor de Paris, I, 341-2.
HEZ (Pierre de). Son fief du Plessis-Gassot saisi (1430), II, 248.
Hezecha, femme de Radulfus Delicatus. Sa sépulture, II, 109-10.
HIÉROGLYPHES. Monuments où l'on en remarque, I, 7, 221 ; II, 487 ; V, 321.
HIÉRONYMITES. Leur établissement projeté à St-Ouen, I, 574. — Installés au couvent des Bonshommes du bois de Vincennes (1584), II, 393.
HJERRE, Hierra. Voy. Yerres.
HILAIRE, doyen de la cathédrale de Paris (Xe s.), V, 5.
HILAIRE, doyen de St-Pierre-des-Fossés, II, 640.
Hilarus. Voy. Marcus Aurelius.
HILDÉANDE, femme de Baudoin Flamand. Ses biens à Montreuil-sous-Bois (XIIe s.), II, 398.

HILDEARDE, abbesse d'Yerres, V, 30, 223.
HILDEARDE, bienfaitrice de la cathédrale de Paris (XIIIe s.), III, 569.
Hildeardis, recluse de Ste-Geneviève de Paris, I, 242.
HILDEBERT, abbé de St-Maur (1006), II, 426-7, 640.
HILDEBRAND, év. de Seez. Lieux où il transporte le corps de Ste Opportune (IXe s.), I, 41, 42 ; II, 348.
HILDIARDE, femme de Vautier de Banueuls, III, 245.
HILDUIN, chancelier de Notre-Dame (1189), II, 291 ; IV, 21 (note), 30.
HILDUIN, abbé de St-Denis (IXe s.). Oratoire construit par lui à St-Denis, I, 496, 501. — Réforme dont il est l'auteur, I, 504, 505. — Actes relat. aux biens de son abbaye, I, 423, 567-8, 643 ; II, 45, 147, 188, 193, 194, 234, 238, 260, 287; IV, 261 ; V, 311. — Ses écrits cités, I, 209, 492, 510, 576.
HILDUIN Ier, abbé de St-Germain-des-Prés (IXe s.) [le même que le précéd.]. Actes de son administration, III, 161, 176, 534 ; IV, 20, 84.
HILDUIN II, abbé de St-Germain-des-Prés (856), V, 351.
HILDUIN (maître), témoin dans un acte, IV, 63.
HILLERIN (Jean), seigneur de Buc, III, 276.
HIMBERT (Jean), abbé d'Hiverneau (XVIe s.), V, 373.
HINCMAR, abbé de St-Maur (847), II, 385.
HINCMAR, moine de St-Denis puis archev. de Reims, I, 504, 505. — Assiste à l'assemblée de Bonneuil-sur-Marne (856), V, 26.
HINSELIN (Joseph), correcteur des Comptes. Seigneur des Ternes (1670) I, 429.
Hircus. Voy. Buccus.
HIRON (Adam), prieur de St-Jean de Corbeil (1362), IV, 285.
HIVERNAULT (prieuré d'), au diocèse de Bourges, V, 374.
HIVERNEAU ou IVERNEAU, Ivernalis ou Ivernale, lieu-dit de Lésigny où fut bâtie l'abbaye qui suit, V, 361, 365.
— (abbaye d') de Ivernali, de Hiverneto. Notice, V, 364-374. — Biens et cures à sa présentation, IV, 475, 476, 498, 629 ; V, 60, 62, 157, 160, 244, 249, 250, 296, 297, 327, 357, 361, 364. — Prieur. Voy. Vincent (Gilles). — Sépulture, V, 157.
— Traité entre cette abbaye et le curé de Lésigny, I'I, 74. — Ses ar-

17.

moiries, V, 363. Voy. Montéty (abbaye de).

HOCHET (Nicolas), écuyer. Seigneur en partie de Chauvry par sa femme Madeleine de Longueil (1597), II, 144.
— (Richard), valet de chambre de Louis de Graville. Seigneur de Bellejambe, III, 493.

HOCQUART [Jean-Hyacinthe], fermier général. Seigneur de Montfermeil (XVIIIᵉ s.), II, 544.
— (Nicolas), chantre de la cathéd. de Laon. Curé de Dugny (1490), II, 622.

HOCQUINCOURT (Charles de MONCHY de), maréchal de France, I, 575.

HODEARDE, femme d'Herbert d'Ablon (XIIᵉ s.), IV, 412.

HODENC, vicaire général de l'év. de Paris (1661), IV, 556.

HODIC ou de HODU (Pierre de), maître des Requêtes. Comte de Marly-la-Ville (1660), II, 328 ; III, 123.

HODIERNE, fille de Guillaume de Gometz, femme de Guy Iᵉʳ de Montlhéry. Fondatrice du prieuré de Longpont, III, 364, 407 ; IV, 88, 92, 93, 94, 95, 100, 208. — (fontaine de dame), IV, 88, 93, 100.

HODOARD (François), professeur en théologie. Chapelain de Ste-Geneviève de Lugny (XVIᵉ s.), V, 113.
— (Jacques), avocat du Roi à Sens. Seigneur de Lugny (XVIᵉ s.), V, 113.
— (Jean), seigneur de Moissy-l'Evèque, V, 109 ; — de Lugny, 113.
— (Pierre), clerc. Chapelain de Ste-Geneviève de Lugny (1558), V, 113.

Hodoini (Gurges), lieudit près de Valenton (1256), V. 30.

HOGGUE (Antoine), conseiller au Conseil Royal de Commerce de Suède. Seigneur de Presles, de Combreux et de Vignolles V, 309, 315.

HOIUS (André), professeur à Douai, II, 12.

HOLA, HOLLA ou HÉLU (Mathieu), partisan du duc de Bourgogne. Biens qu'il reçoit du roi d'Angleterre, I, 486 ; II, 282, 329.

HOLDÉARDE, femme de Burchard Cocherel. Bienfaitrice du prieuré de Longpont (XIIᵉ s.), IV, 82, 89.

HOLLA (Matthieu). Voy. Hola.

HOLLES : Houilles, II, 32, 33.

HOMBLONNIÈRES (Ranulf d'), év. de Paris. Actes de son épiscopat (1282-1286), I, 16, 519 ; II, 205, 508 ; III, 32, 37, 181, 369 ; IV, 6, 54, 55 ; V, 108, 114, 156.

HOME (Jean de), év. de Liège (1501), II, 312.

HOMMAGE rendu pour le roi, III, 123, 369.

HOMME libre devenu serf en épousant une serve, IV, 36.

HOMME vivant et mourant, II, 537.

HOMME ET FEMME *de corps* (mariage contracté entre). Sort des enfants à en provenir, III, 531, 568.

HOMME (Catherine du), femme de Guillaume Barthélemi. Fondatrice de l'hôpital des Veuves à Paris (1497), I, 67.
— (Jeanne du), femme de Henri Rousselin, I, 67.

HONGRE (Simon le), fermier de la Folie-Cornu (1506), II, 370.

HONGRIE (Clémence de). Voy. Clémence.
— (Robert de), possesseur du fief de St-Victor à l'Hay en 1580, IV, 42.

HONNORAT, curé d'Herblay (XVIIIᵉ s.), II, 86.

HONORIUS, nom d'homme. Origine de nom de lieu, IV, 230.

HONORIUS III, pape. Bulle relat. à l'abbaye de St-Denis (1217), IV, 470 ; — à l'abbaye de Ste-Geneviève (1218), II, 566 ; — à la chapelle St-Symphorien à Paris (1220), I, 250 ; — à l'abbaye de Livry (1221), II, 268, 348, 397, 542, 550, 566, 570, 642 ; IV, 503, 520 ; — à l'abbaye de Port-Royal [1224], III, 296.

HONVILLE (la) ou LAHONVILLE *Laon, Aovilla, Aunvilla* [Seine-et-Oise, ham. de Lardy], III, 478 et note ; IV, 187.
— (Aalis de la), femme de Bernard, chevalier. Sa sépulture (XIIIᵉ s.), IV, 187, 236, 238.
— (Guy de la), vassal de la châtellenie de Montlhéry (XIIIᵉ s.), IV, 104, 187.

HOPITAL, différent d'Hôtel-Dieu, I, 16. — Nom souvent donné aux fermes des commanderies de St-Jean, III, 273.

HOPITAL à Charenton-St-Maurice, II, 362 ; — à Chelles, II, 497-8 ; — à Chilly, IV, 67 ; — à Gometz, III, 412 ; —(militaire) à Herblay, II, 82 ; — à Montévrain, IV, 540 ; — à Roissy, II, 279 ; — à Versailles, III, 200. Voy. Hôtel-Dieu, Léproserie, Maison-Dieu, Maladrerie.

HOPITAL (l') [Seine-et-Oise, ferme des Loges-en-Josas], III, 273.

HOPITAL (la ferme de l'), ne dépendant d'aucune paroisse [Seine-et-Marne, ham. de Valenton]. *Notice,* V, 31-2.

HOPITAL (l'), fief situé à Châtres (1745), V, 306.

— (Adrien de l'), seigneur de Coubert et de Vitry. Fait prisonnier le duc d'Orléans (1488), V, 153.
— (Charles de l'), seigneur de Charenton-St-Maurice par sa femme, Jeanne L'Orfèvre (1546), II, 375.
— (François de l'), capitaine du pont de Charenton (XIVᵉ s.), II, 364.
— (François de l'), chambellan du duc d'Orléans. Ses biens à Châtres-en-Brie (1397), V, 306.
— (François de l'), seigneur de Cramayel. Dépossédé de ses biens pendant la domination anglaise (XVᵉ s.), V, 112.
— (François de l'), capitaine de Brie-Comte-Robert (XVᵉ s.), V, 267.
— (François de l'), seigneur de Coubert (1550-1570), V, 153.
— (Gabriel de l'). Sa sépulture (1709), IV, 359. — Son fils brigadier des armées du Roi, ibid.
— (Jean de l'), garde de la prévôté de Melun (1362), V, 298.
— (Jean de l'), II, 211. — Capitaine du pont de Charenton (1380), II, 364.
— (Jeanne de l'), veuve de Jean de Mardilly. Ses biens à Evry-en-Brie et à Liverdy (1391), V, 132, 300.
— (Louis de l'), frère d'Adrien. Seigneur de Nogent, Nandy et Vitry. Sa sépulture (1510), V, 151.
— (Louis de l'), fils de François. Seigneur de Coubert et de Soignolles (1580); gouverneur de Meaux (1593), V, 145, 153.
— (Madeleine de l'), fille du chancelier, femme de Robert Hurault, IV, 183, 412.
— (Marie de l'), fille de Jean et femme de Hutin Lestendart. Dame de Liverdy et de Coubert; sa sépulture (1524), V, 151, 153, 301.
— (Michel de l'), chancelier de France. Sa maison à Charonne, I, 480 ; — à St-Maur, II, 461. — Seigneur de Ver-le-Grand (1568), IV, 12. — Cité, IV, 413.
— (Nicolas de l'), fils de Louis II; dit le maréchal de Vitry. Seigneur de Coubert, V, 153-4. — Fonde les Minimes de Brie-Comte-Robert (1636), V, 270.
— (Paul HURAULT de l'). Voy. Hurault.
HOPITAL-VITRY (Madeleine de l'), dame de Galetas (Galluccio ?), femme de Charles d'O. Son épitaphe (XVIᵉ s.), II, 148.
HOQUINGAM (Jean), commissaire des Guerres. Seigneur d'un fief à Gif (1638), III, 386.

HORACE (vers d') au-dessus de la porte du château d'Ecouen, II, 185.
Horcor. Voy. Oroir.
Hoscellum, nom supposé de Houilles, II, 32.
HOSPITALIERS du Haut-Pas. Fondation de cet ordre en Italie, I, 154-5. — Voy. Paris (égl. St-Jacques-du-Haut-Pas).
HOSPITALIERS de St-Antoine-en-Viennois. Leur établissement à St-Antoine de Paris (XIVᵉ s.), I, 331.
HOSPITALIERS de St-Jean-de-Jérusalem. Voy. Corbeil (le Nouveau-), Paris (égl. St-Jean de Latran). Voy. aussi Malte (ordre de) et Prieuré (Grand-) de France.
HOSSCEL (bois de), mentionné au XIIIᵉ s., II, 77.
Hosseia. Voy. la Houssaye.
Hosseya, Housseya, étymologie de ces noms de lieux, III, 108, 109.
HOSTIE miraculeuse conservée à St-Jean-en-Grève, I, 88.
Hostisia, Hôtise. Sens de ce mot, III, 46.
HOSTON (Thomas de). Voy. Hauston.
HOTEL-AUX-PAYENS (l') ou la SALLE-MANDEGARDE ou la SALLE, fief assis à Fontenay-le-Vicomte, IV, 218.
HOTEL-DIEU à Brie-Comte-Robert, V, 261-2 ; — à Châtres, IV, 141 ; — à Corbeil, IV, 298-9 ; — à Gonesse, II, 262-6 ; — à Lagny, IV, 557-8 ; — à Louvres, II, 297, 300 ; — à Luzarches, II, 207 ; — à Montlhéry, IV, 115-6 ; — à Montmorency, I, 622 ; — à St-Sulpice de Favières, IV, 175 ; — à la Villeneuve-aux-Anes, II, 522.
HOTEL-DIEU (l'), ferme à Vélizy, III, 225.
HOTEL DU ROI (l') à Cachant, IV, 21 ; — à St-Mandé, II, 381.
HOTEL-ROUGE (fief de l') à Fontenay-sous-Bois (XVᵉ s.), II, 390-1, 561.
HOTELLERIES (les), pièce de terre à Coubert, V, 150.
HOTELS (noms des) donnés aux rues, I, 142.
HOTISE. Voy. Hostisia.
HOTMAN (François), conseiller du Roi. Seigneur de Fontenay-en-France et de Bertrantossez (XVIIᵉ s.), II, 242 ; — abbé de St-Médard de Soissons, 249.
— (Pierre), conseiller du Roi. Seigneur d'Ormesson (1543), I, 606.
HOUDAN [Seine-et-Oise, arr. de Mantes], III, 191.
HOUDANCOURT [Oise, arr. de Com-

piègne, cant. d'Estrées-St-Denis], II, 193.

HOUDART (Jean), fondateur d'une chapellenie à N.-D. de Paris, I, 405.

HOUDÉ (rue du) à St-Cloud, III, 29.

HOUDETOST (Charles de), fils de Jean, mestre-de-camp. Seigneur de Montfermeil, II, 544.

— (Jean de), seigneur de Montfermeil par son mariage avec Jacqueline l'Hoste (XVIIe s.), II, 544.

HOUDRE ou la MAISON-PONCEAU, lieu-dit d'Etiolles (XVIIIe s.), V, 77.

HOUELLE (Madeleine), dame d'Herblay. Epouse de Jean de Boisseret et en secondes noces de Jean Bochard, II, 85.

HOUILLARD, seigneur de Mareil. Sa demeure à Grandchamp, III, 146.

HOUILLE, fausse étymologie du nom de lieu Houilles. Sa découverte vers 1200, II, 31.

HOUILLES, Holles, *Houlliis (ecclesia de)*, paroisse du doyenné de Montmorency [Seine-et-Oise, arr. de Versailles, cant. d'Argenteuil]. *Notice*, II, 31-4. — Autres mentions, II, 46 ; III, 111.

— Lieu-dit : Dine-Chiens (croix des)

HOUISIER (Gui), curé de St-Merry (XVIIe s.), I, 171.

HOULBRAN, Houlebran [Seine-et-Oise, ham. de Choisel], III, 417.

HOULETTE (étymologie du mot), II, 32.

Houlliis (ecclesia de) : Houilles, II, 33.

HOUPELANDE (Guillaume), curé de St-Séverin, et écrivain (XVe s.), I, 112.

HOUSSAY (le) *Hosseya, Hosseyum, Houceya, Huxeium*, le Houssai, le Houssé, ancien nom du ham. de St-Michel, paroisse de Louveciennes ou de Bougival, III, 83, 109.

— (Jean du), reclus du Mont-Valérien, dit aussi Jean de Chaillot, I, 419 ; III, 83, 84, 85.

HOUSSAYE (la), *Hosseta*, paroisse du doyenné du Vieux-Corbeil [Seine-et-Marne, arr. de Coulommiers, cant. de Rozoy]. *Notice*, V, 334-338. — Château, II, 245. — Seigneur, V, 248.

HOUSSAYE (le), Housset (le) [Seine-et-Oise, ham. de Marcoussis], III, 492, 493, 496.

HOUSSAYE (la), lieu-dit de Châtenay [?] (XIIIe s.), III, 542

HOUSSET (Claude), conseiller du Roi. Seigneur de Ménilmontant (1660), II, 656.

HOUSSIÈRE (Michel de la), prieur de St-Eloy de Paris (XVe s.), I, 313.

HOUX, *acrifolium* ou *aquifolium*. Origine de noms de lieu, V, 334.

HOUZÉ (Antoine), administrateur de l'hôtel-Dieu de Louvres (1474), II, 300.

Hturnum : Tour, I, 650.

HUAULT (famille). Sa sépulture, I, 587.

— (Alexandre), seigneur de Glatigny (XVIIe s.), III, 209.

— (Charles), maitre des Requêtes. Seigneur de Montmagny, I, 587.

— (Guillaume), fils de Jacques II, correcteur des Comptes. Seigneur de Montreuil-sous-Bois (1543), II, 399.

— (Jacques), seigneur de Montreuil-sous-Bois (XVe s.), II, 399.

— (Jacques), fils du précéd. Seigneur de Montreuil-sous-Bois, II, 399 ; — de Vaires par son mariage (1519), II, 504.

— (Jean), fils de Jacques ; conseiller au Parlement. Seigneur de Vaires (1580), II, 504.

— (Louis), fils de Pierre. Seigneur de Montmagny ; mort en 1576, I, 587.

— (Louis), conseiller au Grand Conseil. Seigneur de Montmagny (1641), I, 588 ; — du Mesnil-Aubry (1643), II, 245.

— (Pierre), fils de Jacques I. Seigneur de Montmagny ; sa sépulture (1532), I, 587. — Seigneur de Montreuil-sous-Bois, II, 399.

— (Renée), femme de Louis du Tronchet (1670), II, 504.

HUAULT (dame) veuve de X... de Beauvais. Sa maison au Martray près Cormeilles, II, 54.

HUBANT ou de HUBENT (Jean de), président aux Enquêtes. Fondateur d'une chapelle à Ste-Geneviève de Paris, I, 237.

— (collège de). Voy. Paris.

HUBERT, abbé de Bourgueil (1230), III, 301.

HUBERT, abbé de St Germain-des-Prés, mort vers 1070, I, 263.

HUBERT [Barbette] (maitre), procureur de la confrérie de la marchandise de l'Eau, à Paris (1245), I, 216.

— (Noël), prieur de Pomponne (1367), II, 506.

HUCBOLD, professeur des écoles de Ste-Geneviève (XIIe s.), I, 232-3.

HUE (Guillaume), curé d'Igny (1680), III, 529.

— (Jean), curé de St-André-des-Arts (XVe s.), I, 288.

HUÊTRE ou HUITRE [Loiret, arr. d'Orléans] (1057), IV, 202.

HUGENOT, avocat au Conseil. Sa maison à Houdre (XVIIIe s.), V, 77.

— 261 —

Hugo canis. Voy. Hugues le Chien.
Hugo Lupus ou Lupi, Huc Leu, chevalier (XIIe s.). Son nom donné à une rue de Paris, I, 187. Voy. Loup (Hugues le).
HUGONIS (Jean), chanoine de Paris (1420), I, 165.
HUGUENAT DE MARNAY, seigneurs de St-Denis-du-Port (1651), IV, 542.
HUGUENIN (Jean). Ses vignes à Arcueil, IV, 16.
HUGUENOT (miracle sur un), III, 74.
HUGUENOTS, II, 177. — Leurs ravages, I, 257, 499; II, 14, 32, 205; III, 23, 263, 360; IV, 97, 216; V, 13. Voy. Protestants.
HUGUES, abbé de Marmoutiers (1226), IV, 411.
HUGUES, abbé de St-Denis (XIIe s.), II, 4; III, 57.
HUGUES, abbé de St-Germain-des-Prés (XIIe s.), III, 581; V, 30, 38.
HUGUES de Mediolano (de Milan ou plutôt de Montmeillan), abbé de St-Denis et ancien prieur d'Argenteuil (XIIe s.), II, 4, 343-4.
HUGUES, abbé de Savigny, puis des Vaux-de-Cernay (1145), III, 423.
HUGUES, abbé des Vaux-de-Cernay, élu en 1413. Son lieu de naissance, III, 290.
HUGUES, chanoine de Poissy. Bienfaiteur de la maison-Dieu de St-Germain-en-Laye, III, 143.
HUGUES, comte [de Meulan ?], I, 189.
HUGUES, clerc de Robert II, comte de Dreux (1195), IV, 64.
HUGUES, écuyer de Philippe-Auguste, I, 125.
HUGUES, fils d'Albert, seigneur de Moussy-le-Neuf (XIe s.), II, 350.
HUGUES, fils d'Ansold Harpin. Bienfaiteur du prieuré de Longpont, IV, 129.
HUGUES, fils de Galeran Payen. Bienfaiteur et religieux du prieuré de Longpont, IV, 239.
HUGUES, fils de Garnier. Ses biens à Atteinville, II, 192. — Bienfaiteur de l'Abbaye d'Yerres (XIIe s.), V, 205.
HUGUES, fils de Guy d'Aunay. Se fait religieux à Ste-Geneviève de Paris, IV, 222.
HUGUES, maire de Luzarches. Bienfaiteur de l'abbaye de Chaalis (XIIe s.), II, 324.
HUGUES, mari de Haïlde la Riche, IV, 8.
HUGUES, moine de Palaiseau (XIIe s), III, 330.
HUGUES, prieur d'Argenteuil. Voy. Hugues de Mediolano.
HUGUES, prieur de St-Martin-des-Champs (XIIe s), II, 649; IV, 624.
HUGUES, vidame de Chartres. Actes relat. à la Houssaye (1228), V, 323, 336.
HUGUES. Vend à l'abbaye de St-Denis des biens à Dugny (1212), II, 623.
HUGUES. Voy. Doda.
HUGUES le Blanc ou le Grand, I, 174. — Abbé de St-Germain-des-Prés; aliène Palaiseau (950), III, 328. — Comte de Paris (936), IV, 117. — Duc de France; dispose des seigneuries de Corbeil et de Gournay, IV, 272, 614; — s'empare de Combs-la-Ville, V, 177.
HUGUES Capet, fils du précéd., comte de Paris puis roi de France. Agrandit l'égl. St-Barthélemy, I, 174. — Défend Paris contre l'empereur Othon, I, 442. - Ses biens à Argenteuil, II, 3; — à Combs-la-Ville, V, 177. — Réunit Gonesse au Domaine, II, 266. — Biens qu'il donne à l'abbaye de St-Magloire, I, 466, 470; III, 583; IV, 379, 383; — à l'abbaye de St-Maur (988), II, 428; V, 3, 5, 6. — Serment qu'il prête de protéger les possessions de l'abbaye de Ste-Geneviève, III, 6. — Lieux où son anniversaire est célébré, IV, 360, 383; V, 6.
HUGUES le Chien, Hugo Canis, chanoine de St-Jean-le-Rond (1221), IV, 222, 223, 227.
HUGUES (Emery de), seigneur de Bussy-St-Martin (XVe s.), IV, 580.
HUGUIER, imprimeur à Paris, I, 640.
HUISSOUS ou HUIT-SOUS, mauvaise orthographe de Wissous, IV, 52.
HUITRE. Voy. Huêtre.
HULE, HULL. Sens de ces mots, II, 31, 32.
Hulom, lieu-dit, III, 29. Voy. Hale (la).
HUMIÈRES (Louise d'), femme de Guillaume de Balzac, III, 485.
HUMILITÉ NOTRE-DAME (monastère de l'), nom primitif de l'abbaye de Longchamp, I, 398.
— (prieuré de l'), nom donné au prieuré d'Argenteuil, II, 9.
HUNIÈRE (la), lieu-dit de Palaiseau, III, 332.
HUON (Jean), religieux du Val, desservant de la cure de Croissy-sur-Seine (XVIe s.), II, 27.
HURAULT (Catherine), femme de Jean Poncher. Ses droits sur la seigneurie de Limours, III, 434.
— (François), fils de Robert. Seigneur de Bonnes, IV, 182.
— (Françoise), femme d'Amos du Tixier. Dame de Briis et de Maisons, III, 446, 448-9.

— (Jacqueline), femme de François Robert. Dame de Villemenon (1575), V, 254.
— (Jean), président de la Cour des Aides. Sa sépulture (1505), I, 219.
— (Louis), fils de Philippe. Seigneur de Gometz-le-Châtel (1620), III, 408 ; — de Limours. Obtient l'érection de cette terre en comté (1607), III, 435.
— (Nicolas), conseiller au Parlement. Seigneur de Juvisy (XVIe s.), IV, 412.
— (Paul). Voy. Hurault de l'Hôpital.
— (Philippe), ancien doyen de St-Germain-l'Auxerrois. Ev. de Chartres, I, 33.
— (Philippe). Voy. Hurault de Cheverny.
— (Robert), chevalier. Seigneur de Belébat et de Ver-le-Grand, IV, 182, 212 ; — conseiller au Grand Conseil. Seigneur de Juvisy (1554), IV, 412.
HURAULT DE CHEVERNY (Madeleine), abbesse de Gif (1669 à 1675), III, 390.
— (Philippe), chancelier de France. Seigneur de Charenton-St-Maurice par sa femme, Anne de Thou ; sa sépulture (1599), II, 375. — Prieur commandataire des Bonshommes du bois de Vincennes, II, 393. — Seigneur de Limours, III, 435.
HURAULT DE L'HOPITAL (Paul), archev. d'Aix, I, 327, 337 ; IV, 279.
HUREAU (Jeanne), femme d'Antoine le Fèvre (XVIIe s.), V, 278.
HUREPOIX (le), Héripois, IV, 223.
HURFRÈDE, religieux de St-Vandrille, envoyé à Aupec, III, 128.
HUSSON (Louis de), comte de Tonnerre. Sa sépulture, II, 437.
HUTIN (Lambert), seigneur d'Amboile et de Champecins. Son épitaphe (1456), IV, 481.
Huxeium, étymologie, III, 108.
Hybernagium, sens de ce mot, III, 524.
HYDROPIQUES (hôpital pour les), IV, 154.

I changé en J, IV, 72. — (point sur l') non en usage autrefois, I, 456.
Idcina villa : Ezanville, II, 180-1.
IDOINE, *Idonea*. Voy. Garlande (Guillaume IV de).
Idonea, femme d'Adam de Domont. Bienfaitrice de l'abbaye du Val (1205), II, 156.
Idonea, femme de Lambert, fauconnier (1234), II, 537 ; IV, 587.
IGNACE de Jésus-Maria (le père SAMSON, carme déchaux, en religion). Ouvrages de lui cités, I, 614 ; II, 435.
Igniacum : Igny, III, 527.
Ignis Sacer : le mal des Ardents, I, 10.
IGNY. Localités de ce nom en France, III, 527.
IGNY, *Igniacum*, *Joviniacum* (?), Ini, Igni, paroisse du doyenné de Châteaufort [Seine-et-Oise, arr. de Versailles, cant. de Palaiseau]. *Notice*, III, 527-530. — Curé. Voy. Andri
— Seigneur. Sa maison à Paris (XIIIe s.), I, 353 (note 8). — Seigneurie ; sa mouvance, III, 373.
— Lieux-dits : Gommonvilliers, Morte-eau, Versoir (le).
— (Garin ou Guérin d'). Dîme qu'il vend à l'abbaye d'Yerres (1212), III, 529 ; V, 133.
— (Pierre d'), prêtre. Ses biens à Wissous (1280), IV, 55.
— (rue au seigneur d'). Voy. Paris.
IGNY [Marne, arr. d'Epernay, cant. de Dormans]. Abbaye. Voy. Nicolas.
ILE-AUX-PAVEURS (l'), lieu-dit d'Etiolles, V, 77.
ILE-DE-FRANCE (gouverneurs de l'). Voy. Jouvenel (Christophe), Villequier (René de). — (prévôt général de l'). Voy. Francine.
ILE-L'EVÊQUE (l'), dans la Marne, près de St-Maur, II, 461.
ILE-SAINT-DENIS (l'), anciennement appelée île du Chastelier, paroisse du doyenné de Montmorency [Seine, cant. de St-Denis]. *Notice*, I, 564-567.
ILES flottantes près des Vaux-de-Cernay, III, 424, 425.
ILLIERS (les Hayes d'). Voy. Hayes (les).

— (Jacques d'), baron de Chantemerle. Seigneur de Marcoussis par sa femme Catherine-Charlotte de Balzac, III, 485.
— (René d'), seigneur de Gometz, de Marcoussis et de Nozay par sa femme Jeanne de Graville (XVIe s.), III, 408, 485, 502.
ILLIERS DE BALZAC D'ENTRAGUES (Jean *corr*. Léon d') fils du précéd. Seigneur de Marcoussis, III, 485.
— (Louise-Jeanne d'), femme du marquis de Rieux. Dame de Marcoussis et de Nozay (XVIIIe s.), III, 485, 502.
Il Padelt, devise qui se lit au château et au couvent des Célestins de Marcoussis. Son interprétation, III, 486, 488-9.
IMBERT, év. de Paris. Acte relat. à St-Germain-l'Auxerrois (1030), I, 25, 42. — Egl. ou abbayes qu'il reçoit d'Henri Ier (1050), I, 100, 108, 132, 139, 140, 141 ; III, 133. — Ses donations à l'abbaye de Coulombs (1060), III, 133, 147 ; — à l'abbaye de St-Germain-des-Prés (1045), V, 37 ; — à l'abbaye des Fossés (1040), IV, 284 ; — au chapitre de N.-D. (1030), III, 179. — Egl. qu'il dédie (1030), II, 428. — Autres mentions, I, 123, 189 ; IV, 201, 202.
IMPRIMEURS enterrés dans l'égl. St-Benoît, I, 138.
Impromptu. En faveur au château de Sceaux, III, 551.
INCADE ou INCHAD, év. de Paris. Ses donations au Chapitre de Notre-Dame et à l'Hôtel-Dieu (829), I, 15, 17 ; III, 217, 219, 224 ; IV, 32, 40. — Privilège qu'il accorde aux religieux de St-Denis, I, 505. — Village qui a conservé son nom, III, 217.
INCENDIE à N.-D. causé par un voleur (1218), I, 11. — Eteint par la crosse de S. Erembert, III, 130.
INCENDIES. Moyens magiques employés pour en préserver la Cité, I, 179.
INCHAD. Voy. Incade.
INDES (Compagnie des). Directeur. Voy. Dumas (Benoît).
Indictum, origine du mot Landit, I, 537.
INDRE ou AINDRE [Loire-Inférieure, arr. et cant. de Nantes]. Monastère fondé par S. Herbland (Voy. ce mot).
Inethe, *In Æthe*, nom de lieu mentionné par Fortunat. Identifications proposées, III, 345, 346 ; V, 107.

INGELBERT. Voy. Engelbert.
INGELRAN, fils de Guibert de Taverny, II, 64.
INGELVIN ou ENGELVIN, év. de Paris. Biens qu'il donne à l'égl. de St-Marcel, I, 122 — Obtient de Louis le Bègue l'abbaye de St-Eloi de Paris et ses dépendances, I, 307 ; IV, 5.
INGENVILLE (Hugues d'). Mentionné (vers 1093), IV, 332.
INGOBERT, lecteur de St-Germain-l'Auxerrois (VIIe s.), I, 24.
INGON, abbé de St-Germain-des-Prés, I, 266.
INI. Voy. Igny.
INNOCENT II, pape. Acte relat. à St-Paul de Lagny (1132), IV, 552 ; — à St-Eloi de Paris (1136), I, 309, 315, 317, 322 ; — aux biens de l'abbaye de St-Maur-des-Fossés (1136), II, 456, 458, 477, 640 ; IV, 136, 284, 325, 641 ; V, 5, 276, 320, 352, 387 ; — à l'abbesse de Montmartre (1137), I, 444 ; — aux biens de l'évêché de Paris (1137 ou 1138), V, 408, 409, 410, 420, 425 ; — aux biens de St-Martin-des-Champs (1142), I, 197, 409 ; II, 58, 105, 110, 155, 238, 299, 316, 350, 361, 565, 582, 585, 625, 642, 648 ; III, 245 ; IV, 14, 31, 452, 469 ; — à l'abbaye de St-Victor, I, 339 ; — à la cure de Deuil, I, 602. — Son séjour à St-Denis, I, 509.
INNOCENT III, pape. Acte relat. à Villepreux (1203), III, 183 ; — à l'hôtel-Dieu de Brie-Comte-Robert (1207), V, 261 ; — à l'abbaye de Chelles (1208), II, 493 ; — aux biens de l'abbaye de Bourgueil (1208), III, 301, 330, 364, 433 ; — à l'égl. de Lisses (1216), IV, 317 ; — aux biens de l'abbaye de St-Denis (1217), II, 17 ; — à la cure de la Courneuve, I, 577 ; — aux biens de l'abbaye de Ste-Geneviève, II, 553, 556. — Reliques qu'il donne à l'abbaye de St-Denis (1215), I, 500.
INNOCENT IV, pape. Acte relat. au prieuré de Villepreux, III, 181.
INNOCENT VI, pape. Bulle relat. à la contrérie du Blanc-Mesnil (1356), II, 627 ; — à une chapelle de Chateaufort, III, 300.
INNOCENTS (massacre des), I, 9.
Insula, qualification donnée au bois de Vincennes (1182), II, 409 ; — à la presqu'île de la Marne, 418.
Insula (Adam *de*). Voy. Isle (Adam de l').
INVALIDES. Leur premier établissement à Bicêtre, IV, 12. — (hôpipital destiné aux soldats), I, 157.

— 264 —

Investituræ. Obligations qu'elles comprenaient, IV, 48.
INVILLIERS, *Unvillare*, Ainvilliers, Hainvilliers, Onvilliers [Seine-et-Oise, ham. de Briis-sous-Forges], III, 388, 444, 445, 447, 451 (note).
IOLANDE, femme de Robert de la Roche, II, 99.
IOLENDE, fille de Pierre Mauclerc, duc de Bretagne. Apporte en dot à son mari Hugues de Lusignan les terres de Chailly et de Longjumeau, IV, 64.
Iosedum. Voy. *Gesedum*.
Iotrum, forme contractée de *Diodurum* (Voy. ce mot).
IRLANDE (évêque d'). Voy. O'Molony.
IRMINON, abbé de St-Germain-des-Prés (IXᵉ s.), III, 105, 161.
Irrya. Voy. Yerres.
IRVAL (seigneur d'), II, 283.
ISABEAU DE BAVIÈRE, reine de France. Assiste à des conférences tenues à Montlhéry en vue de la paix, IV, 106. — Biens que lui donne le roi d'Angleterre, IV, 16; V, 267. — Son hôtel à St-Ouen, I, 573; — à Bagnolet, II, 657; — à Vaux-la-Reine, V, 121, 183, 184.— Ses séjours à St-Germain, III, 137-8; — à l'Hay, IV, 43; — à Corbeil, IV, 306. — Bienfaitrice de l'abbaye de Jarcy, V, 184; — des hôtels-Dieu de Gonesse et de Brie-Comte-Robert, II, 264; V, 262. — Sa mort prédite par un astrologue, III, 52. — Sa statue aux Célestins de Marcoussis, III, 488. — Son confesseur, I, 318.
[ISABEAU, bourgeoise de Neaufle au XIIIᵉ s. Sa sépulture, III, 352.
ISABEAU. Voy. Gentilly (Gui de).
ISABEAU, femme d'Adam de Blemur, II, 168.
ISABEAU, femme d'Odon de la Queue, II, 145.
ISABELLE, fille du roi Philippe le Bel. Son mariage avec Édouard II, roi d'Angleterre, IV, 258.
ISABELLE, femme de Gautier d'Aunay. Bienfaitrice de l'abbaye de St-Antoine de Paris (XIIIᵉ s.), II, 606.
ISABELLE, femme de Jean de Beaumont (1237), II, 560.
ISABELLE, femme d'Amaury le Be', II, 162.
ISABELLE, femme de Mathieu de Buisson. Bienfaiteur du prieuré du Cormier (1220), IV, 502-3, 603.
ISABELLE, femme de Jean *de Glesiis* (XIIIᵉ s.), III, 508.
ISABELLE, femme de Hugues de Limeil (1235), V, 33.

ISABELLE, femme de Jean *de Villa Escopblen* (XIIIᵉ s.), III, 225.
ISABELLE, prieure de la Saussaye (1349), IV, 37.
ISABELLE, sœur de S. Louis. Fonde l'abbaye de Longchamps; y est inhumée, I, 397-8, 399-400, 401; II, 173; III, 115.
Isciacus. Voy. Issy.
Iscima, Iscuina : Essonnes, IV, 261 (note).
Iscol, Ischal, Iscum. Sens de ces mots, étymologies de noms de lieu, III, 4.
ISCY. Voy. Issy.
ISEMBARD, abbé de St-Maur-des-Fossés (XIIᵉ s.), II, 478, 506, 553; IV, 222, 317, 643; V, 21.
ISEMBARD, curé de Deuil (IXᵉ s.), I, 600.
ISEMBARD, doyen de Montreuil (1218), II, 396.
ISEMBARD, grand-maître des Templiers (1222), IV, 317.
ISEMBARD, prieur de St-Éloi de Paris (XIIᵉ s.), I, 310, 311; IV, 48; V, 331.
ISEMBARE (Augustin), bourgeois de Paris. Église qu'il fait dédier à ses frais (1425), I, 344.
ISEMBERT, chevalier. Religieux et bienfaiteur du prieuré de Marcoussis (XIIIᵉ s.), III, 483.
ISEMBURGE, reine, femme de Philippe Auguste. Se retire à Corbeil, ville de son douaire (1223); y fonde le prieuré de St-Jean-en-l'Ile, IV, 292, 302. — Son testament, IV, 76. — Son épitaphe, IV, 293. — Mentionnée, V, 63.
ISIS (la déesse). Sa prétendue statue à St-Germain-des-Prés, I, 269. — Son temple à Issy, III, 3-4, 11. — (dissertation sur une tête d') citée, III, 579 (note 1).
ISLE (André Guillard, sieur de l'). Voy. Guillard.
ISLE (fief de l'). Voy. Gennevilliers.
ISLE (de l'). Voy. Delisle.
ISLE (Adam de l') *de Insula*, seigneur de l'Isle-Adam (1195). Ses droits sur Auvers, II, 130. — Confirme une donation, II, 143.
— (Anseau de l') et Eve, sa femme (1192), V, 323. — Bienfaiteur de l'abbaye du Val, II, 132, 133.
— (François de l'), sieur de Marivault. Seigneur de la Roue en Linas (1657), IV, 126.
— (Hardoin de l'), chevalier de Marivault. Seigneur de la Roue en Linas, IV, 126.
— (Jean de l'). Biens que lui donne le roi d'Angleterre à la Courneuve, I, 578.

— 265 —

ISLE-ADAM (l') [Seine-et-Oise, arr. de Pontoise, ch.-l. de cant.]. Prieuré, I, 193 ; II, 139. — Seigneur, II, 179. Voy. Villiers.
— (Jeanne de l'), femme de Mathieu III de Marly III, 122.
— (X .. de l'), seigneur de Villacoublay, III, 226.
ISLE-ROUHET (de l'). Sauve la vie à Henri IV au pont de Neuilly (1606), I, 434
Ismenias ou *Ismenius*, poète, I, 512.
ISNE *(Galberius de)*, vassal de Montlhéry, IV, 103.
ISOIRE ou ISORÉ, géant fabuleux. Lieu qui en aurait retenu le nom, I, 145
ISORÉ (Guillaume), curé de Villetaneuse (1546), I, 591.
ISQUES [Pas-de-Calais, arr. de Boulogne], III, 3.
ISRAEL [Silvestre], graveur. *Vue* du château de Lésigny, V, 359.
ISSÉ [Loire-Inférieure, arr. de Châteaubriand], III, 3.
Issiacus. Voy. Issy.
ISSOU [Seine-et-Oise, arr. de Mantes], IV, 52.
ISSY, *Isciacus, Issiacus, fiscus Isciacersis, villa Issii, potestas Isiaca* ou *Issiaci, Cyssiacum*, Iscy [Seine, ch.-l. de cant.], paroisse du doyenné de Châteaufort. *Notice*, III, 3-12.
— Autres mentions, I, 100, 146, 269-70, 271, 483, 484 ; II, 372 ; III, 227, 240, 580 ; IV, 22.
— Abbaye de bénédictines, cédée aux prêtres de S. François de Sales, I, 261 ; III, 13.
— (doyenné d'), III, 120.
— Lieux-dits : Challon, *Fons Bruiandi*, Fontaine-St-Vincent (la), Louviers (fief), Port-Hémery, Rosiers (fief des), Vivier (le).
— (Agnès d'), abbesse de Longchamps, III, 11.
— (Amaury d') ou de MEUDON, seigneur d'Issy, de Meudon et de Sèvres en partie, III, 8, 16, 232. — Ses biens à Vanves (1228), III, 583.
— (Ferric d'). Assiste au siège de Toulouse (1211), III, 8.
— (Guillaume d'), mentionné en 1270, III, 8.
— (Guillaume d'), *de Issiaco*, doyen d'Orléans puis év. d'Arras, III, 11.
— (Hugues d'), prieur de la Celle puis abbé de St-Germain-des-Prés (1247), I, 279 ; III, 11.
— (Jean d'). Nom porté par plusieurs personnages, III, 8, 577. — L'un d'eux dit Jean-Thibaud, III, 8, 537.
— (maître Robert d'). Son nom donné à une terre près St-Cloud, III-11.
ISSY-L'EVÊQUE [Saône-et-Loire, arr. d'Autun], III, 3.
Iticiniscoam, Iticinoscoam, village mentionné en 632. Conjectures sur ce lieu, II, 181-2.
ITTEVILLE [Seine-et-Oise, arr. d'Etampes, cant. de la Ferté-Alais], V, 40.
IVELINE (forêt d'), *Aquilina sylva*, mentionnée en 768 et en 774. Son étendue ; localités qui y étaient comprises, II, 2, 424 ; III, 132, 147, 165, 178, 210, 271, 287, 341, 354, 403, 437, 438, 444, 445, 465, 476, 498, 503, 506 ; IV, 99, 126, 127, 133.
Ivellacius, vassal de Montlhéry pour ses biens à Bagneux et à Bièvre (XIIIe s.), III, 257, 570.
Ivernalis (mons) Ivernale. Voy. Hiverneau.
IVERNEAU. Voy. Hiverneau.
IVES, abbé de St-Denis. Son procès contre Guy de Chevreuse (1172), III, 367.
IVETTE, rivière quelquefois confondue avec le Rodon, son affluent, III, 324, 332, 337, 339, 342, 348, 355, 361, 363, 373, 379, 384, 389, 394, 507, 515, 517 ; IV, 73, 83, 86, 132.
IVETTE, *Æquata*, Ivethe, Ivete [Seine-et-Oise, ham. de Lévy-Saint-Nom]. Prieuré. *Notice*, III, 345-348.
IVRY [Eure, arr. d'Evreux]. Hôpital fondé par Hildeburge de Galardon (XIe s), II, 102
— (bataille d'), III, 329, 490.
IVRY, *Ivriacum* ou *Yvriacum*, paroisse du doyenné de Montlhéry [Seine, cant. de Villejuif]. *Notice*, IV, 456-463.
— Habitants, exemptés du droit de prise (1374), I, 579 ; IV, 53. — Autres mentions, IV, 13, 25, 118.
— Lieux-dits : Millepas, *Mons Mirabilis*, Montauban (champ de), Port à l'Anglais (le), Noues (les), Orme d'Ivry (l'), Pré-Juré (le), St-Frambourg.
— (Jean d'), chevalier. Son fief à Nanterre, III, 78.
— [corr. d'EVRY] (BRUNET d'), prieur commandataire de Longpont, IV, 97.
— (baron d'). Voy. Estouteville (Jacques d'), Saye (de).

J changé en G, IV, 72.
J., prieur de St-Eloi de Paris (1259), I, 311.
J., dame de Lisses (XIIIᵉ s.), III, 471.
JAAGNY. Voy. Jaigny.
JACOB (le P. Louis). Ses rapports avec le roi d'Ethiopie, Gaza Christ, III, 102.
JACOB, officier du Roi. Son château à Epluches, II, 115.
JACOBINS. Desservant la cure de Torfou en 1578, IV, 189. Voy. Paris (couv.). — Réformés, à l'hôpital de Gonesse, II, 265.
JACON (Pierre), seigneur de Vaux-la-Reine (1474), V, 185.
JACQUELINE, belle-sœur de Barthélemi Teitran. Ses exécuteurs testamentaires (XIIIᵉ s.), II, 652.
JACQUELOT (Edme), seigneur de Nainvilliers et de Valpetit. Sa sépulture (1590), IV, 216, 217.
JACQUEMIN, archiviste des Hospitaliers de St-Jean, I, 148.
JACQUERIE (la). Ses ravages, I, 626.
JACQUES, archiprêtre de St-Severin, (1260), I, 100.
JACQUES, év. de Calcédoine. Voy. Aymery (Jacques).
JACQUES Iᵉʳ, roi d'Aragon. Son entrevue avec Louis IX à Corbeil (1262), IV, 303.
JACQUES II, roi d'Angleterre. Fait élever de jeunes nobles anglais au séminaire de Nanterre, III, 77. — Sa retraite et sa mort au château de St-Germain, III, 140. — Son cœur conservé à l'égl. de la Visitation, de Chaillot, I, 417.
JACQUES (Philippe), greffier en chef et protonotaire du Parlement. Seigneur de Vitry-sur-Seine ; mort en 1688, IV, 454.
JACQUES de Marly, chantre de l'égl. de Cambrai. Son lieu de naissance. Voy. Marly [Nord].
JACQUES (frère) de Lyon. Prieur-curé de St-Paul à St-Remy-lez-Chevreuse (1551), III, 380.
JACQUIER (François), seigneur de Bobigny (XVIIIᵉ s.), II, 638.
— [Hugues-François], capitaine de cavalerie. Seigneur de Bobigny ; sa mort en 1744, II, 638.
JACQUIER DE VIEU-MAISON [Philippe-Guillaume], conseiller au Parlement. Seigneur de Bobigny (XVIIIᵉ s.), II, 638 ; — de Belleassise, IV, 527.
JAGNY ou JAIGNY, Joviniacum, Joviniacum, Chahengneium, Chaignay [Seine-et-Oise, ham. de Chevreuse], dépendant autrefois de St-Forget, II, 231 ; III, 361-2, 386. — Compris dans le duché de Chevreuse (1692), III, 373.
JAGNY ou JAIGNY, Johanniacum, Gehenniacum, Jehenniacum, Jehengniacum, Johangniacum, Jahaniacum, Gehenni, Jaigniacum. Jahenni, paroisse du doyenné de Montmorency [Seine-et-Oise, arr. de Pontoise, cant. de Luzarches]. Notice. II, 228-31. — Habit. admis à la léproserie de Luzarches, II, 207.
— (Geoffroy de), vassal de l'év. de Paris (XIIIᵉ s.), IV, 5. — Lui vend son manoir de Gentilly, IV, 6.
— (Guillaume de). Hommage qu'il rend à l'év. de Paris (1271), II, 230.
— (Henri de), chevalier. Bienfaiteur du prieuré de Domont (1134), II, 155.
— (Henri de) appelé Soltanus de Johanniaco. Cède à l'abbaye de St-Denis ses biens à Garges (1227), II, 230, 254.
— (Henri de), de Joheignaco (XIIIᵉ s.), II, 230.
— (Henri de), de Gehenni, vassal de la châtellenie de Paris, II, 230.
— (Jean de), écuyer, fils de Guillaume. Hommage qu'il rend à l'év. de Paris (1278), II, 230.
— (Pierre de), seigneur de ce lieu (XIIIᵉ s.), II, 230.
— (Soltan de), de Jehanny, chevalier (XIIIᵉ s.), II, 280, 281. Voy. Jagny (Henri de).
Jahaniacum, Jahenni. Voy. Jagny.
Jaigniacum, Jaigny. Voy. Jagny.
JAILLOT. Rectifié, IV, 364.
JALANGES (sieur de). Voy. Bouillon (Michel).
JALIGNY [Allier, arr. de La Palisse, ch.-l. de cant.]. Acte royal daté de ce lieu (1541), II, 283.
JALLERY (Jean), curé de Villeneuve-St-Georges. Ses ouvrages, V, 41.
JAMART (Antoine de), seigneur de Montigny (1651), III, 314.
— (Claude de), seigneur de St-Marc et de Villiers-le-Bâcle, III, 314.
— (Jean-Marc de), seigneur de St-Marc et de Villiers-le-Bâcle ; mort en 1607, III, 314.
JAMBEUSE (chapelle de). Voy. Beuze (Jean).
JAMELIN (Jean), appelé par erreur Tamelin. Abbé de St-Magloire de Paris (XVᵉ s.), I, 183.
JAMINET (Nicolas), chanoine de St-Maur (1661), II, 435.
JANICOT (dom Juste), chartreux.

Prend possession du prieuré de Saulx (1675), III, 510.
Jancurtium, mauvaise latinisation de Guyancourt, III, 279.
Jancurtium. Voy. Yencourt.
JANNON (Hugues), obédiencier de St-Jean de Lyon. Donne une relique à St-Sulpice de Paris, III, 89.
JANNY : Jaigny, II, 207.
JANSON (de), seigneur de Cormeilles, II, 50.
JANUS (figure de), IV, 20.
Janveriacum. Voy. Janvry.
JANVERIES, Janvery : Janvry, IV, 127.
JANVIER (Jean), curé de Molières. Sa sépulture, III, 412.
— (Simon), avocat, II, 227.
JANVILLE, Yenville [Seine-et-Oise, arr. d'Etampes, cant. de la Ferté-Alais]. V, 46. — Seigneur. Voy. Carnazet (Guillaume de).
JANVRY, *Genveriæ, Janveriacum*, Genvries, Genvery, Genvry, paroisse du doyenné de Châteaufort [Seine-et-Oise, arr. de Rambouillet, cant. de Limours]. *Notice*, III, 441-443.
— Habit. admis à la léproserie de Linas, IV, 127.
— Lieux-dits : Brosse (la), Chantecoq, Fresneau, Marivaux, Mulleron, Tuillières.
JANZI (Adam de). Mentionné en 1265, II, 313.
JARCY, *Gerciacum*, Gercy, Jarcy [Seine-et-Oise, ham. de Varennes], autrefois paroisse. *Notice*, V, 165-166.
— Abbaye. *Notice*, V, 166-171. — Biens à Issy, III, 13 ; — à Périgny, V, 187. — Reliques, I, 176. — Sépulture, IV, 527.
— (André, Ferric et Raoul de), fils de Rance. Leurs biens dans ce lieu (1213), V, 166.
— (Guy de), chevalier. Bienfaiteur de l'abbaye d'Yerres (XIIIᵉ s.), V, 166.
JARD (abbaye du) [Seine-et-Marne, arr. de Melun], II, 508. — Biens lui appartenant, II, 615 ; V, 111, 137, 143, 144, 145, 148, 152, 156-7, 160, 293. — Abbés. Voy. Montgeron (Hugues de), Rousselet.
JARDIES (les) ou JARDY, *Jarreia, Jarzia, Jardii, Jardrii*, Jardies [Seine-et-Oise, arr. de Versailles, lieu-dit de Marnes ou de Sèvres], III, 29. — (bois de), III, 170.
— Prieuré, dépendant de l'abbaye de Tiron, sur la paroisse de Vaucresson. *Notice*, III, 170-171. — appelé à tort de Glatigny, III, 208. — Ses biens, II, 23-4 ; III, 68, 96.
JARDIN (le) [Seine-et-Oise, ham. de Limours], III, 435, 436.

JARDIN (fief du) ou de HAUTELOUP à Fontenay-sous-Bois (1580), II, 391.
— (François du), secrétaire du Roi. Sa maison à Charaintru (1609), IV, 86.
— (Pierre du), *de Orto* ou *Mallerac*, chapelain de N.-D. de Paris. Biens qu'il lègue aux Chartreux de Paris (1430), III, 590.
JARDIN-BONIFACE (le), nom donné à l'hôtel de la Briche (1365), I, 597.
JARIEL (Le) seigneurs de Forges (Edme-Mathurin), chevalier. Sa sépulture (1729), III, 439, 440. — (Mathurin), secrétaire du Roi. Sa sépulture (1699), *ibid*.
JARREAU, lieu-dit d'Evry-les-Châteaux [?] (XIVᵉ s.), V, 132.
Jarreia, Jarzia. Voy. Jardies (les).
JARRIE (la) [Seine-et-Marne, arr. de Meaux, cant. de la Ferté-sous-Jouarre, ham. de Bussières], V, 304.
JARRIEL, nom d'un canton de la forêt de Ferrières (XIIIᵉ s.), V, 354.
JARRY (l'abbé du). Ode qu'il traduit en vers français (1703), III, 237.
JARS (G. Le). Acquiert les ruines du château de Gournay (1577), IV, 619.
JARVILLE (la), fief voisin de Soisy-sous-Etiolles (1597), V, 70.
JASSAU ou de JASSAUD (de), conseiller au Parlement. Sa maison à Villeparisis (XVIIIᵉ s.), II, 580. — Seigneur de la Lande, IV, 629.
JAUCIN (Jean-Martial de), seigneur de Crosne et de Noisy-sur-Seine (XVIIIᵉ s.), V, 44, 56.
JAUQUOY (de). Voy. Jonquoy (de).
Jauseniacum, Jausigniacum. Voy. Jossigny.
Jauxigniacum, Jauxiniacum, Jauxigni. Voy. Jossigny.
JAVELLE, Javet, lieudit de Vaugirard. Moulin (XIIIᵉ s.), I, 487.
JAVOUX [Lozère, arr. de Marjevols]. Evêque. Voy. S. Hilaire.
JEAN XXII, pape (1333), II, 407. — Acte relat. à l'abbaye de Longchamps (1334), III, 232.
JEAN XXIII, pape (1411), IV, 557. — Bulle relat. à Montrouge (1413), III, 586-7, 588.
JEAN II, roi de France. Actes datés de Tourvoye (1362), III, 71 ; — de St-Germain-en-Laye (1351), III, 137 ; — de Chanteloup-les-Châtres (1350), IV, 152. — Acte relat. au Landit (1354), I, 550 ; — à la léproserie de Fontenay-sous-Louvres (1353), II, 268 ; — à Gonesse (1355), II, 270 ; — au concierge du Palais (1358), II, 347 ; III, 570 ; — à Maisons et à Créteil, II, 365 ; V, 17 ; — à la léproserie de Fontenay-

sous-Bois (1353), II, 389 ; — à Montreuil-sous Bois (1360), II, 400 : — à la Pissotte, II, 416-7 ; — au port de Charlevanne, III, 111 ; — à la confrérie des Drapiers (1362), III, 262 ; — à St-Ouen (1356), III, 408 ; — au manoir de Cachant (1353), IV, 21 ; — à Tournan (1350), V, 326 ; — à Egrefin (1350), V, 341. — Continue les châteaux de Beauté et de Vincennes, II, 389, 407. — Fonde une chapelle à Créteil ; tradition fabuleuse à ce sujet, V, 19. — Autre chapelle qu'il aurait fait bâtir à Grosbois, V, 390. — Fondateur de l'ordre de l'Etoile, I, 558, 570. — Son second mariage à Nanterre, III, 79. — Contributions levées pour sa rançon ; lieu qui en est exempté, II, 99 ; III, 537. — Lieux où il a résidé, I, 572 ; II, 303, 400, 469 ; III, 408. — Ses obsèques, I, 342. — Rachat de ses chevaux au prieuré de la Saussaye, IV, 39. — Autres mentions, I, 497 ; II, 398 ; III, 262 ; IV, 23, 518.

JEAN Ier, roi de Jérusalem, V, 8. Voy. Brienne (Jean de).

JEAN de France, duc de Berry et d'Auvergne. Voy. Berry.

JEAN, duc de Normandie [plus tard le roi Jean]. Tombe malade à Taverny (1335), II, 65. — Sa résidence au château de la Chasse (1338), II, 160. — Seigneur de Torcy (1343), IV, 593 ; — de Tournan (1343), V, 326.

JEAN de France dit Tristan ou de Damiette, fils de Louis IX. Seigneur de Montjay par sa femme Yolande de Nevers (1260-1270), II, 528, 531.

JEAN de Brenne. Voy. Dreux (Jean de).

JEAN, abbé de Fontaines-les-Blanches. Sa sépulture, III, 424.

JEAN, abbé d'Hermières (1388). Voy. Coldoé (Jean).

JEAN, abbé de Lagny (1188). Voy. Britel (Jean).

JEAN, abbé de Livry. Voy. Breton (Jean le).

JEAN, abbé de St-Denis, IV, 24.

JEAN, abbé de Ste-Geneviève. Voy. Toucy (Jean de).

JEAN, abbé de St-Germain-des-Prés. Voy. Vernon (Jean de).

JEAN [Ier], abbé de St-Maur (1250), II, 455.

JEAN II, abbé de St-Maur, II, 432.

JEAN, abbé de St-Spire de Corbeil (1070), IV, 280.

JEAN le Teutonnique, abbé de St-Victor, I, 337, 340 ; (1209), III, 29 ; (1206), III, 230 ; (1215), V, 277.

JEAN [VII], abbé du Val (1463), II, 138.

JEAN, archev. de Mitylène (1226), II, 57 ; IV, 287.

JEAN, archidiacre de Brie (1234), V, 42.

JEAN, archidiacre de la cathédrale de Paris (1264), III, 569.

JEAN, archiprêtre de la Madeleine (1329), I, 170.

JEAN, chanoine de Chelles. Voy. Monmouth.

JEAN, neveu de Maurice de Sully ; chanoine de Notre-Dame. Laisse à cette égl. des biens à Ivry (XIIe s.), IV, 460.

JEAN, chantre d'Orléans, chanoine de Paris. Bienfaiteur de Notre-Dame, IV, 76 (note).

JEAN, chapelain du pont de St-Maur (1259), II, 459.

JEAN, curé de Bougival (1210), III, 106. Voy. Jean, prêtre.

JEAN, curé de Chatenay (1277), III, 541.

JEAN, curé de St-André-des-Arts. Ses biens à Rueil, III, 97.

JEAN, curé d'Ursines (XIIIe s.). Partisan de l'hérésie d'Amaury, III, 222-3.

JEAN, curé du Vieux-Corbeil. Sa sépulture (XVe s. ?), IV, 290.

JEAN Ier, év. d'Avranches. Erreur à son sujet, I, 539.

JEAN Ier, év. de Nevers (1190), IV, 281.

JEAN de Comines], év. du Puy (XIVe s.), I, 192.

JEAN, év. de Sébastianople (1541), IV, 56.

JEAN, év. de Winchester. Ses biens à Arcueil et à Vitry ; son hôtel à Bicêtre, IV, 7, 11, 12, 16, 452.

JEAN, maire de Vanves. Affranchissement de son fils, III, 581.

JEAN, possesseur de Taverny (VIIe s.), II, 60.

JEAN, prêtre de St-Landry de Paris (1207), I, 45.

JEAN, prêtre et bienfaiteur de Saint-Jean-en-Grève (1262), I, 90.

JEAN, prêtre, frère de Terric. Contribue à la fondation d'une chapellenie dans l'égl. de Champigny-sur-Marne (1200), IV, 470. — Curé de Bougival (1210) ; y fonde une autre chapellenie, IV, 471.

JEAN, prieur de Bruyères-le-Châtel et abbé de la Couture du Mans (1476), III, 472.

JEAN, prieur de Longpont, IV, 165 ; (1140), 402.

JEAN, prieur de St-Eloi de Chilly. Sa maison à Paris, IV, 71.

JEAN, sous-diacre et doyen de N.-D. Bienfaiteur de cette église, IV, 30.

JEAN, écuyer. Seigneur de Luzarches, II, 205.
JEAN dit Baillet. Voy. Baillet.
JEAN dit *Sans-pitié*, écuyer, II, 131. Bienfaiteur de l'église de Villaines (1253), II, 198.
JEAN, neveu de Giraud év. d'Agen, IV, 41.
JEAN, reclus de l'hôpital St-Martin, à Paris (XIe s.), I, 303.
JEAN, sa mère Albérade et son fils Gautier. Petite abbaye qui leur est donnée par Louis d'Outremer, IV, 117, 118.
JEAN-CASIMIR, roi de Pologne. Voy. Casimir.
JEAN-FRANÇOIS, év. de Frisinge, IV, 151.
JEAN VIEL (fief) ou de la MOTTE, à Grigny (1597), IV, 406.
JEANNE DE BOULOGNE, reine de France. Son mariage avec Jean le Bon célébré à Nanterre, III, 79.
JEANNE DE BOURBON, reine de France. Lieu de son baptême, II, 399.
— Reçoit de son mari, Charles V, l'hôtel de Plaisance (1375), II, 470.
JEANNE DE BOURGOGNE, reine de France. Son mariage avec Philippe le Long célébré à Corbeil (1306), IV, 304. — Bienfaitrice de la collégiale de Luzarches; sa présence en ce lieu (1320), II, 203. — Dame de Chailly (1328) et de Chanteloup, IV, 65, 151.
JEANNE D'ÉVREUX, reine de France, femme de Charles le Bel. Dame de Brie-Comte-Robert, V, 183, 259, 266; — rend hommage à l'év. de Paris (1333), 206, 266. — Ses biens à Dampmard (1340), II, 517.
— Acquiert la seigneurie de Gournay (1330), IV, 617; V, 266. — Son procès contre la dame d'Yerres (1367), V, 214. — Son accouchement à Vincennes (1328). — Bienfaitrice du chapitre de N.-D., V, 489; — des Chartreux de Paris, V, 214, 218, 220. — Son testament, V, 259. — Ses entrailles conservées à l'abbaye de Maubuisson, II, 121. — Lieu de sa sépulture (1370). V, 266.
JEANNE DE NAVARRE, reine de France, femme de Philippe le Bel. Fondatrice du collège de Navarre (1304), I, 251. — Ses séjours aux environs de Paris, V, 40, 182. — Sa mort à Vincennes (1304), II, 406. — Autres mentions, III, 574; IV, 151, 153.
JEANNE [reine] DE NAVARRE, fille de Louis X le Hutin. Sa mort à Conflans (1349), II, 365.

JEANNE, fille de Philippe le Long, femme d'Eudes IV, duc de Bourgogne. Sa naissance à Corbeil, IV, 304.
JEANNE, fille de Charles le Bel. Sa sépulture (1321), II, 121.
JEANNE, fille de Charles VI. Sa sépulture, II, 122.
JEANNE, femme d'Aubert d'Athis. Bienfaitrice de l'abbaye de Livry (XIIIe s.), II, 583.
JEANNE, femme de Robert Blanchet (XIVe s.), II, 375.
JEANNE, femme d'Oudard de Bonneuil (1281), II, 254.
JEANNE [de Garlande], femme de Jean de Beaumont. Bienfaitrice des abbayes d'Hérivaux et de Livry, II, 208, 398.
JEANNE, femme de Gilles Galloys, II, 211.
JEANNE, femme de Jean de Louan (XVIe s.), II, 627.
JEANNE, femme de Jean Martin. Bienfaitrice de l'abbaye de Ste-Geneviève (XVe s.), III, 582.
JEANNE [de Levis?], femme de Matthieu [IV?] de Montmorency, II, 198.
JEANNE, femme de Jean de Pomponne (XIVe s.), II, 509.
JEANNE *la Meresse*, femme du maire d'Ursines. Bienfaitrice de l'abbaye de Livry, III, 218-9.
JEANNE *la Trésorière*, religieuse et bienfaitrice de l'abbaye d'Yerres (XVe s.), V, 227.
JEANNE, sœur d'Odon de St-Denis. Sa sépulture, II, 466.
JEANNE, veuve de Henri de Méry. Bienfaitrice de l'abbaye du Val, II, 127.
JEANNET DE BERTILLAT (Joachim), donataire de Villiers-le-Bâcle par contrat de mariage (1706), III, 315.
— (Nicolas), seigneur de Villiers-le-Bâcle (1693), III, 315.
JEANNIN (le président). Sa maison à Chaillot, I, 419.
JEHAN (messire), personnage inhumé à Gonesse, II, 264.
JEHANNE, femme de Galeran de Grannecay. Son épitaphe, IV, 113.
J. oisa, femme d'Hilduin de *Curcello*, III, 591.
Jehangniacum, Jehenniacum. Voy. Jaigny.
JEHANNY. Voy. Jaigny.
JEHOVAH, mont inscrit sur les vitraux de Notre-Dame, I, 6.
JENVAU. Voy. Joyenval.
JÉROME (dom), feuillant. Prêche à St-Germain-de-Châtres, IV, 150.
JÉRUSALEM [Judée] (chevaliers de St-Lazare de). Voy. St-Lazare (ordre

de). — (chevaliers de St-Jean de). Voy. Hospitaliers. — (croix de), I, 324. — (pèlerins du Saint-Sépulcre de), I, 169. — (rois de). Voy. Baudouin, Jean Ier. — (vice-roi de). Voy. Bures (Guillaume de).
JÉRUSALEM, fief aux Bordes-les-Corbeil, IV, 313.
JÉRUSALEM, nom d'une chapelle à Villacoublay, III, 226.
JÉSUITES. Voy. Paris (collèges et couvents).
JÉSUS-CHRIST. Tradition lui attribuant la dédicace de l'égl. de St-Denis, I, 496. — (cheveux de) conservés à St-Martin de Champeaux — (sang sorti d'une image de) honoré à la Ste-Chapelle de Paris, I, 222. — (représentation de), I, 7,8, 9, 170, 221, 269, 287; II, 157; III, 74, 89, 142, 178; V, 83, 147.
JEURCY (Octave de). Voy. Le Maignan (Aliaume).
JOARRE. Voy. Jouars-Pontchartrain et Jouarre (S. et M.).
JOB (statue de), I, 9.
JOBARD (Romain), curé d'Évry-sur-Seine (1694), IV, 325.
JOCELIN, archidiacre (1090), V, 276. Voy. Joscelin.
Jocosa (Vallis). Voy. Vaujours.
JODELLE (Etienne) Sa maison à Paris, I, 33 — Anecdote sur ce poète, IV, 19.
Johangniacum. Voy. Jaigny.
Johannes, abbé de S. Flodoaldo (VIIIe s.), III, 20.
Johanniacum. Voy. Jaigny.
JOHANNIS (Jeanne), femme d'un seigneur de Nozay. Sa sépulture (1355), III, 502 ; IV, 149.
Joheigniacum. Voy. Jaigny.
Joi : Jouy, II, 103 ; III, 264.
Joiaci vallis : Jouy-le-Moutier, II, 98, 103.
JOIGNY, écrit pour Jaigny, II, 229.
JOIGNY [Yonne], III, 187. — Religieuses établies à Corbeil (1644), IV, 285-6.
— (Antoine de), seigneur de Bellebrune, gouverneur de Hesdin (XVIIe s.). Mandataire de sa nièce Anne de la Rivière, II, 71.
— (Jean), écuyer (1475), V, 104.
JOINVILLE [Haute-Marne, arrond. de Vassy, ch.-l. de cant.]. Archidiacre. Voy. Gaucourt (Eustache de). — (chanoines de St-Laurent de), I, 78. — (principauté de) déclarée fief de la châtellenie de Châteaufort (1650), III, 304.
— (Godefroy, sire de), fondateur du prieuré du Val-d'Osne (XIIe s.), II, 378.

— (Jean, sire de), historien. Cité, II, 405 ; IV, 297-8.
Joisiaca (terra). Voy. Josas.
JOLIBOIS (de) fourrier-maréchal des logis. Seigneur de Villejust (XXIIIe s.), III, 506.
JOLIVET (Jean) de *Claseria* (1281), V, 236.
JOLLAIN (Jean), curé à Ivry (1672), IV, 457, 458 (note), 459.
JOLLAIN, curé de St-Hilaire de Paris (1705), I, 130.
JOLY (Barthélemy II), greffier en chef du Parlement de Dijon (XVIe s.), IV, 365-6.
— (Claude), chantre de l'égl. de Paris, V, 49. — Auteur rectifié, IV, 34.
— (François), maître des requêtes de Navarre. Acquiert la terre de Fleury-Mérogis (1602), IV, 365-6.
— (Jean), fils du précéd., conseiller au Grand-Conseil. Seigneur de Fleury-Mérogis (1646), IV, 366.
— (Jean-François), fils du précéd., IV, 366.
— (Louis-Guillaume-François), fils de Guillaume-François, procureur-général. Seigneur de Fleury-Mérogis (1747), IV, 366.
— (Marguerite), veuve de Robert Turgis. Bienfaitrice de la Madeleine de Paris (1495), I, 216.
— (Nicolas), curé de Savigny-sur-Orge. Son épitaphe (1728), IV, 389.
— (Pierre), secrétaire du roi. Sa maison à Amblainvilliers (1629-1636), III, 533.
JOLY, grand-audiencier de la chancellerie. Seigneur de Stains (XVIIIe s.), I, 582.
JOLY DE FLEURY (famille). Sa sépulture, I, 287.
— (Guillaume-François), fils de Jean-François Joly. Seigneur de Fleury-Mérogis (XVIIIe s.), IV, 361, 366 ; — de Grigny et du Plessis-le-Comte, 369, 407.
— (l'abbé), chanoine de N.-D. Manuscrit dont il est possesseur, I, 350. — Prieur de N.-D. de l'Ermitage à Draveil (1726), V, 62.
JOMBERT (Françoise), femme de Jean Marc de la Maret. Sa sépulture (1601), III, 310.
JONAS (représentation de), I, 221.
JONAS, chanoine de St-Victor de Paris, I, 340.
JONCHÈRE (la) [Seine-et-Marne, ham de Lésigny], V, 360-1.
— (de la), seigneur de Vaucresson, III, 168.
— (JOSSIER de la). Voy. Jossier.
JONGLEURS, ancien nom donné aux ménétriers. Voy. Paris (rues).

JONIN (Philbert), curé de la Ville-l'Evêque à Paris (1473), I, 75.
JONQUOY (RACINE de), trésorier général des Ponts et Chaussées. Acquiert la terre de Plaisance, II, 471; — la seigneurie de Ferrières (1727), IV, 640. — Tableau de lui conservé dans l'égl. de ce lieu, IV, 617.
JONVILLE (de), gentilhomme du Roi. Seigneur de Noisiel (XVIIIe s), IV, 603.
JOPPÉ [Palestine]. Evêque. Voy. Blanc (Hyacinthe le).
JORDY (de) DE CABANAT. Voy. Cabanat (de).
JORDAN, curé de Leudeville. Sa sépulture, IV, 221.
JOSAIE ou JOSAIS. Voy. Josas.
JOSAPHAT (abbaye de) [Eure-et-Loir, arr. et cant. de Chartres]. Abbé choisi comme arbitre par Innocent III, II, 556.
JOSAS, JOSAIE ou JOSAIS (pays de) *Joisiaca terra*. III, 331. — Identifié avec le pays de *Gesedum* ou de *Josedum*, IV, 26. — (archidiaconé de), I, 11; II, 316, 359; III, 119, 263, 264; IV, 83, 110, 171, 207, 223. — (archidiacres de). Voy. Briault, Coquart de la Motte, Courcelles (Jean de), Goslen, Goulard, Gueroude, Guillaume, Haimeric, Orsanne (d').
JOSCELIN, abbé de Lagny (XIIe s.), IV, 592.
JOSCELIN, archidiacre de Paris. Bienfaiteur du prieuré de St-Martin-des-Champs (1067), II, 648, 649; IV, 469. — Mentionné en 1089, III, 395; IV, 91; — en 1093, IV, 333.
Josedum. Voy. Josas.
JOSEPH (représentation de l'histoire de), I, 167.
JOSEPH (le Père). Voy. Leclerc.
JOSSE (Antoine), curé de la Courneuve (1580), I, 577.
JOSSE (Guillaume), prieur d'Argenteuil (XVIe s.), II, 5; — de Gournay, IV, 611.
JOSSE, conseiller en la Cour des Aides. Seigneur de Senlisses (1650), III, 420.
JOSSIER DE LA JONCHÈRE (Antoine), trésorier des Guerres. Possède le fief de ce nom (1656), V, 361.
— (Henry). diacre, fils de Louis. Son épitaphe (1739), V, 370.
— (Louis), trésorier des Guerres (XVIIe s.), V, 370.
— (Madeleine-Élisabeth), sœur d'Henry. Bienfaitrice de l'abbaye d'Hiverneau, V, 370.
JOSSIGNY, *Jauseniacum, Jausiniacum, Jauxigniacum,* Jaussigni, Jauxigni, paroisse du doyenné de Lagny [Seine-et-Marne, arr. de Meaux, cant. de Lagny]. *Notice,* IV, 523-529. — Autres mentions, II, 279; IV, 522, 533; V, 323.
— Lieux-dits : Belleassise, Fontenelle, Mauny, Motte (la).
— (Jean de), abbé de Morigny (1350), IV, 529.
— (Marguerite de), de Jauxigni, IV, 523.
JOUARRE, Joare, *Jotrum, Diodurum?* [Jouars-Pont-Chartrain [Seine-et-Oise, arr. de Rambouillet, cant. de Chevreuse], III, 148, 176, 181.
JOUARRE, *Jotrum* [Seine-et-Marne, arr. de Meaux, cant. de la Ferté-sous-Jouarre], III, 176; V, 92. — Abbaye, II, 484, 493; — cryptes, I, 267; — sépultures, I, 321; II, 451; — abbesse. Voy. Théodechilde.
JOURDAIN, curé de Leudeville (1222), III, 508.
— (Françoise), femme de Jean Fournisson. Dame de Morsang-sur-Orge (1577), IV, 384.
— (Sainte). Voy. Maréchal (Olivier).
JOURDAN, propriétaire d'une maison à Villeneuve-St-Georges (XVIIIe s.), V, 36.
— (François), professeur royal d'hébreu. Sa sépulture (XVIIe s.), I, 416.
— (Pierre), curé d'Attainville (1529), II, 191.
JOURNEL (Antoinette), chanoinesse de Ste-Perrine de Paris, I, 302.
JOUSSELLIN (Pierre), correcteur des Comptes (XVe s.), I, 389.
JOUTES. Voy. Tournois.
JOUVENEL. Voy. Juvénal des Ursins.
JOUVENET (Jean), peintre. Sa sépulture (1717), I, 280. — Tableaux de lui dans l'égl. des recollets de Versailles, III, 200.
JOUVENET, fondateur d'une chapellenie à Vitry (XVIIe s.), IV, 449.
JOUVIN [de Rochefort], géographe. Rectifié, III, 115.
JOUY-EN-JOSAS, *Gaudiacum, Gaugiacum, Joyacum,* Joi, paroisse du doyenné de Châteaufort [Seine-et-Oise, arr. et cant. de Versailles]. *Notice,* III, 263-271. — Prieuré. Voy. Villetain. — Seigneurie : son érection en comté (1654 *alias* 1675), III, 268, 321. — Autres mentions, III, 206 (note), 255, 308; IV, 96.
— Lieux-dits : Ardenne (le pont d'), Cour-Roland (la), Meiz (le), Moucet (le), Val d'Enfer (le), Vaux, Vilers, Villetain, Villevert.
— (Guy de), bienfaiteur de l'abbaye d'Yerres (XIIIe s.), III, 268.

— (Hugues de), chevalier. Bienfaiteur de Port-Royal (XIIe s.), III, 268.
— (Philippe de), év. d'Orléans (1227), IV, 287.
JOUY (ROUILLÉ DE). Voy. Rouillé.
JOUY-LA-FONTAINE [ham. de Jouy-le-Moûtier], II, 105, 109.
JOUY-LE-MOUTIER, Joiacum, Joïacum Monasterium, Joi, paroisse du doyenné de Montmorency [Seine-et-Oise, arr. et cant. de Pontoise]. Notice, II, 102-6. — Autres mentions, II, 99, 451.
— Lieux-dits : Bellafontaine, Buat (le) Coudray (le), Ecancourt, Gaignons (fief), Glatigny, Jouy-la-Fontaine, Pré-du-Buc (fief), Seaule (la), Valvée d'Orvilliers, Vincourt.
— (Géraud de), de Joy, écuyer Bienfaiteur de l'abbaye du Val (1263), II, 106.
Joveniacum, Joviniacum : Jagny ou Chevrigny, II, 361-2, 386.
Joviacum : Jouy, III, 264.
Jovigniacum : Igny ? III, 529-30.
JOY, lieu-dit de Presles (1479). Le même peut-être que May, V, 310.
JOY. Voy. Jouy.
JOYAU (Maurice le), prieur de Villepreux (1580), III, 187.
Joyacum in valle Galliæ : Jouy-en-Josas, III, 266.
JOYENVAL, *Jenvau* (abbaye de), au diocèse de Chartres [Seine-et-Oise, arr. de Versailles]. Biens et seigneuries, I, 37, 40, 360 (et note 2) ; II, 119, 268 ; III, 146, 422.
— (bois de), III, 154.
JOYEUSE (Henriette-Catherine, duchesse de), veuve de Henri, duc de Montpensier, remariée à Charles, duc de Guise, I, 78 ; III, 236. — Dame de Villiers-le-Bel, II, 179. Voy. Guise (duchesse de).
— (Louis de LORRAINE, duc de), III, 304.
JU (Isaac-Louis), architecte. Reconstruit l'égl. de Villemomble (1699), II, 559 et note.
JUBÉ (Jacques), curé d'Asnières, III, 585.
JUBERT (Jacques), seigneur de Bouville. Vend son fief d'Aubervilliers près Meudon (1655), III, 239.
JUBÉS, I, 10, 35, 102, 107, 327 ; II, 50, 61.
JUBEUF. Sa maison à Issy (XVIIe s.), III, 9.
JUDA (Nicolas), chancelier de Ste Geneviève, curé de Nanterre. Seigneur de ce lieu (XVIe s.), III, 80.
JUDE (village de) : Villejuif, IV, 96.
JUDE ou JUIDE, lieutenant des chasses de la forêt de Sénart. Seigneur de Soisy et d'Etiolles (XVIIIe s.), V, 71, 75.
JUDICAEL, roi des Bretons. Sa présence à la cour de Dagobert, I, 421-2 ; III, 91.
JUDITH, femme de Louis le Débonnaire. Lampe entretenue à St-Denis pour le repos de son âme, III, 91, 418.
JUDITH, femme de Bouchard, IV, 203.
JUGE (Le), fermier-général. Seigneur de Bagnolet (XVIIe s), II, 656.
JUGEMENT DERNIER (représentation du), I, 7, 221 ; IV, 172 ; V, 413.
JUIDE. Voy. Jude.
JUIF (légende du), profanant l'hostie, I, 88.
JUIFS convertis. Entretenus à St-Denis de l'Estrée, I, 515. — (cimetière des) à Paris, I, 119. — (cruautés exercées par les), I, 48-9 ; III, 136 ; V, 264. — (dettes des). Chevauchées pour les rechercher, IV, 102. — (expulsion des) par Philippe Auguste et par Philippe le Bel, I, 49, 214, 570 ; II, 392. — (quartiers habités par les) à Paris, I, 117, 214, 320, 365 (et note 10). — (société des negociants) au XIVe s , I, 217-8. — (synagogue des) à Paris, I, 214. — Autres mentions, I, 216, 218, 508 ; IV, 26, 116.
JUILLET, secrétaire du Roi et receveur général des Finances. Seigneur de Franconville et de Taverny (XVIIIe s.), II, 49, 66.
— (Marie-Geneviève), fille du précéd. et femme d'Alexandre, comte de Longaulnay, II, 66.
JUIG... (Jean de), bienfaiteur de l'abbaye de Chaalis (1280), IV, 564.
JUILLY (seigneur de). Voy. Saint-Denis (Gautier de).
JUINE, *Juna*, rivière, III, 317 ; IV, 180, 269, 270. — Fortifications élevées près de son confluent en 884, IV, 272. — (règlement sur la navigation de la) en 1645, IV, 247.
JULIEN l'*Apostat*. Ce qu'il dit du vin de Paris, IV, 15.
JULIEN (Pierre), prieur de Marcoussis. Sa sépulture (1540), III, 490.
JULIERS [Prusse rhénane]. (ducs de). Leur hôtel à Paris, I, 40.
JULIOT (Nicolas), directeur de la Monnaie d'Amiens. Possède le fief de Fromont en 1719, IV, 378. — Son fils secrétaire du Roi. Seigneur du même lieu, *ibid*.
JULLY. Voy. Juilly.
JUMEAU (Pierre Le), garde de la prévôté de Paris. Acte relat. à Juvisy (1304), IV, 412.

JUMELLES (Simon de), archidiacre de Blois. Ses biens à Fouju (1259), V, 430.
JUMIÈGES (abbaye de) [Seine-Inférieure, arrond. de Rouen], IV, 577. Voy. S. Philbert.
JUNAN, abbé de St-Magloire de Lehon puis de St-Barthélemi de Paris. Sa sépulture, I, 181.
JUNEL (abbaye de) mentionnée en 1218 : l'abbaye d'Hiverneau, III, 347.
Juniperiæ. Origine de nom de lieu, III, 441.
JUSTICE (la) [Seine-et-Oise, ferme du Plessis-Paté], IV, 223.
JUSTICE (la). Voy. Bout-des-Vignes (le).
JUSTICE (Jean de), chanoine de Bayeux. Fondateur d'un collège à Paris (XIVᵉ s.), I, 292.
Justinis (de). Voy. Pasque (Raoul).
Justus, nom romain. Origine de nom de lieu, I¹, 573-4.
JUVÉNAL, cité, IV, 413.
JUVÉNAL ou JOUVENEL DES URSINS (Catherine), fille de Christophe et femme de Claude de Harville (1579), III, 329.
— (Catherine-[Alphonsine]), abbesse d'Yerres (1604), V, 229.
— (Christophe), fils de François ; marquis de Traînel, gouverneur de Paris et de l'Ile de France. Seigneur de la Chapelle-Gauthier (1588), III, 329 ; V, 428.
— (François), fils de Christophe ; gouverneur de Pierrefonds. Seigneur de Méry-sur-Oise et de la Chapelle-Gauthier, II, 128 ; V, 428.
— (François), fils de Jean. Seigneur de la Chapelle-Gauthier (1518), V, 428.
— (Jean), III, 203. — Ses livres confisqués en 1415, II, 285. — Sa censive à la Croix de Conflans (1409), II, 366 (note). — Ses biens à Roissy et à Marly-la-Ville confisqués (1425), II, 282, 329 ; — à Rueil, III, 98. — S'enfuit à Corbeil avec le dauphin (1418), IV, 306. — Baron de Traînel et de Marigny. Seigneur de Croissy-en-Brie (1376), IV, 518. — Prévôt des marchands. Seigneur de la Chapelle-Gauthier, V, 428.
— (Jean), fils de Michel. Seigneur de la Chapelle-Gauthier (1510), V, 428.
— (Jean), vicaire-général de l'év. de Paris, év. de Tréguier (XVIᵉ s.), II, 145 ; III, 27, 229 ; V, 397.
— (Michel), fils de Jean ; bailli de Troyes. Seigneur de la Chapelle-Gauthier ; mort en 1470, V, 428.
— (Raoul), chanoine de Notre-Dame. Seigneur de Roissy-en-France (1482-1522), II, 283-3.
— (X...), seigneur de Roissy-en-France (1522), II, 283.
JUVISY, Gevesi, Gevisi, Givisi, paroisse du doyenné de Montlhéry [Seine-et-Oise, arr. de Corbeil, cant. de Longjumeau], IV, 74. — *Notice,* IV, 407-413. — Léproserie. Ses biens, III, 332 ; IV, 385, 409, 411, 426. — Moulin, IV, 152. — Prieuré, I, 146.
— Lieux-dits : Cimetière-St-Martin (le), *Sabuli,* Tournelle (la).

KADOT DE SEBBEVILLE (Charles-Louis), lieutenant-général. Seigneur de Bondoufle et du Plessis-Pâté, IV, 335, 356.
— (Charles-Louis-Frédéric), fils du précéd. ; cornette des mousquetaires. Seigneur de Bondoufle et du Plessis-Pâté, IV, 335-6, 356.
Kal. Sens de ce mot, II, 482.
Kala. Voy. Chelles.
Kalendæ. Origine de nom de lieu, V, 49.
KALENDREI : Chalandray, V, 49.
Kalense : le Chellois, II, 498.
KANOLLE ou CANOLLE (Robert), capitaine anglais. Ses opérations auprès de Paris (1369, 1370), IV, 12, 305, 423.
Karentona villa : Charenton-Saint-Maurice, II, 374.
KARNAZET (de). Voy. Carnazet (de).
Karoli campus. Voy. Cachan.
Karoli venna. Voy. Charlevanne.
KAROLLE (Oudart). Fonde une chapellenie à St-Gervais (1475), I, 83.
KAROULLAY (Jean de), chanoine. Introduit le culte de S. Yves à Notre-Dame (1303), I, 150.
KENEDI ou QUENNEDE, capitaine écossais. Défend Lagny en 1431, IV, 561.

18.

Ker. Sens de ce mot ; étymologie de nom de lieu, V, 10 (note).
KERKELEVANT (Jean de), capitaine de Corbeil. Sa sépulture et celle de sa femme (xve s.), IV, 290.
KERNEVENOY (François de). Possède en 1550 la châtellenie de Corbeil, IV, 304.

Kerris (ecclesia de). Voy. Quiers.
KIQUENPOIT (Nicolas de), mentionné en 1253, I, 366 (notes 3, 4).
KOETKEN (René), abbé de Livry. Sa sépulture 1504, II, 595.
KRETTZER (Abraham), capitaine suisse mort en 159-. Son épitaphe, II, 114.

L changée en N, I, 434.
LABBÉ (Thibaud), écrivain, maître des enfants de chœur de St-Cloud, III, 39.
L ABBÉ, seigneur de Villebousin, IV, 90, 123.
LABIENUS, lieutenant de César, V, 78-9.
LA BOFE (Thibaud), fils de Milon *le Grand*, IV, 101.
LABOUREUR (Claude le), généalogiste et ses neveux Jean et Louis. Lieu de leur naissance, I, 627.
LA BRUYÈRE (Jean de), auteur des *Caractères*. Mort à Versailles, III, 210.
LABYRINTHE, II, 185.
Lach ou *Lachen.* Sens de ces mots, IV, 40.
Laciacum. Voy. Lassy.
LACRE (Antoine de la), seigneur de la Bertèche en Brie et de Malay. Sa sépulture (1631), IV, 448.
Lacubus (cure des Lays appelée à tort *cura de*), III, 354.
LACY. Voy. Lassy. — Ecrit pour Lay [l'Hay], IV, 41.
Lad ou *Lat.* Sens de ce mot celtique, IV, 544.
LADOUVILLE (seigneur de). Voy. Brouillat (Guillaume du).
LADRERIE (reine de France atteinte de), V, 87.
L'ADVOCAT. Voy. Advocat (l').
Lælia (castra), IV, 132.
LAER (Robert), chapelain à Torcy (1505), IV, 592.
LA FAYETTE (Claude MOTIER de), seigneur de Montsoult, II, 146. — Son fils, seigneur de Bethemont (1524), 141 ; — de Montsoult, 146.
— (le président de). Sa veuve possède des biens à Margency (1649), I, 639.
LA FONT (de), principal du collège de Narbonne. Supérieur du Calvaire du Mont-Valérien, III, 87.

LA FONTAINE (Jean de), fabuliste. Sa sépulture, I, 68.
LA FONTAINE. Voy. Fontaine (la).
LAGADON (Hamon), bedeau de l'Université (1373), I, 130.
LAGE (de), seigneur de Villiers-le-Bâcle (1693), III, 315.
LAGNEY, *Latiniacum* (Meurthe-et-Moselle, arr. et cant. de Toul), IV, 544.
LAGNY, *Laniacum*, *Latiniacum*, ch.-l. de doyenné de l'archidiaconé de Brie (Seine-et-Marne, arrond. de Meaux, ch.-l. de cant.). *Notice*, IV, 544-565. — II, 271, 436, 561 ; IV, 606 ; V, 403.
— Abbaye de St-Pierre. *Notice*, IV, 544-551. Ses biens et seigneuries ; cures à la collation, II, 514, 517, 518, 541, 578, 637 ; III, 5, 580 ; IV, 515, 517, 518, 533, 534, 536, 539, 541, 542, 543, 549, 553, 555, 572, 573, 592, 597, 603 ; — autres mentions, I, 501 ; II, 500 ; III, 208 ; IV, 565 ; — abbés, IV, 542, 549. Voy. la *Notice* et Brégy (Geoffroy de), Joscelin, Le Tellier, Raoul, Roger, Rouillé (René).
— (capitaine de), V, 305.
— Chapelle de Ste-Barbe, IV, 552.
— Chapelle de St-Vincent, IV, 555-6.
— Couvent des Bénédictines de St-Thomas de Laval, IV, 556-7. — de la Conception et de St-Joseph, 556.
— Doyenné, IV, 45, 236 ; V, 467-643.
— Eglises paroissiales : St-Fursy. *Notice*, IV, 553-5 ; sépultures, 564 ; — St-Paul. *Notice*, 552-3 ; — St-Sauveur, 551-2, 564.
— Faubourg de la Magdelene, II, 505 ; IV, 558. — Foires, IV, 550, 558-559. — Grenier à sel, V, 403.
— Hab. admis à la léproserie de Pomponne, II, 507.
— Hôtel-Dieu. *Notice*, IV, 557-8, 570.
— Pont, II, 496, 512 ; IV, 558.

— Lieux-dits : Pont-Gilbert (la Fossette de), Roquemont.
— (porte de) à la Queue-en-Brie, IV, 484.
— (Anculf de). Son fief mentionné en 1161, V, 132.
— (Geoffroy de), de Leigny, poète du XIII° s., IV, 563.
— (Jean de), orfèvre de Paris. Son fief à Meudon (XIII° s.), III, 240.
— (Jean de), dit Dammart, curé de Thorigny (1275), II, 515-6.
— (Jean de), II, 350.
— (Jean de), sobriquet donné à Jean [Sans Peur] duc de Bourgogne, IV, 560.
— (Pierre de), bienfaiteur de l'abbaye de Ste-Geneviève (XIII° s.), II, 557.
LAGNY-LE-SEC [Oise, arr. de Senlis, cant. de Nanteuil-le-Haudouin], IV, 535, 544.
— (commandeur de). Voy. Le Roy (Jean).
LA GRENÉE, chanoine de St-Victor de Paris. Prieur-curé de Vaujours (XVIII° s.), II, 574-5.
LAGUETTE (Michel), avocat, II, 36.
LA GUILLAUMIE (de), conseiller au Parlement. Son château à Santeny, V, 242-3.
Lagutena, lieu-dit de Roissy-en-France (XIII° s.), II, 278.
LAGUYE (Augustin-Nicolas), prieur de St-Germain-en-Laye, III, 136.
Laïcaliter, emploi de cette expression, III, 97.
Lahiacum, forme supposée du nom de lieu l'Hay, IV, 40.
LA HIRE (de) le fils. Ses expériences sur les eaux d'Arcueil, IV, 17.
LAHONVILLE. Voy. Honville (la).
LAHY, *Laiacum*. Voy. Hay (l').
LAIGUE (Geoffroy de), conseiller d'Etat. Seigneur de Bondoufle (XVII° s.), IV, 335 ; — du Plessis-Pasté, 355-6.
LAIGUILLON (Pierre). Son droit de gruerie au Bois-St-Père, II, 154.
L'AIGUILLON (Robert), possesseur du fief de Coupières (1250), III, 387.
LAILIER (chemin de) à Jossigny (1232), IV, 526.
LAILLERAUT (Jacques d'O, seigneur de), II, 148.
LAINE (dîme de), III, 580. — (impôt sur la), V, 264-5.
LAIQUES (sépultures), interdites dans les églises cisterciennes, II, 136.
LAIS ou les LAIS. Voy. Layes (les).
LAISNE (fief), assis à Fontenay-le-Vicomte (1597), IV, 238.
LAISNÉ (Jean), avocat au Parlement, prévôt de Corbeil (XVe s.). Ses fiefs, IV, 319, 329. — Seigneur de Perray, V, 93.

— (Marguerite), femme de Pierre Maupeou (XVIe s.), IV, 329.
LAISNEY (François), curé de Jaigny, II, 229.
LAISTRE, fief à Rueil (XVe s.), III, 101.
LAIT (produit des indulgences du) et du beurre. Egl. à la construction de laquelle il est affecté, I, 247.
LAIT de la Ste Vierge, III, 378.
LAISTRE (de), secrétaire du Conseil. Seigneur de Fontenay-les-Briis et de Soucy en partie (XVIII° s.), III, 455, 456, 457.
L'AITRE (Eustache de), prieur de St-Jean-en-l'Ile à Corbeil. Son épitaphe (1409), IV, 294, 295.
LAITUES de Lagny, IV, 544.
LAIX (bois), *Nemus Aalis*, voisin de Luzarches, II, 209, 333.
LA LIVE (de) receveur général de Poitiers. Son fief à Sucy-en-Brie (1719), V, 383. Voy. Lives (de).
LA LIVE DE BELLEGARDE (de), fermier-général. Seigneur d'Epinay-sur-Seine et de la Briche, I, 596, 598.
LALLEGRAIN (Catherine), femme de Jean Du Pré, puis de Jean Le Grand. Son épitaphe, V, 290.
L'ALLEMAND, L'Allemant. Voy. Allemand (l').
LALLEMANT DE GUÉ-PÉAN, seigneur de Gournay (1596), IV, 619.
LALLIER (Claude), seigneur de Villiers-le-Bâcle (1719), III, 315.
LALLOYAU (Denise), femme de Pierre de Longueil, IV, 216, 217.
LALUN (ferme de) à Marolles-en-Hurepoix, IV, 224, 226.
LA MARE (de), auteur rectifié, I, 69 (note).
LAMBELLE [Lamballe] (Allard de), secrétaire du roi, puis év. de St-Brieuc. Ses biens à Champignol (1311), II, 457.
LAMBERT, fief à Gometz-la-Ville, III, 410.
LAMBERT, fauconnier (1234), II, 537.
LAMBERT (frère), cordelier (XIII° s.), IV, 454-5.
— (Gilles), doyen de St-Martin de Tours. Prieur de Beaulieu (1300), III, 378.
— (Joseph), prieur de Palaiseau, III, 325.
— (Nicolas), seigneur de Beaumarchais et du Breuil (1641), V, 333.
— (Nicolas), président aux Requêtes. Aliène Sucy-en-Brie (1719), V, 383, 385.
— (X...), secrétaire du Roi. Acquiert Sucy-en-Brie (1640), V, 383.
LAMBERT (Mme de). Sa maison à Nogent-sur-Marne, II, 474. — Son château de la Croix-St-Jacques, IV, 82.

LAMBERT DE TORIGNY, seigneur de Ville-Evrard (1668-1676), II, 480.
— Président aux Requêtes; son fief de Sucy en-Brie (1718), V, 381.
LAMBRESY, Lambrezy, Landrecy, lieu-dit de Villeparisis, II, 579.
LAMER (Jean de), seigneur de Chennevières-sur-Marne (1474), IV, 478.
LAMET (Anne de), femme de Jean Le Clerc, dit Cottier. Son épitaphe [XVIIe s.], II, 603.
LAMETH (Augustin, marquis de), baron de la Queue. Seigneur du fief de la Chaussée (vers 1665), II, 376.
— [Catherine de], femme d'Armand de Béthune, duc de Charost (1703), II, 376.
LAMIRAULT, Lamyrault, l'Amirauté [Seine-et-Marne, ham. de Collégien], IV, 500, 587.
LAMOIGNON (Anne-Madeleine de), femme de Achille de Harlay. Décédée à Stains, I, 582.
— (Chrétien-François de), seigneur de Saint-Yon (1666), IV, 164 — Son fief de Segrée (1685), IV, 176.
— (Françoise-Elisabeth de), femme de Jean-Aymar de Nicolaï. Sa sépulture (1733), II, 290.
— (Guillaume de), premier président du Parlement. Seigneur de l'Aunay-Courson (1667), III, 453; — de Montlhéry, IV, 109; — de St-Yon, 164; — de Boissy-sous-St-Yon, 167. — Marquis de Baville (1671), 190, 191. — Autres mentions, III, 424; IV, 158 (note), 175.
— (Guillaume de), chancelier de France. Seigneur de Blanc-Mesnil, II, 629.
— (Nicolas de), fils de Guillaume. Comte de l'Aunay-Courson (1677), III, 454, 464. — Seigneur de Vaugrigneuse, III, 460-1, 464.
— (le président de), IV, 173. — Seigneur de Torfou, IV 191.
LAMOIGNON DE BAVILLE, comte de Courson, intendant de Languedoc. Seigneur de Forges et de Bajolet (XVIIIe s.), III, 440.
LAMOIGNON-MORVAULT (Mme de), fille de Pierre de Catinat. Dame de St-Gratien (XVIIIe s.), I, 631.
LAMY (Guillaume), clerc des Comptes (XVe s.), I, 331.
— (Guillaume), trésorier général de la maison du roi. Seigneur de Villiers-Adam en partie (XVIIe s.), II, 132.
— (Philippe), écuyer. Seigneur de Lorry et de Villiers-le-Bâcle en partie (1529), III, 313.
LAMYRAULT. Voy. Lamirault.
LANCASTRE (le duc de) (1360), IV, 79, 152.

LANCE de Dagobert, I, 502.
LANCELE (Robert), curé d'Aulnay-lès-Bondy (XVIIIe s.), II, 604.
LANCELOT (Antoine), académicien. Sa sépulture (1740), I, 248. — Auteur critiqué, I, 467 (note), 536; II, 58, 148, 150, 519, 581 (note); III, 185 (note), 261; IV, 218.
LANDE (la) [Seine-et-Oise, ham. de Villiers-sur-Marne]. Notice, IV, 629.
LANDE (la) [?], III, 372.
LANDE (Noël de la), prévôt de Corbeil (1510), IV, 307.
LANDE (Jean-Baptiste du Defend, marquis de la), IV, 144.
LANDEBERT, qualifié abbé de Saint-Germain-l'Auxerrois (VIIe s.), I, 24; III, 156, 244.
LANDEGISILE, frère de la reine Nantilde. Sa sépulture, I, 496; II, 76.
LANDELLE (Nicolas de), procureur de la seigneurie d'Yerres (1597), V, 215.
LANDES. Etymol. de nom de lieu, IV, 58.
LANDES (les), écart de Lévy-Saint-Nom, III, 345.
LANDESAY (GRIGNARDON de), chevalier du guet. Seigneur de Moussy-le-Neuf et de Moussy-le-Vieux (1512), II, 355.
LANDÉVENNEC (abbaye de) [Finistère, arrond. de Châteaulin, cant. de Crozon]. Voy. S. Guenaul.
LANDIT de la plaine de St-Denis (histoire du), I, 537-556; — I, 461.
LANDOYS (Rolland), secrétaire du Roi (1620), II, 632.
LANDRECY. Voy. Lambresy.
LANDRES (Jean de), chevalier. Seigneur d'Attainville (1312, 1326), II, 192. Voy. Laon (Jean de).
LANDRI (François), curé de Ste-Croix de la Cité (XVIe s.), I, 314.
LANDRY, maire du palais, II, 483.
LANDRY, prieur de Longpont (XIIe s.), III, 461; IV, 78, 212, 353, 390.
LANDRY, prévôt, IV, 218 (note).
LANDRY, seigneur du village d'Iticiniscoam, II, 180.
LANGAULT (Catherine), femme de Jacques de Vassan. Sa sépulture (XVIIe s.), IV, 385.
LANGETAT (Elisabeth), veuve de Guillaume Lamy. Dame de Villiers-Adam (1680), II, 132.
LANGLOIS (Anselme), prieur de St-Lazare de Paris (1428), I, 300.
— (François), chapelain de Ste-Catherine d'Herblay, II, 81.
— (François), doyen du chapitre de St-Cloud et aumônier du Roi (XVIe s.), III, 28.
— (Geneviève), dame de la Jarville (1597), V, 70.

— (Hélène), femme de Jean Séguier. Sa sépulture, III, 288.
— (Jean), né à Ivry ; mort en 1493, IV, 463.
— (Louis), chapelain de Ste-Catherine d'Herblay, II, 81.
— (Louise), femme de Charles de Corbie, II, 230.
— (Marguerite), abbesse de Montmartre (1503), I, 448.
— (Martin), seigneur de Beaurepaire, des Carneaux, Lisses, Malcornet, Montblin, chef du Conseil du prince de Condé. Son épitaphe (1612), IV, 315, 318.
— (Nicolas), prévôt des chirurgiens. Bienfaiteur de St-Côme à Paris (1555), I, 291.
— (Nicolas), conseiller du Roi. Seigneur de Villepatour (1648), V, 311.
— (Pierre) de Mincy, *Anglius de Mentiaco*, écuyer (1263), II, 646.
— (Thomas), fermier de la cathédrale de Paris à Ivry (1300), IV, 460, 463.
LANGLOIS, curé de Versailles, III, 209.
LANGLOIS, receveur des consignations. Seigneur de Ville-Evrard (1681), I, 480.
LANGRES [Haute-Marne], I, 537. — Cathédrale, III, 25. — Egl. St-Didier, II, 175. — Evêché (prévôt de l'), détenu par l'év. de Paris et remis en liberté (1321), III, 523.
— Evêques. Voy. Pomar (Hugues de), Rivière (Louis de la), S. Didier.
— (Barthélemi de), *de Langonis* (1357), V, 365.
— (Simon de), dominicain (XIVᵉ s.), IV, 79.
LANGUEDOC, III, 21. — Gouverneur. Voy. Chevreuse (Pierre de). — Intendant. Voy. Lamoignon de Baville.
LANGUET, curé de St-Sulpice. Fonde la communauté de l'Enfant-Jésus (XVIIIᵉ s.), I, 283.
LANGUETON (Simon de), prieur de Bruyères-le-Châtel (XIIIᵉ s.), III, 471.
Laniacum : Lagny, IV, 544.
LANNOY, lieu-dit dépendant de la seigneurie de Fleury-Mérogis (1399), IV, 364.
Lanorvilla. Voy. Norville (la).
LA NOUE (Jérôme dit Séraphin de), ancien ermite. Curé de Rungis, II, 44 ; III, 84 ; IV, 51.
LANTERNES à Villepreux au XVIIIᵉ s., III, 182, 188.
LANTFRID, abbé de St-Germain-des-Prés (765), III, 20.
LANTFRID, bienfaiteur de l'abbaye de St-Denis (IXᵉ s.), II, 193, 194, 195.
LANTILLY (Nicole de), prieure de la Saussaye (1515), IV, 37.

Laom (IXᵉ s), identifié avec Lahonville, III, 478 et note; IV, 187.
LAON [Aisne], IV, 175. — (acte royal daté de) en 936, IV, 117.
— Abbaye de St-Vincent ; abbés. Voy. Billy (Godef. de), Brichanteau (Crépin de).
— Cathédrale ; archidiacre. Voy. Clément et Mannay (Jean de) ; — chanoines. Voy. Aunay (Antoine d), Dinant (J. de) ; — doyen. Voy. Corbeil (Michel de) ; — trésorier. Voy. Aunay (Pierre d') ; — sépulture, IV, 396.
— Evêques, II, 485. Voy. Arcy (Hugues d'), Billy (Godef. de), Champagne (Gazon de), Champeaux (Guill. de), Doc (Jean), Douglas (Valentin).
— Vicomte. Voy. Montaigu (Jean de).
— (Dudon de), médecin de S. Louis. Ses biens à Sucy-en-Brie, V, 382.
— (Jean de), chevalier. Le même peut-être que Jean de Landres (1337), II, 192, 193
Laonensis (év. irlandais dit), III, 13.
LAONNOIS (pays), I, 29. — Vidame. Voy. Montaigu (Jean de).
Laorcinis, Lorcinis (de). Voy. Paris (rue de Lourcine).
LAPÉRIÈRE, lieu-dit voisin de Villeneuve-St-Georges (1392), V, 56.
LAPIN blanc (redevance d'un), IV, 360, 383.
LA PITE (Antoine), seigneur de Chauffour et de Villiers-le-Bâcle (1529), III, 313.
— (Jean), auditeur des Comptes. Marguillier de St-Paul, I, 326, 327.
LAPITE (Sidoine), femme de Tristan de Reilhac (XVIᵉ s.), V, 359.
LARCHANT, *Liricantus* [Seine-et-Marne], arr. de Fontainebleau], I, 114. Etymologie, IV, 20.
LARCHER (Claude), conseiller au Parlement, III, 260.
— (Françoise), femme d'Eustache Allegrain. Sa sépulture (1598), II, 81, 85.
— (Jean), prieur de St-Jean de Corbeil (XVᵉ s.), IV, 285.
— (Madeleine), femme de Louis Le Clerc, dit Cottier (XVIIᵉ s.), II, 603.
LARCHET, fief situé à Evry-sur-Seine, IV, 330. Voy. Archet (l').
LARCHIER (Jean), prieur de St-Eloi de Paris (XVᵉ s.), I, 313.
LARDI, *Lardiacum*. Voy. Lardy.
LARDILLER, lieu-dit mentionné en 1310, II, 192.
LARDY, *Lardiacum, Larziacum, Larzy*, Lardi, paroisse du doyenné de Montlhéry [Seine-et-Oise, arr. d'Etampes, cant. de la Ferté-Alais].

Notice, IV, 183-187. — Autres mentions, III, 475 ; IV, 103, 178, 196.
— Lieux-dits : Cochet, Honville (la), Janville.
— (Bores et Gautier de), vassaux de Montlhéry, IV, 184.
LARGILLIÈRE (seigneur de), II, 206.
LARRON (Arnoult de), maire de Montreuil-sous-Bois, pendu au gibet de Paris. Lettres royales autorisant sa sépulture (1375), II, 400 (note 1).
LARROVY (François de), curé de Châtenay-en France (1719), II, 317.
LARSONNEUR (Anselme), chanoine de la Ste-Chapelle de Vincennes. Curé de la Pissotte (1699), II, 417.
LARY, écrit pour Lassy, II, 222.
Larziacum, Larzy. Voy. Lardy.
LASAURNE (François de), nom altéré de François d'Alesso, II, 111.
LASSERÉ (Louis), curé de St-Benoît de Paris (XVIe s.), I, 137-138 ; — de Vaugirard, 485.
LASSIS écrit pour Lassy, II, 222.
LASSY ou LACY, *Laciacum*, paroisse du doyenné de Montmorency [Seine-et-Oise, arr. de Pontoise, cant. de Luzarches]. *Notice*, II, 222-3. — Autres mentions, I, 486 ; II, 204, 207, 214.
— Lieu-dit : Vivier (le).
— *(Helvis* de), *de Laciaco* (1212), II, 222 (note).
— (Philippe de), seigneur d'Ermenouville (1384), II, 259.
Lat, mot celtique. Voy. *Lad*.
LA THORILLIÈRE, comédien du Roi. Possède un moulin à Charenton, II, 380.
Latiniacum. Voy. Lagny.
LATINIUS, nom romain. Origine de nom de lieu, IV, 544.
LATRAN. Époque où ce surnom fut donné à St-Jean de l'Hôpital à Paris, I, 147, 149. Voy. Conciles et Paris (commanderie).
Latvero : Louvres, II, 296.
LAUBARDERIE. Voy. Auberderie (l').
L AUBESPINE (Charles de). Voy. Aubespine (l').
LAUBIGEOIS (Grand-Jean), capitaine de Montmélian (XVIe s.), II, 339-40.
Lauconia, Laugonia sylva, II, 568 ; IV, 491, 520, 601.
Laucomana (cortis), IV, 585.
LAUGEOIS. Sa maison de campagne à Nogent-sur-Marne, II, 474.
Laugonia (Sylva). Voy. *Lauconia*.
LAUMONIER (Jehan), curé de Longpont. Son épitaphe, IV, 93, 94.
LAUMONT (fonds de), dépendant d'Asnières, III, 58.
LAUNAC (de), maître des Requêtes (XVIIe s.), IV, 510.

LAUNAY (château de) [Seine, com. de Villemomble], II, 562.
LAUNAY [Seine-et-Oise, ham. d'Orsay]. Château et moulin, III. 399.
LAUNAY [Seine-et-Oise, ham. de St-Michel-sur-Orge]. *Notice*, IV, 359.
LAUNAY, lieu-dit d'Orly (1628), IV, 438.
LAUNAY, hameau de St-Yon, IV, 160.
LAUNAY (le petit) [Seine-et-Oise, ham. de Bures], fief, III, 394.
LAUNAY (moulin de) dépendant de la terre de Buc (1692). Mentionné au XIVe s., III, 277.
— (Françoise de), femme de Pierre Clouet. Fondatrice d'un couvent à St-Ouen (1651), I, 575.
LAUNAY ou d'AUNAY (Guy de) (XIIe s.), IV, 211, 222, 359.
— (Hugues de), fils du précéd. Religieux de Ste-Geneviève, IV, 211, 359.
— (Milon de) *de Alneto*, frère de Renaud. Feudataire de Philippe-Auguste pour ses biens à Bution (XIIIe s.), III, 479. — Bienfaiteur du prieuré de Longpont ; son moulin de Buisson ; ses biens à Fontenelles, IV, 129, 222, 359.
— (Pierre de), frère de Renaud, IV, 222. Son fief à Fontenelles, IV, 359.
— ([Pierre], sieur de), mentionné en 1539 comme décédé, V, 203.
— (Renaud de), *de Alneto*. Se fait religieux à Longpont, IV, 222.
LAUNAY (de), curé de Villiers-le-Sec (XVIIIe s.), II, 231, 237 ; III, 383.
LAUNAY (de), secrétaire du Roi, préfet de la Monnaie. Sa fille mariée à Bachelier, seigneur de la Celle-St-Cloud, III, 161.
LAUNAY-COURSON. Voy. Courson-Launay.
LAUNAY-JACQUET [Seine-et-Oise, ham. de Fontenay-les-Briis], III, 450, 458.
LAUNAY-MARÉCHAUX [Seine-et-Oise, ham. de Briis], III, 450.
LAUNOY, fief à Lieusaint, V, 122
LAUNOY (Anne de), femme de Timoléon Gouffier, IV, 213.
— (Charles, comte de), seigneur de Brunoy (XVIIe s.), V, 207.
— (Letice ou Liesse de), dame de Guillerville (XIVe s.), III, 493.
LAUNOY (de), historien, rectifié, I, 18.
LAURAGUAIS (le duc de) [Louis de Villars-Brancas], seigneur en partie de Baillet par succession de MM. d'O, II, 150 [Il avait épousé, en 1731, la fille de Simon-Gabriel, marquis d'O].
LAURE, femme de Henri, comte de Grandpré (XIIIe s.), II, 598.
LAURENCE, femme de Jean de Chauvry, II, 143.

LAURENCEAU (Guillaume), prieur de St-Lazare de Paris (1495-1501), I, 300.
— (Jean), curé de Morsang-sur-Seine, chapelain de St-Gildard du même lieu. Chefcier de N.-D. de Corbeil (1481), V, 100.
LAURENSON (fief) à Conches, IV, 573.
LAURENT, curé de St-André de Chelles (1442), II, 497.
LAURIÈRE (de), rectifié, II, 590.
Laus perennis (psalmodie perpétuelle) établie à St-Denis, I, 504-5, 517; — crue à tort en usage à la cathédrale de Paris, I, 265.
LAUVAL (Vve), bienfaitrice de Fresnes (1745), IV, 47.
LAUZON (Anne de), femme du président de Novion [André Potier], III, 239.
— (Michel de), conseiller du Roi, secrétaire puis conseiller du Parlement. Seigneur d'Aubervilliers près Meudon (1589-91); sa sépulture, III, 239, 242.
— (Michel de), fils du précéd. Seigneur d'Aubervilliers; mort en 1645, III, 239.
LAUZUN (duc de) [Charles-Armand de Gontaut-Biron]. Sa maison à Passy, I, 407.
— (la duchesse de) [Marie-Antoine Bautru, femme du précéd.], I, 407.
— Dame d'Egly, d'Ollainville et de la Roche (1735), III, 476; IV, 170.
Lavaberis (cura de), écrit pour *de Canaberis* (Chennevières), II, 309.
LAVACHE, orfèvre à Paris (XVIIIe s.), III, 503.
LAVAL [Seine-et-Marne, arr. de Provins, cant. de Donnemarie-en-Montois]. Prieuré de St-Thomas, IV, 556-7.
LAVAL (Bertrand de). Son fief à Franconville (XIVe s.), II, 49.
— (Gilles de), év. de Séez (1490), I, 204.
— (Gilles de), fils de Pierre ? Seigneur de Villiers-le-Sec (1532), II, 236.
— (Gui de) de Montmorency, neveu de Jean. Seigneur de Conflans-Ste-Honorine, II, 94; — d'Attichy et de Moussy-le-Neuf (1372), 354.
— (Herpin de), sire d'Attichy. Son fief à Conflans-Ste-Honorine (1346), II, 93.
— (Jean de), seigneur en partie de Moussy-le-Neuf (1372), II, 354.
— (Louis de). Ses biens à Montmélian (1386), II, 339.
— (Pierre de), seigneur de Villiers-le-Sec par sa femme, Philippote de Beaumont (1495), II, 236.

— (Pierre de), év. de Rennes. Ses biens à Villemomble (1351-3), II, 561.
LAVANDIÈRE du corps du roi, I, 325.
LAVAUR [Tarn]. Evêques. Voy. Danès (Pierre), Malézieu (Nic. de).
LAW (Jean), financier. Acquiert en 1719 le château de Roissy-en-France, II, 284.
LA VERGNE (Jean de), ermite de S. Cyprien. Se retire au prieuré de Grosbois (XVIIe s.), II, 580.
LAY. Voy. Hay (l').
— (Alix de), *de Logia*, femme de Mathieu de Marly, IV, 42.
— (Guillaume de), chevalier, vassal de Mathieu de Marly, IV, 42.
— (Pierre de), curé de Puteaux (1718), III, 55.
LAYE (forêt de), *Ledia, Lidia, Lea,* Leie, III, 98-9, 131, 132, 134, 135, 144, 154.
LAYES (les), *Logiæ, Lacubus (cura de)*, Loye, Lois, Lais, les Lais, paroisse du doyenné de Châteaufort [Seine-et-Oise, arr. de Rambouillet, ham. des Essarts-le-Roi, III, 349-350. — *Notice*, III, 352-354.
— Lieux-dits : Aumônerie (l'), Bordel (le), Entrave (l'), Etrille (l'), Maris (les), Massicoterie (la), Molières (les), Rue-Verte (la).
Lea, Ledia (Sylva) Voy. Laye (forêt de).
LE BACLE (famille). Sa généalogie, III, 309 (note).
— (Henri), *li Bascles*, chevalier. Sa sépulture (1281), III, 309 (note).
— (Henri), vidame de Chartres (1285), III, 309.
— (Jean), mentionné sous Philippe le Bel, III, 309.
— (Jean), seigneur de Villiers-le-Bâcle (1330 ou 1340), III, 311, 312.
— (Jean), dit de Meudon, prévôt de Paris (1359-1361), III, 243, 281.
— (Pierre), chevalier, III, 309.
LE BARGE (Noël), receveur général des finances (1466), I, 18.
LE BAS DE MONTARGIS (Claude), greffier des ordres du Roi. Seigneur de Bièvres, III, 258; — de Vanves (1716), III, 584; — marquis du Bouchet-Valgrand, IV, 219. — Son fief à Sucy-en-Brie, V, 383.
LE BAVEUX (Gui), II, 149.
— (Hutin), chambellan du duc de Bourgogne [*corr.* Bourbon]. Seigneur de Baillet (XIVe s.), II, 149.
— (Jean), capitaine de Montlhéry, III, 329; IV, 106. — Reçoit du roi d'Angleterre des biens à Palaiseau, III, 329.
— (Jeanne). Voy. Baveuse (Jeanne la).

— 280 —

LEBEL. Voy. Bel (le).
LEBEUF (Jean). Ses biens à Rueil (1440), III, 98.
LE BEUF, commis des marquis de Barbezieux. Possède en 1697 la terre de la Tafarette, IV, 641.
LEBEUF, secrétaire du Roi. Sa maison à Viry (XVIII° s.), IV, 402.
Lebiacus. Voy. Lévy-St-Nom.
LE BLANC. Voy. Blanc (le).
LEBŒUF (Michel), secrétaire du duc de Berry, puis év. de Lodève. Son nom donné à un fief de Versailles, III, 196, 286.
LE BOUTEILLER. Voy. Bouteiller (le).
LE BOUTHILLIER (Claude) (1651), IV, 324.
LE BOUTILLER (Louis), abbé de la Roche (1566), III, 351.
— (Philippe). Voy. Bouteiller (le).
LE BOUX (Guillaume), év. d'Acqs (1652). Consacre l'égl. de Gennevilliers, III. 62.
LE BREIN (Gilles), curé de Buc (1708), III, 275.
LE BRET (Charlotte), religieuse de Faremoutiers puis prieure de St-Thomas de Laval. Fondatrice des bénédictines de la Conception et de St-Joseph (1641), II, 363 ; IV, 556.
— (Élisabeth), sœur de la précéd., IV, 556.
— (Jacques), ermite à Montmorency (XVII° s.), I, 627.
— (Marie), fille de Cardin ; femme de Charles de l'Aubespine. Dame de Ville-Evrard (1681), II, 480.
— (Pierre Cardin), premier président du Parlement de Provence, II, 480. — Seigneur de Pantin, II, 649.
— [Cardin], fils du précéd. Seigneur de Pantin, II, 649-50.
LE BROUST, seigneur de Fontenay-aux-Roses (XVII° s.), III, 563.
LE BRUN (Adam), seigneur de Palaiseau (XIV° s.), III, 328-9. — (Jacques), son fils, tué à Azincourt, ibid. — (Jeanne), fille d'Adam ; femme de Guillaume de Harville (1477), ibid.
— (Geneviève), femme de Philippe Genoud (XVII° s.), IV, 229.
— (Jean-Baptiste), inventeur d'une machine à élever l'eau, III, 19.
— (Louis), curé de Villiers-Adam (1713), II, 138.
— [Pierre, corr. Charles], peintre du Roi. Sa sépulture (1690), I, 345. — Sa maison à Montmorency, 626. — Tableaux de lui au château de Sceaux, III, 551, 552.
LE CAMUS. Voy. Camus.
LE CAMUSA (Louise), femme d'Antoine de la Lacre. Sa sépulture (1631), IV, 448.

LE CARLIER ou LE CARRELIER (Guillaume), dit de Saint-Jean. Seigneur du Coudray-Montceaux ; ses biens à Soisy-sous-Étiolles (XV° s.), V, 70, 104. — (Jean), père du précéd. (1475), V, 104.
LE CERF (Toussaint-François), curé de St-Denis-du-Port (XVIII° s.), IV, 543.
LE CESNE, secrétaire du Roi. Sa maison au petit Chantelou (1619), III, 538.
LE CHARPENTIER (Quentin), curé de Presles. Son épitaphe (1525), V, 307-8.
LÉCHERIES (seigneur de), II, 206.
LECLERC (Alain), curé de Bussy-St-Martin et chapelain de St-Fiacre de la Celle. Sa sépulture (1492), IV, 579-80.
LE CLERC (Anne), femme de Jean le Prévôt. Dame de Vanves (1580), III, 584.
— (le vénérable Antoine). Sa sépulture, I, 333.
— (Chrestienne), femme de Charles Bailly. Fondatrice des Carmes de Conflans (1615), II, 362
— (Étienne). Aliène la terre de Maugarny (1420), I, 649.
— (François), bailli et capitaine de Sens. Seigneur de Fleurigny et de la Roue (XVI° s.), IV, 125, 126.
— (Isabeau), femme de Mathieu Macheco, I, 403.
— (Jacques), seigneur en partie de Châtres (XIV° s.), IV, 143.
— (Jean), mentionné en 1327, V, 326 (note).
— (Jean), curé de Gonesse (1397), II, 261.
— (Jean), avocat, maire de la justice de St-Magloire à Charonne (1497), I, 476.
— (Jean). Son *Théâtre manuscrit des villes*, cité, I, 573.
— (Jean), partisan du roi d'Angleterre. Ses biens à Chauffour (1423), II, 186. — Chancelier de France. Seigneur de Luzarches et de la Motte, II, 211. — Ses biens à Garges, 255 ; — à la Coudraye, 544. — Seigneur de Sèvres, III, 16-17. — Ses biens à Torcy, IV, 594 ; — à Cramayel, V, 112.
— (Jean), seigneur de Villebon et de Villiers-sous-Saulx (1520), III, 513.
— (Jeanne), femme de Jean Choart, I, 596.
— (le P. Joseph), capucin [François Leclerc du Tremblay], mort à Rueil, III, 102.
— (Michel), secrétaire du Roi. Ses biens à Maisons-Alfort (XVI° s.), V, 7.
— (Michel), curé de Jaigny, II, 229.

— (Nicolas), tuteur du seigneur d'Aulnay (1620), II, 632.
— (Pierre), seigneur en partie de Luzarches (1474), II, 211.
— (Pierre), trésorier général des armées du Roi. Sa maison à Ver-le-Grand (1648), IV, 214.
— (Pierre), sieur du Vivier (XVIIe s.), II, 533, 535.
— (Robert), seigneur d'Armenonville, II, 197.
— (Valentine), fille de Robert, femme de Charles de Belloy, II, 197.
— (Dlles). Leur fief de la Saussaye, IV, 214.
LE CLERC DE BOISRIDEAU (Jean). Possède la basse justice de Chaillot (1664), I, 412.
LE CLERC DE (ou dit) COTTIER (Anne), femme de Jean-Robert de Helin (XVIe s.), I, 639. — (Jacques), conseiller au Parlement. Seigneur de Noneville (1550), II, 600; — d'Aunay, 606. — (Jean), écuyer. Seigneur d'Aunay (XVIe s.), II, 603, 606. — (Jean), seigneur d'Aunay, de Noneville et de Savigny, capitaine des forêts de Livry et de Bondy. Son épitaphe (1609), II, 602, 603, 606. — (Louis), baron d'Aunay, Noneville, Savigny, Bellefontaine, Deslions. Son épitaphe (1679), II, 603. — [Marie-Elisabeth], fille du précéd. ; femme de Jacques-Armand de Gourgues, II, 603, 606. — (X...), fils de Jean. Sa sépulture, II, 603.
LE CLERC DE COURCEL D'ERVAL (Jeanne-Louise-Françoise), propriétaire de la basse justice de Chaillot (XVIIe s.), I, 412.
LECLERC-GRANDMAISON, seigneur de Beaurepaire (XVIIe s), IV, 318.
LE CLERC DE LESSEVILLE, seigneurs de Saint-Prix (XVIIIe s.), I, 649. — (Anne), femme d'Armand de St-Martin (XVIIIe s.), II, 66. — [Nicolas], conseiller au Parlement. Seigneur de Taverny (1675), II, 66 ; — de St-Luc, 68.
LE COMTE (Antoinette), dame de Montaglan et de Villiers-Adam (1680), II, 132.
— (Jean), protestant. Seigneur de Montfermeil en 1522 et 1580, II, 544 ; — de Villecresnes, V, 216.
— (Jean), ermite du Mont-Valérien ; mort en 1638, III, 84.
— (Jean), sieur de Montaglan. Seigneur en partie de Villiers-Adam (1660), II, 132.
— (Michel). Voy. Paris, rues.
— (René), avocat. Seigneur d'Arpenty (1580), III, 322.

— (X...), gendre de Thomas Clerc. Sa maison à Villemomble (XVIIe s.). II, 562. — Conseiller au Parlement. Seigneur de Vaujours, II, 576.
LE COMTE, curé de Villeron, II, 312.
LE COQ (Antoine), conseiller au Parlement. Seigneur de Combs-la-Ville (1543), V, 180.
— (Catherine), femme de Jean de la Haye. Dame de la Houssaye (1500), V, 337.
— (Charles), président des Monnaies (XVIe s.). Lègue à l'abbaye du Val-de-Grâce des biens à Garges, II. 255. — Seigneur de Combs-la-Ville, V, 176-7, 180. — (Charles), son fils ; président des Monnaies. Seigneur de Combs-la-Ville (1600), V, 180.
— (Gérard), conseiller au Parlement. Seigneur de Combs-la-Ville (1440), V, 180.
— (Gérard), conseiller au Parlement. Seigneur de Combs-la-Ville (1521), V, 177.
— (Guillaume), avocat. Son fief d'Egrenay (1474). V, 176.
— (Hugues), archidiacre de Beaune, chanoine de Notre-Dame (1521), V, 176-7.
— (Jean), curé de St-Eustache (XVIe s.), I, 59, 60.
— (Jean), conseiller au Parlement. Seigneur de Combs-la-Ville (1366), V, 180 ; — de la Houssaye, 337.
— (Jeanne), femme de Pierre Perdrier. Sa sépulture (1546), II, 637, 638.
— (Louis), chapelain de St-Symphorien de Paris (XVe s.), I, 251.
— (Marie), femme d'Arthur Deschamps (1521), V, 176-7.
— (Nicolas), président à la Cour des Aides ; mort en 1598. Seigneur de Livry, II, 588 (note) ; — de Bièvres, III, 258.
— (X...), seigneur de Chauvigny. Son épitaphe (XVIIe s.), II, 206, 214
LE COURT (Charles), vicaire général et official de la cathédrale de Paris (1608), I, 637.
— (François), doyen du chapitre de St-Cloud. Ses autres dignités, III, 27-8.
— (Michel). Voy. Paris, rues.
LE COUSTURIER DE COCQUEBURNE, commissaire des mousquetaires. Seigneur de Villemomble (1698), II, 563.
LECTHEREL. Voy. Bescherel.
LECTOURE [Gers]. Evêque. Voy. Entragues (Louis d').
LE DAIM (Olivier) ou le Mauvais, barbier de Louis XI. Garde des

bois de Boulogne et de Vincennes, I, 396. — Concierge du château de Vincennes. Biens qu'il reçoit du roi en ce lieu (1473), II, 409 ; — à Belébat (1485), III, 162. — Capitaine de Corbeil, IV, 290. — Seigneur de Crosne (1482), V, 44 ; — de Soisy-sous-Etiolles, 70.

LE DANOIS (Jean). Maisons qu'il possède à Paris (XVᵉ s.), II, 388.

LE DENOYS (Jean), év. du Mans, prieur de St-Eloi de Paris, I, 313. — Possède la terre d'Avron ; mort en 1462, II, 479.

LEDESMAL, chevalier de Vilescobien (XIIᵉ s.), III, 32.

LEDDEVILLE : Leudeville, IV, 219.

LEDERIC, premier forestier de la forêt Charbonnière (VIᵉ s.). Un des fondateurs fabuleux du château de Montlhéry, IV, 98.

Ledevilla, Leudevilla. Voy. Leudeville.

Ledia, III, 353. Voy. Laye (forêt de).

LE DIREY DE VITRY, bienfaiteur de l'égl. de Coubert, V, 151.

LE DOUBRE, maître des Comptes. Seigneur de Fontenay-aux-Roses, III, 563. — Sa résidence à Belleplace (1697), V, 41.

LE DUC (Guillaume). Voy. Aguenin.
— (Guillaume), seigneur de Villevaudé. Sa sépulture (1452), II, 526.
— (Guillaume), abbé de Ste-Geneviève puis év. de Bellune ; né à Roissy-en-France. Curé de ce lieu, II, 281, 284-5 ; — de Voisins-le-Bretonneux. Prieur de St-Germain-de-Beausault (1537), III, 285. — Chapelles et égl. qu'il dédie, I, 136 ; II, 261, 305, 312, 347, 608 ; III, 586.
— (Jean), conseiller au Parlement. Bienfaiteur des Chartreux, IV, 16.
— (Marguerite), fille de Guillaume, femme de Pierre Aguenin (XVᵉ s.), II, 526.
— (Pierre), abbé de St-Victor de Paris, décédé en 1400. Ses œuvres, I, 341. — Son lieu de naissance, II, 285.

LE DUC (Mˡˡᵉ), dame de Tourvois. Bienfaitrice des sœurs de charité de Fresnes (1745), IV, 47.

LE FAVRE, seigneurs de Morsang-sur-Seine. — (Jacques), maître des Requêtes, vicomte de Sens ; décédé en 1573, V, 100. — (Jacques), doyen de St-Urbain de Troyes (1597), *ibid.*

LE FEBVRE, seigneurs d'Eaubonne.
— (André), conseiller au Parlement (XVIᵉ s.), I, 641. — (Gervais), président au Grand Conseil (XVIIᵉ s.), I, 642.

— (Renaut). Voy. Paris, rues.

LE FEBVRE. Voy. Le Fevre.

LE FÉRON. Voy. Féron (Le).

LE FEVRE (Antoine), conseiller au Parlement. Possède la terre de la Barre en 1639, V, 278.
— (Claude), avocat au Parlement. Fondation qu'il fait au collège de Montaigu (1649), IV, 357.
— (Elisabeth), femme de François III de Braque, II, 168.
— (Eustache), bienfaiteur de St-Laurent de Paris, I, 300.
— (Germain), doyen du chapitre de St-Cloud (XVIᵉ s.). Identifié avec Germain Fabry, III, 27.
— (Guillaume), marguillier de St-Lambert (1539), III, 340.
— (Henri), examinateur au Châtelet. Son hôtel à St-Ouen (1456), I, 573.
— (Marie), bienfaitrice de Fontenay-sous-Bois (1717), II, 384.
— (Nicolas), bienfaiteur du collège de Montaigu (1499), IV, 55.
— (Nicolas), précepteur du prince de Condé. Originaire de Linas, IV, 127. — Sa sépulture (1612), I, 53.
— (l'abbé Nicolas), sous-précepteur des enfants de France. Fondateur de la communauté de Ste-Aure à Paris, I, 256.
— (Raoul), maître des écoles de St-Séverin de Paris. Curé des Loges en Josas ; sa sépulture (1498), III, 272-3.
— (Valentine), femme de Jean Girard. Dame de Cramayel (XVIᵉ s.), V, 112.
— (Vincent), habitant et bienfaiteur de Linas. Son fils, Nicolas, IV, 121, 127.

LE FEVRE, intendant des Menus, puis trésorier de la Reine. Sa maison à Nogent, II, 474.

LE FEVRE. Voy. Boderie (de la), Caumartin (de), Ormesson (d').

LE FÈVRE DE SAINT-REMY (Jean), cité, IV, 106.

LE FRANÇOIS, curé de Gentilly. Ses ouvrages, IV, 10.

LE GAY (Jean), curé de Ferrolles (XVIIIᵉ s.), V, 276.
— (Pierre), curé de Croissy-sur-Seine (XVᵉ s.), II, 27.
— (Louis), curé de Baillet (1462), II, 149.

LE GENDRE (Anne), femme d'André Hébert, III, 276.
— (Claire), femme d'Olivier Alligret. Bienfaitrice d'une chapelle à Charenton (XVIᵉ s.), II, 379 ; V, 9. — Son fief à Villeroy, IV, 245.
— (Jean), trésorier de France. Son épitaphe (1522), IV, 245 (note).

— (Nicolas), seigneur de Villeroy. Sa maison à Conflans (1568), II, 371. — Seigneur de Fontenay-le-Vicomte (1580), IV, 237. — Voy. Neuville (Nicolas de).
— (Pierre), fi's de Jean, seigneur de Villeroy et d'Alincourt (XVᵉ s.). Lègue la terre de Villeroy à son petit-neveu Nicolas de Neuville, IV, 245.
— (Robine), femme de Louis Poucher (XVIᵉ s.), V, 358.
LE GENDRE, maître des Requêtes. Ses biens à Montlhéry, IV, 115.
LEGENDRE, prieur de St-Ouen de Favières (XVIIIᵉ s.), V, 346.
LE GENDRE, procureur général du Parlement de Metz et maître des Requêtes (XVIIᵉ s.). Sa résidence à l'Ormoy, IV, 90.
LEGER (Étienne), chanoine de Notre-Dame (1523), V, 356.
LEGER (Placide), moine de St-Germain-des-Prés Ses sermons, I, 272.
LEGER, prêtre (curé) de Sevran (XIIIᵉ s.), II, 583.
LEGIERS, doyen de Ste-Sophie de Constantinople, chancelier de l'Empire (1245), II, 463.
LE GOIS, boucher de Paris. Ses gens incendient le château de Bicêtre (1411), IV, 12.
LE GRAIN (Anne), femme de Nicolas Aymon ou Aymery, III, 217.
— (Jean-Baptiste), maître des Requêtes de la Reine, V, 46.
— (Jean-Baptiste), fils du précéd., maître des Requêtes de la Reine. Ses ouvrages ; sa sépulture (1642), V, 46-7, 49-50.
LE GRAND (Alexandre), conseiller au Parlement. Acquiert la seigneurie de Vaugien (1614), III, 382.
— (Claudine), femme de Charles de Fitte (1619), III, 456.
— (Jean), sergent d'armes du Roi. Bienfaiteur de l'égl. Saint-Gervais (1375), I, 83. — Portier du Roi. Ses biens confisqués pour bâtardise (1307), IV, 522. — |Le même?|, fondateur d'une chapelle dans l'égl. de Fontenay-le-Vicomte, IV, 236.
— Fief possédé par sa fille à Mardilly, V, 132.
— (Jean), maître des Comptes. Seigneur de St-Germain-le-Grand, V, 290.
— (Marie), dame de Coye (1283), II, 336.
— (Simon), docteur en droit et sa femme, Jeanne Coquatrix. Bienfaiteurs des Célestins de Paris ; leurs biens à Bondoufle ; leur mort en 1343, IV, 334 ; V, 84 (note).

LE GRAND (l'abbé), historien de Louis XI. Sa résidence à Savigny-sur-Orge, IV, 392.
LE GRANT (Thibaud), clerc de St-Ouen-l'Aumône (1499), II, 114.
LE GRENÉ (Philippe), chevalier. Seigneur de St-Aubin (1280), III, 334-5. — Sa sœur Isabelle, abbesse de Gif, ibid.
LE GRESLE ou de GRESLE (Jacques). Ses enfants possesseurs d'un fief à Echarcon (XVIᵉ s.), IV, 241.
— (Jean), tuteur des enfants de Jacques, IV, 241. — Seigneur de Villepescle (1575 et 1598), V, 121.
— (Nicolas), seigneur de Villepescle et de Beaupré. Sa sépulture (1608), V, 125.
— (Pierre), seigneur de Villepescle (1597), V, 121.
LE GRAS (Simon), év. de Soissons (1645), I, 302.
LE GROS (Micheau), archi ecte ?. Ses travaux à St-Séverin (1498), I, 102.
L'ÉGUISÉ (Jean), év. de Troyes. Dédie l'égl. Saint-Spire de Corbeil (1437), IV, 277.
LE GUAY, notaire (1633), V, 298.
LEGUET (Marguerite), femme de Pierre Maurel, III, 467.
LE HAYS (Gilles), curé de Gentilly (XVIIᵉ s.), IV, 10.
LEICESTER (Robert, comte de). Fait prisonnier par Mathieu Iᵉʳ de Marly, III, 121.
LEIRS (Foulques de). Voy. Liers.
LE JAY (Alexandre-Guillaume), fils légitimé de Nicolas ; abbé de Cherbourg. Seigneur de Saintry ; mort en 1646, V, 96, 97, 105.
— (Henri-Antoine), seigneur de Brétigny et de Saintry, V, 97. — (Françoise), sa fille, femme de Benoît Perrot, ibid.
— (Jean), secrétaire du Roi, III, 416.
— (Nicolas), fils du précéd. ; secrétaire du Roi. Seigneur de Quincampoix et de Bévilliers ; sa sépulture |1571|, III, 416-7.
— (Nicolas), maître des Comptes. Seigneur de Gournay (1556), IV, 619.
— (Nicolas), premier président au Parlement. Sa maison à Charonne, I, 480 ; — à Conflans, II, 371. — Seigneur de Brétigny-sur-Mons (1637), IV, 422 ; — de Tilly et de la Maison-Rouge. Acquiert la terre de Saintry (1634), V, 96.
— (Paule), religieuse de Maubuisson. Envoyée à l'Hôtel-Dieu de Gonesse (1585), II, 207.
— (Pierre), seigneur de Sansal (1623), V, 273.

LE JEUNE (Pierre), chanoine et bienfaiteur de Notre-Dame (XIIº s.), III, 542 ; IV, 35, 42.
LE JEUNE, seigneur en partie de Neuilly-sur-Marne et d'Ouroir. Sa sépulture (XIVᵉ s.), II, 476-7.
LE LARGE, seigneur d'Eaubonne (XVIIIᵉ s.), I, 642.
LE LASNIER (Pardoul), élu abbé de Lagny en 1525, IV, 551.
LE LATIMIER (Guillaume), écuyer. Son épitaphe (XIVᵉ s.), II, 618, 619.
LE LONG, maître des Comptes. Sa maison à Créteil (XVIIIᵉ s.), V, 22.
LE MAIGNAN (Aliaume) et Octave de Jeurcy, sa femme. Bienfaiteurs de la confrérie du Blanc-Mesnil (1453), II, 627. — (Denis et Jean), orfèvres. Bienfaiteurs de la même confrérie (XVᵉ s.), II, 628.
LE MAIGNEN. Voy. Le Meignen.
LE MAIRAT (de l'ÉPINETTE-), seigneurs de Bruyères-le-Châtel. — (Jean-Louis), baron de Lustracq. Acquiert la terre de Bruyères (1641), III, 474-5 — (Jean), fils du précéd. ; mort en 1713, ibid. — (Jean-Louis), neveu du précéd. ; mort en 1729, ibid. — (Joachim) Ses droits sur la terre de Soucy (XVIII s.), III, 457, 475. — Son cœur conservé dans l'égl. de Bruyères, III, 468.
LE MAIRE (famille). Ses biens à Trianon, cédés à Louis XIV, III, 205.
LE MAIRE, procureur au Parlement de Paris. Sa veuve, bienfaitrice de la communauté de la Ste-Famille (XVIIᵉ s.), I, 480.
— (Henri). Sa Vie de S. Yon citée, IV, 159 (note).
— (Hugues), doyen de la collégiale de Linas, IV, 120.
LE MAISTRE ou LE MAITRE (Charles), curé de Brie-Comte-Robert (1573), V, 240, 261.
— (Claude), fils de Geoffroi. Acquiert la seigneurie de Bellejambe, III, 493.
— [François]. Sa maison à Draveil, V, 66.
— (Geoffroi), prévôt de Montlhéry. Seigneur de St-Cheours et de Monteloup ; sa sépulture (1545), III, 450, 493 ; IV, 108.
— (Geoffroi), prévôt de Montlhéry (1580), IV, 109.
— (Gilles), fils de Geoffroi [Iᵉʳ], premier président du Parlement. Seigneur de Monteloup et de Saint-Cheours, III, 450, 451 (et note), 452. — Pièces d'artillerie provenant de son château, III, 454 ; IV, 69.
— (Gilles), arrière-petit-fils du précéd. ; conseiller au Parlement. Seigneur de Ferrières et de St-Cheours ; son épitaphe (1630), III, 453.
— (Guillaume), maire et garde de la justice de St-Mandé (1629), II, 382.
— (Guy), chapelain d'une chapelle près de Vaires (1541), II, 503.
— (Jacques), procureur du Roi. Seigneur en partie de Bellejame, III, 493.
— (Jean), dit le Bossu. Son moulin à papier à Essones (XVᵉ s.), IV, 268.
— (Jean), religieux d'Hermières, vicaire perpétuel de Pontcarré (1506 et 1529), IV, 505, 506.
— (Jean), fils de Gilles (1575), III, 452.
— (Jean), conseiller au Parlement. Seigneur de St-Cheours en 1637, III, 453 ; IV, 86.
— (Jean-Jacques), auditeur des Comptes (XVIIᵉ s.). Sa maison à Villiers-sur-Orge, IV, 89.
— (Jérôme), seigneur de Bellejambe, III, 490, 494.
— (Julien), frère de Gilles ; chanoine de Tours. Curé de Briis (1559), III, 452.
— (Louis), fils de Jérôme ; conseiller d'État. Change le nom de sa seigneurie de Bellejambe en celui de Bellejame, III, 494. — Sa sépulture (1665), III, 490. — Mentionné en 1661, IV, 114.
— (Pierre), secrétaire du Roi. Seigneur en partie de Bellejambe, III, 493. — Sa veuve [Jacqueline de Merle], dame de ce lieu (1574), 494.
— (X...), auditeur des Comptes. Son fief de Sous-Carrières (XVIIIᵉ s.), V, 360.
— (Mˡˡᵉ), dame de Bellejame (XVIII s.), III, 494.
LE MAISTRE DE SACY, neveu d'Arnauld d'Andilly. Mort au château de Pomponne (1684), II, 510.
LE MARINEL (Jean), curé de Montreuil-sous-Bois (1669), II, 417.
— (Martin), curé de Franconville (1626), II, 47 ; — de Montreuil-sous-Bois (1627), II, 397.
LE MARINIER (Laurent). Sa maison à Paris (1306), I, 94.
LE MARQUANT, curé de St-Vrain. Chapellenie dont il se démet (1711), III, 357, 417.
LE MASLE (Michel), seigneur des Roches. Prieur commendataire de Longpont (1641), IV, 92. — Chantre de l'égl. de Paris. Sa maison à Juvisy (1643), IV, 413.
Lemausum : Limoux en Berry, III, 430-431.
LE MEIGNEN (Henri), évêque de Digne. Dédicaces faites par lui (1573 à 1583), I, 32, 415, 463-4 ; II, 191,

274, 317, 318, 471, 515; IV, 591; V, 128.

LE MÉNAGIER (Jean) et sa femme Emeline. Bienfaiteurs de l'égl. St-Jacques de St-Germain-lez-Corbeil (1328), V, 83.

LE MERCIER, architecte du Roi. Construit le château de Chilly-Mazarin; sa sépulture, IV, 67.

LE MERCIER (Jean). Ses biens à Clamart (XIVᵉ s.), III, 249.

LE MERCIER (Martin), curé de Voisins-le-Bretonneux. Son oratoire à Brouessy (1645), III, 295.

LÉMERY, chimiste. Analyse les eaux minérales de Passy, I, 405.

LE MESNIER (Gilles), conseiller au Parlement. Son château à Fouilleuse (1602), III, 101.

LEMET (Catherine), femme de Guillaume Lormier. Dame de la Briche (XVIIᵉ s.), I, 597.

LEMIRE (Bernard). Ses biens à Arcueil (XVᵉ s.), IV, 16.

— (Jeanne), fille de Nicolas et femme de Philippe Greincourt (XVᵉ s.), II, 637.

— (Nicolas), seigneur de Bobigny (1389), II, 637.

LE MOINE (Alexandre), chapelain de St-Sauveur du Mont-Valérien, III, 83.

— (Claudine), dame de Moisselles (1628), II, 190.

— (Jean), fondateur d'une chapellenie à la collégiale de Luzarches, II, 204. — Bienfaiteur de Notre-Dame, IV, 407.

— (Jeanne), femme d'Adrien Auger, I, 561.

— (Richard), prieur de St-Martin-des-Champs, abbé de Lagny (1503), IV, 551.

— (Sevestre), prévôt d'Auxerre; mort en 1467, II, 370.

LE MOINE, docteur de Sorbonne. Seigneur d'Asnières (XVIIᵉ s.), III, 56, 57.

LE MOINE (le cardinal). Voy. Paris (collèges).

Lemovecas. Voy. Limoges.

LE MOYNE (Antoine), seigneur de Combault (1597), IV, 493.

— (Pierre), curé de St-Fargeau et de Bonneuil en France. Son épitaphe (1516), II, 618; — auteur d'une Chronique de France, 620-1.

LEMPEREUR (Jacques), partisan de Charles VII. Dépossédé de ses biens à Bussy-St-Martin, IV, 580; — à Torcy (1423), IV, 594.

— (Jean), bourgeois de Ferrières. Sa sépulture (1334), IV, 637.

— (Julian), sergent d'armes du Roi, et Jeanne sa femme. Leur sépulture (XIVᵉ s.), V, 369.

LE MUET (Guillaume), changeur du Trésor pour le roi d'Angleterre. Ses biens à la Varenne-St-Maur (XVᵉ s.), II, 457.

LE MUNIER (Jean), abbé de St-Maur puis év. de Meaux. Administrateur du prieuré de St-Eloi de Paris (XVᵉ s.), I, 313.

LE MYRE (Nicolas), fondateur d'une chapellenie à St-Eustache de Paris, II, 293. Voy. Le Mire.

LE NAIN (Jean), seigneur de Beaumont. Possède en partie le château de Tillemont (1631), II, 402.

LE NAIN DE TILLEMONT (Sébastien). Se retire au château de Tillemont, II, 402; — curé de St-Lambert (1682), III, 340; — sa résidence aux Trous, 415. — Sa sépulture (1698), I, 287.

LE NEVEU (Mᵐᵉ). Acquiert et détruit le ham. de Prunay (XVIIIᵉ s.), III, 115.

L'ENFANT (Jean), chauffe-cire de la chancellerie royale. Seigneur de Bussy-St-Martin ; mort vers 1509, IV, 580. — (Jeanne), femme de Jean Maillart, *ibid.*

LENFERNAL (Adrien de), écuyer, homme d'armes du prince de la Roche-sur-Yon. Seigneur de Soucy ; sa sépulture (1556), III, 457.

LENGINERIE, au bailliage d'Orléans, ham. de la paroisse d'Andeglou, I, 571-2.

Lenniacum, écrit pour *Latiniacum,* IV, 544, 640.

LE NOBLE (Eustache). Sa sépulture (1711), I, 111.

LE NOIR (Charles-Alexandre), président de la Cour des Aides. Opposition qu'il fait à la saisie de la terre de Vitry-sur-Seine (1718), IV, 454.

— (Jean), seigneur du Jardin à Fontenay-sous-Bois (1580), II, 391; — de la Garenne à Villemomble, 561. — Proteste au nom du seigneur de Gometz, III, 408.

— (Nicolas), architecte demeurant à Conflans-Ste-Honorine, II, 83.

— (Thomas), archidiacre de Bar. Biens qu'il donne à la cathédrale de Paris, III, 214.

— (Thomas). Sa maison à Paris, IV, 207.

LÉNONCOURT (Philippe, marquis de). Sa maison à Bagneux (1665), III, 571-2.

LENONCOURT (de), brigadier des armées du Roi. Seigneur de Charonne (XVIIIᵉ s.), I, 477.

LE NORMAND, trésorier de France. Seigneur d'Étiolles (XVIIIᵉ s.), V, 75.

LE NÔTRE. Parcs et jardins dessinés par lui, III, 36, 383 ; IV, 355, 378.
LENS [Nord], II, 377.
— (Claude de). Voy. Lévis (Claude de).
LEHON [Côtes-du-Nord, arrond. et cant. de Dinan]. Prieuré ; ses fondateurs, I, 181 ; — cédé par l'abbaye de St-Magloire de Paris à celle de Marmoutiers (XIIe s.), III, 193 ; — abbé. Voy. Junan.
LÉON III, pape. Sa présence à Soissons en 804, II, 484.
LÉON X, pape (1521), I, 399.
LÉON, curé de St-André-des-Arts (1329), I, 170.
LÉON [ou Saint-Pol de Léon, Finistère, arr. de Morlaix]. Évêque, inhumé à St-Victor de Paris, I, 339.
— (le prince de). Son château à Bruyères, II, 657.
— (vicomte de). Voy. Rohan.
— (Hervé de), seigneur de Noyon-sur-Andelle et de Croissy-en-Brie (1307-1344), IV, 518.
LÉONARD (Frédéric), imprimeur du Roi, I, 425. — Sa maison à Rueil, III, 104 ; — à Evry-sur-Seine, IV, 330. — Sa fille mariée à M. Herbin, ibid.
— (Frédéric), fils du précéd. Imprimeur du Roi, III, 104.
LÉONARD (X.), femme de M. Chardon, III, 104.
Leonardi ou Leonorii villa : la Norville, IV, 230.
LÉONINS (épitaphe en vers), III, 511.
LÉONIUS, poète latin du XIIe s. Chanoine de N.-D. de Paris et non de St-Benoît, I, 134, 135, 137, 148.— Lieu de sa mort, I, 341.
LÉOTHERIC, archev. de Sens, I, 5.
LÉOVAR. Sens de ce mot, II, 296.
LÉPAGNOL (Nicolas), maître des Comptes, seigneur de Fontenay. Premier baron de Ballainvilliers ; son épitaphe [1688], IV, 81.
LE PAUTRE, architecte. Maison et château construits sur ses desseins, I, 575 ; III, 35.
LE PETIT DE GRANDCOUR (Marguerite-Charlotte), femme de Louis-Auguste Thiboust de Berry, V, 429.
LE PEULTRE (Jacques), seigneur du Plessis-Trappe. Son épitaphe (1615), II, 11.
— (Jeanne), femme de Jacques Pinon, V, 155.
LE PILEUR (Jean), fils de Michel. Avocat au Parlement (1528), I, 67.
— (Justine), bienfaitrice de l'égl. de Serris (1700), IV, 531.
— (Michel), fondateur de l'hôpital des Veuves à Paris (XVIe s.). Bienfaiteur de l'égl. St-Jacques-la-Boucherie, I, 67.
— (Nicolas), bienfaiteur de l'hôpital des Veuves, I, 67.
— (Thomas), secrétaire du Roi. Seigneur de Chatou (1577), II, 24 ; — de Serris (1580), IV, 531.
— (Thomas), fils du précéd. Seigneur de Chatou et de Mallenoue, II, 24.
— (X...), conseiller au Parlement. Seigneur de Brevannes (XVIIIe s), V, 34.
LÉPREUX, mésiaux. Jour où il leur était permis de quêter dans Paris (XIVe s.), I, 202-3. — Miracle opéré sur l'un d'eux par S. Martin, I, 178, 187, 189, 202. — Soupçons dont ils sont l'objet au XIVe s., IV, 105.
LE PRINCE (Pierre), contrôleur de la Chambre aux Deniers. Seigneur de la Norville, du Coudray-Liziard et de la Bretonnière (1475), IV, 156, 157, 158, 233 ; V, 106.
Leprosa, abbesse de Malnoue (XIIIe s.), IV, 494.
LÉPROSERIES, à Bois-d'Arcy, III, 191 ; — à Bondy, II, 565-6 ; — au Bourget, II, 634-5 ; — à Chailly, IV, 63 ; — à Champeaux, V, 420 ; — à Châtres (dite de St-Blaise), IV, 141 ; — à Chauvry, II, 143 ; — à Épinay-sur-Seine, I, 595 ; — à Fontenay-sous-Bois, II, 388-9 ; — à Franconville, II, 46 ; — à Gonesse, II, 265 ; — à Gournay, IV, 614 ; — à Juvisy, IV, 109 ; — à Lieusaint, V, 119 ; — à Linas, IV, 126 ; — à Longjumeau, IV, 74 ; — à Louvres, II, 300 ; — à Luzarches, II, 206 ; — à Marly-la-Ville (dite de Survilliers), II, 329 ; — à Massy, III, 526 ; — à Moisselles, II, 189 ; — à Montfermeil, II, 545 ; — à Montgeron, V, 46 ; — à Moussy-le-Neuf, II, 353 ; — à Palaiseau, III, 327 ; — à Pantin, II, 650 ; — au Plessis-Gassot, II, 248 ; — à Pomponne, II, 506-7 ; — à Pontoise, II, 116 ; — à la Queue-en-Brie, IV, 485-6 ; — à Romainville, II, 647 ; — au Roule, I, 438-9 ; — à Saint-Cloud, III, 29-30 ; — à St-Leu, II, 69 ; — à St-Yon (dite de la Madeleine), IV, 162, 164 ; — à Stains, I, 581 ; — au Tillay, II, 274 ; — à Tournan, V, 322 ; — à Vaujours, II, 575 ; — à Versailles, III, 200-201 ; — à Villejuif (dite de la Saussaye), IV, 37-39 ; — à Villepreux, III, 183 ; — à la Villette, I, 464. — Voy. aussi Banlieue (la), Bourg-la-Reine, Brie-Comte-Robert, Bruyères-le-Châtel, Champpourri, Chanteloup, Châteaufort,

Charlevanne, Charenton, Corbeil, Paris. — Arrêt ordonnant leur réunion aux hôpitaux voisins, II, 47. — Saints, patrons ordinaires de ces établissements, I, 594-5 ; II, 47.

LERAT (Simon), grand-prieur de France (1323), II, 571.

LE RICHE (Adam), fondateur d'une chapelle dans l'égl. de Pantin, II, 648, 649.

LE RICHE, fermier-général, marquis de St-Vrain (XVIIIᵉ s.), IV, 206.

LÉRINS (abbaye de). Voy. S. Aigulfe.

LE ROY (Antoine), chanoine de Sens. Sa *Vie de Rabelais* citée et critiquée, III, 229-30.

— (Catherine), abbesse de la Virginité. Supérieure des bernardines d'Argenteuil (1635), II, 17.

— (Charles), seigneur de Bailly et de la Poterie (1628), IV, 607.

— (François), prieur de St-Ouen de Favières (XVIᵉ s.), V, 346.

— (Grégoire), prieur de Châteaufort (1448), III, 300.

— (Guillaume). Son ermitage à Montmorency (XVIIᵉ s.), I, 627.

— (Jacques), archev. de Bourges. Sa sépulture (1572), I, 46.

— (Jacques), seigneur de Grisy (1587), V, 157-158 ; — de la Grange-Nevelon dite depuis la Grange-le-Roi ; gouverneur de Melun, V, 293-4.

— (Jean), écuyer. Seigneur de St-Rémy (1465), IV, 214.

— (Jean), prieur de St-Jean-en-l'Ile de Corbeil et commandeur de Lagny-le-Sec. Sa sépulture (1482), IV, 294, 295.

— (Marie), religieuse de Chelles. Sa guérison miraculeuse (1631), II, 489-90.

— (Marin), sieur de Gomberville, de l'Académie Française. Son lieu de naissance, III, 374-5.

— (Marthe), femme de Roland de Neubourg, II, 170.

— (P...), natif de Lay. S'avoue serf en épousant une serve (1267), IV, 36.

— (Pierre), prieur de Saint-Eloi de Chilly (1629), III, 503.

— (Robert), bienfaiteur de l'égl. de Conches, IV, 572.

LE ROY, avocat au Parlement. Son fief de la tour de Tigery (XVIIIᵉ s.), V, 399.

LE ROY, conseiller au Parlement de Metz. Seigneur de la Fontaine-Michel (XVIIᵉ s.), III, 525.

LE ROY, gentilhomme allemand. Possède la terre de Lunezy (XVIIIᵉ s.), III, 504.

LE ROY, gentilhomme du Roi. Possède la terre de Chalucet (1698), II, 19.

LERS (Foulques de). Voy. Liers.

LERS (Renaud). Son fief au Chesnay (XIIIᵉ s.), III, 166.

L'ESBAHY (Nicolas), commandeur de l'Hôpital. Prieur de St-Jean-en-l'Ile de Corbeil (1482), I, 149 ; IV, 295.

L'ESCALOPIER, seigneur de Taverny (1649), II, 66 ; — intendant de Champagne, IV, 389.

LESCART (Pierre) (XIIIᵉ s.), II, 291.

LESCHASSIER, bienfaiteur de l'égl. de la Chapelle-St-Denis (1644), I, 459.

LESCOT (famille de), seigneurs de Lissy, V, 140. — (Léon), fils de Pierre, V, 140. — (Pierre), procureur général à la Cour des Aides, prévôt des marchands. Son épitaphe (1578), V, 140. — (Pierre), abbé de Clermont. Seigneur de Clagny, III, 217.

LESCRIPVAINE (Jeanne), femme de Pierre des Voisins. Bienfaitrice de l'égl. St-Pierre-des-Arcis à Paris (1403), I, 316.

LESCURE (de). Voy. Valderie.

L'ESCUYER, seigneurs de Chaumontel. — (Jean), décédé avant 1689, II, 228, 387. — (Pierre), secrétaire du Roi (1632, 1640), II, 228.

L'ESCUYER. Voy. *Scutifer*.

LESIARD (Jean), chanoine de St-Thomas du Louvre. Ses biens au Mont-Valérien, III, 81.

LESGUILLON (Jacques), curé de Saint-Germain de Châtres, IV, 150.

LÉSIGNY, *Lisiniacum*, Lisigni, paroisse du doyenné du Vieux-Corbeil [Seine-et-Marne, arr. de Melun, cant. de Brie-Comte-Robert]. *Notice*, V, 355-374. — Autres mentions, III, 74 ; IV, 159 (note).

— Lieux-dits : Bourbonderie (la), Buisson (le), Chalus, Frenoy, Hiverneau (abbaye d'), Jonchère (la), Maison-Blanche (la), Montéty, Romaine, Sous-Carrière, Villarceau.

— (Robert de), seigneur de ce lieu (1200), V, 281, 358.

Lesiolis (moulin de) près de Tournan (?), mentionné en 1192, V, 323.

LESPINAY, lieu-dit de Créteil (1540), V, 22.

LESPREVIER (Hugues), curé de St-Paul de Paris (1552), I, 327.

LESSAY [Manche, arr. de Coutances]. — Abbaye : l'office de Queux y était héréditaire, II, 4.

LESSE, lieu-dit de Torcy (XIIIᵉ s.), IV, 596.

LESSEVILLE (LECLERC de). Voy. Leclerc.

LESTENDART (Hutin), maître d'hôtel du Roi. Seigneur de Coubert; sa sépulture (1487), V, 151, 153. — Seigneur de Liverdy par son mariage avec Marie de l'Hôpital (1446), V, 301.
LESTENDU (Marie de Chidé, dame de), III, 42.
LESTINES [Belgique]. Concile de 743, V, 312.
LESTOURNEAU (Catherine), femme de M. de Janson. Son épitaphe, II, 50.
LESTRE (Colette de) et son mari, bourgeois de Paris. Bienfaiteurs de la contrérie de Ste-Geneviève à Nanterre (1488), III, 74.
— (Jacques de). Acquiert le fief de Malépargne à Coye (XVe s.), II, 336.
LE SUEUR (Louise), femme d'Eustache Choart. Sa sépulture (1608), III, 94.
— (Nicolas), seigneur de Tournan (XVIIe s.), V, 327.
LE TELLIER (famille). Lieux où se voient ses armoiries, III, 218, 224, 236.
— (Charles-Maurice), abbé de Lagny, IV, 572.
— (François), curé de Saint-Séverin (1674), I, 108.
— (Louis), marquis de Barbezieux; secrétaire d'État. Seigneur de l'Etang, II, 101; III, 44, 169.
— (Michel), maître des Comptes. Seigneur de Chaville; sa sépulture, III, 220.
— (Michel), fils du précéd.; conseiller à la Cour des Aides. Seigneur de Chaville, III, 220.
— (Michel), fils du précéd.; chancelier de France. Seigneur de Viroflay qu'il vend au roi, III, 217; — de Chaville, 218, 220, 222; — du petit Vélizy, 224-5. — Sa sépulture, I, 82.
— (René), conseiller à la Cour des Aides. Possède la terre de Doizu (1665), III, 219.
LE TELLIER. Voy. Louvois.
LETHALD DE MICY, moine et écrivain (Xe s.). Premier auteur parlant de la Vie de S. Maur par Fauste, II, 444.
LETICE. Voy. Ursien.
LE TOURNEUX (Nicolas), écrivain. Sa sépulture (1686), I, 47. — Chapelle dont il était titulaire, I, 570.
LETTIER (Charlotte). Voy. Livet (Philippe du).
LEU, dérivé de Lupus, I, 187; IV, 128.
LEU (Charles le). Ses biens à Garges confisqués (1423), II, 255.
Leucotetia. Voy. Lutetia.
Leucotitius ou Locutitius (mons), ancien nom de la montagne Ste-Geneviève à Paris, I, 228; IV, 99 (note).
LEUDASTE, comte de Tours. Église de Paris où il se réfugie, I, 230. — Sa mort à Issy, III, 10.
LEUDEBERT, prêtre (?) de Saint-Germain-l'Auxerrois (V.Ie s.), I, 24.
Leudelini Curtis, lieu mentionné au IXe s. Sa situation, II, 651.
LEUDESINDE, abbesse d'Argenteuil (VIIa s.), II, 2, 50.
LEUDEVILLE, Ludedis vicus, Ludolmis, Odonis villa, Leud-villa, Ledevilla, Lodovilla, Lodevilla, Leddeville, paroisse du doyenné de Montlhéry [Seine-et-Oise, arrond. de Corbeil, cant. d'Arpajon]. Notice, IV, 219-223. — Autres mentions, IV, 194, 207, 209, 215.
— Lieu-dit: Bressonvilliers.
— (Eremburge de), veuve de Regnaud de Coignières. Ses biens à Guibeville (1221), IV, 222, 227.
— (Henri de), vassal du Roi pour des biens au Breuil, III, 450; IV, 222.
— (Hercelin ou Hescelin de), domicellus de Leudevilla, IV, 223.
Leugniæ. Voy. Lognes.
LEUS. Voy. Lieux.
LEUTON. Terre donnée par ce seigneur à l'abbaye de St-Denis, I, 615.
LEUVILLE, Lugvilla, Lunvilla, Lunavilla, Lunville, paroisse du doyenné de Montlhéry [Seine-et-Oise, arr. de Corbeil, cant. d'Arpajon], III, 491. — Notice, IV, 127-131.
— (marquisat de): fief en dépendant, IV, 342.
— (Bencelin de), vassal de la châtellenie de Montlhéry, IV, 129-30.
— (Pierre de), bienfaiteur et religieux du prieuré de Longpont, IV, 129.
— (Simon de), IV, 129.
LEVASSEUR (Jacques), curé de Thiais (1561), IV, 441.
— (Jacques), doyen de Noyon (1613). Ouvrages de lui cités, I, 621; III, 145; IV, 629.
— (Jean), secrétaire du Roi. Baron de St-Vrain; sa sépulture (1655), IV, 199, 205.
— (Nicolas), président de la Cour des Aides. Marquis de St-Vrain; sa sépulture (1692), IV, 199, 200, 205. — Son fils, président de la Cour des Aides. Marquis de Saint-Vrain, IV, 204, 206.
LE VASSEUR, propriétaire du château de la Verrière (1697), III, 291; — du château de Mérantais, 295.
LEVASSEUR, receveur général de la ville de Paris. Seigneur d'Etiolles, V, 75.

LEVASSOR (D^lle), dame de Denouval (1697), II, 101.
LE VAVASSEUR (Guillaume), chirurgien et valet de chambre du Roi. Reliques qu'il donne à l'égl. de Villejuif (1535?), IV, 27.
LE VENEUR (Gabriel), év. d'Évreux. Prieur commandataire des Bonshommes du Bois de Vincennes, II, 393.
L'ÉVÊQUE, fils d'un auditeur du Châtelet. Sa maison à Villemomble (1639), II, 562.
LÉVI (Juifs de la tribu de). Origine inexacte du nom de lieu Lévis, III, 342.
LEVI ou de LEVY (de), président à la Cour des Aides (XVIIIe s.). Seigneur de Plouy, V, 159 ; — de Cordon, 160.
Leviciæ. Voy. Levis.
LEVIES. Voy. Levis.
LÉVIS, *Leviciæ, Liviciæ, Lebiæcus*, Levies, Saint-Nom de Lévy, paroisse du doyenné de Châteaufort [Lévy-Saint-Nom. Seine-et-Oise, arr. de Rambouillet, cant. de Chevreuse]. *Notice*, III, 341-352. — Autres mentions, III, 147, 148, 178.
— Lieux-dits : Girouard, Gripière (la), Landes (les), Néfliers (les), Roche (la), Roche (abbaye de la), Sairet (fontaine de), Yvette.
— (Bertrand de), seigneur de Marly. Hommages qu'il reçoit pour un fief à Charonne (1348, 1370), I, 476 ; III, 122, 123.
— (Catherine de), fille de Jean, baron de Charlus, III, 329 ; — femme d'Esprit de Harville. Sa fondation dans l'égl. de Palaiseau (1571), III, 325-6.
— (Claude de), appelé par erreur de LENS. Seigneur de Magny-les-Hameaux (1580), III, 294.
— (Gilon de), chevalier. Vente qu'il fait au prieuré de St-Eloi de Paris, III, 345.
— (Gui de), seigneur des Loges et de Lévis. Fondateur et bienfaiteur de l'abbaye de la Roche (1201), III, 125, 273, 344, 349, 353, 428. Son sceau au bas d'un acte de 1229, III, 285.
— (Gui de), seigneur de Mirepoix, désigné sous le nom de Maréchal. Ses filles, religieuses de Port-Royal (XIIIe s.), III, 345.
— (Gui de), seigneur de Marly. Hommages qu'il reçoit pour les terres de Chaillot et de Meudon (1450, 1466, 1492?), I, 410, 412 ; III, 123, 234. — Seigneur de Magny-les-Hameaux (1457), III, 294.

— (Marguerite de), femme de Mathieu II de Marly, III, 122. — Sa sépulture (1227), III, 344.
— (Philippe de). Vend à l'év. de Paris une rente à Vitry-sur-Seine (1180), III, 344 ; IV, 150.
— (Philippe de), archidiacre de Pincerais en 1209, III, 344.
— (Philippe de), seigneur de Marly. Hommage qu'il reçoit pour un fief à Meudon (1383), III, 233.
— (Philippe de), archev. d'Auch et seigneur de Marly. Hommages qu'il reçoit en cette qualité (1442, 1446), I, 475 ; III, 123, 233. — Donne la terre de Magny à son neveu Gui de Lévis (1456), III, 293-4.
— (Philippe de), abbesse de Port-Royal en 1275, III, 297, 345.
— (Thibaud de), seigneur de Marly, III, 122.
LEVIS [Yonne. arr. d'Auxerre, cant. de Toucy], III, 342.
Levius, localité du Blésois mentionnée en 995, I, 140.
LÉVY-SAINT-NOM. Voy. Lévis.
LE VOIRRIER (Jean), secrétaire de Charles V et de la duchesse de Bretagne. Son manoir de Buzenval (1375), III, 98.
LEVRAVILLE (Philippe), écuyer. Seigneur du Génitoy (1518), IV, 578.
LEVRIÈRE (redevance d'une) et de ses levrons, IV, 152.
LEVROUX [Indre, arr. de Châteauroux, ch.-l. de cant.]. Voy. S. Silvain.
LÉZIGNAC, en Angoumois, V, 355.
LÉZIGNÉ, en Anjou, V, 355.
LÉZIGNY, en Poitou, V, 355.
LÉZIGNY. Voy. Lésigny.
L'HOSTE (Hilaire), secrétaire du Roi. Seigneur de Montfermeil en 1619, II, 544.
— (Hilaire), fils du précéd., secrétaire du Roi. Seigneur de Montfermeil en 1648, II, 544.
— (Jacqueline), fille du précédent, femme de Jean de Houdecost, *ibid.*
L'HULIER ou L'HUILLIER. Voy. Luillier.
Liberdunum. Voy. Liverdun.
Liberius, nom romain. Nom de lieu qui en dérive, II, 584, 586.
LICES. Sens de ce mot, origine de noms de lieu, IV, 252, 313 ; V, 138.
LICES. Localités de ce nom en France, IV, 314 (note).
LICES ou LISSES, *Liciæ, Lyciæ*, paroisse du doyenné de Montlhéry [Seine-et-Oise, arr. et cant. de Corbeil]. *Notice*, IV, 313-320. — IV, 127, 240, 327.
— Lieux-dits : Beaurepaire, Bois-

19.

Chaland, Bourgonnerie (la), Malcornet, Montauger, Montblin, St-Pierre (fief de).
— (J..., dame de), mentionnée en 1220, III, 471.
— (Teunte de), chevalier (XIᵉ s.), IV, 316, 332.
Licia. Voy. Lices.
Licinius, nom romain. Origine de nom de lieu, V, 355.
LICORNE, formé du latin *Unicornis*, IV, 72.
LICY. Voy. Lissy.
Lida (sylva) : la forêt de Laye, III, 132.
LIÈGE [Belgique], I, 233, 500 ; III, 87. — Evêque. Voy. Home (Jean de).
LIENCOURT (seigneurs de), II, 171.
LIENNART, garde de la prévôté de Melun (1362), V, 298.
LIER (du), seigneur d'Andilly (XVIIᵉ s.). Sa sépulture, I, 634.
LIERRE. Remarques sur ce mot, origine de nom de lieu, I, 537 ; V, 209.
LIERS, Lers [Seine-et-Oise, ham. de Ste-Geneviève-des-Bois], fief, IV, 354. — *Notice*, IV, 386.
— (les Hayes de). Voy. Illiers.
— (Burchard de), fils de Foulques. Religieux de Longpont (XIIᵉ s.), IV, 354.
— (Ebrard de), bienfaiteur du prieuré de Longpont (XIIᵉ s.), IV, 386.
— (Foulques de), bienfaiteur du prieuré de Longpont (1136), IV, 353-4, 386.
— (Foulques de), de Leirs, vassal de Montlhéry sous Philippe Auguste, IV, 104, 143, 386.
— (Payen de), chevalier. Ses biens à Colombes, III, 67.
LIESSE *(Pigislarinus* le), chanoine de Luzarches, curé du Petit-Plessier, garde du scel du Roi. Son épitaphe, II, 203.
LIEU-NOTRE-DAME (le). Voy. Mainferme (la).
LIEUES gauloises. Leur rapport avec les lieues actuelles, I, 615.
LIEUR (Anne le), femme de René Vivian. Sa sépulture (1591), I, 416.
— (Mathieu le), chanoine de Notre-Dame (1612), I, 446.
LIEUSAINT, *Locus Sanctus, Locus Sanctorum*, paroisse du doyenné de Vieux-Corbeil [Seine-et-Marne, arr. de Melun, cant. de Brie-Comte-Robert]. *Notice*, V, 116-123. — Autres mentions, I, 259 ; V, 223. — Lieux-dits : Gratepeau, Launoy, Servigny, Varâtre, Vernouillet, Villepescle.

— (Adam de). Ses biens dans la châtellenie de Corbeil (XIIIᵉ s.), IV, 300 ; — mentionné en 1320, V, 119.
— (Galeran de), chevalier. Ses biens à St-Cloud (XIIᵉ s.), V, 119.
— (Gilon et Jean de), chevaliers. Bienfaiteurs de l'abbaye d'Yerres, V, 123.
— (Milon de). Ses biens à St-Cloud, III, 31-2. — Bienfaiteur de l'abbaye d'Yerres (XIIIᵉ s.), V, 119.
— (Robert ou Thibaud de), chevalier (1278), V, 119.
LIEUX situés près d'un cours d'eau. Origine de leurs noms, III, 13.
LIEUX ou VAURÉAL, *Locus, Loca*, Leus, paroisse du doyenné de Montmorency [Vauréal. Seine-et-Oise, arr. et cant. de Pontoise], II, 104.
— *Notice*, II, 106-9.
— (Amaury de). Voy. *Delicatus (Amalricus)*.
— (Evrard de), de Lieus. Mentionné au XIIᵉ s. II, 113.
— (Guillaume de), de Leus. Ses biens à lieux (XIIIᵉ s.), II, 107.
LIÈVRE (Armand-Joseph le), fils de Thomas. Seigneur de Grisy, V, 158 ; — de la Grange-le-Roi, 294.
— (Charlotte le), femme d'Etienne Boudon, IV, 366.
— (Claude le), possesseur de la terre de Bélébat (XVIᵉ s.), III, 162.
— (Isaac le), auditeur des Comptes. Sa résidence à Vaux près Savigny en 1628, IV, 397.
— (Thomas le), président au Grand Conseil. Seigneur de Grisy (1658), V, 158 ; — de la Grange-le-Roi, 294. — Sa veuve [?], dame des mêmes seigneuries, V, 161.
LIÈVRE D'ARQUIEN (marquis le), seigneur des Granges-le-Roi (XVIIIᵉ s.), V, 294.
LIÈVRET (Jean), prieur de Saint-Lazare de Paris (1592), I, 301.
LIGART (la vigne de), voisine de Juvisy ? (1226), IV, 411.
LIGER (Etienne), vicaire-général de l'év. de Paris (1525), IV, 551.
— ou LIGIER (Jacques), trésorier du cardinal de Bourbon. Seigneur de Clignancourt et de Montmartre ; sa sépulture (1581), I, 457.
— (Jacques), fils du précéd. ; secrétaire du Roi. Seigneur de Clignancourt ; sa sépulture (1620), I, 457.
LIGNÈRES (Catherine de), abbesse de Chelles (1475), II, 492.
LIGNERIS (Jacques de), président au Parlement. Seigneur de Crosne et d'Etiolles (1544), V, 44.
LIGNIS (le comte de), seigneur engagiste de Tournan (1594), V, 327.

LIGNY [Yonne, arr. d'Auxerre, ch.-l. de cant.]. Vicomte. Voy. Gislebert.
LIGNY (Jean de), trésorier des parties casuelles. Seigneur de Rentilly (1599), IV, 581.
— (Marie de), princesse de Furstemberg. Dame de Rentilly (1697-1709), IV, 581-2, 589.
LIGUEURS (confrérie des), à St-Gervais de Paris (1589), I, 84.
LIHUNS ou de LORRY (Robert de), chevalier (1363), II, 230.
LILLE [Nord], I, 548; II, 167, 172.
Limariacum, localité de l'époque mérovingienne. Identification critiquée, II, 19, 20.
LIMAY [Seine-et-Oise, arr. de Mantes, ch.-l. de cant.], IV, 50.
LIMEIL, *Limogilum*, *Limolium*, Limuel, paroisse du doyenné du Vieux-Corbeil [Seine-et-Oise, arr. de Corbeil, cant. de Boissy-Saint-Léger] *Notice*, V, 32-35.
— Lieux-dits : Brévannes, Bruyères, Portes (fief des), Tour-Mesly (la).
— (Hugues de), *de Limolio*, bienfaiteur de l'abbaye d'Yerres (1235), V, 33, 208.
— (Jean de), écuyer. Vassal de l'abbaye de St-Maur (1275), II, 445.
LIMEIL, localité disparue. Sa situation présumée au XIVᵉ s., IV, 35.
LIMEL (Jean), év. de Sébaste. Dédicaces faites par lui (1538, 1539), III, 340, 356, 361, 364; IV, 216.
— [L'év. de Sébaste ou Sébastianople, qui fit à cette époque plusieurs dédicaces dans le dioc. de Paris, est ailleurs appelé Barthélemi Simon, prieur de St-Chéron et coadjuteur de l'év. de Chartres. Voy. *Gall. christ.*, VIII, col. 1308 et *Mém. de la Société archéol. d'Eure-et-Loir*, II, 116].
Limes, lieu-dit de Mory (1258), V, 89.
LIMISSO [Chypre]. Evêque. Voy. Lusignan (Etienne de).
LIMODIN (le grand et le petit) [Seine-et-Marne, ham. de la Houssaye], fiefs, V, 327, 338.
Limodium. Voy. Limoges.
LIMOGES [Haute-Vienne], I, 258, 260, 307, 507; IV, 611. — Abbaye de St-Martial : abbé. Voy. Versailles (Pierre de). — Evêque. Voy. S. Martial. — Généralité (intendant de la). Voy. Boucher (Charles).
LIMOGES, *Limodium*, *Lemovecas*, *Limogits (locus de)*, paroisse du doyenné du Vieux-Corbeil [Seine-et-Marne, arr. de Melun, cant. de Brie-Comte-Robert], I, 210. — *Notice*, V, 134-138.

— Lieux-dits : Cormier (le), Crèches, Fourches, Mauny, Rouundel.
— (Etienne de), bourgeois de Paris. Chapelle fondée par Jeanne, sa veuve, dans l'égl. de St-Séverin (XIIIᵉ s.), I, 105. — Biens qu'il lègue à l'égl. de Paris, III, 542.
— (Guillaume de), fondateur d'une chapellenie à Notre-Dame de Paris, IV, 43; V, 382.
Limogilum, *Limolium*. Voy. Limeil.
LIMON ou la GRANGE DE LIMONS, Limours, Limous [Seine-et-Oise, ferme de Vauhallan], fief. *Notice*, III, 322.
— (Goscelin de), mentionné en 1162, III, 322.
LIMONES (les), chantier du bois de Vincennes (1660), II, 411.
Limonum : Poitiers, III, 322, 431; V, 32.
Limoriensis (évêque). Voy. O'Molony.
LIMORS, *Limos*. Voy. Limours.
LIMOURS, *Limosium*, *Limors*, *Limoves*, *Limos*, Limoux, paroisse du doyenné de Châteaufort [Seine-et-Oise, arr. de Rambouillet, ch.-l. de cant.]. *Notice*, III, 430-437. — Autres mentions, III, 371; IV, 127, 133.
— Capitainerie des chasses, III, 454.
— Château royal : ses gouverneurs, III, 454.
— Comté, III, 412, 430, 435.
— Pénitents du Tiers-Ordre de S. François, III, 434-4.
— Prieuré, III, 412.
— Lieux-dits : Bererie (la), Bessuyer (le), Boisjolet, Chaumusson, Cormier (le), Crèches, Croix-Blanche (la), Garnevoisin, Grande-Maison (la), Jardin (le), Petit-Hôtel (le), Pivot, Pommeret, Roussigny, Villancourt.
— (Gautier de), de Limous, seigneur de ce lieu, feudataire du Roi au XIIIᵉ s., III, 434.
— (Lambert de), de Limoux, chevalier (1229), III, 285, 434.
LIMOUS, Limours. Voy. Limon.
LIMOUX [Limeux (?) Cher, arr. de Bourges]. Monastère de filles dépendant de St-Germain-des-Prés ; ses fondateurs, III, 431.
LIMOUX. Voy. Limours.
Limoves : Limours, III, 433.
LIMUEL : Limeil, V, 32.
LIN, plante. Origine de nom de lieu, IV, 122, 123.
Linaiæ. Voy. Linas.
LINAIS. Voy. Linas.
LINAS, dioc. de Cahors [Lot, arr. de Gourdon], IV, 123.
LINAS ou LINOIS, *Linaiæ*, Lynax, Li-

— 292 —

nais, paroisse du doyenné de Montlhéry [Seine-et-Oise, arr. de Corbeil, cant. d'Arpajon]. *Notice*, IV, 117-127. — Autres mentions, III, 491 ; IV, 96, 100, 133.
— Boucheries, IV, 116
— Collégiale de St-Merry, I, 160; III, 400, 487 ; IV, 55, 100, 109, 117-122.
— Doyenné devenu le doyenné de Montlhéry ; appelé au XIII° s. doyenné d'Essonne, IV, 4, 83, 84, 110, 121, 129, 169, 207, 230, 231, 236, 263.
— Léproserie, IV, 116, 126, 127.
— Lieux-dits : Biron (moulin de), Fay (le), Roue (fief de la), St-Lazare (chapelle).
— (Gui de), bienfaiteur du prieuré de Longpont. Actes où il est mentionné (XI°-XII° s.), III, 441, 479 ; IV, 95, 111, 118, 123, 124, 338, 358. — Autre seigneur du même nom. Bienfaiteur de l'abbaye d'Yerres, IV, 124.
— (Hersande de), femme de Vulgrain ; ses frères. Bienfaitrice du prieuré de Longpont (v. 1100 ?), IV, 95, 123, 338, 339, 347, 358.
— (Hesselin de), de Linais. Mentionné en 1065 ; ses quatre fils, IV, 123, 124. — Autre seigneur du même nom. Vassal de Montlhéry sous Philippe Auguste, IV, 104, 124.
— (Hugues de), bienfaiteur du prieuré de Longpont (XII° s.), III, 479 ; IV, 123, 124.
— (Lancelin de), fils d'Hescelin ; religieux de Longpont, IV, 124.
— (Milon de), fils d'Hescelin. Bienfaiteur de Longpont, IV, 123, 124.
— (Philippe de), *armiger*, fils de Guy. Bienfaiteur de l'abbaye d'Yerres (1245), IV, 124.
LINAS-LA-PÉLERINE, partie de la paroisse de Linas désignée sous ce nom, IV, 124, 127.
LINDISFARN (Angleterre). Evêque. Voy. S. Cuthbert.
LINDRY (Bernard de) [ou du Mez], abbé de St-Victor de Paris (XIV° s.), I, 342.
LINGE royal donné aux religieuses de la Saussaye, IV, 39.
LINONCOURT. Voy. Lenoncourt.
LINOU, ferme à Montaubert, IV, 213.
LION (Pierre de ou du), prieur de Chennevières (XIV° s.), IV, 475.— Autre personnage du même nom possédant des biens à Chennevières. Son épitaphe (1552), IV, 475.
LIONNE (de), prieur commandataire de St-Martin-des-Champs (1665-1718). Donne la terre de Bouffémont à bail emphytéotique, II, 152.
LIONS figurés à l'entrée des cimetières et des églises, I, 110.
LIONS élevés à l'hôtel St-Paul, I, 330.
LIONS (maison des). Nom donné au château de Santeny, V, 245.
LIONS (Raolt DUVELIN de), chevalier. Vassal de l'év. de Paris pour un fief à Jaigny (1346), II, 230.
LIOUST (Jean), proviseur de la chapelle Ste-Catherine à Charenton (1366), II, 374.
LIPARD ou LIPERNE, év. de Paris. Son voyage à Rome vers 984, II, 385. Voy. Elisiard.
Liricantus. Voy. Larchant.
LISIARD (Adam), bienfaiteur du prieuré de Longpont, IV, 253-4. — Son départ pour la croisade (1142), V, 281. — Sa sœur Emmeline d'Attilly, *ibid*.
— (Burdin). Sa sœur, Eustache (XI° s.), IV, 233.
LISIARD, év. de Paris. Acte relatif à Orly (vers 985), IV, 436 ; — à Creteil (980), V, 12. Voy Elisiard.
LISIERNE, archidiacre de l'Egl. de Paris (XI° s.), II, 455 ; III, 133.
LISIEUX [Calvados]. Cathédrale : reliques, IV, 349 ; — chapitre : doyen. Voy. Brée (Mathieu de) ; — trésorier. Voy. *Cereseio* (Jean de).
— Diocèse : une partie de la ville de Rouen y est comprise, V, 407.— Evêques. Voy. Alcaume (Guil.), Arnoul, Cauchon, Cospean, Hennuyer.
— (Bernardin de), cordelier de Limours ; mort en 1628, III, 433.
LISIGNI : Lésigny, V, 355.
Lisinium : Lysiu, IV, 90.
LISLE ou de L'ISLE (Anseau, seigneur de), V, 368.
— (Antoine François de), fils de Joachim. Seigneur d'Andrésy, mort en 1686, II, 102.
— (Barthélemy de), seigneur d'Andrésy, de Puiseux et de Courdimanche (1530, 1539), II, 101.
— (Barthélemy de), seigneur d'Andrésy (1562, 1580), II, 100-1.
— (Charles de), seigneur d'Andrésy (1651), II, 102.
— (Claude de), grand louvetier de France. Seigneur d'Andrésy (1600), II, 102.
— (Guillaume de), géographe. Voy. Isle (de l').
— (Ives de), seigneur d'Andrésy (1477), II, 101.
— (Joachim de). Marquis d'Andrésy, seigneur de Bazemont, Puiseux et Courdimanche ; mort en 1667, II, 102.

LISSES. Voy. Lices.
LISSY, *Liciacum*, Lyssi, paroisse du doyenné du Vieux-Corbeil [Seine-et-Marne, arr. de Melun, cant. de Brie-Comte-Robert]. *Notice*, V, 138-141.
— Lieu-dit : Bois-Gautier.
— (Pierre de), chanoine de Melun, clerc de S. Louis, V, 139-140 ; — le mê ne que Pierre Buinel, 140.
— (Pierre de), officier de Philippe le Bel, V, 140.
LISVIA, femme de Radulfe le Bel, II, 155.
LISY [Lizy-sur-Ourcq ?] (Acte daté de l'hôpital de), I, 430.
— (Simon de), bienfaiteur de Ste-Geneviève de Paris. Ses terres à Jossigny (XIIe s. ?), IV, 526.
« *Li tone* », lieu-dit de Rueil (1271), III, 101.
LITRE (droit de). Voy. Ceinture funèbre.
LITURGIE romaine. Epoque de son introduction en France, I, 189.
Liverdiæ. Voy. Liverdy.
LIVERDIS. Voy. Liverdy.
LIVERDUN, *Liberdunum* [Meurthe-et-Moselle, arr. de Toul], V, 299.
LIVERDY, *Liverdiæ*, Liverdis, paroisse du doyenné du Vieux-Corbeil [Seine-et-Marne, arr. de Melun, cant. de Tournan]. *Notice*, V, 299-302.
— Lieux-dits : Bois-de-l'Isle, Controuvé, Foucheron (le), Haye-Viseau (la), Monceau (le), Mosnier (le), Norote-au-Fevre, Pierre-Percée (la), Pontineau, Retal.
LIVES (de) [de la Live ?]. Sa maison à Grand-Val (XVIIIe s.), V, 384.
LIVET (Philippe du) et Charlotte Lettier, sa femme. Possèdent la terre d'Amblainvilliers (1645), III, 533.
Li Viautres (Galeran), vassal de Philippe Auguste pour son fief de Villiers-sur-Nozay, III, 504.
Liviciæ. Voy. Lévis.
LIVRE, symbole d'investiture, IV, 129, 186, 187.
LIVRES liturgiques parisiens (usage des). Où conservé, II, 415.
LIVRES (Henri de), seigneur de Sèvres (XVIe s.), III, 17.
— (Jean de), seigneur de Clamart et de Villacoublay (XVe s.), III, 16, 226, 248.
— (Louis de), seigneur de Villeneuve et Catherine, sa fille. Bienfaiteurs de l'égl. de Palaiseau. Leur sépulture (1578), III, 125.
— (Simon de), seigneur de Sèvres (1511), III, 17.

Livriacum. Voy. Livry.
LIVRY. *Liberiacum*, *Livriacum*, Livry-en-l'Aunois, Livry-le-Chastel, paroisse du doyenné de Chelles [Seine-et-Oise, arr. de Pontoise, cant. du Raincy]. *Notice*, II, 584-598. — Autres mentions, II, 530, 564; IV, 517.
— Abbaye. *Notice*, II, 593-597. — Fournit à l'abbaye de la Roche ses premiers religieux, III, 349, 350, 351. — Biens et prieurés en dépendant ; cures à sa présentation, I, 461 ; II, 77, 225, 255, 258, 267-8, 306, 332, 347, 397, 398, 481, 507, 520, 525, 534, 537, 539, 541-2, 543, 544, 548, 550, 559-560, 566, 568, 569, 570, 571, 572, 578, 579, 583, 584, 593, 604, 605, 606, 608, 611-12, 633, 634, 637, 642 ; III, 121, 219, 247, 350, 351, 374 ; IV, 211, 504, 519-20, 575, 577, 586, 587, 610, 619-20 ; V, 111, 130, 139, 143, 144, 160, 313, 314, 327, 331. — Résidence des curés de Clichy-en-l'Aunois, II, 572. — Sépultures, II, 566 ; III, 511. — Abbés. Voy. Châteaufort (Jean de), Coulon (Jean), Deschamps (Martin).
— Capitainerie, II, 593. — Château, II, 529.
— Forêt, II, 485, 488, 571 ; V, 379.
— Marquisat, II, 583.
— Lieux-dits : H.ronnière (château de la), Mainferme (la), Poterne (fief de la), Raincy (le).
— (Raoul de), clerc. Bienfaiteur de l'abbaye de Livry (vers 1280), II, 584, 590.
LIVRY [?]. Seigneur. Voy. Lecoq (Nicolas).
LIVRY-EN-L'AUNOIS. Voy. Livry.
LIVRY-LE-CHASTEL. Voy. Livry.
LIZET (Pierre), premier président au Parlement. Sa demeure à Paris (1540), I, 150.
LIZIARD, doyen du chap. de N.-D. (1030), III, 179.
LIZOT, vicaire de St-Séverin, confesseur de Mlle de Montpensier, I, 112.
LIZY-SUR-OURCQ [Seine-et-Marne, arr. de Meaux, ch.-l. de cant.], V, 140-1. Voy. Lisy. — Seigneur. Voy. Brouillat (Guill. du).
LOAN (Marguerite de), femme de Pierre de Dormans (XIVe s.), III, 502.
LOAND : Louans, IV, 58.
LOANS ou LOANZ. Voy. Louans.
— (Gautier de), chevalier (1230), IV, 59, 60.
LOBERAN (François de) et son fils Maurice, seigneurs d'Ablon (XVIIe s.), IV, 424.
— (Suzanne de), femme de François de Morogues, IV, 424-5.

LOBICINUS, forestier de Chilpéric III. Nom de lieu qui peut en être dérivé, III, 112.
Loc, préfixe latin. Changé en *lor* en français, I, 259.
Loca. Voy. Lieux.
Locagiæ : les Loges-en-Josas, III, 272.
LOCH, rivière (862), IV, 467.
Loci aquarum, forme étymol. du nom de Louans, IV, 58.
LOCONVILLE (Charles d'O, seigneur de), II, 148.
Locus. Voy. Lieux.
Locus sanctus. Voy. Lieusaint.
Locus cinerum. Voy. Paris, rue de Lourcines.
Locutitius (mons). Voy. Paris.
LODE (Guillaume, seigneur de), III, 34.
LODÈVE [Hérault]. Evêque. Voy. Lebœuf (Michel).
Lodevilla, Lodovilla. Voy. Leudeville.
LOGER (Vincent), curé de Chevreuse en 1704, III, 375.
LOGES (les) [Seine-et-Marne, ham. de Quiers], V, 435.
LOGES (les), paroisse du Val-St-Germain [Seine-et-Oise, arr. de Rambouillet, cant. de Dourdan], III, 273.
— (Robert des), *de Logiis*, vassal de Montlhéry, III, 273 ; IV, 103, 104.
LOGES (les) [Seine-et-Oise, lieu-dit de St-Germain-en-Laye] Couvent d'Augustins, III, 144, 271. — (hôtel des), 144.
LOGES (les) ou les LOGES-EN-JOSAS, *Locagiæ, Logiæ*, paroisse du doyenné de Châteaufort [Seine-et-Oise, arr. et cant. de Versailles], III, 372. — *Notice*, III, 271-273.
LOGES (les), canton du bois de Vincennes, II, 411.
LOGES (fief des), sis à Beaubourg-en-Brie, V, 8.
LOGES (Matthieu des), chevalier (1250), II, 280.
Logia ou *Loia, Logiæ*, sens de ces mots, III, 353 ; IV, 40.
Logia (Alix de). Voy. Hay (Alix de l').
Logiæ. Voy. *Logia,* Layes (les), Loges (les).
LOGNES, *Leugniæ, Luugniæ, Lugniæ*, paroisse du doyenné de Lagny [Seine-et-Marne, arr. de Meaux, cant. de Lagny]. *Notice*, IV, 601-603. — Autres mentions, IV, 607, 614.
— Lieu-dit : Buisson-Saint-Antoine(le).
— (Thomas de), chanoine de Saint-Jean-le-Rond. Son fief à Gentilly (XIIe s), IV, 7. — Bienfaiteur de Notre-Dame, IV, 603.
LOHIER, surnom. Voy. Tric (Renaud de).
LOING (le), *Luva*, rivière, IV, 270.

LOINTIER (Jean). Voy. Lantier.
— (Philippe). Voy. Paris (rues).
LOIR d'airain. Voy. Talismans.
LOISEL (Antoine), jurisconsulte. Sa sépulture, I, 91. — Sa maison à Vitry-sur-Seine, IV, 456. — Guy, son fils, *ibid.*
— (Isaac), président du Parlement de Bretagne, IV, 376.
LOISEL (Pierre), *Avis,* cordonnier. Bienfaiteur des Chartreux de Paris ; sa sépulture et celle de Marguerite, sa femme ; ses armes parlantes, I, 116 ; III, 509.
LOISELEVES (Pierre de), chancelier de France puis abbé de Saint-Germain-des-Prés (1073), IV, 192.
LOMBARD (prédications en) (XVe s.), I, 289.
LOMBARD (Gui) et ses enfants Gui et Adam dit *Paganus*. Donnent à l'abbaye de Marmoutiers l'égl. de N.-D.-des-Champs et des biens à Issy (1084), I, 146 ; III, 4-5.
LOMBARD (Pierre), nom erroné de Pierre de Nemours, év. de Paris, I, 88. — Acte relat. à Athis (1159), IV, 417 ; — à Villecresne (1160), V, 234, 235. — Bienfaiteur de l'abbaye d'Yerres, V, 205, 235.
— Sa sépulture, I, 124. Voy. Nemours (Pierre de).
LOMBARD (damoiselle), femme de Claude de Jamart. Dame de Villiers-le-Bâcle (1602). III, 314.
LOMBARDERIE (la). Voy. Auberderie (l').
LOMBARDIE (marchands de) aux foires de St-Denis, I, 533.
LOMBARDS. Interdiction concernant leur commerce en France, III, 42.
— (rue des). Voy. Paris (rues).
— (fief et chapelle St-Jean dits des) à Argenteuil, II, 13, 16.
LOMBART (Marie), veuve de Rolland de Ponthus. Rend hommage pour Jaigny à l'év. de Paris (1576), II, 231.
LOMBEZ [Gers]. Evêque. Voy. Séguier.
LOMÉNIE (Martial de), secrétaire des Finances. Seigneur de Versailles (1561) ; tué à la St-Barthélemy, III, 196. — (Antoine de), fils du précéd. ; favori de Henri IV. Aliène la terre de Versailles (av. 1610), III, 196.
LOMÉNIE DE BRIENNE (François de), év. de Coutances. Eglises qu'il dédie (1685, 1690), I, 158 ; IV, 627.
— [Henri-Louis de]. Son poème sur Versailles, III, 201.
LOMMOYE, Lomoye [Seine-et-Oise, arr. de Mantes, cant. de Bonnières].

Seigneurie échangée en 1530, II, 370.

LONGAULNAY (Alexandre, comte de), marquis de Beauvoir. Seigneur de Franconville (XVIII s.), II, 49 ; — de Taverny, 66.

LONG-BOEL (forêt de) [Eure], IV, 26 (note).

LONGBOYAU (plaine de), IV, 26, 33, 47.

LONGCHAMP (abbaye de), sur la paroisse de Boulogne. — *Notice*, I, 397-401. — Son droit de justice à Chaillot, I, 412. — Ses biens à Antony, III, 536. — Abbesse. Voy. Issy (Agnès d'). — Autres mentions, I, 393 ; III, 232 ; IV, 6.

LONGCHAMPS (Eure, arr. des Andelys, cant. d'Etrépagny]. Séjours de Philippe le Bel en 1301 et 1308, I, 401.

LONGCHÊNE [Seine-et-Oise, ham. de Bullion]. Chapelle, III, 428. — Seigneurs. Voy. Bullion (de).

LONGEMEL : Longjumeau, IV, 74.

LONGER (Jacques), curé d'Aulnay. Son épitaphe (1711), II, 603-4.

LONGE-ROIE, lieu-dit près de Rueil [?] (1254), III, 101.

LONGES (Pierre, doyen de St-Cloud (1422), III, 27.

LONGIS (Jean), seigneur de Montfermeil (XIVᵉ s.), II, 543.

LONGJUMEAU, *Longum Gemellum*, *Longum Jumellum*, *Longemel*, *Mons Gemellum*, *Mongemellum*, *Montgimel*, *Nogemellum*, *Nongemellum*, *Nugimellum*, paroisse du doyenné de Montlhéry [Seine-et-Oise, arr. de Corbeil, ch.-l. de cant.]. *Notice*, IV, 72-79. — Autres mentions, III, 225, 455, 509 ; IV, 152.
— Curés. Voy. Mauger (Jean), Viviers (Adam de).
— Doyenné, IV, 74, 162, 163.
— Maladrerie, IV, 74, 79
— Lieux-dits : Balisy, Bellejambe, Chièvre (la), Gravigny.
— (André de), dominicain né en ce lieu, IV, 79.
— (Arnoul de) et son fils Durand. Bienfaiteurs du prieuré de Longpont, III, 519.
— (Philippe de), né en ce lieu. Sousprieur de St-Victor de Paris (XIVᵉ s.), IV, 79.

LONGPERRIER ou GAUDETTE, fief de la seigneurie de Chennevières, IV, 479.

LONGPERRIER, fief à Grégy (XIVᵉ s.), V, 164.

LONGPONT [Aisne, arr. de Soissons, cant. de Villers-Cotterets]. — Abbaye, IV, 87, 96, 421, 577. — Seigneur. Voy. Bailleul (Galleis de).

LONGPONT, *Longus pons*, paroisse du doyenné de Montlhéry [Seine-et-Oise, arr. de Corbeil, cant. de Longjumeau]. *Notice*, IV, 87-98.
— Autres mentions, III, 462 ; IV, 126, 387.
— Prieuré. *Notice*, IV, 91-98. — Biens et cures à sa collation, I, 97; II, 214, 643 ; III, 259, 270, 303, 306, 395, 396, 397, 429, 430, 436, 438, 439, 440, 461, 479, 483, 495, 501, 503-4, 505, 512, 515, 518, 519. 545 ; IV, 25, 26, 31, 45, 55, 61, 68, 76, 78, 82, 88, 89, 90, 94, 96, 109, 110, 111, 112, 116, 118, 119, 123, 129, 143, 165, 166, 169, 171, 181-3, 186, 195, 196, 204, 206, 209, 211, 212, 213, 215, 222, 224, 225, 238, 239, 240, 332, 333, 334, 338, 342, 343, 347, 353, 357, 358, 362, 363, 371, 372, 385, 386, 387, 390, 391, 395, 398, 399, 400, 402, 407, 412, 417, 428 (note), 452 ; V, 147, 148. — Prieurs. Voy. Landry, Milly (Guill. de). — Sépultures, III, 505 ; IV, 154.
— Lieux-dits : Basset (moulin), Boisluisant, Groteau, Guipereux, Lysiu, Mesnil (le), Ormoy (l'), Villebousin, Villiers-sur-Orge.

LONGPONT (rue de). Voy. Paris, rues.

LONGPRÉ (François Dugard, seigneur de), I, 392.

LONGUEIL (seigneurs de). Voy. Margeret (Pierre de).
— (famille de). Sa chapelle aux Cordeliers de Paris, I, 125. — II, 233; III, 16, 590.
— (Angélique de), femme de Nicolas Quelain, II, 647.
— (Antoine de), fils de Nicolas. Seigneur de Roissy-en-France (XVᵉ s.), II, 282 ; — de Clamart, III, 248.
— (Charles de), seigneur de Sèvres. Sa sépulture (1609), III, 17-8.
— (Charles de), fils du précéd. ; secrétaire du Roi. Seigneur de Sèvres, III, 18.
— (Françoise de), femme de Michel de la Grange, II, 221.
— (Geoffroy de), avocat au Parlement. Seigneur de Chauvry (1511), II, 144.
— (Jacques de), fils de Jean Iᵉʳ ; maître des Comptes et maître d'Hôtel du Roi (1575). Seigneur de Sèvres ; sa sépulture, III, 17.
— (Jean Iᵉʳ de), auteur d'un recueil d'arrêts. Seigneur de Maisons et de Sèvres (1535), III, 17.
— (Jean II), fils de Charles. Seigneur de Sèvres; sa sépulture (1646), III, 18.
— (Jeanne de), femme de Henri de Livres. Sa sépulture (1548), III, 17.

— (Louis de), dit le chevalier de Sèvres, frère de Charles, III, 18.
— (Louise de), jacobine de Poissy. Traductions qu'elle compose à l'abbaye de Ste-Perrine de Paris, I, 302.
— (Magdelene de), femme [?] de Nicolas Hochet, II, 144.
— (Marie de), femme de Isaac Chintreau (XVIᵉ s.), V, 296.
— (Nicolas de), procureur du Roi au Châtelet. Seigneur de Roissy-en-France, II, 282 ; — de Clamart (XVᵉ s.), III, 24 ̔.
— (Pierre de), év. d'Auxerre. Son testament (1473), cité, I, 136.
— (Pierre de), conseiller au Parlement. Seigneur de la Villeneuve-aux-Anes, II, 522 : — de Ver-le-Petit, IV, 216 ; — d'Évry-sur-Seine, de Gaschoin, de Grand-Bourg et de Petit-Bourg (1580), IV, 327, 328. — Mort empoisonné (1581), IV, 216.
— (René de), curé de Colombes (XVIIᵉ s.), III, 66.
— (Renée-Suzanne de), abbesse de Ste-Perrine de Paris, morte en 1733, I, 302.
LONGUEIL (Thomas), gratifié par Henri VI de biens à Issy, III, 9.
LONGUEJOUE (Claude de). Son fief à Grigny (1597), IV, 406.
— (Marie de), mère de Jean Poirt (1522), IV, 527.
— (Mathieu de), garde des Sceaux, év. de Soissons. Sa sépulture, I, 82.
LONGUET (Louis), grand-audiencier de France. Seigneur de l'Etang de Vernouillet (1667), V, 436.
— (Pierre), seigneur d'Andrezel et de Vernouillet (1661), V, 424, 436.
LONGUEVAL (Aubert de), seigneur de Croissy-en-Brie (1275-1279), IV, 500-1, 517.
— (Jeanne de), femme d'Erard de Montmorency (1293), IV, 503, 517.
[LONGUEVAL] (Philippe de) et sa femme Isabeau de Thou. Aliènent la seigneurie de Fontenay-aux-Roses (XVIIᵉ s.), III, 563.
— (Raoul de), seigneur de Beaubourg et de Clotaumont par sa femme Marie Braque (XVᵉ s.), IV, 512.
LONGUEVILLE [Seine-Inférieure, arr. de Dieppe]. Terres données par Philippe Auguste en échange de cette seigneurie (1195), II, 301, 335, 339.
— (Catherine-Angélique d'ORLÉANS-), abbesse de Maubuisson (1653-1663). Son épitaphe, II, 120.
— (François d'ORLÉANS, bâtard de), marquis de Rothelin, fils naturel de Françoise Blosset, IV, 350. — Seigneur de Moussy-le-Neuf (XVIIIᵉ s.), II, 355.

— (Henri Iᵉʳ d'ORLÉANS, duc de). Emprisonné à Vincennes, puis à Marcoussis, III, 477, 491.
LONGUION ou NOGUION, lieu-dit dépendant de la seigneurie de Fleury-Mérogis (1399), IV, 364.
Longum Boellum, lieu-dit de la Brosse-en-Brie (XIIIᵉ s.), IV, 26 (note).
Longum Bothel. Voy. Long Boël (forêt de).
Longum Jumellum. Voy. Longjumeau.
Longus Pons. Voy. Longpont.
LONGVILLIERS [Seine-et-Oise, arr. de Rambouillet, cant. de Dourdan]. Prieur ; ses biens à la Norville, IV, 233.
Longus Saltus, lieu-dit de [Torcy (X IIᵉ s.), IV, 596.
Lonjumello (R., doyen de), IV, 74.
LONLAY-LE-TESSON [Orne, arr. de Domfront, cant. de la Ferté-Macé], II, 603.
LOPE de Bordeaux. Sa maison à Confians, II, 370.
Lorcie (vallis), lieu-dit (1215), II, 62.
LORDEAU ou LORDEREAU (Jean), seigneur de la Roche-en-Forez. Son épitaphe (1500), V, 357.
LORÉ (Ambroise de) [baron d'Ivry, capitaine à Lagny en 1429, IV, 560.
LORETTE (chapelle de) en Italie, III, 9.
L'ORFÈVRE, famille parisienne. Son nom donné à une rue de St-Sulpice de Favières, IV, 172.
— (Bertrand), seigneur d'Ermenouville [Arnouville] vers 1525, II, 259, 375 ; V, 112.
— (Ide), femme de Gilles de Fay. Dame en partie de Chevreuse (1529), III, 371.
— (Jeanne), femme de Thomas Boutin (XVᵉ s.), II, 399.
— (Jeanne), fille de Bertrand. Femme de Charles de l'Hôpital (XVIᵉ s.), II, 375.
— (Pierre), seigneur du Vivier-lez-Aubervilliers. Sa sépulture (1451), I, 561.
— (Pierre), maître des Comptes. Seigneur d'Ermenouville ; missions dont il est chargé (1465), I, 389 ; II, 259.
LORGES (le maréchal de). Châtie la rébellion de Lagny (1544), IV, 562.
LORIBEAU, Oribellum, l'Oribeau, l'Oribel [Seine-et-Marne, ham. de Châtres]. Notice, V, 305. — Dépendant de la prévôté de Tournan, V, 330.
LORIÈRE (Gui-Michel BILLARD de), conseiller au Grand-Conseil. Seigneur de Charenton-St-Maurice (XVIIIᵉ s.), II, 368, 373, 376, 378, 379.

— 297 —

LORIFUL DE LA NOUE, seigneur de St-Leu (1700), II, 63.
LORIOT, lieu-dit. Sa situation, II, 642.
LORIOTERIE (la) [Seine-et-Oise, lieu-dit de Milon-la-Chapelle], III, 337.
LORME (Philibert de), architecte du château de St-Maur, II, 460 ; — abbé de St-Eloi de Noyon et de St-Serge d'Angers. Seigneur de Plaisance, II, 470. — Autres constructions dont il est l'auteur, III, 235 ; IV, 330.
LORMIER (Guillaume), conseiller en la Cour des Aides. Seigneur de la Briche (XVIIe s.). I, 597. — Sa maison à Misery, IV, 219.
LORMIERS, ouvriers en métaux. Rue de Paris qui en a retenu le nom, I, 276.
LORNE (Antoine de), greffier en chef du Parlement. Sa sépulture (1733), II, 384.
LORRAIN (Henry le). Voy. Henry.
LORRAINE, I, 65, 206 ; II, 498. — (général des finances de). Voy. Merlin (Louis). — (maison de). Ses armoiries à l'abbaye de Montmartre, I, 453 ; — prophétie e vers sur cette maison. II, 244. — (sénéchal de). Voy. Bouteiller (Girard le).
— (Antoine de), comte de Vaudemont, V, 8.
— (Charles III, duc de). Son traité avec Henri IV à Saint-Germain-en-Laye (1594), III, 139.
— (Charles de), cardinal, archev. de Reims [fils de Claude Ier, duc de Guise], prieur du couvent du bois de Vincennes, II, 393. — Seigneur de Meudon (1552-1574), III, 231, 235, 238 ; — de Dampierre, III, 359 ; — de Chevreuse, érigé pour lui en duché (1555), III, 371 ; IV, 498 ; — de Romaine, V, 359.
— (Charles de), duc d'Aumale. Acquiert la terre de Plaisance-sur-Marne (XVIe s.), II, 471.
— (Claude de), duc de Chevreuse (XVIIe s.), II, 547 ; III, 372, 382. — Seigneur de Chevry, V, 288.
— (Françoise-Renée de), abbesse de Montmartre (1643), I, 448.
— (Henri de). Voy. Guise.
— (Henri de), abbé de Saint-Denis. Cède la terre de Rueil au cardinal de Richelieu (1635), III, 97.
— (Jean de), fils d'Antoine. Ses biens à Charentonneau (XVe s.), V, 8.
— (Louis de), abbé de Saint-Denis (1609), II, 5.
— (Louis de). Voy. Joyeuse.
— (Marguerite de), femme de Gaston d'Orléans. — Couvent qu'elle fonde à Charonne (1643), I, 478.
— Sa résidence à Limours, III, 436. — Usufruitière de la seigneurie de Montlhéry (1662), IV, 109.
— (Marie de), abbesse de Chelles (1600), II, 496.
LORRIS [Loiret, arr. de Montargis, c.-l. de cant.] — (Eude; de), prévôt de ce lieu. Participe à la rédaction d'un règlement pour la foire du Landit (1258), I, 545.
— ou de LORRY (Robert de), conseiller du Roi. Chapelle qu'il fonde à St-Magloire de Paris (1346), I, 182. — Seigneur d'Ermenouville, II, 259. — Fait hommage pour le roi, à l'év. de Paris, des châtellenies de Torcy et de Tournan (1350), IV, 593 ; V, 326. Voy. Lihuns (Robert de).
LORRY (seigneur de). Voy. Lamy (Philippe).
Loserra. Voy. Lozère.
LOSTOMAUX. Voy. Clotaumont.
LOTERIES en faveur d'établissements religieux, I, 72, 78, 302, 309
LOTHAIRE, empereur, fils de Louis le Débonnaire, II, 2 ; III, 32 ; V, 24.
— Charte datée de Bonneuil en faveur de l'abbaye de St-Maur-des-Fossés (842) II, 425, 640, 642 ; V, 25, 91.
LOTHAIRE, roi de France. Diplôme confirmant les biens de l'Église de Paris (960), II, 98. — et Louis [V], son fils. Diplôme confirmant les biens de l'abbaye de Saint-Magloire [vers 980], III, 6-7 ; IV, 374 ; — de Notre-Dame de Paris [vers 982], III, 520 (note), 539 ; IV, 33, 40, 183, 186.
LOTTIN (Catherine), femme de Louis Huault, I, 588.
— (Guillaume), maître des Comptes. Seigneur en partie de Vaires (1580), II, 504.
— (Robert), conseiller au Parlement. Seigneur de Vaires (XVIe s.), II, 504.
LOTTIN DE CHAVAGNY (le président), seigneur de Vaires, II, 504.
Lotueo villa [Leudeville? Seine-et-Oise, cant. d'Arpajon], IV, 183.
LOUANS. Voy. Morangis.
— (Aveline de), prieure de la Saussaye (1270), IV, 61.
— (Jean de), de Louan, bienfaiteur de l'égl. du Blanc-Mesnil (XVIIe s.), II, 627.
— (Marguerite de), mariée à Pierre de Dormans (1370), IV, 61.
— (Renaud de), de Louens, dominicain. Ses ouvrages (1390), IV, 61.
LOUDIÈRE. Sens de ce mot, I, 352.
LOUDUN [Vienne]. Traité de 1616, II, 170. — II, 328.

Louet (Clément), maître des Requêtes, III, 123. — (Marie) sa fille, femme de Martin Fumée, III, 123.
— (Jacques), bailli de l'év. de Paris (1474), II, 211 ; — curé de Jouy-en-Josas (1498), III, 266.
— (Jean), curé de St-Eustache [1482], I, 59.
— (René), prieur de Bruyères (1497), III, 378, 410, 509.

Louis Ier, le Débonnaire, empereur. Acte relat. au monastère des Fossés (816, 833), II, 424 (842), V, 91 ; — à la pêcherie de Charlevanne (816), III, 91, 104, 105, 110 ; — à l'Église de Paris (820), I, 25, 76, 161 ; — à St-Germain-des-Prés (829), III, 534 ; — à l'abbaye de St-Denis (832), I, 504, 505 (832), II, 2. — Sa présence à Chelles (818) ; actes en faveur de cette abbaye (818, 833 ?) II, 484, 485. — Autres mentions, I, 80 ; II, 193, 194, 234, 640 ; III, 91, 418 ; IV, 133, 235 ; V, 24.

Louis II, le Bègue, roi de France. Diplôme confirmant les droits de l'Égl. de Paris sur l'abbaye de St-Éloi (878), I, 307 ; IV, 4, 5.

Louis IV, d'Outremer, roi de France. Charte en faveur de l'égl. Saint-Merry (936), I, 160 ; IV, 117, 123.

Louis V, roi de France. Voy. Lothaire.

Louis VI, le Gros, roi de France. Acte relat. à Auteuil (1109), I, 388 ; — à la voirie de l'év. de Paris (1110), I, 26 ; — à Argenteuil (1110), II, 15 ; — à l'abbaye des Fossés (1110, 1118), II, 430, 459 ; — au prieuré de St-Martin-des-Champs (1111), I, 557, 561 ; IV, 624 ; — à l'abbaye de Saint-Victor fondée par lui (1113), I, 335, 342 ; II, 386, 397 ; IV, 111, 112 ; (1125), IV, 282, 287 ; — à l'abbaye de St-Denis (1113, 1122), III, 92, 96 ; — au prieuré de St-Éloi de Paris (1114), I, 310 ; — à St-Magloire de Paris (1117), IV, 462-3 ; — à l'égl. de Bonnes (1120), IV, 180 ; — à Notre-Dame-des-Champs (daté de Pomponne (1121), II, 511 ; (1132), I, 146 ; — à l'égl. de St-Germain-en-Laye (1122), III, 133 ; — à Villeneuve-le-Roi (1122), IV, 428 ; — au prieuré de Gournay (1122, 1124, 1134), II, 580 ; IV, 599, 609-610 ; V, 296 ; — à Ivry (1123), IV, 460 ; — au Landit de St-Denis (1124), I, 539 ; — à Drancy (1124), II, 631 ; — à Rungis (1124), IV, 48 ; — à Essonnes (1124), IV, 262 ; — aux égl. de Corbeil (1125), IV, 282, 287 ; — à Clamart (1127), III, 247 ; — au Blancmesnil (1130), II, 626 ; — à Ris (1133), IV, 375 ; — à l'abbaye de Montmartre (1134), I, 393, 423-4, 444 ; II, 368, 498 ; III, 554 ; IV, 189 ; — aux Champeaux de Paris (1136), I, 26, 41, 47 ; — à Juvisy (1136), IV, 411, 412 ; — à l'abbaye de Chaalis, II, 315 ; — à l'abbaye d'Yerres, III, 554 ; IV, 67 ; V, 224 ; — à Bagneux, III, 568 ; — à Marly, III, 117 ; — au prieuré de Longpont, III, 441. — Son expédition contre Bouchard de Montmorency, I, 615. — S'empare du château de Luzarches, II, 208 ; — du château de Montlhéry (1106), IV, 101, 102 ; — du château de Gournay (1114), IV, 615-6 ; — du château de Livry (1128), II, 586. — Acquiert le comté de Corbeil (1120), IV, 276 ; — V, 107. — Secourt Eudes, comte de Corbeil, IV, 275. — Projette la construction d'une forteresse à Charevanne, III, 109, 133. — Lieux où il a résidé, II, 511 ; III, 136, 303, 366, 407 ; IV, 93, 94, 562. — Autres mentions, I, 16 ; III, 441 ; V, 239.

Louis VII, le Jeune, roi de France. Acte relat. à St-Martin-des-Champs (1137), II, 563 ; IV, 624, 625 ; V, 135 ; à l'hôpital St-Benoît (1138), I, 134 ; — à l'abbaye de Saint-Magloire (1138), I, 475 ; (1142), IV, 375 ; (1152), I, 475 ; (1159), I, 470, 475 ; III, 7, 445, 447 ; IV, 88, 375 ; — à l'abbaye de Chaalis (1138), II, 315 ; (1152), II, 347 ; — à l'abbaye de St-Denis (1139), IV, 266 ; (1144), IV, 102 ; (1152), II, 4 ; — à l'abbaye d'Yerres (1139, 1143, 1161), V, 179, 224, 225 ; — à Notre-Dame-des-Champs (1140), III, 154 ; — au prieuré de Longpont (1140), III, 368, 439 ; (1142), IV, 91 ; (1144), IV, 68 ; (s. d.), IV, 165 ; — à la place de Grève (1141), I, 86 ; — à l'abbaye de Saint-Maur (1142), IV, 301 ; — au Tremblay (1153), II, 610 ; — à Gonesse (1154, 1164, 1165), II, 267 ; — aux égl. de Montlhéry (1154), IV, 110 ; — à la chapelle St-Nicolas du Palais (1160), IV, 428 ; — à Rosny (1162), II, 553 ; (1179), II, 555 ; à Champeaux (1162), II, 411 ; — aux coutumes des marchands de l'Eau (1170), III, 128 ; — au fief de la Vallée à Chevreuse (1172), III, 367 ; — à l'abbaye de Montmartre (1175), I, 448 ; — à la collégiale de Ste-Opportune (1176), I, 407 (note) ; — à l'abbaye de Fontenelle (1177); III, 127, 146, 482; — à Andresel, V, 423. — Bienfaiteur de la chapelle St-Michel de Paris, I, 179 80 ; — de l'hôpital Saint-Lazare, I, 299 ; II, 404 ; — de l'abbaye des Vaux-de-Cernay, III, 423. — Exemptions du droit de gîte accordées par lui, II, 53 ; III, 543, 568 ; IV, 35, 42 ; V, 384. — Fondateur et bienfaiteur des Bonshommes du bois de Vincennes (1164), II, 267, 391, 405 ; (1173), II, 401-2 (note). — Fondateur de la léproserie de la Saussaye, IV, 37. — S'empare du château de Montjay (1140). II, 529, — Son traité avec le comte de Meulan (1157), IV, 492. — Lieux où il a résidé, II, 5-6, 441 ; III, 136 ; IV, 303 ; V, 15, 277. — Autres mentions, I, 6, 19, 26, 41, 47, 49, 57, 121, 161, 210, 244, 466 ; III, 535 ; IV, 101.

Louis VIII, roi de France. Acte relat. à Rosny, II, 556 ; — à Rueil (1224), III, 97, 98 ; — à St-Jean-en-l'Ile de Corbeil (1224), IV, 292. — Acquiert le droit de chasse dans la forêt de Cruye (1225), III, 121, 154. — Se dit abbé de N.-D. de Corbeil (1224), IV, 287. — Abbaye dont il ordonne la construction par son testament, V, 18, 365. — Sa *Vie* écrite par Nicolas de Braye, V, 274.

Louis IX ou S. Louis, roi de France. Acte relat. à Rosny (1246), II, 557 ; — à Auteuil (1247), I, 390 ; — à Nanterre (1247), III, 78 ; — à Bourg-la-Reine (1247), III, 557 ; — à Bagneux (1247), III, 571 ; — à Vanves (1247), III, 581 ; — à Rocquencourt (1248), III, 158 ; — à Gonesse (1256), II, 267, 270 ; — à Rueil (1258), III, 97 ; — à St-Guenaul de Corbeil (1258), IV, 283 ; — à Dampmard (1260), II, 518 ; — à Tournan (1260), V, 328 ; — à Roissy (1264), II, 281 ; — à Bruyères-le-Châtel (1266), III, 475 ; — à Cormeilles, II, 53. — Bienfaiteur du chapitre de N.-D. (1225), I, 135 ; (1252), II, 83 ; III, 463 ; — de l'abbaye de Longchamp (126), I, 398, 399 ; — des Chartreux établis par lui à Paris (1259), II, 268, 269 ; (1265), III, 508 ; — de la léproserie de Fontenay, II, 243, 389 ; — de l'abbaye de Livry (1232), II, 598 ; — de la Ste-Chapelle, II, 605 ; — de l'abbaye St-Antoine (1227), III, 137 ; — du prieuré de la Saussaye, IV, 39 ; — de l'abbaye de Ste-Geneviève (1223), V, 63 ; (1257), V, 200. — Fondateur des Quinze-Vingts, I, 39 ; — du collège de Sorbonne (1256), I, 151 ; — de l'abbaye de Royaumont, II, 269 ; — d'une chapelle à la Pissotte près Montreuil, II, 399 ; — d'une chapellenie au château de Vincennes (1248), II, 412 ; — de la Maison-Dieu de St-Germain, III, 143. — Chapelle, à Paris, dont la construction lui est à tort attribuée, I, 71. — Echanges de terres faits par lui (1234), IV, 64, 75 ; (1264), III, 473. — Etablit les Chartreux à Bicêtre, IV, 11. — Fait emprisonner Anseau de Garlande (1260), V, 325. — Maison qu'il fait saisir à Vanves, III, 582. — Refuse de recevoir l'hommage pour Luzarches, II, 209-210. — Rente qu'il acquiert au Monceau-St-Gervais (1245), IV, 9. — Son traité avec le comté de Foix (1229), III, 286 — Ses funérailles, III, 137. — Mentions de ses résidences, I, 529 ; II, 7, 53, 405-6, 442, 557 ; III, 78, 97, 122, 136, 137, 158 ; IV, 104, 105, 147, 295, 297, 302-3, 305, 420, 454-5 ; V, 40. — Autres mentions, I, 57, 82, 93, 103, 114, 119, 121, 141, 155, 174, 180, 216, 220, 236, 409, 497. Voy. S. Louis.

Louis X, *le Hutin*, roi de France, IV, 50. — Acte relat. au couvent du bois de Vincennes (1314), II, 392. — Bienfaiteur des Clarisses du Moncel, II, 269 ; — des religieuses de la Saussaye, IV, 39. — Séjour qu'il fait à Lagny (1315), IV, 562 ; — à Moissy-l'Evêque, V, 108. — Sa mort à Vincennes (1316), II, 406. — Son testament, IV, 563.

Louis XI, roi de France. Acte relat. à la chapelle St-Michel du Palais, I, 180 ; — à Auteuil (1467), I, 389 ; — aux bois de Vincennes et de Rouvray (1474), I, 396 ; — à Chaillot, I, 410 ; — à St-Denis (1482), I, 535 ; — à l'Ordre de l'Etoile (1470), I, 573 ; (1482), 574 ; — à Stains (1480), I, 581 ; — à Margency (1474), I, 639 ; — à Taverny (1465), II, 65 ; — à St-Leu (1474), II, 70 ; — à Luzarches, II, 211 ; — à Garges (1471), II, 255 ; — à Gonesse, II, 266 ; — à Roissy-en-France (1482), II, 282-3 ; — à Marly-la-Ville, II, 327 ; — à son hôtel de Conflans, II, 365-6 ; — au bois de Vincennes, II, 409 ; — à Nogent-sur-Marne (1474), II, 473 ; — à Montjay (1465), II, 532 ; — à Livry (1467), II, 588 ; — à Issy (1475), III, 9 ; — à Poissy, III, 138 ; — à Belébat, III, 162 ; — à

Châteaufort, III, 303 ; — à Chevreuse, III, 370 ; — à Bures (1474), III, 393 ; — à Bigneux (1472), III, 570 ; — à Bicetre, IV, 12 ; — à Chilly et à Longjumeau, IV, 65, 75 ; — au château de Montlhéry (1480), IV, 106 ; — à Châtres (1471), IV, 153 ; — à Guillerville (1467), IV, 177 ; — à Marolles, à Brétigny et à St-Michel-sur-Orge (1480), IV, 225, 345, 359-60 ; — a Savigny sur-Orge (1474), IV, 391, 392, 393 et note ; — à Torcy, IV, 594 ; — à Soisy-sur-Seine, V, 70 ; — à Saintry (1480), V, 56 ; — à Vaux-la-Reine, V, 184 ; — à Yerres (1481), V, 217 ; — a Gavigny, V, 311 ; — à Tournan (1467), V, 326. — Bienfaiteur de l'egl. des Innocents, I, 49, 50 ; — de St-Martin-des-Champs (1475), I, 193 ; — de l'abbaye d'Yerres, V, 224. — Membre de la Grande Confrérie de Paris, I, 217. — Nomme des prévôts à Corbeil, IV, 307, 308. — Lieux où il a résidé, I, 558, 581 : II, 180, 282, 303, 327, 370 ; III, 186, 549 ; IV, 304, 392, 424, 562 ; V, 267 — Reçoit à Vincennes l hommage pour le duché de Normandie (1465), II, 409. — ses démêlés avec l'archev. de Bourges, I, 288. — Sa statue à l'Hôtel-Dieu de Paris, I, 18. — Autres mentions, II, 380, 409, 462.

Louis XII, roi de France. Acte relat. à Aubervilliers (1498), I, 562 ; — à Stains (1513), I, 581-2 ; — à Moussy-le-Neuf (1512), II, 353, 355 ; — à Chelles et à St-Georges de Chelles (1513), II, 496, 500 ; — à Sèvres (1511), III, 17 ; — au château de St-Germain (1514), III, 142 ; — à Lévy-St-Nom (1506), III, 345 ; — à Bruyères-le-Chatel (1512), III, 474 ; — à l'hôpital de Chanteloup (1504), IV, 153 ; — à St-Spire de Corbeil, IV, 282 ; — à la léproserie de Corbeil (1513), IV, 298 ; — à l'abbaye de Jarcy (1510), V, 170 ; — à Montéty (1512), V, 364. — Ses séjours à Corbeil, IV, 304. — Traité qu'il signe à Marcoussis, III, 491. — Villes qu'il vend à l'amiral de Graville (1513), IV, 304. — Autres mentions, I, 68 ; II, 462 ; III, 33.

Louis XIII, roi de France. Acte relat. à l'abbaye du Val (1611), II, 134 ; — a Écouen (1633), II, 184 ; — à Gonesse (1636), II, 269 ; — aux Annonciades de St-Mandé, II, 382-3 ; — au prieuré de Nanterre, III, 76 ; — au Calvaire du Mont-Valérien (1633), III, 87 ; — au château de St-Germain, III, 140, 142 ; — à l'abbaye de Port-Royal (1630), II, 297 ; — au comté de Limours, III, 435-6 ; — à Vaugrigneuse (1624), III, 464 ; — à Villejuif, IV, 32 ; — à la seigneurie de Montlhéry (1629), IV, 109 ; — à Champeaux (1611), V, 412. — Acquiert la terre de Versailles (1627), I, 633 ; III. 196. — Châteaux qu'il fait construire ou réparer, II, 410 ; III, 140 ; IV, 13. — Pose la première pierre de l'aqueduc d'Arcueil (1613), IV, 17. — Anecdote à son sujet, III, 43. — Lieux où il a séjourné. II, 7, 12, 461 ; III, 74-75, 140, 196 ; IV, 47, 48, 247 ; V, 44, 390. — Messes fondées pour lui à St-Denis, IV, 176, 190. — Autres mentions, I, 128, 228 ; III, 84, 460

Louis XIV, roi de France. Acte relat. à l'abbaye Ste-Perrine, I, 302 ; — à l'égl. de Montmartre, I, 453 ; — à l'abbaye du Val (1646), II, 134 ; — à Sarcelles (1681), II. 171-2 ; — à Gonesse (1684), II, 267 ; — à Vincennes, II, 411, 414 ; — à la Pissotte (1646), II, 417 ; — à Plaisance (1662), IV, 471 ; — au prieuré d'Issy, III, 13 ; — à l'érection de St-Cloud en duché-pairie, III, 31 ; — au Calvaire du Mont-Valérien, III, 87 ; — au Pecq, III, 131 ; — à la chapelle du vieux parc à Saint-Germain, III, 142 ; — à l'Hôpital général et aux Recollets à St-Germain, III, 143 ; — aux embellissements de Versailles, III, 197, 202 ; — aux Recollets de Versailles, (1685), III, 200 ; — à Buc (1651), III, 276 ; — à l'abbaye de Port-Royal (1708), III. 297 ; — à Chateaufort (1650), III, 304 ; — à Villiers-le-Bâcle (1693), II, 315 ; — à l'étang de Saclay (1684), III, 320 ; — au prieuré de Chevreuse, III, 365 ; — au duché de Chevreuse (1675), III, 372 ; — à Gometz-la-Ville (1661), III. 411 ; — au comté de Limours (1662), III, 436 ; — à la seigneurie de Launay-Courson (1667), III, 453 ; — à Villiers-sur-Orge, IV, 86 ; — à l'égl. N.-D. de Montlhéry (1708), IV, 115 ; — à la capitainerie des chasses de Montlhéry, IV, 116 ; — au prieuré d'Essonnes (1708), IV, 266-7 ; — à Juvisy (1674), IV, 413 ; — au château de Cramayel (1652), V, 113 ; — à Andrezel, V, 424 ; — à l'abbaye d'Yerres, V, 229 ; — à Brie-Comte-Robert, V, 268 ; — à Tournan, V, 327 ; — à l'abbaye d'Hermières (1681), V, 350 ; — à Montéty et à Ozouer-la-Ferrière (1668), V, 354, 364. — Terres et seigneuries qu'il acquiert, III, 35, 108, 114, 123, 136, 156, 162, 166, 188, 207, 217, 220, 275. 276, 277, 282, 304, 360 ; IV, 9. — Pose la première pierre de l'égl. St-Roch, I, 78. — Son voyage projeté à Rueil, III, 103. — Fait rebâtir l'égl. de Marly, III, 119. — Célébration de l'anniversaire de sa naissance au château de St-Germain, III, 140. — Fait construire la chapelle du château de Versailles. III, 200. — Terres qu'il donne à Mme de Montespan (1685), III, 214. — Cède au Dauphin la seigneurie de Meudon, III, 237. — Lieux où il a séjourné, I, 482 ; II, 221, 411 ; III, 197, 237, 550 ; IV, 248, 329, 383, 584. — (statues de), III, 103 ; IV, 462. — Autres mentions, I, 480 ; II, 30, 34.

LOUIS XV, roi de France. Acte relat. au château de Madrid (1724), I, 436-7 ; — à Vincennes, II, 414 ; — à Port-Marly, III, 125 ; — au Pecq, III, 131 ; — à Rennemoulin, III, 175 ; — à Villepreux, III, 188, 189 ; — à Versailles, III, 200, 202 ; à Coubert (1725), V, 154 ; — à Tournan (1722), V, 321-2. — Acquiert le château de Choisy (1739), IV, 446. — Reçoit l'infante d'Espagne à Bourg-la-Reine (1722), III, 558. — Séjours qu'il fait à Vincennes, III, 411 ; — à Petit-Bourg, IV, 329. — Mentionné dans une inscription, IV, 410.

LOUIS le Germanique. Concède à Hildebrand, év. de Séez. la terre de Moussy-le-Neuf (IXe s.), I, 41 ; II, 348.

LOUIS, roi de Navarre et comte de Champagne [Louis le Hutin]. Sa présence à Plaisance en 1313, II, 469.

LOUIS de France, dauphin, fils de Charles VI. Seigneur de Marcoussis et de Malesherbes (1409), III, 484-5.

LOUIS [III d'Anjou], roi de Sicile, III, 204.

LOUIS, fils de Philippe le Long. Né à Corbeil, IV, 304.

LOUIS, fils aîné de Robert [de Béthune], comte de Flandres. Emprisonné à Montlhéry (1311), IV, 105.

LOUIS, abbé de St-Denis. Acte de 847, IV, 261 ; — de 862, I, 423, 568, 594, 600 ; II, 45, 51, 55, 124, 238 ; III, 111, 112, 156.

LOUIS, abbé de St-Magloire. Mentionné en 1209, III, 473 ; IV, 381.

LOUIS [II de Montfort], abbé de St-Magloire. Acte relat. à Charonne (1294), I, 475.

LOUIS (maître), médecin. Bienfaiteur de l'abbaye Ste-Geneviève, III, 206.

LOUIS, prêtre (curé de Fosses (1166), II, 324.

LOUISET, curé de Vincennes (1701). II, 379.

LOUMAYE, Neomadia, nom de lieu, IV, 72.

LOUP (Le), branche des Bouteillers de Senlis, II, 614 ; — ses armoiries, ibid. Voy. Senlis.

— (Aveline Le), religieuse d'Yerres Bienfaitrice de cette abbaye (XIIIe s.), V, 205. Voy. Villepinte (Adeline de).

— (Gui Le), chevalier. Vend à l'abbaye de Ste-Geneviève des biens à Roissy-en-France (1249), II, 280, 583. — Seigneur de Conflans (1234), II, 615 ; — de Villepinte (1248), ibid.

— (Guillaume Le), écuyer, I, 611. — Fondateur d'une chapellenie à Villepinte (1279), II, 616. — fils de Gui de Senlis et bouteiller de France, seigneur de Drancy (XIIe s.), II, 633, 634.

— (Hugues Le). Plusieurs personnages de ce nom, seigneurs de Charenton en partie et de Villepinte (XIIIe s.), II, 363, 364, 611, 615.

LOUP (Jean Le), Johannes Lupi, sous-chantre de Notre-Dame. Son fief à Fontenay-aux-Roses (XIVe s.), III, 564.

LOUP (le). Voy. Le Loup.

LOUP, abbé de Ferrières. Engage des religieux à assister à l'Assemblée de Bonneuil (856), V, 25.

LOURDY en Brie. Voy. Ourdy.

LOURMES (hôtel de) sur la paroisse de Marcoussis (XVe s.), III, 492.

LOUTREVILLE [Loutteville. Seine-et-Oise, ham. de Champcueil]. Fief réuni au duché de Villeroy (1685), IV, 248.

LOUVAIN [Belgique], I, 548.

— (Louis de), seigneur de Villarceaux (1640), III, 504 ; — de Villejust, 506.

— (Raoul) et son fils Pierre, chevalier. Leurs biens à Villiers-la-Garenne (XIVe s.), I, 433.

LOUVEAUCOURT (seigneur de). Voy. Hangest (Louis de).

LOUVECIENNES ou LUCIENNES, Lovecenæ, Lupicinæ, Lupicenæ, paroisse du doyenné de Châteaufort [Seine-et-Oise, arr. de Versailles, cant. de Marly]. Notice, III, 111-115.

— Lieux-dits : Ayoux (Es), Chalehaut, Croix-Gunier (la), Houssay

(le), Maubuisson, Prunay, *Vallis Eremburgis, Viciniacas*.
— (Pierre de), *de Lupicenis*, chapelain de l'év. de Paris. Bienfaiteur de N.-D. (XIIIᵉ s.), III, 115.
LOUVEL (Jean), indiqué par erreur comme abbé de St-Magloire (1456), I, 183.
— (Pierre), abbé de St-Magloire (XVᵉ s.), I, 183.
LOUVERCHIES [Louvrechy, Somme, arr. de Montdidier] ; II, 297.
LOUVERTIENNES écrit pour Louveciennes, III, 112.
LOUVET (Gilles), doyen du chapitre de St-Cloud (XIVᵉ s.), III, 27.
— (Marguerite), femme de André Patelé (XVIIᵉ s.), II, 652.
LOUVET, maître de la poste de Paris. Seigneur de Suisnes (XVIIᵉ s.), V, 159.
LOUVETAINES (Jeanne de), religieuse de Longchamps, III, 115.
LOUVETIÈRE (Calippe de la), femme de Jean de Courtenay (1385), V, 214.
LOUVIER (Charles de), seigneur du Châtelet et de Nangis. Possesseur de l'île Louviers à Paris (XVᵉ s.), I, 329.
— (Charles de), fils du précédent, conseiller au Parlement. Sa sépulture (1545), I, 329.
— (Claude), seigneur de St-Merry (1560), V, 433.
— (Louis de), seigneur de St-Merry (1592), V, 433.
LOUVIERE (*Lupicinæ* traduit à tort par), III, 113.
LOUVIERS [Eure], I, 547.
— (Jérôme de), dit du Chastel, abbé de Lagny (1524-1525), IV, 551.
LOUVIERS (fiefde) à Issy (1580), III, 8.
LOUVOIS (François-Michel LE TELLIER, marquis de). Biens qu'il vend au chapitre de Notre-Dame, II, 102. — Fait bâtir le château de Chaville, III, 220 ; — l'égl. de Vélizy, III, 222, 224. — Baron de Meudon ; sa veuve échange cette seigneurie contre celle de Choisy (1695), III, 236, 237 ; IV, 446.
LOUVRES, *Loverum, Luvra, Luvriacus, Lupera*, Lovres, Louvre, paroisse du doyenné de Montmorency [Seine-et-Oise, arr. de Pontoise, cant. de Luzarches], I, 10, 461. — *Notice*, II, 295-304. — Hôtel-Dieu, II, 297, 300. — Léproserie, II, 300-1.
— Lieux-dits : Fosses (les), Orville, Secretain.
— (Guillaume de), maître de l'Hôtel-Dieu de Gonesse)1353), II, 264.

LOUVRETIENNES, lieu identifié avec Lourcines, III, 115.
LOUVROIL [Nord, arrond. d'Avesnes, cant. de Maubeuge], II, 297.
Lovecenæ. Voy. Louveciennes.
Lover, mot saxon. Sa signification, I, 38.
Loverum, Lovres. Voy. Louvres.
LOWET DE COETJAONVAL (Louise), femme d'Achille de Harlay, V, 217.
LOYAUTÉ, bourgeois de Paris. Possesseur du fief de Copeau, IV, 344.
— (Guillaume), prieur de Graville (1620), II, 90.
LOYMES (Jean de), conseiller du Roi. Son fief à Châteaufort (1637), III, 305.
LOYNES (Philippe de), président au Parlement de Metz. Seigneur d'Ivry (1672), IV, 457.
LOYOLA. Voy. S. Ignace.
LOYS, seigneur d'Aulnay (1620), II, 632.
LOYSEAU, curé d'Auteuil. Dédie l'égl. de Passy (1667), I, 402.
LOYSON (Clément). Voy. Raison.
LOZÈRE, *Loserræ*, Lozer [Seine-et-Oise, ham. de Palaiseau]. *Notice*, III, 332 ; IV, 409.
LOZERET, lieu-dit de Bagneux (XIIIᵉ s.), III, 569.
Luabium, Luabum, localité mentionnée au XIIᵉ s. Sa situation présumée, II, 506, 535 ; IV, 474, 609.
LUAT, lieu-dit voisin de Champigny-sur-Marne, II, 535 ; IV, 470, 474.
LUAT (le), seigneurie et château [Seine-et-Oise, comm. de Piscop], II, 165. — *Notice*, II, 167-8. — (forêt de), IV, 201.
Luavium, atelier monétaire mérovingien. Son identification, II, 535 ; IV, 474.
LUBIN (seigneur de). Voy. Villeneuve (Simon de la).
LUC, abbé de Bourgueil (1208), III, 301, 364.
LUC, doyen de la cathédrale de Paris. Son obit, II, 394. — Mentionné en 1231, IV, 412.
[LUC], év. d'Évreux. Arbitre dans un procès (1218), II, 556.
LUC (le comte du). Voy. Vintimille (Charles-François de).
Lucanus, nom romain. Origine de nom de lieu, V, 113.
LUCAS (Jean), chanoine de l'abbaye de St-Maur (1536), II, 433.
— (Jean), doyen du chapitre de St-Cloud (XVIᵉ s.), III, 27.
— (Louis), ermite à Charenton (1696), II, 383.
— (Michel). Ses biens à Villiers-le-Bâcle (1657-1661), III, 315.

— 393 —

— (René), curé de Châtenay (?). Acquiert la terre d'Aulnay (1549), III, 545.
LUCAS, seigneur de Gif (1691), III, 386.
LUCAS (famille). Sa chapelle et sa sépulture à Saclay, III, 318.
LUCE ou LUCIUS III, pape. Bulles de lui citées, I, 135, 388; (1184), I, 603; (1183), II, 204; II, 466; (1182), II, 555; II, 608.
LUCIAC écrit pour Lacy, II, 222.
Luciana, mère de *Reginaldus*, prieur d'Avrainville, IV, 192.
LUCIENNE, sœur de Hugues de Crécy. Bienfaitrice du prieuré de Longpont, IV, 165, 169.
LUCIENNES Voy. Louveciennes.
LUÇON [Vendée]. Archidiacre. Voy. Dupuy (Germain). — Evêques. Voy. Nivelle (Pierre), Tiercelin, Valderie (de) de Lescure.
LUCQUES [Italie], I, 154, 338.
LUCTIN (François de), baron de Rochefort. Seigneur de Ferrières et de la Brosse (1720), IV, 640, 643.
LUDE (sieur du). Voy. Daillon (Jean de).
Ludedis vico, atelier monétaire mérovingien, IV, 220.
Ludolnis : Leudeville, IV, 220.
Ludovilla : Leudeville, IV, 231.
Ludus romanus. Cavalcade d'écoliers qui lui est comparée, I, 552.
Lugniacum : Neuilly, I, 433-4.
Lugniæ. Voy. Lognes.
LUGNY, *Lugniaium*, Luigny [Seine-et-Marne], ham. de Moissy-Cramayel], I, 10. — *Notice*, V, 113-4.
— (le port de), *de Lugniaco*, III, 173.
Lugvilla : Leuville, IV, 128.
LUIGNY : Lugny, V, 113.
LUILLER [corr. Lailler] (Jacques de). Ses biens à Dugny confisqués (1423), II, 623.
LUILLIER, L'HUILLIER ou LULLIER (famille), II, 606 (note).
— (Agnan), seigneur de St-Gratien (XVIᵉ s.), I, 630.
— (Anne), femme de Nicolas de Mornay (1547), I, 40.
— (Anne), femme de Jacques d'O. Son épitaphe (1628), II, 148.
— [Eustache], premier président de la Cour des Aides (1546), III, 235.
— (François), maitre des Comptes. Son fils naturel, Chapelle, I, 462.
— (Geoffroy), conseiller au Parlement (1627), V, 34.
— (Gilles). Son fief de Rouvres (1385), V, 57.
— (Gilles ou Guillaume), seigneur d'Ursines [mort en 1502], III, 223.
— (Guillaume), [fils du précéd.], maitre des Requêtes (1523). Sa femme [Jeanne], fille de Jean de la Haye, II, 576.
— (Guillemette), femme de Jean Alligret (XVIᵉ s.), I, 426.
— (Jean), capitaine de Corbeil (1467), IV, 308
— (Jean), curé de St-Germain-l'Auxerrois. Député du clergé de Paris vers les princes (1465), I, 35. — Doyen du chapitre de Notre-Dame (1498), II, 482.
— (Jean), conseiller au Parlement. Sa sépulture (1535), I, 53.
— (Jean), seigneur de Saint-Gratien (XVIᵉ s.), I, 630.
— (Jean), président de la Chambre des Comptes. Seigneur de Montrouge (1560), III, 590.
— (Jeanne), femme de Jean Brinon (XVIᵈ s.), IV, 498.
— (Marguerite), femme de Louis Merlin, V, 8.
— (Marie), dame de Villeneuve. Couvents fondés par elle (1640), I, 478 ; V, 269.
— (Marie), femme de Nicolas Avrillot, II, 220.
— (Nicole), abbesse de Jarcy (1474), V, 170.
— (Philippe), seigneur de Charenton par sa femme, II, 375 ; — de Cramayel (1497), V, 112.
— (Pierre), prieur de Saint-Mandé (1527), I, 473.
— (Ragonde), femme de Jean Burdelet. Son fief de Cerçay (1597), V, 237.
— (Valentine), fille de Philippe ; femme de Bertrand l'Orfèvre. Dame de Charenton et de Cramayel (1544), II, 259, 375 ; V, 112.
— (X...), femme de Guillaume de Gouppil (XVIᵉ s.), IV, 346.
LUISANT, le Petit-Luisant, lieu-dit près de Montlhéry (XIIᵉ s.), IV, 116, 204.
LUISARD, Luzat, le Luzat, le Luzard, lieu-dit de Champs. *Notice*, IV, 607.
LULLE (Raymond). Sollicite la fondation du Collège Royal (1300), I, 254.
LULLI, musicien. Sa sépulture, I, 67.
Lulliaco (portus de) : Neuilly, I, 433.
LUMAGUE (Marie), veuve de François Pollalion. Fondatrice de la communauté des Filles de la Providence (1630), I, 260, 478, 558 ; II, 67 ; III, 565.
LUMÈGE (Laurent de), sergent d'armes du Roi, V, 7.
LUMIGNY [Seine-et-Marne, arr. de Coulommiers, cant. de Rozoy], V, 336.

Lunavilla : Leuville, IV, 128.
LUNEL [Hérault]. Terre relevant de cette baronnie, III, 484.
LUNÉVILLE [Meurthe-et-Moselle]. Étymologie, IV, 128.
LUNÉZY [Seine et Oise, ham. de Nozay], III, 504.
Lungni (Gace de), chevalier. Vassal de l'abbaye de St-Maur (1278), II, 445.
Lunvilla : Leuville, IV, 128 — *(Benedictus de),* IV, 103. [Le même ? que Bencelin de Leuville].
LUNY : Neuilly, I, 434.
Lupara : le Louvre, I, 39.
Lupera, localités ainsi appelées, II, 297.
LUPIAN, abbé du Montjura [v. Lupicin, abbé de Lauconne], I, 539.
Lupicense : Louveciennes, III, 114.
Lupicinæ. Voy. Louveciennes.
Lupicinus, forestier de Chilpéric III. Ses biens à Clichy, I, 423.
Lupicinus (mons) : Louvecienne, III, 111, 112, 156.
Lupicius, nom d'homme. Origine de nom de lieu, III, 112.
Lupus, Leu, nom d'homme, I, 187 ; IV, 128. — ou *Lupentius,* origine de nom de lieu, IV, 58.
Lupus (Hugo), Hue Leu, chevalier. Noms de rues à Paris qui en dérivent, I, 187.
LURE. Voy. Nepveu (le).
Lusarca, Lusareca : Luzarches, II, 199.
LUSARCHES ou LUZARCHES, *Lusarca, Lusarcha, Lusareca, Lusurchiæ,* paroisse du doyenné de Montmorency [Seine-et-Oise, arr. de Pontoise, ch.-l. de cant.]. *Notice,* II, 199-219. — Autres mentions, I. 496 ; II, 170, 177, 220, 221, 224, 226, 259, 292, 336.
— Châteaux, II, 204, 208, 210, 212, 333.
— Collégiale, II, 201-4. — Biens et cures à sa collation, I, 590 ; II, 220, 223, 224, 225, 226, 227, 233.
— Hôtel-Dieu, II, 207.
— Léproserie, II, 206-7.
— Lieux-dits : Bertinval, Chauvigny, Gascourt, Grange-au-Bois (la), Hérivaux (abbaye d'), Montmartre (ferme), Roquemont, Thimécourt.
— (Agnès de), femme de Jean de ...ault, comte d'Eu. Fondatrice de la collégiale de Luzarches ; sa sépulture, II, 201.
— (Aliz, dame de), femme de Lancelot de Saint-Maard, II, 209.
— (Baudoin de), *de Luzarchis,* chanoine de Riez (XIIIᵉ-XIVᵉ s.), II, 215.
— (Emenjarde, dame de), II, 205.
— (Eufémie, dame de), femme de Jean de la Tour de Lusarches, II, 106, 209, 242.
— (Henri de), chanoine de Chartres, clerc ou aumônier de Charles Iᵉʳ d'Anjou, II, 214.
— (Hugues de), archidiacre de Meaux, II, 215. — Mentionné en 1229, II. 279. — Bienfaiteur de l'abbaye d'Hérivaux, II, 326.
— (Jean de la Tour de), chevalier. Mentionné en 1236, II, 209. — Vend des biens à Fontenay (1216), II, 242.
— (Jean de), *de Lusarchis,* neveu de Matthieu, év. de Riez (1284), II, 215.
— (Jean de BEAUMONT, dit Jean de), II, 210.
— (Jeanne de), veuve de Jean de Laon. Dame d'Attainville (1310), II, 192.
— (Marguerite de), sœur de Gui Iᵉʳ, comte de Clermont-en-Beauvaisis. Femme de Gui de Senlis, II, 208.
— (Nicolas de), doyen de Saint-Germain-l'Auxerrois, puis év. d'Avranches (1306). Sa sépulture (1310), II, 215.
— (Nicolas de), *de Luzarchiis,* prévôt d'Auvers (1313). Le même que le précédent ? II, 215.
— (Raoul, seigneur de). Confirme des donations faites à l'abbaye d'Hérivaux (1238), II, 221, 227, 323-4, 333. — Ses biens à Coye, II, 336. Voy. Senlis (Raoul de).
— *(Raredus de), de Lusarchiis* (1087), II, 208 (note).
— (Robert de), architecte de la cathédrale d'Amiens (1220), II, 215.
Lusciniola, rossignol, III, 215.
LUSIÈRES (sieur de). Voy. Carnazet (Adam de).
LUSIGNAN (Étienne de), év. de Limisso. Bénit l'église de Villeneuve-St-Georges (1589), V, 37.
— (Hugues X. le Brun, sire de), comte de la Marche et d'Angoulême. En guerre avec S. Louis, III, 122. — Seigneur de Chailly et de Longjumeau par sa femme (1238), IV. 64, 68.
LUSIGNAN DE SAINT-GELAIS [Anne et Françoise de], abbesses de Jarcy. Leur sépulture, V, 169, 171.
LUSSON (de), auditeurs des Comptes. Seigneurs de Chennevières (XVIIᵉ s.), II, 310.
LUSTRACQ (baron de). Voy. Le Mairat.
LUTÈCE, II, 350, 421 ; IV, 26.
Lutetia, abréviation de *Leucotetia,* I, 228.
LUTHÉRIENS (édit de 1559 portant peine de mort contre les), II, 185.

LUTHON (Margarin), curé d'Andilly et de Margency (1612), I, 635.
Luugniæ : Lognes, IV, 601.
LUUGNY (Jean et Odon de), mentionnés en 1259, V, 430.
Luva. Voy. Loing (le).
Luvera : Louvres, II, 296.
Luvra : Louvres, II, 299.
Luvriscus : Louvres, II, 299.
LUXEMBOURG (fief de), à Bourg-la-Reine, III, 556.
— (Antoine de), comte de Brienne. Seigneur de la Grange-aux-Merciers (1515), II, 370.
— (Antoinette de), abbesse d'Yerres (XVIᵉ s.), V, 229.
— (Bonne de), reine de France. Voy. Bonne.
— (Charles de), comte de Brienne. Aliène la terre de la Grange-aux-Merciers (1526, 1530), II, 370.
— (Chrétien-Louis de MONTMORENCY-), prince de Tingry, maréchal de France, gouverneur de Valenciennes, V, 217, 392.
— (Jean, batard de), seigneur de Montmorency. Hommages qu'il reçoit pour les terres de St-Leu et de St-Brice (1430), II, 70, 163.
— (Louis de), év. de Térouenne, chancelier de France. Possède la Grange-aux-Merciers (1436), II, 369. — Son hôtel à Issy (1428), III, 7.
— (Louis de), comte de St-Pol ; connétable de France, I, 288 ; IV, 107. — Ses biens à Auteuil, I, 390 ; — à Issy, III, 9.
LUXEUIL [Haute-Saône]. Voy. S. Babolein, S. Eustase.
LUYNE (Antoinette de), fille de François. Apporte les terres de Grigny et du Plessis-le-Comte à son mari Lubin d'Allier, IV, 369, 405 ; — femme de Jean de Morel, 406.
— (François de), président au Parlement. Seigneur de Grigny et du Plessis-le-Comte par son mariage (XVIᵉ s.), IV, 369, 405.
LUYNES (Charles, duc de), connétable de France. Seigneur de Lésigny (1617), V, 359. Voy. Albert (d').
— (Marie-Louise d'ALBERT de), prieure de Torcy (1697), IV, 598.
LUZ (Louis de), conseiller du Roi. Seigneur de Vantelet et d'Orsigny (1630), III, 323.
LUZANCY (seigneur de). Voy. Marle (Jérôme de).
LUZARCHES. Voy. Lusarches.

LUZART. Voy. Luisard.
LUZE (la), rivière, II, 220, 226, 227, 334.
LUZENAY (Philippe de), lieutenant du Roi à Calais, IV, 176.
Lychnis sylvestris, plante, III, 19.
Lyciæ : Lisses, IV, 127.
Lynax : Linas, IV, 121.
LYON [Rhône], I, 89, 627 ; III, 10, 75, 158. — (acte de Louis XII daté de), III, 17. — (archevêques ou évêques de). Voy. Bellievre (Arnoul de), S. Antioche, S. Genès, S. Irénée, S. Just, S. Lambert, S. Sicarius. — (églises de). Saint-Jean. Voy. Jannon. — St-Nisier, I, 89.
— (eaux et forêts de). Voy. Ribier de Villeneuve.
— (généralité de). Voy. Juillet, Monconis (Cl. de) — (intendant de). Voy. Poulletier.
LYONNAIS (gouverneur du). Voy. Neuville (Charles de) — (intendant du). Voy. Longueil (Pierre de).
LYONNE (Claude de), trésorier du prince de Condé. Seigneur de Servon (XVIIᵉ s.), V, 252.
— (Henri de), seigneur de Servon et de la Borde-Grappin (XVIIᵉ s.), V, 252, 254.
— (Henri de), maréchal de camp. Seigneur-comte de Servon et de la Borde-Grappin ; son épitaphe (1697), V, 248, 249, 252, 255.
— (Hugues de), secrétaire d'Etat. Marquis de Fresnes et seigneur de Berny, IV, 46. — Reçoit à Suresnes l'envoyé turc (1669), III, 51.
— (Jean de), seigneur de Servon. Vend la terre de la Barre à Ferrolles (XVIIIᵉ s.), V, 278.
— (Jules de], prieur de St-Martin-des-Champs (1706), IV, 622-3.
— (Marguerite de), femme de Claude Malier (1588), V, 252.
LYONNE, femme d'Antoine Pessagne (1350), V, 70.
LYONS (Nicolas de), écuyer. Seigneur de Briis (1580), III, 448.
LYS (abbaye du) [Seine-et-Marne, arr. de Melun]. Chapelle à sa présentation, IV, 217. — Biens à Chaintreaux, V, 114.
LYSIU, *Lisinium*, canton de Longpont (XIIᵉ s.), IV, 90, 95.
LYSSI : Lissy, V, 139.
LYVRONNE (Pierre de), chevalier (XIIIᵉ s.), II, 346.

20.

M., baron de Ballainvilliers, IV, 81. Voy. Léguol (Nicolas).

MABILE, femme de Philippe de Brunoy (1277), V, 205.

MABILLE [de Châteaufort?] femme de Mathieu de Marly. Bienfaitrice de l'abbaye de Port-Royal (1247), III, 260, 268, 283, 306, 362.

MABILLE, femme de Guy Troussel, IV, 101, 209.

MABILLE, femme de Raoul de Garges (237), II, 254.

MABILLE (Nicolas), théologien. Sa sépulture (1711), III, 326.

MABILLON (dom). Rectifié, I, 141, 145, 247, 650; II, 491 (note), 581 (note 1), 630-1; III, 430, 465 (note), 478, 533; IV, 122, 133 (note), 151, 249; V, 51, 127-8, 222. — Sa sépulture, I, 272.

MACAIRE, prieur de Longpont. Abbé de Morigny puis de Fleury-sur-Loire (XIIe s.), IV, 95.

— (Simon), curé d'Herblay et chapelain de Sainte-Catherine (1560), II, 81.

MACCABÉES (monastère des), à Montrouge, premier établissement des Guillemittes en France, III, 587-8.

MACÉ, forme altérée du nom *Mattheus*, III, 120.

MACÉ, chanoine de Ste-Opportune, écrivain, I, 43.

— (Philippe), secrétaire du Roi. Fondateur d'une chapelle dans l'égl. St-Paul à Paris (1564), I, 327.

Macer, chevalier. Mentionné comme ayant porté un évêque de Paris lors de son entrée (1228?), IV, 299.

MACERÉ (Audebert), prieur de Notre-Dame-des-Champs, I, 147.

Maceriæ : Mézières-sur-Seine, III, 520 (note).

MACHAN. Voy. Ade.

Macharius, synonyme de *beatus*, I, 267.

MACHAU (Guillaume de), poète picard, II, 624.

— (Odon de), *de Machello*. Sa censive à Montrouge (XIIIe s.), III, 589.

MACHAULT [Seine-et-Marne, arr. de Melun, cant. du Châtelet]. Redevance qu'y percevait la cathédrale de Paris, III, 542.

— (François de), conseiller au Parlement. Seigneur de Garges (1639), II, 256; — de Fleury, III, 242.

— [Jean-Baptiste de], contrôleur-général et garde des sceaux. Seigneur de Garges, II, 256; — d'Arnouville, II, 259.

— (Paul de), abbé de St-Jean de Falaise. Vend la terre de Fleury, III, 242-3.

MACHAULT (de), conseiller d'Etat. Seigneur d'Arnouville, II, 259.

MACHAULT D'ARNOUVILLE. Sa maison à Colombes, III, 69.

MACHAUT (de), sieur de Romainville (XVIIe s.), I, 647.

MACHECO (Mathieu), huissier au Parlement. Seigneur de Passy; sa sépulture (1532), I, 403, 404.

— (Mathieu), chanoine de la cathédrale de Paris. Seigneur de Passy décédé en 1592, I, 404. — Mentionné en 1571, III, 326.

MACHECRU, écart d'Orsay, III, 401.

MACHERY [Seine-et-Oise, ham. de Vaugrigneuse], III, 459, 460, 462.

MACHINE-DE-MARLY (la) [Seine-et-Oise, ham. de Bougival], III, 108.

Maciacum. Voy. Massy.

MACICOTS, chantres de l'Église de Paris. Origine de ce mot, III, 354.

— Leurs biens, IV, 389, 390.

MACICOTERIE (la). Voy. Massicoterie.

MACON [Saône-et-Loire] (bailli de). Voy. Rolin (Gérard). — (comte de). Voy. Dreux (Jean de). — (comtesse de) Voy. Vienne (Alix de). — (diocèse de), I, 51. — (évêque de). Voy. Chastel (Pierre du).

MAÇON (Michel le), partisan du duc de Bourgogne (1418). Reçoit du roi d'Angleterre des biens à Vaires, II, 503; — à Dammart et à Torigny, 519.

MAÇONS. Leur patron, I, 251 — (confrérie des), I, 99.

MACOURIS (Guillaume de), abbé de St-Denis, II, 250. — Actes d'affranchissement (1248), III, 53, 58, 63, 68, 70, 111; IV, 521.

MACOURNE (Jeanne de), dame d'Ailly, femme de Jean de Cernay (1362), V, 298.

MACQUERELLE ou MAQUERELLE (ile) près Paris. Cimetière projeté en ce lieu, I, 18. — 413.

MACRIN (Jean SALMON, dit). Voy. Salmon.

MACY. Voy. Massy.

MADAM. Voy. Ménilmontant.

MADAME [femme de Philippe d'Orléans]. Sa visite à Arcueil, IV, 18.

MADELBERT, Maubert, év. de Paris. Place qui en a retenu le nom, I, 120.

MADELEINE (la) [Seine-et-Marne, lieu-dit de Pomponne], II, 504, 505.

MADELEINE (la), ancien lieu-dit de Marcoussis, III, 492.

MADELEINE (la). Voy. Ste Madeleine.

MADEMOISELLE [fille de Philippe d'Orléans]. Sa visite à Arcueil, IV, 18.

MADRÉ (étymologie du mot), II, 124.

MADRID (château de) au bois de Boulogne, sur la paroisse de Villiers-la-Garenne, I, 397, 431, 432. — *Notice*, I, 436-7.
MADRIE (pays de), au diocèse d'Évreux, I, 44 ; III, 271.
MAEL. Voy. *Mellum*.
MAESTRICHT [Hollande]. Archidiacre. Voy. Florent. — Evêques. Voy. S. Amand, S. Lambert.
Maflare : Maffliers, II, 195.
MAFFLÉE, Voy. Maffliers.
MAFFLIERS, Mafflée [Seine-et-Oise, arr. de Pontoise, cant. d'Ecouen], paroisse du dioc. de Beauvais, I, 52 ; II, 46, 234. — Château, sur la paroisse de Montsoult, II, 147.
— Lieu-dit : Bonshommes (les).
MAGDELEINE (chapelle de la) à Torigny, II, 514.
MAGDELEINE (maison de la), ancien hôpital ou léproserie à St-Yon, IV, 160, 162, 164.
— (Guillaume de la), conseiller du Roi. Mission dont il est chargé (1317), IV, 354.
MAGDELIN (Gillette), femme de Guillaume d'Osserre, I, 72.
MAGEDON : Médan, III, 228.
MAGES (représentation des trois), I, 8, 9 ; II, 436.
MAGIE (prieur accusé de), III, 135.
Magister. Sens de ce mot, III, 20 ; IV, 310, 349.
MAGNAC (Aimery de), év. de Paris. Acte relat. à l'égl. Saint-Hilaire (1373), I, 130 ; — au travers de Conflans, II, 95, 96 ; — à Gacourt (1377), 213-14 ; — aux reliques de S. Cloud, III. 22. — II, 46.
— (Perrenelle de), veuve de Pierre de Reilhac. Bienfaitrice de St-Médard, I, 257.
Magnamota, lieu-dit de Roissy-en-France (XIIIᵉ s.), II, 278.
MAGNAN (Denis), curé de St-Ouen-l'Aumône (XVIIᵉ s.), II, 115.
Magneium : Magny-les-Hameaux, III, 293.
MAGNEUX (seigneur de). Voy. Pussort.
Magniacum Lessardi : Magny-l'Essard, III, 293.
MAGNINES. Voy. Manine.
MAGNOALD, abbé, proche Beaumont-sur-Oise (690), I, 24 ; III, 244
MAGNOFLÈDE, fille de Sèvres, guérie par S. Germain de Paris, III, 14.
Magnus, sens de ce mot. Origine de nom de lieu, III, 291.
Magnus cryptarius, curator, II, 422.
Magnus Mons, fief situé à Maisons-Alfort (XIIIᵉ s.), V, 6.
MAGNY, localités de ce nom en France, III, 291.

MAGNY (bailli de). Voy. Neuville (Jean de). — (seigneur de). Voy. Durey (Jacques-Bernard de).
— (Jean de), chantre et bienfaiteur de Notre-Dame de Corbeil (1343), IV, 291.
— (Odon de), *de Magniaco* (1195), III, 292.
MAGNY en Nivernais, I, 30.
MAGNY-EN-VEXIN [Seine-et-Oise, arr. de Mantes, ch.-l. de cant.]. Prieuré de Ste-Anne, III, 13.
MAGNY-LE-HONGRE [Seine-et-Marne, arr. de Meaux, cant. de Crécy], IV, 525.
MAGNY-LES-HAMEAUX, *Magniacum, Magneium*, Magny-l'Essard ou Lessard, paroisse du doyenné de Châteaufort [Seine-et-Oise, arr. de Rambouillet, cant. de Chevreuse]. *Notice*, III, 291-5. — Seigneurie incorporée au duché de Chevreuse (1675), III, 372. — III, 280, 284, 297.
— Lieux-dits : Broussy, Buloyer, Cressely, Gomberville, Granges (les), Merantais, Porroy, Romainville, Villeneuve.
MAGNY-L'ESSART ou LESSARD. Voy. Magny-les-Hameaux.
Magus, maige. Sens de ce mot, V, 19.
MAHEU (Charles), avocat. Seigneur de Sevran (1580), II, 584.
MAHEUT (épitaphe de Dame), II, 105.
MAI de l'hôtel du Roi. Fourni par le bois de Boulogne (XVᵉ s.), I, 396.
— (cérémonie pour le choix du), II, 568-9. — (contestation au sujet du), III, 543.
MAID. Sens de ce mot celtique, II, 337.
MAIGAULD, bienfaiteur de l'égl. Ste-Geneviève de Paris, I, 234.
Maierolæ. Voy. Marolles-en-Brie.
MAIGE. Voy. *Magus*.
MAIGNAC (Antoinette de), fille de Pierre, femme de Guillaume Lamy. Bienfaitrice du Petit-Saint-Antoine (1454), I, 331.
— (Pierre de), secrétaire du Roi, I, 331.
MAIL ou du MAY (château du), sur le territoire d'Argenteuil, II, 2, 19, 41-2, 44.
MAILLARD (André), conseiller au Parlement (1546) et son fils Charles. Possesseurs de la terre des Boulaies à Châtres, V, 305.
— (Jean), huissier aux Requêtes du Palais. Seigneur en partie de Bussy-St-Martin (XVIᵉ s.), IV, 580.
— (Olivier), cordelier. Prêche le carême à Chelles (1491), II, 493.
MAILLARD, fauconnier. Possesseur de biens à Villeron (1258), II, 312.

MAILLARD, maçon. Chargé de la reconstruction de l'égl. de Vaucresson, III, 167.
MAILLARD en Brie [Seine-et-Marne, arr. et cant. de Coulommiers], IV, 430.
MAILLÉ-BREZÉ (le marquis de), III, 335.
MAILLÉ DE LA TOUR-LANDRY (Suzanne-Eléonore), veuve de Joseph-Antoine de Colignon. Sa sépulture (1724), II, 142.
MAILLET (Barthélemy), abbé d'Hiverneau (1656), V, 373.
MAILLETS (les), pièces de terre à Rungis, IV, 48.
MAILLEZAIS [Vendée, arr. de Fontenay-le-Comte], I, 311. — Evêque. Voy. Sourdis (de).
Mailliaco Villa (Pierre de). Voy. Marly-la-Ville.
MAILLOT (porte) au Bois de Boulogne, I, 404, 437.
MAILLOT (M. de), IV, 170.
MAILLY ou MARLY, fief mouvant de Fontenay-le-Comte, IV, 237, 238.
MAILLY (Colart ou Colas de), chevalier. Seigneur de Chatou (1423-1427), II, 24 ; — de Fontenay-en-France, 240.
— (Ferric de), frère de Jean. Seigneur de Montrouge (1474), III, 589-90.
— (Isabelle de), abbesse de Longchamps, I, 399.
— (Jean de), ancien doyen de Saint-Germain-l'Auxerrois. Ev. de Noyon (1425), I, 33. — Seigneur de Montrouge, :II, 589-90.
— (Jeanne de), femme de Jean de Vizé, III, 276.
— (le marquis de). Ses biens a Drancy (XVIIe s.), II, 633.
MAILLY DE BREUIL, receveur général des finances. Seigneur du Perreux (XVIIIe s.), II, 473.
MAINARD, abbé des Fossés (Xe s.), II, 428.
MAINARD, archev. de Sens (1040), IV, 284.
MAINCOURT, *Media Curia*, Meencourt, Mincourt, paroisse du doyenné de Châteaufort [Seine-et-Oise, arr. de Rambouillet, cant. de Chevreuse]. *Notice*, III, 355-7. — III, 371-2, 417.
MAINCY [Seine-et-Marne, arr. et cant. de Melun], IV, 296.
MAINE (pays du), IV, 64. — (comte du). Voy. Anjou (Charles d').
— (le duc du) [Louis III]. Mentionné en 1418, IV, 185.
— (le duc du) [Louis-Auguste de BOURBON]. Seigneur de Clagny, III, 207 ; — de Glatigny, 209 ; — du Plessis-Piquet, 254 ; — de Bourg-la-Reine, 556 ; — de Fontenay-aux-Roses, 563 ; — de Sceaux; sa sépulture, 548, 550-1, 576. — Maison à Châtenay près Bagneux qu'il donne à N. de Malezieu ; y assiste à une fête (1703), II, 317 ; III, 544. — 548.
— (la duchesse du) [Anne-Louise-Bénédicte de BOURBON-CONDÉ, femme du précéd.]. Dame de Fontenay-aux-Roses, III, 563 ; — de Châtillon, 576. — Assiste à une fête à Châtenay, III, 544. — Fêtes qu'elle donne à Sceaux, III, 550-1.
MAINEMART (Guillaume de), prieur de Gometz (1516), III, 406.
MAINFERME (la) ou LIEU-NOTRE-DAME, près Bondy. Château converti en prieuré-chapelle dépendant de l'abbaye de Livry, II, 587, 591. — *Notice*, II, 597-8.
MAINFERME (Albéric de), bienfaiteur du prieuré de Gournay, IV, 610.
MAINIER (maître) de Sarclé, IV, 63.
MAINPINCIEN ou MINPINCIEN [Seine-et-Marne, ham. d'Andrezel], V, 422, 424-5.
MAINS jointes (dames représentées sur les tombes avec les). Dérogation à cet usage, IV, 236.
MAINTENON (Simon de). ses biens à Villetaneuse (XIVe s.), I, 592. — dit de la Queue. Seigneur de Massy (1350), III, 523 ; IV, 490. — dit de la Villeneuve. Seigneur de Goupillères et de Villepreux ; sa sépulture, III, 179, 185.
— (Mme de). Fondatrice de la maison de St-Cyr, III, 95.
MAINVILLE, *Mindeyum*, Mindeville, Minville [Seine-et-Oise, ham. de Draveil]. *Notice*, V, 66. — V, 64, 206.
Maioriolæ, Maiorolæ : Marolles-en-Brie, V, 238.
MAIRÉ (terre appelée), II, 425.
MAIREVILLE. Voy. Merville.
MAIRI : Méry-sur-Oise, II, 124.
Mairolæ : Marolles-en-Brie, V, 238.
MAIRINVILLE [Méréville, Seine-et-Oise, arr. d'Etampes, ch.-l. de canton], III, 188.
MAIRY. Voy. Mory.
MAISON-BLANCHE (la) [Seine-et-Marne, ham. de Lésigny], V, 359.
MAISON-BLANCHE (a) [Seine-et-Oise, ham. de Gagny], II, 547, 549, 550.
MAISON-DIEU, synonyme de maladrerie ou d'hôpital, II, 162.
MAISONS-DIEU, à Argenteuil, II, 15, 16 ; — à Bruyères, III, 470 ; — à Guyancourt, III, 280 ; — à Marly-

le-Roi, III, 120 ; — à Moiscelles, II, 189 ; — à Moussy-le-Neuf, II, 353 ; — à Palaiseau, III, 327 ; — à St-Germain-en-Laye, III, 143.
MAISON-FORT (la), ancien nom du château de Marcoussis, III, 485.
MAISON-FORTE (la). Voy. Maumolin.
MAISON-GUYOT (la) [Seine-et-Oise, éc. de Gagny], II, 547, 549.
MAISON-MAHAUT, *Mansio Mathildis*, lieu-dit de Gagny ? II, 551.
MAISON-NEUVE (la), fief [Seine-et-Oise, ham. de Brétigny], IV, 343.
MAISON-PONCEAU (la) à Etiolles. Voy. Houdre.
MAISON-ROUGE [Seine-et-Marne, ham. de Gretz]. Château, V, 315.
MAISON-ROUGE (la) [Seine-et-Oise, éc. de Gagny]. Prieuré de St-Fiacre, II, 547, 548, 549.
MAISON-ROUGE (la), *Mansiones*, Maisons, lieu-dit de l'Etang-la-Ville, III, 152, 154, 156.
MAISON-ROUGE (la), lieu-dit de Fontenay-sous-Bois, II, 391. Voy. Hôtel-Rouge (l').
MAISON-ROUGE (la), lieu-dit de Sceaux (1626), III, 552.
MAISON-ROUGE (la), près le Coudray, V, 96.
MAISON-ROUGE (la), écart de la Chapelle-Gauthier, V, 428.
MAISON-ROUGE (seigneur de la). Voy. Genoud (Philippe).
MAISONS. Voy. Maison-Rouge (la).
MAISONS, *Mansiones, Domus*, Maisons-en-Brie, paroisse du doyenné du Vieux-Corbeil [Maisons-Alfort, Seine, cant. de Charenton]. *Notice*, V, 3-9. — Autres mentions, I, 393 (note) ; II, 365, 428 ; IV, 457 ; V, 29, 130, 160.
— Lieux-dits : Alfort, Charentonneau, *Magnus Mons, Quarta,* Saint-Pierre (fief de).
— (Jean de), chevalier (1257), V, 6.
MAISONS-EN-BRIE, V, 4. Voy. Maisons.
MAISONS-SUR-SEINE, au diocèse de Chartres [Maisons-Laffitte, Seine-et-Oise, arr. de Versailles, canton de St-Germain], III, 31, 154 ; IV, 250. — (marquisat de), V, 4. — (seigneurs de). Voy. Aulnay (X... d'), Longueil (Jean de).
— (le président de), III, 18.
MAISONVILLE (fief de), partie du parc d'Alfort, V, 9.
MAISSY. Voy. Messy.
MAITRES-ÈS-ARTS de l'Université de Paris. Eglise où ils reçoivent le bonnet, I, 238-9.
MAIZIÈRES-SUR-AMANCE [Haute-Marne, arr. de Langres, cant. de la Ferté]. Seigneur : Antoine de Champluysant, II, 158
Major Villa, Majoris Villa. Voy. Merville.
Majorissa (femme d'un maire qualifiée), IV, 222.
MAJORITÉ des rois (ordonnance sur la) (1374), II, 408.
MAL DES ARDENTS. Voy. Ardents.
MAL-SAINT-JEAN. Voy. St-Jean.
MALADERIES ou HOTELS-DIEU. Distinctes des hôpitaux, I, 16.
Mala Domus, Mala Mansio : la Malmaison, III, 100, 114.
Mala Nauda. Voy. Malnoue (abbaye de).
MALARD (Robert). Ses biens à Marly-la-Ville (1378), II, 327.
MALASSIS [Seine-et-Oise, ham. de Forges], III, 441 ; — dit ailleurs de la paroisse des Molières, III, 412.
MALASSIS, ham. de Bagnolet (1624), II, 658.
MALASSIS (seigneur de). Voy. Prévôt (Jean le).
MALASSISE [Seine-et-Marne, ham. de Courquetaine]. *Notice,* V, 297-8.
MALASSISE (seigneur de). Voy. Masparault (Henri de).
Malavicina (Johannes de), vassal de l'abbaye de St-Maur, II, 445.
MALAY en Poitou (seigneur de). Voy. Lacre (Ant. de la).
MALCION (Christophe), chambellan de Philippe-Auguste, I, 44, 200. — Bienfaiteur du prieuré de la Saussaye (1205), IV, 452.
MALCORNET, fief. Voy. Boucornu.
MALEBRANCHE (le P.), de l'Oratoire. Son frère, seigneur de Montmagny, I, 588.
MALEDIMÉ, Maudimé, fief à Croissy-en-Brie, IV, 518, 520, 619.
MALE ESPINE, lieu-dit de Dampmart (1518), II, 518.
MALEIGNE (fief de), à l'abbaye de Maubuisson (XIIIe s.), II, 119.
MALEMAISON (la) ou la MALMAISON, *Mala Domus* [Seine-et-Oise, lieu-dit de Rueil], III, 98, 100.
— (seigneurs de la), I, 52 ; III, 233.
MALEMAISON (la) [Seine-et-Marne, arr. de Coulommiers, comm. de Mortcerf]. Château ayant appartenu aux Montmorency, V, 336.
MALENDE (Jacques), curé de Groslay, I, 614.
MALENOUE ou MALNOUE, *Mala Nauda, Mala Noa* [Seine-et-Marne, ham. d'Emerainville], ancienne paroisse transférée à Champs, IV, 605 ; V, 399.
— Abbaye des Bénédictines appelée primitivement de Footel ; dite

aussi de Nemore, de Bosco, du Bois-aux-Dames. Notice, V, 399-404.
— Ses biens et cures à sa collation, II, 23, 24, 151, 342, 611 ; III, 58 ; IV, 102, 213, 401, 509, 511, 514, 583, 625, 640 ; V, 270. — Reçoit des religieuses d'Argenteuil, II, 3.
— Accord entre elle et le curé de Berchères, IV, 494. — Ses relations avec l'abbaye d'Yerres, V, 227. — Autres mentions, I, 611 ; IV, 604. — Abbesses. Voy. Leprosa, Marie, Pichonne (Jeanne la).
— Chapelle St-Jean, IV, 400, 404.
— Couvent d'hommes du titre de St-Nicolas, V, 402, 404.
MALENOUE, fief situé à Grégy (XVIe s.), V, 164.
Malenutritus (Albericus). Voy. Maunoury (Aubry).
MALÉPARGNE, fief situé à Coye, II, 336.
MALEPRÉ (ferme de), mentionnée en 1485, III, 345.
MALESHERBES (Guillaume), chevalier. Donne à l'égl. de Nainvaux ses biens de Colombes, III, 67, 68.
MALESHERBES (BOIS-), seigneurie confisquée sur Jean de Montaigu (1409), III, 484.
MALET ou MALLET (Gilles), maître d'hôtel du Roi. Seigneur de Chatou, II, 24 ; — de Fontenay-les-Louvres (1392), II, 240 ; — de Soisy-sous-Étiolles (1385), V, 68, 70 ; — de Villepécle ; fiefs dont il reçoit l'hommage, V, 95, 120. — Vicomte de Corbeil ; fiefs relevant de lui en cette qualité (1385), III, 233 ; IV, 237, 302 ; V, 57, 126, 145, 273, 398, 399. — Garde de la librairie de Charles V et châtelain du Pont-Ste-Maxence, V, 120.
— (Gilles), seigneur de Soisy (1442), V, 70.
— (Guillaume), fils du précéd. Mentionné en 1442, V, 70.
— (Jacques), fils de Gilles. Seigneur de Soisy, V, 70.
— (Jean), supplicié pour crime de trahison. Ses biens dans le Perche donnés à Marie d'Espagne, I, 572.
— (Louis), fils de Gilles, V, 70.
— (Louise), fille de Gilles, femme de Gilles d'Agincourt. Dame de Soisy, V, 70.
MALET DE GRAVILLE (Anne), femme de Pierre de Balzac. Dame de Marcoussis, III, 485.
— (Jean [V]), seigneur de Montaigu. Aliène la terre de Mareil-en-France, II, 233. — Seigneur de Marcoussis par sa [deuxième] femme Jacqueline de Montaigu, III, 485 ; — de Chastres, IV, 143.

— (Jean [VI]), fils du précéd. Seigneur de Marcoussis, III, 485, 490.
— (Jeanne), fille de Louis ; femme de Charles d'Amboise. Dame de Marcoussis, III, 485. — Porte la terre de Nozay à son [second] mari René d'Illiers, III, 502. — Présente à la chapelle de la Roue à Linas (1538), IV, 125.
— (Louis), fils de Jean [VI] ; chambellan de Louis XI et de Charles VIII et amiral de France. Concierge du château de Beauté (1516), II, 390. — Acquiert la seigneurie de Chevreuse (1488), III, 370. — Seigneur de Gometz (1510), III, 407-8 ; — de Marcoussis où il meurt (1516), III, 485, 487, 488, 491-92.
— Dispose du fief de Bellejambe et acquiert la couture Hercepoix, III, 493, 496. — Seigneur de Nozay, III, 502 ; — de la Roue en Linas, IV, 125. — Terres que le roi lui donne à Châtres (1472) ; devient seigneur de ce lieu, III, 329 ; IV, 143, 144, 152, 154. — Seigneur de St-Yon, IV, 164 ; — de Boissy-sous-St-Yon, 167. — Acquiert les villes de Corbeil, Dourdan et Melun (1513) puis les restitue à la couronne, IV, 304.
MALETERRE (Étienne), vassal du Roi pour ses biens à Palaiseau (XIIIe s.), III, 328.
MALEVAL [Italie]. Voy. S. Guillaume.
MALEVOISINE, fief du marquisat de Villeroy, IV, 247.
MALEVOISINE, ancien hameau voisin de Lognes, IV, 614.
MALEZIEU (Nicolas de), de l'Académie des Sciences ; chef des Conseils du duc du Maine et chancelier de Dombes. Seigneur en partie de Chatenay, II, 317 ; III, 540, 544.
— Organisateur des fêtes de Sceaux, III, 550, 551.
— (Nicolas de), fils du précéd. Év. de Lavaur (1713), III, 540, 544.
MALGNAC (Hugues de), prieur de Gournay, conseiller du Roi (1387), IV, 611.
MALHERBE (François), poète. Sa sépulture, I, 33.
MALHERBE (Robert de), seigneur de la Tour de Chaumont. Bienfaiteur des Célestins de Paris, III, 173.
MALIGNON (Federicus de), chevalier de la châtellenie de Corbeil (XIIIe s.), IV, 300.
MALIGNY (Seigneur de). Voy. Ferrières (Fr. de).
MALIGNY (Jeanne de), femme de Jean d'Andrezel, V, 424.
MALINES [Belgique], I, 547 ; II, 270.

MALINGRE, historien. Rectifié, I, 314.
MALINGRE (Marie), femme de Jean de la Balue, III, 186.
MALINONS. Voy. Montlignon.
MALIVEL [ou MALVIEL] (Arnoul). Dîme tenue de lui (XIIe s.), V, 147-8. Voy. Maloel.
MALL, *mallum*, assemblée. Origine de noms de lieu, II, 42 ; IV, 72.
MALLEMANT, chanoine de Ste-Opportune et écrivain, I, 43.
MALLENFANT (Isabelle), dame de la Queue en Brie (1519), IV, 488.
MALLENOUE, écrit pour Mauny, IV, 528.
MALLERAC. Voy. Jardin (P. du).
MALLET, famille parisienne. Ses biens à la Chapelle-St-Denis, I, 461.
MALLET (Antoine), historien. Critiqué, I, 149.
MALLET, conseiller au Parlement. Seigneur de Chanteloup près Châtres, IV, 153.
— (Jacques-François), fils du précédent, président en la Chambre des Comptes. Seigneur de Chanteloup, IV, 153, 155. — Sa ferme à Fresnes (XVIIIe s.), IV, 339.
— (Louis), fils de Yves. Seigneur de Noisiel (1686-1738), IV, 600.
— (Yves), secrétaire du Roi ; fermier général Seigneur de Noisiel, du Buisson-St-Antoine et du Luisard, IV, 599, 600, 602, 607.
MALLET, audiencier à la Chambre des Comptes. Ses biens à Alfort (1612), V, 9.
MALLI : Marly-la-Ville, II, 324.
Malliacum. Voy. Marly.
MALLIER (Claude), secrétaire du Roi. Seigneur du Houssay ; acquiert les seigneuries de la Borde-Grappin et de Servon (1584) ; son épitaphe (1609), V, 248, 251-2, 254.
MALLINONS (Pierre de), chevalier. Sa sépulture (1271), I, 643.
MALLO, év. de Paris. Voy. S. Mellon.
Mallum. Voy. Mall.
MALLEWARD : Mauregard, II, 306.
MALLYÈRES (Jeanne de), femme de Jean de Portis, I, 102.
MALMAISON (la). Voy. Malemaison.
MALMÉDY [Prusse rhénane]. Abbaye, IV, 270, 271.
MALMOLIN. Voy. Maumoulin.
MALMOUSSE [Seine-et-Oise, ham. de St-Remy-lez-Chévreuse]. Fief dépendant de la seigneurie de Vaugien, III, 382.
MALNOUE. Voy. Malenoue.
MALO (Charles), seigneur de la Motte de Jossigny (1608), IV, 528 ; — de Serris, 531. — (X...), conseiller au Grand Conseil. Seigneur de Serris (1700), IV, 531.

MALODINE, écrit pour Mauny, IV, 528.
Malodumus. Voy. Maubuisson.
MALOEL (Arnoul) [*alias* Malviel]. Sa femme. Voy. Aalis.
MALON (Antoine-Robert), secrétaire du Roi, greffier au Criminel. Donne aux Guillemites la seigneurie du Plessis-Gassot (1521), II, 248.
— (Anne-Louis-Jules de), maître des Requêtes. Seigneur de Bercy, Conflans, du Pont de Charenton et de la Grange-aux-Merciers ; mort en 1706, II, 371.
— (Charles de), président au Grand Conseil. Seigneur de Charenton (1619), II, 368 ; — de Bercy. Vend un hôtel à Conflans (1605), II, 371.
— (Charles-Henri de), maître des Requêtes ; intendant des finances ; fils d'Anne. Lui succède dans ses seigneuries, II, 371. — Son procès avec M. de Lorière, II, 368.
— (Charles-Nicolas de), président au Grand-Conseil ; fils du précéd. Lui succède dans ses seigneuries (1742), II. 371.
— (Elisabeth), femme d'Arnoul Boucher. Dame d'Orsay, II, 237.
Malo Redditu (fief de). Voy. Mauretour.
MALPORT. Voy. Mauport.
MALTE (ambassadeur de), I, 515.
MALTE (ordre de). Ses biens et commanderies, II, 571, 658 ; V, 74, 244. Voy. Hospitaliers et Prieuré (Grand-) de France. — Chevalière. Voy. Arpajon (Anne d'). — Grand bailli, V, 374. — Grand maître. Voy. Montaigu (Guérin de).
Malus Campus. Voy. Mauchamp.
Malus Dumus. Voy. Maubuisson.
Malus Filiaster. Voy. Maufilâtre.
Malus Nidus, lieu-dit, II, 578 ; III, 125, 158.
Malus Nidus. Voy. Mauny.
Malus Portus. Voy. Mauport.
Malus Repastus. III, 100.
Malusvicinus (Robertus), frère de Guillaume de Garlande. Mentionné dans le contrat de mariage de sa sœur Helissende (1161) [peut-être Robert de Mauvoisin, fils de Guillaume III de Garlande], V, 132.
MALVOISINE [Seine-et-Oise, ferme à Sennisses, III, 420.
MAINENARD (Jean), curé de St-Paul de Paris, I, 311 [Le même sans doute que Jean Menard].
MANASSE. Voy. Adaleide.
MANASSÉ, écuyer. Ses prétentions sur la haute justice de Fayel (1259), II, 150
Manasserus, curé d'Amboile. Ses biens à Cœuilly (1273), IV, 473, 481.

MANASSÈS, nom d'homme. Origine de nom de lieu, IV, 242.
MANASSÈS [de Dammartin ?], neveu d'Hilduin, comte de Montdidier. Possède Combs-la-Ville, V, 177.
MANASSÈS, év. de Meaux. Acte relat. au prieuré de Mauregard (1140), II, 306, 353. — Charte de lui (1134), II, 529.
MANASSÈS, vicomte de Sens, IV, 94.
MANASSÈS. Ses biens à Épiais-les-Louvres (1125), II, 306.
Manassiacum. Voy. Mennecy.
MANCARPIE, clos situé près de Châtres, IV, 157.
MANCHAMP, écrit pour Mauchamp, IV, 177.
MANCHY, fief assis à Combs-la-Ville (1597), V, 180.
— (Louis de), écuyer. Son fief à Grisy (1597), V, 161.
— (Pierre de), écuyer. Seigneur de Grisy et des Adrets (1580), V, 127, 269.
Mandatum du Jeudi-Saint à Notre-Dame, II, 83.
Mandatum. Voy. Mandé.
MANDE. Voy. Remarde.
MANDÉ (pré du), *Mandatum*, à Châtenay (XIIIe s.), III, 542.
MANDEGRIS [Seine-et-Marne, lieu-dit de Favières], III, 277 ; V, 329. — *Notice*, V, 344.
— [?] (Milheit de), seigneur de ce lieu. Son épitaphe, V, 343.
MANDRE signifiant monastère. Localités de ce nom, V, 189.
MANDRES, *Mandreæ*, Mandris, *Mandriis (locus de)*, paroisse du doyenné du Vieux-Corbeil [Seine-et-Oise, arr. de Corbeil, cant. de Boissy-St-Léger]. *Notice*, V, 188-192. — II, 381 ; V, 193-4, 195.
MANDRES, fief à Étiolles, V, 76.
— (Robert de), *de Mandris*, écuyer (XIIIe s.), V, 191, 236.
Maneciacum. Voy. Mennecy.
MANGON (Jean), curé de St-Étienne-du-Mont (1385), I, 247.
MANGOT (Charles), prieur de Sainte-Marie, chapelain de la Ste-Chapelle, seigneur d'Orvilliers. Curé de St-Leu, II, 68.
— (Claude), garde des sceaux. Sa maison à Créteil (1618), V, 22.
Maniacus, localité du Blésois. Mentionnée en 975, I, 140.
Maniacum. Voy. Mauny.
MANINE, Magnines [Seine-et-Oise, ham. de Domont], II, 158, 159.
MANNAY (Jean de), archidiacre de Laon (1523). Bienfaiteur de Saint-Jacques du Haut-Pas, I, 157.
MANESSIER (Richard), commandeur de l'hôpital du Haut-Pas (1471), I, 156.
MANNEVAL, localité, I, 547.
MANOIR (Nicolas HENRIART, sieur du), avocat au Parlement. Sa sépulture (1693), II, 81. — Son fils, curé d'Herblay, II, 81, 86.
MANS (le) [Sarthe], II, 485 ; III, 84.
— Abbaye de la Couture ; abbé. Voy. Jean.
— Cathédrale ; crapauds représentés au portail, II, 38.
— Évêques. Voy. Bellay (René du), Le Denoys (Jean), S. Aldric, S. Bertrand, S. Domnole, S. Innocent, S. Julien.
MANS (forêt du) [Seine-et-Marne]. Voy. *Medunta*.
MANSART (François), architecte des châteaux de Bercy, de Berny et de Choisy-sur-Seine, II, 371 ; IV, 46, 446. — Sa sépulture (1666), I, 325.
— (Jules-Hardouin), architecte des châteaux de St-Cloud, de Dampierre et de Vanves, III, 35, 359, 584.
MANSEAU. Sa maison à Saint-Forget (1696), III, 362.
Mansiones. Voy. Maison-Rouge et Maisons.
Mansionile. Voy. Mesnil.
Mansionile blaun : le Blanc-Mesnil, II, 626-9.
Mansionuillum. Voy. Menus-lez-St-Cloud.
MANSOURAH (bataille de) [Égypte], III, 558.
MANT-A-BOIS. Voy. Montubois.
MANTEAU dont on couvrait les femmes pauvres à St-Séverin, lors de leurs relevailles, I, 106-7.
MANTES [Seine-et-Oise], III, 168 (note). — Traité de 1193, I, 424.—
— (gouverneur de). Voy. Maret (de la).
— (Philippe, comte de), fils naturel du roi Philippe Ier. Obtient la garde du château de Montlhéry, IV, 101, 146, 209.
MANTOUE [Italie], IV, 89.
Mantua : Montubois, II, 63.
Manueris (Simon de), chevalier de la châtellenie de Corbeil (XIIIe s.), IV, 300.
Manusfirma : la Mainferme, II, 540, 598.
MAQUERELLE (île). Voy. Macquerelle.
MARAFIN (Antoine de). Pourvu d'une chapellenie dans l'égl. de Puiseux (1500), II, 320.
MARAIS (le) [Seine-et-Oise, hameau d'Argenteuil]. *Notice*, II, 19 ; — 20.
MARAIS (le) [Seine-et-Oise, ferme à Senteny], V, 244.

MARAIS (Annibal de), prieur de Deuil (XVIIIe s.), I, 604.
MARAIS DE VILLIERS (le), lieu-dit de Bagnolet [aujourd'hui de Montreuil-sous-Bois], II, 656.
MARBAYE (la), lieu-dit de Milon-la-Chapelle[?], III, 337.
MARBOIS [terra] de Amarobosco [Seine-et-Oise, arr. d'Étampes, cant. de la Ferté-Alais, ham. de Videlles], V, 224.
MARC (Guillaume), bourgeois de Paris (1492), I, 185.
MARCASSITES, à Chaillot et à Gentilly, I, 418-9.
MARCEL (Claude), contrôleur général des finances. Seigneur de Villeneuve-le-Roi ; sa sépulture (1590), IV, 430.
— (Étienne), prévôt des Marchands, II, 400. — Possède le fief Popin à Paris, I, 39.
— (Jean, dit), marguillier de St-Séverin (1281), I, 105.
MARCEL (Jacques ou Pierre). Voy. Cocatrix (Jeanne).
— (Mathieu), seigneur de Villeneuve-le-Roi (1596), IV, 430.
— (Pierre). Voy. Agnès.
MARCEL, maître des Requêtes. Seigneur de Bouqueval (XVIIe s.), II, 249.
MARCEL, receveur du Roi (1286), II, 612.
Marcelliacum ; Marcilly, II, 228, 229.
MARCENAL ou MARCENOUST, fief à Draveil (1598), V, 65, 66. — Seigneur, V, 85.
March, Mark, mot celtique signif. cheval. Radical de nom de lieu, III, 480.
MARCHAIS (le), fief enclavé dans la terre de Groslay et situé sur la paroisse de Deuil. Réuni à celui de Fleury, I, 607, 612.
MARCHAIS (la Noüe de), lieu-dit d'Asnières (XIIIe s.), III, 58.
MARCHAIS (Jacques), curé de Jouy-en-Josas. Son épitaphe, III, 266.
— (Louise), femme de François du Vau (XVIIe s.), V, 360.
— (Marthe), femme de X. Daniel. Son fief de Villepatour (1697), V, 311.
MARCHAIS, habitant de Châtenay. Possède le château de Migneaux (XVIIIe s.), III, 532.
MARCHAIS-PROFOND (le), lieu-dit voisin des Barneaux (XIIIe s.), V, 111.
MARCHAIS-TUÉ. Voy. Fresnes.
MARCHAND (Guillaume), marchand drapier de Paris. Son fief de Boitron (1507), V, 305.
— (Joachim), seigneur de Senlisses (1614), III, 420.

— (Vincent), curé de Fontenay-lez-Louvres (XVIIe s.), II, 239.
MARCHAND DE BARDOUVILLE (Catherine-Françoise le), femme de Jean-François de Gourgues, II, 606.
MARCHANDS DE L'EAU (confrérie des) à Paris. Mentionnés en 1245, I, 216. — de Paris et de Rouen. Leurs droits de navigation sur la Seine (1170), III, 128.
MARCHANDS DE VINS. Leur chapellenie à St-Gervais, I, 83.
MARCHAUDIÈRE (la), ham. d'Ozouer-la-Ferrière, V, 355.
MARCHAUMONT (Mme de), dame d'Orangis (XVIIe s.), IV, 373.
MARCHE (Nicolas), fondateur d'un hôpital à Roissy-en-France en 1407, II, 279.
MARCHE (comtes de la), IV, 104. Voy. Bourbon (Louis Ier de), Lusignan (Hugues de).
— (Yolande, comtesse de la). Donne à Guy de Chevreuse une rente à Gometz, III, 407.
MARCHE (la), ancienne paroisse réunie à celle de Vaucresson [Seine-et-Oise, ham. de Marnes], III, 41, 46, 166, 167, 169, 171.
— (...eve de la). Sa sépulture, III, 171.
— (Robert de la), clerc de St-Louis; chanoine de Noyon. Fondateur de l'égl. de Garches ; sa sépulture, III, 41, 42, 169-70.
MARCHE (la), fief situé à Viry, IV, 402.
MARCHE (Olivier de la) et son fils, Charles. Concierges de l'hôtel de Bourgogne à Conflans, II, 366.
— (Robert de la), maréchal de France. Sa mort à Longjumeau (1356), IV, 79.
MARCHÉ-MARIE (le), écart de Neufmoutiers [le Marchais-Marie, ham. de la Houssaye], V, 341.
Marcherium hulmorum, proche le Val-de-Galie (1232), III, 27.
MARCHÉ-PALU. Voy. Paris, rues.
MARCHÉ-PALUZ (seigneur de). Voy. Dupuys (Georges).
MARCHEZ (la Grange-aux-) : la Grange-aux-Merciers, II, 369.
MARCHIÈRES (de), chevalier. Epitaphe de sa fille Marguerite, femme de Guillaume de Solers (1300), V, 147.
MARCIAN (le frère). Voy. Arces (Raymond d').
MARCILLY [Marcilly-le-Hayer ? Aube, arr. de Nogent-sur-Seine]. Château, I, 644.
MARCILLY, fief de la vicomté de Corbeil (1597), IV, 313. — Fief en relevant, IV, 187.

— (Guillaume de), IV, 125. — Seigneur d'Athis (1306), IV, 419.
MARCINVAL (de). Sa maison a Conches (XVIIe s), IV, 573.
MARCIUS ou MARCUS, nom romain. Origine de nom de lieu, III, 244.
Marcocia, droit ainsi désigné, III, 480.
Marcocin tum : Marcoussis, III, 478, 480.
Marcolciis (terra de) : Marcoussis, III, 483.
MARCONVAL, *Marculfi Vallis*, lieudit de la Varenne-St-Maur (1295), II, 457.
MARCOUCI. Voy. Marcoussis.
MARCOUSSIS, *Marcocinctum, Marescalciæ, Marcociæ,* Marcocies, Marcouchies, Marcoucies. Marcouci, paroisse du doyenné de Chateaufort (Seine-et-Oise, arr. de Rambouillet, cant. de Limours]. *Notice,* III, 477-497. — Autres mentions, III, 407 ; IV, 109, 121, 123, 127, 133, 143, 156, 181, 223.
— Chateau, III, 485-7.
— Couvent des Célestins *Notice,* III, 487-91. — Ses biens, III, 319, 398, 400, 493 ; IV, 55, 109 ; V, 301. - Sépultures, III, 335, 398. — Autres mentions, IV, 117, 127.
— Lieux-dits : Beauvais, Bel-Ebat, Bellejame, Chêne-Rond (le), Chouanville, Déluge (le), Episcopal (fief), Gué (le), Guillerville, Hercepoix, Houssaye (le), Madeleine (la), Mémil (le), Ronce (la), Vaularron.
— (Adam de), III, 483, 497.
— (Lestard de), chevalier. Bienfaiteur du prieuré de Marcoussis ; ses frères, Hervé et Pierre (XIIIe s.), III, 483.
— (Milon de), *de Marcolciis*. Seigneur de ce lieu et de Nozay (1154), III, 483, 501.
Marcoussis (l'Anastase de), rectifiée, IV, 99.
MARCOUVILLE (comte de). Voy. Gaillarbois (de).
Marcreyum, ancien lieu-dit de Saint-Cloud, III, 37.
Marculfi Vallis. Voy. Marconval.
MARCUS, év. de Paris, I, 2.
MARCUS. Voy. Marcius.
Marcus-Aurelius, dit *Hilarus,* affranchi de Marc-Aurèle. Fondateur du temple de Silvain à St-Maur, II, 422, 454.
MARCY (Gaspard de), recteur des académies de peinture et de sculpture. Bienfaiteur de l'égl. de Chatou, II, 23.
— (Hugues de), prêtre. Fondateur d'une chapelle à Ste-Geneviève de Paris (1339), I, 237.

MARD. Voy. Médard.
MARDE. Voy. Remarde.
Mardeliacum : Mardilly, V, 129.
MARDELLE (la fosse de la), lieu-dit d'Athis, IV, 426.
MARDIGLY : Mardilly, V, 128.
MARDILLY, *Mardeliacum* [Seine-et-Marne, ham. d'Evry-les-Châteaux]. *Notice,* V, 131-133. — Dame, V, 128. — Dîme, V, 129, 131. — Fiefs dépendant de la seigneurie de Fleury-Mérogis, IV, 364.
— (Henri de), *de Mardiliaco,* mentionné dans l'acte de mariage de son frère Simon (1161), V, 132.
— (Jean de), (XIVe s.), V, 132, 300.
— (Simon de). Son contrat de mariage en 1161, IV, 492 ; V, 131-2, 296.
MARE (Richard de la), fondateur d'une chapelle à St-Séverin, I, 106.
MARE (de la), bourgeois et orfèvre de Paris. Seigneur de Cossigny (XVIIIe s.), V, 291.
MARÉCHAL, radical de ce mot, III, 480.
MARÉCHAL (Denis), conseiller en la Cour des Aides. Seigneur de Vaugirard (XVIIe s.), I, 486.
— (Georges), premier chirurgien du Roi. Possède la terre de Vélizy, III, 224. — Seigneur de Bièvre ; sa sépulture (1736), III, 256, 258.
— (Georges-Louis), fils du précéd., maître d'hôtel et gentilhomme du Roi. Seigneur de Bièvre, III, 258.
— (Georges-François), fils du précéd., conseiller au Parlement. Seigneur de Bièvre, III, 258.
— (Matthias), maître des Requêtes de Gaston d'Orléans. Seigneur de Vaugirard (XVIIe s.), I, 486.
— (Olivier), marchand de Paris, et sa femme Sainte Jourdain. Fondateurs des Pénitents de Courbevoie (1658), III, 70.
— (Pierre), *Marescallus,* seigneur de Santeny. Bienfaiteur de l'abbaye de St-Maur (1248), V, 243, 266.
— (Raoul), abbé de Ste-Geneviève. Emprisonné pendant la domination anglaise, III, 580.
MARÉCHAL (le) ou MARÉCHAUX, *Marescalli,* chevaliers de Santeny (XIIIe s.). Bienfaiteurs du prieuré de Marolles, V, 241, 244.
MARÉCHAL DE FRANCE. Redevance singulière qu'il perçoit, III, 78.
MARÉCHAUX (confrérie des) à Saint-Eloi de Paris, I, 309.
MARÉCHAUX, conseiller au Parlement de Metz. Seigneur de Vaugirard (XVIIIe s.), I, 486.
MARÉCHAUX (les), *Marecheria* [Seine-et-Oise, écart de Senlisse], III, 350.

MAREIL ou MAREUIL-SOUS-MARLY, *Marolium*, Marul, Marcles, Mereol, paroisse du doyenné de Châteaufort [Mareil-Marly, Seine-et-Oise, arr. de Versailles, cant. de St-Germain]. *Notice*, III, 146-7. — Autres mentions, II, 232 ; III, 118.
MAREIL ou MAREUIL-EN-FRANCE, *Marolium, Marul,* paroisse du doyenné de Montmorency [Seine-et-Oise, arr. de Pontoise, canton d'Ecouen]. *Notice*, II, 231-234. — Autres mentions, I, 170 ; II, 204 ; III, 146.
MAREILLES : Mareil-Marly, II, 232.
MARELE (Jeanne des), femme de Jean Merley (XVIIᵉ s.), II, 557.
MARES, étymologie du nom de lieu Marolles, IV, 224.
Marescalceiæ : Marcoussis, III, 480.
Mareschaucia (fief de), à Louvres (1260), II, 302.
MARESCHOT (Pierre de), écuyer. Seigneur de Bonnes, IV, 181.
MARET (Jehan Marc de la), seigneur de St-Mars. Sa sépulture (1601), III, 310.
— (Jehan Marc de la), seigneur de St-Mars, maréchal de camp, gouverneur de Saumur, Mantes et Meulan. Sa sépulture, III, 310.
MARETS (Marie-Thérèse des), abbesse d'Yerres (1704), V, 229.
MARETS (la marquise des). Sa résidence à Villemeneux (1697), V, 273.
MAREUIL. Voy. Mareil.
— (Adam de), clerc. Sa terre à Garges (1209), II, 254.
— ou de MAROLLES (Hugues de), chevalier. Bienfaiteur des abbayes de St-Antoine de Paris et de Gomerfontaine (XIIIᵉ s.), II, 95, 96.
— (Jean de), seigneur de Mareil-en-France (1292), II, 233.
— (Raymond de). Possède le château de Villeroy (1364), IV, 244.
MARG, *Marga, Marla,* sens de ce mot entrant dans la composition de noms de lieu, I, 638 ; III, 44, 116.
MARGENCY, *Margenciacum,* peut-être plus anciennement Mesiasin (Voy. ce mot), paroisse du doyenné de Montmorency [Seine-et-Oise, arr. de Pontoise, cant. de Montmorency]. *Notice*, I, 636-640. — I, 634, 635 ; II, 154.
— Lieux-dits : Fonds-des-Aunoit (le), Maugamy, Treillan (fief).
— (Pierre de). Biens possédés par sa veuve Marie à Villetaneuse (1350), I, 592.
MARGERET (Pierre de), chevalier, comte palatin, conseiller du Roi, grand audiencier de France. Seigneur de Pontault et Longueil ; son épitaphe (1692), V, 14, 22.
— (Pierre de), seigneur de Pontault, maréchal-de-camp ; sa mort en 1738, V, 22.
MARGOTIER (Guillaume), chapelain et bienfaiteur de St-Germain-l'Auxerrois (1634), I, 32.
MARGUERITE (la reine), fondatrice d'une chapellenie à Notre-Dame de Paris, IV, 186.
MARGUERITE DE PROVENCE, femme de S. Louis, I, 150 ; III, 101 ; IV, 293. — Bienfaitrice de Notre-Dame, IV, 35. — Possede en douaire la terre de Corbeil, IV, 403 ; — la terre de Marolles-en-Brie, V, 241.
— Se déporte de la jouissance de St-Germain-en-Laye, III, 137. — Ses séjours à Vincennes, II, 406.
MARGUERITE DE VALOIS, femme de Henri IV. Pose la première pierre du portail de St-Etienne-du-Mont (1610), I, 248. — Sa résidence au chateau de Madrid, I, 436. — Son hôtel à Issy, III, 9, 11, 12. — Bienfaitrice de l'ermitage du Mont-Valérien, III, 84.
MARGUERITE, abbesse de Chelles (1266), II, 508.
MARGUERITE, abbesse de St-Cyr. Ses biens à Louveciennes (1253), III, 114.
MARGUERITE, abbesse d'Yerres (1273), V, 271.
MARGUERITE, femme de Guillaume Bateste (XIIᵉ s.), II, 610 ; III, 63, 96.
MARGUERITE, femme de Guillaume de Montfermeil. Bienfaitrice de Ste-Geneviève de Paris (XIIIᵉ s.), II, 543.
MARGUERITE, femme de Raymond de Nocle, puis de Simon de St-Benoit, V, 7.
MARGUERITE, veuve de Pierre de Villeneuve (1282), III, 32.
MARGUERITE, recluse à St-Paul de Paris, I, 326.
MARGUILLIERS de l'Eglise de Paris. Droit qu'ils perçoivent à chaque mariage, I, 246. — Leurs redevances à Franconville et à Gonesse, II, 47, 269. — Leur fief à Villejuif, IV, 31.
MARICOURT (François de), chevalier de l'ordre du Roi. Seigneur de Montreuil sous Bois (1580), II, 399.
MARIE, abbesse de Malnoue (1230), II, 280.
MARIE, femme de Louis Iᵉʳ, duc d'Anjou et roi de Sicile. Chilly et Longjumeau sont compris dans sa dot (1360), IV, 65, 75.
MARIE, fille de Jacques II, roi d'An-

gleterre. Son cœur conservé à l'égl. de la Visitation à Chaillot, I, 417.

MARIE, femme de Jean dit Sans-Pitié. Bienfaitrice des égl. de Villiers-Adam et de Villaines, II, 131, 198.

MARIE, femme de Matthieu Déron, III, 32.

MARIE, femme d'Aymon de Massy. Bienfaitrice du prieuré de Longpont, III, 515, 521.

MARIE, femme du maire *(majorissa)* de Leudeville (1225), IV, 222.

MARIE. Voy. Margency (Pierre de).

MARIE. Voy. Nery (Philippe de).

MARIE, femme de Ferri de Palaiseau (1215), III, 509.

MARIE, femme d'Amaury de Roissy (XIIIe s.), II, 281.

MARIE, femme de Pierre le Teinturier. Sa sépulture (1274), V, 80.

MARIE *la Teutonique*, fondatrice d'une chapelle dans le Palais Episcopal (XIIIe s.), I, 21.

MARIE D'ANJOU, femme de Charles VII. Possède la seigneurie de Vaux-la-Reine (1458), V, 184.

MARIE DE BRABANT, femme de Philippe le Hardi. Son hôtel à Passy (1305), I, 404. — Son mariage célébré à Vincennes (1274), II, 406. — Ouvrage composé à sa demande, III, 39.

MARIE DE FRANCE, fille de Charles VI, religieuse à Poissy. Possède une maison à Ville-Evrard (1411), II, 480.

MARIE DE MÉDICIS, femme de Henri IV. Son palais situé sur la paroisse de St-Côme, I, 292. — Sa visite à la chapelle du St-Martyre, I, 452. — Son pèlerinage à Argenteuil, II, 7. — Embellissements qu'elle fait faire au château de Vincennes, II, 410. — Fait construire l'aqueduc d'Arcueil, IV, 17.

MARIE (Christophe), entrepreneur du Pont-Marie, I, 198-9.

MARIE (Miles), abbé de Chaumes (1426), V, 195.

MARIETTE (Charlotte), femme de Hugues le Blanc (1528), IV, 445-6.

MARIETTES (Jacques Morais, seigneur des), III, 323.

MARIGNY (Aaliz de). Voy. Marrigny.
— (Enguerrand de), III, 59 ; IV, 422, 424. — Seigneur de Noisy-le-Sec, II, 642. — Ses biens à Chilly, IV, 65.
— (Enguerrand de). Ses biens à Châtres (1397), V, 304.
— (Jean de) (1460), V, 251.
— (Raoul de), fils d'Enguerrand. Seigneur de Mons en 1348, IV, 422, 424.

MARILLAC (Charles de), fils de Guillaume ; conseiller au Parlement. Seigneur de Ferrières (1573-1580), IV, 639.
— (Gabriel de), curé de Ferrières (1566), IV, 639.
— (Guillaume de), général des Monnaies, puis intendant des Finances. Seigneur de Ferrières ; sa mort en 1573, IV, 639.
— (Louis de), curé de St-Jacques-la-Boucherie (1696). Fondateur du séminaire de St-Louis, I, 198. — Supérieur du Calvaire du Mont-Valérien (1680), III, 88.
— (Louis de), maréchal de France. Son procès instruit à Rueil (1632), III, 102, 189.
— Madeleine de), femme de Charles Maillard (XVIe s.), V, 305.
— (Michel de), garde des sceaux. Son arrestation à Glatigny (1630), III, 208. — Reçoit d'Henri III la terre d'Ollainville, III, 476.
— (Michel de), conseiller d'État. Seigneur d'Ollainville (1684), III, 476.
— (Pierre de), seigneur de Beaulieu. Terre qu'il possède à Servon (1628), V, 249. — Vend le fief de Rademont (1655), V, 255.
— (René de), maître des Requêtes. Seigneur du Blanc-Mesnil et du Petit-Groslay, II, 567, 624, 629 ; — du Bourget, 624.

MARILLAC (de), seigneur d'Egly, IV, 170.

MARINEL (le ru de), III, 13, 14.

MARION (Catherine), femme d'Antoine Arnaud. Dame d'Andilly (XVIIe s.), I, 636.
— (Simon), avocat général. Sa sépulture (1605), I, 167.

MARAIS (les), écart des Layes [Les Maries, ham. des Essarts-le-Roi], III, 354.

Mariscus (cantons appelés) à Auteuil (1250), I, 389 ; — à Vanves, III, 578 (note 1).

MARISY [Marizy - Sainte - Geneviève. Aisne, arr. de Château-Thierry]. Lieu où fut réfugié le corps de Ste-Geneviève au IXe s., IV, 524 ; V, 140.

MARIVAULT (de). Voy. Isle (François et Hardouin de l').

MARIVAUX [Mariveau. Seine-et-Oise, éc. de Janvry], III, 443.
— (rue de). Voy. Paris.

Marlacum, résidence royale sous la première race. Identification de ce nom de lieu, II, 325 ; III, 116.

MARLE, nom de lieu dérivé de *Marna*, IV, 72.

MARLE [Marles. Seine-et-Marne, arr.

de Coulommiers, cant. de Rozoy', V, 325, 329.
MARLE (Christophe de), fils de Jean, conseiller au Parlement, chanoine d'Avranches. Seigneur de Beaubourg et de Clotaumont ; mort en 1555, IV, 513.
— (Claude de). Arrêt qu'il obtient au sujet de la seigneurie de Vaugien (1561), III, 382.
— (Gautier de) Son droit de brenage à Jossigny (XIIe s.), IV, 525.
— (Germain de), général des Monnaies. Seigneur du Thillay (XVIe s.), II, 275, 276.
— (Guillaume de), commissaire des Guerres. Seigneur du Thillay (XVIe s.), II, 274, 276.
— (Henri de), bailli de l'évêque de Paris, I, 38. — Ses vignes à Montmartre (1425), I, 455. — Acte relat. à St-Cloud (1380), III, 31.
— (Henri de), chancelier de France, II, 346. — Son hôtel vendu (1423), II, 526. — Ses droits sur la terre de Blanc-Mesnil, II, 629.
— (Jean de), seigneur de Versigny. Seigneur de Beaubourg par son mariage avec Anne du Drac (1501), IV, 512-3.
— (Jean de), seigneur de Vaugien (1611), III, 382.
— (Jeanne de), fille d'Arnaud. Indiquée a tort comme femme de Martin le Picart, V, 293.
— (Jérôme de), seigneur de Luzancy (XVIe s.). Sa maison à Paris, I, 185.
— (Lucrèce de), fille de Guillaume ; femme de Nicolas Girard. Sa sépulture (XVIIe s.), II, 274.
— (Marie de), fille du chancelier et femme de Jean de Romain (XVe s), II, 346.
— (Nicole de), fille de Jean et femme de René Hector (XVIe s.), IV, 513.
— (Vast de), seigneur de Villiers. Ses biens à Fleury, III, 241. — Seigneur de Vaugien, Blémy et Ragonant (1580), III, 382.
MARLE (de). Voy. Hector.
Marleium, Marletum. Voy. Marly.
Marleriis (terre de), près de Contein (XIIIe s.), IV, 61.
MARLES (MM. de). Leur fief de Forcilies, V, 284.
MARLES. Voy. Marle.
MARLET (André), abbé d'Hiverneau (1637), V, 244.
— (Jacques), curé de Jouy-en-Josas, III, 266.
Marliacum. Voy. Marly-le-Roi et Maslay-le-Roi.
MARLIÈRE (le chemin de la), à Gonesse (XIIIe s.), II, 268.

MARLY, fief. Voy. Mailly.
MARLY [Nord, arr. et cant. de Valenciennes], III, 126. Voy. Jacques de Marly.
MARLY-LE-ROI, *Malliacum, Marlacum, Marleium, Marletum, Marliacum,* paroisse du doyenné de Châteaufort [Seine-et-Oise, arr. de Versailles, ch.-l. de cant]. *Notice,* III, 116-126. — Autres mentions, III, 96, 104, 110, 128, 136, 154, 155, 349.
— (machine de), III, 201. Voy. Machine.
— (parc de), III, 153, 156, 165.
— (port de), III, 131.
— (seigneurie de), I, 418 ; III, 108, 233, 234, 235, 240, 300, 564.
MARLY (Burchard, seigneur de), fils d'Hervé [le même que Bouchard IV de Montmorency], III, 121.
— (Bouchard II, seigneur de), fils de Mathieu Ier. Détails biographiques, III, 121-2. — Terres à Rueil qu'il cède à des habitants de Sèvres, III, 18, 69, 96. — Son fief à Asnières (1224), III, 58, 172-3. — Droit qu'il perçoit au Chesnay (1212), III, 166. — Bienfaiteur de l'abbaye de Port-Royal (1214, 1224), III, 294, 295, 296, 362. — Acte passé avec l'abbaye de St-Denis relat. à Louveciennes et à Maubuisson (1209), III, 113. — Cède à Louis le Gros ses droits dans la forêt de Cruye (1226), III, 154. — Bienfaiteur du prieuré de Chevaudos (1226), III, 155. — Sa femme, Agnès de Beaumont, IV, 237.
— (Bouchard III, de). Détails biographiques, III, 122.
— (Bouchard de) [le même que le précéd.], seigneur de Bougival (1240 et 1244), II, 26 ; III, 108.
— (Bouchard de), bienfaiteur de l'abbaye de la Roche, III, 352.
— (Hervé de). Assiste à la dédicace de St-Martin-des-Champs (1067), III, 121. — Donne à l'abbaye de Coulombs la terre de Marly (1087), III, 117, 120 [le même que Hervé de Montmorency, fils de Bouchard III].
— (Louis, seigneur de) (1341-1356), III, 122.
— [Mathieu Ier, seigneur de), fils [*corr.* petit-fils] de Burchard. Détails biographiques, III, 121. — Autres mentions (1194), III, 299 ; (1202), II, 268 ; III, 117, 285.
— (Mathieu II, seigneur de), III, 122.
— (Mathieu II de), seigneur de Lay (1225 et 1235), IV, 42.
— (Mathieu de) [le même que le pré-

— 318 —

céd.? fils de Mathieu Ier]. Mentionné en 1248, II, 615 ; — en 1232, III, 561. — Ses fiefs à Chevilly et à Longjumeau (1237), IV, 36, 76. — Sa femme. Voy. Mabille (de Châteaufort].
— (Mathieu IV, de). Fief relevant de lui à Meudon (1265), III, 240.
— (Mathieu de), bienfaiteur de l'abbaye de la Roche, III, 352.
— (Mathilde de). Voy. Châteaufort (Mathilde de).
— (Pierre, seigneur de), fils de Bouchard II, III, 122. — Ses biens à Chatou (1234), II, 24. — Mentionné en 1230, II, 187. — Traite avec l'abbaye de St-Denis ; ses possessions à Rueil (1230), III, 100. — Ses droits à Louveciennes, III, 114. — Bienfaiteur du prieuré de Chevaudos, III, 155. — Seigneur de Galie (1239), III, 206.
— (Thibaud, seigneur de), fils de Bouchard Ier. Se fait religieux du Val (1160), III, 121.
— (Thibaud de), abbé des Vaux-de-Cernay. Voy. S. Thibaud.
— (Thibaud de), personnage différent de l'abbé. Son testament cité, III, 29, 110, 120, 155, 174, 293, 299, 345, 365, 377-8, 379, 561, 564, 571 ; IV, 236, 257 [Lebeuf donne des dates différentes à ce testament. La date exacte est celle de 1286]. — Seigneur de Mondeville, IV, 236, 257.
MARLY-LA-VILLE, *Marlacum, Malliacum*, paroisse du doyenné de Montmorency [Seine-et-Oise, arrond. de Pontoise, cant. de Luzarches]. *Notice*, II, 325-330. — Autres mentions, II, 170, 216, 219, 320, 324, 341, 343, 462.
— Lieux-dits : Cornillons (fief des), Rocourt.
— (Pierre de), seigneur de ce lieu. Ses biens à Ozoir-la-Ferrière (1266), II, 327 ; V, 354.
MARLY-LE-CHATEAU, une des anciennes paroisses de Marly-le-Roi, III, 118, 235. — Seigneurs, II, 90, 268 ; peut-être vicomtes de Corbeil, IV, 237.
Marmarellus, personnage du XIIe s. Ses prétentions sur Sucy-en-Brie, V, 381.
Marmas (apud), lieu-dit près de Morangis (1230), IV, 60.
MARMEREL (Guillaume), chevalier de la châtellenie de Montlhéry, IV, 104. — Son pont à Bonneuil-sur-Marne (1226) ; sa sépulture présumée, V, 26, 28.
MARMOUSETS (les) [Seine-et-Oise, ham. de la Queue-en-Brie], IV, 490.
MARMOUTIERS (abbaye de) [Indre-et-Loire], III, 174. — Ses biens dans le diocèse de Paris, I, 145, 146, 568 ; III, 4, 149-50, 179, 180, 181, 182, 190, 191, 192, 193, 406, 455 ; IV, 409. — Abbés. Voy. Bernard, Etienne, Richelieu (Amador de), Robert, Villepreux (Hervé de).
— (collège de). Voy. Paris.
Marna : Marle, IV, 72.
MARNAY (HUGUENAT de). Voy. Huguenat.
MARNE en Anjou. Terre donnée à l'abbaye des Fossés, II, 425.
MARNE (la), *Materna*, rivière, II, 360, 362, 458, 461 ; III, 35-6, 44, 45 ; IV, 514 ; V, 10, 26, 383.
MARNE ou MARNES, *Materna*, paroisse du doyenné de Châteaufort [Marnes-la-Coquette, Seine-et-Oise, arr. de Versailles, cant. de Sèvres]. *Notice*, III, 44-47. — Autres mentions, III, 26, 28, 36, 43, 44, 167.
Marogilum, Maroïlum : Mareil-en-France, II, 232.
MAROIS, lieu-dit de Gretz [?] mentionné en 1496, V, 315.
MAROLES : Mareil-sous-Marly, III, 147.
Maroliæ. Voy. Marolles.
Marolium. Voy. Mareil-en-France, Mareil-sous-Marly, Marolles-en-Brie.
MAROLLES (Pierre de), curé de St-Eustache (1352), I, 59.
MAROLLES ou MAROLLES-EN-HUREPOIX, *Maroliæ, Merrolæ, Merroliæ*, paroisse du doyenné de Montlhéry [Seine-et-Oise, arrond. de Corbeil, cant. d'Arpajon]. *Notice*, IV, 223-227. — Autres mentions, II, 232 ; III, 473 ; IV, 96 (note), 194, 344, 346.
— Lieux-dits : Beaulieu (château de) et Lalun (ferme).
— (Hugues de), de *Merroliis*. Ses droits sur le travers de Conflans-Ste-Honorine, II, 95. — Cède au chapitre de Paris la dîme de Viry (1203), IV, 225, 400.
MAROLLES (la comtesse de). Possède la terre de Neubourg (XVIIe s.), IV, 330.
— (Antoine de Guérapin, seigneur de), II, 108.
MAROLLES, *Matriolæ*, au diocèse de Sens [Marolles-sur-Seine, Seine-et-Marne, arr. de Fontainebleau, cant. de Montereau], V, 238.
MAROLLES-EN-BRIE, *Maierolæ, Mairolæ, Marrolæ, Merroliis (locus de)*;

Merrole, paroisse du doyenné du Vieux-Corbeil [Seine-et-Oise, arr. de Corbeil, cant. de Boissy-Saint-Léger]. *Notice*, V, 237 241. — Prieuré, II, 231 ; IV, 481 ; V, 174.
MAROLLES-EN-HUREPOIX. Voy. Marolles.
MAROT (Jacques), avocat. Décédé au Mont-Valérien (1697), III, 74.
MARPON (Jacques), chanoine de St Cloud (1697), III, 44.
MARQUE (comtesse de la). Voy. Saveuse (Jeanne de).
MARQUEMONT (Anne SIMON de), femme de Jean de Gauville, puis d'Isaac Le Lièvre. Sa résidence à Vaux près Savigny en 1628, IV, 397.
MARQUIÈRE. Voy. Mortières.
MARRAINES, au nombre de trois pour chaque baptême à Châtenay (XIIIᵉ s.), III, 541.
MARRIER (Dom Martin), religieux de St-Martin-des-Champs, I, 72, 195. — Rectifié, II, 257.
MARRIGNY (Aaliz de), femme de Jehan de Mausigny. Son épitaphe, II, 122.
Marrolæ. Voy. Marolles.
MARRONNIERS D'INDE. Époque de leur introduction en France, III, 104.
MARS (temple de) à Montmartre, I, 440 ; — (statue de), III, 572.
MARSAC (Roger de Canone, sieur de), II, 393.
MARSEILLE [Bouches-du-Rhône], III, 390 ; IV, 27 ; V, 392. — Abbaye de St-Victor, I, 334, 335.
MARSEILLE, au diocèse de Beauvais [Marseille-le-Petit. Oise, arr. de Beauvais, ch.-l. de cant.], II, 445.
MARSEILLE (Jean de), seigneur de Beaumignies, de Farainvilliers et de St-Denis-du-Port. Son épitaphe (1524), IV, 542.
MARSINVAL (Jean Faure, seigneur de), III, 115.
MARSOLIER. Ses biens à Lognes (1700), IV, 603.
MARTEAU (Pierre), commissaire de l'artillerie. Sa sépulture (1611), IV, 41.
MARTEAUX, représentés sur les vêtements des Hospitaliers, I, 155.
MARTEL, bois voisin de Neuilly-sur-Marne et d'Avron, dépendant de l'abbaye de St-Maur, II, 479, 548, 587.
MARTEL (Charles), comte de Fontaine-Martel. Seigneur de Brétigny ; sa sépulture (1706), IV, 350 ; — celle de sa femme (1732), 351.
— (François), seigneur de Brétigny (1610-1615), IV, 346 ; — de Fontaine-Belle-Encontre (1637), *ibid*.
— Transaction relat. à la haute justice de St-Michel (1615), IV, 360.
MARTENNE (dom). Rectifié, II, 488 ; IV, 546.
MARTERAY (le). Voy. Martray (le).
MARTIGNY (Pierre de), év. de Castres. Sa maison à la Villette (XVIᵉ s.), I, 464.
— (Renaud de). Ses biens à Palaiseau (XIIIᵉ s.), III, 328.
— (Robert de). Vend la seigneurie de Brétigny (XVᵉ s.), IV, 345.
MARTIN II, pape, II, 468, 477.
MARTIN IV, pape, I, 49. Voy. Brie (Simon de).
MARTIN V, pape, I. 312. — Acte relat. à St-Magloire de Paris (1420), I, 183 ; — à Ozouer-la-Ferrière (1430), V, 353.
MARTIN, abbé de Lagny. Bienfaiteur du prieuré du Cormier (1236), IV, 588.
MARTIN (le frère), mathurin de Paris (1271), II, 652.
MARTIN, prieur de Vanves au XVᵉ s. Incarcéré par les Anglais, III, 580.
MARTIN (Anne), prieur-curé de Villemomble (1499), II, 560.
— (Claude), notaire au Châtelet (XVIᵉ s.), V, 9.
— (Étienne), curé d'Argenteuil (1545), II, 19. — Le même [?] mentionné en 1560, III, 51.
MARTIN (dom Jacques). Critiqué, III, 15.
— (Jacques), curé de Bruyères-le-Châtel. Sa sépulture, III, 468.
— (Jean), habitant de Vanves (XVᵉ s.), III, 582.
MARTIN (Pierre), curé de St-Eustache (XVIIᵉ s), I, 61, 63-4.
— (Pierre), seigneur de la Guette (1723), IV, 522.
— (Marie). Possède, avec son mari Jean de Rueil, la seigneurie de Montubois (1562), II, 63.
— (Thomas) de Colombes. Bienfaiteur de l'égl. de Bezons (1309), II, 20.
MARTIN DE FONTAINES. Son fief à Thorigny (XVIIIᵉ s.), II, 515.
MARTINE (Gilles), bienfaiteur du Mont-Valérien, III, 82.
MARTINE (Louis de), seigneur du Perray-sur-Orge (1580), IV, 386. — Le même [?], seigneur du Perray près Corbeil (1664), V, 93.
— (Marthe de), veuve de Jean Budé (1580), II, 633.
— (Pierre de), seigneur d'Ormoy (1580), IV, 259.
MARTINEAU (Charles), abbé de Noyers. Bienfaiteur de l'abbaye de Gif (1633), III, 389.

— (Denis), grand célerier de Saint-Martin-des-Champs (1565), I, 192.
MARTINIÈRE (la) [Seine-et-Oise, terme de Saclay], III, 323.
— (Baudouin de la). Ses biens à Palaiseau (XIIIᵉ s.), III, 331.
MARTINIÈRE (BRUZEN de la). Son *Dictionnaire* rectifié, II, 438 ; IV, 555.
MARTINOZZI (Anne-Marie), sœur [nièce] de Mazarin ; princesse de Conti. Sa sépulture (1672), I, 287.
— Dame du Bouchet ; traits charitables de sa vie ; échange fait par elle, IV, 217.
MARTIN-RAVENEL (Jacques d'O, seigneur de), II, 148.
MARTRAY (le), le Marteray, lieu-dit de Cormeilles, II, 54.
MARTRAY (le), fief à Houilles. Cimetière ; découvertes qui y sont faites, II, 32, 33, 34.
MARTRAY (seigneur du). Voy. Pinon (Jacques).
Martru, lieu-dit (1211). Sa situation, II, 278. — (Isabeau de), *ibid*.
Marul : Mareil-en-France, II, 231, 232 ; — Mareil-sous-Marly, III, 147.
MARY (Philbert de), écuyer. Seigneur de l'hôtel de Ourze à Fontenay-en-France (1442), II, 242.
MAS, possesseur du fief et du château des Ternes (XVIIIᵉ s.), I, 429.
MAS (du). Voy. Du Mas.
MASCAY, village et abbaye [Massay. Cher, arr. de Bourges], I, 193. Voy. S. Odon.
Masciacus, écrit pour *Maceriæ*, III, 520 (note).
Masetum, lieu-dit de Rosny-sous-Bois (1183), II, 554.
MASLAY-LE-ROI, *Maslacum*, *Marliacum* [Yonne, arr. de Sens]. Assemblée tenue en ce lieu en 678, III, 116 ; V, 21.
Masolacum ou *Massolacum*, résidence royale sous la première race : Mesly ? V, 21, 26.
MASPARAULT (André ou Jean-Jacques de), seigneur de Palluel (XVIIᵉ s.), II, 626.
— (Étienne de), seigneur de Chennevières-sur-Marne (1666), IV, 479.
— (Gabriel de), maître de l'hôtel de la reine de Navarre. Seigneur de Chennevières-sur-Marne (1580), IV, 478.
— (Hélène), femme de François Portail, III, 443.
MASPARAULT (Henri de), maître de l'hôtel de Marie de Médicis. Seigneur du Buy, de Chennevières, de Duigny et de Malassise (XVIIᵉ s.), IV, 478-9.
— (Marie-Anne de), dame de Chennevières (1682), IV, 479.

— (Martin de), maître des Comptes (1580), IV, 478.
— (Pierre de), seigneur du Buy, de Chennevières, de Grandval et de la Queue-en-Brie (XVIᵉ s.), IV, 478 ; V, 384.
— (Pierre de), maître des Requêtes. Seigneur de Chennevières (1580-1584), IV, 478.
MASPARAULT (Thérèse de), dame de Chennevières (1682), IV, 479.
— (demoiselle de). Possède la seigneurie du Grand-Val en 1569, V, 384.
MASQUEREL (Madeleine de), abbesse de St-Avit. Consacrée à Villepreux (1603), III, 187.
MASSAYE (le comte de la), seigneur de Chauvry (XVIIIᵉ s.), II, 144.
MASSE (Jean de la), abbé de St-Victor (XVᵉ s.), I, 341.
Ma siacum, localité de la Brie ? (IXᵉ s.), III, 520 (note).
MASSICOTERIE (la), la Macicoterie [Seine-et-Oise, ham. des Essarts-le-Roi], dépendant de la paroisse des Layes, III, 354.
Massolacum. Voy. *Masolacum*.
MASSON (Gérard le), religieux d'Hermières. Curé de Rennemoulin (1537) III, 175.
— (Jean le), seigneur de Belleassise (1600), IV, 527.
— (Papyre). Critiqué, III, 279.
MASSON (Pierre), curé de Collégien (1394), IV, 586.
— (Pierre), chanoine de St-Étienne-des-Grez, chapelain de St-Léonard, puis curé de Choisel. Sa sépulture (1691), III, 417.
MASSON, fermier général. Seigneur de Montmagny (XVIIIᵉ s.), I, 588.
— Sa fille. Voy. Chavaudon (de).
Massueus de Créteil (saints appelés les), V, 11 (note).
MASSUS, év. de Paris. Identifié avec Maximus, I, 2.
MASSY. Localités de ce nom en France, III, 526.
MASSY, *Maciacum*, Maci, Macy, paroisse du doyenné de Châteaufort [Seine-et-Oise, arr. de Corbeil, cant. de Longjumeau]. *Notice*, III, 520-526.
— Doyenné, III, 120, 155, 170, 330, 352, 365, 380, 440, 445, 471, 482, 509.
— Léproserie et maladerie, III, 526.
— Lieux-dits : Ferme (la Petite), Fontaine-Michel (la), Origny, Vilaine, Villegenis.
— (Jeanne de Beauvais, dame de), II, 156.
— (Aveline de), femme de Guillaume (XIIᵉ s.), III, 522.

— (Aymon de). Sa femme Marie, III, 515, 521. — Son nom donné à un hameau, III, 524.
— (Burchard de). Ses biens confisqués (1150), III, 522.
— (Étienne de), de Macy, surnommé *Palmarius*. Seigneur d'Antony ; ses difficultés avec l'abbaye de St-Germain-des-Prés terminées par un duel judiciaire (1150) ; bienfaiteur du prieuré de Longpont, III, 519, 521, 535. — Prisonnier à Paris, IV, 57.
— (Ferric de). Son exécuteur testamentaire (1217), III, 462. — Biens qu'il donne à l'abbaye de St-Victor, III, 522.
— (Geoffroi de), dit *Soltanus* ou *Sultanus*, fils de Burchard, III, 522.
— (Guillaume de), frère d'Étienne. Sa sépulture, III, 519, 521.
— (Guillaume de), chevalier. Vend ses biens de Vitry à l'év. de Paris (XIIe s.), III, 522 ; IV, 450.
— (Guillaume de). Hommage pour sa maison de Massy rendu au prieur de St-Martin-des-Champs (1259), III, 522.
— (Haymond dit sieur de). Voy. Mouchy (Aymon de).
— (Jean de). Renonce à ses droits sur les bois d'Antony (1168), III, 535.
— (Jean de), feudataire du Roi pour Massy (XIIIe s.), III, 522. — Rend hommage à l'év. de Paris pour ses biens à Massy (1269), III, 522.
— (Jean de), chevalier (1321), III, 523.
— (Philippe de). Hommage qu'il rend à l'év. de Paris pour sa dîme de Massy (1269), III, 522.
— (Philippe de), prieur de Ste-Catherine-de-la-Couture. Assiste aux funérailles de Jean le Bon (1364), III, 526.
— (Pierre, baron de), seigneur de Villiers-le-Bel. Sa sépulture (1286), II, 178.
— (Simon de). Mentionné en 1245, III, 522, 524.
— (Simon de). Hommage qu'il rend à l'év. de Paris (1275), III, 522.
— (Sultan de), bienfaiteur du prieuré de Longpont (XIIe s.), III, 257. Voy. Massy (Geoffroy de).
— (Varin de), *de Maciaco* (XIIe s.), III, 521.
Materia, Materiamen. Origine de noms de lieu, II, 124 ; V, 238.
Materna. Voy. Marne.
MATHA (le sieur) procureur fiscal d'Enghien et receveur général de ce duché. Seigneur de Moisselles (XVIIIe s.), II, 190.

MATHAUD, ordinaire de la musique du Roi (1703), III, 544.
MATHÉ (Pierre), conseiller au Parlement. Curé de Montfermeil (1543), II, 541.
MATHEFELON (Jean de), abbé de St-Florent de Saumur (1507), III, 510.
MATHERIN (Guillaume de), écuyer, IV, 225.
MATHIEU, év. d'Albane. Assiste au concile de 1129 à Paris, II, 3.
MATTHIEU [Ier de Puppio], év. de Riez, de la famille des seigneurs de Luzarches. Décédé en 1288, II, 214-215.
MATTHIEU, abbé de St-Denis. Voy. Vendôme (Matthieu de).
MATHIEU, doyen du chapitre de Melun. Possesseur d'une vigne à St-Cloud, II, 37.
MATHIEU, chambrier du Roi. Ses biens au Mont-Valérien, III, 81.
MATHIEU, chapelain de la Ste-Chapelle de Paris (XIIIe s.), I, 223.
MATHIEU, prieur de St-Martin-des-Champs (1119), I, 195 ; II, 162, 622 ; — (1124), II, 257.
MATHIEU (Jeanne), femme de Nicolas Même. Son épitaphe, IV, 224.
MATHILDE, abbesses de Chelles portant ce nom, II, 551.
MATHILDE, abbesse de Chelles. Mentionnée en 1210, II, 520, 541-2 ; — morte en 1223, II, 495.
MATHILDE, abbesse de Port-Royal en 1216, III, 297.
MATHILDE, comtesse d'Artois et de Bourgogne. Voy. Mahaut.
MATHILDE ou MAHAUT, femme d'Eudes de Bourgogne, comte de Nevers. Bienfaitrice de l'abbaye de Chaalis (1259), II, 515.
MATHILDE, femme de Bouchard de Marly. Voy. Châteaufort (Mathilde de).
MATHILDE, femme de Adam de Montfermeil (XIIe s.), II, 541, 543.
MATHILDE, femme de Robert d'Orville. Vend à l'abbaye de St-Denis le fief de la Maréchaussée (1260), II, 302.
MATHILDE, femme de Jean de Versailles. Rend hommage à l'év. de Paris pour son fief de Versailles (1253), III, 195 ; V, 108.
MATHILDE, femme de *Rœdinus* de Vigneux, V, 54.
MATHILDE, reine d'Angleterre. Bienfaitrice du prieuré de Montmartre (XIIe s.), I, 444.
MATHURINS (fief des) au Roule, à Paris (1697), I, 439.
MATHURINS ou religieux de la TRINITÉ. Desservent l'hôtel-Dieu de

Montmorency, I, 622. — Leur maison à Brou, II, 520, 522. Voy. Paris (com. relig.).
MATHURINS (rue des). Voy. Paris.
Materiamen. Voy. *Materia.*
MATIÈRE. Voy. Mortières.
MATIFAS (Simon de). Voy. Bussy (de).
MATIGNON (Amaury-Henri GOUYON de), chevalier, comte de Beaufort. Sa sépulture (1701), I, 409.
MATIGNON (Thomas-Auguste, marquis de), brigadier des armées du Roi (XVIIIe s.), V, 126.
MATINES (confrérie des) à Notre-Dame, I, 12, 13.
Matius, nom d'homme, III, 520.
Matricularii, pauvres secourus par l'abbaye de St-Denis, ainsi désignés, I, 508.
Matthæus (d'où Macé), nom d'homme. Origine de nom de lieu, III, 520.
MATTHEY (François), ermite du Val-Adam (XVIIe s.), II, 542.
MATTHIEU. Voy. Mathieu.
MATTHIEU (Marguerite), femme de Pierre Aguenin (1578), II, 526.
— (Thomas). Ses biens à Launay (XIIIe s.), IV, 359.
MAUBERT. Voy. Madelbert.
MAUBERT (PONT-), lieu situé entre Epinay et St-Denis. Origine de son nom, I, 120. — Moulin en ce lieu, I, 577.
MAUBEUGE [Nord], I, 547.
MAUBIEZ (XIIIe s.) : Maubué, IV, 596.
MAUBRE (marquisat de) en Dauphiné, IV, 24.
MAUBUÉ, Maubiez, affluent de la Marne (XIIIe s.), IV, 596, 601-2.
MAUBUISSON (abbaye de) située sur la paroisse de Saint-Ouen-l'Aumône. *Notice,* II, 118-23. — (acte daté de) en 1399, V, 214. — Ses biens, II, 72, 129. — Autres mentions, II, 51 (note), 196.
— (fief de) acheté en 1241 par la reine Blanche. Origine de l'abbaye, II, 118-9.
MAUBUISSON, *Malodumus, Malusdumus, Malum divinum,* lieu-dit de Louveciennes, III, 113, 114, 115, 123.
— (Gazon de), chevalier. Ses biens à Charenton et à Conflans cédés à l'év. de Paris (1246), II, 363 ; V, 7.
— (Jean de). Son fief à Louveciennes (1223), III, 114.
MAUBUISSON (Jean de), grand prieur de St-Denis (1572), II, 168.
— (Léon de), écuyer. Son fief de la Borne-Blanche (1648), V, 341.
— (Robert de). Vend son fief à la reine Blanche (1241), II, 119.
MAUBURNE (Jean), dit *de Bruxelles.* Curé de Clichy-sous-Bois puis abbé de Livry (1501), II, 572, 595, 596, 597. — Réforme l'abbaye de la Roche, III, 351.
MAUCARTIER, lieu-dit de Créteil (1540), V, 22.
MAUCHAMP, *Malus Campus, Villa Mali Campi,* paroisse du doyenné de Montlhéry [Mauchamps. Seine-et-Oise, arr. et cant. d'Etampes. *Notice,* IV, 177-9. — Autres mentions, III, 474, 484 ; IV, 103, 176, 189, 190.
MAUCLERC (Thomas), bourgeois de Paris. Sa veuve, bienfaitrice de l'égl. St-Gervais (1326), I, 83.
MAUCREUX (Isabelle de), dame de Villepescle (1500), V, 121.
MAUDAM. Voy. Ménilmontant.
MAUDETOUR, Maudestor [Mondetour, Seine-et-Oise, lieu-dit d'Orsay]. *Notice,* III, 399-400. — Autres mentions, I, 364 (note) ; III, 396, 397, 499.
MAUDÉTOUR, fief situé à Clamart (1583), III, 247, 248.
— (rue de). Voy. Paris.
— (Hugues de). Mentionné en 1199, III, 399.
MAUDINÉ. Voy. Maledimé.
MAUDUIT (Hugues), sieur de la Chaumette. Vend des biens à St-Leu (XVIIe s.), II, 71.
MAUFILATRE (Barthélemy), *Malus filiaster.* Ses biens à Lieux (XIIIe s.), II, 107.
— (Payen), vassal de Montlhéry pour ses biens à Egly, IV, 169. — Seigneur de Marolles, IV, 225.
MAUGARNY, Maugarnie, lieu-dit de Margency, I, 637. — *Notice,* I, 639.
— (Marie de), femme de Guy Robineau. Ses biens à Villebon et à Bétancourt (1637), III, 239, 362.
MAUGER (Jean), curé de Longjumeau et de Ballainvilliers (1482), IV, 81.
— (Robert), prévôt de Paris. Acte relat. à Soisy-sur-Seine (1297), V, 69.
MAUGER, archev. de Rouen. Se retire au prieuré de St-Jean de Corbeil, IV, 274 ; — bienfaiteur de ce prieuré, 284.
MAUGER, fils d'Odon. Bienfaiteur de St-Pierre-des-Fossés (XIe s.), IV, 197, 201.
MAUGERON écrit pour Montjay, IV, 196 (note 1).
MAUGIRON (Claude de), comte de Montléans. Seigneur de Courquetaine (XVIIe s.), V, 296-7.
MAUGUIN (Gilbert), président au Parlement. Sa sépulture (1674), I, 287.
Manherion (Vallis), lieu-dit près de Fontenay-aux-Roses (XIIes.), III, 562.

MAULE [Seine-et-Oise, arr. de Versailles, cant. de Meulan]. Seigneur, IV, 59.
— (Pierre de). Donne à Ste-Geneviève de Paris la voirie de Rungis (XIIe s.), IV, 48.
MAULÉON (Thomas de), abbé de St-Germain-des-Prés. Biens qu'il donne à cette abbaye (1255), IV, 20, 57. — Serfs qu'il affranchit (1248), III, 531, 536; V, 43.
MAULÉVRIER (comte de). Voy. Colbert. — (marquis de). Voy. Savary (Cosme).
MAULNERIE (la). Voy. Aumônerie (l').
MAULNORRY (Claude de), conseiller à la Cour des Aides. Ses biens à Rungis, IV, 50.
— (Louis-Marie de), conseiller de Grande-Chambre. Acquiert une terre à Rungis (1690), IV, 50.
— (Marie-Marguerite de), femme de M. de Laurès, IV, 50.
MAUMENET (l'abbé). Son poème sur Brunoy (1700), V, 207.
MAUMONT (Pierre de), prévôt de Corbeil (XVIe s.), IV, 307.
MAUMOULIN, lieu-dit voisin du pont de Charenton (1486), II, 363.
MAUMOLIN, lieu-dit de Bièvre, appelé aussi la Maison-forte de la Motte de Bièvre (1377), III, 257.
— (Hervé de), de Malmolin. Son fief à Fosses, II, 322.
— (Hugues de), maire de Chenevières (1125), II, 309.
MAUNOURRY (Aubry), *Albericus Malenutritus*. Ses biens au Mesnil; son nom donné à ce lieu (XIIe s.), II, 243.
MAUNY, fief à Belleville, I, 468.
MAUNY, lieu-dit et fief à Jossigny. *Notice*, IV, 527-8.
MAUNY, *Maniacum, Malusnidus*, Mony [Seine-et-Marne, ham. de Limoges]. *Notice*, V, 137-8.
MAUNY, *Malus Nidus*, lieu-dit mentionné en 1166, II, 578; — en 1194, III, 195; — en 1254, V, 111.
— (Ansel de), *de Malo Nido*, chevalier. Son fief dépendant de la châtellenie de Corbeil, IV, 300; V, 138.
— (Gérard de), abbé de Noyers. Prieur de Gournay (XVIe s.), IV, 611.
MAUNY (Thomas), curé de Pontcarré (1573), IV, 506.
MAUNY-MAUPERTUIS, lieu-dit (XVe s.), IV, 528.
MAUPART (Charles du Mesnil-Simon, sieur de), II, 141.
MAUPAS [Seine-et-Oise, ham. de la Celle-les-Bordes], III, 426.
MAUPAS [Seine-et-Marne, ham. de la Chapelle-Gauthier], V, 428.
MAUPEOU (Pierre), secrétaire de la chambre du Roi. Maison qu'il possède à Évry-sur-Seine (1582, 1590), IV, 329.
— (Pierre), président de la chambre des Comptes. Sa veuve. Voy. Feydeau (Marie).
MAUPERTUIS, lieu-dit de Saint-Prix (1227), I, 649.
MAUPERTUIS [Seine-et-Marne, ham. de la Chapelle-Gauthier], V, 428.
MAUPILIER (Guillaume). Logé dans l'égl. du Mesnil-Aubry (XVe s.), II, 245.
MAUPORT, *Malus Portus*, Malport, lieu de débarquement des Normands (846). Moulin, II, 26; III, 108, 122.
MAURANT (porte de) à Châtres. Origine de ce nom, IV, 157.
MAUR, disciple de S. Benoît. Confondu avec S. Maur, II, 443.
MAURE (Jean de). Sa censive à Nogent-sur-Marne (1320), II, 469.
MAURECOURT, *Mauri Curtis*, Morecourt, Mauricourt, ham. d'Andrezy [aujourd'hui arr. de Versailles, cant. de Poissy], II, 100-1.
MAUREGARD [Seine-et-Marne, arr. de Meaux, canton de Dammartin]. Prieuré; ses fondateurs; ses biens, II, 306, 353, 583, 605, 617. — Seigneurs, II, 278, 282, 306.
— (Alberic de). Emprisonné en 1276, II, 307.
— (André de), trésorier du Dauphiné (XVIe s.). Sa fille (?) Marie, femme d'Adam de Pompon, IV, 335.
— (Philippe de), seigneur de Fontenay-les-Louvres (1326), II, 240.
— (Simon de). Reçoit de Philippe le Long la terre de Fontenay-les-Louvres, II, 240; — celle du Plessis-Gassot, 247.
— (Thibaud de), fils de Simon. Donne à Philippe de Trie la terre de Fontenay-les-Louvres (1333), II, 240; — celle du Plessis-Gassot, 247.
MAUREL (Pierre), seigneur de Bruyères et de Moissy. Sa sépulture (1608), III, 467.
MAUREPAS [Seine-et-Oise, arrond. de Rambouillet, cant. de Chevreuse]. Cruautés qui y sont commises au XVe s., III, 523. — Châtellenie; hommage qui en est rendu (XIIIe s.), III, 417; — réunie à la couronne (XVIe s.), III, 371-2. — Seigneurs, III, 370, 371.
MAURETOUR (fief de), *de Malo Reditu* à Rungis (1243), IV, 48.
MAUREVERT [*corr.* Montrevel] (Ferrand de la Baume, comte de), IV, 393-94.

MAURICE (Pierre) abbé de Cluny (1133), I, 441.
MAURICE, prévôt et capitaine de Brie-Comte-Robert (1564), V, 268.
MAURICE, chanoine d'Yorck. Sa sépulture (XIIIᵉ s.), I, 300.
MAURICE, év. de Paris. Voy. Sully (Maurice de).
MAURICEAU ou MORISSOT, seigneur de Serris (XVIIIᵉ s.), IV, 531.
Mauricurtis. Voy. Maurecourt.
MAUROY (Séraphin), conseiller d'Etat. Seigneur de St-Ouen (XVIIᵉ s.), I, 568, 574, 575.
Maurus, nom d'homme. Origine de nom de lieu, V, 89.
MAURY (Jacques de), év. de Bayonne. Eglises qu'il dédie, III, 376, 385, 414.
MAUSIGNY (Jehan de), seigneur de Chantelou-sous-Deux-Amans, II, 122.
MAUTEMPS. Voy. Mesnil-Mautemps.
MAUTERNE (Antoine de), seigneur de Voisins-le-Cuit, III, 316.
— (Charles de), seigneur de Voisins-le-Cuit (1580), III, 316.
MAUVAIS (Olivier le). Voy. Daim (Olivier le).
MAUVIÈRES [Seine-et-Oise, ham. de St-Forget], III, 362.
MAUVOISIN (famille). Ses biens à Paris et à Coubron, II, 539.
— (Pierre), bienfaiteur de l'abbaye de Livry (1195), IV, 502.
MAUVOISIN (Robert), seigneur de Villetaneuse (XIIIᵉ s.), I, 592. — Biens qu'il donne à l'égl. de Coubron et à l'abbaye de Livry, II, 539, 604.
MAUVOISINE (Jean de), *de Malavicina*, écuyer. Vassal de l'abbaye de St-Maur en 1275, II, 445.
MAUVOY, lieu-dit de Saint-Ouen (?) Mentionné au XIIIᵉ s., I, 569.
MAUX DE TÊTE. Saints invoqués pour les guérir, III, 107.
MAUZE ou MEAUZE (Anne de), femme de Jean de Femuchort. Vend son fief de Courtabœuf (1532), III, 400.
— (Pierre de), possesseur du fief de Courtabœuf par sa femme Jeanne de Harville (1501), V, 181.
MAXIMIEN-HERCULE. Son expédition contre les Bagaudes, II, 419.
MAXIMILIEN, archiduc d'Autriche. Son hôtel à Conflans, II, 366.
MAXIMUS, év. de Paris. Identifié à Massus, I, 2.
MAY. Voy. Joy.
MAY (château du). Voy. Mail.
MAY (Mellon), chapelain de la léproserie de Pontoise (XVIIᵉ s.), II, 117.
MAYENCE [Hesse-Darmstadt], I, 614.

MAYENNE (Charles de LORRAINE, duc de). S'empare du château de Vincennes (1589), II, 410.
MAYENNE (tour de), au château de Meudon, III, 235.
MAYEUL. Voy. S. Mayeul.
MAYNARD, archev. de Sens (1403), III, 346.
MAZALLON (Louis), chanoine de l'abbaye de St-Maur (1536), II, 433.
MAZARIN (le cardinal), III, 332 ; IV, 114, 217. — Sa mort à Vincennes (1661), II, 411.
— (Paul-Jules de LA PORTE, duc de) et son fils Gui-Paul-Jules, marquis de Chilly et de Longjumeau, IV, 66, 67, 75.
— (Mˡˡᵉ de DURFORT, duchesse de), IV, 76.
MAZENGARBE (Robert de), curé de St-Germain-l'Auxerrois ; mort en 1485, I, 55.
MAZIÈRES, terre mentionnée en 1294, I, 519.
MEAUX [Seine-et-Marne], I, 304 ; II, 279, 483.
— Abbaye de Chaage, II, 534, 542 ; V, 365, 366 ; — abbé. Voy Coulon (Jean). — Abbaye de St-Faron, I, 548, 560 ; — abbés. Voy. Bullion (Pierre de), Ploisy (Antoine de).
— Bailli, IV, 550. Voy. Essarts (Antoine des), Vest (Etienne de).
— Cathédrale : chancelier. Voy. Chaumette (Jean de) ; — doyen, II, 279. Voy. Corbeil (Michel de); sous-chantre. Voy. Morard.
— Diocèse : ses limites, I, 491 (note); V, 305 ; — archidiacres. Voy. Lusarches (Hugues de), Villepreux (Philippe de).
— Évêques. Voy. Ansel, Bossuet, Chambly (Gaultier de), Chapelle (Etienne de la), Fresnel (Pierre de), Gautier, Le Munier (Jean), Montrolles (Jean de), Nemours (Guil. de), S. Hildevert, S. Rigomer, Séguier (Dominique), Versailles (Pierre de), Vieupont (Jean de).
— Fortifications, IV, 559.
— Gouverneur. Voy. Hôpital (Louis de l').
— Official, II, 169.
— Prévôt, IV, 550.
— Prieuré de Ste-Céline, II, 168. Voy. Braque (Béraut), Géry (Simon de).
[MEAUX (Claude de)], seigneur de Douy-en-Mulcien. Sépulture de sa femme (XVIᵉ s.), IV, 539.
— (Etienne Iᵉʳ, comte de). Acte relat. à Lagny (1019), IV, 545-6.
— (Guillaume de), vicomte de Bertenay. Seigneur de Jaigny par son mariage avec Antoinette de Corbie

(1531), II, 231 : — de Marly-la-Ville, 327.
— (René de), écuyer. Seigneur en partie de Courtry (1580), II, 537.
MEAUX. Voy. Monceaux.
MEAUZE (Pierre de). Voy. Mauze.
MÈCHES figurées dans un écusson, V, 20.
MECHES (les), le Mesche [Seine, lieudit de Creteil]. Voy. Notre-Dame du Mesche.
MÉDAN, Magedon [Seine-et-Oise, arr. de Versailles, cant. de Poissy], III, 228.
MÉDARD, nom d'homme contracté en Mard. Origine de nom de lieu, III, 244.
MÉDARD (Nicolas), prieur de St-Médard de Villetain (1616), III, 266.
MÉDECINS. Leurs réunions à la cathédrale de Paris, au moyen-âge, I, 10, 14.
Media cura : Maincourt, III, 355.
Medietaria (Pierre de), notaire [?] de l'évêché de Rennes en 1434, II, 432.
MÉDICIS. Voy. Catherine et Marie de Médicis.
Mediolanense (castrum). Voy. Châteaumeillant.
Mediolano (Hugues de). Voy. Hugues.
Mediolanus, Mediolandus (mons) : Montmeillan, II, 337.
Medunta (forêt de), identifiée avec un canton de la forêt de Crécy. Mentionnée en 1241, III, 168 et note [la forêt du Mans, Seine-et-Marne, arr. de Meaux].
Megafin. Voy. Migafin.
MÉGARE [Attique]. Evêques. Voy. Boucher (Charles), Montmirail (Guy de), Nervet (Jean).
MEGRIGNY (de). Voy. Mesgrigny (de).
MEIAFIN : Migafin, I, 636.
MEJAFIN ou de MÉSIAFIN (Raoul de). Son droit de résidence à Villiers et ses biens à Atteinville (1125), II, 178, 192, 235.
MEILLECOURT (Jean de), seigneur de Guyancourt (1413), III, 281.
MEILLERAYE (Madeleine de la), abbesse de Chelles (XVIIe s.), II, 488, 489, 496.
— (duc de la). Voy. Porte (de la).
MEINART (Mme de). Fonde une école à Santeny (XVIIIe s.), V, 242.
MEINIER (Guillaume). Sa nièce, femme de Hescelin de Loudeville, IV, 223.
MEZ (le) ou le MEZ [les Metz, Seine-et-Oise, ham. de Jouy-en-Josas], III, 270, 271.
MÉLANDON, ham. de Cergy (XVIIe s.), II, 108.
MELCHIOR, roi mage, II, 436.

Meldenor (Stephanus de), varlet de Jean de Massy (XIIIe s.), III, 522.
MELDOIS (le), II, 513, 516.
MÉLIAND, év. de Gap, puis d'Alet. Bénéfice qu'il possède à Erblay (XVIIIe s.), II, 81.
MELIN (Denis). Ses biens à Marolles-en-Brie (1570), V, 240.
— (Hugues), doyen de St-Merry de Linas (1409), IV, 120.
MELIN (Henri de), prieur-curé de Roissy-en-France. Administrateur de l'hôpital de ce lieu (1668), II, 279.
MELIN DE SAINT-GELAIS, bibliothécaire du Roi (XVIe s.). Sa sépulture, I, 54.
MÉLISENDE, femme de Roger de Baaly, III, 226.
Melitonensis (pagus) écrit pour Melodunensis, IV, 134.
Melius, nom d'homme. Origine de nom de lieu, II, 337.
MELLAN (Claude), dessinateur. Sa sépulture. I, 33.
[MELLO] (Dreux de), connétable de France. Donne à l'abbaye de Livry des biens à la Chapelle-St-Denis, I, 461.
MELLO (Dreux ou Drogon de), archidiacre de Paris. Biens qu'il donne à St-Martin-des-Champs (XIe-XIIe s.), II, 181, 276, 564, 582, 636 ; V, 191, 238-9, 285.
— (Gui de), év. d'Auxerre (1252), IV, 437.
Mellomonte (territoire de) près de Frépillon (1248), II, 129.
MELLOT (sépulture d'un prêtre de la maison de), I, 220.
MELLOU (Ives de), archidiacre, II, 173.
— (Martin de), concierge du manoir royal de Cachant (1354), IV, 21.
Mellum, nom latin. Son origine, IV, 72.
MELONS de Houilles estimés, II, 34.
MELPHES [Melfi. Italie]. Evêque. Voy. Montilius.
MELUN [Seine-et-Marne]. Ses marchands au Landit de St-Denis, I, 548. — Siège de 1420, IV, 306. — Seigneurie ; ses possesseurs, II, 266 ; IV, 304. — Autres mentions, III, 37 ; IV, 26, 134, 146, 147, 296, 308, 309 ; V, 420.
— (actes royaux datés de) en 1190, IV, 281 ; — en 1223, V, 63 ; — en 1246, II, 557 ; — en 1258, III, 97 ; — en 1374, I, 464, 574.
— Abbaye de Saint-Père ; biens et prieurés qui en dépendent, V, 139, 143, 200.
— Baillage. Voy. Hardy (Pierre), Saine (Antoine de).
— Châtellenie. Sa mouvance, V, 325.
— Comte. Voy. Rainold.

— Couvents : Annonciades, II, 382-3 ; — Bénédictines réformées, I, 333 ; — St-Nicolas (monastère de). Religieuses provenant de St-Eutrope-lez-Châtres, IV, 153, 154.
— Ecoles établies par Guil. de Champeaux, IV, 309.
— Eglise (collégiale) de Notre-Dame, IV, 310. Voy. Lissy (Pierre de).
— Gouverneur. Voy. Le Roy (Jacques).
— Prévôté, V, 420. Voy. Brinvilliet (Jean de), Hôpital (Jean de l'), Liennart, Pioche.
— (régiment de). Lieutenant-colonel : Jean de la Fontaine, V, 121.
— Vicomté, V, 139. Voy. Arbaleste (Gui l').
— (Adam de), chambellan de Charles V. Ordre qu'il reçoit concernant le bois de Vincennes, II, 407.
— (Charles de), bailli de Sens et d'Evreux. Seigneur de Champigny-sur-Marne en 1460 ; sa mort en 1465 [1468], IV, 472.
— (Goscelin, vicomte de). Ses droits sur l'égl. de Noisy-le-Sec (998), II, 640 ; — devient religieux de Saint-Pierre-des-Fossés, ibid.
— (Guillaume de), curé de St-Gratien (1483), I, 629.
— (Philippe de), dame de Montmorency et d'Ecouen. Reçoit l'hommage de la terre d'Epinay (1415), I, 595.
— (Robert de), abbé de St-Victor de Paris. Acte relat. à Villiers-le-Bel (1263), II, 176 ; — à Montreuil-sous-Bois (1260), 397 ; — à Villeparisis (1257), 579.
MÉLUZION (seigneur de). Voy. Durcy (Jacques-Bernard).
MEMBREY (seigneur de). Voy. Reilhac (Tristan de).
MÊME (de). Voy. Mesme (de).
MÉNAGE (Gilles). Sa sépulture (1692), I, 14. — Auteur rectifié, III, 437.
MÉNAGER (Claude), greffier des Finances. Sa maison à Fayel (1628), II, 150-1.
MÉNAGERIE (la) [Seine-et-Oise, éc. de Versailles], III, 199, 204, 207.
MENANT (Marguerite), femme de Jacques le Bossu. Ses fiefs à Charonne (XVIe s.), I, 477.
— (Pierre), religieux de Preuilly. Sa sépulture (1550), V, 163.
MENARD (Charles), fils de Georges ; conseiller au Parlement. Son épitaphe (1619), II, 331.
— (Georges), conseiller au Parlement (1544), II, 331.
— (Hugues), religieux de St-Denis, puis de St-Maur (XVIIe s.). Ses ouvrages, I, 269, 511.

— (Jacques), curé de St-Pierre-des-Arcis à Paris (1573), I, 316.
— (Jean), curé de Saint-Paul de Paris (1377), I, 326, 327.
— (Nicolas), marguillier de Boulogne-sur-Seine (1469), I, 394.
MENARD (de), seigneurs de Conflans-Ste-Honorine. — (le marquis de), président au Parlement. Possède cette seigneurie par son mariage avec Marie-Françoise de la Grange, II, 95, 112. — (CHARON de), son fils, II, 95. — (le marquis de), fils du précéd., II, 95. — Les mêmes, seigneurs de Neuville, II, 110.
MENDE [Lozère]. Evêques. Voy. Chanac (Guil. de), S. Hilaire.
MENECY ou MENNECY, Manassiacum, Maneciacum, Manassi, Manessi, Mainecy, Menessy, paroisse du doyenné de Montlhéry [Seine-et-Oise, arr. et cant. de Corbeil]. Notice, IV, 242-244. — Autres mentions, IV, 239, 245, 246 ; V, 123.
MENEHOU (Michel de), maître des enfants de chœur de St-Maur. Ouvrage qu'il publie en 1571, II, 447.
MENEL. Voy. Bonshommes (les).
MENENDUS, chanoine de St-Victor de Paris (XIIIe s.). Ses ouvrages, I, 341, 553.
MENERVILLE (de). Voy. Trépagne.
MÉNÉTRIERS (rue des), à Meudon, III, 238.
MENIL [?], fief relevant de Montlhéry. III, 473.
MENIL (Nicolas de Saint-Mémin, sieur du), II, 237.
MÉNIL (le). Voy. Mesnil (le).
MENILLET, ham. de la Chapelle-Haouis, V, 334.
MÉNILLEZ, Menillet [Seine-et-Oise, lieu-dit de Bièvres], III, 260.
MÉNILMONTANT, Madam, Maudam, Mautemps, Mesnil-Mautemps, ham. de Bagnolet [aujourd'hui annexé à Paris]. Notice, II, 656-7.
MÉNISSON (Loys de), seigneur d'Arpenty. Sa sépulture (1587), III, 322.
MENNECY. Voy. Menecy.
Mentiacum : Mincy, II, 646.
MENTION (Jean), commissaire de police de Pontoise ; — (Jean-Louis), chanoine de Wissembourg ; — (Philippe), curé de Bessancourt. Bienfaiteurs de l'égl. de Bessancourt, II, 15.
MENUEL, lieu-dit de St-Nom-de-la-Bretèche (XIIIe s.), III, 151.
MENUICET (rue Raoul-). Voy. Paris.
MENUS-LEZ-SAINT-CLOUD, Mansionuillum, ancien nom de Boulogne-sur-Seine (Voy. ce mot).
MENYSON (Marguerite de), femme de Tanneguy Séguier (XVIIe s.), II, 632.

Meodum, Meudun. Voy. Meudon.
MERANCY, fief à Magny-l'Essart, III, 295.
MERANTAIS. Voy. Merantetz.
MERANTETZ, Merentais, Mézentais, château et fief sur les paroisses de Magny-l'Essart et de Toussus [Mérantais. Seine-et-Oise, ham. de Magny-les-Hameaux], III, 295, 305, 308, 314.
— (Philippe de), écuyer (1353), III, 295, 305.
MERAT (Mme le), dame d'Epiais en partie (XVIIIe s.), II, 307.
MÉRAUGIS. Voy. Fleury.
— (Guillaume), seigneur de Fleury. Son épitaphe, IV, 362, 364.
MÉRAUBUY. Voy. Monceau (le).
MERAULT (Alexandre-René), conseiller au Parlement. Seigneur de Villeron ; mort en 1718, II, 315.
— (Claude), auditeur des Comptes. Sa maison de la Fossée (1605), V, 255.
— (Jacques), conseiller aux Requêtes. Ses fiefs à Villiers-le-Bâcle (1604), III, 314.
— (Jean), son fils. Hérite des fiefs de son père (1667), III, 315.
— (Pierre), secrétaire du Roi. Seigneur de Mauchamp, IV, 179 ; — de Bonnes, 182.
— (René), maître des Requêtes. Seigneur de Villeron (XVIIIe s.), II, 315.
MERAULT (MM.), seigneurs de Gif (XVIIIe s.), III, 386.
MERCIER (Geneviève), femme de Jean Rogier. Sa sépulture (1708), V, 249.
— ou LE MERCIER (Jean), érudit protestant. Seigneur de Lanorville, IV, 233 ; — de Grigny et de Plessis-le-Comte par sa femme, Marie d'Allier, 369, 405.
— (Josias), érudit, fils du précédent. Jouit des mêmes seigneuries ; mort en 1626, IV, 233, 369, 405, 406.
— (Pierre), procureur. Seigneur de Chaumontel (1580), II, 228.
— (Pierre), lieutenant-général de Clermont. Seigneur de Fosses ; sa sépulture (1617), II, 323.
MERCIER. Voy. Mercix.
MERCIER. Voy. Le Mercier.
MERCIERS de Paris. Leur confrérie à Aubervilliers, I, 558.
MERCIX et plus tard MERCIER employé pour Bercix (Bercy), II, 369 et note.
MERCŒUR (Beraud de), connétable de Champagne. Seigneur de Chailly (1305), IV, 65.
MERCURE (idole de), II, 338. — (statues de), II, 295-6 ; III, 64, 124 ; IV, 420-1. — (temple de) à Montmartre, I, 440.

MERCURE (eaux contenant du), III, 421.
Mercure de France. Rectifié, II, 128 ; III, 80.
MERDEREAU (rû du), appelé aussi de Grâce (Voy. ce mot).
MERE (île de), III, 32.
MERELLE (Isabelle la). Voy. Morelle (Isabelle la).
MÈRE MORTE, lieu-dit de Châtenay (XIIIe s.), III, 542.
Mereol. Voy. Mareil-Marly.
MERESSE (Jeanne la). Voy. Jeanne.
MEREVILLE. Voy. Mairinville.
Mergus, sens de ce mot, II, 650.
Meriaco (Amalricus, presbyter de), IV, 24.
— *(Johannes de)*, archidiacre de l'Egl. de Paris (XIIIe s.), I, 164.
MÉRIDIEN de Paris (obélisque à Montmartre indiquant le), I, 455.
MÉRIDON, lieu-dit de Chevreuse, III, 286, 374.
— (Archembauld de), *de Meriduno* (XIIIe s.), III, 374.
— (fief de Guy de), situé à Voisins (1580), III, 286.
— (sieur de). Voy. Chauvin (Simon).
MÉRIEL, *Meriellum*, paroisse du doyenné de Montmorency [Seine-et-Oise, arr. de Pontoise, cant. de l'Isle-Adam], II, 132. — *Notice*, II, 138-140.
— Lieu-dit : Val (l'abbaye du).
MÉRIVAL (Louis de Buccy, seigneur de), V, 376.
MERLAN ou MERLANT, *Mons Maurilion, Merlant villa* [Seine, ham. de Noisy-le-Sec]. *Notice*, II, 643.
MERLE (Jean), prieur de St-Ouen de Favières (1571), V, 346.
MERLEFONTAINE, fief assis près de Sarcelles (1580), II, 172.
MERLET ou MERLEY (André), aumônier du Roi, abbé de Saint-Lô, II, 557. — Abbé d'Hiverneau en 1633, V, 373.
MERLEY (Jean), médecin du Roi. Sa maison à Rosny (XVIIe s.), II, 557.
— (Jean), avocat (XVIIe s.), II, 557.
— (Roland), médecin (XVIIe s.), II, 557.
MERLIN (Jacques), écrivain, curé de Montmartre puis archiprêtre de la Madeleine à Paris (1517), I, 216, 446, 454. — Vicaire général de l'év. de Paris (1525), IV, 551. — Curé de Soignolles (1511), V, 143. — [Le même]. Se retire à l'abbaye du Val-de-Grâce, III, 263.
— (Louis), général des finances du duc de Lorraine, secrétaire du Roi. Seigneur de Charentonneau (1453), V, 8.
— (Louis), président du Barrois. Sei-

gneur de Charentonneau (1523); devient religieux de Clairvaux, V, 8-9.
MEROLES (Hugues de). Voy. Maroles.
MERREIN (étymologie du mot), II, 124.
Merrolæ, Merroliæ : Marolles, IV, 224; V, 240.
Merroliis (Hugues de). Voy. Marolles (Hugues de).
MÉRU (Barthélemi de), seigneur de Lusarches (1266, 1268), II, 209. — Bienfaiteur de l'abbaye d'Hérivaux, II, 218.
MERUNVAL ou MORUNVAL, lieu-dit de Senlisses (1218), III, 419.
MÉRUVILLETTE (Mme de), dame d'Hémery (1700), IV, 510.
MERVILLE, *Major* ou *Majoris villa* [Seine, ham. de la Courneuve]. *Notice*, I, 579 — IV, 194.
— (Guillaume de), religieux et *commendeur* de St-Denis (1486), I, 507 (note).
MERY (Alix de) et non de NEUVY, fondatrice d'une chapelle à Courcelles (XIIIe s.), II, 51 (note), 123.
— (Alix de), femme d'Adam de Villiers, II, 236.
— (Dreux ou Drogon Buffé de), seigneur de Méry-sur-Oise (XIIIe s.), II, 127.
— (Guillaume de), seigneur de Méry-sur-Oise (XIIIe s.), II, 127.
— (Henri de), seigneur de Méry-sur-Oise. Bienfaiteur de l'abbaye du Val (1276), II, 127.
— (Raoul de), fils de Guillaume, II, 127.
MÉRY-SUR-OISE, *Meriacum*, paroisse du doyenné de Montmorency [Seine-et-Oise, arr. de Pontoise, cant. de l'Isle-Adam]. *Notice*, II, 124-128. — Autres mentions, II, 69, 139,
— Lieux-dits : Bonneville (la), Garenne, Montarcy, Sognolles, Vaux.
MESANTEZ. Voy. Merantetz.
MESCHE, Mesche (la), Mesché, Mesge, *Megum*. Localités de ce nom en France, V, 19.
MESCHE (le). Voy. Mèches (les) et Notre-Dame du Mesche.
MÉSELANT. Voy. Ferté (Pierre de la).
MESGRIGNY (le président de), III, 83.
MESGRIGNY (de), conseiller au Parlement de Paris. Sa maison à Châtillon (XVIIIe s.), III, 577.
MESIAFIN (Raoul de). Voy. Mejafin.
MESIASIN : Migafin, I, 636.
MESLE [Melz-sur-Seine. Seine-et-Marne, arr. de Provins]. Seigneur. Voy. Gallot.
MESLY, *Massolacum ?, Melliacum*, Melli [Seine, ham. de Créteil], V, 20. — *Notice*, V, 21-2. — Autres mentions, II, 446 ; V, 26.
MESLY (l'hôpital de). Voy. Hôpital (ferme de l').
MESLY (le mont), V, 21.
MESLY (la Tour de) [la ferme de la Tour ? Seine-et-Oise, lieu-dit de Valenton]. Hôtel mentionné au XVe s. comme situé à Mesly, V, 22 ; — appelé ferme, 32 ; — seigneurie sur la paroisse de Limeil, 33.
MESME (famille de). Ses armoiries, IV, 224. — Son hôtel à Paris, I, 168.
MESME (Antoine de), conseiller au Parlement. Seigneur d'Irval et de Roissy-en-France (1662), II, 283.
— (Claude de), comte d'Avaux. Seigneur de Roissy-en-France (1704), II, 284.
— (François de), comte de Chavasse, gouverneur du marquisat de Saluces. Seigneur de Marolles (XVIIe s.); son mausolée, IV, 224, 226.
— (Gilles). Possède en partie le fief de Montblin (XVe s.?), IV, 319.
— (Henri de), fils de Jean-Jacques Ier, chancelier du roi de Navarre. Seigneur de Roissy-en-France (1580), II, 283.
— (Henri de), fils de Jean-Jacques II. Seigneur de Roissy-en-France (XVIIe s.), II, 283.
— (Jacques de), frère de Thomas et commandeur de Senlis, IV, 225.
— (Jean), secrétaire du Roi. Acquiert la terre de Marolles (1481), IV, 225.
— (Jean-Antoine Ier de) [fils d'Henri II], président à mortier. Seigneur de Cramayel, V, 112, 113.
— (Jean-Antoine II de) [fils de Jean-Jacques III], président à mortier. Seigneur de Cramayel ; mort en 1723, V, 112. — Seigneur de Brie-Comte-Robert (1710), V, 268.
— (Jean-Antoine de), comte d'Avaux [fils de Jean-Antoine Ier]. Seigneur de Roissy (1704), II, 284.
— (Jean-Jacques Ier de), lieutenant civil de la Prévôté de Paris, maître des Requêtes. Seigneur de Roissy ; sa sépulture (1569), II, 283.
— (Jean-Jacques II de), fils de Henri Ier. Seigneur de Roissy (XVIe s.), II, 283 ; — écrivain, 285.
— (Jean-Jacques III de), fils de Jean-Antoine Ier. Seigneur de Cramayel; mort en 1688, V, 112. — Seigneur de Roissy ; né en 1643, II, 283.
— (Joseph de), chevalier. Vend la terre de Marolles (1680), IV, 225.
— (Nicolas), écuyer. Seigneur de Marolles-en-Hurepoix et de Baiolet ; son épitaphe (1571), IV, 224, 226.

— (Thomas), fils de Nicolas ? Seigneur de Marolles; son épitaphe (1629), IV, 224, 226.
— (le bailli de), ambassadeur de Malte. Prieur de St-Denis de l'Estrée (1726), I, 515, 526.
MESME (de), seigneurs de Cramayel. Seigneurs de Limoges et de Fourches, V, 136, 137.
MESMIN (Jacques), fils de Pierre. Seigneur de Nangeville et de Villiers-le-Bâcle (1613), III, 313, 314.
— (Louise), femme de Nicolas Damorin. III, 315.
— (Marguerite), femme de François de Dampierre, III, 314.
— (Pierre), avocat au Parlement. Seigneur de Nangeville et de Villiers-le-Bâcle (1530), III, 313.
— (Pierre), receveur des tailles en l'élection de Soissons. Seigneur de Villiers-le-Bâcle (1627), III, 314.
MESNARD (Jean), chirurgien du Roi. Sa veuve, bienfaitrice de la cure de Choisy-le-Roi (1665), IV, 444.
MESNIL, *Mansionile, Mesnile*. Sens de ce mot. III, 286-7.
MESNIL (le) [Seine-et-Oise, ham. de Brétigny], IV, 89, 343.
MESNIL (le) [Seine-et-Oise, ham. de Longpont], IV, 89.
MESNIL (le) [Seine-et-Oise, ham. de Marcoussis], III, 492. Voy. Mesnil-Ansbert (le).
MESNIL (Ansel du), chanoine [de Notre-Dame ?] Bienfaiteur de la léproserie de la Banlieue, IV, 22.
— (Arnoul du), vicaire général de l'év. de Paris (1585), II, 207.
— (Denis du), seigneur de Courquetaine (XVIᵉ s.), V, 296.
— (Jean du), abbé de Bellebranche. Prieur de Deuil (1506), I, 604.
— (Jean-Baptiste du), avocat au Parlement. Seigneur de Courquetaine (XVIᵉ s.), V, 296.
— (X... du), surnommé Marcelet, II, 166.
MESNIL (seigneur du). Voy. Tardieu (Philbert).
MESNIL-ANSBERT (le) [le Mesnil, ham. de Marcoussis, suivant l'édit. du cartul. de Longpont], III, 495.
MESNIL-AUBRY (le), paroisse du doyenné de Montmorency [Seine-et-Oise, arr. de Pontoise, cant. d'Ecouen]. *Notice*, II, 243-246. — Autres mentions, II, 239, 247.
MESNIL-BLONDEL (le) [Seine-et-Oise, ham. de St-Aubin], fief, III, 312, 335, 336.
MESNIL-BROGLIE. Voy. Mesnil-Cornuel.
MESNIL-CORNUEL, Mesnil-Voisin, Mesnil-Broglie, noms donnés successivement à un château près Lardy [Mesnil-Voisin (château du) Seine-et-Oise, arr. d'Etampes, commune de Bouray], IV, 186.
MESNIL-HABERT (le) : le Mesnil-St-Denis, III, 289. — (comte du). Voy. Habert de Montmort.
MESNIL-MAUDAN ou MAUTEMPS. Voy. Ménilmontant.
MESNIL-MAUGER (Pierre du Tilley, seigneur du), II, 263.
MESNIL-RACOIN (le) [Seine-et-Oise, arr. d'Etampes, ham. de Boissy-le-Cutté], V, 224.
MESNIL-RANCE (le), *Mesnilium dominæ Ranciæ* [le Mesnil-Amelot ? Seine-et-Marne, arr. de Meaux, cant. de Dammartin], II, 602, 612.
MESNIL-SAINT-DENIS (le) [Oise, cant. de Neuilly-en-Thelle], III, 287.
MESNIL-SAINT-DENIS (le), *Mesnile* ou *Mesneium S. Dionysii*, le Mesnil-Habert, paroisse du doyenné de Châteaufort [Seine-et-Oise, arr. de Rambouillet, cant. de Chevreuse]. *Notice*, III, 286-290. — Autres mentions, III, 350.
— Lieux-dits : Ambesies, Beaurin, Bonnelaie, Mouceau (le), Rodon, Truypendu, *Vallis Guiberti*, Veillotte. (la).
MESNIL-SAINT-DENIS (le). Voy. Motte-St-Denis (la).
MESNIL-SAINT-GEORGES (Ch. de Hangest, seigneur du), V, 128.
MESNIL-SIMON (Charles du), sieur de Maupart. Ses fiefs à Bethemont, Tressancourt-le-Grand et Poncy (1470), II, 141.
MESNIL-LE-SIMON (Joachine du), femme d'Alexandre de Baillon. Sa sépulture (1632), III, 439.
MESNIL-VOISIN. Voy. Mesnil-Cornuel.
MÉSOPOTAMIE, I, 173.
MESRI, Mezri (Merry), nom venant de *Medericus*, 1, 367 (note 15).
MESRI (Jefrois de), connétable de l'empire de Constantinople. Mentionné en 1245, II, 463 [Il était probablement seigneur de Méry-sur-Oise. *Confr*. Riant. *Contra* Du Cange].
MESSAGERS de la Nation de France. Leur confrérie, I, 150.
MESSE chantée en langue grecque, I, 507.
MESSÉ en Beauce [?], II, 383.
MESSENE (Simon de), professeur à l'Université de Paris, tué en 1598. Châtiment de ses assassins, IV, 85.
Messiacum, sens de ce mot. Origine de nom de lieu, V, 106.

MESSIÈRES-SUR-AMANCE. Voy. Maizières-sur-Amance.
Messio (droit de), II, 518.
Messis (Robertus de), chevalier de la châtellenie de Corbeil (XIIIe s.), IV, 300.
Messum (grange *apud*) mentionnée en 1173, V, 125. — Fausse identification, IV, 398 (note).
MESSY, *Massiacum*, Maissy [Seine-et-Marne, arr. de Meaux, canton de Claye], V, 311. — Seigneur, IV, 376.
Mestigerium, Mestiger. Voy. Metiger.
MESURES (amende pour fausses). A qui attribuées, IV, 105. — (pierres creuses servant d'étalons de), I, 45; II, 10.
Metæ, limites. Origine de nom de lieu, V, 106.
Methe: Moissy-Cramayel. Voy. *Inethe*.
METIGER, *Mestizerium*, *Mestigerium*, Mestegier, hameau disparu. Sa situation présumée, I, 637, 648 (note 2), 652.
Metiosedum. Opinions diverses sur l'emplacement de ce lieu, III, 227; IV, 26, 269 ; V, 78.
Metius. Voy. *Mucius*.
Metodorum: Nanterre, III, 72 (note 1).
METS DE MARIAGE. Lieux où se perçoit cette redevance, I, 246; II, 281.
METZ [Alsace-Lorraine]. Abbaye de Ste-Glossine : abbesse. Voy. Candale (Louise de Foix de). — Abbaye de St-Vincent, I, 30.
— Evêque. Voy. Verneuil (Henri de Bourbon-).
— Lieutenant du Roi. Voy. Foës (Etienne).
— Parlement : président. Voy. Briçonnet (Charles), Loynes (Philippe de) ; — procureur général. Voy. Le Gendre ; — conseillers. Voy. Besset (de), Maréchaux, Le Roy, Motte (Prosper de la).
METZ (Geoffroy de), I, 182. Voy. Netz (Geoffroy de).
MEUDON, *Meodum*, *Meudun*, Modun, paroisse du doyenné de Chateaufort [Seine-et-Oise, arr. de Versailles, cant. de Sèvres]. *Notice*, III, 227-244 — Autres mentions, I, 271, 564 ; II, 292, 388, 416; III, 19, 36, 123, 176, 248, 371 ; IV, 441. — Couvent des Capucins, III, 238-239.
— Lieux-dits : Aubervilliers, Carneaux (les), Cottigny, Coulombier (le), Fleury, Moulineaux (les), Orrée, Ferdriel, Pissotte (la), Rosiers (les), Villebon.
— (le Val de), III, 231, 232, 238, 243. Voy. Moulineaux (les).

MEUDON (Amaury de). Ses biens à Sèvres, III, 16. — Seigneur de Meudon (1236), III, 174, 232. — Cède la terre de Presles à l'abbaye de Port-Royal (1270), III, 311. Voy. Chailly.
— (Amaulry de). Voy. Issy (Amaury d').
— (Bureau de), échanson du Roi, fils de Jean, chevalier. Lui succède en 1391, III, 232.
— (Erkembod de), seigneur de ce lieu (1180), III, 231.
— (Etienne de). Ses biens à Meudon et à Villebon (XIIIe s.), III, 230, 232, 239.
— (Garnier de), fils de Robert [?]. Maitre des Requêtes (1369), III, 232.
— (Henri de), grand veneur, mort en 1344, III, 232.
— (Jean de), chevalier, III, 232.
— (Jean de), chanoine de Noyon. Lègue aux Chartreux de Paris le manoir du Val de Meudon (1343), III, 232, 238, 243. — Mission qu'il reçoit du pape (1334), II, 232.
— (Jean de), clerc. Terres qu'il lègue à Notre-Dame, IV, 35.
— (Jean de), capitaine de Saint-Germain-en-Laye. Procès qu'il a à soutenir (1381), II, 20, 31, 34, 35.
— (Jean de). Voy. Le Bâcle (Jean).
— (Jeanne de), femme de Guillaume le Bouteiller. Sa sépulture (1353), II, 217 ; III, 232.
— (Marguerite de), fille de Jean, chevalier, femme de Jean de Gaillonet. Succède à son père (1391), III, 232, 233.
— (Mathieu de) *de Meudun*, seigneur de ce lieu (1196, 1217). Bienfaiteur de Port-Royal, III, 231-2.
— (Pierre de), *de Moldonio*, vassal de Montlhéry, III, 232 ; IV, 104. — [Le même?]. Ses biens à Louans, IV, 59, 60.
— (Robert de), panetier de Philippe le Bel. Ses biens à Charlevanne (1294), III, 110. — Mentionné en 1303, 1307, 1310 ; concierge de St-Germain-en-Laye ; sa sépulture (1320), III, 232. — Son fils du même nom, *ibid*.
— (Roger de) et Luce, sa femme. Possèdent le Val de Meudon (1343), III, 238.
— (le cardinal de). Voy. Sanguin (Antoine).
MEUDUN. Voy. Meudon.
Meugniacum, lieu-dit (XIIIe s.), IV, 258, 353.
MEULAN, MEULANT ou MEULENT [Seine-et-Oise, arr. de Versailles, ch.-l. de cant.], III, 174.

— (comtes de). Leur fief à Paris; erreur relevée à ce sujet, I, 21, 86, 87. — (gouverneur de). Voy. Maret (Jean-Marc de la). — Prieuré de St-Nicaise. Eglises à Paris à sa nomination, I, 87, 88.
— (Adam de), panetier du Roi. Ses biens à Neuilly (XIVᵉ s.), I, 434.
— (Agnès, comtesse de). Voy. Montfort (Agnès de).
— (Alix de), femme de Guillaume de Vernon, II, 339.
— (Amaury ou Almaric de). Mentionné en 1225, IV, 482; — en 1231 comme seigneur de la Queue-en-Brie, 486-7, 503; — en 1246 comme suzerain d'un fief à Charentonneau, V, 7. — Son fils et autres personnages du même nom, seigneurs de la Queue-en-Brie en 1258 et 1269, IV, 487; — en 1275, 500; — en 1300, 487; — vers le milieu du XIVᵉ s., 488.
— (Anne de), femme d'Aubert de Longueval. Dame de Croissy-en-Brie (1283), IV, 517.
— (Galeran, comte de), III, 292. Seigneur de la Queue-en-Brie et bienfaiteur du prieuré du Cormier (1145), IV, 485, 612-3.
— (Grégoire de), trésorier de la Ste-Chapelle (1265), I, 223.
— (Hellouin de), chambrier du Roi (XIIᵉ s.), III, 98.
— (Henri de), seigneur de Bagnolet (1273), II, 654.
— (Hugues de), prévôt de Paris. Vend le port de Bezons à l'abbaye de St-Denis (1196), II, 21. — Bienfaiteur de St-Thomas du Louvre, III, 100.
— (Jean de), év. de Paris. Fonde une chapelle au couvent des Filles-Dieu (1360), I, 75. — Acte relat. à Moissy-l'Evêque (1353), V, 109. — [Le même?], seigneur de la Queue-en-Brie, IV, 488.
— (Marie de), de *Meurlent*. Sa sépulture, I, 21.
— (Marguerite de), femme de Jean de Rouvray. Dame de Gournay-sur-Marne (1330), IV, 617.
— (Maurice de), bienfaiteur de l'hôpital de la Trinité de Paris, III, 32.
— (Philippe de), possesseur du fief du Monceau-St-Gervais à Paris, I, 86, 87. — Sa sépulture et celle de sa femme Aveline, I, 21.
— (Robert, comte de). Ses biens à Aunay, près de St-Cloud, III, 36.
— (Robert de), mentionné en 1145, IV, 492.
— (Robert de). Ses prétentions sur la terre de Maubuisson, III, 114. — Ses biens au Chesnay (1207), III, 165.
— (Robert de). Sa femme mentionnée en 1340, I, 31.
— (Valeran), comte de). Eglises de Paris qu'il donne à St-Nicaise de Meulan (1141), I, 81. Voy. Meulan (Galeran de).
— (Valeran de), seigneur de la Queue-en-Brie (milieu du XIVᵉ s.), IV, 488.
— (le comte de) [Galeran], seigneur de Gournay-sur-Marne. Son traité avec Louis VII (1157), II, 643.
MEULAN (de), receveur-général des finances de la généralité de Paris. Acquiert des biens à Etiolles (1746), V, 77.
MEULANT, Meulent. Voy. Meulan.
MEUNG-SUR-LOIRE [Loiret, arr. d'Orléans, ch.-l. de cant.]. Acte royal daté de ce lieu en 1482, II, 282. Voy. S. Lifard, Savigny (Ansel de).
MEUNIER (Philippe), év. de Philadelphie (XVIᵉ s.). Eglises par lui dédiées, II, 108, 166; IV, 256, 552; V, 94.
Meurcentum : Morsang-sur-Orge, IV, 386.
Meurlent (Maria de). Voy. Meulan (Marie de).
MEURS (fief de). Voy. Murs (les).
MEURS (de), seigneur de Mandres en partie (XVIIᵉ s.), V, 192.
MEUSNIER (Perrote), femme de Claude de Bullion, IV, 283.
MEX (Henri de). Procès qu'il soutient en 1211, IV, 381.
MEZ (Etienne de), chanoine de St-Benoît. Fondateur d'une chapellenie dans cette église (1251), I, 137.
MEZ (Guy du), garde de la prévôté de Paris. Sentence par lui rendue (1281), IV, 471.
— (Jean du), fils d'Alips. Seigneur en partie de Montfermeil; sa résidence (1337), II, 503, 543.
MÉZELAN, Messelan? [Seine-et-Oise, arr. de Pontoise, cant. de l'Isle-Adam, comm. de Frouville]. Seigneur. Voy. O (Charles d'), II, 148.
MEZENTAIS. Voy. Merantetz.
MÉZERAY (François EUDES de), historiographe de France. Sa sépulture, I, 53. — Sa maison à Chaillot, I, 419. — Son séjour à la Chapelle-St-Denis, I, 462.
MÉZIÈRES, lieu-dit de Charonne (1442), I, 476. Voy. Charonne (le Petit).
MÉZIÈRES [Seine-et-Oise, arr. d'Etampes, ham. du Puiselet-le-Marais]. Prieuré dépendant de l'abbaye d'Yerres, V, 224.
MÉZIÈRES (Charles de Béthizy, seigneur de), II, 638.
— (Philippe de), conseiller de Char-

les V. Donne aux Célestins de Paris des biens à Attainville. Sa retraite dans ce couvent, II, 193. — Cité, II, 270.
— (Philippe de), chancelier du roi de Chypre. Sa mission auprès de l'empereur d'Allemagne (1378), II, 431, 448-9. — Sa maison à Charentonneau (1377), V, 8.
MÉZIÈRES-SUR-SEINE, *Maceriæ, Masciacus* [Seine-et-Oise, arr. et cant. de Mantes]. Mentionné en 980, III, 520 (note).
MÉZY (Adam de), mentionné en 1227, V, 418.
MICHAU (Nicolas). Fief qu'il acquiert à Lésigny (1611), V, 360.
MICHAUT (Simon), prévôt de l'abbaye de Chaumes (1426), V, 195.
MICHEL, abbé de St-Florent de Saumur (XIIIᵉ s.), II, 287; III, 106, 471.
MICHEL, doyen de St-Marcel de Paris (1220), IV, 476; V, 287.
MICHEL, doyen de la cathédrale de Meaux (XIIᵉ s.), III, 581. Voy. Corbeil (Michel de).
MICHEL, personnage du XIIᵉ s. Terres qu'il donne au prieuré de Longpont, III, 436.
MICHEL (Guillaume), dit *de Tours*. Ses poésies citées, I, 394.
— (Jacques), écuyer. Seigneur de Chaillot (XVᵉ s.), I, 410.
— (Jean), év. d'Angers (XVᵉ s.), III, 518, 520.
— (Philbert), possesseur de la terre de Lunézy (1637), III, 504.
— (Thomas), curé de Nonneville; vicaire d'Aulnay-lès-Bondy. Son lieu de naissance; sa sépulture (1665), II, 603.
MICHEL DE LA ROCHE-MAILLET (Jacques), conseiller à la Monnaie. Mort en 1645. Son épitaphe, III, 520.
— (René), frère du précéd.; auteur de poésies latines. Curé de Champlan; sa sépulture et celle de sa sœur, III, 319, 518, 520, 526.
MICHEL-ANGE. Ses *Captifs* au château d'Écouen, II, 184.
MICHIEL (maître), doyen de St-Germain-l'Auxerrois (1305), I, 33.
MICHON (Charles), conseiller du Roi. Seigneur de Villepinte (1530), II, 616; — de Bagnolet (1522); sa sépulture (1532), II, 616, 655. — (Jeanne), sa fille, femme de Oudart Hennequin, *ibid*.
— (Jacques), seigneur de Bordeaux, ham. de Villevaudé (1580), II, 526.
MIDORGE, conseiller à la Cour des Aides. Seigneur de Suisnes (1697), V, 159.

MIETTE (Jean), seigneur de Beaudreville et de ses dépendances à Gometz-la-Ville (1580), III, 411.
MIGAFIN ou MEJASSIN, *Meiassino (cura de), Meïafin, Mesiasin,* village détruit dépendant de la seigneurie de Montmorency (1293). Devenu peut-être Margency, I, 625, 636, 637.
MIGNARD, peintre du Roi. Ouvrages de lui, III, 35; V, 154.
MIGNEAUX, *Mulnes, Mignauls, Mignoz, Mineaux, Minials* [Seine-et-Oise, ham. de Verrières]. *Notice*, III, 532.
MIGNON (Jean), général des finances de la généralité d'Alençon. Seigneur de Morsang-sur-Seine (1660-1669), V, 101.
MIGNON (Renaud), év. de Paris. Voy. Corbeil (Renaud de).
MIGNON (collège). Voy. Bruyères-le-Châtel et Paris.
MIGNON (rue). Voy. Paris.
MIGON, arpenteur. Expertise faite par lui (1657), V, 191.
MILAN [Italie], II, 166. — (archiprêtre de). Voy. Milon. — (chancelier de). Procès auquel il est commis par le pape, II, 556.
— (Hugues de), abbé de Saint-Denis (1200), II, 65. Voy. Hugues.
— (Manfred de), docteur en médecine. Ses biens à Grisy (1330), V, 161.
MILAN (Valentine de), duchesse d'Orléans. Chapelle qu'elle fonde à Brie-Comte-Robert, V, 263.
MILESENDE, surnommée *Chère Voisine,* fille de Guy Iᵉʳ de Montlhéry. Donne Ver au prieuré de Longpont, IV, 208, 209.
MILESINDE, bienfaitrice de l'abbaye d'Yerres, IV, 31.
MILET (Antoine), curé de Massy (1562). Mesures prises contre lui, III, 525-6.
Milheit de Ma...iis (sépulture de), V, 343.
Miliaco (Thomas de). Mentionné en 1088, V, 331.
MILIANCOURT (Mᵐᵉ de), dame de Morsang-sur-Seine. Fief qu'elle possède sur cette paroisse (XVIIIᵉ s.), V, 101.
Militum (feodus), à Villeparisis, II, 578; — à Bruyères-le-Châtel, III, 475.
MILLEPAS, *Mille passus,* lieu-dit d'Ivry. *Notice,* IV, 462-3.
MILLET (l'abbé). Renseignements qu'il a fournis à l'auteur, II, 119.
MILLET (Michel), protonotaire du S. Siège. Fausses reliques trouvées chez lui, I, 126.

— 333 —

Milliaco (Robertus de). Ses biens dans la châtellenie de Corbeil (XIIIe s), IV, 300.
Milliare, employé pour Leuca, IV, 122 (note), 133 (note).
MILLY [Seine-et-Oise, arr. d'Étampes, ch.-l. de canton]. Châtellenie; ses possesseurs au XVIe s., IV, 251. Voy. Bouille (Hugues de) — (acte royal daté de) en 1306, I, 94.
— (Adam de). Biens qu'il donne au prieuré de Longpont, III, 504, 518.
— (Guillaume de), prieur de Longpont (XIIe s.), IV, 129.
— (Hervé de), seigneur en partie d'Athis (1522), IV, 419.
MILLY (Thibaud de). Voy. Nully.
MILON [Seine-et-Oise, ham. de Milon-la-Chapelle]. Paroisses dont il dépendait, III, 338.
MILON de Bray ou le Grand. Voy. Montlhéry (Milon de).
MILON, abbé d'Hermières (1275), III, 32.
MILON, abbé de St-Maur (1278), V, 344.
MILON, archidiacre (1169), III, 180.
MILON, archipresbyter Mediolanensis (de Milan ou mieux de Montmélian). Arbitre dans un procès (1165), II, 344.
MILON, archiprêtre de Milan. Sentence arbitrale rendue par lui (1163), III, 135 [le même que le précéd.].
MILON, chanoine de la Cathédrale de Paris. Ses biens à Draveil (1223), V, 63.
MILON, doyen du chapitre de Paris, puis archev. de Bénévent. Ses biens à Vitry (XIe s.), IV, 450.
MILON, doyen de St-Denis de la Chartre, à Paris (1067), I, 210.
MILON, frère d'Adam de Forges, IV, 215 (note).
MILON, fils de Thibaud Cocherel. Biens donnés par lui à St-Germain-des-Prés, IV, 80.
MILON, fils de Reinaud. Église qu'il donne à l'abbaye de Morigny, IV, 180.
MILON, frère de Guy, vicomte de Corbeil (1220), V, 144.
MILON, personnage du XIe s. Ses biens à Paris, I, 189.
MILON, seigneur de Bourgogne. Sa guérison miraculeuse (IXe s.), I, 600.
MILON (Alexandre), maître des requêtes du prince de Conti. Son épitaphe, III, 66.
— (Benoît), président à la Chambre des Comptes. Vend à Henri III sa terre d'Ollainville, III, 475.
MILON-LA-CHAPELLE, Capella Milon ou Milonis, la Chapelle-Milon, paroisse du doyenné de Châteaufort [Seine-et-Oise, arr. de Rambouillet, cant. de Chevreuse], Notice, III, 336-338. — Autres mentions, III, 291, 366, 373.
— Lieux-dits : Beauregard, Loriaterie (la), Marbaye (la), Milon, Rodon.
MINAGE (droit de), IV, 115, 144.
MINARD (Antoine), président au Parlement de Paris. Seigneur de Grisy et de Villemain ; sa sépulture (1559), V, 157.
MINCOURT : Maincourt, III, 356.
MINCY (seigneur de). Voy. Poncher (Louis).
— (Ade de), abbesse de Montmartre (1306), I, 451.
Mund ou Munde, Mindeyum, formes anciennes des noms de lieu Mainville et Villemain, V, 64, 150, 153, 206.
MINEAUX. Voy. Migneaux.
MINERAY ou de MINERAYE (François de), seigneur de Gretz (1526), V, 315 ; — d'Armainvilliers (1510), V, 329.
— (Jean de), vicomte de Rouen. Acquiert la seigneurie de Gretz (XVe s.), V, 315.
Mineria, ancien lieu-dit du Mesnil-St-Denis [?]. Mentionné en 1218, III, 289.
MINEURS (frères). Voy. Cordeliers.
MINIALS. Voy. Migneaux.
MINIALS (Mathieu de). Mentionné en 1218, III, 331, 532.
MINIER, procureur en la Chambre des Comptes. Son fief à Echarcon (XVIIe s.), IV, 241.
MINIÈRE ou MONIÈRE (la) [Seine-et-Oise, ham. de Guyancourt], III, 281, 283.
MINIÈRE ou MEUNIÈRE (la porte de la) [Seine-et-Oise, éc. de Versailles], III, 199.
MINIMES. Obtiennent la léproserie de Pontoise (1589), II, 116. Voy. Brie-Comte-Robert, Chaillot, Fontenay-sous-Bois, Paris (com. relig).
MINPINCIEN. Voy. Mainpincien.
MIRAMION (Marie de), fondatrice de la communauté des Filles de Ste-Geneviève. Biens qu'elle lui donne à Ivry (1693), IV, 460-1.
MIRE, MIREI ou MIREY, receveur des consignations des Requêtes. Seigneur des Ternes (XVIIe s.), I, 429 ; — du Bourget, II, 623 ; — du Blanc-Mesnil, II, 629.
MIREPOIX [Ariège]. Évêque. Voy. Epinay (Jean d'). — Seigneur. Voy. Levis (Guy de).
MIREY. Voy. Mire.

MIRON (François), lieutenant-civil. Sa sépulture (1609), I, 219. — Son fief du Tremblay, V, 76.
— (Gabriel), lieutenant-civil. Seigneur du Tremblay (1570), V, 86.
— (Marc), clerc. Gouverneur de la léproserie de Champlain (1575), IV, 486.
— (Marie), femme de Claude Brizard. Dame du Tremblay (1713), V, 86.
— (Ours-François), président aux Enquêtes. Seigneur de Bry-sur-Marne (1659), IV. 634.
— (Robert), maître des Comptes. Seigneur du Tremblay (1569), V, 86.
— (Robert), maître des Comptes, ambassadeur en Suisse. Relique qu'il donne aux frères de la Charité à Charenton, II, 379 ; — président des requêtes du Palais, prévôt des marchands. Seigneur du Tremblay (1614-1621), V, 86.
— (Robert), fils du précéd. Seigneur du Tremblay (1642-1645), V, 86.
MIRTON (Sébastien de). Voy. Morton.
MISEBELLE (Rainald), de *Villa Moissun*. Bienfaiteur du prieuré de Longpont (XIIᵉ s.), IV, 399.
Miseriacum. Voy. Misery.
MISÉRICORDE DE JÉSUS (religieuses de la). Leur premier établissement à Gentilly (1648) ; leurs autres résidences, II, 383 ; IV, 8.
MISERY, *Miseriacum* [Seine-et-Oise, éc. de Vert-le-Petit], IV, 219, 235.
MISSION (congrégation des prêtres de la). Leur établissement à Paris. Voy. Paris (com. relig.) ; — à St-Cloud, III, 30 ; — à Versailles, III, 199-200.
Mistigerium. Voy. Métiger.
MISY-SUR-YONNE [Seine-et-Marne, arr. de Fontainebleau, canton de Montereau]. Dame : Jeanne Frétel, II, 167.
MITRE. Abbés et trésorier ayant droit de la porter, I, 183, 223, 240, 342, 507 ; II, 452. — Sa forme et sa dimension servant à fixer les époques, I, 124, 231. — (mesure de pierre, en forme de), I, 45.
MITRY [Seine-et-Marne, arr. de Meaux, cant. de Claye], II, 616 ; IV, 437, 438.
— (Regnaud de), chevalier. Son fief à Moussy-le-Neuf (1270), II, 353.
MITYLÈNE [île de Lesbos]. Evêque. Voy. Jean.
MOCREUX (Oudart de), bourgeois de Paris. Bienfaiteur de l'Hôtel-Dieu (XIVᵉ s.), I, 18.
MODÈNE [Italie]. Duc : Alphonse IV, I, 418.
MODUN. Voy. Meudon.

MOIGNARD (Valentin), curé de Houilles et de Carrières (1580), II, 33.
MOINEAU ou du MOYNEAU (fief du), mieux écrit peut-être Mont-Hénault. Assis à Nogent-sur-Marne ; dit aussi Beaulieu ou Garentières, II, 465, 472.
MOINES sculptés au portail de Saint-Nicolas de Villepreux, III, 180.
MOINES-BLANCS (fief des), dépendant de la seigneurie de Soucy à Fontenay-lès-Briis, III, 457, 473.
MOINESSES (les), canton au bois de Vincennes (XVIIᵉ s.), II, 411.
MOIRET (Marguerite), supérieure des Filles-Pénitentes à Paris (1572), I, 184.
MOIRY, Voy. Mory.
MOISCELLE, MOISCELLES ou MOISSELLES, *Muscella, Moisella, Moisellis (...de)*, paroisse du doyenné de Montmorency [Seine-et-Oise, arr. de Pontoise, cant. d'Ecouen]. *Notice*, II, 188-190. — Autres mentions, II, 234, 257.
MOÏSE (représentations de), I, 147, 324.
Moisella. Voy. Moiscelle.
MOISENAY [Seine-et-Marne, arr. de Melun, cant. du Châtelet]. Seigneurie, II, 613.
MOISSAC [Tarn-et-Garonne]. Abbaye ; abbé. Voy. Estrades (Jean-François d').
MOISSELLES. Voy. Moiscelle.
MOISSET. Sa maison à Rueil (XVIIᵉ s.), III, 101.
Moissiacum. Voy. Moissy-l'Evêque.
MOISSY. Voy. Moissy-Cramayel.
— (doyenné de) appelé depuis du Vieux-Corbeil, IV, 311 ; V, 14, 27, 37, 79, 81, 82, 109-110, 147, 156.
— (seigneur de). Voy. Maurel (Pierre).
MOISSY (Guy de) et Girard, son fils. Vente qu'ils font à l'év. de Paris (1161), IV, 312 ; V, 109.
— (Henri de). Cède la dîme de Chaintreaux à l'abbaye d'Yerres (1219), V, 109, 114.
MOISSY-CRAMAYEL ou MOISSY-L'EVÊQUE, *Moissiacum, Moysetum, Mosiacum*, Moissi, paroisse du doyenné du Vieux-Corbeil [Seine-et-Marne, cant. de Brie-Comte-Robert]. *Notice*, V, 106-115. — Traité qui y est conclu en 1120, IV, 276. — Capitainerie dont ce lieu dépend, IV, 312. — Autres mentions, V, 118, 213, 223, 282.
— Lieux-dits : Armigny, Chantelou, Chaintreaux, Cramayel, Garnisons (les), Lugny, Noisement.
MOIXENANT, lieu-dit de Rennemoulin (XVIIIᵉ s.), III, 175.

Molaris, Molare. Sens de ces mots, III, 411.
Moldonio (Pierre de). Voy. Meudon (Pierre de).
Moldunum. Voy. Meudon.
MOLE (la), favori du duc d'Alençon. Sa sépulture (1574), I, 453.
MOLÉ (Edouard), fils de Nicolas [Ier], président à mortier. Seigneur de Champlâtreux, de Lassy et de Trianon ; décédé en 1614, II, 220, 223.
— (Edouard), fils de Mathieu et abbé de St-Paul [de Verdun]. Seigneur de Lassy, II, 223.
— (Edouard), conseiller au Parlement. Possède en 1597 le fief de Montblin, IV, 319.
— [François], abbé de Ste-Croix de Bordeaux. Seigneur de Charonne, I, 477, 478. — Abbé d'Hérivaux (1695), I, 341.
— (Jean-Baptiste-Matthieu), fils de Louis. Seigneur de Champlâtreux, II, 221.
— (Jean), seigneur de Lassy, II, 223.
— (Jean-Edouard), fils de Matthieu. Seigneur de Champlâtreux, II, 221.
— (Louis), fils du précéd. Seigneur de Champlâtreux, II, 221 ; — de Lassy, II, 223.
— (Matthieu), fils d'Edouard ; garde des sceaux. Seigneur de Lassy, II, 220, 223 ; — de Champlâtreux et du Plessis-Luzarches (1649), II, 225.
— (Nicolas), conseiller au Parlement. Seigneur de la Grange-Trianon et de Lassy par sa femme Marie de la Grange ; décédé en 1542, II, 221, 223.
— (Nicolas) [fils du précéd.], intendant général des finances. Seigneur de Vitry-sur-Seine ; sa mort en 1586, IV, 453.
MOLÉ (le président) [Mathieu-François, premier président au Parlement], seigneur de Luzarches, II, 204, 213 ; — d'Epinay-Champlâtreux, 222 ; — de Lassy, 223 ; — du Plessis-Luzarches, 225.
MOLÉ (M.). Ses fiefs à Luzarches (XVIIIe s.), II, 214 [le même que le précéd.].
MOLÉ, conseiller au Parlement. Possesseur du fief de St-Port (1597), IV, 241.
Molennium. Voy. Montlignon.
MOLEREIZ ou de MOLERETZ (bois de), près de Magny-les-Hameaux (1214), III, 294, 295, 296.
Moleriæ, Molleriæ. Voy. Molières (les).
MOLESMES [Côte-d'Or, arr. de Châtillon, cant. de Loignes]. Abbaye : le prieuré du Val-d'Osne en dépend, II, 377, 378 ; — abbé. Voy. S. Robert.

MOLIENS (Jacques d'O, seigneur de), II, 148.
MOLIÈRE. Sa sépulture (1673), I, 68.
— Sa maison à Auteuil, I, 391.
MOLIÈRES, localités de ce nom en France, III, 411.
MOLIÈRES (les), *Moleriæ, Molleriæ,* paroisse du doyenné de Châteaufort [Seine-et-Oise], arr. de Rambouillet, cant. de Limours]. *Notice,* III, 411-413. — Habit. admis à la léproserie de Linas, IV, 127. — Terre dépendant du comté de Limours et vendue avec lui (1626), IV, 435.
— Lieux-dits : Armenon, Fay (le), Malassis, Quincampoix, Taillibourderie (la).
MOLIÈRES (les), lieu-dit des Layes, III, 354.
Molignum. Voy. Montlignon.
MOLIN (Hugues), doyen de la collégiale de Linas. Bienfaiteur de St-Martial de Paris (1409), I, 310.
MOLIN (Pierre du), secrétaire du Roi. Seigneur du Tremblay (1715), V, 86.
MOLINET (Claude du), religieux de Ste-Geneviève, I, 241.
— (Marie du), veuve de Germain du Val. — Hommage qu'elle rend pour Villiers-le-Sec (1631), II, 237. — Contrainte décernée contre elle (1604), II, 241.
MOLOMMIERS (Jean de). Voy. Moulineaux.
MOMIES d'Égypte conservées à St-Mandé, II, 382.
MOMMOLE, comte de Paris. Voy. Mummole.
MOMMOLE, première abbesse de Bruyères (VIIe s.), III, 465.
Monacha Villa. Étymologie supposée de Noneville, II, 599.
MONANT (Pierre), conseiller en l'élection de Paris. Seigneur de Villedombe (1636), III, 323.
MONAST (Jean), chambrier de l'abbaye de Chaumes (1426), V, 195.
Monasteriolum. Chapelles et localités ainsi désignées, II, 394 ; III, 210-11.
Monasterium, moutier, signifiant église séculière, I, 32, 122, 232, 318, 586 ; II, 103, 206, 275 ; III, 132 ; IV, 338 ; V, 338.
MONCASTRON, localité située dans la châtellenie de Corbeil. Seigneurs de la famille Postel, V, 125.
MONCEAU (le) ou le MONCEL [Seine-et-Marne, ham. de Liverdy], V, 301.
MONCEAU (le) appelé inexactement Méraubuy [le Mousseau, ham. de Dampierre], III, 358, 360.
MONCEAU (Charles du). Voy. Nolan.
MONCEAU ou MONCEAUX (Guy de),

abbé de St-Denis (1363-1398). Village dont il serait originaire, I, 428.
— Fortifications de l'abbaye qui peuvent lui être attribuées, I, 497-8. — Acte relat. à St-Ouen, I, 572.
MONCEAU-CHAMPROMERY (ferme du), à Dampierre, III, 359. Voy. Monceau (le).
MONCEAU-RÉPARÉ (le), lieu-dit de Fleury près Meudon (XIVᵉ s.), III, 241.
MONCEAU-SAINT-GERVAIS (le). Voy. Paris (fiefs).
Monceaut. Voy. Montsoult.
MONCEAUX, MOUCEAUX, ham. de Clichy [aujourd'hui dans Paris]. Notice, I, 428-9.
— (Gui de). Voy. Monceau.
— (Jean de), maître-d'hôtel de Louis XI, I, 426.
MONCEAUX, *Moncelli*, paroisse du doyenné de Montlhéry [Seine-et-Oise, arr. et cant de Corbeil, ham. du Coudray-Monceaux]. *Notice*, IV, 249-252. — Identifié à tort avec *Monticelli*, II, 57.
— Lieux-dits : Camp (le), Plessis-Chénet (le), Ste-Radegonde (prieuré de), Tournenfil.
MONCEAUX ou MOUCEAUX [Mousseaux, Seine-et-Oise, ham. de Draveil], V, 65.
MONCEAUX, lieu-dit de Brunoy, V, 205.
MONCEAUX, lieu-dit de Villeneuve-St-Georges (1581), V, 41.
— (la Pierre de). Voy. Gros-Caillou (le).
MONCEAUX ou MONCEL, *Moncelli, Moncellum*, ancienne paroisse devenue au XIIᵉ s. le Plessis-Bouchard (Voy. ce nom), II, 58-9.
MONCEAUX, MEAUX, fief assis à Eaubonne, I, 642.
MONCEAUX (de), seigneurs de Villacoublay — (François), fils de François. Sa sépulture (1535), III, 226.
— (François), fils du précéd., mentionné en 1538, *ibid*. — (Jean), II, 575-6 ; mentionné en 1540, III, 226. — Le même ou son fils du même nom (1580), III, 226.
MONCEAUX (de), seigneurs de la Houssaye. — (Jean) en 1580, V, 338. — (François) en 1623, *ibid*.
MONCEAUX (Hugues de), abbé de St-Germain-des-Prés (1168), III, 535.
MONCEAUX (Jean des), ou de BAZEMONT, abbé des Vaux-de-Cernay (1516). Son lieu de naissance, III, 360.
MONCEAUX (Mathieu de), chanoine de St-Victor *ad succurrendum* (XIIᵉ s.), V, 54.
MONCEHOT. Voy. Montsoult.

MONCEL. Voy. Monceaux.
MONCEL (le) [Oise, arr. de Senlis, cant. de Pont-Ste-Maxence, ham. de Pontpoint]. Couvent de Clarisses ; leurs biens à Gonesse, II, 269 ; — religieuse, III, 390.
— (Guérin de). Fonde avec sa femme, Agnès, une chapellenie en l'Eglise de Paris (1217), II, 235-236.
MONCEL (du), lieutenant de robe courte. Son fief à Ris (XVIIIᵉ s.), IV, 379.
MONCELETS (fief des), dépendant du marquisat de Vileroy [ferme à Champcueil ?], IV, 245, 246, 247.
MONCELEUX. Voy. Montceleux.
Moncelli ou *Monticelli*, lieu mentionné en 862. Son emplacement, II, 57-8, 581 ; IV, 249
Moncello (censivi de), à Bagneux (XIIIᵉ s.), II', 571.
Moncellum. Voy. Monceaux.
Moncellus, lieu-dit voisin de Taverny, I, 648 et note.
MONCEOT. Voy. Montsoult.
MONCHY (Charles de). Voy. Hocquincourt.
Monciacum, Monci : Moussy-le-Neuf, II, 348.
MONCIVRY. Voy. Mons-Ivry.
MONCY. Voy. Moussy.
— (Artus de Vaudray, seigneur de), II, 514.
— (Dreux de), seigneur ligué contre Louis le Gros, I, 615.
— (Jean de), écuyer. Vassal de l'abbaye de St-Maur (1278), II, 446.
— (Jean de), prieur de St-Julien de Versailles (1318), III, 194, 446.
— (Pierre de). Sa prébende à Notre-Dame de Paris, II, 208.
MONCONIS (Claude de), président des finances de la généralité de Lyon. Inventeur d'un procédé pour l'élévation des eaux, I, 582 ; III, 139.
Moncoot. Voy. Montsoult.
MONCOURANT (fief de). Voy. Herbouvilliers.
MONÇOUT : Montsoult, II, 144.
MONDETOUR. Voy. Maudetour.
MONDEVILLE [Seine-et-Oise, arr. d'Etampes, cant. de La Ferté-Alais], III, 303. — Seigneur, IV, 236.
MONDONVILLE, fief à la Norville, IV, 234. — Seigneur, IV, 156.
MONERIE (la). Voy. Aumonerie (l').
MONÉTAIRES (ateliers). Voy. Ateliers.
MONFLY. Voy. Montflix.
Mongemellum, Mongimel : Longjumeau, IV, 74, 76, 81.
MONGRENON (seigneur de). Voy. Rivière (François de).
MONHENAULT (de), seigneurs d'Egly, IV, 170.

MONHÉNAULT (de), notaire au Châtelet (1651), V, 231.
MONIÈRE (la). Voy. Minière (la).
MONIES (les), ham. de Lévy-Saint-Nom, III, 345.
MONION (moulin des), sur l'Ivette, III, 373.
MONMOUTH (Jean de), chanoine de Chelles. Legs faits par lui (1261), I, 203; II, 486; III, 588.
MONNAIE (pièce de), donnée à Sainte Geneviève par S. Germain. Où conservée, I, 236.
MONNAIE (rue de la), à Châteaufort, III, 305.
MONNAIES (Cour des). Premier Président. Voy. Fauchet (Cl.). — Présidents. Voy. Champin, Coq (Charles le), Cousin. — (directeur général des). Voy. Braque (Germain), Gentian, Grassin, Potier (Nicolas). — (graveur des). Voy. Olivier (Aubin). — (ordonnances sur les), I, 482, 556; IV, 562. Voy. Ateliers monétaires.
MONNEROT (Claude), secrétaire du Roi, commissaire aux saisies réelles. Sa sépulture (1744), III, 326.
— [Olivier-Louis]. Acquiert la seigneurie de Ste-Geneviève-des-Bois; traité singulier qu'il conclut, IV, 360, 382, 383.
MONNEROT l'aîné [le même que le précéd.], seigneur de Sèvres, III, 18. — Sa maison à St-Cloud, III, 35.
MONOMACHIES. Endroit où elles avaient lieu à Paris, I, 9.
MONRAS (PEREN de). Voy. Moras (Peirenc de).
MONS [Belgique], I, 59.
MONS, *Montes, Montii* [Seine-et-Oise, ham. de Athis-Mons]. *Notice*, IV, 421-3. — Autres mentions, I, 413; IV, 130, 253, 426; V, 54.
— (Alips ou Alix, dame de), femme d'Enguerrand de Marigny (1348), IV, 422, 424.
— (Jean de), chantre de Notre-Dame. Seigneur de Mons (XIVᵉ s.), IV, 422.
— (Marguerite, dame de), bienfaitrice de l'abbaye des Vaux-de-Cernay (XIIIᵉ s.), IV, 421.
— (Philippe de), *de Montibus*. Bienfaiteur de l'abbaye d'Yerres (1230), IV, 421.
— (Pierre de), seigneur de ce lieu. Vassal de Philippe-Auguste, IV, 421.
MONS [Mont, Seine-et-Marne, ham. de Soignolles]. *Notice*, V, 143-4. — Prieuré de St-Sébastien, V, 143.
— (Ansel et Milon de), *de Montibus*, chevaliers (XIIIᵉ s.), V, 143-4.
— (Marguerite de). Nom de deux abbesses de Faremoutiers (XIIIᵉ s.), V, 144.

Mons Abreni, Mons Abrein : Montévrain, IV, 538.
Mons acutus au dioc. de Laon [Montaigu, Aisne, arr. de Laon], IV, 84.
Mons Aericus : Montlhéry, IV, 99.
Mons æstivus : Montéty, V, 357, 361.
Mons Blixata ou *Buxata*, lieu-dit de Bondy (VIIᵉ s.), II, 563, 581.
Mons Ceodi : Montsoult, II, 114.
Mons Ebronius : Montévrain, IV, 538.
Mons Ecclesiarum. Voy. Mont-d'Églises.
MONS-EN-PUELLE [Mons-en-Pevèle, Nord, arr. de Lille], III, 369.
Mons Evranus, Mons Evrini : Montevrain, IV, 538.
Mons Falconis : Montfaucon, III, 498.
Mons Fermeolus, Firmalis, Firmoilus, Firmolius, Firmus : Montfermeil, II, 540.
Mons Gaii : Montjay, II, 527, 529.
Mons Gaudii : Montjay, II, 527.
Mons Gemellus : Longjumeau, III, 277.
Mons Gisonis. Voy. Montgeron.
Mons Glandiolus, colline mentionnée en 1033, IV, 456. Voy. Glandeul.
Mons Iberiacus : Mons-Ivry, IV, 456.
MONSIEUR, frère du Roi (1580), III, 176. Voy. Alençon (François, duc d').
MONSIEUR, frère unique du Roi, I, 486. Voy. Orléans (Gaston, duc d').
MONSIEUR, frère de Louis XIV. Voy. Orléans (Philippe d').
MONSIEUR, frère du Roi. Dette qu'il contracte au jeu cautionnée par un de ses officiers, III, 51.
MONS-IVRY, *Mons Iberiacus,* Montcivry, Mons Siuri, Mont-Sivry [Seine, cant. de Villejuif], IV, 13, 25, 30, 31, 456.
Mons Lehericus. Voy. Montlhéry, IV, 78, 103.
Mons Leherii : Montlhéry, IV, 99.
Mons Lethericus : Montlhéry, IV, 94, 102.
Mons Leucotitius. Voy. *Leucotitius.*
Mons Lihericus : Montlhéry, IV, 93, 99.
Mons Locutitius. Voy. *Leucotitius (mons).*
Mons Mauxilion : Merlan, II, 643.
Mons Mediolanus, Mons Meliandi : Mont Meillan, II, 337, 344.
Mons Melii. Voy. *Melius.*
Mons Metobanre : Montauban, près Vaujours, II, 573.
Mons Mirabilis, lieu-dit d'Ivry (XIIᵉ s.), IV, 460.
Mons Morenciaci ou *Mons Morentiacus :* Montmorency, I, 615.
MONSOULT. Voy. Montsoult.
Mons Presbyteri, localité mentionnée au VIIIᵉ s. Sa situation, III, 403.

22.

Mons restauratus: Montretout, III, 37.
Mons Valerianus ou *Valeriani :* le Mont-Valérien, III, 81.
Mons Veranus, latinisation inexacte de Montevrain, IV, 538.
MONSTEREL, Monstereul, *Monsteriolum*, Monsterle, Monsterol, *Monsterolium*, *Monsterolum*, *Monstrolium*, *Monstruelium :* Montreuil, II, 210, 212, 213, 394, 395, 398, 399.
Monszelosus : Monceleux, II, 581.
MONT (le), lieu-dit d'Epinay-sur-Seine, I, 596.
MONT (Jean du), prévôt de la cathédrale de Soissons. Bienfaiteur du collège de Beauvais (1585), I, 253.
MONTABÉ [Seine-et-Oise, ham. de Boullay-les-Trous]. Origine de ce nom de lieu, III, 380, 415.
MONT-A-BOIS, Montaboy. Voy. Montubois.
MONTAGLAN (seigneurs de). Voy. Le Comte.
MONTAGLANT (fief de), à Santeny (1597), V, 245.
MONTAGNE (la), ham. du Pecq [aujourd'hui ham. de l'Etang-la-Ville], III, 129.
MONTAGNE (la), lieu-dit de Villemomble, II, 559.
MONTAGNE-DES-TROIS-CROIX (la) : le Mont-Valérien, III, 86.
MONTAIGNY (Jean de). Vente qu'il fait de ses droits à Châtillon (1202), III, 575.
MONTAGU ou MONTAIGU [Seine-et-Oise, arr. de Versailles, ham. de Chambourcy]. Seigneurs. Voy. Balzac (de), Cassinel, Graville (de).
MONTAIGU (famille de). Ses armoiries, IV, 136.
— (Charles de), fils de Jean. Seigneur de Marcoussis ; mort à Azincourt, III, 485.
— (François de), prêtre ; secrétaire du Roi. Biens qu'il donne aux Célestins de Paris, IV, 335.
— (Gérard de), seigneur en partie de Bobigny (XVᵉ s.), II, 637.
— (Gérard de), fils du précéd. et frère de Jean ; év. de Poitiers puis de Paris. Actes de son épiscopat, I, 150, 213, 304 ; III, 487 ; IV, 334, 557. — Seigneur de Bobigny, II, 637. — Son séjour à St-Maur, II, 462. — Sa sépulture (1420), III, 489. — Son exécuteur testamentaire, III, 509.
— (Guérin de), grand-maître de Malte. Donne au prieuré de St-Jean de Corbeil l'hôpital de Tigery (1228), IV, 292 ; V, 395.
— (Jacqueline de), fille de Jean. Aporte en mariage la seigneurie de Marcoussis à Jean Malet de Graville, III, 485.
— (Jean de), surintendant des finances, vidame du Laonnais, seigneur de Marcoussis. Détails sur sa vie et son supplice ; sa sépulture. I, 91 ; III, 481, 484, 485, 486, 488, 489, 491. — Concierge du château de Chanteloup près Châtres (1401). Ses autres seigneuries, III, 153, 493, 496 ; IV, 143, 176, 181.
— (Jean de), archev. de Sens Chapelle qu'il dédie (1408), III, 487.
— (Jean de), écuyer. Son procès au sujet d'un fief assis à Meudon (1492), III, 234.
MONTAIGU, lieu-dit de Créteil (1540), V, 22.
MONTAL (de). Tables du *Journal des Savants* entreprises par lui ; sa sépulture (1739 ?), IV, 389.
MONTALAN [Loiret ? arr. de Montargis, ham. de St-Hilaire-les-Andrésis], III, 173.
MONTALEAU [Seine-et-Oise, ham. de Sucy-en-Brie], V, 385.
MONTARAN (de), trésorier de la haute et basse Bretagne. Seigneur de Beaurepaire, Brazeux, Lisses (XVIIIᵉ s.), IV, 320 ; — de Courcouronnes, 323.
MONTARCY [Seine-et-Oise, ham. de Méry-sur-Oise], II, 126.
MONTARGIS [Loiret]. (actes royaux datés de) en 1379, II, 412 ; — en 1466, IV, 594. — Repris par Charles VII en 1438, III, 370. — Le dauphin y est conduit par Tanneguy Du Châtel, IV, 306. — Gouverneurs. Voy. Hayes (des), Viole (Pierre).
— (Jean de), fils de Renaud ; chanoine de Reims. Canonicat qu'il fonde à St-Etienne-des-Grez, IV, 425.
— (Renaud de). Sa femme Sédille, IV, 125.
MONTARGIS (LE BAS de). Voy. Le Bas.
MONTASIÉ (Anne de), femme de Charles de Bourbon. Sa maison à Bagnolet (1639), II, 658.
MONTAUBAN, *Mons Metaubanre* [Seine-et-Oise, ham. de Vaujours], II, 573, 575. — Dépendait pour partie de Coubron, II, 539-40.
MONTAUBAN [Tarn-et-Garonne]. Evêque. Voy. Amboise (Georges d').
— Généralité, III, 156. — Siège de 1621, III, 549.
MONTAUBAN (le champ de), lieu-dit d'Ivry (1500), IV, 463.
MONTAUBAN (Artus de), religieux de Marcoussis, puis archev. de Bordeaux. Sa sépulture (1478), III, 486. — Sa sœur Marie, femme de Jean Malet de Graville, *ibid.*

MONTAUBAN (l'abbé), prieur de Conches (1704), IV, 572.
MONTAUBERT ou MONTOBERT [Seine-et-Oise, ferme à Ver-le-Grand], fief. *Notice*, IV, 212-3. — Seigneurs, IV, 199, 210, 240, 334.
— (Hugues de), *de Monte Oberti* (1090), IV, 212, 332.
MONTAUGER, *Mons-Ogeri* [Seine-et-Oise, ham. de Lisses, IV, 319.
MONTAUGLAN, Montgland, nom d'une seigneurie à Bethemont. S'est dit pour Bethemont, II, 141.
MONTAUGLANT (Jean de). Ses droits sur le travers de Conflans-Ste-Honorine (XIVᵉ s.), II, 95.
— (X... de), seigneur de Courquetaine (1397), V, 296. — Son fief à Châtres, V. 306.
MONTAUMER en Brie [Seine-et-Marne? arr. de Meaux, ham. de Coutevroult], I, 83. — (chapelle de) transférée du château de Croissy à St-Gervais de Paris, IV, 517.
MONTAUMER, écrit pour Montaubert, IV, 213.
MONTAUSAN (de), propriétaire de l'ancien château de Boissy-sous-St-Yon (XVIIIᵉ s.), IV, 167.
MONT-AUX-MALADES (le) [Seine-Inférieure, arr. de Rouen, cant. de Maromme, ham. du Mont-Saint-Aignan]. Prieuré : chanoine. Voy. Guillot (Jean).
MONTBAZON (Hercule de Rohan, duc de). Voy. Rohan (Marie de).
— (la duchesse de). Sa maison à St-Mandé (1700), II, 383.
MONTBERLING, lieu-dit mentionné en 1221, II, 397.
MONTBERON [Les Côtes-Montbron ? Seine-et-Oise, ham. de Jouy-en-Josas]. Bois dépendant de Porchefontaine (1395), III, 213.
— (Jean de), seigneur du Plessis-Pasté (1619), IV, 355.
— (Louis de), seigneur de Fontaine-Challendreux, IV, 350 ; — du Plessis-Paté par son mariage avec Claude Blosset, 355.
MONTBELIN ou MONTBLIN, *Mons Belinus*, fief dépendant d'Echarcon et de Lisses [aujourd'hui éc. de Lisses], IV, 240, 319.
MONTBRISSET, écart de l'Etang-la-Ville (1636), III, 153.
MONTBRUN (Pierre de Bellegarde, marquis de), V, 360.
MONTBRUN (Christophe de Cardaillac, baron de), III, 449.
MONT'CELEUX ou MONCELEUX, *Monszelosus* [Seine-et-Oise, ferme de Sevran]. Identifié à tort avec *Monticelli*, II, 58, 581 (note). — Seigneurie ; ses possesseurs, II, 581, 583.
MONTCEOUD. Voy. Montsoult.
MONT-CERVIN, lieu-dit (XIIIᵉ s.), III, 583.
MONT-CHALAT, colline [le Mont-Chalats. Seine-et-Marne, lieu-dit de Chelles], II, 499.
MONTCHALOUT, lieu-dit de Vaujours (1258), II, 575.
MONTCHANIN (Hugues de), prieur d'Argenteuil (1526), II, 5.
MONTCHEVREUIL (le marquis de), gouverneur de St-Germain-en-Laye, III, 136 (note).
MONTCIVRY. Voy. Mons-Ivry.
MONT-CLIN. Voy. Montéclin.
MONT-COURONNE (le), IV, 158 (note).
MONTCRESSON, écrit pour Montesson, II, 31.
Montcrene, lieu voisin de Villeneuve-St-Georges (1234), V, 38.
MONT-D'ÉGLISES, *Mons Ecclesiarum*, près Bayeux. Reliques qui en proviennent, II, 388.
MONTDÉSERT (François de), maître des Requêtes. Acquiert la terre de Romaine (1632), V, 360.
MONTDIDIER (Hilduin, comte de). Possède Combs-la-Ville en bénéfice (Xᵉ s.), V, 177.
— (Etienne de), IV, 640.
MONTDOUCET (Robert de), grand écuyer de Charles VI, III, 512.
Monte (Gaïus de), prétendu seigneur de Montjay, II, 528.
MONTEBOIS. Voy. Montuboy.
MONTEBOURG [Manche, arr. de Valognes, ch.-l. de cant.]. Abbaye. Voy. Montmirail (Guy de).
MONTÉCLAIN ou MONTÉCLIN, Monteclen [Seine-et-Oise, ham. de Bièvres]. *Notice*, III, 258-9. — Autres mentions, IV, 46, 96, 112.
Montefirmali ou *de Monte firmo* (Guillaume de). Voy. Montfermeil (Guillaume de).
Montegayo (locus de) : Montjay, II, 527.
Montegeriaco (Philippe *de*), écuyer. Ses biens à Vanves (1228), III, 583.
MONTELOU, Monthelou. Voy. Monteloup.
MONTELOUP [Seine-et-Oise, ham. de Courson-l'Aunay], jadis dépendant de la paroisse de Briis, III, 450, 451, 452.
MONTENAY (Georges de), femme de François de Grouches (XVIᵉ s.), II, 370.
— (Madeleine de), abbesse de Gif (1610), III, 390.
— (X... de), partisan de Charles VII. Dépossédé de ses biens à Athis, IV, 419.

MONTENCLOS (NOUET de). Voy. Nouet.
MONTENGLANT (Denise de), femme de Pierre de la Grigne (XVe s.), V, 301.
Monte Oberti (Hugues de). Voy. Montaubert (Hugues de).
MONTÉPILLOY ou MONTÉPILOIX [Oise, arr. et cant. de Senlis]. Uni à la baronnie de Montmorency, I, 625. — Cure, dépendant de l'abbaye d'Hérivaux, II, 219. — Ruines du château-fort, IV, 484.
MONTEREAU [Seine, cant. de Vincennes, ham. de Montreuil], seigneurie. *Notice*, II, 402
— (Étienne de), chevalier. Bienfaiteur de l'égl. St-Jean-le-Rond (XIIIe s.), II, 402.
MONTEREAU [Seine-et-Marne, arr. de Fontainebleau, ch.-l. de cant.], II, 401.
Monterel (Matth eus de). Voy. Montreuil (Matthieu de).
Montesono (Joannes de), religieux espagnol (XIVe s.), II, 31.
MONTESPAN (Mme de). Terres que lui donne Louis XIV, III, 207, 209, 214. — Possède le château de Petit-Bourg, IV, 329.
MONTESQUIOU (Pierre de), comte d'Artagnan, maréchal de France, gouverneur d'Arras. Seigneur du Plessis-Piquet ; son épitaphe (1725), III, 252, 254.
MONTESSON, *Mons Tessonis*, paroisse du doyenné de Montmorency [Seine-et-Oise, arr. de Versailles, cant. d'Argenteuil]. *Notice*, II, 29-31.
— Habit. admis à la léproserie de Charlevanne, III, 110.
— Curé. Voy. Vieile (Nicole de la).
— Lieu-dit : Borde (la).
MONTETY, *Mons Æstivus*, Monteti, Montétif [Seine-et-Marne, ham. de Lésigny]. Les camaldules s'y établissent (1640), V, 230-1. — Foires qui y sont instituées, V, 354, 364.
— (abbaye de), remplacée par celle d'Hiverneau. Cure à sa nomination, V, 357. — *Notice*, V, 361-4.
MONTEVRAIN ou MONTEVRIN, *Mons Abrein* ou *Abreni*, *Mons Ebronius*, *Mons Evrini*, *Mons Evran*, paroisse du doyenné de Lagny [Seine-et-Marne, arr. de Meaux, cant. de Lagny]. *Notice*, IV, 538-541. — Autres mentions, II, 496, 507 ; IV, 191, 547, 557. — Curé. Voy. Caradeu (Pierre).
— Lieux-dits : Aumône (l'), Corbins (les).
— (Adam et Pierre de), de *Monte Ebroino*, bienfaiteurs de Ste-Geneviève de Paris (1234), IV, 540.

MONTEVRAIN, capitaine huguenot du XVIe s., IV, 541. — Ravages qu'il exerce à Lagny ; son supplice, 549.
MONTFAUCON, *Mons Falconis*, fief de St-Aubin. Seigneurie dont il relève, III, 335. Voy. St-Jean-de-Beauregard.
MONTFAUCON. Voy. Paris.
MONTFAUCON (Dom Bernard de). Mentionné à propos d'une inscription, II, 421.
MONTFERMEIL, *Mons Firmalis*, *Fermeolus*, *Firmoilus*, *Firmolius*, paroisse du doyenné de Chelles [Seine-et-Oise, arr. de Pontoise, cant. du Raincy], II, 508. — *Notice*, II, 540-545.
— (bonshommes ou ermites de). Voy. Val-Adam (ermitage du).
— (Adam de) et sa femme Mathilde. Bienfaiteurs des ermites du Val-Adam (1184), II, 541, 543.
— (Adam de), écuyer, frère de Jean (1236), II, 280.
— (Agnès de), fille de Guillaume. Biens qu'elle et son mari, Guy de Fontenelles, donnent à l'abbaye de Ste-Geneviève (XIIIe s.), II, 279.
— (Alips, dame de), femme de Jean Longis et de Jean du Mez. Son épitaphe (1336), II, 540, 543.
— (Alix ou Adélaïde de), femme de Garin de Conches (1236), II, 280 ; IV, 573.
— (Béatrix de), femme de Guatin de Gagny (XIIIe s.), II, 549.
— (Dreux ou Drocon de), chevalier (1236), II, 280.
— (Étienne de), *de Monte Fermeolo* (1196), II, 540 (note).
— (Eudes ou Odon de), chanoine de Montmorency. Biens qu'il vend à l'abbaye de Livry (1243), II, 258, 579.
— (Guillaume de), *de Montefirmo*, et Agnès sa femme. Bienfaiteurs de St-Antoine de Paris (1209), II, 279 ; — de l'abbaye de Livry (1208), 579.
— (Guillaume de). Sa femme Marguerite, bienfaitrice de Ste-Geneviève de Paris (1228), II, 543.
— (Guillaume de), *de Monte firmali*, chevalier de la châtellenie de Montlhéry (XIIIe s.), II, 543 ; IV, 104.
— (Henri de). Sa femme. Voy. Philippe.
— (Henri de), II, 280. — Sa femme. Voy. Savigny (Marguerite de).
— (Jean de). Vend à Ste-Geneviève de Paris des biens à Roissy-en-France (1236), II, 280. — Autre mention, II, 543.
— (Jeanne de), fille de Henri. Biens qu'elle donne à l'ermitage du Val-

Adam (1246), II, 258, 280, 287, 604.
— (Mathilde de), II, 551.
— (Raoul de), fils d'Adam, chanoine de la cathédrale de Paris, II, 543.
MONTFLIX, Montfly [Seine-et-Oise, arr. d'Etampes, ham. de Villeconin], III, 484.
MONTFORT ou de MEULAN (Agnès de), femme de Valeran II, comte de Meulan ; dame de Gournay. Actes relat. à Ferroles (1168) et à Jossigny (1170), II, 441 ; IV, 525, 587, 616, 626 ; V, 277, 343. — Bienfaitrice de l'abbaye Sainte-Geneviève (1170), III, 292.
— (Amaury [III], comte de). Vassal de St-Germain-des-Prés pour la terre du Chesnay (1073), III, 164.
— Amaury [IV] de). En guerre avec Louis VI (1128), II, 586 ; IV, 146 [appelé Amaury III par Lebeuf], III, 302.
— (Amaury [VI] de). Accord qu'il fait avec l'abbaye des Vaux-de-Cernay (1226), III, 151. — Bienfaiteur de l'abbaye de la Roche (1232, 1235), III, 349, 350. — Autres mentions, III, 297, 498.
— (Amaury de), IV, 64.
— (Bertrade de), maîtresse de Philippe Ier. Son fils. Voy. Mantes (Philippe, comte de).
— (Etienne de), doyen de St-Aignan d'Orléans (1258), I, 545.
— (Guillaume de), év. de Paris. Actes de son épiscopat, I, 16, 601 ; II, 90, 92, 298-9, 316, 361, 631, 648 ; III, 245, 246 ; IV, 91, 111, 437, 550.
— (Jean, comte de), duc de Bretagne. Cède ses droits sur les seigneuries de Chilly et de Longjumeau (1364), IV, 65.
— (Luciane de), fille d'Amaury III [ou IV], femme de Hugues de Chateaufort, III, 302.
— (Marguerite de), veuve de Jean de Mareuil. Vend aux religieux du Val des biens à Fayet (1297), II, 233.
— (Pétronille de), fille du connétable Amaury Abbesse de Port-Royal (1275), III, 297.
— (Simon de). Bienfaiteur du prieuré de Conflans (1207), II, 91 ; — de l'abbaye d'Yerres, III, 402 (note 2). — Qualifié maréchal d'Albigeois, III, 331. — Autre mention, II, 96.
— (Simon de), curé de Briis (1309), III, 445-6.
MONTFORT-L'AMAURY [Seine-et-Oise], arr. de Rambouillet, ch.-l. de canton). Identifié avec *Diodurum*, III, 176. — Henri IV y loge en 1591, III, 187. — Bailli. Voy. Censy (Jean de). — Chanoines : leur dîme à St-Germain-les-Corbeil, V, 81. — Coutume de 1556, III, 352, 422, 423, 428. — Seigneurie : acquise par Louis XIV et érigée en duché (1692), III, 338, 372, 373 ; — terres en dépendant, III, 422, 423, 428.
MONTGASTON, fief. Son possesseur en 1385, V, 126.
MONT-GAY : Montjay, II, 527.
MONTGAZON [Seine-et-Marne, ham. de Courquetaine]. *Notice*, V, 297.
MONTGEORGE (le comte de). Possède la terre de la Pointe-le-Roy (1697), V, 355.
MONTGERMONT [Seine-et-Marne, arr. et cant. de Melun, ham. de Pringy]. Seigneurs, V, 95, 96.
— (Jean de) (XIVe s.), V, 282.
— (Marguerite de), fille du précéd., femme de Guillaume de Culan. Dame d'Attilly (XVe s.), V, 282.
MONTGERON, *Mons Gisonis*, paroisse du doyenné du Vieux-Corbeil [Seine-et-Oise, arr. de Corbeil, cant. de Boissy-St-Léger]. *Notice*, V, 45-50. — Autre mention (1280), V, 213.
— Lieux-dits : Chalandray, Senlis (moulin de).
— (Hugues de), abbé du Jard, mort en 1382, V, 49.
— (Pierre de) (XIIIe s.), V, 48.
MONTGIER (Raoul de). Biens qu'il cède à Epiers (1199), II, 305 [le même que Raoul, comte de Soissons, seigneur de Montjay].
Montgimel : Longjumeau, IV, 73.
MONTGLAND. Voy. Montauglan.
MONTGLAT (Pierre Bureau, chevalier de), II, 211.
MONTGLAT (Anne-Victoire de CLERMONT de), abbesse de Gif (1675-1685), III, 390.
MONTGOMMERY DE LORGES (le capitaine de). Ravages qu'il exerce à Lagny [1567], IV, 549.
MONTGOMMERY (le comte de). Son château à Villebousin (XVIIe s.), IV, 90.
MONT-GRY, écrit pour Montjay, II, 527.
MONTGUICHET [Seine-et-Oise, ham. de Gagny], II, 550.
MONTHELON (François de), avocat. Seigneur de Montrouge (1579), III, 590.
— (Jean de), curé de Vaugirard (1515), I, 485.
MONT-HÉNAULT. Voy. Moineau.

MONTHEREUL (Jean Chenu, sieur de), V, 286.
MONTHERLON ou MONTHERLOU, lieudit de Goussainville [?] (1238), I, 641 ; II, 290.
MONTHOLON (Antoine de), seigneur de la Plisse, auditeur des Comptes, décédé en 1694. Sa sépulture présumée, I, 287.
— (Charles-François de), premier président au Parlement de Rouen. Seigneur d'Aubervilliers ; mort en ce lieu (1703), I, 562.
— (François de), garde des sceaux. Sa sépulture (1545), I, 287. — Seigneur du Vivier et de Gaillonnet, I, 561.
— (François de), fils du précédent ; garde des sceaux. Seigneur d'Aubervilliers, I, 562. — [Le même], avocat au Parlement. Seigneur de Vaugirard (1582), I, 486.
- (François de), conseiller d'Etat. Seigneur d'Aubervilliers et du Vivier (XVIIe s.), I, 559, 562.
— (François-Charles de), seigneur d'Aubervilliers (XVIIIe s.), I, 562.
— (Jacques de), fils de François [Ier], grand archidiacre de Chartres. Sa sépulture, I, 288.
— (Jean de), chanoine de St-Victor. Ses ouvrages, I, 341.
— (Pierre de), fils de François [II], chanoine de Laon. Seigneur d'Aubervilliers ; son épitaphe (1596), I, 559.
MONT-HUCHET (le) [Seine-et-Oise, ham. de Saulx-les Chartreux], III, 511.
Montiacum : Moussy-le-Neuf, II, 348.
MONTIBŒUF, canton à Charonne. Mentionné en 1442, I, 476 ; — en 1255, I, 481.
Montibus (Ansel et Milon de). Voy. Mons.
Monticelli. Voy. Moncelli.
MONTIER (Jean), chevalier de la châtellenie de Corbeil (XIIIe s.), IV, 300.
MONTIÉRAMEY, Moutier-Ramé [Aube, arr. de Troyes, cant. de Lusigny]. Abbaye : biens à Arcueil, IV, 16.
MONTIERENDER [Haute-Marne, arr. de Vassy, ch.-l. de cant.]. Abbaye: biens à *Vilceniæ*, II, 404.
MONTIEU (baron de). Voy. Castille (Nicolas).
MONTIGNÉ (Pierre), bourgeois de Paris. Sa veuve, dame en partie de Bondoufle, IV, 335.
MONTIGNY, fief de la seigneurie de Villiers-le-Bâcle, III, 312, 313, 314.
MONTIGNY, fief relevant du marquisat de Villeroy, IV, 247.

MONTIGNY (seigneurs de), III, 236 ; IV, 59.
MONTIGNY (Galeran de), huissier d'armes du Roi. Son hôtel à Marcoussis (1397), III, 496.
— (Guillaume de). Vend la terre de Presle (1615), III, 314.
— (Jacques de), avocat au Parlement. Son épitaphe, IV, 15.
— (Jean de), maître de la léproserie de Châteaufort (1333), III, 302.
— (Jean de), écuyer. Sa résidence à Guyancourt (XVe s.), III, 281.
— (Jean de), seigneur du Mesnil-Blondel, de Montigny et de Villiers-le-Bâcle (1404). Hommage qu'il rend au seigneur d'Orsay, III, 312.
MONTIGNY (X... de). Possède le fief du Piples (1544), V, 389.
— (X... de), payeur des rentes. Possède le même fief au XVIIIe s., V, 389.
MONTIGNY-l'ENCOUPE [Seine-et-Marne, arr. de Provins, cant. de Donnemarie]. — Curé. Voy. Baye (Nicolas de).
MONTIGNY-LE-BRETONNEUX [Seine-et-Oise, arr. et cant. de Versailles], au diocèse de Chartres, II, 56. — Origine de ce surnom, III, 284. — Dépendance du duché de Chevreuse, III, 373.
MONTIGNY-LE-PETIT [le même? que Montigny-le-Bretonneux], III, 281.
MONTIGNY ou MONTIGNY-LES-CORMEILLES, *Montigniacum, Montiniacum*, paroisse du doyenné de Montmorency [Seine-et-Oise, arr. de Versailles, cant. d'Argenteuil]. *Notice*, II, 54-8. — Autres mentions, II, 46, 49, 52, 78, 83.
— Lieu-dit : Frette (la).
MONTIGNY-SUR-VINGEANNE [Côte-d'Or, arr. de Dijon, cant. de Fontaine-Française]. Seigneur : Antoine de Champluysant, II, 158.
Montii : Mons, IV, 421.
Montilius (Carolus), archev. de Melfi. Sa sépulture, IV, 290.
MONTILS ou MONTIS ou MOUTILS (les), fief dépendant du marquisat de Villeroy, IV, 247. — Seigneur. Voy. Neuville (de).
MONTILS-LES-TOURS. Voy. Plessis-les-Tours (le).
Montiniacum : Montigny-les-Cormeilles, II, 57.
MONTIS (les). Voy. Moutils (les).
Montium : Mons, IV, 418.
MONTIVILLIERS [Seine-Inférieure, arr. du Havre, ch.-l. de cant.]. Gouverneur : Philippe Braque, II, 167.
MONTJAVOULT [Oise, arr. de Beauvais], I, 440 (note).

MONTJAY, *Mons Gaii, Mons Gaudii, Montegayo (locus de), Mont-Gay* [Seine-et-Marne, ham. de Villevaudé]. *Notice*, II, 526-533.
— Prévôt. Voy. Pierre. — Prieur, II, 241.
— Seigneurie : hommages rendus à l'év. de Paris en 1253 et en 1270, III, 463 ; II, 406 ; — fiefs et terres en relevant, II, 504, 647 ; IV, 512, 513, 514 ; — son union au comté de Dammartin (1465), II, 266 ; — seigneurs, II, 515.
— (tour de), II, 523.
MONTJAY (Alberic dit *Payen* de). Faits relat. à ce personnage (XIᵉ-XIIᵉ s.), II, 528-9, 550, 586; V, 296.
— (Ermengarde de), temme de Henri de Châtillon-sur-Marne, II, 529.
— (Gaucher de). Détails sur ce personnage (XIIᵉ s.), II, 529-30. — Autres mentions, II, 514, 529, 536.
— ou de CHATILLON (Gaucher de), petit-fils du précéd., II, 530.
— (Guy de), fils de Gaucher Iᵉʳ, II, 530. — Accord qu'il passe avec les religieux de Gournay (1165), II, 524.—Bienfaiteur de St-Martin-des-Champs, II, 567-8, 583. — Dîme qu'il donne à ces religieux (1166), IV, 613.
— (Nantier de), fils de Payen, II, 529 ; IV, 469.
— (Payen de). Voy. Montjay (Alberic de).
MONTJAY [Seine-et-Oise, écart de Bures], III, 393.
MONT-JEAN, maison dépendant de Wissous, IV, 53.
MONTJOYE (tour de) à Conflans-Ste-Honorine, II, 87.
MONTJURA (le). Voy. Lupian.
MONTLAUR (Elisabeth de), veuve du président Dreuillet. Habituée des fêtes de Sceaux ; morte en ce lieu (1730), III, 551.
MONTLAUR (VEST de). Voy. Vest.
MONTLÉANS (comte de). Voy. Maugiron (Claude de).
MONTLHÉRY, *Mons Aetricus, Mons Lihericus, Mons Leherii, Mons Lethericus,* Montlcheri, paroisse du doyenné de Montlhéry [Seine-et-Oise, arr. de Corbeil, cant. d'Arpajon]. *Notice,* IV, 98-117.
— Compris dans le *Castrensis pagus,* IV, 133.
— (Acte royal daté de) en 1182, II, 555.
— Château, III, 494 ; IV, 78, 80, 484.
— Collégiale de St-Pierre ; unie au prieuré de Longpont. Ses biens, III, 259, 270, 461, 479 ; IV, 74, 92, 123, 166, 417. — Curé. Voy. Coirette.

— Doyenné, III, 474 ; IV, 83, 121, 122. — Paroisses qui y sont comprises, IV, 3-463.
— Eaux : leur provenance, IV, 123.
— Evènements historiques, III, 491, 577 ; IV, 147, 149, 152.
— Gruerie, IV, 90. — Habit. admis à la léproserie de Linas, IV, 126 ; — leur procès contre la ville de Paris, IV, 69.
— Marché, II, 81 ; IV, 91.
— Seigneurie (chatellenie, prévôté, comté) : mouvance et vassaux, III, 232, 257, 442, 450, 455, 462, 473, 475, 476, 479, 492, 495, 501, 504, 505, 508, 512, 514, 519 ; IV, 32, 60, 85, 86, 91, 125, 131, 144, 146, 153, 156 (note), 166, 167, 176, 177, 178, 181, 184, 185, 186, 187, 189, 192, 195, 196, 204, 205, 219, 222, 223, 225, 229, 233, 240, 384, 385.
— Autres mentions, I, 100 ; III, 364, 435-6, 462 ; IV, 96, 122, 125, 143, 146, 232.
— Lieux-dits : Bois-brûlés(les), Champde-Bataille (le), Luisant, Motte (fief de la), Pommereux.
— (le comte de). Son droit de péage à Linas, IV, 126. Voy. Orléans (Gaston d'), Phélipeaux.
— (Bernard de), trésorier général du Dauphiné. Seigneur de Marcoussis ; ses biens adjugés au roi en paiement de ses malversations, III, 483 ; IV, 117.
— (Geoffroy dit de), chanoine de St-Etienne de Troyes, procureur du roi de Navarre (1269), IV, 117.
— (Gui Iᵉʳ de), fils de Thibaud Fileétoupes. Donne à l'abbaye de Bourgueil le prieuré de Chevreuse, III, 364. — Seigneur de Gometz par sa femme Hodierne, III, 407. — Seigneur de Montlhéry ; fonde le prieuré de Longpont (1061) et s'y fait religieux, III, 480 ; IV, 87, 88, 91, 93, 100. — Bienfaiteur de la collégiale de Montlhéry, IV, 111.
— Ses biens à Ver-le-Grand, IV, 208.
— (Gui de) dit *le Rouge*. Voy. Rochefort (Gui de).
— (Gui de) dit *Troussel,* fils de Milon le Grand, IV, 92, 94, 129, 165. — Recommande à Louis VI les moines et les habitants de Longpont, IV, 123. — Sa fille mariée à Philippe, comte de Mantes, IV, 101.
— (Jean dit de), dominicain. Biens qu'il donne au chapitre de Notre-Dame (XIIIᵉ s.), III, 542 ; IV, 117.
— (Jean dit de), maître des Requêtes (1358), IV, 117.

— (Milon de) dit *le Grand*, fils de Gui Ier. Actes en faveur de l'abbaye de Bourgueil (1105), III, 364; — du prieuré de Longpont, IV, 88, 111, 183. — Sa sépulture, III, 472.
— (Milon de) dit *de Bray* (Voy. ce mot), fils du précéd.; vicomte de Troyes. Assassiné par Hugues de Crécy ; récit de ses funérailles ; sa sépulture, III, 302-3, 407 ; IV, 93, 94, 101, 102, 163, 165, 209.
— (Renaud de), vicomte puis év. de Troyes, frère du précéd., IV, 94.
— (Thibaud de) dit *File-etoupes*, forestier du roi Robert. Fondateur du château et de la collégiale(?) de Montlhéry, IV, 91, 100, 111.
MONTLHÉRY, fief à Presles, ressortissant de la prévôté de Tournan, IV, 117; V, 311, 330.
MONTLIGNON, *Molennium, Molignum*, Malinons, Moulignon, ham. de St-Prix [aujourd'hui comm. de Seine-et-Oise, arr. de Pontoise, cant. de Montmorency]. Dépendant de la seigneurie de Montmorency, I, 625, 637 ; II, 69. — *Notice,* I, 650-2.
MONTLOUET (seigneur de). Voy. Angennes (François d').
MONT-LOUIS, maison voisine de Charonne. Résidence du P. La Chaise, I, 480.
MONTLUC (Jeanne de), femme de François d'Escoubleau, III, 268.
MONTLUÇON [Allier]. Bénédictines de cette ville, transférées à Lagny (XVIIe s.), IV, 556.
MONTLYON. Voy. Montléans.
MONTMAGNY, *Mons Magniacus*, Monmagnie, Montmeignie, paroisse du doyenné de Montmorency [Seine-et-Oise, arr. de Pontoise, cant. de Montmorency]. *Notice,* I, 586-589. — Autres mentions, I, 625, 637 ; II, 55, 343.
— Lieux-dits : Crespières, Richebourg.
— (Henri de), *de Montmeigna*, sous-chantre de la cathédrale de Paris, I, 588. — Ses biens à Châtenay (XIIIe s.), III, 542.
MONTMARTRE, *Mons Martis, Mons Martyrum, Mons Mercore*, paroisse de la banlieue de Paris [aujourd'hui dans Paris]. *Notice,* I, 440-457. — Autres mentions, II, 571 (note) ; III, 51.
— Abbaye de bénédictins cédée à des religieuses du même ordre, I, 443-450. — Sa réforme au XVIe s., I, 301 ; II, 493. — Prieuré à Paris en dépendant, I, 77. — Envoie des religieuses pour réformer l'abbaye de Jarcy, V, 171. — Son *for* dans Paris, I, 212. — Biens et cures à sa nomination, I, 72, 393-4, 397, 424, 454, 457, 466 ; II, 225, 245-6, 368, 404, 409, 498, 624, 634 ; III, 554, 555, 556, 557 ; IV, 67, 189, 514. — Reliques en provenant, I, 409 ; II, 571. — Abbesses. Voy. Arpenty (Jeanne d'), Elisabeth, Moulin (Martine du).
— Chapelles : du Saint-Martyre, I, 450-3 ; — de Saint-Benoit, 443.
— Lieux-dits : Clignancourt, Nouvelle-France (la), Porcherons (les).
— (Hernier de). Voy. Hernier.
— (Pierre de), docteur en théologie. Son lieu de naissance (XVe s.), II, 473.
MONTMARTRE (ferme de) à Chaumontel, écart de Luzarches, II, 213.
MONTMÉDY [Meuse, ch.-l. d'arr.]. Capitaine. Voy. Raison (Clément).
MONT-MEILLAN ou MONTMÉLIAN, *Mons Mediolanus, Mons Melianus, Mons Meliandi*, Montméliant, paroisse du doyenné de Montmorency [Saint-Witz, Seine-et-Oise, arr. de Pontoise, cant. de Luzarches]. *Notice,* II, 337-344.
— Habit. reçus à la léproserie de Survilliers, II, 329. — Seigneur, bienfaiteur de l'abbaye de St-Denis, II, 321-2. — Autres mentions, II, 312, 326, 354.
— Lieux-dits : Saint-Lazare, Saint-Nicolas-des-Cocheries.
— (Alelme de), bienfaiteur de l'abbaye de Chaalis (XIIe s.), II, 338.
— (Geoffroy de), *de Monte-Meliandi*, bailli d'Auvers. Bienfaiteur de l'abbaye du Val (1238), II, 344.
MONTMIRAIL (Catherine de), femme de Jacques de Longueil. Sa sépulture, III, 17.
— (Gui de), prévôt de l'abbaye de St-Denis à la Courneuve et à Clignancourt (1499), I, 457, 578. — Abbé de St-Magloire de Paris et de Montebourg ; év. de Mégare, I, 183-4. — Dédicaces faites par lui, I, 60, 237, 289, 472 ; II, 147, 191, 564, 657 ; III, 49, 279 ; IV, 456-7, 496 ; V, 37, 350.
— (Julienne de), femme d'Antoine [II] de Belloy, II, 197.
— (Mathieu de), V, 428.
MONTMIREL (Guy de). Voy. Montmirail.
MONTMOR (Jacques de), gouverneur du Dauphiné. Seigneur de Briis et de Limours (1376), III, 432, 447.
— (Jacques de). Aliène les terres de Briis et de Vaugrigneuse (1460), III, 447, 464.
— (Morelet de), seigneur de Briis (1376), III, 447.

MONTMORT (de), comte du Ménil-Habert. Sa terre des Iayes unie au duché de Chevreuse (1692), III, 360.
MONTMORT (HABERT de). Voy. Habert.
MONTMORENCY, *Mons Morentiacus*, paroisse du doyenné de Montmorency [Seine-et-Oise, arr. de Pontoise, ch.-l. de cant.]. *Notice*, I, 614-628.
— Collégiale de St-Martin, desservie plus tard par les prêtres de l'Oratoire, I, 632, 652 ; II, 170, 177, 185.
— Dame. Voy. Melun (Philippe de).
— Doyenné, IV, 63 ; — paroisses qui y sont comprises, I, 385-652 ; II, 1-356. — Originairement appelé doyenné de Gonesse, I, 488.
— (la duchesse de). Droit de présentation qu'elle exerce (1582), II, 146. — Voy. Savoie (Madeleine de).
— Forêt, I, 589. — Forteresse appelée Montmorency (Xe s.) ; sa situation, I, 564.
— Maison d'éducation fondée par Mme de Brinon, III, 95.
— Marché, I, 596. — (mesure de), II, 173, 179.
— Seigneurie : biens et terres en dépendant, I, 493, 536, 595, 596 ; II, 27, 34, 48, 49, 50, 58, 66, 93, 137, 141, 153, 161-2, 179, 181, 184, 189, 212, 248, 249 ; III, 235, 268.
— Seigneurs ; l'un d'eux, chambellan de Philippe le Bel [Mathieu IV] ; actes relat. à St-Brice, II, 163. — Leur auteur prétendu, IV, 100. — Leurs armoiries, I, 632 ; II, 92.
MONTMORENCY (Aalez de), sœur d'Haouise (1287), V, 325.
— (Agnès de), femme de Philippe d'Aulnay. Sa sépulture (XIVe s.), II, 351.
— Aleps de), sœur de Jean [Ier]. Consent un délaissement de biens à Neuville-les-Conflans (1314), II, 111.
— (Alix de), fille de Bouchard [V], I, 586. — Femme de Simon de Montfort. Bienfaitrice de l'abbaye du Val (1218), II, 96.
— (Alix de) [sœur de Mathieu III]. Echange, avec son frère, de biens à Taverny (1269), II, 65.
— (André de), protonotaire du pape et astronome (XIIe s.), I, 627.
— (Anne de), fils de Guillaume ; connétable de France. Aurait achevé la collégiale de Montmorency (1563?), I, 618. — Sa sépulture, I, 620-1. — Sa terre érigée en duché-pairie (1551), I, 625. — Acquiert le Plessis-Bouchard et Saint-Leu (1527), II, 59, 70. — Nomme le chapelain de Montubois (1541), II, 63. — Acquiert la seigneurie de Conflans-Ste-Honorine (1527), II, 94. — Cité en 1561, II, 175. — Seigneur de l'Isle-Adam et de Villiers-le-Bel (1527), II, 179. — Fait bâtir le château et peut-être l'église d'Ecouen, II, 184, 185. — Seigneur d'Ezanville, II, 188. — Reçoit hommage pour Mareil-en-France (1553), II, 234. — Acquiert la seigneurie du Mesnil-Aubry (1554), II, 245. — Seigneur de l'Isle-Adam (1539), II, 333.
— (Arulfe de). Donne à St-Martin-des-Champs une terre à Sévran (1060), II, 581.
— (Blanche de) [fille d'Erard, seigneur de Conflans], femme de Guillaume III le Bouteiller. Ses droits sur le travers de Conflans (XIVe s.), II, 95.
— (Blanche de) [fille de Mathieu, seigneur de Conflans], femme de Gui de Courlandon. Ses droits sur le travers de Conflans (XIVe s.), II, 96.
— (Bouchard de) dit *le Barbu*. Le roi Robert fait détruire sa forteresse de l'île de St-Denis et lui donne en échange celle de Montmorency, I, 564, 615.
— (Bouchard [II] de), fils de Bouchard [Ier] ; grand panetier de France. Seigneur de St-Leu et de Deuil. Bienfaiteur de l'égl. de Saint-Leu (1333), II, 69, 70. — Acte relat. à Deuil (1326), I, 606. — Seigneur de la Houssaye, V, 336.
— (Bouchard [III] de), fils du précéd. Lui succède dans ses seigneuries, II, 70 ; V, 336.
— (Bouchard IV de), fils d'Hervé. Ses biens à Montmartre (1096), I, 443. — Bienfaiteur du prieuré de Deuil, I, 601 ; II, 163, 260. — Seigneur de Conflans-Ste-Honorine, II, 90. — Accord qu'il passe avec le prieur de St-Martin-des-Champs (1124), II, 257.
— (Bouchard de) [le même que le précéd.?]. Possesseur de la terre de St-Marcel à St-Denis (1110), I, 518. — Mentionné en 1120, I, 591. — Est assiégé dans son château par Louis le Gros, I, 615. — Donne au prieuré de Deuil un four à Soisy (1116), I, 632. — Ratifie une donation au prieuré de St-Martin-des-Champs (1134?), II, 155. — Bisaïeul de Mathieu [II] ; bienfaiteur de St-Martin-des-Champs, II, 173, 181 (1124), 350. — Acquiert la seigneurie de Dugny (1124), II, 622.

— (Bouchard [V] de), fils de Mathieu [Ier] et frère d'Hervé, abbé de St-Martin de Montmorency. Mentions en 1174 et 1184, I, 586, 617; — père de Mathieu [II]. Bienfaiteur des Grammontins du Ménel, II, 59. — Lettre relat. au prieuré du Bois-St-Pierre (de 1161 à 1165), II, 153.

— (Bouchard de) [le même que le précéd.?]. Mentionné en 1177 et 1185, I, 591-2. — Bienfaiteur de St-Victor de Paris (1174), I, 617, 634. — Tient une assemblée dans l'un de ses fiefs à Sannois (1177), II, 43. — Bienfaiteur de l'abbaye du Val (1174), II, 63, 129. — Seigneur de Montsoult (1180), II, 145. — Actes datés de 1177, 1189 et 1193, II, 166. — Décédé en 1181 [?]. Lègue aux moines du Val sa terre de Gonesse, II, 268.

— (Bouchard [VI], fils de Mathieu [II]. Donne à l'abbaye de St-Denis des biens à Epinay-sur-Seine (1231), I, 596. — Son testament (1237), II, 153. — Legs qui y sont contenus, II, 46, 61, 63, 65, 69, 143, 153, 162, 189, 595.

— (Bouchard de) [le même que le précéd.?]. Mentionné en 1231, II, 145. — Suzerain d'un fief à Bezons (1241), II, 22, 280. — Bienfaiteur de l'abbaye de St-Denis (1241), II, 319. — Acte relat. à Louveciennes (1234), III, 114.

— (Bouchard de), fils de Bouchard. Bienfaiteur du prieuré de Domont (1190), II, 155.

— (Bouchard de). Possède en fief la dîme de Bezons (1285), II, 21 et note.

— (Catherine de), fille de Charles, connétable ; femme de Philippe d'Aunoy (1468). Dame de Goussainville ; sa sépulture, II, 289, 292, 302, 310, 355.

— (Charles de), seigneur de Franconville, II, 49. — Reçoit aveu de Jean, seigneur de St-Leu (1368), II, 70. — Saisie faite, à sa requête, de biens à Attainville, II, 193. — Seigneur de Villiers-le-Sec (1372), II, 236. — Reçoit du roi la seigneurie de Goussainville (1332); la cède à Mathieu, son frère, II, 291, 292. — Ses trois femmes ; décédé en 1381, II, 134-5.

— (Charles de), mort enfant [fils du précéd.]. Sa sépulture (1369), II, 62.

— (Charles de) [br. d'Avremesnil], fils de Matthieu II et de Jeanne Braque ; connétable de France, II, 292. — Chambellan et maître d'hôtel d'Artus de Bretagne. Seigneur de Bobigny ; nommé à une chapelle de Saint-Eustache de Paris (1443), I, 62 ; II, 637. — Seigneur d'Eaubonne, I, 641 ; — de Goussainville, II, 292 ; — de Bouqueval, 249. — Achète le fief de Bossencourt à St-Leu, II, 70. — Mort en 1461, I, 641.

— (Charlotte de), femme de Henri de Bourbon, prince de Condé. Partage la prison de son mari à Vincennes (1620), II, 410.

— (Charlotte de), duchesse d'Angoulême ; femme de Charles de Valois. Acquiert une partie de la seigneurie d'Yerres (1633), V, 215, 216, 390. — Reçoit du roi les terres d'Ecouen et de Préau (1633), II, 184.

— (Claude de), maître d'hôtel du Roi. Seigneur de Champs ; mort en 1546, IV, 606.

— (Denise de), fille de Charles, seigneur de Villiers, et femme de Lancelot Turpin [de Crissé], I, 605. — Dame de Villiers-le-Sec (1415, 1425), II, 235, 236.

— (Denise de), fille de Guillaume. Dame de la Houssaye (1449), V, 337.

— (Erard de). Ses droits sur le travers de Conflans (1314), II, 95. — Seigneur de Croissy-en-Brie ; bienfaiteur du prieuré du Cormier (1293), IV, 503, 517, 518.

— (François de), fils du connétable Anne. Seigneur de Conflans-Ste-Honorine (1563), II, 94 ; — de Villiers-le-Sec (1567), II, 179 ; — d'Ecouen (1563), II, 184 ; — d'Ezanville, II, 188.

— (Fulchard de), fils de Thierry ; seigneur de Banterlu. Bienfaiteur de St-Martin de Pontoise, II, 67.

— (Gautier de), fils de Bouchard. Sa sépulture (1326), V, 336.

— (Geoffroy de). Donne à St-Martin de Pontoise l'égl. de Tour (XIes.), I, 646.

— (Guillaume de), fils de Bouchard [III]. Seigneur de St-Leu (1379-1385), II, 70 ; — de la Houssaye, V, 337. — Mentionné. V, 424.

— (Guillaume de), fils de Jean ; chambellan. Seigneur de Montmorency, d'Ecouen et de Chantilly ; sa sépulture (1531), I, 617-8. — Concierge du château de Beauté (1516), II, 390. — Rend hommage à l'év. de Paris pour les terres de Torigny et de Montjay (1478), II, 514, 532.

— (Guillaume de), archiprêtre de St-Séverin, sous-chantre de l'Eglise de Paris et professeur de Sorbonne (1284), I, 100, 109, 111, 627.

— (Guy de) dit *de Laval*. Seigneur d'Epinay et de l'Ile-St-Denis(1231), I, 595.
— (Haouise ou Haoise de), fille de Bouchard V, femme d'Anseau IV de Garlande, V, 324, 325. — Son épitaphe(1286), V, 347, 349 et note.
— (Henri [Ier], duc de). Reçoit hommage pour la terre de Chauvry (1597), II, 144.
— (Henri [II], duc de). Donne la collégiale de Montmorency à la congrégation de l'Oratoire (1617), I, 621. — Confiscation de ses biens (1632), II, 184; — amiral de France. Reçoit hommage pour Mareil-en-France (1619), II, 234. — Concierge de la tour de Beauté (1615), II, 390.
— (Hervé de) [fils de Bouchard III], fondateur du prieuré de Deuil (1060). Biens qu'il lui assigne, I, 586, 595, 601, 602; II, 260, 268. Voy. Marly (Hervé de).
— (Hervé de), fils de Mathieu Ier; doyen de l'Église de Paris et abbé de Saint-Martin de Montmorency. Mentionné en 1174 et 1184, I, 586, 617, 627. — Chargé de l'exécution des dernières volontés de son frère Bouchard, II, 153. — Lègue à la cathédrale de Paris ses biens à Gonesse et à Viry; mort en 1191, II, 268; IV, 401.
— (Isabeau de), bienfaitrice de l'abbaye de St-Jean hors Compiègne (1254), II, 96.
— (Isabeau de). Porte à Jean de Châtillon, son mari, la seigneurie de Bonneuil (XIVe s.), V, 28.
— (Jacques de), fils de Charles. Son procès avec l'év. de Paris au sujet de la terre de S. Marcel de St-Denis (1402), I, 519; — au sujet de Conflans-Ste Honorine (1404), II, 94. — Accord qu'il fait avec sa mère pour son douaire (1392), I, 606; II, 65. — Son droit sur le poisson de mer passant à St-Brice, II, 163. — Lettres d'amortissement qu'il donne pour un fief à Écouen, II, 186. — Partage qu'il fait avec sa sœur (1415), II, 236.
— (Jean [Ier] de). Sa sépulture (1325), II, 90. — Consent un amortissement pour des terres à Moussy-le-Neuf (1317), II, 354.
— (Jean [II] de). Sa sépulture, I, 618. — Redevances qu'il perçoit à Deuil et à Tour (1461), I, 604, 649. — Réside au château de la Chasse, I, 650. — Seigneur de Francoville (1460), II, 49. — Possède l'hôtel de Taverny, II, 65. — La terre de St-Leu lui est adjugée (1449); il la perd par confiscation (1474), II, 70. — Perçoit un droit pour le fief de Cépoy (1469), II, 159. — Seigneur de Bouqueval (1469), II, 249; — de la Grange-Nevelon (1458), V, 293. — Mentionné, II, 514, 532.
— (Jean de), fils de Bouchard III. Seigneur de St-Leu (1368) et de la Houssaye (1341); décédé en 1379, II, 70; V, 336-7. — Ses prétentions sur la terre de Villegénard (1368), V, 309-10.
— (Jean de), fils de Guillaume. Seigneur de la Houssaye (1385), V, 337.
— (Jean de), fils de Charles; mort enfant. Sa sépulture (1352), II, 62.
— (Jean de), administrateur de l'hôpital de Moisselles (1500), II, 189.
— (Jean de), bâtard de cette maison. Abbé commendataire d'Hérivaux (1490), II, 218.
— (Jeanne de), fille d'Érard. Apporte en dot le château de Croissy-en-Brie à Hervé de Léon (1307), IV, 518. — Ses biens de Conflans-Ste-Honorine échus à son arrière-petit-fils Alain de Rohan, II, 94.
— (Jeanne de), femme de Jean de Montauglant. Ses droits sur le travers de Conflans (XIVe s.), II, 95.
— (Jeanne de), femme d'Eustache de Gaucourt (XVe s.), IV, 401.
— (Joseph de), fils de Philippe. Seigneuries qu'il cède à Anne de Montmorency (1527), II, 59, 70, 94.
— (Louis de) (XVIe s.), IV, 607.
— (Louise de), femme de Gaspard de Châtillon. I, 618.
— (Madeleine de), abbesse de Jarcy (XVIe s.), V, 171.
— (Marguerite de), femme d'Antoine de Villiers. Sa sépulture (1490), II, 135.
— (Marguerite de), femme de Jean, seigneur de Candas et de Belloy, II, 196.
— (Marie de), femme de Simon de Maintenon (1350), III, 523.
— (Mathieu Ier de), connétable de France. Donne à l'abbaye de St-Victor une rente sur la terre de St-Marcel de St-Denis (1132), I, 518; — une prébende du chapitre de Montmorency (1130), I, 616; — le prieuré du Bois-St-Père, II, 153. — Cède à Suger la terre des Moulignons, I, 651. — Biens à St-Brice qu'il donne à St-Martin-des-Champs (1148), II, 162; — petit-fils d'Hervé. Seigneur de Marly (1148, 1150), III, 117. — Mentionné, I, 447; II, 152.

— (Mathieu II de), fils de Burchard. Donations qu'il fait au prieuré du Bois-St-Père (1197, 1214), II, 153. — Son testament (1230), *ibid*.
— (Mathieu de), connétable [le même que le précéd.]. Traité avec le roi relat. à l'île St-Denis (1219), I, 564 ; III, 136. — Ses démêlés avec l'abbaye de St-Denis (1218), I, 596, 611 ; II, 48, 55. — Exemptions qu'il accorde aux habitants de Groslay (1205), I, 611. — Transige au sujet d'un fief à Villiers-le-Bel (1196), II, 178. — Autres mentions, I, 613, 641, 647, 649 ; II, 21, 62, 64, 96, 154, 155, 173, 185.
— (Mathieu [III] de). Biens que lui et sa femme Alise (*corr*. Jeanne de Brienne] acquièrent à Taverny (1629 *corr*. 1269), II, 65. — Seigneur de Conflans-Ste-Honorine (1268), II, 93. — Aveu qui lui est donné pour des héritages à Béthemont (1267), II, 141. — Ses prétentions sur la dîme d'Ecouen repoussées (1265), II, 182. — Confirme un acte comme seigneur de Vémars (1270), II, 346.
— (Mathieu [IV] de), chambellan du Roi. Cède à l'abbaye de St-Denis la terre de St-Marcel (1294), I, 519, 549. — Le roi l'oblige à faire hommage du fief du Chastelier à la même abbaye, I, 565. — Accord entre lui et l'abbaye de St-Denis (1294), I, 597, 611. — Seigneur de St-Prix vers 1300, I, 651. — Ses prétentions sur Franconville (1293), II, 48. — Biens à Villaines qu'il cède à l'abbaye de St-Denis, II, 198. — Sieur de Marly ; sa sépulture (1304), II, 90. — Mentionné en 1293, I, 631, 641.
— (Mathieu de), sire d'Avremesnil. Sa sépulture (1360), II, 62. — Droits sur Goussainville qui lui sont cédés par son frère Charles, II, 292.
— (Mathieu de) [fils du précéd.]. Sa veuve se dit dame de Goussainville (1414-1424), II, 292. — Seigneur de Bouqueval (1380), II, 249 ; — de Bobigny, 637. — Reçoit l'hommage de Robert d'Aunay (1374), II, 606.
— (Matthieu de), seigneur de Montsoult (1350-1367), II, 146.
— (Mathieu de), III, 268. Voy. Marly (Mathieu de).
— (Philippe de), baron de Nivelle. Seigneur de St-Leu (1527), II, 71.
— (Philippe, dame de). Fonde une chapelle dans l'égl. de Maubuisson (1351), II, 23. — Reçoit hommage pour un fief à Ferrières (1366), IV, 640.

MONTMORENCY (Richard de), seigneur de Banterlu. Avoué de St-Denis à Argenteuil (1110), II, 15. — Fils de Thierry. Donne l'égl. de *Moncelli* à St-Martin de Pontoise, II, 58.
— (Richard de), de Banterlu. Son fief à Bezons (1214), II, 21.
— (Robert de), sergent de Mathieu de Montmorency. Sa maison dans l'île St-Denis (1219), I, 564.
— (Roland de), IV, 606.
— (Rolland de), seigneur d'Ecouen, II, 184.
— (Thibaud de), bienfaiteur du prieuré des Bonshommes de Vincennes (1179), II, 392.
— (Thierry, seigneur de), père de Richard, II, 58, 67. — Autre seigneur du même nom, fils de Richard, *ibid*.
MONTMORENCY (rue de). Voy. Paris.
MONTMORENCY-LUXEMBOURG. Voy. Luxembourg.
MONTMORILLON [Vienne]. Tour du cimetière des Augustins, I, 51.
MONTMORIN (Jacques d'O, seigneur de), II, 148.
MONTMOYEN, ferme de Buc. Maison de l'Etoile qui y est bâtie, III, 275.
MONTOBERT. Voy. Montaubert.
MONT-OLYMPE (le) [Ardennes]. Gouverneur. Voy. Harville (Fr. de).
MONTONVILLIERS (Lucrèce de), dame de Mandres et de Cersay, femme de Charles du Val et de Doncan de Mur. Bienfaitrice de l'égl. de Mandres ; sa sépulture (XVIIe s.), III, 464 ; V, 189.
— (Nicolas de), seigneur de Mandres (1596), V, 191.
MONTOURGUEIL (Pétronille de), femme de *Giletus* de Versailles (1275), III, 195.
MONTPELLIER [Hérault], III, 42.
MONTPENSIER (Catherine de France, comtesse de). Voy. Catherine.
— (Henri de Bourbon, duc de), mort en 1640, III, 236.
— (Jean, comte de), II, 122.
MONTPENSIER (Mlle de). Sa paroisse à Paris, I, 112. — Fait tirer le canon de la Bastille sur les troupes du roi, I, 482. — Son château de Choisy-sur-Seine légué par elle au Dauphin (1691), III, 237 ; IV, 444, 446.
MONTPIPEAU, fief situé entre St-Michel-sur-Orge et Ste-Geneviève-des-Bois. Seigneurie dont il dépend, IV, 354-5, 360.
MONTPONT (François Fyot, baron de), I, 138.

MONIRE *(ostensio)* des troupes à fournir au roi par l'abbaye de St-Maur (1274), II, 455.
MONTRÉAL (Ansel de). Donne au prieuré de Gournay des biens à Bondy (1236), II, 565.
MONTREAU (Jean), chapelain de Ste-Catherine d'Herblay, II, 82.
MONTRETOUT, Montrestor, Montretou [Seine-et-Oise, lieu-dit de Saint-Cloud], III, 37.
— (Bérenger de), de Montrestor (1203), III, 26-7
MONTREUIL. Origine de ce nom de lieu, III, 210, 394.
MONTREUIL près Versailles, *Monsterolium, Monstrolium, Monstruelium*, Monsterle, Mosterul, paroisse du doyenné de Châteaufort [Seine-et-Oise, aujourd'hui dans Versailles]. *Notice*, III, 210-214. — Autres mentions, II, 395 ; III, 14, 200, 276.
— Lieux-dits : Porchefontaine, Tour (la).
MONTREUIL (le Petit-), III, 211.
MONTREUIL, fief à Dampierre, III, 360.
MONTREUIL [Eudes de], architecte de la chapelle des Quinze-Vingts, I, 40.
— (Gautier de), de Moustreul. Son fief aux Champeaux de Paris (XIIIe s.), I, 70.
— (Gazon de) et sa femme Richilde. Leurs biens à Thiais (1173), IV, 440.
— (Guillaume de), bourgeois de Paris. Son épitaphe (XIIIe s.), II, 552.
— (Jean de), chevalier. Bienfaiteur de l'abbaye de St-Magloire, III, 212.
— (Mathieu de), *de Monterel*. Donne aux Bonshommes de Vincennes une rente à Villeneuve-Saint-Georges (1173), II, 392, 398, 401-2 (note) ; V, 40.
— (Philippe de) et Isabelle sa femme. Leurs biens au Piples (1268), V, 389.
— (Pierre dit de), de son lieu de naissance. Ses œuvres ; sa sépulture (1266), I, 221, 272 ; II, 401, 402.
— (Pierre de). Terre qu'il donne à l'abbaye de St-Maur (1224), IV, 514.
— (Renaud de), *de Musterolo* (1202), II, 401 (note).
— (Thomas de) [fils de Gazon ?]. Son obit à la cathédrale de Paris (XIIe s.), II, 398.
MONTREUIL-AUX-LIONS [Aisne, arr. de Château-Thierry, cant. de Charly], III, 211.
MONTREUIL-SOUS-BOIS, *Monsteriolum, Monsterolium, Monsterolum, Mousteolium, Musteriolum, Musterolum, Musteriolum*, Monsterel, Monsterol, Montreuil sur le Bois [Seine, cant. de Vincennes]. *Notice*, II, 393-403.

— Paroisse démembrée de celle de Fontenay, II, 386-7. — Habit. tenus de faire le guet au château de Vincennes ; procès qu'ils soutiennent à ce sujet, II, 400, 407-8. — Autres mentions, I, 424 ; II, 327, 388, 409, 417, 554.
— Lieux-dits : Bois-Ruffin, Boissière, Chapellerie (la), Fortière, Montereau, Saint-Antoine, Tillemont.
— (doyenné de) depuis doyenné de Chelles, II, 385, 395-6, 497, 619.
MONTREUIL-SUR-LE-BOIS. Voy. Montreuil-sous-Bois.
MONTREUIL-SUR-MER [Pas-de-Calais], I, 548.
MONT-REVEL (Jean de), seigneur du château de Meudon par sa femme. Aliène cette seigneurie (1415), III, 233.
MONTREVEL (de la BAUME-). Voy. Baume (de la).
MONTRICHARD [Loir-et-Cher, arr. de Blois, ch.-l. de cant.]. Châtellenie échangée par le roi en 1461, IV, 618.
MONTROLLES (Jean de), év. de Meaux (1301), II, 282.
MONTROUGE, *Mons Rubeus*, paroisse du doyenné de Châteaufort [Seine, cant. de Sceaux]. *Notice*, III, 585-591.
— Sceau qui y est trouvé, I, 279. — Cure : archiprêtré dont elle dépendait (1400), I, 485. — Château ; eaux qui l'alimentent, III, 572. — Parc, IV, 18, 24.
— Guillemites : leur différend avec l'abbaye de St-Antoine de Paris, I, 634.
MONTROUGE (Jacques de), év. de St-Flour (XVIIe s.), III, 590.
— (Louise de), femme de Charles de Longueil, III, 18.
— (Robert de), *de Rubeo Monte*, feudataire de Philippe Auguste, III, 586, 589.
MONT-ROUGE (le), lieu mentionné en 1417. Conjectures sur sa situation, III, 591.
MONTROUILLET (le). Voy. Mont-Trouillet (le).
MONTROUIS [?]. Vin mentionné en 1208 ; IV, 520.
MONTRY [Seine-et-Marne, arr. de Meaux, cant. de Crécy], IV, 535.
MONTSABLON (Jean de), exécuteur testamentaire de Gerard de Montaigu. Bienfaiteur des Chartreux de Paris (1336), III, 509.
MONTSAICLE ou MONTSAIGLE [Seine-et-Marne, ham. de Villeparisis]. Identifications proposées, II, 538, 539, 578, 580 ; III, 319.

MONT-SAINT-MICHEL (le) [Manche, arr. d'Avranches]. Sa confrérie à la chapelle St-Michel à Paris, I, 180.
— Les assemblées de l'Ordre de St-Michel qui y étaient tenues sont transférées à la Ste-Chapelle de Vincennes (1557), II, 414. — Hôpital présumé avoir été élevé pour ses pèlerins à Chelles, II, 498. — Abbé. Voy. Bernard.
MONT-SAINT-MICHEL (le), nom donné à la léproserie de Corbeil, IV, 299.
MONT-SAINT-QUENTIN (abbaye du) [Somme, arr. et cant. de Péronne]. Voy. Coentin.
MONT-SINAI (le), écrit pour Mont-Sivry, IV, 13.
MONTSOUBS : Montsoult, II, 145.
Monsoto (de) : Montsoult, II, 145.
MONTSOULT, *Mons Ceodi*, Monceaut, Monceot, Moncehot, Moncoot, Montecoud, Moussou, paroisse du doyenné de Montmorency [Seine-et-Oise, arr. de Pontoise, canton d'Ecouen]. *Notice*, II, 144-7. — Seigneur II, 158.
— Fiefs : Gournai (le Grand), Pied-de-fer, Pierre-Marguerite (la).
— Lieu-dit : Tuilerie (la).
— (Hervé de), de Monçout, de Munceod. Seigneur de ce lieu (XIIIᵉ s.), II, 145, 159.
— (Raoul de), *de Monte-Ceodi*, chevalier. Seigneur de ce lieu (1233), II, 145-6.
MONT-SYON (le), lieu-dit voisin de Villetaneuse (1463), I, 591.
MONT-TOY, écrit pour Montjay, III, 393.
MONT-TROUILLET (le) [Seine-et-Oise, ham. de Sannois], dépendant en partie d'Argenteuil, II, 19, 45.
MONTUBOIS (fief de), à Argenteuil, II, 19.
MONTUBOIS ou MONTUBOY, *Mantua*, Mant-à-Bois, Mont-à-Bois, Montaboy [Seine-et-Oise, éc. de Taverny], II, 63-4, 66-7, 73. — Seigneurs, II, 125, 128.
MONTVAL (Jean de), chapelain de Savigny (1459), II, 605.
MONTVALLAT D'ENTRAGUES (Augustin de), abbé d'Hiverneau (XVIIIᵉ s.), V, 374.
MONT-VALÉRIEN (le), *Mons Valerianus, Mons Valeriani*, dépendant des paroisses de Nanterre, de Rueil et de Suresnes [aujourd'hui éc. de Suresnes]. *Notice*, III, 80-90. — Autres mentions, III, 29, 30, 47, 50, 72, 74, 94, 591 ; V, 62.
— Lieu-dit : Tertre (le).
MONTVEOGLE : Montsaigle, II, 578.

MONTVINOIS [Montvinet? Oise, arr. de Senlis, cant. de Pont-Sainte-Maxence, ham. de Pontpoint], II, 336.
Monumeta (Johannes de), chanoine de St-Georges de Chelles, médecin. Son testament en 1261, II, 496.
MONY : Mauny, V, 137.
MORAIS (Jacques), secrétaire du Roi. Seigneur des Mariettes et de Villecombe en 1641, III, 323.
MORAND (Anne). Voy. Olivier (Louis).
MORAND, curé de Montmagny (1260), I, 587.
MORAND, seigneur de Romainville. En fait reconstruire le château (XVIIIᵉ s.), II, 647.
MORANGES (BARDON de). Voy. Bardon.
MORANGIS autrefois LOUANS, Loanz, Loand, Loans, paroisse du doyenné de Montlhéry [Seine-et-Oise, arr. de Corbeil, cant. de Longjumeau]. *Notice*, IV, 58-61.
— Lieux-dits : Contain, *Marleriis* (terre de), Marmas *(apud)*.
MORANT, lieu-dit de Noisy-le-Sec (1250), II, 643.
MORARD, abbé de St-Germain-des-Prés. Reconstruit l'égl. de cette abbaye, I, 265, 266.
MORARD, sous-chantre de la cathédrale de Meaux. Possesseur d'une vigne à Quincy (1239), IV, 503.
MORAS (PERENC de), maître des Requêtes. Ses héritiers seigneurs de Montfermeil (1740), II, 544. — Seigneur de Mandegris ; sa résidence à Champrose, V, 345.
MORBRAS ou MORTBRAS, localité, IV, 312. — Rivière, IV, 490 ; V, 10.
Morbus Beatæ Mariæ : le mal des Ardents, I, 10.
MORCENT, *Morcentum*. Voy. Morsang-sur-Orge et Morsang-sur-Seine.
MOREAU (Charles), valet de garde-robe du Roi. Bienfaiteur de l'égl. de Clichy (1660), I, 424.
MOREAU (Etienne), abbé et comte de Saint-Josse, décédé év. d'Arras (1670). Bienfaiteur de St-Josse de Paris, I, 304.
— (Guillaume). Sa maison à Quiers (1444), V, 436.
— (Jean), chantre de la cathédrale de Paris. Chargé de la réforme de l'abbaye de Livry (1558), II, 597.
— Vicaire général de l'év. de Paris ; acte relat. à la cure de Meudon (1552), III, 230.
— (Marie), fille de Raoul, femme de Nicolas de Harlay. Dame de Grosbois (1596), V, 390.
— (Nicolas), huissier. Bienfaiteur de l'égl. de la Chapelle-St-Denis, I, 459.
— (Nicolas), trésorier de France.

Seigneur de Courbevoie, III, 70 ;
— d'Auteuil (1580), IV, 246.
— (Pierre), secrétaire du Roi. Sa sépulture (1725), I, 432.
— (Raoul), trésorier de l'Epargne. Seigneur de Grosbois (1580), V, 391.
MOREAU, avocat du Roi au Châtelet. Possède la terre de Mauny, V, 138.
— Seigneur de Lissy par son mariage avec Charlotte Renouard (XVIIIe s.), V, 140.
MOREAU (D^{lle}). Aliène la seigneurie de Luzarches (XVIII° s.), II, 228.
MOREAU (Jean de DICY, dit). Voy. Dicy.
MOREAU DE MAUTOUR, auteur critiqué, I, 15. — Poésies de lui citées, II, 294-5 ; III, 237.
MORECOURT. Voy. Maurecourt.
MORÉE (grand bailli de la), commandeur de St-Jean de Latran. Ses biens à Saint-Aubin, III, 336.
MORÉE (ruisseau de), II, 581, 601,617.
MOREL (Charles), secrétaire du Roi. Seigneur de la Garenne (1656), II, 563.
— (Daniel), secrétaire du Roi. Seigneur de Courbevoie (XVIIe s.), III, 70.
— (Frédéric), professeur royal. Sa maison à Issy, III, 9, 11.
— (Gilles), conseiller au Grand-Conseil. Seigneur de la Garenne (1656), II, 563.
— (Jean), prévôt de Paris (1195), II, 149.
— (Jean de), seigneur de Grigny. Sa fille, Camille, célèbre par son érudition, IV, 406.
MORELET, secrétaire du Roi. Seigneur de Beaulieu (XVIe s.), IV, 226.
MORELET (Laurent), aumônier du duc d'Orléans. Ses ouvrages sur St-Cloud, III, 36.
MORELLE (Isabelle la). Ses biens à Groslay, I, 610 ; II, 140.
MORENCY [Morancy. Oise, arr. de Senlis, cant. de Neuilly-en-Thelle, ham. de Boran], I, 614, 615.
MORENGLE (Thibaud de), chevalier. Ses biens à Belle-Fontaine (1283), II, 333.
MORERI (Louis), historien. Sa sépulture (1680), I, 111. — Son *Dictionnaire* rectifié, I, 511 ; II, 294, 401, 510 (note) ; III, 219, 351 ; V, 293.
MORESSART (Philippe de), témoin dans un acte du XIe s., IV, 333 (note). — Autre personnage du même nom. Vassal de Philippe Auguste. Ses fiefs, III, 473 ; IV, 166, 204, 216, 227.
— (Roger de) dit *Paganus*. Bienfaiteur du prieuré de Longpont (XIIe s.), III, 504.

MORET [Seine-et-Marne, arrond. de Fontainebleau, ch.-l. de cant.], II, 266, 509.
MORET (la ferme de) [Seine-et-Oise, éc. de St-Yon], IV, 160.
MORET (Gérard de), abbé de Saint-Germain-des-Prés. Village qui en a retenu le nom, I, 483. — Acte relat. à Antony (1276), III, 536. — Voy. Girard.
Moreu, lieu-dit près de Suresnes (1222), III, 52.
MORFONTAINE. Voy. Mortefontaine.
MORGUES (Mathieu de), sieur de St-Germain. Curé d'Aubervilliers (XVIIe s.), I, 559.
MORHIER (Guillaume), écuyer (1462), IV, 396.
MORHIER (Simon), prévôt de Paris sous la domination anglaise. Sa sépulture, I, 56. — Ses seigneuries, I, 649 ; II, 230, 233, 245 ; IV, 396. — Capitaine de Montlhéry (1434), IV, 106.
MORIAC (Hugues de), maître du collège de Chanac à Paris (1474), V, 115.
Moriacum : Moiry, V, 89.
MORIENVAL [Oise, arr. de Senlis, cant. de Crépy]. Abbaye : biens à Thorigny, II, 513.
MORIGNY [Seine-et-Oise, arr. et cant. d'Etampes]. Abbaye : son différend avec le prieuré de St-Yon, IV, 160, 163 ; — avec la collégiale d'Etampes, IV, 318. — Cure à sa collation, IV, 180. — Reliques, I, 260. — Sépulture, IV, 156. — Abbés. Voy. Jossigny (Jean de), Macaire, Thomas.
MORIN (Guillaume, dit), chevalier (1285), V, 8.
MORIN (Jean-Baptiste), mathématicien. Sa sépulture (1656), I, 248.
— (Julien), religieux d'Hermières, curé de Pontcarré (1573), IV, 506.
— (Marie), femme du chancelier de l'Hôpital. Dame de Ver-le-Grand (1580), IV, 212.
— (Philbert), chanoine de Notre-Dame. Curé d'Andrezy (XVIe s.), ; sa sépulture, II, 100.
— (Philippe), curé de Gometz-la-Ville (1505), III, 410.
MORINE (Jacqueline), femme de Robert de Martigny (XVe s.), IV, 345.
Morinensis (terra) : le fief de Terouenne, à Paris, I, 70.
MORINS (martyr du pays des), I, 2.
MORIOT (Jacques), marguillier de Jouy en Josas (1549), III, 265.
MORISSOT. Voy. Mauriceau.
MORLAIX [Finistère], III, 84.
MORLAYE (la) [Oise, arr. de Senlis, cant. de Creil]. Villa royale méro-

vingienne; terre qui en aurait dépendu, II, 335. — Seigneurie, donnée au comte de Boulogne (1226), II, 335-6.

MORMANT [Seine-et-Marne, arr. de Melun, ch.-l. de cant.], IV, 296 ; V, 409, 427.

Mormantinæ (noctes), ouvrage de J. Bachot, IV, 324.

MORMAY, ham. d'Andrezy (1670), II, 101.

MORNA (Ambroise), prêtre. Sa retraite et sa mort à l'abbaye de Gif (1724), III, 390.

MORNAY (Antoinette de), femme d'Antoine [Ier] de Carnazet, IV, 210, 213.
— (Jean de), chevalier (XIVe s.), IV, 429.
— (Madeleine de), femme de Jean de Carnazet. Dame de Brazeux et de Valgrand, IV, 212.
— (Marie de), femme de René de Carnazet, IV, 185, 205, 212.
— (Nicolas de), écuyer. Lieu de son mariage (1547), I, 40.
— (Pierre de), évêque d'Orléans. Doyen de St-Germain-l'Auxerrois (XIIIe s.), I, 33.

MORNAY DE VILLETERTRE (René de). prieur-curé de Saint-Germain-en-Laye, III, 136. — Auteur d'une généalogie de la famille de Mornay, III, 145.

MORNES, [*corr.* de Monravel] (Mme de). Dispute, à Créquy son frère, la possession du château de Savigny-sur-Orge (1605), IV, 394.

MOROGUES (François de), seigneur d'Ablon. Son différend avec le chapitre de la Cathédrale (XVIIe s.), IV, 424, 424-5, 426.

MORQUIÈRE. Voy. Mortières.

MORSANG - SUR - ORGE, *Murcinctus*, *Meurcentum*, Murcenc, Morcent, Morsan, ham. de Ste-Geneviève-des-Bois [aujourd'hui commune distincte. Seine-et-Oise, arr. de Corbeil, cant. de Longjumeau]. *Notice*, IV, 384-6. — Autres mentions, IV, 379, 387, 409.
— (Frédéric de), de Murcenc (XIIe s.), IV, 385.

MORSANG - SUR - SEINE, *Murcinctum*, Murcent, Morcent, Morsan, paroisse du doyenné du Vieux-Corbeil [Seine-et-Oise, arr. et cant. de Corbeil]. *Notice*, V, 98-101.
— Lieux-dits : Auger (fief), Gaudré, Postel (fief).
— (Dreux de), chevalier. Ses biens à Ozoir-la-Ferrière (1266), II, 327 ; V, 100, 354.
— (Thibaud de), *de Murcen*, chevalier (XIIe s.), V, 100.

MORSE [?], femme de M. de Rochechouart. Dame de Courtry, II, 537.

MORSTAIN (de), trésorier de Pologne. Seigneur de Montrouge (XVIIe s.), III, 590.

MORT (pères de la), à Athis, IV, 419.

MORTAGNE (le baron de). Hommage qui lui est rendu en 1505, III, 406.

MORTBRAS. Voy. Morbras.

MORTE-EAU, *Aqua mortua*, lieu-dit d'Igny (XIIIe s.), III, 529.

MORTEFONTAINE, Morfontaine [Oise, arr. et cant. de Senlis], II, 340.

MORTEMER, lieu-dit de Châtenay (XIIIe s.), III, 542.

MORTERY (Raoul de), chevalier (XIIIe s.), V, 145.

MORTIER (seigneur du). Voy Guillard.

MORTIER (Henriette du), femme de Claude de Maugiron (XVIIe s.), V, 297.

MORTIER (le P.), religieux de St-Antoine. Curé de Croissy-sur-Seine, II, 27.

MORTIÈRES, Matière, Marquière, Morquières [Seine-et-Oise, ham. de Tremblay], lieu-dit de Roissy-en-France (1279), II, 278.

MORTIS (Jean), abbé de St-Spire de Corbeil? puis conseiller au Parlement et chantre de la Ste-Chapelle. Ses œuvres ; sa sépulture (1484). I, 220, 221 ; IV, 280 (note).

MORTON ou MIRTON (Sébastien de), seigneur de Chabrillan et de Servon (1572-1577), V, 251.

MORUNVAL. Voy. Merunval.

MORVILLIERS (fief de), *de Mortuo villari* Dépendant de Wissous, IV, 54.
— (Anne de), fille de Pierre, femme de Philippe L'Huillier (XVe s.), II, 375.
— (Philippe de), premier président au Parlement. Sa sépulture (1438), I, 193. — Ses biens à Charenton (1422), II, 375 ; — à Arcueil, IV, 16.
— (Pierre de), chancelier de France. Seigneur de Charenton, Cramayel et Tremblescau (1459), II, 375 ; V, 112.

MORY, MAIRY ou MOIRY, *Moriacum*, ancienne paroisse représentée depuis par celle du Perray-St-Pierre, V, 88, 89, 90, 91, 92.

MORY [Seine-et-Marne, arr. de Meaux, ham. de Mitry-Mory], II, 530.
— (Catherine de), dame de la Mote-Lamyre. Son épitaphe (1651), II, 111.

MOSAÏQUE (constructions en), I, 119; II, 37.

Mosiacum : Moissy, V, 106

MOSNIER (le), lieu-dit de Liverdy (1391), V, 300.

MOSNY (de), supérieur du Calvaire du Mont-Valérien, III, 89.

Mosteriolum : Montreuil, II, 394.
Mostcrul : Montreuil, III, 212.
MOTE (Jean de la), écuyer, paroissien du Plessis-Gassot (1387), II, 248.
MOTE-BRÉCHAIN (Etienne Foës, seigneur de la), I, 591.
MOTE-LAMYRE (Catherine de Mory, dame de la), II, 11.
Motgislus, neveu de S. Vulfran. Ses biens à Mauny, V, 137 (note).
MOTHE (Henri de la), curé des SS. Innocents de Paris. Son épitaphe (1480), V, 274.
MOTHE (frère Thomas de la). Chapelle desservie par lui à Brou (XVIe s.), II, 521.
MOTHE (Antoine HOUDAR de la), de l'Académie française. Sa sépulture (1731), I, 287.
MOTIER DE LA FAYETTE. Voy. La Fayette (de).
MOTREUX (Jean de), bourgeois de Paris. Possesseur du fief Popin en 1414, I, 39.
MOTTE (la), la Motte-Courmerier, la Motte-Goulas, château [Seine-et-Marne, lieu-dit de Jossigny]. *Notice,* IV, 528.
MOTTE (ferme de la) [Seine-et-Oise, cc. d'Avrainville], IV, 193.
MOTTE (la), fief [la Motte-Champrose? lieu-dit de Tournan], V, 329.
MOTTE (la), fief situé à St-Brice, II, 163. — Seigneurs, II, 167, 168.
MOTTE (la), lieu-dit de Pomponne. Couvent d'Augustins (1328), II, 512.
MOTTE (la), fief à Grigny, appelé aussi fief de Jean Viel, IV, 406.
MOTTE (la), fief à Corbeil. Relevant du duché de Villeroy, IV, 248, 312.
MOTTE (la), fief à Montlhéry. Dépendant de la seigneurie du Plessis-Pasté, IV, 104, 193, 354 (et note 2).
MOTTE de Bièvre (maison-forte de la). Voy. Maumolin.
MOTTE de Luzarches (château de la), II, 210.
MOTTE de Marcoussis (château de la), III, 485.
MOTTE (hôtel de la) à Lagny, IV, 564.
MOTTE (Prosper de la), conseiller au Parlement de Metz. Seig. de Fontenay-aux-Roses en 1640, III, 563.
— (Simon de la), célestin de Marcoussis. Son opinion sur le souterrain du Fay, III, 495.
MOTTE (de la), archidiacre de la cathédrale de Paris (1681), III, 432.
MOTTE (le P. de la), barnabite (1700), II, 378.
MOTTE-D'EGRY (la). Voy. Egry.
MOTTE-HOUDANCOURT (maréchal de la). Ses ancêtres, seigneurs du Plessis-Piquet, III, 253.

MOTTE-SAINT-DENIS (la), lieu-dit sis au pré St-Gervais, anciennement appelé le Mesnil-Saint-Denis, II, 650, 652.
Mou, Mul. Sens de ce préfixe, III, 228.
MOUCEAU. Voy. Mousseaux.
MOUCEAU (Guy du). Voy. Monceau.
— (Jean du). Son fief à Draveil (1628), V, 66.
MOUCEAU (du), conseiller au Parlement. Son château à Ollainville (1597), IV, 142.
MOUCEAU DE NOLAN (Charles du). Aliène la terre d'Ollainville avec celles d'Egly et de la Roche (1735), III, 476 ; IV, 170.
MOUCEAU (le) [le Mousseau, Seine-et-Oise, ham. du Mesnil-St-Denis], III, 290.
MOUCEAUX. Voy. Monceaux.
MOUCELES (fief). Voy. Moncelets.
MOUCET (fief du) ou de la CROIX à Jouy-en-Josas (XVe s.), III, 269.
MOUCHE (Pierre de la), auditeur des Comptes. Seigneur de St-Jean de Beauregard (XVIIe s.), III, 499.
MOUCHES, figurées dans des armoiries, III, 499.
MOUCHY (Aymon de), seigneur de Massy. Témoin au procès de Jeanne d'Arc, III, 523.
MOUCY. Voy. Moussy.
MOULE, mesure pour les bois. Sa valeur et sa contenance en 1419, II, 409 (note).
MOULIGNON. Voy. Montlignon.
MOULIGNONS (Bernard, seigneur de), V, 95.
MOULIN (Denis du), archev. de Toulouse, puis év. de Paris, fils de Jean, III, 447-8. — Dédie l'égl. des Innocents (1445), I, 47. — En différend avec l'abbé de St-Denis au sujet de la bénédiction du Landit, I, 550, 551. — Autres mentions, I, 213 ; V, 335.
— (Etienne du), fils de Jacques. Sa sépulture, V, 248.
— (Guillaume du), seigneur de Briis en 1534, III, 448.
— (Jacques), prieur de Gournay. Son épitaphe (1386), IV, 611.
— (Jacques du), échanson du roi. Seigneur de Briis, la Borde-Grappin et Servon; sa sépulture (1571), III, 446, 448 ; V, 246 (note), 248, 251, 278.
— (Jacques du), fils du précéd., sa sépulture, V, 248.
— (Jean du), seigneur de Briis, III, 448 ; — de Vaugrigneuse (1460), 464.
— (Jean du), trésorier général de France. Seigneur de Passy (Cossigny) (XVIe-XVIIe s.), V, 291-2.
— (Louise du), fille de Jacques Ier,

23.

femme de Sébastien de Morton (XVIe s.), V, 251, 252.
— (Marti ne du), religieuse de Chelles. Abbesse de Jarcy et de Montmartre, V, 171.
— (Philippe du), fils de Jean. Seigneur de Briis (1510), III, 448.
— (Pierre du), fils de Jacques. Sa sépulture, V, 248.
— (Pierre du), prieur de St-Ouen de Favières (1601), V, 346.
MOULIN (du). Voy. Du Moulin.
MOULIN-A-DIAMANT (le), ancien nom du lieu-dit le Moulin-Galant, IV, 255.
MOULIN-ALBERT (le) sur la paroisse de Taverny (XIIIe s.), II, 66.
MOULIN-BRULÉ, localité voisine de Sucy-en-Brie (1572), V, 383.
MOULIN-COUPPE, fief assis près de Sarcelles (1580), II, 172.
MOULIN-LE-ROI (le), sur l'Orge, à Athis (1400), IV, 422.
MOULINEAUX (les), autrefois le Val de Meudon [Seine-et-Oise, ham. de Meudon], fief, III, 8, 123, 194, 234, 238.
— (Jean Ier de), seigneur d'Arpenty et de Vauhallan (1491), III, 321.
— (Jean de), chauffe-cire de la chancellerie, III, 321.
— (Jean de), ou de MOLOMMIERS, seigneur d'Arpenty. Sa sépulture (XVIe s.), III, 321.
MOULIN-GALANT (le) [Seine-et-Oise, ham. d'Essonnes et de Villabé], IV, 255. — Notice, IV, 267-8.
MOULIN-JOBELIN (le), fief situé à Savigny-sur-Orge (XVIe s.), IV, 364, 391.
MOULIN-MARTINET (le) à Eaubonne (1562), I, 642.
MOULIN-NEUF (le) [Seine-et-Oise, ham. de Villiers-le-Bâcle], III, 314, 315.
MOULINS à papier, à Essonnes, IV, 268; — à poudre près Corbeil, IV, 312.
MOULINS [Allier] (actes royaux datés de), II, 613; IV, 108. — Intendant. Voy. Brunet (Gilles).
MOULINS (Philippe de), év. de Noyon. Son fief à St-Denis, I, 518.
MOULINS (des), lieutenant de la prévôté de l'hôtel. Son fief à St-Remy-les-Chevreuse, III, 382.
MOULLIN (Jean), prieur d'Hiverneau (1690), V, 62, 366. — Sa sépulture (1723), V, 370.
MOULT (Thomas-Joseph), dit de Naples. Ses prophéties faites à St-Denis, I, 535.
MOURCHE (Antoine de) [ou mieux Artost de Dourche], écuyer de Marguerite de Provence. Sa sépulture (1288), IV, 293.
MOUSEAU (le). Voy. Mousseaux.
MOUSKE (Philippe). Son éloge de Bouchard de Marly, III, 121.

MOURLIÈRE (René Guillemin, sieur de la). Voy. Guillemin.
MOUSSAT : Montsoult, II, 145.
MOUSSE (la), au Maine (Fr. Joly, seigneur de la), IV, 366.
MOUSSEAUX, Mouseau (le), Mouceau [Seine-et-Oise, ham. d'Evry-sur-Seine], IV, 329.
MOUSSET (Marguerite), femme de Jacques Aubert. Bienfaitrice de l'égl. St-Jacques-la-Boucherie, I, 200.
Moussetum : Montsoult, II, 145.
MOUSSIGOT (Anne de), femme de Claude Belin. Dame de la Grange-Feu-Louis (1646), IV, 330.
MOUSSOU. Voy. Montsoult.
MOUSSY (Jean de), marchand de Paris. Construit une chapelle au Pin (1540), II, 535.
MOUSSY-LE-NEUF, Monciacum, Muntiacum, Monci, Moucy, paroisse du doyenné de Montmorency [Seine-et-Marne, arr. de Meaux, cant. de Dammartin]. Notice, II, 348-356.
— Autres mentions, I, 41, 43 ; II, 529, 606.
— Lieux-dits : Erable (l'), Folie (la).
— (Guillaume de), de Monciaco novo, prédicateur. Bienfaiteur de la bibliothèque de la Sorbonne (1286), II, 356.
— (Philippe de), écuyer. Biens qu'il tient de la léproserie de ce lieu (1351), II, 353.
MOUSSY-LE-VIEUX [Seine-et-Marne, arr. de Meaux, cant. de Dammartin], II, 349, 355.
MOUSTARDIER (Yves le), religieux de l'abbaye de Chaunes (1426), V, 195.
MOUSTIER (Roger du). Ses biens à Aubervilliers, I, 563.
MOUTARDIER (Jean le), prévôt de Corbeil (1332), IV, 307.
MOUTIER. Voy. Monasterium.
MOUTIER-RAMÉ. Voy. Montieramey.
MOUTIERS (Françoise de), femme d'Adam de Carnazet. Dame de la Folie-Herbaut et de Rozoy en Beauce, IV, 199, 205.
MOUTIERS-AU-PERCHE [Orne, arr. de Mortagne, cant. de Remalard]. Abbaye anciennement appelée Gurbion ; ses biens à Vitry-sur-Seine, IV, 447-450 ; abbé. Voy. Simon.
MOUTON (Bardin), tabellion de la prévôté de Suresnes (1546), III, 51.
— (Pierre) et sa femme, bourgeois de Paris. Bienfaiteurs de l'égl. St-Jean-en-Grève (1262), I, 90.
— (Thomas), prieur de St-Jean-en-l'Ile à Corbeil et commandeur de Provins. Sa sépulture (1361), IV, 294, 295.
— (Thomas) (1560), III, 51.

MOUTONS (redevances de), I, 82.
MOUY [Oise, arr. de Clermont, ch.-l. de cant.]. Couvent projeté, III, 70.
MOUZON [Ardennes, arr. de Sedan, ch.-l. de cant.]. Établissement, à Paris, de religieuses de Ste-Marie, I, 333.
MOYENVILLE (Marguerite de Vieupont, dame de), III, 328-9.
MOYNEAU (fief du). Voy. Moineau.
Moysetum : Moissy-l'Évêque, V, 110.
MUCELOUE ou MUSSELOU, terre dépendant de Versailles, III, 205.
Mutius, Metius, noms d'hommes. Origine de nom de lieu, V, 105.
Mueta, Muette. Sens de ce mot, I, 195, 404.
MUETTE (château de la), dit aussi la Muette de Madrid, à Passy, I, 392, 404.
MUETTE (maison de la) [Seine-et-Oise, éc. de Saint-Germain-en-Laye], I, 404 ; III, 144.
MUETTE (la) de Fresne [ancien château situé sur la comm. de Fresnes ou Ecquevilly. Seine-et-Oise, cant. de Meulan]. Seigneur : Charles d'O, II, 148.
MULCIEN (pays), II, 352, 513. — (habitants du). Leur participation à la Jacquerie, I, 626.
MULDRAC (Antoine), adversaire de Pierre de la Ramée, I, 252.
MULERON, Mulerun. Voy. Mulleron.
MULLERON [Seine-et-Oise, ham. de Janvry et de Briis-sous-Forges], III, 443, 457, 470.
Mulnes (villa), III, 532, 535. Voy. Migneaux.
MUMANS (Guy de), chevalier. Sa censive à Clamart (XIIIᵉ s.), III, 248-9.
MUMMOLE, comte de Paris (VIIᵉ s.), I, 80 ; II, 420. — Nom de lieu qui en dérive, II, 557-8.
Munaciacum. Voy. Moussy.
Munatius, nom romain. Origine de nom de lieu, II, 348.
MUNCEOD (Hervé de). Voy. Montsoult.
MUNCY. Voy. Moussy.
Munelles (Pierre de), vassal de Philippe Auguste pour la terre d'Igny, III, 529.
MUNICH [Bavière]. Reliquaire en provenant, I, 166.
Municipium. Hameau ainsi qualifié au XIᵉ s., IV, 197.
MUNTELER (Hugues de), possesseur du prieuré de St-Julien-le-Pauvre (XIIᵉ s.), I, 97.
Muntiacum. Voy. Moussy.
MUR (Doncan de), lieutenant des gardes du corps, seigneur de la Grange. Sa sépulture (XVIIᵉ s.), V, 189.

MURCEN, Murcenc. Voy. Morsang.
Murcinctus : Morsang-sur-Orge, IV, 379, 384.
Murcinctum : Morsang-sur-Seine, V, 98, 99.
Mura (Thibaud de). Voy. Amaulry.
MURES (Jean des) ou des MURS, docteur ès-lois, et Guillemette, sa femme. Bienfaiteurs de Ste-Catherine de la Couture (1378), I, 170 ; III, 464.
MUREY [Écosse]. Évêque. Voy. David.
MURGIERS (les), lieu-dit de Fleury-Mérogis (1399), IV, 364.
MURIERS. Origine de nom de lieu, V, 89.
MURS (château des), voisin de Corbeil (1363), IV, 505. — (fief des) assis au Coudray, dépendant de Corbeil. Mentions en 1471, 1595, 1629, V, 104, 105.
MURS (Jean des), *de Muris,* musicographe. Le même ? que Jean des Mures (Voy. ce mot).
MUSAVÈNE (Renaud de), bienfaiteur de l'abbaye du Val (1189), II, 144.
Muscella : Moisselles, II, 188.
Muscelli, Muscellum. Origine de nom de lieu, I, 428-9.
MUSICIENS DU ROI. Leur confrérie, I, 289.
MUSLARD (Grégoire), procureur au Parlement. Bienfaiteur de l'égl. de St-Leu (XVIIᵉ s.), II, 68.
MUSNIER (Claude le). Possède le fief des Portes, à Limeil (1597), V, 35.
MUSNIER (Louis), curé de Saclay (XVIIᵉ s.). Son Éloge, III, 319.
MUSSART (François), cordelier de Limours, III, 433.
— (Vincent), ermite de Montfermeil. Autres lieux où il se retire ; couvent par lui fondé (XVIᵉ s.), II, 542 ; V, 61.
MUSSELOU. Voy. Muceloue.
Musteriolum prope Melodunum [Montereau-sur-Jard. Seine-et-Marne, arr. et cant. de Melun]. Mentionné en 1227, V, 418.
Musterolium, Musterolum : Montreuil ou Montereau, II, 394, 401.
MUTIO (Ludovico et Theseo), verriers italiens. Établis à Saint-Germain-en-Laye (XVIᵉ s.), III, 145.
MYRAUMONT (Jean de), seigneur d'Andrezel et de Sucy (1524), V, 422, 424.
MYRE [Lycie]. Évêque. Voy. S. Nicolas.
MYRE (Nicolas le), fondateur d'une chapelle à St-Eustache de Paris, II, 293.
MYRON. Voy. Miron.
MYSTÈRES (joueurs de). Hôpital où ils s'établissent à Paris, I, 74.

N (lettre). Changée en L ou en M, IV, 72, 73.

N..., abbé de Saint-Martin de Pontoise. Acte relat. au prieuré de Taverny (1326), II, 63.

NACAILLE (Antoine de), capitaine de St-Maur-les-Fossés. Son épitaphe (1419) et ses armoiries, II, 417, 450.

Naceio (terre de) près d'Orangis (XIIe s.), IV, 371.

NADEREAU (Guillaume), marguillier de l'égl. de la Courneuve (1580), I, 577.

NADRAS (moulin), écart du Thillay, II, 273.

NACELLE (la), Nasselle [Seine-et-Oise, chât. près d'Essonnes], IV, 268.
— (Alix de), femme de Jean le Bascle (1365), III, 281.

NAGIS, Nagy [Seine-et-Oise, lieu-dit de Corbeil], IV, 268. — Mention en 1486, IV, 313.

NAHUMVILLE, *Nahumvilla* [Nainville. Seine-et-Oise, arr. et cant. de Corbeil], IV, 202.

NAINVAUX. Voy. Ninveau-la-Chapelle.

NAINVILLIERS (Edme Jacquelot, seigneur de), IV, 216.

NAMUR [Belgique], III, 34.
— (Alis de), maîtresse de l'hôpital des Haudriettes, à Paris (1380), I, 95.

NANCY [Meurthe-et-Moselle]. Gouverneur. Voy. Canone.

NANDY, Nandit [Seine-et-Marne, arr. et cant. de Melun], V, 151 (note), 154. — Seigneur. Voy. Hôpital (Louis de l').

NANGEVILLE (Jacques Mesmin, sieur de), III, 314.

NANGIS [Seine-et-Marne, arr. de Provins, ch.-l. de cant.]. Seigneurs. Voy. Châtel (Henri du), Louvier (Charles de).
— (Guillaume de), moine de St-Denis et chroniqueur, I, 510, 513. — Rectifié, I, 649-650 ; II, 216.

NANGIS (Mme de), dame de Coubron (XVIIIe s.), II, 539.

Nannetodorum. Voy. Nanterre.

NANQUIER (Simon), prieur de N.-D.-des-Champs de Paris (1549), IV, 412.

NANT (Jean de), év. de Paris. Egl. dédiées par lui (1424, 1425), I, 316, 344.

NANTECHILDE. Voy. Nantilde.

Nanterius, fils de Milon *Cartellus,* III, 396.

Nanterra. Voy. Nanterre.

NANTERRE, *Nemetodorum, Nemptodorum, Nannetodorum, Metodorum, Nanterra, Nantorra, Nanturra,* Nantuerre, paroisse du doyenné de Châteaufort [Seine, cant. de Courbevoie]. *Notice,* III, 71-80. — Ses démembrements, III, 48, 57. — Chanoinesses régulières de S. Augustin ; transférées à Chaillot, I, 416.
— Cure : ses revenus, III, 51, 88.
— Eglise : confrérie qui y est instituée (1495), I, 63. — Autres mentions, I, 23 ; III, 47, 110.
— Lieux-dits : Bruyères, Penré.
— (Guillaume de), chevalier. Avoué de l'abbaye de Ste-Geneviève, III, 79.
— (Jean de), doyen de St-Marcel de Paris (1416), III, 79.
— (Jean de), procureur-général du Roi (1484), III, 79.
— (Mathieu de), président au Parlement. Sa maison à Montreuil-sous-Bois (XVe s.), II, 403.

NANTERS (Gautier), vassal de Philippe-Auguste pour son fief à Ballainvilliers, IV, 80.

NANTEUIL (seigneurs de). Leurs armoiries prétendues, II, 437, 450.

NANTEUIL (Mathilde de), abbesse de Chelles. Acquiert des terres à Neuilly-sur-Marne (1271), II, 481. — Sa sépulture, II, 488. — Sa bienfaisante administration, II, 495.
— (Milon de), prévôt de l'église de Reims. Usufruitier de la terre de St-Germain-en-Brie (1211), II, 508.

NANTES (Pierre de), év. de St-Pol de Léon. Son séjour à Chailly (1357), IV, 68, 71.

NANTEVILLE (Eustache de), seigneur d'Aulnay-les-Bondy (1472-5), II, 606.

NANTILDE ou NANTECHILDE, femme de Dagobert Ier. Lieu où fut célébré son mariage ; I, 421 ; II, 647.
— Son frère. Voy. Landégisile.

NANTIA (Joseph de), écuyer (XVIIIe s.), II, 576.

Nantorra. Voy. Nanterre.

NANTOUILLET [Seine-et-Oise, arr. de Pontoise, ham. de Presles], II, 126.
— (Pierre de). Ses biens à Vaujours (XVe s.), II, 575 (note).

NANTOUILLET (l'ALLEMAND de). Voy. Allemand (l').

NANTUERRE : Nanterre, III, 78.

Nanzeiaco (Adam de). Ses biens dans la châtellenie de Corbeil (XIIIe s.), IV, 300.

NAPLES (mal de). Hôpital à Paris pour les malades qui en étaient atteints (1539), I, 208.

NARBONNE [Aude]. Archevêques. Voy. Surgis (Bernard de), Vigor (Simon).
— (Alizon de), bienfaitrice de la con-

frérie du Blanc-Mesnil (XVᵉ s.), II, 628.
NARBONNE-PELET (Louis-Hercule de), fils de François-Raymond-Joseph. Sa sépulture (1747), I, 130.
NARELLE, lieu-dit d'Yerres, V, 215, 230.
NARGONE (Françoise de), femme de Charles de Valois (1644), V, 391.
NASSAU [Allemagne]. Évêque. Voy. Gonesse (Jean de).
NASSELLE. Voy. Nacelle.
NATIVITÉS (chapelle des Trois) ou des Brinons à St-Séverin de Paris, I, 106.
NAU (Marie), fondatrice d'une chapelle à Saint-Germain-l'Auxerrois (1204), I, 31.
NAU, possesseur de la Grange-Feu-Louis (XVIIIᵉ s.), IV, 330.
NAUDÉ, bibliothécaire de Mazarin. Son séjour à Gentilly, IV, 10.
NAVARRE (le roi de) [Thibaud II], IV, 117. Voy. Charles le Mauvais, Henri de Bourbon, Thibaud V.
— (la reine de) [Marguerite, sœur de François Iᵉʳ], III, 186.
— (régiment de), II, 559.
NAVARRE (Hugues de), sous-diacre de Notre-Dame. Bienfaiteur du chapitre, IV, 34.
— (Jeanne de), reine de France. Voy. Jeanne.
— (Jeanne de) [fille de Philippe Iᵉʳ, roi de Navarre]. Sa sépulture (1387), I, 400.
— (Pierre de), fils de Charles le Mauvais. Bienfaiteur des Chartreux de Paris ; sa sépulture (1412), I, 116 ; IV, 429.
NAVARETTE [Espagne] (bataille de), II, 179.
NAVET (Pierre), bourgeois de Lagny. Bienfaiteur des Chartreux de Paris (XIVᵉ s.), IV, 564.
NAVETTE (Robert). Sa sépulture (1529), V, 163.
NAVOIRE (Antoine Dreux, seigneur de), IV, 36.
NAYNVILLE (Guillaume de Harville, seigneur de), III, 329.
NAZARETH [Judée] (évêque de). Voy. Chambre (Pierre de la).
NEAUFLE-LE-CHATEL [Seine-et-Oise, arr. de Rambouillet, cant. de Montfort-l'Amaury]. Bourgeoise. Voy. Isabeau. — Seigneurs. Voy. Phélypeaux (Louis), Simon.
— (Gérard de). Ses droits au Chesnay cédés à St-Germain-des-Prés (1216), III, 166.
NEAUVILLE (Guillaume de) et son frère Martin. Cèdent Lieusaint aux Chartreux de Paris (XVᵉ s.), V, 119.

— Le même, secrétaire du roi. Bienfaiteur de St-Antoine de Paris, V, 194.
— (Hervé de), frère des précéd. ; conseiller du roi, seigneur du Val-Coquatrix. Bienfaiteur des Chartreux de Paris ; sa sépulture, V, 84, 119.
Nebularii (pâtissiers). Leur confrérie, I, 180.
NEELE (Jeanne de), femme de Jean de Chevry (1464), V, 288.
— (Girard et Simon de). Hôtel qu'ils possèdent à Paris, I, 117.
NEENVAL : Ninvau-la-Chapelle. III, 67.
NEFFLIER (le), lieu-dit de Châtenay [?] (XIIIᵉ s.), III, 542.
NÉFLIERS (les) ou les VESTIERS [Seine-et-Oise, ham. de Lévy-St-Nom], III, 345.
NÈGRE, lieutenant criminel au Châtelet. Ses biens à Sannois (XVIIIᵉ s.), II, 45 ; — à Noisy-le-Grand, IV, 126.
NEISANZ (Adam de). Voy. Nesans.
NELLE-LA-REPOSTE. Voy. Nesle-la-Reposte.
Nemet, mot celtique. Sa signification, III, 71.
Nemetodorum, Nemptodurum : Nanterre, III, 71, 72 (note 1).
Nemore (sanctimoniales de) : les religieuses de Malnoue, V, 400.
NEMOURS [Seine-et-Marne, arr. de Fontainebleau, ch.-l. de cant.]. Ducs. Voy. Armagnac (d').
— (Guillaume de), év. de Meaux, fils de Gautier de Villebeon, V, 428.
— (Philippe de), év. de Châlons, ancien doyen de Notre-Dame de Paris, IV, 35.
— (Pierre de), fils de Gautier de Vilbeon ; év. de Paris. Actes de son épiscopat (1208-1219), I, 20, 54, 57, 87, 88, 433, 516, 544 ; II, 25, 165, 263, 279, 541, 543, 570, 585, 599, 641, 651 ; III, 29, 30, 135, 162, 169, 170, 181, 231, 278, 293, 296-7, 328, 347 (note), 430, 462, 473, 509, 512, 522, 529 ; IV, 45, 202, 203, 381, 450, 616 ; V, 114, 129, 166, 176, 327, 331, 364, 375, 412, 416, 426.
Nemus Arsitii : Bois-d'Arcy, III, 190.
Nemus Guidonis, terre près Bessancourt, II, 73.
Nemus lucens. Voy. Boisluisant.
Nemus Ogeri, bois situés à Cœuilly (XIIIᵉ s.), IV, 473, 481.
Nemus Radulfi. Voy. Bois-Roy.
Nemus-Roberti. Voy. Bois-Robert.
Nemus sancti Petri. Voy. Bois-Saint-Père.
Neomadia. Voy. Loumaye.
NEPVEU ou LE NEVEU (Alexandre le),

dit *de Lure*. Abbé d'Hiverneau, IV, 498 ; V, 372.
— (Anseau le), dit *de Lure*. Abbé d'Hiverneau, V, 361, 365, 372.
NEPVEU (Joseph), curé de Soignolles (1580), V, 143, 269.
NERBONEAU (Jean), prieur de St-Jean de Corbeil (1439), IV, 285.
Nerbria (Thibaud *de*), curé de Servon (1278), V, 249.
NERET, conseiller au Parlement. Seigneur du Pin (XVIIIᵉ s.), II, 535. — Sa sœur, femme de M. de Villeneuve. Dame du Pin (XVIIIᵉ s.), *ibid.*
NERVET (Jean), prieur de Ste-Catherine du Val-des-Ecoliers. Év. de Mégare ; dédicaces faites par lui, IV, 150, 156 ; V, 42. — Son lieu de naissance ; son épitaphe (1525), IV, 432.
NÉRY (Philippe de), chevalier, et sa femme, Marie. Leur fief à Vémars (1270), II, 346.
NÉSANS, Aneisanz, Neisanz, fief et village détruit dépendant de Groslay et de Sarcelles [Nezant ? Seine-et-Oise, éc. de St-Brice], I, 611-612 ; II, 172.
— (Adam de), vassal de Matthieu le Bel (1125), I, 610 ; II, 172.
NESLE (Charles de Ste-Maure, comte de), II, 319.
— (Guy de) et Isemburge [sa femme ?]. Leurs biens à Cordon (1246), V, 160.
— (Jean de). Son hôtel à Paris (1230), I, 68.
— (Simon de), ministre de Philippe III. Acte relat. à Montjay (1270), II, 531.
NESLE (hôtel et rue de). Voy. Paris.
NESLE-LA-REPOSTE, *Nigella abscondita* [Marne, arr. d'Epernay, cant. d'Esternay], II, 524. — Portail de l'égl. de l'abbaye transporté à Villenauxe, II, 487.
NESMOND (François de), év. de Bayeux (1681), III, 432.
NESMOND (de), président au Parlement. Sa maison de Coubron (1659), II, 539. — Pose la première pierre d'une chapelle à Clichy-sous-Bois (1655), II, 573. — Sa femme, bienfaitrice des filles de Ste-Geneviève, IV, 461.
Nettra, rivière (VIIIᵉ s.), I, 521.
NETZ (Geoffroy de), religieux de St-Magloire de Paris (XIVᵉ s.). Ouvrages de lui cités, I, 182 ; III, 446.
NEUBOURG, lieu-dit d'Evry-sur-Seine. *Notice*, IV, 330.
— (Roland de), conseiller d'Etat. Seigneur de Sarcelles ; sa sépulture (1629), II, 170, 171.

— (Roland de), fils du précéd. ; maître d'hôtel d'Anne d'Autriche. Seigneur de Sarcelles qu'il fait ériger en marquisat, II, 171-172.
NEUFCHATEL (Jean de), chevalier. Capitaine et prévôt de Corbeil (1480, 1483), IV, 307, 308.
NEUFCHATEL-SUR-AISNE [Aisne, arr. de Laon, ch.-l. de cant.]. Vicomte. Voy. Sanguin (Jean).
NEUFMARCHÉ en Vexin [Seine-Inférieure, arr. de Neufchâtel], III, 68.
NEUFMOULIN ou MOULINEUF, lieu-dit dépendant d'Ecouen, II, 185-6.
NEUFMOUTIERS, Nuefmoutier, paroisse du doyenné du Vieux-Corbeil [Seine-et-Marne, arr. de Coulommiers, cant. de Rozoy]. *Notice*, V, 338-341. — Autres mentions, 328, 333.
— Lieux-dits : Borne-Blanche (la), Bosses (les), Chemin (le), Egrefin, Marché-Marie (le), Ronce (la), Ruelle (la).
NEUFVILLE ou NEUVILLE (Camille de), [fils de Charles], abbé de Lagny, IV, 549, 557.
— (Charles de), fils de Nicolas III ; gouverneur du Lyonnais. Marquis de Villeroy (1615), IV, 246-247.
— (Ferdinand de) [fils de Charles], év. de Chartres. Localités qu'il revendique comme étant de son diocèse (XVIIᵉ s.), III, 144, 207.
— (François de), fils de Nicolas IV ; maréchal de France. Duc de Villeroy (1645-1696), IV, 248. — Seigneur engagiste du comté de Corbeil, IV, 302, 305 ; — ses prétentions en cette qualité sur la terre de Perray, V, 93. — Reçoit hommage pour Saintry (1704), V, 97.
— (Gabrielle de). Sa sépulture, IV, 243.
— (Jean de), fils de Nicolas Iᵉʳ, Seigneur de Chanteloup ; sa sépulture (1597), IV, 153, 154.
— (Jeanne de), abbesse de Malnoue (1618), V, 403.
— (Louis-François-Anne de), fils de Louis-Nicolas. Duc de Villeroy en 1716, IV, 248.
— (Louis-Nicolas de), pair de France, fils de François, Duc de Villeroy (1696-1716), IV, 248.
NEUVILLE (Nicolas Iᵉʳ de), secrétaire des Finances. Seigneur de Villeroy ; cède au roi la maison des Tuileries à Paris en échange de la terre de Chanteloup (1518), IV, 153. — Bienfaiteur de l'hôpital St-Eutrope de Châtres, IV, 154. — Sa mort (vers 1553), IV, 245.
— (Nicolas II de) ou Nicolas I E

GENDRE, secrétaire des Finances. Seigneur de Villeroy et de Mennecy, IV, 243, 245.
— (Nicolas III de), premier secrétaire d'Etat. Seigneur de Villeroy ; sa maison à Conflans, II, 371 ; — de Corbeil, IV, 305 ; V, 86. — Ses autres seigneuries, Fontenay-le-Vicomte, Noisement, etc., IV, 245, 246 ; V, 114.
— (Nicolas IV de) fils de Charles. Marquis puis duc (1663) de Villeroy, IV, 247-8.
NEUILLY ou NULLY, *Lugniacum, Lulliacum*, Luny, ham. de Villiers-la-Garenne [Neuilly-sur-Seine. Seine, ch -l. de cant.]. *Notice*, I, 433-6.— Autres mentions, I, 431 ; III, 52, 99.
NEUILLY-EN-THELLES [Oise, arr. de Senlis]. Commanderie de Belay : ses biens, II, 173 ; III, 336, 341, 415. Voy. Rupières (de).
NEUILLY-SUR-MARNE, *Nobiliacum*, Nully, paroisse du doyenné de Chelles [Seine-et-Oise, arr. de Pontoise, cant. du Raincy]. *Notice*, II, 474-482. — Autres mentions, II, 388, 465, 549.
— Lieux-dits : Avron, Essart (l'), Ville-Evrard.
— (Etienne de), de Nully. Seigneur de ce lieu (1516), II, 481.
NEUVAINES à des saints. Trafic auquel elles donnent lieu, IV, 41.
NEUVIEL (Nicolas de), écuyer. Seigneur de Deuil (paroisse de Gouvernes) et de Fontenelle (1500), IV, 528.
NEUVILLE [Seine-et-Oise, ham. d'Eragny]. *Notice*, II, 111-112.
NEUVILLE (Agnès de), abbesse de Chelles (1399-1411), II, 493.
— (Catherine de), femme de Jean Catin. Dame de Fleury (XVIe s.), III, 241.
— (Simon de). Ses biens à Argenteuil (1448), II, 19.
NEUVILLE. Voy. Neufville.
NEUVILLE (chapelle de), au cimetière des Innocents, II, 347.
NEUVILLE (La), fief entre Asnières et Gennevilliers, III, 61, 63.
— (Adam de la). Ses biens à Garges, II, 255.
— (Pierre de la), conseiller du Roi. Sa sépulture, IV, 310-311.
NEUVY (Alix de). Voy. Méry.
NEVELON ou NIVELON, changeur à Paris (1319), V, 293.
NEVERS [Nièvre], I, 116 ; IV, 517.
— Cathédrale, IV, 28 ; — sépulture, I, 216 ; — chanoine. Voy. Cotignon (Michel) ; — trésorier. Voy. Saurel (Pierre).
— Collégiale de St-Martin, V, 371.
— Comtes. Voy. Béthune (Robert de), Bourgogne (Eudes et Philippe de).
— Evêques. Voy. Dangeuil (Robert de), Fontenay (Philippe de), Jean Ier, Platière (Imbert de la), Sorbin (Arnaud), Spifame (Jacques).
— (Philippe, comte de), fils de Philippe le Hardi, duc de Bourgogne. Concierge du château de Beauté-sur-Marne, II, 390. — Reçoit de son père l'hôtel de Plaisance (1401), II, 470.
— (Yolande de), fille d'Eudes de Bourgogne. Femme de Jean Tristan, fils de Louis IX, II, 531 ; — [remariée] à Robert III, comte de Flandre, I, 69.
NEVERS (rue de). Voy. Paris.
NEVEU (Robert), possesseur de la Grande-Maison à St-Forget (1636), III, 362.
NEVEU. Voy. Nepveu (le).
NEVOISIN (Ermesinde de). Ses biens à Fouju (XIIIe s.), V, 430.
NÈVRES (Nicolas de), sous-chantre de la cathédrale de Paris. Curé de Soisy ; sa sépulture, I, 631.
NIASLE en Anjou, III, 576.
NICERON (Jean), chapelain de la Jussienne à Paris (1470), I, 66. — Curé de Goussainville et du Tremblay (1486), II, 608.
NICIER (Jean), collateur d'une chapellenie à Boulogne-sur-Seine, I, 395.
NICOLAI (famille). Chapelle à sa nomination, I, 63
— (Antoine), fils d'Aymar ; premier président de la Chambre des Comptes. Seigneur de Goussainville, II, 293 ; — d'Orville et du Tremblay (1561), V, 86.
— (Antoine), fils de Jean ; premier président de la Chambre des Comptes. Seigneur de Goussainville, II, 237, 293.
— (Antoine-Nicolas), premier président de la Chambre des Comptes. Sa sépulture (1731), I, 386.
— (Aymar), premier président de la Chambre des Comptes. Seigneur de St-Victor, de Goussainville, de Louvres et d'Orville, II, 236, 289, 292-3, 302.
— (Jean), abbé de St-Victor de Paris (XVe s.), I, 338, 341.
— (Jean), fils d'Antoine ; président de la Chambre des Comptes. Seigneur de Goussainville, II, 289, 293.
— (Jean-Aymar de), premier président de la Chambre des Comptes. Marquis de Goussainville ; sa sépulture (1737), II, 290, 293.

— (Renée), fille d'Aymar, femme :
1° de Dreux Hennequin, II, 303 ;
— 2ᵉ de Jean L'Huillier, III, 590.
— (Renée) [fille de Jean], femme de
Matthieu Molé, II, 221.
NICOLAI, seigneur de Sèvres, III, 18.
NICOLAS V, pape. Bulle (1452), II, 627.
NICOLAS VI, pape (1290), I, 391.
NICOLAS, abbé d'Igny (1219). II, 610.
NICOLAS, abbé de Montéty (1207),
V, 363.
NICOLAS, abbé de St-Maur (1243), II,
434.
NICOLAS, *capellanus* de Taverny (1193),
II, 63.
NICOLAS, cardinal de St-Laurent *in
Damaso*. Chanoine et bienfaiteur
de Notre-Dame (1300), IV, 41.
NICOLAS, chanoine de Notre-Dame
(1222), IV, 77, 221.
NICOLAS, chanoine, prêtre de St-Honoré (1284), IV, 54.
NICOLAS, curé de Nogent-sur-Marne
(1225), II, 468.
NICOLAS, curé de St-Michel-sur-Orge.
Bienfaiteur de l'abbaye de Saint-Maur (1259), IV, 206, 359.
NICOLAS, curé de St-Pierre-des-Arsis
(1329), I, 170.
NICOLAS, curé de Villiers-sur-Marne.
Chapelain de la Lande (1282), IV,
629.
NICOLAS, doyen de St-Thomas du
Louvre (1238), IV, 76, 77.
NICOLAS, doyen de Wissous (1196),
IV, 54.
NICOLAS, prêtre de Bellefontaine
(1222), II, 332.
NICOLAS, prévôt de Gonesse (1234),
II, 275.
NICOLAS, prieur de la léproserie de
Châteaufort (1216), III, 302.
NICOLAS, seigneur de Villemomble
(1273), II, 560, 561.
NICOLAS (Robert), bourgeois de Paris. Seigneur de Charonne ; sa sépulture (1543), I, 476.
NICOLAY (Enguerrand), curé de la
Brosse (1481), IV, 642.
NICOLE (Pierre). Sa sépulture (1695),
I, 257.
NICOLE (le président). Poésie de lui
citée, III, 207.
NICOSIE [Chypre]. Evêque. Voy. Gérard.
NICOT, secrétaire du Roi. Seigneur
de Périgny (XVIIᵉ s.), V, 188.
NICOT (Jean), ambassadeur en Portugal. Sa sépulture (1600), I, 325.
NICOTIANE, plante appelée depuis Tabac, I, 325.
Nigella abscondita : Nesle-la-Reposte,
II, 524.
NIGEON ou NIJON, *Nimio*, ancienne
localité de la banlieue de Paris. Villages qui en ont été formés, I, 385,
387, 389, 392, 407 et note 2, 408.
NIMÈGUE [Hollande], I, 255.
NIMES [Gard], III, 42. — Evêques.
Voy. Fléchier, Séguier (Jean-Jacques), Thoiras (de). — Martyr.
Voy. S. Baudele.
NINODE (Denise la), abbesse du Val-de-Grâce (1549), III, 270.
NINVEAU-LA-CHAPELLE, Neenval, Nainvaux [Seine-et-Marne, arr. de Fontainebleau, comm. de Nanteau-sur-Essone]. Prieuré dépendant de l'abbaye du Val-de-Grâce, III, 67, 262.
NIOBET (Nicolas), curé de Chaillot
(1699), I, 405.
NIQUET (François), curé de Chaville
(1670), III, 218.
NIVARD, chevalier, avoué de St-Maur-des-Fossés pour la terre d'Ivette.
Sentence royale délimitant ses droits
(1043), III, 346.
NIVART (Jean), conseiller au Parlement. Enquête dont il est chargé
(1448), IV, 628.
NIVELLE (Philippe de Montmorency,
baron de), II, 71.
NIVELLE (Pierre), év. de Luçon. Sa
résidence à Charonne (1632), I, 482.
NIVERNAIS (le). Ravagé par Edouard
III, IV, 147, 152.
Noa, la Noue, lieu-dit de Torcy
(XIIIᵉ s.), IV, 596.
NOAILLES (famille de). Sa sépulture,
I, 325. — Possède la terre de Villemoisson, IV, 399.
— (Adrien-Maurice, duc de), fils
d'Anne-Jules ; maréchal de France.
Seigneur de Sainte-Geneviève-des-Bois, IV, 360, 382, 383.
— (Anne, duc de), gouverneur de
Perpignan. Seigneur de Ste-Geneviève-des-Bois par son mariage,
IV, 312.
— (Anne-Jules, duc de), fils d'Anne ;
maréchal de France. Seigneur de
Ste-Geneviève-des-Bois, IV, 382.
— (Jean-Baptiste-Gaston de), frère
du cardinal. Evêque de Châlons-sur-Marne (1701), II, 377. — Egl.
qu'il dédie (1711), III, 56.
— (Jean-Emmanuel, marquis de),
fils d'Anne-Jules. Seigneur de Ste-Geneviève-des-Bois, IV, 382.
— (Louis-Antoine de), cardinal, év.
de Châlons-sur-Marne, II, 377 ; —
év. de Cahors. Egl. qu'il dédie
(1679), IV, 380. — Archev. de Paris. Actes de son épiscopat, I, 90,
210-211, 213, 216, 226, 261, 310,
338, 437, 450, 500, 521, 526, 528-529, 612, 638 ; II, 16, 138-139,
169, 172, 205, 265, 308, 313, 323,

373, 377, 378, 433, 436, 510, 580, 593; III, 39, 44, 46, 55, 89, 130, 143, 155, 199, 200, 227, 249, 275, 357, 551; IV, 8, 41, 57, 97, 141, 150, 151, 154, 251, 325, 351. 536, 543, 557, 583, 622, 632; V, 13, 62, 263, 393, 415.

NOAILLES (le comte de) [Adrien-Maurice], seigneur d'Arpajon par son mariage (1741), IV, 145.

NOAILLES (le duc de), capitaine des chasses de St-Germain. Créateur du village du Vésinet, III, 129.

Nobiliacum : Neuilly-sur-Marne, II, 474, 478.

Nobilis, nom romain. Origine de nom de lieu, II, 474.

NOBLAT. Voy. St-Léonard.

NOBLET (Anne), veuve de Guérin de la Coustardière. Sa maison à Cachan (1552), IV, 22.

Nocetus : Noisy-sur-Seine, V, 56.

Nocumentum. Sens de ce mot, origine de nom de lieu. V, 114.

NOCLE (Raymond de), chirurgien du Roi, V, 7.

NOÉ (la), lieu-dit de Clamart (XIIIᵉ s.), III, 248.

NOÉ (Renier de la) (XIIIᵉ s.), III, 247.

NOEL, curé d'Yerres (1275), V, 198, 213.

NOEL, official de la cathédrale de Paris. Ses biens à Bagneux (XIIIᵉ s.), III, 569.

NOEL *(Vallis)*, lieu-dit de Roissy-en-France (XIIIᵉ s.), II, 278.

NOELS (anciens) cités, II, 277 ; IV, 170, 348.

Noemio (Philippe de), chevalier (XIIIᵉ s.), II, 615.

NOES ou les NOUES, ancien nom du Petit-Drancy, II, 632.

NOEREIZ : Nozay, III, 499, 500.

Noëroie, lieu-dit [?] de Bougival, III, 108.

Noe rota, lieu-dit de Torcy (XIIIᵉ s.), IV, 596.

Nogemellum : Longjumeau, IV, 72.

NOGEN : Nozay, III, 501.

NOGENT, ancien nom de St-Cloud, III, 20.

NOGENT [Seine-et-Marne, ham. d'Yèbles], V, 151 et note. — Seigneur. Voy. Hôpital (Louis de l').

NOGENT (Jean de) [*de Nogentello*], chevalier. Seigneur de Suresnes (1257), III, 51, 172. Voy. Nointel.

NOGENT-L'ARTAUD [Aisne, cant. de Charly], III, 533.

NOGENT-LE-ROI [Eure-et-Loir, ch.-l. de cant.], I, 548.

NOGENT-LE-ROTROU [Eure-et-Loir], I, 547.

NOGENT-SUR-MARNE, *Novientum*, *No-*
vigentum, *Novigentus*, paroisse du doyenné de Chelles [Seine, cant. de Charenton]. *Notice*, II, 464-474. — Autres mentions, II, 412 ; III, 20, 38.
— Lieux-dits : Bois-Galon, Gripeau, Moineau (fief du), Perreux (le), Pinelle, Plaisance, Pont-Chenuel, *Spina Ermengardis*.

NOGENT-SUR-SEINE [Aube], I, 502 ; II, 188 ; III, 38, 112, 156.

Nogeyum : Nozay, III, 501.

NOGUION. Voy. Longuion.

NOINTEL (Charles-François OLIER, marquis de), ambassadeur à Constantinople. Tableau où il est représenté, II, 371. — Marbres antiques rapportés par lui, III, 10.

NOINTEL (Jean de), chevalier, III, 32. [Le même que celui que Lebeuf appelle Jean de Nogent].

Noio, *Nor*, *Norio*. Sens de ce préfixe de noms de lieu, II, 464 ; IV, 72.

Noiomaellum, nom supposé de Longjumeau, IV, 73.

NOIR (Vincent Du), bienfaiteur de St-Jean-en-Grève, I, 90.

NOIRVILLE (la) : la Norville, IV, 156.

NOISEAU, *Nucetulum*, *Nucellum*, Noisiel, paroisse du doyenné du Vieux-Corbeil [Seine-et-Oise, cant. de Boissy-St-Léger]. *Notice*, V, 374-377.
— Lieux-dits : Noiseau-sur-Amboile, Noiseau-sur-Chanclain.

NOISEAU-SUR-AMBOILE, *Noisillum super Amboellam*, fraction de la paroisse de Noiseau, IV, 485 (note) ; V, 377.

NOISEAU-SUR-CHANCLAIN, fraction de la paroisse de Noiseau, V, 377.

NOISEMENT [Seine-et-Marne, ham. de Moissy-Cramayel], fief, V, 114, 282. — Seigneur. Voy. Neuville (Nicolas de).
— (Guillaume de). Hommage qu'il rend à l'év. de Paris (1270), V, 114.
— (Henri de). Biens qu'il vend à l'év. de Paris (1257), V, 108.
— (Pierre de). Vente faite par Marguerite sa veuve à l'év. de Paris (1309), V, 108, 114.

NOISEMENT, lieu-dit d'Orsay, III, 302, 401.

Noisiacus ou *Nosiacus Siccus* : Noisy-le-Sec, II, 640.

Noisiacus Grandis : Noisy-le-Grand, IV, 625.

NOISIEL : Noiseau, V, 375.

NOISIEL, *Nusiellum*, paroisse du doyenné de Lagny [Seine-et-Marne, arr. de Meaux, cant. de Lagny]. *Notice*, IV, 598-600. — Habit. admis à la léproserie de Gournay, IV, 614.

NOISY ou NOISY-LE-ROI [Seine-et-

Oise, arr. de Versailles, cant. de Marly-le-Roi], III, 95, 371. — Lieudit : Tuilerie (la).
NOISY-LE-GRAND, *Nuccium magnum, Nusiacum, Nuseium, Noisiacus grandis*, paroisse du doyenné de Lagny [Seine-et-Oise, arr. de Pontoise, cant. du Raincy]. *Notice*, IV, 621-626. — Autres mentions, IV, 487, 607, 614, 632. — Curé. Voy. Barry (Guillaume).
— Lieux-dits : Barre (la), Villeflix.
— (Robert de), chevalier (1228), IV, 625.
NOISY-LES-CLAIZ. Voy. Noisy, Clayes (les).
NOISY-LE-SEC, *Noisiacus* ou *Nosiaeus Siccus, Nucetum, Nuceium* [ou *Nucenum*] *Minus, Nucidum*, paroisse du doyenné de Chelles [Seine, cant. de Pantin]. *Notice*, II, 639-643. — Autres mentions, II, 565 ; III, 556.
— Curé. Voy. Oger (Michel).
— Seigneur. Voy. Flagheac (Pierre de).
— Lieux-dits : Clacy, *Clausum Castellani*, Merlan.
— (Petronille de), bienfaitrice de l'ermitage du Val-Adam (1120), II, 642.
— (Thibaud de), clerc du Roi, II, 642.
NOISY-SUR-OISE, *Nucetum superius* [Seine-et-Oise, arr. de Pontoise, cant. de Luzarches], II, 639.
NOISY-SUR-SEINE, *Nocetus* [Seine-et-Oise, ham. de Vigneux], IV, 425. *Notice*, V, 55-6.
NOIX (redevance d'huile de), IV, 16.
NOLAN (de). Voy. Monceau de Nolan (Charles du).
NOMÉNOY, roi des Bretons, I, 181.
NONANCOURT (Pierre de), curé-archiprêtre de St-Séverin (1289), I, 100, 111.
NONANT (la marquise de). Acquiert le château de Grigny (XVIIIe s.), IV, 407.
Nongemellum. Voy. Longjumeau.
NONEVILLE ou NONNEVILLE, *Nonovilla*, paroisse du doyenné de Chelles [Seine-et-Oise, ham. d'Aulnay-les-Bondy]. *Notice*, II, 599-600. — Curé, IV, 53. Voy. Michel (Thomas).
— (Thibaud de), *de Nonovilla*, chevalier. Bienfaiteur de l'égl. de ce lieu (1209), II, 599.
NONTERRE, fausse origine du nom de lieu Nanterre, III, 72.
Nonum, nom primitif de Nonneville, II, 599.
Nooretum : Nozay, III, 500, 501.
NOOREIZ : Nozay, III, 492.
NORD-VILLE, fausse étymol. du nom de lieu Norville, IV, 230.
NORÉE (le chemin de la), à Margency (XVIIIe s.), I, 638.

NORIQUES (S. Corbinien, apôtre des), IV, 134.
NORMAN (Pierre), lieutenant du maître des chevaliers du Temple (1277), II, 571.
NORMANDIE (duché de). Hommage qui en est rendu au roi par le duc de Berry (1465), II, 409. — Ducs. Voy. Charles V, Jean, Richard Ier, Robert le Diable.
— (parlement de). Voy. Carmone (de) et Rouen.
— (procureur de la nation de), I, 554.
— (province de). Contribuant à l'entretien du pont de St-Cloud, III, 33.
— (receveur général des Finances de). Voy. Poulletier. — (trésorier des fortifications de). Voy. Patelé (André). — (régiment de). Colonel. Voy. Harville (Esprit de).
NORMANDIE (la Petite), hameau près de St-Cyr. Cédé à Louis XIV par le duc de Chevreuse, III, 207.
NORMANDS (invasions des), I, 5, 6, 10, 11, 25, 44, 80, 82, 97, 99, 100, 122, 123, 133, 189, 231, 232, 233, 250, 263, 265, 267, 284, 294, 308, 442, 493, 502 ; II, 26, 32, 348, 360, 425, 427 ; III, 21, 24, 33, 100, 105, 108, 109, 114, 118, 160, 163, 164, 388, 404 ; IV, 99, 135, 440 ; V, 175, 202, 317.
NOROTE-AU-FÈVRE, lieu-dit de Liverdy (1391), V, 300.
NOROY (le), canton des bois de la seigneurie de Chevreuse (1692), III, 373.
NOROY Nozay] (seigneur de), III, 502 ; IV, 149.
NORVÈGE. Roi. Voy. Olavus.
Norvilla : La Norville, IV, 230.
NORVILLE [Seine-Inférieure, arr. du Havre, cant. de Lillebonne], IV, 230.
NORVILLE (la) ou LANORVILLE, *Norvilla, Lanorvilla*, la Noirville, paroisse du doyenné de Montlhéry [Seine-et-Oise, arr. de Corbeil, cant. d'Arpajon], IV, 157. — *Notice*, IV, 230-234. — Seigneur : ses fiefs à Châtres, IV, 145.
— Lieu-dit : Mondonvi le (fief).
— (Domina, comtesse de la). Son procès au sujet de la boucherie de Châtres, IV, 145, 146, 233.
— (Gui de la), chanoine d'Orléans (XIIIe s.), IV, 232, 233.
— (Gui de la), chevalier de la châtellenie de Montlhéry, IV, 104, 233.
— (Guillaume, seigneur de la), IV, 233.
— (Henri, seigneur de la) (1230), IV, 232, 233.
— (Jean de la), écuyer, et Pétronille, sa femme. Biens à St-Cloud qu'ils vendent à l'év. de Paris (1257), III, 32 ; IV, 233.

— (Thomas de la), dit *Caro macra*, chevalier de la châtellenie de Montlhéry (1189, 1231), IV, 233.
NORWICH [Angleterre]. Evêques : leur hôtel à Paris, I, 117.
Nosiacum siccum: Noisy-le-Sec, II, 640.
NOTARIÉ (acte). Cassé par l'évêque de Paris, III, 162.
NOTRE-DAME. Sens de ce nom, I, 33. Eglises et chapelles placées sous ce patronage, I, 395, 602, 609 ; II, 61, 155, 205, 224, 244, 249, 263, 287, 319, 334, 340, 345, 417, 440, 487, 505, 541, 566, 585, 593, 631 ; III, 135, 218, 280, 285, 466, 469 ; IV, 5, 59, 95, 101, 122, 125, 142 ; V, 9, 42, 83, 89, 94, 124, 176. Voy. Paris (églises), Vierge (la sainte).
NOTRE-DAME (bois de), V, 237.
NOTRE-DAME (vigne de), à Arcueil, IV, 16.
NOTRE-DAME DE BONNE-NOUVELLE (chapelle de) à St-Victor de Paris, I, 337.
NOTRE-DAME DE BONNES-NOUVELLES, chapelle du Mont-Valérien, III, 82.
NOTRE-DAME DE BON-SECOURS, chapelle de l'égl. de Villiers-le-Sec, II, 235.
NOTRE-DAME DE CONSOLATION, chapelle à Savigny, paroisse d'Aulnay-les-Bondy, II, 604. Voy. N.-D. de l'Ermitage.
NOTRE-DAME-DE-GRACE. Voy. Notre-Dame de toutes grâces.
NOTRE-DAME-DE-GRAVENCHON [Seine-Inférieure, arr. du Havre, cant. de Lillebonne]. Chapelle du château, II, 413.
NOTRE-DAME-DE-HAUT-SOLEIL, chapelle à Thorigny, II, 514.
NOTRE-DAME-DE-LA-GOUTTE-D'OR. Voy. Goutte-d'Or (Notre-Dame de la).
NOTRE-DAME-DE-LA-PAIX (chanoinesses de). Voy. Charonne.
NOTRE-DAME-DE-LA-PAIX, chapelle à Charenton, II, 379.
NOTRE-DAME-DE-LA-QUINTE. Voy. Quinte (N.-D. de la).
NOTRE-DAME-DE-LA-ROCHE ou DE ROSCHE. Voy. Roche (abbaye de la).
NOTRE-DAME-DE-LA-VICTOIRE (prieuré de), nom du prieuré d'Essonnes, IV, 264.
NOTRE-DAME-DE-L'ERMITAGE (prieuré de) à Draveil. Appelé aussi Notre-Dame de Consolation ou Notre-Dame de Couplere, V, 60-62.
NOTRE-DAME-DE-L'HUMILITÉ, nom du prieuré d'Argenteuil, II, 9.
NOTRE-DAME-DE-LORETTE (chapelle de) à Maurecourt, II, 100 ; — au Petit-Groslay, II, 566 ; — à Issy, III, 12 ; — à St-Eloi de Chilly, IV, 71.
NOTRE-DAME-DE-MISÉRICORDE, dite aussi DE LA CUISINE ou DE LA GÉSINE, chapelle à Ste-Geneviève de Paris, I, 238.
NOTRE-DAME-DE-PITIÉ, titre de l'égl. de Puteaux, III, 54. — Chapelle du château de Bruyères, II, 657.
NOTRE-DAME-DE-PRESLES. Voy. Charenton-St-Maurice.
NOTRE-DAME-DES-ANGES (chapelle et fontaine de) près de Clichy-sous-Bois, II, 572-3.
NOTRE-DAME-DES-ARDENTS : l'abbaye du Val-Profond, III, 262.
NOTRE-DAME-DES-ARDENTS. Voy. Ardents.
NOTRE-DAME-DES-BOIS, chapelle près Paris où aurait séjourné le corps de Ste Opportune, I, 41, 42.
NOTRE-DAME-DES-BOISSEAUX ou DES BOUCEAUX (Bousseaux), chapelle dans l'égl. St-Christophe de Châteaufort, III, 300.
NOTRE-DAME-DES-MINOTS, chapelle dans l'égl. de la Norville, IV, 231, 232.
NOTRE-DAME-DES-MIRACLES (chapelle de) à St-Maur-des-Fossés, II, 440-1.
NOTRE-DAME-DES-PAONS, chapelle à Ste-Geneviève de Paris, I, 238.
NOTRE-DAME-DES-VERTUS, nom donné à Aubervilliers et titre de l'égl. de ce lieu, I, 98, 557, 558, 563.
NOTRE-DAME-DES-VOUTES (confrérie de), I, 211.
NOTRE-DAME-DE-TOUTES-GRACES ou NOTRE-DAME-DE-GRACE, couvent des Minimes de Chaillot, I, 415, 416.
NOTRE-DAME-DU-MESCHE, chapelle à Créteil, V, 19, 20, 457.
NOTRE-DAME-DU-MONT-CARMEL, III, 442. — (confrérie de), IV, 509. — (ordre de). Voy. S. Lazare.
NOTRE-DAME-DU-PARC (prieuré de), près Rouen. Prieurs. Voy. Barre (Antoine de la), Poncher (Étienne).
NOTRE-DAME-DU-TREILLIS (chapelle de), à St-Jacques-la-Boucherie, I, 199.
NOTRE-DAME-DU-VAL. Voy. Val (abbaye du).
NOTRE-DAME-LA-GREIGNEURE, église à Tours, III, 459.
NOTRE-DAME-LA-ROYALE : l'abbaye de Maubuisson, II, 118.
Nou, nov, now, préfixes celtiques, II, 464, 474.
NOUATRE [Indre-et-Loire, arr. de Chinon, cant. de Ste-Maure]. Eglise ; reliques, III, 389.

Nouel (Jacques), abbé de la Charmoye (1707), IV, 535.
Nouelle (Marie), femme de Rennequin Sualem. Son épitaphe (1714), III, 107.
Noue (la). Voy. *Noa*.
Noue-Rousseau (la) [Seine-et-Oise, ham. de St-Michel-sur-Orge], IV, 360.
Noue-Saint-Martin (la) [Seine-et-Marne, ham. de Quiers], V, 435, 436.
Noue-Sainte-Marie (la), lieu-dit près de Rosny (1183), II, 554.
Noues (la grange de), lieu-dit (1439), II, 292.
Noues (les) [Seine-et-Oise, lieu-dit de Ver-le-Grand], IV, 214.
Noues (les), ancien lieu-dit du Petit-Drancy, II, 630, 632, 633.
Noues (les), lieu-dit d'Ivry (XIIIᵉ s.), IV, 460.
Nouet de Montenclos. Ses biens à Santeny (XVIIIᵉ s.), V, 244.
Nourrice de Louis XIV. Voy. Ancelin.
Nourry (Denis), prieur-curé de Ferrières (1521), IV, 639.
Nouveau, maître de la chambre du Roi. Possesseur du fief de Fromont (1619), IV, 378.
Nouveau (M.) et son fils, conseiller au Parlement. Seigneurs de Chennevières (XVIIIᵉ s.), II, 308, 310.
Nouvelle-France (la) ou faubourg Sainte-Anne. Dépendant de Montmartre (1657), I, 455.
Nouville, fief à Gometz-la-Ville (1580), III, 410-411.
Nova Villa : Nonneville, II, 600.
Noviant (Etienne de), procureur du Roi en la Chambre des Comptes. Sa fille Jeanne, femme de Jacques Olivier, III, 130.
Novientum, Novientus : Nogent-sur-Marne, II, 465, 467.
Novigentum, Nogent, ancien nom de St-Cloud, III, 21, 32 ; — Nogent-sur-Marne, II, 465, 467.
Novio. Voy. *Noio*.
Noviodunum, Noviomagus. Radical de ces noms de lieu, II, 474.
Noviomellum, nom primitif supposé de Longjumeau, IV, 72.
Noviomum. Radical de ce nom de lieu, II, 474.
Novion (Potier de). Voy. Potier.
Novion (le marquis de), seigneur de Villiers-Adam, II, 133 ; — de Béthemont, 141.
Novitianus, dépendance du village du Pecq (Xᵉ s.), III, 127.
Novus Vicus : Vigneux, V, 51.
Noyer (arbre). Origine de noms de lieu, IV, 188, 598, 621.

Noyer (du), seigneur de Dampmard (XVIIᵉ s.), II, 517.
— (Mˡˡᵉ du), dame de Dampmard (XVIIIᵉ s.), *ibid*.
Noyer (du), [seigneurs des fiefs du Noyer et des Touches à Fontenay-le-Vicomte]. Leur sépulture, IV, 236.
Noyers (abbaye de) [Indre-et-Loire], III, 389. — Abbés. Voy. Martineau (Charles), Mauny (Gérard de).
Noyers (Hugues de), év. d'Auxerre (1190), IV, 281.
Noyers (les), lieu-dit de la paroisse de Combs-la-Ville, V, 176-7.
Noyers (Louis des). Son fief à Tigery (1385), V, 399.
Noyon [Oise, arr. de Compiègne, ch.-l. de cant.], III, 145 ; IV, 296.
— Abbaye de St-Barthélemy : abbé. Voy. Granger (Balthazar).
— Abbaye de St-Eloi, III, 389 ; IV, 446 ; — abbé. Voy. Lorme (Philibert de). — Chanoines. Voy. Levasseur (Jacques), Marche (Robert de la), Meudon (Jean de), Prévôt (Pierre), Vaquerie (Vincent de la).
— Diocèse, I, 282.
— Evêques, V, 428. Voy. Balzac (Charles de), Hangest (Charles de), Mailly (Jean de), Moulins (Philippe de), S. Eloi, S. Médard.
Noyon (Nicolas de), avocat au Parlement. Son fief du Denier-Parisis, III, 242. — (Nicolas de), son fils. Curé de St-Martin de Paris, *ibid*.
Noyon-sur-Andele (Hervé de Léon, seigneur de), IV, 518.
Nozay, *Nooreium, Nucereium, Nucerium, Nogeyum*, Noereiz, Nooreiz, Noroy, Nozé, Nozoi, Nogen, Nozet, Nozey, paroisse du doyenné de Châteaufort [Seine-et-Oise, arr. de Versailles, cant. de Palaiseau]. *Notice*, III, 499-504. — Autres mentions, III, 483, 492 ; IV, 64, 96.
— Lieux-dits : Lunezy, Villarceau, Ville-du-Bois (la), Villiers.
Nozay (Odeline de), vassale de Philippe-Auguste pour son fief de Boissy-sous-St-Yon. Bienfaitrice du prieuré de Longpont ; sa sépulture, III, 501-502, 505 ; IV, 166.
Nozé, Nozoi. Voy. Nozay.
Nua Huclin, lieu-dit près de Senlisses (1218), III, 419.
Nuccium magnum : Noisy-le-Grand, IV, 624.
Nucellum : Noiseau, V, 375.
Nucereium, Nucerium : Nozay, III, 500, 501.
Nucetum, Nucidum : Noisy, II, 639, 640.
Nuchèze (Jacques de), évêque de Châlon, abbé de St-Etienne de Dijon, I, 331, 424.

Nucitum superius: Noisy-le-Sec, II, 639.
NUEIL (de), trésorier du Parlement. Son château à Fouilleuse (1699), III, 101.
Nugemellum : Longjumeau, IV, 72.
Nuilliacum, Nulliacum : Neuilly-sur-Marne, II, 474.
NULLI-AUX-PLAIDS, prétendu surnom de Neuilly-sur-Marne, II, 474.
NULLY. Voy. Neuilly.
— (Thibaud de) ou de MILLY, prieur de l'abbaye de St-Denis (1248), II, 250, 269, 275.
NUMMANE. Voy. Ermenric.

Nuseium : Noisy-le-Grand, IV, 624.
Nuseium siccum : Noisy-le-Sec, II, 641.
NUYSEMONT-LÈS-DREUX [Eure-et-Loir, arr. et cant. de Dreux, ham. de Vernouillet]. Dame. Voy. Thyois (Perrette de).
Nusiacum : Noisy-le-Grand, IV, 624.
Nusiellum : Noisiel, IV, 599.
[NYONS] (François de), abbé de Ste-Geneviève (1411), I, 257.
NYVERT (Étienne), marchand de Paris. Bienfaiteur de l'égl. de la Madeleine, I, 215.

O DE NOEL (anciennes des), II, 99; IV, 450.
O [Orne, arr. d'Argentan, cant. et comm. de Mortrée], V, 148 (note).
O (Charles d'), fils de Jacques. Seigneur de Baillet; ses autres seigneuries mentionnées dans son épitaphe (1584), II, 148.
— (Charles d'), seigneur de Baillet, II, 150.
— (Jacques d'), tué à la bataille de Pavie [1525], II, 148.
— (Jacques d'), gentilhomme de la chambre du roi. Seigneur de Baillet; ses autres seigneuries mentionnées dans son épitaphe (1613), II, 148.
— (Jacques d'), marquis de Franconville. Seigneur de Baillet (1644), II, 148.
— (Jean d'), chambellan de Charles VIII. Seigneur de Baillet (1484), II, 149.
— (Robert d'), fils de Jean le Baveux. Chambellan du duc de Bourbon [et non de Bourgogne] et seigneur de Baillet, II, 149.
O (hôtel d'). Voy. Paris.
OBEL (Jeanne), femme de Guillaume Obriet, V, 376.
OBÉLISQUE élevé à Montmartre, I, 455; — dans le bois de Vincennes, II, 411.
OBLAYES, I, 11. Voy. Oublies.
OBRIET (Guillaume), V, 376.
Occinæ, Ocinæ, Occines, Ocines : Ursines, III, 221, 222.
OCTAVIEN, év. d'Ostie et de Velletri, légat du pape Célestin III. Nommé à la cure de St-Nom-de-la-Bretèche (XIIIᵉ s.), III, 150.
Oda, dame mentionnée au Xᵉ s. Ses biens près d'Andrezy, II, 98.

ODE, abbesse d'Argenteuil (IXᵉ s.), II, 3.
ODE, abbesse de Jarcy. Son épitaphe (XIIIᵉ s.), V, 166-7, 168.
ODELIN (François), curé de Gennevilliers (1651), III, 62.
ODELINE, bienfaitrice de l'abbaye d'Yerres (XIIᵉ s.), IV, 417 (note).
ODELINE, femme de Burchard de Châtres, IV, 142, 343.
ODELINE, femme de Roger de Grenelle. Donne à la confrérie de St-Remi à Vanves une vigne à Chaillot (XIIIᵉ s.), III, 579-80.
ODELINE, femme d'Amaury d'Issy (1228), III, 583.
ODELINE, femme de Pierre Maréchal (XIIIᵉ s.), V, 243.
ODELINE, femme de Simon d'Orsay, III, 259, 397.
ODELINE, femme de Hugues de Pomponne (XIIIᵉ s.), II, 508.
ODELINE, fille de Raoul Gaudin. Conditions mises à son mariage avec un serf, IV, 54.
ODELINE, veuve d'un nommé Parmen. Donne à l'abbaye de Malnoue des biens à Chatou (XIIᵉ s.), II, 23; V, 400.
ODET ou AUDET (Thibault), personnage issu d'une famille parisienne. Trésorier de l'égl. d'Auxerre (XIIIᵉ s.); son nom donné à une rue de Paris, I, 361 (note 6).
Odo Falconarius. Conjectures sur le surnom donné à ce guerrier; sa sépulture, I, 160, 163, 168.
ODON, abbé de Chaumes (1197), V, 411.
ODON, *de Taverny,* abbé de St-Denis (1162), II, 67; (1163), II, 3.
ODON [Eudes Clément], abbé de St-Denis (1229), I, 458; (1241), III, 168.

ODON, abbé de St-Denis, III, 81.
ODON, abbé de St-Germain-des-Prés. Voy. Eudes.
ODON, abbé de Ste-Geneviève, V, 197. Voy. Eudes.
ODON ou EUDES, abbé de Glanfeuil puis de St-Maur-des-Fossés. Ses ouvrages cités, II, 425, 430, 442.
ODON II, abbé de St-Maur-des-Fossés (XI° s.). Auteur supposé d'une *Vie* de S. Maur, II, 428, 429, 443, 444; V, 378, 382.
ODON, archidiacre de Paris. Biens qu'il acquiert à Boissy-St-Léger (1238), V, 388.
ODON, chanoine de S. Victor. Abbé d'Hérivaux (1200), II, 218.
ODON ou EUDES, chevalier. Bienfaiteur de St-Maur-des-Fossés (XI° s.), IV, 197, 200.
ODON, doyen de St-Marcel de Paris (fin du XII° s.), III, 57.
ODON, év. de Paris. Voy. Sully (Eudes de).
ODON, légat du S. Siège, év. de Tusculum. Dédie la Ste-Chapelle du Palais, I, 222.
ODON, prêtre de Wissous (1202), IV, 54.
ODON, prieur de St-Victor, I, 337, 340. Voy. Odon, abbé de Ste-Geneviève.
ODON, religieux de St-Maur-des-Fossés (XI° s.). Ses écrits, II, 437, 444, 477; V, 82.
ODON, serf à Créteil. Sa fille Geneviève (XII° s.), V, 18.
Odonis Villa : Leudeville, IV, 220, 222.
ODRE (J..., seigneur de). Bienfaiteur de l'abbaye de St-Maur (1250), II, 463.
ODRY. Voy. Haudry.
ŒUFS (redevance d'), II, 469; III, 328; IV, 6; V, 200, 277, 353. — (usage des) à l'abbaye d'Yerres, V, 228, 277.
ŒUFS DES CROIX, V, 277.
OFFICE NOCTURNE. Églises de Paris où l'usage de le célébrer s'est conservé, I, 13, 61, 342.
OFFICIAL, dignitaire de l'abbaye de St-Denis, I, 507.
Oflenus. Village qui a retenu le nom de ce personnage, III, 215.
OGER (Michel), curé de Noisy-le-Sec (1385), I, 327.
— (Philippe), III, 583. Voy. Ogier (Philippe).
OGER, chapelain de la léproserie de Bondy (1236), II, 566.
OGGUERRE [le baron Oguiere]. Sa maison à Châtillon, III, 577.
OGIER (Philippe), maître des Comptes, secrétaire du roi Charles V, concierge du Palais-Royal à Paris. Seigneur du Mesnil-Aubry, II, 245; — du Val-Coquatrix, V, 84. — Missions dont il est chargé, I, 572; II, 407. — Bienfaiteur de Notre-Dame-des-Champs, III, 583.
OGIER, gentilhomme de la reine Alix de Champagne. Biens qu'il reçoit de Louis VII à Gonesse (1163), II, 267.
OGIER, receveur des biens du clergé. Sa maison à Orly, IV, 438.
Oglati. Voy. *Aglati*.
OGNES [Oise, arr. de Senlis, cant. de Nanteuil-le-Haudouin], II, 637. — Égl. St-Pierre, IV, 549.
OIE (tir à l'), II, 117.
OIES (redevances d'), II, 553, 554; V, 26.
CIGNI (Philippe d'), maître-ès-arts et en Décret (1420), I, 609.
OIGNON [Oise, arr. et cant. de Senlis]. Seigneur : Pierre de Villiers-le-Bel, II, 179.
OIGNONS de Corbeil, renommés, IV, 311.
OISE, rivière, I, 599 et note.
OISEAU (tir à l'), II, 117.
OISEAUX lâchés dans les églises, I, 11.
OISELET (le pré d'), mentionné en 1242. Sa situation présumée, II, 97.
OISON (Ferric d'). Ses biens à Épinay-sur-Orge, IV, 85.
OISONVILLE (Ch. d'Allonville, seigneur d'), IV, 125.
OISSERY [Seine-et-Marne, arrond. de Meaux, cant. de Dammartin]. Dame. Voy. Barres (Helvide des).
OLAVUS, roi de Norvège. Sa sépulture, I, 448.
Olgrinus, curé de Linas (XII° s.), IV, 122 (note).
OLIER, propriétaire du château de Beaulieu (1608), IV, 226.
OLIN [Jacqueline], femme de Gabriel Tourneur, V, 379.
Olina : l'Orne, riv., III, 215.
OLINVILLE. Voy. Ollainville.
OLIVIER LE MAUVAIS, II, 409. Voy. Daim (Olivier le).
OLIVIER (Aubin), graveur des Monnaies. Son lieu de naissance, II, 285.
— (François), fils de Jacques; chancelier de France. Sa sépulture (1560), I, 32. — Seigneur du Pont de Charenton par sa femme, II, 367; — de Montlhéry, IV, 108; — de Leuville, IV, 130.
— (François), abbé de St-Quentin de Beauvais. Sa sépulture (1636), I, 32.
— (Gautier). Ses biens à Lardy (XIII° s.), IV, 185.
— (Jacques), procureur au Parle-

ment. Seigneur de Leuville et du Coudray ; décédé en 1488, IV, 130, 158, 346 ; V, 106.
— (Jacques), premier président du Parlement, décédé en 1519. Seigneur de Puiseux et de Ville-Maréchal, II, 320 ; — d'Ursines par sa femme, III, 223 ; — de Leuville, IV, 130.
— (Jacques), fils du précéd. ; maître des Requêtes. Seigneur d'Ursines, III, 223.
— (Jean), fils du chancelier. Seigneur de Charenton, II, 367 ; — de Leuville, IV, 130.
— (Jean), fils du précéd. Seigneur de Leuville, IV, 130.
— (Jean), aumônier de l'abbaye de St-Denis, abbé de St-Médard de Soissons, puis év. d'Angers. Ouvrage qui lui est attribué, I, 511. — Dédie l'égl. de St-Ouen (1538) ; seigneur de cette paroisse, I, 569.
— (Jeanne), femme de Jacques Rapouël, V, 122.
— (Louis), lieutenant général des armées du Roi. Marquis de Leuville, IV, 130, 131.
— (Madeleine), fille de Jacques, femme de Jean de la Salle. Dame de Puiseux (XVIe s.), II, 320.
OLIVIER DE FIENNES ou DU BOIS DE FIENNES (Louis-Thomas), bailli de Touraine. Marquis de Leuville, de Givry, etc., IV, 131.
OLIVIER DE FIENNES, fils du précéd. Marquis de Leuville, IV, 131.
OLLAINVILLE, *Aolini Villa*, *Doleinvilla*, Dolainville, Olinville, ham. de Bruyères-le-Châtel [Seine-et-Oise, comm. du cant. d'Arpajon], III, 466. — *Notice*, III, 475-6. — Château : dit sur la paroisse de Châtres, IV, 142. — Couvent qui y aurait existé, III, 466.
— (Henri d'), *de Doleinvilla*, vassal de Montlhéry pour son fief à Lardy (XIIIe s.), III, 475 ; IV, 184.
Olliacum : Orly, IV, 435.
OLLIER (Jean), curé de Groslay (1420), I, 609.
OLYMPE (évêque d'). Voy. Billard.
OMBREVAL, fief situé à Domont, II, 159.
O'MOLONY, chanoine de Rouen et év. d'Irlande. Sa sépulture (1702), III, 13.
ONORVILLE, village voisin de Pithiviers, IV, 230.
ONSY (Jacques Pinon, seigneur d'), V, 155.
ONVILLIERS : Invilliers [?], III, 388.
OPÉRA FRANÇAIS (représentation du premier) à Issy, III, 10.

ORAGES remarquables, II, 246, 372, 612 ; III, 137-8, 263, 363 et note ; IV, 563.
ORANGE (Jean de Challon, prince d'), II, 211.
ORANGIS, *Orengiacum*, Orengy, paroisse du doyenné de Montlhéry [Seine-et-Oise, ham. de Ris-Orangis]. *Notice*, IV, 370-373. — Autres mentions, IV, 96, 211, 409.
— Lieux-dits : Château-Sauvage (le), Torigny.
— (Baudouin d'), IV, 372.
— (Gilbert d'), seigneur de ce lieu (1136), IV, 372, 390.
— (Herbert d'). Le même peut-être que le précéd. ; bienfaiteur du prieuré de Longpont, IV, 371, 372.
— (Jean d') et son fils du même nom, IV, 372, 403.
— (Thibaud d'), bienfaiteur du prieuré de Longpont (XIIes.), IV, 372.
ORATOIRE (prêtres de l'). Voy. Paris (commun. relig.).
Oratorium. Etymologie de nom de lieu, V, 350, 352.
Oratorium. Voy. Oroir.
Oratorium absconditum : Ozoir-le-Repos, II, 524.
Oratorium Ferrariarum : Ozouer-la-Ferrière, V, 351.
Oratorium Repositorii : Ozoir-le-Repos et Villevaudé, II, 524.
ORBEC [Calvados, arr. de Lisieux]. Vicomté donnée par le roi au sieur Poncher (1528), V, 268.
ORÇAY. Voy. Orsay.
ORCÉ, I, 160. Voy. Orsay.
Orceacus, *Orceacum*. Voy. Orsay.
ORCEAU, seigneur de Passy, I, 404.
Orceiacus : Orsay, III, 395.
ORCEY. Voy. Orsay.
ORCHOST [Orchaise ? Loir-et-Cher, arr. de Blois], III, 166.
ORCIGNY. Voy. Orchigny.
Ore, *Oure*, mot celtique. Radical de noms de lieu, III, 394.
OREILLE (voleur condamné à perdre une), V, 6.
Orengiacum : Orangis, IV, 370.
ORENGY. Voy. Orangis.
ORFE, château et moulin [le château d'Ors ? à Châteaufort]. III, 304-5.
ORFÈVRE (L'). Voy. L'Orfèvre.
ORFÈVRES de Paris. Hôpital et chapelles de leur confrérie à Paris, I, 40 ; — au Blanc-Mesnil, II, 627-8. — Leur dévotion pour la chapelle de Montmartre, I, 452.
ORFÈVRES (rue des) à Villiers-la-Garenne, I, 433 ; — à St-Sulpice de Favières, IV, 171.
ORGE *(Urbia)*, rivière, III, 32, 465 et

note ; IV, 83, 86, 87, 88, 123, 129, 132, 157, 170, 343, 408, 409-410 et note, 423, 425.
ORGEMONT [Seine-et-Oise, hameau d'Argenteuil], II, 4.
ORGEMONT (famille d'), originaire de Lagny, IV, 606.
— (Amaury d'), chancelier du duc d'Orléans. Reçoit le dénombrement de Mareil-en France (1394), II, 233. — Maître des Requêtes ; seigneur de Montjay, II, 532.
— (Charles d'), fils de Philippe ; trésorier de France, IV, 606. — Seigneur de Méry-sur-Oise et de Mériel, II, 125, 127 ; — d'Ezanville, 127, 187 ; — de Champs-sur-Marne, IV, 606. — Sa mort en 1502, II, 127, 187 ; — ou en 1511, IV, 606. — Sa sépulture, 127.
— (Claude d'), fils d'Emery, échanson d'Henri IV. Seigneur de Méry-sur-Oise, II, 128 ; — de Mériel, 138.
— (Emery d'), chambellan du Roi. Seigneur de Méry-sur-Oise (1529), II, 127 ; — de Mériel, 138 ; — de St-Mandé [1530], 381 ; — de Grisy, V, 157. — Sa sépulture, II, 127.
— (Gabriel d'), seigneur de Vernouillet (XVIe s.), V, 122.
— (Guillaume d'), fils de Pierre, chancelier. Seigneur de Méry-sur-Oise, II, 127 ; — de Mériel (1410), 138.
— (Guillaume d') [fils de Charles], seigneur de Champs (XVIe s.), IV, 606.
— (Guillemette d'), fille de Claude et femme de François Juvenal des Ursins, V, 428. — Apporte à son mari la seigneurie de Méry-sur-Oise, II, 128.
— (Louise d') [fille d'Emery], mariée à Louis du Brouillat. Dame de Thorigny et de Montjay, II, 515, 532.
— (Louise d') [fille de Charles], femme de Roland de Montmorency. Dame de Baillet et d'Ezanville, II, 187-8 ; — de Champs, IV, 606.
— (Marguerite d'), femme de Jean de Montmorency, II, 514, 532.
— (Philippe d'), fils de Guillaume ; échanson du Roi. Seigneur de Méry-sur-Oise, II, 127 ; — de Champs, IV, 518, 606.
— (Pierre d'), bourgeois de Lagny. Mentionné dans le testament de Louis X, IV, 563. — Ses biens à Brou, II, 522.
— (Pierre d') [fils du précéd.], né à Lagny. Premier président du Parlement puis chancelier de France, IV, 563. — Seigneur de Méry-sur-Oise (1375), II, 127 ; — de la tour de Montmélian (1386), 339 ; — de Moussy-le-Neuf et de Chantilly, 354.
— (Pierre d') [fils du précéd.], évêque de Paris, II, 272. — Donne des reliques à St-Landry de Paris (1408), I, 46. — Présent à Argenteuil (1402), II, 12. — Droits qu'il revendique sur Conflans, II, 94. — Acte relat. aux reliques de S. Cloud, III, 23 ; — à Collégien, IV, 586. — Confondu avec Gerson, III, 80.
— (Pierre d') [fils d'Amaury], chambellan du Roi. Seigneur de Montjay et de Mareuil, II, 233, 532 ; — de Thorigny, 514. — Mort à Azincourt ; son épitaphe (1415), II, 532.
— (Pierre d'), partisan de la domination anglaise. Ses biens à Vitry (1423), IV, 451.
— (Pierre d'), fils de Charles ; chambellan de Charles VIII, IV, 606. — Seigneur de Méry-sur-Oise, II, 127 ; — de Chantilly et de Montjay ; fait hommage de cette terre à l'év. de Paris (1474), 532 ; — de Champs-sur-Marne. Décédé en 1500, IV, 606.
ORGEMONT (ROUILLÉ d'). Voy. Rouillé.
ORGETTE, lieu-dit, V, 162.
ORGEVAL en Pincerais [Seine-et-Oise, cant. de Poissy], III, 132.
CRGUEILLEUX (rû) ou de la PISSOTTE (XVe s.), II, 409. — Etymologie, II, 417.
ORGUES, I, 106 ; II, 195, 202.
ORIA (d'). Voy. Castanier d'Auriac.
ORIBEAU (l'), *Oribellum*. Voy. Loribeau.
ORIENTATION (particularités d') de certaines églises, I, 3, 54, 135, 136, 157, 208, 336 ; IV, 198, 229, 440; V, 18.
Orientius, nom romain. Origine de nom de lieu, IV, 370.
ORIFLAMME, conservée à St-Denis. Traditions sur cette bannière, I, 502 ; III, 369.
ORIGNY, le BOUT ou le BOURG D'ORIGNY, *Origniacum*, lieu-dit de Massy, III, 521.
ORIGNY, lieu-dit voisin de Tournan, V, 330.
ORILLAC (Jean dit d'), archidiacre de Paris. Biens qu'il lègue à Notre-Dame, IV, 42.
ORLÉANS [Loiret], I, 143, 144, 236 ; II, 133, 423 ; IV, 101, 150. — (Actes datés d'), IV, 261 ; V, 135.
— Abbaye de Saint-Euverte : les chanoines se réfugient à Paris, I, 340 ; — abbé. Voy. Viole (Michel).
— Archidiacre, IV, 207.
— Baillis, IV, 105, 625. Voy. Chevreuse (Jean de).

— Cathédrale : chanoines et doyens. Voy. Garlande (Etienne de), Gastel (Jean du), Guy (Jean), Issy (Guillaume d'), Norville (Gui de la).
— Collégiale de Saint-Aignan, I, 25, 338 ; — chantre, I, 337-8 ; — doyens, I, 21, 545, 569.
— Duchesse, I, 432 ; II, 658. Voy. Blanche de France, Henriette d'Angleterre, Lorraine (Marguerite de), Milan (Valentine de).
— Ducs, II, 658. — Leur fief à Belleville, I, 468. — Seigneurs de Sèvres, III, 18. Leur hôtel à Asnières, II, 59.
— Église Saint-Laurent des Orgerils, I, 268.
— Église Saint-Paterne, IV, 175.
— Evêque : abbé de St-Victor de Paris, II, 154. Voy. Bussi (Guill. de), Chanac (Foulques de), Coislin (Du Cambout de), Jouy (Philippe de), Mornay (Pierre de), Pasté (Gilles), Sanguin, Saussaye (de la).
— Forêt, III, 262.
— Généralité : Trésorier. Voy. Payen (Paul) ; — receveur général. Voy. Bachelier (Simon).
— Roi. Voy. Clodomir.
— Séminaire : le prieuré de Notre-Dame des Champs lui est réuni, I, 147 ; — ses biens à Chaiges, IV, 426.
— Vins, III, 52.
— (Gaston-Jean-Baptiste, duc d'), frère de Louis XIII, I, 292, 478, 486. — Visite qu'il fait à Cinq Mars à Versailles, III, 196. — Pose la première pierre d'une tour de l'église de Limours, III, 432 ; — fonde au même lieu un couvent de Cordeliers, 433. — Duc de Chartres et comte de Montlhéry : reçoit Limours et ses dépendances en augmentation d'apanage, III, 435, 436 ; IV, 109 ; — Seigneur de Marcoussis, III, 491 ; — cède ses droits sur Janvry, III, 442 ; — sur Villejuif, IV, 32.
— (Louis, duc d'), frère de Charles VI. Chapelle qu'il fonde à St-Eustache, I, 62. — Reçoit du roi l'hôtel de Nesle, I, 68. — Son séjour à Chaillot (1393), I, 418. — Maléfices auxquels il aurait eu recours pour provoquer la mort du roi, II, 528. — Réside à St-Germain-en-Laye (1405), III, 138. — Legs qu'il fait pour réparer les étangs de Villetain, III, 270. — Projette d'échanger la Noble Maison de St-Ouen contre la seigneurie de Champigny (1405), IV, 472. — Acquiert Vaux-la-Reine (1399), V, 183. —

Seigneur de Brie-Comte-Robert, V, 267.
— (Louis, duc d') [plus tard Louis XII]. Mentionné en 1485, I, 50. — Acquiert Luzarches (1491), II, 211. — Seigneur qui le fait prisonnier à St-Aubin-du-Cormier, V, 153.
— (Philippe, duc d'), fils de Philippe VI, II, 610. — Seigneur de Gournay, IV, 617 ; — de Brie-Comte-Robert, V, 266.
ORLÉANS (Philippe, duc d'), dit MONSIEUR, frère de Louis XIV. Maison qu'il visite à Issy, III, 9. — son château à St-Cloud ; établissements qu'il y fonde ; sa mort en ce lieu, III, 25, 30, 35, 36, 38. — Son aumônier, III, 36. — Sa visite à Arcueil (1691), IV, 18.
— (Philippe, duc d') ou le RÉGENT, I, 432 (note). — Seigneur de Bagnolet, II, 653, 656. — Né à St-Cloud, III, 38. — Ouvrages militaires qu'il fait élever pour l'éducation de Louis XV, III, 214. — Sa résidence à l'Étoile, III, 275.
ORLÉANS (Anne d'), duchesse de Savoie, reine de Sardaigne, III, 25.
— (Catherine-Angélique d'). Voy. Longueville.
— (Etienne d'), évêque de Tournay : arbitre dans une décision relative à l'abbaye de Chelles (1196), II, 492.
— (Isabelle d'), duchesse d'Alençon, douairière de Guise. Ses fondations pieuses, I, 478.
— (Jean d'), comte d'Angoulême. Seigneur de Brie-Comte-Robert (1416), V, 267.
— (Jean d'), prieur de Deuil (1266), I, 603 ; II, 173.
— (Jodoy d'), chanoine de Notre-Dame. Biens qu'il lègue à cette église, IV, 35.
— (Louis d'), seigneur de Noisy-le-Sec (1430), II, 642.
— (Louise d'). Voy. Montpensier (duchesse de).
— (Louise-Adélaïde d'), fille du Régent. Abbesse de Chelles, I, 333 ; II, 488.
ORLÉANS (Mlle d'). Voy. Montpensier.
ORLÉANS (chapelle d') dans l'égl. St-Martin de Montmorency, I, 622.
ORLÉANS (rue d'). Voy. Paris.
Orliacum : Orly, IV, 435.
ORLY, Aureliacum, Orliacum, paroisse du doyenné de Montlhéry [Seine, cant. de Villejuif]. Notice, IV, 435-438. — Autres mentions, IV, 36, 54, 152, 409, 492, 495.
— Lieux-dits : Hérouard (fontaine), Launay, Saint-Martin (fontaine).

24.

— (Guillaume d'), secrétaire du Roi (1344), IV, 438.
— (Hélie d'), conseiller de Philippe le Bel (1105), IV, 438.
— (Jean d'), curé de Montreuil-sous-Bois (1329), II, 396.
ORME appelé Crievecuer, I, 125.
ORME (justice rendue sous un), I, 597; III, 58; V, 27.
ORME de la forêt de Bondy appelé l'*Orme aux Harangues*, II, 568.
ORME (Guillaume de l'), écuyer. Biens qu'il cède à l'Université (X IIe s.), IV, 85.
— (Nicaise de l'), abbé de St-Victor de Paris, I, 336.
ORME-D VRY (l'), lieu-dit d'Ivry, IV, 463.
ORME-GAUTIER (l'), lieu-dit de Châtenay (XIII s.), III, 542.
Ormeia : Ormoy, V, 123.
ORME-LE-GRAS (l') [Seine-et-Oise, ham. de Vaugrigneuse]. Seigneur. Voy. Hérouard.
ORMES (Antoine-Martin Pussort, baron des), V, 13.
ORME-SAINT-CHRISTOPHE (l'), ORME-SAINT-SIMEON (l'), lieu-dit de Créteil (1540), V, 22.
ORMES-DE-AINT-GERMAIN (les), lieu-dit voisin de Massy (XIIIe s.), II, 521.
ORMESSON ou ORMEÇON, *Ulmicio, Ulmechon*, lieu-dit de Deuil [aujourd'hui Seine, ham. de la comm. d'Enghien], I, 519, 596. — *Notice*, I, 606.
ORMESSON (LE FÈVRE d'), seigneur de ce lieu, I, 605. — (André), seigneur d'Amboile par sa femme, IV, 482. — (Anne), femme du chancelier d'Aguesseau. Sa sépulture, I, 386. — (Henri-François de Paule), conseiller d'Etat, intendant des Finances, I, 606. — Seigneur d'Amboile, de Noiseau, de la Queue-en-Brie et des Bordes, IV, 482, 489, 490 ; V, 377. — Mention dans l'épitaphe de son beau-père, V, 233. — (Olivier), président en la Chambre des Comptes, I, 606. — Seigneur d'Amboile, IV, 482. — Sa sépulture (1000), I, 416.
ORMONT : Ermont, I, 643.
ORMONT (Antoine-Martin Pussort, vicomte d'), V, 13.
ORMOY. Origine de ce nom de lieu, IV, 188.
ORMOY, *Ulmeium, Ulmetum*, paroisse du doyenné de Montlhéry [Seine-et-Oise, arr. et cant. de Corbeil]. *Notice*, IV, 256-260. — Fief ; sa mouvance, IV, 247, 259.
— Lieu-dit : Roissy.

— (Adam d'), fils de Jean ; chanoine de St-Maurice, de St-Martin de Tours et de l'égl. d'Auxerre, IV, 257, 258.
— (Jean d'), IV, 256-7.
— (Jean d'), fils du précéd. ; chanoine de St-Pierre de Tonnerre et de St-Maurice d'Angers, IV, 257, 258.
— (Jean d'), seigneur d'Ormoy. Mis en prison comme complice de la mort de sa femme (1311), IV, 258, 259.
ORMOY ou ORMOYE, *Ormeia, Ulmeia*, paroisse du doyenné du Vieux-Corbeil [Seine-et-Oise, lieu-dit de Tigery]. *Notice*, V, 123-126. — Fief en dépendant, V, 76.
— (André d'). Mentionné en 1173, V, 123, 125, 281.
ORMOY, fief à Créteil, V, 22.
ORMOY, fief à Sante y (1597), V. 245.
ORMOY (l'), *Petra Ormessa* ou *Ormesia* [Seine-et-Oise, lieu-dit de Longpont], IV, 87, 90.
ORMOYE. Voy. Ormoy.
ORNAISON (MM. d'), seigneurs de Chamarande, IV, 179, 182. — (Clair-Gilbert), capitaine de Philsbourg et de Sarrebourg, premier écuyer de la Dauphine. Sa sépulture (1699), IV, 180, 182. — Acquiert la terre de Roussay, V, 182.
ORNANO (Jean-Baptiste d'), maréchal de France. Sa mort en prison à Vincennes [1626], II. 410.
— (Joseph-Charles d'), seigneur en partie de Bobigny (XVIIe s.), II, 638.
ORNE, rivière. Voy. *Olina*.
ORNOY [Hornoy, Somme, arr. d'Amiens, ch.-l. de cant.], IV, 357.
Oroer : Oroir, II, 524 ; — *(pertica de)*, 525.
OROER : Ozouer-la-Ferrière, V, 353.
OROER (Marguerite d'), élue abbesse de Gif (1480), II, 390.
OROIR, *Oratorium, Oratorium repositorii, Ororii (de), Ororio (de), Horeor, Ourour, Orocr*, ancienne paroisse remplacée par celle de Villevaudé, II, 523-5. — Seigneurie. Voy. Le Jeune.
Orontius, nom romain. Origine de nom de lieu, IV, 370.
ORPHELINS (hôpital pour les), I, 95.
ORRÉE, lieu-dit de Meudon (1238), III, 230.
Orricus ou *Ulricus*, prêtre de Livry (1210), II, 585.
ORRY (la chapelle d') [Orry, Oise, arr. et cant. de Senlis]. Mentionnée en 1220, I, 350.
ORSANNE d') ou DORSANNE, archidiacre de Josas, chanoine de Paris, IV, 150. — Eglise qu'il bénit (1709), IV, 115.

ORSAY, *Orceacus, Orceiacus, Orceacum,* Orçay, Orçé, Orçey, paroisse du doyenné de Châteaufort [eine-et-Oise, arr. de Versailles, cant. de Palaiseau]. *Notice,* III, 394-401. — Seigneurie : terres en relevant, III, 311, 332. — Autres mentions, III, 473 ; IV, 96, 133.
— (rivière d'). Ses moulins, III, 372.
— Lieux-dits : Belair, Bussière, Corbeville, Courtabœuf, Launay, Machecru, Maud.tour, Noisement, Ribernon, Viviers.
— (Burchard d'), mentionné en 1205, III, 396.
— (Galeran dit Payen, seigneur d'), IV, 239.
— (Geoffroy d'), III, 397.
— (Guillaume, seigneur d'), feudataire de Montlhéry (XIIIe s.). Ses fiefs, III, 397, 400, 473.
— (Simon d') et Odeline, sa femme. Bienfaiteurs du prieuré de Longpont (XIIe s.) III, 259, 396, 397.
ORSIGNY ou URCIGNY [Seine-et-Oise, ham. de Saclay], III, 302, 308, 313, 318. — *Notice,* III, 323.
— Eremburge d'), d'Orseigni. Bienfaitrice de l'abbaye de Port-Royal (1254), III, 293, 323.
ORSIGNY (d'), seigneur de Passy, I, 404.
ORSONVILLE [Seine-et-Oise, arr. de Rambouillet et cant. de Dourdan], III, 345.
ORVAL (Éléonore-Marie de BÉTHUNE d'), abbesse de Gif. Ses ouvrages, III, 390.
ORVIETTE [Orvieto. Italie], I, 398.
ORVILLE, *Aurivilla, Orvilla, Urvilla,* fief et château à Louvres, II, 297, 302, 303. — Seigneurs : leurs biens à Aunay, II, 606.
— (Adam d'), archidiacre de Paris, évêque de Térouenne. Ses biens à Louvres (XIIIe s.), II, 303.
— (Alexandre d'), fils de Robert, clerc (1200), II, 302.
— (Eustache d). Cède à l'abbaye de Ste-Geneviève des biens à Auteuil (1236), II, 302.
— (Gui d'). Mentionné en 1228, II, 281, 319 ; — en 1236, II, 302.
— (Jean d'), fils de Robert, écuyer (1260), II, 302.
— (Reric d'). Ses biens à Balemont (1198), II, 302.
— (Robert d'). Sa femme, Mathilde (XIIIe s.), I , 302.
ORVILLIERS près Chambly (Jacques Grandin, sieur d'), I, 607. — (Charles Mangot, seigneur d'), II, 68.
ORY (François), avocat. Bailli de Montrouge ; ses ouvrages, III, 591.

OSANNE, femme d'Etienne de Coubertin (1173 , IV. 581.
Oscellus, Oscellum, Hoscellum. Origine de noms de lieu, II, 32 ; III, 108.
Oscha, ouche, mesure de terre, IV, 222.
O e ii. lieu-dit d'Auteuil (1250), ,389.
OSMON le *Danois,* tuteur de Richard 1er, duc de Normandie, IV, 272.
OSMUND, chanoine de Paris. Arbitre dans un procès (XIIe s.), III, 135.
OSNE-LE-VAL [Haute-Marne, arr. de Vassy], II, 377.
Osonis Villa : Villoison, IV, 255.
OSSAT (le cardinal d'). Un de ses neveux curé du Mesnil-Aubry (1620), II, 245.
Ossel, Oussel, Oussé, formes anciennes de noms de lieu, III, 108.
OSSERRE (Guillaume d'), marchand de Paris. Bienfaiteur de l'égl. St-Sauveur (1553), I, 72.
Ostiarius, huissier, II, 374.
OSTIE [Italie]. Cardinal. Voy. Guillaume. — Evêque. Voy. Octavien.
Osumvilla : Villoison, IV, 255.
OTHON II, empereur. Son campement à Montmartre (978), I, 442. — Détruit le château de Montmorency, I, 615.
OTHON, doyen de St-Cloud, III, 26.
OUBLIES, *obliæ* (droit d), IV, 35, 431, 436. 438.
OUCHE. Voy. *Oscha.*
OUCHES (fief des) à Charonne, I, 477.
OUDART (Jacques) Son fief à Tigery (1385), V, 199.
OUDETE, femme d'Antoine de Compaigne, I, 102.
OUDIN (Bernard), membre de la contrerie des orfèvres au Blanc-Mesnil (1447), II, 628.
OUGNIES (Louise d'). Voy. Brissac.
OURCINES, I, 146. Voy. Ursines.
OURCQ (l'), rivière, III, 31. — Etymologie, III, 394.
OURDY, Lourdy en Brie [Seine-et-Marne, arr. de Melun, lieu-dit de Réau], V, 206.
Ouriaco (Odo de) [ou mieux *de Viriaco,* de Viry). Biens qu'il donne au prieuré de Longpont (XIIe s.), IV, 385.
OUROUR : Oroir, II, 476-7.
OURSEL, seigneur d'Alfort (XVIIIe s.), V, 9.
OURSIN. Ses fiefs de Tourailles et de Villeray (XVIIIe s.), V, 93, 97. Voy. Dorsant.
OURVILLE : Orville, II, 302.
OURZE (hôtel de) à Fontenay-les-Louvres (1442), II, 242.
OUTHIER, géographe. Rectifié, V, 409.
OUZOUER, V. 350. Voy. Ozouer.
Oysumvilla : Villoison, IV, 255.
OZOIR (Ozoir-la-Ferrière ?). Vente de prés en ce lieu (1189), V, 280.

OZOUER ou OZOIR-LA-FERRIÈRE, *Oratorium Ferrariarum*, Oroer, paroisse du doyenné du Vieux-Corbeil [Seine-et-Marne, arr. de Melun, cant. de Tournan]. *Notice*, V, 350-355. — Incorporé à la seigneurie de St-Cloud, III, 31. — Autres mentions, II, 327, 530 ; III, 176 ; IV, 593, 613 ; V, 100, 245.
— Lieux-dits : Agneaux (les), Chanoinerie (la), Doute (la), Ferrières, Grange Bel Air (la), Marchaudière (la), Planchette (la), Pointe-le-Roy (la), Tuillerie (la).

OZOUER-LE-BOUGIS, V, 146 (note). Voy. Ozouer-le-Voulgis.
OZOUER-LE-REPOS [Seine-et-Marne, arr. de Melun], *Oratorium absconditum*, II, 524.
OZOUER-LE-VOULGIS [Seine-et-Marne, arr. de Melun, cant. de Tournan], III, 487 ; IV, 296. — Curé. Voy. Fonteman (Jean de). — Lieudit. Voy. Etards (les)
— (Guillaume d'). Mentionné au XIVe s., V, 148.

P., abbé de St-Martin-au-Bois. Nommé à la cure de Montjay [1205 ?], II, 527.
PACY ou PASSY [Seine-et-Marne, lieudit de Chevry-Cossigny]. *Notice*, V, 291-2.
PACY (Alix de), abbesse de Chelles (1358), II, 493.
— (Denis de), seigneur d'Ablon (1403), IV, 424. — Ses héritiers, 425.
— (Gentien de) *de Paciaco*, fondateur d'une chapellenie à la Madeleine de la Cité, I, 216.
— (Isabeau de), femme de Guillaume des Barres (XIIIe s.), V, 326.
— (Jacques de). Son fief à Ablon (1348), IV, 422, 424. — Seigneur de Villemiraut (1349), IV, 634.
— (Jean de), seigneur de Bry-sur-Marne (1349), IV, 634.
— (Jean de), bourgeois de Paris. Ses biens au Tremblay (1354), II, 610-1.
— (Jean de), curé de Montgeron (1351), V, 46.
— (Jeanne de), fille de Jean, femme de Pierre des Essarts. Sa sépulture (1392), IV, 634.
— (Marguerite de), abbesse de Chelles (XIVe s.), II, 499.
— (Marie de), femme de Jean de Montgermont. Dame d'Attilly (1390), V, 282.
— (Marie de), femme de [Robert] de Châtillon, IV, 634.
— (Nicolas de), fils de Jean, bourgeois. Fonde une chapelle à Saint-Gervais de Paris (1325), I, 83.
— (Nicolas de), fils de Nicolas. Seigneur de Bry-sur-Marne ; sa sépulture (1388), IV, 634.
— (Pierre de), doyen du chapitre de Notre-Dame. Seigneur d'Ablon (1389), IV, 422, 424.
— (Pierre de), seigneur du Plessier de Pomponne. Acquiert la seigneurie de Bry par mariage (1302), IV, 634.
— (Raoul de), fondateur d'une chapelle à St-Pierre-des-Arcis à Paris (XIIIe s.), I, 316.
— (Raoul de), bourgeois de Paris. Vend aux Guillemites de Montrouge une maison en ce lieu (1258), III, 587.
— (Robert de), abbé d'Anchin, puis chartreux, V, 300.
PADOLE (la) [Seine-et-Oise, ham. de Mondeville]. Fief, IV, 247.
Paganus. Origine de ce surnom, II, 528 (note) ; IV, 163 (note).
Paganus (Adam), fils de Gui Lombard. Voy. ce mot.
Paganus, chevalier. Donne à l'abbaye des Vaux-de-Cernay des biens aux Molières, III, 411.
PAGEVIN (Nicolas), maître de la Chambre aux Deniers du duc d'Anjou. Propriétaire de l'île Louviers (1582), I, 329.
PAGI (le P.). Critiqué, V, 411.
PAILLARD (Etiennette de), femme de Clérembauld le Picard. Ses seigneuries mentionnées dans son épitaphe (1552), V, 333, 339, 340.
— (Jacqueline), fille de Philippe. Apporte la terre de Goussainville en mariage à Charles d'Aulnay (1403), II, 292, 302, 313.
— (Jean de), conseiller au Parlement, archidiacre de la cathédrale d'Auxerre, chanoine de Notre-Dame de Paris. Seigneur de Pissecoc (1450), IV, 587 ; — de Neufmoutiers, V, 339, 340.
— (Jean de), curé de Trianon, chanoine de Ste-Geneviève de Paris. Son obit. III 205.
— (Jean), religieux de la chartreuse de Bourgfontaine (1468), II, 652.
— (Jeanne de), femme de Gui de Gourle. Dame de Passy et d'Epinay-sur-Seine (1416), I, 403, 595, 596.

— (Marguerite), sœur de Jean, femme de Jean du Drac. Dame de Pissecoc (1458), IV, 587.
— (Marie de), fille de Philbert; [femme d'Amaury d'Orgemont]. Dame de Thorigny (XIVᵉ s.), II, 514.
— (Philbert), président au Parlement. Acquiert la terre de Goussainville, II, 292, 514.
— (Pierre), chapelain du château de Bobigny (1518), II, 638.
PAILLE, employée pour s'éclairer à l'aller et au retour de la messe de minuit, II, 84; — répandue dans les écoles, I, 356 (note 9); — dans les églises, III, 194.
PAILLOT (Nicolas), secrétaire du Roi. Bienfaiteur de la paroisse de Bry-sur-Marne; sa sépulture (1700), IV, 633.
PAILLY (Jean Ladry, seigneur de), V, 113.
PAIN (aumône de), II, 300. — (redevance de), I, 279; III, 53, 78, 373, 447; IV, 6.
PAIN bénit, I, 180, 236; — arrêts rendus à ce sujet, I, 280; III, 50; IV, 55, 56.
PAIN renommé, II, 270-1; IV, 69.
PAINEL (Olivier), chevalier. Accord au sujet de la Queue-en-Brie et de Pontault (1365), IV, 488, 497.
PAIN-ET-CHAIR (Pierre), haut-vicaire de l'Église de Paris. Sa sépulture (1498), II, 482. — Doyen de St-Cloud, III, 27.
PAIRÉ. Voy. Perray.
PAJOT (François), conseiller au Parlement. Seigneur de Bethmont (1549), II, 141; — de Montsoult. Ambassadeur en Suisse, II, 146.
— (Guillaume), prieur-curé de Villemomble (1489), II, 560.
PAJOT DE DAMPIERRE (l'abbé), conseiller au Parlement. Seigneur de St-Michel-sur-Orge (XVIIIᵉ s.), IV, 90, 359. — Ses fiefs à Grisy, V, 160.
PALAISEAU, *Palatiolum*, *Palesiolum*, Paleisol, Paloisel, Paloiseau, paroisse du doyenné de Châteaufort [Seine-et-Oise, arr. de Versailles, ch.-l. de cant.]. *Notice*, III, 324-333. — Résidence royale sous la première race, III, 478; IV, 131, 132. — Terre enlevée à la châtellenie de Montlhéry, III, 344; IV, 103, 367. — Curé. Voy. Saulx (Geoffroy de). — Prieuré: Ses biens, III, 529; — prieur. Voy. Valory (François de). — Seigneurs: leurs armoiries, III, 518. — Autres mentions, I, 268; II, 346; III, 317, 462, 514; IV, 67, 133.
— Lieux-dits: Alverne, Chandeliers (les), Fourcherolles, Granges (les), Hunière (la), Lozère, Villebois, Villebon, Vove (la).
— (Albert de), *de Palesio* (XIIIᵉ s.), III, 328.
— (Ferri de), de Palesel et Marie, sa femme (1214), III, 328, 508, 509; (1218), 331, 519, 532, 533.
— (Fridéric de). Ses droits sur le péage de Montlhéry, IV, 104.
— (Guy de), official de l'év. de Châlons, chanoine de Notre-Dame de Paris. Sa maison à Palaiseau, III, 333. — Bienfaiteur de Notre-Dame, IV, 35.
— (Hilduin de), de Paleseel, III, 328.
— (Hugues de), *de Palatiolo* (XIIᵉ s.), III, 328.
— (Jean de), *de Palaceolo*, abbé de St-Victor de Paris. Son épitaphe (1329), III, 333.
— (Tegerius ou l'escelin de), *de Palesolio*. Bienfaiteur du prieuré de Longpont (XIᵉ s.), III, 515; V, 394.
— (la marquise de). Ses prétentions sur Fresnes (XVIIᵉ s.), IV, 46.
PALAISEUL, *Palatiolum* [Haute-Marne, cant. de Longeau], III, 333.
PALAS (Pierre de). Aliène la seigneurie de Croissy, IV, 518.
PALATINE (la princesse). Voy. Bavière (Charlotte-Élisabeth de).
Palatiolum, localités de ce nom, III, 333.
Palatiolum, IV, 67, 131. Voy. Palaiseau.
PALÉE (la), fief à Rueil, III, 101.
PALÉE (Jean). Donne au prieuré de Longpont une dîme à Savigny-sur-Orge (vers 1136), IV, 372, 390, 398.
— (Jean), fondateur de l'hôpital de la Trinité à Paris (XIIIᵉ s.), I, 73, 74. — Chapelle qu'il fait construire à Rennemoulin, III, 174.
PALEFROI (redevance d'un), II, 492.
PALEISOEL (Bouchard de). Donne à l'égl. de Juvisy ses dîmes à Champagne, IV, 411.
PALEISOL, Paleisel. Voy. Palaiseau.
PALERNE de Lyon, prieur de Moussy-le-Neuf (XVIIIᵉ s.), II, 351.
Palesiolum: Palaiseau, III, 330.
PALISSE (Henriette de la Guiche, dame de la), V, 216.
PALISSEAU (le), ruisseau [le Prédecelles?], III, 430.
PALLU (François), évêque d'Héliopolis, III, 299.
PALLU, conseiller au Parlement de Paris. Son hôtel à la Barre, I, 607.
PALLUAU ou FALUAU, lieu-dit et port voisin d'Essonnes [Paleau, Seine-et-Oise, lieu-dit de Ballancourt], IV, 218 et note, 272-3, 277; V, 148.

PALLUEL ou PALUEL, moulin et fief à Dugny, II, 625-6.
Palmarius, sacristain, III, 521.
Palmela presita. Sorte d'hommage, V, 353.
PALMIER [PAULMIER] (Pierre), archevêque de Vienne. I, 223.
PALOISEAU (M. de), IV, 216.
PALOISEL (fief de). Voy. Courtabœuf.
PALTIMANNI (Aldobrandi), notaire de Florence, III, 8.
PALUAU. Voy. Palluau.
Palude (Pierre de), dominicain, I, 94.
PALUEL. Voy. Palluel.
PALZ., *Palatiolum* [Pfalze], lieu-dit près de Trèves. III, 333.
PAMFOU ou PAMPHOU, Panfou, lieudit et château à Brie-Comte-Robert. *Notice*, V, 271-2.
PAMIERS [Ariège]. Evêque. Voy. Artigaloupe (d').
PAMPELUNE [Espagne], V, 210.
PAMPELUNE (moulin de), de *Pampilona*, sur l'Yerres (XIIe s.) Conjectures sur ce lieu, V, 210, 211.
PAMPHOU. Voy. Pamfou.
Pan... (*Andreas*), chevalier. Ses biens dans la châtelenie de Corbeil (XIIIe s.), IV, 300.
PANCHON, instrument de pêche, V, 199.
PANCHON (Guillaume), curé de Combault (1500), IV, 493.
PANCRACE. Voy. Blanchard, Tour-Pancrace (la).
PANEADE [ou PALEADE], en Palestine (Jean, évêque de). Sa sépulture (1167), I, 337.
PANÉCRANTE (Notre-Dame de). Voy. Constantinople.
Panerius (Galrannus). Son fief mentionné en 1161, V, 132.
PANETIER (grand), dignitaire de l'abbaye de St-Denis, I, 508.
PANFOU. Voy. Pamfou.
PANIER ou PANIERS (Guillaume), seigneur d'Ormoy (1218), IV, 258, 353.
— (Pierre), chevalier de la châtelenie de Corbeil (XIIIe s.), IV, 300.
PANNONCELLE (Jeanne), recluse de l'égl. des Innocents, I, 50.
PANTEMONT [ou PENTEMONT, Oise, arr. de Beauvais]. Abbaye, transférée à Paris, I, 282.
PANTIN, *Penthinum*, *Pentinum*, Pentin, paroisse du doyenné de Chelles [Seine, ch.-l. de cant.]. *Notice*, II, 647-6,2. — Cure : biens, I, 467, 468, 471.
— Lieux-dits : Chandel (le), Egypte (l'), Prés-St-Gervais (les), Rouvray.
PAONNIÈRE (Geneviève la), fondatrice d'une chapelle à Ste-Geneviève de Paris, I, 238.
PAPARIN DE CHAUMONT (Pierre), év.

de Gap. Bénit le cimetière de Puteaux (1573), III, 54.
Papasela. Voy. Ermengarde.
PAPAREL (François), seigneur de Vitry-sur-Seine (XVIIIe s.), IV, 454.
PAPILLONS (les), canton du bois de Vincennes (1650), II, 411.
PAQUET (Landulfe ou Radulfe), bourgeois de Paris. Biens à Wissous qu'il donne à Notre-Dame, IV, 54.
PAQUIER (Madeleine), femme de... de Recours. Dame de Billancourt, I, 392.
PARABÈRE (la marquise de). Sa maison à Asnières, III, 59.
PARACLET (abbaye du) [Aube, arr. de Nogent-sur-Seine] Des religieuses d'Argenteuil y sont envoyées, II, 3. — Prieuré en dépendant, IV, 556 Voy. Héloïse.
Paradum, Paradegium. Sens de ces mots, IV, 56.
PARAS DE PUTNEUF, seigneur de Montgeron, V, 48, 217.
PARAY, *Paretum, Pyrodium*, Paré, Parel, Paret, paroisse du doyenné de Montlhéry [Seine-et-Oise, arr. de Corbeil, cant. de Longjumeau], IV, 49 ; V, 90. — *Notice*, IV, 56-57.
— Affranchissement des habitants, IV, 440.
PARC (Bernard du), prieur de Dueil (1319) I, 603.
PARC-AUX-RENARDS (le), près de Fontenay-aux-Roses, III, 560.
PARCHEMIN (vente du) au Landit de St-Denis, I, 546, 552, 554, 555.
PARC-PIERRE (le) [Seine-et-Oise, hameau de Ste-Geneviève-des-Bois, IV, 382.
PARDAILLAN DE GONDRIN (Louis de), duc d'Antin. Cède au roi ses biens de Clichy (1724), I, 429-30 ; — de l'Etang-la-Ville (1724), III, 156. — Seigneur d'Évry-sur-Seine, IV, 324, 327. — Son château à Petit-Bourg, 329.
— (Louis-Antoine de), duc d'Antin ; fils de Mme de Montespan et grand-père du précédent. Fait rebatir le château de Petit-Bourg, IV, 329.
— (Louis-Henry de), archev. de Sens, III, 385.
PARDON (foire à St-Denis appelée le), I, 533.
PARDON du soir (sonnerie du couvre-feu appelée), II, 80.
PARÉ. Voy. Paray. — (Gui de). Voy. Gui.
PARÉE (gens de). Sens de cette expression, IV, 56.
PARÉGOIRE, nom d'un martyr, I, 356 (note 1).
Pareium : Perray, V, 90.

— 375 —

PAREL : Paray, IV, 56.
PARENT (Jacques), prieur-curé de Vaujours. Sa sépulture (1567), II, 575.
— (Jean), curé de St-Sulpice de Favières (1499), IV, 175.
— (Jeanne), femme de Michel de Champrond (XVIᵉ s.), IV, 518.
— (Paul), seigneur de Villemenon (1597-1611), V, 252, 254.
— (Pierre), titulaire de la léproserie de Pontoise XVIᵉ s.), II, 116.
PARENT, seigneur de Bouflémont (XVIIIᵉ s.), II, 152.
PARET. Voy. Paray.
Paretum. Voy. Parray et Perray.
PARFAIT [Jean]. Son épitaphe [1708], V, 352.
PARIS. Incendies, I, 4, 209, 307. 309.
— Pestes, I, 338. — Sièges, I, 16, 160, 416, 418, 442, 453 ; IV, 106.
— Aalez (terre), I, 342-343.
— Abbaye-au-Bois, III, 216. Voy. Abbaye du Val-de-Grace.
— Abbaye de Port-Royal, I, 158. Voy. Port-Royal (abbaye de).
— Abbaye de Saint-Antoine. *Notice,* I, 332. — Charte de S. Louis en sa faveur, III, 137. — Son procès avec les Guillemites de Montrouge, I, 634 — Ses biens, I, 468, 481, 482 ; II, 96, 279, 374, 398, 402, 568, 600 ; IV, 8, 311, 312 ; V, 48, 81, 122, 194-5, 328. — Eglise : son fondateur, II, 381. — Abbesse. Voy. Billart de Villepescle (Amicie de), Philippe.
— Abbaye de Saint-Barthélemy et de Saint-Magloire dans la Cité, I, 174. — Ses biens, IV, 87, 88. — Abbé. Voy. Renaud. — Voy. Abbaye de St-Magloire.
— Abbaye de Sainte-Geneviève, anciennement Église de St-Pierre et St-Paul. *Notice,* I, 228-242. — Son procès avec les Mathurins, I, 114.
— Ses relations spirituelles avec d'autres églises, I, 12, 190. — Ses biens et seigneuries ; cures à sa nomination, I, 101, 129, 243, 244, 250, 256, 258, 273-4, 388, 389, 390, 392, 401, 403, 413, 487 ; II, 24, 169, 209, 272, 275, 279, 280, 282, 286, 287, 291, 302, 310, 346, 347, 397, 402, 481, 537, 538, 543, 552, 554, 557, 607, 634 ; III. 4, 6, 7, 47, 67, 75, 76, 77, 78, 79, 80, 86, 91, 100, 122, 125, 150, 151, 158, 194, 195, 204, 205, 206, 253, 267, 292, 319, 328, 331, 302, 380-7, 462, 509, 529, 530, 544-5, 554, 557, 561, 562, 563, 570, 571, 577, 579, 580, 581, 582 ; IV, 3, 11, 16, 18, 24, 29, 31, 42, 45, 48, 49, 55, 60, 61, 63, 64, 67, 211, 222, 311,

PARIS. Abbayes *(suite).*
312, 341, 347-8, 380, 386, 414, 418, 421, 423, 431, 452, 459, 460, 474, 476-7, 512, 524, 525, 526, 533, 540, 582 ; V, 58, 63, 64, 6 , 66, 68, 69, 150, 159. 166, 192, 194, 196, 197, 198, 199, 200, 206, 213. — Sépultures, II, 215, 285 ; III, 80. — Stalles du chœur, IV, 419. — Abbés. Voy. Auxerre (Guillaume d'), Bel (Philippe le), Borret (Jean de), Bouvier (Jean , Caillou (Pierre), Etienne, Foulon, Frotbald, Garenne (Jean de la), H., Le Duc (Guillaume), Maréchal (Raoul), Nyons (François de), Robert, Roissy (Jean de), Romainville (Arnoul de), St-Leu (Jean de), Thibaud, Toucy (Jean de), Tournay (Etienne de), Viry (Jean de). — Chancelier. Voy. Aymery (Jacques), Juda (Nicolas). — Doyen. Voy. Etienne. — Prieur. Voy. Alard, Bougival (Simon de) — Autres mention , I, 141, 146, 150, 257, 413 ; II, 218. 406.
— Abbaye de Saint-Germain-des-Prés, originairement Basilique de Saint-Vincent et de Sainte-Croix. *Notice,* I, 261-272. — Concile de 1129, II, 3. — Procès soutenu contre le curé de St-Côme, I, 292. — Biens et seigneuries ; cures à sa collation, I, 280, 2 5, 290, 291, 413, 483, 484, 485-6 ; II, 190, 194, 195, 546, 547 ; III, 5, 6, 7, 9, 15, 40, 47, 48, 49, 50, 51, 53-4, 55, 77-8, 86, 91, 104-5, 110, 111, 121, 154, 155, 160, 161, 162, 164, 165, 166, 167, 169, 176, 183, 207, 227-8, 229, 230, 231, 234, 235, 236, 235, 239, 240, 247, 258, 259, 262, 264, 268, 269, 303, 304, 317, 319, 323, 328, 332, 342, 426, 428, 431, 521, 525, 530, 531, 533, 534, 535, 536, 537, 543, 544, 549, 573, 575 ; IV, 5, 20, 22, 46, 49, 50, 57, 64, 80, 83, 84, 85, 86, 151, 191, 192, 193, 221, 228. 314, 395, 438, 439-440, 441, 442, 443, 444, 446 ; V, 29, 30, 31, 33, 35, 36, 37, 38, 39, 40, 42, 43, 44, 83, 157, 175, 177, 351.
— Bibliothèque : inscription et ouvrages qui y sont conservés, II, 421, 430 ; IV, 454. — Eglise, I, 107 ; — ses surnoms, I, 4, 24-5 ; clocher, I, 28 ; — chapelle St Thomas, IV, 442 ; — inscription, III, 327 ; — reliques, I, 44 ; II, 451 ; III, 327 ; IV, 44 ; — sépultures, II, 401, 402 ; III, 226, 323 ; IV, 624. — Palais abbatial, II, 493. —
Abbés. Voy. Adrald, Baoo , Briçonnet (Guillaume), Eudes, Faicourt (Hugues de), Gautier, Geof-

PARIS. Abbayes *(suite)*.
froi, Girard, Gui laume, Hilduin, Hugues, Issy (Hugues d'), Lantfrid, Loiseleves, Mauléon (Thomas de), Monceaux (Hugues de), Moret (Gérard de), Richard, Robert, Simon, Tournon (card. de), Vandremar, Vernon (Jean de). — Bailli. Voy. Rochefort (Thomas de). — Chancelier. Voy. Gislemar. — Autres mentions, I, 52, 312 ; III, 52 ; IV, 56.
— Abbaye de Saint-Laurent, I, 294, 295, 296, 301. — Abbé. Voy. S. Dommole.
— Abbaye de Saint Magloire. Reliquaires qui lui sont remis en nantissement par St-Germain-des-Prés, I, 271. — Ses religieux refusent l'hôtel de Nesle, I, 68 ; — ils sont transférés de la rue St-Denis à l'hôpital St-Jacques du Haut-Pas (1572), I, 157, 158. — Pillée en 1582, I, 339. — Ses biens et seigneuries ; cures à sa nomination, I, 14, 146, 195, 316, 439, 466, 468, 470, 475-6, 477, 481, 482 ; II. 179, 327, 328, 362, 374, 380, 381-2, 404, 466, 468-9, 626, 627, 644, 655 ; III, 5, 6, 7, 193, 194, 195, 212, 223, 414, 445, 446, 447, 452, 461, 523, 536, 537, 583, 589 ; IV, 6 16, 50. 254, 326, 374, 375, 376, 377, 378, 379, 381, 384, 385, 386, 405, 411, 418, 421, 428, 457, 460, 462, 570. — Abbés. Voy. Baudouin, Geoffroy, Hélie, Robert.
— Abbaye de Saint-Martial, dite depuis de Saint-Éloi, dans la Cité. I, 173, 306. — Ses biens, IV, 5. Voy. prieuré de St-Éloi.
— Abbaye Saint-Martin-des-Champs. Voy. aux Prieurés.
— Abbaye de Sainte-Perrine. *Notice*, I, 302.
— Abbaye de Saint-Victor. *Notice*, I, 334-343. — Forme une paroisse particulière, I, 345-6. — Sa réforme en 1549, I, 301. — Droit d'annuel qu'elle perçoit sur les biens des chanoines décédés, I, 14 ; IV, 112. — Le chapitre de la congrégation réformée de S. Victor s'y réunit, II, 596. — Bibliothèque, I, 207, 337, 383 ; II, 284, 285 ; III, 39, 122, 2 5 ; IV, 157. V, 385. — Tour servant de prison pour les religieux, I, 312. — Biens et seigneuries ; cures à sa collation, I, 232, 466, 468, 518, 613, 616, 634 ; II, 52, 151, 152, 161, 162, 165, 176, 178, 179, 180, 214, 216, 223, 264, 386, 397, 399, 417, 535, 574, 579; III, 135, 241 (note), 259, 270, 283,

PARIS. Abbayes *(suite)*.
331, 350, 368, 379, 380, 522, 556, 570, 571 ; IV, 8, 9, 36, 42, 49, 112, 281, 282, 321, 322, 363 (note), 402-3, 415, 416, 417, 421, 437, 451, 452, 400, 463 ; V, 20, 21, 47, 53, 54, 55, 57, 64, 69, 82, 147, 164, 176, 277, 284, 296, 411.
— Sépultures, II, 333, 575 ; III, 511. — Abbés, I, 80 (note) ; — concourant à l'élection de l'abbesse d'Yerres, V, 223. Voy. Absalon, Achard, Barré (André), Bordier (Jean), Ernise, Gilduin, Jean, Le Duc (Pierre), Palaiseau (Jean de), Robert, Saulx (Pierre de). — Prieurs, révocables, II, 177. Voy. Heurtault, Thomas. — Autres mentions, I, 12, 74, 233. 246, 542 ; II, 277; III, 158, 279.
— Abbaye du Val-de-Grâce. Sa translation de Bièvres à Paris, I, 158, 259 ; III, 263. — Hôtel qu'elle occupe, V, 183 (note 1). — Ses biens, II, 269 ; III, 8, 18, 208, 216, 399, 401, 509, 530. Voy. Val-profond (abbaye du).
— Abreuvoir Macon, I, 171
— Abreuvoir Pépin ou Popin, I, 39.
— Archers (francs). Capitaine. Voy. Carnazet (Antoine et Yves de).
— Archevêché (palais de l'), I, 9, 10.
— Archidiaconé de Paris ou du Parisis. Ses deux doyennés, I, 488.
— Archiprêtré de Paris ou de la Madeleine, I, 215, 381-2, 409, 458, 464.
— Archiprêtré de St-Séverin, I, 197, 226, 257, 382. — Voy. Aymery.
— Archiprêtre. Titre porté par le curé de St-Jacques-la-Boucherie, 197, 215.
— Arsenal, I, 328.
— Banlieue civile. Son étendue en 1415, I, 383. — II, 400 (note 2) ; IV, 22.
— Bastille, I, 328, 482. Capitaine. Voy. Bouen (Louis d.).
— Bibliothèque du Roi, I, 64, 450 ; II, 430 ; III, 39.
— Bibliothèque de l'abbaye de St-Victor. Ouverte au public, I, 341-2
— Boucherie (grande), I, 45, 200, 202 ; II, 500 ; IV, 164.
— — de Beauvais, II, 211.
— — des Quinze-Vingts, I, 36, 78.
— — de Saint-Leufroy, I, 45.
— Bourg l'Abbé, I, 149.
— Bourg-Ste-Geneviève, I, 98.
— Bourg-Saint-Germain-l'Auxerrois, I, 26, 27.
— Bourg-St-Germain-des-Prés, I, 100, 277.
— Bourg-St-Julien, I, 119.
— Bourg-St-Marceau, I, 121, 125, 128, 256.

PARIS (suite).
— Bourg-St-Médard, I, 256, 258.
— Bourgeois. Contribution dont leurs fiefs sont exempts, V, 181.
— Bretonnerie (fief de la), III, 16.
— Carré de Ste-Geneviève, I, 248.
— Carrefour de la Fontaine St-Séverin, I, 113.
— — Guillory, I, 368 et note 15.
— — de Mibray, I, 372 et note 1.
— — du Temple, I, 368 et note 11.
— — de la Tour, I, 364 et notes 13, 14.
— — de la Vieille-Bouclerie, I, 113.
— Ceinture de St-Eloy. Terrain ainsi appelé, I, 307.
— Challo ou Challoël (lieu-dit), I, 258.
— Champ-de-l'Alouette (le), lieu-dit, I, 128.
— Champeaux, *Campelli* (lieu-dit et marais de), I, 26, 41, 47, 70, 144, 388, 407 (note 1) ; III, 428. Voy. Halles.

PARIS. Chapelles.
— Chapelle (Sainte), I, 90, 167, 178, 220-224 ; II, 628 ; III, 200. — Biens et seigneuries ; cures à sa nomination, II, 399, 413, 605 ; IV, 17, 18, 24. — Tableau, III, 137. — Reliques, I, 500. — Chanoines. Voy. Barrin (Toussaint), Rouillé (René le), Sanguin (Antoine). — Chantre. Voy. Mortis (Jean). — Chapelain. Voy. Mangot (Charles). — Trésorier. Voy. Vialart (Germain).
— — de l'Archevêché. Voy. Chapelles du Palais épiscopal.
— — de l'Assomption, I, 283.
— — de Braque, I, 207-8. — Epitaphe, I, 592.
— — de la Chasse, I, 40.
— — des Cholets, I, 139.
— — des Cinq plaies de Notre-Seigneur. Voy. Chapelle St-Roch.
— — de Clamart, I, 127.
— Chapelle ou église du Collège de Cluny, I, 114.
— Chapelle de Gaillon ou de Ste-Suzanne, I, 77, 78.
— — du Grand-Châtelet, I, 41.
— — des Haudriettes, I, 94, 95.
— — de l'Hôtel-Dieu, I, 18, 244.
— — du Jardin des Plantes, I, 261.
— — de la Jussienne (de Ste-Marie-Egyptienne), I, 66-7. — Ses biens à Moissy-l'Evêque, V, 115.
— — de la Monnoie, I, 40.
— — de Nanterre, I, 63.
— — de la Nation de Picardie, I, 251.
— — Notre-Dame-des-Bois, origine de l'église Ste-Opportune, I, 41, 42.
— Chapelles du palais épiscopal, I, 3, 20-21. — Biens, I, 454-5. —

PARIS. Chapelles (suite).
Reliques, I, 55. — Sacre d'évêques, II, 596. — Sépulture, II, 517.
— Chapelle du Roi. Ses biens à Gonesse (XIIe s.), II, 267.
— — de Ste-Agnès près du Petit-Pont (XVe s.), I, 18.
— — de Sainte-Agnès, origine de l'église St-Eustache, I, 58.
— — Saint-Agnan, I, 21-3. — Chanoine. Voy. Brunet (Antoine).
— — de Sainte-Anastase, plus tard appelée chapelle Saint-Nicolas, I, 85-86.
— — Sainte-Anne, I, 196.
— — Saint-Bernard *in Cardonetto*, I, 343, 346.
— — Saint-Blaise, I, 98-99, 249.
— — Saint-Eloi, I, 40.
— — Saint-Georges, I, 174. Voy. Egl. de Saint-Magloire.
— — Saint-Guillaume, I, 251.
— — Saint-Jacques, I, 149.
— — Saint-Jean au Louvre, I, 38.
— — Saint-Joseph, I, 68.
— — Saint-Julien, V, 74. Voy. Hôpital. St-Julien des Ménétriers.
— — Saint-Louis et Sainte-Barbe, I, 305.
— — Saint-Luc. Voy. Eglise St-Symphorien.
— — Sainte-Marguerite (XVIIe s.), I, 330. — Voy. Eglise Ste-Maguerite.
— — de Sainte-Marie-Egyptienne. Voy. Chapelle de la Jussienne.
— — Saint-Martin dans la Cité, I, 5, 178-9, 180, 187, 202.
— — Saint-Martin dite *de Fossatis, de Orgeriis*, voisine de St-Germain-des-Prés, I, 268.
— — Saint-Michel au faubourg St-Jacques, I, 144, 179.
— — Saint-Michel dans la Cité, I, 179-180. — Ses biens à Pantin, II, 650.
— — Saint-Michel au cimetière de St-Martin-des-Champs, I, 194, 410 ; V, 104.
— — Saint-Nicaise, I, 40.
— — Saint-Nicolas dans la Cité, I, 180, 203, 220. — Ses biens à Villeneuve-le-Roi, IV, 428.
— — Saint-Nicolas. Voy. Chapelle Ste-Anastase.
— — Saint-Pierre ou St-Père, I, 144, 267, 277, 279.
— — Saint-Pierre, origine de l'église de Saint-Merry, I, 159, 160.
— — Saint-Roch ou des Cinq plaies. Voy. Eglise St-Roch.
— — Sainte-Suzanne. Voy. Chapelle de Gaillon.
— — Saint-Symphorien-des-Vignes, I, 250-1, 354 (note 4).

PARIS (suite).
— — Saint-Yves, I, 99, 113, 137, 149-150.
— — (ancienne) de la Sorbonne, I, 151-4. — Sépulture, I, 288.
— — de la Tour, I, 71.
— Charité chrétienne (la), II, 265.
— Charniers des Innocents, I, 52.
— — de St-Côme, I, 291.
— — de St-Eustache, I, 63.
— — de St-Paul, I, 324, 325.
— Château-Festu, I, 37, 363 et note 7.
— Chatelet (Grand), I, 36, 177. — Sa mouvance, I, 625 ; II, 189, 399; IV, 146, 186, 196, 347. — Ses assises à Montlhéry, IV, 108. — Arrêts et règlements, II, 225 ; III, 223, 583 ; IV, 55, 69, 140. — Promenades annuelles de ses officiers à Bagnolet et à Bagneux, II, 654 ; III, 567. — Exerce la police au Landit de St-Denis, I, 556 — (notaires du). Ordonnance les concernant, II, 65. — (sergents du). Image expiatoire qu'ils offrent à l'égl. Ste-Geneviève, I, 240 ; — l'un d'eux condamné, II, 625. — (rentes sur le), I, 175-6 ; IV, 85. — Lieutenant criminel. Voy. Nègre, Tardieu. — Procureur du roi. Voy. Longueil (Nicolas de).
— (Chatelet (Petit), I, 112, 118. — Résidence du prévôt de Paris, IV, 472. — Lieu du supplice de Barnabé Brisson, IV, 85.
— Chaussée de Gaillon, I, 64.
— — du Temple, I, 297.
PARIS. Cimetières, I, 52, 228-91.
— Cimetière de Champeaux, I, 48.
— — de Clamart, I, 127 ; III, 250.
— — des Innocents, I, 50, 51, 52-3, 542. — Chapelle, II, 347. — Sépultures, I, 75, 583 ; II, 346-7, 354, 355 ; III, 151 ; IV, 245 (note), 399.
— — des Juifs, I, 119.
— — des Quinze-Vingts, I, 39.
— — Saint-André-des-Arts, I, 286, 287-8.
— — Saint-Barthélemi, I, 174, 181.
— — Saint-Benoit, I, 138, 249.
— — près de l'église St Côme, I, 291.
— — Saint-Eustache, I, 64.
— — Saint-Gervais, I 79, 88.
— — Saint-Honoré, I, 55, 56.
— — Saint-Jean, I, 85, 369 (et notes 9 et 10).
— — Saint-Joseph, I, 64. — Sépultures, I, 68.
— — de l'ancienne abbaye de Saint-Laurent, I, 291, 297.
— — de Saint-Louis-en-l'Ile, I, 225.
— — Saint-Marcel, I, 52, 127.
— — de Saint-Martin-des-Champs. Chapelle et sépultures, I, 194, 410.

PARIS. Cimetières (suite).
— — Saint-Nicolas-des-Champs, I, 203.
— — Saint-Nicolas-du-Louvre, I, 57.
— — Saint-Paul, I, 307, 321. — Sépulture, III, 230.
— — Saint-Roch, I, 77.
— — Saint-Séverin, I, 102, 110, 117. — Sépulture, I, 111.
— — de la Trinité, I, 18, 74.
PARIS. Cloîtres.
— Cloître des Innocents, I, 53.
— — Notre-Dame, I, 7, 8, 14, 125, 219.
— — Saint-Benoît, I, 135.
— — de Ste-Geneviève : sa reconstruction, I, 241.
— — de St-Germain-des-Prés. Chapelle Notre-Dame, I, 221.
— — de St-Jean-en-Grève, I, 84, 87, 92 ; — appelé le Martrai-St-Jean, I, 369 (note 3).
— — de St-Jean de Latran, I, 249.
— — de St-Marcel, I, 122, 125.
— — de Ste-Opportune, I, 43.
— Clos Bruneau, I, 129, 354 (note 13).
— — Garlande, I, 119, 299.
— — le-Roy, I, 145.
— — Mauvoisin, II, 539.
— Cocatrix (fief). Voy. Haran (fief).
— (rue). Voy. Rues.
PARIS. Collèges.
— Collège d'Ablon. Voy. Collège des Grassins.
— — d'Allemagne, I, 117.
— — d'Arras, I, 346.
— — d'Autun, I, 289.
— — de l'Ave-Maria ou de Hubant, 252. — Principal. Voy. Boisot.
— — de Bayeux, I, 117.
— — de Beauvais [ou de Dormans], I, 129, 253, 354 (note 13). — Ses biens, II, 396 ; IV, 445, 597 ; V, 275. — Sépultures, II, 292, 647.
— — des Bernardins, I, 343, 346.— Ses biens, III, 125, 131. — Chapelle : sépulture, III, 16.
— — de Boissy, I, 289. — Biens, III, 583.
— — de Boncourt, I, 253.
— — des Bons-Enfants, proche l'égl. St-Honoré, I, 56, 57.
— — des Bons-Enfants, rue St-Victor, converti en séminaire, I, 346. — Biens, IV, 89. — Principal. Voy. Pluyette (Jean).
— — de Bourgogne, I, 292.
— — de Calvi, I, 154. — Principal. Voy. Bel (Philippe le).
— — de Cambrai ou des Trois-Evêques, I, 138, 252-253. — Principal. Voy. Béjard (Nicolas).
— — du Cardinal-Le-Moine, I, 346. — Ses biens, V, 89, 91.

PARIS. Collèges *(suite)*.
— — de Chanac, I, 252. — Ses biens, I, 258 ; V, 115. — Maître. Voy. Moriac (Hugues de). Principal. Voy. Floret (Blaise).
— — de la Charité-Notre-Dame. Voy. Collège des Lombards.
— — des Cholets, I, 248. — Bibliothèque, II, 284. — Chapelle, II, 108 (note).
— — de Clermont ou des Jésuites, I, 139, 154. — Collège et abbaye qui y sont réunis, I, 131 ; II, 520. — Ses biens, II, 63-64, 73 ; IV, 10 ; V, 262, 392.
— — de Cluny, I, 139, 154. — Chapelle, I, 114. — Ses biens, II, 602.
— — de Cornouaille, I, 117, 119. — Collège qui y est réuni, I, 130.
— — de Dainville, I, 139, 154.
— — des Dix-Huit, I, 154.
— — des Ecossais ou de Grisy, I, 252 ; V, 161. — Ses biens, V, 156, 161.
— — de Fortet, I, 253. — Ses biens, I, 642 — Principal. Voy. Collot (Bernard).
— — de France. Voy. Collège Royal.
— — des Grassins ou d'Ablon, I, 111, 239, 254 ; IV, 424.
— — de Grisy. Voy. Collège des Ecossais.
— — d'Harcourt, I, 130, 293. — Proviseur. Voy. Dagoumer.
— — de Hubant. Voy. Collège de l'Ave-Maria.
— — des Jésuites. Voy. Collège de Clermont.
— — ou Ecole des Juifs, I, 117.
— — de Justice, I, 292.
— — de Laon, I, 251.
— — de Lisieux, I, 139, 154, 248.
— — des Lombards, appelé Collège de la Charité-Notre-Dame et *Collegium de Tornaco*, I, 130.
— — de Maître-Gervais, I, 117, 118. — Ses biens, I, 563, 579 ; II, 71.
— — du Mans, I, 131, 282.
— — de la Marche et Winville, I, 253-4. — Ses biens, III, 283, 295, 373.
— — de Marmoutiers. Voy. Collège du Plessis.
— — Mazarin. Voy. Collège des Quatre-Nations.
— — de la Merci, I, 254.
— — Mignon, dit de Grammont, I, 292 ; II, 393.
— — de Montaigu, I, 252. — Ses biens, III, 186, 283 ; IV, 55, 357. — Principal. Voy Standon (Michel). — Autres mentions, II, 596 ; III, 83.
— — de Narbonne, I, 117. — Principal. Voy. La Font (de).

PARIS. Collèges *(suite)*.
— — de Navarre, I, 251. — Collège qui y est réuni, I, 253. — Chapelle : tableau des fondations, II, 380. — Professeurs. Voy. Cagné. Châteaufort (Guill. de), Perrier. — Personnages qui y ont étudié, III, 308, 497. — Histoire, citée, II, 313.
PARIS. Collège du Plessis, appelé aussi de Marmoutiers, I, 139, 150, 252.
— — de Pompadour, I, 252. — Voy. Collège St-Michel.
— — des Prémontrés, I, 291, 352 (note 3).
— — de Presles, I, 129, 251.
— — des Quatre-Nations ou Mazarin, I, 68, 281, 282, 289.
— — de Reims, I, 253.
— — de Rethel, I, 253.
— — Royal [Collège de France], I, 253, 254. — Ses biens, III, 18. — Inspecteur. Voy. Lancelot (Antoine).
— — Sainte-Barbe, I, 254. — Ses biens, IV, 453. — Son fondateur. Voy. Gast (Robert du).
— — de Saint-Bernard, III, 125. Voy. Collège des Bernardins.
— — de l'abbaye de Saint-Denis, I, 507, 513.
— — Collège Saint-Michel ou de Pompadour, anciennement de Chanac. Voy. Collège de Chanac.
— — Saint-Nicolas du Louvre, I, 57, 58. — Ses biens, IV, 89.
— — de Saint-Vrain, IV, 206-7.
— — de Séez, I, 117.
— — de Sorbonne, I, 71, 134, 139. — *Notice*, I, 150-154. — Ses biens, III, 8, 564 ; IV, 10, 80, 187, 473 ; V, 149. — Bienfaiteurs, II, 356 ; III, 44. — Prieurs. Voy. Astorge. — Procureurs, IV, 336. — Proviseurs, I, 59, 111 ; II, 189. — Recteur. Voy. Bizot (Claude). — Voy. Chapelles et Églises.
— — de Tonnerre, I. 154.
— — de Tou, *de Tulleio*, I, 130.
— — de Tournai, *de Tornaco*. Voy. Collège des Lombards.
— — de Tours, I, 117. — Ses biens, V, 160, 161.
— — de Tréguier, I, 130, 254. — Ses biens, III, 18.
— — du Trésorier, I, 117.
— — des Trois-Évêques. Voy. Collège de Cambrai.
— Comédie Italienne, I. 64, 73.
— Commanderies. Voy. Eglises de Saint-Jacques-du-Haut-Pas et St-Jean-de-l'Hôpital.
PARIS. Communautés religieuses.
— Annonciades célestes ou Filles-Bleues, I, 331.
— Annonciades du S. Esprit, I, 333.

PARIS. Communautés relig. (suite).
— Assomption (filles de l'), I, 79, 95.
— Augustins, I, 69.
— Augustins-Déchaussés de la Reine Marguerite appelés plus tard Petits-Pères, I, 67, 281 ; II, 512.
— Augustins (Grands-), I, 289 ; II, 560. — Sépultures, I, 477 ; II, 283 ; IV, 319.
— Ave-Maria (religieuses de l'), I, 331. — Sépultures, II, 242, 544 ; IV, 632.
— Barnabites, II, 272 (note). Voy. Prieuré de Saint-Éloi.
— Béguines, I, 331.
— Bénédictines du Calvaire. Voy. Calvaire.
— Bénédictines de Notre-Dame-de-Bon-Secours, I, 282.
— Bénédictines de Notre-Dame-de-Consolation, I, 282.
— Bénédictines de Notre-Dame-de-Grâce, I, 77.
— Bénédictines de Notre-Dame-de-Liesse. I, 282 ; V, 404.
— Bénédictines de Notre-Dame-des-Prés, I, 283.
— Bénédictines réformées de Traînel, I, 333.
— Bénédictines du Val-de-Grâce. Voy. Abbaye du Val-de-Grâce.
— Bénédictins Anglais, I, 159. — Prieuré qu'ils possèdent, III, 171.
— Bénédictins réformés. Voy. Blancs-Manteaux.
— Bernardines de l'abbaye de Notre-Dame-au-Bois [l'Abbaye-au-Bois], I, 282.
— Bernardines de Pantemont, I, 282 ; II, 17.
— Bernardines du Précieux-Sang, I, 281.
— Bernardins. Voy. Collèges.
— Billettes ou frères de la Charité-Notre-Dame, I, 94. — Biens, II, 398. Voy. Carmes.
— Blancs-Manteaux ou Serfs de la Vierge. Abolis et remplacés par les Guillemites puis par les Bénédictins réformés, I, 93-94 ; II, 272, 448 ; III, 588. — Sépultures, II, 314 ; III, 153 ; V, 157, 282, 283.
— Prieur. Voy. Gonesse (Jean de).
— Communauté du Bon-Pasteur, I, 282.
— Calvaire (bénédictines du), établies au Marais, I, 85, 86 ; — près du Luxembourg, I, 281.
— Capucines, I, 79.
— Capucins (du faubourg St-Jacques), I, 158. — Biens à Louvres, II, 303.
— Capucins du Marais, I, 94.
— Capucins (de la rue St-Honoré), I, 78.
— Capucins. Gardien. Voy. Épiphane.

PARIS. Communautés relig. (suite).
— Carmélites du prieuré de Notre-Dame-des-Champs, I, 146, 158, 279.
— Carmélites de la rue Chapon, I, 208.
— Carmélites de la rue de Grenelle, I, 282.
— Carm s, II, 560. — Biens, V, 273.
— Carmes de la place Maubert, I, 254-5, 330.
— Carmes-Billettes ou de la réforme de Rennes, I, 94. — Biens, I, 481 ; III, 571 ; V, 105, 296, 297, 298. — Sépultures, I, 630 ; II, 66.
— Carmes déchaux de la rue de Vaugirard, I, 281, 538.
— Célestins, I, 254, 318, 327, 330 ; IV, 39. — Biens, seigneuries et cures, II, 19, 192, 193, 225, 306, 330 ; III, 19, 172, 173, 209, 212, 213, 214, 247, 267, 268, 270, 275, 313, 321, 373 ; IV, 31, 334, 335, 531 ; V, 65. — Sépultures, II, 519, 526, 638 ; IV, 59, 149, 153.
— Chanoinesses Anglaises de Notre-Dame-de-Sion, I, 255.
— Chanoinesses régulières de S. Augustin, I, 333.
— Chanoinesses de Sainte-Perrine, I, 298. Voy. Abbaye de Sainte-Perrine.
— Chanoinesses du Saint-Sépulcre, I, 281.
— Charité-Notre-Dame (filles de la) ou de St-Michel, I, 261.
— Charité-Notre-Dame (frères de la). Voy. Billettes.
— Chartreux, I, 74, 100, 111, 113-116, 144, 347, 485 ; II, 519 ; III, 83, 508 ; IV, 11, 39, 463 ; V, 62, 84, 161, 214. — Chapelles de l'abbé d'Anchin, V, 149, 300 ; — de la Madeleine, V, 84 ; — St-André, III, 509 ; — St-Jean, II, 211 ; — dissimulées, III, 488. — Biens, I, 485 ; II, 18, 66, 268, 269 ; III, 8, 194, 232, 238, 243, 508, 509, 510, 565, 583, 590 ; IV, 16, 77, 386, 427, 429-430, 471-472, 558-559, 564 ; V, 84, 119, 122, 147, 149, 192, 214, 218, 220, 300, 301. — Sépultures, II, 18 ; III, 357, 509 ; V, 84. — Prieur. Voy. Billecoq (Gabriel).
— Conception (filles de la) ou Filles Anglaises, I, 333.
— Cordelières (du faubourg St-Marcel), I, 259, 260, 416 ; III, 115. — Biens, III, 437 ; IV, 403 ; V, 156.
— Cordelières (Petites-), I, 283.
— Cordeliers, I, 137, 291 ; II, 414, 560. — Chapelle de Longueil, I, 125. — Sépultures, I, 125 ; IV, 217, 350 ; V, 266.
— Croisiers (frères). Voy. Prieuré de Ste-Croix-de-la-Bretonnerie.

PARIS. Communauté relig. *(suite)*.
— Doctrine chrétienne (pères de la), I, 225, 333 ; III, 558.
— Dominicains de la rue St-Dominique, I, 281.
— Dominicains réformés, de la rue St-Honoré, I, 79. — Leurs biens, II, 265, 266 ; III, 87, 88.
— Communauté de l'Enfant-Jésus, I, 283.
— Feuillants, I, 78-79, 159. — Biens, II, 134, 150, 242, 290. — Grotte, I, 36. — Fondateur. Voy. Barrière (Jean de la). — Noviciat ; où il a été transféré, III, 254.
— Filles-Anglaises, I, 128.
— Filles-Anglaises. Voy. Conception (filles de la).
— Filles-Bleues. Voy. Annonciades célestes.
— Filles du Calvaire. Voy. Calvaire (bénédictines du).
— Filles de la Charité, I, 298.
— Filles de la Conception du Tiers-Ordre de S. François, I, 79.
— Filles de la Congrégation de Notre-Dame, I, 255.
— Filles de la Crèche, I, 261.
— Filles de la Croix, I, 333 ; III, 95.
— Filles-Dieu, I, 74-75. — Biens, II, 22, 33, 34, 242, 269 ; IV, 8. — Sépulture, III, 322.
— Filles de l'Instruction chrétienne, I, 282.
— Filles de la Madeleine. Voy. Madelonnettes.
— Communauté de filles et femmes veuves transférée de Vaugirard au faubourg St-Germain (1669), I, 487.
— Filles Orphelines [dites de la Mère-de-Dieu], I, 282.
— Filles-Pénitentes ou Filles-Repenties, I, 68, 184. — Sépultures, I, 627 ; III, 159.
— Filles-Pénitentes de Ste-Valère, I, 260.
— Filles de la Providence, I, 260, 479.
— Filles de la Providence. Voy. Filles de Saint-Joseph.
— Filles-Repenties. Voy. Filles-Pénitentes.
— Filles de Sainte-Agnès, I, 67.
— Filles de Sainte-Elisabeth, I, 208.
— Filles de Saint-Joseph ou Miramiones, I, 347. — Leurs biens à Ivry, IV, 460-1.
— Filles de Saint-Joseph ou de la Providence, I, 281.
— Filles de Sainte-Marthe, I, 334.
— Filles du Saint-Sacrement, rue St-Louis, I, 86.
— Filles du Saint-Sacrement, rue Cassette, I, 282.
— Filles de Sainte-Thècle, I, 283.

PARIS. Communautés relig. *(suite)*.
— Filles de St-Thomas-d'Aquin, I, 67.
— Filles de Saint-Thomas de Villeneuve, III, 144.
— Filles du Sauveur, I, 208.
— Filles du Silence. Voy. Communauté de Ste-Agathe.
— Filles de la Trinité ou Mathurines, I, 333.
— Filles de l'Union-Chrétienne ou Petit-Saint-Chaumont, I, 306, 479.
— Filles de la Visitation, rue du faubourg St-Jacques, I, 139, 158, 250.
— Filles de la Visitation, rue du Bac, I, 282.
— Filles de la Visitation, rue St-Antoine, I, 331.
— Guillemins ou Guillemites. Seigneurs du Plessis-Gassot, II, 248. Voy. Blancs-Manteaux.
— Haudriettes. Voy. Hôpitaux.
— Jacobins ou Frères Prêcheurs, I, 135, 136, 139, 149, 353 ; II, 560. Voy. Dominicains. — Sépultures, II, 121 ; IV, 7. — Prieur. Voy. Pierre.
— Jésuites de la maison professe, I, 331. — Biens, I, 480 ; V, 348.
— Jésuites (noviciat des), I, 281 ; III, 590.
— Madelonnettes ou Filles de la Madeleine, I, 208, 370 (notes 4, 5).
— Mathurines. Voy. Filles de la Trinité.
— Mathurins ou religieux de la Sainte-Trinité (Trinitaires), I, 113-114, 460. — Biens, I, 435 ; III, 261, 571, 583 ; IV, 31.
— Merci (religieux de la), I, 208.
— Minimes, I, 331 ; III, 387 ; IV, 508. — Sépultures, II, 111 ; IV, 382.
— Miramiones. Voy. Filles de Sainte-Geneviève.
— Mission (prêtres de la), I, 298, 346.
— Notre-Dame-de-la-Miséricorde (filles de), I, 282.
— Notre-Dame-de-Liesse (bénédictines de). Voy. Bénédictines.
— Notre-Dame-de-Sion. Voy. Chanoinesses anglaises.
— Notre-Dame-des-Vertus, I, 334.
— Nouveaux-Convertis, I, 347.
— Nouvelles-Catholiques, I, 79 ; II, 377.
— Oratoire (pères de l'), I, 40-41, 157, 158. — Biens et cures, I, 559, 560, 621 ; III, 187, 452. — Voy. Institution (l').
— Orphelines [de l'Enfant-Jésus], I, 261.
— Pantemont (bernardines de). Voy. Bernardines.

PARIS. Communautés relig. *(suite)*.
— Pénitents de Nazareth, I, 208.
— Pénitents réformés du Tiers-Ordre de S. François appelés aussi Picpus, I, 332-333 ; II, 207.
— Petit-Saint-Antoine, I, 331 ; III, 589. — épuisure, IV, 477, 478.
— Petits-Pères. Voy. Augustins-Déchaussés.
— Picpus (frères de). Voy. Pénitents réformés.
— Port-Royal (cisterciennes de). Voy. Abbaye de Port-Royal.
— Prémontrés réformés ou de la Croix-Rouge, I, 282.
— Providence. Voy. Filles de Saint-Joseph.
— Recollettes, I, 281.
— Recolets, I, 298.
— Rédemption des Captifs (religieux de la). Voy. Mathurins.
— Roquette (hospitalières de la), I, 333.
— Ste-Agathe ou la Trappe ou Filles du Silence, I, 261.
— Sainte-Aure, I, 250, 256.
— Sainte-Avoie, I, 168, 171-172, 368 (note 3).
— Saint-Chaumont ou Sainche-Aumond, I, 298.
— Saint-Chaumont (le Petit-). Voy. Filles de l'Union-Chrétienne.
— Sainte-Claire (religieuses de), I, 327.
— Trappe (la). Voy. Communauté de Ste-Agathe.
— Saint-François-de-Sales, I, 210-211, 261, 604 ; III, 13.
— Saint-Michel. Voy. Charité-Notre-Dame (filles de la).
— Saint-Nicolas (prêtres de la Communauté de). Leurs biens à Villejuif, IV, 29-30. Voy. Séminaire de St-Nicolas.
— Sainte-Perrine, I, 298. Voy. Abbaye de Ste-Perrine.
— Saint-Raphaël, I, 225.
— de la Sainte-Trinité. Voy. Mathurins.
— Saint-Yon (frères de), I, 283.
— Serfs de la Vierge. Voy. Blancs-Manteaux.
— Théatins, I, 282. — Leur hospice à Vaugirard, I, 487.
— Ursulines, I, 158, 171-2.
— Comtes. Voy. Bégon, Etienne, Eudes, Gérard, Hugues, Mommole, Robert.
— Conférence (faubourg de la), I, 413.
— Confrérie des bouchers, I, 200, 317.
— Confrérie (Grande) des bourgeois ou Grande Confrérie de Notre-Dame, I, 216-217. — Sa censive à Villejuif, IV, 32.

PARIS. Confréries *(suite)*.
— — des chirurgiens, I, 291.
— — des Cinq-Plaies et de Notre-Dame-de-Pitié, I, 314.
— — des clercs, I, 199.
— — des crieurs de nuit, I, 51.
— — des drapiers-chaussetiers ou de Notre-Dame-des-Voûtes, I, 211.
— — des drapiers, I, 217 ; III, 262.
— — des fripiers, I, 183.
— — des lingères, I, 63.
— — des maçons et charpentiers, I, 99.
— — de la Madeleine à St-Eustache, I, 63.
— — des marchands de l'Eau, I, 216.
— — des maréchaux, I, 309.
— — des Matines, I, 12-13, 217.
— — des pèlerins du Mont-St-Michel, I, 180.
— — de Notre-Dame, pour les notaires du Châtelet, I. 177.
— — de Notre-Dame-de-Bonne-Délivrance, I, 143.
— — de Notre-Dame-de-Bon-Secours, I, 63.
— — de l'officialité, I, 21.
— — des orfèvres et changeurs, I, 40 ; II. 627-8.
— Confrérie et confrères de la Passion, I, 74.
— — des pâtissiers, I, 180.
— — des paveurs, I, 213.
— — des pénitents blancs, I, 289.
— — des rubaniers, I, 194.
— — de Roncevaux, I, 61.
— — des serruriers, I, 213.
— — de S. André, I, 62, 63 ; — de Ste-Cécile, I, 289 ; — de S. Charlemagne, I, 150 ; — de S. Charles, I, 199-200 ; — de S. Clair, I, 56 ; — de St-Claude en Franche-Comté, I, 65 ; — de Ste Geneviève, I, 63 ; — de S. Georges, I, 199 ; — de S. Fiacre, I, 304 ; — de S. Jacques, I, 65 ; — de Ste Julienne, I, 157 ; — de S. Lazare, I, 301 ; — de S. Louis, I, 63 ; — de S. Mamert, I, 104, 109 ; — de S. Michel, I, 180 ; — de S. Nicaise, I, 40 ; — de St-Nicolas de Varengeville, I, 65 ; — de S. Prict, I, 143 ; — de S. Quentin et de S. Eutrope, I, 84 ; — de Ste Reine, I, 61 ; — de S. Roch, I, 63 ; — de S. Sébastien et de S. Roch, I, 183 ; — de S. Séverin, I, 103 ; — de Ste Venice, I. 63.
— de la Trinité, I, 52, 103. — Ses biens, IV, 452.
— Copeaux (fief de), IV, 344, 346.
— Coq (fief du) dit de l'Homme-Riche, I, 429.
— Coquatrix (fief). Voy. Cocatrix.
— Cour-Harchier, I, 373.

PARIS. Cours *(suite)*.
— — la Reine, I, 330.
— — Robert, I, 367 ; II, 388.
— — de Rouen, I. 293.
— — San-Benoît. I, 259.
— — Saint-Éloi, I, 316 ; V, 63.
— Cours. Voy. Rues.
— Cours-la-Reine, I, 417.
— Courtille, I, 297
— Couture Saint-Magloire, I, 184.
— Couvents. Voy. Abbayes, Communautés, Prieurés.
— Croix-Clamart ou Croix de Dormans, III, 250.
— — Jean-Bigne ou Croix-Neuve, I, 363 (n. 8).
— — de la Reine, I, 73.
— — de St-Laurent, I, 184.
— — du Tiroir, I, 37-38.
— Cul-de-sac des Anglais, I, 168.
— — Bas-Four, I, 73.
— — Bertaud, I, 168, 206.
— — du Bœuf, I, 367 (note 11).
— — de la Bouteille, I, 64, 73.
— — Bouvart, I, 129.
— — du Chat blanc, I, 366 (n. 12 et 13).
— — Clervaux, I, 168.
— — de la Cour de Rouen, I, 289, 293.
— — des Etuves, I, 367 (n. 9).
— — de la Fosse-aux-Chiens, I, 361 (n. 4).
— — Gloriette, I, 112, 356 (n. 12).
— — de la Guépine, I, 328, 370 (n. 10).
— — de la Heaumerie, I, 212.
— — de Jérusalem, I, 357 (n. 3).
— — Ménard, I, 64, 78.
— — de Novion, III, 253 (note).
— — de l'Orangerie, I, 36.
— — Pequet ou Pequai, I, 93, 368 (n. 5).
— — de la Porte-aux-Peintres, I, 186.
— — Putigneux, I, 329, 371 (n. 5).
— — Rollin-prend gage, I. 361 (n. 1).
— — Saillenoien ou Salenbrière, I, 112.
— — St-Faron, I, 369 (n. 7).
— — Ste-Marine, I, 319, 357.
— — St-Martial, I, 317.
— — de Venise, I, 169.
— — des Vignes, I, 250.
— Culdoe (fief de) ou de Garges, II, 256.
— Cultures de l'Evêque ; terres ainsi appelées, I, 26.
— Echelle de justice de l'abbaye de St-Magloire, I, 184.
— — du Temple, I, 368 (n. 11) ; II, 500.
— Ecole de Dessin, I, 213.
— Ecoles de Droit, I, 138, 354 (note 13) ; IV, 310.

PARIS. Ecoles *(suite)*.
— Ecoles de Notre-Dame, I, 10, 22, 24.
— — de l'abbaye de Ste-Geneviève, I, 232-3.
— — de St-Germain-l'Auxerrois, I, 31.
— Ecoles (grandes) de la paroisse St-Séverin, I, 106. — Maître. Voy. Le Fèvre (Raoul).
— Ecoles particulières, I, 256.
— Ecoles. Voy. Collèges.
— Curés : leurs droits vis-à-vis de l'égl. du St-Sépulcre, I, 169, 170 ;
— — la plupart agrégés du Mont-Valérien, III, 89.
— Ecurie (grande), I, 36.
PARIS. Eglises.
— Eglise de l'hôpital de la Charité, ancienne chapelle de St-Pierre, I, 267-8. — Sépulture, II, 375
— Eglise paroissiale des Innocents, I, 47, 53. — Ses biens, V, 122. — Chapelle Notre-Dame, III, 186. — Chapelle St-Michel, V, 122. — Sépultures, I, 403 ; III, 151 ; V, 274. — Paroisse, I, 53. — Chapelains. Voy. Aurousse (Gilles), Tournebeuf (Jean de). — Curé. Voy. Allain (Martin).
— Eglise paroissiale de la Madeleine de la Ville-l'Evêque, I, 75-77.
— Eglise paroissiale de la Madeleine de la Cité, I, 16, 23, 214-218, 316, 317. — Sépulture, III, 59. — Paroisse, I, 218.
— Eglise (cathédrale) de Notre-Dame, I, 1-13, 15, 16, 34, 97, 112, 118, 124, 126, 170, 188, 189, 219, 243, 244, 269, 273. 277, 291, 336, 342, 541 ; III, 21, 24, 129. — Autels, chapelles ou chapellenies : maître-autel, III. 113 ; V, 413 ; — autel des Paresseux ou de S. Siméon, IV, 407 ; — de Ste Agnès, II, 269 ; — de S. André et S. Louis, V, 382 ; — de Ste Anne, IV, 43 ; — de S. Augustin, III, 415 ; — de S. Barthélemi et S. Vincent, IV, 559 ; — de Ste Catherine, II, 236 ; — de S. Denis et S. Georges, II, 619 ; — de S. Etienne, IV, 422 : — de S. Eustache, I, 405, 409 ; IV, 16 ; V, 137-8 ; — de Ste Foy ou de S. Julien le Pauvre et Ste Marie l'Egyptienne, IV, 43 ; V, 115, 382 ; — de Ste Geneviève, IV, 438 ; — de S. Georges et S. Blaise, III, 214 ; — de la Décollation de S. Jean-Baptiste, II, 656 ; III, 441, 503 ; IV, 35, 565 ; — de S. Jean l'Evangéliste, II. 269 ; — de S. Julien Voy Ste Foy ; — de S. Laurent, II, 56 ; IV, 43 ; — de S. Léonard,

PARIS. Eglises *(suite)*.
III, 570 ; — de Ste Marie l'Egyptienne. Voy. Ste Foy ; — de S. Michel, V, 198, 205 ; — de S. Nicaise, II, 96, 269 ; III, 15 ; — de S. Nicolas et S. Nicaise, III, 558 ; — de S. Pierre et S. Etienne, IV, 412 ; — de S. Pierre et S. Paul, I, 405, 409 ; IV, 35, 186 ; — de S. Sébastien, V, 179 ; — de S. Siméon. Voy. Paresseux ; — de S. Thomas de Cantorbéry, II, 398, 646 ; — de la Vierge, V, 13. — Bénitiers, II, 469. — Chapitre. Ses processions annuelles, II, 395, 426, 427, 429 ; IV, 8. — Ses biens et seigneuries ; cures à sa collation. I, 35, 211, 224, 225, 391, 466, 468, 471, 481 ; II, 83, 96, 98, 99, 100, 101, 102, 104, 106, 108, 143, 173, 197, 236, 260, 268, 281, 290-291, 305, 307, 316, 319, 353, 394, 398, 517, 518, 529, 530, 539, 618, 619, 650 ; III, 8, 30, 37, 143, 173. 179, 183, 186, 190, 224, 247, 251, 252, 278, 281, 322, 335, 338, 362, 364, 367, 368, 369, 370, 371, 382, 394, 420, 473, 508, 539, 541, 542, 543, 544, 545, 547, 548, 555-6, 557, 564, 567, 568, 575 ; IV, 7, 12, 13, 16, 25, 26, 30, 31, 33, 34, 35, 36, 41, 42, 43, 45, 49, 50, 52, 53, 54, 55, 64, 68, 70, 76, 77, 80, 81, 195, 200, 222, 225, 232, 233, 299, 300, 302, 400, 401, 403, 407, 422, 424, 425, 431, 435, 436-7, 438, 442, 450, 451, 452, 460, 461, 485, 489, 492, 495, 578, 640 ; V, 12, 14, 15, 16, 17, 24, 28, 39, 56, 70, 110, 111, 143, 144, 145, 148, 156, 160, 172, 179, 184 et note, 237, 249, 264-5, 270, 271, 334, 378, 380, 382, 388. — Bibliothèque : manuscrit perdu, II, 621. — Archidiacres, I, 213, 528, 529 ; III, 42. Voy. Bernard, Blanc (Denis le), *Chaudriaco (Guil. de)*, Chevry (Raoul de), Clément (Eudes), Elisiard, Espagne (Alphonse d'), Etienne, Forges (Jean de), Fraillon (Nicolas), Garlande (Etienne et Odon de), Garnier, Hallé (François), Henri, Hermenric, Jean, Joscelin, Lisierne, Motte (de la), Orillac (Jean d'), Pierre, Rainald, Raymond, Thibault, Thou (Nicolas de), Varin. Voy. aussi aux mots Brie et Josas. — Chanceliers, I, 233 ; II, 92, 96. Voy. Contes (de), Gerson (Jean), Guillaume, Hemeric, Herpeur (Denis le), Hilduin, Pierre, Pirot. — Chanoines. Voy. Agoult (Jean-Antoine d'), Baye (Nicolas de), Beauvais (Mathieu de), Belot (Claude), Bessancourt (Robert de), Blois

PARIS. Eglises *(suite)*.
(Jean de), Bombe, Brée (Mathieu de), Brétigny (Philippe de), Bucy (Ansel de), Bussière (Renaud de), Chastelain (l'abbé), Chedeville (Guillaume), Chevreuse (Hugues de), Condurier (Charles), Convers (Philippe le), Cossart (Jacques), Courtin (André), Dangeau (Milon et Robert de), Dreux (Antoine), Espagne (Alphonse d'), Etienne, Figeac (Raymond de), Foing (Jacques), Gien (Geoffroy de), Gif (Luc de), Grange (Charles de la), Herbert, Jean, Le Coq (Hugues), Léger (Etienne), Le Jeune (Pierre), Merlin (Jacques), Mesnil (Ansel du), Nicolas, Orléans (Jodoyn d'), Osmund, Paillart (Jean), Palaiseau (Guy de), Passy (Osmond et Simon de), Pierre, Poncel (Guillaume de), Pontoise (Hugues de), Pressoir (Nicolas du), Prévôt (le), Pulverellus, Raguier (Jacques), Reims (Radulf de). Rezay (de), Saichenoar, Saint-André (Jean de), Saint-Denis (Simon de), Saint-Merry (Dreux de), Sèvres (Simon de), Tour (Gilbert de la), Tubeuf, Vernier (André), Villepreux (Philippe de), Viry (Hugues de), Voignon. — Chantres. Voy. Albert, Besançon (Hugues de), Chartres (Nicolas de), Gaultier, Joly (Claude), Le Court (François), Le Masle (Michel), Vivant, Waleran. — Doyens. Voy. Ascelin, Barbedor, Barthélemy, Bernier, Bongueret le Blanc, Brasseur de Pressigny, Chambellan (David), Chanteprime (Jean de), Clément (Hugues), Corbeil (Michel de), Cornut (Gauthier), Drac (Jean de), Foulques, Geoffroy, Giraud, Hilaire, Jean, Luc, Liziard, Montmorency (Hervé de), Nemours (Philippe de), Paris (Etienne de), Passy (Pierre de), Pontchevron (Geoffroi de), Saclay (Barthélemy de), Salgues (Raymond de), Séguier (Dominique), Senlis (Barthélemy de), Vaugrigneuse (Guillaume de). — Pénitenciers. Voy. Charton, Cochlaeris (Geoffroy), Goussainville (Herbert de), Quentin (Jean). — Clercs de matines : dîmes qui leur appartiennent, II, 629. — Enfants de chœur, I, 82, 205 ; V, 382. — Hôtellerie où sont reçus les moines et les chanoines du diocèse, I, 505 et note. — Marguilliers, I, 246 ; II, 269 ; IV, 31 ; V, 324. — Reliques et trésor, I, 99, 123, 338, 500 ; II, 385 ; IV, 37, 150. — Sépultures, I, 53, 631 ; II, 100, 159, 174, 527 ; III, 5, 187 ; IV, 79 ; V, 286, 372. —

PARIS. Eglises *(suite)*.
Statue de St Christophe, III, 208.
— Tours : leur hauteur, I, 198.
— Eglise et paroisse de Notre-Dame de Bonne-Nouvelle, I, 305-306.
— Eglise Notre-Dame-des-Champs, I, 2, 140, 141, 143-7, 279. Voy. Prieurés.
— Eglise Notre-Dame-de-l'Ile, I, 225. Voy. St-Louis-en-l'Ile.
— Eglise et paroisse de Saint-André-des-Arts, I, 113, 155, 284-290. — Chapelle des Alligret, I, 426 ; V, 9. — Chapelle des Ramais ou des Ramels, I, 286, 287 ; II, 283 ; III, 238. — Curés, I, 288. Voy. Jean, Le Court (François), Léon. — Sépultures, I, 287, 426 ; III, 239, 474, 513 ; IV, 108, 176, 217, 405.
— Eglise Saint-Bache, I, 97, 132, 133, 140. Voy. Egl. St-Benoît.
— Eglise et paroisse de Saint-Barthélemy, I, 172-178, 201, 217, 220 ; IV, 320 ; V, 170. — Abbé. Voy. Junan. — Chapelain. Voy. Pont de Pierre (Gilles de). — Curé. Voy. Pierre.
— Eglise collégiale et paroissiale de Saint-Benoît, c'est-à-dire de la Sainte-Trinité, sous le patronage de S. Bache. *Notice*, I, 132-139. — Chaire, I, 198. — Chapitre : ses biens et cures à sa nomination, I, 157, 425, 439, 568 ; II, 480 ; III, 164, 165 ; V, 35. — Curés, I, 80 (note), 137-8, 485. Voy. Denis. — Paroisse : son étendue, I, 138-9, 260, 292. — Sépultures, I, 138 ; IV, 264. — Autres mentions, I, 2, 114, 148, 149, 157, 353.
— Eglise de Saint-Bond primitivement de Sainte-Colombe. *Notice*, I, 319-320. — *Personne*. Voy. Queue (Jean de la). — Reliques, II, 451.
— Eglise Saint-Christophe, ancienne paroisse réunie à celle de la Madeleine de la Cité. *Notice*, I, 15-16 ; — 215.
— Eglise de Sainte-Colombe. Voy. Eglise de Saint-Bond.
— Eglise et paroisse de Saint-Côme. *Notice*, I, 290-293. — I, 112 ; II, 108 (note).
— Eglise de Sainte-Croix et de Saint-Vincent. Voy. Abbaye de Saint-Germain-des-Prés.
— Eglise et paroisse de Sainte-Croix-de-la-Cité. *Notice*, I, 313-315. — I, 217, 218, 296. — Curé. Voy. Pierre.
— Eglise collégiale Saint-Denis-de-la-Chartre, ancienne paroisse dite aussi de Saint-Gilles ; transférée

PARIS. Eglises *(suite)*.
dans l'église de Saint-Symphorien. *Notice*, I, 208-213. — Ses biens, I, 26, 55, 218 ; II, 648, 649 ; III, 492, 500 ; IV, 8 ; V, 135, 136, 363. — Curé. Voy. Engouelle. — Doyen. Voy. Robert.
— Eglise paroissiale de Saint-Denis-du-Pas. *Notice*, I, 18-20 ; — I, 8, 14, 401, 402 ; III, 189. — Biens, II, 275 ; III, 37, 101. — Sépultures, I, 19 ; IV, 403.
— Eglise Saint-Etienne-de-la-Cité, cathédrale primitive, I, 4, 5, 6, 7, 10, 11, 13, 16, 19, 97, 140, 145.
— Eglise collégiale et paroisse de Saint-Etienne-des-Grez. *Notice*, I, 139-143 ; — I, 80 (note), 138, 146, 229 ; III, 508 ; IV, 221, 425, 450, 451. — Chanoines. Voy. Masson (Pierre), Séguin. — Chapitre : ses biens, IV, 77, 241, 451 (note). — Paroisse, I, 114, 154. — Sépultures, IV, 310.
— Eglise paroissiale de Saint-Etienne-du-Mont, dite d'abord de Saint-Jean. *Notice*, I, 245-250 ; — I, 238. — Chässe de S. Epiphane, III, 579. — Curés, I, 248. Voy. Beurier (Paul). — Paroisse, I, 130, 248-250, 487. — Sépultures, I, 248 ; V, 397.
— Eglise paroissiale de Saint-Eustache. *Notice*, I, 58-64 ; — I, 53, 67, 68 ; III, 392. — Chapelles : St-André, I, 61-62, 363 (n. 7) ; — St-Jean-l'Evangéliste, I, 363 (n. 1) ; — St-Sauveur, I, 62-63 ; II, 293. — Curés, I, 59, 63 ; III, 27. Voy. Rigaud. — Paroisse, I, 64-65. — Sépultures, I, 64 ; II, 304 ; III, 220 ; IV, 234.
— Eglise de Sainte-Geneviève, ancienne basilique de Saint-Pierre et Saint-Paul. *Notice*, I, 228-240. Voy Abbayes.
— Eglise de Sainte-Geneviève-des-Ardents. Voy. Eglise de Sainte-Geneviève-la-Petite.
— Eglise de Sainte-Geneviève-la-Petite, dite ensuite de Sainte-Geneviève-des-Ardents, I, 112, 217. *Notice*, I, 242-245. — Ancienne paroisse, I, 215, 244, 245. — Curé. Voy. Garches (Guillaume de), Guillaume, Philippe (Nicolas). — Sépultures, I, 245 ; II, 328.
— Eglise de Saint-Georges. Voy. Egl. de Saint-Magloire.
— Eglise collégiale et paroissiale de Saint-Germain-l'Auxerrois. *Notice*, I, 23-35 ; — I, 4, 35, 63, 274, 336 ; IV, 445-6. — Abbé. Voy. Landebert. — Chanoines. Voy. Balue

25.

PARIS. Eglises (suite).
(Jean), Collot (Bernard). — Chapelle Saint-Michel, I, 635. — Chapitre, I, 34, 39, 40, 46, 59, 73 ; — ses biens et cures à sa collation, I, 42, 44, 45, 47, 48, 53, 55, 75, 78, 387, 395, 425 ; II, 317, 320, 331, 332 ; III, 156 ; V, 17, 18, 20, 21, 55, 56, 91. — Curés, I, 35. Voy. Châtillon (Adrien de), Gautier. — — Doyens, I, 33. Voy. Bérout (Etienne), Guy, Luzarches (Nicolas de), Pierre, Verzy (Guillaume de). — Paroisse : limites, I, 35-37. — Sépultures, I, 32-33, 635 ; IV, 67, 210. 639. — Tapisserie provenant de cette église, III, 307. — Tour, I, 61.
— Eglise paroissiale de Saint-Germain-le-Vieux, I, 243. Notice, I, 273-275. — Curés. Voy. Durand, Pluyette (Jean), Pomier (Guillaume). — Paroisse ; son étendue, I, 218, 275-276. — Tapisserie, V, 51 (note).
— Eglise paroissiale de Saint-Gervais. Notice, I, 79-84 ; — I, 3, 322 ; II, 447. — Chapelles et chapellenies, I, 82-83, 90 ; II, 81, 84, 592 ; IV, 238, 424, 517, 634 ; V, 212, 215. — Curés, I, 80 (note), 84, 225. Voy. Adam. — Paroisse : son étendue, I, 84-87, 93, 159. — Sépultures, I, 46, 82 ; II. 81, 510, 522 ; IV, 634 ; V, 212, 215.
— Eglise Saint-Gilles, I, 211, 215. Voy. Egl. St-Denis-de-la-Chartre.
— Eglise de Saint-Gilles et Saint-Leu, I, 175, 184. Voy. Egl. de St-Leu.
— Eglise paroissiale de Saint-Hilaire. Notice, I, 129-130. — Curé Voy. Pierre. — Paroisse, I, 130-131.
— Eglise paroissiale de Saint-Hippolyte. Notice, I, 128. — Curé, I, 127, 157, 260. — Paroisse, I, 128 ; IV, 4.
— Eglise collégiale de Saint-Honoré. Notice, I, 55-57. — Chanoines. Voy. Bourgonneau (Denis), Grisel, Nicolas. — Chapelle Notre-Dame-des-Mèches, V, 19. — Chapitre : ses biens et cures à sa collation, I, 56, 425, 432, 439 ; IV, 45. — Sépultures, I, 56 ; V, 19.
— Eglise paroissiale de Saint-Jacques-de-la-Boucherie. Notice, I, 196-200 ; — I, 45, 188, 209. — Bienfaiteurs, I, 71, 199 ; II, 283-4. — Chapelain, II, 184. — Chapelles, I, 199, 200 ; II, 269 ; V, 40, 291. — Curés, I, 80 (note), 198, 215. Voy. Marillac (Louis de), Taibert (Pierre). — Justice rendue sous le porche, I, 39. — Paroisse : son étendue, I, 44, 169, 200-203. — Sépultures, I, 200 ; IV, 430.
— Eglise Saint-Jacques-de-l'Hôpital. Notice, I, 65-66.
— Eglise paroissiale de Saint-Jacques-du-Haut-Pas. Notice, I, 154-158. — Commanderie : ses biens, I, 429 ; IV, 498, 504 ; V, 244, 255. — Administrateur. Voy. Bocée (Pierre de la). — Commandeurs, I, 156. — Paroisse, I, 128, 158-159.
— Eglise de Saint-Jean-de-Latran dite d'abord de l'Hôpital et de Saint-Jean-de-Jérusalem, I, 138. Notice, I, 147-149. — Commanderie, I, 451 ; — ses biens, I, 561 ; II, 469 ; III, 8, 226, 273, 319, 336, 475, 497, 577 ; IV, 7, 75, 77, 78, 418 ; V, 244. — Grand-maître Voy. Villaret (Foulques de). — Sépulture, III. 463.
— Eglise de Saint-Jean-du-Mont. Voy. Egl. de St-Etienne-du-Mont.
— Eglise paroissiale de Saint-Jean-en-Grève. Notice, I, 87-92 ; — I, 81, 84 ; IV, 21. — Chapelle Notre-Dame, I, 91 ; II, 655. — Curés, I, 80 (note), 88, 92, 322 ; III, 87. Voy. Pierre. — Paroisse, I, 92-95. — Sépultures, I, 91, 587 ; II, 526.
— Eglise paroissiale de Saint-Jean-le-Rond, I, 8, 94, 243. Notice, I, 13-14. — Chanoines : leurs biens à Montreuil, II, 402. Voy. Aubigny (Pierre d'), Hugues le Chien, Lognes (Thomas de). — Curé, I, 225. — Paroisse, I, 14, 20.
— Eglise paroissiale de Saint-Josse, I, 186, 295, 298 Notice, I, 303-304. — Chapelle de Saint-Didier, I, 304 ; III, 249. — Curé, I, 297. Voy. Combeaux (Jean de). — Paroisse, I, 169, 201, 304-305 ; V, 227 (note), 288.
— Eglise, basilique et prieuré de Saint-Julien-le-Pauvre. Notice, I, 95-98. — Appelée S. Julianus Vetus, I, 99. — Autres mentions, I, 79, 80 (note), 142, 230 ; IV, 31, 96, 98, 452.
— Eglise paroissiale de Saint-Landry. Notice, I, 45-47. — Paroisse, I, 47.
— Eglise paroissiale de Saint-Laurent. Notice, I, 294-297 ; — I, 188. — Chapelle Saint-Jacques, I, 300. Curés, I, 80 (note), 303. — Paroisse, I, 297-298, 300, 460, 468. — Sépulture, V, 258.
— Eglise de Saint-Lazare. Voy. aux Prieurés.

PARIS. Eglises *(suite)*.
— Eglise paroissiale de Saint-Leu. *Notice*, I, 184-186 ; I, 175. — Paroisse, I, 169, 186-187.
— Eglise de Saint-Leufroy (ancienne cure). *Notice*, I, 43-45.
— Eglise Saint-Louis-du-Louvre, I, 54-55, 58 ; II, 448, 451. — Sépultures, I, 55 ; III, 6. Voy. Egl. St-Thomas.
— Eglise paroissiale de Saint-Louis-en-l'Ile. *Notice*, I, 224-226. — Paroisse, I, 226.
— Eglise Saint-Magloire dite d'abord de Saint-Georges. *Notice*, I, 180-4. Voy. Abbaye de St-Magloire.
— Eglise collégiale de Saint-Marcel. *Notice*, I, 120-126 ; — I, 1, 26, 52, 336 ; II, 210. — Chanoine. Voy. Saussay (André du). — Chapitre : ses biens et cures à sa nomination, I, 128, 129, 130, 276 ; II, 373, 374, 406 ; III, 57, 62 ; IV, 31, 39, 42, 183, 219, 236, 252, 253, 442, 449, 450, 451-2, 456, 457, 459, 536 ; V, 89, 90, 93, 95, 302, 420. — Doyens. Voy. Ascelin, Chuffart (Jean), Gilbert, Marcel, Michel, Nanterre (Jean de), Odon, Renaud, Villepreux (Pierre de).
— Eglise paroissiale de Sainte-Marguerite. *Notice*, I, 331-2 ; — II, 368.
— Eglise paroissiale de Sainte-Marine. *Notice*, I, 218-9 ; — III, 133.
— Eglise de Saint-Martial, paroisse supprimée, I, 306, 307, 309, 316, 317 ; II, 617. — Curé. Voy. Guillaume. — Voy. Prieuré de Saint-Eloi.
— Eglise paroissiale de Saint-Martin. *Notice*, I, 126-7 ; — I, 124. — Curé. Voy. Noyon (de). — Paroisse, I, 127.
— Eglise paroissiale de Saint-Médard. *Notice*, I, 256-7 ; — I, 157. — Paroisse, I, 121, 258-260.
— Eglise collégiale et paroissiale de Saint-Merry. *Notice*, I, 159-168 ; — I, 188 ; II, 451. — Ses biens, I, 169, 171, 466, 467, 468, 469 ; IV, 100, 457, 459. — Chefciers, I, 162. Voy. Sequence (Adam). — Curés, I, 80 (note), 162, 171-2. — Paroisse, I, 168, 169, 206, 207. — Reliques, I, 163-6, 320 ; V, 432. — Sépultures, I, 166, 167, 636 ; III, 549 ; IV, 486 ; V, 31, 373.
— Eglise paroissiale de Saint-Nicolas-des-Champs. *Notice*, I, 203-6 ; — I, 184, 192, 208, 409. — Curé. Voy. Gautier. — Paroisse, I, 169, 207. — Sépultures, I, 205, 592.
— Eglise paroissiale de Saint-Nico-

PARIS. Eglises *(suite)*.
las-du-Chardonnet. *Notice*, I, 343-345 ; — I, 225. — Ses biens, V, 344.
— Eglise collégiale de Saint-Nicolas-du-Louvre. *Notice*, I, 57-8. — Ses biens, V, 324. — Prévôts. Voy. Grandet, Thomassin (de).
— Eglise collégiale et paroissiale de Sainte-Opportune. *Notice*, I, 41-43. — Chapitre : biens et cure à sa nomination, I, 47, 48, 468. — Paroisse, I, 43. — Sépultures, IV, 580.
— Eglise paroissiale de Saint-Paul, I, 125 ; IV, 152. — *Notice*, I, 320-8. — Ses biens, I, 467 ; V, 344. — Curés, I, 80 (note), 327. Voy. Charonne (Richard de), Sourd (Gilles le). — Paroisse, I, 85, 322-3, 328-9, 471 ; II, 382. — Sépultures, I, 325 ; II, 399, 417 ; III, 196 ; V, 304.
— Eglise Saint-Pierre dite Sainte-Geneviève, I, 52. Voy. Egl. de Ste-Geneviève.
— Eglise de Saint-Pierre et Saint-Merry, IV, 117, 118. Voy. Egl. de St-Merry.
— Eglise paroissiale de Saint-Pierre-des-Arcis. *Notice*, I, 315-316. — Ses biens, II, 617. — Curés, I, 312. Voy. Nicolas, Thomassin. — Paroisse, I, 316-317.
— Eglise paroissiale de Saint-Pierre-aux-Bœufs. *Notice*, I, 317-318 ; — I, 218. — Curé. Voy. Thomas. — Paroisse, I, 319.
— Eglise de Saint-Pierre et Saint-Paul. Voy. Egl. Ste-Geneviève.
— Eglise paroissiale de Saint-Roch bâtie sur l'emplacement des chapelles de Ste-Suzanne et de St-Roch. *Notice*, I, 77-79.
— Eglise paroissiale de Saint-Sauveur. *Notice*, I, 71-72 ; — I, 53, 63, 447 ; III, 82 — Curés. Voy. Denis, Gesnault, Ruel (Thomas de).
— Eglise collégiale du Saint-Sépulcre. *Notice*, I, 169-171 ; — I, 111 ; II, 210, 233. — Sépultures, I, 476.
— Eglise paroissiale de Saint-Séverin, ancienne église de Saint-Jean-Baptiste-lez-Saint-Julien. *Notice*, I, 99-112 ; — I, 98, 272 ; III, 159 ; V, 92 (note 2), 415. — Archiprêtres et curés, I, 80 (note), 111, 112 ; — biens et revenus de la cure, I, 117, 259, 485 ; III, 37, 449. — Chapelle des Brinous, I, 106 ; II, 314 ; III, 281. — Chapelle de Saint-Clair, III, 399. — Paroisse, I, 112-3, 285 ; III, 586. — Sépultures, I, 110-111, 457 ; II, 314 ; III, 272, 281, 399.

— 388 —

PARIS. Eglises *(suite)*.
— Eglise paroissiale de Saint-Sulpice, *Notice*, I, 277-280; — I, 130; III, 88-89; IV, 174. — Paroisse, 280-283; III, 144. — Sépultures, I, 280; IV, 126. — Vicaire. Voy. Coudere.
— Eglise ou Chapelle collégiale de Saint-Symphorien, *S. Symphoriani de Carcere;* depuis appelée chapelle St-Luc. *Notice,* I, 212-213. — Autres mentions, 215; II, 600; III, 22.
— Eglise ou Oratoire de St-Symphorien renfermée dans l'abbaye de St-Germain-des-Prés, I, 268; III, 327.
— Eglise collégiale de Saint-Thomas remplacée par celle de Saint-Louis-du-Louvre. *Notice,* I, 53-55. — Ses biens, I, 597; III, 100; IV, 64, 76, 592, 597; V, 40, 313, 324. — Chanoines, I, 486. Voy. Lesiard (Jean). — Doyen. Voy. Nicolas, Villescoublain (Jean de). — Sépulture, IV, 259. — Autres mentions, V, 263-264.
— Eglise abbatiale de Saint-Victor, I, 335-339. — Evêques qui y ont été sacrés, I, 337; V, 301. — Voy. Abbaye de Saint-Victor.
— Eglise Saint-Vincent, I, 4, 25, 262. Voy. Abbaye de St-Germain-des-Prés.
— Eglise de la Sorbonne, I, 153. Voy. Chapelles.
— Eglise de la Trinité, I, 2, 73, 74, 132. Voy. Egl. de St-Benoit.
— Egouts, I, 411.
— Enceintes (anciennes), I, 55, 69 (note), 80, 118, 201-2, 207, 209, 278, 285, 295, 303, 323, 329, 343, 348-9, 350, 355 (n. 11).
— Enseignes, I, 72, 73, 131, 276, 329, 352 (n. 7), 364 (n. 10), 366 (n. 5), 369 (n. 12).
— Estrapade (l'), I, 139.
— Etuves, I, 117, 363 (n. 1 à 3).
— Evêché (palais de l') (ou de l'Archevêché), I, 9-10.
— Evêques et Archevêques. Leur plus ancien catalogue, I, 2, 3. — Cérémonie de leur intronisation; droit de portage, I, 240; II, 93, 528; III, 367, 368; IV, 99, 299, 345, 575; V, 322. — Leur temporel; cures à leur nomination, I, 57, 72, 75, 76, 95, 125, 145, 186, 241, 252, 253, 309, 317-8, 340, 439, 460, 465, 481, 493, 508, 517, 519, 520, 522, 525, 528, 529, 540, 576, 594; II, 11, 12, 27, 30, 38, 42, 77, 82, 93, 95-96, 114, 126, 128, 148, 151, 170, 188, 195, 198, 207, 229, 232-233, 235, 244, 247, 249, 256, 274, 304-305, 313, 319,

PARIS *(suite)*.
323, 335, 340, 342, 343, 345, 352, 363, 364, 370-371, 381, 385, 395, 396, 433, 459, 466, 497, 505, 508, 514, 516, 521, 527, 530-531, 536, 541, 548, 579, 619, 645, 653-654; III, 17, 18, 26, 27, 28, 30, 31, 32, 34-35, 40, 43, 46, 48, 51, 67, 69, 85, 88, 94, 106, 111, 113, 130, 133, 153, 157, 172, 183, 194, 195, 212, 218, 222, 224, 229, 256, 257, 266, 275, 280, 285, 288, 300, 302, 307, 317-318, 334, 338, 354, 356, 358, 361, 385, 392, 417, 420, 422, 427, 429, 442, 447, 455, 499, 521, 522, 523, 526, 529, 531, 561, 575, 586, 587, 589, 590; IV, 5, 6, 7, 9, 11, 12, 15, 23, 34, 45, 54, 55, 59, 63, 74, 81, 84, 99, 114, 115, 122, 128, 151, 174, 189, 195, 196, 200, 204, 210, 211, 216, 225, 231, 236, 239, 325, 338, 341, 343, 349, 359, 369, 376, 385, 390, 398, 400, 404, 428, 448, 481, 485, 492, 516, 531, 550, 551, 557-558, 576, 580, 586, 591, 592, 593, 602, 604, 638; V, 5, 7, 14, 21, 27, 28, 31, 32, 47, 59, 73-74, 100, 102, 107-109, 110, 125, 139, 142, 147, 152, 153, 156, 161, 173, 176, 177, 178, 179, 181, 185, 186, 203, 240, 243, 249, 260, 276, 279, 290, 293, 300, 309, 313, 322, 333, 359-360, 408, 409, 410, 426. — Voy. Adelelme, Adventus, Anskéric, Aubert (Audoin), Audebert, Auvergne (Guillaume d'), Barthélemy, Baufet (Guillaume de), Beaumont (Christophe de), Bellay (Eustache du), Bellay (Jean du), Besançon (Hugues de), Boulogne (Geoffroi de), Bourret (Etienne de), Bussy (Simon de), Chanac (Foulques de), Chanac (Guillaume de), Chartier (Guillaume), Château-Thierry (Gautier de), Corbeil (Renaud de), Enée, Erkenrad, Eusèbe le Syrien, Foulques, Fulrad, Galon, Gautier, Girbert, Gondi (Henri de), Gondi (Jean-François de), (Gondi (Pierre de), Gozlin, Harlay (François de), Homblonières (Ranulfe de), Imbert, Incade, Ingelwin, Lombard (Pierre), Madelbert, Magnac (Aimery de), Marcus, Massus, Maximus, Meulan (Jean de), Montaigu (Gérard de), Montfort (Guillaume de), Moulin (Denis du), Nant (Jean de), Nemours (Pierre de), Noailles (Louis-Antoine de), Orgemont (Pierre d'), Paris (Etienne de), Paul, Péréfixe (Hardouin de), Poncher (Etienne de), Poncher (François de), Prudence, Ragnemode, Rochetaillée (Jean de la),

PARIS (suite).
S. Céraune, S. Germain, S. Landry, S. Marcel, S. Mellon, Seignelay (Guillaume de), Senlis (Etienne de), Sigofroy, Simon (Jean), Sully (Eudes de), Sully (Maurice de), Tempier (Etienne), Théodulf, Thibaud, Turnoald, Vendôme (Renaud de), Victorin, Viole (Guillaume). — Secrétaire. Voy. Haton. — Vicaires généraux. Voy. Heurtault (Jean), Pirot, Ursins (Jean des).
— Fécamp. Voy. Vallée de Fécamp (la).
— Fiefs : de la Bretonnerie Cocatrix, de Copeaux, du Coq, Culdoé, de la Grange-Batelière, Haran, du Monceau-St-Gervais, Popin, de Térouenne, des Tombes (Voy. ces mots).
— Foire, transférée aux Halles, I, 300.
— Foires : du bourg St-Marcel, I, 125 ; — de S. Clair, I, 542 ; — de S. Ladre, I, 301.
— Fontaine de la Reine, I, 73.
— — de la rue de Grenelle, II, 83.
— — Saint-Benoît, I, 139.
— — Saint-Michel, I, 293.
— — Saint-Séverin, I, 113.
— — Saint-Victor, I, 345.
— For-l'Évêque, I, 38, 44, 76 ; V, 252.
— For-le-Roy, I, 38.
— For des Dames de Montmartre, I, 212.
— Fosse-aux-Chiens (la), I, 361 (n. 4).
— Fuliacum (lieu-dit), I, 125.
— Gloire (faubourg de), I, 297 (note).
— Gobelins (manufacture des), I, 125, 128. — (rivière des), I, 127.
— Grange-Batelière, Granchia præliata, lieu-dit et fief, I, 25, 67, 76.
— Grange Saint-Eloi, I, 326.
— Grenier à sel, I, 37, 360 (n. 2) ; III, 216 ; IV, 595.
— Gros-Caillou (quartier du), I, 283.
— Grotte des Feuillants, I, 36.
— Halle au blé, I, 364 ; — aux cuirs, I, 302 ; — aux draps, I, 534 ; — aux pelletiers de Gonesse, dite le Petit-Palais, II, 270 ; — aux poissons, I, 566 ; — des drapiers de Lagny, IV, 559 ; — aux vins, I, 347.
— Halles, I, 26, 27, 364 ; — de Champeaux, I, 300.
— Haran, Harent ou Cocatrix (fief), I, 360 (n. 9) ; II, 620 ; V, 83.
PARIS. Hôpitaux.
— Hôtel-Dieu. Notice, I, 15-18. — Ses biens, I, 98 ; II, 117, 267, 383 ; III, 218, 219, 223, 224-5, 247, 248, 250, 350, 475, 558 ; IV, 8, 31, 49, 50, 211, 629 ; V, 17, 60, 65. — Sa réforme, I, 301, 340. — Adminis-

PARIS. Hôpitaux (suite).
trateurs. Voy. Bureau (Merry), Forne, Séguier. — Chirurgien-major. Voy. Boudou (Pierre), Petit (Jacques). — Autres mentions, I, 8, 222 ; IV, 59, 215.
— Hôtel-Dieu. Fondé près de Notre-Dame-des-Champs, I, 147.
— Hôpital de la Charité, I, 281. — Ses biens, IV, 540.
— Hôpital-Général. Ses biens, I, 260 ; II, 377 ; IV, 13, 255.
— — des Convalescents, I, 282.
— — de l'Enfant-Jésus, I, 298.
— — des Enfants-Rouges, I, 208.
— — des Enfants-Trouvés, I, 218, 245, 334.
— — des Haudriettes, I, 94-95. — Ses biens, I, 481.
— — des Incurables, I, 281 ; II, 328. — Ses biens, III, 207.
— — de Lourcine ou Maladrerie Ste-Valère, I, 260.
— — de la Miséricorde, I, 260.
— — Notre-Dame, ancien nom de l'Hôtel-Dieu, I, 16.
— — des Petites-Maisons, I, 281.
— — de la Pitié, I, 250, 260.
— — des Quinze-Vingts, I, 39, 40, 78. — Sépulture, V, 377.
— — de Ste-Anastase, anciennement de St-Gervais, appelé depuis chapelle St-Nicolas, I, 85-6, 198. — Ses biens, I, 583.
— — de St-Benoît, I, 113-4, 133, 134, 135.
— — de Ste-Catherine ou de Ste-Opportune, I, 200-201. — Ses biens, II, 306.
— — de St-Christophe, ancien nom de l'Hôtel-Dieu, I, 15.
— — du St-Esprit, I, 95.
— — de St-Eustache, I, 65.
— — de St-Gervais. — Ses biens, IV, 68 ; V, 184 (note). Voy. Hôpital de Ste-Anastase.
— — de St-Jacques-du-Haut-Pas, I, 184. Voy. Églises.
— — de St-Julien-des-Ménétriers, I, 172. — Chapelle ; ses biens, V, 74.
— — de St-Julien et de Ste-Basilisse, I, 260 ; IV, 8.
— — de St-Louis ou des Pestiférés, I, 297, 298.
— — de Ste-Marthe. Voy. Hôpital Scipion.
— — de St-Martin, I, 303.
— — de l'église St-Nicolas, I, 208.
— — des Pauvres Ecoliers de St-Nicolas. Voy. Collèges.
— — de Ste-Opportune. Voy. Hôpital de Ste-Catherine.
— — de Ste-Pélagie, I, 260.

PARIS. Hôpitaux *(suite)*.
— — de St-Roch, I, 77.
— — de la Salpétrière, I, 127.
— — de St-Thomas-du-Louvre, I, 57.
— — de Stipion et de St-Martin, I, 127.
— — de la Trinité, I, 73-74; V, 349, 350. — Ses biens, III, 32.
— — des Veuves, I, 67.
— Autres hôpitaux mentionnés, I, 40, 74, 147, 169, 243.
PARIS. Hôtels.
— Hôtel du receveur général des Aides, III, 158.
— — d'Albret, I, 255.
— — d'Angoulême, IV, 366.
— — d'Artois, I, 62, 68.
— — d'Aumont, I, 84, 85, 328; — appelé de Daumont, II, 160.
— — de Beauvilliers, I, 106.
— — des Bœufs, I, 117
— — d'André Blondel, III, 159.
— — de Behaigne ou de Bohême. Voy. Hôtel de Soissons.
— — de Bourgogne, I, 62.
— — du duc de Braban, I, 40.
— — des comtes de Bretagne, I, 39.
— — des Charités de St-Denis, I, 289.
— — de Cluny, I, 114, 248.
— — Conti, IV, 217.
— — des comtes de Dammartin, I, 183, 185.
— — de l'abbé des Eschallits, I, 101, 117.
— — d'Estrées, I, 93.
— — d'Etampes, I, 329-30.
— — des comtes d'Eu, I, 330.
— — de la Faux, I, 185.
— — des comtes de Flandre, I, 68, 69.
— — de Fourcy, I, 328.
— — ou palais de Guise, I, 208.
— — des Invalides, I, 282; IV, 13.
— — de l'abbaye de Joyenval, I, 40, 360 (note 2).
— — de Juliers, I, 40.
— — de Lesdiguières, IV, 338 (note).
— — des comtes de Mâcon, IV, 57.
— — de Mesme, I, 168.
— — de Nesle (rive gauche), I, 68; II, 407; IV, 12.
— — de Nesle (rive droite). Voy. Hôtel de Soissons.
— — d'O, I, 86.
— — du Petit-Bourbon, au faubourg St-Jacques, V, 183 (n. 1).
— — de la Pissotte, dit depuis de la Reine, II, 416.
— — des abbés de Pontigny, I, 117.
— — du Pont-Perrin [appelé successivement Hôtel-Neuf, d'Etampes, de Bretagne, d'Orange, de Valentinois, de Boisy, de Langres, du Maine, d'Ormesson], II, 387.

PARIS Hôtels *(suite)*.
— — de la Reine, I, 330; II, 416.
— — de Resnel, I, 36.
— — des abbés de St-Denis, IV, 24.
— — de St-Jean-de-l'Hôpital, I, 154.
— — de St-Michel, I, 293.
— — de St-Paul, I, 323, 329-330; II, 387.
— — du comte de St-Pol, II, 602.
— — Séguier, I, 68.
— — du Séjour du Roi, I, 68.
— — de Sens, I, 330.
— — de Soissons, ancien Hôtel de Nesle, puis de Bohême, I, 68-69, 362 (n. 12).
— — Soubise, I, 85, 93.
— — du Temple, II, 407.
— — des abbés de Tiron, II, 592.
— — de Turenne, I, 86.
— Hôtel de Ville, I, 45, 92, 118, 477; IV, 173, 462; V, 358.
— Ile Louvier, I, 329.
— — Maquerelle, I, 18, 413.
— — Notre-Dame, appelée d'abord île aux Vaches; devenue l'île Saint-Louis, I, 224-225, 329.
— — Tranchée, I, 224.
— — aux Vaches. Voy. Ile Notre-Dame.
— Institution de l'Oratoire, I, 158.
— Jardin des Plantes, I, 259, 345. — Directeur. Voy. Vaillant (Sébastien). — Intendant. Voy. Brosse (Guy de la).
— Joustes (les). Voy. Pré-l'Evêque.
— *Judæaria*, I, 117. — *S. Boniti*, I, 320.
— Léproserie de Saint-Lazare, I, 297, 298. Voy. aux Prieurés.
— *Leucotitius (Mons)*, I, 228.
— Lourcine (quartier de), I, 100-101, 258-9; III, 115.
— Louvre (château du), I, 26, 27, 33, 38, 362 et n. 5; II, 296, 337; III, 238; IV, 109. — Capitaine. Voy. Du Val (Germain). — Garde de la Bibliothèque. Voy. Saint-Yon (Garnier de). — Lieutenant-général. Voy. Chevalier (Simon).
— Luxembourg (palais du), I, 112, 281, 292.
— Maison du Change, I, 201.
— — du Charron, I, 139.
— — à l'enseigne *ad Galeam*, I, 276.
— — à l'enseigne d'Henri IV, I, 131.
— — du Patriarche, I, 258.
— — du Petit-Corbeil, IV, 310.
— — des Quatre-Vents, I, 329.
— — de S. Christophe, I, 72.
— — de Ste Geneviève, I, 13, 94, 242, 243.
— Autres maisons citées, I, 22, 76, 103, 109, 166, 329; II, 392; IV, 39, 206, 430.

PARIS (suite).
— Maladerie de St-Ambroise ou de Notre-Dame-la-bien-Nonciée, I, 347.
— — de Ste-Valère, I, 260.
— Manège des Feuillants, I, 36.
— Marché aux chevaux, I, 39.
— — Palu, I, 274, 275.
— — St-Jean, I, 92.
— — du bourg St-Marcel, I, 125.
— Marquefas (tour). Voy. Tour-Rolland.
— Monceau-Saint-Gervais (fief du), I, 86-87; IV, 9.
— Monnaie (moulin de la), II, 285.
— (ouvriers de la). Leurs biens, I, 433, 438, 439, 440. — (préfet de la). Voy. Launay (de).
— Mont-Cétard (Mouffetard), I, 121, 258.
— Montfaucon (gibet de), III, 484.
— Mont-Louis (hameau de), I, 332.
— Muette de St-Martin (la), I, 195.
— Mureaux (les), lieu-dit, I, 145.
— Observatoire, I, 455.
— Official, I, 50; V, 172. Voy. Arnauld, Frnaud, Fournier (Jean le), Le Court (François), Noel, Quetier, Vaudetar (Artur de).
— Officialité, I, 9, 155, 327, 344; IV, 34. — (officiers de l'). Leur confrérie, I, 21.
— Orme-St-Gervais, l'Ourmeciau, I, 371 et n. 7.
— Palais de Clovis sur la montagne Ste-Geneviève, I, 228.
— — des rois de la troisième race, dans la Cité, I, 6, 173, 178.
— — Episcopal, I, 20, 86, 219; III, 22, 23.
— — de Justice, I, 179, 220; II, 568-9. — Conciergerie, II, 347; III, 570; IV, 451. — Tour de l'Horloge, I, 5.
— — Royal. Bailli. Voy. Baillet
— Palais (le Petit-), II, 270.
— Parloir aux Bourgeois, I, 45, 292, 368 (n. 12).
— Paroisses Voy. Eglises.
— Parvis Notre-Dame, I, 8, 15, 218.
— Passage du Charron, I, 139, 293.
— — St-Benoît, I, 113, 353 (n. 8).
— Pauvres (grand Bureau des), III, 66.
— Petit-Corbeil (maison ou école du), IV, 310.
— Pissotte Saint-Martin, I, 195; II, 416.
— Place Baudoyer. Formes latines et origine de ce nom, II, 420, 558.
— I, 84, 85, 323; IV, 313 (note).
— — aux Bourgeois, *Platea Burgensium*, I, 36, 91.
— Place Cambrai, I, 138, 249.
— — des Canons, I, 92.

PARIS. Places (suite).
— — aux Chats, I, 361 (n. 4).
— — Dauphine, I, 3.
— — aux Déchargeurs, I, 361 (n. 3).
— — Guillaume-Potier, I, 94.
— — de Grève, I, 86, 92.
— — aux Marchands, I, 36.
— — Maubert Origine de son nom, I, 124. — I, 249, 254-5, 356 et n. 5.
— — aux Pourceaux, I, 361 et n. 4.
— — ou Carré de Ste-Geneviève, I, 248, 552.
— — du pont St-Michel, I, 288.
— — Saint-Michel, I, 113, 281.
— — Saint-Michel-du-Palais, I, 276.
— — Sainte-Opportune, I, 43.
— — Sorbonne, I, 112.
— — du Tirouer ou du Tiroir, I, 37, 362 (n. 11).
— Pointe Saint-Eustache (la), I, 363 (n. 12).
PARIS. Ponts.
— Grand-Pont ou Pont-au-Change, I, 3, 5, 178, 190, 197, 202-3, 359; III, 131; IV, 152.
— Petit-Pont, I, 3, 17, 18, 209; IV, 39.
— Pont Alays, I, 60.
— — -au-Change, I, 36, 177, 201. Voy. Grand Pont.
— — Marchand, I, 36, 177.
— — Marie, I, 199, 225, 226.
— — aux Meuniers, I, 36.
— — Neuf, I, 36, 177.
— — Notre-Dame, I, 3, 85, 201, 213, 218.
— — Perrin, II, 387.
— — Rouge, I, 3, 47.
— — Saint-Médard, I, 256.
— — Saint-Michel, I, 177, 289.
— — de la Tournelle, I, 345.
— — aux Tripes, I, 127, 259.
— Popin (fief), Paupin ou Poupin, I, 38-39.
— Popincourt, lieu-dit, II, 383.
— Poquelé (étuves), I, 363 (n. 3).
— Port-aux-Œufs, I, 178.
— — Saint-Bernard, I, 52.
— — Saint-Landry, I, 358.
— Portes de la Cité, I, 178, 188, 189. — Papales, I, 241, 272.
— Porte Baudet ou Baudoyer, I, 80, 323; II, 420.
— — Bordelles, I, 240.
— — Bouclerière, I, 118.
— — Bourg-l'Abbé, I, 184.
— — de Bucy, I, 283.
— — Chalet, I, 258.
— — du Chaume, I, 207.
— — du comte d'Arras, I, 62.
— — au Coquillier ou de Flandre, I, 69.
— — d'Enfer, depuis porte Saint-Michel, III, 582.

Paris. Portes (suite).
— — de Flandre. Voy. Porte au Coquillier.
— — aux Peintres, I, 72.
— — Richelieu, I, 64.
— — Saint-Antoine, I, 328, 332.
— — Saint-Bernard, I, 345.
— — Saint-Honoré, I, 40, 78.
— — Saint-Jacques, I, 158.
— — Saint-Martin, I, 460.
— — Saint-Merry, I, 178, 367 (n. 10).
— — Saint-Michel, I, 292. Voy. Porte d'Enfer.
— — Saint-Victor, I, 346.
— — du Temple, I, 171, 368.
— Porte Valette. Voy. aux Rues.
— Pré-aux-Clercs, IV, 76.
— Pré-l'Evêque, dit les Joustes, I, 76.
— Prêtres cardinaux, assistant l'évêque de Paris, I, 80 et note, 88, 134, 141, 147, 162, 190, 295, 322, 471.
— Prévôté et Prévôts, I, 27, 118, 170, 177, 183, 389, 412, 426, 464, 549, 562-3 ; II, 83, 178, 189, 249, 304, 431, 518, 643 ; III, 33, 185, 536, 556 ; IV, 18, 39, 105, 108, 215, 482, 590, 624, 625 ; V, 143, 269. — Voy. Aubriot (Hugues), Balbet (Regnault), Barbette (Simon), Barre (Jean de la), Boileau (Etienne), Chappes (de), Chastel (Tanneguy du), Compiègne (Gilles de), Crusy (Hugues de), Escuaucol (Guillaume), Estouteville (Jacques, Jean et Robert d'), Estaples (Hunold d'), Folleville (Jean de), Gontier (Pierre), Jumiaus (Pierre le), Le Bâcle (Jean), Mauger (Robert), Meulan (Hugues de), Mez (Guy du), Morel (Jean), Morhier (Simon), Pépin (Eudes), Seaise (Guillaume), Seguier (Pierre), Seniau (Pierre), Theudon, Tignonville (Guillaume de), Verrat (Pierre le), Villiers (Jean de).
— Prévôts des Marchands, I, 556 ; III, 231 ; IV, 22, 69 ; V, 39. Voy. Bosc (Claude), Budé (Dreux), Charron (Jean le), Feron (Oudart le), Grange (Michel de la), Jouvenel (Jean), Lescot (Pierre), Miron (Robert), Popin (Jean), Potier (Nicolas).
— Prieuré de la Madeleine de Traisnel, I, 233.
— — de Notre-Dame-de-Bon-Secours, I, 333.
— — de Notre-Dame-des-Champs, I, 158 ; II, 511. Voy. Carmélites et Eglises. — Biens et cures à sa collation, I, 146 ; II, 345 ; III, 5, 154, 212-3, 222, 573, 583, 590 ; IV, 282, 298, 371, 408, 409, 410, 411, 412,

Paris. Prieurés (suite).
426, 428, 429, 457, 459. — Hôtel-Dieu, I, 147. — Prieurs, 1, 80 (note), 147. Voy. Nanquier (Simon), Robert, Saccardy (François de).
— — de Notre-Dame-de-Consolation, I, 282. — Sépulture, V, 404.
— — de Notre-Dame-de-Grâce, I, 77.
— — de Notre-Dame-des-Prés, I, 283.
— — de la Présentation de Notre-Dame. I, 261.
— — de Saint-Barthélemy, I, 174, 316.
— — de Sainte-Catherine-de-la-Couture ou de Sainte-Catherine-du-Val-des-Ecoliers, I, 330, 614. — Ses biens, II, 268 ; III, 399, 464 ; IV, 70, 142, 156, 170, 246, 356 ; V, 304. — Sépultures, I, 111, 112 ; II, 70, 127, 532, 646 ; IV, 432 ; V, 424. — Prieurs, V, 306. Voy. Bonenfant (Pierre), Chatres (Thomas de), Massy (Philippe de), Nervet (Jean).
— — de Ste-Croix-de-la-Bretonnerie. Ses religieux dits Frères Croisiers, I, 92, 93 ; II, 265, 560. — Biens, I, 481 ; II, 657 ; III, 311, 430, 516 ; IV, 442, 452. — Sépultures, I, 561 ; II, 314, 580 ; IV, 85.
— — de St-Denis-de-la-Chartre, I, 210-211. Voy. Eglises.
— — de Saint-Eloi dit d'abord abbaye de Saint-Martial (Voy. ce mot), occupé par les Barnabites. Notice, I, 306-313. — Ses biens et cures à sa collation, I, 32, 83, 314, 315, 317, 318, 319, 323, 326, 327, 329, 330, 331, 332, 402, 403, 460, 465, 466, 468, 469 ; II, 383, 650 ; III, 345, 461, 496. 590 ; IV, 16, 48, 203, 431, 436, 438, 446, 450, 451, 477. — Sépulture, V, 288. — Autres mentions, I, 26, 178, 198, 219, 322 ; II, 430 ; IV, 120 ; V, 284.
— — de St-Julien-le-Pauvre. Voy. Eglises.
— — et Léproserie de Saint-Lazare. Notice, I, 298-302 ; — I, 295, 297, 463. — Ses biens et cures à sa nomination, I, 73-74, 464, 468, 470-471 ; II. 391, 404, 584, 629 ; III, 299, 308, 323, 590 ; IV, 426.
— — (ancienne abbaye) de Saint-Martin-des-Champs. Notice, I, 187-195. — Ses biens et cures à sa collation, I, 197, 198, 204, 210, 211, 295, 296, 303, 409, 443, 444, 450, 451, 454, 466, 468, 470, 543, 557, 648 et note ; II, 18, 47-8, 64, 105, 109-110, 126, 131, 151, 152, 155, 158, 161-2, 173, 179, 181, 182,

PARIS. Prieurés (suite).
183, 186, 188, 191, 192, 196, 231, 238, 246, 250, 257, 258, 278, 298-9, 301, 302, 305, 316, 317, 318, 335, 350, 351, 354, 361, 369, 370, 391, 397, 404, 530, 563, 564, 565, 566, 567-8, 581, 582, 583, 584, 585, 586, 599, 600, 621, 622, 625, 631, 636, 641, 642, 648, 649, 650, 655; III, 36-7, 53, 78, 79, 184, 229, 244, 245, 246, 247, 248, 272, 440, 501, 522, 590; IV, 7, 31, 452, 469, 470, 499-500, 610, 613, 622, 624, 625; V, 135, 136, 137, 164, 191, 204, 213, 238, 239, 240, 243, 250, 279, 285, 286, 304, 313, 383.
— Dédicace, III, 117, 121, 302, 407; IV, 274. — Sépultures, II, 314, 375. — Prieurs. Belloy (Baudoin de), Du Pin (Jean), Gentil, Gretz (Evrard de), Guillaume, Le Moine (Richard), Lyonne (de), Richelieu (Amador de), Thibaud, Vialart (Antoine). — Autres mentions, I, 184, 194, 197, 205; III, 51.
— Prisons primitives, I, 19, 208-9, 210; — Prisons du Châtelet, I, 45; III, 17; — Prisons épiscopales, I, 98, 219; III, 523.
— Puits de S. Germain, I, 270.
— Pyramide de Jean Chastel, III, 140.
— Quai des Augustins, I, 289.
— — de l'Ecole, I, 24, 31, 359 et note 10.
— — de la Grève, I, 371 (note 11).
— — Malaquais, I, 282.
— — du Marché-Neuf, anciennement appelé de Lormerie ou de l'Arberie, I, 243. Voy. Rues.
— — de la Mégisserie, I, 359 (n. 9).
— — des Morfondus, I, 178.
— — des Orfèvres, I, 178.
— — des Ormes, I, 226, 328.
— — Pelletier, I, 85.
— — de la Tournelle, I, 347.
— Roule (paroisse du). Son annexion à Paris, I, 440.
— Royne-Blanche (lieu-dit la), I, 124. Voy. Rues.

PARIS. Rues et ruelles.
— Grant rue : rue St-Jacques, I, 352; — rue menant au Louvre, 362; — rue St-Denis, 372.
— Rue de l'Abbaye du Bec-Hellouin, I, 368 et n. 12.
— — de l'Abbé de Cligny [Cluny], I, 353.
— — de l'Abbé de St Denis, I, 351 et n. 7, 377.
— — de l'Aiguillerie, I, 43, 360 et n. 11.
— — Alain de Dampierre [de l'Aiguillerie?], I, 373.
— — des Amandiers, des Alman-

PARIS Rues et ruelles (suite).
diers, I, 239, 249, 254, 354 et n. 7; V, 161.
— — Alexandre-l'Anglais [ou Langlois], I, 355 et n. 15.
— — Amaulry de Roissy, Amaury-de-Roussy, I, 366 et n. 6, 375.
— — Andri Mallet, I, 369 et n. 2.
— — des Anglais, as Englais, I, 113, 138, 249, 355 et n. 2, 377.
— — d'Anjou [quartier du Temple], I, 93, 206. — [quartier St-Germain-des-Prés], I, 289. — [quartier St-Eustache?], I, 375.
— — Anquetil ou Anquetin [Augustin] le Faucheur, I, 369 et n. 2.
— — d'Antain, I, 375.
— — d'Aras [des Rats], I, 356 et n. 8.
— — de l'Arbalètre, I, 261.
— — de l'Arberie, I, 276. Voy. Rue de l'Orberie.
— — de l'Arbre-Sec, de l'Arbre-Sel, I, 361 et n. 12; — de l'Abre-Sec, 374.
— — de l'Archiprêtre St-Séverin [des Prêtres-St-Séverin], I, 112.
— — d'Arnescati [Darnetal], I, 375.
— — Arnoul de Charonne, I, 483.
— — de la Arongerie [de la Harengerie], I, 374.
— — d'Arondelle [de l'Hirondelle], I, 377.
— — d'Arras, I, 345, 355 et n. 11.
— — des Arsis, I, 85, 168, 367, 375.
— — Aubry [lu pour au Lien? au Lion, du Petit-Lion], I, 374.
— — Aubry-le-Boucher, I, 168, 169, 185, 186, 201, 304, 366, 375, 495.
— — des [Grands-] Augustins, I, 289, 351 et n. 7. — [des Vieux-Augustins], I, 377.
— — d'Autriche, d'Aultraiche, d'Osteriche, I, 362 et n. 6, 375; II, 602.
— — d'Avignon, I, 366 (n. 14), 367 (n. 1).
— — du Bac, I, 281, 282.
— — Baerie-du-Bec, I, 368 (n. 12), 375.
— — de Baillehoe ou de Baillehoue, I, 367, 375.
— — Baillet, I, 361 (n. 11).
— — Bailleul, I, 362 (n. 9).
— — des Balais ou des Balets, I, 328, 376.
— — Barbette, I, 85, 93.
— — de la Barillerie, I, 178, 275, 307, 316; — la grant Bariszerie, 358 et n. 9.
— — de la Barre, I, 351 et n. 11-13.
— — Barre-du-Bec, I, 92, 168, 368 (n. 12), 375.
— — des Barres, I, 84, 328, 376.
— — des Barrez, I, 254, 329.

— 394 —

PARIS. Rues et ruelles *(suite)*.
— — de la Basennerie, I, 366.
— — du Battoir, I, 288, 293, 352 et n. 2.
— — Beaubourg, I, 168, 206, 365; IV, 515.
— — Baudouin-Prengaie, ou Rollin-Prend-gage, I, 361 et n. 1.
— — de Beauregard, I, 306.
— — Beaurepaire, I, 374.
— — de Beautreillis, I, 328.
— — de Beauvais, I, 375.
— — de Bercy, I, 85, 333, 369 (n. 9).
— — des Bernardins, I, 345, 377.
— — Bertault-qui-dort [de Venise], I, 375.
— — Bertin-Poirée, Bertin-Porée, I, 39, 360, 374.
— — de Béthisy, I, 361 et n. 9, 374.
— — de Bièvre, I, 249, 252, 258, 356.
— — des Billettes, I, 88, 92, 368 (n. 10).
— — des Blancs-Manteaux, I, 93, 168, 328, 368, 376.
— — du Bon-Puits. I, 249, 355, 377.
— — Bordet, Bordel ou Bordelles, I, 249, 253, 355 (n. 6).
— — de Boucherat, I, 206.
— — de la Boucherie [écrit pour Bouclerie : rue du Poirier], I, 375.
— — de la Bouclerie : la petite Bouclerie et la grande Bouclerie, I, 112, 351 (n. 3 et 4), 368 et n. 1.
— — des Boulangers, I, 249, 345.
— — du Bouloi ou du Bouloir, I, 64, 68, 282.
— — de la Bourbe, I, 158.
— — Bourbon, I, 73, 306.
— — des Bourdonnais, I, 40, 361 et n. 5, 374.
— — Bourg-l'Abbé, I, 185, 186, 375; IV, 327.
— — du Bourg-de-Brie [Erembourg-de-Brie, Boutebrie], I, 377.
— — du Bourtibourg, du Bourg-Tibout, du Bourg-Thiehaud, I, 329, 369, 376.
— — Boutebrie, I, 112, 118, 353 (n. 2).
— — *à Bouvetins*, I, 367 et n. 11.
— — de Braque, I, 376.
— — de Brenot [du Clos-Bruneau?], I, 377.
— — de Bretagne, I, 93.
— — Brise-Miche, I, 168, 367 (n. 14).
— — de la Bûcherie, I, 112, 249, 356, 377; II, 539.
— — de Bucy, ?, 486.
— — de la Buffeterie, I, 367 et n. 8.
— — des Buttes, I, 283.
— — de la Calandre, de la Calende, I, 176, 178, 275, 276, 317, 358, 376.

PARIS. Rues et ruelles *(suite)*.
— — des Capucines, I, 78.
— — des Carmes, I, 129, 131, 139, 354 (n. 13), 377.
— — Cassette, I, 282.
— — Cauvain, I, 351.
— — Censier, IV, 344.
— — au Cerf, au Serf, I, 361 et n. 10.
— — de la Cerisaie, I, 328.
— — de Champs-fleury, I, 375. — du Champ-flory [des Sablons?], I, 376.
— — de Champ-petit, I, 352 et n. 4.
— — du Chantre, I, 375.
— — Chanverie (de la), de *Cannaberia*, I, 364 et n. 11.
— — Chapon, du Chapon, I, 208, 375.
— — de Charenton, I, 333.
— — de la Chareterie ou de la Chaveterie, I, 354 et n. 3.
— — Charetière, I, 354 (n. 3).
— — de Charonne, I, 333.
— — de la Charonnerie, I, 374.
— — Charoui, [Charauri, *de Carro Aurici* : rue de Perpignan], I, 357.
— — de la Charpenterie [rue de Béthizy], I, 374.
— — Chartière, I, 131. Voy. Rue Charetière.
— — du Chartron [des Mauvais-Garçons], I, 376.
— — de Chasse-Midi ou du Cherche-Midi, I, 282; V, 404.
— — du Château-Festu, I, 37, 363 (n. 6).
— — du Chaume, I, 93, 206.
— — de la Chaveterie, I, 358 et note 11. Voy. Rues de la Chareterie et de la Savaterie.
— — *à Chavetiers*, I, 367 et n. 12.
— — du Cherche-Midi. Voy. Rue du Chasse-Midi.
— — du Cheval-Verd, I, 250.
— — du Chevalier du Guet, I, 360 (n. 8).
— — du Chevet-St-Gervais, I, 376.
— — du Chevet-St-Landry, I, 47, 319, 359 et n. 1.
— — du Chevet-St-Leufroy, I, 45.
— — des Chiens, I, 249, 250, 354 (n. 4).
— — des Cholets, I, 249, 354 (n. 4).
— — Christine, I, 289.
— — du Cimetière-St-André, I, 289.
— — du Cimetière-St-Benoît, I, 354 (n. 1).
— — du Cimetière-St-Gervais, I, 371.
— — du Cimetière-St-Nicolas, I, 375.
— — au Cingne, I, 365.
— — des Cinq-Diamants, I, 201, 366 (n. 5).
— — de Cléry, I, 306.
— — de Clichon [de Clisson], I, 376.
— — de Clichy, I, 420.

PARIS. Rues et ruelles (suite).
— — Cloche-Perce, I, 85, 328, 370 (n. 5).
— — Clopin, I, 249, 345, 355 et n.9.
— — du Clos-Bruneau, I, 154, 253, 354 et n. 13 ; IV, 310.
— — de Cluny, I, 139, 353 (n. 7).
— — Cocatrix, I, 218, 319, 357, 376 ; V, 83.
— — de la Coifferie, I, 371 et n. 15.
— — Col-de-Bâcon, I, 362.
— — de la Colombe, I, 21, 47, 319, 358 et n. 16.
— — aux Commenderesses, des Recommanderesses, I, 371, 374, 375.
— — de la Comtesse d'Artois, I, 365 (n. 7).
— — de la Confrérie-Notre-Dame, I, 357.
— — de la Conreerie, I, 366 et n. 5.
— — Contrescarpe [quartier de la place Maubert], I, 249, 250, 259. [quartier St-André-des-Arts, I, 289.
— — Coppeau, I, 250, 259, 345.
— — du Coq, au Coq [quartier de la Grève], I, 369 (n. 2). — [quartier du Louvre], I, 375. — [?], II, 649 ; V, 171.
— — Coq-Héron ou de l'Egyptienne, I, 66, 375.
— — des Coquilles, I, 92, 369 (n. 1).
— — Coquillière, I, 69-70.
— — O Corbel ou au Corbeau, I, 353 et n. 9.
— — des Cordèles, I, 352.
— — des Cordeliers, I, 113, 139, 154, 281, 292, 351 (note 8), 352 et note 6, 377.
— — des Cordiers, I, 139, 353 et n. 11.
— — de la Cordouanerie, de la Cordonnerie, I, 360 et n. 16, 374.
— — de la Corroyerie, I, 366 (n. 1). Voy. Rue de la Courroyerie.
— — de la Cossonnerie, I, 364 et n. 8, 374.
— — du Coup-de-baston, I, 362 (note 1), 375.
— — de la Cour-des-Morts ou Cour du More], I, 168.
— — de la Cour-Robert de Paris, I, 367 ; II, 388.
— — de la Courroyerie, I, 168, 206, 366 (n. 1 et 5), 375 ; II, 388.
— — Courtalon, I, 36, 43, 360 (n. 12).
— — de la Coutellerie, I, 92, 168, 368 (n. 13), 371 (n. 17).
— — de Craon, I, 369 (n. 6).
— — de la Creux [de la Croix], I, 375.
— — de la Croix-Blanche, I, 328, 329, 369 (n. 12).
— — de la Croix-Neuve, I, 363.
— — Culture-Ste-Catherine, I, 331.
— — au Curé (ruelle), I, 363 (n. 8).

PARIS. Rues et ruelles (suite).
— — du Cygne, au Cingne, au Signe, I, 365 et n. 3, 374.
— — Dame-Gloriette, I, 361 (n. 11).
— — Damestati [Darnetal], I, 375.
— — Darnetal ou Greneta, I, 73, 74, 186, 190, 199, 298, 375 ; III, 170.
— — Dauphine, I, 281, 289.
— — Daveron ou d'Avron, I, 362.
— — des Déchargeurs, I, 36, 361, 374.
— — du Demi-Saint, I, 362 (n. 3).
— — des Deux-Boules, I, 360 (n. 6).
— — des Deux-Ecus, I, 363 (n. 4-6), 375.
— — des Deux-Hermites, I, 319, 357 (n. 11).
— — des Deux-Portes (paroisse de St-Jean-en-Grève), I, 40, 92, 368.
— (paroisse St-Benoît), I, 139, 376.
— (paroisse St-Laurent), I, 298.
— — au Duc de Bourgogne, I, 354 et n. 6.
— — de l'Echelle, I, 78.
— — de l'Eclote [des Ecouffes], I, 370 (n. 6).
— — de l'Ecole, I, 356 et n. 9.
— — de l'Ecorcherie, I, 372 et n. 5, 375.
— — d'Ecosse, I, 129, 131.
— — des Ecouffes, I, 376.
— — aux Ecrivains, as Ecrivains [de la Parcheminerie], I, 118, 352, 366 (n. 12), 375.
— — des Ecuyers [des Deux-Ecus ?], I, 375.
— — des Ecus, I, 363 et n. 5.
— — de l'Egout-Ste-Catherine, I, 328.
— — de l'Eguillerie, I, 43. Voy. Rue de l'Aiguillerie.
— — de l'Egyptienne. Voy. Rue Coq-Héron.
— — d'Enfer, I, 112, 113, 159, 280-1, 282, 283, 292, 293. — (dans la Cité), I, 47, 358 (note 17) ; V, 363. — (paroisse St-Eustache), I, 64.
— — des Enlumineurs, I, 118.
— — de l'Eperon, I, 289, 293, 351 (n. 9).
— — Erembourg de Brie, I, 112, 118, 353 et n. 2, 377.
— — Ermeline-Boiliaue, I, 371.
— — de l'Escoufle [des Escouffes], I, 370.
— — de l'Esculerie, I, 369 et n. 7.
— — des Escuves [corr. des Estuves], I, 376.
— — d'Espaigne [Jean-Beausire], I, 376.
— — Espaulart, I, 368 (n. 1).
— — de l'Est ble du Cloistre, I, 367.
— — des Etuves, I, 206, 363, 365.
— — l'Evêque, I, 218.

PARIS. Rues et ruelles *(suite)*.
— — à l'Evêque de Rouen [du Jardinet?], I, 376.
— — o Fain, I, 353. Voy. Rue du Foin.
— — du Faubourg-St-Jacques, I, 158, 159.
— — à Fauconniers, I, 370 et n. 11.
— — de Faulse-Poterne [de la Cour-du-More?], I, 376.
— — Fermoulin, I, 127, 259.
— — de la Ferronnerie, I, 53, 360 et n. 14.
— — aux Fers, I, 53, 64, 364 (n. 7).
— — aux Feurre, I, 364 (n. 7).
— — du Feurre [du Fouare], I, 377.
— — aux Fèves, au Fèvre, aux Feuvres, *ad Fabros*, I, 218, 276, 307, 315, 317, 358, 376.
— — au Fèvre [aux Fers], I, 364, 374.
— — du Figuier, I, 328, 370, 376.
— — des Filles-du-Calvaire, I, 206.
— — des Filles-de-Ste-Aure, I, 250.
— — du Foin, au Foing [quart. St-André-des-Arts], I, 112, 117, 353, 377. — [quart. St-Antoine], I, 328.
— [quart. du Louvre, place des Trois-Maries], I, 374.
— — de la Fontaine des Cinq Diamants, I, 366 (n. 5).
— — des Fontaines, I, 208.
— — Forgier ou Frogier-l'Anier, I, 371 et n. 2.
— — de la Fosse aux Chiens, I, 374.
— — des Fossés-Monsieur le Prince, I, 281, 293.
— — des Fossés-St-Bernard, I, 347.
— — des Fossés-St-Germain-l'Auxerrois, I, 362 et n. 2, 375.
— — des Fossés-St-Jacques, I, 250.
— — des Fossés-St-Victor, I, 249, 255, 345.
— — du Fouarre, I, 113, 249, 356.
— — du Four (quartier Montmartre), I, 363 et n. 3, 375.
— — du Four (quartier du Luxembourg), I, 354 (n. 11), 377.
— — du Four-Basset, I, 276, 317, 358 (n. 4).
— — de Fourcy, I, 249, 328.
— — des Fourreurs, I, 43, 360 (n. 15).
— — Française, I, 64, 73.
— — de Franc-Menour, I, 369 (n. 9), 376.
— — du Franc-Monrier [depuis rue de Moussi], I, 369 et n. 9.
— — des Francs-Bourgeois, I, 328.
— — de Frépillon, I, 375 ; II, 130.
— — de Freppault [Phélippeaux], I, 375.
— — Fresmentel, Froimantel, Fromentel, I, 131, 249, 353. — Fromenteau, du Froitmantyau, (près du Louvre), I, 131, 375.
— — du Fuissel. Voy. Rue du Suissel.

PARIS Rues et ruelles *(suite)*.
— — Gaillon, I, 77. Voy. Chaussée.
— — Gallande ou Garlande, I, 98, 113, 119, 129, 249, 356 et n. 7, 377.
— — de la Ganterie [dans la Cité], I, 358 ; — [près des Halles], 364.
— — Garnier [Grenier]-sur-l'Eau, I, 84, 329, 371, 376.
— — Geoffroi-l'Angevin, I, 168, 365, 376.
— — Geoffroi-l'Asnier, I, 84, 95, 329, 371 (n. 2).
— — Gencien (ruellete), I, 369.
— — de Gérard Boquet, I, 328.
— — de Gervais Laurent, I, 218, 315, 358 et n. 13.
— — de Gèvres, I, 372 (n. 5 et 7).
— — Gilbert [ou Alexandre]-l'Anglois, I, 373.
— — Gillecœur, I, 289.
— — du Gindre, I, 283.
— — de Glatigny, de Glateingni, I, 218, 359 et n. 4, 376.
— — Gloriete ou Dame-Gloriette, I, 361 et n. 11.
— — Goguenard [Coquenard], I, 64.
— — du Grand-Chantier, I, 93, 206, 208 ; II, 506.
— — du Grand Cul-de-Sac [cul-de-Sac des Anglais], I, 376.
— — du Grand-Hueleu [ou Hurleur], I, 186, 298.
— — Gratecon [des Deux-Portes], I, 374.
— — de Garnelles. Voy. Rue de Grenelle.
— — des Gravelliers [des Gravilliers], I, 375.
— — des Gravellières [lu par Cocheris « des Granelières » : rue de Grenelle-St-Honoré], I, 375.
— — de Grenelle, I, 282.
— — de Grenelle [-St-Honoré], I, 67, 69.
— — Greneta. Voy. Rue Darnetal.
— — Grenier [Garnier]-St-Lazare, I, 206, 375.
— — Grenier-sur-l'Eau. Voy. Rue Garnier-sur-l'Eau.
— — des Grez, I, 141, 142 ; V, 312, 314.
— — du Gros-Chenet, I, 67.
— — Guénégaud, I, 281, 289.
— — de la Guépine, I, 328, 370 (n. 10).
— — Guerin-Boisseau, I, 298.
— — Gui-d'Auxerre, I, 373. [C'était un cul-de-sac formé par l'ancienne rue Alexandre-Langlois?]
— — Guichard-le-Blanc [cul-de-sac du Chat-Blanc], I, 366 (n. 12).
— — Gui-le-Braolier [le Hirolier ? rue Boucher?], I, 373.

— 397 —

PARIS. Rues et ruelles *(suite)*.
— — Guillaume-Espaulart, I, 373. Voy. Rue Espaulart.
— — Guillaume-Joce [rue des Trois-Maures], I, 366 (n. 7), 375.
— — Guillaume-Joussien [ou Gentien ? rue des Coquilles], I, 375.
— — Guillaume-Porée, I, 360, 374.
— — des Halles, I, 365.
— — de Harlay, I, 177, 178.
— — de la Harpe, I, 106, 113, 117, 130, 139, 293, 352 et n. 7, 8 et 10, 377; IV, 71.
— — Hautefeuille, I, 113, 288, 352 et n. 3.
— — du Haut-Moulin, I, 218, 359 (n. 5).
— — du Heaulme [du Chaume ?], I, 376.
— — de la Heaumerie, I, 212, 366 et n. 12, 375.
— — de la Hédengerie, I, 360.
— — Hendebourg-la-Treffelière. Voy. Rue de Sendebourg.
— — de l'Herberie. Voy. Rue de l'Orberie.
— — des Herbiers, I, 376.
— — Hiacynthe [Jacinthe], I, 356 (n. 6).
— — de l'Hirondelle, I, 289, 351 (n. 5), 377.
— — aux Hoirs de Harcourt, I, 352.
— — *as Hoirs de Sabonnes* (de Sorbonne), I, 353 et n. 6.
— — de l'Homme-Armé, I, 93, 368 (n. 5), 375.
— — de l'Hôpital, I, 149.
— — de la Huchette, I, 117, 179, 351, 377.
— — de Hue-leu, de Hulleu, I, 184, 187, 375.
— — de Hurepoix, I, 289.
— — du Hurleur. Voy. Hueleu.
— — des Illuminés. Voy. Rue des Enlumineurs.
— — de l'Image, I, 359 et n. 2.
— — des Jacobins, I, 353.
— — du Jardinet, I, 293.
— — des Jardins, I, 88, 328, 376; III, 230.
— — Jean-Bingne, I, 365 et n. 6.
— — Jean-Bonnefille [ruelle des Moulins ?], I, 373.
— — Jean-Lantier, I, 360 (n. 3).
— — Jean-le-Conte, I, 367.
— — Jean-de-l'Epine, I, 92, 368 (n. 13), 371 (n. 15).
— — Jean-l'Eveiller ou de Goulier, I, 360 et n. 5.
— — Jean-de-Goulier ou de Goulieu. Voy. Rue Jean-l'Eveiller.
— — Jean-Lointier (Lantier), I, 360.
— — Jean-Pain-Mollet, I, 168, 367, 368 (n. 13), 375.

PARIS. Rues et ruelles *(suite)*.
— — Jean-Saint-Denis, I, 375.
— — Jean (ou Philippe) Tison, I, 362.
— — de Jérusalem, I, 376.
— — de la Joaillerie, I, 45, 201.
— — *a Jongleurs*, I, 365 et n. 14.
— — Josselin ou Jusseline, I, 129, 354 (n. 13).
— — de la Jouaillerie. Voy. Rue de la Joaillerie.
— — du Jour, I, 68, 363 (n. 9 et 10).
— — de Jouy, de Joy, I, 84, 328, 371, 376.
— — Judas, I, 131, 249, 354, 377.
— — des Juifs. I, 85, 328.
— — de la Juiverie, la Jucrie, de Juiferie, I, 214, 218, 276, 358, 376.
— — Jusseline. Voy. rue Josselin.
— — de la Jussienne, I, 66, 67.
— — de Laas, I, 103.
— — de la Lamperie, I, 367.
— — de la Lanterne, I, 168, 218, 315, 358, 376.
— — *a* (ou des) Lavandières [quart. St-Benoît], I, 249, 355, 377. — [quart. Ste-Opportune], I, 360, 374.
— — de Lesdiguières, I, 328.
— — de la Levrette, I, 371 (n. 10).
— — de la Licorne, I, 218, 358, 376.
— — de la Limace, I, 360 (n. 15).
— — de Limoges, I, 206.
— — Lingarière, I, 366.
— — de la Lingerie, I, 64, 65.
— — des Lions, I, 328.
— — des Lombards, I, 367 et n. 8, 375.
— — de Longpont, I, 84.
— — Louis-le-Grand, I, 64, 78.
— — de Lourcines, I, 258-9, 260.
— — du Louvre, I, 362 (n. 6).
— — de la Lune, I, 306.
— — de Luxembourg, I, 78.
— — Mâcon, I, 112; IV, 157.
— — des Maçons, I, 112, 113, 139; III, 576.
— — au Maire, [Aumaire], I, 194, 375.
— — Mal-désirant [Mondetour ?], I, 374.
— — Maleparole. Voy. Rue des Mauvaises-Paroles.
— — du Maltois. Voy. Rue du Martroi.
— — de la Mancherie, I, 360.
— — du Marché-Neuf, I, 178.
— — du Marché-Palu, I, 218, 243, 275, 358 et n. 2.
— — Marivaux (du Grand et du Petit-), I, 198, 366 et n. 10, 367 (n. 9).
— — des Marmousets, du Marmouset, des Marmouzetes, I, 21; 47, 215, 218, 219, 319, 358 et n. 15, 376.

Paris. Rues et ruelles *(suite)*.
— — du Martroi, I, 92, 371 (n. 8).
— — des Mathurins, I, 113, 436.
— — Maubuée, Maubué, I, 168, 206, 366 (n. 1), 376.
— — Mauconseil, Malconseil, I, 64, 73, 365 et n. 8, 374.
— — Maudétour ou Mondetour, I, 364 (n. 12), 365 ; III, 399-400.
— — des Mauvais-Garçons, I, 92, 369 (n. 6).
— — des Mauvaises-Paroles, Maleparole, I, 360 (n. 7), 374.
— — Mazarine, I, 281.
— — de la Mazure, I, 328.
— — de la Mégisserie, la Mesguiscerie, I, 359, 374.
— — des Ménétriers, I, 206, 304, 305, 365 (n. 14), 376.
— — du Meneur [la rue du Murier du quartier Maubert ?], I, 377.
— — de Ménilmontant, I, 332.
— — Merderel, Merderet, Merderiau, I, 365 et n. 4, 374.
— — Michel-Lecomte, I, 206.
— — Michel-Lecourt [Michel-Lecomte], I, 375.
— — Mignon, I, 352 (n. 3), 377.
— — des Minimes, I, 328.
— — du Moine [des Chiens ? selon Jaillot ; du Maine, d'après Cocheris], I, 354.
— — aux Moines de Jenvau, I, 360.
— — des Moines de Longpont, I, 371.
— — du Monceau [-St-Gervais], I, 84.
— — de Mondetour, III, 399-400. Voy. Rue de Maudetour.
— — de la Monnaie, I, 361 (n. 10), 374.
— — de la Montagne-Sainte-Geneviève, I, 129, 249, 253, 355 (n. 5).
— — Montmartre, I, 60, 63, 66, 363, 375.
— — de Montmorency, I, 206, 298.
— — Montorgueil, I, 64, 65, 73, 374.
— — Mont-roqueil [Montorgueil], I, 374.
— — du Mont-Saint-Hilaire, I, 354 (n. 9).
— — de Morann [alias de Mereanne, de Montmorency], I, 375.
— — de la Mortellerie, I, 84, 242, 322, 328, 332, 371, 376.
— — Mouffetard, I, 127, 249-250, 258, 259, 260.
— — de Moussy, I, 92.
— — du Mouton, I, 92, 369 (n. 2).
— — de la Muette, I, 127, 259, 334.
— — du Murier, I, 249, 356 (n. 1).
— — des Murs, I, 311, 312, 355 et n. 11.
— — de Nesle, de Neele, 368 et n. 12, 375.
— — Neuve-Notre-Dame, I, 15, 215,

Paris. Rues et ruelles *(suite)*.
217, 218, 243, 244, 376 ; V, 51 (note).
— — Neuve-Saint-Augustin, I, 64, 67, 78.
— — Neuve-Saint-Etienne, I, 249, 255.
— — Neuve-Sainte-Geneviève, I, 250, 259, 377.
— — Neuve-Saint-Gilles, I, 85.
— — Neuve-Saint-Martin, I, 375.
— — Neuve-Saint-Merry, I, 166-7, 168, 367 et n. 15, 375.
— — de Nevers, I, 289.
— — Nicolas-Arrode, I, 194, 365.
— — des Nonains-d'Hierre ou d'Ierre, des Nonains [des Nonaindières], I, 328, 370 et n. 13, 376 ; V, 230.
— — (Vieille) Notre-Dame. Voy. Rue des Sablons.
— — des Noyers, du Noyer, I, 113, 129, 138, 249, 354 (n. 13), 377 ; II, 378.
— — des Oblayers. Voy. Rue des Oublayers.
— — de l'Observance, I, 293.
— — Ogniart, I, 366 (n. 6) ; II, 281.
— — de l'Orberie, de l'Arberie, de l'Herberie : la grande Orberie [rue du Marché-Neuf], I, 276, 358 (n. 6) ; — la petite Orberie (rue du Four-Basset), I, 276, 358 (n. 4).
— — des Orfèvres, I, 360 (n. 2).
— — d'Orléans, I, 93, 362 (n. 12).
— — d'Orléans-St-Honoré, III, 159.
— — de l'Oseroie, I, 354.
— — de l'Ospital, I, 149.
— — d'Osteriche. Voy. Rue d'Autriche.
— — Otin-le-Fauche, I, 369 (n. 12), 376.
— — des Oublayers, I, 358 et n. 1.
— — aux Oües, aux Oes [aux Oies : la rue aux Ours], I, 184, 186, 190, 206, 364 (n. 10), 365 et n. 10, 375.
— — de Pain-Molet [Jean-Pain-Mollet], I, 375.
— — du Palais, I, 377.
— — Palée, I, 74.
— — du Paon, du Puon, I, 249, 293, 352 (n. 3 et 5), 355 (n. 15), 376.
— — du Pans [corr. du Prais : du Pré], I, 376.
— — du Paon-Blanc, I, 328.
— — de Paradis, I, 85, 93, 376.
— — de la Parcheminerie, I, 102, 112, 352 (n. 13), 376.
— — des Parcheminiers [de la Parcheminerie], I, 377.
— — du Parc-Royal, I, 85, 328.
— — du Parvis, I, 357.
— — du Pas-de-la-Mule, I, 328.
— — Pastourelle, I, 376.
— — Pavée [quart. St-André-des-

PARIS. Rues et ruelles *(suite)*.
Arts], I, 351 ; — (ou rue du Murier) [quart. de la Place Maubert], I, 356 (n. 1) ; — [quart. St-Denis], I, 374 ; — [quart. St-Antoine], I, 376.
— — Pavée-d'Andouilles [rue Pavée-St-André-des-Arts], I, 351 (n. 6), 356 (n. 1).
— — Pavéegoire, I, 356 (n. 1).
— — Payenne, I, 328.
— — de la Pelleterie, I, 178, 201, 202, 315.
— — Percée [-St-André-des-Arts], I, 112, 117. — Percié [quart. Saint-Paul], I, 328, 370 et n. 9.
— — du Perche, I, 93.
— — Perdue, I, 249, 356.
— — Pernelle ou Perrenelle de St-Paul, I, 84, 92, 368, 376.
— — de Perpignan, I, 218, 319, 357 (n. 13).
— — Perrin-Gasselin, I, 360, 374, 377.
— — Perronelle, I, 371 (n. 10).
— — du Pet-au-Diable, I, 84, 92, 369 (n. 4).
— — du Petit-Carreau, I, 306. Voy. Rue des Petits-Carreaux.
— — du Petit-Four, I, 354.
— — du Petit-Hue-Leu, I, 186.
— — du Petit-Lion, I, 64, 73.
— — du Petit-Musc, du Petit-Musse, I, 328, 370 (n. 4), 376.
— — du Petit-Pont, I, 112, 113, 142, 356 (n. 12), 377.
— — de la Petite-Bouclerie, I, 368 (n. 1).
— — des Petits-Carreaux ou du Petit-Carreau, I, 64, 73, 306.
— — des Petits-Champs, I, 55, 64, 168, 365, 375, 376.
— — *à petit soulers de bazenne*, I, 360.
— — Petonnet [rue Pirouette], I, 374.
— — Philippe-le-Comte [Jean-le-Comte], I, 375.
— — Philippe-de-l'Epine [Jean-de-l'Epine], I, 375.
— — Philippe-Lointier [Jean-Lantier], I, 374.
— — Philippe-le-Mire [ou Jean-le-Mire], I, 375.
— — Philippe-Tyson [ou Jean-Tison], I, 362 (n. 10), 375.
— — du Pied-de-Bœuf, I, 372 (n. 5), 375.
— — Pierre-Aulard, I, 168, 367 et n. 17, 375.
— — Pierre au let, Pierre o let, Pierre-au-lait, I, 367 et n. 3, 375.
— — Pierre-à-Poisson, I, 36, 359 et n. 7.
— — Pierre-Sarrazin, I, 113, 139, 154, 352, 377.

PARIS. Rues et ruelles *(suite)*.
— — Piquet, III, 253 et note.
— — de la Planche-Mibray ou Mibraye, I, 85, 168, 372 (n. 1).
— — de la Plastaye, I, 366 (n. 1), 376.
— — du Plat-d'Etain, I, 361 (n. 1).
— — du Plâtre [quart. Ste-Avoie], I, 93, 168, 308, 376.
— — du Plâtre, a Plastriers [quart. St-Benoît], I, 112, 117, 119, 355 et n. 2, 377.
— — de la Plâtrerie [Plâtrière, quart. St-Eustache], I, 375.
— — de la Plâtrière [quart. St-André-des-Arts], I, 352.
— — Poinpée [Poupée], I, 376.
— — des Poirées, I, 139, 353 (n. 10).
— — du Poirier, I, 168, 368 (n. 1).
— — o Poisson, I, 359.
— — de la Poissonnerie, I, 356.
— — Poissonnière, I, 64, 306.
— — des Poitevins, I, 288, 293, 351 et n. 13.
— — *a Plastriers*, I, 355. Voy. Rue du Plâtre.
— — de Poitou, I, 206.
— — de Poitou [lu par Cocheris « du Poyçon » : rue du Pélican], I, 375.
— — Poliveau ou des Saussayes, I, 127, 259.
— — de la Pomme, I, 357.
— — o Ponel, I, 353 et n. 10.
— — du Pont-au-Change, I, 376.
— — du Pont-Notre-Dame, I, 376.
— — du Pont-Saint-Michel, I, 376.
— — Popin, I, 374.
— — des Porcherons, I, 64.
— — (grant) de la Porte Baudeer, de Porte-Baudet, I, 370 et n. 8, 375.
— — de la Porte-Bouclerière, I, 118.
— — de la Porte-à-la-Comtesse [rue de la Comtesse-d'Artois], I, 375.
— — Portefoin, I, 208.
— — de la Porte-St-Marcel, I, 355.
— — de la Porte-Valete, I, 376.
— — aux Portes [aux Deux-Portes ? quart. Ste-Opportune], I, 374.
— — des Porteurs [?], I, 376.
— — du Port-Saint-Landry, I, 376.
— — des Postes, des Pots, I, 101, 139, 250, 255, 259, 261.
— — Pot-de-Fer [quart. St-Benoît], I, 250, 259. — [quart. du Luxembourg], I, 281.
— — de la Poterie, I, 92, 168, 364 (n. 1), 368 et n. 14, 375.
— — Poterie-St-Séverin, I, 101, 259.
— — des Pots. Voy. Rue des Postes.
— — de la Poulaillerie, I, 372 et n. 7.
— — des Poules, I, 250.
— — des Poulies [quartier du Louvre], I, 362, 375.

PARIS. Rues et ruelles *(suite)*.
— — des Poulies-Saint-Pou (Saint-Paul, I, 370.
— — Poupée, I, 112, 351.
— — du Pourtour, I, 84, 371 (n. 6).
— — des Prêcheurs, I, 304, 364 et n. 10, 367 (n. 17), 374.
— — des Prêtres (-Saint-Paul), I, 328.
— — des Prêtres (-Saint-Séverin), I, 112, 353 (n. 1).
— — des Prêtres-de-Saint-Eustache, I, 71.
— — des Prouveires, des Prouvelles, I, 70, 71, 363, 375.
— — du Puits, I, 92-93, 329, 368.
— — du Puits-Certain, I, 131.
— — du Puits-qui-parle, I, 250.
— — du Puon. Voy. rue du Paon.
— — de Pute-y-Muce [cul-de-sac Putignon?], I, 370 et n. 4.
— — *au Quains de Ponts* [au comte de Ponthieu], I, 361.
— — des Quatre-Fils, I, 93.
— — Quequitonne, Quiquetonne [Tiquetonne], I, 65, 374.
— — Quincampoix, Quinquempoit, I, 169, 186, 201, 206, 304, 366, 375.
— — Raoul ou Rouland-l'Avenier, I, 361 et n. 2.
— — Raoul-Menuicet ou Mucet, II, 363 et n. 1.
— — Raoul-Roissole, I, 363.
— — des Rats [de l'Hôtel-Colbert], I, 356 et n. 8.
— — des Recommenderesses, I, 375. Voy. Rue des Commenderesses.
— — de la Réale, I, 365 (n. 6).
— — du Regard, I, 283.
— — Regnaud ou Renaut-Le Fèvre, I, 92, 370, 376.
— — de la Regraterie, I, 243.
— — de Reims, I, 131, 249, 282, 354 (n. 6).
— — de la Reine-Blanche, I, 124.
— — du Renard, I, 168, 367 (n. 16).
— — du Réservoir, I, 332.
— — de Reuilly, I, 333.
— — Richelieu, I, 64, 78.
— — de Richelieu [quart. St-André-des-Arts], I, 112, 113
— — du Roi-de-Sicile, de Cécile, de Sézille, I, 85, 328, 370, 376.
— — Rollin-Prend-gage. Voy. Rue Baudouin-Prengaie.
— — de la Roquette, I, 333.
— — des Rosiers, I, 370, 376.
— — du Roule, I, 361 (n. 9).
— — des Sablons ou du Sablon, vieille rue Notre-Dame, I, 244, 245, 357 et n. 1.
— — Sacalie ou Zacharie, du Sacalit, I, 112, 351 et n. 2, 377.
— — des Saiges [des Singes?], I, 376.

PARIS. Rues et ruelles *(suite)*.
— — Saille-en-bien ou Sallembrière, I, 118-9.
— — de Saine (ruelle), I, 371.
— — de Sainte-Anastase, I, 328.
— — Saint-André (Andri ou Andrieu) des Arcs (ou des Arts), I, 103, 113, 179, 281, 288, 289, 351, 376.
— — Sainte-Anne, I, 79, 178.
— — Saint-Antoine, I, 84, 85, 328, 330, 331, 370 (n. 8), 376, 480.
— — Sainte-Apolline, I, 298.
— — Sainte-Avoye, I, 93, 168, 206, 367 (n. 11).
— — Saint-Barthélemi, I, 178, 220, 316, 376.
— — Saint-Benoît, I, 272.
— — Saint-Bernard, I, 334.
— — Saint-Bon, I, 168, 367 et n. 6, 375.
— — Sainte-Catherine, I, 328.
— — Saint-Christophe, I, 218, 276, 357 et n. 7, 376. — Ruelle du même nom, I, 357 (n. 7).
— — Saint-Cosme, I, 377.
— — ou ruelle Sainte-Croix, I, 315, 316, 358 et n. 12.
— — Sainte-Croix-de-la-Bretonnerie, I, 92, 93, 168, 329.
— — Saint-Denis, I, 36, 43, 64, 7?, 157, 168, 175, 186, 187, 190, 201, 207, 215, 258, 298, 365 et n. 9, 374, 479, 533; II, 620.
— — Saint-Denis-de-la-Chartre, I, 359.
— — Saint-Dominique, I, 158, 281, 283.
— — Sainte-Elisabeth, I, 208.
— — Saint-Eloy, I, 275, 317, 358 (n. 11), 376.
— — Saint-Etienne-des-Grez, I, 142, 154, 248, 250, 377.
— — de Sainte-Geneviève *la Grant*, I, 355, 377; IV, 206.
— — Saint-Germain-l'Auxerrois, St-Germain *a Couroiers*, I, 36, 38, 39, 44, 76, 359 (n. 11), 374; IV, 430.
— — Saint-Germain-des-Prés, I, 351 et n. 9, 377.
— — Saint-Germain-le-Vieil, I, 376.
— — Saint-Gilles, I, 328.
— — Saint-Hilaire, Saint-Ylaire, I, 129, 131, 249, 354, 377.
— — Saint-Honoré, I, 36, 78, 362, 363 (n. 6), 375, 406, 420.
— — Saint-Hyacinthe, I, 139, 293.
— — Saint-Jacques, I, 99, 113, 117, 138, 139, 154, 217, 249, 352 (n. 12), 377.
— — Saint-Jacques-la-Boucherie, I, 366 (n. 13).
— — Saint-Jean-de-Beauvais, I, 129, 138, 154, 249, 354 (n. 13); II, 55.
— — Saint-Jean-en-Grève, I, 371.

PARIS. Rues et ruelles *(suite)*.
— — Saint-Jean-de-l'Hospital, I, 377.
— — Saint-Jean-de-Jérusalem [de Latran], I, 149.
— — Saint-Jean-de-Latran, I, 138, 149, 249, 354 (n. 2).
— — Saint-Jérome, I, 372 (n. 7).
— — Saint-Julien-le-Pauvre, le Poure, I, 112, 249, 356 et n. 10, 377.
— — Saint-Landry, I, 47, 218.
— — Saint-Lazare, I, 64.
— — Saint-Louis [quart. du Palais-Royal], I, 78 ; — [dans la Cité], I, 178 ; — au Marais, I, 85, 86, 328.
— — Sainte-Marguerite, I, 271.
— — Sainte-Marine, I, 357, 376 ; II, 392.
— — Saint-Mathurin ou Mathelin, I, 353 et n. 4.
— — Saint-Martin, I, 168, 186, 201, 206, 258, 298, 304, 305, 365, 367 (n. 10), 375.
— — Saint-Nicaise, I, 40.
— — Saint-Nicolas-du-Chardonnet, I, 249, 356, 377.
— — Sainte-Opportune, I, 360, 374.
— — Saint-Paul, I, 328, 376.
— — des Saints-Pères ou Saint-Père, I, 277, 281 ; IV, 82.
— — Saint-Philippe, I, 376.
— — Saint-Pierre-des-Arsis, I, 376.
— — Saint-Pierre-aux-Bœufs, I, 219, 357, 376.
— — Saint-Sauveur, I, 374.
— — Saint-Séverin, Saint-Sévring, I, 102, 109, 112, 179, 259, 352, 377.
— — Saint-Séverin (ruelette), I, 118, 353.
— — Saint-Symphorien, I, 354.
— — Saint-Thomas [quart. du Luxembourg], I, 139, 293.
— — Saint-Thomas [-du-Louvre], I, 362, 375.
— — Saint-Victor, I, 249, 344, 355; IV, 344.
— — Salle-au-Comte, I, 183, 185, 186, 375.
— — de la Saunerie, I, 39, 359, 374.
— — des Saussayes. Voy. Rue Poliveau.
— — de la Saveterie, de la Chaveterie, I, 310, 317, 358 (n. 11).
— — de Savoie, I, 289.
— — de Savoie (des Sept-Voies?), I, 354 et n. 8.
— — de la Savonnerie, I, 367, 375.
— — au Seigneur-d'Igny, I, 353 ; III, 529.
— — de Seine, I, 283, 347.
— — Sendebourg ou Hendebourg-la-Tréfillière, I, 366 et n. 2.
— — des Sept-Voies, I, 249, 252, 253, 254, 358 (n. 8).

PARIS. Rues et ruelles *(suite)*.
— — au Serf. Voy. Rue au Cerf.
— — Serpente, de la Serpent, I, 103, 112, 113, 117, 139, 352 et n. 1.
— — de Sèvres, I, 281, 283.
— — Siège-l'Asnier [lu pour « seigneur l'Asnier » : la rue Geoffroy-Lasnier], I, 376.
— — au Signe, I, 374. Voy. Rue du Cygne.
— — Simon-le-Franc, I, 168, 368 et n. 2, 376.
— — de Serbone. Voy. Rue de Sorbonne.
— — aux Singes, I, 368.
— — de Sorbonne, de Serbone, I, 113, 139, 377.
— — du Suissel [*corr.* du Fuissel, du Fuseau], I, 374.
— — de la Tableterie, I, 43, 360 et n. 10, 374.
— — de la Tacherie, I, 168, 371, 375.
— — Taillepain, I, 168, 367 (n. 11).
— — Tamploirie [rue de la Chanvrerie ?], I, 374.
— — de la Tannerie, I, 371, 375.
— — des Teinturiers, I, 371 (n. 15).
— — du Temple, I, 84, 171, 208, 367 (n. 11), 370, 376.
— — Thibaut-Odet, Thibaud-aux-dés, I, 39, 361 et n. 6, 374.
— — Tiquetonne. Voy. Quequitonne.
— — Tirechappe, I, 361, 374.
— — Tirepet-en-Roye [ruelle du Cul-de-pet emprès la Roye ? mentionnée par Sauval, III, 425], I, 375.
— — Tire-vit [Marie-Stuart], I, 374.
— — de Tiron [ou Tison], I, 85, 370 et n. 5, 376 ; II, 370.
— — Tyrone ou Terouenne [Pirouette-en-Terouenne], I, 374.
— — de la Tissanderie, I, 84, 86, 92, 368 (n. 13), 369 et n. 6.
— — de la Tonnellerie, I, 364, 375.
— — de Touraine, I, 93, 281, 293.
— — des Tournelles, I, 328.
— — de Tournon, I, 112.
— — Traînée, I, 363 (n. 8).
— — Trasse-Nonain [Transnonain], I, 375.
— — Traversine, Traversaine, I, 249, 355 et n. 10.
— — Trognon, I, 366 (n. 14).
— — des Trois-Canettes, I, 218, 357 (n. 13).
— — des Trois-Couronnes, I, 127, 128.
— — des Trois-Maures, I, 366 (n. 7).
— — des Trois-Pavillons, I, 85, 328.
— — des Trois-Pistolets, I, 328.
— — des Trois-Visages, I, 360 (n. 5).
— — de Trou-Bernard, I, 362.
— — Troussevache, I, 366, 375.
— — aux Trouvés [?], I, 376.

26.

PARIS. Rues et ruelles *(suite)*.
— — de la Truanderie, la grant Truanderie, I, 364 (n. 13), 365, 374.
— — de la Tuerie, I, 372 (n. 5).
— — des Ursins (du Bas, du Haut et du Milieu), I, 47.
— — de la Vannerie, I, 85, 92, 168, 371, 375.
— — de Vaugirard, I, 281, 283, 292.
— — aux Veaux [de la Vieille-Place-aux-Veaux], I, 375.
— — de Vendôme, I, 208.
— — de Venise (dans la Cité), I, 219, 357 (n. 4) ; — (paroisse St-Merry), I, 169, 366 (n. 2).
— — Verderet, I, 365 (n. 4).
— — de Verneuil, paroisse St-Eustache [ou Jacques-de-Verneuil. Identifiée par Géraud avec la rue des Vieilles-Etuves], I, 373.
— — de la Verrerie, I, 92, 168, 368, 375 ; II, 388.
— — de Versailles, de Verseille, I, 249, 345, 355 et n. 13 ; III, 195.
— — du Vertbois, I, 375.
— — de la Vieille-Bouclerie, I, 113, 118.
— — de la Vieille-Bouqueterie, I, 351 (n. 3).
— — de la Vieille-Draperie, I, 218, 307, 315, 316, 376.
— — de la Vieille-Estrapade, I, 249.
— — de la Vieille-Harengerie, I, 360 (n. 9).
— — de la Vieille-Monnaie, Viez-Monnaie, *de Veteri Moneta*, I, 311, 366 et n. 7, 375.
— — de la Vieille-Pelleterie, de la Vieille-Pletetie, I, 359 (n. 6), 376.
— — de la Vieille-Place-aux-Veaux, I, 372 (n. 5).
— — de la Vieille-Plâtrière, I, 104, 352 (n. 2).
— — Vieille-du-Temple, Vieille rue du Temple, I, 85, 86, 93, 328, 376, 639.
— — Vieille-Tixeranderie, I, 375.
— — des Vieilles-Etuves, I, 363 (n. 1 et 2).
— — des Vieilles-Garnisons, I, 92, 369 (n. 3).
— — des Vieilles-Haudriettes, II, 500.
— — du Vieux-Colombier, I, 282.
— — des Vignes, I, 259, 261.
— — du Vin-le-Roy, I, 366 et n. 7-9.
— — Vivienne, I, 70.
— — de la Voirerie, IV, 478.
— — Zacharie. Voy. Rue Sacalie.
— Sainte-Perrine. Voy. Abbayes. — Manufacture, I, 298, 302.
— Samaritaine (gouverneur de la). Voy. Du Fossé (Louis).

PARIS *(suite)*.
— Séminaire des Anglais, I, 255.
— Séminaire des Bons-Enfants. Voy. Collège des Bons-Enfants.
— Séminaire des Missions-Etrangères, I, 282. — Biens et cure à sa collation, II, 85 ; IV, 407 ; V, 304, 335.
— Séminaire de Saint-Louis, I, 113, 198, 281, 283.
— Séminaire de Saint-Magloire, I, 119, 158.
— Séminaire de Saint-Nicolas, I, 345, 347.
— Séminaire de Saint-Sulpice, I, 281-2, 487. — Ses biens, III, 9-10, 12 ; IV, 543 ; V, 218. — Supérieur. Voy. Ragois de Bretonvilliers (Alexandre le).
— Séminaire des Trente-Trois, I, 255.
— Synagogue (ancienne), I, 214, 216.
— Temple (le), I, 207 ; III, 261. Voy. Temple (ordre du).
— Térouenne (fief de), I, 70, 273 (note).
— Terrain (jardin du), I, 3.
— Thermes (les), I, 119, 352 et note 7 ; IV, 14, 15, 19.
— Tombes (fief des), I, 144, 145.
— Tombisoire, lieu ainsi appelé, I, 144, 145, 154.
— Tournelle (château de la), I, 345.
— Tournelles (palais des), IV, 152-3.
— Tour-Rolland (la), dite aussi Tour Marquefas, I, 202.
— Tour Saint-Jacques-la-Boucherie (la), I, 198.
— Tudelle, *Tudella*, ancien lieu-dit, I, 25, 76, 161.
— Tuileries (palais des), I, 38, 39 ; IV, 152, 153. — Orangerie, I, 36.
— Université (l'), I, 98, 124, 130, 205-6, 233, 238-9, 271, 282, 289, 552-555 ; II, 560 ; III, 76 ; IV, 6, 10. — Biens et cures à sa nomination, I, 275, 285-6, 291 ; IV, 285. — Chancelier. Voy. Cambray (Ambroise de). — Conservateur des Privilèges. Voy. Gruot. — Recteurs. Voy. Boucher (Guillaume), Châteaufort (Guillaume de), Dagoumer (Guillaume), Fichet (Guillaume), Vittement.
— Université (quartier appelé l'), I, 112.
— Vallée de Fécamp (la), de Fécan, I, 332, 333.
— *Vicus Buffeteriæ*, I, 367 (n. 8).
— — *Burgi Tiboudi*, I, 369 (n. 11).
— — *Frigidi Mantelli*, I, 353 (n. 14).
— — *Illuminatorum*, I, 118.
— — *Novus*, V, 51.
— — *Poretarum*, I, 353 (n. 10).

PARIS (suite).
— Vicus Quoconneriæ, I, 364 (n. 8).
— — ReginaldileHarpeur,Reginaldi Citharistæ, I, 352 (n.10).
— — de Sabulo, I, 357 (n. 1).
— — Servi Dei (ou mieux Servidi ou Servodi, la rue Servode), I, 239.
— — S. Severini, I, 101.
— — Straminis, I, 364 (n. 7).
— Villa S. Marcelli, IV, 22.
— — S. Mariæ de Campis, IV, 22.
— — S. Medardi, I, 256.
— Ville-l'Evêque (lieu-dit la), I, 25, 76.
— Villeneuve-sur-Gravois (quartier anciennement appelé), I, 305.
PARIS (châtellenie de). Rôle de ses vassaux, cité, II, 230.
PARIS (porte de), à Châtres, IV, 157; — à Montlhéry, IV, 102, 111; — à la Queue-en-Brie, IV, 484; — à Saint-Yon, IV, 160.
PARIS (Anselme de), religieux de Ste-Geneviève, I, 241.
— (Baudoin de). Vend au roi un droit de péage à Montlhéry(1105), IV, 104.
— (Étienne de), év. de Paris. Né à Vitry, IV, 455.
— (Guy de), vassal du Roi pour ses forteresses d'Orsay et de Palaiseau (XIIIe s.), III, 328, 397.
— (Jean de), écuyer. Seigneur de Villepinte (1493), II, 616.
— (Renaud de), seigneur de Villeparisis. Sa sépulture (1517), II, 580.
— (Thierry de). Sa dîme à Viry (XIIe s.), IV, 402.
PARIS (Denise), femme de Louis du Tillet. Sa sépulture (XVIe s.), V, 80, 85.
PARIS (François), sous-vicaire de St-Etienne-du-Mont. Né à Châtillon, III, 577.
PARIS (Guillaume), curé de St-Pierre-de-Thou en Puisaye. Prieur de St-Jean-de-Corbeil (1524), IV, 284.
PARIS (Richard), religieux de l'abbaye d'Hermières. Desservant l'égl. de Rennemoulin (1479), III, 175.
PARIS, conseiller au Parlement. Sa maison aux Gressets, III, 162.
PARIS, écuyer du prince de Conti. Sa maison de Château-Frayé, V, 57.
PARIS, prieur commandataire de Villepreux, III, 182.
PARIS DE MONTMARTEL (Antoine), comte de Sampigny. Seigneur de Brunoy (XVIIIe s.), V, 203, 207.
— (Jean). Pose la première pierre de l'église de Draveil (1739), V, 62.
PARIS DU VERNAY, seigneur de Plaisance (XVIIIe s.), II, 471, 473.

Parisellus (Petrus), religieux de St-Germain-des-Prés. Manuscrit de ses sermons conservé dans cette abbaye, I, 272.
Parisia : Villeparisis, II, 577, 578. — (nemus de), II, 579, 610. — (Pulanus de). Voy. Villeparisis (Pulanus de).
Parisiaca. Voy. Villeparisis.
Parisio (Warnerus de), II, 578.
Parisium. Voy. Villeparisis.
PARISIS (le), Parisiensis ager, II, 295, 421, 513; IV, 132, 133, 197, 219.
PARLEMENT DE PARIS. Époque à laquelle remontent ses plus anciens registres, I, 299. — Se transportait autrefois au Landit de St-Denis; mesures par lui prises concernant cette assemblée, I, 555-6. — Connaît des appels du baillage de l'Ile-St-Denis, I, 566. — Députation qu'il envoie à Rueil auprès d'Anne d'Autriche (1649), III, 103. — Sa résidence à Poitiers, III, 398. — Redevance de roses qu'il perçoit, III, 559. — Son séjour à Pontoise (1720), IV, 219.
— Arrêts relatifs à Paris et concernant : l'Hôtel-Dieu (1505), I, 18; — St-Denis-du-Pas (1475), 19; — l'égl. et le cimetière des Innocents (1487, 1491, 1534, 1543), 48, 50, 53; — l'hôpital St-Eustache (1535), 65; — l'égl. St-Sauveur (1560), 72; — les Confrères de la Passion (1548), 74; — St-Benoît (XVIe s.), 137; — St-Merry (1377, 1530, 1745), 162, 163, 167. — St-Martin-des-Champs (1306), 195; — Ste-Geneviève (1378), 240; — le collège St-Michel (1513), 252; — les Carmes de la Place Maubert (1536), 255; — le couvent de Ste-Aure (1724), 256; — St-Sulpice (1753), 280; — St-Côme (1617), 292; — le prieuré de St-Eloi (1300, 1500), 313, 369 (note 11); — certaines rues (1540, 1544, 1545), I, 102, 283; — le prix du pain (1372), IV, 69; — les drapiers (1319), I, 534.
— Arrêt relatif à Andrézy (1671), II, 100; — à Antony (1260), III, 536; — à Arcueil (1459), IV, 18; — à Argenteuil (1304, 1378, 1425, 1686, 1690), II, 12, 15, 19; — à Asnières (1339), III, 58; — à Attainville (1312), II, 192; — à Aubervilliers (1293), I, 562; — à Bagneux (1672), III, 568; — à Bagnolet (1332), II, 657; — à Belloy (1275), II, 196; — à Bicêtre (1519), IV, 13; — au bois de Boulogne (1545), I, 396; — à Bouqueval (1288), II, 249; — à Brie-Comte-

Robert (1564, 1567), V, 262, 269; à Brunoy (1309), V, 206; — à la Celle-les-Bordes (1624), III, 427; — à la Celle Saint-Cloud (1689), III, 161; — à Chaillot (1524), I, 411; — à Charenton (1268, 1279, 1374, 1606), II, 364, 377, 382; — à Charlevanne (1309, 1366), III, 110, 111; — à Charonne (1429), I, 476; — à Chatou (1295, 1673), II, 23, 24; — à Châtres (1269, 1312, 1564, 1568, 1631, 1638, 1643), IV, 136, 139, 140, 143, 144; — à Chelles (1318, 1499), II, 493, 499, 500; — à Chennevières-sur-Marne (1683), IV, 476, 479; — à Chessy (1521), IV, 537; — à Chevilly (1409), IV, 35; — à Chevreuse (1343, 1353), III, 369; — à Chilly (1562, 1725), IV, 67, 69; — à Clamart (1516), III, 247; — à Clichy (1370), I, 426; — à Conflans (1367), II, 362; — à Conflans-Ste-Honorine (1657), II, 95; — à Corbeil (1257, 1260, 1267, 1291, 1536, 1544, 1672), IV, 281, 283, 296, 298, 312; — à Cormeilles (1661), II, 53; — à Coubron (1320), II, 539; — à Dampmard, II, 518; — à Draveil (1269), V, 64, 69; — à Dugny (1311), II, 623; — à Epinay-Champlâtreux (1687), II, 220; — à Epinay-sur-Seine (1673), I, 597; — à Essonnes (1277, 1323), IV, 256; — à Fontenay-Trésigny (1271), V, 325; — à Garges (1595), II, 255; — à l'abbaye de Gercy (1475, 1515), V, 170, 171; — à l'abbaye de Gif (1268, 1494, 1550), III, 389, 390 et note; — à Gonesse, II, 262, 264, 265, 269; — à Gournay, IV, 611, 612; — à Goussainville (1365), II, 292; — à Grisy (1270), V, 158; — à Guibeville (1621), IV, 228; — à l'Hay (1409), IV, 42; — à l'abbaye d'Hérivaux (1561), II, 218; — à l'abbaye d'Hermières (1572), V, 350; — à l'Ile-Saint-Denis (1561), I, 567; — à Issy, III, 7; — à Ivry, IV, 461, 462; — à Jouy-en-Josas (1705), III, 266; — à Juvisy (1301), IV, 412; — à Lagny (1344, 1360, 1509, 1588, 1673), IV, 549, 551, 557, 558, 565; — à Lévy-St-Nom, III, 344; — à Lieux (1507), II, 107; — à Limoges, V, 138; — à Limours (1634, 1660), III, 333-4, 436; — à Linas, IV, 127; — à l'abbaye de Livry (1538), II, 597; — à Longjumeau (1567), IV, 74; — à l'abbaye de Longchamp (1310, 1543), I, 399, 400; — au prieuré de Longpont, IV, 97, 98, 110, 215; — à Louans (1574), IV, 60; — à Louvres (1318, 1562), II, 299, 304; — à Luzarches (1306), II, 210; — à Malassis (1271), III, 413; — à Mandres (1657), V, 189, 191; — à Marolles-en-Brie (1330, 1570), V, 240, 241; — à Massy (1553, 1562), III, 523, 525-6; — à Menus-les-Saint-Cloud (1316), I, 393-4; — à Moissy-Cramayel (1328), V, 111; — à Mons (1668), IV, 423; — à Montfermeil (1497, 1611), II, 544; — à Montlhéry (1264, 1719), IV, 105, 110; — à Montmartre (1609, 1611), I, 452; — à Montmélian, II, 339; — à Montmorency (1651), I, 622; — à Montreuil-sous-Bois, II, 397, 399, 400; — à Montrouge (1265, 1448), III, 589, 634; — au Mont-Valérien (1664), III, 88; — à Moussy-le-Neuf (1267, 1667), II, 353, 355; — à Neuilly (1316, 1638, 1667), I, 434, 435; — à Noisy-le-Grand (1252), IV, 624-5; — à Orsay (1561), III, 396-7; — à Palaiseau (1683), III, 529; — à Pantin (1419), II, 650; — à Pomponne (1261, 1272, 1669), II, 511, 512; — à Quiers (1649), V, 435; — à Roissy-en-France (1482, 1650), II, 283, 284; — à St-Cloud, III, 31; — à St-Denis (1318, 1319, 1353, 1409), I, 519, 522, 534; — au Landit de St-Denis (1334, 1391, 1445, 1483, 1550, 1556), I, 550, 551, 552, 553-4; — à St-Germain-en-Laye (1300, 1306, 1562), III, 135, 139; — à St-Germain-les-Corbeil, V, 80; — à St-Leu (1449), II, 70; — à St-Nom-de-la-Bréteche (1600), III, 150; — au prieuré de St-Rémi (1490), III, 378; — à Santeny (1637), V, 244; — au prieuré de la Saussaye (1503), IV, 39; — à la forêt de Séquigny (1319), IV, 387, 399; — à Sèvres (1266), III, 16; — à Soisy (1482, 1731), V, 70, 71; — à Taverny (1307), II, 64; — à Thiais (1558, 1561), IV, 440, 441; — à Torfou (1364), IV, 189, 190; — à Tremblay (1257), II, 610; — à l'abbaye du Val-de-Grâce (à Bièvres) (1573), III, 263; — à l'abbaye du Val-Notre-Dame (1314), II, 137; — à Vaugirard (1592), I, 485; — à Vémars (1295), III, 346; — à Ver-le-Petit (1316), IV, 215; — à Villegenard (1368), V, 310; — à Villemomble (1493), II, 560; — à Villeneuve-St-Georges (1299), V, 39; — à Villepreux (1328), III, 185; — à Villeron (1265), II, 313; — à Vil-

leroy (1581), IV, 246 ; — à Villiers-le-Bel (1264, 1470, 1702), II, 177, 178, 179-80 ; — aux Bonshommes du bois de Vincennes (1261, 1271), II, 392 ; — à Vincennes (1562), II, 410 ; — à Viry (1369), IV, 403 ; — à Vitry-sur-Seine (1718), IV, 454 ; — à l'abbaye d'Yerres (1485, 1515), V, 228.
— Arrêt relatif à Jean Poille, seigneur de St-Gratien (1582), I, 630; — à Jean Tancha, lieutenant de la Prévôté de Paris (1564), IV, 75 ; — à Jean de Chambly (1318, corr. 1320), IV, 97 ; — à la navigation de la Seine (1645), IV, 247.
— Premiers Présidents. Voy. Boucher (Jean), Boulanger (Jean le), Boulanger de l'Estoc (Jean le), Dauvet (Jean), Harlay (Achille de), Lamoignon (Guillaume de), Le Jay (Nicolas), Le Maistre (Gilles), Lizet (Pierre), Mesme (Jean-Antoine de), Molé (Mathieu), Morvilliers (Philippe de), Olivier (Jacques), Pelletier (Louis le), Potier de Novion (Nicolas), Portail (Antoine), Selve (Jean de), Thou (Christophe de), Verdun (Nicolas de). — Présidents. Voy. Barme (Roger), Baillet (Thibaud), Baillet (René), Bailleul (Louis-Dominique de), Bailleul (Nicolas de), Bailleul (Nicolas-Louis de), Behannet (Jean), Bellièvre (Nicolas de), Bellièvre (Pomponne de), Boulainvilliers (Bernard de), Brisson (Barnabé), Brulart (Pierre), Chauvelin (Louis), Cirier (François le), Clutin (Henri), Corbie (Guillaume de), Cossart (Jacques), Couturier, Croicy (Hugues de), Féron (Nicolas le), Féron (Oudart le), Grange (Etienne de la), Granger (Timoléon), Haye (Jean de la), Hubant (Jean de), Lambert (Nicolas), Lambert de Torigny, Le Duc (Guillaume), Ligneris (Jacques de), Luyne (François de), Mauguin (Gilbert), Ménard (de), Mesme (Jean-Antoine de), Mesme (Jean-Jacques de), Minard (Antoine), Molé (Edouard), Molé (Nicolas), Nanterre (Mathieu de), Olivier (François), Olivier (Jacques), Paillard (Philbert de), Pinon (Pierre), Popincourt (Jean de), Potier (René), Potier de Novion (André et Nicolas), Prévost (Bernard), Prévot (Jean le), Riants (Denis de), Rieux (Bernard de), Ruilly (Jacques de), Saint-André (François de), Séguier (Antoine, Pierre et Tanneguy), Sens (Guillaume de), Thiboust (Robert), Thou (Augustin de). — Procureurs généraux. Voy. Bourdin (Gilles), Brulart (Noël), Brulart (Pierre), Harlay (Achille de).

PARLEMENTS. Voy. Bordeaux (ajout : Président. Voy. de Ségur), Bretagne, Dijon, Metz, Provence, Rouen, Toulouse.

PARME [Italie], III, 181.
— (le duc ou le prince de). Ses opérations militaires en 1590, II, 499, 511, 515. — S'empare de Lagny, IV, 561-2. — Loge au Tremblay, V, 86.

PARME (Roger). Voy. Barme.

PARMEN. Voy. Odeline.

Parochianus presbyter (curé), IV, 333.

PAROI ou PAROY, canton de Bagneux (XIIIe s.), III, 569 ; IV, 57.

PAROU (Jean), curé de Combs-la-Ville. Son épitaphe (XIIIe s.), V, 176.

PAROY. Voy. Paroi.

PARRAINS. Au nombre de trois pour chaque baptême à Châtenay (XIIIe s.), III, 541.

Parrigniacum, Parriniacum : Périgny, V, 185, 186, 187.

PARTICELLI (Marie), femme de Louis de la Vrillière, I, 607.
— (Michel), intendant des finances. Seigneur d'Hémery et de Courcerain (XVIIe s.), IV, 508, 509-10.

Parvo Cellario (Enguerrand de), trésorier de Jean le Bon. Seigneur de Montrouge (1353), III, 589.

PAS-SAINT-LHOMER (le) [Orne, arr. de Mortagne, cant. de Longni], I, 19.

PASCAL II, pape. Bulles citées, I, 197; II, 110, 257, 621 ; III, 433. — Son séjour à l'abbaye de Lagny (1107), IV, 562.

PASCAL (Blaise). Sa sépulture, I, 248.

PASCAL (Matthieu), conseiller à l'Echiquier de Rouen. Curé de Gentilly, IV, 10.

Pascentius. Voy. S. Paissent.

PASQUE (Raoul), dit *de Justinis*, curé de St-Paul de Paris, I, 327.

PASQUIER (fief), à Vitry-sur-Seine, IV, 444.

PASQUIER (Etienne), historien. Sa sépulture (1615), I, 111.

PASQUIER (Lorent ou mieux Florent), seigneur de Vallegrand et de La Honville. Son épitaphe (1527), IV, 210.
— (Florent), seigneur de Ver-le-Grand ; décédé en 1637, IV, 212, 215. — [Le même ?], procureur général au Grand Conseil (XVIIe s.), V, 215.

PASQUIER (Pierre), curé de Villemomble (1517), I, 446.

PASQUIRINI (le sieur), seigneur [?] de Boissy à Taverny (1697), II, 67.
PASSAIS (Jean), curé d'Andrézy. Son *Mémoire* sur ce lieu (1670), II, 100.
PASSART, possesseur de la terre de la Martinière (1656), III, 323.
PASSI. Voy. Passy.
PASSION (clou de la), I, 254 ; II, 137. — (instruments de la), I, 221. — (histoire de la). Sa représentation, II, 61. — (office de la), I, 216.
PASSION (confrères de la), I, 74. — Leurs premières représentations données à l'abbaye de St-Maur-des-Fossés, II, 462.
Passu (de), du Pas. Eglises et chapelles ainsi surnommées, I, 18-9.
PASSY. Villages de ce nom en France, I, 402.
PASSY, PACY ou PASSY-LES-PARIS, *Paciacum*, paroisse de la banlieue de Paris [aujourd'hui dans Paris]. *Notice*, I, 401-407. — (acte daté de) en 1309, I, 31. — Cure, I, 387. — Seigneurie ; ses limites, I, 389. — Seigneur, I, 387.
— Lieux-dits : Bauches (les), Echansonnerie (l'), Muette (château de la), Vigne-aux-Clercs (la).
PASSY, Pacy [Seine-et-Marne, ham. de Chevry-Cossigny]. *Notice*, V, 291-2.
PASSY, fief situé à Sucy-en-Brie (1580), V, 384.
PASSY (Osmond et Simon de), frères [chanoines de la cathédrale de Paris]. Leurs fondations à St-Denis-du-Pas de Paris (1148, 1164), I, 19, 401-2 ; III, 189.
PASSY (Pierre de) *de Paciaco*, doyen de Notre-Dame de Paris, décédé en 1402, I, 405. Voy. Pacy.
PASSY ou de POSSY ou de ROSSY (Robert de) (XIIIᵉ s.), II, 641, 646.
PASSY (Simon de), bienfaiteur de la cathédrale de Paris (1158), II, 619.
PASSY. Voy. Pacy.
PASTÉ (Ferric), chevalier. Sa censive à Charenton (1227), II, 363. — Ses biens à Charentonneau (1285), V, 8. — Maréchal de France. Seigneur de Chaleranges (XIIIᵉ s.), IV, 353.
— (Gilles), clerc, puis év. d'Orléans (XIIIᵉ s.). Ses biens à Charenton, II, 364 ; IV, 353. — Son obit célébré à l'abbaye d'Yerres, V, 218.
— (Guillaume), *Pastillus*, chevalier de la châtellenie de Corbeil, IV, 300. — Ses biens à Boissy-sous-St-Yon et dans la forêt de Séquigny, III, 462 ; IV, 166, 352, 353, 387. Bienfaiteur de l'abbaye d'Yerres (1218), IV, 258.
— (Henri). Sa censive à Charenton (1249), IV, 354.

— (Jean), archidiacre de Thiérache, doyen de la cathédrale de Chartres, puis év. d'Arras et de Chartres. Seigneur du Plessis-Pasté, IV, 353, 354.
— (Laurent), curé de St-André de Chelles (1442), II, 497.
— (Philippe), chanoine de la collégiale de Linas. Sa sépulture (1355), IV, 120.
— (Thomas), chevalier. Ses biens dans la châtellenie de Corbeil, IV, 300, 352. — Bienfaiteur de l'abbaye d'Yerres (1227), V, 218.
PASTÉE (Jeanne la), abbesse d'Yerres (1406), V, 228.
Pastillus (Guillaume. Voy. Pâté (Guillaume).
Pastorale (la), premier opéra français. Représenté à Issy (1659), III, 10.
PASTOREL (Guillaume). Mentionné en 1208, V, 352.
PASTOUREAU (Marie), femme de Gilles Le Maître. Mentionnée dans l'épitaphe de son mari, III, 453.
PASTOUREL (Jean), président de la Chambre des Comptes. Charles V accorde, à lui et à sa femme, le privilège de se faire inhumer dans l'abbaye de St-Denis, I, 503. [P... s'étant fait religieux à St-Victor de Paris, y fut inhumé en 1395]. — Seigneur de Groslay, I, 612, 613. — Donne à l'abbaye de St-Denis le fief des Tournelles, à Tremblay, II, 611.
PATAY [Loiret, arr. d'Orléans]. Bataille de 1429, IV, 308.
PATÉE (Marie la), dame du Plessis-Pasté, IV, 355.
PATELÉ (André), trésorier des fortifications de Normandie. Sa maison aux Prés-St-Gervais (1621), II, 652.
PATEZ (Guillaume). Voy. Pasté.
PATICIÈRE (Marie la), bourgeoise. Bienfaitrice de St-Eustache de Paris (XIVᵉ s.), I, 62.
PATIN (Guy), médecin. Sa sépulture, I, 33. — Sa maison de campagne à Cormeilles, II, 54. — Ses *Lettres*, citées, I, 418 ; II, 382 ; IV, 10 ; — rectifiées, V, 403.
— [Charles]. Ouvrage de lui, cité, IV, 268-9.
PATIS (chemin du), lieu-dit de Clamart (XIVᵉ s.), III, 249.
PATISSIERS, *Nebularii*. Leur confrérie à Paris, I, 180.
PATOT, peintre flamand. Son séjour à Nogent-sur-Marne, II, 474.
PATRIARCHES (représentation de l'histoire des), I, 230.
Patriniacum : Périgny, V, 186.

PATROCLE (François de), seigneur de Croissy (1635), II, 28.
PATRONAGE (droit de). N'appartient pas toujours au seigneur du lieu, III, 48.
PATRONS (saints réputés à tort) de certaines églises par suite de la coïncidence de leur fête avec celle des véritables patrons, III, 320, 481 ; V, 92 et note.
PATROUILLART (Claude), marchand de Paris (1564), II, 154.
PATRU (Olivier), de l'Académie-Française. Sa sépulture, I, 257.
PAUL Ier, pape. Reliques qu'il donne à l'abbaye de St-Denis [763], I, 498 ; II, 321, 338.
PAUL III, pape. Reliques dont il autorise la translation à St-Eustache de Paris, I, 61.
PAUL IV. Bulle relat. à l'érection, en paroisse, de la chapelle de Saint-Cheours (1559), III, 452.
PAUL V, pape. Bulle relat. à l'abbaye du Val (1614), II, 134.
PAUL, évêque de Paris, I, 3. — Sa sépulture, I, 321.
PAUL (Légers de), carme. Sa traduction de la Vie de S. Avertain, I, 255.
PAULMIER (Jacques), vicaire d'Herblay, II, 86.
— (Jean), ermite du Val-Adam, II, 542.
PAUSSE (la) [la Pagesse ? lieudit de la Chapelle-Gautier], V, 428.
PAUVRES, quêtant dans les églises, I, 255. — (lavement des pieds des). Égl. où il est pratiqué, I, 15.
PAUVRES HONTEUX (confrérie pour le soulagement des), I, 63.
PAVEILLONS (Yves des), valet de chambre du Roi. Sa femme, Aalise, bienfaitrice du couvent de Ste-Avoie de Paris, I, 171.
PAVEURS (confrérie des) à Paris, I, 213.
PAVILLON (le) [Seine-et-Oise, ham. de Brétigny], IV, 342-3.
PAVILLON (Etienne), secrétaire du Roi. Ses terres à la Celle-St-Cloud, III, 161.
PAVIN (René), secrétaire du Roi. Possède la terre de la Pointe-le-Roy (1624), V, 355.
PAYEN, surnom. Voy. *Paganus*.
PAYEN (Adam), petit-fils de Gui Lombard. Sa demeure à Issy, III, 5.
PAYEN (Galeran dit), seigneur d'Orsay, IV, 239.
PAYEN (Paul), trésorier de la généralité d'Orléans. Acquiert les bâtiments abandonnés de l'abbaye du Val-de-Grâce à Bièvres (1646), III, 263.

PAYEN (Pierre). Son fief de la Chevrette à Deuil, I, 607.
PÉAN (Louis), prieur de St-Médard de Villetain (1675), III, 266.
PEAUDELOUP (Denis), seigneur de Périgny (1580), V, 188.
PEAUX (Jeanne des) [*corr.* de Scépeaux], femme d'Henri de Gondi, duc de Retz. Son mariage à St-Denis-du-Pas (1610), I, 20.
PÊCHES de Corbeil. Leur réputation, IV, 311 ; — figurées dans des armoiries, *ibid*. — (culture des), à Bagnolet et à Montreuil, II, 658.
PÉCOIL (dame), mère de la duchesse de Brissac. Possède en partie la seigneurie d'Evry-sur-Seine (XVIIIe s.), IV, 327.
PECQ (le), *Alpicum, Alpecum, Alpiacum, Aupicum*, Alpec, Aupec, Pec, le Port-Aupec, paroisse du doyenné de Châteaufort [Seine-et-Oise, arr. de Versailles, cant. de Saint-Germain-en-Laye]. *Notice*, III, 126-131. — Autres mentions, III, 132, 134, 477, 481, 482.
— Lieux-dits : Demonval, Grandchamp, Montagne (la), Vésinet (le).
PECQUET, bienfaiteur de l'égl. de Boissy-sous-St-Yon. Son épitaphe, IV, 167.
PECQUEUSE, *Piscosæ, Pescusa, Pequeusiis, Pecusiis (locus de)*, Pequeuse, paroisse du doyenné de Châteaufort [Seine-et-Oise, arr. de Rambouillet, cant. de Limours]. *Notice*, III, 428-430. — IV, 96.
— Lieux-dits : Fromenteau, Grange-St-Clair (la), Grignon, Villevert.
Pecusiis (ecclesia de) : Pecqueuse, III, 429.
PEDAUQUE (la reine) ou reine de Saba. Représentée dans l'égl. d'Herblay, II, 79. — Dissertation de l'abbé Lebeuf, citée, I, 110.
PÉGASE (statue de) au château de Marly, III, 124.
PEINTRES (communauté des). Chapelle à Paris qui lui est cédée, I, 213.
Pelarusticum (Richard dit), bienfaiteur de l'égl. d'Orsay (XIIe s.), III, 396.
PELECQUE (Guillaume), vicaire de St-Paul de Paris, I, 326.
PELET (Etienne), élu de Paris. Possède la terre de Chalucet (1659), II, 19.
PELET-NARBONNE (Raymond de). Voy. Narbonne.
PELHESTRE (Pierre), né à Rouen. Ouvrage de lui cité, III, 375.
PELIN (Charles), curé de St-Nom-de-la Bretèche, III, 150.
PÉLISSIER (Antoine), secrétaire du

Roi. Seigneur de Montfermeil (XVII⁰ s.), II, 542, 544.
PELLETIER (fief), dit Champlâtreux. Voy. Champlâtreux.
PELLETIER (François-Artus), prêtre de Paris. Premier curé de Mériel (1713), II, 139.
PELLETIER, seigneur de Frépillon (XVIII⁰ s.), II, 129.
PELLETIER (Adam le), lieutenant du bailli de Meaux à Crécy-en-Brie. Rend une sentence relat. à Villiers-sur-Marne (1498), IV, 628-9.
— (Claude le), contrôleur général et ministre. Seigneur de Villeneuve-le-Roi (XVIIe s.), IV, 430.
— (Louis le), premier président au Parlement. Seigneur d'Ablon (1688), IV, 425 ; — de Villeneuve-le-Roi, 430-1.
— (Marguerite le), femme de Raymond Raguier, III, 322.
— (Pierre le), auditeur des Comptes. Bienfaiteur de la paroisse du Chesnay, III, 165.
PELLETIER (le), seigneurs de Ménilmontant. — [Michel le] P. DE SOUZY, II, 656. — [Michel-Robert le] P. DES FORTS, son fils, contrôleur général, ibid. — [Louis-Michel le] P. DE SAINT-FARGEAU, son fils, ibid. — Son fils, ibid.
PELLETIER (Le). Son Pouillé critiqué, I, 464, 566, 576, 594 ; II, 43, 46, 51, 55, 57, 70, 126, 176, 195, 222, 229, 233, 261, 299, 381, 386, 466, 523, 527, 541, 546, 572, 640, 654 ; III, 67, 106, 150, 153, 157, 267, 280, 358, 405, 413, 455, 471, 580 ; IV, 45, 63, 84, 136, 174, 200, 225, 236 ; V, 14, 95, 147, 152, 156, 190, 193, 235, 243, 249, 296, 387.
PELLETIER DE LA HOUSSAYE, contrôleur général, seigneur de Conches, IV, 573. — Son fils, intendant des finances. Seigneur de Baillet, II, 150 ; — de Conches, IV, 573.
PELLETIER du Roi, I, 176.
PELLETIERS. Leur quartier à Paris, I, 201-2. — de Gonesse, II, 270.
PELLEVÉ (Jourdaine la), femme de François de Monceaux, V, 338.
PELLISSON-FONTANIER (Paul), maître des Requêtes. Sa sépulture (1693), III, 198.
PELOC (Guy), trésorier de l'abbaye de Chaumes (1426), V, 195.
PELU (Robert), chevalier. Ses droits sur la voirie de Soisy (1216), III, 195.
PELUCHET (Thomas), prieur de Chennevières, IV, 476 ; V, 372. — Abbé d'Hiverneau (1490, 1508), IV, 498 ; V, 372.

Peluel ou Vallis Pennoel, champ situé sur le territoire de Bagnolet (XIII⁰ s.), II, 652, 654.
Peluz (Gazo), miles de Bosseria (1224), IV, 206.
PEN (Macarius), prieur des Camaldules d'Yerres. Mentionné dans une épitaphe de 1735, V, 233.
PENCHE (Nicolas Picot, seigneur de la), V, 33.
PENELLE (Michel), écuyer. Seigneur des fiefs de Hugo et du Grand-Hôtel à Sannois (XVII⁰ s.), II, 43.
PENETI (l'abbé J.), secrétaire du grand-duc de Toscane à la cour de France. Fondateur d'une chapelle dans l'égl. de Boissy-sous-St-Yon (1735), IV, 168.
PENILL (Guillaume de), chevalier. Vassal de l'abbaye de St-Maur (1278), II, 445.
PÉNITENCIER (grand). Dignitaire de l'abbaye de St-Denis, I, 507.
PÉNITENTS. Voy. S. François.
PÉNITENTS-BLANCS (confrérie des). Egl. où elle est établie à Paris, I, 289.
Pennoel (Vallis). Voy. Peluel.
PENRÉ ou PERRE, lieu-dit de Nanterre (XIIIe s.), III, 77.
Pensiaco (Roger de), de Pensy ou de Ponsy. Ses droits sur un fief à Rosny-sous-Bois (1162), II, 553.
PENTHIÈVRE (Gui de BRETAGNE, comte de). Mort à Chaillot (1331), I, 414.
— (Jeanne de), duchesse de Bretagne. Donne à sa fille Chilly et Longjumeau (1360), IV, 67, 75.
— (le duc de). Seigneur des Layes (XVIII⁰ s.), III, 354.
Penthinum, Pentinum, Pentin. Voy. Pantin.
PÉPIN LE BREF, maire du Palais puis roi de France. Diplôme de 754, II, 60 ; III, 327 ; — de 762, III, 421 ; — de 766, III, 354 ; IV, 261 ; — de 768, II, 2, 424 ; III, 287, 444, 445, 465, 503 ; IV, 99 ; — non datés, I, 25 ; III, 146. — Commence la basilique de St-Denis, I, 496. — Sa sépulture en ce lieu, I, 496, 600. — Reçoit le pape Etienne II, II, 321. — Ses séjours à Gentilly, IV, 4, 5, 20, 21. — Ses relations avec S. Corbinien, IV, 133, 134.
PEPIN, roi d'Aquitaine. Bienfaiteur du monastère des Fossés (829), II, 424 ; — (835 ou 836), 425.
PEPIN (Eudes), prévôt de Paris. Acte relat. à Neuilly-sur-Marne (1241), II, 481.
PÉPINIÈRE (clos de la), lieu-dit du Roule, I, 439.

PÉQUEUX [Pecqueux, Seine-et-Marne, arr. de Melun, cant. de Mormant], III, 428.
PÉQUEUSE. Voy. Pecqueuse.
Pequeusiis (cura de) : Pecqueuse, III, 429.
PERCHE (le). Biens qui y sont donnés par le roi Jean à Marie d'Espagne (1356), I, 572.
PERCHE (Guillaume du), év. de Châlons-sur-Marne. Bienfaiteur de Notre-Dame de Paris (XIIIᵉ s.), II, 83.
PERDRIEL, lieu-dit de Meudon (XVᵉ s.), III, 231.
PERDRIEL ou PERDRIER, seigneurs de Bobigny. — (Anne), fille de Charles, mariée à Charles de Béthisy (1657), II, 638, 639. — (Charles), baron de la Trombadière, 636, 638, 639. — (Charlotte), fille de Charles, mariée à Joseph-Charles d'Ornano, 638, 639. — (Guillaume), 638. — (Jean), fils de Pierre, 638. — (Pierre), greffier et conseiller de la ville de Paris, 637, 638. Son droit de présentation à la chapelle du château de Bobigny (1543), 638.
PÉRÉ. Voy. Perray.
PEREEL. Voy. Perrey (le).
PÉRÉFIXE DE BEAUMONT (Françoise de), sœur du suivant. Abbesse de Jarcy, V, 171.
— (Hardouin de). Sacré év. de Rodez à Rueil (1649), III, 94. — Archev. de Paris. Actes de son épiscopat, I, 126, 280, 402 ; II, 8, 265, 381, 387, 533 ; III, 69, 84, 88 (note), 144, 199, 207, 209 ; IV, 198, 377, 458, 506, 642 ; V, 37, 159, 289, 354, 414, 436. — Sa sépulture, V, 169, 171. — Vitraux où se voient ses armoiries, V, 289.
PÉRÉOLE (Hervé), curé d'Ormoy-en-Brie. Sa sépulture (1403), V, 125.
PEREULX (le). Voy. Perreux (le).
PEREUSE (René Hector, seigneur de). Voy. Hector.
PEREYRE (Isaac de la), écrivain. Sa résidence à Aubervilliers, I, 563.
Pergula. Sens de ce mot, I, 195.
PERICARD, possesseur du château de Meridon à Chevreuse (1600), III, 374.
PERICOUL, archidiacre de Brie, V, 73.
PÉRIER, lieu-dit de Fosses (1285), II, 324.
PERIER (Aldric), curé de Noiseau (1560), V, 377.
PERIER (Daniel), poète. Son *Éloge d'Issy*, III, 11-12.
PÉRIGNON (Michel), seigneur de Chennevières-sur-Marne (1553), IV, 478.
PÉRIGNY, *Patriniacum, Parrigniacum, Parriniacum*, paroisse du doyenné du Vieux-Corbeil [Seine-et-Oise, cant. de Boissy-St-Léger]. *Notice*, V, 185-188. — Cure, 190.
PÉRIGNY (Simon de), *de Peroigniaco* (1296), V, 187.
PÉRIGORD (acte de Philippe le Bel relat. au), IV, 21.
PÉRIGUEUX [Dordogne]. Evêque. Voy. Béraudière (de la).
PERNE (Jean), bailli de Brie-Comte-Robert (1665), V, 269.
PERNOT (dom), bibliothécaire de St-Martin-des-Champs, I, 195.
Peroigniacum. Voy. Périgny.
PÉRONNE [Somme]. Collégiale de St-Fursy, IV, 296, 549 ; — chanoine. Voy. Chanteprime (Joachim de). — Eglise St-Sauveur : sépulture, III, 497. — Patron. Voy. S. Fursy.
PÉROUSE (la), lieu-dit d'Évry-en-Brie (XIVᵉ s.), V, 132.
PERPIGNAN [Pyrénées-Orientales]. Cathédrale : reliques, III, 351. — Evêque. Voy. Habert.
PERRAULT (Charles), de l'Académie Française. Sa sépulture, I, 138. — Sa traduction d'une ode latine, III, 124.
— [Claude], de l'Académie des Sciences. Sa sépulture, I, 138. — Son projet de construction du pont de Sèvres, III, 19.
PERRAY, PÉRÉ ou PAIRÉ, *Paretum, Pareium, Petreum*, paroisse du doyenné du Vieux-Corbeil [Saint-Pierre-du-Perray. Seine-et-Oise, arr. et cant. de Corbeil]. *Notice*, V, 88-93.
— Lieux-dits : Clos (les), Frêne (le), Rore-Saint-Marceil (la), Roterie (la), Tourailles, Trois-Maisons (les), Vieux-Marché (le), Villededon, Villeray.
PERRAY (Gilbert du), *de Petreo* (XIIIᵉ s.), V, 92-93, 164.
Perreolum. Voy. Perrey (le).
PERRETTE, femme de Pierre de Montgeron. Bienfaitrice de l'abbaye de St-Antoine (1285). V, 48.
PERREUX (le), *Petrosa*, le Pereulx [Seine, ham. de Nogent-sur-Marne]. II, 469. — *Notice*, II, 472-3.
PERREY (le), *Perreolum*, Pereel, Perreil [Seine-et-Oise, ham. de Ste-Geneviève-des-Bois], IV, 322, 380. — *Notice*, IV, 386.
PERREY (Pierre du), clerc, notaire du Roi. Fondateur d'une chapelle à St-André-des-Arts, I, 286.
PERRIER (André), maître des grammairiens du collège de Navarre. Seigneur de Villiers-le-Bâcle (1481-1485), III, 312-3. — Chanoine de Tours en 1503, 313.

PERRIER (Jacques), prêtre et écrivain. Son lieu de naissance, III, 39.
PERRIER (bois du) [Seine-et-Marne. Voisin de Brie-Comte-Robert]. Mentionné en 1265, V, 241.
PERRIERS (sieur des). Voy. Bodin (Jean-Baptiste).
PERRIN (Jacques). Droit de péage qui lui est octroyé sur le pont de Mons par lui rétabli (1668), IV, 423.
PERRIN (Pierre), de Lyon. Sa *Pastorale* représentée à Issy (1668), III, 10.
PERRINET, fermier général. Seigneur de Stains (1752), I, 582.
PERROCHEL (Augustin), grand-archidiacre de Paris, II, 180.
PERRON. Voy. Davy du Perron et Du Perron.
PERRON (dame du). Voy. Pierrevive (Marie de).
PERRON, curé de St-Jacques-la-Boucherie (1227), I, 198.
PERRONCEL, lieu-dit de Vaucresson (XIIIe s.), III, 168.
PERROSEL, canton de Bezons (XIIIe s.), II, 21.
PERROT (Benoît), chef d'échansonnerie du Roi. Seigneur de Saintry (1704-1723), V, 97.
— (Christophe), conseiller au Parlement. Seigneur de la Malmaison (1622), III, 100.
— (Pierre-Paul), fils de Benoît. Seigneur de Saintry (1750), V, 97.
PERRUCHE (Simon de), év. de Chartres. Sa sépulture (1297), I, 49.
PERRUCHE (la), lieu-dit de Châteaufort (1692), III, 305.
PERRUCHES (les Petites), lieu-dit de Châtenay (XIIIe s.), III, 542.
PERRUCHEI DE CHAMPAGNE [?], lieudit d'Épiais-lez-Louvres (1245), II, 306.
PERRUQUE (messe qui ne peut être dite avec une), III, 12.
PERSONNE, *persona*. Sens de ce mot, II, 57, 644 ; IV, 501 ; V, 389.
PERSONNE. Voy. Roberval.
PERTUIS (Mme de), dame de Villebon (XVIIIe s.), III, 514.
PÉRY (Jean-Baptiste CHEVALIER, marquis de), lieutenant général des armées du Roi. Seigneur de la Norville ; son mausolée (1721), IV, 231 ; — ses exploits en Alsace, 234.
PESARCHES. Voy. Bernage (de).
PESCHELLERIE (de la). Voy. Robin.
PESCHER (Catherine), supérieure de la communauté de Ste-Aure, à Paris, I, 256.
Pescusa : Pecqueuse, III, 429.
PESNEL (Jacques), chevalier, partisan du roi d'Angleterre. Biens qu'il en reçoit à Fontenay-sous-Bois (1423), III, 564 ; — à Grigny, IV, 407 ; — à Juvisy, 413 ; — à Athis, 419.
PESSAGNE (Antoine), seigneur de Soisy-sous-Étiolles (XIVe s.), V, 69-70.
PESSAIGNE (Jacqueline, femme de Lancelot de). Bienfaitrice de l'abbaye de Ste-Geneviève (XIIe s. ?), IV, 526.
PESTE (confrérie au Chesnay contre la), III, 165.
FESTIFÉRÉS (cimetières pour les), I, 74 ; II, 33. — (hôpital de). Voy. Paris.
PETAU (Anne), femme de René Regnault. Dame de Belleplace (1648), V, 41.
— (Étienne), curé doyen du Vieux-Corbeil (1482), IV, 298.
PETAU, seigneur de Vigneux, V, 54, 57.
PETIT (Achille le), abbé d'Évron, puis prieur de Moussy-le-Neuf. Inscription le mentionnant, II, 350.
PETIT (Étienne), seigneur de Croissy (1510), II, 28 ; IV, 518 ; — de Torcy, IV, 518, 594.
PETIT (Jacques), premier chirurgien de l'Hôtel-Dieu de Paris. Son lieu de naissance, I, 585.
PETIT (Jacques), curé de St-Eustache (1384), I, 59.
PETIT (Jacques), auteur cité, II, 512.
PETIT (Jean), seigneur de Passy (XVe s.), I, 403.
PETIT (Jean), apologiste du duc de Bourgogne. Ses contradicteurs, II, 272 ; III, 204.
PETIT (Jean), procureur des Eaux et Forêts et au Parlement. Seigneur de Bussy-St-Martin ; sa sépulture (1500), IV, 580.
PETIT (Marie-Élisabeth), fille de Pierre ; bénédictine de Lagny. Sa sépulture (1671), IV, 564.
PETIT (Mme). Installe à Lagny des bénédictines de Montluçon (1666), IV, 556. [la même que la précéd. ?].
PETIT (Pierre), médecin (XVIIe s.). Auteur cité, II, 293-4.
PETIT (Pierre), mathématicien. Sa sépulture (1667), IV, 564.
PETIT (Richard), conseiller. Seigneur d'Andre (XVIIe s.), V, 77.
PETIT, conseiller à la Cour des Aides. Seigneur de Leudeville, IV, 223.
PETIT, seigneur de Fosses (XVIIIe s.), II, 324.
PETIT, seigneur de Limeil (XVIIIe s.), V, 33.
PETIT-BOU, IV, 326. Voy. Petit-Bourg.
PETIT-BOURG, Petit-Bou, Petit-Bout [Seine-et-Oise, commune d'Évry-Petit-Bourg]. *Notice*, IV, 328-9.

PETIT DE CHATILLON (Jean). Sa veuve, bienfaitrice de St-Jean-en-Grève (1415), I, 90.
PETIT D'ÉTIGNY, président à la Cour des Aides. Seigneur de Leudeville, IV, 223.
PETIT DE LA VILLONNIÈRE, conseiller aux enquêtes. Seigneur en partie de Grand-Bourg (XVIIIᵉ s.), IV, 328.
PETITE-MONTAGNE (la), lieu-dit d'Evry-sur-Seine (1482), IV, 327.
PETITES-ROMAINES (les). [Le Petit-Romaine. Seine-et-Marne, lieu-dit de Férolles-Attilly], V, 278.
PETIT-HOTEL (le), lieu-dit de Limours [?], III, 436.
PETIT-MESNIL (le) ou le TROU, ferme [Seine, lieu-dit de Saint-Maur-les-Fossés], II, 457.
PETITMONT, lieu-dit de Créteil (XIIIᵉ s.), V, 16.
PETIT-MUCE (fief de) ou de PETIT-MUSSE, dépendant de la seigneurie de Tournan. Mentionné en 1484 et en 1496, I, 370 ; V, 315, 329, 330.
PETIT-MUCE (rue du). Voy. Paris.
PETIT-PLAISSIÉ (le) : le Plessis-Luzarches, II, 224.
PETITPONT (Pierre de), bienfaiteur de Ste-Geneviève de Paris (XIIᵉ s.), IV, 423.
Petra Ormesia, Petra Ormessa : l'Ormoy, IV, 90.
Petra viva (Sylvius a). Voy. Pierrevive.
PETREMOL ou PETREMOLLE (Richard de), seigneur de Villiers-Adam (1611), II, 132 ; — du Plessis-Chalant (1598), IV, 319 ; — de Charentonneau (1611), V, 9.
Petreum : le Perray, V, 90.
PÉTRIFIANTE (pièce d'eau), à Issy, III, 12.
PÉTRONILLE, abbesse de Port-Royal (XIIIᵉ s.), III, 387.
PÉTRONILLE, femme de Barthélemi Teitran (XIIIᵉ s.), II, 651, 652.
PÉTRONILLE, femme de Geoffroy de Montmelian (XIIIᵉ s.), II, 344.
PÉTRONILLE, femme de Henri de Dugny (1268), II, 622.
PÉTRONILLE, femme de Jean de Norville, III, 32 ; IV, 233.
PÉTRONILLE, femme de Jean de Suresnes, III, 50.
PÉTRONILLE, femme de Milon de Servon (1226), V, 250, 290-1, 384.
PÉTRONILLE, fille de Renaud de Coignères, IV, 222.
PÉTRONILLE, religieuse d'Yerres *ad succurrendum*. Bienfaitrice de cette abbaye (XIIᵉ s.), V, 243.
Petrosa : le Perreux, II, 472.
Petrus, abbas beati Dyonisii, IV, 24.

PEUIL (Jean de), chapelain de Draveil. Bienfaiteur de St-Victor de Paris (XIIIᵉ s.), V, 59-60.
PEUILLE (Etienne de), abbé de Chaumes (1278), IV, 303.
PEULTRE (le). Voy. Le Peultre.
PEULTRE (Nicolas le), officier de la vénerie du Roi. Sa résidence à Puyquarré (1605), V, 345.
PEYRONNIE (de la), chirurgien du Roi. Sa sépulture, I, 291.
PEZRON (Dom Paul), abbé de la Charmoye. Son épitaphe (1707), IV, 535. — Auteur réfuté, I, 601.
PHALSBOURG [Alsace-Lorraine]. Capitaine. Voy. Ornaison (Gilbert d').
PHARES (Simon de), astrologue. Manuscrit cité, III, 39, 52.
Phaselum. Sens de ce mot, III, 181.
PHELYPEAUX (famille). Sa sépulture, I, 33.
PHELYPEAUX (Jacques). Sa femme, Antoinette Hodoard, présente à la chapelle du château de Lugny (1554), V, 113.
PHELYPEAUX (Jacques), abbé de Bourg-Moyen. Sa sépulture (1647), I, 325.
PHELYPEAUX (Jean), intendant de Paris. Travaux à Gennevilliers pour lesquels il est commis, III, 64 ; — conseiller d'Etat. Seigneur engagiste de Montlhéry (1696), IV, 109. — (Jean-Louis), fils du précéd.; dit le comte de Montlhéry, IV, 109.
PHÉLYPEAUX (Louis), comte de Pontchartrain, secrétaire d'Etat. Cède au roi la seigneurie de Marly contre celle de Neaufle-le-Châtel (1693), III, 123. — Acquiert la seigneurie de Villepreux (1698), III, 188.
PHELYPEAUX DE VILLESAVIN (Jean), secrétaire des commandements de Marie de Médicis. Seigneur de Plaisance-sur-Marne et du Moineau à Nogent (1638), II, 471, 472. — Sa fille Anne, femme de Léon Bouthillier de Chavigny ; porte ces fiefs à son mari, II, 471.
PHILADELPHIE [Lydie ?]. Evêque. Voy. [Meunier] Philippe.
PHILIPPE Iᵉʳ, roi de France. Acte relat. à la cathédrale de Paris (1107), I, 5 ; — à St-Martin-des-Champs (1070, 1079), 189, 190 ; — à *Curteciolum* (Courcelles) (1060), 429 ; — a un palais situé à St-Denis qu'il donne à l'abbaye, 506. — Fortifie le château de Montmcillan (1060), II, 338. — Acte relat. au bois de Vincennes (1075), II, 404 ; — à St-Remi de Reims (1090), 529 ; — au chapitre de St-Cloud (1105), III, 26 ; — à l'égl. de St-

Germain-en-Laye (1072), 133 ; — à la forêt de Cruye (1106), 154 ; — à Châteaufort (1068), 299 ; — à Châtillon et à Combs-la-Ville (1061), III, 573 ; V, 177, 178. — Réside à Montlhéry ; y tient une assemblée, IV, 101, 102, 209. — Acte relat. à Avrainville (1073), IV, 192 ; — à Ver-le-Grand, 209 ; — à St-Spire de Corbeil (1070), 275. — Autres mentions, I, 146, 191, 257, 263 ; III, 164 ; IV, 254, 274, 286, 287, 333, 379, 467.

PHILIPPE II, *Auguste*, roi de France. Reliques qu'il donne à la cathédrale de Paris, I, 11, 19. — Bâtit la Tour du Louvre, 26. — Accord qu'il fait avec l'évêque de Paris (1122), 26-27, 38, 118. — Fait arrêter les juifs (1183), 49. — Fait clore de murs le cimetière des Innocents, 51. — Possède le fief du Monceau-St-Gervais, 86. — Donne à un de ses écuyers une maison au bourg St-Marcel, 125. — Vignes près de St-Étienne-des-Grès qu'il donne à Roger, batteur d'or (1185), 141. — Don qu'il fait à St-Michel de la Cité, où il avait reçu le baptême (1209), 179-180. — Confrérie qu'il institue dans la même église, 180. — Autorise la conversion d'une synagogue en église (1183), 214. — Acte mentionnant la chapelle St-Symphorien (1185), 250. — Foire qu'il transporte aux Halles de Champeaux (1183), 300. Acte relat. à St-Martial de Paris (1191), 308 ; — à Auteuil, 389. — Achète le bois de Boulogne, 393. — Revenus qu'il donne en échange de Pierrefonds (1193), 424. — Reliques qu'il donne à l'abbaye de St-Denis (1205), 543. — Acte relat. au Landit (1212), 544 ; — à l'Ile-St-Denis (1219), 564. — Son séjour à Gisors (1218), I, 596 ; II, 48. — Aveu qu'il reçoit pour St-Prix et Ermont, I, 643, 644. — Donne à Guérin, év. de Senlis, des vignes à Argenteuil (1215), II, 18. — Donne à son échanson des redevances à Cormeilles et à Montigny (1220), 52, 56. — Seigneurs d'Andrézy pour lesquels il s'entremet auprès du chapitre de Paris, 98-99. — Acte relat. à Villaines (1294), 198 ; — à Bouqueval (1219), 250 ; — à Gonesse (1219), 263 ; (1197), 267 ; sa naissance possible en ce lieu, 267, 271. — Terres qu'il reçoit en échange de Louvres, Coye et Montmeillan (1195), 301, 335, 339. — Aveu qui lui est fait pour Fosses et Marly-la-Ville, 324. — Acte relat. à Bellefontaine (1204), 332. — Son séjour à Senlis (1186), 333. — Chapelle dont il prescrit, par son testament, la construction près du pont de Charenton, II, 364 ; V, 18. — Favorise les religieux du bois de Vincennes, II, 392. — Actes relat. à Montreuil-sous-Bois, 398, 399 ; — au bois de Vincennes, 404, 405. — Droit de gîte qu'il exerce à l'abbaye de St-Maur (1223), 442. — Revenu de la terre de Chelles sous son règne (1202), 498. — Droit qu'il concède à la grande Boucherie de Paris sur la prairie de Chelles, 500. — Mission qu'il donne à Pierre de Villevaudé (1194), 526. — Acte relat. à Rosny (1182), 555 ; — à Livry, 590 ; — à l'abbaye de Livry, 593 ; — aux Prés-St-Gervais (1211), 651 ; — à Rueil (1217), III, 96 ; — à la léproserie de Charlevanne, 111 ; — à Marly-le-Roi (1184), 117. — Ses séjours à St-Germain-en-Laye ; son testament daté de ce lieu, 136. — Acte relat. à Versailles (1182), 193. Mission qu'il donne à son bailli, Gilles de Versailles (1216), 195. — Bienfaiteur de l'abbaye du Val-profond, 262. — Acte relat. au prieuré de St-Médard de Villetain (1188), 267. — Nomme Gui de Vaugrigneuse capitaine de Gisors, 462. — Donne aux Hospitaliers de Paris un marché à Bruyères (1204), 475. — Acte relat. à Châtillon (1202), 575. — Ses libéralités envers le prieuré de la Saussaye, IV, 39. — Acte relat. à la voirie de Paray à Rungis, 49, 57 ; — à Chilly (1190), 68. — Réunit Guipereux au domaine royal, 88. — Redevance à laquelle il se reconnaît tenu envers l'év. de Paris (1222), 100, 299. — Ses séjours à Montlhéry, 102 ; — y acquiert un droit de péage (1205), 104. — Acte relat. à Avrainville (1200), 192. — Ses revenus à Villeneuve-le-Roi, 428. — Interdit à la comtesse de Champagne de clore certaines villes, 559. — Sa présence à Melun (1219), V, 160. — Biens qu'il donne à l'év. de Paris (1216), 178, 181. — Lettres en faveur du prieuré d'Essonnes (1210), 204. — Fait brûler des juifs à Brie-Comte-Robert (1191), 264. — Acte relat. à Tournan (1185), 323 ; — à Quiers (1216), 435. — Autres mentions, I, 69, 118, 161, 207, 214, 276, 278, 295, 323, 348, 349, 350, 461, 568 ; II, 196, 215, 266, 296, 411, 437,

497, 589, 622; III, 299, 303, 334, 344; 359, 367, 397, 443, 455, 473, 479, 492, 501, 504, 508, 519; IV, 195, 204, 205, 222, 225, 233, 240, 292, 300, 301, 302, 317, 318, 322, 344, 352, 354, 359, 367, 385, 386, 387, 391, 404-5, 418, 421, 444, 519, 530, 559, 606, 616 620; V, 21, 63, 138, 148, 180, 186, 205, 263, 293, 318, 426, 428.

PHILIPPE III, *le Hardi*, roi de France. Accord avec le chapitre de St-Merry de Paris (1273), I, 163. — Requête que lui adressent les fouleurs de draps et tondeurs demeurant sur la paroisse St-Paul (1270), 323. — Acte relat. à l'Ile-St-Denis, 565; — à Gonesse (1277), II, 267. — Acquiert une dîme à Conflans, 362; — une terre à Charenton (1275), 374. — Acte relat. au prieuré de St-Mandé (1275), 380. — Terres qu'il acquiert pour agrandir le parc de Vincennes, 380, 381, 406. — Son mariage célébré à Vincennes (1274), 406. — Son expédition contre le roi de Castille, 455. — Terres qu'il donne à Pierre de Chambly, 539, 587. — Acte relat. à St-Cloud, III, 32; — à Charlevanne (1273), 110. — Ses séjours à St-Germain-en-Laye, 137. — Acte relat. à Montéclain, 259, 269; — à Châteaufort (1275), 303. — Legs qu'il fait aux Guillemites-de Montrouge (1284), 588. — Chapelle fondée par lui à Essonne (1277), IV, 263. — Loge à l'hôpital de Corbeil, 295. — Son mariage conclu en ce lieu, 303. — Autres mentions, I, 134, 258, 404, 428, 451; III, 462, 581; IV, 258, 295, 349, 517, 617; V, 17, 64, 158, 326.

PHILIPPE IV *le Bel*, roi de France. Acte relat. à l'égl. St-Séverin de Paris (1281), I, 105; — à l'égl. St-Barthélemy, 176; — à l'abbaye de St-Magloire (1312), 183. — Ses séjours au Temple, 207. — Actes relat. à la Ste-Chapelle, 224. — Collège qu'il projette d'établir, 254. — Loge à l'abbaye de Longchamps (1303), 400, 401. — Bienfaiteur de la chapelle du St-Martyre à Montmartre (1304), 451. — Acte relat. à Aubervilliers (1288), 561, 562. — Chartes qu'il date de St-Ouen, 570. — Donation qu'il fait à Philippe de St-Germain-en-Laye (1298), II, 52. — Actes qu'il date de Taverny (1299), 65. — St-Brice lui est inféodé (1294), 163. — Acte relat. à Garges (1309), 255; — à Gonesse, 269, 270; — à Louvres, 300. — Actes datés de Carrières près de Charenton et relat. à ce lieu, 365. — Acte relat. à Montreuil-sous-Bois (1304), 403; — à l'abbaye de St-Maur-les-Fossés (1290), 431; — à Ville-Evrard (1309), 480, 481; — à Coubron, à Livry et à Aulnay, 539, 587-8, 605. — Actes datés de Livry, 589. — Loge à Tremblay (1286), 612. — Acte relat. a Noisy-le-Sec, 642; — à Bagnolet, 655; — au pont de St-Cloud (1307), III, 32. — Guérit les écrouelles, III, 43. — Fait un chevalier (1308), 68. — Actes relat. à Charlevanne (1300, 1294), 110. — Ses séjours à St-Germain-en-Laye, 137. — Ses donations à Philippe et à Louis de Villepreux (1305, 1309), 189; — à Robert de Meudon (1310), 232. — Acte relat. à Saclay (1309), 319. — Ses séjours à Chevreuse, 369; — à l'abbaye des Vaux-de-Cernay (1307), 424. — Convocation qu'il adresse à ses chevaliers pour la guerre de 1304, 473. — Acte relat. à Saulx-les-Chartreux (1289), 508. — Chapelle qu'il a pu fonder à Châtillon, 574. — Biens qu'il confisque sur l'év. de Wincester et qu'il donne à Hugues de Bouville (1294), IV, 11, 16, 453. — Ses séjours à Cachant; actes qui en sont datés, 20, 21. — Ses libéralités envers le prieuré de la Saussaye, 21, 39. — Acte relat. aux cures de St-Léger et de Limay (1314), 50. — Réunit au Domaine Chilly et Longjumeau; son séjour à Chilly, 64, 65, 68, 75. — Acte relat. à Petit-Vaux (1301), 85. — Ses séjours au prieuré de Longpont, 98. — Fait enfermer le fils du comte de Flandres au château de Montlhéry (1311), 105. — Acte relat. à Chastres (1308), 142. — Réside à Chanteloup; y fonde une chapelle, 151, 153. — Acte relat. à la Norville (1309), 233; — à Tournenfil (1308), 251. — Ses séjours à Corbeil, 303-4. — Acte relat. à Evry-sur-Seine (1304), 326; — à Juvisy (1300), 412; — à Athis (1306), 419, 420. — Mission qu'il donne à Hélie d'Orly (1305), 438. — Dons qu'il fait à Simon de la Queue (1306), 487-8; — à Dreux de la Guette (1307), 522. — Réside à Lagny (1304); traité qu'il y conclut en 1314, 562. — Confisque Torcy et le donne à Jean de Chevry (1297), 593, 596. — Acte relat. à Torcy (1297), 597. — Loge à Villeneuve-St-Georges et à Vaux-la-Comtesse, V, 40, 182. — Acte relat. à Chalandray (1287), 48 ; — à Draveil, 64 ; — à Soisy-sous-Etiolles (1298), 69. — Acquiert une terre près de Sénart (1314), 75. — Acte relat. au Vieux-Corbeil (1287), 81 ; autre acte daté de ce lieu (1310). 88. — Loge au Val-Coquatrix (1308), 84. — Son ordonnance sur le Parlement citée, 120. — Fief qu'il amortit au profit de St-Antoine de Paris, 122. — Actes relat. à l'abbaye de Jarcy (1296), V, 167-8, 173, 187. — Protège la collégiale de Champeaux, 412. — Autres mentions, I, 27, 31, 94, 154, 191, 217 ; II, 107, 210, 249 ; III, 276, 363, 383, 542 ; IV, 258, 313, 475 ; V, 140, 172, 266, 274, 335.

PHILIPPE V, le Long, roi de France. Acte relat. à St-Séverin de Paris (1326), I, 106 ; — à St-Magloire (1318), 182 ; — à la Ste-Chapelle du Palais (1319), 223 ; — à Menus-les-St-Cloud (1319), 394. — Ses séjours à l'abbaye de Longchamps, 400-1. — Acte daté de Taverny (1317), II, 65. — Fait donation de Fontenay-lès-Louvres (1315), 240 ; — de la garenne de Charenton (1316), 365, 369. — Son testament daté de Conflans (1321), 365. — Acquiert le château de Vincennes (1317), 406. — Les terres de Coubron et d'Aunay lui sont restituées (1320), 539. — Actes datés de Livry (1317), 589 ; — du Tremblay (1316), 612. — Actes relat. à St-Germain-en-Laye (1316), III, 137 ; — à Marcoussis, 482 ; — au prévôt de l'év. de Langres (1321), 523 ; — au prieuré de la Saussaye (1316), IV, 21 ; — à Chilly et à Longjumeau (1317, 1320), 65, 75 ; — à Montlhéry (1321), 105. — Donne la terre de Chanteloup à la reine (1316), 151. — Possède en apanage le comté de Corbeil ; ses séjours et son mariage en cette ville, 304. — Acte relat. à Évry-sur-Seine, 326-7 ; — au Plessis-Pasté (1317), 354 ; — au Vieux-Corbeil, V, 83 ; — à Ferrolles (1319), 277 (note). — Autres mentions, I, 400 ; II, 210 ; III, 122.

PHILIPPE VI, de Valois, roi de France. Chapelles qu'il fonde à St-Eustache (1331), I, 62 ; — à St-Jacques de l'Hôpital (1329), 65. — Acte relat. à l'égl. St-Magloire (1346), 182 ; — à l'égl. St-Josse (1338), 304 ; III, 249. — Son séjour à Clichy (1343), I, 430. — Acte relat. à Villiers-la-Garenne (1341), 433 ; — à Vaugirard, 484. — Va en pèlerinage à Aubervilliers, 557. — Sa maison à St-Ouen ; chapelle qu'il y avait fondée, 570. — Son séjour à Taverny (1335), II, 65 ; — à l'abbaye du Val-Notre-Dame, 137. — Acte relat. à Goussainville (1331), II, 291. — Sa résidence à Conflans (1339), 365. — Indiqué à tort comme ayant commencé le château de Beauté, 389. — Assemblée d'ecclésiastiques qu'il réunit à Vincennes (1333) ; jette les fondements du château de ce lieu (1337), 407. — Bienfaiteur de l'abbaye de Chelles (1335), 488. — Acte relat. à Bondy (1345), 568 ; — au Tremblay (1339), 610 ; — au château de St-Germain-en-Laye, III, 137. — Acte relat. à Antony et à Viry (1333), 537 ; IV, 401. — Campe à Antony (1346), III, 537. — Bienfaiteur du prieuré de la Saussaye, IV, 39. — Fait donation de Chilly et de Longjumeau, 65, 75. — Actes datés de Châtres, 151 ; — de Ver-le-Grand, 214, 215 ; — de Fromont, 377, 378. — Donne la châtellenie de Torcy à Jean, son fils (1343), 593. — Actes datés de Gournay (1337), 617. — Acte relat. à Villiers-sur-Marne, 266. — Actes datés de Villeneuve-St-Georges, V, 40 ; — d'Etiolles (1341), 75 ; — de Brunoy (1346), 207. — Son séjour à Brie-Comte-Robert, 266. — Donne Tournan à Jean, son fils (1343), 326, 328. — Autres mentions, I, 156, 549 ; II, 166, 446, 540 ; III, 8 ; V, 164, 274, 299, 336.

PHILIPPE V, roi d'Espagne, IV, 468.

PHILIPPE, fils de Philippe de Valois, II, 610. Voy. Orléans (Philippe, duc d').

PHILIPPE, fils d'Eudes, duc de Bourgogne, III, 79.

PHILIPPE, fils de Philippe le Hardi, duc de Bourgogne. Voy. Nevers (Philippe, comte de).

PHILIPPE, abbé d'Hiverneau. Mentionné en 1468 et en 1471, V, 244, 297, 372.

PHILIPPE, abbé de St-Florent de Saumur (1156), III, 106.

PHILIPPE de France, frère de Louis VII. Abbé de St-Spire de Corbeil (1145), IV, 266, 280.

PHILIPPE, abbesse de St-Antoine de Paris (1272), V, 354.

PHILIPPE, archidiacre de Paris (1180), II, 345.

PHILIPPE, dit Notator, chanoine de

— 415 —

Ste-Geneviève *ad succurrendum*. Legs qu'il fait à cette abbaye, III, 582.

PHILIPPE, concierge et chambellan de S. Louis. Gratifié par ce roi de la terre de Rocquencourt, III, 158.

PHILIPPE, curé de Servon (1278), V, 249.

PHILIPPE, évêque de Beauvais. Voy. Dreux (Philippe de).

PHILIPPE, évêque de Châlons. Voy. Nemours (Philippe de).

PHILIPPE, évêque de Philadelphie. Voy. Meunier (Philippe).

PHILIPPE, femme de Henri, seigneur de Montfermeil. Bienfaitrice de l'ermitage du Val-Adam (XIIIe s.), I, 632.

PHILIPPE, femme de Pierre de Versailles (XIIIe s.), II, 346.

PHILIPPE, femme de Jean de Vendôme (1310), III, 181.

PHILIPPE, prêtre, directeur des religieuses de Chelles, II, 501.

PHILIPPE, neveu de Pierre de Petitpont (1191), IV, 423.

PHILIPPE, veuve de Guillaume de Pierreloup. Bienfaitrice de l'abbaye de Livry (1239), II, 572.

PHILIPPE. Tombe d'un chevalier de ce nom dans l'égl. de Taverny, II, 62.

PHILIPPE (Jean), laboureur. Fermier de la mairie de Belle-Fontaine (1413), II, 332.

PHILIPPE (Nicolas), curé de Ste-Geneviève-des-Ardents à Paris. Chapelain de St-Eloy du Breuil à Attilly (1671), V, 280.

PHILIPPEAU (Guillaume), I, 312. — (Pierre), fils du précéd., prieur de St-Eloi de Paris, *ibid*.

PHYLACTÈRES de la Vierge. Employés comme symbole d'investiture, IV, 95.

PIART, auditeur des Comptes. Sa requête à l'archev. de Paris (1697), III, 260.

PIAU (René), chanoine de la cathédrale de Paris. Seigneur de Villiers-le-Bâcle (1586), III, 314.

PIC (Pierre le), curé de Pontcarré (1596), IV, 507.

Pica (Roger), seigneur de Villepinte. Donne à l'abbaye d'Yerres des biens à Conflans et à Villepinte (1234), II, 364, 615.

PICARD (Abraham), curé de St-Sulpice de Favières (XVIe s.), IV, 175 (note).

PICARD (Catherine le), femme de Jean Budé (XVe s.), V, 214.

— (Colombe le), veuve de Berthold de Valles. Possède le fief de Montjay à Bures (1626), III, 393.

— (Jean le). Son procès au sujet d'une terre à Atteinville (1326), II, 193.

— (Marie), femme de Claude Larcher. Dame de Villefavreuse, III, 260.

— (Martin le), élu de Paris. Seigneur de Grisy (1543), V, 157; — de Feuillarde, 293; — des Granges-le-Roi, 293.

PICARD (le). Voy. Picart (le), Picnet (le).

PICARD D'ESTELLAN (Guillaume), bailli de Rouen. Seigneur de Chilly et de Longjumeau (1482), IV, 65, 75.

PICARD DE MONTREUIL (Catherine le), femme de Claude Coutier, marquis de Souhé. Dame de Saintry (1723), V, 97.

PICARDIE, I, 554; IV, 217. — (régiment de). Voy. Boutet.

PICART (Bertrand le), avocat. Prévôt de Châteaufort (1495), III, 304.

— (Catherine le) [et non de PREART], fille de Germain, femme de François Dolu. Dame de Ville-Evrard (1594), II, 480.

— (Clerembaud le), fils de Jean. Seigneur d'Attilly et de Villeron (1556), II, 314; V, 283; — des Chapelles-Bourbon, V, 333; — de Neufmoutiers, 340.

— (Clarembaud le), fils du précéd. Seigneur d'Attilly (1580), V, 283; — des Chapelles-Bourbon, 334.

— (Eustache le), seigneur de Villeron. Son épitaphe (1635); sa femme, Suzanne [de Fergon], II, 312.

— (Eustache le), fils du précéd. Seigneur de Villeron, II, 312, 315.

— (François le), fils de Jean; doyen de St-Germain-l'Auxerrois, I, 33. — Seigneur de Villeron et d'Attilly; sa sépulture (1556), II, 314; V, 279, 283, 340.

— (Germain le), conseiller au Parlement. Seigneur de Bouqueval et de Tessonville (1580), II, 249, 251; — de Ville-Evrard (1567), 480.

— (Henri le), fils d'Eustache Ier. Abbé de Trois-Fontaines (1635), II, 312.

— (Jacques le), avocat, marguillier de St-Gervais de Paris (1538), I, 33.

— (Jacques le). Possède le fief du Petit-Reugny, V, 178.

— (Jean le), correcteur des Comptes. Seigneur de Villeron en 1497; sa sépulture (1501), II, 314.

— (Jean le), secrétaire du Roi. Seigneur de Villeron et d'Attilly; sa sépulture (1549), II, 314; V, 283.

— (Louis le), fils d'Eustache Ier.

Bienfaiteur de l'égl. de Villeron; sa sépulture, II, 312.
— (Louise le), femme d'Adam Aymery. Son épitaphe (1539), IV, 637.
— (Martin le), secrétaire du Roi. Seigneur de Villeron (1440); sa sépulture (1456), II, 314.
— (Martin le), fils du précéd.; maître des Comptes, secrétaire du Roi. Seigneur de Villeron; sa sépulture (1490), I, 192, 193, 389; II, 314.
— (Renaud le). Seigneur de Ville-Evrard (XVIᵉ s.), II, 480.
PICART, conseiller aux requêtes. Seigneur de Périgny (XVIIᵉ s.), V, 188.
PICART (MM. le), auditeurs des Comptes. Leur maison à Villiers-sur-Orge, IV, 86.
PICAUD (Jean de), conseiller au Parlement. Seigneur de Villefavreuse (1580), III, 260.
PICHONNE (Jeanne la), abbesse de Malenoue (1480), IV, 514.
PICNET (le) ou LE PICARD, conseiller au Parlement. Seigneur de Gournay (XIVᵉ s.), IV, 617.
PICON (Jean-Baptiste), ambassadeur à Constantinople, marquis d'Andrezel Sa femme, dame d'Andrezel et de St-Merry (1740), V, 424, 432.
PICOT (Jean), seigneur d'Attilly (1538), V, 279, 283.
— (Louis), conseiller au Parlement. Seigneur de Pontcarré (1506), IV, 505, 506.
— (Louis), fils du précéd.; baron de Dampierre. Seigneur de Pommeuse et de Pontcarré (1535), IV, 506-7.
— (Macé), seigneur d'Amboile et de la Queue-en-Brie (1554), IV, 488.
PICOT (Nicolas), conseiller du Roi, abbé de St-Jouin de Marnes. Ses seigneuries énoncées dans son épitaphe (1668), V, 33.
PICOTTES (hôtel des) sur la paroisse de Marcoussis (XVᵉ s.), III, 492.
PICTE ou POITTEVINE (mesure appelée), V, 265.
PIDOR. Voy. Prévôt (le).
PIDOUE (Guillaume), écuyer. Sa femme, Jeanne, fondatrice d'une chapellenie à St-Gervais de Paris (1375), I, 83.
PIE II, pape, I, 155.
PIE IV, pape, II, 410.
PIE V, pape, I, 59.
Pie (la), maison mouvante de la Tour-Ronde à Gentilly (XIIIᵉ s.), IV, 6.
PIE (Jean la), bourgeois de Paris, I, 171.
PIEDEFER, fief à Montsoult, II, 146; — relevant de celui de Cepoy, 159.
PIÉDEFER, nom du fief des Bordes-Hachets au Plessis-Pâté, IV, 340, 357.

PIÉDEFER, fief à Viry, IV, 402. — Seigneur, IV, 426.
PIÉDEFER (famille). Ses armoiries, III, 279.
— (Anne), femme du président de Vaire. Dame de Guyancourt, III, 282.
— (Antoinette), femme de Jean le Bouteiller de Senlis, III, 282.
— (Jean), chevalier de St-Jean de Jérusalem, commandeur de Fieffes ou Siestes. Sa sépulture (vers 1506), IV, 400. — Fief qui en a retenu le nom, 402.
— (Jean), seigneur de Guyancourt (1500, 1518), III, 281.
— (Jean), prévôt de Tournan en 1580 [?], V, 328.
— (Marie), femme de Louis de Fleury (XVIIᵉ s.), V, 174.
— (Nicolas), prévôt de Tournan en 1495, V, 328.
— (Robert), seigneur de Guyancourt; mort à Tripoli (1549), III, 280, 282.
— (Robert), fils du précéd., III, 280, 282.
— (Robert), avocat-général au Châtelet. Seigneur de Guyancourt; mort en 1500, III, 281.
— (Robert), fils du précédent, avocat au Châtelet. Seigneur de Guyancourt, de Garentières et de Viry; mort en 1541, III, 282. — Sa femme Madeleine Simon [?], IV, 493.
— (Robert). Fief qui en a retenu le nom, IV, 340.
PIEDOE (Jean), fondateur d'une chapelle à St-Jacques-la-Boucherie, I, 199.
PIEL (Renard). Mentionné en 1265, II, 313.
PIÉMONT (régiment de). Mestre de camp : François du Val, II, 234, 237.
PIENNE (Antoine de Brouilly, marquis de), V, 216.
[PIENNES et non BRIENNE] (Louis Halwin, seigneur de), IV, 106.
PIENNE (Anne de), femme de Guillaume du Crocq (1634), II, 347.
Pientius (S. Pien), évêque de Poitiers, I, 192.
PIERRE d'Herblay, dite pierre de Conflans. Monuments qui en sont bâtis, II, 82-3; — d'Ecouen. Employée à Paris dès le IVᵉ s., II, 186.
PIERRE des cercueils de saints. Recueillie comme remède, I, 124.
PIERRE (sièges de), IV, 172.
PIERRE (maladie de la) étudiée sur un franc-archer de Meudon, III, 243-4. — Préjugé sur sa cause, IV, 48.

PIERRE, *de France* [fils de Louis le Gros], III, 184.
PIERRE *le Vénérable*, abbé de Cluny, II, 634.
PIERRE, abbé d'Hérivaux (1223-1240), II, 218.
PIERRE, abbé d'Hérivaux (1283), II, 218.
PIERRE, abbé de Lagny (1411), IV, 557.
PIERRE, abbé de Livry (1379), II, 572.
PIERRE, abbé de St-Germain-des-Prés (1073), III, 164.
PIERRE II, abbé de St-Magloire de Paris (1152), I, 475.
PIERRE, abbé de St-Maur. Voy. Chevry (Pierre de).
PIERRE II, abbé de St-Maur, II, 432 (note).
PIERRE Ier, abbé de St-Victor de Paris (1230), I, 343.
PIERRE, abbé de St-Victor de Paris. Voy. Ferrières (Pierre de).
PIERRE, abbé du Val-Notre-Dame. Motif de la pénitence qui lui est infligée (1205), II, 136.
PIERRE, abbé des Vaux-de-Cernay (1347), III, 471.
PIERRE, archevêque de Sens. Voy. Corbeil (Pierre de).
PIERRE, archidiacre [de Paris?] (1150), II, 309.
PIERRE, archidiacre de Bayeux. Tient en fief la terre de Vaucresson, III, 168.
PIERRE, archidiacre de Soissons (XIIIe s.), II, 615.
PIERRE, chancelier de Chartres. Ouvrage qui lui est à tort attribué, II, 284.
PIERRE, chancelier [de l'Eglise de Paris]. Bienfaiteur du chapitre de la cathédrale (XIIe s.), IV, 400.
PIERRE, chanoine de Notre-Dame. Biens à Clamart qu'il donne à la cathédrale (XIIIe s.), III, 557.
PIERRE dit le *Chantre*, chantre de l'Eglise de Paris, I, 9, 214, 216. Voy. Pierre, chantre, et Roissy (Pierre de).
PIERRE, chantre de l'égl. de Paris. Ses prédications; son disciple Foulques, I, 101 ; II, 476 [le même que Pierre de Roissy et Pierre le Chantre].
PIERRE, chevalier, fils d'Eremburge de Brie. Bienfaiteur de l'égl. de Piscop, II, 165.
PIERRE, correcteur du couvent des Bonshommes du bois de Vincennes (1223, 1230), II, 392.
PIERRE, curé de Ferrières (1180), IV, 640.
PIERRE, curé de Gagny (1212), II, 548.
PIERRE, curé d'Issy (1203), III, 5.

PIERRE, curé de Jarcy (XIIIe s.), V, 167.
PIERRE, curé de Marcoussis (1145), III, 482.
PIERRE, curé de Pantin (1240), II, 649.
PIERRE, curé de St-Barthélemy et de St-Leu de Paris (1329), I, 170.
PIERRE, curé de Ste-Croix de Paris (1329), I, 170.
PIERRE, curé de St-Hilaire de Paris (1329), I, 170.
PIERRE, curé de St-Jean-en-Grève, puis sous-chantre de Paris. Chapellenie qu'il fonde dans l'égl. de Champigny (1200), IV, 470, 471.
PIERRE, doyen de St-Germain-l'Auxerrois (1183), II, 310 ; (1184), 542.
PIERRE, doyen de St-Cloud, III, 26.
PIERRE II, empereur de Constantinople, III, 184.
PIERRE [Ier], évêque d'Arras (1197), II, 492.
PIERRE, évêque de Gap. Voy. Paparin de Chaumont (Pierre).
PIERRE, évêque de Paris. Voy. Lombard (Pierre), Nemours (Pierre de), Orgemont (Pierre d').
PIERRE, évêque *Ronanensis*. Cimetière qu'il bénit (1503), III, 502.
PIERRE, év. de Roschild, I, 391.
PIERRE Ier, évêque de Senlis (1138), II, 335.
PIERRE, fils d'Agnès de Bruyères. Bienfaiteur du prieuré de Longpont (XIIe s.), III, 472-3 ; IV, 225.
PIERRE, frère de Lestard de Marcoussis. Bienfaiteur du prieuré de ce lieu, III, 483.
PIERRE, official de la cathédrale de Paris. Ses biens à Bourg-la-Reine (XIIIe s.), III, 557.
PIERRE *aux Bœufs*, célèbre prédicateur, confesseur d'Isabeau de Bavière. Manuscrit de ses sermons, I, 318.
PIERRE, prêtre de Marly (1244), IV, 77.
PIERRE, prévôt de Montjay (1200), II, 305.
PIERRE, prieur de Gometz (1216), III, 406.
PIERRE, prieur de Gournay (1200), IV, 610.
PIERRE, prieur des Jacobins de Paris (1237), III, 590.
PIERRE, sacristain ou trésorier du chapitre de St-Nizier de Lyon, I, 89.
PIERRE *Comestor* ou *le Mangeur*, théologien. Sa sépulture, I, 336.
PIERRE, nom d'un possesseur de fief (XIIe s.) qui aurait donné son nom à Pierrelaye, II, 76, 77.
PIERRE, personnage de ce nom ayant fait construire l'égl. du Petit-Tremblay, II, 608.

27.

— 418 —

PIERRE A FEU, symbole d'investiture, IV, 275, 333.
PIERRE-CHATEL (citadelle de) [Ain, arr. et cant. de Belley, comm. de Virignin]. Gouverneur, V, 33.
PIERREFITTE, *Petra ficta*, paroisse du doyenné de Montmorency [Seine, cant. de St-Denis]. *Notice*, I, 583-585.
— Lieu-dit : Voy Richebourg (bois de).
— (Guillaume de), II, 346.
PIERREFONDS [Oise, arr. de Compiègne, cant. d'Attichy]. Château : cédé au roi en 1193, I, 424 ; II, 399. — Gouverneur. Voy. Ursins (François des). — Justice, II, 625.
— Prise de la ville par les ligueurs, II, 128.
PIERREFONT (Béatrix, dame de). Biens à Bagneux qu'elle lègue à l'abbaye d'Yerres (1172), III, 571.
PIERRELAYE, *Alateum* ? *Petra lata*, Pierre-laie, paroisse du doyenné de Montmorency [Seine-et-Oise, arr. et cant. de Pontoise]. *Notice*, II, 76-78.—Autres mentions, II, 46, 52.
— (Gui de) (1205, 1216), II, 77.
— (Guillaume de) (1230), II, 77.
PIERRE-LOUIS, nom donné à tort à Pierre de Nemours, év. de Paris, I, 88.
PIERRELOUP. Voy. Philippe.
PIERRE-MARGUERITE (la), fief à Montsoult, II, 146.
PIERRE-PERCÉE (la), lieu-dit de Liverdy (1391), V, 300.
PIERRES (Yvon), maître d'hôtel d'Anne de Montmorency. Seigneur de Belle-Fontaine (1539), II, 333.
PIERRE-SAINT-MACLOU (la). Voy. Folleville.
PIERREVAL (le Bouteiller, seigneur de), II, 352.
PIERREVIVE (Anne de), chambellan de Monsieur ; trésorier des bâtiments du Roi. Aurait acquis la terre de Lézigny, V, 358.
— (Charles de), maître d'hôtel du Roi. Seigneur de Lézigny (1580) et de Ferroles (1563), V, 278, 358 et note.
— (Marie de), dame du Perron. Gratifiée de la seigneurie de Brie-Comte-Robert (1564), V, 268.
— (Nicolas de), maître d'hôtel du Roi. Seigneur de Lézigny (XVIe s.), V, 358.
— (Simon de), abbé d'Hiverneau. Sa sépulture [1608 ?], V, 278, 372.
PIERREVIVE *(Sylvius de)*, *a Petra Viva*, vicaire général de l'év. de Paris. Prieur commandataire de Conflans (1619), I, 446 ; II, 89 et note, 91-92, 397.

PIETRE (Catherine), veuve du président de la Barre. Sa sépulture, II, 105.
PIGAL ou PIGALLE, hameau détruit de Domont, II, 159.
FIGANIOL DE LA FORCE. Rectifié, I, 27, 82, 98, 114, 131, 135, 147 (et note), 150-1, 152, 184, 241, 252, 310, 325, 334 (note), 335, 335-6, 560 ; II, 13, 47, 371, 510 (note), 528 (note 1), 644 ; III, 238, 578.
PIGEART (Marie le), prieure de la Saussaye (1576), IV, 38.
PIGEONS, lâchés dans les églises lors de certaines fêtes, I, 11, 107.
PIGMENT, *Pigmentum*. Prieurés tenus d'acquitter cette redevance, I, 11 ; III, 120, 129, 155, 170, 174, 182, 193, 301, 330, 348, 365, 378, 406, 433, 440, 445, 472 et note, 482, 509.
PIGNEROL [Italie], III, 254.
PIGNON (seigneur de), III, 70.
Pilatus (Pierre), bienfaiteur du prieuré de Conflans, II, 143.
PILE (Robert), procureur au Parlement (1616), III, 84.
PILES (Jean des), seigneur de Savigny-sur-Orge (1454), IV, 391.
PILES (Roger de), peintre. Sa sépulture, I, 280.
PILIERS (les), lieu-dit de la Varenne-St-Maur (1627), II, 457 — (hôtel des), II, 383.
PILLE-BADAUT (fort) à Gournay-sur-Marne (1592), IV, 619.
PILLEGRAIN (Jérôme), curé d'Argenteuil (1597), II, 12, 19.
PILLEUR (Nicolas), doyen de St-Merry de Linas (1585), IV, 120.
Pilosus (Barthélemy). Biens à Marly qu'il donne à Ste-Geneviève de Paris, III, 125, 158.
PILOTIS (Notre-Dame de Paris crue à tort bâtie sur), I, 12.
PILOUST (Etienne), prévôt de Brie-Comte-Robert (1561), V, 273.
PILOUST (Jean), procureur du Roi au bailliage de Brie-Comte-Robert. Député à la rédaction de la coutume de Paris (1580), V, 269.
Pimpo ou *Pinpo*, habitant de Thorigny (VIIe s.). Village qui en aurait retenu le nom, II, 495, 504.
PIN (arbre). Etymol. de nom de lieu, II, 533.
PIN (le), *Pinus*, paroisse du doyenné de Chelles [Seine-et-Marne, arr. de Meaux, cant. de Claye]. *Notice*, II, 533-535.
— Lieux-dits : Courgain, *Luabum* ?
PINAN (Pierre), dit Brossier, religieux de St-Florent de Saumur. Prieurés qu'il est chargé de visiter

(1495), I, 604; III, 406, 509. — Prieur de Saulx-les-Chartreux, III, 510.
PINART (Pierre). Voy. Pinan.
PINCERAIS (le), *Pinciacensis pagus*, II, 100 ; III, 52, 104, 107, 127, 132, 147, 149, 156, 161, 162, 176, 178, 228, 271, 341-2, 343. — (archidiacre du), III, 344.
PINEL (Hervé), curé de Villiers-la-Garenne, I, 437.
PINELLE, terre située près de Reims (IXᵉ s.), II, 473.
PINELLE, fief à Nogent-sur-Marne, II, 473.
PINELLE (Louis), vicaire général de l'év. de Paris (1503), IV, 551.
PINEROLE en Savoie. Voy. Pignerol.
PINON (Jacques), conseiller au Parlement, baron de Coursy. Seigneur du Martray et de Vitry-sur-Seine (1661), IV, 453.
PINON (Jacques), seigneur d'Onsy et de Vitry, doyen du Parlement, V, 155.
— (Pierre), fils du précéd. ; grand-voyer de la généralité de Paris. Seigneur de Villemain [et de Grisy] ; sa sépulture (1661), V, 155, 158.
PINON, conseiller au Parlement. Seigneur de Vitry-sur-Seine (1612), IV, 453.
PINON, conseiller au Parlement. Seigneur de Villejuif (1659), IV, 32.
PINON, premier président du bureau des Finances, plénipotentiaire au traité de Ryswick. Seigneur de Villemain et de Grisy, V, 158.
PINOT (Guillaume), chanoine du St-Sépulcre à Paris. Prieur du Raincy (1649), II, 591-2.
PINSON (Catherine), religieuse de Chelles. Miracle dont elle est l'objet (1631), II, 489-90.
PINSSON (François), jurisconsulte. Sa sépulture (1691), I, 248.
PINTERVILLE (Jeanne de), femme de Pierre Gargan, V, 77.
PINTERVILLIERS (de), femme de Jean de Voisins. Dame de Villaroy et de Villefavreuse ; sa sépulture (1300), III, 260, 318.
Pinus : le Pin, II, 535.
PIOCHE, garde de la prévôté de Melun (1362), V, 298.
PIOLYNE (Michel), curé de Briis (1610), III, 446-7.
PIOT (le sieur). Acquiert la ferme du Petit-Vélizy, III, 224.
PIPINEL (Guérin), avoué de la terre de Verrières (XIᵉ s.), III, 531, 535.
PIPLE (le) ou le PIPLES, fief [Seine-et-Oise, château à Boissy-St-Léger], V, 34, 388.

— (Gilbert et Pierre du). Mentionnés en 1238, V, 388.
PIQUET. Voy. Bussy (Anthoine de), Haye (Jean de la).
Piro (ecclesia de) : St-Pierre-du-Perray, V, 94.
PIROT (Edme), docteur de Sorbonne. Abbé d'Hermières (1681), V, 350.
PIROT, chancelier de Notre-Dame. Chapelle qu'il bénit (1695), I, 254.
PIROT, vicaire-général (1706), III, 89.
PIROUETTE (source de la) près de Rungis. Amenée à Paris, IV, 48.
PISAN (Christine de), femme d'Etienne Castel, II, 446-7. — Auteur cité, II, 390 ; IV, 117.
PISCCHOC, PISCEQUOT : Pissecoq, IV, 587.
PISCO, village hors du diocèse de Paris. Donné à S. Rémi par Clovis, II, 164.
PISCO ou PISCOT. Voy. Piscop.
Pisconio (cura de) : Piscop, II, 165.
PISCOP, *Pisconio (cura de)*, Pisco, Piscot, Pissecoc, paroisse du doyenné de Montmorency [Seine-et-Oise, arr. de Pontoise, cant. d'Ecouen]. *Notice*, II, 164-9.
— Fiefs et seigneuries : Blémur, Luat (le), Piscot-Châteauverd. — Lieu-dit : Poncelle.
— (Amaury de), de Pissecoc, écuyer. Biens qu'il vend aux religieux du Val (XIIIᵉ s.), II, 106, 166.
— (Anselme de), de Pissecoc, chevalier. Mentionné en 1124, II, 166, 565 ; — en 1125, II, 166, 306 ; — en 1163, II, 166.
— (Henri de), de Pissecoc. Mentionné en 1163 et en 1177, II, 166.
— (Pierre de), de Pissecot, de Pissecoch, chevalier (1189, 1193, 1214?), II, 165, 166.
— (Thibaud de), fils d'Henri (1177), II, 166.
PISCOP (fiefs), sis à Epinay et à Groslay, I, 598, 612 ; II, 169.
Piscosa : Pecqueuse, III, 428.
PISCOT-CHATEAU-VERD. Voy. Château-Vert (le).
PISE (Bernard de), III, 581.
PISE (Pierre de), chirurgien. Bienfaiteur de St-Magloire de Paris, I, 183.
PISEUX, Pisieux : Puiseux, II, 318.
PISLON (Robert), seigneur du Mesnil et de Villebousin (1593), IV, 89.
PISSECOC, Pisschoc, Piscequot, Pissecoq, ham. de Collégien. *Notice*, IV, 587. — Autres mentions, II, 164 ; IV, 501, 595.
— (Guy de). Mentionné en 1170, IV, 525, 587, 626.
PISSECOC. Voy. Piscop.
PISSELEU (Anne de), duchesse d'E-

tampes, fille de Guillaume, femme de Jean de Bretagne. Dame de Meudon, III, 176, 234, 235. — Duchesse de Chevreuse, III, 271 et note. — Dame de Bures, III, 393 ; — de Limours, III, 434, 435.
— (Guillaume de), seigneur de Heilly, III, 234.
PISSELEU (Jean), curé de Champs. Administre l'abbaye de Malnoue (1393), IV, 604.
Pissiaco (Amaury de), chevalier de la châtellenie de Montlhéry, IV, 104.
Pissota (Guillelmus de) (1274), II, 416.
PISSOTE ou PISSOTTE (la). Étymol. de ces noms de lieu, I, 195 ; II, 416.
PISSOTTE (la) ou la PISSOTE, paroisse du doyenné de Chelles ; anciennement dépendance de Montreuil-sous-Bois [Seine, lieu-dit de Vincennes]. *Notice*, II, 416-7. — Autres mentions, II, 397, 399, 415.
PISSOTTE (la) [Seine-et-Oise, arr. de Rambouillet, cant. de Montfort-l'Amaury, ham. de Beynes], II, 416.
PISSOTTE (la), lieu-dit de Châtenay (XIIIᵉ s.), II, 416 ; III, 542.
PISSOTTE (la), lieu-dit de Meudon (XVᵉ s.), II, 416 ; III, 243.
PISSOTTE (la). Voy. Paris.
PISSOTTE (rû de la). Voy. Orgueilleux (rû).
Pista. Sens de ce mot, I, 195 ; II, 164, 416.
Pisterna (église surnommée de), I, 528.
PISTOIE (Pierre-Johannis de), commandeur de l'Hôpital du Haut-Pas (1385), I, 156.
PISTOR (Vital). Mission dont il est chargé (1620), III, 294.
PISTRE (Louis), curé de Villiers-sur-Marne (1660), IV, 629.
PITHIVIERS, Piviers [Loiret]. Fontaine minérale célèbre, III, 316 ; IV, 514 (note).
Pithusa (inscription mentionnant une femme nommée), I, 70.
PIVET (Thomas), curé de St-Nicolas de Gonesse (1532), II, 261.
PIVIERS. Voy. Pithiviers.
PIVOT, ferme [Seine-et-Oise, éc. de Forges et de Limours], III, 436, 441.
PLACE (la) [Seine-et-Oise, lieu-dit de Lisses]. Château, IV, 318.
Placentia : Plaisance, II, 469.
Pladanus : Champlan ? III, 516.
Plagiis [locus de] : le Plessis, III, 253.
Plagliaco (Hugo de). Voy. Plailly (Hugues de).
PLAILLY [Oise, arr. et cant. de Senlis], II, 339. — Seigneur, II, 340. Voy. Vernon (Guil. de).
— (Jean de). Ses biens à Villeron (1265), II, 313.

— (Hugues de), *de Plagliaco*, artiste du XIIIᵉ s. Sépulture dont il est l'auteur, IV, 293.
— (Philippe de), prieur de St-Jean de Corbeil (1342), IV, 285.
PLAINE-COULON, *Planetum* [Seine-et-Oise, ferme à Cernay-la-Ville], III, 422.
PLAISANCE [Italie]. Evêque. Voy. Soupi (Alexandre).
PLAISANCE, *Placentia*, Plesance. *Plesantia* [Seine, ham. de Nogent-sur-Marne]. *Notice*, II, 469-472. — Château et seigneurs, II, 389, 390, 466, 468, 470.
PLAISANCE (François de), év. de Tibériade. Chapelle qu'il dédie (1347), I, 152.
— (Jean-Gui de), seigneur de ce lieu (1271). Son épitaphe, II, 466, 469.
— Son fief à Chennevières, IV, 477.
PLAISIR, fief situé à Valenton, V, 31.
PLALLY (Philippe de). Voy. Plailly.
PLANCHER (dom Urbain). Auteur critiqué, I, 269.
PLANCHETTE (la), château [Seine-et-Marne, lieu-dit de Favières], V, 344 ; — indiqué comme écart d'Ozoir-la-Ferrière, 354.
PLANCHETTE (la), lieu-dit de Clichy-la-Garenne, I, 429.
PLANCY (baron de), V, 358.
PLANE, arbre. Origine de nom de lieu, III, 516, 517.
Planetum : Plaine-Coulon ou Saint-Robert, III, 422.
PLANT (bois du Petit-), près de la Varenne-St-Maur, II, 456.
PLAT [ou de PLAS] (le comte de), seigneur du Thillay (1738), II, 276.
PLATIÈRE (Imbert de la), prieur de St-Eloy de Paris, évêque de Nevers, I, 313.
PLATRE (carrières de), à Montmartre, I, 454.
PLATRIÈRE du Mont-Valérien, III, 90.
PLATRIÈRES (les), lieu-dit de L'Hay (1226), IV, 42.
PLATUS (Jérôme), jésuite italien. Traduction d'un de ses ouvrages, II, 215.
Plebanus (Canonicus). Sens de ce mot, I, 162.
PLEIGIZ, III, 562. Voy. Plessis (le).
PLENEUF (BERTHELOT de). Voy. Berthelot.
PLESANCE, *Plesentia* : Plaisance-sur-Marne, II, 469.
Plesit, Plegiz (le) : le Plessis, III, 253.
PLESSE (la), ferme [Seine-et-Oise, ham. de Villebon], III, 513, 516.
Plesseium : le Plessis-Piquet, III, 250.
Plesseium Comitis Radulphi : le Plessis-le-Comte, IV, 367.

Plesseium juxta Lusarchias : le Plessis-Luzarches, II, 225.
Plesseium Sancti Petri : le Plessis-Saint-Père, IV, 82.
Plesseto (Ansellus et *Gilbertus de),* chevaliers de la châtellenie de Corbeil (XIIIe s.), IV, 300.
Plesseyo Gassonis (cura de) : le Plessis-Gassot, II, 246.
Plesseyum : le Plessis-Bouchard, II, 69; — le Plessis-Piquet, IV, 22.
PLESSEZ (les). Situation de ce lieu-dit (1230), III, 253.
Plessiaco (Evrard *de*). Voy. Plessis (Evrard du).
Plessiacum juxta Bruerius : le Plessis-Saint-Thibaud, III, 470.
PLESSIER (le) : le Plessis-Luzarches, I, 625 ; II, 224.
PLESSIS, *Plexitium.* Signification de ce nom de lieu, II, 224 ; III, 251, 253 ; IV, 313, 352.
PLESSIS (le), III, 447. Voy. Plessis-St-Thibaud (le).
PLESSIS (le), *Blagiæ,* Bleigiz, *Plagiis (locus de),* Pleigiz, Plegiz, Plesit (le), lieu-dit (XIIIe s.). Sa situation, III, 252, 562.
PLESSIS (Louis de Villetain, sieur du), III, 385.
PLESSIS (Aliz du), sœur de Jean de Nanteuil. Ses biens à Combs-la-Ville (1255), V, 178.
— (Charles du), seigneur de Sarcelles et de Savonnières. Ses autres titres (1545), II, 171.
— (Geoffroi du), fondateur du collège de ce nom, à Paris, I, 150.
— (Geoffroy du), secrétaire de la comtesse de Toulouse. Bienfaiteur de St-Spire de Corbeil, IV, 278.
— (Guillaume du), seigneur de Sarcelles et de Liencourt. Ses autres titres, II, 171.
— (Guy du), fils de Jean. Seigneur de Sarcelles ; possède un fief à Villiers-le-Bel ; son testament (1518), II, 171.
— (Héloïse du). Ses terres à Châtenay (XIIIe s.), III, 542.
— (Jean du), maître d'hôtel de Louis XI et de Charles VIII. Seigneur de Liencourt et de Sarcelles; sa sépulture, II, 171.
— (Marguerite du). Ses biens à Combs-la-Ville (1270), V, 178.
— (Raoul du), chevalier de la châtellenie de Paris (1196). Village qui en a retenu le nom, III, 250-1, 541.
— (Raoul du). Ses biens à Vanves (1228), III, 583.
— (Renaud du), I, 97.
PLESSIS (Toussaint du), historien critiqué, II, 107-8.

PLESSIS-AUSOULT (le). Voy. Plessis-feu-Aussoux (le).
PLESSIS-AUX-BICHES (le) : le Plessis-le-Comte, IV, 368.
PLESSIS-BELLIÈVRE [Bellière] (Mme du). Sa maison à Livry (XVIIIe s.), II, 590.
PLESSIS-BOUCHARD (le), *Plesseyum,* paroisse du doyenné de Montmorency, appelé auparavant *Moncelli* ou *Moncellum* [Seine-et-Oise, arr. de Pontoise, cant. de Montmorency], II, 69. — *Notice,* II, 58-60.
PLESSIS-BRIARD (le). Voy. Bois-Briard (le).
PLESSIS-CHALAN (le), ancien nom de Bois-Chaland. ham. de Lisses, IV, 317, 318-9, 368, 369.
PLESSIS-CHENET ou CHESNAY, ham. des paroisses de Coudray et de Monceaux [Seine-et-Oise, ham. du Coudray-Monceaux], IV, 250, 252. — *Notice,* V, 105-6. — Seigneurs, V, 96
PLESSIS-COURBARD (le), ancien lieu-dit de Coubert, V, 150.
PLESSIS-DES-VALETS (le), écrit pour le Plessis-Vallée, II, 224.
PLESSIS-DU-PARC (le), II, 327. Voy. Plessis-les-Tours (le).
PLESSIS-FEU-AUSSOUX (le), le Plessis-Ausoult [Seine-et-Marne, arr. de Coulommiers, cant. de Rozoy]. Fief en ce lieu dépendant de Tournan, V, 330.
PLESSIS-GASSÉ : le Plessis-Gassot, II, 246.
PLESSIS-GASSOT (le), *Plesseyum Gassonis,* le Plessis-Gassé, paroisse du doyenné de Montmorency [Seine-et-Oise, arr. de Pontoise, cant. d'Ecouen]. *Notice,* II, 246-8. — Léproserie entre ce lieu et Tessonville, 248, 251.
PLESSIS-LE-COMTE (le), *Plesseium comitis Radulphi,* le Plessis-aux-Biches, paroisse du doyenné de Montlhéry [Seine-et-Oise, ham. de Fleury-Mérogis]. *Notice,* IV, 366-369.
— Autres mentions, IV, 103, 409.
— Lieux-dits : Baudouin, Crône, Greffière (la).
PLESSIS-LE-PETIT : le Plessis-Luzarches, II, 224 (note).
PLESSIS-LES-NONAINS (le) [Seine-et-Marne, lieu-dit de Chevry-Cossigny]. Fief, V, 286.
PLESSIS-LES-TOURS (le) ou MONTILS-LES-TOURS [Indre-et-Loire, arr. et cant. de Tours, com. de La Riche]. Actes royaux datés de ce lieu, II, 327 ; III, 321, 345 ; IV, 152, 177.
PLESSIS-LUZARCHES (le), LEZ-LUZARCHES ou SOUS-LUZARCHES, le Plessis-Vallée, le Petit-Plaissié, le Ples-

sier, paroisse du doyenné de Montmorency [Seine-et-Oise, arr. de Pontoise, cant. de Luzarches]. *Notice*, II, 224-225. — Autres mentions, I, 625 ; II, 204, 207.
PLESSIS-PATÉ (le), le Plessis-Sebeville, le Plessis-d'Argouge, paroisse du doyenné de Montlhéry [Seine-et-Oise, arr. de Corbeil, cant. de Longjumeau]. *Notice*, IV, 352-357.
— Seigneurie, I, 97 ; IV, 104, 109, 340.—Autres mentions, IV, 96, 341.
— Lieux-dits : Bordes-Hachets (les), Canettes (ferme des), Charcois.
— *(Arraudus* du*)*. Mentionné vers 1136, IV, 354.
— *(Arraudus* du), homme-lige de Philippe-Auguste, IV, 354.
— (Aubert du), frère d'Évrard (XIIe s.), IV, 354.
— (Évrard du), *de Plessiaco,* chevalier (1154). Sa sépulture, IV, 93, 354.
— (Jeanne du), bienfaitrice de l'abbaye d'Yerres (XIVe s.), IV, 355 ; V, 237, 271.
PLESSIS-PICARD (le) [Seine-et-Marne, arr. de Melun, cant. de Brie-Comte-Robert, comm. de Réau], IV, 312.
PLESSIS-PIQUET (le), *Plessetum*, le Plessis-Raoul ou Radulphe, le Plessis-Raoul dit Piquet, paroisse du doyenné de Châteaufort [Seine, cant. de Sceaux]. *Notice*, III, 250-255. — Autres mentions, IV, 22.
— Couvent de feuillants, III, 254.
— (Guiart du), écuyer. Sa sépulture (1317), III, 251.
PLESSIS-PRASLIN (Auguste de Choiseul, duc du), II, 471.
PLESSIS-RAOUL ou RODOLPHE (le). Voy. Plessis-Piquet (le).
PLESSIS-SAINT-ANTOINE (le), écart de Chennevières-sur-Marne [Seine-et-Oise, ham. de la Queue-en-Brie], IV, 479.
PLESSIS-SAINT-PAIR (le), SAINT-PÈRE ou SAINT-PIERRE, IV, 80. Voy. Croix-St-Jacques (la).
PLESSIS-SAINT-THIBAUD (le), auparavant le Plessis-Saint-Thomas, ancien lieu-dit de Bruyères-le-Châtel, III, 447, 469, 470.
PLESSIS-SAINT-THOMAS (le). Voy. Plessis-Saint-Thibaud (le).
PLESSIS-SÉBEVILLE (le). Voy. Plessis-Secqueville (le).
PLESSIS-SECQUEVILLE (le) ; le même que le Plessis-Paté, IV, 109.
PLESSIS-TRAPPE (seigneurs du), II, 11 ; III, 385.
PLESSIS-TROIS-PIERRES (le), fief près Villetain (1507), III, 373 [Paraît être le même lieu que le Plessis-Trappe].

PLESSIS-VALLÉE (le) : le Plessis-Luzarches, II, 224.
PLEURRE (Hélène de), fille de Pierre ; femme de François Daguesseau, IV, 199.
— (Pierre de), maître des Comptes. Seigneur de St-Quentin, IV, 199.
PLEUVON, fief dépendant de la seigneurie de Torcy (1483), IV, 595.
Plexitium. Voy. Plessis.
PLISSE (seigneur de la), I, 287.
PLOICH (Galon dit). Voy. Galon.
PLOICH (Pierre du), écuyer. Seigneur de Villetaneuse, I, 592.
PLOISY (Antoine de), abbé de St-Faron de Meaux. Son lieu de naissance, II, 285.
— (Jean de), seigneur de ce lieu et de Roissy-en-France, II, 278, 282, 285.
— (Jeanne de), femme de Simon Postel. Dame d'Ormoy en Brie ; sa sépulture (1319), V, 124.
PLOUY, fief à Sunnes, V, 159.
PLOYART (Brice de), abbé de St-Magloire de Paris, I, 183.
PLUCHES. Voy. Épluches.
PLUMIER (Mathurin), commandeur de l'hôpital du Haut-Pas, à Paris, I, 156.
PLUSDITZEN (Robert de), prieur de Notre-Dame-des-Champs de Paris (1192), I, 147.
PLUYAU, concierge du château de Vincennes (XIVe s.), II, 407.
PLUYETTE (Adam), curé de Piscop (1499), II, 165.
— (Aquilin) recteur de l'Université (1537) puis docteur de la maison de Navarre (1541), II, 243.
— (Germain), curé de Fontenay-les-Louvres. Sa sépulture (1660), II, 239.
— (Gilles), procureur fiscal au baillage de Fontenay-lez-Louvres, II, 239.
— (Gilles), curé de Fontenay-lez-Louvres. Son épitaphe (1694), II, 239.
— (Guillaume), recteur de l'Université (1515), II, 243.
— (Jean), maître du collège des Bons-Enfants de la rue St-Victor à Paris. Curé du Mesnil-Aubry ; ses fondations pieuses ; sa sépulture (1478), II, 239, 243, 244, 245.
— (Jean), recteur de l'Université (1402), principal du collège des Bons-Enfants. Curé de St-Germain-le-Vieux, II, 243.
POART (Claude), chapelain de la chapelle de Mauny (1623), IV, 527.
— (Jean), conseiller au Châtelet. Seigneur de Mauny (XVIe s.), IV, 527.

— (Jean), écuyer. Seigneur de Mauny (1605), IV, 527.
— (Nicolas), seigneur de Mauny (1489), IV, 527 et note.
POCHERON (Jannequin). Voy. Potheron.
POCQUET (Radulfe). Donne au chapitre de Notre-Dame des biens à Bagneux (1221), III, 570. Voy. Paquet.
POELLE (Jean-Daniel). Bénéfice dont il est pourvu (1630), II, 81.
POETMORT (Angélique AMAT de), femme d'André Choart, III, 100.
POIGNANT (Catherine), femme d'Antoine Broutel, III, 271.
— (Catherine) [fille de Pierre], femme de Nicolas Viole (XVIe s.), IV, 419 ; V, 377.
— (Marie), fille de Pierre, veuve d'Adam Boucher. Dame de Louans (1504), IV, 59.
— (Pierre), maître des Requêtes. Seigneur d'Athis (1466), IV, 419.
POIGNANT, conseiller au Parlement. Seigneur de Louans et d'Athis (1460), IV, 59 [Le même que Pierre].
POIGNANT (chapelle) à St-Severin de Paris (1495), I, 102.
POILART (Jean), seigneur de la Grange-l'Essart (XVIe s.), III, 209.
POILLE (Guillaume), fils de Jacques; conseiller au Parlement ; mort en 1651, I, 629.
— (Guillaume), prieur de St-Pierre d'Abbeville. Son épitaphe (1675), I, 629.
— (Jacques), conseiller au Parlement. Seigneur de St-Gratien ; sa sépulture (1623), I, 629, 630.
— (Jean), procureur du Roi au bailliage du Palais, I, 628-9. — [Le même ?], conseiller au Parlement, seigneur de St-Gratien. Arrêt rendu contre lui (1582), II, 630. — Biens qu'il acquiert (1562), 631.
— (Jean-Daniel). Voy. Poelle.
POILLEBREBIS, lieu-dit de la seigneurie de Fleury-Mérogis (1399), IV, 364.
POINTE (la), lieu-dit de la paroisse de Bougival (1273), III, 110.
POINTE (hôtel de la) à Dugny (1423), II, 623.
POINTE-LE-ROY (la) [Seine-et-Marne, ham. d'Ozouer-la-Ferrière], V, 355.
POINTE-LISIARD (la), lieu-dit. Sa situation, I, 549.
POINT-L'ASNE (fief de la Cour-), III, 123. Voy. Cour-Point-Lasne.
POINT-L'ASNE (André). Sa censive à Charonne, I, 481. Voy. Cour (la) Point-l'Asne.

— (Guillaume), *Pungens Asinum*, bourgeois de Paris. Chapelle par lui fondée (1228), I, 59, 61, 62, 151 ; V, 144.
POIRIER (Hélie), prieur-curé de Chennevières-sur-Marne (1634), IV, 475.
POIRRESCE. Voy. Poirresec.
POIRRESEC [et non Poirresce], localité du diocèse de Chartres, IV, 624.
POIS (Hugues Tirel, seigneur de), II, 118.
POIS (Jacques de), chevalier de l'ordre de St-Michel. Son épitaphe (1676), V, 258.
POISONS (affaire des). Chambre de justice instituée à Vincennes pour en connaître (1679), II, 411.
POISSON DE BOURVALAIS. Voy. Bourvalais.
POISSY [Seine-et-Oise, arr. de Versailles, ch.-l. de cant.]. Cédé à S. Louis (1264), III, 473. — Biens possédés par l'Hôpital de Paris, III, 475. — Edouard III y campe en 1346, III, 537.
— Actes royaux qui en sont datés : en 1105 ou 1106, III, 26, 154 ; en 1197, II, 267 ; en 1298, V, 69 ; en 1309, III, 319 ; en 1317, II, 407.
— Archidiaconé, I, 603.
— Cellier royal, III, 109.
— Chapelle du château, III, 142.
— Châtellenie ; ses mouvances, II, 141 ; III, 138.
— Collégiale, III, 27 ; — chanoines. Voy. *Blarruaco* (Simon de), Hugues.
— Couvent des Dominicaines (prieuré) : ses biens, II, 269, 303, 480, 481 ; III, 135 ; V, 40, 64, 65 ; — prieur. Voy. Aubigny (Renaud d') ; — religieuses, I, 312 ; II, 480, 509.
— Lieutenance des eaux et forêts, III, 144.
— Pont, V, 403.
— Seigneurs, II, 38 ; III, 352.
POISSY, fief près de Chevreuse (1491), III, 374.
POISSY (fief de) ou mieux de ROISSY, I, 610, 612.
— (Gautier de). Ses biens à Orly, IV, 437.
— (Gilles de), héritier d'Adam de Villiers (1372), II, 236.
— (Guillaume de), chevalier. Bienfaiteur de St-Victor de Paris (XIIIe s.), III, 556 ; IV, 36. — Biens qu'il cède à l'abbaye de Ste-Geneviève, IV, 42.
— (Jean de). Droits qu'il vend à l'abbé de St-Denis (1258), II, 52, 56. Voy. Bruyères (Jean de).
— (Pierre de). Son fief à Charlevanne (1273), III, 110.

— (Raoul de), prêtre. Donne au chapitre de Notre-Dame une maison à Héricourt, II, 99.
— (Robert de). Son droit de chasse dans la forêt de Cruye ; l'abandonne au roi, III, 154.
— (Simon de). Son fief à Suresnes, III, 50 ; — à Rueil, 96. — Son droit de tensement à Chevilly, IV, 34. — Bienfaiteur de l'abbaye d'Abbecourt (1244), V, 40.
POITEVINE (la) [Seine-et-Oise, ham. de Villejust], III, 506. — Fief, IV, 130.
POITIERS [Vienne]. Son nom celtique, III, 332, 431. — Détruit par les huguenots, I, 499. — Résidence du Parlement, III, 398. — Autres mentions, I, 75 ; III, 90.
— Abbaye de Notre-Dame-la-Grande : abbé. Voy. Viole (Nicolas).
— Cathédrale (St-Pierre) : biens, III, 506 ; — reliques, I, 499 ; — doyen. Voy. Béraudière (de la) ; — trésorier. Voy. Gomez (Philippe de).
— Collégiale de St-Hilaire : chanoine, II, 75 ; — trésorier, III, 323.
— Evêques. Voy. Cramaud (Simon de), Ebroin, Montaigu (Gérard de), *Pientius*, S. Paissant.
— Receveur-général des finances. Voy. La Live (de).
— (Alphonse, comte de) et de Toulouse, frère de S. Louis. Lègue une rente à l'abbaye de St-Maur, II, 431 ; — fonde avec sa femme, Jeanne, l'abbaye de Jarcy, V, 166-7. — Ses entrailles conservées à l'abbaye de Maubuisson, II, 121.
— (Diane de), duchesse de Valentinois. Son hôtel à Paris, III, 159. — Henri II lui donne la seigneurie de Limours (1553), III, 434-5. — Sa résidence à Maisons-Alfort, V, 6-7.
— (Philippe, comte de) (depuis Philippe le Long). Ses acquisitions à Montlhéry, IV, 105.
— (Pierre de), religieux de St-Victor de Paris, I, 340.
POITOU, III, 44.
POITRON ou BOITRON. Seigneur ayant donné son nom au village de Poitronville, I, 467.
POITRONVILLE, territoire faisant partie de Belleville, I, 466, 467. — Autres mentions, I, 578 ; II, 652. Voy. Belleville.
POITTEVINE, mesure. Voy. Picte.
POIX (fief de) [maison à Pontoise]. Erigé en marquisat en 1695, II, 125.
POLENG. Voy. Poulangis.
POLIGNAC (le comte de), seigneur de Pontault (XVIIIe s.), IV, 498.
POLIN (André), chevalier de la châtellenie de Corbeil (XIIIe s.). Ses biens à Bonnes, IV, 183, 300.
Poliniaco (Eremburge de). Ses biens à Evry-les-Châteaux (1210), V, 129.
POLLALION [François], gentilhomme ordinaire du roi. Sa femme. Voy. Lumague (Marie).
— (Pierre), seigneur de la Chevrette, I, 607.
POLLE (Léonard), commissaire des pauvres du grand bureau de Paris. Fondateur de l'école de Colombes, III, 66.
POLOGNE, II, 393 ; IV, 189. — (roi de). Voy. Casimir.
POMAR (Hugues de), évêque de Langres. Collège et chapelle fondés par lui à Paris ; sa sépulture (1345), I, 237, 252, 253.
POME (Nicolas de la), trésorier des Cent-Suisses. Seigneur de la Maison Blanche (1635), II, 550.
POMEL (Geoffroy). Ses biens au Thillay (1213), II, 249, 275.
POMIER (Guillaume), curé de St-Germain-le-Vieux de Paris (1462), I, 115.
POMMERET, POMERAY (le) [Seine-et-Oise, ferme à Limours], III, 437.
POMERETH, lieu-dit de Fontenay-les-Louvres (XIIe s.), II, 207, 242.
POMERETH (terre de) dépendant de Gentilly ? (XIIIe s.), IV, 9.
Pomeriam, lieu-dit mentionné au XIIIe s. [Situé probablement dans la forêt de la Pommeraye, voisine de celle de Halate ; peut-être le Plessis-Pommeraye, Oise, arr. de Senlis], II, 143.
POMEURE. Voy. Pommeuse.
POMIÈRES (Bertrand de), curé d'Ecouen. Pourvu d'une chapellenie à St-Jacques-la-Boucherie (1331), II, 184.
POMMELAIN (Thibaut de). Mentionné en 1399, V, 133.
POMMERAYE (abbaye de la) [Yonne], V, 227.
POMMERAYE (bois de la) à Ville-d'Avray, III, 173.
POMMEREAU (Jean), chapelain de Ste-Catherine d'Herblay, II, 81.
POMMEREUX ou POMMIERS, fief à Montlhéry (1750), IV, 110.
POMMEREUX (Jacques de), conseiller d'Etat. Seigneur de St-Nom de la Bretèche ; sa sépulture (1639), III, 151, 152.
POMMEUSE [Seine-et-Marne, arr. et cant. de Coulommiers]. Seigneur. Voy. Picot (Louis).
— (Artus, sire de) et de Belle-Assise. Sa sépulture (1371), IV, 527 ; V, 170.

POMMIERS. Voy. Pommereux.
POMONIER, secrétaire du Roi et trésorier de la généralité d'Alençon. Ses prérogatives relatives au pain bénit dans l'égl. de Wissous (1738), IV, 55, 56.
POMPON (Adam de), écuyer. Seigneur de Bondoufle (XVIe s.), IV, 335.
— (Antoine de), seigneur de Bondoufle (1580), IV, 335.
POMPONNE, *Pomponium*, Pompone, paroisse du doyenné de Chelles [Seine-et-Marne, arr. de Meaux, cant. de Lagny]. *Notice*, II, 504-512.
— Château, II, 507.
— Couvent d'Augustins, II, 496, 512.
— Léproserie, II, 506, 507 ; IV, 643.
— Prieuré-cure, II, 536.
— Seigneurie, II, 535 ; III, 205.
— Lieux-dits : Madeleine (la), Motte (la).
— (Gui de) ou Guiot de VAIRES, seigneur de ces lieux. Sa sépulture (1305), II, 503.
— (Hugues de), seigneur de ce lieu et de Crécy-en-Brie, II, 507. — Ses biens à Ville-Parisis, II, 578.
— Siège qu'il soutient contre Louis le Gros, IV, 615.
— (Hugues II de). Détails sur ce personnage (1211-1241), II, 508.
— (Hugues de), fils de Hugues II. Seigneur de ce lieu vers 1270, II, 508.
— (Jean de), seigneur de ce lieu. Ses droits sur l'église St-André de Chelles (1202), II, 497, 507. — Bienfaiteur de l'église de Pomponne, II, 506. — Donne au prieuré de Gournay une dîme à *Luabum* (1177), 535. — Donne à l'abbaye de Livry des biens à Brou (1200), II, 520, 525.
— (Jean de), chevalier, seigneur de Vaires. Sa sépulture (1308), II, 503.
— Son droit de péage à Moret, II, 509.
— (Maurice de). Bienfaiteur de l'égl. de ce lieu (1177), II, 506 ; — du prieuré de Gournay, 535.
— (Nicolas, *Colardus* ou *Colasius* de), seigneur de Vaires (1250-1270), II, 503, 508, 615.
— (Raoul de). Bienfaiteur de l'abbaye de Chaalis (vers 1150) ; identifié avec Renaud, II, 507.
— (Renaud de). Mentionné en 1150 et en 1216, II, 507.
— (Renaud de), fils de Hugues II. Mentionné en 1254, II, 508.
— (Renaud de), seigneur de Thieux (1281), II, 508-9, 615.
POMPONNE (M. et Mme de). Leurs biens à Brou, II, 519, 521.

POMPONNE (famille des ARNAULD de). Seigneurs de Palaiseau et de Champlan, III, 518, 519. Voy. Arnaud.
POMPONNE de BELLIEVRE. Voy. Bellievre.
Pomponius, nom d'homme. Origine de nom de lieu, II, 504.
Pomponium : Pomponne, II, 511.
PONCE (Jean), habitant de Corbeil (1242). Ses biens à Champrosay, V, 63.
PONCE, diacre de la cathédrale de Paris. Biens à Orly qu'il donne au chapitre, IV, 437.
PONCEART (Odon) *de Ateinvilla*. Voy. Attainville.
PONCEL ou PONCELLE [Seine-et-Oise, ham. de Piscop]. *Notice*, II, 169.
— (Adam de), chevalier. Bienfaiteur de l'abbaye de Ste-Geneviève, II, 169.
— (Guillaume du), *de Poncello*. Chapelle qu'il fonde avec Cécile, sa femme (1209), II, 169.
— (Guillaume de), chanoine de Paris. Bienfaiteur de l'abbaye de St-Denis, II, 169.
PONCET DE LA RIVIÈRE (Michel), évêque d'Uzès. Son fief de Piédefer, IV, 402.
PONCHER (famille de). Ses armoiries, III, 432. — Originaire de Tours, V, 250.
— (Anne), femme d'Antoine Bohier (XVIe s.), V, 250, 253, 254.
— (Arthur de), curé de Montreuil près Versailles, III, 212.
— (Charlotte), dame de Lésigny (XVIe s.), V, 250.
— (Etienne), évêque de Paris (1503-1519) puis archevêque de Sens. Actes de son épiscopat, I, 62, 448 ; II, 313, 486, 496, 561, 638 ; III, 262 ; IV, 153, 154, 221, 505 ; V, 157, 177, 357. — Curé de Créteil (1500), I, 114 ; V, 14. — Bienfaiteur de l'égl. de Limours, III, 432.
— Sa résidence à Gentilly, IV, 7.
— Son chapelain, II, 637.
— (Etienne), fils de Jean ; doyen de St-Germain-l'Auxerrois, puis évêque de Bayonne (1532) et archevêque de Tours, I, 33 ; III, 434. — Ses biens à Aunay, III, 37. — Prévôt de Champeaux, puis prieur de Notre-Dame-du-Parc (1527), V, 417.
— (François de), évêque de Paris (1519-1532). Consécrations faites par lui, I, 115, 156, 472 ; II, 198, 223, 226, 261, 331, 472, 547 ; III, 54, 245, 354, 424, 427, 482 ; IV, 40, 448, 499 ; V, 211-2, 356.
— Autres actes de son épiscopat, I,

77, 223, 520 ; II, 379 ; III, 351, 446 ; V, 350. — Chapelain de St-Séverin (1515), I, 106 ; — abbé de St-Maur-des-Fossés ; — curé de Montreuil près Versailles (1504), III, 212 ; — curé d'Etiolles (1507), V, 74 ; — chanoine de St-Gatien de Tours ; seigneur de Lésigny et de Villemenon, V, 250.
— (François), curé de Draveil (1520), V, 59.
— (Françoise), veuve de Nicolas Briçonnet, remariée à Geoffroy de la Croix. Dame de Lésigny (XVIe s.), V, 250, 358.
— (Jean), fils de Jean ; secrétaire du Roi, général des finances, trésorier des guerres, bailli d'Etampes. Seigneur de Jouy-en-Josas, de Châteaufort et de Limours, III, 268, 304, 434 ; — de Villemenon, V, 254.
— (Louis), trésorier de France. Seigneur de Torcy, de Tournan et autres lieux (1522), IV, 594 ; — de Lésigny, de Mincy et de Villemenon, V, 250, 358 ; — de Brie-Comte-Robert qu'il échange contre la vicomté d'Orbec (1528), V, 268.
— (Marguerite), fille de Jean, femme de Jean Hurault (1538), III, 434, 435.
— (Nicolas) [fils de Jean], secrétaire du Roi. Seigneur de Jouy-en-Josas (1539), III, 268, 434.
PONCHET (Gilbert), dit *de Corbeil*, religieux de St-Jean-en-l'Ile. Sa maison à Paris, IV, 310.
PONCIÈRE (la). Voy. Ronciere (la).
PONCY, fief [Seine-et-Oise, lieu-dit de Poissy], II, 141.
PONDICHÉRY [Inde]. Voy. Dumas.
PONILANE, I, 151. Voy. Point-l'Asne.
PONS (l'abbé de), né à Marly, III, 126.
Pons Ebali : Pont-Iblon, II, 625.
Pons Olinus : Pont-Olin, II, 387.
Pons quadratus : Pont-Carré, IV, 504.
PONT (du), curé de St-Nicolas-des-Champs à Paris, I, 208.
PONT (Almaric du), écuyer. Ses biens à Châtenay (XIIIe s.), III, 542.
PONT (Nicolas du), prieur de St-Lazare de Paris (1514), I, 300.
PONTARCY, Pontarci [Aisne, arr. de Soissons, cant. de Vailly]. Seigneurie (1373), V, 267.
PONTAULT, abbaye et paroisse [Landes, arr. de St-Sever, cant. d'Hagetmau, commune de Mant]. Etymologie, IV, 495.
PONTAULT, fief [Seine, lieu-dit de Créteil], V, 22.
PONTAULT, *Pontolium*, Ponteauz, Pontelz, Ponteuz, Ponteaux, paroisse du doyenné de Lagny [Seine-et-Marne, arr. de Melun, cant. de Tournan]. *Notice*, IV, 495-498. — Autres mentions, IV, 485 (note), 611.
— Lieux-dits : Bercosse (la), Haut-Pas (le), Pontillaut.
PONT-AUX-DAMES (le) [Seine-et-Marne, arr. de Meaux, cant. de Crécy, ham. de Couilly]. Abbaye ; abbesse. Voy. Serris (Isabelle de).
PONT-AUX-FOSSEZ (le) : le Pont-Olin, II, 459 ; IV, 471.
PONTCARRÉ, *Pons* ou *Potus quadratus*, paroisse du doyenné de Lagny [Seine-et-Marne, arr. de Melun, cant. de Tournan]. *Notice*, IV, 504-507. — Cure, IV, 642.
PONTCARRÉ (de), premier président du Parlement de Rouen. Seigneur de Montsoult, II, 146. — Ses prétentions sur la seigneurie de Villaines, II, 199. Voy. Camus.
PONTCHARTRAIN [Jérome de], secrétaire d'Etat. Biens qu'il échange avec l'abbaye des Vaux-de-Cernay (1698), III, 424. Voy. Phelypeaux.
PONT-CHEVRON (Geoffroy de), doyen du chapitre de la cathédrale de Paris, puis archevêque de Bourges, II, 173 ; III, 568. — Biens qu'il donne au chapitre de Notre-Dame, II, 650 ; IV, 437 ; V, 15. Voy. Geoffroy.
PONT-DE-L'ARCHE [Eure, arr. de Louviers, ch.-l. de canton]. Acte royal qui en est daté (1219), II, 263. — Pont. Voy. Villetain (Louis de).
PONT-DE-PIERRE, Poinpierre, Pontpierre [Seine-et-Oise, ham. de Chevreuse], moulin et écart, III, 373, 374.
— (Gilles de), doyen de St-Cloud, chapelain de St-Louis à St-Barthélemy de Paris (XVe s.), III, 27.
PONTEAUZ, Pontelz : Pontault, IV, 495.
PONTEILLAUS (Guillaume du). Voy. Pontillaut.
Pontellulum. Voy. Pontillaut.
PONTEULZ, Ponteuz : Pontault, IV, 496, 497, 609.
PONTESTURES (château de) au marquisat de Montferrat, IV, 594.
PONT-GALLAND, fief à Dugny, II, 625-6.
PONT-GILBERT-lez-Lagny, IV, 581
— (la FOSSETTE de), IV, 564.
PONTHAS ou PONTHUS (Fiacre de St-Berthevin, seigneur de), IV, 349 (note), 365.
PONTHIEU. Comtes : leur hôtel à Paris, I, 361 (note 9). — Sénéchal. Voy. Auxi (Philippe d').
— (Guillaume, comte de), IV, 102.
PONTHUS (Rolland de), II, 231.
PONTHUS. Voy. Ponthas.
PONTIBLON ou HAZERAY, *Pons Ebali*,

— 427 —

Pontisblon [Pont-Iblon, ham. de Dugny], II, 625.
PONTIGNY [Yonne, arr. d'Auxerre, cant. de Ligny-le-Châtel]. Abbés; leur hôtel à Paris, I, 117; — biens à Corbeil, IV, 311. Voy. Cordier.
PONTILLAUT, *Pontellulum*, Pontilleau [Seine-et-Marne, ham. de Pontault]. *Notice*, IV, 498.
— (Guillaume de), de Ponteillaus, vassal de l'abbaye de St-Maur (1278), II, 445.
PONTINEAU, Potineau, Potinel, Pontigneau, lieu-dit de Liverdy, V, 300, 301-2.
PONTIS (Bernard de St-Jean, baron de), lieutenant-général des armées de Philippe V, roi d'Espagne. Son épitaphe (1707), IV, 268.
— (Louis de). Part qu'il prend au siège du château de Savigny-sur-Orge (vers 1605), IV, 394.
PONT-LEVIS en fer. Le premier construit, III, 455-6.
PONTLEVOY (Renée de), femme de Jacques Chevalier (XVIIᵉ s.), II, 402.
PONT-MARÉCHAL, localité limitrophe de Clamart, III, 244.
PONTOISE [Seine-et-Oise]. Abbaye de Notre-Dame : acte royal qui en est daté (1338), I, 304. Voy. Maubuisson (abbaye de).
— Abbaye de St-Martin : biens et cure à sa nomination, I, 646, 647, 648, 651; II, 48, 58-9, 62, 63, 67, 69, 76, 117, 131, 150; IV, 249; reliques, I, 644.
— Actes royaux datés de ce lieu, III, 32, 482.
— Archidiacre. Voy. Geoffroy.
— Carmélites, II, 138, 220. Voy. Avrillot (Barbe).
— Commissaire de police. Voy. Mention.
— Commune : son établissement, II, 114.
— Église Notre-Dame : pèlerinage, I, 476; II, 78.
— Hôtel-Dieu et léproserie. *Notice*, II, 116-117; — 119.
— Moulin de Chantereine, II, 138.
— Paroisse St-Maclou, II, 108.
— Prieuré de St-Pierre, II, 116.
— Rue de la Juirie, I, 49 (note).
— Autres mentions, I, 49, 548; II, 123, 495; IV, 219, 420.
— (Gilles de), abbé de St-Denis (XIVᵉ s.), I, 499; IV, 137. — Ses œuvres, I, 510.
— (Guillaume de), abbé de Cluny. Sa retraite au prieuré d'Aulnay (1250), II, 602.
— (Hugues de), bienfaiteur de Notre-Dame de Paris, III, 224.

POOCOURT [Paucourt. Loiret, arr. et cant. de Montargis]. Acte royal daté de ce lieu (1305), III, 189.
PONT-OLIN (le) ou le PORT-OLIN, *Pons Olini*, lieu-dit de la Varenne. Origine de son nom, II, 387, 457. — Appelé depuis le Pont des Fossés et le Pont de St-Maur, II, 459-60; IV, 471, 473.
Pontolium : Pontault, IV, 495.
PONT-SAINTE-MAXENCE [Oise, arr. de Senlis, ch.-l. de cant.]. Acte royal qui en est daté (1346), I, 182. — Châtelain, V, 120.
PONTS-ET-CHAUSSÉES (général des). Voy. Viole (Nicolas).
PONVILLE (Jeanne de), femme de Pierre de Villiers, V, 329.
Poocourt. Voy. Paucourt.
Pooilliaco (Aubert de). Voy. Pouilly-le-Jard (Aubert de).
POOZ (Geoffroy), feudataire de Montlhéry. Droit qu'il cède à St-Germain-des-Prés (1200), IV, 192.
POPELINIÈRE (la), historien. Critiqué, III, 214.
POPELINIÈRE (LE RICHE de la), termier général. Seigneur de Passy, I, 404.
POPERINGUE [Belgique], I, 548.
POPIN (Jean), prévôt de la marchandise de l'Eau de Paris (1294), I, 39.
POPIN, habitant de Paris (1185). Fief qu'il possède, I, 39.
POPINCOURT (Blanche de) [fille de Jean, femme de Simon Morhier], dame du Mesnil-Aubry. Sa sépulture (1422), II, 244, 245.
— (Claude de), fille de Jean; femme de Jean du Plessis. Sa sépulture (1510), II, 171.
— (Jean de), avocat puis président au Parlement. Seigneur de Sarcelles (1456); commis à la garde d'une des portes de St-Denis (1465), II, 171. — Seigneur d'Armainvilliers (1470), V, 329.
Popinus. Voy. Popin.
POPLA (Arnaud de), seigneur de Sceaux (1560), III, 549.
PORC VERRE (redevance d'un), II, 433.
PORCELAINES (manufacture de), à St-Cloud, III, 37-8; — à Vincennes; transférée à Sèvres, II, 412.
PORCHEFONTAINE, château à Montreuil-les-Versailles [aujourd'hui éc. de Versailles]. Charte relat. à ce lieu (1395), II, 273. — Etymologie et histoire, III, 213-214. — Terres en dépendant, III, 271.
PORCHER (Etienne), pourvoyeur des vins de Jean le Bon. Seigneur d'une terre près de Versailles qui en a retenu le nom, III, 213.

— (Jean), conseiller au Parlement (XVe s.), II, 526.
— (Jeanne), fille du précéd. Femme de Guillaume le Duc, *ibid.*
— (Thomas), habit. de Villevaudé. Miracle dont il est l'objet (XIIIe s.), II, 525.
PORCHERIE (la), lieu-dit de Versailles [aujourd'hui éc. de Rocquencourt], III, 209.
PORCHERONS (les), lieu-dit. Chapelle Notre-Dame sur la paroisse de Montmartre, I, 455.
Porcia, mot de signification inconnue, II, 254 et note.
PORPHIRE (l'évêque de). Reliques qu'il envoie à Paris, I, 126.
Porra. Voy. *Borra.*
Porregium, Porreium. Voy. Porrois.
PORROIS, *Porregium*, Borrois, *Portus-Regius*, Porroy, ancien lieu-dit de Magny-les-Hameaux, où fut fondée l'abbaye de Port-Royal, III, 294, 295, 296.
PORT (Étienne du), seigneur de Collégien (XIVe s.), IV, 587.
— (Guy du). Ses biens à Jossigny (1227), IV, 526, 541.
— (Lucie du). Son droit de brenage à Jossigny (XIIe s.), IV, 525, 541.
Porta (Jocelinus de), chevalier, IV, 103.
PORTAGE (droit de) des évêques de Paris lors de leur intronisation, II, 93, 528; III, 367, 368; IV, 99, 299, 345, 575; V, 322.
PORTAIL (Adrien), conseiller au Parlement. Possède la terre de Fresneau (1632), III, 443.
— (Anne), femme de Thomas le Pileur, II, 23.
— [Antoine], premier président du Parlement. Seigneur de Chatou (1723), II, 25; — de Roissy-en-France, 284.
— (François), maître des Requêtes. Possède la terre de Fresneau (1651), III, 443.
— [Louise-Madeleine], fille d'Antoine et femme de Victor Riquet de Caraman, II, 284.
PORTAIL [?], fief dépendant de Grisy (1597), V, 161.
PORTAL (Claude). Son fief de la Burelle (XVIIe s.), V, 145.
PORT-A-L'ANGLAIS (le), lieu-dit dépendant d'Ivry [aujourd'hui de Vitry-sur-Seine], IV, 463.
PORTAS (Anne), femme de Pierre de Marillac (1655), V, 255.
PORT-AUPEC : Aupec [le Pecq], III, 126, 128.
PORT-BRUN (le) [Le Port-Courcel? Seine-et-Oise, ham. de Vigneux], lieu-dit dépendant de la seigneurie de Noisy-sur-Seine, V, 55.
PORTE (Charles de la), duc de la Meilleraye, dit aussi duc de Mazarin [par erreur, ce titre n'ayant été créé que pour son fils]. Seigneur de Chilly par sa femme, IV, 66.— Voy. Mazarin.
— (Guillaume de la), bienfaiteur de l'abbaye d'Hérivaux (1238), II, 336.
— (Matthieu de la), II, 228.
— (Pierre de la), chanoine de Ste-Geneviève. Curé de Choisy et de Trianon (XVIe s.), III, 205.
— (Pierre de la), conseiller du Roi. Autel par lui fondé (1541), I, 91.
— (Pierre de la), maître d'hôtel du Roi. Son fief de la Jonchère (XVIIe s.), V, 360-1.
— (Regnaud de la), prévôt de Corbeil. Sa mort (1418), IV, 306.
— (Robert, dit *Paganus* de la), bienfaiteur du prieuré de Longpont (XIIe s.), III, 504.
— (Simon de la), chevalier, et Jeanne, sa femme. Bienfaiteurs de la cure de Varennes (1282), V, 172.
PORTE (Charles du Vivier, sieur de la), II, 239.
PORTE-CAILLOTIN (la), à Creteil, V, 11.
PORTE DE FERAUCOURT (de la), seigneur de Lissy (1700), V, 140.
PORTE-GALANT (la), lieu-dit de Bourg-la-Reine [?], III, 557, 562.
PORTE-JAUNE (la), fief à Grigny (1597), IV, 406.
PORTE-MAILLOT (la), lieu-dit de Villiers-la-Garenne, I, 437.
PORTES (les) [Seine-et-Oise, arr. et cant. de Corbeil, éc. d'Auverneaux]. Paroisse du dioc. de Sens, dépendant du duché de Villeroy, IV, 248.
PORTES (fief des), sur la paroisse de Limeil (1597), V, 35.
PORTES (moulins des), V, 7.
PORTES (saussaye des), sise à St-Maur (1563), II, 461.
PORTES (Étienne des), conseiller au Parlement. Possède le fief de Villebon (1430), III, 233, 239.
— (Louis des), secrétaire du Roi, bailli de Moussy-le-Neuf. Son épitaphe (1580 corr. 1530), II, 352.
— (Philippe des). Voy. Desportes.
PORT-HÉMERY, ancien lieu-dit dépendant de la seigneurie d'Issy, III, 7.
PORTIONCULE (fête de la), II, 573; III, 375.
PORTIS (Jean de), secrétaire du Roi, vicomte d'Ambrières. Sa sépulture (1481), I, 102.
PORT-ROYAL (abbaye de) dite PORT-ROYAL-DES-CHAMPS [Seine-et-Oise,

comm. de Magny-les-Hameaux]. *Notice*, III, 295-297. — Biens et seigneuries, III, 16, 162, 223, 231-2, 240, 260, 268, 283, 294, 296, 307, 311, 312, 313, 314, 341, 362, 373-4, 387, 414, 415 ; IV, 237. — Ses écoles dispersées au XVIIe s., III, 166. — Sépultures, III, 293, 326, 340, 385 ; IV, 258. — Autres mentions, II, 119 ; III, 321, 294 ; IV, 42. Voy. Paris (abbayes) et Porrois.

PORTUGAL (ambassadeur en). Voy. Nicot (Jean) — (rois de). Voy. Antoine, Sébastien.

Portus Longini. Voy. Poulangis.

Portus Regius. Voy. Porrois.

POSSESSE [Marne, arr. de Vitry-le-François, cant. de Heiltz-le-Maurupt]. Seigneur. Voy. Garlande.

POSTEL (fief de) à Morsang-sur-Seine (1597), V, 101.

POSTEL (famille de). Ses armoiries ; ses terres dans la châtellenie de Corbeil, V, 124, 125.

— (Anne de), femme de Jacques de Saint-Quentin (1600), V, 49.

— (Antoinette), femme de Jean de Soisy, I, 633 ; III, 196.

— (Charles), écuyer (1548), V, 126.

— (Félice de), fille de Jacques, femme de François de Brenne, V, 126.

— (Georges de), écuyer. Seigneur de Villepesche (1597), V, 121 ; — d'Ormoy-en-Brie, 126.

— ou POUTEL (Guillaume), fils de Simon. Seigneur d'Ormoy-en-Brie. Sa sépulture (13..), V, 124, 126.

POSTEL (Guillaume) [visionnaire et érudit]. Sa sépulture (1581), I, 194.

— (Jacques de), seigneur d'Ormoy-en-Brie (XVIIe s.), V, 126.

— (Jean), seigneur d'Ormoy-en-Brie ; mort en 1399, V, 126.

— ou POTEL (Jean), seigneur d'Ormoy-en-Brie et de Montsoult, II, 146 ; V, 124, 126. — Sa sépulture (1469), 124.

— (Jean de), seigneur d'Ormoy. Sa sépulture (1561), V, 125, 126.

— (Jean de), écuyer. Seigneur d'Ormoy (1597), V, 126.

— (Léon), écuyer (1548), V, 126.

— (Perrin), seigneur d'Ormoy (1373), V, 126.

— ou POUTEL (Simon), seigneur d'Ormoy (XIVe s.), V, 124, 125.

POT (Anne), femme de Guillaume de Montmorency. Sa sépulture (1510) et ses seigneuries, I, 617-8.

— (Guyot), sieur de Chemault. Seigneur de Mardilly (1571), V, 133.

— (Henri), écuyer tranchant et porte-cornette ; tué à la bataille d'Ivry. Sa sépulture, III, 490.

POTARD (Marguerite), femme de François du Fresnoy. Vend la terre de Plaisance-sur-Marne (1575), II, 471.

POT-DE-FER (le), lieu-dit d'Evry-sur-Seine, IV, 330.

POTEL. Voy. Postel.

POTERIE (Charles Le Roy, seigneur de la), IV, 607.

POTERNE (fief de la) à Livry (XVIe s.), II, 589.

Potestas. Sens de ce mot, I, 169, 471 ; III, 458 ; — *Isiaca*, III, 7.

POTET (Nicolas), curé de Chevry, administrateur de l'Hôtel-Dieu de Brie-Comte-Robert. Son épitaphe (1515), V, 286.

POTHERON (Jannequin). Chapelle par lui fondée (1303), I, 523.

— (Martine), femme de Toussaint Fauvette. Son épitaphe (1645), II, 11.

POTIER (André), frère d'Antoine ; duc de Tresmes, pair de France. Seigneur de Sceaux, III, 549.

— (Anne-Madeleine), marquise de Blérencourt. Dame de Thorigny (1706), II, 515 ; — de Montjay, 533.

— (Antoine), secrétaire d'Etat. Seigneur de Sceaux, III, 549.

— (Bernard), marquis de Blerencourt. Rend hommage pour Montjay, II, 533. — Moulin à Meudon qu'il donne aux Chartreux, III, 238. — — Seigneur du Plessis-Piquet (1638), III, 254.

— (Catherine) [fille d'André], femme de Jacques Jubert. Dame d'Aubervilliers près Meudon, III, 239.

— (Claude), bénédictin, I, 447.

— (Etienne), seigneur d'Ermenonville. Ses biens à Marly-la-Ville (1237), II, 326.

— (François), duc de Gèvres. Seigneur de Fontenay, II, 241.

— [François-Joachim-Bernard], duc de Gèvres. Seigneur de Boisfranc, I, 575.

— (Henri) [*corr*. André Ier], seigneur de Novion. Son fief d'Aubervilliers près Meudon, III, 239.

— (Henry) [*alias* René], évêque de Beauvais. Son sacre (1597), I, 238.

— (Jacques), conseiller au Parlement. Seigneur de Blanc-Mesnil ; mort en 1555, II, 629.

— (Joachim-Bernard), duc de Tresmes. Seigneur de Fontenay-les-Louvres (XVIIIe s.), II, 241.

— (Léon), duc de Gèvres. Seigneur de Jaigny par son mariage, II, 231 ; — de Mareil-en-France, 234 ; —

de Villiers-le-Sec, 237; — de Montjay, 533.
— (Louis), seigneur de Gèvres et de Tresmes. Acquiert la terre du Plessis-Piquet (1609), III, 254; — de Fontenay-aux-Roses, 563. — Seigneur de Combault, IV, 493. — Le même [?] dit marquis de Gèvres; seigneur de Montjay, II, 533.
— (Madeleine), dame de Tresmes, fille de Nicolas, femme de Théodore Choart. Hommage rendu par elle pour Montjay (1670), II, 533. — Sa sépulture, III, 99.
— (Marie) [alias Madeleine], femme de Bernard Prévôt (1574), II, 567.
— (Marie), dame de Courbevoie (1574), III, 70.
— (Marie-Jeanne), damoiselle de Trèmes, dame de Blerencourt, de Montjay, de Thorigny, II, 515, 533.
— (Marie-Jeanne-Félicie-Rosalie) de GÈVRES, baronne de Montjay; morte en 1740, II, 533.
— (Nicolas), général des Monnaies, prévôt des marchands. Seigneur de Blanc-Mesnil et du Petit-Groslay (1475), II, 567, 629; — de Courbevoie, III, 70.
— (Nicolas) [fils du précéd.], président au Parlement. Seigneur du Bourget et de Blanc-Mesnil (1578), II, 624, 629; III, 99.
— (Nicolas), fils du précéd. Seigneur de Blanc-Mesnil, II, 629.
— (René), président au Parlement. Seigneur de Blanc-Mesnil et du Petit-Groslay (1660), II, 567, 629; — du Bourget, 624; — sa mort en 1680, 624. — Ouvrage qui lui est dédié, 628.
— (René), duc de Trêmes. Seigneur de Montjay; mort en 1670, II, 533.
— (Robert), bienfaiteur de St-Marcel de St-Denis, I, 520.
— (Simon), seigneur de Blanc-Mesnil (XVᵉ s.), II, 629.
POTIER DE NOVION (André Iᵉʳ), président au Parlement de Paris. Seigneur de Villebon, III, 513-4; — de Villejuif (1638), IV, 32. Voy. Potier (Henri).
— (Nicolas), fils du précéd.; premier président au Parlement. Sa maison à Issy (1684), III, 9. — Sa sépulture, 13. — Seigneur de Villebon, III, 514.
— [Nicolas, fils d'André III]. Voy. Novion (marquis de).
POUPIN ou POUPON (Antoine), ermite du Val-Adam, II, 542; — de N.-D. de l'Ermitage (XVIᵉ s.), V, 61.
POTIN (Jean), examinateur au Châtelet. Fait démolir le pont de St-Maur (1465), II, 459.

POTINEAU. Voy. Pontineau.
Potus Quadratus : Pontcarré, IV, 504.
POUDRE. Voy. Moulins.
POUILLY (Mᵐᵉ de), propriétaire des sources minérales de Passy, I, 406.
POUILLY-LE-FORT [Seine-et-Marne, arr. de Melun, commune de Vert-Saint-Denis] (1694), IV, 312.
POUILLY-LE-JARD, V, 148. Voy. Pouilly-le-Fort.
— (Aubert de) *de Pooilliaco*. Ses biens à Chateleines (XIIIᵉ s.), V, 144, 148.
POULANGE. Voy. Poulangis.
POULANGIS, *Portus Longini*, Poleng, Poulange, lieu-dit dépendant de Fontenay-sous-Bois [Seine, écart de Champigny-sur-Marne], II, 387-8.
POULES (redevances de), I, 562; III, 447, 542; IV, 57; V, 264.
POULLALLIÈRE (la), fief dépendant de Villiers-le-Bâcle, III, 313, 315.
POULLETIER, receveur général des finances de Normandie. Seigneur de la Salle (1697), IV, 238.
POULLETIER, intendant de Lyon, descendant du précéd. Sa maison à Fontenay-le-Vicomte (XVIIIᵉ s.), IV, 238.
POULLETIER (Gervais le), appelé aussi Aristote de la Rue. Curé de Chennevières-sur-Marne entaché de simonie et d'hérésie (1568), IV, 476.
POULLIN, d'Orléans. Sa thèse de médecine sur les eaux de Versailles, III, 202-3.
POUPARDIN. Sa maison à Conflans, II, 370.
POUPART, seigneur de Juvisy (XVIIIᵉ s.), IV, 413.
POURCHOT, syndic de l'Université de Paris, I, 555.
POURGES ou POURGUES, chapelle ruinée près de Montlhéry, IV, 115.
POURVOYEUR de la Reine. Sa maison à Sèvres (XVIIIᵉ s.), III, 18.
POUSSÉ (ROGUIER de), curé de St-Sulpice de Paris, I, 280.
POUSSEPAIN (Marie ou Marguerite), femme de Claude Viole, II, 16; IV, 584.
— (Pierre), secrétaire du Roi. Son château de Launay, à Orsay (1583), III, 399.
POUTEL. Voy. Postel.
POUVILLE (Thibaud de), écuyer, seigneur de Saint-Vrain (1314), IV, 204.
POYANE (le marquis de), seigneur de Leuville (XVIIIᵉ s.), IV, 131.
POYET (Jean) ou POCET, prieur de Deuil, I, 604.
PRADEL (François de), lieutenant-général des armées, gouverneur de Saint-Quentin. Procès qu'il perd

— 431 —

comme tuteur des enfants d'Etienne de Masparault (1683), IV, 479.
PRADELS, lieu-dit du Vieux-Corbeil (1029), V, 82.
Praelæ : Presles, V, 306.
Praella, lieu-dit de Torcy (XIII° s.), IV, 596.
Praeriæ : Presles, V, 306.
Praeriis (Nicolaus de). Mentionné en 1161, V, 132.
PRAT, receveur général des finances. Sa maison à Valenton, V, 31.
PRAT (Claude de), seigneur haut-justicier de Chaillot, I, 412.
Pratelli : Préaux ou Prelles, lieu-dit de Torcy (XIII° s.), IV, 596.
Pratellis (vignes de), dépendant d'Asnières (XIII° s.), III, 58.
Pratellum Hilduini, IV, 67. Voy. *Pratellum Holdeum*.
Pratellum Holdeum alias Hilduini, lieu mentionné au XII° s. Conjectures sur sa situation, III, 554 ; IV, 67.
Prateolus. Voy. Préau (Gabriel de).
Pratum Longvest, lieu-dit de Torcy (XIII° s.), IV, 596.
PRÉ (moulin du), à Essonnes (XV° s.), IV, 268.
PRÉAU, terre confisquée sur le duc de Montmorency (1633), II, 184.
PRÉAU (Gabriel de), dit *Prateolus*, curé de St-Sauveur de Péronne. Son lieu de naissance, III, 497.
PRÉAU (Jean du), prieur de Bruyères-le-Châtel (1430 et 1433), III, 472.
PRÉ-AU-MAISTRE (le), lieu-dit dépendant de Fleury-Mérogis (1399), IV, 364.
PREAUD (Agnès), femme de Toussaint Bellanger, I, 582.
PRÉAUS (les), lieu-dit de Créteil (XIII° s.), V, 16.
PRÉAUX (Anne de). Rend hommage pour Luzarches (1641), II, 213.
PREAUX (Guillaume des), seigneur de Boissy, Breuillet, Egly et Marcoussis (1303), III, 483.
PREAUX (Pierre de Bourbon, sieur de), III, 491.
PRÉCOURT (M#me# de), dame de Garges (1742), II, 256.
PRÉCY (Jean de), abbé de St-Germain-des-Prés, I, 272, 483, 484 ; III, 5.
PREDECELLE, Prédeselles [Seine-et-Oise, lieu-dit de Choisel], lieu-dit et étangs, III, 373, 417.
PRÉ-DU-BUC (le), fief à Jouy-le-Moutier, II, 106, 109.
PRÉGENT. Voy. Coétivy.
PRÉGILBERT (Renaud de), président aux Enquêtes, chanoine d'Auxerre. Sa sépulture, I, 238.
PRÉ-JURÉ (le), lieu-dit d'Ivry (XIII° s.), IV, 460.

PRÉLABBÉ (le s#r#). Possède Ezanville (1649), II, 188.
PRELAT (Barbe), fondatrice des Augustins de Chaillot (1638), I, 416.
PRÊLE, ruisseau, I, 598.
PRÉ-LÈZ-DOUAI (abbaye du) [transférée plus tard à Douai], I, 460.
PREMIA, officier du duc de Chevreuse. Son château à Betancourt (XVIII° s.), III, 362.
PRÉMONTRÉ (ordre de). Voy. Hermières (abbaye d').
PRENELLE (Guillaume de), personnage du XIII° s., IV, 257.
PRENESTE [Italie]. Évêque. Voy. Simon.
PRENGUES (Bertrand de Beauvais, seigneur de), II, 479.
PRÉS-SAINT-GERVAIS (les), *Pratum*, ham. de la paroisse de Pantin [actuellement Seine, com. du cant. de Pantin]. *Notice*, II, 651-2.
PRESALLE (Richard), prieur de Gometz (1479), III, 406.
Presbyter (prêtre), synonime de curé, III, 5, 45, 117 ; IV, 54, 122, 202.
PRESENT (Jean), seigneur de Lisses et de Montblin (1483), IV, 317.
PRÉSIDENT (chapelle du) dans l'égl. de Nogent-sur-Marne, II, 466.
PRESLE en Bourgogne. Seigneur. Voy. Durey (Jacques-Bernard).
PRESLES [Aisne, arr. de Soissons, cant. de Braine]. Ecoles (1314), V, 108.
— (Raoul de), clerc de Louis X (1314), V, 108. — Sa femme, Jeanne de Chartel, II, 531.
— (Raoul de), conseiller de Charles V. Sa maison à Paris, I, 166-7. — Auteur rectifié, II, 87, 277, 295 ; IV, 26, 27.
PRESLES, *Praelæ*, *Praeriæ*, Presle, paroisse du doyenné du Vieux-Corbeil [Seine-et-Marne, cant. de Tournan]. *Notice*, V, 306-311. — Autre mention, V, 144.
— Lieux-dits : Auteuil, Borde (la), Chêne (le), Fort de Presles (le), Gagny, Joy, May, Montlhéry, Quin (le), Villepatour.
PRESLES [Seine-et-Oise, ham. de Villiers-le-Bacle], III, 311, 312, 313, 314, 315.
— (Jean II de). Actes relatifs à ses terres de Villiers-le-Bacle, III, 313.
— (Jean de), seigneur de Gomberville et de Villiers-le-Bacle (1403), III, 312.
PRESLES (Hugues de). Mentionné vers 1130, II, 574.
— (Payen de), II, 223 [le même ? que le précéd.].
PRESLES (chapelle de Notre-Dame de), à Charenton, II, 383, 466.

PRESSE [ou de la PLESSE ?] (hôtel au Bois de la), à Marly-la-Ville [XVᵉ s.], II, 329.
PRESSOIR (fief du), à Villetaneuse, I, 593.
PRESSOIR (Nicolas du), *de Pressorio*, chanoine et bienfaiteur de Notre-Dame (1301), III, 394.
PRESSOIR-PROMPT (le) [Seine-et-Oise, ham. d'Essonnes], IV, 268.
PRESSY (Jean de), chevalier. Biens à Charenton et à St-Cloud qu'il reçoit du roi d'Angleterre, II, 367 ; III, 34.
FRESTREAU (Jean), prieur de Gometz, mort en 1534, III, 406.
PRÉTEXTAT, évêque de Rouen. Eglise de Paris où se réunit le concile chargé de le juger, I, 230.
PRÊTRE. Voy. *Presbyter*.
PRÊTRE (Nicolas le), président en la Cour des Aides. Ses terres à la Celle-St-Cloud, III, 161.
PRÊTRE (Vimbert le), personnage du XIIᵉ s., III, 518.
PRÊTRE (le), trésorier-général des troupes de la maison du Roi. Acquiert la terre de Neubourg (1747), IV, 330.
FREUILLY (abbaye de) [Seine-et-Marne, arr. de Provins, cant. de Donnemarie, comm. d'Egligny]. Religieux. Voy. Menant (Pierre).
PRÉVOIRE, PROUVAIRE (prêtre). Origine du nom d'une rue à Paris, I, 70, 71 ; — (droit de) existant en Franche-Comté, 71.
PRÉVOST (Anne le), femme d'André Le Fevre d'Ormesson, IV, 482.
PRÉVOST ou PRÉVOT (Bernard), président au Parlement. Seigneur de Groslay (1547, 1580), I, 612 ; II, 567.
PRÉVOST (Charles le), secrétaire du Roi, intendant des finances, Seigneur de Granville et de Brou, I, 577 ; II, 522 ; — d'Herblay par sa femme, II, 85.
— (Charles le), seigneur d'Andilly en partie, I, 635.
— (Claude le), fils de Jean. Seigneur d'Andilly, II, 635. — Son fils et son petit-fils du même nom, *ibid*.
— (Daniel), seigneur de Saintry (1595), V, 96, 104.
— (Étienne). Donne son fief de Bellejame aux Célestins de Marcoussis, III, 493.
— (Guillaume le), seigneur d'Andilly en partie, I, 635.
— (Jacques le), fils de Charles, maître des Requêtes. Seigneur d'Herblay (XVIIᵉ s), II, 85.
— (Jacques le), chanoine de St-Wulfran d'Abbeville (1722), V, 371.

PRÉVOST ou LE PRÉVOST (Jean le), procureur en la Chambre des Comptes. Seigneur d'Andilly (1497), I, 635 ; — d'Eaubonne, 641.
PRÉVOST (Jean), contrôleur de la recette des finances. Seigneur de Coubron et de Livry en 1468, II, 539, 588.
— (Jean), secrétaire du Roi. Seigneur en partie de Marly-la-Ville (XVᵉ s.), II, 327.
— (Jean), élu de Paris, appelé Prévost-Champlatreux. Ses biens à Moiry, V, 91.
— (Jean), prêtre de Paris. Desservant d'une chapelle à Champlatreux (1595), II, 220.
PRÉVOST (Nicolas le), fils de Jean ; avocat au Parlement, conseiller au présidial d'Amiens. Seigneur d'Eaubonne, I, 641.
— (Nicolas le), II, 264.
— (Nicolas le), maître des Comptes, seigneur d'Amboile et d'Estrelle ; sa mort en 1630, IV, 482.
— (Nicolas le), fils du précédent ; lui succède dans ses seigneuries, *ibid*.
— (Pierre), élu de Paris. Seigneur en partie de Varatre (XVIᵉ s.), V, 122.
— (Renaud le), fils de Nicolas. Sa sépulture, II, 264.
— (Robert le), fils de Guillaume. Seigneur d'Andilly, I, 635.
PREVOST (le P.). Renseignements qu'il fournit à l'auteur, II, 325.
PRÉVOT (Jean), prêtre (1532), II, 312.
— (Jean le), président aux Enquêtes. Seigneur de Malassis et de Vanves (XVIᵉ s.), III, 584.
— (Jean le), seigneur de St-Germain et de Vanves (1611), III, 584.
— (Marin), curé de Colombes. Contribue à la fondation de l'hôpital de ce lieu, III, 67.
— (Pierre), doyen de la cathédrale de Noyon (1373), I, 130.
PRÉVOT (le), chanoine de Notre-Dame, conseiller au Parlement. Seigneur de Vanves (1661), III, 584.
PRÉVOUST (Jacques), curé de St-Sulpice de Favières et chanoine, 175 (note).
PREZ (Robert des), échevin de Paris. Seigneur de Clamart, III, 248.
PRIE (Aymar de). Voy. Brie.
PRIE (Charlotte de), femme de François Allemant. Dame de la Haute-Maison (1634), IV, 607.
PRIEUR. Titre donné au premier chanoine dans certaines collégiales, III, 192.
PRIEURÉ (GRAND) de France. Ses biens et seigneuries, I, 626, 645 ; II, 38, 44, 60, 66, 73, 172, 242;

320, 329, 333, 399, 571; III, 311; IV, 78; V, 31-2, 74, 236, 237. — Grand-prieur, Voy. Regnier-Guerchy (Georges de), Roche (Olivier de la). — Voy. Malte.

PRIEURÉ (rue du) à Arpajon, IV, 139.

PRIEZAC (Salomon de). Son *Mons Valerianus* cité, II, 272-3. Voy. Briezac.

FRIMASSE, poëte italien. Son séjour au prieuré d'Aulnay (1250), II, 602.

Primileio (Isabelle, fille de Marie de). Dîmes à Fouju vendues par elle et ses enfants au chapitre de Champeaux (1245), V, 430.

PRINCE NOIR (le). Acquiert le château de Villeroy (1364), IV, 244.

PRINCET (Jean), marchand à Brie-Comte-Robert. Fermier en ce lieu des droits seigneuriaux de l'abbaye de St-Denis (1651), V, 271.

PRISCUS, juif dont Grégoire de Tours tente la conversion, II, 464.

PRISE (droit de). Localités qui en sont exemptées, II, 20-1, 34, 35; III, 48, 137; IV, 35, 53, 461.

PROCURATION (droit de). Sa définition, II, 53. Lieux où il était prétendu ou perçu : par le roi, II, 53; — par l'évêque de Paris, I, 191; II, 4, 63, 77, 261, 492, 591, 608-9; III, 27, 76, 135, 170, 174, 182, 301, 330, 365, 378, 380, 406, 433, 440, 472, 482, 509, 580; IV, 251, 281, 283, 284, 287, 416, 524; V, 197, 259, 345-6, 416; — par un archidiacre, IV, 411-2.

FROINGU (le marquis de), seigneur de Varatre (XVIII s.), V, 122.

PROMETOT, fief situé à Viry, IV, 402.

FRONDFE (Paulin), grand-audiencier de France. Seigneur de Bussy et de Guermantes (XVIIIe s.), IV, 577, 583, 584.

— (Gabriel-Paulin), fils du précéd. Jouit des mêmes seigneuries, IV, 577, 584.

PROPHÈTES (représentation des), I, 7, 101, 221, 230.

PROTESTANTS. Leurs ravages à St-Denis, I, 525, 535. Voy. Calvinistes, Huguenots et Religion (guerres de). — Leurs temples et lieux de réunion, II, 376-7, 410, 643; IV, 233, 406-7, 426; V, 273-4.

PROU (Jean), pourvoyeur de la maison du Roi. Sa maison à la Courneuve, I, 579.

PROULT ou PROUST (Jean-Baptiste), lieutenant-particulier au Châtelet de Paris. Son fief à Argenteuil, II, 19. — Seigneur de Houilles (1698), II, 33.

— (Jean-Baptiste-Louis), fils du précéd., II, 34.

PROUST (Geneviève-Charlotte), dame de Houilles et du Martray (XVIIIe s.), II, 34.

PROUST (Pierre), prévôt de Châteaufort (1580), III, 304.

PROUVAIRE. Voy. Prévoire.

PROVEIRE, prêtre, I, 199. Voy. *Presbyter*.

PROVENCE, I, 5, 335, 533.

— (Charles Ier d'Anjou, comte de), II, 214.

— (parlement de). Premier président. Voy. Le Bret.

PROVINS [Seine-et-Marne], I, 250, 547.

— Châtellenie, II, 393.

— Commandeur. Voy. Mouton (Thomas).

— Eglises : Notre-Dame. Voy. Chennevières (Guillaume de) ; — Saint-Quiriace. Voy. Queue (Jean de la).

— Fortifications, IV, 559.

— Hôtel-Dieu ; ses biens, V, 23.

— Monnaie, II, 347.

— (Gautier de), bienfaiteur de l'abbaye de Livry (1207), II, 537.

— (Jean de), fermier du droit perçu pour la reconstruction du pont de St-Cloud (1307), III, 32.

— (Nicolas de), maire de Clichy. Sépulture d'Alips, sa femme (1367), I, 424.

PRUDENCE, *Prudentius*, év. de Paris. Sa sépulture, I, 121, 229.

PRUDENCE, év. de Troyes, I, 231.

PRUDHOMME (Bernard), chevalier. Hommage rendu par ses enfants pour Luzarches (1607), II, 212.

— (Bernard), chevalier. Seigneur en partie de Luzarches (1617), II, 212.

— (Claudine). Apporte à son mari, Charles du Bec, la moitié de Luzarches, II, 212-213.

— (François), seigneur de Luzarches en partie, II, 212.

— (Pierre), chirurgien de Paris. Son lieu de naissance, III, 375.

PRUNAY, *Pruneium* [Seine-et-Oise, ham. de Louveciennes], III, 115, 162.

PRUNAY, canton de Bezons (XIIIe s.), II, 21.

PRUNE-AU-POT (Anne Pot, dame de la), I, 618.

Pruneium : Prunay, III, 162.

PRUNELAY (Anne de), grand'mère de Louis de Harcourt (1533), III, 523.

— (Jacqueline de), femme de François de Carnazet. Sa sépulture (1562), IV, 199, 205.

FRUNELLE (Lucrèce de), femme de Robert Piédefer, III, 280.

Psallis (locus de) : Saulx, III, 507.

PSALMODIE continuelle fondée à St-Denis, I, 495, 504.

28.

— 434 —

PSAUCOURT : Bessancourt, II, 72.
PUCELLE (Girard). Mentionné au XIIe s., III, 581.
— (René), abbé de Corbigny, conseiller au Parlement. Sa sépulture, I, 138.
PUISARTS (fontaine des) à Goussainville, II, 295.
Puisell. (Radulfus de), chevalier de la châtellenie de Montlhéry, IV, 104.
PUISET (le) en Beauce [Eure-et-Loir, arr. de Chartres, cant. de Janville], IV, 276.
— (Hugues du), neveu d'Eudes, comte de Corbeil. Mis en liberté par Louis le Gros auquel il cède le comté, III, 519; IV, 276, 282; V, 107.
— (Galeran du), fils de Hugues. Bienfaiteur du prieuré de Longpont (XIIe s.), III, 519.
PUISEUX [Seine-et-Oise, arr. et cant. de Pontoise]. Seigneur. Voy. Lisle (Barthélemy de).
PUISEUX-LES-LOUVRES, *Puteoli*, Puseaux, Piseux, Pisieux, Puisieux, paroisse du doyenné de Montmorency [Seine-et-Oise, arr. de Pontoise, cant. d'Écouen]. *Notice*, II, 318-320. — Commanderie, II, 242.
— Autres mentions, II, 317, 331.
— (Arnoul de). Mentionné en 1241, II, 319.
— (Arnoul de), maître d'hôtel du Roi. Sa sépulture (1400), II, 217, 319.
— (Jean de), chevalier, I, 595. — Nommé à une chapellenie de Notre-Dame à Puiseux, II, 319. — Mentionné en 1228, II, 281, 319.
— (Jean de). Sa sépulture (1330), II, 217, 319.
— (Jean de), chevalier. Sa sépulture (1399), II, 217, 319.
— (Jean de), seigneur de ce lieu (XVe s.), II, 320.
— (Jeanne de), femme de Jean de Billy. Dame de Roissy-en-France (1405), II, 282.
— (Philippe de), fils de Jean. Seigneur d'Épinay (1262), I, 595, 596.
— (Pierre de), chevalier. Sa sépulture (1332), II, 217, 319.
— (Thibaud de), chevalier. Sa sépulture (1343), II, 217, 319.
PUISIEUX [?]. Seigneur. Voy. Brulart.
PUISIEUX. Voy. Puiseux.
PUIT-L'ÉVÊQUE (le), lieu-dit d'Herblay, II, 79.
PUITS (le bois du) à Yvette (1182), III, 347.
PUITS-CARRÉ ou PUYQUARRÉ [Seine-et-Marne, ham. de Favières], IV, 505; V, 345.
Pulchritudinis (domus) : le château de Beauté-sur-Marne, II, 390.

PULEGNY (Jean de), partisan de la domination anglaise. Reçoit des biens à Bussy-Saint-Martin, IV, 580.
PULVERELLUS (P.), chanoine de Paris (1209), III, 29.
Punctam (ad), lieu-dit à Rosny, II, 554; — à Rungis (XIIIe s.), IV, 49.
Pung... (Pierre de), chevalier. Ses biens dans la châtellenie de Corbeil (XIIIe s.), IV, 300.
Pungens Asinum. Voy. Point-l'Asne.
PUSEAUX : Puiseux, II, 318.
PUSSORT (Antoine-Martin), conseiller du Roi, baron des Ormes, Saint-Martin, vicomte d'Ormont. Seigneur de Cernay, Pontault, Magneux ; son épitaphe (1662), V, 13.
Putz, putta. Sens de ce mot, III, 52-3.
PUTEAUX, *Aqua puta* ou *putta*, *Puteoli*, paroisse du doyenné de Châteaufort [Seine, cant. de Courbevoie]. *Notice*, III, 52-55. — Autres mentions, III, 48, 50, 110.
— Lieu-dit : Croix (la).
— (Raoul de), *de Puteolis*, chevalier et sa femme Eustache. Biens qu'ils vendent à l'abbaye de St-Denis (1254), III, 53, 100-1.
PUTEAUX, écrit pour Puiseux, II, 318.
Puteo (nemus de). Voy. Puits (le bois du).
— *(Guido de)*. Mentionné au XIe s., IV, 333 (note).
PUTEOLES : Puiseux, II, 318.
Puteoli. Voy. Puiseux et Puteaux.
PUY (le) [Haute-Loire]. Évêques. Voy. Béringhen (François-Charles de), Jean.
PUY (Du). Voy. Du Puy.
PUY-DE-SERRE [Vendée, arr. de Fontenay-le-Comte, comm. de Faymoreau], I, 311.
PUYLAURENS (Antoine Laage, duc de). Mort en prison à Vincennes (1635), II, 410.
PUYMARTIN (CHAUSSEPIED de). Voy. Chaussepied.
PUYQUARRÉ. Voy. Puits-Carré.
PUYSÉGUR (marquis de), maréchal de France. Seigneur de Chessy (XVIIIe s.), IV, 538.
PUYSEUX. Voy. Puiseux.
PULLUS (Robert), chanoine de Chartres. Bienfaiteur de Notre-Dame de Paris, IV, 76.
PYRITES, trouvées à Passy, I, 406.
Pyrodio (Isabelle de) et ses fils Adam et Guillaume, bienfaiteurs de l'abbaye de Port-Royal, III, 387.
Pyrodium : Paray, IV, 57.
PYSART (Philippe), religieux de St-Germain d'Auxerre. Curé du Plessis-Piquet (1545), III, 252.

Quadraria : Carrières-Saint-Denis, II, 35.
Quaria, fief situé à Maisons-Alfort (XIIIe s.), V, 6.
Quartarum (censive dite *Census*) à Chevilly (XIIIe s.), IV, 35.
QUATORZIÈME (fief de la) à Villiers-le-Bel, II, 179.
QUATRE-LIVRES (Pierre de), procureur au Châtelet. Tenu de faire hommage, pour le roi, de la terre de Chaillot (1492), I, 410.
QUÉBEC [Canada] (l'évêque de). Possède la maison dite de Giraudon à Sarcelles (XVIIIe s.), II, 172.
QUELAIN (Nicolas), seigneur de Romainville. Sa sépulture (XVIIe s.), II, 647.
QUENDO (Jean), habitant de Rosny (1223), II, 556.
QUENNEDE. Voy. Kenedi.
QUENNES (Pierre de), chevalier. Biens à Sceaux qu'il cède au chapitre de Notre-Dame (XIIIe s.), III, 545.
QUENTIN (Etienne), chevau-léger. Possède la Grange-Bel-Air (1634), V, 354.
— (Jean), pénitencier de Notre-Dame. Sa sépulture, I, 415. — Jean Mauburn meurt chez lui, II, 596.
— (Jean), premier barbier et valet de chambre du Roi [Louis XIV]. Seigneur de Villiers-sur-Orge (1690), IV, 86.
Quercus, chêne. Noms de lieu qui en sont dérivés, III, 40 ; IV, 239.
Querellos (ad), lieu-dit de Chennevières-sur-Marne, IV, 477.
QUÉRINI (le cardinal), II, 471.
QUERISY (Jean de), curé du Plessis-Gassot (1386), II, 246.
QUERRE : Quiers, V, 435.
QUERU (Sébastien), contrôleur général des Monnaies, trésorier de la chancellerie du Palais. Bienfaiteur de la paroisse de Bry-sur-Marne ; sa sépulture (1719), IV, 632.
QUESLAIN (Jean de), desservant de Massy (1562), III, 526.
QUESNOY. Voy. Chenoy.
Questæ (redevances appelées), V, 380.
QUÊTES dans Paris pour les pauvres, I, 280 ; — pour les hôtels-Dieu et léproseries ; lieu et jour où elles étaient autorisées, I, 202-3 ; IV, 23.
QUETIER (Jacques), official de la Cathédrale de Paris. Chargé de la réforme de l'abbaye de Livry (1558), II, 597.
— (Marguerite), femme de Charles le Coq. Possède le fief de Mennechy (1597), V, 180.

QUEUE (Agnès de la), abbesse de Chelles (1363), IV, 490.
— (Eudes de la), seigneur de Montsoult (1233). Sa sépulture, II, 145 ; IV, 486-7.
— (Eudes de la), seigneur de Montsoult (1275). Sa sépulture, II, 145 ; — mentionné en 1279, II, 146 ; IV, 487 (note).
— (Harcher de la), chevalier. Vend ses biens de Vitry-sur-Seine, IV, 452 ; — la terre de la Queue-en-Brie, 486.
— (Henri de la), chevalier (fin du XIIe s.), IV, 486.
— (Hervé de la), dominicain, professeur en théologie. Ses œuvres (XIVe s.), IV, 490.
— (Jean de la), fils d'Henri, IV, 486.
— (Jean de la), *personne* de St-Bon de Paris (1276), IV, 501.
— (Jean de la), prieur de Ste-Croix de Briis (1315), III, 446 ; IV, 490.
— (Jean de la), doyen de St-Quiriace de Provins (1321), garde du Trésor des Chartes (1341), IV, 490.
— (Odinus de la), chevalier (fin du XIIe s.), IV, 486.
— *(Reinal* de la), *de Cauda* (1168), IV, 486.
— (Rainaud de la), officier de Philippe le Bel (1285), IV, 487.
— (Raoul de la), *armiger*. Vend un bois à l'abbaye du Val, IV, 490.
— *(Savericus* de la). Mentionné en 1200, IV, 486.
— (Simon de la). Rente que lui accorde Philippe le Bel (1306), IV, 487-8.
— (Simon de la). Ses biens à Bethemont (1367), II, 141. — Mentionné en 1352, IV, 488.
— (Simon de la). Voy. Maintenon (Simon de).
— (Thomassin de la), connétable de Philippe le Bel, IV, 487.
QUEUE-EN-BRIE (la), *Cauda*, paroisse du doyenné de Lagny [Seine-et-Oise, arr. de Corbeil, cant. de Boissy-St-Léger]. *Notice*, IV, 483-491. — Seigneurie, biens en dépendant, II, 375, 376 ; IV, 518 ; V, 28.
— Lieux-dits : Bordes (les), Champlain, Hermitage (l'), Marmousets (les), Vilon.
QUEUE-GALLUIS (la) ou GALLOUIS [Seine-et-Oise, arr. de Rambouillet, ham. de Galluis], IV, 483, 484.
QUEUX (office de) quelquefois héréditaire dans les abbayes, II, 4.
QUEUX (Adam le), sergent de S.

Louis. Fondateur d'une chapellenie à la chapelle St-Michel, I, 180.
— (Josbert le). Son fief à Savigny-sur-Orge (XIIᵉ s.), IV, 390, 398.
— (Pierre le), *Coquus*, queux du Roi ? Terrain que ses enfants vendent à S. Louis, IV, 7, 11.
QUIERCY. Voy. Quierzy.
QUIERS, *Carris, Guerriis, Kerris (ecclesia de)*, Querre, paroisse du doyenné de Champeaux [Seine-et-Marne, cant. de Mormant]. *Notice*, V, 433-436. — Chapelle St-Léonard, V, 412, 435. — Autres mentions, V, 409, 420, 425.
— Lieux-dits : Loges (les), Noue-Saint-Martin (la), Thuisseau (le).
QUIERZY, *Carisiacum* [Aisne, arr. de Laon, cant. de Coucy]. Acte royal daté de ce lieu (848), II, 467.
QUILLES (droit de), IV, 145. — (jeu de), loué par les religieux de Longpont, IV, 91.
QUILLET (Brice), curé de la Brosse (1669), IV, 642.
QUIMQUEMPOIT (Jacqueline de), femme de Guillaume de Pierrefitte. Dame de Pierrefitte (1270), II, 346.
QUIN (le), *Cuneus*, lieu-dit de Presles, V, 311.
QUINAULT (Henri). Hommage qu'il rend pour le fief des Garnisons (1477), V, 115.
— [Philippe], poëte dramatique. Sa sépulture (1688), I, 225.
QUINCAMPOIX, Quinquempoix, Quiquempoit, Quiquempost. Origine de ces noms de lieu, I, 169, 458.
QUINCAMPOIX ou QUINQUEMPOIX [Seine-et-Oise, ham. de Fontenay-les-Briis]. Fief dépendant de la seigneurie de Soucy, I, 169 ; III, 412, 457, 458.
QUINCAMPOIX [Seine-et-Oise, ham. des Molières], III, 412, 458. — Seigneur. Voy. Le Jay (Nicolas).
QUINCAMPOIX ou QUINQUEMPOIX. Autres localités de ce nom, I, 169.

QUINCTE [Quincy ?] fief dépendant du marquisat de Villeroy, IV, 247.
QUINCY [Seine-et-Marne, arrond. de Meaux, cant. de Crécy], IV, 503 ; V, 200. — Seigneur. Voy. Cornillon (Pierre de).
QUINCY [Seine-et-Marne, arr. et cant. de Provins, comm. de St-Hilliers]. Seigneurie appartenant aux Bonshommes du bois de Vincennes, II, 392-3.
QUINCY (Jeanne de), femme de Henri Briart. Son épitaphe (1343), V, 430.
QUINCY-SOUS-SÉNART, *Quintiacum*, dépendance d'Épinay-sous-Sénart [Seine-et-Oise, cant. de Boissy-St-Léger], V, 196, 199. — *Notice*, 200-1.
QUINETTE, fief voisin de Brie-Comte-Robert (1521), V, 258.
Quinque solidorum (foresta), V, 353.
QUINQUEMPOIX. Voy. Quincampoix.
QUINTAINE (Nicolas), curé d'Ermont, I, 644.
QUINTE (la), lieu-dit de Créteil (1540), V, 22.
QUINTE (Notre-Dame de la). Signification de ce surnom donné à la Vierge dans l'église du Plessis-Piquet, III, 252.
Quintiacum : Quincy, V, 199, 200.
QUINTILIEN, abbé. Sa sépulture, I, 321.
Quintus, nom d'homme. Origine de nom de lieu, V, 200.
QUIPELLE [Guépelles], ferme à Montmélian (1695), II, 341.
QUIQUEMPOIST, Quiquempost, Voy. Quincampoix.
QUISBERVILLE (Pierre du Thillay, seigneur de), II, 263.
QUITTEBŒUF (Gobert d'Argies, seigneur de), IV, 500.
Quocigny : Cossigny, V, 289.
QUESNAY DE BRETEVILLE (Jehan de Mausigny, seigneur du), II, 122.
Quosterech, mesure, IV, 412.
Qurquetana : Courquetaine, V, 294.

Ɍ (retranchement de la lettre) dans certains noms propres, II, 140.
R..., doyen de Longjumeau (1226), IV, 74.
R..., *persona* de Romainville (1219), II, 644.
RABELAIS (François). Sa sépulture, I, 325. — Personnage qu'il raille sous le nom de Rominagrobis, II, 414.
— Chanoine de St-Maur puis curé de Meudon, II, 433, 447 ; III, 229-230.
RABODANGES (Claude de). Ses biens à Combs-la-Ville (XVIᵉ s.), V, 181.
— (François de), prieur d'Argenteuil (1563), II, 15.

— 437 —

Rabou (Elisabeth), femme de François d'Escoubleau, III. 268.
Racine du Jonquoy. Voy. Jonquoy (de).
Racoczy (François), prince de Transylvanie. Son épitaphe (1735), V, 233.
Racoulas ou *Racolas* (redevance consistant en). Sens de ce mot, II, 495.
Radegonde. Voy. Ste Radegonde.
Rademont, fief situé à Servon. *Notice*, V, 255.
— (Claude Sanguin, seigneur de), III, 234.
Radulf, abbé de St-Maur (1233), II, 468 ; — (1227), V, 5, 6 ; — (1210), V, 388.
Radulf, doyen du chapitre de St-Cloud (1224), III, 27.
Radulf, dominicain de Paris (1237). Son lieu de naissance, II, 590.
Radulfe, religieux du prieuré du Bois-St-Père (XIIe s.), II, 153.
Radulfe, abbé de St-Victor. Exécuteur testamentaire de Guillaume d'Auvergne (1249), III, 523.
Radulfe, curé de St-Sulpice de Paris (1210), I, 278.
Radulphe, curé de Fontenay-sous-Bois (1207), II, 388.
Radulfe, écolâtre de St-Cloud, III, 28.
Radulfe, personnage du XIe s., IV, 333.
Radulfe, prieur de Tournan (1182), V, 320.
Ragnemode, évêque de Paris, I, 121.
Ragois (Marie le), femme de Jean Le Nain, IV, 402.
— (Marie le), femme de Louis-Dominique de Bailleul, V, 71.
— (Séraphin le), conseiller du Roi. Possède une partie du château de Tillemont (1631), II, 402.
Ragois (l'abbé le). Découvre les nouvelles eaux minérales de Passy, I, 405-6. — Sa sépulture, I, 403.
Ragois de Bretonvilliers (Alexandre le), supérieur du séminaire de St-Sulpice. Possède la terre d'Avron (1667), II, 479.
— (Bénigne le), président en la Chambre des Comptes. Seigneur d'Avron (1676), II, 479 ; — de Villemomble (1700), 561.
— (Bénigne le), fils du précédent ; lieutenant du roi. Seigneur d'Avron (1707), II, 479 ; — de Noisy-le-Sec, II, 642. — Sa veuve, I, 613.
— (Claude le), seigneur d'Avron (1634), II, 479.
Ragonant [Seine-et-Oise, ferme de Gometz-la-Ville], III, 373. — Seigneurie, III, 411 ; — acquise par Gaston d'Orléans, 435, 436.

Ragot, bailli de Saint-Denis (1750), I, 535.
Ragoule (le champ), lieu-dit de Vitry-sur-Seine (1556), IV, 453.
Ragueneau (René), seigneur de Courcouronnes (XVIe s.), IV, 322.
Raguenière (Jean Fournisson, seigneur de la), IV, 486.
Raguet (Adrien), curé d'Epinay-Champlâtreux (1687), II, 220.
Raguier (Gilette), fille de Raymond, femme de Bureau Boucher. Dame d'Orsay, II, 166 ; III, 398.
— (Hémonet) [trésorier d'Isabeau de Bavière]. Ses biens à Arcueil, IV, 16.
— (Jacques), évêque de Troyes, chanoine de la cathédrale de Paris. Ses biens à Ablon (1513), IV, 425.
— (Louis), évêque de Troyes (1476), I, 164, 166.
— (Louise), femme de Jean Briçonnet (XVIe s.), I, 91.
— (Raymond), son fief de Limon (1400), III, 322. — Seigneur d'Orsay, III, 397-8. — Ses biens près de Bicêtre, IV, 13.
Raguier, seigneur de Villejuif (1483), IV, 32.
Raimbert (François), curé de Rennemoulin, puis abbé d'Abbecourt, III, 175.
Rainald, archidiacre [de l'église de Paris] (1070), V, 276.
Rainald, évêque de Paris, V, 5. Voy. Vendôme (Renaud de).
Rainaldus. Voy. Renaud.
Rainard, abbé de St-Maur (856), V, 351.
Rainard, chantre de Notre-Dame de Corbeil (1093), IV, 276, 332.
Rainard, comte de Sens, IV, 273.
Rainard, fils d'Odon, chevalier, IV, 201.
Rainard, père de Milon, IV, 180.
Rainaud, évêque de Paris. Voy. Renaud.
Rainaud, abbé de Foigny, I, 22.
Rainaud, archidiacre de l'Église de Paris (1105), V, 331.
Rainaud, archidiacre de Brie (1085), IV, 469.
Rainaud, fils de Milon le Grand. Evêque de Troyes, IV, 101.
Rainaud, premier prieur de St-Eloi de Paris, I, 310.
Rainaud, religieux de Longpont (XIIe s.), IV, 390.
Raincy (le) ou Livry-le-Chateau, *Reinsiacum*, *Rinsiacum*, Rainsy, lieu-dit de Livry [Seine-et-Oise, arr. de Pontoise, ch.-l. de cant.]. *Notice*, II, 590-593. — Paroisses dont ce lieu a auparavant dépendu, II, 562,

567. — Ancien prieuré de bénédictins, II, 562. — Vignes mentionnées au XIIIᵉ s., II, 567.
RAINCY (le Petit-) [Seine-et-Oise, ham. de Gagny], II, 591.
RAINCY (de), auditeur des comptes. Sa seigneurie à Sarcelles (XVIIIᵉ s.), II, 173.
RAINEMOULIN. Voy. Rennemoulin.
RAINETTE (redevance de pommes de), III, 510.
RAINFROY, maire du palais, I, 423.
RAINOLD, comte de Melun (1015), V, 135.
Rains (rameaux). Origine de noms de lieu, II, 591 (note 2).
RAISON (Clément) [appelé par erreur Loyson. Cf. Guilhermy, III, 83], capitaine de Montmédy. — Seigneur de Bondy ; sa sépulture (1556), II, 564, 567.
RAMAYS (Jean de), avocat. Fondateur d'une chapelle à St-André-des-Arts, à Paris, I, 286.
RAMBOUILLET [Seine-et-Oise], III, 287, 289, 291, 354.
RAMÉE (Raulin). Amende honorable à laquelle il est condamné (1398), II, 51.
RAMÉE (Pierre de la), principal du collège de Presles, I, 251-2.
Rana, raine (grenouille). Origine de noms de lieu, III, 174.
Ranæ molendinum : Rennemoulin, III, 174.
RANCE, mère d'Anseau de Garlande (1192), V, 323.
RANCÉ (de), abbé de la Trappe, IV, 598.
RANCHER, conseiller à la Chambre des Enquêtes. Son fief à Valenton (XVIIIᵉ s.), V, 31.
RANCY [Seine, lieu-dit de Bonneuil-sur-Marne]. Seigneur : Brunet de Rancy, V, 128.
RANULF, évêque de Paris. Voy. Homblonnières (Ranulf d').
RAOUL, roi de France, V, 134.
RAOUL, abbé de Lagny (1130), IV, 558 ; — (1140), 534, 537.
RAOUL [II], abbé de St-Maur (1216), IV, 317.
RAOUL, abbé de St-Victor de Paris. Bienfaiteur du prieuré du Cormier (1236), IV, 503.
RAOUL, bienfaiteur de l'église d'Hérivaux, II, 326.
RAOUL, curé de Villeneuve-St-Georges (1234), V, 42.
RAOUL, curé d'Yeble. Dîme qu'il perçoit à Chateleines (XIIIᵉ s.), V, 144.
RAOUL (Robert), prieur de Gometz (1505), puis de Saulx-les-Chartreux (1507), III, 406, 410, 509-10.

RAPHAEL. Vitraux exécutés d'après ses dessins, II, 413. — Tableaux de lui au château de Sceaux, III, 551.
RAPIOUT ou RAPIOULT (Charles), écuyer. Seigneur en partie de Livry (XVᵉ s.), II, 588.
— (Hugues), maître des Requêtes. Seigneur en partie de Livry (1434), II, 588.
— (Jean), écuyer. Seigneur de Coubron (XVᵉ s.), II, 539, 588.
— (Simon-Charles), président des Comptes. Seigneur de Livry (1432), II, 588.
RAPOILE (bois de), faisant partie de la ferme de Lieusaint (1751), V, 122.
RAPOUEL (Geneviève), dame en partie de Varatre (XVIᵉ s.), V, 122.
— ou RAPOIL (Jacques), seigneur de Varatre (XVIᵉ s.), V, 121-2.
— (Olivier), avocat. Seigneur de Varatre en 1580, V, 122.
Rara Curia, Ruricourt, nom primitif de l'abbaye de St-Martin-aux-Bois, II, 502, 505.
RAREZ (bois de), voisin de Bonneuil-sur-Marne (1173), V, 28. — Identifié avec Nemus Ardanum, V, 65.
RAS de St-Maur (étoffe dite), II, 462.
RASCICOT, nom d'un demi-hôte donné au prieuré de Longpont, IV, 78.
RAT (famille). Ses seigneuries de Dampierre, Forges et Orsigny, III, 274-5.
— (Guillaume), seigneur d'Orsigny. Présente à la chapelle Notre-Dame des Bousseaux (1541), III, 300, 323.
— (Jacques), seigneur d'Orsigny. Sa sépulture (1507), III, 318, 323.
— (Jeanne), femme d'un écuyer de ce nom mort à Buc en 1537. Leur sépulture, III, 274, 276.
— (Michel), seigneur de Forges. Présente à la chapelle des Bousseaux, III, 300. — Dit bourgeois de Paris (1482), 440.
— (Pierre le), payeur de la prévôté de l'Hôtel. Possède à ferme le hameau de Sénart (1610), V, 75.
— (Tristan), seigneur d'Orsigny, III, 313.
RATIF (Mathieu), doyen du chapitre de St-Cloud (XVᵉ s.), III, 27.
RATS, figurés dans des armoiries, III, 274.
Rauciacum. Voy. Rausiacum.
RAUCUREL DE SAINT-MARTIN (Suzanne-Antoinette de), femme du marquis de Maillé-Brézé puis de Gabriel de la Roquette. Vend le fief de St-Aubin (1720), III, 335 ; — son fief de Chaillot, 335.
Raucus, surnom, III, 322.
RAULET (Jean), chanoine de Brinon-

l'Archevêque. Sa sépulture (1689), I, 225-6.
RAULIN (Jean), professeur au prieuré de St-Martin-des-Champs de Paris (1505), IV, 611.
RAULINE, femme de Jean Groignet (XVᵉ s.), IV, 622.
Rausiacum, Rauziacum, Rauciacum, lieu d'où Charles le Chauve date deux diplômes (845 et 851). Identifié avec Roissy-en-Brie, IV, 502.
RAVAULT, prêtre. Sa sépulture (1516), V, 163.
RAVENEAU (Jean), prieur de Marcoussis. Chronique dont il est l'auteur, III, 497.
RAVENEL, lieu-dit de Châtenay (XIIIᵉ s.), III, 542.
Ravetum, Raviacum : Draveil, V, 58, 65.
RAVIÈRES, conseiller au Parlement de Paris. Sa maison à Châtillon (XVIIIᵉ s.), III, 577.
RAVIGNAN (le marquis de), seigneur de Bougival? Son château à la Chaussée, III, 108.
RAVOT D'OMBREVAL, conseiller au Parlement. Son fief à Domont (XVIIIᵉ s.), II, 159.
RAVOYE (de la), trésorier-général de la Marine. Seigneur de Beaurepaire (XVIIIᵉ s.), IV, 318.
RAYMOND, abbé de St-Germain-des-Prés (1284), IV, 440.
RAYMOND, archidiacre de Paris (XIIIᵉ s.), III, 27.
RAYMOND. Sépulture d'un personnage de ce nom (1421), III, 490.
Razinnensis (Nicolas-Christophe de Chardon qualifié *Prior*), II, 183.
REAULIEU [Beaulieu?], fief dépendant de Villecresnes, V, 237.
RÉAUX en Bièvre, Roex, Roez, écart de Bièvres? III, 260 ; — peut-être aussi Villaroy, 283.
REBAIS [Seine-et-Marne, arr. de Coulommiers, ch.-l. de cant.]. Abbaye; privilège qui lui est conféré par Dagobert (636), I, 422 ; — sa réunion à l'évêché de Paris, IV, 410.
— (Guillaume de), abbé de St-Victor de Paris (1302), I, 342.
REBOURS (François de), capitaine du château de la Muette, I, 392, 596.
— (Jacqueline de), femme de Pierre de Masparault (XVIᵉ s.), IV, 478.
— (Marie), femme de Joachim Marchand, III, 420.
REBOURS (de), procureur général au Grand Conseil, I, 392.
REBOURS (de) ou ARBOURS. Ses seigneuries à Montsoult, II, 146.
RECCAREDE, fils de Léovigilde, roi des Visigoths, III, 553.

RECLUSES et reclus, à Paris, I, 50, 66, 111, 167, 242, 257-8, 303, 326, 335.
RECOLLETS. Leur établissement à Saint-Germain-en-Laye, III, 143 ; — à Versailles, 200. Voy. Paris.
RECOURT [Haute-Marne, arr. de Langres, cant. de Montigny-le-Roi]. Seigneur : Arthus de Champluisant, II, 158.
RECOURT, lieu-dit de Fosses (1285), II, 324.
RECTEUR, synonyme de curé, IV, 326.
RECTEUR de l'Université. Eglise où a lieu son élection, I, 98.
RECTOR (Hugues), avocat au Parlement. Fondateur d'une chapelle à St-Jacques-la-Boucherie, I, 199.
RECTORIE (cure) de St-Jean-en-Grève, I, 91.
RÉDEMPTION DES CAPTIFS (Pères de la), I, 114. Voy. Mathurins.
REDOUFF (Jean), curé de St-Lambert (1369), III, 341.
REFUGE (Raoul du), maître des Comptes. Seigneur de Grigny (XVᵉ s.), IV, 405.
REFUGE (M. de), II, 84.
RÉGALE des évêchés. Donnée par Charles IX à la Ste-Chapelle de Paris, I, 223.
REGENT (le). Voy. Orléans (Philippe d').
Regia, Regiæ, Regis : Ris, IV, 374.
RÉGIMENTS : Dauphin-cavalerie. Capitaine : Olivier de Fiennes (Louis-Thomas), IV, 131 ; — de Melun. Voy. Melun ; — de Normandie. Colonel. Voy. Harville (Esprit de).
Reginæ Molendinus : Rennemoulin, III, 174.
Reginaldus, curé de Grosbois (XVᵉ s.), V, 390.
Reginaldus, prieur d'Avrainville, IV, 192.
REGIS (Pierre-Silvain), écrivain. Sa sépulture (1707), I, 325.
REGIS. Sa maison à Saint-Germain-les-Corbeil (XVIIᵉ s.), V, 87.
REGNARD (Benoît), prieur de Beaulieu à St-Remy-lez-Chevreuse. Vol qu'il commet d'une relique (1444), III, 378.
REGNART (Thibaut). Particulier logé dans l'église du Mesnil-Aubry (XVᵉ s.), II, 245.
REGNAUD (Claude), abbé d'Hermières. Son épitaphe (1641), V, 349.
REGNAUD, abbé de St-Denis (1294), I, 519. Voy. Giffart (Renaud).
REGNAUD, curé de Nogent-sur-Marne (1292), II, 469.
REGNAUD, fils de Nicolas, prévôt de Gonesse. Ses biens au Thillay (1234), II, 275.

REGNAUD, *Reginaldus*, fondateur de l'abbaye d'Hermières, V, 346.
REGNAUD, prieur de Jardy (XIIIe s.), III, 170.
REGNAUD, prieur de Limours (1255), III, 433.
REGNAUD, seigneur de Jouy-en-Josas. Bienfaiteur du prieuré de St-Médard de Villetain, III, 267.
REGNAULT (Anne), veuve de Claude Martin. Chapelle bâtie à ses frais à Charentonneau (1551), V, 9.
REGNAULT (épitaphes des frères Claude et Jean) à Louvres, II, 300.
— (Daniel), procureur au Châtelet. Fonde une chapelle à Chalandray (1641), V, 49.
— (Etienne), bourgeois de Paris, seigneur de Bagnolet, II, 655. — Fait échange d'un fief à Charonne (1587), I, 477. — Le même [?] dit receveur du frère du Roi, III, 51.
— (Julien), curé de Chevilly (1652), IV, 38.
— (René), conseiller au Parlement (XVIIe s.), V, 41.
REGNAULT, curé de Bagnolet (1377), II, 654.
REGNAULT, receveur des tailles de l'Election de Paris. Sa maison à Châtillon, III, 577.
REGNAULT-CHAILLAIS (la Fosse). Voy. Beauvoir.
REGNAUT (M.). Mentionné dans une transaction (1370), IV, 211.
REGNEMOULIN : Rennemoulin, III, 174.
REGNEY (Falcon de). Voy. Regny (Foulques de).
REGNIER DES MARAIS. Ses études au séminaire de Nanterre, III, 76.
REGNIER-GUERCHY (Georges de), grand-prieur et commandeur du Temple, II, 44.
REGNY (Foulques de) [ou Falcon de REGNEY], chevalier. Ses biens à Gonesse (1308), II, 269 ; — à Montreuil-sous-Bois (1304), 403.
Reiæ : Ris, IV, 374.
Reiis (Rodulfus de). Voy. Ris (Rodulf de).
REILHAC (Barbe de), prieure de la Saussaye (1557), IV, 38.
— ou RILHAC (Catherine de), femme d'Antoine de Bréhant (1588), I, 257.
— ou REILLAC (Claude de). Son fief de Gagny-en-Brie (XVe s.), V, 311.
REILHAC (Clément de), avocat du Roi. Fondateur d'une chapelle à St-Médard de Paris, I, 257.
— (Corneille de). Dame de la Queue-en-Brie (1580), IV, 489 ; — des Bordes, 489.
— (Jean de), seigneur en partie de la Queue-en-Brie (XVIe s.), IV, 488.

— (Marie de), fille de Jean. Abbesse de Chelles (XVIe s.), II, 489 ; IV, 488.
— (Pierre de), frère de Clément ; conseiller au Parlement. Sa sépulture, I, 257.
— (Tristan de), seigneur de Pontault, IV, 496, 497 ; — de Romaine ; mort en 1533, V, 359.
— (Tristan de), gentilhomme de la chambre du Roi. Seigneur de Pontault et de Membray (1580), IV, 498.
REILHAC (de). Cède ses biens de Malnoue à l'abbaye de ce lieu (1520 et 1526), V, 401.
REIMOLUNT (bois de), près de St-Brice (1125), II, 162.
REIMS [Marne]. Célébration, par les enfants de cette ville, de la fête de S. Nicolas, I, 206. — Guérison miraculeuse d'un habitant, I, 600. — Autres mentions, I, 502 ; II, 314, 435.
— Archevêques. Voy. Arcy (Hugues d'), Artaud, Brenne (Henri de), Courtenay (Jean et Robert de), Gilles, Henri de France, Hincmar, Le Tellier (Maurice), Lorraine (Jean, cardinal de), S. Nicaise, S. Nivard, S. Remy.
— Archives de la ville : déposées à St-Magloire de Paris, I, 183.
— Armoiries, II, 591 (note 2).
— Diocèse, I, 151, 283.
— Abbaye de St-Remi, II, 529.
— Cathédrale : maison à Paris appartenant au chapitre, I, 135. — Archidiacres. Voy. Bureau (Jean), Grosley (Henri de). — Prévôt. Voy. Nanteuil (Milon de).
— Couvent de Filles de St-Damien-d'Assise (ou de Ste-Claire), I, 398 ; — de St-Etienne ; religieuses envoyées de Nanterre, I, 417 ; III, 77 ; — de St-Pierre ; fournit la première abbesse de Montmartre, I, 444.
— (Radulf de), chanoine de Paris. Legs qu'il fait à Notre-Dame, IV, 35.
REINE, *Regina*. Princesses et dames nobles ainsi qualifiées, III, 554 et note, 562.
REINE, *Regina*, femme de Dreux Buffé de Méry, II, 127.
REINE (chemin de la), territoire de St-Maur (1660), II, 411. — (hôtel de la) à Vincennes, IV, 39.
REINES (statues de), au portail de St-Germain-des-Prés, I, 269.
REITRUDE, femme d'Ansold, chevalier, I, 210 ; V, 135.
RELEVAILLES (prières de) dites sur le

— 441 —

corps des femmes mortes en couche. Abolition de cet usage, II, 12.
RELIGION (guerres de), I, 176, 340; III, 49, 50, 69, 97, 108, 116, 117, 127, 180, 286, 291, 296-7, 306-7, 548, 549, 638. Voy. Calvinistes, Huguenots, Protestants.
RELIQUES, placées dans le clocher des églises, I, 115; II, 349; — fausses (découverte de), I, 125, 126; — de la Ste-Chapelle. Transportées à certaines époques aux lieux où se trouvait le roi, I, 222.
RELLY (Jean Granger, seigneur du), V, 301.
REMARDE, REMANDE ou MARDE, rivière, III, 273, 426, 451 (note), 465; IV, 132.
REMI, prêtre de St-Germain-l'Auxerrois (VIIe s.), I, 24.
REMI ([Abraham RAVAUD dit]), poëte. Sa sépulture [1646], I, 33.
REMI (Françoise), femme de Charles Duret, V, 219.
REMIGNY. Voy Armigny.
REMMOLU (bois de) près de Domont (XIIe s.), II, 155.
REMOLÉE, Reemolée, canton de Bouffemont (1241), II, 152, 156.
RENALTUS, chambrier de Ste-Geneviève de Paris, auteur d'une Vie de Ste Geneviève, en vers français (XIIe s.), I, 241.
RENARD (Jacques), curé de Jouy-en-Josas (1708), III, 275.
RENAUD, abbé de St-Denis (1294), II, 163, 198.
RENAUD, abbé de St-Magloire de Paris (1159), IV, 88.
RENAUD, archidiacre. Bienfaiteur de la Cathédrale de Paris (XIIe s), V, 382.
RENAUD, archidiacre de Brie (1089), IV, 622.
RENAUD, bienfaiteur de la cure de la Marche, III, 169.
RENAUD, chevalier, fils d'Eremburge de Brie. Bienfaiteur de l'église de Piscop (XIIIe s.), II, 165.
RENAUD, clerc (XIIIe s.), V, 313.
RENAUD, comte. Seigneur de Coye et bienfaiteur de l'abbaye d'Hérivaux (XIIe s.), II, 335.
RENAUD, curé de Ste-Geneviève-des-Bois, IV, 381 (et note); — mentionné en 1309, 384.
RENAUD, doyen de St-Marcel de Paris, III, 57; — mentionné en 1196, 482.
RENAUD, envoyé à Mayence. Acquiert la seigneurie de Fontenelle (1740), IV, 528.
RENAUD, évêque de Chartres. Voy. Bar (Renaud de).
RENAUD, évêque de Paris (1283) [Ranulfe de Homblonnières], I, 300. Voy. Corbeil (Renaud de), Vendôme (Renaud de).
RENAUD, père d'un cardinal, clerc de l'église de Paris, IV, 45.
RENAUD, prieur de Deuil, abbé de St-Florent de Saumur, I, 603.
RENAUD [ou REYNAULT] (Ambroise), femme de Pierre Brulart. Apporte à son mari la terre de Berny, IV, 46.
RENAUDOT (Eusèbe), médecin. Sa maison de campagne à Grignon (1672), IV, 442.
— (Eusèbe), orientaliste, fils du précéd., prieur de Châteaufort, III, 305; IV, 442.
RENCE, abbé de Cluny (1233), II, 602.
RENCE (dame) surnommée la Comtesse, IV, 129.
RENCIE, fille d'Odon, chevalier, IV, 201.
RENEL (Louis de Clermont d'Amboise, marquis de), II, 25.
RENEMIFONTAINE (Antoine de Champluysant, seigneur de), II, 158.
RENNEMOULIN, Rainemoulin, Regnemoulin, Rennemolinum, paroisse du doyenné de Châteaufort [Seine-et-Oise, arr. de Versailles, cant. de Marly]. Notice, III, 174-6. — Autres mentions, III, 181, 184.
— Lieu-dit : Moixenant.
— (Marie de), de Reinemolyn, femme d'Amaury de Meudon, III, 174.
— (Robert de), de Ranæ molendino, bienfaiteur du prieuré de Villepreux (XIIIe s.), III, 174, 175, 176.
— Son fief à Villepreux, III, 182.
RENNES [Ille-et-Vilaine], Redonæ, IV, 272 (note). — Les reliques de S. Maur y sont apportées (1434), II, 432.
— Evêques. Voy. Brillet (Guillaume), Dodieu (Claude), Hennequin (Aymar), Laval (Pierre de).
RENOUARD, conseiller du Roi. Seigneur de Bevilliers (1697), III, 417.
RENOUARD, président à la Cour des Aides. Seigneur de Mauny (XVIIIe s.), V, 138; — de Lissy, 139, 140.
— (Charlotte), sa fille, mariée à Moreau, avocat du Roi, V, 140.
RENOUILLEUX [Seine-et-Marne, arr. de Coulommiers, ham. de Fontenay-Trésigny], V, 306.
Rensio (B. Maria de), prieuré dépendant de l'abbaye de Tiron (1147) : le prieuré du Raincy, II, 591 (note 1).
RENTI (Odart de), capitaine du château de Tournan (1350), V, 326.
RENTILLY, Rantilly, Rentilliacum [Seine-et-Marne, ham. de Bussy-St-Martin]. Notice, IV, 581-2. — Ha-

bitants admis à la léproserie de Gournay, 614. — Seigneur, 589.
— (Alexis de), curé de St-Germain-des-Noyers (1522), IV, 589.
RENTY (Gaston, baron de). Sa *Vie* citée, I, 455.
RENVOISIÉ (Jacques le). Dépossédé de ses biens de Bonneuil-en-France par le roi d'Angleterre (1425), II, 620.
REPENTY. Voy. Arpenty.
REPERAN, procureur. La terre de Vaugien lui est adjugée ; sa déclaration à ce sujet (1613), III, 382.
RÉPIT (lettres de) accordées aux habitants d'un lieu appelé Asnières contre leurs créanciers (1339), III, 58.
REPORTAGE (droit de), *reportagium*, concernant les dîmes, II, 388, 468; III, 229, 245-6.
REPOS (le), REPOSTE (la). Origine de ce surnom appliqué à certaines localités, II, 524.
RÉRIC, *Roricius*, seigneur de Goussainville. Bienfaiteur de l'abbaye du Val, II, 290 ; — mentionné en 1173, II, 291.
Reschia (abbaye de Notre-Dame de la Roche désignée sous le nom de), III, 352.
Resinlarziacum. Critique de ce prétendu nom de lieu, IV, 183.
RESNEL (le marquis de). Son hôtel à Paris, I, 36. Voy. Renel.
RESURRECTION des corps. Sentence faisant allusion à cette croyance, II, 105.
RESSIGNY en Gonessois, lieu-dit voisin de Gonesse (1395), II, 273.
RET (Jean), chapelain du Pont-Olin (1259), II, 387.
RETAL, *S. Maturinus de Artaliis* [Seine-et-Marne, ham. de Liverdy], V, 300, 301.
RETHELOIS (Charles de Gonzague, duc de), III, 476.
RETZ (forêt de) [Aisne], IV, 585.
RETZ (le cardinal de). Fondation charitable qu'il fait à Marly, III, 125. Voy. Gondi (Henri et Jean-François-Paul de).
RETZ (duc de). Voy. Gondi (Henri de).
REUGNY, fief près de Moissy, V, 178.
— (le Petit-), fief, *ibid*. Voy. Arvigny et Revigny.
REUGNY (Etienne de). Son fief de l'Erable à Mardilly (1454), V, 133.
REUILLY, *Romiliacum* [localité annexée à Paris]. Lieu où Dagobert répudia Gomatrude, II, 647.
— (Philippe de), trésorier de la Ste-Chapelle. Seigneur du Plessis-Gassot (1420), II, 248.

RÉVEILLON (le) ou RÉVILLON, RIVELLON ou ROUILLON, ruisseau affluent de l'Yerres, IV, 417 ; V, 118.
REVENANTS (croyance aux), II, 277.
REVEREND (Dominique), doyen du chapitre de St-Cloud (XVIIe s.), III, 28, 39-40.
REVERDY (François), sieur du Verger, secrétaire ordinaire de la Chambre du Roi. Sa sépulture (1604), IV, 121.
REVESTIAIRE. Signification de ce mot, IV, 20, 84.
REVIGNY. Voy. Armigny.
REVILLON ou REVEILLON, lieu-dit de Brunoy, V, 33, 213. — *Notice*, V, 208.
REVILLON, fief du hameau de Fleury, paroisse de Meudon, III, 241.
RÉVILLON. Voy. Reveillon. — (l'abbaye de) : l'abbaye d'Yerres, IV, 417.
REX, curé d'Argenteuil (XVIIe s), II, 12.
REY (fief du). Voy. Roy (le).
REYNAUD (André), possesseur d'un fief à Villebon (1430), III, 239.
REYNIÈRE (GRIMOD de la), fermier-général. Seigneur de Clichy, I, 427; — de Monceaux, I, 428.
REYTEL (Philippe), trésorier de l'église de Varzy. Son épitaphe (XIIIe s.), I, 115.
Reyza, Rezia : Ris, IV, 374.
REZAY (BENARD de). Voy. Benard.
RHEAUME, lieu-dit de Bures, III, 394.
RHODES (ordre de). Voy. Malte.
RHUMONT (de). Voy. Chumont (de).
RIANT (Ivet de), secrétaire du Roi, seigneur de Marcoussis (1371), III, 483.
RIANTS (Denis de), président au Parlement de Paris. Seigneur de Villeray, IV, 350.
— (Marie de), fille du précéd., femme de Jean Blosset. Sa sépulture, IV, 350.
RIBERNON [Libernon. Seine-et-Oise, ham. d'Orsay], III, 401.
RIBEROLLES (de), seigneur de Courtry (1532), II, 537.
RIBERON (Jean de). Ses biens au Tremblay (XVIe s.), II, 612.
RIBIER (Jacques), seigneur de Lissy (XVIIe s.), V, 140.
RIBIER DE VILLENEUVE, grand maître des Eaux et Forêts de Lyon. Seigneur de Lissy (1700), V, 140.
RIBODON (Jean-Baptiste de), seigneur de Liverdy (1700), V, 301. — Sa sépulture (1717), V, 299.
RICARD (Charles), écuyer, concierge du château de Madrid, sieur de la Chevalleraye, I, 432.
RICARD (de), président en la Cour

des Aides. Seigneur de Chennevières-sur-Marne (XVIIIᵉ s.), IV, 479.
RICBERT, possesseur bénéficier de l'égl. d'Épinay-sur-Orge (IXᵉ s.), IV, 84.
RICHARD, abbé de St-Germain-des-Prés (1363-1387), III, 537.
RICHARD, abbé de St-Maur-des-Fossés, II, 381, 432.
RICHARD, abbé des Vaux-de-Cernay (1232), IV, 259.
RICHARD, chanoine de Ste-Opportune et écrivain, I, 43.
RICHARD, chefcier de St-Cloud (1186), III, 28.
RICHARD, curé de St-Paul de Paris (1295), I, 325.
RICHARD Iᵉʳ, duc de Normandie, I, 173-4 ; IV, 273.
RICHARD, prieur de Marcoussis (1196), III, 482.
RICHARD, prieur et proviseur de la léproserie de Pomponne (1197), II, 506 ; IV, 643.
RICHARD Cœur-de-Lion, roi d'Angleterre. Campagne de Philippe-Auguste contre lui (1193), III, 121.— Tente de reprendre le château de Gisors (1194), III, 462.
RICHARD, seigneur de Villetaneuse (1120), I, 591.
RICHARD (le frère), II, 271.
RICHARD (Guichard), receveur des amendes du Parlement. Ses biens à Montreuil-sous-Bois (XVIᵉ s.), II, 403.
— (Jean), curé de Triel, puis prieur de Beaulieu, III, 378.
— (Pierre), vicaire de Rabelais à la cure de Meudon, III, 230.
RICHARVILLE (Gabriel de Cugnac, sieur de), III, 315.
RICHE (Adam le), fondateur d'une chapelle dans l'égl. de Pantin (XIIᵉ s. ?), II, 648, 649.
RICHE (Guibert le), fondateur d'une chapellenie à St-Jean-Baptiste de St-Cloud, III, 29 [le même que Guibert de St-Cloud].
RICHE (le), trésorier des Invalides. Découvertes faites près de sa maison à Paris, I, 70.
RICHE-BORC (Petrus de). Voy. Richebourg (Pierre de).
RICHEBOURC (Robert de), chevalier. Sa censive de Fouilleuse, III, 101.
RICHEBOURG [Seine-et-Oise, éc. de Montmagny], fief, I, 588, 589.
RICHEBOURG (Jean Chabot, sieur de), III, 267.
— (Alips de), fondatrice d'une chapellenie à Montmagny, I, 587 ; — à l'abbaye de St-Denis (1260), II, 55.

— (Bertranne de), femme de Charles d'Allouville, IV, 125.
— (Guy de), damoiseau de St-Yon (1343), IV, 162.
— (Pierre de), de Riche-borc, vassal de Montlhéry, IV, 104.
RICHELIBEN [?], au diocèse de Limoges. Sépulture d'un prêtre né en ce lieu, V, 380.
RICHELIEU (Jean-Armand DU PLESSIS, cardinal de), I, 153, 304. — Manuscrits provenant de lui à la Sorbonne, I, 71. — Abbé de St-Benoît-sur-Loire, I, 447. — Sa dévotion à la sainte tunique d'Argenteuil, II, 7. — Henry, dernier duc de Montmorency, lui lègue les Captifs de Michel-Ange, II, 184.— Seigneur de Rueil ; ses armoiries ; description du château, III, 86, 93, 97, 101-4. — Favorise la fondation de la communauté du Calvaire du Mont-Valérien, III, 86. — Seigneur de Limours ; embellissements qu'il fait exécuter au château, III, 435. — Maison à Bagneux où il tient des conférences secrètes ; statue de Mars qui y rappelle ses traits, III, 571, 572. — Transige avec l'abbaye de St-Germain-des-Prés à propos de sa seigneurie de Châtillon (1637), III, 575. — Sa maison à Rungis, IV, 51. — Acquiert la seigneurie de Montlhéry, IV, 109.
— (Armand-Jean DU PLESSIS, duc de). Acquiert à Conflans une maison qu'il revend à l'archev. de Paris, II, 371. — Capitaine des chasses de la plaine de Gennevilliers ; sa maison en ce lieu, III, 64. — Statue de Louis XIV qu'il fait élever dans son château de Rueil, III, 103.
— (Jean-Baptiste-Amador de), abbé de Marmoutier, prieur de St-Martin-des-Champs (1645), II, 317.
RICHER (Charles), notaire au Châtelet. Le Parlement lui interdit de résider à Chaillot (1661), I, 414.
— (Etienne), seigneur en partie de Toussus (1580), III, 308.
— (Pierre), seigneur du Val-Coquatrix (1580), V, 85.
— (Pierre), ermite de S. Antoine. Autorisé à se fixer à Picpus avec son frère Robert (1588), I, 333.
RICHERVILLE (Pierre de), seigneur de St-Vrain ? Sa sépulture, IV, 198, 205.
RICHEVILLAIN (Martial), prieur de Deuil, I, 591, 604.
RICHILDE ou RICHOLDE, dame de Groslay, femme de Guy de Groslay ; sœur de Mathieu de Roissy ou

de Montmorency. Bienfaitrice du prieuré du Bois-St-Père et de St-Victor de Paris (xiie s.), I, 610, 612, 613 ; II, 153, 277.

RICHILDE, femme de Charles le Chauve. Lampe entretenue à St-Denis en sa mémoire, III, 91.

RICHILDE, femme de Geoffroy de Montmorency, I, 646.

RICHILDE, femme de Gazon de Montreuil, IV, 440.

RICHILDE, femme de Thibaud de Beaumont, II, 209 [nommée Ermengarde de Méru par le P. Anselme et Douet d'Arcq.].

RICHILDE, fille d'Albert, femme de Jean de Lagny, II, 350.

RICHILDE, mère de Mathieu et de Thomas de Montreuil. Bienfaitrice du chapitre de la Cathédrale de Paris (xiie s.), II, 398.

RICHOLDE, aïeule de Sicard de Bry. Bienfaitrice de la Cathédrale de Paris (xiiie s.), IV, 633.

RICOLDE, femme de Vimbert le Prêtre. Bienfaitrice du prieuré de Longpont (xiie s.), III, 518.

RICT (Jean), marguillier de l'égl. St-Séverin (1665), I, 105.

RICTRUDE, du pays de Rouen. Sa guérison miraculeuse, I, 600.

RIDEAU, RIDAUX ou RIDOUX, ruisseau, II, 601, 612, 617.

RIDEAU (Jean), curé de Torcy (1474), IV, 602.

RIES : Ris, IV, 374.

RIEUX [Haute-Garonne, arr. de Muret, ch.-l. de cant.]. Evêque. Voy. Berthier (Jean de).

— (Bernard de), président au Parlement de Paris. Seigneur de Passy, I, 404.

— (Jean de), maréchal de Bretagne. Ses biens à Charentonneau (xve s.), V, 8.

— (le marquis de), seigneur de Marcoussis par sa femme. Aliène cette terre (1751), III, 485. — Seigneur de Nozay, III, 502.

RIEUX (de), conseiller au Parlement de Paris. Son hôtel à Passy, I, 403.

RIEZ [Basses-Alpes, arr. de Digne, ch.-l. de cant.]. Evêques. Voy. Aleaume (Guillaume), Bentivoglio, Matthieu, Saint-Sixte (Charles de).

RIGAUD, curé de St-Eustache de Paris (1329), I, 170.

RIGAUD (Gilles), abbé de St-Denis, puis cardinal (1350), I, 510 ; — prieur d'Essonnes, IV, 266.

RIGAUD (Odon), archevêque de Rouen (1250), II, 88 (note).

RIGAULT, possesseur de la terre de Bouffémont (xviiie s.), II, 152.

RIGAULT (Guillaume), condamné par sentence du prévôt de Paris (1537), II, 83.

RIGAUT (Pierre), seigneur de Courquetaine. Sa sépulture et celle de sa femme, V, 295, 296.

RIGAUT (Pierre), chevalier. Vassal de l'abbaye de St-Maur (1278), II, 445.

RIGAUZ (Adam et Odo) (1161), V, 132.

RIGLE (Jean de). Reçoit du roi d'Angleterre des biens à Bonneuil-en-France, II, 620.

Rigoialensis (villa) : Rueil, III, 90.

RIGOMER. Voy. S. Rigomer.

RIGORD, médecin de Philippe-Auguste. Observation astronomique qu'il fait à Argenteuil (1188), II, 4 (note). — Historien rectifié, II, 216 ; V, 225, 346.

RIGUNTHE, fille de Chilpéric Ier, mariée à Reccarede, fils du roi des Visigoths. Se serait, lors de son départ pour l'Espagne, arrêtée dans le lieu dit depuis Bourg-la-Reine, III, 553-4.

RILHAC. Voy. Reilhac.

RIMONT (le PRÉ-), lieu-dit d'Asnières (xiiies.), III, 58.

Rinstacum : le Raincy, II, 591.

Riogilum, *Rioilus* : Rueil, III, 91.

RIOLAN (Jean), médecin et écrivain, III, 585.

— (Jean), fils du précéd., médecin et professeur royal. Sa maison de campagne à Vanves (1624), III, 585.

Riollum. Voy. *Romiliacum*.

RIOUL (Jacques), secrétaire du Roi. Seigneur de Villiers-la-Garenne, I, 439.

RIPAULT (Guillaume), clerc des Comptes. Son hôtel à Corbeil (1488), IV, 312.

RIQUET DE CARAMAN, maréchal de camp. Possède le château de Roissy-en-France (xviiie s.), II, 284.

RIS, *Regia*, *Regiæ*, *Reziæ*, *Regis*, *Reyas*, *Reys*, *Reyzæ*, *Reiis*, Ries, paroisse du doyenné de Montlhéry [Ris-Orangis. Seine-et-Oise, arr. et cant. de Corbeil], IV, 299, 328. — Notice, IV, 374-379. — Seigneur. Voy. Albiat (Acace d').

— Lieux-dits : Borde (la), Bouchard, Briqueterie (la), Chenil (le), Fromont, Trousseaux.

RIS (Anne de), femme de Goujon de Gaville (xviiie s.), IV, 377.

— (Rodulfe de), *de Reiis*, écuyer (xie s.), IV, 254, 332.

RITE gallican de l'époque mérovingienne, suivi à St-Denis, I, 507 ; — parisien. Observé à St-Lazare de Paris, I, 301.

RITES romains. Epoque de leur introduction en France, I, 13, 80.

— 445 —

Rivecourt [?], terre donnée par Childebert à l'abbaye de Fontenelle (1693), III, 477.
Rivellon. Voy. Reveillon. — (l'abbesse de) : l'abbesse d'Yerres, V, 118.
Riveron (de), auditeur des Comptes. Son hôtel à Charenton (1543), II, 383.
Rivet (dom). Rectifié, II, 284.
Rivière (François de), seigneur de Mongrenon (XVIe s.), IV, 365.
— (Guillaume), seigneur du Tremblay (1545), V, 86.
— (Jean de), seigneur en partie de Combs-la-Ville, Vaux-la-Reine, Courtabeuf (1580), V, 180.
— (Marie de), femme de Charles Gomier (XVIIe s.), V, 185.
— (Nicolas de). Son fief de Courtabeuf (1598), V, 180.
Rivière (fief de la) à Charenton, II, 375.
Rivière (Anne de la), bénédictine. Tente de fonder à St-Leu un prieuré de son ordre, II, 71.
— (Bureau de la). Voy. Rivière (Jean dit Bureau de la).
— (Charles de la), comte de Dammartin. Seigneur de Champigny ; saisie de sa terre par le roi d'Angleterre, IV, 472, 473. — Rente qu'il assigne à l'abbaye de St-Denis sur Champigny et Croissy, IV, 517.
— (Charlotte de la), femme de Jean de Constant, V, 132.
— (Jean de la), II, 441 ; IV, 640.
— (Jean dit Bureau de la), fils du précéd. ; chambellan de Charles V et de Charles VI. Fonde une chapellenie à St-Germain-l'Auxerrois, I, 31-2. — Sa sépulture (1400), I, 503. — Mentionné dans l'épitaphe de sa mère, II, 441. — Seigneur de Croissy-en-Brie, IV, 518 ; — de Gournay, 617-8 ; — d'Yerres, V, 214 ; hommages qu'il reçoit en cette qualité, IV, 364 ; V, 132, 300. — Seigneur d'Armainvilliers ; fief mouvant de lui à Châtres, V, 306, 329. — Fief qu'il possède à Ferrières, IV, 640. — Autres seigneuries mentionnées, IV, 364.
— (Jeanne de la), fille du précéd., femme de Jacques de Châtillon, V, 214.
— (Jeanne de la), prieure de Fontaines puis abbesse de Chelles. Mentionnée en 1500, II, 493 ; — en 1507, 496.
— (Louis de la), abbé de St-Benoît. Rend hommage pour la terre d'Evry-sur-Seine (1646), IV, 327. — Possède la terre de Petit-Bourg, IV, 328-9. — Evêque de Langres, IV, 329.
— (Marguerite de la), abbesse d'Yerres. Mentionnée dans l'épitaphe de sa mère, II, 441.
— (Marguerite de la), femme de Charles de Hangest. Dame en partie de Bonneuil-sur-Marne, de Mardilly et de Savigny-lez-Courtenay. Sa sépulture (1605), V, 28, 128. — Ses armoiries, 128.
— (Marie-Madeleine de la), femme de Balthazar de Fargues, III, 453.
— (Perrette de la), dame de la Roche-Guyon. Chargée de la garde de Corbeil (1454-61), IV, 308. — Dame de Croissy-en-Brie, IV, 518. — Vend les seigneuries de la Borde-Grappin et de Servon, V, 251.
Rivière (Pierre de la), prieur de Palaiseau (1448), III, 300, 330.
Rivières (Denis Brouet, seigneur des), V, 320.
Roatier, ruisseau, II, 599, 601.
Robbe (Jacques), avocat et géographe. Sa naissance et sa mort à Soissons ; maire à St-Denis, I, 535.
Robergues (Charles de), né à Beauvais. Sa sépulture (1676), III, 340.
Robert II, le Pieux, roi de France. Fait rebâtir St-Germain-l'Auxerrois, I, 25 ; V, 55. — Erreur commise relativement à son rang parmi les rois de France, I, 205. — Chartes de ce roi confirmant les biens des chanoines de St-Denis de la Chartre, I, 210. — Fait bâtir un cloître pour les prêtres desservant l'égl. St-Pierre et St-Paul, I, 232. — Table d'or et reliques qu'il donne à cette église, I, 235, 236. — Acte relat. à Montmartre (996), I, 442 ; — à Charonne (1030), 470, 475. — Assiste aux offices à St-Denis, I, 506. — Bienfaiteur de l'égl. St-Paul à St-Denis, I, 518. — Acte relat. aux châteaux possédés par les Montmorency dans l'île St-Denis (998), I, 564 ; — à la chapelle de St-Ouen (1004), 568 ; — à St-Lucien, 577 ; — à Montmorency, 615 ; — à Argenteuil (1003), II, 3 ; — à Sartrouville (1009), 39 ; — à Villaines, 198. — Nomme un abbé de St-Maur, II, 428. — Acte relat. à Neuilly-sur-Marne, II, 477. — Séjour qu'il fait à Chelles ; concile qu'il y réunit, II, 485. — Acte relat. à Villepinte (997), II, 613-4 ; — à Noisy-le-Sec (998), 640 ; — à Merlan, 643 ; — à Issy, III, 6. — Accident arrivé pendant un de ses voyages à Poissy, III, 91 (n. 1). — Acte (apocryphe) relat. à Rueil,

— 446 —

III, 92. — Fonde l'église priorale de St-Germain-en-Laye ; biens qu'il lui donne, III, 109, 130, 132, 140, 141. — Église qu'il bâtit à Gambais, III, 401. — Acte relat. à Verrières et à Antony (1027), III, 530, 531, 532, 535 ; — à Vanves, 578, 583 ; — à Guipereux (997), IV, 87 ; — aux châteaux de Corbeil (1029), 274. — Reliques qu'il donne à Notre-Dame d'Étampes, IV, 289. — Actes relat. à Lisses (1000 et 1029), IV, 315, 316 ; — à l'égl. de Ris, 375 ; — à Ste-Geneviève-des Bois, 379 ; — à Lagny (1018), 545 ; — à Noisy-sur-Seine, V, 56 ; — au Vieux-Corbeil (1029), 82 ; — à Saintry, 98. — Cède Combs-la-Ville à St-Germain-des-Prés, V, 177. — Acte relat. à l'égl. de Limoges (1015), V, 135. — Monuments crus à tort construits sous son règne, I, 146, 203, 205, 220. — Autres mentions, I, 54, 190, 257 ; II, 429, 467 ; V, 3.
ROBERT le Diable, duc de Normandie, I, 234.
ROBERT [Ier], archevêque de Rouen. Roi païen qu'il convertit, I, 448.
ROBERT, abbé d'Hérivaux. Voy. Begnet (Robert).
ROBERT, premier abbé d'Hermières (1183), V, 347.
ROBERT Ier, abbé de Livry. Son épitaphe, II, 595.
ROBERT [II], abbé de Livry. Hommage rendu par lui (1403), II, 565.
ROBERT, abbé de Marmoutiers. Son différend avec le prieur de Châteaufort (XIIe s.), III, 301.
ROBERT [Ier, duc de France], abbé de St-Denis, parent de Charles le Simple. Obtient de ce dernier la restitution de Lagny [917], IV, 545.
ROBERT II, abbé de St-Denis. Sa sépulture (1363), I, 529.
ROBERT [de la Ferté-Milon], abbé de Ste-Geneviève (1241), IV, 48.
ROBERT [III], abbé de St-Germain-des-Prés (1070), I, 263 ; III, 18, 40, 48 [1063, date inexacte] ; IV, 191, 192.
ROBERT [IV], abbé de St-Germain-des-Prés (1200), IV, 49, 57.
ROBERT [V, de Lespinasse] (1479), III, 262.
ROBERT, abbé de St-Laumer de Blois (1200), IV, 450.
ROBERT II, abbé de St-Magloire de Paris (1133), IV, 375 ; — (1141), II, 626.
ROBERT, abbé de St-Maur-des-Fossés (1056), IV, 202.
ROBERT [Ier], abbé de St-Victor de Paris (1196), III, 482.

ROBERT [II], abbé de St-Victor de Paris. Voy. Melun (Robert de).
ROBERT le Fort, comte de Paris, I, 160.
ROBERT, comte de Paris, abbé de Saint-Germain-des-Prés. Reçoit la terre de Suresnes, III, 47. Voy. Robert Ier, abbé de St-Denis.
ROBERT, curé d'Écouen (XIe s.), II, 181.
ROBERT, curé de Ferrières. Bienfaiteur du prieuré du Cormier (1228), IV, 503, 519, 638.
ROBERT, curé de St-Benoît de Paris (1254), I, 135.
ROBERT, curé de St-Marcel de St-Denis, confesseur et exécuteur testamentaire de Mathieu de Montmorency (1248), I, 520.
ROBERT, doyen de Châtenay (XIIIe s.). Bienfaiteur de l'abbaye de St-Victor, III, 331.
ROBERT, doyen de St-Denis de la Chartre (1122), I, 210 ; III, 492.
ROBERT, fils de Girold. Maire de Vanves (1230), III, 581.
ROBERT, moine de Coulombs. Sa démarche auprès de Louis VI, III, 109.
ROBERT, prieur du Bois-St-Père (1189), II, 154.
ROBERT, prieur de Deuil (1203), I, 603 ; II, 286.
ROBERT, prieur de Juvisy (1182), IV, 411.
ROBERT, premier prieur de Linas (1065), IV, 123.
ROBERT, premier prieur de Longpont, IV, 97.
ROBERT, prieur de Notre-Dame-des-Champs à Paris, III, 573. Voy. Plusditzen (Robert de).
ROBERT, seigneur de L'Hay. Communauté qu'il établit à Villejuif (1635), IV, 29, 30, 43.
ROBERT (apparition d'un Sicilien nommé) à un habitant de Marly, III, 26.
ROBERT (Barbe), veuve de [Jacques] de Bragelongne (1618), II, 639.
ROBERT (Claude). Rectifié, IV, 363 (note). Voy. Gallia christiana.
ROBERT (François), secrétaire des finances (XVIe s.), V, 254.
ROBERT (Jean). Fait hommage pour Luzarches au nom du duc de Bretagne (1474), II, 211.
ROBERT (Jean-Baptiste), curé du Mesnil-Aubry (XVIIIe s.), II, 246.
ROBERT (Marguerite), religieuse de Chelles. Sa guérison miraculeuse (1631), II, 489-90.
ROBERT (Noël), marchand de Paris. Bienfaiteur de l'égl. St-Sauveur (XVIe s.), I, 72.
ROBERT (Pierre). Vend à l'abbaye de

St-Denis des biens aux Prés-Saint-Gervais (1226), II, 651.
ROBERT (Nicolas), chevalier. Seigneur de la Tournelle de Lay (1637). Voy. Robert, seigneur de L'Hay.
ROBERT DE LA FORÊT (Jacques), seigneur de Cossigny. Son épitaphe (1705), V, 290, 291. — Seigneur de Vignolles, V, 315.
ROBERTET (Florimond), secrétaire du Roi. Acquiert la seigneurie de Villemomble (1507), II, 561.
Robertus sine Mappis, vassal de Montlhéry, IV, 104.
ROBERVAL (Gilles PERSONNE de). Sa sépulture (1675), I, 111.
ROBIAC DE CALLEMONT (Bertrand), curé de Châtres, IV, 150 (note).
ROBICHON, lieu-dit près de Pantin [?] (1240), II, 649.
— (Matthieu de), curé du Plessis-Gassot (1499), II, 248.
ROBLLAC, fief situé près de Sarcelles (1580), II, 172.
ROBIN (Jeanne), fille de Pierre, femme de Guillaume de Sailly (XV° s.), II, 543.
ROBIN (Pierre), époux de Jacqueline Gode, dame de Montfermeil (XIV° s.), II, 543.
ROBIN (Nicolas), prêtre né à Herblay. Sa sépulture (1629), II, 81.
ROBIN DE LA PESCHELLERIE, secrétaire du Roi. Seigneur de Vitry-sur-Seine (XVIII° s.), IV, 474.
ROBINEAU (Gui), seigneur de Saint-Forget. Son fief à Villebon (1630), III, 239. — Possesseur du château de Bétancourt, III, 362.
— (Jacques), seigneur de Croissy-sur-Seine (1634), II, 28.
ROBIOL, fief à Argenteuil, II, 19.
Roboretum. Voy. Rouvray.
Robur : Rouvres, V, 56, 57.
ROCANCOURT. Voy. Rocquencourt.
ROCCON, patrice sous le roi Thierry [III]. Terre qu'il aurait donnée à St-Germain-l'Auxerrois, III, 156.
Rocconis Curtis, Rocconcurtis : Rocquencourt, III, 156.
Rocencort : Rocquencourt, III, 158.
Roceyum : Roissy-en-France, II, 284.
ROCHE, femme d'Eudes de Gonesse (XII° s.), II, 315.
ROCHE (la), ham. de Bruyères [Seine-et-Oise, ham. d'Ollainville], III, 476. — Vente de cette terre en 1735, *ibid*.
ROCHE (la), *Rooscha, Roscha, Ruscha, Villa Ruscha*, la Rouche, Rosche, la Rosche [Seine-et-Oise, lieu-dit de Lévy-Saint-Nom], III, 342, 345.
— Abbaye de Notre-Dame de la Roche ou de la Rosche, *de Roscha, de Rupe. Notice*, III, 349-352. — Ses biens, III, 125, 273 ; IV, 211. — Seigneurs qui l'ont possédée, III, 289. — Armoiries qui s'y trouvent, III, 345. — Abbé, III, 342. Voy. Roger.
ROCHE (la) [Seine-et-Oise, ham. de Villebon], III, 516. — Seigneur : Nicolas Potier de Novion, III, 514.
ROCHE (Anne Pot, dame de), I, 618.
ROCHE (Guillaume de la), chanoine d'Amiens (1271), II, 652.
— (Olivier de la), grand-prieur de France (1224), II, 397, 554.
— (Philippe de la), seigneur de St-Jean de Beauregard et de Maudétour (XIV° s.), III, 499.
ROCHE (Robert, sire de la). Vend, conjointement avec Iolande, sa femme, au chapitre de Notre-Dame, ses biens à Héricourt (1302), II, 99.
ROCHE (Mme de la), mère de M. des Espoisses. Etablit des sœurs de charité à Noisy-le-Grand, IV, 623.
ROCHE (D^me de la), veuve de M. Boucher. Dame du Luat (1752), II, 168.
ROCHECHOUART (Aymeri de), év. de Sisteron. Eglise qu'il dédie (1583), I, 78. — Autre mention (1588), I, 333.
— (Jean de), mari de Isabeau Turpin, II, 236.
— (Jeanne de), fille du précéd., femme de Jacques de Beaumont. Dame de Villiers-le-Sec, II, 236.
ROCHECHOUART (de). Sa femme, Morse [?] (XVIII° s.), II, 537.
ROCHEEL (moulin de) [le moulin de Rochapt ou de Rochot ? à Epinay-sous-Sénart], à Boussy-St-Antoine. Contestation à son sujet (1224), V, 194, 199.
ROCHE DE CLUNG (la) ou DE GLUY [la Roche de Glun. Drôme, arr. de Valence], V, 61. — Acte royal qui en est daté (1248), III, 158.
ROCHE en Forez (Jean Lordeau, seigneur de la), V, 357.
ROCHEFONTAINE (ferme de) [Seine-et-Oise, comm. de St-Sulpice de Favières], IV, 176.
ROCHEFORT (Béatrix de), femme de Manassès de Vitry (XII° s.), V, 322.
— (Constance, dame de). Bienfaitrice du prieuré de Villepreux (1231), III, 181.
— (Gui de) dit *le Rouge*, fils de Gui de Montlhéry ; grand sénéchal de France. Seigneur de Châteaufort, de Gournay-sur-Marne et de Rochefort, III, 302, 396, 586 ; IV, 101, 442, 500, 609, 614-616.

— (Simon de). Ses fiefs à Pecqueuse (XIIIᵉ s.), III, 430.
— [Simon de], abbé des Vaux-de-Cernay. Sa sépulture [1327], III, 424.
— (Thomas de), bailli de St-Germain-des-Prés. Son fief de la Salle, V, 105.
ROCHEFORT (JOUVIN de), trésorier de France, écrivain. Son lieu de naissance, III, 476. Voy. Jouvin.
ROCHEFORT (baron de). Voy. Luctin.
ROCHEFORT (seigneur de). Voy. Rivière (Jean de la).
ROCHEFOUCAULD (Alexandre de la), prieur de Notre-Dame-des-Champs, I, 147.
— (Catherine de la). Vend sa maison de Conflans au duc de Richelieu (1655), II, 371.
— (le cardinal de la), abbé de Ste-Geneviève. Son mausolée, I, 238, 239. — Fondateur de la congrégation des chanoines réguliers de France, I, 240. — Ses entrailles conservées à Nanterre, III, 74. — Traite avec Hubert Charpentier, III, 86. — Fondateur des Incurables à Paris, III, 207.
ROCHEFOUCAULD (de la), seigneur de la Celle-Saint-Cloud (1695), III, 162.
ROCHE-FROISSARD (de la), famille d'Anjou, II, 352.
ROCHE-GARNIER (la), lieu-dit relevant de Marcoussis (XVᵉ s.), III, 493.
ROCHE-GUYON (la) [Seine-et-Oise, cant. de Magny]. Dame. Voy. Rivière (Perrette de la).
ROCHE-GUYON [corr. SUR-YON] (la princesse de Conti de la). Chef de son conseil, I, 645.
ROCHELLE (la) [Charente-Inférieure]. Personnages, III, 94, 99, 460. — Rente sur la prévôté due à l'abbaye de St-Maur, II, 431. — Chevalier d'honneur du bureau des finances, V, 292. — Receveur général des finances de la généralité, IV, 126.
ROCHELLE (Guillemette, dite de la). Particularités sur cette extatique, I, 167.
ROCHE-MAILLET (de la). Voy. Michel.
ROCHE-QUENTIN (la) [Deux-Sèvres, cant. de St-Maixent, comm. de Cherveux]. Acte royal daté de ce lieu (1448), IV, 628.
ROCHER (fief de), dépendant de Groslay, I, 612.
ROCHES (les) [Seine-et-Oise, ham. de Bièvres], III, 260.
ROCHES (les), lieu-dit d'Yerres (1545), V, 230.
ROCHES (bois des), voisins de Ste-Geneviève-des-Bois, IV, 380.

ROCHES (Michel le Masle, seigneur des), IV, 92.
ROCHES (Robert des), maître des Comptes. Seigneur de Ville-Evrard (1457), II, 480.
ROCHE-SUR-YON (le prince de la), III, 457.
— (Mᵐᵉ de la). Sa maison à Charonne, I, 482.
— (Mˡˡᵉ de Conti de la). Dame de Lieux, II. 109.
ROCHETAILLÉE (Jean de la), archev. de Rouen, administrateur de l'évêché de Paris. Biens qu'il reçoit du roi d'Angleterre, III, 34, 584.
ROCHETTE (Abel de la), qualifié seign. de Servon (1584), V, 251.
— (Jacques de la), fils de Louis III. Seigneur d'Ollainville et en partie de Bruyères-le-Châtel, III, 468, 474.
— (Jean de la), capitaine de Montlhéry (1514), IV, 108.
— (Jeanne de la), femme de Jean d'Allonville (1543), III, 468, 474.
— (Louis Behan ou Behene de la). Voy. Boulen (Louis de).
— (Louis de la), fils du précédent ; mort en 1500, III, 474.
— (Louis de la), fils du précédent. Seigneur de Bruyères-le-Châtel. — Sa mort en 1524, III, 474.
ROCHIER (Philippe du), recluse de Ste-Opportune (1473), I, 43.
ROCHON (Louise), femme de Jean de la Fosse. Sa sépulture (XVIIᵉ s.), IV, 382.
ROCOLES (Jean-Baptiste de), écriv., chan. de St-Benoît, I, 137.
ROCOLET (Simon de), imprimeur à Paris. Legs qu'il fait à l'égl. de Franconville (1647), II, 46.
ROCOURT, lieu-dit de Marly-la-Ville, II, 329 [représenté aujourd'hui par la fontaine de Riaucourt où l'Isieux prend sa source].
ROCQUE DE VARENGEVILLE (Jeanne-Angélique), maréchale de Villars. Sa maison à Athis, IV, 420.
ROCQUENCOURT, *Rocconis Curtis, Rocconcurtis,* Rocencort, Rogancort, Rocancourt, Roquancourt, paroisse du doyenné de Châteaufort [Seine-et-Oise, arr. et cant. de Versailles], III, 111, 201. — *Notice,* III, 156-9.
— Lieux-dits : Chevreloup, Vaulneau.
— (Garnier de), chevalier. Mentions en 1193 et en 1209, III, 158, 194, 195.
— (Geoffroi de). Mentionné vers 1120, III, 158.
— (Henri de). Confiscation de sa terre à raison d'un meurtre par lui commis, III, 158.

— (Radulfe de), de Roquencort. Bienfaiteur de l'abbaye de St-Denis (1230), III, 158.
Roda. Sens de ce mot ; origine de nom de lieu, III, 92.
RODES (le sr de), porte-enseigne. Tué à la bataille d'Ivry, III, 329.
RODEZ (Aveyron). Évêque. Voy. Péréfixe (Hardouin de).
Rodolium : Rucil, III, 92.
RODON, ruisseau, III, 381 (note). Voy. Ivette.
RODON ou REDON [Seine-et-Oise, ham. du Mesnil-Saint-Denis], III, 289-290.
RODON [Seine-et-Oise, moulin de Milon-la-Chapelle], III, 290.
RODON [Seine-et-Oise, ham. de St-Remy-lez-Chevreuse]. Mentionné au VIIe s., III, 381 (note) ; — dépendant de la seign. de Chevreuse, III, 373, 381.
Rodoniacum : Rosny, II, 551.
Rodonus. Voy. Rone (le).
Roex, Roez : Réaux-en-Bièvre ou Villaroy, III, 260, 283.
Rogancort : Rocquencourt, III, 158.
ROGATIONS. Leur institution, I, 450; — (procession des) à St-Denis, I, 506.
Rogellæ [la forêt de Rougeau, entre Corbeil et Melun], IV, 298.
ROGER, abbé de Coulombs (1150), III, 117, 152. — Ses prétentions sur le monastère de Laye (1163), III, 134.
ROGER, abbé de Lagny (1036), IV, 569.
ROGER, abbé de la Roche (1253), III, 350 ; IV, 211.
ROGER, abbé de St-Florent de Saumur, I, 603.
ROGER, abbé de St-Maur (1168), V, 277.
ROGER, archev. de Bourges. Son lieu de naissance, I, 429.
ROGER, prieur de Villepreux (XIIe s.), III, 181.
ROGER, prêtre. Bienfaiteur de St-Eloi de Paris, I, 466.
ROGER, écuyer du Roi (1309), I, 94.
ROGER (Jacques), possesseur de Château-Frayé (1550), V, 57.
ROGER (Pierre), vacher de Ste-Geneviève-des-Bois. Prédit à Anne d'Autriche sa grossesse, IV, 383.
ROGIER (Jean), écuyer. Secrétaire du Roi (XVIIIe s.), V, 249.
Roguellus (vigne appelée), à Lieux (XIIIe s.), II, 107.
Rogus, lieu voisin de Longpont (1136), IV, 390.
ROHAN (Alain VIII, vicomte de) et de Léon. Vend à Gui de la Trémouille des biens à Conflans-Ste-Honorine (1388), II, 94.
— (Marie de), fille d'Hercule de Rohan duc de Montbazon ; femme de Charles d'Albert puis de Claude de Lorraine. Son épitaphe (1679), II, 547-8. — Dame de Chevreuse, III, 372.
— (Marie-Eléonor de), abbesse de Malnoue (1664). Fonde le prieuré du Cherche-Midi à Paris ; sa sépulture (1681), V, 403-4.
ROHAN (Henri Chabot, duc de). Voy. Chabot.
ROHAN (maison de). Voy. Léon.
— (le prince de). Sa maison à St-Ouen, I, 575.
ROHAULT (Colart). Ses biens à Charentonneau (1460), V, 8.
— (Jacques), philosophe. Son cœur conservé à Ste-Geneviève de Paris, I, 240.
ROI (hommages rendus au nom du). Leur cérémonial, I, 410 ; III, 123.
— (régiment du). Lieutenant, V, 320.
ROI (Childéric le), greffier de Wissous (1556), IV, 55.
— (Denis le), curé de Montreuil-sous-Bois, mort en 1391, II, 396.
— (Jean le), curé de Notre-Dame de Corbeil (1482), IV, 288.
— (Nicolas le), prieur de Gournay (1533), IV, 611.
ROY (Le). Voy. Le Roy.
Roictiz (le), lieu-dit de Dampierre (XIIIe s.), III, 359.
ROILLENE (Matthieu), curé du Plessis-Gassot. Sa sépulture (1455), II, 247.
ROILLET (Bernard), licencié en droit. Pourvu d'une chapellenie dans la collégiale de Luzarches (1498), II, 205.
ROIS (statues de) au portail de diverses églises, I, 8, 147, 269.
ROIS DE FRANCE. Causes dont ils connaissent eux-mêmes, I, 232.
Roisneium : Rosny-sous-Bois, II, 551.
ROISSOLLES (redevance appelée), I, 604.
ROSSY ou ROISSY-EN-FRANCE, paroisse du doyenné de Montmorency [Seine-et-Oise, arr. de Pontoise, cant. de Gonesse]. Notice, II, 277-285. — Autres mentions, II, 69, 170, 266, 268, 280, 334, 538, 598, 627 ; III, 5.
— Lieux-dits : Campus petrosus, Challas, Changi, Foubert (Vallis), Goolonæ (Via), Lagutena, Magnamota, Martru, Mortières, Noël (Vallis).
— (Amaury de), de Rosiaco. Ses biens à Taverny (1239) ; son nom donné à une rue de Paris, II, 281.

29.

— (Gilles ou Gilon de), seigneur de ce lieu, fils de Matthieu. Vend au chapitre de Paris des biens à L'Hay (1228), II, 281 ; IV, 41. — Autres mentions en 1236 et en 1241, II, 280.
— (Herbert de), archidiacre de Tournay. Son obit à Ste-Geneviève de Paris, II, 284.
— (Jean, seigneur de Ploisy et de). Son épitaphe (1477), II, 278.
— (Jean de), sous-prieur, puis abbé de Ste-Geneviève, II, 284. — Prévôt d'Epinay-sous-Sénart (1298), V, 198.
— (Matthieu de), I, 610-611 ; II, 274. — Bienfaiteur de l'abbaye de St-Victor (1174), II, 153-4, 277, 281.
— (Matthieu de), fondateur d'une chapellenie en ce lieu ; biens qu'il lui donne à Bezons (1241), II, 21, 280. — Ses biens à Domont (1233), II, 155, 281.
— (Philippe de), chevalier. Biens à L'Hay et à Chatenay qu'il vend au chapitre de Paris (1224), II, 281 ; III, 541. — Mentionné en 1233, II, 281 ; — en 1241, 280 ; — en 1221, 291.
— (Philippe de), de Royssiaco. Mentionné en 1264 ; bienfaiteur de Ste-Geneviève de Paris, II, 281, 282.
— (Simon de), chapelain du Roi (1286), II, 284.
ROISSY [Seine-et-Oise, ham. d'Ormoy], IV, 259. Identifié avec Roissy-le-Platry, 260.
ROISSY (fief de) ou de Poissy consistant en dîmes à Groslay, I, 610, 612.
ROISSY (fief dit de) à Bezons (1241), II, 22.
ROISSY (Pierre dit de), de Roissiaco, célèbre prédicateur (XIIᵉ s.). Manuscrit qui lui est attribué, II, 277, 284.
ROISSY-EN-BRIE, Rauciacum, Rausiacum, Rauziacum, paroisse du doyenné de Lagny [Seine-et-Marne, arr. de Melun, cant. de Tournan]. Notice, IV, 498-504. — (forêt de), IV, 487, 500, 592.
— Lieux-dits : Cormier (le), Frette-Saint-Pierre (la), Gruerie (la), Pissecoc.
ROISSY-LE-PLATRY, ham. du Coudray ou d'Ormoy, V, 104. Voy. Roissy.
ROLAND (le comte), neveu de Charlemagne. Tradition qui lui attribue la fondation de St-Marcel de Paris, I, 120. — Confrérie établie en mémoire du désastre de Roncevaux, I, 199. — Nom de lieu conservant le souvenir de la trahison de Ganelon, III, 145. — Autre nom de lieu qui ne peut en dériver, III, 271.
ROLAND (Jean), procureur au Parlement. Possède la Cour-Roland (1618), III, 271.
— (Nicolas), bourgeois de Paris. Seigneur du Plessis ; son nom donné à la terre de la Cour-Roland, III, 271.
ROLIN (Gérard), chevalier, bailli de Mâcon. Seigneur de Mareil-en-France, II, 233.
— (Pierre), écuyer, fils de Gérard. Cède par échange la terre de Mareil-en-France à Guillaume de Corbeil (1454), II, 233.
ROLINDE (de), intendant de Mlle de Montpensier à Choisy-le-Roi, IV, 444.
ROLLAND (Jean). Ecoles tenues par lui acquises pour l'agrandissement du collège de Beauvais (1396), I, 253.
— (Marie), femme de Pierre Gruyn. Son épitaphe (1718), V, 396.
ROLLAND. Ses prétentions sur la terre de Quiers (1216), V, 435.
ROLLIN (Adrien), chanoine-curé de St-Merry (1685), I, 162.
ROLLIN, recteur de l'Université de Paris. Poésie latine qui lui est adressée (1695), IV, 430, 432-4.
ROLLIN (le cardinal), év. d'Autun. Sa fondation aux Carmes de Paris (1478), I, 255.
ROLLIN, libraire de Paris. Acquiert la terre de St-Pierre du Perray (vers 1750), V, 93.
ROLLON, duc de Normandie, II, 485.
Rollum : le Roule, I, 438.
ROMAIN, nom propre. Origine de nom de lieu, II, 644.
ROMAIN, év. de Meaux, II, 644.
ROMAIN (le frère), jacobin. Eglises et constructions bâties par lui, II, 79 ; III, 64 ; IV, 614.
ROMAIN (Françoise de), dame de Grigny en partie (1580), IV, 406.
— (Jean de), cons. au Parlem. Seign. de Vémars (XVᵉ s.), II, 346.
ROMAINCOURT (moulin de) [Seine. Près de St-Denis], I, 528.
ROMAINE, Romani, Romanum [le Grand-Romaine. Seine-et-Marne, ham. de Lézigny]. Notice, V, 359-360.
— (Etienne de), clerc. Bienfaiteur de l'abbaye de St-Maur (1238), V, 359.
ROMAINES (les Petites-) [Seine-et-Marne, ham. de Ferrolles-Attilly], V, 278, 359-360.
ROMAINVILLE, Romevilla, Romeville

— 451 —

[Seine-et-Oise, ham. de Magny-les-Hameaux], III, 295.
ROMAINVILLE, *Romanavilla,* paroisse du doyenné de Chelles [Seine, cant. de Pantin], I, 471. — *Notice,* II, 643-647. — Seigneur, II, 655.
— Lieu-dit : Trou-Vassou (le).
— (Arnoul de), abbé de Ste-Geneviève (1275-1280), II, 647. — Mentions en 1275, V, 198, 213. Voy. Arnoul.
— (Isabelle de), femme de Robert de Passy. Vend à l'abbaye de St-Denis des biens à Noisy-le-Sec (1265), II, 641, 646.
— (Marie de), soupçonnée de vol. Son châtiment, I, 389.
— (Pierre de), chevalier. Sa mort en 1263, II, 646.
Romanavilla. Voy. Romainville.
Romanaria. Voy. *Villa Romanaria.*
ROME [Italie]. Eglise St-Eustache, I, 61. — Eglise St-Jean de Latran ; partie de cet édifice appelée la Carole, I, 191. — Eglise St-Sauveur surnommée *Johannis Bovis,* I, 318.
— Messe qui y est chantée en grec, I, 507. — Reliques qui en proviennent, I, 61, 125-6 ; III, 200 ; IV, 184. — Autres mentions, I, 2, 310, 311 ; II, 362, 385 ; IV, 134.
Romenar, Romenor. Voy. *Villa Romanaria.*
ROMENY (Claude-Albert d'Arbois, seign. de), II, 206.
ROMERAY (Jean de). Voy. Rouvray.
Romevilla, Romeville : Romainville, III, 295.
ROMEY (Jacques de), porte-manteau du Roi. Seign. de Romainville, mort en 1590, II, 646.
ROMIEU (de), secrétaire du Roi, secrétaire-général de la marine. Propriétaire de la Grange-Feu-Louis (1746), IV, 330.
ROMIGNY, écrit pour Rungis, IV, 50.
Romiliacum Villa, Romilliacum, Riollum ou *Criollum,* lieu-dit (VIIe s.). Identifications qui en sont proposées (le Roule ou Reuilly), I, 421, 427, 437-8 ; II, 647.
ROMINAGROBIS. Personnage visé par Rabelais sous ce nom, II, 414.
ROMUALDINS. Nom primitif des Camaldules, V, 230.
Ronanensis [corr. *Roranensis,* de Rorani ? Arménie] (Pierre, évêque), III, 502.
RONCE (la), écart de Sèvres [Seine-et-Oise, château à Ville-d'Avray], III, 19.
RONCE (la) [Seine-et-Oise, ferme à Marcoussis], autrefois château, III, 483-4, 495-6.

RONCE (la), écart de Neufmoutiers, V, 341.
RONCE (Jeanne, dame de la), morte en 1287, III, 495.
— (Perrin de la), écuyer, fils de Simon (1298 et 1350), III, 495.
— (Simon de la), III, 495.
— (Thomas de la), chevalier, III, 495.
RONCENOI, lieu-dit de Châtenay (XIIIe s.), III, 542.
RONCERIE (la), canton dépendant du duché de Chevreuse (1692), III, 360, 373.
RONCEROLES (le marquis de), seign. de Bussy-St-Martin (1710), IV, 581.
RONCEVAUX (confrérie de). Voy. Paris.
RONCHAULT (Jean de), écuyer. Achète la seigneurie de Luzarches (1486), II, 211.
— (Philippe de), seigneur de Plaisance (1506), II, 470.
RONCHE (Jean la) ou RONCHIN, cons. au Parlem. Commis comme arbitre (1319), IV, 326-7 ; V, 277 (note).
RONCIÈRE (la) [Seine-et-Oise, ham. de Courson-Launay et de Fontenay-les-Briis], III, 453, 457, 458.
RONCIN (redevance d'un), IV, 46.
RONCY, écrit pour Ourcines, III, 222.
ROND (églises dites de St-Jean le) en France, I, 13.
ROND-DE-L'ECHELLE (le), lieu-dit de Créteil (1540), V, 22.
RONDEAU (Guillaume), marguillier de l'égl. de Villeron (1532), II, 312.
RONDELLE (île de la), dans la Marne, près de St-Maur, II, 461.
RONE (le), *Rodonus* ou *Rosdonus,* affluent du Crould, II, 169, 187, 190, 257.
RONGEMAILLE (Jean), curé du Tremblay (1531), II, 608.
RONQUEUX, lieu-dit de la Celle-les-Bordes [Seine-et-Oise, ham. de Bullion], III, 426.
RONSARD. Epitaphes composées par ce poète, III, 159. — Anecdote sur lui, IV, 19.
RONSART (tour de), au château de Meudon, III, 235.
RONY. Voy. Rosny-sous-Bois.
RONY (François de), seigneur de Brunoy (1597), II, 206.
Roogniacum. Voy. Rosny-sous-Bois.
ROOLET (Perrette), femme de Guillaume le Tinquetier. Dame de Champagne et de Balizy (XVe s.), IV, 78, 396.
Rooneium, Roonium. Voy. Rosny-sous-Bois.
ROONY (Pierre de), prieur de Gometz (1386), III, 406.
ROONY (Thierry de). Voy. Rosny.

Rooscha, Roscha : l'abbaye de la Roche, III, 125, 350.
Root (Vallis), lieu-dit de Champigny-sur-Marne (?) au XIIIᵉ s., IV, 471.
ROQUAINCOURT, au diocèse de Bayeux [Rocquancourt. Calvados, arr. de Caen, cant. de Bourguebus], III, 156.
ROQUANCOURT (Garnier de). Voy. Rocquencourt.
ROQUE (maison dite la) à Fontenay-le-Vicomte (1385), IV, 237.
ROQUE (Jean de la), seign. de Bussy-St-Georges (XVᵉ s.), IV, 576.
— (Jean de la), seign. de Bussy-St-Georges (1580), IV, 577.
— (Valentin de la), huissier d'armes du Roi, puis prévôt de Corbeil (1464) ; IV, 307. — Seign. de Villepescle, V, 121.
ROQUE (de la), lieutenant de Roi à Arras. Seign. de Morsang-sur-Seine (1730), V, 101.
ROQUELAURE (le duc de). Sa maison à Athis (XVIIIᵉ s.), IV, 420.
ROQUEMADOUR (la) [Rocamadour. Lot, cant. de Gramat]. Reliques en provenant, I, 61.
ROQUEMADOUR, écrit pour Rocquencourt, III, 157.
ROQUEMONT [Seine-et-Oise. Château près de Luzarches]. Couvent de Pénitents du Tiers-Ordre, II, 207, 222. — Seigneur, II, 203.
ROQUEMONT, fief voisin de Lagny, mouvant de Torcy, IV, 564, 595.
ROQUETTE (Gabriel de la), III, 335.
ROQUIERS (Tarneau de Courtilleau, seign. de), III, 70.
RORE-SAINT-MARCEIL (la), lieu-dit de St-Pierre-du-Perray, V, 91.
Roricius. Voy. Reric.
Roricurtis, terre dépendant d'Antony (XIᵉ s.), III, 535.
RORIGON, comte. Bienfaiteur du monastère de Glanfeuil (IXᵉ s.), II, 424.
ROSAIRE (confrérie du), dans l'église de Clichy, I, 425.
ROSAY (abbaye de), diocèse de Sens, V, 227. Voy. Rozoy-le-Vieil.
Rosca ou *Rusca* (Jean de), chevalier (1259), III, 352.
ROSCELINE, femme de Thibaud de Savigny. Bienfaitrice du prieuré de Longpont (XIIᵉ s.), IV, 390.
ROSCHILD (Danemark). Évêque. Voy. Pierre.
Roscidus locus. Origine de nom de lieu, IV, 499.
Roscius, nom romain. Origine de nom de lieu, II, 277 ; IV, 499.
ROSCHE (la). Voy. Roche (abbaye de la).
ROSDON. Voy. Rodon.
Rosdonus. Voy. Rône (le).

ROSDON, ruisseau différent du Rône (775), II, 190.
ROSE, fille de Raoul, comte de Crespy ; religieuse de Chelles canonisée sous le nom de Ste Elisabeth. Fondatrice du monastère de Rozoy-le-Vieil (XIIᵉ s.), II, 501.
ROSE (Etienne), curé d'Ursines (1654), III, 223.
— (Louis), cons. au Parl. de Metz. Seign. de Coye (1681), II, 337.
— (Rose-Madeleine), veuve d'Antoine Portail. Dame du Vaudreuil (1723), II, 25.
— (Toussaint), président de la Chambre des Comptes. Marquis de Coye (1697), II, 337.
ROSEL (Hunger). Ses biens à Orsay (XIIIᵉ s.), III, 397.
ROSENGARDEN (Albert de), anglais. Biens que lui donne le roi d'Angleterre, II, 167, 172.
ROSEREAU (Etienne), seign. de la Fontaine à Brétigny (1644), IV, 342.
ROSES (bouquets de) offerts au Parlement. Leur provenance, III, 559.
ROSET. Voy. Rozoy-le-Vieil.
ROSET. Couvent de Jacobins [les religieuses du tiers-ordre de S. Dominique établies à Rozoy-en-Brie ?], IV, 598.
ROSIÈRE, localité voisine de Tournan ? V, 331.
ROSIÈRES [Seine-et-Oise, ham. de Brétigny], IV, 319, 343, 339-340.
ROSIÈRES, canton près de Fontenay-aux-Roses, III, 565.
ROSIERS (fief de) à Issy, III, 8.
ROSIERS (moulin des) à Fontenay-aux-Roses, III, 238, 565.
ROSNY-SOUS-BOIS, *Roogniacum, Rodoniacum, Rooneium, Roonium, Roisneium,* Rony, paroisse du doyenné de Chelles [Seine, cant. de Vincennes], II, 391. — *Notice,* II, 551-557.
— Lieux-dits : Ancher (masure d'), *Balneus caballi,* Croix (la), Echelle (l'), *Masetum, Puncta.*
— (Thierry de), de Roony, clerc. Terre qu'il donne à l'abbaye de Livry (XIIIᵉ s.), II, 481.
ROSOY (Jean de), abbé d'Hermières (1265), I, 465.
ROSOY en Beauce [Rosay ? Eure-et-Loir, commune de Prouais]. Dame : Françoise de Moutiers, IV, 199.
ROSSEL (Pierre, dit), écuyer. Sa censive à Clamart (XIIIᵉ s.), III, 248.
ROSSET DE FLEURY (Marie), vicomtesse, femme de François-Raymond-Joseph de Narbonne-Pelet, I, 130.
Rossiacum. Voy. Roissy.

ROSSIGNOL, seigneur de fief à St-Prix (XVIIIᵉ s.), I, 649.
ROSSIGNOL cordonnier guérisseur né à Bièvres. Son « apoticairerie » à Paris (XVIIᵉ s.), III, 261.
ROSSIGNOL (Antoine), maître des Comptes. Seigneur de Juvisy (1674), IV, 413.
ROSSO (le). Son *Christ mort* au château d'Ecouen, II, 184. — Gratifié d'un canonicat à Notre-Dame de Paris, 185.
ROSTAING (Charles de), seign. de Villemenon (1597), V, 254.
ROSTIZ (clos), sur le territoire de la Malmaison (1244), III, 100.
ROT, roth, rod, radical germanique. Origine de nom de lieu, III, 92.
Rota. Origine prétendue de nom de lieu, II, 552.
Rota, lieu-dit d'Auteuil (1250), I, 389.
Rota (H. de), fondat. de la chap. de la Roue-en-Linas, IV, 124.
Rotagium, rouage. Redevance féodale, II, 48 ; III, 46.
ROTBERT (meix de), situé à Leudeville, IV, 220.
ROTERF (Jean), capitaine de Montlhéry (1418), IV, 106.
ROTERIE (la), maison à St-Pierre du Perray. Contestation sur la mouvance de ce fief (XVIIIᵉ s.), V, 85, 91, 93.
ROTGAIRE, avoué de l'abbaye de St-Denis (VIIIᵉ s.), III, 146.
ROTHELIN (le marquis de), seigneur de Moussy-le-Neuf (XVIIIᵉ s.), II, 355. Voy. Longueville.
ROTHILDE, fille de Charles le Chauve. Abbesse de Chelles, II, 485.
Rotoïalensis, *Rotoïalo (Villa)* : Rueil, III, 90, 91.
ROTROU, év. d'Evreux, IV, 163.
ROTRUDE, fille de Charlemagne. Bourg-la-Reine lui devrait son nom, III, 562.
ROTRUDE, femme d'Ansold. Bienfaitrice de St-Denis de la Chartre (1122), III, 492, 499-500, 501.
Rotulum : le Roule, I, 438.
ROUCHE (abbaye de la), III, 349. Voy. Roche (abbaye de la).
ROUCY (étang de), dans le parc de Marcoussis, III, 487.
ROUE (la) fief et maison seigneuriale [Seine-et-Oise, ham. de Linas]. *Notice*, IV, 124-6. — Moulins, IV, 126.
— (Jeanne de la), abbesse de Gif ; déposée en 1480, III, 390.
— (Marguerite de la), fille d'Asceline de Tourtebraie, femme de Guillaume de Marcilly, remariée à Renaud de Trie. Sa sépulture, IV, 125.
— (Geoffroy dit de la), chantre de St-Merry de Paris. Sa sépulture (1280), IV, 120, 124.
— (Henri de la). Voy. *Rota*.
ROUELFIN (Jean-Baptiste), secrét. du Roi. Seign. de Fontenailles-sur-Mas ; sa sépulture (1693), IV, 200.
ROUEN [Seine-Intérieure]. Lieu de réunion de l'armée royale en 1346, II, 210, 230. — Marchands de l'eau de cette ville ; leurs relations avec ceux de Paris, III, 128. — Acte royal qui en est daté (1531), V, 337. — Une partie de la ville dépend du diocèse de Lisieux, V, 407.
— Autres mentions, I, 547, 567.
— Abbaye de St-Ouen. Ses biens, IV, 271 ; — abbé. Voy. Auteuil (Jean d').
— Archevêques, III, 13. Voy. Amiens (Hugues d'), Ayscelin (Gilles), Bourbon (Charles de), Griphon, Mauger, Prétextat, Rigaud (Odon), Robert, Rochetaillée (Jean de la), S. Ansbert, S. Flaive, S. Ouen.
— Baillis. Voy. Barbou (Renauz), Picard d'Estellan.
— Cathédrale : archidiacre. Voy. Chevry ; — chanoine. Voy. O'Molony ; — trésorier, I, 117.
— Frères des Ecoles chrétiennes dits de St-Yon ; faubourg où ils sont établis ; leur église, IV, 138.
— Généralité ; intendants. Voy. Goujon de Gaville, Roujault.
— Parlement : premiers présidents. Voy. Faucon, Montholon (Charles-François de), Pontcarré (Camus de).
— Prieuré de Ste-Catherine, IV, 26.
— Vicomte. Voy. Mineray (Jean de).
ROUEN (Josias de). Son procès au sujet du fief de Courtabeuf à Bures (1650), III, 400.
— (Robert de), proviseur des Quinze-Vingts (1315), I, 39.
ROUGE (Gui dit le). Voy. Rochefort (Gui de).
ROUGEAU (forêt de) [entre Melun et Corbeil], IV, 296, 298. Voy. *Rogellæ*.
ROUGEMONT [Seine-et-Oise, ferme à Sevran], bois et ferme, II, 583, 584.
ROUGEMONT, lieu-dit près du Thillay ? (1273), I, 603.
ROUGEOREILLE (Pierre). Son moulin à Bagneux (1543), III, 570.
ROUGER (Jean), religieux de Ste-Berthe de Blangy. Biens à Vitry à l'administration desquels il est préposé par le roi d'Angleterre (1426), IV, 451.
ROUGNON [ou ROGNON. Haute-Marne] (la Val de), fief dépendant de la châtellenie de Châteaufort (1650), III, 304.

ROUILLARD (Jacques), conseiller au Parlement. Curé de Houilles (XVIe s.), II, 33.
ROUILLARD, historien de Melun. Critiqué, V, 411.
ROUILLÉ (Claire), femme de Jean Tronson. Dame du Coudray (1627), V, 104.
— (Hilaire), procureur général en la Chambre des Comptes. Seigneur du Coudray (1682), V, 103, 105.
— (Jean), possesseur en partie du fief de la Fontaine à Brétigny à cause de sa femme (XVe s.), IV, 342.
— (Pierre), cons. au Grand-Conseil. Acquiert la seigneurie du Coudray (1661), V, 105.
— ou LE ROUILLÉ (René), év. de Senlis. Abbé du Val et d'Hérivaux; sa sépulture (1559), II, 217.
— ou LE ROUILLÉ (René), neveu du précéd. ; cons. au Parl. Procès qu'il a à soutenir, I, 630. — Abbé d'Hérivaux; sa sépulture (1624), II, 217; — mentionné en 1565, II, 218. — Abbé de Lagny (1576), IV, 537.
ROUILLÉ (Sébastien le), garde du trésor des Chartes. Seign. de Genitoy (XVIe s.), IV, 578.
ROUILLÉ ou ROULIER DE FONTAINES (Jean), maître des Requêtes. Seign. de Marly-la-Ville; sa mort en 1728, II, 328. — Son fils, cons. au Parl. Seign. de Puiseux, II, 320 ; — de Marly-la-Ville, 328.
ROUILLÉ ou ROULLIER DE JOUY, secrét. d'Etat de la marine Possède le château de Roissy-en-France (XVIIIe s.), II, 284. — Seign. de Jouy-en-Josas et de Bures, III, 269, 393.
ROUILLÉ D'ORGEMONT, secrét. du Roi. Acquiert Plaisance (XVIIIe s.), II, 471.
ROUILLON, le Rouillon [Seine-et-Oise, ham. d'Evry-sur-Seine]. Ferme au XVIIIe s., IV, 330.
Rouilliacum. Voy. *Romiliacum.*
ROUILLON. Voy. Rivellon.
ROUJAULT (Nicolas-Etienne), maître des req., intend. de Berry et de Rouen. Seign. de Villemain (XVIIIe s.), V, 158.
ROULE (le), *Crioïlum, Rollum, Romiliacum, Rotulum,* paroisse de la banlieue [aujourd'hui dans Paris], I, 395, 422 ; III, 91. — *Notice,* I, 437-440.
— Eglise de St-Philippe, I, 76.
— Léproserie : ses biens, II, 646. — Un de ses malades révèle un trésor, III, 33.
— Pont mentionné en 1222, I, 27.
— Lieu-dit : Pépinière (la).

ROULEBOISE (Jacques de Trie, seigneur de), II, 233.
ROULETTE (la) [Seine-et-Oise, ham. d'Andrézy], II, 101.
ROULIER ou ROULLIER. Voy. Rouillé.
ROULLIN (Nicolas), avocat. Hommage qu'il rend pour ses biens au Roule (1475), I, 439.
ROUSSAY (le) [Seine-et-Oise, arr. et cant. d'Etampes, ham. d'Etréchy]. Seigneur, IV, 182.
ROUSSE, notaire du chapitre de Paris (1571), II, 298.
ROUSSE (le chemin de la), à Margency (XVIIIe s.), I, 638.
ROUSSEAU (Clémence), femme de Jean-Baptiste Bodin, IV, 115.
— (Honoré), substitut du prévôt de Châteaufort (1580), III, 304.
— (Salomon), seign. de Monceaux (1619). Son oratoire à Villabé, IV, 250.
ROUSSEL (Henri), avocat au Parl. Seign. de Chaillot (1438), I, 410.
— (Simone), sa fille, femme d'Aymard Durand, I, 410.
— (Jean), curé de St-Paul de Paris (1490), I, 325.
ROUSSEL, secrétaire du Roi. Possède la terre de Neubourg (1472), IV, 330.
ROUSSELET (Pierre), évêque *Solovence ?* abbé du Jard. Dédie l'égl. de Grégy (1540), V, 163.
ROUSSELIN (Henri). Sa fille Jeanne, femme de Michel le Pileur, I, 67.
ROUSSELIN DE MONTCOUR (Pierre), grand maître des eaux et forêts de Touraine, V, 284.
ROUSSIGNY [Seine-et-Oise, ham. de Limours], III, 435, 436.
ROUSSY (Jeanne de), seconde femme de Charles de Montmorency. Sa sépulture (1361), II, 135.
ROUNDEL, lieu-dit de Limoges (1133), V, 135.
ROUVIER (Gilles), seigneur de Ris (XVIe s.), IV, 377.
ROUVILLE (Guillaume de). Sa fille, femme de Fiacre de Harville, III, 329.
— (Jeanne de), abbesse d'Yerres (1485), V, 228.
ROUVILLE (de) [Antoine de Ricouart d'Hérouville]. Seigneur de Villeparisis (XVIIe s.), II, 580.
ROUVRAY ou ROUVRET (bois, garenne et forêt de), *Roboretum, Roveritum, nemus de Rovreto,* ancien nom du bois de Boulogne, usité jusqu'au XVIe s. I, 390, 392-3, 397. — Droits qu'y possédait l'abbaye de Longchamps, 398-9. — Cédé en 717 à l'abbaye de St-Denis, III, 112.

— 455 —

Rouvray (la couture de), *Roboretum, Roveredum*, lieu-dit de Pantin, II, 648, 649, 650.

Rouvray [Seine-et-Marne, ham. de Mormant]. Chapelle de St-Julien, V, 416.

Rouvray [et non de Bouvray (Blanche de), femme de Thibaud de Pouville, IV, 204.

— (Jean de), seigneur de Gournay (1330) par sa femme, IV, 617 ; — appelé Jean de Romeray et Jean de Romain, *ibid.*

Rouvray (de), capitaine huguenot. S'empare d'Argenteuil (1567), II, 15.

Rouvres, *Robur* [Seine-et-Oise, ham. de Vigneux], V, 52, 56-7. Seigneur, V, 66.

Rouvres-les-Bois [Indre, arr. de Châteauroux, cant. de Levroux] (Nicolas Picot, seign. de), V, 33.

Rouvret (bois de). Voy. Rouvray.

Rouvray (Isabeau de), femme de Jean d'Aulnay, dit le Galois, II, 290, 292, 302.

Roux (Adam le), *Rufus*, bourgeois de Paris. Son fief à Bagnolet, II, 655.

— (Antoine le), sieur de Taschy. Seigneur de Mardilly (1620), V, 133.

— (Charles le), prieur de St-Jean-Baptiste de Conches (v. 1556), IV, 572.

— (Eudes le), bourgeois de Paris et Agnès, sa femme. Donnent à l'abbaye de St-Germain-des-Prés une terre à Limeil (1260), V, 33.

— (Hervé le), fondateur d'une chapelle à St-Barthélemi de Paris, I, 175.

— (Hugues le), seigneur de Châteaufort (1069), III, 302.

— (Guillaume le), chevalier. Ses droits sur la voirie de Soisy (XIIe s.), III, 195.

— (Guillaume le). Sentence rendue contre lui (1405), III, 231.

— (Jeanne le), femme de Jean Faillit, III, 315.

— (Marie le), religieuse du couvent de la Conception de Lagny (1661), IV, 556.

— (Marie des), femme de Gilles Rouvier (XVIe s.), IV, 377.

— (Pierre le), chanoine de la cathédrale de Paris. Donne à l'abbaye de St-Victor des biens à Fontenay-sous-Bois (1276), II, 386.

— (Simon le), danois. Ses droits dans la forêt de Sequigny (XIIIe s.), IV, 387.

Roux (le), notaire à Paris (XVIIe s.), II, 44.

Rouy (Françoise de), femme de Pierre de Launey. Pose la première pierre de l'égl. de Brunoy (1539), V, 203.

Roveredum : Rouvray, II, 648.

Roveritum. Rovreto (nemus de). Voy. Rouvray (bois de).

Roy (fief du) ou du Rey, à Villiers-le-Bâcle, III, 314, 315.

Royal-Lieu (abbaye de) près de Compiègne. Relique en provenant, I, 158.

Royal-Vaisseau (régiment). Officier : La Fitte, I, 612.

Royaumont (abbaye de) [Seine-et-Oise, éc. d'Asnières-sur-Oise], diocèse de Beauvais, fondée par S. Louis, II, 122. — Ses biens, II, 196, 269, 511. — Acte royal qui en est daté (1275), III, 303.

Roye [Somme, arr. de Montdidier, ch.-l. de cant.]. Reliques qui en sont enlevées par ordre de Louis XI, III, 370. — Collégiale ; droit qu'y perçoit la commanderie de Corbeil, IV, 296.

— (Barthélemy de), grand-chambrier de France. Fondateur de l'abbaye de Joyenval ; hôtel qu'il lui lègue à Paris (XIIIe s.), I, 36-7 ; II, 268.

— Charte qu'il date de St-Germain-en-Laye, III, 137.

Royer, supérieur du Calvaire du Mont-Valérien, III, 87.

Royer (D[lle] Barthélemy), femme de Pierre Mesmin. Dame de Villiers-le-Bâcle (1550), III, 313.

Royer (Jean de), marchand de Paris. Ses biens à Rouvres (1611), V, 57.

Royer (Marie), femme de Louis Girard, I, 592.

Royer (dom le), dernier religieux de St-Magloire, I, 158.

Roynville (Charles et Claude Boucher, seigneurs de), III, 395.

Rozaline, femme de *Paganus* de Servon (XIIe s.), V, 250.

Rozoy-en-Brie [Seine-et-Marne, arr. de Coulommiers, ch.-l. de cant.]. (élection de), V, 302, 312 (note), 317, 332, 335, 338, 342, 434. Voy. Roset.

Rozoy-le-Vieil [Loiret, arr. de Montargis]. Monastère ; sa fondatrice, II, 501 ; — V, 227.

Ruaucourt [*Ruoldicurtis*], lieu-dit voisin de St-Germain-en-Laye [?] (1124), III, 134.

Rubaniers (marchands). Leur confrérie, I, 194.

Rubanpré, lieu-dit voisin de Corbeil (1407), IV, 313.

Rubel, maison seigneuriale [Rubelles. Seine-et-Oise, ham. de St-Prix], I, 649.

RUBEMPRÉ (Antoine de), chevalier. Capitaine et prévôt de Corbeil (1476), IV, 307, 308.
RUBENTEL (Denis), conseiller au Parlement. Seigneur de Maudétour et de Rubentel ; sépulture (1501), III, 399.
— (Guillaume), fils du précéd. Seigneur de Maudétour et de Soisy ; sa sépulture (XVIe s.), III, 399.
RUBENTEL (Marie), femme de Louis Habert de Montmort; sa sépulture (1612), III, 288.
Rubeo monte (Robert de). Voy. Montrouge (Robert de).
Rubeus (Guido). Voy. Rouge (Guy le).
Rubeus Mons. Voy. Montrouge.
RUE (la), fief relevant de Domont, II, 159.
RUE (Anne de la), femme d'André Blondel, III, 159.
— (Aristote de la). Voy. Pouiletier (Gervais le).
— (Marin de la), curé de Servon (1502), V, 249.
RUE (de la). Sa maison à Ivry (XVIIIe s.), IV, 459.
RUÉ (le Grand et le Petit) [Seine-et-Oise, ham. de Bruyères-le-Châtel], III, 476.
RUEIL, *Villa Rigoïalensis, Villa Rotoïalensis, Rotoïalo Villa, Crioïlum (?), Riogilum, Rioilus, Ruolium, Ruoilum, Ruellium, Rodolium, Ruella,* Ruol, Rueul, Ruel, paroisse du doyenné de Châteaufort [Seine-et-Oise, cant. de Marly]. *Notice,* III, 90-104. — Dépendait autrefois de la paroisse de Nanterre, III, 73. — Autres mentions, III, 18, 47, 49, 73, 80, 81, 105, 110 ; IV, 471. — Bailli. Voy. Hallé (Claude). — Curé. Voy. Coudere (Pierre).
— Lieux-dits : Aubeterre, Bois-Berenger, Buzenval, Feularde, Fouilleuse, Laistre, Malmaison (la), Palée (la), Tour-carrée (la).
RUEIL (Catherine de), femme de Jean Ruzé. Son épitaphe (1577), II, 11.
— (Claude de), abbé d'Hiverneau, puis év. de Bayonne et d'Angers (XVIIe s.), V, 373.
— (Eustache de). Son droit de présentation à la chapellenie du collège du Cardinal Le Moine, I, 346.
— (Jean de). Biens légués par sa femme à la paroisse de St-Maclou de Pontoise (1368), II, 108.
— (Jean de) et sa femme Marie Martin. Seigneurs de Montubois (1562), II, 63.
— (Louis de), cons. au Parl. Bienfaiteur de l'abbaye de Malnoue (XVIe s.), V, 401-2.
— (Louise de), fille du précéd. Religieuse de l'abbaye de Malnoue, V, 402.
— (Payen de). Vend à l'abbaye de St-Denis la voirie de Rueil, III, 96.
— (Thomas de), curé de St-Sauveur de Paris (1335), I, 71.
RUEL. Voy. Rueil.
Ruella : Rueil, III, 125.
RUELLE (la), ham. de Neufmoutiers, V, 341.
RUELLE (Richard de la). Sa maison à Aubervilliers, I, 561.
RUELLES (Adrien des), secrétaire du Roi. Son château à Fouilleuse (1666), III, 101.
Ruellium : Rueil, III, 92.
RUEUL : Rueil, III, 92, 94.
RUE-VERTE (la), lieu-dit des Layes, III, 354.
RUFFEVILLE (Jean de), prêtre du diocèse d'Avranches. Bienfaiteur de la chapelle St-Léonard du Pont de St-Maur (1682), II, 460.
Rufus (Adamus).Voy. Roux (Adam le).
RUILLY (sieurs de). Leur hôtel à St-Cloud, III, 34.
— (Jacques de), président au Parlement de Paris, III, 24.
RUINE (ferme appelée) à Châteaufort (1333), III, 302.
RUI, écrit pour Ris ? IV, 376. Voy. Gonnesse (Nicole de).
RULLY (Jean de), abbé des Vaux-de-Cernay (1458), IV, 259.
RUMALD, abbé des Fossés (920), II, 427.
RUMERIE (Didier de), seigneur de Soulcis (1559), III, 457.
RUMET, premier curé de St-Leu à Paris (1617), I, 186.
RUMOLDE, sculpteur. Crucifix qui lui est attribué, II, 446.
Rungiacum. Voy. Rungis.
RUNGIS, *Rungiacum, Rungi villa,* Rungy, paroisse du doyenné de Montlhéry [Seine, cant. de Villejuif]. *Notice,* IV, 47-51. — Eaux ; leur découverte, IV, 17. — Sépultures de deux curés de cette paroisse dont Wissous est un démembrement, IV, 52, 53.
— Lieux-dits : Agnès (fontaine de la défunte), Maillets (les), Mauretour, Pirouette (la), *Punctam (ad),* Vignes (les).
RUNGY. Voy. Rungis.
Ruoilum, Ruolium : Rueil, III, 92.
Ruoilum, désignant Corbeil plutôt qu'Évry-en-Brie, V, 78 (note), 128.
RUPIÈRES (le chevalier de), commandeur de Malte. Son fief à St-Aubin, III, 336.
RURICOURT ou SAINT-MARTIN-AU-

Bois, *Rara Curia* (abbaye de) au diocèse de Beauvais [Oise, arr. de Clermont]. Nommé à la cure de Vaires, II, 502 ; — de Pomponne, 505 ; — de Brou, 520, 521 ; — de Montjay, 526, 527. — Réunie au collège des Jésuites de Paris, II, 520.
RUROTE (Gazon de). Ses biens à St-Prix, I, 649 ; — à Goussainville (XII° s.), II, 290.
RUS (Pierre de), curé de Dampmard. Sa sépulture (XIV° s.), II, 517.
Rusca (Jean de). Voy. *Rosca*.
Ruscha (Villa). Voy. *Villa*.
Rusciacum : Roissy, II, 277.
Ruscus, myrte. Origine de nom de lieu, II, 277.
RUSSIE (Agnès de). Voy. Agnès.
RUTHIE (Bernard de), commandeur de l'hôpital du Haut-Pas à Paris (1554), I, 156. — Abbé commandataire d'Hermières (1535), V, 350.
RUZÉ (Antoine COIFFIER dit), maréchal de France. Baron de Massy, III, 525.
— (Antoine), marquis d'Effiat, premier écuyer du duc d'Orléans, conseiller d'Etat. Seigneur de Chilly, IV, 66, 67.
— (Catherine), veuve de M. de Refuge ; remariée à Eustache Allegrain. Sa sépulture, II, 84.
— (Henri), chevalier. Seigneur du Marais (1651), II, 19.
— (Jean), général des finances. Seigneur de Stains (1512), I, 581-2.
— (Jean), chancelier du roi de Navarre, II, 11.
— (Marie), femme de Jean Bourdelot. Sa sépulture (1511), II, 544.
— (Marie), fille d'Antoine, marquis d'Effiat, femme de Charles de la Porte, duc de la Meilleraye. Dame de Chilly, IV, 66.
— (Martin), curé de St-Eustache (1496), I, 59 ; — cons. du Roi et curé d'Argenteuil (1484), II, 12.
— (Martin), secrét. des Finances, trésorier des Ordres du Roi et grand maître des mines. Seign. de Massy, de Chilly et de Longjumeau, III, 523 ; IV, 66, 75.
RUZÉ. Voy. Coiffier.
RYER (Pierre du). Sa sépulture [1658], I, 82.
RYNERII (Jean de), auditeur des comptes. Sa maison à Lagny (1521), IV, 551.
RYS. Voy. Ris.
RYSWICK [Hollande] (traité de), V, 158.

S[IMON], curé de St-Eustache de Paris (1236), III, 27.
SAARBOURG [Alsace-Lorraine]. Capitaine. Voy. Ornaison (Gilbert d').
SABA (statues de la reine de), I, 8; II, 79.
SABATIER (Pierre), év. d'Amiens (1712), V, 370-1.
SABINOIS (manoir de), à Versailles (XIV° s.), III, 210.
Sabinus. Voy. *Savinus*.
SABLÉ (marquis de). Voy. Servien.
SABLON (Belleville-sur-). Origine de ce surnom, I, 467, 469.
SABLONNIÈRES (port de), V, 91.
SABLONS (plaine des). Faisait jadis partie de la forêt de Rouvray, I, 393. — Dépend de Villiers-la-Garenne, I, 431.
SABREVOIE (Denis de), curé de St-Séverin (XV° s.), I, 111.
— (Louis-Anne de), seigneur d'Escluselle et de Villeneuve-l'Etang (1657), III, 43.
Sabuli, lieu-dit de Juvisy (XIII° s.), IV, 412 (note).
Sacatum (fief appelé), à Villejuif, IV, 31.
SACCARDY (François de), protonot. du Saint-Siège, prieur de Notre-Dame-des-Champs de Paris. Seign. de Juvisy (1624), IV, 408-9, 410.
SACLAS, *Sarclidæ* [Seine-et-Oise, arr. d'Etampes, cant. de Mereville]. Mention au VII° s., III, 316.
SACLAY, *Sarcleia*, *Sarcletum*, Sarclé, Sarcley, Sarcloy, Sacleiis, Sacley, Saclé, paroisse du doyenné de Châteaufort [Seine-et-Oise, arr. de Versailles, cant. de Palaiseau]. *Notice*, III, 316-323. — Seigneurie unie au duché de Chevreuse, III, 371, 373. — Sépultures, III, 260, 261.
— Lieux-dits : Arpenty, Graville, Limon, Martinière (la), Orsigny, Tournelle (la), Vauhallan, Villedombe.
— (Barthélemi de), *de Sarleio*, de Sarclé, doyen de la cathéd. de Paris (1163 ou 1183), II, 310 ; III, 323.
— [Charles de], de Saclois, chevalier. Sa sépulture (1273 ?), III, 323.

— (Etienne de), *de Sacleiis*, trésorier de St-Hilaire de Poitiers (XIIIᵉ s.). Sa sépulture, III, 323.
— (Mainier de). Mentionné vers 1190, III, 323.
— (Robert de), *de Sarcleis*. Mentionné au XIIIᵉ s., III, 319.
SACLOIS : Saclay, III, 323.
Sacra Cella : Sercanceaux, III, 546.
SACRICE (Perrin), possesseur du fief de la Folie-le-Large, à Auteuil (1399), I, 390.
SACY (Le Maistre de). Voy. Le Maistre.
Savara. Voy. Sèvres.
SAGE (Louis le), curé de Colombes, III, 51.
SAGONNE [Corse?]. Evêque. Voy. Guarin.
SAICHENOAR (Miles de), curé de St-Séverin, chan. de Notre-Dame. Sa sépulture (1309), I, 111.
SAILLE-EN-BIEN (ile), dans la Seine, I, 119 ; IV, 454.
SAILLE-EN-BIEN (Adam), *Saliens in Bonum*, bourgeois de Paris (1269), I, 119. Voy. Paris, rues.
— (Jacques). Ses biens à Asnières, III, 59.
SAILLEVILLE (Denis et Drocho de). Vassaux de l'abbaye de St-Maur en 1275 et 1278, II, 445.
SAILLY (Charles de), aumônier de la Dauphine, chantre et chan. de la Ste-Chapelle de Paris (1752), II, 91.
— (Guillaume de), seign. de Dressy et de Montfermeil (XVᵉ s.), II, 543.
— (Marguerite de), veuve de Louis de Souchay (1528), II, 227.
SAINCHE-AMOND ou SAINCHE-AUMOND. Voy. *S. Aunemondus*.
SAINCTOT (Claude-Catherine de), fille de Nicolas, femme du comte de La Tour-d'Auvergne. Sa sépulture (1750), II, 347.
— (Nicolas de), introducteur des ambassadeurs. Seigneur de Vémars (XVIIIᵉ s.), II, 347.
SAINE (Antoine de), présid. au bailliage de Melun. Seign. d'Auteuil-en-Brie (XVIIᵉ s.), V, 310.
S. ABRAHAM (chapelle de), I, 74.
S. ACCEUL. Voy. S. Acheul.
S. ACHEUL, *Acceolus*, Acceul, Axele, martyr d'Amiens, II, 181, 182-3.
S. ADELARD, abbé de Corbie, II, 491.
S. ADRIEN (confrérie de), II, 12.
S. Æct., Ep. Bit., I, 89.
S. AGAPIT, martyr, IV, 546.
STE AGATHE, I, 166 ; II, 249, 502 ; V, 432.
S. AGLIBERT. Lieu de son martyre, II, 423, 438 ; V, 10, 11 et note, 12, 13, 15 (note).

S. AGNAN. Chapelle, I, 136. Voy. S. Aignan.
SAINT-AGNAN [?]. Seigneurie, I, 287.
STE AGNÈS, appelée quelquefois *Agna* ou *Anna*, I, 196. — Chapelles et reliques, I, 63, 237 ; II, 269.
S. AGOARD. Lieu de son martyre, II, 422, 423, 438 ; V, 10, 11 et note, 12, 13, 15 (note).
S. AIGNAN, év. d'Orléans, I, 312. — Egl. sous son patronage, III, 401.
SAINT-AIGNAN (le duc de), seign. de Vaucresson, III, 169. Voy. Beauvilliers (de).
S. AIGULFE, abbé de Lérins, I, 447.
SAINT-ALBIN (Charles de), archev. de Cambrai. Seign. de Neuilly-sur-Marne (XVIIIᵉ s.), II, 480-1 ; — de la Maison-Blanche, 550.
SAINT-ALBIN (Jean dit l'Anglois de), drapier. Sa sépulture (1349), III, 334.
STE ALBINE, vierge, I, 192, 193.
STE ALDE ou STE AUDE, compagne de Ste Geneviève, I, 229, 235-6.
S. ALDRIC, év. du Mans (IXᵉ s.). Son testament cité, II, 198.
S. ALEXANDRE, II, 321 ; III, 62.
S. ALEXIS, II, 491.
S. AMABLE, prêtre d'Auvergne. Chapelle, I, 327.
S. AMADOUR, I, 61.
S. AMAND, év. de Maestricht. Lieu où il baptise Sigebert II, I, 421. — Reliques, I, 270-1 ; II, 428.
SAINT-AMAND (M. de). Sa maison à St-Cloud, III, 38.
S. AMATRE, év. d'Auxerre, I, 8, 14.
S. AMBROISE, I, 347.
STE ANASTASE, martyre, I, 86.
S. ANATOLE, év. de Cahors, V, 210 (note 1).
S. ANDÉOL, *S. Andeu*, martyr du Vivarais, différent de S. André, I, 284-5 ; II, 182.
S. ANDRÉ, S. Andrieu, I, 7, 61, 285, 569 ; II, 483, 496-7, 635 ; IV, 324.
SAINT-ANDRÉ (François de), cons. au Parl. Vicomte de Corbeil, IV, 302 ; aveu qu'il reçoit (1575), V, 254. — Seign. de Villepescle (1557), V, 121, 122. — Présid. au Parl. ; seign. de Tigery, V, 396, 397, 398.
— (Jean de), fils du précéd., chan. de Notre-Dame. Chapelain de Villepescle (1557), V, 121. — Seign. de Tigery (1595), V, 398.
— (Madeleine de), veuve de Tristan du Val (1578), II, 241.
— (la dame de). Son procès au sujet de Dugny (1311), II, 623.
— (Jacques d'Albon de), maréchal. Tué à la bataille de Dreux (1562), II, 638.

— 459 —

STE ANGADRÈME. Chapelle, I, 224.
STE ANNE. Epoque de l'introduction de son culte en France. I, 196. — Eglises et chapelles dont elle est patronne, I, 62, 289; II, 17, 186; III, 249, 531; IV, 43, 571; V, 395. — Reliques, II, 312-313.
S. ANSBERT, év. de Rouen, I, 267, 425.
S. ANSÉGISE, abbé de Fontenelle, I, 231.
S. ANSELME, abbé du Bec puis év. de Cantorbéry, I, 191.
S. ANSILION, IV, 545, 546.
S. ANTIDE, év. de Besançon. Légende de son voyage à Rome, IV, 241.
S. ANTIOCHE, év. de Lyon, I, 89.
S. ANTOINE. Eglises et chapelles placées sous son patronage, I, 286; II, 125, 534; III, 164; IV, 205, 404. Statue aux Célestins de Marcoussis, III, 488. — Reliques; procès auquel elles donnent lieu, I, 332, 634; III, 588.
SAINT-ANTOINE (abbaye de) [près de Vienne. Isère]. Son couvent à Paris, I, 331. — Cure administrée par les chanoines, II, 27.
SAINT-ANTOINE, anciennement Aunay [Seine, cant. de Vincennes, ham. de Montreuil], II, 402.
SAINT-ANTOINE [Seine-et-Oise, ham. de Brétigny], IV, 337, 343.
SAINT-ANTOINE-DU-BUISSON [Seine-et-Oise, éc. du Chesnay], III, 164, 165.
S. ANTONIN, martyr de Pamiers, V, 303.
Sanctæ Apolloniæ (prieuré de Moussy-le-Neuf qualifié à tort), II, 351.
S. AQUILIN, év. d'Evreux, II, 238.
Sancto Aredio (Antoine de), abbé de la Roche, puis prieur de Voissy (1473, 1478), III, 350.
S. ARNOUL, II, 473; IV, 608, 609, 613. — Lieu de sa mort, IV, 133; V, 240.
SAINT-ARNOULT [Seine-et-Oise, arr. de Rambouillet, cant. de Dourdan], IV, 133.
S. AUBIN, év. d'Angers, I, 172-3; III, 333-4; IV, 449
SAINT-AUBIN, paroisse du doyenné de Châteaufort [Seine-et-Oise, cant. de Palaiseau]. *Notice*, III, 333-336. — Autres mentions, III, 311, 318, 373.
— Lieux-dits : Challuau, Mesnil-Blondel (le), Montfaucon.
— (Pierre de), seigneur de Blainville, III, 313-4.
SAINT-AUBIN-DU-CORMIER [Ille-et-Vilaine, arr. de Fougères, ch.-l. de cant.]. Bataille de 1488, V, 153.

STE AUDE. Voy. Ste Alde.
S. AUGUSTIN. Manuscrits conservés à l'abbaye de St-Denis, I, 512. — (confrérie de), I, 12-13. — (chanoines de), I, 18, 300, 340; II, 216, 560. — (chanoinesses de), I, 333; III, 67, 77. — (ermites de), I, 224; II. 496; III, 144; IV, 37, 38.
S. AUNAIRE [Aunachaire], év. d'Auxerre, III, 264.
S. Aunemondus, Sainche-Aumond ou Sainche-Amand, écrit abusivement S. Chaumont ou S. Chamant, I, 298, 306; II, 140.
STE AURE, I, 307, 310, 312, 325, 326, 576; III, 39; V, 117.
S. AURÈLE, martyr, I, 270.
S. AVENTIN, archidiacre, puis chorévêque de Chartres, III, 107.
S. AVENTIN, de Troyes, III, 107.
S. AVERTAIN. Voy. S. Avertin.
S. AVERTIN, I, 255; II, 503, 521; III, 105, 106, 107. Voy. S. Aventin.
SAINT-AVIT (abbaye de) [Eure-et-Loir, arr. de Châteaudun]. Abbesse. Voy. Masquerel (Madeleine de).
STE AVOYE, III, 377; IV, 189. Voy. Beaulieu (prieuré de).
S. AXELE. Voy. S. Accheul.
S. BABOLEIN, moine de Luxeuil, premier abbé de St-Maur-des-Fossés, I, 55, 132, 133, 134, 320; II, 418, 419, 424, 425, 435, 440, 444, 445, 449, 450, 451, 452, 457, 466; IV, 603; V, 29.
S. BACHE, martyr, I, 132, 133; IV, 201.
S. BAIN, abbé de Fontenelle, III, 477.
S. Baldus. Voy. S. Bond.
STE BARBE, I, 287, 315; II, 312-313, 564; III, 245, 283, 474; IV, 552.
S. Barjolus. Voy. *S. Bargerottus.*
S. Bargerottus ou *Barjolus.* Chapelle à Brou sous l'invocation de ce saint inconnu, II, 503, 521.
S. BARTHÉLEMI, I, 173, 176, 182, 569; II, 60, 61, 168, 189, 205, 229; III, 62, 320, 481, 535; IV, 87, 88, 94, 368, 591; V, 47, 168, 169-170; — (chandelle de), V, 331; — (massacre de la). Cloche en ayant donné le signal, I, 153; — maison à St-Cloud où il fut résolu, III, 34; — n'eut pas lieu à Corbeil, IV, 307.
S. BASILE, II, 435.
STE BATHILDE, reine. Fondatrice des abbayes de Corbie et de Chelles, I, 333; II, 482 (note), 483-4, 485, 488, 489, 490, 491, 492, 544-5; III, 324. — appelée Ste Baudour, Bauteur, Beaupteur, II, 488, 498.
S. BAUDÈLE, martyr de Nîmes, I, 236; II, 475, 521.

STE BAUDOUR. Voy. Ste Bathilde.
STE BAUTEUR ou BEAUPTEUR. Voy. Ste Bathilde.
S. BENOIT, I, 447, 453, 501 ; II, 487 ; III, 389 ; IV, 286, 598.
S. BENOIT, signifiant la sainte Trinité, I, 113-4, 133.
SAINT-BENOIT (Andrée de), femme de Claude d'Ancienville. Dame de Revillon (1532), III, 241.
— (Catherine de), veuve de Claude Saligaut, remariée à Jacques Chevrice. Dame de Crosne et d'Etiolles (1516), V, 44, 73, 74.
— (Enguerrande de), fondatrice d'une chapellenie aux SS. Innocents (XVe s. ?), I, 52.
— (Geoffroi de), clerc de la reine Marguerite de Provence. Ses biens à Fouilleuse, III, 101.
— (Guyon de), seign. de Brétigny. Acquiert la terre de Saint-Pierre (1502), IV, 342, 345-6.
— (Jacques de), chambellan de Louis XI, capitaine d'Arras. Seign. de Stains (1480), I, 581 ; — de Marolles-en-Hurepoix, de Brétigny et de St-Michel-sur-Orge, IV, 225 ; — possesseur du fief Copeau à Paris, 344, 345, 346, 359-360 ; — gruyer de la forêt de Séquigny, 387.
— (Jean de), drapier et bourg. de Paris. Seign. de Fleury près Meudon (1342), III, 241.
— (Jean de), écuyer. Seign. de Brétigny (1449), IV, 345.
— (Robert de), clerc du roi. Chargé d'une enquête au sujet des foires de Lagny (1321), IV, 550.
— (Simon de), échevin de Paris. Ses biens à Maisons-Alfort (1378), V, 7.
SAINT-BENOIT-SUR-LOIRE (abbaye de) [Loiret, arr. et cant. d'Orléans], I, 447 ; III, 23 (note). — Acte royal daté de ce lieu (1079), I, 191. — Clocher de l'église, I, 28. — Cure à sa présentation, I, 134. — Abbés. Voy. Abbon, Géry (Pierre de), Richelieu (cardinal de), Rivière (Louis de la).
STE BENOITE, I, 29.
S. BERGEROT, saint inconnu, II, 521.
S. BERNARD, abbé de Clairvaux, I, 22, 23, 338, 445, 523 ; III, 278 ; IV, 303.
S. BERTHEVIN, diacre, IV, 349.
SAINT-BERTHEVIN (Anne de), femme de Jean Blosset. Dame de Brétigny ; sa sépulture (1587), IV, 349-352.
— (Fiacre de), seign. de Fleury (1557-1570), IV, 332, 365.
SAINT-BERTHEVIN, paroisse du doyenné d'Ernée [Saint-Berthevin-la-Tannière. Mayenne, arr. de Mayenne, cant. de Landivy], IV, 349.

SAINT-BERTHEVIN, paroisse du doyenné de Laval [Saint-Berthevin-sur-Vicoin. Mayenne, arr. et cant. de Laval], IV, 349.
STE BERTILLE, première abbesse de Chelles, II, 484, 488, 490, 491, 492.
S. BERTRAND, év. du Mans, I, 407-8.
S. BETZ, S. *Betesus*, patron des maçons, I, 515, 520-521.
S. BLAISE, év. de Sébaste, I, 238, 472, 473, 474, 569 ; II, 43, 591, 592 ; III, 113, 229, 340, 351, 481 ; IV, 141-2, 204, 253, 553-4 ; V, 335, 380, 387.
SAINT-BLAISE [Seine-et-Oise, ham. de Carrières-sous-Poissy]. Prieur. Voy. Bénard (Jean).
S. BLANCHARD, *Blancardus* ou *Candidus*, le même que S. Pancrace, I, 177 ; IV, 212.
S. BONAVENTURE, IV, 139, 269.
S. BOND, pénitent de Sens, *S. Baldus*, I, 319.
S. BONET ou BONIT, év. de Clermont, I, 320.
SAINT-BONNET (Jean CAMUS de), seigneur de Châtres (1606, 1612), IV, 140, 144.
— (Marguerite-Denise de), femme d'André Simonet, III, 456.
SAINT-BONNET-DE-THOIRAS (Claude de). Voy. Thoiras.
S. BRICE, év. de Tours, II, 428 ; III, 421.
SAINT-BRICE ou SAINT-BRICE-SOUS-FORÊT, *Sanctus Bricius*, paroisse du doyenné de Montmorency [Seine-et-Oise, arr. de Pontoise, cant. d'Ecouen]. *Notice*, II, 160-3. — Maladrerie ou Hôtel-Dieu, II, 162. — Seigneurs, II, 168, 331. — Autres mentions, I, 519 ; II, 165, 172, 192.
— Fiefs. Voy. Godin, Heugot, Motte (la).
— (Hubert de). Son fief à Villiers, II, 162, 177.
SAINT-BRICON (Jean de), seign. de la Ferté-Hubert. Vend ses droits sur le ham. de Lengineric (1352), I, 572.
S. BRIEUC, évêque, I, 174, 177.
SAINT-BRIEUC [Côtes-du-Nord]. Evêque. Voy. Lambelle (Allard de).
STE BRIGIDE, martyre, I, 102, 105.
S. BRUNO, I, 115 ; V, 147.
SAINT-CALAIS [Sarthe]. Abbaye, V, 26.
S. CANCE, martyr d'Aquilée, II, 351 ; IV, 289.
S. Candidus. Voy. S. Blanchard.
S. CANTIANILLE, martyr, II, 351.
S. CANTIEN, martyr, II, 351.
S. CAPRAIS, *S. Caprasius*, martyr d'Agen, IV, 197, 198, 200.

S. Cassien, V, 249.
Ste Catherine, I, 21, 83, 176, 204, 212, 251, 275, 395, 396 ; II, 123 ; III, 178, 373 ; IV, 114, 127, 142 ; V, 427.
Sta Catulla, I, 492. Voy. Catulle.
Ste Cécile, I, 205, 289 ; II, 312.
Ste Céline, martyre de Meaux, II, 168 ; IV, 546-7.
S. Celse, *S. Celsus*, III, 451 (note), 454.
S. Ceolde, S. Ceoldus, saint inconnu, III, 451 (note) ; V, 353.
S. Ceoldi (foresta), canton de la forêt de Ferrières, V, 353.
S. Céraune, év. de Paris, I, 229, 236 ; III, 292.
S. Césaire, confesseur, I, 89 ; II, 486, 498. — (règle de). Abbayes où elle est observée, II, 484, 494.
Saint-Chamant (Antoine de), gouvern. de la Ferté-Milon. Seign. de Méry-sur-Oise et de Mériel ; ses autres seigneuries mentionnées dans son épitaphe (1700), II, 125, 128. — La terre de Villiers-Adam est saisie à sa requête (1613), II, 132. — (François du Peschier de), marquis de Méry-sur-Oise, Mériel, etc ; décédé en 1714, II, 125.
— (François de), marquis de Méry-sur-Oise, Mériel, etc. ; décédé en 1739, II, 128.
— (le marquis de). Présente un chapelain à Courcouronnes (1724), IV, 322.
— (Mme de), dame de Mériel, II, 140.
Saint - Chamant - Peschier. Voy. Saint-Chamant (François du Peschier de).
S. Chaumond. Voy. *S. Aunemundus*.
Saintes Chapelles. Voy. Paris, Vivier-en-Brie (le), Vincennes.
S. Charlemagne, I, 150.
S. Charles, I, 199, 200 ; IV, 385.
S. Charles Borromée, III, 89, 141.
Saint-Cheel. Voy. Saint-Cheours.
S. Chelirs, II, 645. Voy. S. Hilaire.
Saint-Cheours, Sanciurs, Saint-Sorge, Sinceours, Cinq-Sols, Cincehour, Saint-Cheel, localité dépendant d'abord de la paroisse de Briis-sous-Forges, puis paroisse ; unie enfin à la paroisse de Launay-Courson. *Notice*, III, 450-452 ; — 445 ; IV, 69.
Saint-Chéron [Seine-et-Oise, arr. de Rambouillet, cant. de Dourdan], IV, 190.
Saint-Chéron (abbaye de). Voy. Chartres.
Ste Christine, I, 459 ; II, 6, 8 ; IV, 522.
S. Christifilus ou *Christivilus*. Voy. S. Christophe.

S. Christophe, *S. Christifilus, S. Christivilus*, I, 67, 237, 287, 464, 557, 558 ; II, 526, 538 ; III, 208, 265, 299, 320, 586 ; IV, 81, 533, 583, 627, 641 ; V, 10 (note), 11. — Usage de mettre son image à l'entrée des églises, III, 265.
Saint-Christophe-en-Halate [Oise, arr. de Senlis, cant. du Pont-Ste-Maxence, ham. de Fleurines]. Acte daté de ce lieu (1351), I, 570.
S. Chrodegand ou Godegrand, évêque de Séez, I, 43, 193.
S. Cibar. Voy. S. Eparche.
S. Ciférien, év. de Bretagne, I, 174, 339.
S. Clair, martyr du Cotentin, III, 402, 403, 404.
S. Clair, martyr du Véxin, I, 56, 57, 339 ; II, 110 ; III, 404, 405.
Saint-Clair (Denis de), curé de St-Paul de Paris (1350), I, 326.
Saint-Clair-sur-Epte [Seine-et-Oise, arr. de Mantes, cant. de Magny]. Prieuré, III, 365.
Ste Claire (religieuses de). Leur premier nom, I, 398. — Réforme tentée de cet Ordre, III, 390.
S. Claude, I, 72, 286, 473 ; II, 227; III, 249, 451 (note), 452 ; IV, 89.
Saint-Claude [Jura]. Lieu de pèlerinage, I, 65.
S. Clément, IV, 115, 479.
S. Clément, pape, I, 99, 108-109, 120-121 ; IV, 135, 139.
S. Clément, S. Clementien et S. Clémentin, martyrs du Poitou, IV, 135, 139.
S. Clodoaldo (Guillelmus de). Voy. Saint-Cloud (Guillaume de).
Saint-Cloot (Pierre de). Voy. Saint-Cloud (Pierre de).
Ste Clotilde, reine, femme de Clovis, I, 236, 237 ; III, 554. — Couvent qu'elle fonde à Chelles, II, 483.
Ste Clotilde (fief dit de), assis à Bagneux et à Sceaux, III, 554.
S. Cloud, prêtre, fils de Clodomir, roi d'Orléans. Oratoire à Paris qu'il aurait fait bâtir, I, 99. — Lieu qui en a retenu le nom, III, 20. — Disciple de S. Séverin ; donation qu'il fait à ce solitaire, III, 37. — Biens qu'il donne à l'égl. de Paris, II, 252, 464 ; III, 20. — Ses reliques, I, 213 ; III, 21-23. — Eglise dont il est dit à tort le patron, III, 160. — Sa *Vie*, III, 39.
S. Cloud, roi de Bretagne, III, 23 (note).
Saint-Cloud, appelé d'abord *Novigentum* (Nogent), puis *S. Clodoaldus* ou *Flodoaldus*, paroisse du doyenné de Châteaufort [Seine-et-Oi-

se, arr. de Versailles, cant. de Sèvres]. *Notice*, III, 20-40. — Son érection en duché-pairie, III, 31.— I, 26 ; II, 464, 465 ; III, 46, 166, 169, 172, 281 ; IV, 233 ; V, 119.
— Château, III, 35, 36, 38.
— Chapelle ou église de St-Jean, ancienne paroisse, III, 18, 24, 29, 30, 170 ; — de St-Laurent, 29 ; — de St-Médard, 29.
— Collégiale, III, 21, 28 ; — biens et cures à sa collation, 42, 43, 45, 109, 114, 151, 154, 206, 214, 216 ; V, 108.
— Église, I, 24, 25, 213, 336.
— Hôpital de la Charité, III, 30.
— Hôtel-Dieu et chapelle St-Eustache, III, 22, 23, 30.
— Hôtels remarquables, III, 28, 31, 34, 35, 36, 38.
— Léproserie, III, 29 ; — son cimetière, 26, 29.
— Manufacture de porcelaine, III, 37-38.
— Mission (prêtres de la), III, 30, 39.
— Moulin, III, 30, 32 ; — à papier, 34.
— Paroisse ; son étendue, III, 38, 167.
— Pont, III, 29, 30, 32, 33.
— Ursulines (couvent des), III, 30.
— Lieux-dits : Acherel, Arpentfranc (l'), Bétisy, Bretagne (vigne), Chaillou, Cholet, Croix-Courtery (la), Fleury, Gastine (la), Graiz, *Marcreyum*, Montretout, Vaugrignon, Villebaart, Villerman.
SAINT-CLOUD (bois de) ; le bois de Boulogne, I, 396.
SAINT-CLOUD (Guibert de), III, 29 [le même que Guibert le Riche ?]
— (Guillaume de), astronome, III, 39.
— (Pierre de), de Saint-Cloot, poëte du XIIIe s., III, 38.
— (Pierre de), moine de St-Denis ; sa condamnation, III, 38-9.
— (Udon de). Censive qu'il donne au prieuré de Notre-Dame-des-Champs, III, 213. — Raoul, son fils. Contestation qu'il propose de décider par le duel, *ibid*.
S. COLOMBAN, abbé de Luxeuil (règle de). Monastères qui l'observaient, I, 307 ; II, 424, 484.
STE COLOMBE, martyre de Sens, I, 319 ; II, 435, 450-1 ; IV, 33 ; V, 247.
SAINTE-COLOMBE (fontaine de) à Servon, V, 249.
S. COME, I, 237, 290 ; II, 200, 201 ; III, 513, 514, 515 ; IV, 125, 492.
S. CONSTANTIN, II, 60.
S. CORBINIEN, prêtre, né à Châtres, III, 178 ; IV, 134, 139, 149, 150, 151 ; V, 303.

S. CORENTIN, évêque de Bretagne, I, 117, 174, 339.
S. CRÉPIN, IV, 139.
S. CRÉPINIEN, IV, 139.
STE CRESCENCE, II, 323 ; V, 151.
S. Crispinus in Cavea. Voy. Soissons.
STE CROIX (la), I, 105 ; II, 484 ; IV, 284.
SAINTE-CROIX (cardinal de). Voy. Albergati (Nicolas).
SAINTE-CROIX (Sedile de), femme de Jean Pastourel. Sa sépulture [1380], I, 503.
SAINTE-CROIX-DE-LA-BRETONNERIE (cours), lieu-dit de Créteil (1540), V, 22.
S. CUCUFAT, Quiquenfat, Guinefort, martyr, I, 498, 521, 558-9 ; V, 395. — Chapelle à Rueil, III, 94.
S. CUTHBERT, év. d'Angleterre, I, 114.
S. CYR, martyr, I, 177 ; III, 62 ; IV, 27, 28.
SAINT-CYR, diocèse de Séez [St-Cyr-la-Rosière. Orne, arr. de Mortagne, cant. de Nocé]. Tombe d'un prêtre de ce lieu, IV, 121.
SAINT-CYR [Seine-et-Oise, arr. et cant. de Versailles]. Abbaye, III, 184 ; V, 227 ; — ses biens, II, 502 ; III, 214 ; — abbesses. Voy. Marguerite, Senceline, Versailles (Jeanne de).
— Couvent d'Ursulines et Communauté de St-Louis ou des Dames de St-Cyr : biens et seigneuries, I, 289, 433, 435, 439, 508 ; II, 376 ; III, 55, 61, 68, 95-96, 104, 167, 294, 305, 308, 336, 341, 354, 365, 372, 381, 383.
— (porte de) [Seine-et-Oise, éc. de Versailles], III, 199.
SAINT-CYR (Aveline de), femme de Pierre du Tillay, II, 263, 276.
S. DAMIEN, I, 237, 290 ; II, 199, 200, 201 ; III, 513, 514, 515 ; IV, 492.
S. DENIS, évêque de Paris. Lieux de ses prédications, I, 2, 146. — Oratoire souterrain qu'il aurait bâti à Paris, I, 132, 133. — Prison où il aurait été détenu, I, 208, 209. — Lieu de sa sépulture ; son tombeau, I, 492, 494, 503, 513, 514. — Églises et chapelles sous son patronage, I, 5, 17, 20, 72, 130, 237, 300, 336, 462 ; II, 10, 125, 257, 274, 276, 321, 413, 446, 547, 552, 569, 621 ; III, 167, 215, 222, 287, 418-9, 445, 446, 447 ; IV, 15, 53, 59, 231, 242, 332, 414, 496, 521, 627 ; V, 135, 317, 318. — Ses reliques, I, 7, 212, 450, 498, 501, 509 ; II, 9, 10, 397, 569 ; V, 227.
— Son apparition au pape Étienne II, I, 509. — Miracles accomplis à son tombeau, I, 494 ; livre où ils

sont rapportés, I, 494, 510, 513, 514, 578, 579, 580; III, 91. — Statues de ce saint et de ses compagnons, I, 9, 469. — Appelé *Macharius*, I, 267.

S. DENIS l'*Aréopagite*, confondu avec S. Denis év. de Paris et avec S. Denis de Corinthe, I, 500; II, 443 (note); III, 446.

SAINT-DENIS, *Catolacum, Cadolagum, Catulliacum*, Saint-Denis *en France* [Seine, ch.-l. de cant.]. *Notice*, I, 491-537.

— Abbaye. Actes royaux qui en sont datés, I, 122; II, 169. — Chartes la concernant, II, 465, 485; IV, 102. — Temps où des religieux y furent établis, I, 503. — Nombre de ces religieux à diverses époques, I, 507. — Ses réformes successives, I, 504, 505, 508. — Offices claustraux, I, 507. — Processions, I, 24, 400-401, 450, 453; II, 65. — Églises avec lesquelles elle était en association, I, 508. — Chef-lieu d'une congrégation d'abbayes au XVII° s., I, 508. — La mense en est réunie à la maison de St-Cyr, I, 289, 508. — Bibliothèque, I, 512. — Silence gardé par les auteurs sur ses écoles, I, 513. — Justice : son origine, son étendue et ses limites, I, 142, 508. — Réfectoire, IV, 15. — Papes et évêques qui y ont séjourné, I, 501, 505, 506, 508, 509. — Religieux illustres, I, 509-511. — Maison abbatiale à Paris, IV, 24. Voy. Paris. Hôtel des Charités de St-Denis. — Seigneurs qui en étaient avoués, II, 339. Voy. Vernon. — Biens, seigneuries et cures à sa collation, I, 100, 209, 392-3, 422, 423, 424, 426, 429, 430, 433, 434, 435, 439, 442, 443, 448, 456, 457, 458, 459, 460, 465, 466, 468, 477, 506, 518, 519, 522, 544, 545, 549, 550, 557, 558, 560-561, 562, 564, 565, 567-8, 572, 573, 574, 576, 577, 578, 579, 583, 584, 585, 586, 587, 588, 591, 592, 594, 595, 596, 597, 599, 600, 601, 605, 606, 610, 613, 615, 643, 651; II, 3, 4, 9, 10, 15, 17, 18, 19, 21, 23, 24, 35, 39, 49, 51, 52, 55, 56, 60, 76, 77, 83, 84, 107, 124, 147, 153, 162, 166, 169, 172, 176, 178, 179, 180, 183, 184, 188, 190, 193, 194, 198, 199, 214, 230, 234, 238, 252, 253, 254, 256, 260, 268, 269, 273, 275, 276, 278, 287, 288, 296, 301, 302, 307, 309, 310, 311, 319, 322, 338, 339, 342, 354, 375, 495, 503, 507, 508, 515, 569, 578, 607, 608, 609, 610, 611, 612, 613, 614, 615, 616, 617, 621, 622-3, 625, 637, 639-640, 641, 646, 651, 652, 653, 655, 656, 657; III, 30, 38, 47, 50, 52, 53, 55, 56, 58, 61, 62, 63, 65, 67, 68, 70, 78, 79, 81, 84, 86, 91, 92, 95, 96, 97, 98, 100, 101, 110, 111, 112, 113, 114, 122, 146, 156, 158, 162, 167, 168, 170, 172, 173, 184, 276, 287, 288, 289, 316, 331, 341, 350, 354, 359, 365, 366, 367, 368, 369, 373, 418, 419, 444, 445, 465, 506, 520 (note); IV, 14, 15, 16, 18, 99, 175, 176, 190, 219, 239, 249, 250, 261, 262, 264, 265, 266, 274, 275, 467, 469-470, 517, 520, 521, 522, 531, 541, 544, 545; V, 201, 202, 204, 266-7, 270-271, 272, 311, 422, 425. — Abbés. Leurs privilèges, I, 506-7. Voy. Adam, Aigulfe, Auteuil (Pierre d'), Bourbon (Louis de), Chainon, Charderic, Châtres (Gui de), Clément (Eudes), Conti (Armand de Bourbon, prince de), Deuil (Odon de), Dodon, Fardulfe, Fulrad, Gamache (Philippe de), Gap (Guillaume de), Giffart (Regnaud), Hilduin, Hugues *de Mediolano*, Ives, Jean, Louis, Lorraine (Henri de), Macouris (Guillaume de), Monceau (Gui du), *Petrus*, Pontoise (Gilles de), Regnaud, Rigaud, Robert, Suger, Taverny (Odon de), Troon (Henry), Turnoald, Vendôme (Mathieu de), Villette (Philippe de), Villiers (Jean de). — Grands prieurs. Voy. Bidaut (Pierre), Billi (Godefroi de), Chambellan (Jérome de).

— Basilique : édifices qui l'ont précédée ; époque de sa construction, I, 233, 494-498; — desservie primitivement par des clercs, 503; — qualifiée quelquefois de St-Pierre, 506 (note), 508; — provenance des poutres employées pour sa charpente, III, 373; — sa prétendue toiture d'argent, I, 539; — fortifiée au XIV° s., 497; — anciens usages liturgiques, 507; — psalmodie perpétuelle qui y était chantée, 495, 503-4, 517; — Philippe VI y vient en pèlerinage, II, 65; — privilège accordé à cette église par S. Landri, I, 504. — Chapelles, I, 529; — de S. Hippolyte, II, 169; — de S. Nicolas-du-Pas, I, 18-19; — de S. Martin, II, 267. — Cryptes, I, 496. — Jubés et grilles du chœur, I, 507; II, 488; III, 502. — Reliques, I, 222, 498-501, 521, 558, 602; II, 644; III, 15; IV, 4. — Sépultures, I, 401, 496, 502-503; III, 91-2; IV, 95, 174. — Trésor, I, 501-2.

— Chapelles : St-Clément, I, 529, 530 ; — St-Nicolas, 531 ; — St-Quentin, 530-531, 541.
— Château de St-Denis. Territoire ainsi désigné, I, 508, 518, 523, 533, 551.
— Communautés religieuses : Annonciades Bleues, I, 532 ; — Béguines, III, 68 ; — Carmélites, I, 532 ; — Cordeliers, 531 ; — Récollets, 531-2 ; — Ursulines, 532 ; — religieuses de la Visitation, 532.
— Eglise de la Madeleine, ancienne paroisse, exempte de l'Ordinaire, I, 527. — Sa réunion à d'autres églises, 516, 524, 528.
— — Notre-Dame et Saint-Jean-Baptiste, I, 501.
— — Saint-Barthélemy, exempte de l'Ordinaire, I, 523, 527, 528.
— — Sainte-Croix, I, 522-3.
— — Saint-Denis-de-l'Etrée, prieuré, 513-515 ; — 425-6, 495, 515, 516, 521, 532, 535 ; IV, 15, 18, 24.
— — Sainte-Geneviève, exempte de l'Ordinaire, I, 522, 526, 528.
— — Saint-Jacques-de-Vauboulon, *S. Jacobi de Pisterna*, *SS. Jacobi et Johannis*, exempte de l'Ordinaire, I, 528 ; — 523, 526, 527.
— — Saint-Jean, exempte de l'Ordinaire, I, 527 ; — 522, 526, 528 ; II, 439 (n. 1).
— — Saint-Marcel, I, 516-522 ; — I, 493, 495, 530, 531, 602, 603, 606.
— — Saint-Martin-de l'Etrée, I, 515-6 ; — 492, 493, 494.
— — Saint-Michel-du-Charnier et Saint-Symphorien, exempte de l'Ordinaire, I, 527-8 ; — 522.
— — Saint-Michel-du-Gré ou du Degré, exempte de l'Ordinaire, dite des Trois-Patrons, I, 528 ; — 522, 526.
— — Saint-Paul, collégiale réunie à St-Denis-de-l'Etrée, I, 524-6 ; — ses biens, I, 518. 527, 577, 605 ; II, 52-3, 554, 611 ; IV, 17, 18, 24 ; — I, 515, 526 ; II, 293.
— — Saint-Pierre, exempte de l'Ordinaire, réunie à St-Martin-de-l'Etrée, I, 523-4 ; —523, 527, 528, 531.
— — Saint-Rémi, exempte de l'Ordinaire, I, 528-9 ; — 522, 526, 532, 534.
— Fiefs : de Ste-Croix, I, 519, 522 ; — de St-Marcel. Voy. Paroisse de St-Marcel ; — de St-Quentin, I, 530.
— Fontaine Saint-Remi, I, 528, 536.
— Hôtel-Dieu, I, 528, 532, 572.
— Landit (Histoire et Dit du), I, 537-556 ; — (grenier du). Incendié en 1358, I, 461.
— Maison dite de Seine, I, 531.

— Palais de Dagobert, peut-être ancienne maison du roi Gontran, I, 493, 516, 517 ; — autre palais construit pour Charlemagne, I, 494 ; donné à l'abbaye par Philippe Ier, 506.
— Paroisse ou terre de St-Marcel et de St-Martin-de-l'Etrée, I, 492, 493, 494, 517, 518, 519, 531, 532, 541, 549, 551, 565-6, 605, 606 ; II, 153.
— Ville : ses enceintes, I, 492, 526, 532, 534 ; — ses foires ; son commerce ; produits renommés ; drapiers et teinturiers, 533, 534 ; — évènements militaires : sièges, 534, 535 ; bataille de 1567, II, 437 ; — ses derniers embellissements, I, 535 ; — personnages célèbres, 535 ; — conciles qui y ont été tenus, 509 ; — soumise depuis 1692 à la juridiction de l'archev. de Paris, 508 ; — baillis. Voy. Ragot, Le Laboureur ; — maire. Voy. Robbe.
— Autres mentions, I, 79, 128, 342 ; II, 171, 622.
— Lieux-dits : Cave (la), Tricines.
SAINT-DENIS (chroniques de). Leurs auteurs, I, 512, 513.
SAINT-DENIS (chemin de), voisin de Conflans (XIIIe s.), V, 6.
SAINT-DENIS (porte de), à Châtres, IV, 157.
SAINT-DENIS (Eudes ou Odon de), chanoine de Notre-Dame. Seigneur de Plaisance (XIIIe s.), II, 466. — Biens à Pantin qu'il donne à Notre-Dame, II, 650.
— (Gautier de), chevalier (XIIIe s.). Biens qu'il tient de l'abbaye de St-Denis à Argenteuil, II, 18 ; — à Montigny, 55 ; — à Ermenouville, 258 ; — seigneur de Juilly ; ses droits à Vemars, 346.
— (Guillaume de). Ses biens à Jouy-le-Moutier, II, 106.
— (Jeanne de), sœur d'Eudes. Sa sépulture, II, 466.
— (Matthieu de), suzerain d'un fief à Gentilly, IV, 7.
— (Robert de), chevalier. Seigneur de Vemars (XIII° s.), II, 311 (note), 345, 347.
— (Roger de), curé de Coubert, V, 152.
— (Roger de). Texte d'une charte relative à sa profession religieuse (1205), V, 204.
— (Simon de), chanoine de Ste-Geneviève. Sa prébende à Auteuil (XIIe s.), I, 388.
— (Simon de), chanoine-diacre de Notre-Dame. Lègue à cette égl. une ferme à Rungis (1200), IV, 49. — Témoin dans un acte, IV, 63.

— (Thibaud de), neveu de Simon, I, 388.
SAINT-DENIS, capitaine de l'armée d'Henri IV. S'empare du château de Savigny-sur-Orge (1592), IV, 393-4.
SAINT-DENIS-DU-PORT, paroisse du doyenné de Lagny [Seine-et-Marne, arr. de Meaux, ham. de Lagny]. *Notice*, IV, 541-543.
— Lieux-dits : Grange-du-Bois (la), Saint-Laurent-du-Port.
S. DÉODAT ou S. DIÉ, évêque (chorevêque) à Lagny, IV, 545, 546, 554.
S. DIDIER, év. de Langres, I, 304, 539 ; II, 175 ; III, 467, 468, 476.
SAINT-DIDIER, lieu-dit de Bruyères-le-Châtel, III, 457, 469, 476.
S. DIÉ, év. de Nevers, IV, 554. Voy. S. Déodat.
SAINT-DIZIER [Haute-Marne, arr. de Vassy]. Seigneur. Voy. Dampierre (Jean de).
S. DOME : S. Domnole ? V, 414, 415.
SAINT-DOMINGUE [Antilles]. Intendant. Voy. Besset (Daniel-Henry de).
SAINT-DOMNIN [Saint-Donain. Seine-et-Marne, arr. de Fontainebleau, commune de Marolles-sur-Seine]. Prieuré : sépulture, III, 309 (note).
S. DOMNOLE, abbé de St-Laurent de Paris, év. du Mans, I, 188, 294 ; V, 409, 414, 415
S. DONAT, év. et martyr, I, 253.
STE DOROTHÉE, II, 89.
S. DROCTOVÉE, abbé de St-Germain-des-Prés, I, 263, 267, 270.
STE DYNAME. Vocable désignant non une sainte mais la puissance divine, I, 133.
S. *Eburtii* (écrit pour S. *Reverentii (moniales)* : les religieuses de l'abbaye de Gif, III, 388 (note), 396.
S. EDME, archevêque de Cantorbéry, I, 163.
S. *Egidius.* Voy. S. Gilles.
S. ELEUTHÈRE, I, 492, 513-514.
STE ELISABETH, I, 72.
STE ELISABETH ou ROSE, fille de Raoul, comte de Crépy, religieuse de Chelles. Couvent qu'elle fonde à Roset (XIIe s.), II, 501.
STE ELISABETH (chapelle) près du pont de Pontoise ; détruite, II, 116.
S. ELOI, év. de Noyon. Lieu de sa naissance, I, 307 ; — I, 154, 209, 231, 237, 239, 313, 319, 320-321, 325, 495, 502, 503 ; II, 138, 278, 487, 489, 491 ; III, 45, 91, 456, 503 ; IV, 3, 33, 44, 71, 178, 179, 508, 535, 536, 546 ; V, 261, 312, 416, 422.
SAINT-ELOI ou du VAL-SAINT-ELOI (prieuré de) à Chilly-Mazarin, dépendant du prieuré de Ste-Catherine de Paris, III, 503. — *Notice*, IV, 70-72. — Ses biens, IV, 60, 63, 65. — Sépultures, IV, 72 ; V, 288. — Prieurs. Voy. Allemand (Robert l'), Fourcy (de), Le Roy (Pierre), Villeron (Guillaume de).
S. ELOQUE, IV, 545.
STE EMERENTIENNE, I, 152.
S. EMILIEN ou S. EMMIEN, IV, 545.
S. EPARCHE, appelé S. Epimache et S. Cibar, I, 89.
S. EPIPHANE, martyr, III, 579.
S. EPTADE, III, 320.
S. ERASME, évêque, appelé S. Yreaume, IV, 604 ; V, 400, 402.
S. EREMBERT, évêque de Toulouse. Son lieu de naissance, III, 127, 130.
STE ERESWIDE, II, 491.
Sainteriacum, Saincteriacum : Saintry, V, 94.
S. ESCUIPHLE, abbé, I, 174.
S. ETERN, év. d'Évreux. Assassiné près de Luzarches, II, 176, 201, 202,
S. ETIENNE, martyr. Pierres avec lesquelles il fut lapidé conservées à Notre-Dame, I, 7 ; — I, 8, 9, 32. 237, 247, 271, 622, 643 ; II, 321, 484, 636, 638 ; III, 5, 7, 118, 119, 147, 254 ; IV, 62, 118, 122, 249, 262 ; V, 257, 299. — (redevance dite tourteau de), IV, 325.
S. ETIENNE, pape, II, 321, 323, 325.
S. ETIENNE *de Muret*, fondateur des Bonshommes de Grammont, II, 391.
S. ETIENNE *le Jeune*, IV, 291.
S. EUGÈNE, envoyé par S. Denis de Paris, en Espagne ; fausse tradition qui en fait un archevêque de Tolède ; martyrisé à Deuil, I, 500, 598, 599, 600, 601, 602, 607 ; II, 8.
STE EUGÉNIE, I, 193.
STE EULALIE, patronne de la cathédrale de Perpignan, III, 351.
STE EUPHÉMIE, martyre de Calcédoine, I, 153.
STE EUPHROSINE, I, 158.
S. EURBLANC, III, 567. Voy. S. Herbland.
SAINT-EUSÈBE (prieuré de), III, 144.
S. EUSICE ou YSIS, abbé de Celles, I, 522.
S. EUSTACHE, martyr. Vénéré par les chasseurs, III, 272 ; — I, 500 ; II, 145 ; III, 30, 56, 215, 216, 272 ; IV, 16, 141.
S. EUSTASE, abbé de Luxeuil. Confondu avec S. Eustache, I, 58.
S. EUTROPE, premier év. de Saintes, I, 84, 304 ; II, 176, 219, 415 ; III, 62, 574 ; IV, 59, 151, 153, 533 ; V, 43, 193 ; — invoqué contre les maux de tête, V, 43.

30.

— 466 —

SAINT-EUTROPE (couvent et hôpital de), à Chanteloup près Châtres, IV, 134, 136, 150, 151, 152, 153, 154.
S. EVRE, *Aper*, év. de Toul, IV, 191, 324.
S. EVROUL, abbé du diocèse de Lisieux, III, 354.
S. EXUPÈRE ou S. SPIRE, év. de Bayeux, I, 222; IV, 273, 278, 279, 547; V, 85.
STE FARS, fondatrice de l'abbaye de Faremoutiers, II, 293, 498, 546; III, 389; V, 316, 317, 407, 408, 415.
SAINT-FARGEAU en Puisaye [Yonne, arr. de Joigny, ch.-l. de cant.]. Château, IV, 392.
SAINT-FARGEAU [?]. Curé. Voy. Le Moyne (Pierre) [Suiv. Guilhermy (III, 127), il faudrait lire Pierre Le Moyne curé « de St-Martin de Bonneuil », au lieu de curé « de St-Fargeau et de Bonneuil »].
S. FARON, frère de Ste Fare; év. de Meaux, II, 296; IV, 547.
SAINT-FARON (abbaye de). Voy. Meaux.
S. FÉLIX, martyrisé près de St-Maur, I, 619-620; II, 423; V, 10-11, 303; — (cave de), II, 422, 423, 461.
SAINT-FÉLIX [Oise, arr. de Clermont, cant. de Mouy], I, 620.
SAINTE-FÈRE (de), gentilhomme limousin. Seigneur de Courtry (XVIIIe s.), II, 537.
S. FERREOL, III, 361.
Sanctus Ferreolus. Voy. Saint-Forget.
S. FIACRE, venu d'Irlande. Lieu où il aurait logé à Paris, I, 303; — I, 35, 46, 60, 199, 304, 647; II, 20, 491; III, 144, 502; IV, 332, 365; V, 37, 227; — (mal de), I, 65.
SAINT-FIACRE (prieuré de). Voy. Maison-Rouge (la).
SAINT-FIACRE de la Selle [Seine-et-Marne, arr. de Meaux, cant. de Crécy]. Chapelain. Voy. Leclerc (Alain), Saulay (Jean).
S. FILBERT, I, 35. Voy. S. Philbert.
S. FIRMIN, év. d'Amiens, I, 346, 499, 500, 501, 505, 622; V, 227.
S. FLAIVE, *Flavius*, év. de Rouen. Autres saints avec lesquels il est confondu, I, 643-4; — II, 45.
SAINT-FLAIVE (ermitage et fontaine de) à Sannois, II, 44-5.
S. FLOCEL, martyr, III, 340.
S. FLORENT, III, 370, 510.
S. FLORENTIN, martyr, II, 436; IV, 546.
S. FLOUD, *Flodoaldus*, III, 20, 32. Voy. S. Cloud.
SAINT-FLOUR [Cantal]. Evêque. Voy. Montrouge (Jacques de).
SAINT-FORGET, *Sanctus Ferreolus*, paroisse du doyenné de Châteaufort [Seine-et-Oise, cant. de Chevreuse], III, 360. — *Notice*, III, 361-362.
— Lieux-dits : Becquancourt, Garenne (la), Grande-Maison (la), Jagny, Mauvières.
S. FORTUNAT, martyr (fausses reliques de), I, 126.
STE FOY, martyre d'Agen, IV, 197.
S. FRAMBALD, FRAMBOLD ou FRAMBOUR, solitaire du Maine, confondu avec S. Frambour de Senlis, I, 440; IV, 457-8.
SAINT-FRAMBOUD, *Sanctus Franboudus*, lieu-dit à Ivry (XIIe s.), IV, 458-9.
S. FRANÇOIS, I, 32, 35, 237; IV, 297; V, 402. — (pénitents du Tiers-Ordre de), I, 468-9. Voy. Courbevoie, Franconville, Limours, Paris.
S. FRANÇOIS *d'Assise*, I, 167.
S. FRANÇOIS *de Paule*, I, 415, 641; III, 387; V, 270.
S. FRANÇOIS *de Sales*, év. de Genève. Consacre l'église St-Symphorien à Paris, I, 268; — I, 90, 143, 331; III, 375; V, 272.
— (communauté des prêtres de). Voy. Issy, Paris.
S. FRATBOLD, abbé de Ste-Geneviève de Paris, IV, 458-9.
S. FREDEBERT, qualifié év. de Troyes, I, 89.
S. FRODULFE ou FROU, I, 164-5.
S. FULBERT, IV, 545, 546.
S. FURSY, irlandais, premier abbé de Lagny, IV, 543, 544, 545, 546, 547, 549, 551, 553, 563, 603.
SAINT-FUSCIEN [Somme, arr. d'Amiens, cant. de Sains]. Acte royal daté de ce lieu (1545), II, 171. — Abbé. Voy. Audrand.
S. GASPARD, martyr, I, 116.
S. GATIEN, év. de Tours, I, 2, 117; V, 250.
STE GEMME, inconnue, I, 581.
S. GENDULFE, év. de Paris. Le même que Teudulfe ou Théodulfe, I, 11, 122.
S. GENÈS, archev. de Lyon, II, 489, 491, 558.
S. GENÈS, martyr d'Arles. Confondu avec S. Genès, martyr de Rome, II, 558, 559.
STE GENEVIÈVE. Détails sur sa vie et sa famille, III, 61, 72, 75. — Emplacement de la maison qu'elle habitait à Paris, I, 13, 94, 242. — Agrandit l'oratoire des Saints Martyrs à Saint-Denis, I, 210, 494. — Eglises et chapelles consacrées à cette sainte, I, 14, 237, 387, 458, 459; II, 12, 69, 318, 320, 347, 552; III, 25, 56, 57, 61, 74-75,

421, 579; IV, 33, 291, 381, 523;
V, 113, 150, 197. — Localités où
ses reliques furent réfugiées au IX°
s., I, 231, 235; II, 551; IV, 379,
380, 414, 524; V, 59, 140-141. —
Son tombeau, I, 229, 231. — Autres mentions, I, 8, 27, 167, 236,
244, 276, 494, 528; II, 385; IV,
150. — Manuscrits et ouvrages relat. à cette sainte, cités, I, 94, 239,
241; III, 72, 74, 75.
— (chasse de), I, 235; IV, 419.
SAINTE-GENEVIÈVE (chanoines de) ou
de la Congrégation de France, I,
240; II, 218, 572, 573, 597; III, 76.
SAINTE-GENEVIÈVE (clos de), lieu-dit
de Bourg-la-Reine (XIII° s.), III,
557.
SAINTE-GENEVIÈVE (fontaine). Voy.
Fontaine.
SAINTE-GENEVIÈVE (maison de), à St-
Nom-de-la-Bretèche (XIII° s.), III,
151.
SAINTE-GENEVIÈVE (source dite de),
à Vigneux, V, 57.
SAINTE-GENEVIÈVE [Oise, arr. de
Beauvais, cant. de Noailles]. Seigneur. Voy. Beaumont-sur-Oise
(seigneur de).
SAINTE-GENEVIÈVE-DES-BOIS, anciennement Sequigny, paroisse du doyenné de Montlhéry [Seine-et-Oise, arr.
de Corbeil, cant. de Longjumeau].
Notice, IV, 379-387; — III, 473;
IV, 126, 246, 409.
— Lieux-dits : Cossonnerie (la), Liers,
Morsang-sur-Orge, Parc-Pierre (le),
Perray (le), Sequigny.
S. GENEZ, confesseur, I, 89.
SAINT-GENEZ (Petronille de), abbesse
[de Robertimonte], près Liège (1501),
II, 312.
S. GEORGES, I, 199, 475, 570, 594;
II, 151, 194, 195, 483, 484, 489,
494; III, 356; IV, 224, 576; V,
120, 121.
S. GEORGES, diacre, V, 36.
S. GEORGES, martyr d'Orient, V, 36.
S. GEORGES, martyr d'Espagne, I, 270.
SAINT-GEORGE (la fontaine de), lieu-
dit de Combs-la-Ville, V, 185.
S. GEORGES (le cardinal de), I, 115.
SAINT-GEORGES (Jean de), seigneur
de Saint-Prix (XV° s.), I, 649.
SAINT-GEORGES (de), seigneur du
Perreux (1698), II, 473.
S. GÉRARD, moine de St-Denis puis
abbé de Brognes, I, 505 (note),
509-510.
S. GÉRAUD, I, 253.
S. GERMAIN, év. d'Auxerre, I, 8, 11
(note), 27, 28, 96, 222, 237, 312,
470, 472; II, 311, 312, 313, 331,
385, 415, 423, 631, 643, 648; III,

72, 150, 177, 178, 179, 307, 319,
500, 503, 517, 539; IV, 133, 150,
279, 370, 499; V, 242, 276.
S. GERMAIN, év. de Paris, I, 4, 23,
27, 79, 199, 236, 250, 262, 265,
268, 273, 274, 338, 517, 527, 631,
632; II, 99, 359, 385, 465, 547,
644, 648; III, 14, 132, 140, 141,
163, 228, 292, 317, 327, 333, 334,
355, 356, 409, 427, 525; IV, 3,
133 (note), 209, 210, 221, 314,
435, 440, 447, 448, 569, 589; V,
3, 5, 51, 78 et note, 79, 80, 81,
99, 107, 175, 176, 192, 246, 256,
261, 385-6.
S. GERMAIN (fontaine de), à Garges,
II, 254; — à Sèvres, III, 14.
SAINT-GERMAIN (porte de) à Châtres,
IV, 157.
SAINT-GERMAIN (H... de), chanoine
de Soissons (1211), II, 534.
— (Philippe de), queux de Philippe-
le-Bel. Reçoit de ce roi des revenus à Cormeilles (1298), II, 52.
— (Robert de), administrateur de la
léproserie de Charlevanne (1366),
II, 30; III, 111.
SAINT-GERMAIN (Mathieu de Morgues, sieur de), I, 559.
SAINT-GERMAIN, proche Etampes [?].
Paroisse dont dépend l'abbaye de
Morigny, IV, 180.
SAINT-GERMAIN en Brie [Saint-Germain-les-Couilly? Seine-et-Marne,
arr. de Meaux, cant. de Crécy].
Seigneur (1211), II, 508.
SAINT-GERMAIN, lieu-dit près de Villeron (1219), II, 311 (note), 345.
SAINT-GERMAIN-de-Chesnay, IV, 45.
Voy. Chesnay (le).
SAINT-GERMAIN de Fontenay : Fontenay-sous-Bois, II, 267.
SAINT-GERMAIN-DE-LASSIS. Voy.
Saint-Germain-Laxis.
SAINT-GERMAIN-DES-NOYERS, *de Noeriis, de Nucibus*, paroisse du doyenné de Lagny [Seine-et-Marne, ham.
de Torcy]. *Notice*, IV, 587-589;—
IV, 568, 614.
SAINT-GERMAIN-EN-LAYE, paroisse
du doyenné de Châteaufort [Seine-
et-Oise, arr. de Versailles, ch.-l. de
canton]. *Notice*, III, 132-145.
— Actes royaux datés de ce lieu
(1219), II, 263; (1224), III, 97;
(1318), I, 182; (1518), V, 217;
(1544), II, 283; (1548), I, 498;
(1550), IV, 243; (1563), III, 321;
(1675), III, 372.
— Château; procès au sujet du droit
de guet (1381), II, 20, 31, 34, 35;
— concierge, III, 232.
— Eglise, III, 292; — droit de chasse accordé au curé, 319.

— Prieuré : ses biens, III, 109, 110, 130, 152.
— (forêt de), *Lida, Ledia, Lea,* II, 80; III, 132, 137, 144, 232, 473.
— Autres mentions, I, 417 ; II, 80, 112 ; III, 79, 95, 97, 109, 110, 122, 130, 131, 152, 196, 292, 319, 473.
— Lieux-dits : Loges (les), Muette (la), St-Léger (les Fonds-), Trahison (la), Val (le).
SAINT-GERMAIN-LAXIS, de Lassis [Seine-et-Marne, arr. et cant. de Melun], III, 584.
SAINT-GERMAIN-LE-GRAND (Jean Le Grand, seigneur de), V, 290.
SAINT-GERMAIN-LES-CORBEIL. Voy. Corbeil (le Vieux-).
S. GERMER. Lieu de son mariage, II, 546.
STE GERTRUDE, V, 235.
S. GERVAIS, I, 117, 584 ; II, 74, 651 ; IV, 448, 631 ; — (terres dites de) au IXe s., II, 194.
S. GÉRY, év. de Cambrai, II, 483.
S. GILDARD [év.] de Rouen, IV, 600; V, 100.
S. GILLES, abbé, I, 182, 183, 184, 185, 199, 215, 237 ; II, 307, 308, 654 ; III, 134, 141, 167, 169, 191, 361, 501, 556 ; IV, 84, 280, 441 ; V, 186, 339.
S. GODEGRAND, év. de Seez, II, 351. Voy. S. Chrodegand.
SAINT-GONDON [Loiret, arr. et cant. de Gien]. Prieuré, III, 378 ; prieur. Voy. Touchebeuf (Simon).
S. GRATIEN, martyr, I, 628 ; III, 389 ; IV, 136.
SAINT-GRATIEN. Localités de ce nom en France, I, 630.
SAINT-GRATIEN, *Sanctus Gratianus,* Saint-Gratien de Gailleville, paroisse du doyenné de Montmorency [Seine-et-Oise, arr. de Pontoise, cant. de Montmorency]. *Notice,* I, 628-631 ; — I, 598, 625.
S. GRÉGOIRE (sacramentaire de). Cité, I, 269.
S. GUÉNAUL, abbé breton, IV, 273, 277, 282, 320-1 ; V, 82.
SAINT-GUENAULT [Seine-et-Oise, ferme à Courcouronnes], IV, 322.
S. GUENEAU, prêtre, I, 174.
S. GUIGNEFORT, II, 514.
S. GUILLAUME. Tue le géant Isoire, I, 145.
S. GUILLAUME, abbé, IV, 546.
S. GUILLAUME, archevêque de Bourges, I, 251.
S. GUILLAUME D'AQUITAINE, I, 32.
S. GUILLAUME DE DANEMARK. Son lieu de naissance présumé ; chanoine de Ste-Geneviève puis abbé en Danemark, I, 241 ; IV, 310 ; V, 197, 198.

S. GUILLAUME DE MALEVAL, fondateur de l'Ordre des Guillemites, I, 32 ; III, 587, 588.
SAINT-GUILLAUME-DES-VAUX, lieu-dit voisin de Corbeil, IV, 310.
S. GUINEFORT, V, 395.
S. GUINGANTON, abbé, I, 174.
S. GUNIBOLDE, II, 166.
S. GUNIFORT. Sa légende rejetée par les Bollandistes, II, 165-6.
STE HÉLÈNE, mère de Constantin, V, 379.
S HENRI, I, 72.
S. HÉRACLE, év. de Sens, V, 409, 414.
S. HERBLAND, *S. Hermelandus,* abbé d'Aindre, I, 43 ; III, 567, 568.
S. Hermelandus. Voy. S. Herbland.
S. HILARE ou HILAIRE, év. de Javoux ou de Mende, I, 498, 499, 521 ; II, 115, 644, 645.
S. HILAIRE, évêque de Poitiers, I, 129, 130, 499 ; II, 391, 454, 645 ; IV, 458-9 ; V, 4, 59.
SAINT-HILAIRE, lieu-dit de St-Ouen-l'Aumône. Anciennement paroisse, II, 115.
SAINT-HILAIRE (le FEBVRE de), seign. de Saint-Prix (XVIIIe s.), I, 649.
SAINT-HILAIRE-DE-LA-VARENNE, II, 453, 456, 458. Voy. Varenne-Saint-Hilaire (la).
STE HILDE, religieuse de Chelles puis abbesse de Strenechal, II, 491, 501.
S. HILDEVERT, év. de Meaux, I, 296, 297, 314 ; IV, 388 (note), 609.
S. HIPPOLYTE, martyr d'Italie, I, 128, 498, 521 ; II, 321.
STE HODIERNE, IV, 92.
S. HONESTE ou HONEST, martyr, I, 211 ; V, 210, 211, 212, 227, 371.
S. HONORÉ, év. d'Amiens, I, 56, 155, 344.
STE HONORINE, patronne des captifs, I, 483 ; II, 88, 89, 91.
STE-HONORINE (bois). Sa situation incertaine (XIIIe s.), II, 97.
S. HUBERT, év. de Liège, II, 312-3.
S. HUGUES, abbé de Cluny, I, 236.
S. Huitasse (moustier) : Saint-Eustache de Paris, I, 62.
S. HUGUES, év. de Grenoble, III, 508.
S. IGNACE DE LOYOLA. Sa chambre au collège Ste-Barbe, I, 254. — Chapelle à Montmartre où il reçut les vœux de ses compagnons, I, 451-2.
S. INNOCENT, év. du Mans, II, 42.
S. INNOCENT, martyr inconnu, I, 498.
S. INNOCENT, I, 48, 49. Voy. S. Richard.
SAINT-ION, *S. Ionius, S. Ionio (Hugo, Rogerius de).* Voy. Saint-Yon.
S. IREAUME. Voy. S. Erasme.
STE IRÈNE. Vocable de certaines égli-

ses désignant non une sainte mais un attribut divin, I, 133.
S. IRÉNÉE, év. de Lyon, I, 89.
SAINT-IVED (abbaye de) à Braine (Aisne). Sépulture, IV, 79.
STE JACQUELINE, I, 287.
S. JACQUES, I, 62, 65, 83, 186, 196, 200, 237, 300, 310, 344, 440, 463 ; II, 69, 158, 207, 417, 538 ; III, 245, 266, 369, 574 ; IV, 34, 81, 448, 533, 583. — (pèlerins de), I, 155.
S. JACQUES le Majeur, I, 156, 244 ; II, 538, 558 ; III, 291, 320, 586 ; IV, 168. 256 ; V, 46, 292, 293.
S. JACQUES le Mineur, II, 538 ; III, 320.
SAINT-JACQUES en Galice (pèlerinage de), I, 65, 199 ; II, 446. Voy. Compostelle.
SAINT-JAMES (forêt de) près Marly, II, 80.
SAINT-JAMES-DE-BEUVRON [Manche, arr. d'Avranches, ch.-l. de cant.]. Château, IV, 64, 65. 75.
S. JEAN, I, 236, 272 ; II, 342, 379, 438, 446, 564, 628 ; III, 74, 245 ; IV, 35, 77, 384 ; V, 31. — (feu de la), II, 439. — (mal), *ibid*.
SAINT-JEAN (Sébastien Le Blanc, sieur de), II, 379.
SAINT-JEAN-AUX-BOIS [Oise, arr. et cant. de Compiègne]. Abbaye ; ses biens, II, 96.
S. JEAN-BAPTISTE, I, 7. 8, 13, 32, 38, 46, 62, 74, 100, 167, 186, 243, 244, 273, 314, 316, 344, 387, 435, 468, 501, 609 ; II, 77, 118, 205, 213-4, 249, 331, 539, 600, 625-6 ; III, 24, 74, 28-9, 170, 224, 274, 279, 385, 414, 416, 423, 488, 547, 548, 551 ; IV, 13, 115, 128, 138, 178, 297 ; V, 421.
S. JEAN CHRYSOSTOME, I, 346 ; IV, 15.
SAINT-JEAN DE BEAUREGARD, Montfaucon, Saint-Jean de Montfaucon, paroisse du doyenné de Châteaufort [Seine-et-Oise, arr. de Rambouillet, cant. de Limours]. *Notice*, III, 498-499 ; — III, 335 ; IV, 123.
S. JEAN *des Lombards*. Chapelle à Argenteuil, II, 13.
SAINT-JEAN-LES-DEUX-JUMEAUX [Seine-et-Marne, arr. de Meaux, cant. de la Ferté-sous-Jouarre]. Seigneur, II, 515.
S. JEAN L'EVANGÉLISTE, I, 72, 186, 199, 205, 346 ; II, 118, 144, 269, 417 ; III, 414, 420, 548.
S. JÉROME, I, 289, 341, 459, 460, 512 ; V, 371.
S. Johannis de Eremo (prioratus) : prieuré de St-Jean à Corbeil, IV, 74, 284.

SAINT-JORRY [Haute-Garonne, arr. de Toulouse, cant. de Fronton]. Seigneurs. IV, 606.
— (Jean du FAUR de), fils de Michel; cons. d'Etat. Seigneur de Champs (1574), IV, 606.
— (Pierre du FAUR de), fils de Michel. Présid. au Parl. de Toulouse (XVIe s.), IV, 606.
S. JOSEPH, I, 78, 79, 479 ; III. 89.
S. JOSEPH D'ARIMATHIE, III, 490.
S. JOSSE, fils d'un roi de la Grande-Bretagne. I, 303. 304.
SAINT-JOSSE [Pas-de-Calais, arr. et cant. de Montreuil-sur-Mer], I, 304.
SAINT-JOUIN-DE-MARNES [Deux-Sèvres. arr. de Parthenay, cant. d'Airvault]. Abbaye ; abbé. Voy. Picot (Nicolas).
S. JUCOND, martyr, III, 198.
S. JUDE, I. 207 ; V. 37.
S. JUIN, III, 183. Voy. S. Ouen.
STE JULIE, martyre, II, 451.
S. JULIEN, I, 21, 83, 117, 576 ; IV, 43 ; V. 416.
S. JULIEN, év. du Mans, I, 98, 282.
S. JULIEN, martyr de Brioude, I, 96 ; III, 193, 194, 198, 505 ; V, 239, 279.
S. JULIEN *l'Hospitalier*, I, 96 (note), 260.
STE JULIENNE, III, 179 ; IV, 139.
SAINTE-JULIENNE (le Val-Saint-Germain dit), IV, 174.
STE JULITE ou JULITTE, III, 389 ; IV, 26, 27, 28.
S. JUST, I, 89.
SAINT-JUST [Oise, arr. de Clermont, ch.-l. de cant.]. Son nom ancien, II, 297.
SAINT-JUST, lieu-dit d'Evry-sur-Seine, IV, 330.
STE JUSTE, martyre, V, 371.
S. JUSTIN. martyr de Louvres, I, 10 ; II, 295, 298 ; IV, 37.
S. LADRE, I, 302 ; IV, 183. Voy. S. Lazare.
S. LAMBERT, év. de Maestricht, I, 484 ; III, 339, 340.
S. LAMBERT, év. de Lyon, I, 422.
SAINT-LAMBERT, paroisse du doyenné de Châteaufort [Seine-et-Oise, arr. de Rambouillet, cant. de Chevreuse]. *Notice*, III, 339-341 ; — III. 364, 373.
— Lieux-dits : Brosse (la), Champ-Garnier (le), Germainville, Vaumurier.
S. LANDRI, év. de Paris. Considéré sans preuves comme le fondateur de l'Hôtel-Dieu de Paris, I, 16, 17. — Sa sépulture (656), I, 24. — Autres mentions, I, 24, 27. 28, 29, 30, 46, 504, 537 ; III, 505 ; IV, 545.

S. Laurent, I, 29, 83, 192, 237 ; II, 183, 315 ; III, 29, 256, 395 ; IV, 43, 63, 74, 112, 113, 114, 180, 398 ; IV, 447, 543.
St Laurent in Damaso (cardinal de). Voy. Nicolas.
S. Laurentio (Gaufridus de). Voy. St-Lorent (Geoffroy de).
Saint-Laurent (le port) près de Corbeil, IV, 301.
Saint-Laurent-du-Port, paroisse réunie à celle de St-Denis-du-Port [Seine-et-Marne, ham. de Lagny]. Notice, IV, 543.
S. Lazare, I, 301. — Chapelles et léproseries, I, 86, 255, 299 ; IV, 103, 126. — (Ordre de). Chapelle où se voient ses armoiries, I, 439 ; — les biens de tous les Ordres hospitaliers de France y sont réunis (1672), II, 16 ; — commanderies, III, 283, 290.
Saint-Lazare ou Saint-Ladre [Seine-et-Oise, ham. de Saint-Witz de Montmélian]. Ancienne léproserie dite de Survilliers, II, 329. — Notice, II, 343.
Saint-Lazare (Garnier de), bienfaiteur de St-Symphorien de Paris (XIIIe s.), I, 212.
S. Léger, év. d'Autun, I, 165. 222 ; II, 229, 486 ; V, 227, 385, 386, 387.
Saint-Léger [les Fonds-Saint-Léger, éc. de St-Germain-en-Laye], paroisse, III, 130, 131 ; IV, 50.
S. Léger de Faiquepoix, titre d'une chapelle à Chelles, II, 498.
Saint-Léger de Gassenville, ancienne paroisse du doyenné de Montmorency, I, 580-1 ; — appelée Vassonis villa, Gassonis villa, II, 246 ; — dîme, 508.
Ste Léocade, IV, 26.
S. Léonard, I, 62, 72, 90, 165 ; II, 26, 27, 387, 460 ; IV, 40, 41, 527, 528 ; V, 416, 419.
S. Léonard, du Limousin, V, 92.
Saint-Léonard de Croissy-sur-Seine, IV, 174. Voy. Croissy.
S. Léonard de Noblat (prieuré de) [Haute-Vienne]. Obtient l'église de Croissy-sur-Seine (1211) et présente à cette cure, II, 25, 27 ; — prieur. Voy. Boson.
S. Léonin, II, 89.
S. Léonor, év. régionnaire, I, 174.
S. Leu ou S. Loup, év. de Sens, I, 182, 184, 199 ; II, 68, 247, 250, 307, 308, 654 ; III, 167, 169, 191, 501, 556 ; IV, 84, 221, 441, 485 ; V, 186, 211, 295, 339.
Saint-Leu ou Saint-Leu-Taverny, S. Lupus juxta Taberniacum, — de Taverneyo, paroisse du doyenné de Montmorency [Seine-et-Oise, arr. de Pontoise, cant. de Montmorency]. Notice, II, 67-72. — Léproserie, II, 16, 69 ; — 75.
— Fief. Voy. Bossencourt.
— Lieux-dits : Chaumette (la), Clos-Heudrene (le).
— (Jacques de). Sépulture de sa femme Jacqueline (1380), II, 110.
— (Jean de), prieur puis abbé de Ste-Geneviève, II, 69, 71 ; III, 78, 79 ; IV. 526.
Saint-Leu-d'Esserent [Oise, arr. de Senlis, cant. de Creil]. Prieuré, I, 193.
S. Leufroy, abbé du diocèse d'Évreux, I, 35, 43, 44, 270 ; III, 48, 54, 82.
S. Léviern, évêque, I, 174.
S. Lézin, év. d'Angers, I, 117, 539.
Saint-Libar, [Saint-Cybar, abbaye près d'Angoulême], IV, 590.
S. Licier [Lizier]. év. de Conserans. Confondu avec S. Sicaire, I, 89.
S. Lié, I, 62.
S. Lifard, prêtre de Meung-sur-Loire, I, 590.
Saint-Lô [Manche]. Abbaye : abbé. Voy. Barrin (Toussaint), Merlet (André). — Monétaire. Voy. Dreux (Guillaume de).
Saint-Lô (Pierre de), curé de St-Brice. Visite l'hôtel-Dieu de ce lieu (1351), II. 162.
— (Guillaume de), abbé de St-Victor de Paris, I, 340.
Saint-Lorent ou Saint-Laurent (Adam de), religieux de l'ordre du Temple (?). Mentionné dans une épitaphe (XIIIe s.), II, 571.
— (Geoffroy de), de S. Laurentio, vassal de l'abbaye de St-Maur (1275 et 1278), II, 445.
— (Jeanne de), mère d'Adam. Son épitaphe (XIIIe s.), II, 571.
Saint-Lotein (Regnaud de), héritier de Jean Voignon pour la seigneurie de Meudon, III, 233.
S. Louis, roi de France. Miracles opérés à son tombeau, II, 401, 515; IV, 95, 174 ; V. 27. — (offices de), I, 224. — (reliques de), I, 222, 224, 500. — (confréries de), I, 63. — Eglises ou chapelles sous son patronage, I, 42, 52, 54, 56, 58, 74, 83, 90-91, 98, 105, 106; 124, 137, 176, 305, 315 ; II, 122, 559 ; III, 41, 199, 311, 467, 470 ; IV, 37, 115. 139, 141, 142, 156, 291, 591-2 ; V, 247, 436. — (représentations de), II, 27, III, 43, 137, 421, 508. Voy. Louis IX.
Saint-Louis (ordre de chevalerie de), institué par Louis XIII (1633) pour l'entretien des Invalides, IV, 13.

S. Louis, év. de Marseille, IV, 279.
S. Loup, év. de Bayeux, IV, 277, 278, 279, 280, 547 ; V. 85.
S. Loup, év. de Troyes, III, 72.
S. Loup, év. de Sens. Voy. S. Leu.
S. Louthiern, évêque, I, 174.
S. Lubin, év. de Chartres, I, 115, 327 ; III, 91, 365-6, 518.
Saint-Lubin de la Haye [Eure-et-Loir, arr. de Dreux, cant. d'Anet]. Prieuré : prieur, III, 518.
S. Luc, patron des peintres, I, 213.
S. Lucain. Lieu de son martyre, I, 10 ; V, 113.
Ste Lucie, V, 203.
S. Lucien, apôtre de Beauvais, I, 576.
Saint-Lucien, ancienne paroisse [Seine, lieu-dit de la Courneuve]. Voy. Courneuve (la).
S. Lucrèce, vierge et martyre d'Espagne, I, 63 ; V, 270.
S. Lugle et S. Luglien, martyrs d'Artois. I, 115.
S. *Lupus juxta Taberniacum* ; *de Taverneyo*: St-Leu-Taverny, II, 67, 69.
Saint-Maard (Lancelot de), maréchal de France. Rend hommage pour Luzarches à l'év. de Paris (1273), II, 209.
S. *Maart.* Voy. S. Médard.
S. Macaire le *Grand* ou *l'Egyptien* (coupe de), symbole d'investiture, IV, 95, 206, 358.
S. Maclou, *S. Macutus*, év. d'Aleth, II, 92, 189. Voy. S. Malo.
Ste Macre, martyre, II, 435.
Ste Macrine, II, 435.
S. *Macutus.* Voy. S. Maclou.
S. Macy. Voy. S. Mathias.
Ste Madeleine, crue longtemps sœur de S. Lazare, patronne comme lui de nombreuses léproseries, II, 47. — I, 31, 74, 75, 83, 86, 215, 286 ; II, 139, 450-1 ; III, 111, 129, 466, 467, 469, 525 ; IV, 135, 136, 139, 175, 267. Voy. Ste Marie-Madeleine.
S. Madelgaire ou Mauger, IV, 545, 546.
S. Magloire, év. de Dol, I, 157, 174 ; III, 194, 446.
Saint-Maigrin (le marquis de). Sa sépulture, I, 503.
S. Malo, év. d'Aleth, I, 157, 174, 338-9.
Saint-Malo [Ille-et-Vilaine]. Evêques. Voy. Bec (Jean du), Bohier (François), Harlay (Achille de).
S. Mamer ou Mammer, S. Mammès, I, 102, 104, 108.
Saint-Mamert (Adam de), possesseur du fief de Térouenne à Paris (1330), I, 70.
S. Mammès, martyr de Cappadoce, I, 104-5 ; III, 25, 547, 548.

S. Mammès. Voy. S. Mamert.
Saint-Mandé, *Sanctus Mandetus*, ham. de Charenton-Saint-Maurice [Seine, comm. du cant. de Vincennes]. *Notice*, II, 380-3. — Hospitalières venues de Gentilly, II, 383 ; IV, 8. — Religieuses de la Saussaye, II, 383 ; IV, 38. — Prieuré, II, 380-1 ; — prieur. Voy. Luillier (Pierre). — Autres mentions, II, 373, 406, 409, 432, 434.
— Lieu-dit : Creux-Fossé (le).
Saint-Mandé (porte de), dans le bois de Vincennes, II. 412.
S. Mandet ou S. Maudet, solitaire de Bretagne, II, 380, 381.
Sanctus Mandetus. Voy. Saint-Mande.
S. Marc, évangéliste. Cru à tort patron de certaines léproseries, II, 46-7. — I, 93 ; III, 432, 445 (note) ; V, 168, 169.
Saint-Marc (Jean-Marc de Jamart, seigneur de), III, 314.
S. Marcel, év. de Paris, I, 3, 8, 9, 10, 11, 27, 120, 121, 123, 124, 129, 276, 515 ; III, 23 ; IV, 253.
S. Marcel, pape, II, 523, 524-5.
S. Marcel, martyr de Châlon-sur-Saône, I, 515, 516, 521 ; IV, 516.
Saint-Marcel (terre de). Voy. St-Denis.
Saint-Marcel (Guillaume de), *de Sancto Marcello*, doyen de Saint-Méry de Linas. Son épitaphe, IV, 119, 120.
— (Hugues, fils de Hugues de). Donne à l'abbaye de Livry des biens à Sevran (1227), II, 583.
S. *Marcelli (villa)* : le bourg St-Marceau près Paris [plus tard le faubourg de ce nom], IV, 22.
S. Marcellin, martyr, IV, 604.
S. Marcellien, martyr, V, 169.
S. *Marcello (Villermus de).* Voy. St-Marcel (Guillaume de).
S. Marcou, I, 43.
Saint-Marcy (Richard de), seigneur d'Orangis, de Torigny et de Viry par son mariage, IV, 372, 402.
Ste Marguerite, I, 90, 116, 469 ; II, 69 ; IV, 390.
Ste Marie, I, 86. Voy. Vierge (la sainte).
Sainte-Marie (Catherine de), femme de Jean d'Auret. Sa sépulture (1541), III, 422.
Ste Marie-Madeleine, I, 338 ; II, 389, 566 ; III, 62, 171, 251, 364, 365, 412, 459-60, 466, 467, 480, 481 ; IV, 511, 631 ; V, 34, 224, 318, 320-1, 430. Voy. Ste Madeleine.
Saint-Marien d'Auxerre. Voy. Auxerre.

STE MARINE, I, 219.
SAINT-MARS (Jean-Marc de la Maret, seigneur de), III, 310.
SAINT-MARS (Louis de Villetain, seigneur de), III, 385.
STE MARTHE, I, 86, 158, 286 ; V, 81.
SAINTE-MARTHE (MM. de). Leur édition de la *Gallia Christiana* rectifiée, IV, 183, 353. Voy. *Gallia*.
— (Abel de), garde de la bibliothèque du château de Fontainebleau, III, 226.
— (Claude de), avocat puis prêtre, mort en 1690, III, 400.
— (Louis de), historien. Sa sépulture (1656), I, 111.
— (Scévole de), historien. Sa sépulture (1650), I, 111.
— (Mme de), propriétaire du château de Corbeville à Bures (XVIIe s.), III, 400.
S. MARTIAL, év. de Limoges, I, 260, 581.
S. MARTIN, év. de Tours, I, 46, 103, 104, 107, 146, 178, 187-8, 189, 191, 192, 202, 237, 431, 609, 620 ; II, 20, 26, 37, 50, 55, 147, 191, 232, 253, 317, 378, 407, 412, 416, 473, 483, 486, 498, 513, 578, 581, 618 ; III, 20, 21, 67, 112, 113, 157, 172, 229, 249, 255, 256, 257, 264, 265, 324, 363, 395, 455 ; IV, 73, 195, 209, 210, 216, 220, 239, 280, 388, 398, 579, 601, 602 ; V, 27, 32, 68, 73, 147, 156, 240, 272, 342, 379, 427, 435.
SAINT-MARTIN (le Buisson de). Voy. Buisson.
SAINT-MARTIN (fief de), dépendant de Groslay, I, 612.
SAINT-MARTIN (fontaine), lieu-dit d'Orly (1485), IV, 438.
SAINT-MARTIN (prieuré de) au Val de Chartres, III, 180.
SAINT-MARTIN (Antoine-Martin Pussort, baron de), V, 13.
SAINT-MARTIN (Armand de), cons. au Parl. Seigneur de Taverny, II, 66. — (Armand-Louis de), fils du précéd. ; lieut. aux Gardes françaises, *ibid*.
SAINT-MARTIN (de), capitaine du château de Vincennes. Y soutient un siège en 1589, II, 410.
SAINT-MARTIN-AU-BOIS (abbaye de). Voy. Baudreuil (Guy de) et Ruricourt.
SAINT-MARTIN DE LA PORTE (Antoine de), religieux des Carmes-Billettes. Ouvrage de lui cité, III, 443.
S. *Martini in Soisiaco (terra)*. Conjectures sur sa situation, V, 68, 98.
SAINT-MARZ ou SAINT-MÉDARD de Villetain [Saint-Marc. Seine-et-Oise, ham. de Jouy-en-Josas]. Prieuré, III, 266-7, 270, 277.
— (Simon de), chevalier. Ses biens à Versailles, III, 193.
S. MATHIAS, S. Macy, II, 523 ; III, 520 (note).
STE MATHIE, vierge de Troyes, I, 115.
S. MATHIEU, I, 150, 237 ; II, 436 ; III, 391.
S. MATHURIN, I, 72, 114.
S. MAUR, abbé de Glanfeuil, I, 271, 310, 326 ; II, 382, 424, 426, 427, 428, 429, 431, 432, 434, 441, 443, 444, 448-9, 450, 451, 452 ; III, 172 ; IV, 139 ; V, 11.
S. MAUR, disciple de S. Benoît. Confondu avec le précédent, II, 443, 449.
SAINT-MAUR (bénédictins réformés de la congrégation de). Leur établissement à Paris, I, 93 ; II, 448 ; — à St-Denis, I, 508, 529 ; — à Chelles, II, 496 ; — au prieuré de Longpont, IV, 97 ; — à l'abbaye de Lagny, IV, 549. — Sépultures de leurs généraux, I, 272.
SAINT-MAUR-LES-FOSSÉS, *Sammaurianus*, paroisse du doyenné de Chelles [Seine, cant. de Charenton]. *Notice*, II, 418-463. — Acte royal qui en est daté (1584), III, 321. — Lieu proposé pour les conférences sur la conversion d'Henri IV, III, 51. — L'empereur Lothaire Ier y séjourne en 842, V, 25. — Droit des habitants de passer sur le pont de Bonneuil, V, 26.
— Abbaye, dite d'abord des Fossés, de St-Pierre-des-Fossés, *Fossatus, Monasterium Fossatense*. Abbés. Voy. Châtillon (Gui de), Eginhard, Isambard, Radulf. — Avoué. Voy. Corbeil (Guillaume de). — Chapitre : sa réunion à celui de St-Louis du Louvre, I, 55. — Biens et cures à sa nomination, I, 81, 119, 160, 181, 188, 308, 309, 311, 316, 319, 320, 465-6, 467 ; II, 178, 211, 361-2, 385, 391, 404, 454, 455-6, 458-9, 467, 468, 473, 475, 477, 478, 479, 480, 481, 506, 530, 548, 549, 550, 565, 566, 587, 630, 633-4, 639, 640, 641, 642, 643, 653, 654, 655 ; III, 176, 183, 346, 347, 348 ; IV, 74, 77, 135, 136, 140, 193, 197, 201, 206, 222, 274, 284, 302, 311, 312, 315, 316, 317, 324, 325-6, 329, 342, 343, 352, 359, 382-3, 403, 417-8, 445, 450, 451, 471, 472, 476, 477, 487, 489, 494-5, 500, 501, 509, 515 (note), 545, 581, 589, 593, 596, 625, 629, 635, 641, 642, 643 ; V, 3, 5, 6, 7, 8, 9, 17, 21, 30, 34, 43, 44-5, 54-5, 68,

81-2, 84, 88-9, 91, 98, 100, 130, 192, 213, 236, 241, 243, 276, 277, 278, 280, 287, 305, 309, 313, 314, 315, 317, 318, 320, 321, 324, 327, 330, 331, 333, 340, 351, 352, 353, 354, 359, 361, 364, 376-7, 381, 386, 387, 388, 389, 421. — Ecolâtre (tombe d'un), IV, 137. — Autres mentions, I, 21, 271, 542 ; II, 392, 473-4 ; III, 407 ; IV, 144 ; V, 241, 277, 366, 431.
— Chapelle St-Léonard, II, 387.
— Château, II, 410, 470 ; IV, 246 ;
— capitaine. Voy. Nacaille.
— Paroisses : Saint-Nicolas, II, 387 ; — Saint-Hilaire de la Varenne. Voy. Varenne-Saint-Hilaire (la).
— Pont-de-Saint-Maur, lieu-dit. Ses anciens noms, II, 387. Voy. Pont-Olin.
— (chemin de Charenton à). Son pavage en 1725, II, 380.
— (étoffe dite Ras de), II, 462.
— (porte de) dans le bois de Vincennes, II, 412.
— (Odon de), moine de l'abbaye de St-Maur. Ses écrits, IV, 273, 315, 316.
SAINT-MAUR-SUR-LOIRE (abbaye de). Abbés. Voy. Ebroin, Odon. Voy. Glanfeuil.
SAINTE-MAURE (Charles de), seigneur de Nesle et de Puiseux (1497), II, 319-20 ; — (1500), 320.
— (Guillaume de), chanoine de St-Martin de Tours puis chancelier de France. Biens qu'il affecte par son testament à la fondation d'un collège à Paris (1334), III, 510-511 ; IV, 77. — Seigneur de la Queue-en-Brie (1330), IV, 488.
S. MAURICE, I, 150 ; II, 312-3, 373, 379, 435 ; III, 62.
SAINT-MAURICE. Voy. Charenton-Saint-Maurice.
SAINT-MAURICE (hôpital de), à Charenton, II, 362.
SAINT-MAURICE [Seine-et-Oise, arr. de Rambouillet, cant. de Dourdan], III, 471.
SAINT-MAURICE-THIZOAILLE [Yonne, arr. de Joigny, cant. d'Aillant]. Seigneur. Voy. Blosset (Rogerin).
SAINT-MAURIS (Benoît-Jean de), év. de Cahors. Son droit sur l'hôtel-Dieu de Gonesse (1495), II, 265.
S. MAXIEN, martyr, I, 576.
S. MAXIMIN, de Micy, V, 76.
S. MAYEUL, abbé de Cluny. Obtient de Hugues Capet le village de Maisons (988), V, 3. — Introduit la réforme à l'abbaye de St-Pierre-des-Fossés, II, 428, 443-4. — Sa *Vie* citée, I, 515.

S. MÉDARD, év. de Noyon, I, 237, 424, 594 ; II, 309, 310, 516, 536, 607 ; III, 29, 429, 432 (note) ; IV, 599, 600 ; V, 100, 134, 155, 203.
SAINT-MÉDARD de Villetain (prieuré de). Voy. St-Marz.
SAINT-MÉDARD (Pierre de), curé de Chevilly, IV, 34.
SAINT-MEEN ou SAINT-MEIN [Ille-et-Vilaine, arr. de Montfort, ch.-l. de cant.]. Abbaye : abbés. Voy. Bellay (René du). S. Mein.
S. MEIN, abbé, II, 435, 450-1. — (mal de), I, 65.
S. MÉLAINE, V, 88, 92.
S. MELOIR, abbé, I, 174.
S. MELLON, év. de Paris, I, 2 ; III, 224.
SAINT-MÉMIN (Marie de), veuve de Nicolas Berthereau. Dame de Villiers-le-Sec, II, 236.
— (Nicolas de), sieur du Mesnil, neveu de la précéd. ; lui succède dans la seigneurie de Villiers, II, 237.
S. MERRY, abbé d'Autun, I, 159, 160, 163-4, 165, 166, 172 ; IV, 117, 118, 121 ; V, 24, 246, 408, 432.
SAINT-MERRY, paroisse du doyenné de Champeaux [Seine-et-Marne, arr. de Melun, cant. de Mormant], V, 411, 420. — *Notice*, V, 431-433.
— (Artus de). Chargé de porter à Charles VII la soumission de Lagny (1429), IV, 560.
— (Dreux de), chan. de la cathédr. de Paris. Bienfaiteur de la collégiale de Champeaux (1276), V, 412 ; — mentionné en 1286, 415.
— (Guillaume de), capitaine de Lagny. Son fief de Boitron (1507), V, 305.
— (Richard de), seigneur de Garcheville et de la Grange-Menassier (1485), I, 346.
SAINT-MESMES [Seine-et-Marne, arr. de Meaux, cant. de Claye], II, 507.
SAINT-MESMIN [Loiret]. Abbaye, III, 203.
S. MICHEL. Coutume de lui dédier des chapelles dans les cimetières, I, 48, 194, 527 ; — I, 46, 48, 52, 83, 84, 106, 144, 194, 216, 238, 266, 286, 609, 632 ; II, 121, 123, 229-230, 249, 343, 352-3, 471, 498 ; III, 25, 142-3, 154, 255, 279 ; IV, 33, 34, 40, 58, 137, 243, 530.
SAINT-MICHEL (ordre de). Les prieurs des Bonshommes du bois de Vincennes en sont chanceliers, II, 393.
— Ses assemblées transférées du Mont-St-Michel à Vincennes, II, 414.
SAINT-MICHEL, hameau de Bougival, III, 108-9. Voy. Houssay (la).
SAINT-MICHEL (Jean, dit de). Voy. Buisson (Jean du).

SAINT-MICHEL-EN-L'HERM [Vendée, arr. de Fontenay-le-Comte]. Abbaye: abbé. Voy. Billy (Jacques de).
SAINT-MICHEL-SUR-ORGE, paroisse du doyenné de Montlhéry [Seine-et-Oise, arr. de Corbeil, cant. d'Arpajon]. *Notice*, IV, 357-360. — Seigneurie et seigneurs, IV, 90, 225, 343, 346. — Autres mentions, IV, 95, 123, 126, 206, 387.
— Lieux-dits : Launay, Montpipeau, Noue-Rousseau (la).
STE MILDRÈDE ou MILTREDE, princesse et abbesse en Angleterre. Élevée à Chelles (VIIe s.), II, 501 ; — sa fête célébrée dans ce monastère, 491.
S. MODESTE, II, 323 ; V, 151.
S. MODOALD, év. de Trèves, III, 333.
S. MOMBLE, abbé de Lagny? IV, 549.
S. MOMMOLE, IV, 545.
STE NATALIE, martyre, I, 270.
SAINTE-NÉOMAYE [Deux-Sèvres, arr. de Niort, comm. de St-Maixent]. Seigneur : Guillaume, III, 34.
S. NICAISE, II, 269 ; III, 15.
S. NICAISE, év. de Reims, II, 436.
S. NICAISE ou NIGAISE, *S. Nicasius*, martyr, archev. de Rouen, IV, 271, 284, 573.
S. NICOLAS, év. de Myre. Patron des bateliers, I, 214 ; — I, 21, 31, 60, 83, 90, 105-6, 136, 180, 205, 214, 215, 216, 220, 238, 251, 268, 286, 345, 609, 622 ; II, 36, 57, 59, 129, 142, 163, 205, 207, 219, 260, 261, 289, 300, 312, 331-2, 342, 387, 455, 457, 458, 523, 564, 574, 623; III, 95, 157, 172, 174, 175, 180, 567 ; IV, 33, 54, 114, 115, 296, 400, 408, 409, 444, 448, 484, 535; V, 134, 270, 335.
SAINT-NICOLAS, terre faisant partie de la ferme de Lieusaint (1751), V, 122.
SAINT-NICOLAS-D'ACY [Oise, arr. de Senlis, comm. de Courteuil]. Prieuré dépendant de St-Martin-des-Champs de Paris, II, 335 ; — son fondateur, 631 ; — biens et cures à sa nomination, II. 470, 471, 474, 477 ; II, 272, 335, 617, 631.
SAINT-NICOLAS DE LA GRANGE DU BOIS (petit prieuré ou chapelle de) sur le territoire de Luzarches, dépendant de l'abbaye d'Hérivaux, II, 207.
SAINT-NICOLAS *des Cocheries* ou *le Cocheux*, lieu-dit situé entre Louvres et Montmélian. Chapelle, II, 301, 312, 341, 342-3.
SAINT-NICOLAS *de Senlis*. Voy. St-Nicolas d'Acy.
SAINT-NICOLAS DE VARENGEVILLE [St-Nicolas-du-Port. Meurthe-et-Moselle, arr. de Nancy, ch.-l. de cant.]. Confrérie de pèlerins admis à St-Jacques de l'Hôpital, I, 65.
S. NIGAISE, IV, 271. Voy. S. Nicaise.
S. NINIEN, év. de Voiten, I, 312.
S. NISIER, év. de Lyon, I, 89.
S. NIVARD, év. de Reims, II, 435.
S. NOM, *S. Nummius*, chorévêque du Pincerais, III, 147, 148, 149, 178, 179, 343.
SAINT-NOM (Engelbert de), maire de l'abbaye de Ste-Geneviève à St-Nom de la Bretèche, III, 150.
SAINT-NOM DE LA BRETÈCHE, *S. Nonnius*, paroisse du doyenné de Châteaufort [Seine-et-Oise, arr. de Versailles, cant. de Marly]. *Notice*, III, 147-152 ; — III, 183.
— Lieux-dits : Beurrerie (la), Brétèche (la), Fosse-Floast (la), Glisière (la Grande-), Menuel, Ste-Geneviève (maison de), Sorel, Tuilerie (la), *Vallis Guiberti*, Val-Martin (le).
SAINT-NOM DE LEVIS, III, 148. Voy. Lévis.
S. NONNE, év. d'Héliopolis. Confondu avec S. Nom, III, 148, 149, 343.
S. Nummius. Voy. S. Nom.
S. ODILON, abbé de Cluny, III, 92 ; V, 208.
S. ODON, abbé de Cluny et de Mascay, I, 193.
S. ŒUF-BLANC : S. Erbland, III, 570 (note).
SAINT-OLON. Voy. Soulin.
SAINT-OMER [Pas-de-Calais], I, 548.
— Chapitre : doyen. Voy. Barois (Etienne de) ; prévôt. Voy. Blois (Jean de).
SAINT-OMER (Jean de), dit le bâtard de Valère-Capelle. Reçoit de Louis XI des biens à Conflans (1481), II, 365.
S. ONÉSIME, III, 200.
STE OPPORTUNE, I, 42, 43 ; II, 176, 348, 349, 350, 351.
STE OSMANE, vierge anglaise, I, 500.
S. OUEN, év. de Rouen, référendaire du Roi. Son entrevue avec Thierry III à Clichy ; sa mort en ce lieu, I, 422, 567 ; II, 569 ; III, 91, 179, 183, 320, 481 ; V, 345. — Ses reliques guérissant de la surdité, I, 569. — Sa *Vie de S. Eloi*, citée, IV, 3.
SAINT-OUEN (prieuré de). Voy. Favières.
SAINT-OUEN, *S. Audoeni Cella*, paroisse du doyenné de Montmorency [Seine, cant. de St-Denis]. *Notice*, I, 567-575. — Acte royal daté de ce lieu (1354), I, 550. — Autres mentions, I, 563 ; II, 264 ; III, 99.

— Lieux-dits : Bois-franc, Croix-au-Comte (la), Mauvoy.
SAINT-OUEN-L'AUMONE, S. *Audoenus juxta Pontisaram, Eleemosyna,* paroisse du doyenné de Montmorency [Seine-et-Oise, arr. et cant. de Pontoise]. *Notice,* II, 112-123.
— Lieux-dits : Aunay, Courcelles, Epluches, Maubuisson (abbaye de), Saint-Hilaire, Vacherie (la).
S. PAISSANT, *Pascentius,* év. de Poitiers, I, 192.
S. PANCRACE, IV, 213, 238. Voy. S. Blanchard.
S. PARDOUX, II. 473.
S. PATERNE, év. d'Avranches, I, 174.
S. PATROCLE, év. et martyr, I, 500, 501, 505 ; II, 645 ; III, 62.
SAINT-PATUS (Guillaume de). Ses prétentions sur des dîmes à Baillet (XIII° s.), II, 148.
S. PAUL, apôtre, I, 8, 94, 101, 114, 136, 170, 192 ; II, 123, 170, 289, 396, 424, 608 ; III, 65, 69, 93, 244, 379 ; IV, 35.
S. PAUL, ermite, I, 321.
SAINT-PAUL [Oise, arr. de Beauvais, cant. d'Auneuil]. Abbaye de bénédictines, II, 181, 187 ; — abbesses. Voy. Chevry (Agnès de), Garlande (Agnès de).
SAINT-PAUL (abbaye de) près Verdun. Abbé. Voy. Molé (Edouard).
SAINT-PAUL (Louis de). Voy. Saint-Pol.
— (Pierre de), seigneur de l'Ile-St-Denis (XIV° s.), I, 565.
SAINT-PAUL (de), prieur de Jardy. Cède son prieuré aux bénédictins anglais, III, 171.
SAINT-PAUL DES AULNOIS (prieuré de). Voy. Aulnois (les).
SAINT-PAUL-ES-LIONS (prieuré de). Voy. Coiffier (René).
SAINT-PAUL-MAILLOC (famille de). Sa sépulture, IV, 173 ; — ses biens, 177.
S. PAXENT, martyr, I, 191, 192, 193.
SAINT-PÉ (François de), fils de Jean; prêtre de l'Oratoire. Né à Ver-le-Grand (1599), IV, 215 ; — sa *Vie,* imprimée, 236.
— (Jean de), chef de la panneterie du Roi. Sa sépulture (1611), IV, 236.
STE PÉLAGIE, III. 149.
S. PÉLERIN ou S. PÉRÉGRIN, év. d'Auxerre, I, 498, 499, 521 ; III, 56-7.
S. PÈRE, I, 277. Voy. S. Pierre.
SAINT-PÈRE-EN-VALLÉE. Voy. Chartres.
S. PÉRÉGRIN. Voy. S. Pélerin.
STE PERRINE. Voy. Ste Pétronille.
SAINTE-PERRINE (abbaye de), près de Compiègne. Transférée à la Villette près de Paris, I, 302.

STE PETRONILLE, I, 302.
S. PHELIPPE (cave de). Voy. S. Félix.
S. PHILBERT ou FILBERT, abbé de Jumièges, I, 89 ; IV, 338, 340, 341.
SAINT-PHILBERT [Seine-et-Oise, ham. de Brétigny]. Fief et maison seigneuriale, IV, 343.
S. PHILIPPE, apôtre, I, 327, 440 ; II, 436, 463 ; III, 574 ; IV, 12, 81.
SAINT-PIAT (Pierre d'Apestigny, seigneur de), IV, 478.
STE PIENCE, IV, 271, 284, 286.
S. PIERRE, apôtre, I, 8, 83, 91, 136, 167, 170, 192, 236, 277, 278, 289, 409, 454, 508, 509, 520, 566 ; II, 43, 170, 260, 261, 289, 345, 360, 395, 396, 424, 435, 488, 505, 540, 564, 608 ; III, 65, 69, 93, 160, 161, 163, 175, 178, 244, 260, 357, 358, 527, 560 ; IV, 29, 33, 35, 100, 101, 110, 168, 169, 184, 201, 229, 297, 324, 337, 338, 427, 456, 475, 604 ; V, 52, 90, 139, 162, 193, 352.
S. PIERRE, archev. de Tarentaise. Eglise qu'il dédie (1174), I, 617. — Donation qui est faite par sa médiation à St-Victor de Paris, II, 153.
— Séjourne à Corbeil, IV, 307, 309. — Miracles qu'il opère à Yerres ; sa famille, V, 226 et note.
S. PIERRE *Alexandrin,* IV, 279.
S. PIERRE *Célestin,* III, 489, 490.
S. PIERRE *Engoule-Ahout.* Voy. Engoule-Août.
S. PIERRE *ès liens,* IV, 494. Voy. S. Pierre, apôtre.
S. PIERRE *in Boucheria* (chapelle de), à Chelles (XV° s.), II, 498.
S. PIERRE *de Luxembourg,* III, 490.
S. PIERRE *l'exorciste,* II, 645.
S. PIERRE (ordre de), III, 43.
S. PIERRE (terres dites de). Leur situation (840), II, 194 et note.
SAINT-PIERRE, Saint-Père [Seine-et-Oise, ham. de Brétigny]. Seigneurie, IV, 342, 343.
SAINT-PIERRE (fief de). Situé à Lisses, IV, 317.
SAINT-PIERRE (fief de). Ancien château sur la paroisse de Maisons-[Alfort], V, 6.
SAINT-PIERRE (fontaine de) à Nogent-sur-Marne, I!, 473.
SAINT-PIERRE-DES-FOSSÉS. Voy. Saint-Maur-des-Fossés.
SAINT-PIERRE-DU-PERRAY. Voy. Perray-St-Pierre.
SAINT-PIERRE (Mme de), ursuline. Fondatrice d'un pensionnat à Montmorency, III, 95.
SAINT-PLACIDE (maison de), à Choisy-le-Roi, IV, 446.
SAINT-POL [Pas-de-Calais]. Comtes : leur hôtel à Paris, II, 602. Voy.

Châtillon (Jean de), Luxembourg (Louis de).
— (Louis de), écuyer. Seigneur de Guillerville, IV, 177. Voy. Luxembourg.
— (Gui III, comte de), seigneur de Pomponne (1272), II, 511-2.
— (Mahaut de), fille de Guy de Châtillon, femme de Charles de Valois, V, 326.
— (le connétable de). Voy. Châtillon (Gaucher de) et Luxembourg (Louis de).
SAINT-POL-DE-LÉON [Finistère, arr. de Morlaix, ch.-l. de cant.]. Evéques. Voy. Nantes (Pierre de), Yves.
S. POLYCARPE, év. d'Ephèse, I, 89.
SAINT-PONS-DE-TOMIÈRES [Hérault]. Evéque. Voy. Balue (Antoine).
SAINT-PORCIEN. Nom donné par erreur au château de Porchefontaine, III, 214.
SAINT-PORT ou SAINT-PORT et VILLIERS, fief à Echarcon, IV, 241.
SAINT-PORT. Voy. Seine-Port.
SAINT-PORT (Valentine Luillier, dame de), II, 375.
— (Jean de), seigneur de Fleury-Mérogis (1399), IV, 364 ; — ses biens à Mardilly, V, 132.
— (Pierre de), chevalier. Sa dîme de Barneau (XIIIᵉ s.), V, 139.
S. PREJECT, martyr, I, 72 ; III, 256.
STE PREUVE, vierge du Laonnois, I, 115.
S. Priccio (Ebrard de). Voy. Saint-Prix.
S. PRICT ou S. PRIX, martyr, év. de Clermont, I, 72, 143, 646, 647 ; II, 436 ; III, 560.
SAINT-PRIX, anciennement appelé Tour ou Tor, *Turnum*, paroisse du doyenné de Montmorency [Seine-et-Oise, arr. de Pontoise, cant. de Montmorency]. *Notice*, I, 645-652. — Prieuré, II, 170. — Autres mentions, II, 69, 154.
— Lieux-dits : Chasse (château de la), Métiger, Montlignon, *Seticum*, Tour.
— (Ebrard de), *de S. Priccio* (1178), III, 181.
SAINT-PRIX (clos de), lieu-dit de Villepreux, III, 188.
S. PROBAS, *S. Probatius*, prêtre, III, 23, 24.
S. PROTAIS, martyr, I, 79, 584 ; II, 74 ; IV, 448, 631.
S. PRUDENCE, I, 237.
S. QUENTIN, martyr de Belgique, I, 84, 115, 530, 576 ; II, 423 ; III, 294 ; IV, 180.
SAINT-QUENTIN [Aisne], I, 548. — Collégiale, II, 435 ; III, 294 ; IV, 295, 296 ; — doyen, I, 149 ; — chanoines. Voy. Couturier, Thelu (Jean de). — Gouverneur. Voy. Pradel.
— (Jacques de), seigneur de Suin et de Chalandray (1600), V, 49.
— (Jean de). Sa maison à Vanves saisie par ordre de S. Louis, III, 582.
SAINT-QUENTIN (Pierre de Pleurre, seigneur de), IV, 199.
S. QUINTIEN, év., V, 116, 117.
S. QUINTIEN, prêtre, V, 116, 117.
S. QUINTILIEN, *Quintinianus*, abbé. Sa sépulture, I, 325, 326.
S. QUINTIN. Né dans le Parisis, II, 577.
S. QUIQUENFAT, nom vulgaire de S. Cucufat, III, 94.
S. QUIRIN, martyr, IV, 270, 271, 284, 286.
STE RADEGONDE, filleule de Ste Bathilde, I, 63 ; II, 490, 491 ; — sa sépulture, II, 484, 485, 489 ; — III, 429
SAINTE-RADEGONDE (prieuré de), anciennement *Boillognellum*, Boillonnet, sur la paroisse de Montceaux, IV, 251-2.
S. RAPHAEL, archange, I, 156.
S. RAYNIER *de Pise*. Sa *Vie* critiquée, III, 422.
S. REGNOBERT, év. de Bayeux, IV, 277, 279.
STE REINE, I, 61.
S. REMI, archev. de Reims, I, 253, 269 ; III, 183, 376, 384 ; IV, 236, 524, 539, 579, 580, 585, 636 ; V, 3, 4, 58, 59.
SAINT-REMI, lieu-dit (ferme) de Belle-Fontaine, II, 334.
SAINT-REMI, ancien fief à Ver-le-Grand, IV, 214.
SAINT-REMI (abbaye de) [Saint-Remi-aux-Nonnains. Aisne, arr. de Soissons, comm. de Villers-Cotterets], II, 334.
SAINT-REMY-LEZ-CHEVREUSE, Saint-Remi, paroisse du doyenné de Châteaufort [Seine-et-Oise, arr. de Rambouillet, cant. de Chevreuse]. *Notice*, III, 375-383. — Autres mentions, III, 373, 384.
— Lieux-dits : Aigrefoin, Aulnois (les), Beaulieu, Blémy, Chevincourt, Chevrigny, Coubertin, Etau (l'), Malmousse, Rodon, Sargis, Vaugien, Verrière (la).
SAINT-REMI (Enjorrand de). Représente le seigneur de Montjay à l'entrée épiscopale d'Etienne Tempier, II, 531 ; III, 383.
— (Renaud de). Voy. Beaulieu (Renaud de).
S. RENÉ, év. d'Angers, I, 59, 153 ; III, 54.
S. REVÉRENT, III, 388-9.

S. RICHARD, I, 48, 49.
S. RIEULE, apôtre de Senlis, I, 623; II, 295, 296, 297, 338.
S. RIGOMER, év. de Meaux, I, 539; III, 320, 321, 324.
SAINT-RIQUIER [Somme, arr. d'Abbeville, cant. d'Ailly]. Abbaye, III, 118.
S. ROBERT, abbé de Molesme, I, 78, 79; II, 378.
SAINT-ROBERT, *Planetum* [Seine-et-Oise, ham. de Cernay-la-Ville], III, 422.
S. ROCH, I, 63, 78; III, 165; IV, 27, 28, 505, 506; V, 109, 421.
S. ROMAIN, év. de Rouen, II, 644.
S. ROMAIN, prêtre de Blaye, I, 499; III, 14, 15.
S. ROMAIN, solitaire de Druyes-en-Auxerrois, III, 15.
SAINT-ROMAIN (Jean de), seigneur de Villeron (1497), II, 314. — Acquiert le fief de Roquemont (1466), IV, 595.
S. ROMUALD, fondateur de l'ordre des Camaldules, V, 230.
S. RUF. Voy. Valence.
S. RUSTIQUE, compagnon de S. Denis, I, 492, 513, 514.
SAINTRY ou SINTRY, *Sintreium, Sintrium, Sainteriacum, Senteriacum,* Sentri, paroisse du doyenné du Vieux-Corbeil [Seine-et-Oise, arr. et cant. de Corbeil]. *Notice,* V, 93-98. — Autres mentions, I, 125; V, 88, 89.
— (Philippe, seigneur de), de Tanlay et de Vanvres (1369), V, 95.
S. SACREMENT (le), I, 150. — (confrérie du), III, 364.
S. SAINTIN, év. de Meaux, V, 303.
SAINT-SALLE (Artus de Vaudray, seigneur de), II, 514.
SAINT-SALVE, église du pays de Bray? Mentionnée en 840, II, 194.
S. SAMLON [Samson], II, 92.
S. SAMSON, évêque de Dol, I, 157, 166, 174.
S. SATURNIN, év. de Toulouse, II, 466; III, 15, 130, 362, 364, 534; IV, 4, 468, 508.
S. SAUVEUR (églises ou chapelles sous le titre de), I, 72, 133, 316; III, 82, 83; IV, 533.
SAINT-SAUVEUR (François de), écuyer. Possède la maison de la Tour à Montreuil près Versailles, III, 214.
S. SAVINIEN, I, 115.
STE SCOLASTIQUE, II, 491.
S. SCUBILION, abbé, I, 174.
S. SÉBASTIEN, I, 54, 102, 338, 565, 566; II, 249, 574, III, 69, 165.
SAINT-SÉBASTIEN (camp de). Son emplacement, II, 82.
SAINT-SÉBASTIEN (évêque de), III, 140. Voy. Sébaste.

S. SERGE, martyr syrien, I, 132; IV, 201.
SAINT-SEVER, faubourg de Rouen, IV, 138.
S. SÉVERIN, abbé d'Agaune, I, 99, 108, 109.
S. SÉVERIN, solitaire, I, 10, 96, 99, 107, 108, 109; III, 37.
S. SÉVERIN, de Cologne, I, 107.
S. SICAIRE, martyr, évêque de Conserans, I, 89.
S. SICITUS ou S. TITUS, V, 117.
S. SIDOINE, IV, 545, 546.
S. SIGEBERT, roi d'Austrasie, I, 425.
S. SIGISMOND, III, 107 (note).
S. SILVAIN, évêque des Pays-Bas, II, 631, 632.
S. SILVAIN, de Levroux en Berry, I, 594, 595.
S. SILVESTRE, II, 632.
S. SIMÉON, I, 501, 542, 545; IV, 407.
S. SIMON, I, 207; V, 37.
SAINT-SIMON (Anne de), femme de Jean Perdrier (1557), II, 638.
— (Henriette de), fille de [Nicolas et de Marie] le Bossu, femme de Gui-Michel Billard de Lorière (XVIIIe s.), II, 376.
SAINT-SIMON (armoiries des Danuts[?] de), II, 352.
S. SINIER, év. d'Avranches, I, 174, 339.
SAINT-SIXTE (Charles de), évêque de Riez. Sacré à Villepreux, III, 179, 187.
STE SOLINE, martyre de Chartres, IV, 547.
STE SOPHIE, personnification de la sagesse divine, I, 133.
S. SOULEINE, év. de Chartres, III, 107.
SAINT-SOUZE: Saint-Cheours, III, 450.
S. SPÉRAT, martyr de Carthage, I, 252.
S. SPIRE, II, 620. Voy. S. Exupère.
S. SPIRIDION, IV, 279.
S. Stephani (castrum), nom désignant Gournay au XIIe s., IV, 608, 609.
S. SULPICE, év. de Bourges, I, 278, 279, 326-7; II, 131, 144, 312-3, 534, 602; III, 94-5, 164, 165, 575; IV, 172, 173, 174, 404; V, 165, 172, 227.
SAINT-SULPICE [Oise, arr. de Senlis, cant. de Nanteuil-le-Haudouin, ham. de Ver]. Ermitage. Voy. Mussart (Vincent).
SAINT-SULPICE DE FAVIÈRES, *Faveriæ,* Favières, paroisse du doyenné de Montlhéry [Seine-et-Oise, arr. de Rambouillet, cant. de Dourdan]. *Notice,* IV, 170-177. — Autres mentions, IV, 162, 191.
— Lieux-dits: Briche (moulin de la), Escury (moulin d'), Guillerville, Rochefontaine (ferme de), Ségree (château de).

STE SUZANNE, I, 72, 78.
S. SYMPHORIEN, martyr d'Autun, I, 165, 209, 212, 215, 250, 527; III, 210, 211.
STE SYRE ou SYRIE, I, 166.
STE TENESTINE. Va trouver Childebert à Palaiseau, III, 324.
STE TERENCE, I, 193.
S. THIBAUD, frère d'Arnoul, abbé de Lagny, IV, 546, 563, 566, 567; V, 189. — (fontaine de) à Mandres, V, 190.
S. THIBAUD, de Marly, abbé des Vaux-de-Cernay, II, 509; III, 119, 120, 122, 151, 423, 564; V, 227.
SAINT-THIBAUD (chapelle) à Conflans-Ste-Honorine. Son emplacement; son fondateur, II, 92.
SAINT-THIBAULT-LES-VIGNES ou DES VIGNES, paroisse du doyenné de Lagny [Seine-et-Marne, arr. de Meaux, cant. de Lagny]. *Notice*, IV, 566-568. — Autres mentions, II, 507; IV, 533, 546, 588.
S. THOMAS, IV, 192.
S. THOMAS d'*Aquin*. Voyage qu'il fait à Gonesse, II, 271; — II, 489; — sa doctrine approuvée par l'évêque de Paris, IV, 6.
S. THOMAS, archevêque de Cantorbéry. Ses conférences à Corbeil avec le légat du pape, IV, 309; — I, 53-4, 105, 237, 338, 586; II, 235, 398; III, 469; IV, 165, 167, 168; V, 227.
SAINT-THOMAS-DE-LAVAL (prieuré de), II, 363. Voy. Laval.
S. *Titus*. Voy. S. *Sicitus*.
S. TRÉMORÉ, abbé, I, 174.
STE TRINITÉ (la), I, 31, 60, 74, 83, 91, 113-4, 133; II, 122, 205, 412, 415; III, 178, 488; IV, 40, 104, 161.
SAINT-TRY, forme erronée du nom de lieu Saintry, V, 94.
SAINT-TRON (abbaye de) [Belgique]. Chronique citée, I, 152.
S. TUGAL ou TUGDUAL, évêque, I, 150.
S. TURIAF, év. de Dol, I, 270, 271.
S. URRIC, V, 227.
STE URSULE. Son panégyrique à la Sorbonne, I, 153. — I, 105, 151, 152, 173, 445 (note); II, 68, 74, 129; IV, 189.
S. VAAST, év. d'Arras, V, 290, 292.
S. VAL. Voy. S. Vital.
S. VALENTIN, III, 62.
STE VALÈRE, martyre, I, 260.
S. VALÉRY. Son voyage auprès de Clotaire II en 614; baptise un seigneur gaulois, I, 623-4.
S. VANDRILLE, abbé de Fontenelle. Va trouver Clotaire III à Palaiseau; biens qui lui sont donnés; monastère qu'il bâtit, III, 324, 478; IV, 131; — III, 127, 128, 129, 477, 478, 480, 481, 498, 499.
SAINT-VANDRILLE [Seine-Inférieure, arr. d'Yvetot, cant. de Caudebec]. Abbaye dite d'abord de Fontenelle: biens et cure à sa nomination, III, 127, 128, 129, 130, 131, 146, 324, 477, 478, 479, 482; IV, 187; — abbés. Voy. Ansbert, Ansegise, Bain, Brannetot (Jean de), Gerbert, S. Vandrille.
SAINT-VARIN (Johan de), archidiacre de Sologne (1294). Sa parenté avec les barons de St-Verain d'Auxerre, IV, 207.
S. VAST, I, 154. Voy. S. Vaast.
S. VENANT, abbé à Tours, I, 270.
STE VENICE, patronne des lingères, I, 46, 60, 63; II, 176.
SAINT-VERAFRE, écrit pour Varatre, V, 121.
S. VERAIN. Voy. S. Vrain.
SAINT-VERAIN [Nièvre, arr. de Cosne, cant. de St-Amand], IV, 203. — Seigneurs, IV, 207.
— (Johan de). Voy. Saint-Varin.
STE VÉRONIQUE, II, 505.
S. VICTOR, martyr de Marseille, I, 334, 337-8; II, 175; III, 279. — (règle de), III, 349.
SAINT-VICTOR (famille des Nicolaï, seigneurs de), II, 289 (note), 292.
SAINT-VICTOR (Adam de), religieux de St-Victor de Paris et écrivain, I, 340.
— (Hugues de), religieux de St-Victor de Paris et écrivain. Fausse tradition d'après laquelle il aurait amené dans ce monastère des chanoines réguliers de Valence, I, 334. — Sa sépulture, I, 339, 340.
— (Jean de), chanoine de St-Victor de Paris et écrivain, I, 340, 574. — Rectifié, I, 140; IV, 277.
— (Richard de), religieux de St-Victor de Paris et écrivain, I, 340.
— (Thibaud de), chanoine de cette abbaye, premier abbé d'Hérivaux, II, 218.
SAINT-VICTOR (fief de), à L'Hay, IV, 42.
STE VIERGE (la). Voy. Vierge (la sainte).
S. VIGOR, év. de Bagneux, III, 118.
S. *Vinaïlus*. Voy. S. Guenaul.
S. VINCENT. Plusieurs saints de ce nom; incertitude qui en résulte pour l'attribution de certaines reliques, I, 30.
S. VINCENT, I, 20, 72, 164; II, 238, 488, 516, 641; III, 502; IV, 118 (note), 228, 380; V, 37, 212.
SAINT-VINCENT (couvent d'hospitaliers de) à Vaudherland, II, 287.

S. VINCENT, diacre de Sarragosse et martyr, I, 29, 30, 32, 262 ; II, 351, 594 ; III, 5, 132, 133, 183, 218 ; IV, 56, 314 ; V, 78, 80, 175, 176, 332.
S. VINCENT, confesseur au diocèse de Cambrai, I, 30 ; II, 466, 472.
S. VINCENT, prêtre de Magny-en-Nivernais, I, 30.
S. VINCENT FERRIER, I, 30.
S. VIT, martyr, II, 321, 322, 323, 338, 340.
S. VITAL. Deux saints de ce nom, I, 520, 521, 522.
S. VRAIN, évêque de Cavaillon, IV, 200, 201.
SAINT-VRAIN [Marne, arr. de Vitry-le-François, cant. de Thieblemont], IV, 203.
SAINT-VRAIN, *S. Veranus*, Saint-Verain ou Vercin, paroisse du doyenné de Montlhéry ; appelée auparavant Escorchy (Voy. ce mot) [Seine-et-Oise, arr. de Corbeil, cant. d'Arpajon]. *Notice*, IV, 196-207. — Curé. Voy. Le Marquant. — Prieuré, IV, 183.
— Lieux-dits : Boissière (la), Brateau, Courtebray (fief), Vallée (la).
— (Baudoin de), vassal de Montlhéry pour ses fiefs à Escorcy, IV, 204.
— (Ermengarde de), bienfaitrice du prieuré de Longpont (XIIe s.), IV, 116, 204.
— (Hugues de) *de S. Verano*, vassal de Montlhéry, IV, 104, 204.
— (Loncedis de). Son fief à Escorcy, IV, 204.
— (Philippe de), bienfaiteur de l'égl. d'Yerres (1189), IV, 204, 233.
SAINT-VRAIN DES CORCHERIES, altération du nom de Saint-Vrain d'Escorcy ou Saint-Vrain, IV, 200, 203.
S. VULFRAN, diacre, I, 28, 29.
S. VULFRAN, év. de Sens, I, 29, 30 ; V, 371. — Sa *Vie*. citée, V, 37 et note.
S. WILLEBRORD, év. d'Utrecht, V, 370-1.
S. WITASSE : S. Eustache, I, 58.
SAINT-WITZ DE MONTMELIAN. Voy. Montmelian.
S. YON, prêtre. Lieu de son martyre et de sa sépulture, IV, 159 et note ; — IV, 138, 139, 159, 160, 162, 288, 289, 290, 291 ; V, 356.
SAINT-YON ou SAINT-ION, *S. Ionius*, paroisse du doyenné de Montlhéry [Seine-et-Oise, arr. de Rambouillet, cant. de Dourdan]. *Notice*, IV, 158-164. — Léproserie, IV, 175.— Autres mentions, IV, 74, 191, 288, 348.
— Lieux-dits : Cimetière (le), Co-

nardières (les), Dampierre, Fougères, Launay, Magdeleine (maison de la), Moret (ferme).
SAINT-YON (Adam de). Mentionné en 1192, IV, 163.
— (Aymon, seigneur de). Présumé fondateur du prieuré de St-Yon, IV, 163.
— (Garnier de), échevin de Paris, garde de la bibliothèque du Louvre pendant la domination anglaise, IV, 164.
— (Hugues, seigneur de), *de S. Ionio*, vassal de Montlhéry (1220), IV, 163.
— (Jean de), seigneur de Clichy et Marguerite sa femme (1423), I, 426.
— (Jehanne, dame de). Son épitaphe, IV, 164.
— (Jeanne de), de Saintion. Sa sépulture (XVe s.), V, 125, 126.
— (Payen, seigneur de), *Paganus de S. Ionio*, fils de Roger dit Payen. Vassal de Montlhéry, IV, 103, 104, 163.
— (Philippe de) *de S. Yonio*, chevalier de la châtellenie de Montlhéry, IV, 104, 163.
— (Philippe, sire de). Sa sépulture (1283), IV, 161, 163, 164.
— (Philippe de), garde du château de Montlhéry (1350), IV, 106.
— (Roger dit Payen, seigneur de), IV, 94, 160, 163.
— (Mme de), grande-prieure de Chelles (XVIIIe s.), II, 498.
SAINT-YON (les), famille de bouchers à Paris. Descendant des seigneurs de St-Yon, IV, 164.
S. YVES. Epoque de ses études à Paris, I, 57. — Curé de Bretagne et official, I, 149. — Chapelles, I, 83, 137, 149, 150, 346.
S. ZÉNON, III, 62.
SAINTES, Xaintes [Charente-Inférieure], IV, 64. — Evêques. Voy. Bizet, Corée (Simon de la), S. Eutrope.
SAINCTES (Claude de), chanoine de St-Chéron de Chartres, curé de Toussus, évêque d'Evreux, III, 308.
— (Guy de), curé de Toussus (1548), III, 308.
SAINTS (vies des) en vieilles rimes françaises. Coutume de les lire dans les églises conservée à Villejuif jusqu'en 1632, IV, 28.
SAIRCRECEAUX. Voy. Sercanceaux.
SAIRET (fontaine de) ou DES AIRES, voisine de l'abbaye de la Roche. Source de la rivière d'Yvette, III, 348.
SAIRNAY. Voy. Cernay-la-Ville.
SALAMANDRE couronnée (seigneur

portant sur ses vêtements une), IV, 187.
SALART (Joseph), prieur de St-Paul à St-Remy-les-Chevreuse (XVIᵉ s.), III, 379.
Salceis (sorores de) : religieuses de la Saussaye, IV, 39.
Salceya : la Saussaye, IV, 23.
Salcio (Amicus de). Mentionné au XIᵉ s., IV, 333 (note).
SALGUES (Raymond de), doyen du chapitre de Notre-Dame. Loue la maison du chapitre à Montcivry (1351), IV, 31.
Salice : Saulx-les-Chartreux, III, 52-53.
Salices : Sceaux, III, 546.
Salicibus (Galfridus de). Voy. Saulx (Geoffroy de).
Saliens in bonum. Voy. Saille-en-bien (Adam).
SALIGAUT (de) ou DE SALLIGAUT. Voy. Chaligaut et Challigaut.
SALIGOT (Marie), femme de Jean de la Guette (1554), IV, 522.
SALIN (Pierre) de Pontoise. Don que lui fait le roi (1315), II, 84.
SALISBURY (Thomas de Montagu, comte de). Ses biens à Chaillot, I, 415.
— Reçoit du roi d'Angleterre la seigneurie de Champigny-sur-Marne (1423), IV, 472.
Salix : Saulx-les-Chartreux, III, 506.
SALLE (fief de la), situé au Coudray-Montceaux, V, 105.
SALLE (la), fief. Voy. Hôtel-aux-Payens (l').
SALLE (Jacques et Fursy de la), successivement chapelains de Notre-Dame au château de Puiseux, II, 320.
SALLE (Jean de la), écuyer (XVIᵉ s.), II, 320.
— (Jean de la), fils du précéd. Seigneur de Puiseux, II, 320.
SALLE (la), nom donné au manoir du chapitre de Notre-Dame à Rungis (1570), IV, 49.
SALLE (le marquis de la), seigneur de Montsoult pour le fief de Piédefer, II, 146, 159 ; — de Courbevoie, III, 70.
SALLÉ (Pierre), cons. au Parl. Sa maison à Becon, III, 71.
SALLE-MAUDEGARDE (la), fief. Voy. Hôtel-aux-Payens (l').
SALLONS [ou SABLONS ?] (chantiers des) compris dans le bois de Vincennes (1660), II, 411.
SALMATORI, piémontais, officier de Louis de Valois, duc d'Angoulême. Seigneur de Cerçay ; sa sépulture (1662), V, 235.
SALMON (Jean), dit Macrin, de Loudun. Son poëme sur Marly-la-Ville, II, 328.
SALMOUILLE, ruisseau, III, 480 ; IV, 123.
Salodorum, Solodorum : Soleure [Suisse], V, 146.
SALOMON (statues du roi), I, 8, 147.
SALOMON (Jean), curé de Champs-sur-Marne (1546), IV, 604.
SALOMON, curé-doyen de Châteaufort (1194 et 1204), III, 299.
SALOMON, curé de Guyancourt (1696), III, 267.
SALOMON, gardien d'une porte de la cité de Paris (VIIᵉ s.), I, 209.
SALUCES (marquisat de) [Piémont]. Gouverneur : François de Mesme, IV, 224.
— (Frédéric, marquis de). Ses prétentions sur la terre de Montjay (1373), II, 532.
SALVATOR, évêque d'Aleth, I, 173-4. — Sa sépulture, I, 181.
Sammaurianus pagus : Saint-Maur, II, 462.
SAMOYS (lettres de Louis XI datées du pont de) en 1474 [Samois ? Seine-et-Marne, arr. et cant. de Fontainebleau], I, 410.
SAMPIGNY [Meuse, arrondissement de Commercy]. — Comte. Voy. Paris de Montmartel (Antoine). — Eglise, V, 203.
SAMSON (Guillaume), curé de Baubigny (1632), II, 636.
— (Nicolas), géographe. Sa résidence à Palaiseau, III, 332. — Rectifié, II, 31 ; III, 61, 63, 227, 250 ; IV, 364 ; V, 219.
SAMSON, prieur de St-Eloi de Paris (XIIᵉ s.), I, 310.
SAMSON (le Père). Voy. Ignace de Jésus-Maria.
— (François), seigneur de Jaigny (1629), II, 231.
SANCELINE ou SENCELINE, abbesse de St-Cyr. Biens qu'elle vend à Maurice de Sully (XIIᵉ s.), II, 502 ; III, 32.
SANCELINE, femme de Guillaume de Vanves (1339), I, 310.
SANCERRE (Louis de), connétable. Sa sépulture (1402), I, 503.
— (Thibaud de), archidiacre de Bourges puis év. de Tournai. Bienfaiteur de l'hôpital du Haut-Pas à Paris, I, 156, 157.
SANCEL-BERNARD. Voy. Sauciel-Bernard.
SANCIVRY, lu pour Sanciurs [Saint-Cheours], III, 445, 451 (note).
Sanctilogium, ouvrage de Gui de Châtres (XIVᵉ s.), I, 510 ; IV, 157.
Sanctissima, nom de baptême. Voy. Vaumoise.

SANCY (de). Voy. Harlay (de).
SANDALES (usage des), accordé aux abbés de St-Denis, I, 507.
SANGLE (Barbe de la), petite-fille de Frémain, femme de M. de Fleury. Dame de Varennes et de Périgny, V, 173, 188.
— (Frémain de la), seigneur de Varennes et de Périgny. Sa sépulture (1492), V, 173, 188.
— (Jean de la), écuyer, sieur de Varennes. Sa sépulture (1530), V, 173.
— (Louis de la), écuyer, sieur de Varennes, V, 173.
SANGLIER, surnom, IV, 191.
— (Guy le), *Aper* (XIIᵉ s.), IV, 485.
— (Henri le), archevêque de Sens. Acte relat. à Fleury-en-Bière, IV, 363 (note). — Ses difficultés avec les chanoines de Champeaux, V, 409.
— (Pierre le), bienfaiteur de la collégiale de Luzarches, II, 204.
SANGUIN (famille). Indiquée sans preuves comme ayant joui de la seigneurie de Chevreuse, III, 370. — Ses seigneuries d'Ivry-sur-Seine et de Santeny ; sépulture, V, 242.
— (André), conseiller au Parlement ; sa sépulture (1539), I, 53.
— (Anne), sœur du cardinal, femme de Guillaume de Pisseleu (1503), III, 234.
— (Antoine), fils de Jean. Seigneur de Meudon (1442-1492), III, 123, 233-234.
— (Antoine), père du cardinal. Seigneur de Meudon et de Lahonville (1500), IV, 187.
— (Antoine), dit le cardinal de Meudon, év. d'Orléans puis archev. de Toulouse. Seigneur de Meudon et d'Aubervilliers-lès-Meudon, III, 229, 234-5 ; — de Bures et d'Angervilliers, 393 ; — abbé commendataire des Vaux-de-Cernay, 423 ; — son droit de présentation à une chapellenie de la collégiale de Linas, IV, 119 ; — chanoine de Champeaux, V, 417.
— (Claude), seigneur de Meudon. Son fief de la Burelle (1385), III, 233 ; V, 145.
— (Claude), seigneur de Courquetaine (XVᵉ s.), V, 296.
— (Claude), seigneur de Rademont. Renonce à ses droits sur Meudon en faveur d'Anne de Pisseleu, III, 234.
— (Claude), seigneur de Santeny (1642), V, 245.
— (Denis), fils de Nicaise. Renonce à ses droits sur Meudon en faveur d'Anne de Pisseleu, III, 234. — Seigneur de Liverdy (1542), V, 301.
— (Geneviève), femme de Jean-Baptiste Le Grain. Son épitaphe, V, 46, 47.
— (Girard), seigneur de Jaigny en partie (1580), II, 231.
— (Guillaume), bourgeois de Paris, échanson du Roi. Seigneur de Bethmont (1412), II, 141 ; — de Chauvry, 144 ; — de la Malmaison et de Meudon (1426), III, 123, 233 ; — de Courquetaine, V, 296.
— (Jacques), seigneur de Linas (1547), IV, 124.
— (Jacques), lieutenant-général des eaux et forêts. Seigneur de Livry (1580), II, 589.
— (Jean), seigneur de Villemenon (1427), V, 253.
— (Jean), qualifié seigneur de Meudon comme tuteur de son fils Antoine (1442-1462), III, 234.
— (Jean). Fait hommage pour un fief à Solers (1458), V, 149.
— (Jean), seigneur du Gavre d'Arras, vicomte de Neufchâtel-sur-Aisne. Sa sépulture (1464?), I, 52.
— (Jean), fils d'Antoine. Seigneur de Meudon (1500-1510), III, 234 ; — de Bures, 393.
— (Jean), élu de Paris. Seigneur en partie de Jaigny (1531), II, 231.
— (Jean), seigneur d'Angervilliers, maître des Requêtes (1534), II, 146.
— (Jean), secrét. du Roi. Seigneur de Rocquencourt, III, 159.
— (Jeanne), la Sanguine, femme de Gilles Malet (1442), V, 70.
— (Julienne), femme de Guillaume Aguenin, dit le Duc, II, 526.
— (Louis), seigneur de Villemenon (1385), V, 253.
— (Louis), écuyer. Seigneur de Maflée (1459), I, 52.
— (Louis), premier maître d'hôtel du Roi. Marquis de Livry en 1689 ; mort en 1723, II, 589 ; — propriétaire du château du Raincy, II, 567, 592 ; — seigneur de Bondy et du Genitoy, II, 567 ; IV, 578 ; — de Mandegris, V, 344.
— (Louis), fils du précéd ; lieutenant général des armées. Seigneur de Sevran, II, 584 ; — de Livry et du Genitoy ; mort en 1741, II, 589 ; IV, 578 ; — propriétaire de la Tournelle de L'Hay, IV, 43.
— (Magdeleine), veuve de Claude de la Fayette. Dame de Montsoult et de Maffliers (1523), II, 146.
— (Nicaise), seigneur de Liverdy (1490?), V, 301.
— (Nicolas), seigneur de Livry (1512), II, 588-9.
— (Philbert), seigneur de Rocquencourt. Sa sépulture, III, 157, 159.

— (Philippe), seigneur de Rocquencourt. Bienfaiteur de St-Séverin de Paris, III, 159.
— (Pierre), seigneur de Santeny et d'Ivry (1622), IV, 462; V, 245.
— (Simon), écuyer. Seigneur de Livry (1510), II, 588; — de Bobigny, 637.
SANGUIN, seigneur de Livry (1650?). Sa sépulture, II, 586.
SANLECQUE (Louis de), religieux de Ste-Geneviève, I, 241.
SANLICES. Voy. Senlis (moulin de).
SANLIS (Jacques de), de Erané. Sa sépulture (XIVᵉ s.), IV, 428.
SANNOIS, *Catonacum, Centinodium, Centum Nuces,* Çannoy, Ceanoy, Cennoy, Sannoy, paroisse du doyenné de Montmorency [Seine-et-Oise, arr. de Versailles, cant. d'Argenteuil], I, 625.— *Notice,* II, 39-45.
— Fiefs : du Grand-Chantre, du Grand-Hôtel, du Grand-Prieur, Heugot.
— Lieu-dit : Montrouillet.
SANNOIS (Odon de), de Cennoy ; écuyer. Bienfaiteur de l'abbaye du Val (XIIᵉ s.). II, 44.
SANNOY. Voy. Sannois.
SANSAC (Jeanne de), dame de Beauregard, femme de Louis de la Grange. Sa sépulture, III, 161.
SANSAL, Sansale, [Seine-et-Marne, lieu-dit de Brie-Comte-Robert], V, 273.
SANSON (Michel), curé de Grégy. Sa sépulture (1553), V, 163.
SANTENAY : Santeny, IV, 462.
SANTENY, *Centeniacum, Centigniacum,* Centigny, Centeni, Centeny, paroisse du doyenné du Vieux-Corbeil [Seine-et-Oise, arr. de Corbeil, cant. de Boissy-St-Léger]. *Notice,* V, 241-245. — Château dit la Maison des Lions, V, 245. — Seigneur, IV, 462. — Autres mentions, V, 223, 259, 372.
— Lieux-dits : Colombier (fief), Croix-Jubeline (la), Marais (le), Montaglant (fief), Ormoy (fief).
SANTENY (Mˡˡᵉ de), maîtresse de Henri IV. Son portrait au château d'Amboile, IV, 482.
SANTEUIL (Jean-Baptiste), chanoine de St-Victor. Ses ouvrages, I, 341.
— Son ode sur Chaville, III, 220.
SANTILLY (Anne), femme de Pierre du Molin. Dame du Tremblay, V, 86.
SAPIN (Gabrielle), femme de Denis de Riants, IV, 350.
SAPIN (Marie), femme de Gilles Le Maître, III, 452.
SARA (Henri), libraire à Paris, III, 520.
Sarcella : Sarcelles, II, 170.
SARCELLES, *Cercilla, Cercella, Sarcella, Sarcellis (de), Serserla,* Cercelles, paroisse du doyenné de Montmorency [Seine-et-Oise, arr. de Pontoise, cant. d'Écouen]. *Notice,* II, 169-174. — Ancien chef-lieu de doyenné, II, 170-1, 280, 325, 351.
— Autres mentions, I, 603 ; II, 153, 179, 257.
— Fiefs : Bertrandi, Cour-les-Sarcelles (la), Merlefontaine, Moulin-Couppe (le), Robillac, Val (le), Villiers.
— Lieux-dits : Giraudon, Haut-du-Roi (le).
SARCELLES (frère Adam de). Mentionné au nécrologe de Ste-Geneviève, II, 174.
— (Erembour de), *de Cercelles,* religieuse de Longchamps, II, 174.
— (Gui de). Voy. Blondel (Gui).
— (Gui de). Donne une bible à l'abbaye de Ste-Geneviève, II, 174.
— (Gui de), de Cercelles, médecin puis religieux à Ste-Catherine de la Couture (1260). Identifié avec l'un des précédents, II, 174.
— (Hugues de), chanoine de St-Victor (XIIᵉ s). II, 173.
— (Pierre de), *de Sarcella.* Mentionné au nécrologe de St-Denis, II, 174.
— (Pierre de), *de Sarcellis,* docteur en médecine. Mentionné au nécrologe de St-Victor. Identifié avec le précédent, II, 174.
— (Raoul de), *de Serserla,* seigneur ? de Sarcelles, II, 171.
— (Raoul de). Donne à l'abbaye de Chaalis des biens à Marly-la-Ville (1163), II, 326.
— (Robert de), archidiacre de la cathédrale de Chartres (XIVᵉ s.), I, 130.
Sarciacum : Cerçay, V, 236.
SARCLAY. Voy. Saclay.
SARCLÉ (Barthélemi de). Voy. Saclay (Barthélemi de).
Sarcleia ou *Sarclera.* Identifié avec Montsaigle, II, 538 ; III, 319.
Sareleyum : Saclay, III, 316.
Sarclidæ : Saclas, III, 316.
SARCLOI : Saclay, III, 317.
SARDAIGNE (Anne d'Orléans, reine de), III, 25.
SAREPTA (histoire d'Elie et de la veuve de). Représentée sur un tombeau, I, 278.
SARGIS [Seine-et-Oise, ham. de St-Remy-lez-Chevreuse]. Fief dépendant de la seigneurie de Vaugien, III, 382.
Sartæ : Serris, IV, 530.
Sarii (nemus de), bois voisin de Montlhéry (XIIIᵉ s.), IV, 530.
SARJOLLANT ou SAR-TOLENO, ancien lieu-dit dépendant de Versailles, III, 210.

SARLAT [Dordogne]. Fanal dans le cimetière, I, 51.
Sarleio (Barthélemi *de*). Voy. Saclay.
SARMATES campés près de Paris. Noms de lieu en dérivant, IV, 4, 239.
Sarmatiacum, forme supposée du nom de lieu Echarcon, IV, 239.
Sarnetum : Cernay, III, 421.
SARNOY : Cernay, I, 645.
SARRAZIN (Jacques), sculpteur. Sa sépulture, I, 33. — Statues de lui, III, 93.
SARRAZIN (Jean), chambellan du Roi, I, 83. — Sa maison à Belleville (1273), I, 446. — Ses fils Etienne et Jean, fondateurs d'une chapellenie à St-Gervais, I, 83.
— (Pierre), citoyen romain, I, 352 (n. 9). Voy. Paris (rues).
Sarrea. Sens de ce mot, IV, 530.
SARREPONT (Jean de), curé de Longjumeau (1398), IV, 74.
SARRIES, Sarris, Sarrys : Serris, IV, 530.
Sarritorum Villa, nom supposé de Sartrouville, II, 37, 41.
Sartorum Villa : Sartrouville, II, 37.
Sartovilla : Sartrouville, II, 37.
SARTROUVILLE, *Sartovilla*, Sertrouville, paroisse du doyenné de Montmorency [Seine-et-Oise, arr. de Versailles, cant. d'Argenteuil]. *Notice*, II, 36-9. — Autres mentions, II, 46 ; III, 111.
— Lieu-dit : Vaudoire (la).
SASSEVILLE (Maurice de), femme de Jean d'Argny (1477), IV, 540.
Satorreyo (de) : Satory, III, 209, 213 (note).
SATORY, *Satorreyum*, Sataury, Satoury [Seine-et-Oise, éc. de Versailles], III, 199, 209, 210, 213 (note 3), 277, 414.
SAUCEL-BERNARD. Voy. Sauciel-Bernard.
Sauciacum : Soucy, III, 456.
SAUCIEL-BERNARD, Sancel ou Saucel; fief assis à Fontenay-le-Vicomte, IV, 237-238.
SAUCOURT, fief dépendant de la seigneurie de Tigery (1385), V, 399.
SAUCOURT, Soocourt, Soocort, lieudit, II, 125, 126, 128, 131.
— (Raoul de), de Soocort (1240), II, 97.
— (François de Saint-Chamant-Peschier, marquis de), II, 125.
SAUD : Saulx, III, 507.
SAUDREVILLE (Georges de Villecardel, seigneur de), IV, 365.
SAUGY : Seugy, II, 212.
SAULAY (Jean), archiprêtre de la Madeleine à Paris, I, 216 ; — secrétaire de l'évêché de Paris. Ouvrage qu'il a édité, II, 597 ; — chapelain de St-Fiacre de la Selle, IV, 580.
SAULET (Robert de la Blouere, sieur du), II, 213.
SAULMONT (Renaud de Trie, seigneur de), II, 233.
SAULNIER (Jean le), bailli de Corbeil pour la reine Marguerite de Provence (1278), IV, 303.
SAULNIER (Robert), archidiacre de Caux. Son épitaphe (1299), II, 135.
SAULOIGNE, IV, 207. Voy. Sologne.
SAULT (Jacques du), év. d'Acqs, Sacré à St-Victor de Paris, I, 337.
SAULVE (Simon de Fiez, baron de), I, 477.
SAULX, *Salix* (moulin de) à Bellefontaine (XIIIe s.), II, 332, 333.
SAULX ou SAUX, *Salix*, *Sazium*, *Psallis (locus de)*, Saud, Sauz, paroisse du doyenné de Châteaufort [Saulx-les-Chartreux, Seine-et-Oise, arr. de Corbeil, cant. de Longjumeau]. *Notice*, III, 506-511. — Autres mentions, III, 52-3, 462, 505.
— Lieux-dits : Mont-Huchet (le), Saulxier.
SAULX (Alips, dame de), *domina de Salicibus* (1259), III, 508.
— (Geoffroi de), *Galfridus de Salicibus*, curé de Palaiseau. Sa sépulture (XIIIe s.), II, 594 ; III, 511.
— (Gérard de), de *Sauz*, *Giroldus de Salicibus*, seigneur de ce lieu (XIe s.), III, 508.
— (Philibert du). Ses droits sur le château de Meudon (1397), III, 233.
— (Pierre de), prieur, puis abbé de St-Victor de Paris. Sa sépulture (1383), III, 511.
SAULX-LES-CHARTREUX. Voy. Saulx.
SAULXIER, le Saussiel, Saussières [Seine-et-Oise, ham. de Saulx-les-Chartreux], III, 510-1 ; IV, 77.
SAUMUR [Maine-et-Loire]. Gouverneur. Voy. Maret (Jean de la).
— Abbaye de Saint-Florent : biens, prieurés et cures à sa nomination, I, 518, 560, 586, 595, 601, 602, 603, 610 ; II, 268 ; III, 106, 375, 377, 403, 405, 406, 410, 412, 466, 467, 468, 469, 505, 507, 508, 509 ; — abbés. Voy. Beaulieu (Renaud de), Bellay (Louis du), Bouvart (Charles), Grimaldi, Mathefelon (Jean de), Michel, Philippe, Roger ; — cellerier, III, 406, 471 ; — hôtelier. Voy. Pinan (Pierre).
SAUNIER (Jean le), trésorier de l'égl. d'Avranches. Sa sépulture, II, 136.
— (Laurent le), écuyer. Vassal de l'abbaye de St-Maur (1278), II, 445.
SAUREL (Pierre), trésorier de la cathédrale de Nevers (1319), IV, 266.

— 484 —

SAURION (de), trésorier de l'extraordinaire des guerres. Acquiert la terre de Ville-Evrard en 1698 ; la vend en 1702, II, 480.

SAUSSAYE (la), *Salceia, Salceie* [Seine, éc. de Chevilly]. Prieuré de bénédictines et léproserie. *Notice*, IV, 36-39. — Biens et cure à sa nomination, I, 612, 613 ; II, 365 ; III, 457, 467, 471 ; IV, 15, 16, 17, 18, 21, 24, 59, 175, 452. — Confondu avec le prieuré de Saulx, III, 511. — Les religieuses sont transférées à St-Mandé, II, 383.

SAUSSAYE (fief de la) chât. de la Saussaye. Seine-et-Oise, comm. de Ver-le-Grand], IV, 212, 214.

SAUSSAYE (Charles de la), curé de St-Jacques-la-Boucherie (XVIIe s.), I, 199.

— (Marie de la), femme de Jean d'Alesso. Sa sépulture (XVIe s.), I, 415 ; II, 111.

— [Mathurin de la], év. d'Orléans, frère de la précéd., II, 111.

SAUSSEUX [Seine-et-Marne, ham. de la Chapelle-Gauthier], V, 428.

SAUSSIEL (le). Voy. Saulxier.

SAUSSIÈRES. Voy. Saulxier.

SAUSSOY (Jehan du Cresson, commandeur du), IV, 294.

SAUSSY (Robert), prieur de St-Ouen de Favières (1557), V, 346.

SAUVAGE (le) [le bois Sauvage ? près d'Orangis]. Dame. Voy. Soire (Isabeau).

SAUVAGE (Jean), lieutenant du capitaine du château de Vincennes (XVe s.), II, 408.

SAUVAL, rectifié, I, 69, 88, 118-9, 147, 195, 217, 257, 259, 312, 329, 344, 354 (note 6), 356 (note 8), 357 (note 13), 359 (note 2), 360 (note 5), 361 (note 2), 362 (note 6), 364 (note 11), 366 (note 1), 369 (notes 2 et 9), 370 (note 10), 371 (note 15), 438, 440-1, 448, 457, 471, 614 (note) ; II, 17, 28 ; III, 120, 254, 474 (note) ; IV, 13 ; V, 11.

SAUX. Voy. Saulx.

SAUX (Bertrand de), seigneur de Groslay (XIIIe s.), I, 611.

SAUX (Miles de), écuyer. Chargé de la garde de Corbeil (XVe s.), IV, 308.

SAVALETTE (Geneviève-Florimonde), femme de Grimod du Fort, III, 398.

SAVAR ou SAVARD. Sens de ce mot, I, 465 ; III, 14.

Savara, Savra : Sèvres, III, 14.

SAVARY (Catherine), femme de Pierre Joly, III, 533.

— (Cosme), marquis de Maulévrier. Seigneur de Chanteloup (1638), IV, 153.

— (Jean), bourgeois de Paris. Sa maison à Amblainvilliers, III, 533.

— (Philémon-Louis), chanoine de St-Maur. Ses ouvrages, II, 447-8, 463.

SAVARY DES BRULONS (Jacques), auteur, avec son frère Philémon, du *Dictionnaire universel de commerce* (XVIIIe s.), II, 447.

SAVE (monnaies de la première race portant le mot), I, 466 ; III, 15.

Savegium, Savie, ancien nom de Belleville, I, 465 ; III, 15-16.

SAVEUSE (Jeanne de), comtesse de la Marque. Dame de Margency (XVIIe s.), I, 638.

— (Louis de), seigneur de Margency (XVIe s.), I, 639 ; — du Plessis, II, 60.

— (Robert de), seigneur de Margency, I, 639.

SAVIGNY, en Avranchin [Manche]. Abbaye. Envoie à l'abbaye des Vaux-de-Cernay ses premiers religieux, III, 423.

SAVIGNY, *Savigniacum, Saviniacum*, ancienne paroisse du doyenné de Chelles, réunie à Aulnay [Seine-et-Oise, ham. d'Aulnay-lès-Bondy], II, 604-5. — Seigneurs, II, 602, 603, 606. — Confondu avec Savigny-sur-Orge, IV, 390.

SAVIGNY, canton du bois de Vincennes (1660), II, 411.

SAVIGNY (Ansel de), chantre de la collégiale de Meung-sur-Loire. Ses biens à Vitry-sur-Seine (1217), IV, 450.

— (Bouchard de), bienfaiteur du prieuré de Longpont (XIIes.), IV, 391 ; — sa sépulture, IV, 93.

— (Marguerite de), femme d'Hugues d'Athis puis d'Henri de Montfermeil. Bienfaitrice du prieuré de Clichy-en-l'Aunoy (XIIIe s.), II, 543, 570 ; III, 523 ; IV, 419.

— [Thibaud de), IV, 390.

SAVIGNY-LE-TEMPLE [Seine-et-Marne, arr. et cant. de Melun], ferme, IV, 296.

SAVIGNY-LES-COURTENAY [Yonne, arr. de Sens, cant. de Chéroy]. Dame. Voy. Rivière (Marguerite de la).

SAVIGNY-SUR-ORGE, *Saviniacum*, paroisse du doyenné de Montlhéry [Seine-et-Oise, arr. de Corbeil, cant. de Longjumeau]. *Notice*, IV, 388-397. — Autres mentions, IV, 96, 130, 195, 372, 390, 409.

— Lieux-dits : Champagne, Moulin-Jobelin (le), Vaux-sur-Orge.

— (Dreux de), seigneur de ce lieu (XIIe s.), IV, 391.

— (Etienne de), chevalier (XIIe s.), IV, 391.

— (Mathieu de), bienfaiteur de Ste Geneviève de Paris (XIIes.), IV, 395.

— (Renaud de), vassal de Philippe-Auguste, IV, 391.
SAVINIACUM : Savigny, II, 228-9 ; — Savigny-sur-Orge, IV, 388, 390.
SAVINUS ou SABINUS, nom romain. Origine de nom de lieu, IV, 388.
SAVINUS, curé de Soignolles (1218), V, 143 ; (1228), 144.
SAVOIE, III, 75. — (comtes de). Leur hôtel à Bicêtre, IV, 7, 11.
— (Anne d'Orléans, duchesse de), reine de Sardaigne, III, 25.
— (Adélaïde de), reine de France. Voy. Adélaïde.
— (Adélaïde de), duchesse de Bourgogne. Reçue à Puteaux chez Mme de Guiche, III, 55.
— (Amédée V, comte de). Ses biens à Gentilly (1315), IV, 11.
— (Charlotte de). Voy. Charlotte.
— (Jeanne de), femme de Jean III, duc de Bretagne. Dame de Chailly et de Longjumeau (1334), IV, 65, 75.
— (Louise de). Sa résidence aux Tuileries, IV, 152.
— (Madeleine de), femme d'Anne de Montmorency. Mausolée qu'elle fait construire pour son mari, I, 620-1.
— Reçoit hommage pour Mareuil, II, 234.
SAVOISY (Charles de), seigneur de Seignelay, V, 43.
— (Marie de), abbesse de Malnoue puis d'Yerres, V, 228-9, 403.
— (Pierre de), év. de Beauvais. Seigneur de Crosne (1408 ?), V, 43.
— (Philippe de), chambellan de Charles V. Acquiert la seigneurie de Crosne (1385), V, 43.
SAVON, fourni aux religieux de St-Denis sur les revenus de la terre de Clichy, I, 423.
SAVONNERIE (la), manufacture de tapis, sise à Chaillot, I, 418.
SAVONNIÈRES (Charles du Plessis, seigneur de), II, 171.
SAXE (le maréchal de). Fief qu'il possède à Yerres, V, 217.
SAYE (de), baron d'Ivry. Reçoit du roi la Grange-aux-Merciers (1436), II, 369.
SAZILLY [Indre-et-Loire, arr. de Chinon, cant. de l'Isle-Bouchard]. Séjour de Louis XI en ce lieu (1464), II, 327.
Sazium : Saulx, III, 507.
Scalensis ecclesia : l'abbaye de Chelles, II, 482 (note), 492.
Scapula, *Scapulanus*, *Scapulanius*, noms proposés pour l'étymologie de Villacoublay, III, 225.
SCAPULAIRE (confrérie du) fondée à Janvry, III, 442.
SCARRON (Jean), cons. au Parl. Seigneur de Maudine et de Bois-l'Archier (1596), IV, 619.
— (Jean), cons. au Parl. Seigneur de Vaujours (XVIIe s.), II, 576.
— (Michel-Antoine), cons. au Parl. Seigneur de Vaujours (1634), II, 576.
— (Paul). Sa sépulture, I, 82.
SCEAU de la paroisse St-Sulpice, de Paris, I, 279 ; — de la léproserie du Roule, 439 ; — des seigneurs de Corbeil, IV, 300-1 ; — du XIIIe s., III, 181 ; — du XIVe s., V, 275. — Sceaux du Roi ; donnés après sa mort au prieuré de la Saussaye, IV, 39.
SCEAU (trésorier-général du) de France. Voy. Bellanger (Toussaint).
SCEAUX, *Cellæ*, Ceaux, paroisse du doyenné de Châteaufort [Seine, ch.-l. de canton]. *Notice*, III, 545-552. — Château : eaux qui l'alimentent, III, 544. — Marquisat, III, 576. — Autres mentions, III, 25 ; IV, 22.
— Lieux-dits : *Entre-deux-Voes*, Maison-Rouge (la).
SCEAUX (Adam de), *de Cellis*, chevalier (1214), III, 548.
— (Pierre de), de Ceaux (1249), II, 280.
Seherius ou *Scherius*, doyen de St-Cloud (1189, 1195), III, 26 ; — (1218), 331.
Schroterus. Sa description des jardins de Chanteloup-les-Châtres, IV, 155.
Scindeliciis (cura de) : Senlisse, III, 419.
Sciona : Essonnes, IV, 261 (note 1).
SCOFER (Pierre), imprimeur. Son anniversaire célébré à St-Victor de Paris, I, 341.
SCOPILION, év. d'Auxerre, III, 225.
Scorciacus : Escorchy, IV, 197.
SCORCY : Escorchy, IV, 202.
Scortiensis (parochia) : Escorchy, IV, 197.
Scortiacum : Escorchy, IV, 197.
SCOT [Jean Duns dit]. Légende rapportée à son sujet, I, 221.
SCHOMBERG (Charles de), maréchal de France. Seigneur de Coubert, V, 154.
SCRENE, Screone, *Screona*. Sens de ce mot celtique, V, 234.
SCUDÉRI (Madeleine de). Sa sépulture (1701), I, 205. — Sa résidence à Athis, IV, 421.
Scutifer (Guillaume). Voy. Guillaume.
SEAISE (Guillaume), prévôt de Paris. Arrêt relat. à Villeron (1357), II, 314.
SEAULE (la) [la Siaule. Seine-et-Oise, comm. de Jouy-le-Moutier], II, 105.
SEAUX d'eau jetés sur le dernier chanoine reçu au chapitre de Sens, I, 153.
SEBASTE ou SÉBASTIANOPLE [Arménie]. Evêque : dédicaces d'églises faites par lui, II, 534-5 ; III, 56, 364 ; IV, 404. Voy. Amel (Jean), Limel (Jean), S. Blaise.

SÉBASTIEN, roi de Portugal, III, 179.
SÉBASTIEN (le P.), carme. Exhibition de ses tableaux mouvants à Marly, III, 124.
SEBBEVILLE (la comtesse de). Acquiert la seigneurie de Marcoussis (1751), III, 485. Voy. Kadot.
SECHET (Marie), femme de Jacques Mérault (1618), III, 314.
SECOUSSE (François-Robert), curé de St-Eustache (1708), I, 63.
SECRETAIN ou SECRETIN [Seine-et-Oise, ham. de Louvres], II, 302.
Secretarium. Sens de ce mot, I, 230.
SEDAN [Ardennes], II, 203.
SÉDILE, dame de l'Aunoy. Bienfaitrice de l'abbaye de Livry (1238), III, 374. Voy. Aunay (Sedile d').
SEDILE, femme de Jean de Garges (1250), II, 280.
SEDILE, femme de Thomas de Clamart, III, 247.
SEDILE, *Sedilia*, fille de Guy IV de Chevreuse. Ses biens à Chevreuse et à Gometz (1283, 1284), III, 369, 407.
SEDILLE, femme de Renaud de Montargis. Fonde un canonicat à Saint-Etienne-des-Grez, IV, 425.
SÉEZ [Orne, ch.-l. de cant.]. Diocèse, I, 115; II, 348, 349. — Evêques. Voy. Adelelme, Goupillon (Etienne), Hildebrand, Du Val (Pierre), S. Chrodegand.
SEEZ (Guillemette de). Voy. Beauvais (Jean de).
SEGRAI, SEGRAY ou SEGRAYE (fontaines de). Etymologie, III, 316; IV, 514.
SEGRAI. Voy. Gréez (les).
SEGRAY [Loiret, arr. et cant. de Pithiviers, comm. de Pithiviers-le-Vieil]. Fontaine minérale, III, 316, 409; IV, 514.
SEGRAYE (fontaine de) à Villiers-le-Bâcle, III, 316.
SEGREE ou SEGRETS [le château de Segrez. Seine-et-Oise, comm. de St-Sulpice de Favières], ancien hameau et fief, IV, 176.
SEGUES (Jean), prieur de Corbeil (1278), IV, 303.
SEGUIER (famille). Sa sépulture, I, 287.
— (Antoine), présid. au Parl. Fondateur de l'hôpital de la Miséricorde à Paris (1624), I, 260.
— (Barthélemi), lieutenant-général de Chartres. Seigneur de la Verrière (1500), III, 290, 382.
SEGUIER (Claude), fils de Pierre. Seigneur du Mesnil-St-Denis; sa sépulture, III, 288, 290.
— (Dominique), né à St-Denis; doyen de la cathédrale de Paris, évêque d'Auxerre puis de Meaux, I, 535; II, 397. — Pose la première pierre de l'égl. des Augustins d'Argenteuil, II, 16.
— (Girard), cons. au Parl. Chapelle qu'il fonde à St-André-des-Arts, I, 286.
— (Guillaume), frère de Nicolas. Seigneur de l'Etang-la-Ville, III, 153.
— (Jacques), cons. du Roi. Seigneur de la Verrière; sa sépulture, III, 288.
— (Jean), fils de Claude, III, 288.
— (Jean), seigneur de la Verrière (1668), III, 290.
— (Jean-Jacques), év. de Lombez (1662) et de Nîmes (1671). Sa sépulture (1689), III, 288, 290.
— (Jérôme), fils de Tanneguy; maître des eaux et forêts, cons. au Parl. Seigneur de l'Etang-la-Ville, III, 153.
— (Jérôme), fils de Pierre. Grand-maître des eaux et forêts. Seigneur de Drancy (XVIe s.), II, 633.
— (Judith), femme de Guillaume de Montigny, III, 314.
— (Louis), prieur de Villepreux (1576), III, 182; — de Domont (1579), II, 159.
— (Louise), femme de Charles de Longueil, III, 17.
— (Marie-Louise), femme de Charles d'Albert, duc de Luynes, III, 372.
— (Nicolas), seigneur de Drancy, II, 633; — receveur des Aides, administrateur de l'Hôtel-Dieu. Seigneur de l'Etang-la-Ville; sa sépulture (1533), III, 153.
— (Pierre), président au Châtelet de Paris. Seigneur de la Verrière; sa sépulture (1506), III, 288, 290.
— (Pierre), fils de Nicolas. Seigneur de Drancy, II, 633; — avocat général en la Cour des Aides, présid. au Parl. (1554), seigneur de l'Etang-la-Ville, III, 153.
— (Pierre), fils de Tanneguy; cons. au Parl. et prévôt de Paris (1653 et 1664). Seigneur de Drancy, II, 633; — de l'Etang-la-Ville, III, 153.
— (Pierre) [fils de Jean]; chancelier de France. Bienfaiteur de St-Eustache, I, 60. — Pose la première pierre de la chapelle St-Joseph à Paris (1640), I, 68. — Acquiert pour le roi l'île St-Louis (1652), I, 225.
— (Tanneguy), fils de Jérôme; présid. au Parl. Seigneur de Drancy, II, 632, 633; — de l'Etang-la-Ville, III, 153.
SEGUIER, propriétaire du fief de Segrée (1680), IV, 176.
SEGUIER DE LA VERRIÈRE (Jean), commandeur de Courzon et de Villaroy (1642). Le même que Jean

Séguier seigneur de la Verrière ? III, 291.
SEGUIGNY. Voy. Séquigny.
SEGUIN, chanoine de St-Étienne-des-Grès. Son bénéfice à Herblay (1742), II, 81.
SEGUIN (Pierre), antiquaire, doyen de Saint-Germain-l'Auxerrois, I, 34.
— (Pierre), médecin. Sa sépulture, I, 33.
SÉGUR ([Henry-Joseph], marquis de), lieutenant-général de Champagne. Sa sépulture (1737), I, 111. — Seigneur de Romainville, I, 647 ; — de Chastres-en-Brie par sa femme [Claude-Elisabeth] Binet, V, 305.
SÉGUR (de), présid. au Parl. de Bordeaux. Seigneur d'Ablon, IV, 425 ; — de Villeneuve-le-Roi, IV, 431.
SEIGLIÈRE DE BOIS-FRANC [Joachim de]. Sa fille [Marie-Madeleine], mère de [François-Joachim-Bernard Potier], duc de Gèvres, I, 275.
— [Timoléon-Gilbert de], chancelier de Gaston d'Orléans. Seigneur de St-Ouen-sur-Seine, I, 575.
SEIGNELAY [Yonne, arr. d'Auxerre, ch.-l. de cant.]. Marquis. Voy. Colbert. — Seigneur. Voy. Savoisy (Charles de).
SEIGNELAY (Guillaume de), év. d'Auxerre. Arbitre dans un différend (1216), IV, 317. — Evêque de Paris ; son traité avec Philippe-Auguste (1223), I, 26, 118 ; — cérémonie de son installation, IV, 100 ; — sa mort à St-Cloud, III, 32 ; — actes de son épiscopat, I, 204, 475 ; III, 43, 522 ; V, 280, 423.
SEIGNEURIE (la), château de Boissy-sous-St-Yon, IV, 167.
SEIGNEURIE (la), maison à Torfou, IV, 190.
SEIGNEURS (le bois des) ou les SEIGNEURS, lieu-dit de Châtres-en-Brie, V, 305.
SEINE (statue de la) au château de Saint-Cloud, III, 35-6.
SEINE-PORT ou SAINT-PORT [Seine-et-Marne, arr. et cant. de Melun]: Cure ; redevance envers le prieuré de St-Jean-de-Corbeil, IV, 285. — Dame : Valentine Luillier, II, 375.
— Lieu-dit. Voy. Chapeaux (terre des).
— (Guillaume de), écuyer. Donne la mairie de Seineport au prieuré de St-Jean de Corbeil (1325), IV, 285.
SEIRS [?]. Apparition de trois soleils sur la Garonne (1108), III, 551.
SEISSAC (la marquise de). Sa maison à Passy (XVIIIᵉ s.), I, 407.
SEIZE (faction des), IV, 85.
SÉJOUR-DU-ROI (le), maison à Charenton (1578), II, 364.

SELINCOURT [Somme, arr. d'Amiens, cant. d'Hornoy]. Abbaye de St-Pierre : abbé. Voy. Du Val (Claude).
SELLE (peine consistant à porter une) sur les épaules, III, 348.
SELLE (la) : la Celle-St-Cloud, III, 159 ; — la Celle-les-Bordes, III, 425.
SELLE (de), cons. au Parl. Seigneur du Mesnil-St-Denis (XVIIIᵉ s.), III, 289.
SELLES-SUR-CHER [Loir-et-Cher, arr. de Romorantin, ch.-l. de cant.]. Abbé. Voy. S. Eusice. — Seigneur. Voy. Challon (Louis de).
Sellonis (cultura), canton de St-Lucien (la Courneuve) [XIIIᵉ s.], I, 578.
SELVE (Jean de), premier présid. du Parl. Sa sépulture (1529), I, 345.
— (Jean-Paul de), prieur de Gournay ; mort en 1569, IV, 611.
— (Lazare de), sieur de Cormiers. Ferme au Tremblay vendue par lui, II, 613.
SELVOIS (Françoise de), femme de Henri de Lyonne. Sa sépulture (1701), V, 249.
SEMILLY [Aisne, arr. et cant. de Laon], II, 192.
SÉMINAIRE, établi à Evry-sur-Seine (XVIIᵉ s.), IV, 324-5.
SÉNARD, ermite qui aurait donné son nom à la forêt et au lieu-dit ainsi appelés, V, 76.
SENART ou la GRANGE DE SENART, hameau d'Etiolles [Seine-et-Oise, ham. de Tigery], IV, 417 ; V, 72, 75, 76.
— (forêt de), *Ardanum nemus*, V, 72. — Première mention qui en est faite (1314), V, 64, 75. — Donnée en partie à l'évêque de Paris, I, 396 ; — à Olivier le Daim, V, 70.
— Gruyer. Voy. Auger (Jean). — Lieutenant des chasses. Voy. Jude.
— Autres mentions, III, 173 ; V, 46, 49, 71, 75, 76, 117, 120, 181.
— (territoire de), mentionné en 1224, V, 75, 194, 198.
SENCELINE. Voy. Sanceline.
SENECEY (Henri de Baufremont, marquis de), II, 371.
SENGY. Voy. Seugy.
SENIAU (Pierre), prévôt de Paris (1287), III, 582.
SENICOURT (Barbe de), veuve de Philippe de Luzenay. Propriétaire du fief de Segrée (1635), IV, 176.
Senliciæ : Senlisse, III, 419.
SENLIS [Oise]. Actes royaux datés de ce lieu (867), II, 213 ; (1298), IV, 593.
— Abbaye de St-Remi, soumise à l'abbaye d'Yerres, V, 48 ; — ses biens, V, 236 ; — abbesse. Voy. Eve.
— Abbaye de St-Vincent : costume des chanoines, II, 594 ; — ses

biens, II, 626 ; — abbé. Voy. Baudouin.
— Baillage, II, 101.
— Château ; le corps de Ste-Opportune y est apporté, I, 41 ; II, 349.
— Capitaine, II, 339. Voy. Soudain (Jean).
— Carrières, II, 318.
— Cathédrale ; archidiacre. Voy. Choisel (Gilles) ; — bienfaiteur. Voy. Gonesse (Guillaume de) ; — chanoines. Voy. Barthélemy, Douai (Robert de) ; — sacramentaire provenant de l'abbaye de St-Denis, I, 458.
— Collégiale de St-Frambourg. Cure à sa nomination, V, 68 ; — doyen. Voy. Galeran.
— Collégiale de St-Rieul : ses biens, II, 213 ; IV, 578, 581.
— Commandeur. Voy. Mesme (Jacques de).
— Concile de 1315, IV, 50.
— Cordeliers : sépulture, II, 256.
— Diocèse, II, 340.
— Evêques. Voy. Brichanteau (Crépin de), Chambly (Adam de), Frolland, Garin, Geoffroy, Gui, Henri, Herpuin, Pierre Ier, Rouillé (René le), Sanguin (Denis).
— Moulin (1141), II, 626.
— Prieuré de St-Nicolas. Voy. Saint-Nicolas d'Acy.
— Prieuré de St-Maurice, réformé en 1549, IV, 416 ; — prieur. Voy. Gonesse (Gui de).
— (coutume de). Paroisses qu'elle régit, II, 101, 105, 109, 111, 117, 126 ; — 333.
— (histoire de) par du Ruel, curé de Sarcelles, II, 174.
— (famille des BOUTEILLER ou de la Tour de). Voy. Bouteiller.
— (Barthélemi de), doyen du chapitre de la cathédrale de Paris (1145), II, 427.
— (Clémence de), abbesse d'Yerres, II, 615.
— (Etienne de), fils de Gui de la Tour. Evêque de Paris ; actes de son épiscopat, I, 26, 125, 197, 602, 646 ; II, 151, 161, 176, 181, 209, 223, 257, 350, 374, 431, 574, 622, 631 ; III, 388, 568 ; IV, 34, 96, 165, 252, 253, 368, 437 ; V, 15, 49, 54, 68, 75, 108, 110, 118, 122, 135, 176, 179, 212, 223, 224, 225, 380, 387, 409, 410, 411, 425. — Sa sépulture, I, 336.
— (Gui Ier dit *de la Tour* de), fondateur et bienfaiteur du prieuré de St-Nicolas d'Acy. Seigneur de Villepinte et de Drancy (1124), II, 617, 631, 633.

— (Gui de), seigneur de Villepinte vers 1100, II, 614 [Le même ? que Gui Ier].
— (Gui de). Donne à St-Martin-des-Champs des biens à Pantin (1109), II, 649.
— (Gui de) dit *Le Loup* (Voy. ce mot). Porteur de l'évêque de Paris lors de son intronisation (1250) [Gui, fils de Hugues II].
— (Gui [III] de), bouteiller de France. Seigneur de Luzarches par sa femme Marguerite de Luzarches, II, 208.
— (Guillaume de), fils de Gui [Ier]. Possède la voierie de Montmartre (1134), I, 444. — Seigneur de Villepinte, II, 614.
— (Hugues de) dit *Le Loup*. Voy. ce mot.
— (Raoul de), seigneur de Luzarches (1227, 1238). Bienfaiteur de l'abbaye d'Hérivaux, II, 209 [Raoul Ier tige de la br. d'Ermenonville].
SENLIS (moulin de), Sanlices, Senlices [Seine-et-Oise, ferme à Montgeron], V, 48.
SENLISSE, *Cenliciæ*, *Senliciæ*, *Scindeliciæ*, Senlices, paroisse du doyenné de Châteaufort [Seine-et-Oise, arr. de Rambouillet, cant. de Chevreuse], III, 360. — *Notice*, III, 418-421.
— Lieux-dits : Barre (la), *Boolum*, Bouillons (les), Chevelée (la), Chineval, Conche (la), Cormier (le), Garnes, Malvoisine, Morunval.
SENLUYERES [*corr.* Saulnières. Eure-et-Loir, arr. et cant. de Dreux]. Egl. St-Pierre : tombe d'un prêtre, IV, 120.
SENNAAR [Asie], V, 75.
SENS [Yonne]. Route de Paris à Sens à l'époque mérovingienne, I, 228.
— Le collège des Grassins, fondé pour les pauvres de cette ville, I, 254. — Marchands de Sens au Landit de St-Denis, I, 548. — La couronne d'épines transportée de Sens à Vincennes, II, 406. — Jean Bachot né à Sens, IV, 324. — Acte royal daté de ce lieu (1018), IV, 545. — Le pape Alexandre III présent à Sens, IV, 633.
— Abbaye de Ste-Colombe : reliques, II, 68 ; IV, 33, 441.
— Abbaye de St-Pierre-le-Vif : ses cloches à St-Jacques-la-Boucherie, I, 198.
— Abbaye de S. Remi : abbé. Voy. Douglas (Valentin).
— Archevêques ; leur hôtel à Paris, I, 330 ; — I, 78 ; III, 167 ; IV, 547 ; V, 194. Voy. Aldric, Bellegarde

(Octave de), Charny (Pierre de), Corbeil (Michel et Pierre de), Cornu (Gautier, Gilon et Henri), Goeric, Gondrin, Guillaume II, Leothéric, Mainard, S. Loup, S. Vulfran, Sanglier (Henri), Sevin.
— Avocat du Roi. Voy. Hodoard.
— Bailli. Voy. Le Clerc (François).
— Cathédrale : bréviaire de 1702 ; son auteur, III, 293 ; — chapelle St-Jean-le-Rond, I, 13 ; — épitaphe, V, 274 ; — copie d'un martyrologe hiéronymique écrit pour cette cathédrale ; où conservé, III, (note) ; — reliques, I, 338 ; IV, 95; — archidiacres, II, 556. Voy. Beze (Nicolas de), Champeaux (Jean de); — chanoines. Voy. Chanteprime (Joachim de), Fontaines (Gautier de), Le Roy (Antoine), Simon ; — doyen. Voy. Braye (Thierry de) ; — usage burlesque suivi à la réception d'un chanoine, I, 153.
— Comte. Voy. Rainard.
— Diocèse, I, 5, 11 ; IV, 96, 254 ; V, 407, 409.
— Prévôt. Voy. Gouste (Claude).
— Vicomte. Voy. Le Favre (Jacques), Manassès.
SENS (Mlle de). Voy. Bourbon (Alexandrine de).
— (Guillaume de), bailli de l'év. de Paris, puis président au Parlement, III, 31.
— (Jeanne de). Ses carrières à Charonne, I, 481.
— (Odon de), chanoine de Notre-Dame. Fondateur d'une chapellenie à la cathédrale (XIVe s.), IV, 412.
SENTENEY : Santeny, V, 241.
SENTENYE (Audive la). Sa fondation à St-Nicolas de Corbeil (XVIe s.), IV, 296.
Senteriacum, Sentri : Saintry, V, 94.
Separa, Sepera, Seppæra : Sèvres, III, 14.
Separa (Amorrannus ou mieux *Anjorrandus de)*. Ses biens à Sèvres et à Versailles, III, 16 ; — chevalier de la châtellenie de Montlhéry, IV, 104.
Septempilis (Gui *de*), fondateur d'une chapellenie à S. Gervais (XIIIe s.), I, 82.
Septimo (Villa de), en Dauphiné [Septéme ? Isère, arr. et cant. de Vienne], II, 599.
Septum. Voy. *Tudela*.
SÉPULTURES ecclésiastiques. Leur disposition particulière, V, 32.
SEQUENCE (dom) [ou mieux Adam], chefcier de St-Merry (XIIIe s.), I, 350, 364.
— (Jean), chefcier-curé de St-Merry. Acquiert le terrain du couvent de Ste-Avoye (1283), I, 171.

SEQUIGNY ou SEGUIGNY, *Sicnii* ou *Seguini Villare*, ancien nom de Sainte-Geneviève-des-Bois, IV, 379, 380, 381.
— (forêt de), *Siquiniacus*, voisine de Ste-Geneviève-des-Bois, III, 462, 473 ; IV, 76, 380, 381, 386-7 ; — capitaine des chasses. Voy. Brochant (Louis).
SERA (Jérôme de), maître des Requêtes. Son château à Brou (XVIIe s.), II, 519-20.
Serbonna (Vital *de*), maître de la chapelle de Champlain à la Queue-en-Brie (XIVe s.), IV, 486.
Serbonis (locus de). Voy. Serbonnes.
SERBONNES, *Serbonis (locus de)* [Yonne, arr. de Sens, cant. de Sergines]. Robert de Sorbon y serait né, I, 151.
Sercam (ecclesiam de), imprimé pour *ecclesiam desertam*, IV, 201 (note).
SERCANCEAUX. Voy. Cercanceaux.
SERCELLES. Voy. Sarcelles.
SERECY : Cerçay, V, 271.
Serenæ : Suresnes, III, 47.
Sersela. Voy. Sarcelles.
SERFS. Voy. Affranchissement. — (mariage des), III, 581. Voy. Enfants, Servage.
SERFS DE LA VIERGE, nom des Blancs-Manteaux, I, 93.
SERGENT (étymologie du mot), I, 420.
SERGENTS (les) ou les ESSERGENTS, fief situé à Neufmoutiers, V, 341.
SERGIS. Voy. Dargis.
SERISY (famille de). Ses biens à Fleury (XVIe s.), III, 241.
SÉRIFONTAINE (Renaud de Trie, comte de), IV, 125.
SERLON (Payen) de Dourdan, de Dordenc, II, 214. — Bienfaiteur du prieuré de Longpont, IV, 186.
SERMAISE [Seine-et-Oise, arr. de Rambouillet, cant. de Dourdan]. Curé. Voy. Bénard (Jean).
SERMELLE. Voy. Sermaise.
SERMENTS (lieu où l'on prêtait les) dans les églises, I, 234.
SERNAY. Voy. Cernay-la-Ville.
SERNAYE ou SERVAYE (fontaine), à Charonne, I, 481.
SERPENT d'airain. Voy. Talismans.
SERRE (de la). Possède le château de Villemomble (1639), II, 562.
SERRES (Gilles du), curé de Meudon, successeur de Rabelais, III, 230.
— (Jean de), prieur d'Essonnes (XVIe s.), IV, 266 ; V, 206.
— (Pierre de), chanoine de Paris. Prieur d'Argenteuil (1609), II, 5.
SERRIÈRE (Mme de), dame de St-Pierre-du-Perray, V, 93.
SERRIS, *Sariæ*, Sarries, Sarris, Sarrys,

paroisse du doyenné de Lagny [Seine-et-Marne, arr. de Meaux, cant. de Crécy]. *Notice*, IV, 529-532. — Le hameau de la Motte lui est réuni, IV, 528.

SERRIS (Guibelez de), de Sarries (1196), IV, 531.
— (Isabelle de), abbesse du Pont-aux-Dames (1342 à 1355), IV, 531.
— (Jeanne de), habitante de Serris. Sa guérison miraculeuse, IV, 531-2.

SERRURIERS (confrérie des) à Paris, I, 213.

SERSAY. Voy. Cerçay.

Serseyum : Cerçay, V, 236, 237 ; — oucy, IV, 355.

SERTIER (Jacques), curé de Thorigny (1669), II, 512.

SERVAGE (coutume relative au), I, 413 ; — (homme tombé en) en épousant une serve, IV, 36.

SERVAYE (fontaine). Voy. Sernaye.

SERVIEN (Abel), surintendant des finances. Baron de Meudon, III, 231, 236 ; — ses fiefs d'Aubervilliers et de Meudon, 239. — Seigneur de Fleury, ill, 243 ; — de Clamart, III, 248.
— (Antoinette), femme de François de Beauvilliers, III, 236.
— (Louis-François), fils d'Abel ; marquis de Sablé. Vend la baronnie de Meudon à Louvois (1680), III, 236.
— (Nicolas), seigneur de Montigny (1650), III, 236.

Serviens, sergent, I, 420.

SERVIGNY, *Silviniacum* [Seine-et-Marne, ferme à Lieusaint], ancienne seigneurie, V, 122, 223.
— (Guillaume de), bienfaiteur de l'abbaye d'Yerres (1230), V, 119.

SERVIN (Louis), avocat général. Sa sépulture (1626), I, 177.

SERVITES (ordre des), I, 93 ; II, 272.

Servo : Servon, V, 246.

SERVON, *Servum, Servun, Servo, Cervo,* Cervon, paroisse du doyenné du Vieux-Corbeil [Seine-et-Marne, arr. de Melun, cant. de Brie-Comte-Robert]. *Notice*, V, 245-255. — Église : sépulture, III, 446 ; — reliques, IV, 33. — Habitants, admis à la léproserie de Brie-Comte-Robert, V, 262.
— Lieux-dits : Berthemont, Bonbon, Fossée (la), Rademont, Vaux-d'Argent, Villemenon.
— (Milon de). Ses biens à Brie-Comte-Robert (XII° s.), V, 250.
— (Milon de), fils du précéd. Sa femme Pétronille, possède la voierie de Sucy-en-Brie, V, 250, 290, 384.
— *(Paganus de)* et sa femme Rozaline (1142), V, 250.

Servum, Servun : Servon, V, 245, 250.
Sesiacum : Soisy-sous-Étiolles, V, 69.
Seticum. Sens de ce mot, I, 650 et note.
Seu, employé pour *et*, III, 52, 53.
Seudenum : Suin, V, 159.

SEUGY, Cheusy, Saugy [Seine-et-Oise, arr. de Pontoise, cant. de Luzarches]. Mention en 1488, II, 212.
— (Gui de), chevalier. Sa censive à Fayel (1237), II, 150.

SEURREAU (Jeanne), femme de Jacques Cename (XV° s.), V, 191.

SEVE ou SAIVE : Sèvres, III, 14.

SÈVE (Claude de), femme de Louis Tronson. Mentionnée dans une inscription de 1643, V, 103, 104. — Vend la terre du Coudray (1643), 105.

SÉVÈRE, père de Ste Geneviève, III, 72 et note 2. — Tradition sur l'emplacement de sa maison à Nanterre, III, 74. — A peut-être donné son nom au Mont-Valérien, III, 80.

SEVERT (Aymé), secrét. du Roi. Seigneur du Pin (1696), II, 535.

SEVIN (Marie), femme de Jacques Goislard, III, 242.

SEVIN, archev. de Sens. Sa présence au concile de St-Denis (vers 995), I, 509. — Dédie l'égl. de l'abbaye de Lagny (1019), IV, 545.

SEVIN, doyen de Ste-Geneviève de Paris (XII° s.), I, 232.

SEVIN, fils de Milon *Cartellus*. Sa donation à l'égl. d'Orsay, III, 396.

SEVIN, maître des comptes. Seigneur de Gometz-la-Ville (1661), III, 411.

SEVRAN, *Ciperentum, Cevrannum, Cevrenum,* Cevran, Cevren, paroisse du doyenné de Chelles [Seine-et-Oise, arr. de Pontoise, cant. de Gonesse], 530. — *Notice*, II, 581-584.
— Lieux-dits : Fontenay, Fossée (la), Fourchelles, Monceleux, Rougemont.
— (Geoffroy de), *de Cevranno*, chevalier, II, 583.
— (Guillaume de), de Cevrent, de Cevran, écuyer, et Héloïse, sa femme. Vignes à St-Leu qu'ils vendent à l'abbaye du Val (1244), II, 71, 583.

SÈVRES, *Savara, Sevra, Saevara, Separa,* Seve, Saive, paroisse du doyenné de Châteaufort [Seine-et-Oise, ch.-l. de cant.]. *Notice*, III, 13-20. — Manufacture de porcelaine, II, 412.
— Moulin, I, 388 ; III, 26 ; IV, 192.
— Pont, I, 434. — Autres mentions, I, 411 ; III, 172, 201, 213 (note).
— Lieux-dits : Coetmean, Ronce (la).
— *(Anjorrandus de)*. Voy. *Separa.*
— (Edeline ou Eveline de). Biens à

— Attilly qu'elle donne à l'abbaye d'Yerres (1245), III, 16 ; V, 282.
— (Gervais de), chevalier (1225), III, 16. — Autre seigneur du même nom (1312), *ibid*.
— (Jean de), écuyer. Seigneur en partie de Villeron, II, 314. — Possède à Paris le fief de la Bretonnerie (1315), III, 16.
— (Roger de) et Adeline sa femme. Seigneurs en partie de Sèvres (1245, 1248), III, 16 ; V, 282.
— (Simon de), *de Separa*, chanoine de la cathédrale de Paris. Arbitre dans un procès (1264), III, 347. — Donne ses biens de Bagneux au chapitre, III, 20, 579-580.
— (le chevalier de). Voy. Longueil (Louis de).
Sexteringia. Voy. Sistreuse.
SFORCE (la duchesse de). Sa maison à Conflans, II, 370.
SIAM (ambassadeurs de). Visitent le château de Meudon, III, 236 ; — sont logés au château de Berny, IV, 46.
SICAMBRES. Auraient bâti Roissy, II, 277.
SICHILDE (la reine), sœur de Gomatrude, I, 420.
SICILE. Rois. Voy. Anjou (Louis et René d'), Charles II.
— (Marguerite de), fille du roi Charles II. Son mariage avec Charles de Valois célébré à Corbeil (1290), IV, 303.
Sicnii Villare. Voy. Séquigny.
SIESTES (le commandeur de). Voy. Fieffes.
SIGEBERT Ier, roi d'Austrasie. Ses soldats pillent l'église de St-Denis ; lieu où il passe la Seine pour marcher contre Chilpéric, I, 494, 516, 517. — Lieu où il fut assassiné, IV, 454.
SIGEBERT II, fils de Dagobert. Sa naissance à Clichy, I, 421.
SIGEBERT, abbé de Gembloux (XIIe s.). Sa *Chronique* continuée par Anselme, I, 126 ; IV, 563.
SIGEBERT, moine de St-Denis. Envoyé à Rome par Charles-Martel (726), I, 509.
Sigilla, mauvaise latinisation du nom de lieu Sceaux, III, 546.
Sigillis [corr. Solidis] (redevance de *viginti*), I, 90.
SIGOFROY [ou SIGEFROY], év. de Paris. Assiste aux plaids royaux à Luzarches (692), II, 199.
SIGOGNE ou CIGOGNE. Etymologie de ces noms de lieu, V, 141.
Sigona : la Seine, I, 392.
SILLERY (de). Voy. Brulard.

SILLY, *Siliacus* [Oise, arr. de Senlis, cant. de Nanteuil-le-Haudouin], IV, 534-5.
SILLY [Orne, arr. d'Argentan, cant. d'Exmes]. Abbaye : abbé. Voy. Dumont (Henri).
SILNI-SUR-SEINE [?] (Isabeau Soire, dame de), IV, 376.
Silvacum [Servais, arr. de Laon, cant. de La Fère]. Capitulaire qui en est daté (853), IV, 271.
SILVAIN (le dieu). Son temple près de St-Maur-les-Fossés ; inscription concernant sa fondation, II, 421, 422.
Silvaticus (Anselme). Voy. *Sylvaticus*.
SILVESTRE (Israël), graveur. Sa sépulture, I, 33.
— (Nicolas), notaire. Ses droits sur le fief de la Clochette à Grigny (XVIe s.), IV, 406.
Silviniacum : Servigny ? V, 122.
SIMON (Charles), président des Comptes. Seigneur de Livry (1437), II, 588.
— (Jean), avocat du Roi au Parlement. Ses armoiries à St-André-des-Arts, I, 486. — Seigneur de Combault et de Champigny, IV, 493. — Le même [?], III, 234.
— (Jean), fils du précéd. ; év. de Paris. — Actes de son épiscopat, I, 63, 74, 448 ; II, 248, 493, 595 ; III, 74, 483 ; IV, 38 ; V, 31, 190, 249, 403, 404. — Eglises dédiées par lui, I, 102, 105 ; II, 114, 614. — Seigneur de Champigny, IV, 472 ; — de Combault, IV, 493. — Détails biographiques, I, 286 ; III, 266.
— (Madeleine), fille de Jean, femme de Robert Piédefer. Dame de Combault ; son épitaphe (1523), IV, 493.
— (Marie), fille de Jean, femme d'Antoine Sanguin, III, 234.
— (Marie), femme de François de Besset. Sa sépulture (1672), III, 337.
— (Yves), secrét. du Roi. Fondateur de la chapelle St-Yves à Paris ; sa statue (XIVe s.), I, 149.
SIMON, abbé de Moutiers au Perche. Envoie des religieux de son abbaye à Vitry-sur-Seine (IXe s.), IV, 447.
SIMON, abbé de St-Germain-des-Prés (1236), III, 6, 230, 231, 232, 238, 531.
SIMON, chanoine de Sens, IV, 633.
SIMON, chapelain ou curé de St-Benoît de Paris (1183), I, 135.
SIMON, chapelain de St-Eloy du Breuil à Attilly (XIIIe s.), V, 280.
SIMON, connétable. Seigneur de Neaufle-le-Châtel. Fondateur de l'abbaye des Vaux-de-Cernay (1128) ; sa sépulture, III, 423, 424.
SIMON, curé de Châteaufort. Abbé de St-Lazare à Paris (1270), III, 299.

SIMON, doyen du chapitre de St-Cloud, III, 26-7, 45.
SIMON, év. de Preneste. Sa résidence à Rouvray, paroisse de Pantin (1296), II, 650.
SIMON, imprimeur à Paris, I, 436.
SIMON, nepos Lupi militis. Son épitaphe, II, 594.
SIMON, prieur de St-Jean de Corbeil (1189), IV, 240, 285.
SIMONET (Jacques), secrét. du Roi. Seigneur de Soucy, III, 456, 457.
SIMONIS (Jean), prieur du Bois-St-Père (XVIe s.), II, 154.
Sine deliciis (cura de), nom plaisant donné à Senlisses, III, 419.
SINGES. Représentés au portail de St-Nicolas de Villepreux, III, 180.
Sintreium, Sintrium. Voy. Saintry.
Sinomovicus : Saint-Just [-en-Chaussée], II, 297.
SINTRY. Voy. Saintry.
Sirica (fons), près de St-Just-en-Chaussée, II, 297.
SIRMOND (le Père). Rectifié, V, 23, 25-6.
SISTERON [Basses-Alpes]. Evêques. Voy. Bureau (Laurent), Rochechouart (Aymeric de).
SISTREUSE de vin, *Sexteringia.* Sa contenance, I, 302 ; — III, 562.
SITON, ruisseau, III, 262.
Situli : Sceaux, III, 546.
SOCOLY (fief du) près du Roule [?], I, 439.
SOCOLY (François), écuyer. Seigneur de Villiers (1697), I, 439-40.
SOD (André), prêtre de l'Oratoire. Curé d'Aubervilliers (XVIIe s.), I, 560.
SODÉE (Jacqueline la), dame de Montfermeil (1471), II, 543.
SŒURS (chapellenie des Trois-) dans l'égl. du prieuré de Saint-Eloi à Chilly, IV, 71.
SŒURS de l'Hôtel-Dieu de Pontoise. Ne dépendant d'aucun ordre, IV, 141.
SŒURS incluses de l'Humilité-Notre-Dame. Nom donné aux religieuses de Longchamp, I, 398.
SŒURS GRISES hospitalières du Tiers-Ordre, IV, 153.
SŒURS GRISES. Voy. Charité (Sœurs de la).
SOGNOLLES [Soignolles? Calvados, arr. de Falaise, cant. de Bretteville-sur-Laize], V, 142.
SOGNOLLES [Seine-et-Oise, ham. de Méry-sur-Oise, II, 126 ; V, 142.
SOIES de Saint-Denis, renommées, I, 534.
SOIGNOLLES, *Cichoniolæ, Ciconellæ, Ciconeliæ, Ceognolis (de), Ciconiolis (de), Cognoliis (de),* Choignolles, Ceongnolles, Sognolles, paroisse du doyenné du Vieux-Corbeil [Seine-et-Marne, arr. de Melun, cant. de Brie-Comte-Robert]. *Notice*, V, 141-145. — Autres mentions, V, 137, 138, 139, 330.
— Lieux-dits : Barneaux (les), Burelle (la), Châteleines, Fontaine, Mont.
— (André de), *de Ciconiolis*, clerc. Ses biens à Soignolles (XIIIe s.), V, 143 (note), 144.
SOILARD (Pierre), chevalier (1278), IV, 303.
SOIN (Mme). Sa maison à Fresnes (XVIIIe s.), IV, 339.
SOIRE (Ysabeau), dame de Silni-sur-Seine, de Trousseau et du Sauvage. Sa sépulture (1481), IV, 376.
Soiseium. Voy. Choisel.
SOISEL (Aalis de), femme de Jean de Soisel. Son épitaphe, V, 167 (n. 2).
— (Jean de). Voy. Choisel.
SOISEY : Choisel, III, 415.
Soisiacum. Voy. Soissy.
SOISSONNAIS (grand bailli du). Voy. Arbois (Claude-Albert d').
SOISSONS [Aisne]. Concile de 862, II, 45, 150, 195, 260. — Peste de 1668, I, 556. — Séjour du pape Léon III en 804, II, 484. — Autres mentions, I, 535 ; II, 435, 574.
— Abbaye de Saint-Crépin-le-Petit ou en Chaye, *S. Crispinus in Cavea,* II, 11 ; — abbé. Voy. Brunet (Joseph), Cosset (Guillaume).
— Abbaye de Saint-Médard ; abbés. Voy. Hotman (François), Olivier (Jean).
— Cathédrale : archidiacre. Voy. Condé (Pierre de) ; — chanoines. Voy. Baye (Nicolas de), Brêches (Guérin), Charité (S. Jean de Dieu de la), Guy, Saint-Germain (H. de) ; — prévôt. Voy. Mont (Jean du).
— Evêques. Voy. Bourlon (Charles), Brulart de Sillery, Bussi (Simon de), Courtonne (Gérard de), Dieudonné, Legras (Simon), Longuejoue (Mathieu de).
— Greffier des aides. Voy. Choart (Théodore).
— Receveur des tailles. Voy. Mesmin (Pierre).
— Trésorier de France. Voy. Vaudueil (Drouin de).
— (comtes et comtesses de). — Adélaïde [ou Alix de DREUX], femme du comte Raoul et mère de Gaucher de Chatillon (1174, 1194), II, 478, 515, 525, 530. — Charles de BOURBON. Acquiert l'hôtel construit à Paris par Catherine de Médicis (1604), I, 68 ; — II, 658. —

Charlotte de BOURBON, abbesse de Maubuisson, II, 119-120. — Louis de BOURBON, fils de Charles. Sa maison à Bignolet (1639), II, 658.
— Louis-Henry de BOURBON, fils naturel du précéd. ; dit le chevalier de Soissons. Seigneur de Luzarches en partie (1646), II, 213. — Raoul ou Radulfe, seigneur de Montjay, II, 515, 525, 530, 534, 610. — X..., dame de Luzarches en partie (1642). Lègue cette terre au chevalier de Soissons, II, 213.
— (Jeanne de), femme de Gilles Malet. Rend hommage au chapitre de la cathédrale de Paris pour la terre de Soisy-sous-Etiolles, IV, 425.
— (Marie de), femme de Jean de Belloy (XVIᵉ s.), II, 197.
SOISSY, *Soisiacum*: Choisy-aux-Bœufs, II, 69. 347.
SOISY. Voy. Choisy-aux-Bœufs, Soisy-sous-Montmorency, Soisy-sur-Seine.
SOISY (Adam de). Son fief à Soisy-sous-Montmorency (1125), I, 632.
— (Adam de), chevalier. Seigneur de Soisy-sur-Seine (1220), V, 69.
— (Adam de), trésorier de l'église de Nevers. Fondation pieuse qu'il fait avec ses frères Jean et Robert (av. 1270), V, 69.
— (Alix de), femme de Pierre de Darcy. Dame en partie de Beaubourg et de Clotaumont (1404), IV, 512.
— (Hugues de) de *Sesiaco*. Seigneur de Soisy-sur-Seine (1093), IV, 332; V, 69.
— (Isabeau de), femme de Jean de Pomponne (1363), II, 509. — Sa sépulture, II, 503, 509.
— (Jean de), *de Soisiaco*, seigneur [?] de Soisy-sur-Seine. Mentionné en 1248, 1268, 1297, V, 69. — Le même ou son fils, seigneur de Brunoy (1333, 1344), V, 69, 266.
— (Jean de), seigneur de Soisy-sous-Montmorency et de Versailles. Vend cette dernière terre à Louis XIII (1627), I, 633 ; III, 196.
— (Robert de), chevalier. Seigneur [?] de Soisy-sur-Seine. Mentionné avec ses frères Adam et Jean (av. 1270), V, 69.
— (Thibaud de). Fief ainsi appelé à Deuil, I, 593.
SOISY-SOUS-MONTMORENCY, *Sosiacum*, Soisy, paroisse du doyenné de Montmorency [Seine-et-Oise, arr. de Pontoise, cant. de Montmorency]. *Notice*, I, 631-633. — Seigneurie, I, 625.
SOISY-SUR-SEINE ou SOISY-SOUS-ETIOLLES, *Sosiacum, Soysiacum*, paroisse du doyenné du Vieux-Corbeil [Seine-et-Oise, arr. et cant. de Corbeil]. *Notice*, V, 67-71. — Autres mentions, V, 60, 64, 104.
— Lieu-dit : Jarville (la).
Solario (Arnulfus de). Voy. Solers (Arnoul de).
Solario (Olivier de), secrét. de Louis, duc d'Anjou (1383), V, 148.
SOLAURE : Solers, V, 146.
SOLDATS BLESSÉS. Soignés à l'hôpital du Haut-Pas, à Paris, I, 157.
SOLEILS (apparitions de trois), III, 551.
Solerosa (vallée appelée), près Taverny (1237), II, 65.
SOLERRE : Solers, V, 146.
SOLERS, *Sollarium, Solorra, Solurra*, Solaure, Soleure, Soulers, Souloire, Soulaire, Soulerre, paroisse du doyenné du Vieux-Corbeil [Seine-et-Marne, arr. et cant. de Tournan]. *Notice*, V, 146-149. — Fief en dépendant, V, 300.
— (Aalis de), de Soulerre (XIVᵉ s.), V, 148.
— (Adam de), de Solerre, sous-chantre de la cathédrale d'Auxerre. Ses biens à Solers (XIVᵉ s.), V, 148.
— (Arnoul de), *de Solario*, feudataire de Montlhéry (1210), IV, 103 ; V, 148.
— (Eustache de), de Solerre, officier de Philippe le Hardi (1285), V, 148.
— (Geoffroy de), *de Solorra* (XIIᵉ s.), V, 148.
— (Guillaume de), de Solaure ou de Suuloire. Ses biens à Châteleines (1279), V, 144, 147, 148.
— (Jean de), de Soleurre (1369), V, 148.
— (Pierre de), de Solaire, chevalier, et Jeanne, sa femme (1318), V, 148 ; — mort en 1388, *ibid*.
— (Radulfe de), *de Sollario*. Mentions de ce personnage (XIIᵉ s.), V, 147-8.
— (Simon de), de Solerre, chevalier (XIIIᵉ s.), V, 148.
SOLEURE [Suisse]. Son nom celtique latinisé, V, 146.
SOLIAC (Jocelin de), prieur de Bruyères-le-Châtel (1347), III, 471.
SOLIERES (Nicolas), notaire à Gonesse (1721), II, 267.
SOLIN. Voy. Soulin.
Soliniacum : Marolles-en-Hurepoix ? [ou plutôt la Butte de Soligny, lieu-dit de la commune de Molières, cant. de Limours], III, 366, 436 ; IV, 96.
Sollarium : Solers, V, 146.
SOLMANE (Dᴸˡᵉ le), femme de Clerembaud de Champanges (XVIᵉ s.), V, 282-3.

Solodorum. Voy. *Salodorum.*
SOLOGNE, Saulogne (archidiacres de). Voy. Saint-Vrain (Jean de), Villiers (Pierre de).
Solorra : Solers, V, 146.
Soltanus. Origine de ce surnom, II, 230.
Solurra : Solers, V, 146.
SOLY (Jean), seigneur de Romainville (XVIᵉ s.), II, 646.
SOMMERSET (la dame de). Dame de Noisiel (1739), IV, 600.
SOMMEVILLE, lieu-dit de Combs-la-Ville, V, 185.
Sonia, Soniola, synon. d'*Hospitium.* Origine de noms de lieu, V, 142.
SONICHILDE, femme de Charles-Martel. Sa mort à l'abbaye de Chelles, II, 484.
SONNET (Martin), chanoine de St-Martin de Champeaux, V, 417.
SONNIUS (Claude), libraire. Communauté par lui fondée, IV, 8.
— (Michel), libraire. Donne au Collège des Jésuites la ferme de Montubois (1620), II, 64.
SOOCORT (Raoul de). Mentionné en 1240, II, 97.
SOPHIE, femme d'Henri de Croissy (XIᵉ s.), IV, 515, 517.
SORBIN (Arnaud), év. de Nevers. Eglise où il est sacré (1578), I, 238.
SORBON, *Sorbonum* [Ardennes, arr. de Rethel], I, 134, 151.
SORBON (Robert de) ou de SORBONNE, *de Sorbonia, de Sorbonio,* chanoine de Notre-Dame. Fondateur du collège de Sorbonne, I, 134, 135. — Son lieu de naissance, I, 151. — Entretien qu'il a avec S. Louis à Corbeil, IV, 298. — Exécuteur testamentaire de Milon de Corbeil, IV, 310.
SORBONNE (Thibaud de), procureur de la Sorbonne (1284), IV, 336.
SORCY : Soucy, III, 456.
SOREL [Eure-et-Loir, arr. de Dreux]. Curé. Voy. Clouet (Thomas).
SOREL (friche de), lieu-dit de St-Nom de la Bretèche (1250), III, 151.
SOREL (Agnès), dame de Beauté-sur-Marne, II, 390. — Sa prétendue résidence au château de Savigny-sur-Orge, IV, 392. — Fait construire le château d'Ablon, IV, 425.
Sorenæ : Suresnes, III, 47.
Sorenis (Jean de). Voy. Suresnes.
SORESNES, SOURESNES. Voy. Suresnes.
SORET (le sʳ), condamné à présenter le pain bénit, I, 292.
SORGUE (la), rivière, IV, 11.
SORVAL (la chapelle de) [la Chapelle-en-Serval, Oise, arr. et cant. de Senlis]. Mentionnée en 1220, II, 350.

Sorvillare, Sorvilliers : Survilliers, II, 301, 343.
Sosiacum : Soisy-sous-Etiolles, V, 67.
Sosius, nom d'un seigneur gallo-romain ; le même peut-être que *Lisoius.* Origine de noms de lieu, I, 623, 624 ; III, 415 ; V, 67.
SOSOI : Soisy-sous-Montmorency, I, 631.
SOUBISE (le marquis de). Prodige opéré sur ses chevaux, III, 74.
SOUBRET, curé de Clichy. A fourni des renseignements à l'auteur, I, 430 (note).
SOUBTOUR (Jean de Champigny, seigneur de), V, 95.
SOUCHAY (Gaston du), fils de Louis. Seigneur de Chaumontel (1548), II, 227, 228.
— (Louis du), seigneur de Chaumontel. Se qualifie clerc des fiefs de l'év. de Paris (1520), II, 227 ; — mentionné en 1548, II, 227, 228.
— (Marie du), fille de Louis, veuve de Simon Janvier (1548), II, 227 ; — épouse en secondes noces (?) de Matthieu de la Porte (1551), 228.
— (Pierre du), fils de Louis, II, 228.
SOUCY, Sorcy, *Sauciacum,* Soucy-sous-Bruis [Seine-et-Oise, ham. de Fontenay-lès-Briis]. *Notice,* III, 456-458. — Relève de la seigneurie de Villeroy, IV, 246.
SOUDAIN (Jehan), huissier du Roi, capitaine de Senlis. Sa sépulture (1582), II, 170.
SOUFLET (fontaine), à Servon (1577), V, 251.
SOUFFLET (moulin), près de Grisy (1597), V, 161.
SOUHÉ (Claude Coutier, marquis de), V, 97.
SOULAIRE : Solers, V, 146.
SOULANT (Jeanne, femme de Driet), bienfaitrice de l'église de Coubert, V, 152.
SOULARE : Solers, V, 146.
SOULAUDIÈRE (la), lieu-dit de Fontenay-lès-Briis, III, 458.
SOULCIS (Didier de Rumerie, seigneur de), III, 457.
SOULEFOUR (Nicolas de), prêtre (1603), II, 101.
SOULERRE, Soulers. Voy. Solers.
SOULIERS pontificaux, portés par les abbés de St-Denis, I, 506-7.
SOULIN, Saint-Olon, Solin [Seine-et-Oise, lieu-dit de Brunoy], V, 207. — *Notice,* V, 208.
SOULOIRE : Solers, V, 146.
SOUPI (Alexandre), év. de Plaisance (1645), II, 379.
SOUPPES [Seine-et-Marne, arr. de Fontainebleau, cant. de Château-Lan-

don]. Ancien château royal, III, 404.

SOURDIS (d'ESCOUBLEAU, marquis de).
— (Charles), fils de François. Seigneur de Jouy-en-Josas, III, 268 ; — de Buc, 276 ; — de Magny-les-Hameaux, 294 ; — de Châteaufort, 304 ; — son fief de Coubertin, 382; — de Courtabeuf, 400. — (François), fils de Jean ; marquis d'Alluye, gouverneur de Chartres. Seigneur de Jouy-en-Josas, III, 268 ; — de Voisins-le-Bretonneux, 286.
— (Henri), év. de Maillezais, décédé en 1615, III, 265-6, 267. — (Henri), archev. de Bordeaux; mort à Auteuil. Sa sépulture (1645), I, 391; III, 266, 268,. — (Jean), comte de la Chapelle-Berlouin, sieur de Sourdis, d'Évray, le Coudray-Montpensier et Jouy-en-Josas, etc. Sa sépulture (1572), III, 265 ; — décharge qui lui est donnée pour les droits seigneuriaux de la terre de Châteaufort (1540).
— (le cardinal de). Chapelle qu'il dédie à St-Denis, I, 532.
— (le comte de), seigneur de Montreuil-sous-Bois (XVIIIe s.), II, 399.

SOURDUN [Seine-et-Marne, arr. de Provins, cant. de Villiers-St-Georges]. Voy. Tourvoye.

SOURILLANGES [Sauxillanges ? Puy-de-Dôme]. Prieuré (1325), III, 519.

SOURT (Gilles le), curé de St-Paul de Paris. Sa maison à Sarcelles (1706), II, 172.

SOUS-CARRIÈRE, lieu-dit de Lésigny, V, 360.

SOUVERAINS (entrée de) à Paris. Prisonniers du Châtelet évacués sur Sèvres lors de cette cérémonie, III, 17.

SOUVIGNY [Allier, arr. de Moulins, ch.-l. de cant.]. Archidiacre. Voy. Balue (Jean).

SOUVRÉ (Gilles de), abbé de St-Florent de Saumur (1621), I, 560.

SOUZY, *Sulciacum* [Souzy-la-Briche, Seine-et-Oise, arr. et cant. d'Etampes], IV, 169, 183.

SOYER [Marne, arr. d'Epernay, comm. d'Allemanche]. Eglise des Innocents, V, 371.

Soyseium : Choisel, III, 415.

Soysiacum super Sequanam : Soisy-sur-Seine, V, 68-9.

SPALME (manufacture de), II, 36.

Spicarium, grange. Origine de nom de lieu, II, 304.

Spierix : Epiais, II, 304.

SPIETZ, *Spictensis* (Jacob d'Elbach, baron de), II, 11.

SPIFAME (Barthélemi). Ses biens à Issy confisqués, III, 9.

— (Gilles), écuyer. Acquiert les fiefs de Monteloup et de Saint-Cheours (1498), III, 450.
— (Jacques), doyen du chapitre de St-Marcel puis év. de Nevers (XVIe s.), I, 125. — Nomme à la cure de Conflans-Ste-Honorine, II, 92.
— (Martin), prieur de St-Thibault-les-Vignes (1579-1580), IV, 567.
— (Raoul), curé de Conflans-Ste-Honorine ; auteur d'un recueil d'arrêts, II, 92 ; III, 243.
— (Raoul), gouverneur de Lagny, IV, 565.

SPIFAME. Biens possédés par ses enfants à Villepreux (1539), III, 189.

Spina Ermengardis, lieu dit de Nogent-sur-Marne (XIIIes.), II, 473.

Spinam (terra ad), canton de St-Lucien (la Courneuve) [XIIIe s.], I, 578.

Spinam pediculosam (ad), lieu-dit entre le Roule et le bois de Rouvret (XIIIe s.), I, 393.

Spinetum, Spinogilum, Spinoïlum, Spinolium : Epinay, I, 593, 594 ; II, 219 ; III, 135 ; IV, 83, 84 ; V, 197.

SQUELETTES humains découverts à Asnières (1752), III, 59, 60.

STAFFORD (Humphrey de), connétable de France pour le roi d'Angleterre. S'empare de Brie-Comte-Robert (1430), V, 267.

Stagnum : Stains, I, 580 ; — l'Etang-la-Ville, III, 152.

STAIN (Valentin de) ou de l'ETANG. Fondateur d'une chapellenie dans la collégiale de Luzarches, II, 204.

STAIN en Rouergue. Voy. Estaing.

STAINEL (de), seigneur de Dampmard (XVIIIe s.), II, 517.

STAINS, *Stagnum* ou *Stagna, de Setennis, de Sextaniis,* Setains, paroisse du doyenné de Montmorency [Seine, cant. de St-Denis]. *Notice,* I, 580-583.
— Lieu-dit : St-Léger de Gassenville.

STAINVILLE. Voy. Chetainville.

STAINVILLE, paroisse imaginaire, III, 153.

Stampensis pagus, III, 316, 465. Voy. Etampois (l').

STANDON ou STANDONHT [Standonc] (Jean). Rétablit le collège de Montaigu (1480), I, 252. — Ecoliers qu'il envoie à Château-Landon, II, 596.

STANDON (Michel), principal du collège de Montaigu. Contribue à la fondation des Minimes de Chaillot, I, 415. [Malgré la différ. de prénom, c'est le même que le précéd.].

STATUE placée en face du portail de l'Hôtel-Dieu de Paris ; personnage qu'elle représente, I, 8, 15.

STATUES retirées des chapelles de St-Germain-l'Auxerrois et placées à l'extérieur, I, 35.
Status, droit de résidence, II, 178.
STAUR. Voy. Stors.
STELLA (Jacques), peintre. Sa sépulture [1657], I, 33.
STENAY [Meuse, arr. de Montmédy, ch.-l. de cant.]. Siège de 1654, II, 203.
STERNE (le sr). Le roi lui donne les terres de Coquesale et de Bailleu (1556), II, 133.
STEULE (Gallois de Bailleul, baron de), III, 371.
STILLING ou STILTINCK (le P.), bollandiste. Rectifié, IV, 96, 122.
STINE (Claude), curé de la Celle-les-Bordes (1550), III, 427.
STOPPA (Pierre), général des armées du Roi. Seigneur de Combreux (XVIIe s.), V, 328.
STORS, Staur [Seine-et-Oise, arr. de Pontoise, ham. de l'Isle-Adam], au dioc. de Beauvais, II, 139. — Confondu avec Tour, I, 648 ; — dit à tort de la paroisse de Mériel, II, 139. — Seigneur. Voy. Conti (prince de).
STRASBOURG [Alsace-Lorraine], III, 87.
STRENECHAL [Angleterre]. Abbaye : Abbesse. Voy. Ste Hilde.
STUART (maison de). Ses armoiries dans l'égl. de Piscop, II, 165.
STUART (Guyonne), femme de Philippe et mère de Beraut Braque, II, 165, 167.
— (Henriette-Anne), III, 25. Voy. Henriette d'Angleterre.
— (Marie), fille de Jacques II. Décédée au château de Saint-Germain (1712), III, 140.
STYLET de fer, symbole d'hommage, IV, 16.
STYP [?] (Eléonor Beaulieu de Béthomas, commandeur de), V, 374.
SUALEM (Rennequin), inventeur de la machine de Marly. Son épitaphe, III, 107, 124.
SUARD (Pierre), premier curé de Villebon (1658), III, 514.
SUBTIL (Florent), curé-prieur de Nanterre, III, 74.
Succurrendum (ad). Sens de cette expression, III, 168 ; V, 243 (note 2).
Suciacum, Succiacum, Succi. Voy. Sucy-en-Brie.
SUCY ou SUCY-EN-BRIE, *Succiacum, Suciacum*, paroisse du doyenné du Vieux-Corbeil [Seine-et-Oise, arr. de Corbeil, cant. de Boissy-St-Léger]. *Notice*, V, 378-385. — Seigneur, I, 476. — Autres mentions, IV, 312, 355, 356, 485 (note) ; V, 24, 375.
— Lieux-dits : Breteigny, Chaumoncel, Coillon, Haute-Maison, Montaleau, Passy, Val (le Grand et le Petit).
SUCY, proche Yeble [Sucy ou Suscy-sous-Yebles, Seine-et-Marne, arr. de Melun, cant. de Mormant, ham. de Crisenoy], V, 379. — Fief appelé inexactement Sully-sur-Yeble], V, 195.
SUEBEUF, habit. de Rosny (1223), II, 556.
SUÈDE. Le corps de Descartes en est rapporté, I, 240. — Traité conclu à St-Germain avec ce pays (1679), III, 140. — Conseil de commerce : conseiller. Voy. Hoggue. — Reine. Voy. Christine.
SUFFOLCK (le comte de). S'empare du château de la Queue-en-Brie (1430), IV, 488.
SUGER, abbé de St-Denis. Vitraux donnés par lui à la cathédrale de Paris, I, 6. — Ses actes relat. à l'abbaye de St-Denis, I, 496, 500, 509 ; — à St-Denis de l'Etrée et à St-Marcel de St-Denis (1125), 515, 518 ; — à Pierrefitte (1140), 585 ; — au monastère d'Argenteuil, II, 3 ; — à Carrières-St-Denis, 35 ; — à Sartrouville, 39 ; — au Tremblay, 609, 611 ; — à Louveciennes, III, 113 ; — à Vaucresson, 166, 167, 168 ; — aux bois de Chevreuse et aux villages environnants, 184, 288 ; — au prieuré d'Essonnes, IV, 265. — Louis VII lui écrit au sujet de la tour d'Andrezel. — Sa sépulture, I, 510. — Charte de lui citée (1148), I, 634. — Autres mentions, I, 577-8 ; II, 338 ; IV, 275.
SUGER, curé de Clichy-sous-Bois (1207), II, 570.
SUILLY (Marie de). Voy. Sully.
SUIN, *Seudenum* [Saône-et-Loire, arr. de Charolles, cant. de Saint-Bonnet], IV, 546 ; V, 159.
— (Jacques de Saint-Quentin, seigneur de), V, 49.
SUINES ou SUISNES [Seine-et-Marne, ham. de Grisy-Suisnes]. *Notice*, V, 159-60. — Fief. Voy. Plouy.
SUISY (Etienne de), cardinal-prêtre de S. Cyriaque des Thermes. Terre qu'il possède à Fontenay-aux-Roses (XIVe s.), III, 564.
Sulciacum, IV, 183. Voy. Souzy.
SULLY (Eudes de), év. de Paris. Construit à ses frais la chapelle St-Symphorien, I, 212. — Actes relat. à Ste-Geneviève des Ardents (1202), I, 243, 244, 246 ; — à St-Médard

(1202), 257 ; — à la Chapelle-St-Denis (1204), 459 ; — à St-Martin de l'Etrée (1207), 516 ; — à Deuil (1203), 603 ; — à St-Gratien (1207), 631 ; — à Argenteuil (1207), II, 3; — à Pierrelaye (1207), 77-8 ; — à Villiers-le-Bel, 178 ; — à Vaudherland et à Gonesse (1202, 1205), 260, 268, 286 ; — à Roissy-en-France (1200), 279 ; — à Epiais (1200, 1203), 305 ; — à Bellefontaine (1202), 332 ; — à Fontenay-sous-Bois (1207), 387 8 ; — au Pin et à l'ermitage de Montfermeil (1205, 1208), 534, 541, 542 ; — à Rosny (1202), 552 ; — à Clichy-sous-Bois (1207), 570 ; — à Vaujours (1200), 574 ; — à Villepinte, 614 ; — à Drancy (1207), 632 ; — à Vanves (1203), III, 5 ; — à la chapelle St-Jean de St-Cloud, 28, 30, 170 ; — à Marnes, 45, 46 ; — à Nanterre (1202), 76 ; — au Mont-Valérien (1204), 81 ; — à Bougival (1204), 106 ; — à Ville-d'Avray (1206), 172; — à Rennemoulin (1202), 174 ; — à un cimetière de lépreux à Villepreux (1203), 183; — au Bois-d'Arcy (1203), 191 ; — à l'abbaye de la Roche (1201), 273, 349 ; — à Buc (1207), 278 ; — à l'abbaye de Port-Royal (1204), 285, 296, 297, 367 ; — à Lévy-St-Nom (1201), 344 ; — aux Lays (1204), 356, 367 ; — à Maincourt (1204), 356, 367 ; — à Chevreuse, 367 ; — au prieuré de St-Paul des Aulnois, 379, 380 ; — à l'abbaye de Gif (1205), 388, 396, 399 ; — à Choisel (1204), 416 ; — à Briis (1201), 447 ; — au prieuré de Marcoussis (1201, 1206), 483 ; — à Vanves (1202, 1203), 580 ; — à Choisy-sur-Seine (1207), IV, 444 ; — à Champigny (1202), 470, 473-4 ; — à Collégien (1207), 587 ; — à Cramayel (1203), V, 110-1 ; — à Epinay-sous-Sénart (1202), 197 ; — à Tournan (1205), 331 ; — à l'abbaye de Montéty (1207), 363 ; — à l'abbaye de Malnoue (1205), 402, 404 ; — à Champeaux (1208), 411 ; — à la Chapelle-Gautier (1205), 426 ; — à Vilbelin (1208), 431 ; — à Quiers (1202), 435. — Dédie l'égl. de Lagny (1206), II, 514 ; IV, 546. — Transige avec les chanoines de St-Spire de Corbeil (1203), IV, 281. — Fondateur de la léproserie de Corbeil, IV, 298. — Fait mention de la châtellenie de Corbeil (1201), IV, 299. — Charte de lui citée (1202), IV, 54. — Visite des reliques à Châtres, IV, 138.

— (Guillemette de), abbesse du Val-de-Grâce, III, 262.

— (Henri de), archev. de Bourges. Son anniversaire à Marnes, III, 46.

— (Jean de). Four à Paris qu'il vend à l'abbaye de Montéty (XIIIᵉ s.), V, 363.

— (Marie de), de Suilly, dame de Conflans-Ste-Honorine. Mariée à Georges [corr. Guy VI] de la Trémouille, puis à Charles d'Albret, II, 94.

— (Maurice de), év. de Paris. Reconstruit la cathédrale de Paris, I, 6, 7, 541 ; — bâtit le palais épiscopal et les chapelles en dépendant, 20 ; — son différend avec les chanoines de St-Spire de Corbeil, IV. 281 ; — abbayes fondées par lui, V, 225, 346, 361, 362 ; — sa sépulture (1196), I, 337 — Acte relat. à St-Germain-l'Auxerrois (1171), I, 28, 30, 31 ; — à Ste-Opportune (1192), 42 ; — à St-Eloi (1195), 308 ; — à Ste-Croix de la Cité (1195), 314 ; — à St-Pierre-des-Arcis (1195), 316 ; — à St-Pierre-aux-Bœufs (1195), 317 ; — à Auteuil (1192), 387 ; — à Montmartre, 451 ; — à Pierrefitte (1186), 585 ; — à Montmagny (1184), 586 ; — à Groslay, 610 ; — à l'abbaye de Malnoue (1190). 611 ; — à l'abbaye d'Hérivaux (1193), 635 : — au monastère d'Argenteuil (1163), II, 3 ; — au Plessis-Bouchard (1192), 59 ; — à St-Brice, 163 ; — à l'abbaye de Chaalis (1163), 166 ; (1175). 221, 307 ; (1168), 396 ; — à l'abbaye d'Hérivaux, 216 ; — à Gonesse, 268 ; — à Chenevières (1183), 309, 310 ; — à Fosses (1166), 324 ; — à Marly-la-Ville, 325 ; — à Coye (1193), 335 ; — à Vemars (1180), 344, 345 ; — à Montreuil-sous-Bois, 398 ; — à St-Maur-des-Fossés (1195), 456, 458 ; — à Neuilly-sur-Marne (1195), 477 ; — à Vaires-sur-Marne, 502 ; — à Pomponne (1177), 506 ; — à l'ermitage du Val-Adam (1184), 506, 541 ; — à Villevaudé (1166), 525 ; — au Pin (1177), 535 ; — à Villeparisis (1166), 578 ; — au Tremblay (1186), 610 ; — à Dugny, 622 ; — à Drancy, 634 ; — à Noisy-le-Sec (1195), 640 ; — à Sèvres (1193), III, 18 ; — à St-Cloud (1189, 1195), 26, 28-9, 31-2 ; — à Bougival, 106 ; — au Pecq, 129 ; — à St-Germain-en-Laye (1163), 134 ; — à Mareil (1163), 147 ; — à St-Nom de la Bretèche (1183), 150 ; — à Villepreux (1194), 180 ; — à

32.

— 498 —

Versailles (1189), 193; — à Châtenay (1196), 231, 541; — à Châtres (1170), 322; — à Vitry-sur-Seine (1180), 344; — à l'abbaye de la Roche (1196), 349, 355; — au prieuré de St-Paul-des-Aunois, 379; — à l'abbaye d'Hérivaux (1160), 408; — à l'abbaye des Vaux-de-Cernay, 411; — au prieuré de Marcoussis (1196), 482; — à Vitry, 522; — à Fontenay-aux-Roses, 562; — à Bagneux (1172), 571; — à Chilly, IV, 63; — à Châtres (1195), 136; — à Ver-le-Grand, 210, 211; — au moulin de Chantereine à Corbeil, 312; V, 148; — à Viry (1169), IV, 400; — à Juvisy (1182), 411; — à Ablon (1191), 423; — à Vitry-sur-Seine, 449-450; — à Ivry, 460; — à Chenevières-sur-Marne, 475; — au prieuré du Cormier (1195), 502; — à Villeneuve-St-Denis, 521; — à Jossigny (1182), 525; — à Bussy-St-Martin (1173), 581; — à Ferrières, 640; — à la Brosse-en-Brie (1195), 641; — à Maisons (1195), V, 5; — à Bonneuil-sur-Marne, 28; — à Chaintreaux, 115; — à Grégy, 164; — à Ferrolles (1195), 276; — à Tournan (1195), 320; — à la Chapelle-Haouis (1195), 333; — à Favières, 343; — à Ozoir-la-Ferrière (1191), 352; — à Boissy-St-Léger (1195), 387; — à l'abbaye de Malnoue (1190), 400; — à la Chapelle-Gautier (1170), 427; — à Quiers (1193), 435. — Autres mentions, I, 39, 71; II, 11, 21, 49, 149, 206, 208, 291; III, 8, 212, 225, 347, 367, 568; IV, 8, 138, 195, 204, 222, 233, 385, 486; V, 93, 119, 123, 125, 243 (note), 281, 291, 363.

SULLY-SUR-LOIRE [Loiret, arr. de Gien, ch.-l. de cant.]. Bailli. Voy. Davy (Nicolas). — Receveur. Voy. Bienassis (Simon).

— (le duc de). Ses *Mémoires* cités, III, 33.

SULLY-SUR-YEBLE. Voy. Sucy.

Sultanus. Origine de ce surnom, IV, 402.

Summum Villæ : Essonville, IV, 340.

SUNICOURT (Antoinette de), femme de Louis de Hangest, II, 603.

SUPPLAINVILLE [Soupplainville. Seine-et-Oise, arr. de Rambouillet, cant. de Dourdan, ferme d'Allainville ou arr. d'Etampes, cant. de Méréville, ham. de Saclas]. Terre appart. à la collég. de St-Cloud (1175), III, 26.

SUPPLICIÉS (messe à St-Jacques-la-Boucherie pour les âmes des), I, 200. — Lieu de St-Denis où on les exposait, I, 530.

SURBECK (Eugène-Pierre de), chevalier de St-Louis, brigadier des armées du Roi. Ses biens à Bagneux, III, 572.

SURDITÉ (doigt de S. Ouen guérissant de la), I, 569.

SUREAU (Robert), prévôt de Corbeil. Seign. de Mandegris (xvᵉ s.), V, 344.

SUREAUX (moulin des), dans l'enceinte du château de la Roue-en-Linas, IV, 126.

SURESNES, *Surisnæ, Sorenæ, Serenæ*, Sourenes, Soresnes, paroisse du doyenné de Châteaufort [Seine, cant. de Courbevoie], III, 47-52. — Autres mentions, I, 465; III, 40, 53, 54, 77, 81, 192, 218.

— Lieux-dits : Croix (la), *Moreu*, Puteaux, *Trandemar*.

— (Agnès de), femme de Jean de *Nogentello*, III, 32, 51.

— (Denis de), astrologue, III, 52.

— (Jean de), *de Sorenis*, écuyer, III, 50.

— (Raoul de), *de Serenis*, chevalier. Ses biens près de Rueil et du Mont-Valérien, III, 50, 81, 96.

SURGIS (Bernard de) [ou mieux de FARGIS], archev. de Narbonne. Son hôtel à Issy, III, 8.

SURGY (Jeanne de), femme de Georges de Neuviel (xvᵉ s.), IV, 528.

Surisnæ. Voy. Suresnes.

SURLEAU (Noël de), bourg. de Paris. Seigneur de Charenton en partie (1230), II, 363.

SURNOMS qu'il est interdit de donner à la Vierge, III, 252.

SURNOMS des terres souvent omis, IV, 237.

SURVILLE (Emmanuel-Dieudonné, marquis de Hautefort et de), II, 172.

SURVILLIERS, Cervilliers, *Sorvillare* [Seine-et-Oise, arr. de Pontoise, cant. de Luzarches], II, 301. — Léproserie, II, 329, 341, 343. — Seigneur. Voy. Viole (Nicolas).

SUZANNE [DE FERGON], femme d'Eustache le Picart (1635), II, 312.

SUZANNE (François), vicaire de Villiers-la-Garenne (1549), I, 431.

SUZE (Jean de), seigneur de Coye (xvɪᵉ s.), II, 336.

— (Magdeleine de), femme de Guillaume de Camazet, IV, 212.

SUZY [Aisne, cant. d'Anizy-le-Château], V, 378. — (cardinal de), 379.

SYBILLE, femme de Raoul de Pacy (1258), III, 587.

SYBILLE, femme de Renold Cherey (xɪɪɪᵉ s.), I, 55, 56.

SIBYLLES (représentation des), I, 7, 101.

Sylvaticus (Anselme), chevalier cré-

monois. Bienfaiteur de St-Symphorien de Paris (1220), I, 250 ; — (1224), V, 194, 199.
Sylvius Voy. Dubois (Jacques).
SYMON (Pierre), prêtre. Sa sépulture (1550), III, 310.
SYMONNET, cons. au Parl. Son fief à Valenton (XVIIIᵉ s.), V, 31.

SYNAGOGUE, convertie en église, I, 214.
SYNODE (droit de), II, 107 ; III, 48, 135, 169, 534, 580 ; IV, 192.
SYNODES des protestants, à Charenton, II, 377.
SYRIE (marchands de) établis à Paris. Egl. qui leur devrait son surnom, I, 315. — (martyrs de), I, 132.

T, figuré sur les chapes des Hospitaliers, I, 155.
TABAC (Nicotiane appelée ensuite), I, 325.
TABARY (Adrien), vicaire général de l'év. de Paris, III, 215.
Taberniacum. Voy. Taverny.
TABLEAUX mouvants, à Marly, III, 124.
TABLE-RONDE (chemin de la), près de Gonesse (1379), II, 273.
TABOUREAU DES RÉAUX, maître des eaux et forêts. Propriétaire du château d'Argenville, II, 22.
TACHIER (Ferry), chevalier. Seigneur de Garges (1309), II, 255.
— (Jeanne la). Ses biens à Garges, II, 255.
TACONNEAU (Jean), notaire (1413), II, 332.
TACONNET, membre de *l'Association fidèle* de Villiers-le-Bel (1685), II, 176.
TADDEY (Catherine de), femme de Michel-Antoine Scarron, II, 576.
TADE (Adam), chevalier. Seigneur de Villiers-le-Bâcle (1348, 1381), III, 311, 312.
TAFFARETTE (la), ou BELLON-LE-TIERS [Seine-et-Marne, ham. de Ferrières], IV, 637, 641.
TAIBERT (Pierre), chefcier de St-Jacques-la-Boucherie (1372), I, 429.
TAILLE (impôt), I, 440 ; II, 99 ; III, 30, 31, 131, 168 ; IV, 35, 42, 48, 49, 54, 375 ; — levée en 1272, I, 258 ; III, 581 ; IV, 49 ; V, 64.
TAILLEBOURDRIE [Taillibourderie. Seine-et-Oise, éc. des Molières], III, 413.
TAILLEBOURG (X... de). Possède en 1501 la Grange-aux-Merciers, II, 370.
TAILLON (droit de), III, 131 ; V, 199.
TAISSON, nom d'homme. Origine de nom de lieu, II, 251.
TALBOT (François, fils de Jean). Fief qu'il possède à Ver-le-Grand à cause de sa femme Isabelle, fille de Copin Talbot, IV, 214.

TALEMERIERS (boulangers), *Talamerarii.* Plaintes de ceux de Montlhéry, IV, 103.
TALENCE (Jean), prieur de Gournay (1461), IV, 611.
TALERAND DE PÉRIGORD. Ordre de lui payer une somme d'argent, donné par le duc d'Anjou, qui le qualifie de cousin (1371), IV, 65.
TALISMANS préservant la cité de Paris de certains fléaux, I, 178-9.
TALON ou TALLON [Seine-et-Oise, ham. de Chevreuse], III, 374.
TALON (Denis), avocat général. Sa maison à Garges, II, 256 ; — à Issy, III, 9.
— (Françoise-Julienne), femme de Jean [II] Bouette (1727), II, 169.
— (Jacques), avocat général. Seigneur du Désert (1621), IV, 629. — Sa sépulture, I, 291.
— (Omer), avocat, père du précéd. Sa sépulture [1643], I, 291.
— (Madeleine), femme de Jean-François Joly, IV, 366.
TAMBONNEAU (Guillaume-Ægon), chan. de Notre-Dame. Prieur commendat. de Conflans-Ste-Honorine (XVIIIᵉ s.), II, 91.
— (Pierre), maître d'hôtel du Roi. Sa terre des Boulaies à Châtres (1624), V, 305.
— (le président), seigneur du Bouchet et de Ver-le-Petit en partie (1637), IV, 217.
TAMELIN. Voy. Jamelin.
TAMPONET (Michel), seigneur de Chaiges (1575), IV, 426.
TAN, écorce de chêne. Origine de nom de lieu, I, 589.
TANCARVILLE [Seine-Inférieure, arr. du Havre]. Seigneurie : terres qui en relèvent, V, 154, 155, 293.
— (le comte de), capitaine du château de Vincennes, II, 400, 408.
TANCHA (Jean), lieutenant de robe courte en la prévôté de Paris. Emprisonné par le seigneur de Longjumeau (1564), IV, 75.
TANEVOT, auteur d'une poésie sur les

jardins du château de Sceaux, III, 552.
TANLAY [Seine-et-Oise, ham. de Corbeil], dit depuis l'Archet de Corbeil, V, 95, 97.
TANNEL (Jean), curé de Saint-Ouen (1538), I, 569.
TAPISSERIES, I, 215 ; II, 488 ; III, 229, 307 ; V, 51 (note).
TARASCON [B.-du-Rhône], I, 158.
TARDIEU (bois de), près de Châtillon, III, 576.
TARDIEU (Jacques), lieutenant criminel de Paris. Seigneur de Châtillon et de Liencourt, assassiné en 1665, III, 576.
— (Marguerite), femme de Jacques Séguier. Sa sépulture, III, 288.
— (Philbert), seigneur du Mesnil et d'Armenonville. Sa sépulture (1642), III, 576.
— (Richard), seigneur de Châtillon et du Mesnil. Sa sépulture (1626), III, 575-6.
TARDIF (Charlotte le), femme de Guillaume de Marle. Sa sépulture (1587), II, 274.
— (François), écuyer. Sa maison à la Varenne, lieu-dit les Piliers (1627), II, 457.
TARDIF, ingénieur et maréchal de camp. Né à Luzarches, II, 215.
TARENNE (Jean). Ses biens à Chaillot, I, 415 ; — à Attainville, II, 192. — Sa maison à St-Cloud, III, 34.
TARENNE (Jean et Simon). Dépossédés de leurs biens de Vanves par le roi d'Angleterre, III, 584.
Tarenta fossa [?], fief, II, 525, 539.
TARENTAISE (archevêque de). Voy. S. Pierre.
TARENTE (André de), bienfaiteur des Chartreux de Paris (XIIIᵉ s.), III, 508.
TARNEAU DE COURTILLEAU (Charles de), seigneur de Roquiers, Pignon, la Bédat, gouverneur de Béthune. Sa maison à Courbevoie ; sa sépulture, III, 70-71.
TARON (Marie), femme de Claude Lallier, III, 315.
TARTARET (Sébastien), curé de St-Etienne d'Essonne et de St-Nicolas de Corbeil (1535), IV, 296.
TARTARIN, avocat, V, 55.
TARTEREAU (Gilles). Ses fiefs à Brie-Comte-Robert (1385), V, 273.
TARTEREAU, seigneur de Berthemont (XVIIᵉ s.), V, 255.
TARTEL, contrôleur des rentes. Seigneur de la Fontaine à Brétigny (1733), IV, 342.
TASCHY (Antoine le Roux, sieur de), V, 133.

TASSE [*corr.* FAYE] (Barthélemi), cons. au Parl. Seigneur d'Espesses et de Ferrolles en partie (1563), V, 278.
TASTE (Louis-Bernard la), év. de Bethléem. Eglise et chapelle qu'il dédie, I, 594 ; III, 85.
TARTRE (le) ou le TERTRE, lieu-dit au sommet du Mont-Valérien, III, 86.
TAUMERY (Pierre), écuyer. Seigneur de Rocquencourt, III, 158.
TAUPIN (Lancelot). Voy. Turpin.
TAUPITRE (Nicolas), seigneur d'Etiolles (XVIIᵉ s.), V, 75.
TAURE (la marquise de). Sa maison à Mesly (XVIIIᵉ s), V, 22.
TAUREAUX (combat de) en Afrique. Anecdote à ce sujet, III, 179.
Tauriniacum. Voy. Thorigny.
TAURIN, *Taurinus*, nom d'homme. Origine de nom de lieu, II, 512 ; IV, 435.
TAVANNES (le comte de), seigneur du Château-neuf à Conflans-Ste-Honorine (XVIIIᵉ s.), II, 95, 96.
Taverniacum. Voy. Taverny.
TAVERNY, *Taberniacum, Taverniacum*, paroisse du doyenné de Montmorency [Seine-et-Oise, arr. de Pontoise, cant. de Montmorency]. *Notice*, II, 60-7. — Prieuré, II, 59, 170 — Autres mentions, I, 648 ; II, 68, 69, 76.
— Lieux-dits : Beauchamp, Boissy, Montubois, Moulin-Albert (le).
— (Adam de), grand-queux du Roi (1328), II, 67.
— (Eudes ou Odon dit de), abbé de St-Denis. Voy. Odon.
— (Guibert de). Se fait moine à l'abbaye du Val ; biens qu'il donne à cette abbaye (1184), II, 64.
— (Thibaud de), moine de St-Victor, célèbre jeuneur. Né à Taverny, II, 67.
Taxamentum. Voy. Tensement.
Taxo ou *Taxonis* [Tesson], surnom porté par plusieurs seigneurs de Normandie, II, 29. — Origine de nom de lieu, II, 251.
TEBAUD, fils d'Odon, chevalier, IV, 201.
TEBOLD, moine. Bienfaiteur du prieuré de Longpont (XIIᵉ s.), IV, 339-40.
TÉCELINE, femme de Barthélemi de Fourqueux et son fils Henri. Leurs droits sur l'égl. d'Issy, III, 5.
Tegeriacum : Tigery, V, 394.
TEIGNES (insectes), *tineæ*. Fausse étymol. de nom de lieu, I, 589.
TEINLE (Jeanne), femme de Guillaume le Latemier. Son épitaphe (1313), II, 618.

TEINTURIER (Pierre le) *le Viel*. Sa sépulture (1287), V, 80.
TEITRAN (Barthélemi), panetier du Roi. Vend à l'abbaye de St-Denis des biens aux Prés-Saint-Gervais (1271), II, 651-2.
TELEMOI, TELEMOY : Tillemont, II, 398, 402.
Tellai (le moustier de) : l'église du Thillay, II, 275.
Telleium : le Thillay, II, 273.
TELLIER (Clément le), prieur de St-Lazare de Paris, I, 300.
— (Jean le), archidiacre de Brie. Biens qu'il lègue à la cathédrale de Paris (1480), V, 382.
— (Marie le), femme de Pierre de Cron (XVIIe s.), IV, 343.
TELLIER (le). Voy. Le Tellier.
TEMPIER (Etienne), év. de Paris. Acte relat. à St-Cloud (1275), III, 32 ; — à l'élection du grand-maître de St-Lazare de Paris (1270), 299 ; — aux habit. de Wissous (1273), IV, 54 ; — à la collégiale de Linas (1278), 119 ; — à Villiers-sur-Marne, 628 ; — à Moissy-l'Evêque, V, 108 ; — à l'abbaye de Jarcy (1269), 168 ; — à Gentilly (1270). — Hommages féodaux qu'il reçoit, II, 93, 95, 209, 275, 406, 466, 469, 503, 508, 528, 531, 622; III, 44, 172, 417, 522 ; IV, 5, 6, 416, 487, 617 ; V, 114, 119, 249, 325. — Son entrée épiscopale à Paris (1268), II, 531 ; III, 368, 383 ; IV, 575, 593 ; V, 325, 328. — Se rend à Vincennes auprès de la reine (1270), II, 406.
— (Jean), frère d'Etienne. Sermon prêché par lui, III, 29.
TEMPLE (ordre du) ou Templiers. Ses biens, I, 73, 148, 270, 243, 276 ; II, 44, 324, 392, 397, 398, 515, 553, 554, 571 ; III, 544, 557 ; IV, 178, 317, 451, 625 ; V, 82. — Grand maître. Voy. Coloors (André de), Isembard.
TEMPLE PROTESTANT de Charenton, II, 376-7.
TEMPS (Marie du), femme de Claude Sanguin, V, 245.
Tendaris. Sens de ce mot, I, 37.
TÉNÈBRES (office des). Eglises de Paris où il est célébré, I, 74.
TENREMONDE [Termonde. Belgique], I, 548.
Tensamentum (droit d'avoine appelé), II, 50. Voy. Tensement.
TENSEMENT ou TAXEMENT (droit de), *Tensamentum*, III, 63, 96, 195, 523, 536, 537, 557, 564, 577; IV, 16, 30, 31, 34, 436, 492, 495 ; V, 276-7.

Teodasium : Thiais, IV, 439.
TERCEAU (Emery), seigneur du Coudray (1580), V, 104.
TERCY [Torcy ?], localité du diocèse de Paris (845), IV, 545.
Terentiacum. Nom primitif supposé de Drancy, II, 630.
TERET, *Teres* (église de Paris surnommée le), I, 4, 25.
TERIC, abbé du Val (XIIIe s.), II, 578.
TERME (représentation du dieu), IV, 20.
TERNES (les), lieu-dit de Clichy et de Villiers-la-Garenne [aujourd'hui dans Paris], I, 429. — (château des), 437.
TERNES (les) [Cantal, arr. et cant. de St-Flour], I, 429.
TERNES (les), château du Limousin, I, 429.
TEROUENNE [Pas-de-Calais]. Archidiacre, I, 571. Voy. Dinant (Jacques de). — Chantre. Voy. Cambrai (Baudry de). — Evêques. Voy. Adam, Ansel, *Balliolis (Radulfus de)*, Baudouin, Luxembourg (Louis de). — (fief de). Voy. Paris.
TERRÉE (Jean), pourvu de la cure de Villaines (1384), II, 198.
TERRE-SAINTE, II, 392 ; III, 216. — (pélerinages en), III, 280 ; IV, 209.
TERRIC, curé de Savigny-sur-Orge (1136), IV, 389-90.
TERRIC, chanoine de Bourges. Fonde, avec ses frères, Jean et Pierre, une chapellenie à Champigny-sur-Marne (1200), IV, 470.
Tertiacum, lieu-dit voisin de Bretigny ; peut-être Charcois, IV, 357 [Serait plutôt Etrechy. Seine-et-Oise, arrond. et cant. d'Etampes].
TERTRE (le), butte ainsi appelée à Fleury-Mérogis, IV, 361.
TERTRE-FRILLEUX (le), lieu-dit d'Herblay (XVIe s.), II, 81.
TERTULLIEN (Vassoult, traducteur de), II, 659.
TESSÉ (Pierre), abbé des Vaux-de-Cernay (1307), III, 424.
TESSELINE (Jeanne la), veuve de Regnaud de Gaillonnel. Bienfaitrice de l'égl. St-Laurent, I, 296.
TESSONVILLE, *Tetcunvilla*, *Thessonvilla*, ancienne paroisse rattachée à celle de Bouqueval [village aujourd'hui détruit]. *Notice*, II, 250-251. — Chapelle St-Leu, II, 247. — Léproserie. Voy. Plessis-Gassot (le).
TESTART (Marcelot), trésorier de la Reine, partisan de la domination anglaise. Ses biens à Romainville (1425), II, 646.
TESTER (droit de). Concédé à des serfs, II, 430.

— 502 —

Testio. Voy. Teszon.
TESZON ou TEZSON, abbé de St-Maur (1040), IV, 201 (note), 202, 325.
Tetcunius, nom d'homme. Origine de nom de lieu, II, 251.
Tetcunvilla. Voy. Tessonville.
TEUDBERT, bénéficier de Taverny, vassal de l'abbaye de St-Denis, II, 60.
TEUDON, vicomte de Paris (X° s.), I, 160 ; II, 427 ; IV, 117.
TEUDULFE, év. de Paris. Voy. S. Gendulfe.
TEULFE, poète breton. Son éloge de l'abbaye des Fossés, II, 444.
TEULFE. Biens à Montéclin qu'il donne au prieuré de Longpont en s'y faisant religieux (1100), III, 259, 270.
TEULLIER (Jean le), bourg. de Paris. Son fief à Charonne, I, 476.
TEUTGILDE, femme de Lantfrid, II, 194. — Possède en précaire des terres à Belloy (862), 195.
TEUTON, abbé de St-Maur-des-Fossés (998), II, 428-9, 467 (note) ; IV, 201 (note), 316.
TEXIER (François), seigneur de Cernay, I, 644, 645.
TEZSON. Voy. Teszon.
THALMUD (le). Rendu aux juifs à Vincennes (1240), II, 406.
Theboldi (Simon), chevalier, vassal de Montlhéry, IV, 103.
THELIS (Michel de) ou DE THELLIS, procureur au Parlement. Seigneur de Voisins-le-Thuit, III, 316 ; — de St-Aubin (1580), 335.
THELU (Jean de) [*alias* de Theba], chanoine de St-Quentin. Fondateur d'une chapelle à St-André-des-Arts, I, 286.
Theobaldus, miles de Sancto Germano Altisiodorensi. Ses biens à Paris (1188), I, 31.
Theobaldus Rufus, homme lige du roi pour ses fiefs de Balisy et de Gravigny (XIII° s.), IV, 78.
Theodas, Theudas, nom d'homme. Origine de nom de lieu, IV, 439.
Theodaxium : Thiais, IV, 438.
THÉODEBERT II, roi. Son séjour à Sannois, II, 42.
[THÉODECHILDE], sœur d'Agelbert, év. de Paris. Première abbesse de Jouarre, I, 321.
THEODELBERT, chapelain de St-Pierre, à Paris, I, 159.
THEODEVALDE, petit-fils de la reine Clotilde. Sa sépulture, I, 229.
THEODILANE, dame du VII° siècle. Sa sépulture, I, 495.
THEODOARIUS. Biens à Messy qu'il donne à l'abbaye de St-Denis (IX° s.), V, 311.

THEODON, curé de St-Jacques-la Boucherie, I, 198.
THEODOSE : Thiais, IV, 439, 441.
THÉODRADE, sœur de Charlemagne. Abbesse d'Argenteuil, II, 2, 6.
THEODULFE, év. de Paris, I, 505 (note). Voy. S. Gendulfe.
THÉOPHANIE, femme de Guy de Frépillon, II, 129.
THÉOPHANIE, femme de Meunier de Villiers-Adam, II, 131.
THÉOPHANIE. mère de Guillaume de Coubert, V, 152-3.
THÉOPHILE, patriarche d'Alexandrie. Indiqué à tort comme contemporain de Charlemagne, I, 539.
Theotonicus (Richard). Donne à l'abbaye de Chaalis des biens à Marly-la-Ville (1164), II, 326.
THERESSE, seigneur de la Fossée. Jouit du fief de Monceleux (XVIII° s.), II, 583.
Thericus, doyen du chapitre de St-Cloud, III, 27.
THERMES (ruines de), à Meudon, III, 235.
Thessonvilla : Tessonville, II, 250.
THEUDON ou THIOU, prévôt de Paris. Bienfaiteur de St-Guenaul de Corbeil (X° s.), IV, 320, 322 [Le même ? que Teudon, vicomte de Paris].
THÉVENIN (Jean), greffier du Parl. de Bordeaux. Sa maison et sa sépulture à Courbevoie, III, 70.
THÉVENOT, garde de la bibliothèque du Roi. Son séjour à Issy ; ses collections d'antiques, III, 10-11.
THEVET (André), historien, administrateur de l'hôtel-Dieu de Corbeil. Apporte à Paris les archives de cet établissement, IV, 298, 311.
Thezia, femme de Geoffroy, doyen d'Orly, IV, 437.
THIAIS, *Theodaxium, Teodasium,* Thiers, Thiars, paroisse du doyenné de Montlhéry [Seine, cant. de Villejuif], III, 533. — *Notice,* IV, 438-443. — Eglise ; sa dédicace, IV, 221. — Lieux-dits : Bâcle (le), Grignon.
THIANGES (le vicomte de), seigneur de Ballainvilliers, IV, 82.
THIARS, Thiers. Voy. Thiais.
THIARS (Guillaume le), écuyer. Procès qu'il soutient contre les habit. de Louvres (1318), II, 303-4.
THIBAUD V, roi de Navarre (1267), V, 325.
THIBAUD, dit *de St-Victor,* abbé d'Hérivaux (1175), II, 218.
THIBAUD, abbé de Ste-Geneviève. Serfs qu'il affranchit (1247), II, 556 ; III, 78, 557, 561, 571, 581 ; IV, 460. — Terres aux Coupières qui lui sont cédées (1250), III, 387.

THIBAUD, fils d'Haymon, comte de Corbeil. Abbé de Cormery, puis de St-Maur-des-Fossés (Thibaud Ier) en 1006, II, 430 ; IV, 272.
THIBAUD [IV], abbé de St-Maur-des-Fossés, II, 481 (1173); IV, 240 (1189), 477 ; V, 7, 400 (1171).
THIBAUD, abbé de St-Martin de Pontoise, I, 646 ; II, 67.
THIBAUD, premier abbé du Val, II, 134.
THIBAUD, chevalier. Son fief d'Issy, rattaché à la paroisse de Vanves (1203), III, 5, 580.
THIBAUD, clerc de Lisses (1216), IV, 240, 317.
THIBAUD, curé de Versailles. Pension viagère qui lui est payée par son successeur (1301), III, 194.
THIBAUD, év. d'Amiens. Voy. Heilli (Thibaud d').
THIBAUD Ier, prieur de St-Martin-des-Champs (1108), II, 155, 257; (1107), 621.
THIBAUD II, prieur de St-Martin-des-Champs, puis évêque de Paris [1143-1157]. Actes de son épiscopat, I, 48, 97, 191, 246, 294, 295, 409, 470, 646 ; II, 48, 110, 126, 130, 155, 162, 178, 179, 182, 186, 188, 191, 231, 238, 243, 299, 305, 306, 309, 316, 338, 361, 524, 539, 550, 565, 582, 636, 648 ; III, 245, 280, 380, 469, 471, 501, 522, 562; IV, 7, 42, 111, 112, 211, 222, 311, 337, 469, 613 ; V, 49, 108, 129, 135, 137, 179, 204, 223.
THIBAUD, seigneur de la Grange de Bercix (1172), II, 368.
THIBAUD (Nicolas), prieur de Jardy, III, 171.
THIBAUD, prieur de Longpont (1154), III, 483, 501 ; IV, 110.
THIBAUD (Jean), armiger. Voy. Issy (Jean d').
THIBAULT, archidiacre de Paris (XIIe s.). Legs qu'il fait au chapitre de Notre-Dame, IV, 41.
THIBEUF (Pierre), cons. au Parl. Seigneur de St-Germain-les-Corbeil et du Val-Coquatrix (1644), V, 85.
THIBEUF DE SAINT-GERMAIN. Fiefs dont il reçoit l'hommage comme seigneur du Val-Coquatrix (1704), V, 85, 93.
THIBIVILLIERS [Oise, arr. de Beauvais, cant. de Chaumont]. Seigneur : Charles d'O, II, 148.
THIBOUD, préchantre de Ste-Geneviève de Paris, I, 232, 234.
THIBOUST (Gilles), secrét. du Roi. Sa maison à Echarcon (1637), IV, 240.
THIBOUST (Jean), avoc. au Parl. Seigneur de Champigny-sur-Marne ; mort en 1561, IV, 472 [Fils de Thomas Thiboust d'après l'épitaph. de St-Jean-en-Grève].
— (Robert), avoc. au Parl. Seigneur de Brétigny (1478), IV, 345.
— (Robert), présid. au Parl. Possède un fief à Gournay (1494), IV, 618-9.
— (Robert), administrateur de la léproserie de Champs (1539), IV, 606.
— [et non THIOUST] (Thomas) [not. et secrét. du Roi]. Seign. de Champigny-sur-Marne (1497), IV, 472.
THIBOUST DE BERRY (Gabriel), seigneur de la Chapelle-Gautier, V, 428-9.
— (Louis), gouverneur et capit. des chasses de Fontainebleau. Seigneur de la Chapelle-Gauthier ; sa sépulture (1706), V, 427, 429.
— (Louis-Auguste), comte de la Chapelle-Gauthier, mort en 1749, V, 429.
THIBOUST DE BERRY, seigneur de Boullay-les-Troux (XVIIe s.), III, 414.
THIELLEMENT (Séraphin), secrét. du Roi. Seigneur de Guyancourt (1365), III, 281.
THIENVILLE (Jean de), chantre de St-Aignan d'Orléans. Relique qu'il donne à St-Victor de Paris, I, 337-8.
THIERACHE (archidiacre de). Voy. Pasté (Jean).
THIERCELIN (Jacques), curé de Nozay et de la Ville-du-Bois (1629), III, 503.
THIERRI II, roi de Burgondes. Ravage les environs de Corbeil (600), IV, 261 (note 1).
THIERRY III, roi, fils de Clovis II. Tient des plaids au palais de Luzarches (680), II, 199. — Actes datés de son palais à *Marlacum* (678), II, 325 ; III, 116, 156. — Acte relat. à un lieu appelé *Siliacus* (690), IV, 534-5.
THIERRY, bienfaiteur de l'abbaye d'Yerres (XIIIe s. ?), V, 115.
THIERRY de Chelles, roi, fils de Dagobert III. Est élevé à l'abbaye de Chelles, II, 484, 495.
THIERSAULT (Pierre), commissaire au Châtelet. Son hôtel à Lagny (1537), IV, 564.
— (Pierre), maître des Comptes. Seigneur de Conches (1647) ; bienfaiteur des Bénédictins de Lagny, IV, 557, 573.
THIERSAULT, cons. au Grand Conseil. Seigneur de Conches ; mort en 1704, IV, 573.
THIERSAULT (X...), femme de Du Bois de Guedreville (XVIIIe s.), IV, 573.
THIERSE (Jeanne la), femme de Jean

Ferrand. Dame de Douville ; son fief à St-Denis, I, 519.

THIERY. Voy. Alderan.

THIEULEMOY. Voy. Tillemont.

THIEUX, Tieu-sous-Dammartin [Seine-et-Marne, arr. de Meaux, cant. de Dammartin], II, 349. — Seigneur. Voy. Pomponne (Renaud de).

THIEUX (seigneurs de). Voy. Essarts (Antoine et Philippe des).

THILLAY OU LE TILLAY (le), *Telleium, Tilleium, Tilliacum*, Tilly, Tillay, paroisse du doyenné de Montmorency [Seine-et-Oise, arr. de Pontoise, cant. de Gonesse], I, 625. — *Notice*, II, 273-277. — Curé, II, 165. — Dîmes, II, 249, 265, 389. — Église : sépulture, 265.

— Lieux-dits : Coustercle (la), Haïette (la), Nadras, Tournelles (jardin des).

— (Gautier, écuyer, seigneur ? du), de *Thif* ou de *Thil* (1319), II, 276 (note).

— (Jean, dit de la Motte de) et sa femme Isabelle (1251), II, 275.

— (Jean du), écuyer. Rend hommage à l'év. de Paris pour ses biens à Luzarches (1271), II, 209, 275 ; — mentionné en 1311 ; 210. — Sa femme, Jeanne de Beaumont.

— (Pierre du), chevalier. Fondateur de l'hôtel-Dieu de Gonesse (1210, *corr.* 1208) ; ses seigneuries énumérées, II, 262, 263. — Sa sépulture présumée, II, 276.

— (Thibaud du), fils de Jean. Seigneur de Luzarches ; cède cette terre au roi Charles le Bel (1322), II, 210, 336.

THIMÉCOURT, Timecourt, Tymercourt [Seine-et-Oise, ham. de Luzarches], II, 207, 214.

THIOU. Voy. Theudon.

THIRIOT (Jean), ingénieur, architecte des bâtiments du Roi. Son épitaphe (1647), V, 212.

THIROUX (Louis-Lazare), fermier général. Seigneur de Vaujours, II, 576.

THIROUX DE CHAMMEVILLE. Voy. Chammeville.

THISNEL (Marthe du), femme de Claude de la Balue, III, 187.

THOBIE (Adam), habitant de Meudon (XVe s.), III, 231.

THOERE (Jean). Voy. Toire.

THOINARD, fermier général. Seigneur d'Arcueil en partie (XVIIIe s.), IV, 18.

THOIRAS (Claude de SAINT-BONNET de), év. de Nîmes. Prieur commendataire de Longpont (XVIIe s.), IV, 97.

THOISY (Jean de), év. de Tournai, cons. du Roi. Reçoit l'hôtel de Garges (1423), II, 255.

THOMAS Ier, abbé d'Hermières (1210), V, 349.

THOMAS II, abbé d'Hermières (XIIIe s.), V, 349.

THOMAS, abbé de Morigny (1112-1140), III, 303 ; IV, 177, 402.

THOMAS, abbé des Vaux-de-Cernay (1280), IV, 416, 426.

THOMAS, archidiacre de la cathédrale de Paris (XIIIe s.), II, 556.

THOMAS, fils de Richilde, chanoine de Paris, II, 358.

THOMAS, chevalier. Bienfaiteur du prieuré de Longpont, III, 519 ; IV, 80.

THOMAS, clerc. Possède la dîme de Bouqueval (1219), II, 250.

THOMAS, curé de St-Pierre-aux-Bœufs (1329), I, 170.

THOMAS (le bienheureux), prieur de St-Victor de Paris, I, 338. — Sa sépulture, I, 339. — Assassiné près de Gournay (1130), IV, 620.

THOMAS, curé de Noneville. Bienfaiteur de St-Symphorien de Paris (1246), I, 212 ; II, 600.

THOMAS, curé de Vigneux, V, 54, 55.

THOMAS *Bibens*, homme lige du roi pour Guéperreux et Boisluisant, IV, 88 ; — pour Echarcon, 240.

THOMAS dit *Caro macra*, vassal de Philippe-Auguste pour ses biens à la Norville, IV, 233.

THOMASSIN [Achille de], prévôt de St-Nicolas du Louvre (1739), V, 188.

— (François de), seigneur de Périgny, V, 187, 188.

THOMASSIN [de], curé de St-Pierre-des-Arcis à Paris. Seigneur de Périgny, V, 188 ; — possède le fief de Beaulieu, 237.

THOMASSIN DE FREDEAU. Sa maison à Brevannes (1700), V, 34.

THOMÉ (famille). Possède la seigneurie de Montmagny, I, 588.

THOMÉ, cons. au Parl. Seigneur de Rentilly (XVIIIe s), IV, 589.

THOMÉ, lieutenant général des armées du Roi. Sa maison à Châteaufrayé, V, 57.

THOR, THOUR ou THUR, mot celtique. Noms de lieu qui peuvent en être formés, I, 646 ; III, 71.

THOREAU (Nicolas), curé de Villecresne (1570), V, 235 (note).

THOREY (Anne Pot, dame de), I, 618.

THORIGNY ou TORIGNY, *Tauriniacum*, paroisse du doyenné de Chelles [Seine-et-Marne, arr. de Meaux, cant. de Lagny]. *Notice*, II, 512-516. — Curé. Voy. Sertier (Jacques). — Autres mentions, II, 495, 513, 643.

— Lieu-dit : Fourneaux (les).

Thorn (le dieu). Noms de lieu qui en sont dérivés, I, 646.

THORON (Simon). Ses biens à Cressely, III, 373.

THOROTE (Denise de), femme de Guillaume Desprez (1418), II, 70.
— (Gacon de). Ses biens à Jouy-le-Moutier (XIIIᵉ s.), II, 106.
— (Nivelon de) dit *Paganus*. Se fait religieux au prieuré de Marly, III, 117. — Biens qu'il donne au prieuré de St-Germain-en-Laye, III, 152.

THOROTE (dame de), fille d'une Montmorency ; femme de Jean de Cramailles (1423), II, 70.

THORY (Henri). Lettres patentes qui lui sont accordées (1685), III, 238.

THOTÉE (Mathieu de). Ses biens à Neuilly-sur-Marne (1309), II, 481.

THOU en Puisaye [Loiret, arr. de Gien, cant. de Briare]. Curé. Voy. Paris (Guillaume).

THOU (Anne de), fille de Christophe, femme de Philippe Hurault, II, 375.
— (Augustin), président au Parl., mort en 1544. Seigneur de Villiers-le-Sec, II, 236 ; — de Bonneuil-sur-Marne, 620.
— (Augustin de) [fils du précéd.] ; avocat au Parl. Prend possession de la seigneurie de Meudon au nom du cardinal de Lorraine (1553), III, 235.
— (Barbe de) [fille d'Augustin 1ᵉʳ], femme de Jacques Sanguin, IV, 124.
— [Catherine de], fille de Christophe, femme d'Achille de Harlay, I, 582.
— (Christophe de), fils d'Augustin 1ᵉʳ, premier présid. au Parl. Seigneur de Stains, I, 582 ; — de Gonesse, II, 267 ; — de Charenton-St-Maurice, 375 ; — de Bonneuil-en-France, 620 ; — d'Hémery, IV, 509 ; — du Genitoy, 578 ; — bailli de l'év. de Paris à St-Cloud, III, 40.
— (Françoise-Charlotte de), fille de René. Apporte en mariage à Christophe-Auguste de Harlay la terre de Bonneuil-en-France (1643), II, 620.
— (Isabeau de), fille de Jean et femme de Philippe de Longueval. Dame de Fontenay-aux-Roses, III, 563.
— (Jacques de), prieur-commandataire d'Essonnes (1569 à 1584), IV, 266.
— (Jacques-Auguste), fils de Christophe ; présid. à mortier. Seigneur d'Hémery, IV, 509.
— (Jean de), maître des requêtes, et sa veuve Renée Baillet. Mentionnés en 1537 comme seigneurs du fief Haran à Paris et de Bonneuil-en-France, II, 620 [Le même que le suivant].
— (Jean de), fils de Christophe, seigneur de Bonneuil, II, 620 ; — maître des requêtes, III, 563.
— (Louise de), fille de René. Sa guérison miraculeuse (1611), II, 620.
— (Madeleine de), fille de Jacques-Auguste, femme de Jacques Danès (XVIIᵉ s.), II, 328.
— (Nicolas de), fils d'Augustin, doyen de St-Germain-l'Auxerrois, I, 33 ; — cons. au Parl. Seign. de Villebon, de Villefeu, de Villiers et de la Plesse, III, 513, 514-5 ; — sa sépulture (1598), 513 ; — mentionné comme grand-archidiacre de Paris (1571), III, 326. — Ev. de Chartres ; sacre Henri IV (1594), I, 33 ; III, 513.
— (René de), fils de Jean ; introducteur des ambassadeurs. Seigneur de Bonneuil (XVIᵉ s.), II, 620.

THOU (MM. de). Leur chapelle et leur sépulture à St-André-des-Arcs, I, 286, 287. — Possesseurs du fief de Fromont à Ris, IV, 378.

THOUCI (Marguerite de Challon, dame de), I, 117.

THOULOUZE (Jean), prieur d'Athis (1669), IV, 416.

THOUR. Voy. Thor.

THUILLIER, notaire à Brie-Comte-Robert, V, 261.

THUILLIÈRES (Pierre de), cons. au Parl. Seigneur en partie de Vitry-sur-Seine, IV, 453.

THUISSEAU (le) [Les Thuisseaux, lieu-dit de Quiers], V, 435.

THUMERY (Guillemette de), femme de Dreux Budé (XVIᵉ s.), V, 214.
— (Isabeau de), femme de Martin Courtin. Sa sépulture (1505), II, 509-10, 522.
— (Jacques de), seigneur de Dampierre (1487), III, 300, 359.
— (Jean de), seigneur de Chaillot (1524), I, 411 ; — sire de Boissise et cons. au Parl. Ses fiefs à Draveil, V, 65.

THUREAU (Philippe), procureur du chapitre de Paris (1539), II, 101.

THUREY (le cardinal de) (1399), II, 351.

THURIN (Audoin de). Rend hommage pour une partie de Luzarches (1575), II, 212.

THUS (Annibal), curé de St-Barthélemy de Paris (1632), I, 177.

Thymonagium, droit féodal, II, 143.

THYOIS (Perrette de), femme de Jean de Ploisy. Dame de Nuysemont ; sa sépulture (XVᵉ s.), II, 278.

TIBÈRE, empereur d'Orient. Envoie

des présents à Chilpéric Ier, II, 464.
TIBÉRIADE [Palestine]. Évêque. Voy. Plaisance (François de).
TIETE de..., femme de... Sa sépulture (XIIIe s.), II, 350.
TIERCELIN (François), curé de Montreuil-lès-Versailles, III, 215.
— (Jean-Baptiste), év. de Luçon. Églises et chapelles qu'il bénit à Paris, I, 77, 305, 332.
— (Robert), premier curé de Viroflay, III, 215.
Ties (Regnaudus de), chevalier de la châtellenie de Corbeil (XIIIe s.), IV, 300.
TIEU. Voy. Thieux.
TIFAINE, lieu-dit de Brunoy, V, 208.
TIGERY, *Tegeriacum, Tigiriacum* [Seine-et-Oise, arr. et cant. de Corbeil]. *Notice*, V, 394-399. — Hôpital, IV, 292, 296. — Seigneurie, IV, 237, 302. — Autres mentions, V, 72, 76.
— Lieux-dits : Saucourt, Tigery (la tour de).
— (Ansel de), chevalier de la châtellenie de Corbeil (XIIIe s.), IV, 300; — seigneur de Tigery, V, 397.
— (Jeanne de), femme de Renaud Grivel. Dame de Tigery ; son fief à Valenton (1303), V, 397.
— (Pierre de), chevalier de la châtellenie de Corbeil (XIIIe s.), IV, 300 ; — seign. de Tigery, V, 397.
— (Richer de), seigneur de ce lieu (XIe s.), IV, 332 ; V, 394, 397.
— (Vivien [*Uvvanus*] de), fils du précéd. (1095), IV, 332 ; V, 394, 397.
TIGERY (la tour de) ou TOUR-GRIVEAU, fief dépendant de la seigneurie de Tigery, V, 398-9. — Seigneur, V, 85.
Tigiriacum : Tigery, V, 394.
Tignus, solive. Origine de nom de lieu, I, 589.
TIGNONVILLE (Guillaume de), prévôt de Paris, I, 199.
TILLAY, le Tillay. Voy. Thillay (le).
TILLAY (Giraud du), chapelain de St-Louis à Torcy (1501), IV, 592.
TILLAYE (Michel de la). Biens à Meudon et au Plessis-Piquet qu'il reçoit du roi d'Angleterre, III, 240, 253.
TILLEBERY (Gervais de), écrivain anglais. Relate la fable du géant Isoire, I, 145.
Tilleium, Tilliacum : le Thillay, II, 273.
TILLEMONT ou TILMONT, Télemoy, Thieulemoy, Tyeulemoi, lieu-dit de Montreuil-sous-Bois, II, 397, 398, 402.
— (Sébastien LE NAIN de). Voy. Le Nain.

TILLET (le) vers Étampes. Seigneur marié à une demoiselle de la Grange (XVIIIe s.), II, 167.
TILLET (le). Voy. Thillay (le).
TILLET (Anne du), femme de Étienne L'Allemant. Dame de Courcouronnes (1597), IV, 323.
— (Jean du), greffier au Parlement (1561), IV, 365.
— (Louis [du]), seigneur du Val Coquatrix et de [Genouilly]. Sa sépulture (1516), V, 80, 85.
TILLET (du), cons. au Parl. Sa maison de campagne à Athis, IV, 421.
TILLET (du), greffiers au Parlement. Leur maison à St-Cloud, III, 36.
TILLET (Mlle du). Sa maison à St-Cloud, III, 35, 36.
TILLEUL. Origine de nom de lieu, II, 273.
TILLEY. Voy. Thillay (le).
Tilliacum. Voy. Thillay (le).
TILLIÈRES (de), seigneur de Conflans-Ste-Honorine, II, 95.
TILLOY. Voy. Thillay (le).
TILLY [Seine-et-Marne, arr. et cant. de Melun, cant. de St-Fargeau]. Seign. Voy. Le Jay (Nicolas).
TILLY, lieu où les Jacques se réunissent pour marcher sur Meaux (1358). Peut-être le Thillay, II, 276.
TIMÉCOURT. Voy. Thimécourt.
TINES (sorte de tonneaux). Origine possible de nom de lieu, I, 589.
TINGRY (Chrétien-Louis de Montmorency-Luxembourg, prince de), V, 217.
TINQUETIER (Guillaume le), seigneur de Balisy (1481), IV, 78 ; — de Champagne, 396.
TINSEAU (Jean-Antoine), év. de Nevers. Église qu'il dédie (1751), V, 62.
TINTEVILLE (Robert de), cons. au Parl. Seigneur de la tour de Tigery (1385), V, 398.
TIQUET (Jacques), bourg. de Paris. Seigneur [?] du Menillet (1658), III, 260.
TIRAQUEAU (André), conseiller au Parlement, I, 629.
— (Catherine), fille du précéd., femme de Jacques Poille, I, 629.
Tiratoria. Sens de ce mot, I, 37.
TIREBARBE, lieu-dit de Croissy-en-Brie (1228), IV, 519.
TIREL (anciens chevaliers du nom de). Étendue de leur seigneurie, II, 73.
— (Guillaume). Son fief près de Bessancourt (1187), II, 73. — (Hugues Ier) ou TIROL. Donne la dîme d'Épiais au prieuré de Conflans (1147), II, 91 ; — seigneur de Boufémont. Donne cette seigneurie au prieuré de St-Martin-des-Champs

(1137), II, 151. — (Hugues II), seigneur de Pois. Cède Bessancourt et le fief d'Aunay à la reine Blanche (1238), II, 73. 118.
TIROIR. Voy. *Tiratoria*.
TIROL (Hugues). Voy. Tirel.
TIRON [Eure-et-Loir, arr. de Nogent-le-Rotrou, ch.-l. de cant.]. Abbaye : prieuré du Raincy, II, 567, 590-2 ; — de Jardies, III, 68, 96, 170 ; — de Ste-Radegonde près Corbeil, IV, 251 ; — de St-Ouen de Favières, V, 345, 346 ; — abbés. Voy. Etienne, Gervais, Verneuil (Henri de Bourbon-).
TIRON (rue de). Voy. Paris, rues.
TIROUER. Voy. *Tiratoria*.
TIROUX DE LAILLY, fermier-général. Seigneur de Drancy (XVIIIᵉ s.), II, 633.
TISSIER, secrét. du Roi. Seigneur de Neubourg (1742-1747), IV, 330.
TITE (Denis), greffier du Parl. Son fief de la Fontaine-St-Germain à Garges (1360), II, 254-5.
TITON (Maximilien), bienfaiteur des hospitalières de St-Mandé. Sa maison en ce lieu (XVIIIᵉ s.), II, 383.
Tiverniaco (miles de) (XIIIᵉ s.). Rente fieffée qu'il possède à Villejuif, IV, 31.
Tivillone (abbatia ou ecclesia de). Voy. Revillon.
TIXERRAND (Adenet), dit Chapelier. Le roi d'Angleterre lui donne des biens confisqués sur Jean Braque, II, 167, 172.
TIXIER (Amos du), seigneur de Briis, III, 442 ; — de Maisons-Alfort, 448, 449 ; V, 7.
— (Anne du), fille du précéd., femme de Michel Ferrand de Beaufort. Fonde à Janvry une confrérie, III, 442, 443, 448. — Sa *Vie*, V, 7.
TIXIER (Louis le), abbé de St-Magloire (1207), I, 183.
TIXIER (Nicolas-Augustin), curé de Gentilly ; auteur de poésies latines, IV, 10.
TOILLON. Voy. Coillon.
TOIRE ou THOERE (Jean ou Jacques), abbé de St-Maur-des-Fossés (1463-73), II, 434, 479.
TOIS (Guillaume), bourg. de Paris. Son hôtel à la Briche (1365), I, 597.
TOISON, grand-maître des eaux et forêts Seigneur de Combreux (XVIIIᵉ s.), V, 328.
TOISON D'OR (collier de la), entourant l'écu de France, III, 438.
TOLÈDE [Espagne]. S. Eugène cru à tort en avoir été archevêque, I, 500, 598, 602.
Tolfolium, Torfol (Torfou), IV, 158 (note), 188, 189. Voy. Torfeuille.

TOLTE (droit de), III, 518, 569.
Tolvia : Tourvoye, IV, 313.
TOMBE ou TOMBEL. Sens de ce mot, I, 144.
TOMBEAUX, I, 35, 128, 270 ; V, 53, 54. — (vases destinés à contenir du charbon ou de l'eau bénite trouvés dans des), III, 540 ; V, 53 et note.
TOMBIERS. Ayant toujours des tombes prêtes à fournir aux acheteurs, III, 10 ; V, 4.
TOMBISOIRE. Sens de ce mot, I, 144, 145 ; IV, 23.
TONDEURS. Voy. Fouleurs de draps.
TONNEAU (lutrin d'église en forme de), II, 516.
TONNELIER [Etienne], curé de St-Eustache de Paris, I, 59-60. — Chapelle qu'il dédie (1640), I, 68.
TONNELIER (Jean), curé de Bry-sur-Marne, IV, 631.
TONNELIER DE BRETEUIL (Claude le), trésorier de France. Sa maison à Mesly (XVIIᵉ s.), V, 22. — (François-Victor le), marquis de Breteuil, intendant des finances. Seigneur de Loribeau et de Boitron, V, 305, 306 ; — des Chapelles-Bourbon, 334. — (Jean le), seigneur de Breteuil, not. et secrét. du Roi (1580), I, 411.
TONNERRE, tombé sur l'égl. Ste-Geneviève de Paris en 1483, I, 234. Voy. Orages.
TONNERRE [Yonne]. Acte de ratification des franchises de la ville (1180), II, 272 ; V, 110. — Eglise de St-Pierre : chanoine. Voy. Ormoy (Jean d'). — Prieuré de St-Aignan : prieur. Voy. Béjard (Nicolas). — (comte de), tué à la bataille de St-Denis. Sa sépulture (1567), II, 437. Voy. Chalon (Louis de).
— (Richard de), fondateur du collège de ce nom, à Paris, I. 154.
TONSURE (droit de), accordé aux abbés de St-Denis, I, 507.
Torciacum. Voy. Torcy.
TORCY, *Torciacum*, paroisse du doyenné de Lagny [Seine-et-Marne, arr. de Meaux, cant. de Lagny]. *Notice*, IV, 589-598. — Prieuré de Bénédictines, IV, 597-8. — Curés. Voy. Chapelain (Bernard), Rideau (Jean). — Autres mentions, I, 54 ; II, 502 ; IV, 6, 500, 518, 602, 614.
— Lieux-dits : *Bellus rivus*, Charues, *Coudra*, Lesse, *Longus saltus*, Maubué, *Noa, Noerota*, Pleuvon, *Praella, Pratelli, Pratum Longvest*, Roquemont.
— (Catherine de), abbesse du Val-Profond (1494 à 1510), III, 262.
— (Odon de), religieuse de St-Denis.

Mission dont il est chargé (vers 1110), IV, 264.
— (Robin de), écuyer (1271), IV, 593.
— (X... de). Mentionné dans une épitaphe, IV, 199.
TORCY-LE-GRAND et TORCY-LE-PETIT (Jean Blosset, baron de), IV, 349.
TORFEUILLE : Torfou, IV, 158 (note).
TORFOL : Torfou, IV, 188, 189.
TORFOU [Maine-et-Loire, arr. de Cholet, cant. de Montfaucon], IV, 188.
TORFOU, *Tolfolium, Tortafagus*, Torfol, paroisse du doyenné de Montlhéry [Seine-et-Oise, arr. d'Etampes, cant. de la Ferté-Alais]. *Notice*, IV, 188-191. — Autres mentions, IV, 133, 158 (note), 176, 178, 179.
TORIGNY, *Torinni*, ancien fief et hameau d'Orangis [Identifié par l'édit. du cartul. de Longpont avec Trotigny, Seine-et-Oise, arrond. de Rambouillet, cant. et comm. de Chevreuse]. *Notice*, IV, 372.
TORIGNY. Voy. Thorigny.
Torn ou *Turn*, mot celtique. Origine de noms de lieu, V, 316.
TORNANS, Tornan, Tornen : Tournan, V, 316.
TORNEN (*Ansellus* de). Voy. Tournan (Ansel de).
Tornemium, Tornomium : Tournan, V, 316.
TOROTE (Ansel de), chanoine de Reims. Possesseur d'un fief à Fontenay-en-France (1217), II, 242.
— (Gui de), *de Torota*, chevalier, vassal de Montlhéry. Bienfaiteur de l'abbaye du Val (1194), II, 242; IV, 104.
— (Robert de), fils de Gervais, chevalier. Seigneur de Nésans à Groslay (1228), I, 611.
Torques, lieu-dit de Châtenay (XIIIᵉ s.), III, 541.
Torsus : Toussus, III, 307.
Tortafagus : Torfou, IV, 188.
Torta Via. Voy. Tourvoye, Trévois (les).
Tortelli. Voy. Tourteaux.
TORVAL, fief. Voy. Corbel.
TORVEL (André), chevalier. Biens à Savigny qu'il donne aux ermites du Val-Adam (1261), II, 605.
TOSCANE. Voy. Péneti.
Toscha, Tuscha. Voy. Touches.
TOSQUI (Richard de), écuyer. Sa sépulture (XIVᵉ s.), IV, 484.
TOSTÉE (Denis), orfèvre de Paris (1592), I, 44.
Tosus, Tossus. Voy. Toussus.
TOUANE (de la), financier. Sa maison à St-Maur, II, 461.
TOUCHARD (Jean), prieur commendat. d'Essonnes (1584), IV, 266.

TOUCHE (de la), secrét. de l'archev. de Paris (1750), II, 449.
TOUCHEBŒUF (Guillaume), prieur de St-Gondon (1444), III, 378.
TOUCHES (François des), avoc. au Parl. Seigneur en partie de Fontenay-le-Vicomte (1597), IV, 237.
TOUCHES (MM. des). Voy. Noyer (Du).
TOUCHET (François et René), frères, assassins de Jacques Tardieu et de Marie Ferrier. Leur lieu de naissance; leur supplice (1665), III, 576.
TOUCY (Hugues de), archev. de Sens (1156), IV, 547.
— (Jean de), abbé de Ste-Geneviève, I, 234 ; II, 79, 278, 279, 286 ; III, 150, 561, 580.
TOUL [Meurthe-et-Moselle], II, 411.
— Évêques. Voy. Du Saussay (André), S. Evre.
TOULON [Var]. Evêques. Voy. Chalucet (de), Danès (Jacques).
TOULONJON (Giraud de), capitaine de Corbeil (XVᵉ s.), IV, 308.
TOULOUSE [Haute-Garonne]. Siège de 1211, III, 8, 121.
— Cathédrale, IV, 295.
— Archevêques. Voy. Moulin (Denis du), S. Erembert, S. Saturnin.
— Comte. Voy. Alphonse.
— Parlement : présidents. Voy. St-Jorry (de), Verdun (de).
— Sénéchal. Voy. Vaugrigneuse (Louis de).
— (Constance, comtesse de), fille de Louis VI. Fonde une chapellenie à la chapelle du Saint-Martyre, I, 451.
— Dame de Chaumontel, II, 225.
— (Jeanne, comtesse de), femme d'Alphonse de Poitiers. Fondatrice de l'abbaye de Jarcy ; sa sépulture (1270), V, 166, 167, 168, 169, 171 ; — sa résidence à Vaux-la-Reine, 182.
— (le comte de). Possède la terre du Mesnil-St-Denis (XVIIIᵉ s.), III, 289.
— (la comtesse de). Son château à Louveciennes (1749), III, 115 ; sa résidence à Buc, 278 ; — possède la terre des Layes, 354.
— (Jacques de), prieur et historien de St-Victor de Paris, I, 341.
TOUPET (Regnaud), curé de Conflans (1385), II, 362.
TOUQUIN [Seine-et-Marne, arr. de Coulommiers, cant. de Rozoy]. Fief, V, 330.
TOUR fortifiée de l'église de la Madeleine à Bruyères-le-Châtel, III, 467.
TOUR, I, 625 ; II, 69. Voy. Saint-Prix. — Seigneur, II, 125.
TOUR (Etienne de), chevalier, frère de Hugues de Baillet (1209), II, 154.
TOUR (la), maison à Montreuil près Versailles (XVIIᵉ s.), III, 214.

TOUR (la). Voy. Mesly (la Tour de).
TOUR (fief de la) ou de DOMMIERS, à Vitry-sur-Seine, IV, 453.
— (Gilbert de la), chanoine de Paris. Biens qu'il donne à Notre-Dame (1347), III, 283.
— (Guiard de la). Son fief à Longjumeau (1237), IV, 76.
— (Guy de la). Voy. Senlis.
TOUR (Mme de la), veuve d'un secrétaire du Roi. Dame de Quincy-sous-Sénart, V, 201.
TOURAILLES, fief dépend. de la seigneurie de Saintry, V, 93, 97.
TOURAINE, I, 5. — (bailli de), I, 434. Voy. Olivier de Fiennes. — (grand maître des eaux et forêts de). Voy. Rousselin de Montcour.
TOURAINE, curé de Margency. Auteur d'ouvrages sur les calendriers, I, 640.
TOURBES combustibles. Expérimentées à Essonnes (XVIIe s.), IV, 268-9.
TOUR-BOURBON (le seigneur de la) [corr. Bertrand V, seigneur de la Tour]. Défend Corbeil contre Jean-sans-Peur, IV, 306.
TOUR-CARRÉE (la), fief à Rueil, III, 101, 114.
TOUR-D'AUVERGNE ([Jean-Maurice], comte de la), seigneur de Vemars, II, 347.
— (le prince Frédéric-Constantin de la), prieur commendataire de Longpont (XVIIIe s.), IV, 97.
TOUR de SENLIS (seigneurs de la). Voy. Senlis (Bouteillers de).
TOUR-GRIVEAU (fief de la). Voy. Tigery (tour de). Tremblay (le).
TOUR-LANDRY (Maillé de la). Voy. Maillé.
TOUR de LUZARCHES (seigneur de). Voy. Luzarches (Jean de la Tour de).
TOUR-MESLY. Voy. Mesly.
TOURN (Jean de), de Turno, trésorier de la maison des chevaliers du Temple. Bienfaiteur de la cure de Clichy-en-l'Aunoy (1277), II, 571; V, 32.
TOURNAN, Turnoacum, Turnomium, Tornemium, Tornam, Tornau, Tornen, Tournehem, paroisse du doyenné du Vieux-Corbeil [Seine-et-Marne, ch.-l. de cant.]. Notice, V, 316-331. — Châtellenie, III, 115, 448; V, 282, 301, 305, 306, 310. — Léproserie, V, 314. — Prieuré, V, 313, 333. — Autres mention s, II, 481; IV, 6, 521; V, 245.
— (rivière de), V, 310, 317.
— Lieux-dits : Armainvilliers, Bourgonnerie (la), Combreux, Courcelles, Fretay, Tuffelles (fief de la), Villers.

— (Ansel de), de Tornen, chevalier, vassal de Montlhéry, IV, 104.
— (Gilbert de). Mentionné en 1140, V, 322.
— (Manassès de). Mentionné en 1140, IV, 165. 242.
TOURNANFUYE. Voy. Tournenfil.
TOURNAY [Belgique]. Etymologie, I, 646; V, 316. — Ordonnance de Charles V, relat. aux immunités de cette ville (1356), IV, 106.
— Archidiacre. Voy. Roissy (Herbert de). — Chanoines. Voy. Cossart (Jacques), Villepreux (Philippe de).
— Evêques. Voy. Florence (André de), Orléans (Etienne d'), Sancerre (Thibaud), Thoisy (Jean de).
— (Etienne de), abbé de Ste-Geneviève. Sa résidence à Epinay-sous-Sénart, V, 197.
— (Simon de). Mentionné au XIIe s., III, 581.
TOURNEBEUF (Jean de), chapelain de l'égl. des Innocents. Possesseur d'un fief à Servigny, V, 122.
TOURNEBU. Etymologie, I, 646.
TOURNEBUE (Etienne), cons. du Roi. Sa maison à Antony (1539), III, 538.
TOURNEDOS, Tornedos, lieu-dit d'Epiais [?], II, 306. — (Margotus de), ibid.
TOURNEFORT (Jean PITTON de), botaniste. Sa sépulture (1708), I, 248; — I, 397, 436; 482, 485; III, 19; IV, 10, 248.
TOURNEHEM. Voy. Tournan.
TOURNELLE (censive de la), à Gentilly (XIVe s.), IV, 8.
TOURNELLE (la), lieu-dit de Juvisy (XIIe s.?), IV, 412.
TOURNELLE (la), manoir situé à L'Hay, IV, 42, 43.
TOURNELLE (la), fief à Saclay, III, 319.
TOURNELLE (la), fief à Fouju, V, 431.
TOURNELLE (Mathieu de la), seigneur de Villiers-Adam, II, 132; — de Luzarches (1279), 209.
TOURNELLE DE COURANCI (de la). Son épitaphe (1740), I, 325.
TOURNELLES (fief des), à Tremblay, II, 611.
TOURNELLES (jardin des), sis au Thillay (1512), II, 275.
TOURNELLES (palais des), à Chelles, II, 486.
TOURNENCY : Tournenfil, IV, 250.
TOURNENFIL, Tournanfy, Tournanfys, Tournanfuye [Seine-et-Oise, ham. du Coudray-Montceaux], IV, 250-251, 298; V, 97.
TOURNES (Etienne de), bailli et élu de Vézelay. Mentionné dans une inscription (1536), IV, 485.

TOURNETOT. Etymologie, I, 646.
TOURNEUR [Gabriel], garde-marteau de la forêt de Livry. Bienfaiteur de l'égl. de Sucy-en-Brie (XVIIᵉ s.), V, 379.
TOURNEVILLE. Etymologie, I, 646. — (Louis de Villetain, seigneur de), III, 385.
TOURNEZ, fief à Tournenfil dépend. de Saintry, V, 97.
TOURNIÈRE DE LA COSSIÈRE, secrét. du Roi, recev. général des finances de la généralité de la Rochelle. Seigneur de la Roue-en-Linas (XVIIᵉ s.), IV, 126.
TOURNOIS (acte de Philippe le Belrelat. aux), I, 570.
TOURNON. Localités de ce nom en France, V, 316.
— (le cardinal de), abbé de St-Germain-des-Prés (1545), III, 537.
TOURNOY, lieu mentionné dans une ordonnance de 1315. Identification proposée, I, 650.
TOURON (le P.). Auteur rectifié, II, 271.
TOUR-PANCRACE ou PANCARTE (la). fief assis à Fontenay-le-Vicomte (1597), IV, 238.
TOUR-QUARRÉE (la) et la TOUR-RONDE, fiefs à Gentilly, IV, 6, 7.
TOURS. Usage de les mettre sous la protection de S. Pancrace, IV, 238.
TOURS [Indre-et-Loire], I, 5, 229. — Acte royal daté de cette ville (1464), IV, 307.
— Abbaye (collégiale) de St-Martin, I, 188, 303; II, 485; IV, 552; — abbés. Voy. Frédegise, S. Venant; — doyens. Voy. Clément (Eudes), Lambert (Gilles); — chanoines. Voy. Ormoy (Adam d'), Ste-Maure (de).
— Archevêché, III, 182. — Evêques et archevêques. Voy. Guesle (Fr. de la), Poncher (Etienne de), S. Brice, S. Gatien, S. Martin, Semblancay (de).
— Cathédrale : chapitre, I, 66 ; — doyen. Voy. Rezay (de) ; — chanoines. Voy. Le Maitre (Julien), Perrier, Poncher (François de).
— Comte. Voy. Leudaste.
— Eglise Notre-Dame la Greigneure, III, 459.
— Généralité (trésorier de la). Voy. Duval (Guillaume).
TOURS-BLANCHES (les) [ou mieux les COURS-BLANCHES, fief dépend. de Vémars]. Seigneur. Voy. Ducrocq (Nicole).
TOURTEAUX, Tortelli, sorte de pains (donation de), IV, 215 (note) ; — (redevance de), II, 182 et note; IV, 325 ; — de S. Etienne, IV, 325-6.

TOURTEBRAIE (Asceline de), fondatrice de la chapelle de la Roue. Sa sépulture (1323), IV, 124, 125.
TOURVOIS, IV, 47. Voy. Tourvoye.
TOURVOYE, Tourvoy, Trevoy [Seine, ham. de Fresnes-lez-Rungis], IV, 44, 46, 47.
TOURVOYE, Torta via, seigneurie à Sourdun. Acte royal qui en est daté (1362), III, 71.
TOURVOYE, Tolvia, moulin voisin de Corbeil (1545), IV, 313.
TOUSCHES, Tuscha, Toscha, Touschus, lieu planté d'arbres. Origine de nom de lieu, III, 306.
TOUSSUS ou TOUSSUS-LE-NOBLE, Tossus, Tosus, Torsus, Tousus, Toussus, paroisse du doyenné de Châteaufort [Seine-et-Oise, cant. de Palaiseau]. Notice, III, 306-308. — Cure, III, 275. — Seigneurie, III, 372, 373.
— Lieux-dits : Mérantais, Orsigny, Trou-Salé (le).
TOUZET (Mathias), prieur d'Athis (XVIᵉ s.), IV, 420.
Trageselinum, plante, III, 19.
TRAHISON (la), bois et lieu-dit près du Vésinet. Etymologie, III, 129, 145.
TRAHOIR (Croix du). Voy. Paris.
TRAILLOT (Anselme de), commandeur de l'hôpital du Haut-Pas, à Paris, I, 156.
TRAIÈRES (chemin de), à Gonesse (XIIIᵉ s.), II, 268.
TRAINEL [Aube, arr. et cant. de Nogent-sur-Seine]. Bénédictines, I, 333.
— (marquis de). Voy. Juvénal des Ursins (Christophe), Harville (de).
— (Garnier de), év. de Troyes, IV, 209 ; V, 415.
TRAINEL (Ponce de), IV, 209.
TRAIT (Regnier du), curé de Rocquencourt (XIVᵉ s.), III, 158.
TRAMOELLE : Cramayel, V, 111.
Trandemar (gurges), lieu-dit près de Suresnes (1222), III, 52.
Trapis (Guillelmus de), chevalier (XIIIᵉ s.), IV, 103.
TRAPPE (la) [Trappes? Seine-et-Oise]. Maladrerie, III, 191.
TRAPPES [Seine-et-Oise, arr. et cant. de Versailles], III, 205, 292. — Seigneur. Voy. Villetain (Louis de).
TRASON (le comte). S. Gratien comparaît devant lui, I, 628.
TRAVERS (droit de), II, 48, 49, 50, 94, 95, 96, 127 ; IV, 144, 145.
TRÉBUCHET (Hugues). Biens à Moissy-l'Evêque qu'il vend à l'év. de Paris (1258), V, 108.
TRÉCY en Vexin [Trie-Château? Oise, arr. de Beauvais, cant. de Chaumont en Vexin], III, 132.

Trecis (Girard de), écuyer. Vassal de l'abbaye de St-Maur (1275), II, 445.
TRÉFOU, écrit pour Torfou, IV, 189.
TRÉGUIER [Côtes-du-Nord, arr. de Lannion, ch.-l. de cant.]. Cathédrale : chantre. Voy. Coetman. — Evêques. Voy. Granger (Balthazar), Juvénal des Ursins (Jean).
TRÉHET (Guillaume), [tabellion de la Queue-en-Brie ?]. Mentionné dans une épitaphe (XVIᵉ s.), IV, 497.
TREILLAN ou TRELLIN, fief à Margency (XIVᵉ s.), I, 639.
TREILLIS (chapelle Notre-Dame du). Voy. Notre-Dame.
Trelum : Treslan, II, 98.
TREMBLAY (le) [Seine, ham. de Champigny], II, 613.
TREMBLAY ou le TREMBLAY-SAINT-DENIS, *Tremuletum, Trimlidum, Trembliacum, Trembleyum*, paroisse du doyenné de Chelles [Seine-et-Oise, arr. de Pontoise, cant. de Gonesse]. *Notice*, II, 607-613. — Curé, II, 289. — Maladrerie, II, 265, 609. — Lieux-dits : Couture-Ermengarde (la), Gizleval (la couture de), Tournelles (fief des), Vauvoy.
TREMBLAY (le) [Seine-et-Oise, ham. de St-Germain-les-Corbeil]. Fief aussi appelé Chevreau ou de la Tour-Griveau. *Notice*, V, 85-6. — IV, 278, 279.
TREMBLAY (fief des bois du) ou fief de COMBEAUX, à Etiolles, V, 76 [Le même lieu que le précéd.].
TREMBLAY (le) [?], III, 195.
TREMBLAY (Jean du). Mentionné en 1224, II, 281.
— (Jean du), secrét. du Roi. Seign. de Noisiel (1602), IV, 599, 600.
— (le vicomte du), partisan de Charles VII. Ses biens à Grigny et à Juvisy confisqués (1423), IV, 407, 413.
TREMBLE, arbre. Origine de nom de lieu, V, 85.
TREMBLECEAU. Voy. Trembleseau.
TREMBLEE (la) [Seine-et-Oise, lieu-dit du Bois-d'Arcy], III, 192.
TREMBLECEOL : Trembleseau, III, 529.
TREMBLESEAU, *Tremulicellum*, Trembleceol, Trembleceau [Seine-et-Marne, lieu-dit d'Evry-les-Châteaux]. *Notice*, V, 133. — III, 529; V, 112. — Seigneur. Voy. Morvilliers (Pierre de).
— (Adam de). Son fief à Mauny (1254), V, 138.
TREMBLET (Barthélemi), sculpteur. Son lieu de naissance ; son épitaphe, II, 304.
Trembleyum : Tremblay, II, 608.
Trembliacum : Tremblay, II, 608.

TREMEROLLES (moulin de) [Seine-et-Oise, Bruyères-le-Châtel], III, 476.
Tremlidum : le Tremblay ? [Seine-et-Oise, éc. d'Orgeval], III, 127, 130.
TRÉMOUILLE (maison de la), II, 94. — (Charlotte-Catherine de la). Acquiert la terre de St-Maur (1598), II, 461. — (Georges de la), héritier de Georges [ou mieux de Guy VI], époux de Marie de Sully. Rend hommage à l'év. de Paris pour le château de Conflans-Ste-Honorine (1410), II, 94. — (Guillaume de la), chambellan du Roi, puis du duc de Bourgogne. Dépossédé de ses biens aux Bruyères, paroisse de Bagnolet (1384), II, 657. — ou TRIMOUILLE (Guy de la). Acquiert des droits à Conflans-Ste-Honorine (1388), II, 94. — (Jacqueline de la), femme de Claude Gouffier, II, 94. — (Pierre de la), écuyer et valet tranchant du Roi. Reçoit de Charles VI des biens aux Bruyères (1384), II, 657. — (X... de la). Vend la seigneurie du Châteauneuf de Conflans-Ste-Honorine, II, 95.
Tremuletum : Tremblay, II, 607.
Tremulicellum : Trembleseau, V, 133.
TRÉPAGNE DE MÉNERVILLE (René), curé de Suresnes, puis abbé du Charron, III, 49, 54.
Tresellum (mesure), V, 30, 45.
TRESLAN, Trélan [Seine-et-Oise, ham. d'Andrésy], II, 101.
TRESMES (ducs de). Voy. Potier.
TRÉSOR DES CHARTES (garde du). Voy. Queue (Jean de la).
TRÉSORERIE (la Grande). Nom donné à la commanderie de St-Jean-en-l'Ile à Corbeil, IV, 292.
TRESSANCOURT (le Grand-) [Seine-et-Oise, ham. d'Orgeval]. Fief (XVᵉ s.), II, 141.
TRESSY (Geoffroy de), év. de Meaux. Se retire à St-Victor de Paris ; sa sépulture (1214), I, 337.
TRÈVES [Allemagne]. Archevêque. Voy. S. Modoald.
TRÉVOIS (les), *Torta Via*, Tourvoye ou Trévoy [Aube, ham. de Troyes], IV, 46.
TRÉVOY. Voy. Tourvoye et Trévois.
TRÉVOYE (moulin de), à Bruyères-le-Châtel [aujourd'hui comm. d'Ollainville], III, 476.
TRIANON ou belvédère du château de St-Cloud, III, 35, 205.
TRIANON, *Drionnus vicus ? Triasnum*, la Grange-Trianon, Trianon-lez-Luzarches [Seine-et-Oise, éc. d'Epinay-Champlâtreux], II, 207. — *Notice*, II, 221-222.
TRIANON, *Triarnum, Triennum, Tria-*

no, ancienne paroisse du diocèse de Chartres [Seine-et-Oise, éc. de Versailles], II, 221 ; III, 166. — *Notice*, III, 204-5. — Rattaché au dioc. de Paris, II, 207.

TRIANON (André de). Ses biens au Val de Gallie (1232), III, 27.

— *(Mainerius de), de Triasnum* (1175), II, 221.

TRIANON (de la Grange dit). Voy. Grange (de la).

TRIANON-LEZ-LUZARCHES. Voy. Trianon. — Seigneur. Voy. Grange (Sébastien de la).

Triasnum : Trianon, II, 221.

TRIBEN, lieu-dit de Chennevières-sur-Marne (1282), IV, 629.

TRIBOULET, marchand de vin. Seigneur de Bondy ; fait bâtir le château de ce lieu (XVIIIe s.), II, 567. — Son fils, trésorier de France. Seigneur de Bondy, *ibid*.

TRIBUNE (chaire tenant lieu de), I, 107.

TRICINES ou TRECINES *(Tricinæ)*, lieudit voisin de St-Denis, I, 536 ; — (pont de), I, 517.

Tricinium. Sens de ce mot, I, 536.

TRIE (Agnès de), femme de Thibaud de Puiseux. Chargée d'élever le roi Charles VI ; son épitaphe (1374), II, 217, 319.

— (Anne de), abbesse de Port-Royal (1348), III, 297.

— (Billebaud de), chevalier. Seigneur de Marly-la-Ville (1353), II, 327 ; — de Marly (le-Roi ?) (1343), III, 122.

— (Charles de), comte de Dammartin (1361), IV, 509.

— (Éléonor de), fille de Mathieu, femme de Jean d'Ormoy. Sa sépulture (1308), IV, 258.

— (Engelrand ou Ingeran de). Donne à rente le bois *de Gehenniaco* (1190), II, 129. — Cède à l'abbaye du Val des biens à Mériel (Jean).

— (Guillaume de). Donne à l'abbaye du Val un cours d'eau, II, 139.

— (Isabeau de), femme de Jean de Châtillon (XVIe s.), II, 327.

— (Jacqueline de), dame de Briis (1337-1371). III, 447.

— (Jacques de), seigneur de Rouleboise. Acquiert la moitié de Mareil-en-France (1408), II, 233. — Seigneur de Villebon et de Villiers, III, 512, 513.

— (Jean de), petit-fils de Guillaume. Traite avec l'abbaye du Val (1220), II, 139. Voy. Troyes (Jean de).

— (Jean de), écuyer. Ses biens à Châtres (1397), V, 306.

— (Jeanne de), veuve de Charles de Chambly. Sa maison à Cachant (1353), IV, 21. Voy. Chambly (Jeanne de).

— (Marie de), femme de Giraud Rolin. Dame de Mareil-en-France, II, 233.

— (Matthieu de), fils de Renaud, IV, 125. Seigneur de Fontenay-lez-Louvres (1354), II, 240 ; — du Plessis-Gassot, 247.

— (Philippe de), seigneur de Mareil-en-France. Chapelle qu'il promet de fonder (1326), I, 170 ; II, 233, 240. — Acquiert la terre de Fontenay-les-Louvres (1333), II, 240 ; — celle du Plessis-Gassot, 247.

— (Philippe de), chambellan du roi de Navarre. Seigneur de Mareil-en-France (1394), II, 233 ; — de Fontenay-les-Louvres (1391), 240 ; — du Plessis-Gassot, 247 ; — de Goussainville par sa femme, 292 ; — de Briis, par donation de sa tante Jacqueline (1371), III, 447.

— (Renaud de). Donne à l'abbaye du Val des biens à Mériel (1237), II, 139.

— (Renaud de), comte de Dammartin (1313). Sa femme. Voy. Beaumont (Philippe de).

— (Renaud de Trie), seigneur de Mareil-en-France (1355), II, 233 ; — de Fontenay-lez-Louvres, 240 ; — du Plessis-Gassot, 247.

— (Renaud de), seigneur de Saulmont, chambellan du roi, amiral de France. Acquiert Mareil-en-France (1395) ; lègue la moitié de Chantilly à sa femme Jeanne de Bellengues, II, 233.

— (Renaud de), dit *Lohier*, seigneur de Sérifontaine. Sa sépulture, IV, 125.

TRIE-BARDOU. Voy. Trilbardou.

TRIEL, dioc. de Rouen [Seine-et-Oise, cant. de Poissy], II, 105 ; III, 135. — Curés. Voy. Desalleurs, Richard (Jean). — Seigneurie, III, 138.

Triella, treille, IV, 391.

TRIE-SUR-MARNE. Voy. Trilbardou.

TRIGUEDY ou TRISEGUEDY, chevalier breton. Fondateur d'une chapellenie dans l'égl. St-Yves de Paris (1421), I, 150.

TRILBARDOU, Trie-le-Bardou, Trie-sur-Marne [Seine-et-Marne, arr. de Meaux, cant. de Claye], II, 551 ; IV, 557 ; V, 141.

Trimlidum : le Tremblay, II, 607.

TRIMOUILLE (la). Voy. Trémouille (la).

TRINITAIRES (religieux), I, 113, 135. — Desservant la chapelle de Rennemoulin, III, 174. — Voy. Mathurins.

TRINITÉ (représentation singulière de la), III, 488.

TRINITÉ (la). Voy. Ste Trinité.
TRINITÉ (la), paroisse [Seine-et-Oise, ham. de Châteaufort], III, 298-9, 304.
TRINITÉ (Jean de la), seigneur de Buc, III, 276.
TRINITÉ (Michel), curé du Pecq, III, 130.
TRIPES de St-Denis, renommées, I, 534.
TRIPOLI [Syrie], III, 280.
TRIQUET (Jean), prieur [de St-Nicolas de Senlis?] (1319), I, 481.
TRISEGUEDY. Voy. Triguedy.
TRISTAN (Jean de France dit). Voy. Jean de France.
TRISTAN (Barthélemi), sergent du Roi. Procès qu'il gagne contre le bailli d'Orléans (1264), IV, 105.
— (Gencien), marguillier de St-Merry de Paris, I, 165.
— (Guillaume), chevalier. Vassal de l'abbaye de St-Maur (1278), II, 445.
— (Jacqueline), femme de Robert de Meulan. Bienfaitrice de St-Germain-l'Auxerrois (1340), I, 31.
TRIVULCE ou TRIVOLCE (Antoine), cardinal, nonce du pape (1559), II, 654; III, 113, 446, 452.
TROARN, Trouart [Calvados, arr. de Caen, ch.-l. de cant.]. Abbaye : abbé. Voy. Boucher (Jacques), Harville (Mathurin de).
Trociis (ecclesia de) : Boullay-les-Troux, III, 413.
Trocium. Sens de ce mot, III, 414.
Troiacum. Evêque. Voy. André.
TROICY (le seigneur de). Ses biens à Vaujours (XVe s.), II, 575 (note).
TROIS-CHEMINÉES (les), écart de Chevreuse, III, 374.
TROIS-CHEVAUX (les Grands et les Petits), hameaux de la Chapelle-Gauthier, V, 428.
TROISDAMES. Sa maison à Fontenay-aux-Roses (1660), III, 565.
TROIS-FONTAINES [Marne, arr. de Vitry, cant. de Thiéblemont]. Abbaye : abbé. Voy. Fourcy (de), Picart (Henri le).
— (Albéric de), chroniqueur, I, 11, 334.
TROIS-MAISONS (les), fief du Perray relevant du Val-Coquatrix (XVIIIe s.), V, 85, 93.
TROIS-MARIES (autel des) dans l'égl. du prieuré de St-Eloi à Chilly, IV, 71.
TROIS-PAVILLONS (maison des) à la Chapelle-St-Denis, I, 459.
TROIS-ROIS (hôtellerie des) à Longjumeau, IV, 79.
TROMBADIÈRE (Charles de Perdrier, baron de la), II, 636.

TRONCHAY (Charles du), chanoine de la Ste-Chapelle. Mémoires qu'il a laissés sur cette église, I, 220.
— ou DU TRONCHET (Louis du), seigneur de la Tour de Chaumont, marquis de Ver-sur-Marne, II, 504.
— Acte relat. au Plessis-Piquet (1682), III, 254.
TRONCHET (le) [Ille-et-Vilaine, arr. de St-Malo, cant. de Châteauneuf, comm. de Plerguer]. Abbaye de Notre-Dame : abbé. Voy. Berryer (Louis).
TRONCHET, lieu-dit dépendant de la terre de Chevreuse (1692), III, 373.
— (Jean-Paul du), marquis de Ver (1715), II, 504.
TRONÇON (Jean), seigneur de Chaumontel. Sa sépulture (1590), II, 227, 228.
TRONSON (Charles), fils de Louis. Seigneur du Coudray-Montceaux (1643), V, 105.
— (Claire), fille de Jean (1627), V, 104.
— (Jean), seigneur du Coudray (1597-1617), V, 104.
— (Louis), cons. d'État. Seigneur de St-Pierre-du-Perray, V, 90, 93 ; — intendant des finances. Seigneur du Coudray, V, 103, 104, 105.
— (Marguerite), femme de Pierre Champin (1629), V, 104.
TROÔ [Loir-et-Cher, arr. de Vendôme, cant. de Montoire], III, 413.
TROON (Henri de), abbé de St-Denis, I, 516 ; II, 610. Voy. Henri.
TROPCOUSTANT, lieu-dit de Bagneux (XIIIe s.), III, 569.
TROSOIL (Thibaud de). Mentionné en 1218, IIe, 331.
Trosolio (Fromond, Holdric de). Voy. Trousseau.
Trosolium. Voy. Trousseau.
TROSOLS. Voy. Trousseau.
TROTIGNY [Seine-et-Oise, ham. de Chevreuse], III, 361, 362 ; — fief uni au duché de Chevreuse, 371, 373, 374. — Voy. Torigny.
TROU (le) ou le PETIT-MENIL, lieu-dit de la Varenne-St-Maur, II, 457.
TROU, les Trous [Seine-et-Oise, ham. de Guyancourt], III, 283, 413.
TROU, ferme à Bruyères-le-Châtel, III, 476.
TROU (forêt de), maîtrise de Caudebec, III, 413.
TROUART. Voy. Troarn.
TROU-HOURRI (le), lieu-dit de Clamart (XIIIe s.), III, 218.
TROU-MOREAU (le) [Seine-et-Oise, lieu-dit de Villepreux], III, 189, 413.
TROURIE, vicaire d'Asnières, III, 585.
TROUS (les), III, 373. Voy. Boullay-les-Trous.

33.

— 514 —

TROU-SALÉ (le) [Seine-et-Oise, ham. de Toussus], III, 413.
TROUSSEAU ou TROUSSEAUX, *Trosolium*, Trosols [Seine-et-Oise, ham. de Ris], IV, 206. — *Notice*, IV, 378-9. — Dame de ce lieu, IV, 376.
— (famille des), IV, 309.
— (Fromond de), *de Trosolio*, de Troussol ou Trosols, III, 518. — Bienfaiteur du prieuré de Longpont, IV, 206 ; — fief qui en a retenu le nom, 377.
— (Holdric de), *de Trosolio*, bienfaiteur du prieuré de Longpont, IV, 206 — Ses fils Albert et Frédéric.
— ou TROUSSEL (Gui dit), fils de Milon de Montlhéry, III, 472 ; IV, 377. — Biens à Champlan qu'il donne au prieuré de Longpont (XIIe s.) III, 518-9. — Sa fille Elisabeth, IV, 378 — Voy. Montlhéry (Gui de).
— (Jean), chanoine de Notre-Dame de Paris et de St-Spire de Corbeil. Son droit à la nomination d'un maître d'école à Corbeil (1248), IV, 309, 378.
TROUSSEL (Guy). Voy. Trousseau.
TROUSSEL (Thomas), docteur, archiprêtre de la Madeleine de Paris, I, 216.
TROUSSE-VACHE (fief de), à Fontenay-les-Louvres, II, 242.
TROUSSE-VACHE, nom d'une ancienne famille de Paris, II, 242.
— (Pierre, dit). Vend à l'abbaye de St-Denis des biens à Noisy-le-Sec (XIIIe s.), II, 641.
TROUSSY (Pierre de), sculpteur (1651), V, 247.
TROUVANT, curé de Moissy-l'Evêque, puis archidiacre d'Azenay. Fondation faite par lui dans l'égl. de Moissy (1647), V, 110.
TROU-VASSOU, lieu-dit de Romainville, II, 645.
TROVER [corr. Trotier] (Gaulvin), doyen et chan. de St-Merry de Linas. Sa sépulture (XVIe s.), IV, 121.
TROYENS, prétendus ancêtres des rois de France, I, 552.
TROYES [Aube], I, 115 (note), 155, 166, 548 ; III, 124. — Archidiacre. Voy. Chandelier (Jean). — Bailli. Voy. Juvénal des Ursins (Michel). — Cathédrale : chanoine. Voy. Chabot (Hélie). — Collégiale de St-Etienne : chanoine. Voy. Montlhéry (Geoffroy de). — Collégiale de St-Urbain : chanoine. Voy. Le Favre (Jacques). — Comte. Voy. Vermandois (Héribert de). — Evêques, I, 337. Voy. Bouthillier de Chavigny (François), Breslay (René de), Hervé, L'Eguisé (Jean),

Montlhéry (Renaud de), Prudence, Raguier (Jacques et Louis), S. Frédebert, Traînel (Garnier de). — Vicomté, II, 605 ; vicomte. Voy. Montlhéry (Milon de).
— (Chrestien de), auteur du roman de Lancelot, IV, 563.
— (Jean de Lou mieux de TRIE], seigneur de Mériel (1229), II, 138.
— (Jean de), év. de *Dragorianum*, vicaire général de l'év. de Paris. Egl. qu'il dédie (1349), IV, 37.
— (Marie de), femme de Jean Le Clerc. Sa sépulture (1590), II, 603.
TROX (André). Ses dimes à Bruyères-le-Châtel ; son testament, III, 470.
TRUIE (sentence de mort rendue contre une), I, 476.
TRUISY (le) [Seine-et-Marne, ham. d'Andrezel], V, 424.
TRUMELOT DE FROMONVILLE, chevalier (1399), V, 133.
TRUYPENDU, lieu-dit du Mesnil-St-Denis. Origine de ce nom, III, 290.
TUBEUF (Henri et Raymond), chanoines de la cathédrale de Paris, exécuteurs testamentaires de Guillaume d'Auvergne (1249), III, 524.
Tudella. Sens de ce mot, I, 76.
TUDERT (Jean), doyen du chapitre de la cathédrale de Paris (XVe s.), IV, 401.
TUFFELLE (fief de la), à Tournan, V, 327, 369.
TUFFET (Catherine), femme de Jean de la Brousse, IV, 415.
TUGNY (CROZAT de). Voy. Crozat.
TUILERIE (la) [Seine-et-Oise, éc. de Chamarande], IV, 181.
TUILERIE (la) [Seine-et-Oise, ham. de St-Nom-de-la-Bretèche et de Noisy-le-Roi], II, 149.
TUILERIE (la), lieu-dit de Montsoult, II, 146.
TUILERIE-LEZ-PARIS (la), lieu-dit près de Charonne (1384), I, 480.
TUILERIE (la), ham. d'Ozouer-la-Ferrière, V, 354.
TUILERIE (la), lieu-dit de St-Pierre-du-Perray [?], V, 91.
TUILLIÈRES, lieu-dit de Janvry, III, 443.
— (Pierre de), cons. au Parl. Seigneur de Wissous (1452), IV, 55.
TULLE [Corrèze]. Evêque. Voy. Ancelin (Humbert).
Tum, mot celtique. Sa signification, II, 621.
TUNBEREL (Guillaume de), chevalier. Sa sépulture, III, 42.
TUNI : Dugny, II, 621.
TUNIQUE (sainte), vénérée à Argenteuil, II, 4-8, 15 (note).
TUNIS [Afrique], II, 531.

Tunsone ou *Tusonis Vallis*, lieu-dit où existait un monastère au VIIe s. Identification proposée, II, 124, 133 (note).
Tuohiluga, lieu-dit (IXe s.), III, 478.
TURC (le Grand). Son ambassadeur loge à Issy en 1669, III, 10 ; — est reçu à Suresnes, 51.
TURC (Jean le), grand prieur des hospitaliers, I, 148.
— (Regnaud le), seigneur de Margency, I, 639 ; — reçoit de Louis XI la terre de St-Leu (1474), II, 70.
TURCEL. Voy. Turrel.
TURENDE (Marie de la), religieuse de l'hôtel-Dieu de Lagny, IV, 558.
TURENNE. Ses troupes campées à Villeneuve-St-Georges (1652), V, 40 ; — sa sépulture, I, 503.
TURGIS (Claude), substitut du prévôt de Torcy (1580), IV, 595.
— (Robert). Sa femme, I, 216.
TURIN, officier du prince de Condé. Sa maison à Quincampoix, III, 458.
Turno (Jean de). Voy. Tourn (Jean de).
Turnoacum. Voy. Tournan.
TURNOALD, év. de Paris (717), I, 423 ; — abbé de St-Denis (696), II, 42.
Turnomium. Voy. Tournan.
Turnum. Voy. Mesly (la Tour de), Tour.
TURPIN, chevalier fabuleux. Son épée conservée à St-Denis, I, 502.
TURPIN (Elisabeth), femme de Michel Le Tellier. Cède à Louis XIV la terre de Chaville, III, 220.
— (Isabeau), fille de Lancelot, femme de Jean de Rochechouart. Dame de Villiers-le-Sec, II, 236.
— (Jean), prieur de St-Jean-en-l'Ile de Corbeil (1491), IV, 285 ; V, 85.
— (Lancelot), seigneur de Vihiers et de Crissé en Anjou. Seigneur par sa femme, Denise de Montmorency, de Deuil et de Villiers-le-Sec, I, 605 ; II, 236.
TURPIN, cons. d'Etat. Acquiert un fief à Yerres (1631), V, 215.
TURQUAN (Barbe), II, 36.
— (Jean), bourg. de Paris. Fondateur d'une chapelle à St-Jacques-la-Boucherie, I, 199. — Seigneur en partie de Montreuil-sous-Bois et de la Fissotte ; sa sépulture (1439), II, 399, 417.
— ou TURQUANT (Pierre), auditeur au Châtelet. Seigneur d'Armainvilliers (1470), V, 329.
— (Thomas), écuyer, I', 36.
TURREL ou TURCEL, lieu-dit de Châtenay (XIIIe s.), III, 542.
TUSCULUM (Odon [ou Eudes de Châteauroux], év. de), légat du Saint-Siège. Chapelle qu'il dédie, I, 222.
— Son pèlerinage à Argenteuil (1245), II, 7.
Tusonis vallis. Voy. *Tunsone vallis*.
TUSQUIN (Pierre), affranchi de l'abbaye de St-Denis. Ses biens à Buzenval, III, 98.
Tutela, Tutila. Voy. *Tudela*.
TYEULÉMOI : Tillemont, II, 398.
TYMERCOURT. Voy. Thimécourt.
TYREL (Gautier), chevalier (XIe s.), IV, 332. — Biens à Viry qu'il donne au prieuré de Longpont, IV, 402.
TYPOGRAPHIQUE (Louis Dumas, inventeur du bureau), II, 576.

Ucina, Urxinæ, Uxinæ : Ursines, III, 221.
UDON, frère de l'archidiacre Joscelin. S'empare de l'égl. de Champigny puis la restitue à St-Martin-des-Champs (XIe s.), II, 529 ; IV, 469. — Sa fille Aveline, femme de Nantier de Montjay, *ibid*.
Ulmayum : Ormoy, V, 123.
Ulmeia, Ulmeya in Bria : Ormoy, V, 123.
Ulmeium, Ulmetum : Ormoy, IV, 256 ; V, 123.
Ulmicio : Ormesson, I, 606.
Ulpia (castra), IV, 132.
ULRIC, prieur de St-Germain-en-Laye (1090), III, 133.
Ulricus. Voy. *Orricus*.
ULTROGOTHE (statue d'), femme du roi Childebert, I, 28.
ULY [Egly ?] (chemin d'), voisin d'Arpajon, IV, 157.
Uncia terræ, mesure agraire, III, 221.
Unciacus : Douci-lès-Vitry, IV, 447.
Uncinæ : Ursines, II, 221.
Uncinis ou *de Uxinis (Paganus de)*. Voy. Ursines (Payen d').
Undresiacum : Andrezy, II, 98.
Unicornis. Voy. Licorne.
UNION CHRÉTIENNE (communautés de l'). Voy. Charonne, Paris (comm. relig.).
UNIVERSITÉ de Paris. Voy. Paris.
UNVILLIERS, *Unvillare* : Invilliers, III, 444, 447.
Ur. Sens de ce préfixe, II, 302.

— 516 —

URBAIN II, pape. Bulle relat. à St-Martin-des-Champs (1097), I, 197, 407, 409 ; II, 298, 316, 350, 361, 563, 582, 631, 636, 641, 648 ; III, 245 ; IV, 624 ; V, 238.
URBAIN III, pape. Bull. relat. à la paroisse de St-Etienne-du-Mont, I, 246 ; — à l'abbaye de St-Florent de Saumur (1186), I, 602, 610 ; II, 622 ; III, 106, 412, 469, 471, 505, 507.
URBAIN IV, pape. Réforme la règle de l'abbaye de Longchamp (1263), I, 398. — Bull. relat. à la chapelle du château de Corbeil, IV, 297.
URBAIN V, pape, ancien abbé de St-Victor de Marseille. Fait transférer en cette ville le corps de S. Victor, I, 338. — Est ramené de Rome à Avignon (1370), III, 219.
URBAIN VIII, pape. Bulle relat. à la sépulture de la bienheureuse Isabelle, sœur de S. Louis, I, 399 ; — à la chapelle de N.-D.-des-Miracles à St-Maur-des-Fossés (1627), II, 441 ; — au prieuré de Nanterre, III, 76.
URBANISTES (religieuses), I, 398.
Urbia : l'Orge, III, 465. — *Urbiensis (pons)*, III, 32.
URCINES. Voy. Ursines.
URSE, fille d'Alderic. Possède Combs-la-Ville (VIIe s.), V, 175.
URSE. Voy. Ursion.
URSIEN ou URSIN, chambrier du Roi, et Letice, sa femme. Leurs droits à Dugny (1207). II, 623.
URSIN [*corr.* des Ursins | (Jean), vicaire général de l'év. de Paris, II, 249 ; III, 229.
URSINES, *Ocinis (de)*, Ocines, Occines, Orchines, Orcines, Ourcines, *Uncinæ, Uxinis* (de), ancienne paroisse du doyenné de Châteaufort, remplacée par celle de Vélizy [aujourd. lieu-dit de cette commune]. *Notice*, III, 221-224. — Église, I,
146. — Maire (1296), III, 219. — Cession de cette terre à Louis XIV (1696), III, 220. — Moulin, III, 184. — Autres mentions, III, 193, 195, 218, 219.
— (Payen d'), *de Uncinis*, *de Uxinis*, bienfaiteur de Port-Royal (XIIIe s.), III, 223, 296.
URSINIEN, év. d'Amiens. Présent aux plaids royaux tenus à Luzarches (692), II, 199.
URSINS (des). Voy. Juvénal des Ursins.
Ursio, chanoine et bienfaiteur de Ste-Geneviève, I, 258.
URSION ou URSE, prieur de St-Martin-des-Champs (XIIe s.), I, 191, 409, 443. 450 ; II, 317, 350 ; IV, 469.
URSULINES. Leurs couvents : à Rueil, III, 95 ; — à St-Germain-en-Laye, III, 143-4. Voy. aussi Argenteuil, Paris (com. relig.), St-Cloud, St-Cyr, St-Denis.
Urvilla : Orville, II, 302.
USSEL (demoiselles d'), dames de Bertinval (XVIIIe s), II, 214.
USUARD, moine de St-Germain-des-Prés. Apporte en France les reliques de S. Georges (859), V, 36. — Copie de son martyrologe dédié à Charles le Chauve conservée à St-Germain-des-Prés, I, 264. — Cité, *passim*.
USURIERS, à St-Denis. Soumis à la juridiction de l'archev. de Paris, I, 508.
UTIÈRES (des), officier chez le Roi. Marié à la veuve de M. de Fremon (XVIIIe s.), II, 580.
UXELLES (Nicolas du BLÉ, marquis d'), maréchal de France. Seigneur d'Ivry, IV, 462.
Uxellum. Etymologie, III, 108.
UZÈS [Gard]. Évêque. Voy. Poncet de la Rivière (Michel).
UZÈS (le duc d'), seigneur de Lévy-Saint-Nom (XVIIIe s), III, 345.

V, changé en F, III, 130 (note).
VACHE, mettant bas un monstre à Aubervilliers, I, 563.
VACHERIE (la), ham. et fief de Saint-Ouen-l'Aumône, II, 116, 117, 119.
VACHES (Ile-aux-), île de la Seine au-dessous d'Epinay (1294), I, 597.
VACHET (le), directeur des Filles de la Providence, à Charonne, I, 479.

VACHI (Robert de), doyen du chapitre de St-Cloud (XIVe s.), III, 27.
VACHRIN (Michel), abbé d'Hiverneau (XVIe s.), V, 372.
VACLOIS, paroisse inconnue. Mentionnée dans le testament de Thibaud de Marly (1286), IV, 257, 258.
VACQUERIE (Gui de la), prieur du Raincy, II, 591.

Vadum petrosum : Guipereux, IV, 88.
VAILLANT (Jean le), prévôt des ouvriers de la Monnaie de Paris. Ses droits sur la léproserie du Roulle, I, 438. — Sa participation à la Jacquerie, II, 276.
VAILLANT (Sébastien), chirurgien; directeur du Jardin des Plantes. Sa résidence à Neuilly, I, 436.
VAILLANT, de l'Académie des Belles-Lettres, I, 138.
VAILLY-LA-BORDE. Voy. Borde (la).
VAIR (du). Voy. Du Vair.
VAIRE (Jean le), archiprêtre de la Madeleine, I, 216.
VAIRES, Ver, Vere, Veres-sur-Marne, paroisse du doyenné de Chelles [Seine-et-Marne, arr. de Meaux, cant. de Lagny]. *Notice*, II, 501-504. — Eglise, II, 520-1.
— Lieu-dit : Belle-Isle (château de).
— (Alix, dame de), bienfaitrice de l'abbaye de Chaalis (XIIIe s.), II, 503.
— (Ferry de). Voy. Ver (Ferry de).
— (Guiot de). Voy. Pomponne (Gui de).
— (Jean de) de Ver, dit *le Brun*. Voy. Ver (Jean de).
— (Jean de), écuyer. Sa censive à Cramayel (1373), V, 111-2.
VAL (du). Voy. Du Val.
VAL (la), fief de la châtellenie de Tournan (1463), III, 448.
VAL (la). Voy. Laval.
VAL (le), fief assis près de Sarcelles (1580), II, 172.
VAL (le grand) [Seine-et-Oise, ham. de Sucy], IV, 478; V, 384.
VAL (le petit) [Seine-et-Oise, ham. de Sucy], V, 384.
VAL (château du) [Seine-et-Oise, lieu-dit de St-Germain-en-Laye], III, 140.
VAL (abbaye du) ou du VAL-NOTRE-DAME ou NOTRE-DAME-DU-VAL, situé originairement sur la paroisse de Villiers-Adam et depuis sur celle de Mériel. *Notice*, II, 133-138. — Comprise dans le doyenné de Sarcelles, II, 170. — Ses biens, I, 611, 635, 636, 641, 649; II, 28, 44, 53, 63, 64, 71, 96, 97, 106, 127, 129, 131, 139, 143-4, 149, 166, 185, 187, 192, 197, 199, 227, 233, 235, 242, 249, 268, 290, 292, 303, 319, 344, 578, 583; III, 108, 158, 193, 195; IV, 9, 606. — Abbés : concourent à l'élection de l'abbesse d'Yerres, V, 223. Voy. Barrière (Jean de la), Gui dit *Paré*, Jean, Pierre, Téric, Thibaud, Villiers (Charles de). — Mentions diverses, II, 234, 240, 248, 307; III, 121, 473.

VAL-ADAM (ermitage ou prieuré du) ou des Bonshommes de Montfermeil dits aussi les chanoines du Val-Adam, situé sur la paroisse de Montfermeil. *Notice*, II, 541-3. — Cédé à l'abbaye de Livry, II, 520, 593. — Ses biens, I, 632; II, 258, 280, 287, 332-3, 534, 543, 578, 579, 605, 642.
VALANCOUJART. Voy. Vallangoujart.
Valaro, Valarum, de Valarone. Voy. Vaularon.
VAL-BERNARD (le), lieu-dit voisin de Gonesse (1379), II, 273.
VALBOITRON ou VAUBOITRON, ancien nom de Vaugirard, I, 483.
VAL-COQUATRIX (le), lieu-dit et fief près de St-Germain-les-Corbeil. *Notice*, V, 83-85. — Seigneur, V, 80. — Légende sur ce lieu, V, 87.
VAL-D'ARBLAI (le) ou d'ERBLAY, lieu-dit près d'Herblay, II, 79.
VAL D'ENFER (le) [Seine-et-Oise, lieu-dit de Jouy-en-Josas], dépendant en partie de la paroisse de Saclé, III, 270.
VAL-DE-GALIE (le). Voy. Galie et Ver.
VAL-DE-GRACE (abbaye du). Voy. Paris (abbayes) et Val-Profond.
VALDERAN ou WALERAN, abbé de St-Maur-des-Fossés (1067), II, 433, 450.
VALDÉRIE DE LESCURE (Jean-François de), supérieur du Calvaire du Mont-Valérien, év. de Luçon, III, 88.
VAL-DES-ECOLIERS (le) [Haute-Marne, arr. et cant. de Chaumont, comm. de Verbiesles]. Abbaye : soumise à la règle de St-Victor, I, 340. Voy. Hennemont, Paris (prieurés), St-Eloi (prieuré de).
VALDIR (Charles), secrét. du duc d'Epernon. Sa maison à Poulangis (1626), II, 388.
VAL-D'OSNE (le) [Haute-Marne, arr. de Vassy, cant. de Chevillon, commune d'Osne-le-Val], II, 373. — Couvent transféré à Charenton (1700), II, 377-8.
VALENCE [Drôme]. Abbaye de St-Ruf : chanoines, I, 334. — Evêque. Voy. Vesc (Antoine de).
VALENCE [Seine-et-Oise, ham. de Dampierre], III, 358.
VALENCE (Mme de), dame de Grégy (XVIIIe s.), V, 165.
VALENCE-EN-BRIE [Seine-et-Marne, arr. de Melun, cant. du Châtelet], IV, 254.
VALENCIENNES [Nord], I, 548; II, 474.
— Gouverneur. Voy. Luxembourg (Chrétien-Louis de Montmorency).

— (Anne de), dame de Copeau et de Villabé (1580), IV, 254.
— (Claude de), dame d'Ormoy (1597), IV, 259.
— (Germain de), général essayeur à la Chambre des Monnaies. Seigneur d'Ormoy et de Villabé, IV, 254, 259 ; — son épitaphe (1520), 259. — Possède le fief de Montblin, IV, 319.
— (Jean de), frère de Germain. Seigneur de Villabé (1597) et d'Ormoy, IV, 254, 259.
— (Pierre de), frère de Germain, IV, 259.
VALENGOUJART. Voy. Vallangoujart.
VALENTINIEN III, empereur, II, 420.
VALENTINOIS (le duc de), I, 69.
VALENTINOIS (duchesse de). Voy. Poitiers (Diane de).
VALENTON, Valentun, Vallenton, paroisse du doyenné du Vieux-Corbeil [Seine-et-Oise], arr. de Corbeil, cant. de Boissy-Saint-Léger]. Notice, V, 29-32. — Autres mentions, V, 157, 397.
— Lieux-dits : Hôpital (l'), Mesly (la tour de), Plaisir.
— (Hugues de), chevalier (1093), IV, 331, 481 ; V, 30.
VALÈRE-MAXIME. Traduit par Jean de Gonesse, II, 272.
Valeriana silvestris, plante, III, 19.
VALÉRIEN. Empereur et autres personnages de ce nom cités pour l'étymologie du Mont-Valérien, III, 80.
VALETS (fête des), à Servon, V, 253, 254. — (messe des), célébrée à St-Nicolas de Corbeil, IV, 296.
VALETTE (Bernard, duc de la). Pose la première pierre de Notre-Dame de Bonne-Nouvelle à Paris (1624), I, 305.
VALETTE (Jean-Louis de la), duc d'Épernon. Acquiert la seigneurie de Tournan (1639), V, 327.
VALETTE (de la), év. d'Autun. Agrégé au Calvaire du Mont-Valérien, III, 90.
VAL-GERMAIN (le), lieu-dit de Châtenay (XIIe s.), III, 542.
VALGOALD, prêtre de St-Germain-l'Auxerrois (VIIe s.), I, 24.
VALGRAND. Voy. Ver-le-Grand. — (château de). Voy. Bouchet (château du).
VALGRAND (N. de), archev. d'Aix [?], IV, 210 (note).
VALHELLANT : Vauhallan, III, 213 (note), 321.
VALHENDRE, lieu-dit de Rueil (1224), III, 97.
VALIER (Mme), femme du président de ce nom. Possède la Borde-Fournier (XVIIIe s.), V, 273.
VALINCOURT (de). Incendie de sa bibliothèque à St-Cloud, III, 40.
Valjouc. Voy. Vaujours.
VAL-JOYEUX [Seine-et-Oise, lieu-dit de Villepreux], III, 189.
VALLANGOUJARD [Seine-et-Oise, arr. de Pontoise, cant. de l'Isle-Adam].
— (Girard de), fils de Thibaud. Sa sépulture (1292), II, 136. — (Thibaud de). Sa sépulture (1243), II, 136. — (Thibaud de), de Valancoujart. Sa sépulture (1268 ?), II, 136.
VALLARONNEUX (chemin du), à la Chapelle-St-Denis, I, 458.
VALLART, ermite du Mont-Valérien, III, 85.
Valle (Garinus de). Sa couture à Senlisse (XIIIe s.), III, 419.
VALLÉE (la) [Seine-et-Oise, ham. de St-Vrain], III, 501 ; IV, 197, 206.
VALLÉE (Nicolas de la). Son fief de Malépargne à Coye (XVIe s.), II, 336.
VALLÉE-FOSSÉS (Gabriel de la), gouverneur de Verdun, maréchal de camp. Acquiert la terre de Fontenay (1634) ; la fait ériger en marquisat et unir à celle de Mareuil (1637), II, 241.
Valle Herlandi, de Valle Landi (cura) : Vaudherland, II, 287.
Valle Millari (cura de), mauvaise lecture du nom latin de Ballainvilliers, IV, 81.
Valle Oiseli (Pierre de). Mentionné en 1220, III, 158 (note).
VALLERY [Yonne, arr. de Sens, cant. de Cheroy]. Lieu de la sépulture des Condé, I, 626.
VALLES (Antoine de), cons. du Roi. Ses fiefs à Bures (1631), III, 393, 394.
— (Berthold de), possesseur du fief de Montjai à Bures (1620), III, 393.
VALLET (Denis), chapelain perpétuel de l'Hôtel-Dieu de Gonesse. Sa sépulture (1620), II, 265.
VALLEYRE, imprimeur, II, 277.
Vallibus (Augrinus de). Voy. VAUX (Augrain de).
VALLIEN (Jean), doyen de St-Merry de Linas (1604), IV, 120.
VALLIÈRE (le duc de la), seigneur de Lognes (XVIIIe s.), IV, 602 ; — de Champs, 607 ; — de Gournay, 620 ; — de Noisy-le-Grand, 625.
VALLIS (François de), auditeur des Comptes. Seigneur de Launay (XVIIIe s.), III, 399.
Vallis Briessart, lieu où fut bâtie l'abbaye des Vaux-de-Cernay, III, 423.
Vallis Crisonis : Vaucresson, III, 166.

Vallis Dellandi ou *Derlandi* : Vaudherland, II, 287.
Vallis Eremburgis, canton de Louveciennes (1253), III, 114.
Vallis Fouberti, canton de Roissy-en-France (1250), II, 278.
Vallis Gaii ou Gaudii : Vaujours, II, 573.
Vallis Galliæ : le Val de Galie, III, 266.
Vallis Girardi : Vaugirard, I, 483 ; IV, 22.
Vallis grandior devenu successivement Vaugreigneure, Vaugreigneuse, enfin Vaugrigneuse, III, 459.
Vallis granosa : Vaugrigneuse, III, 459.
Vallis grinosa, Vallis grignosa, Vallis griniosa : Vaugrigneuse, III, 458-9.
Vallis grinosa, Vaugrignon, lieu-dit près de St-Cloud, III, 37 et note.
Vallis Guiberti, ancien lieu-dit de St-Nom-de-la-Brétèche ou du Mesnil-St-Denis (XIIIe s.), III, 289.
Vallis Jocosa : Vaujours, II, 573.
Vallis Jost ou *Joth* : Vaujours, II, 573.
Vallis Latronis : Vaularron, III, 495.
Vallis Laurentii. Voy. Vaulaurent.
Vallis Noël, canton de Roissy-en-France (1250), II, 278.
Vallis Penno.l, lieu-dit voisin des Prés-St-Gervais (XIIIe s.), II, 652, 654.
Vallis surda, lieu-dit de Rueil (1218), III, 97.
Vallodinga [?], possession de l'abbaye de St-Vandrille (IXe s.), III, 478.
VALLORENT. Voy. Vaulaurent.
VALMARTIN, Vaumartin [Seine-et-Oise, ham. de St-Nom-de-la-Brétèche], III, 149, 151, 152. — Seigneur. Voy. Pommereux (Jacques de).
VALMONDOIS [Seine-et-Oise, arr. de Pontoise, cant. de l'Isle-Adam]. Seigneur : Jacques de Villiers, II, 179.
VALOGNES [Manche]. S. Floçel révéré aux environs de cette ville, III, 340.
VALOIS (le), pays, II, 486.
— (Charles, comte de), frère de Philippe le Bel ; comte d'Alençon et de Chartres. Ses biens à St-Ouen, I, 569-570. — Seigneur de Roissy-en-France, II, 282. — Sa maison à St-Cloud, III, 34. — Ses biens à Villegenard, V, 309, 314 ; — à Gagny, 311 ; — à Tournan, 326. — Son mariage célébré à Corbeil (1290), IV, 303.
— (Charles de), comte d'Auvergne, duc d'Angoulême. Seigneur d'Yerres (1648, 1666), IV, 366 ; V, 216 ; — de Villecresnes, 236 ; — de Grosbois, 390, 391. — Fondateur du couvent des Camaldules d'Yerres (1640), V, 230, 231.
— (Françoise-Marie de), fille de Louis-Emmanuel, femme de Louis de Lorraine, duchesse d'Angoulême. Vend aux bénédictines l'hôtel de Bourgogne à Conflans (1653), II, 363. — Dame en partie d'Yerres, V, 216 ; — de Grosbois, 391.
— (Louis-Emmanuel de), duc d'Angoulême, fils de Charles. Seigneur de Grosbois et d'Yerres, V, 215, 216, 391. — Dit le comte d'Alais, IV, 366. — Bienfaiteur des Camaldules d'Yerres, V, 231.
— (Philippe, comte de), plus tard Philippe VI. Acquiert une terre à Champdolent (1325), V, 87. — Possède Gretz, V, 314-5.
— (Marguerite de). Voy. Marguerite.
VALOIS (hôtel de) à Gentilly. Donné par Charles V à l'év. de Paris, IV, 6-7.
VALOIS (Adrien de). Rectifié, I, 315, 385, 421, 503, 642, 648 ; II, 19, 20, 22, 39, 40, 56, 73, 76, 103, 129, 130, 134, 140, 150, 155, 164, 174, 215, 277, 318, 334, 337, 474-5, 519, 523, 527, 530 (note), 551-2, 599, 617, 630, 634-5, 639, 652-3 ; III, 13, 61, 80, 98, 100, 105, 112, 116, 127 (note), 152, 160, 171, 190, 205, 207, 208, 211, 217, 227, 250, 261, 264, 278, 295, 306, 338, 341, 352, 379, 391, 401, 405, 441, 449, 459, 498, 511, 517, 520, 521, 527, 559, 565, 572, 585 ; IV, 4-5, 20, 25, 51, 52, 72, 132, 159 (note), 170, 187, 194, 235 (note), 249, 254, 327, 336, 366, 370, 404, 427, 467, 483, 496, 510, 515, 522-3, 529, 530, 538, 569, 585, 590, 602, 604, 630 ; V, 45, 51, 69, 76, 94, 116, 131, 141, 154, 186, 192, 209, 220, 252, 256, 284, 289, 347, 364, 374, 378, 382-3, 401. — Sa sépulture, I, 205.
— (Henri de), frère d'Adrien. Sa sépulture, I, 205.
— (Hugues, fils de Raoul, comte de Vermandois canonisé sous le nom de] Félix de), l'un des fondateurs de l'ordre des Mathurins, I, 113.
VALORGE, ferme située à Brétigny, dépendant du marquisat de Leuville, IV, 131, 342.
VALORY (François de), prieur de Palaiseau (1683), III, 529.
VALOYS (Jean de), curé d'Eaubonne (1558), I, 641.
VALPETIT : Ver-le-Petit, IV, 208.
VAL-PROFOND (abbaye du) dite depuis du VAL-DE-GRACE, située sur la paroisse de Bièvres. *Notice*, III,

261-263. — Ses biens, I, 311 ; II, 255 ; III, 18, 67, 68, 226, 270. Voy. Paris (abbayes).
VAL-PROFOND (couvent du) [Yonne], diocèse de Sens, III, 262.
VAL-SAINT-ELOI (le) (prieuré du). Voy. Saint-Eloi.
VAL-SAINT-BENOIT (le), lieu-dit de Guyancourt, II', 281.
VAL-SAINT-BON (le), ham. et fief de Guyancourt [?], III, 282.
VAL-SAINT-GERMAIN (le) [Seine-et-Oise, arr. de Rambouillet, cant. de Dourdan], IV, 139, 174. Voy. Loges (les).
VALVÉE [VALLÉE] D'ORVILLIERS [la Vallée, ham. de Jouy-le-Moutier], II, 105.
VANDEMIR (testament de) et de sa femme Ercamberte (690). Cité, I, 24 ; III, 466.
VANDENESSE (de), secrét. du Roi. Seigneur de Suisnes (XVIIIᵉ s.), V, 159.
VAN DER MEULEN. Tableaux de ce peintre au château de Sceaux, III, 552.
VANDREMAR, abbé de St-Germain-des-Prés (VIIᵉ s.). Donne à son abbaye la terre de la Celle-Saint-Cloud, III, 160.
VANENSE (de), auditeur des Comptes. Seigneur de Fontenelle (XVIIIᵉ s.), IV, 528. — Son fils auditeur des Comptes. Vend cette seigneurie (1740), ibid.
VANHOLLES, intendant d'Alsace. Sa maison à Issy, III, 9, 12.
VANIER (Henri le), chevalier (XIVᵉ s.), V, 259.
Vanna ou *Banna*. Sens de ce mot, origine de nom de lieu, III, 578.
VANNES, écrit pour Vanves, III, 580.
VANTELET (Louis de Luz, seigneur de), III, 323.
Vantus Succi et Baleri, redevance féodale (XIIIᵉ s.), V, 353.
Vanve : Vanves, IV, 22.
VANVES, *Vanva*, Vanvres, Venves, paroisse du doyenné de Château-fort [Seine, cant. de Sceaux]. *Notice*, III, 578-585. — Curés : procession à laquelle ils assistent, I, 271. — Eglise : legs qui lui est fait (1232), IV, 21. — Paroisse : ses accroissements, II, 286 ; III, 5. — Mentions diverses, I, 487 ; III, 6 ; IV, 22.
— Lieux-dits : Bercherel, Fosse-Rouge (la), *Marisco* (vignes de).
— (Jean de), bourgeois de Paris. Bienfaiteur de Notre-Dame-des-Champs (XIVᵉ s.), III, 583.
— (Guillaume de) et Sanceline, sa femme. Fondateurs d'une chapelle à St-Eloy de Paris, I, 310.

VANVRES : Vanves, III, 578.
VAQUERIE (Vincent de la), chanoine de Noyon, oratorien. Mort à Montmorency, I, 621.
VAR. Sens de ce mot celtique, V, 419.
VAR, village près de Chartres [Ver-les-Chartres? arr. et cant. de Chartres]. Aqueduc mérovingien, V, 419 et note.
VARALE (le Mont) [Italie], III, 89.
VARASQUE (doyenné de) au dioc. de Besançon, I, 640.
VARATRE [Seine-et-Marne, lieu-dit de Lieusaint], V, 121-2.
VARELLA (Jean), *eques lusitanus*, général des troupes de Portugal. Anecdote sur sa vie ; sa sépulture (1602), III, 179.
VARENGEVILLE (Saint-Nicolas de). Voy. Saint-Nicolas-du-Port.
Varenna, Clausa Varenna : la Varenne-Saint-Maur, II, 455.
VARENNE (Hugues de), minime. Ouvrage dont il est l'auteur, I, 416.
VARENNE (de), frère du père Bernard. Son idylle sur Catinat, I, 630.
VARENNES, paroisse du doyenné du Vieux-Corbeil, démembrée de Jarcy [Seine-et-Oise, arr. de Corbeil, cant. de Boissy-St-Léger]. *Notice*, V, 165-174.
— Lieu-dit : Jarcy.
— (Guido de), vassal de Montlhéry, IV, 103.
— (Robert de), vassal de Montlhéry. Homme lige du roi pour ses biens à Saulx, III, 508 ; — à Groteau (1230), IV, 89 ; — à l'Ormoy, 90 ; — à Bonnes, 181 ; — à Escorcy, 204 ; — pour le bois de Sarris, 530.
— (Simon de), *de Varannis* (XIVᵉ s.), V, 173.
VARENNES (demoiselles de), dames de Châtres en partie (XIVᵉ s.), IV, 143.
VARENNE-SAINT-HILAIRE (la) ou la VARENNE-SAINT-MAUR, *Cella, Sanctus Hilarius de Varennis, Varenna, Clausa Varenna*, paroisse du doyenné de Chelles [Seine, ham. de St-Maur-les-Fossés]. *Notice*, II, 453-458. — Sépulture des seigneurs, II, 438, 452. — Mentions diverses, II, 391, 423, 456, 461 ; V, 290.
— Lieux-dits : Besnard (le gord), Cassine (la), Champigneau, Clapiers (terre des), Croix-Saint-Hilaire (la), Guenier ou Guinier (le bois), Marconval, Petit-Menil (le), Piliers (les), Plant (bois du petit-), Portes (saussaye des), Trou (le).
VARIN (Jean), graveur. Sa sépulture, I, 33.
Varinus, chevalier. Avoué de l'abbaye

de St-Germain-des-Prés pour la terre d'Antony (XIe s.), III, 535.
Varium parvum: Ver-le-Petit, IV, 215.
VARET (Alexandre), vicaire-général de l'archev. de Sens. Sa sépulture, III, 385.
VARILLES, III, 495. Voy. Vaularron.
VARIN, archidiacre de la cathédrale de Paris (Xe s.), V, 5.
VARLE (Guillaume) [Guillaume Cale ou Callet], chef de la Jacquerie, I, 650.
VAROPE (Pierre), marchand de Paris. Ses biens à St-Ouen, I, 572.
VARVANNE [Seine-et-Marne, lieu-dit de Champeaux]. Moulin, V, 419.
VARZY [Nièvre, arr. de Clamecy, ch.-l. de cant.]. Etymologie, V, 419.
— Eglise : trésorier. Voy. Reytel (Philippe).
— (Guillaume de), chanoine et bienfaiteur de Notre-Dame, I, 212 ; II, 600 ; III, 569 ; IV, 41 ; — doyen de St-Germain-l'Auxerrois (1225), I, 42, 53.
VAS (montagne de) sur le territoire de Montmorency, I, 627.
Vasconis villa. Voy. *Gassonis villa*.
VASSAN (Charles de), président en la Chambre des Comptes. Seigneur de Morsang-sur-Orge (1686), IV, 385.
— (Jacques de), cons. au Parl. Seigneur de Morsang-sur-Orge ; sa sépulture (XVIIe s.), IV, 385.
VASSEBOURG (Richard), historien de Verdun. Boursier du collège de la Marche et Winville, à Paris, I, 254.
VASSOU (Pierre), bienfaiteur de Romainville (1618), II, 645.
VASSOUL (Sébastien), marguillier de la paroisse de Romainville (1580), II, 645.
VASSOULT (Jean-Baptiste), confesseur et prédicateur de la maison du Roi. Né à Bagnolet, II, 659 ; — mort à Viroflay (1745), III, 217.
VASSY (Jean de). Mentionné en 1370, IV, 211.
VAST (François), chambrier de St-Magloire (1618), III, 460.
VASTAN. Voy. Vatan.
VATABLE (François), curé de Suresnes, III, 49. — Son successeur à la chaire d'hébreu au collège Royal, IV, 405.
VATAN [Indre, arr. d'Issoudun, ch.-l. de cant.]. Marquis. Voy. Auberi (Jean).
VAU (François du), trésorier de la Reine. Possède le fief de Sous-Carrières (1676), V, 360.
VAUBETAIN (moulin de) [Vauptain. Seine-et-Oise, lieu-dit de Buc]. Mentionné en 1393, III, 277.

VAUBOITRON. Voy. Valboitron.
VAUBOYEN, *Vallis Valbuini, Vallis Bæn*, Valbayen, Vaubayen [Seine-et-Oise, ham. de Bièvres], III, 258, 259. 397.
VAUBRUN (Mme de), dame de Clichy, I. 439.
VAUCERY, localité dépendant en 1692 de la terre de Chevreuse, III, 373.
VAUCILLES (Jean de), écuyer, V, 187.
VAUCRESSON, *Vallis Crisonis*, paroisse du doyenné de Châteaufort [Seine-et-Oise, arr. de Versailles, cant. de Sèvres]. Notice, III, 163-171. — Mentions diverses, III, 46, 111.
— Lieux-dits : Jardy (prieuré de), Marche (la), Perroncel.
VAUDEMONT (comte de). Voy. Lorraine (Antoine de).
VAUDEMONT. Voy. Vaudernant.
VAUDENOIR, lieu-dit d'Arcueil [?] (XIVe s.), IV, 16.
VAU-DERLAND. Voy. Vaudherland.
VAUDERNANT [et non VAUDEMONT] : Vaudherland, II. 280, 287.
VAUDETAR (famille de). Sa sépulture à Issy, III, 6.
— (Artur de), official de la cathédrale de Paris. Curé d'Argenteuil (1483), II, 12 ; — chapelain de St-Fiacre dans la forêt de St-Germain, III, 144.
— (Guillaume de), cons. au Parl. Seigneur de Charonne et de Chetainville, I, 592 ; IV, 196.
— (Louis de). Son droit de présentation à une chapellenie de St-Médard de Paris, I, 257.
— (Michel de), curé de Montgeron (1481), V, 47.
— (Odette de), femme d'Achille de Harlay (1627), II, 382.
— (Pierre de), abbé d'Hérivaux. Rebâtit cette abbaye (1632), II, 218.
— (Roger de), fils de Guillaume ; cons. au Parl. Seigneur de Charonne, I, 476 ; — de Chetainville (1560), I, 592 ; IV, 196.
VAUDHERLAND, *Vallis Dellandi, Vallis Derlandi, Vallis Herlandi*, Vauderland, Vaudernant, paroisse du doyenné de Montmorency [Seine-et-Oise, arr. de Pontoise, cant. de Gonesse]. Notice, II, 286-287. — Couvent d'hospitaliers de la Charité-Notre-Dame, 287. — Autres mentions, II, 260, 268, 280 ; III, 5, 580.
VAUDOIRE (la) [Seine-et-Oise, lieu-dit de Sartrouville], II, 39.
VAUDOY ou VAUDRY. lieu-dit de Brie-Comte-Robert (XVIIe s.), V, 273.
VAUDRAY (Artus de), chambellan du Roi, seigneur de Moncy et de St-

Salle. Curateur des héritiers de Guillaume du Brouillat, seigneur de Torigny (1488), II, 514.

VAUDREUIL [Eure, arr. et cant. de Louviers, comm. de St-Etienne-du-Vauvray]. Châtellenie ; rente perpétuelle qui y est attachée (1723), II, 25.

VAU-DU-BOIS (Jean), seigneur de Margency (1479), I, 639.

VAUDUEIL (DROUIN de), trésorier de France à Soissons. Son fief à Gouverne (XVIIIe s.), IV, 570.

VAU-DU-ROY, lieu-dit de Gonesse (1253), II, 266 [Peut-être le même que le Haut-du-Roy, éc. de Sarcelles].

VAUGARE (Martin de), écuyer. Son fief à Mardilly (1512), V, 133.

VAUGELAS, écrivain. Sa sépulture, I, 64. — Rectifié, I, 537.

VAUGIEN [Seine-et-Oise, ham. de St-Remy-lez-Chevreuse], III, 382-3.

VAUGIRARD, anciennement Valboitron, Vauboitron, puis *Girardi Vallis*, paroisse de la banlieue [annexée à Paris]. *Notice*, I, 483-487. — Mentions diverses, I, 383 ; III, 5 ; IV, 22.
— Lieu-dit : Javelle.

VAUGRENANT, près Dijon (Baillet, marquis de), V, 272.

VAUGRIGNEUSE, *Vallis grinosa, Vallis griniosa*, paroisse du doyenné de Châteaufort [Seine-et-Oise, arr. de Rambouillet, cant. de Limours]. *Notice*, III, 458-164. — Mentions diverses, III, 434, 448, 449, 454 ; IV, 110, 169.
— Lieux-dits : Châtaignier (le), Fontaine-aux-Cossons (la), Gloriette (la), Machery, Orme-le-Gras (l').
— (Burchard de), *de Valle Grinosa*. Biens à Boissy-sous-St-Yon qu'il donne à la collégiale de Montlhéry (1100?), III, 461 ; IV, 166 ; — IV, 94, 111.
— (Burchard de), [petit-]fils du précéd., frère de Guy, III, 461, 462 ; (1152), 519 ; IV, 166. — Ses biens à Brétigny ; bienfaiteur du prieuré de Longpont, IV, 343, 347.
— (Eudes ou Odon de). Vassal du roi pour sa maison à Montlhéry (XIIIe s.), III, 462.
— (Geoffroy de). Mentionné en 1435, III, 464.
— (Gui de). Mentions de divers personnages de ce nom, III, 461, 462, 463 ; IV, 103, 104, 166, 343, 387.
— (Guillaume de), fils de Pierre. Mentionné de 1217 à 1259, III, 331, 341, 462-3 ; IV, 300.
— (Guillaume de), chanoine, puis doyen et archidiacre de Paris (de Josas) après l'avoir été peut-être de Dunois (1253-1270), III, 463, 543, 508.
— (Guillaume de). Sépulture d'un personnage de ce nom, III, 463.
— (Hugues de), *de Valgrinose*, fils ? de Bouchard II. Son fils, religieux de Longpont, III, 461, 462. — Mentionné dans un acte de 1152, 519. — Vassal de Montlhéry, IV, 103.
— (Louis de), sénéchal de Toulouse (XIIIe s.), peut-être le même qu'Yvon, III, 464.
— (Philippe de), *de Valle Grinosa*, fils de Pierre. Mentionné en 1252 et en 1271, III, 462.
— (Pierre de), III, 463.
— (Simon de). Mentionné en 1218, III, 331. — Ses biens à Montlhéry, III, 462.
— (Thibaud de). Mentionné en 1152, III, 519.
— (Yvon de), peut-être le même que Louis. Mentionné en 1271, III, 463-4.

VAUGRIGNON. Voy. *Vallis Grinosa*.

VAUGUYON (seigneur de la). Voy. Escars (François d').

VAUHALLAN, *Vallis Alani, Vallis Alanorum, Vallis Hellandi*, Valhellant, village dépendant de la paroisse de Saclay [Seine-et-Oise, arr. de Corbeil, cant. de Palaiseau]. *Notice*, III, 320-321. — Mentions diverses, III, 213 (note 3), 318, 320, 321, 328, 373, 386.

VAUJOU. Voy. Vaujours.

VAUJOURS, *Vallis Gaii, Vallis Gaudii, Vallis Jost, Vallis Joth, Vallis Jocosa*, Vaujou, paroisse du doyenné de Chelles [Seine-et-Oise, arr. de Pontoise, cant. du Raincy]. *Notice*, II, 573-576. — Prieuré-cure : chapelle en dépendant, II, 539-40.
— Lieux-dits : Montauban, Montchalout, Vergalant.

VAULARRON, *Valaro*, Valaron, *Vallis latronis*, Varilles, lieu-dit de Marcoussis, III, 495.
— (Ansold de), *de Valarone*. Biens qu'il donne au prieuré de Longpont en s'y faisant religieux (XIIe s.), III, 495.
— (Erkembald de), *de Valaro, de Valarum* (XIe s.), III, 495.

VAULAURENT, *Vallis Laurentii*, Vallorent [Vaulerand. Seine-et-Oise, éc. de Villeron]. Grange, II, 310, 315-6 ; V, 6.
— (Raoul de), citoyen de Senlis. Bienfaiteur de l'abbaye de Chalis, II, 316.

— 523 —

VAULFRAND. Voy. Vaulaurent.
VAULDEMAR : Vémars, II, 344.
VAULNEAU [*corr.* Vauluceau ?], ferme à Rocquencourt, III, 157-8.
VAULUIRE (de), seigneur de Romainville (XVIIIe s.), II, 647.
VAUMARTIN. Voy. Valmartin.
VAUMOISE *(Sanctissima de)*, veuve de Jean Bazin, tenancière de l'abbaye de St-Denis, à Arcueil (1264), IV, 15, 16.
VAUMONDOIS (Adam de), fruitier du Roi. Ses biens à Neuville-les-Conflans (1314), II, 114.
VAUMURIER [Seine-et-Oise, ham. de St-Lambert], III, 340, 374.
VAUNORI, ferme du prieuré des Aulnois, III, 376.
VAUPEREUX ou VAUPERREUX [Seine-et-Oise, ham. de Verrières], III, 533.
VAURÉAL. Voy. Lieux.
VAURÉAL (GUÉRAPIN de). Voy. Guérapin.
VAUSALMON, terre dépendant de la châtellenie de Marcoussis, III, 484.
VAUTIER, possesseur laïque de l'égl. de Montmartre (XIe s.), I, 443
VAUTIER, maire de Bondy (1085), II, 565.
VAUTIER, mari d'Eve la Comtesse, IV, 220.
VAUTIER, religieux de St-Vandrille. Envoyé à Aupec pour y gouverner les biens de cette abbaye, III, 128.
VAUVERT. Voy. Villevert.
VAUVILLARS (Baudes de). Possède à Corbeil l'hôtel de Beaumont (1488), IV, 312.
VAUVOY, lieu-dit de Tremblay ou de Villepinte (1218), II, 610.
VAUX [Seine-et-Oise, ham. de Savigny-sur-Orge], IV, 388. — *Notice*, IV, 396-7 ; — IV, 409.
VAUX [Seine-et-Oise, ham. de Méry-sur-Oise], II, 119. — Présumé être le *Tunsone* ou *Tusonis Vallis* où fut bâti un monastère au VIIe s. II, 124, 133 (note). — Confondu avec l'abbaye du Val, II, 133-4. — Chapelle de la Vierge, II, 126.
VAUX, lieu-dit de Jouy-en-Josas [?], III, 268.
VAUX (Louis de Vion, seigneur de), IV, 539.
VAUX (le petit) [Seine-et-Oise, ham. d'Epinay-sur-Orge], IV, 85, 86, 397, 409.
VAUX (Augrain de), *de Vallibus*, écuyer (XIe s.), IV, 254, 332.
— (Gazon de). Acte qu'il passe avec le prieuré de St-Paul (XIIIe s.), III, 379.
— (Gui de), *de Vallibus*. Son fief à Morsang-sur-Orge (1182), IV, 385, 396, 399, 411.
— (Guillaume de), seigneur de la Borde (XIVe s.), V, 87.
— (Jean de), curé de Saint-Eustache (1305), I, 59.
— (Jean de), curé de Montmelian (1695), II, 341.
— (Henri de), *de Vallibus*, vassal de Montlhéry, IV, 103, 104.
— (Simon de), II, 46.
VAUX-D'ARGENT, lieu-dit de Servon (XVIIe s.), V, 255.
VAUX-DE-CERNAY (abbaye des), située sur la paroisse de Cernay-la-Ville. *Notice*, III, 423-425. — L'abbaye de Port-Royal lui est soumise, III, 296. — Ses biens et seigneuries, III, 150, 151, 411, 422, 473, 476, 498, 564; IV, 109 (note), 259, 416, 418, 421, 423, 426; V, 8. — Abbés. Voy. Beaune (Dominique de), Buffeteau (Michel), Cordier (Thomas), Desportes (Philippe), Monceaux (Jean des), Pierre, Richard, Rully (Jean de), S. Thibaud, Thomas. — Mentions diverses, III, 110, 322, 427 (note), 470.
— (Guillaume des). Mentionné en 1200, IV, 49.
— (Pierre des), religieux. Son Histoire des Albigeois, III, 423.
VAUX-LA-COMTESSE. Voy. Vaux-la-Reine.
VAUX-LA-REINE, anciennement appelé Vaux-la-Comtesse [Seine-et-Marne, lieu-dit de Combs-la-Ville]. *Notice*, V, 181-185. — Seigneur, V, 128. — Autres mentions, V, 40, 166.
VAUX-LES CREIL [Oise, arr. de Senlis, cant. et comm. de Creil], I, 625.
VAUX-SUR-ESSONNE [Seine-et-Oise, ham. d'Essonne], IV, 267, 373. — Seigneur. Voy. Neuville (Nicolas de).
VAUX-SUR-ORGE [Seine-et-Oise, ham. de Savigny-sur-Orge], IV, 85, 86, 396 397. — (les Plantes de), IV, 389.
VAUZY (Guillaume de), II, 600. Voy. Varzy (Guillaume de).
Vavassoria regis. Voy. Bruyères (Sédile de).
VAYRES (marquis de). Voy. Tronchay (Louis du).
VEAU (Alain), trésorier de France. Sa sépulture (1575), I, 91.
VEAU (Louis le), secrét. du Roi. Sa maison à Brevannes (XVIIe s.), V, 34.
VECQUEMONT [Evecquemont. Seine-et-Oise, cant. de Meulan]. Seigneur : Charles d'O, II, 148.
Vedzarim. Voy. Verrières.
Vehols. Sens de ce mot ; fausse étymol. de nom de lieu, IV, 52.

VEILLANT (Bertrand de), prieur de Bruyères le-Châtel (1414), III, 471.
VEILLOTTE (la) [Seine-et-Oise], ham. du Mesnil-St-Denis], III, 290.
VÉLAND, chef normand. S'empare du lieu dit les Fossés, depuis Saint-Maur (861), II, 425-6.
Velceniæ [Velctanæ] : Vauciennes. Marne, arr. et cant. d'Épernay, II, 404.
VÉLIZY, *Heleriacum, Vilisiacum,* Velezi, paroisse du doyenné de Châteaufort [Seine-et-Oise, arr. et cant. de Versailles]. *Notice,* III, 221-7.
— Autres mentions, III, 193, 258. Voy. Ursines.
— Lieux-dits : Vélizy (le Petit), Villacoublay.
— (bois de), *de Villeziaco,* III, 173.
VELIZY (le Petit), III, 224. Voy. Hôtel-Dieu (l').
VELLETRI [Italie]. Évêque. Voy. Octavien.
VÉLY (Claude Dodieu, seigneur de), II, 30.
Vemarcium : Vémars, II, 344.
VÉMARS, *Vemarcium,* Avemar, Avemart, Vauldemar, Vemarz, paroisse du doyenné de Montmorency [Seine-et-Oise, arr. de Pontoise, cant. de Luzarches]. *Notice,* II, 344-348.
— Autres mentions, II, 159, 341.
— Lieux-dits : Carneaux (les), Choisy-aux-Bœufs.
— (Baudouin de), de Vémart. Donne à l'abbaye de Ste-Geneviève des biens à Palaiseau (XIIIe s.), II, 346; III, 331.
— (Emmeline de), femme de Jean de Versailles (1266), II, 346; III, 195.
— (Foulques de), *de Avemar* (1182), II, 344 (note).
— (Guillaume de), d'Avemars, prévôt de Montmélian (1186), II, 338; — (1163), 344 (note).
— (Mainier de), *de Avemar* (1182), II, 344 (note).
— (Pierre de), chevalier. Vend à l'abbaye de Ste-Geneviève la seigneurie de Vémars (1270), II, 310, 346 ; — (1294-1295), 346.
— (Regnaud de). Voy. Val (Regnaud du).
VEMART. Voy. Vemars.
Vemartium. Voy. Vemars.
VEMARZ. Voy. Vemars.
Vendelii (Clarembaldus Dominus Comes), II, 120.
VENDÔME [Loir-et-Cher], III, 166 ; IV, 104, 147. — Abbaye [de la Trinité] : abbé. Voy. Ham. — Archidiacre. Voy. Garlande (Hugues de).
— (Aiglantine de), femme de Mathieu de Montmorency. Son épitaphe, II, 68.
— (Alexandre, chevalier de), fils d'Henri IV et de Gabrielle d'Estrées. Est arrêté à Amboise et enfermé à Vincennes, II, 410.
— (Amaury de), seigneur de Villepreux, III, 185.
— (Burchard, comte de). Mention en 995, I, 141.
— (César de), fils de Gabrielle d'Estrées. Son contrat de mariage mentionné, I, 131. — Accident dont il faillit être victime au pont de Neuilly (1606), I, 434-5. — Est arrêté à Amboise et enfermé à Vincennes (1626), II, 410.
— (Charles de Bourbon, duc de). Voy. Bourbon.
— (Jean de), *de Vindocino,* chevalier. Seigneur de la Ferté et de Villepreux ; contestation qu'il a avec le prieuré de Villepreux (1310), III, 181-2 ; — identifié avec Jean de Villepereur, 185.
— (Louise de), veuve de François de Ferrières. Dame de Boissy-sous-St-Yon et d'Égly (1543), IV, 167.
— (Mathieu de), abbé de Saint-Denis. Fait travailler à l'égl. de son abbaye, I, 497. — Fait exempter les habit. de Rueil du droit de gîte dû au roi (1258), III, 97. — Mentions diverses, II, 52, 56, 258, 531, 615, 616 ; III, 42, 299.
— (Renaud ou Rainaud de), fils de Burchard, comte de Corbeil et de Vendôme ; évêque de Paris. Donne au chapitre de Notre-Dame l'hôpital St-Christophe, I, 15 ; — l'égl. de St-Merry (1015), 161. — Biens qu'il donne à l'abbaye de Marmoutiers (995), I, 141, 145. — Actes relat. à l'abbaye de St-Maur ; biens qu'il lui donne, II, 426, 429, 430, 438, 443, 444, 455, 477, 640 ; IV, 135, 315 ; V, 5. — Donne Andrezy à une femme nommée Oda (993), II, 98.
— (Robert de), fils d'Amaury, seigneur de Villepreux, III, 185.
VENDOME (Mme de) et le duc de Vendôme son fils. Reliques qu'ils donnent à l'égl. St-Roch [1665], I, 78.
VENDOMOIS (Renée de), recluse de l'égl. des Innocents (1485), I, 50.
VENDREDI-SAINT. Sermons en différentes langues prêchés ce jour aux Grands-Augustins, I, 289.
VÉNÉRABLE (Pierre le), abbé de Cluny. I, 445. Voy. Pierre.
VENETTE (Jean de), carme de Paris. Ses œuvres, I, 255 ; IV, 68.
VENIER (Pierre le), pénitencier d'Auxerre. Ses œuvres citées, IV, 413.

VENISE [Italie], III, 145. — Reliques en provenant, I, 219 ; III, 432. — Représentation de cette ville dans le parc de Chanteloup, IV, 155.

Venna. Sens de ce mot, III, 105.

Vennæ, localité mentionnée en 774 [Vanves?], III, 342.

VENNEDE (Hugues). Reçoit de Charles VII la seigneurie de Gournay (1448), IV, 618 [peut-être Hugues Kennedy].

VENOY (Louis de), chanoine de St-Maur (1536), II, 433.

VENTADOUR (la duchesse de). Son séjour au château de Fromont (1701), IV, 178.

VENVES. Voy. Vanves.

VENY D'ARBOUZE. Voy. Arbouze.

VENZEY en Touraine [Vanzay? Deux-Sèvres, arr. de Melle, cant. de Lezay], III, 106.

VER, mot celtique. Sa signification, II, 501.

VER, au-dessous de Dammartin [Oise, arr. de Senlis, cant. de Nanteuille-Haudouin], II, 501. — Cédé par Louis XIV à l'abbaye de Ste-Geneviève avec autorisation de l'appeler Val de Galie, III, 205.

VER en France [le même que le précéd.?]. Seigneur : Eustache le Picart, II, 315.

— *(Carretum et fossatum de).* Hypothèse sur la situation de ce lieu, IV, 209, 214.

Ver, Vères-sur-Marne. Voy. Vaires.

VER, IV, 208, 209. Voy. Ver-le-Grand et Ver-le-Petit

— (Albert de), bienfaiteur du prieuré de Longpont [1100?], IV, 371.

— (Emmeline de), mère d'Odon. Donne l'égl. d'Orangis au prieuré de Notre-Dame-des-Champs (vers 1110), IV, 209, 211, 371, 410-411.

— (Ferry de), bienfaiteur de l'abbaye de St-Denis (1216), II, 503, 507.

— (Garin de). Fiefs dont il doit hommage au roi (XIIIᵉ s.), III, 443, 505 ; IV, 82, 211.

— (Geoffroy de). Son différend avec le prieuré de Longpont, III, 461 ; IV, 211. — Son manoir à Montaubert, IV, 212. — Revenus qu'il perçoit à Orangis (1136), IV, 371.

— (Guiot de) ou de Vers. Mentionné en 1271, II, 503.

— (Jean de), dit *le Brun.* Bienfaiteur de l'abbaye de Chaalis (1251), II, 503.

— (Jean de), *de Veriis,* qualifié *armiger* (1275), II, 503.

— (Jehan de), chevalier. Sa sépulture, IV, 210.

— (Odon de), fils d'Emeline. Bienfaiteur du prieuré de Longpont (1110?), IV, 209, 211, 371, 410-411.

— (Oidelard de) [*Oylardus de Ver Magno*], bienfaiteur du prieuré de Longpont, IV, 222.

— (Robert de). Ses biens à Fontenay-en-France, II, 242.

VERALLI (Jérome), légat du pape. Le Parlement instruit contre son neveu, dataire de la chancellerie romaine, IV, 511.

VERBERIE [Oise, arr. de Senlis, cant. de Pont-St-Maxence]. Palais royal, I, 599. — Acte royal qui en est daté (900), V, 12.

VERBEURE ou VERBEUSE, lieu-dit de Villejuif (XVᵉ s.), IV, 31.

VERCEIL (Pierre de Versailles, appelé par erreur de), III, 204.

VERD (Ferry le). Dîme à Argenteuil qu'il restitue à l'abbaye de St-Denis (XIIIᵉ s.), II, 17 [Le même que Ferry de Ver].

VERDELIN. Sa maison à Villiers-sur-Orge (XVIIIᵉ s.), IV, 89.

VERDERONNE (de l'AUBÉPINE, marquis de), seigneur de Villiers-Adam, II, 133 ; — de Villeflix, IV, 626. — (Mᵐᵉ de), dame de Ville-Evrard, II, 480.

VERDPRÉ, ancien lieu-dit identifié à *Pratellum Holdeum,* III, 554.

Verdrariæ : Verrières, III, 530.

VERDUC (de), secrét. du Roi, greffier en chef du Grand-Conseil. Seigneur de Soisy, I, 633.

VERDUN [Meuse]. Evêque. Voy. Haymon, I, 264. — Gardien ou gouverneur mentionné en 1337, IV, 617. Voy. Guerlande (de). — (historien de.) Voy. Vassebourg.

— (Jean de), religieux de St-Denis (XVIᵉ s.), I, 511.

— (Nicolas de), premier président du Parlement de Toulouse, puis de Paris. Son lieu de naissance, IV, 318. — Sa maison à Conflans, II, 371.

VERDURIER de la Reine. Ses fonctions, III, 579 (note 2).

Vere (insula), dans la Marne, dépendant de Vaires, II, 502.

VERES. Voy. Vaires.

VERES-CHATEL (Pierre de), écuyer. Seigneur de Sauciel-Bernard (1597), IV, 237.

VERGALANT [actuellement le Vert-Galant, Seine-et-Oise, ham. de Vaujours]. Origine de ce nom, II, 575.

VERGE. Offerte en signe de réparation, I, 163.

VERGER (René du), receveur des finances. Sa résidence de la Maison-Rouge à Sceaux (1626), III, 552.

VERGER (sieur du). Voy. Reverdy (François).
VERGNE (Hugues de la), écuyer. Sa maison à Paris (1361), I, 311.
— (Jean de la), ermite de S. Cyprien. Est autorisé à s'installer au prieuré de Grosbois (1698), II, 580.
VERGY (Imbert de), év. de Paris. Actes de son épiscopat (1036), IV, 549, 553, 569 ; — (1040), IV, 323, 325 ; — (1042), III, 534 ; V, 176 ; — (1050), IV, 641 ; V, 351. Voy. Imbert.
— (Jeanne de), dame d'Antonin. La terre de Montjay est affectée à l'acquittement d'une condamnation en sa faveur (1386), II, 532.
VERI (Renaut de). Mentionné en 1278, II, 446.
VERIOU [?], possesseur du fief de Fromont, IV, 378.
VERJUS (Antoine), jésuite, frère de François, V, 262.
— (François), oratorien, év. de Grasse. Chapelain de St-Lazare à Brie-Comte-Robert (1665), V, 262.
VER-LE-GRAND, dit aussi VALGRAND, *Vernum, Ver magnum*, Vallegrand, paroisse du doyenné de Montlhéry [Vert-le-Grand, Seine-et-Oise, arr. de Corbeil, cant. d'Arpajon]. *Notice*, IV, 207-215. — Baronnie unie à la seigneurie de Ver-le-Petit sous le nom du Bouchet-Valgrand, IV, 217. — Seigneurie : fief en relevant, IV, 373. — Mentions diverses, IV, 89, 96, 127, 222.
— Lieux-dits : Brazeux, Linou, Montaubert, Noues (les), Saint-Rémy, Saussaye (la).
VER-LE-PETIT, *Ver parvum, Varium parvum*, Valpetit, paroisse du doyenné de Montlhéry [Ver-le-Petit. Seine-et-Oise, arr. de Corbeil, cant. d'Arpajon]. *Notice*, IV, 215-219.— Habit. admis à la lépros. de Linas, IV, 127. — Confondu avec Ver-le-Grand, IV, 211.
— Lieux-dits : Bouchet (le), Misery.
VER-LES-CHARTRES [Var ? Eure-et-Loir, arr. et cant. de Chartres]. Etymologie, V, 419 ; — aqueduc mérovingien, *ibid.* (note).
VER MAGNE (cure de), traduction inexacte de *Cura de Vere Magno*, IV, 211.
Ver magnum. Voy. Ver-le-Grand.
VERMANDOIS (Heribert II, comte de) et de Troyes. Donne à l'abbaye de Montiérender des biens à *Vilceniæ* (993), II, 404.
— (Radulfe ou Raoul, comte de). Est blessé au siège du château de Livry (1128), II, 586. — Témoin dans un acte, IV, 165. — Sénéchal de France. Nommé régent par Louis VII ; village que ce roi lui aurait donné et qui en aurait retenu le nom, IV, 367-8. — Chargé de garder la tour d'Andrezel, V, 423.
VERMENTON (Guillaume de), chanoine de St-Cloud, III, 27.
VERNADE (Antoine de la), premier prieur commandataire de St-Eloi de Chilly (1523), IV, 71.
VERNE, arbre. Origine de nom de lieu, IV, 568.
VERNELLE [Seine-et-Marne, ham. d'Evry-les-Châteaux]. Prieuré ; V, 130-131, 159.
VERNELLE, *alias* WAYMEL, trésorier de la vénerie et fauconnerie. Son fief à Bures, III, 394 ; — à Orsay, 399.
VERNET, receveur des consignations à Paris. Son fief à Sucy-en-Brie (XVIIe s.), V, 384.
VERNEUIL [Eure, arr. d'Evreux, ch.-l. de cant.]. Bataille de 1424, II, 196.
VERNEUIL [Seine-et-Marne, arr. de Melun, cant. de Mormant]. Fief dépendant de Tournan, V, 330.
VERNEUIL [Seine-et-Oise, arr. de Versailles, cant. de Poissy]. La présentation à la cure est adjugée au prieuré de Deuil, I, 603.
VERNEUIL (lettres royales de 1306 datées de), IV, 488.
VERNEUIL (Henri de BOURBON-), fils naturel d'Henri IV et d'Henriette de Balzac ; év. de Metz, abbé de Tiron (1650), II, 591. — Abbé des Vaux-de-Cernay, III, 423. — Son portrait au château de Marcoussis, III, 487.
— (Radulf de), chevalier (XIIIe s.), V, 313.
VERNIER (André), chanoine de Paris, cons. au Parl. Seigneur de Créteil, V, 11 (note).
VERNON [Eure, arr. d'Evreux, ch.-l. de cant.]. Cédé à Philippe-Auguste (1195), II, 301, 335, 339. — Autres mentions, I, 388, 547.
— (Guillaume de), seigneur de Montmélian et de Plailly (XIIIe s.), II, 339.
— (Jean de), abbé de St-Germain-des-Prés. Bâtit l'égl. St-Côme à Paris (1210), I, 290. — Acte relat. à la chapelle de la Marche et au Chesnay, III, 166, 169. — Fonde une chapelle à Choisy-sur-Seine (1207), IV, 443-4.
— (Jean de), fils de Richard (?). Biens à Louvres qu'il donne à St-Martin-des-Champs (1232), II, 301.
— (Jean de), secrét. de Charles V. Biens qu'il donne aux Chartreux de

Paris, II, 66 ; III, 509 ; IV, 77. — Sa sépulture (1376), II, 66.
— (Marie de), fille de Guillaume. Apporte en mariage la terre de Montmélian à Guillaume de Chantilly (XIII° s.), II, 339.
— (Richard de). Échange qu'il fait avec Philippe-Auguste (1195), II, 301, 335, 339.
— (Thibaud de). Fief portant ce nom à Fontenay-aux-Roses (XIII° s.), III, 564.
VERNOT, au dioc. de Sens [Vernou ? Seine-et-Marne, arr. de Fontainebleau, cant. de Moret], II, 619.
VERNOUILLET. Voy. Etang de Vernouillet (l').
VERNOUILLET [Seine-et-Marne, ferme à Lieusaint], V, 122.
— (Etienne de), chevalier. Ses biens à Grisy (1256), V, 156.
VERNOY (Charles Boucher, seigneur de), II, 33.
Vernum : Ver, IV, 207.
VEROF (Pierre), écuyer. Ses biens à Vaires (1337), II, 503.
VERON (François), curé de Charenton. S'oppose à l'établissement d'un temple protestant sur sa paroisse (1606), II, 376. — Ses écrits, II, 380.
VÉRONIQUE (chapelle de la), dans l'égl. de Pomponne, II, 505.
VÉROS, fief à Choisel (1507). Voy. Herbouvilliers.
Ver parvum. Voy. Ver-le-Petit.
VERRAIL (Guillaume du). Sa femme. Voy. Fortbois (Marie de).
— (Marie du), fille du précéd., femme de Gabriel de Cugnac. Dame de Presle et du Moulin-Neuf, II, 315.
VERRAT (Pierre le), prévôt de Paris, écuyer d'écurie du Roi. Seigneur de Crosne (XV° s.), V, 43.
VERRE (manufacture de flacons de), établie à Sèvres, III, 19.
VERRE (de), chevalier. Ses enfants possesseurs d'un fief à Evry-en-Brie (1399), V, 133.
VERRERIE (la) ou la VERRIÈRE [Seine-et-Oise, ham. de la Celle-les-Bordes], III, 426.
VERRERIE (la) ou la VERRIERE, ancien lieu-dit de St-Rémy-les-Chevreuse, III, 290, 381, 382.
VERRIÈRE (la), la Voirrerie, Saint-Jacques de la Verrière, paroisse du doyenné de Châteaufort [Seine-et-Oise, arr. de Rambouillet, cant. de Chevreuse]. *Notice*, III, 290-291.
VERRIÈRES, *Vedzariæ, Verdrariæ, Vitreriis (de)*, Voerrières, paroisse du doyenné de Châteaufort [Seine-et-Oise, arr. de Versailles, cant. de Palaiseau]. *Notice*, III, 530-533. — (bois de). Situés autrefois sur la paroisse d'Antony ; vendus au roi, III, 535 (note), 536 ; IV, 46. — Mentions diverses, III, 50, 536 ; IV, 54.
— Lieux-dits : Amblainvilliers, Boursillère (la), Migneaux, Vaupereux.
— (Hugues de), homme de corps. Conditions imposées au mariage de son fils avec une serve d'un autre village, III, 531.
VERS et autres insectes des vignes. Processions et exorcismes en vue de leur destruction, II, 18, 38 ; III, 67.
VERSAILLES, *Versallæ*, ville du doyenné de Châteaufort [Seine-et-Oise]. *Notice*, III, 192-210.
— Avenue de Paris, III, 197.
— Château, III, 196, 197 ; — galerie des Princes, 197 ; — grand Commun, 198 ; — chapelle, 198, 199-200 ; — renseignements bibliographiques, 201-202.
— Chenil, III, 199.
— Écuries, III, 199.
— Communautés religieuses : Prêtres de la Mission, III, 198, 199, 200 ; — Recollets, 200.
— Eaux : leur salubrité, III, 203.
— Eglises, I, 35 ; — Notre-Dame, église paroissiale, III, 198, 199. — Saint-Julien, prieuré, ancienne égl. paroissiale démolie, I, 146 ; III, 165, 193, 196, 198, 209 ; ses biens, II, 416 ; orgues, IV, 71 ; prieur. Voy. Moncy (Jean de). — Saint-Louis, égl. paroissiale, II, 83 ; III, 199.
— Fief Michel Lebœuf, III, 196, 286.
— Foires, III, 196.
— Gouverneur, III, 202.
— Grenier à sel, III, 202.
— Hôpital, III, 200.
— Hôtel du Grand-Maître, III, 199.
— Léproserie, III, 109, 200-1, 214.
— Parc ; ses agrandissements, III, 114, 123, 162, 165, 182, 188, 189, 533 ; IV, 46 ; — portes, 112, 177, 295.
— Parc-aux-Cerfs, III, 198, 199.
— Rue St-Julien, III, 199.
— Seigneurs, personnages illustres, III, 194, 195, 196, 203, 204.
— Autres mentions, I, 633 ; II, 156 ; III, 16, 166.
— Lieux-dits : Bois-Robert (porte du), Cerf-Volant (porte du), Cigrefin, Clagny, Galie (val de), Glatigny, Grange-l'Essart (la), Ménagerie (la), Minière (porte de la), Porcherie (la), Satory, Sarjollant, Saint-Cyr (porte de), Trianon.

— (Gervais, seigneur de). Biens qu'il cède à St-Magloire de Paris (1189), III, 193, 194.
— (Gilles ou Gilon, seigneur de), fils de Jean. Mentions en 1189, III, 194; en 1194, 194; en 1208, V, 53; en 1209, III, 158; qualifié bailli du roi (1213, 1216), III, 195.
— (Gilet ou Gilon, seigneur de), *armiger*, fils de Jean. Mention en 1266, II, 346; III, 195; en 1275, III, 122, 195.
— (Gui, seigneur de), de *Versallis*. Ses biens, III, 195, 216, 223.
— (Guy de), chanoine d'Angers. Assiste au concile de Bâle (1432), III, 204.
— (Hugues, seigneur de), de *Versaliis*, III, 192. — Mention en 1275, III, 194.
— (Isabeau ou Elisabeth de), abbesse d'Yerre, III, 203.
— (Jean, seigneur de). Mentions en 1164, V, 110.
— (Jean, seigneur de). Mention en 1189, III, 193.
— (Jean, seigneur de). Mention en 1246, III, 194.
— (Jean, seigneur de), *armiger*. Mentions en 1249, II, 280; III, 195. — Sa veuve Mathilde (1253), III, 195; V, 108.
— (Jean, seigneur de), écuyer (1327), III, 195.
— (Jeanne de), abbesse de St-Cyr (1400), III, 203.
— (Philippe, seigneur de), bienfaiteur et religieux de l'abbaye de Marmoutier (1100), III, 194.
— (Pierre de), écuyer. Mentionné en 1270, II, 346.
— (Pierre de), év. de Digne, puis de Meaux, III, 203-4.
— (Robert de) (XVe s.), IV, 512.
VERSAILLES, nom donné au XVIIe s. à une villa de la campagne romaine, III, 210.
VERSALIEU, *Versallæ* [Versaillieux, Ain, arr. de Trévoux], III, 197 (note).
Versaliis (Hugo de). Voy. Versailles (Hugues de).
VERSIGNY (de), présid. de la Cour des Aides. Fondateur des Annonciades Bleues à St-Denis (1629), I, 532.
VERSOIR (le), lieu-dit d'Igny (1549), III, 530.
VERSORIS (Claude), curé de St-Côme de Paris (1561), I, 291.
— (Frédéric), avoc. au Parl., I, 425. Son fief de l'Hôtel-aux-Payens (1597), IV, 238.
— (Guillaume de), gentilhomme normand. Seigneur de Garges (1550), II, 255-6; — de Bussy-St-Martin, IV, 581.
— (Jean de), avoc. au Châtelet. Seigneur de Garges, II, 255; — de Bussy-St-Martin (XVIe s.), IV, 580, 581.
— (Pierre), avocat. Sa maison de campagne à Clichy, I, 430.
VERT (dom Claude de). Ses études au séminaire de Nanterre, III, 77. — Auteur cité, I, 238.
VERTHAMONT (François de), seigneur de Villemenon. Ses prétentions sur Servon (1666), V, 252, 255. — Seigneur de Brie-Comte-Robert (1650), V, 268, 271.
— (Marguerite de), femme de Macé de la Bazinière. Dame de Clichy, I, 427.
VERTOT (l'abbé René de), chanoine prémontré. Pourvu de la cure de Croissy-sur-Seine; ouvrages qu'il y compose, II, 27. — Reçoit la commanderie de Santeny, V, 244.
VERTUS (représentat. des), I, 7, 8, 9.
VERTUS, synon. de miracles, I, 558.
VERTUS [Marne, arr. de Châlons]. Archidiacre. Voy. Boucher (Pierre le).
— (le comte de). Reçoit de Charles VI des biens à Montreuil-sous-Bois (1413), II, 399.
Verus, nom romain. Origine de nom de lieu, IV, 399-400.
Vervecaria, *Vervex*, sens de ces mots. Origines de nom de lieu, IV, 494.
VERVINS [Aisne]. Ses marchands au Landit de St-Denis, I, 548.
VERVILLE [Seine-et-Oise, ham. de Fontenay-lès-Briis et de Bruyères-le-Châtel], III, 458, 476.
VERUE (la comtesse de), dame de Villacoublay, III, 226.
VESC (Antoine de), év. de Valence. Pose la première pierre de l'égl. d'Herblay (1534) dont il fait la dédicace (1537), II, 79.
VESEZ [de VESCQ] (Étienne de), premier valet de chambre du Dauphin. Hommage rendu en son nom pour le fief des Garnisons (1477), V, 115.
VÉSINET ou VEZINET (le), *Visiniolum*, appelé aussi Echaufour, ham. du Pecq [Seine-et-Oise, com. du cant. de St-Germain-en-Laye], III, 127, 128, 129-130. — (garenne du), III, 144.
VESLE (la), riv. Son confluent, IV, 271.
VEST (Charles de), fils d'Étienne? Seign. de Savigny-sur-Orge (1510), IV, 391; — de Viry, 402.
— (Étienne de), chambellan du Roi, bailli de Meaux. Seigneur d'Orangis et de Trotigny (1587), IV, 372;

— de Savigny-sur-Orge, 372, 391;
— de Viry, 372, 402.
— (Jean de), seigneur de Savigny-sur-Orge (1512), IV, 391.
VEST (Barnabé le), chirurgien. Son lieu de naissance, I, 535.
VEST (Fleury le). Son fief des Garnisons (1549), V, 115.
— (Pierre le). Possède le fief des Garnisons (1548), V, 115.
VEST DE MONTLAUR (Jeanne de). Son fief des Garnisons (XVIe s.), V, 115.
VESTIERS (les). Voy. Néfliers (les).
Vesunnum : Bezons, II, 20.
VÊTEMENTS de saints suspendus à découvert dans les églises, I, 11.
Vetulis (Guillaume a), religieux de Fontenelle. Vers de lui cités, III, 478.
Vetus Corbolium : le Vieux-Corbeil, V, 88.
VEXIN (le), II, 126.
VEYDEAU DE GRANDMONT. Voy. Grandmont.
VICES (représentat. des), I, 7, 9.
VEYNE (Françoise de), femme d'Antoine Duprat. Sa sépulture, J, 415.
VEYRAS (Guillaume de), prêtre. Autorisé à se retirer à Montfermeil, II, 542.
VÉZELAY [Yonne, arr. d'Avallon, ch.-l. de cant.], IV, 71. — Abbaye : abbé. Voy. Chanac (Guillaume de). — Bailli. Voy. Tournes (Etienne de).
— (Adam de), bienfaiteur de la collégiale de Luzarches, II, 204.
— (Henri de), chapelain de S. Louis. Sa maison à Paris, I, 103.
VIALART (Antoine), prieur de St-Martin-des-Champs (1565), I, 192.
— Abbé de Bernay, puis archev. de Bourges ; décédé au prieuré de Gournay (1577), IV, 613.
— (Claude). femme de Denis du Mesnil (XVIe s.), V, 296.
— (Germain), cons. au Parl. Prieur de Domont. Sa sépulture (1574), II, 159.
VIANDE (amende honorable faite pour avoir mangé de la), le vendredi, I, 167. — (permission accordée à une personne âgée de manger de la) pendant le carême, mais en secret et sauf le vendredi, III, 448. — (plat de) dû en se mariant par les paroissiens de Paris au marguillier de la cathédrale, I, 246.
VIARMES, Vierme [Seine-et-Oise, arr. de Pontoise, cant. de Luzarches]. (Seigneur de). Aveu qu'il reçoit pour la terre de Belloy (1327, 1416), II, 196. Voy. Chambly (de).
Vibius (pons). Identifié à tort avec le pont de St-Cloud, III, 32.

VIC (Hardy de). Voy. Hardy.
VICAIRE, desservant une cure, II, 100 ; — chargé de la tenue des écoles, IV, 29, 30, 40 ; — fonction remplie par le curé d'une autre paroisse, 53.
VICAIRIE (droit de). Confondu avec le droit de voirie, IV, 192.
Vicena, Vicenæ, Vicenes. Voy. Vincennes.
Viceor : Wissous, IV, 52.
Viceorium : Wissous. IV, 51, 54.
VICEORS, Viceour. Viceours, Viceous, Viceoz. Voy. Wissous.
VICHER (Geoffroy de), visiteur-général de l'ordre du Temple (1285), II, 324.
Viciniacus : [Voisins ? Seine-et-Oise, ham. de Louveciennes], III, 127, 130
Vicinis (Milon de). Voy. Voisins (Milon de).
Vicinum, ad *Vicinum* : le fief Voisin à Brétigny, IV, 340.
VICOIN (le), riv., affluent de la Mayenne, IV, 349.
VICOMTE (Guillemin le), seigneur d'Etiolles (1337), V, 74.
Vicorium, petit village, hameau. Origine de nom de lieu, IV, 52.
VICTOIRE (la) [Oise, arr., cant. et comm. de Senlis]. Abbaye ; ses biens, II, 209, 336.
VICTON (André), prêtre. Vend la basse justice de Chaillot (1689), I, 412.
VICTOR, curé d'Epinay-sur-Orge (1136), IV, 84.
Victoricium : Vitry-sur-Seine, IV, 447, 450.
VICTORIN, év. de Paris, I, 3. — Sa sépulture présumée, I, 227.
Vicus Baldaeri : la rue Baudoyer, à Paris, II, 420.
Vicus Novus, Vigneux, II, 465 ; — pris à tort pour Villeneuve-St-Georges, V, 41, 51.
VIDE, IV, 96. Voy. Jude.
VIDIER DE LA BORDE, prêtre de l'Oratoire. Prieur de Domont, II, 159.
VIE (Jean), prieur de St-Mandé (1315), II, 380 ; IV, 570.
VIE (Pierre de la). Voy. Voye (Pierre de la).
VIE des Saints. Voy. Saints.
VIE SAINE, *Vita sana*, fausse étymologie de Vincennes, II, 403.
VIEILLE (Nicolas de la), curé de Montesson, administrateur de la léproserie de Charlevanne. Son procès avec Robert de St-Germain (1366), II, 30 ; III, 111.
VIELMOULIN, fief à Bagnolet, II, 655.
VIENNE [Isère]. Archevêques. Voy. Adon, Palmier (Pierre). — Cathédrale : biens à Chelles, II, 495. — Cimetière, I, 110.

34.

— 530 —

[VIENNE] (Alix de), femme de Jean de Dreux dit de Braine, IV, 57, 68, 70.
VIENNE (Henry de), mari d'Asceline de Tourtebraie. Sa sépulture (1324), IV, 124, 125.
VIENNE (Isabeau de), femme de Hugues Aligret, IV, 319.
VIENNE (de la). Sa maison à Clamart, III, 250.
VIENNE-SOUS-L'ÉGLANTIER (Jacques d'O, seigneur de), II, 148.
VIENNOIS (dauphin de). Voy. Guyenne (Louis, duc de).
VIERCY, Virsi [Seine-et-Marne, arr. de Melun, cant. de Brie-Comte-Robert, comm. de Réau], V, 148.
VIERGE (la sainte). Églises et chapelles sous son patronage, I, 42, 46, 52, 72, 91, 103, 152, 253, 260, 305, 386, 472, 496, 520; II, 124, 125, 126, 142, 165, 187, 198, 224, 226, 247, 295, 305, 331, 378, 417, 423, 424, 472, 484-5, 547, 614, 627, 631, 649; III, 9, 12, 89, 105, 117, 309, 354, 379, 389, 423, 438, 442, 451, 452, 456, 507, 531; IV, 33, 37, 40, 50, 87, 91, 161, 168, 173, 189, 192, 224, 243, 297, 321, 374, 375, 428, 480, 516, 571, 621; V, 30, 67, 68, 88, 102, 109, 142, 151, 169, 223, 270, 285, 307, 347, 362, 400, 419. Voy. Notre-Dame.
— surnoms qu'il est interdit de lui donner, III, 252. — (images miraculeuses de la), I, 191, 221, 557, 558; II, 446. — (statues et autres représentat. de la), I, 7, 8, 329; II, 61; III, 351, 420, 489; V, 13, 151, 235. — (profanation d'une image de la), I, 167. — (phylactères de la), IV, 95. — (reliquaire contenant du lait de la), III, 378.
VIERGES (les onze mille). Doute sur le nombre de ces saintes, I, 152. — Églises en possédant des reliques, I, 152; II, 312-3; V, 81.
VIERME. Voy. Viarmes.
— (Radulf de). Vend au prieur de Clichy-en-l'Aunois des biens en ce lieu, II, 570.
VIEUPONT (Jean de), év. de Meaux. Egl. où il fut sacré, I, 218.
VIEUPONT (Marguerite de), femme d'Adam le Brun. Dame de Frenay, le Voisinier, Moyenville, III, 328-9.
— (Robert de), chevalier, père de la précéd. Seigneur de Cailloüe, III, 329.
VIEUVILLE (Charles, marquis de la). Biens qu'il cède en échange de Nogent-l'Artaud (XVIIe s.), III, 533.
— (Louis, marquis de la). Lieu où fut célébré son mariage avec Mlle Fouquet de Belle-Isle (1722), IV, 47.
— (Lucrèce-Françoise de la), femme d'Ambroise, duc de Bournonville, I, 607.
VIEUX-CORBEIL (le). Voy. Corbeil.
VIEUX-MARCHÉ (le) [Seine-et-Oise, ham. de St-Germain-les-Corbeil], V, 79; — dépendant en partie de St-Pierre-du-Perray, 90-91.
VIEUX-MOUTIER (le), lieu-dit [de Villiers-Adam ou de Mériel?], II, 133, 137.
VIEZ [Villiers. Maine-et-Loire, arr. de Saumur, ch.-l. de cant.]. Seigneur. Voy. Turpin.
VIEZVILLE (la), lieu-dit dépendant de la seigneurie de Fleury-Mérogis (1399), IV, 364.
VIGAIRE (Jeanne la), femme de Jean d'Orangis, IV, 372, 403.
VIGENERE (Blaise de). Sa sépulture (1596), I, 248.
VIGER (le P. Nicolas-François), oratorien. Lieu de sa naissance, I, 119.
VIGIER (Antoine), prieur de Notre-Dame-des-Champs, I, 147.
VIGNAY (Jean de), hospitalier du Haut-Pas. Ses ouvrages, I, 156.
VIGNE (localités où l'on cultive la), II, 38, 55, 71; III, 4. 8, 18, 41, 47, 52, 56, 61, 67, 70, 90, 105, 108, 109, 113, 127, 128, 146, 149, 160; IV, 15, 33, 348, 414, 418.
VIGNE (Jean la), abbé de Livry (1502?), II, 572.
VIGNE-AUX-CLERCS (la), lieu-dit de Passy, I, 405.
VIGNENCOURT [Françoise de], femme d'Antoine Boyer, IV, 382.
VIGNERON (épitaphe d'un), III, 55.
VIGNERON (Claude le), femme de Robert Berruier. Sa sépulture, I, 474.
— (Nicolas le), grenetier du grenier à sel de Paris. Possède le fief de Pleuvon (1483), IV, 595.
VIGNERUN, lieu-dit de Fontenay-aux-Roses [?]. Mentionné au XIIIe s., III, 562.
Vignes (climat appelé les) à Rungis (XIIIe s.), IV, 49.
VIGNES (Jacques des), notaire royal. Défense qui lui est faite d'instrumenter en dehors de Neuville, sa résidence (1608), II, 111.
VIGNES-BLANCHES (les), canton du bois de Vincennes, II, 411.
VIGNEUF: Vigneux, V, 51.
VIGNEUL [Vineuil. Seine-et-Marne, arr. de Meaux, cant. de Claye, comm. de Saint-Mesmes]. Seigneur. Voy. Bouteiller (le).
Vignolio (Thomas de). Voy. Vineuil (Thomas de).

VIGNEUX, *Vicus Novus*, *Vinolis (locus de)*, *Vignolium*, Vigneuf, Vigneu, paroisse du doyenné du Vieux-Corbeil [Seine-et-Oise, arr. de Corbeil, cant. de Boissy-St-Léger]. *Notice*, V, 50-57. — Autres mentions, II, 465 ; V, 46, 47.
— Lieux-dits : Bergeries (les), Château-Frayé, Courcelles, Gros-Caillou (le), Fontaine (la), Monceaux, Noisy-sur-Seine, Port-Brun (le), Rouvres.
— (Gui de), *de Vico Novo*. Mentionné en 1206, V, 54.
— *(Radinus de), de Vinolis*. Sa femme Mathilde, V, 54.
— (Thomas de), *de Vignolio*, chevalier. Donne à l'abbaye d'Yerres une vigne à Mons (1230), IV, 121 ; V, 54. — Son fief à Egrenay (1234), V, 179.
VIGNIER (Nicolas), conseiller d'État (1636), V, 427.
VIGNOLES, canton de Charonne. Mention en 1442, I, 476 ; — en 1425 et 1538, 481.
VIGNOLES (Robert de), *de Vincolis*, chevalier. Cède à l'abbaye de St-Denis ses biens à Rueil et à la Celle-St-Cloud (1230 ou 1239), III, 96, 100, 162.
Vignolium : Vigneux, V, 54.
VIGNOLLES [Seine-et Marne, ham. de Gretz]. Mentionné en 1239, V, 313 ; — en 1721, 309. — *Notice*, V, 315.
VIGNOLLES (Jacques ROBERT, dit de). Voy. Robert de la Forêt.
— (Jean de), doyen des secrét. du Roi. Seigneur de Villaines, II, 199.
VIGNOLS (de), seigneur de Pontcarré (XVIe s.), IV, 507. — Antoinette, sa fille, dame d'Argini et de Pontcarré ; femme de Jean Camus, IV, 507.
VIGNY (Clémence de), femme de Jean-Baptiste Bodin, IV, 115.
— (Denise de), veuve du président Brisson. Sa maison au Breuil, IV, 86.
— (François de), seigneur de Villegenis (1579-1597), III, 524 ; — de Gommonvilliers et d'Igny. Son épitaphe (1610), 526.
— (Jacques-Olivier de), maître des Comptes. Seigneur de Courquetaine ; réunit à cette terre les fiefs de Montgazon, Villepayen et Cervolles (1723), V, 297.
— (Jean-Baptiste de), lieutenant-général d'artillerie. Seigneur de Ville-Évrard, II, 480 ; — de Courquetaine, Villepayen, Montgazon et Cervolles ; sa sépulture (1707), V, 295, 297.

— (Marie de), femme de François d'Alesso, II, 111.
VIGOR, abbé d'Ollainville (VIIe s.), III, 466.
VIGOR (Nicolas), habitant de Courbevoie, III, 68.
VIGOR (Simon), curé de St-Paul de Paris, puis archev. de Narbonne, I, 327.
VILAINE, *Villa Haymonis*, Ville-Hémon, Villème, Villene, Villaines [Seine-et-Oise, ham. de Massy], III, 524, 526.
VILBELAIN. Voy. Villeblain.
VILBERT [Seine-et-Marne, arr. de Coulommiers, cant. de Rozoy], IV, 296.
Vilcedomum ou *Villedonum*, terre dépendant du Pecq (IXe s.), III, 127, 130.
Vilcena, *Vilcenna*. Voy. Vincennes.
Vilceors, *Vilceols* : Wissous, IV, 52.
VILÇOUS : Wissous, IV, 52.
Vilenagium, villenage. Sens de ce mot, I, 401. — Terres ainsi tenues, I, 401 ; III, 81.
VILENNE (François de Gaignon, comte de), III, 170.
Vilero : Villeron, II, 313.
VILERS, lieu-dit de Jouy-en-Josas [?]. Mentionné en 1247, III, 268.
VILERS, près Tournan. Voy. Villers.
VILERS (Jean de), chevalier dit Alumelle, fils de Pierre de Vilers. Sa sépulture, II, 157-8. Voy. Villers et Villiers.
VILESCOBIEN : Villacoublay, III, 32.
VILESCOBLEN : Villacoublay, III, 225.
VILETIN : Villetain, III, 267.
VILEVEUDEU : Villevaudé, II, 525.
Villa. Sens de ce mot, I, 125, 612 ; III, 60. — Synon. de *Villare*, IV, 80, 627.
Villa Aten, localité mentionnée par Suger, III, 359 [Leb. semble avoir identifié avec Adainville. Voy. III, 288].
VILLABÉ, au dioc. de Sens [Seine-et-Marne, arr. de Melun, cant. du Châtelet, comm. de Machault], IV, 254.
VILLABÉ, *Villa Abbatis*, paroisse du doyenné de Montlhéry [Seine-et-Oise, arr. et cant. de Corbeil]. *Notice*, IV, 252-255. — Mentions diverses, I, 122 ; IV, 96, 247, 250 ; V, 223.
— Lieux-dits : Copeaux, Moulin-Galant, Villoison.
— (Christophe de), écuyer (XIe s.), IV, 254, 332.
Villa Bolonis ou *Boldinis*, terre dépendant d'Antony (XIe s.), III, 535.
VILLABON, *Villabona*. Voy. Villebon.
Villa Calonei : Chaunoy, V, 420.
Villa Cereris : Wissous, III, 105 ; IV, 51, 52.

— 532 —

Villa Computata, ancien hameau près de Mauchamp, IV, 178.

VILLACOUBLAY, *Vilescoblen*, *Villa Escoblen*, *Villa Escopblen*, Villacoublain, Villescoublain, Villeacoublay, Villacoubley [Seine-et-Oise, ham. de Velizy]. Son origine ; ses possesseurs, III, 225-227. — Cession de cette terre à Louis XIV, III, 220. — Chapelle dite de Jérusalem, III, 226. — Etang, III, 227. — Seigneur, III, 16. — Autres mentions, III, 253, 591.
— (Jean de), *de Villa Escopblen*, écuyer (1237). Ses biens à Longjumeau et à Ballainvilliers, III, 225 ; IV, 76.
— (Jean de), de Villescoublain, dit Jean le Grand, notaire apostolique (1340), puis doyen de St-Thomas du Louvre. Le même, décédé chanoine de St-Victor (1352), III, 225-6. — Visite la léproserie de Champ-clins (1351), IV, 486 : — l'hôtel-Dieu de Lagny ; appelé de Villecoublent (1355 [1351 ?]), 558.
— (Jeanne, dame de) et de Clichy-la-Garenne, fille d'un seigneur de l'Isle-Adam, III, 226 (note).
— (Ledesmal de), *miles de Villescoblen*. Biens à St-Cloud qu'il vend à l'év. de Paris (1169), III, 33, 225. — Son frère [Thomas], chanoine de St-Cloud et son fils Philippe, mentionnés dans le même acte, *ibid.*

Villa Crana, Villa Cranea : Villecresnes, V, 234.
Villa Culez, terre dépendant d'Antony (XIe s.), III, 535.
Villa Dauren. Voy. Ville-d'Avray (Herchembald de).
Villa Davrea. Voy. Ville-d'Avray.
Villa Davret. Voy. Ville-d'Avray.
Villa de Nono. Voy. Nonneville.
Villa Derlandi. Voy. Vaudherland.
Villa de Septimo : Septème [Isère], II, 599.
Villa Dominica (Gentilly ou Cachant qualifié), IV, 5.
Villa Domnoli : Villedombe, III, 323.
Villædonum. Voy. *Vilcedomum.*
Villa Emenonis : Villemenon, IV, 253.
Villa Episcopi : la Ville-l'Evêque, à Paris, I, 75.
Villa Ermain : Ermenouville (Arnouville), II, 258.
Villa Escoblen, Villa Escopblen : Villacoublay, III, 225.
Villa Evrardi. Voy. Ville-Evrard.
Villafleix : Villeflix, IV, 626.
Villafluis : Villeflix, IV, 626.
Villafluxi : Villeflix, V, 132.
Villa Gesedis ou *Villa Jesedis, Villa Gesedum*, IV, 26, 29. Voy. *Gesedis.*

Villa Grez, terre dépendant d'Antony (XIe s.), III, 535.
Villa Haymonis : Vilaine, III, 524.
VILLAIN (Jean), curé d'Echarcon. Fables à son sujet, IV, 241.
VILLAINES, *Villanæ, Villena*, paroisse du doyenné de Montmorency [Seine-et-Oise, arr. de Pontoise, cant. d'Ecouen]. *Notice*, II, 198-199. — Autres mentions, II, 195 ; III, 524.
— (Gui de). Vend à l'abbaye du Val son droit sur des dîmes (1236), II, 115, 127, 199.
VILLAINES [Villenes. Seine-et-Oise, arr. de Versailles, cant. de Poissy], II. 198.
VILLAINES. Voy. Vilaine.
VILLAINES (LE BÈGUE de). Met Corbeil au pillage (1357), IV, 305.
Villa Josedum Voy. *Gesedis.*
Villa Issiaco, Villa Issii : Issy, III, 5, 10.
Villa Jesedis, IV, 29. Voy. *Gesedis.*
Villa Judæa, — Judaica, — Judæorum, — Jude, — Judis. Voy. Villejuif.
Villa Julitta ou *Julittæ* : Villejuif, IV, 25, 29.
Villa justa : Villejust, III, 506.
Villa juxta : Villejust, III, 504, 505.
Villa Leheriarum [ou *Leheria*] : [Villeziers, ham. de St-Jean de Beaugard], III, 396.
Villa Magnonis, Villa Magnulfi : Villemenon, V, 253.
Villa Mauri. Voy. Villemaur.
Villa Messionis, Villa Messium, Villa Messonis : Villemoisson, IV, 398.
Villaminori (Jean de), de Villemenon ou mieux de Villemenu. Son fief d'Egrenay (1234), V, 179, 253.
Villamobilis. Voy. Villemomble.
Villa moisson, Villa moissum, Villa moissun, Villa muissun. Voy. Villemoisson.
Villa Mommoli : Villemomble, III, 323.
VILLAMOR [Villemaur Aube, arr. de Troyes]. (Manassès de), IV, 94.
Villamumbla. Voy. Villemomble.
Villamunda. Voy. Villemomble.
Villanæ : Villaines, III, 524.
VILLANCOURT, fief dépendant de Limours, III, 436.
Villaniis (Adelaisa de). Son fief mentionné en 1161, V, 132.
Villanixa (Jean de), curé de Coubert, V, 152.
Villa nova, Villa nova S. Georgii : Villeneuve-St-Georges. V, 37.
Villa nova S. Dionysii : Villeneuve-Saint-Denis, IV, 521.
Villa Ofleni : Viroflay, III, 215.
— (Jean de). Voy. Viroflay (Jean de).
Villa Osii, terre dépendant d'Antony (XIe s.), III, 535.

Villa pentana : Villepinte, II, 613 (note).
Villa Paacle, Villa Paaclari : Villepescle, V, 120.
Villa peror, Villa perosa. Voy. Villepreux.
Villa persica : Villepescle ? V, 120.
Villapescla. Voy. Villepescle.
Villa petrosa. Voy. Villepreux.
Villa picta. Voy. Villepinte.
Villa pirorum. Voy. Villepreux.
Villa pirosa. Voy. Villepreux.
Villa porcorum. Voy. Villepreux.
Villa rata : Villaroy ou Villeras, III, 283.
VILLARCEAU, fief relevant de Villeroy, IV, 246.
VILLARCEAU, Villarcel [Seine-et-Marne, ham. de Lésigny], V, 361.
VILLARCEAU, Villarcel, *Villarcellum* [Seine-et-Oise, ham. de Nozay], III, 503-4.
VILLARCEAU (Jean de Neuville, seigneur de), IV, 154.
VILLARCEAUX. Fausse identification de ce nom de lieu, IV, 52.
VILLARCEAUX (Madeleine de MORNAY de), abbesses de Gif, III, 389, 390.
Villare. Voy. Villiers.
Villare : la Celle-St-Cloud, III, 160.
Villare Bellum : Villiers-le-Bel, II, 176.
Villare supra Nooreium : Villiers-sur-Nozay, III, 504.
VILLARET (Foulques de), grand-maître de l'Hôpital. Acte relat. à Santeny (1326), V, 259.
Villaria : Villiers-sur-Marne, IV, 627.
Villarilius : Villeroy, V, 91.
Villaris : la Celle-St-Cloud, III, 160.
Villarium : Villiers-sur-Marne, IV, 627.
Villa Romanaria, Romenar, Romenor, localité (XIIIᵉ s.), IV, 111, 129. — Identifié avec St-Michel-sur-Orge, IV, 357-8 [Plutôt Villemeneux, suiv. l'édit. du cartul. de Longpont].
VILLAROY, *Villa rata ? Villa ruscha ?* [Seine-et-Oise, ham. de Guyencourt]. Commanderie de St-Lazare, III, 283, 290. — Etangs, III, 283. — Seigneurie, III, 372. — Seigneurs. Voy. Pintervilliers (de), Voisins (Jean de).
VILLARS (le maréchal de), IV, 234.
VILLARS (la maréchale de). Voy. Rocque de Varengeville.
Villa ruscha : Villaroy ou Villeras, III, 283, 352.
Villa S. Audoeni : St-Ouen-l'Aumône, II, 113.
Villa scabiosa : Villetaneuse, I, 589, 590.
Villa stagni : Villetain *(Hugo et Henricus, armigeri fratres de)*, III, 267.
VILLATE (Benjamin de la), chanoine de St-Martin de Champeaux. Sa sépulture (1641), V, 417.
Villa validata : Villevaudé, II, 526.
Villa voto Deo (Petrus de). Voy. Villevaudé (Pierre de).
Villavoudai, Villavoude, Villawolde : Villevaudé, II, 525.
VILLE (origine des noms de lieu terminés en), II, 190.
Ville (villa). Placé au commencement ou à la fin des noms de lieu, IV, 25. — Signifiant village, IV, 158 (note). Voy. *Villa* et *Villare*.
VILLE (le chevalier de). Ouvrage qui lui attribue l'invention de la machine de Marly, III, 124.
VILLEBAART, lieu-dit de St-Cloud (XIIIᵉ s.), III, 37.
VILLEBEON [Villebon. Eure-et-Loir, arr. de Nogent-le-Rotrou, cant. de la Loupe], III, 512.
VILLEBÉON ou VILLEBON [Seine-et-Marne ? arr. de Fontainebleau, cant. de Lorrez-le-Bocage]. — (Adam de), fils de Gautier; chambellan de France. Seigneur de la Chapelle-Gautier, décédé en 1238, V, 428. — (Adam de), dit le Chambellan (Voy. ce mot). Seigneur du Mesnil-Aubry (1260), II, 245. — (Gautier Iᵉʳ), chambellan de Philippe-Auguste. Seigneur de Villebon et de la Chapelle-en-Brie, III, 512 ; V, 426, 428. — (Gautier II de), fils du précéd. ; chambellan du roi, V, 428. — (Hugues de), fils de Gautier. Bienfaiteur du prieuré de Longpont, III, 515. — (Pierre de), ministre de S. Louis. Relique qu'il aurait donnée à l'égl. de la Chapelle-Gautier, V, 427 ; — Isabelle, sa sœur. Voy. Chambellane (Isabelle la).
VILLEBÉON [?] (Pierre de), seigneur de Beaubourg et de Clotaumont par sa femme, Marie Braque (1393), IV, 512. — Partage entre ses enfants : Jean, sire de Villebéon ; Marguerite, femme de Guillaume du Drac ; Nicole, femme de Robert de Versailles (1414), *ibid*.
VILLEBERNE (Jeanne de), dame de Sèvres (XIVᵉ s.). Sa sépulture, III, 16.
VILLEBERT. Voy. Vilbert.
VILLEBLAIN, Vilbelin [Seine-et-Marne, ham. de Fouju], V, 431.
— (DURAND de). Voy. Durand.
VILLEBLANCHE (Antoine de), seigneur de Chevry (1534), V, 285, 288.
— (Jean de), seigneur de Chevry. Son épitaphe (1511), V, 285-6, 288.
— (Marie de). Ses fiefs à Chevry (XVIᵉ s.), V, 288.

VILLEBOIS [Seine-et-Oise, ferme à Palaiseau], III, 332, 529.
Ville Boissen : Villebousin, IV, 80.
VILLEBON, *Villabona*, paroisse du doyenné de Châteaufort [Seine-et-Oise, arr. de Versailles, cant. de Palaiseau]. *Notice*, III, 511-516. — Autres mentions, III, 326, 462.
— Lieux-dits : Voy. Boissière (la), Casseaux (les), Foulon (le), Plesse (la), Roche (la), Villefeu, Villiers.
VILLEBON (Azon, *Azo* ou *Aszo* de), de *Villabona*. Bienfaiteur du prieuré de Longpont (XIIe s.), III, 512.
— (Geoffroy de), *de Villabona*, feudataire de Montlhéry (XIIIe s.), III, 512.
— (Guillaume de), de Villabon, chevalier (XIIIe s.), III, 512.
VILLEBON [Seine-et-Oise, hameau de Meudon], III, 233, 239, 512.
VILLEBON (Jeanne de), dame de ce lieu, femme de Robert de Montdoucet, III, 512.
VILLEBON (Philippe de), écuyer. Défend Châtres contre les Anglais; lettres de grâce qu'il obtient (1360), IV, 148.
VILLEBON. Voy. Villebéon.
Villebosein. Voy. Villebousin.
VILLEBOURAY (Pierre de), écuyer. Son différend avec le curé de Vigneux (1250), V, 54.
VILLEBOUSAIN ou VILLEBOUZIN, *Villa Boissen*, *Villabosein*, ham. de Ballainvilliers et de Longpont [Villebousin. Seine-et-Oise, ham. de Longpont], IV, 82, 89. — Seigneur, IV, 109. — Identifié avec le lieu nommé *Butio*, mentionné au VIIe s., IV, 133.
VILLECARDEL (Georges de), maître d'hôtel du Roi. Seigneur de Saudreville (XVIe s.), IV, 365.
— (Jacqueline de), femme de Jacques de la Rochette (1543). Dame de Bruyères-le-Châtel, III, 468, 474.
Villeceors : Wissous, IV, 52.
VILLECHASSON [Seine-et-Marne, arr. de Fontainebleau, cant. de Lorez-le-Bocage, ham. de Chevry-en-Sereine]. Couvent, II, 501.
VILLECONIN, Villecognin [Seine-et-Oise, arr. et cant. d'Etampes]. Seigneurie, III, 484.
VILLECONU, fief relevant de Villeroy, IV, 246.
VILLECOQ (Jean de), avocat. Seigneur de Lognes (1580), IV, 602.
VILLEÇOUS : Wissous, IV, 52.
VILLECOUBLENT (Jean de). Voy. Villacoublay (Jean de).
VILLECRÊME, écrit pour Villecresnes, V, 234, 235.

VILLECRESNES, *Villa Crana*, *Villa Cranca*, paroisse du doyenné du Vieux-Corbeil [Seine-et-Oise, arr. de Corbeil, cant. de Boissy-Saint-Léger]. *Notice*, V, 234-237; — IV, 312; V, 190, 191.
— Lieux-dits : Bois-d'Autel (le), Cerçay, Reaulieu.
— (Baudouin de), écuyer. Mentionné en 1248, V, 191, 236; — en 1254, 236.
— (Gilbert de), bienfaiteur de l'abbaye d'Yerres (1235), V, 236.
— (Jeanne de). Mentionnée en 1281, V, 236.
— (Radulfe de), bienfaiteur de l'abbaye d'Yerres (XIVe s.), V, 235.
VILLE D'AUROI, III, 172. Voy. Ville-d'Avray.
VILLE-D'AVRAY, *Villa Dauren*, *Villa Davrea*, *Villa Davret*, Ville Davré, Ville Davray, paroisse du doyenné de Châteaufort [Seine-et-Oise, cant. de Sèvres. *Notice*, III, 171-173. — Seigneurs : leurs biens à Courbevoie, III, 70. — Autres mentions, III, 27, 214.
— (Herchembald de), *de Villa Dauren*. Fiefs qu'il tient de l'év. de Paris (XIIe-XIIIe s.), III, 172, 247, 253.
— (Pierre et Simon de), de Ville-d'auroi. Fiefs qu'ils tiennent de l'abbaye de St-Denis; biens qu'ils vendent à ce monastère (1224), III, 58, 70, 172-173.
— (Roger de), écuyer. Ses biens à St-Cloud et à Rueil (1206), III, 96, 172.
— (Roger de), *armiger*, fils du précéd. Ses biens à Châville (1256, 1269), III, 172, 219.
VILLE-DAVRY, III, 172. Voy. Ville-d'Avray.
VILLEDEDON [Seine-et-Oise, ham. de St-Pierre du Perray], V, 91.
VILLEDOMBE, *Villa Domnoli*, Villedomble [Seine-et-Oise, ham. de Saclay]. *Notice*, III, 322-3.
VILLE-DU-BOIS (.a), *Villa Bosci*, ham. de Nozay [Seine-et-Oise, comm. du cant. de Palaiseau]. *Notice*, III, 502-503. — III, 484; IV, 359.
Ville Escoblen, *Ville Escopblen* (Jean de). Voy. Villacoublay.
VILLE-EVRARD [Seine-et-Oise, ham. de Neuilly-sur-Marne]. *Notice*, II, 479-80. — II, 562.
— (Adam de), *de Villa Evrardi*. Bienfaiteur de l'abbaye de St-Maur (1124), II, 480, 565.
— (Jean de), *de Villa Evrardi*, écuyer, vassal de l'abbaye de St-Maur, II, 445.
VILLEFAVREUSE, Ville-Favreux, Ville-

favereuse, Favreuse [Villefavreuse et Favreuse, ferme à Bièvres], III, 257-8. — *Notice*, III, 259-260.

VILLEFERIN [*corr.* : AUBERT de VILLESERIN] (l'abbé de), seigneur de Ville-Evrard, II, 480.

VILLEFEU, lieu-dit de Villebon, III, 513. — Fief relevant du marquisat de Villeroy, IV, 246, 247.

VILLEFLIX, *Villafleix*, *Villafluix* [Seine-et-Oise, ham. de Noisy-le-Grand]. *Notice*, IV, 626.

— (Garin de), *de Villafluxi* (1161), V, 132; — de Villefluis (1170), IV, 525, 626.

VILLEGAGNON (Nicolas DURANT de). Reçoit du roi la seigneurie de Torcy (1550), IV, 594. — Seigneur de Torcy et de Tournan (1562), V, 327.

VILLEGENART [Seine-et-Marne, ham. de Presles]. *Notice*, V, 309; — 324.

— (Geoffroy de), *de Villa Genart* (XIIe s.), V, 309.

VILLEGENIS, *Villa Joannis*, Villejénis [Seine-et-Oise, ham. de Massy], III, 524-525.

— [et non de Ville Granche] (Christophe Fourquant, seigneur de), IV, 399.

VILLEGENON (TITON de), fils de Maximilien Titon. Sa maison à St-Mandé (XVIIIe s.), II, 383.

VILLEGEZ, lieu-dit de Gretz (1239), V, 313.

VILLEGIE. Voy. Villejuif.

VILLE-GRANCHE. Voy. Villegenis.

VILLEGRAND, lieu-dit de Presles [?], V, 310.

VILLEGRAY (Nicolas et Pierre Chardon, sieurs de), II, 183.

VILLE-GUIS. Voy. Villejuif.

VILLEHARDOUIN, cité, III, 121.

VILLEHAYME, Villeheme, Ville Hemon, Villene. Voy. Vilaine.

VILLEHIER [Villiers ? Seine-et-Oise, ham. de Villebon], III, 473.

VILLEJENIS. Voy. Villegenis.

VILLEJUI, Villejuie. Voy. Villejuif.

VILLEJUIF, *Villa Gesedis*, *Villa Jesedis*, *Villa Gesedum* ou *Josedum*, *Villa Judæa*, *Villa Judaica*, *Villa Judæorum*, *Villa Jude*, *Villa Julitta*, *Villa Julittæ*, Villegie, Villejuie, Villejui, Villejuit, Villejuive, Villejuy, paroisse du doyenné de Montlhéry [Seine, ch.-l. de cant.]. *Notice*, IV, 25-32.

— Lieux-dits : Gournay, Mons-Ivry, *Sacatum* (fief), Verbeure.

VILLEJUIT, Villejuive. Voy. Villejuif.

VILLEJUST, *Villa justa*, *Villa juxta*, paroisse du doyenné de Châteaufort [Seine-et-Oise, arr. de Versailles, cant. de Palaiseau]. *Notice*, III, 504-506; — IV, 133, 338.

— Lieux-dits : Fretay, Frete (la), Poitevine (la).

— (Eudes de), *de Villajuxta*, écuyer. Miracle dont il est l'objet (XIIIe s.), III, 505.

— (Guillaume de). Son fief en ce lieu (XIIIe s.), III, 505.

VILLEJUY, Villejuye. Voy. Villejuif.

VILLE-LOUVETTE ou VILLE-LOUVET, ham. de Boissy-sous-St-Yon [Villouvette. Seine-et-Oise, ham. d'Egly], IV, 169. — Seigneurie relevant de St-Sulpice de Favières, IV, 170.

VILLE-LOUVETTE, lieu-dit (ferme) du Vieux-Corbeil [Villouvette. Seine-et-Oise, ham. de St-Germain-les-Corbeil], IV, 170, 291 ; V, 87.

VILLEMAIN [Seine-et-Marne, ham. de Grisy]. *Notice*. V, 158-9. — Seigneur, V, 155. Voy. Mind.

VILLE-MARÉCHAL (Jacques-Olivier, seigneur de), II, 320.

VILLE-MAREUIL (Charles du Buz, seigneur de), IV, 185.

VILLEMAUR, *Villa Mauri* [St-Cloud. Eure-et-Loir, arr. et cant. de Châteaudun], III, 26.

VILLEMENEUX, Villemenu [Seine-et-Marne, ham. de Brie-Comte-Robert], V, 158. — (Jean de). Voy. *Villaminori* (Jean de).

VILLEMENON [Seine-et-Marne, ham. de Servon]. *Notice*, V, 252-255. — Autres mentions, V, 158, 247, 366.

VILLEMENU. Voy. Villemeneux.

VILLEMEUBLE : Villemomble, II, 562.

VILLEMEUR (le sieur de). Possède la terre de la Martinière (1697), III, 323.

VILLEMIGEON [Seine-et-Marne, ham. de Favières], V. 344.

VILLE-MILAN [Seine-et-Oise, ham. de Wissous], IV, 53, 56.

VILLEMIN. Voy. Villemain.

VILLEMIRAUT (Jacques de Pacy, seigneur de), IV, 634.

VILLEMOISSON, *Villa Moisson*, *Villa Moissonis*, *Villa Messium*, *Villa Messonis*, Ville Messon, paroisse du doyenné de Montlhéry [Seine-et-Oise, arr. de Corbeil, cant. de Longjumeau]. *Notice*, IV, 397-399. — Autres mentions, IV, 86, 387, 390, 409.

— (Albert de), *de Messio*, vassal de Montlhéry pour ses biens à Villemoisson, IV, 399. — Le même ? appelé Aubert *de Villa Moisson* (1248), *ibid.*

— (Guy de), *de Villa Moissun*. Bienfaiteur du prieuré de Longpont (1110), IV, 398.

— (Renaud de), fils de Guy, IV, 398.

— (S... de), chevalier. Ses prétentions sur des dîmes à Séquigny (1211), IV, 381, 399.
— (Thierry de), de *Villa Moissum, de Villa Muissun* ou *Moissun*. Bienfaiteur du prieuré de Longpont, IV, 399.
Villa Moissonis : Villemoisson, IV, 409.
VILLEMOMBLE, *Villamunda, Villamobilis, Villamumbla*, paroisse du doyenné de Chelles [Seine, cant. de Vincennes]. *Notice*, II, 557-563. — Curé. Voy. Pasquier (Pierre). — Seigneurie : fief en relevant, II, 391. — Mentions diverses, II, 472, 562, 592, 593.
— Lieux-dits : Garenne (la), Launay (château de), Montagne (la).
VILLEMOUTÉ (Marie de), femme d'Hercule de Belloy, II, 197.
VILLEMUR [Haute-Garonne, arr. de Toulouse, ch.-l. de cant.]. Donné par le roi en échange de Longjumeau et de Chailly (1319?), IV, 65.
VILLEMUR (de), garde du trésor royal. Seigneur de Montrouge (XVIIIe s.), III, 590.
VILLENAGE. Voy. *Vilenagium*.
VILLENAUXE [Aube, arr. de Nogent-sur-Seine, ch.-l. de cant.]. Église : portail, II, 487.
VILLENE. Voy. Vilaine.
VILLENEUVE, au pays Meldois [Villeneuve-sous-Dammartin ? Seine-et-Marne, arr. de Meaux, cant. de Dammartin]. Enfant de cette localité guéri miraculeusement, I, 600.
VILLENEUVE [même localité que la précéd. ?], II, 508.
VILLENEUVE [Villeneuve-la-Garenne?] Prieur. Voy. Gilon.
VILLENEUVE ou la VILLENEUVE et l'ÉTANG, lieux-dits de la paroisse de Garches, rattachés à celle de Marnes [Villeneuve-l'Étang, lieu-dit de Marnes], III, 41, 43, 44, 46, 47. — Seigneurs, III, 156, 169.
VILLENEUVE (fief de la Neuville, appelé à tort), III, 63.
VILLENEUVE (Louis de Livre, seigneur de), III, 125.
VILLENEUVE (Guillaume de [la]), père de Simon de Maintenon. Seigneur de Goupillières et de Villepreux, III, 185.
VILLENEUVE (Henri de), év. d'Auxerre. Son lieu de naissance, III, 43.
— (Mahaut de), abbesse de Port-Royal. Son épitaphe (1297), III, 295.
— (Pierre de), chevalier. Fait hommage à l'év. de Paris pour sa terre de Villeneuve [l'Etang], III, 44.
— (Pierre de), chevalier. III, 32.

— (Pierre de) (1625), IV, 80.
VILLENEUVE (... de [la]), seigneur de Lubin. Sa sépulture (1490), III, 179, 185. Voy. Maintenon (Simon de).
VILLENEUVE (de), président en la Cour des Aides (XVIIIe s.), II, 535.
VILLENEUVE (la), Villeneuve [Seine-et-Oise, ham. de la Celle-les-Bordes], III, 426.
VILLENEUVE (la) [Seine-et-Oise, ham. de Magny-les-Hameaux], III, 295.
VILLENEUVE (la). Unie à la baronnie de Montmorency, I, 625.
— (Jean de la), prieur de St-Jean de Corbeil (1371), IV, 285.
— (Simon de la). Voy. Simon de Maintenon.
VILLENEUVE-AUX-ANES (la) [Seine-et-Marne, lieu-dit de Brou]. Étymologie, II, 520. — Ministrerie des mathurins, II, 522, 536. — Voy. Brou.
VILLENEUVE-AUX-ANES (la), sous Mitry, lieu-dit distinct du précéd., II, 519 [La Vilette-aux-Aulnes. Seine-et-Marne, arr. de Meaux, comm. de Mitry]. Couvent de mathurins, III, 300.
VILLENEUVE-LA-GARENNE, ham. de la paroisse de l'Ile-St-Denis [Seine, ham. de Gennevilliers], I, 566.
VILLENEUVE-LE-ROI [Oise, arr. de Beauvais, cant. de Méru], II, 267 ; IV, 427.
VILLENEUVE-ROI, *Villa nova Regis*, paroisse du doyenné de Montlhéry [Seine-et-Oise, arr. de Corbeil, cant. de Longjumeau, I, 413. — *Notice*, IV, 427-434.
— Lieux-dits : Croue de dame Alix (la).
VILLENEUVE-LE-ROY ou VILLENEUVE-SUR-YONNE [Yonne, arr. de Joigny, ch.-l. de cant.]. Couvent de Valprofond, III, 262. — Ville fondée par Louis VII, IV, 427.
VILLENEUVE-LE-ROI, près de Montdidier, IV, 427.
VILLENEUVE-L'ÉTANG. Voy. Villeneuve.
VILLENEUVE-SAINT-DENIS, *Villa nova S. Dionysii*, paroisse du doyenné de Lagny [Seine-et-Marne, arr. de Coulommiers, cant. de Rozoy], I, 459, 460. — *Notice*, IV, 520-523. — Dépendant primitivement de Serris, IV, 531.
— Lieu-dit : Guette (la).
VILLENEUVE-SAINT-GEORGES, *Villa nova, Villa nova S. Georgii*, paroisse du doyenné du Vieux-Corbeil [Seine-et-Oise, arr. de Corbeil, cant. de Boissy-Saint-Léger]. *Notice*, V, 35-41. — Curé. Voy. Raoul. —

(vin de), V, 265. — Autres mentions, II, 392, V, 29, 84.
— Lieux-dits : Belleplace, Bois-Colbert (le), Lapérière, Monceaux.
VILLENEUVE-SUR-GRAVOIS. Voy. Paris.
VILLENES. Voy. Villaines.
VILLENOCE. Voy. Villenauxe.
VILLEPARISIS, *Parisia, Parisiacum, Parisium, Villa Parisia, Villa Parisiaca*, paroisse du doyenné de Chelles [Seine-et-Marne, arr. de Meaux, cant. de Claye]. *Notice*, II, 577-580. — (bois de), II, 610, 616. — II, 604.
— Lieux-dits : Chevaliers (fief des), Borde, Grosbois, Lambresy, Montsaigle.
— (Garnier de), *Warnerius de Parisio* (1096), II, 578.
— (Guibert de), *de Parisiaca*, prêtre (1166), II, 578.
— (Guillaume de), *de Parisiaca miles*. Bienfaiteur du Val-Adam, II, 578.
— (Jean de), *de Parisiaca*. Donne à l'abbaye du Val des biens à Mauny (1166), II, 578.
— *(Pulanus de), de Parisia*. Vend à l'abbaye de Livry des biens à Montsaigle (1218), II, 578.
VILLEPATOUR [Seine-et-Marne, ham. de Presles]. *Notice*, V, 311.
VILLEPAYEN [Seine-et-Marne, ham. de Courquetaine]. *Notice*, V, 297.
— Seigneur. Voy. Vigny (de).
— (Amicie de), sa dîme de Châteleines (XIIIᵉ s.), V, 297.
VILLEPÈCHE : Villepecle, V, 120.
VILLEPEREUR. Voy. Villepreux.
VILLEPEROR. Voy. Villepreux.
VILLEPÈCLE, VILLEPEQUE ou VILLEPESCLE, *Villapescla, Villa Paacla, Villa Paaclari, Villa Persica?* [Seine-et-Marne, écart de Lieusaint]. *Notice*, V, 120-121. — Etymologie, V, 116. — Dame. Voy. Donom (Madeleine de). — Seigneurie : mouvance, V, 91, 95, 96, 97.
— (Eustache de). Donne à l'abbaye d'Yerres des biens à Charenton (XIIIᵉ s.), II, 363.
— (Ferry de), de Villepesque ou de Villepêche. Actes où il est mentionné (XIVᵉ s.), V, 120. — Voy. Briart de Villepescle.
— (Isabel de). Mentionnée au XIVᵉ s., V, 120.
— (BRIART de). Voy. Briart de Villepescle.
VILLEPINTE. Localités de ce nom en France, II, 613 (note).
VILLEPINTE, *Villa picta*, paroisse du doyenné de Chelles [Seine-et-Oise, arr. de Pontoise, cant. de Gonesse]. *Notice*, II, 613-617. — Autres mentions, II, 607, 610.
— Lieu-dit : Forte-Affaire.
— *(Adelina, Adeluia, Avelina* de). Dames de ce nom mentionnées au XIIᵉ et au XIIIᵉ s., II, 611, 615.
— (Eustachie de), femme de Philippe de Noemio (XIIIᵉ s.), II, 615.
— (Hugues de), II, 616.
— (Marie de), mère de Philippe de Noemio, II, 615, 616.
— (LE LOUP de). Voy. Loup.
VILLEPRÊTRE [?]. Terre donnée au prieuré de Gournay (1168) par Gaucher de Châtillon, IV, 613.
VILLEPRÊTRE, nom donné à tort à Villepescle, V, 120.
VILLEPREUX, *Diodurum? Villa pirorum* ou *puerorum? Villa perosa, Villa petrosa, Villa peror*, Villepereur, paroisse du doyenné de Châteaufort [Seine-et-Oise, arr. de Versailles, cant. de Marly]. *Notice*, III, 176-190. — Eglise St-Germain, I, 146 ; III, 150. — Chapelle St-Vincent, III, 218. — Prieuré : cure à sa nomination, III, 191, 192. — Seigneurie : fief en relevant, III, 294. — Autres mentions, III, 148, 343 ; V, 351.
— Lieux-dits : Bois-Robert, Bordes (les), Champ-de-Landry (le), Chêne (le), Clos-Poullain (le), Gondonnerie (la) Grande-Maison (la), Hébergerie (l'), St-Prix (le clos), Trou-Moreau (le), Val-Joyeux (le), Villiers
— (Ebrard ou Evrard, seigneur de) et de la Ferté. Ami de l'abbé Suger ; bienfaiteur de l'abbaye de St-Cyr, III, 180, 184.
— (Ebrard II, seigneur de) *de Villa pirorum, de Villa pirosa* (XIIIᵉ s.), III, 155, 181, 184.
— (Ernaud ou Ernald seigneur de) et de la Ferté, fils d'Evrard. Bienfaiteur du prieuré de Villepreux (1169 et 1178), III, 179, 180, 184, 190.
— (Ernaud II, seigneur de), fils du précéd., III, 180, 184.
— (Gabriel de), religieux de S. François, mort à Picpus, III, 190.
— (Geoffroy, seigneur de), *de Villa petrosa*. Bienfaiteur de l'abbaye d'Yerres (1206), III, 184.
— (Guillaume, seigneur de), dit de la Ferté, fils d'Ernald II. Bienfaiteur du prieuré de Villepreux (1202), III, 181, 184.
— (Hervé de), *de Villa pyrorum*, abbé de Marmoutiers, III, 189.
— (Jean, seigneur de), *de Villa petrosa*, de Villepereur, fils de Robert, chevalier. Mentionné en 1292,

1308 et 1318, III, 181, 182, 184, 185. Voy. Vendôme (Jean de).
— (Louis *le Convers* de), bailli de Coutances (1309), III, 189.
— (Perrenelle de), dame de Bethemont (1461), II, 141.
— (Philippe de), dit *le Convers* (Voy. ce mot). Clerc du Roi, chanoine de Tournay et archidiacre de Brie, maître enquêteur des eaux et forêts. Seigneur de Villepreux (1313), III, 185, 189.
— (Philippe de), chevalier. Exécuteur du testament de la reine Clémence de Hongrie (1331), III. 185.
— (Pierre de), *de Villa pirosa*, doyen de St-Marcel de Paris (1273) et proviseur de Sorbonne (1294), III, 184, 189.
— (Robert, seigneur de), *de Villa petrosa*. Mentionné en 1272 et en 1286, III, 184.
— (Robert, seigneur de), écuyer (1340), III, 185.
— (Valeran, seigneur de), *de Villeperor*. Bienfaiteur de St-Martin-des-Champs (1108), III, 36, 184.
VILLEQUIER (Charlotte-Catherine de), fille de René, femme de Jacques d'Aumont, V, 128.
— (Louis d'Aumont, marquis de). Voy. Aumont (d').
— (René de), gouverneur de Paris et de l'Ile de France, comte de Clervaux et baron d'Aubigny. Seigneur d'Evry-en-Brie ; son cœur conservé dans l'égl. de ce lieu (1590), I, 292 ; V, 128, 130. — Seigneur de Brie-Comte-Robert, IV, 268.
— (Mme de), femme de M. de Chappes. Dame d'Evry, V, 130.
Viller ou *Villier*, terminaison de noms de lieu, IV, 79.
VILLERAS, Vilras [Seine-et-Oise, ham. de Saclay], III, 317. — Peut-être identifié avec *Villa Rata*, III, 283 ; — avec *Villa Ruscha* ; mais non avec *Reschia*, 352. — Indiqué à tort comme uni à Rungis pour la perception des tailles. IV, 51.
VILLERAY, *Villarilius*, Villereil, Villeret [Seine-et-Oise, ham de St-Pierre du Perray]. Château, V, 91, 97.
VILLERAY au Perche [Orne, arr. de Mortagne, cant. de Remalard, com. de Condeau.] (Denis de Riants, seigneur de), IV, 450.
VILLERETTE [?], lieu-dit, IV, 162.
VILLERMAN, lieu-dit de St-Cloud (XIIIe s.), III, 37 (note).
Villerolum : Villeron ? II, 311.
VILLERON, *Vilero*, *Villerun*, paroisse du doyenné de Montmorency [Seine-et-Oise, arr. de Pontoise, cant.

de Luzarches]. *Notice*, II, 311-316.
— II, 341.
— Lieux-dits : Saint-Germain, Vaulaurent.
— (Adam de), docteur de Sorbonne (1244), II, 316.
— (Adam de), fils de Gui, écuyer (1250, 1258), II, 313.
— (Dreux, seigneur de) en 1174, II, 313.
— (Gui de), chevalier (1251, 1265), II, 313.
— (Guillaume de), prieur de St-Eloi de Chilly (1393), II, 316.
— (Thibaud de) (1265), II, 313.
VILLEROY, *Villa Regis*, paroisse du doyenné de Montlhéry unie ensuite à celle de Mennecy [Seine-et-Oise, ham. de Mennecy]. *Notice*, IV, 244-248. — A dépendu de la paroisse de Villabé, IV, 255. — Château : les calvinistes de Corbeil s'y réfugient (1572), IV, 307. — Duché : terres en relevant, IV, 239, 248, 378. — Marquisat, IV, 237. — Autres mentions, II, 311 ; IV, 255.
— (Gabriel-Louis, duc de), seigneur de Draveil, V, 65.
— (de Neufville, seigneurs de), III, 241. Voy. Neufville (de).
VILLEROY (M. de). Sa dime à Misery (XVIIIe s.), IV, 219. — Seigneur de la Gode, IV, 238 ; — d'Echarcon, 241. — Vicomte de Corbeil ; seigneur de Servon, V, 254.
VILLEROY (ducs de), seigneurs de Corbeil. Lieu où se tenaient leurs assises, V, 92.
VILLERS, VILERS ou VILLIERS [Villé-Mocquesouris ? ham. de Tournan], II, 211 ; IV, 593 ; V, 313, 327, 329.
VILLERS [Villiers-Adam ?]. Seigneur : Charles d'O, II, 148.
VILLERS (Adam de), chevalier. Seigneur de Roissy-en-France (1228), II, 279.
— (Adam de), fils d'Adam de Domont. Seigneur de Domont et de Villiers-le-Bel (1214, 1218, 1241), II, 155, 156.
— (Adam de), seigneur de Villiers [le Bel ?] et de Domont. Sa sépulture (1339), II, 156.
— (Anceau de), seigneur de Livry (1358), II, 588.
— (Antoine de), seigneur de Belloy (1495), II, 196.
— (Jacques de), fondateur d'une chapellenie à Domont (1266), II, 158.
— (Jacques de), seigneur de Livry (1391), II, 588.
— (Jean de), sire de Domont. Bienfaiteur de l'abbaye du Val (1266, 1275), II, 156, 187.

— (Jean de), seigneur de Domont. Fief à Versailles tenu de lui (1319), II, 156; — sa sépulture, 157.
— (Jean de), seigneur de Livry (1426), II, 588.
— (Jean de), écuyer. Possesseur d'un fief à Verville (XVe s.), III, 476.
— (Pierre de), abbé de Pontoise (1395), II, 117.
— (Mathieu de), possesseur d'un fief à Epiais-lés-Louvres (1228), II, 256, 306.
— ou VILERS (Pierre de). Sa femme Aliénor, II, 157, 158.
— (Pierre de), chambellan du Roi. Seigneur en partie de Livry (1391), II, 588.
— (Vautier de), chevalier. Seigneur de Villiers-le-Bel ; lui et sa femme Helloïde, bienfaiteurs de l'abbaye de St-Denis (1219), II, 178.
VILLERS-COTTERETS [Aisne, arr. de Soissons, ch.-l. de cant.]. Acte royal daté de ce lieu (1545), IV, 473. — Etymologie, IV, 585.
Villerun, II, 313. Voy. Villeron.
VILLERVAL (Jean-Marie de), curé de St-Clément de Châtres (1738), IV, 138.
VILLESAVIN (de). Voy. Phélyppeaux.
VILLE-SAUVAGE [Seine-et-Oise, ham. d'Etampes]. Terre dépendant de la châtellenie de Marcoussis, III, 484.
VILLECOBLEN, III, 172. Voy. Villacoublay.
VILLESCOUBLAIN, III, 225. Voy. Villacoublay.
Ville Sera, anagramme du nom de Versailles, III, 197.
VILLESERIN (Mme de), dame de Grégy (1700), V, 165.
Villeta, Villula, diminutifs de *Villa*, I, 463.
VILLETAIN ou VILTAIN, *Villetano (de)*, Viletin [Seine-et-Oise, éc. de Jouy-en-Josas]. Notice, III, 270. — Chapelle Notre-Dame : chapelain. Voy. Chargelart. — Prieuré. Voy. St-Marc.
— Qualifié paroisse par erreur, III, 253. — Mention, III, 213 (note).
— (Guillaume de), écuyer, vicomte de Châteaufort. Seigneur de Gif (1462-1508), III, 303, 386.
— (Henri de). Ses biens à Ressigny (XIVe s.), II, 273.
— (Henri et Hugues de), *de Villa Stagni*, écuyers (XIIIe s.). III, 267.
— (Louis de), seigneur de Gif, Tourneville, Saint-Mars, du Plessis, Trappes, Courcouronnes, du Chemin-en-Brie, garde du Pont de l'Arche, vicomte de Châteaufort. Sa sépulture (1540), III, 385, 386 ; IV, 322.

— (Richard de), seigneur de Gif (1544), III, 386.
VILLETANEUSE, *Villa tineosa, Villa tignosa, Villa scabiosa*, Ville-teigneuse, paroisse du doyenné de Montmorency [Seine, cant. de Saint-Denis]. *Notice*, I, 589-593. — Fief du Pressoir, I, 593.
— Lieux-dits : Richebourg (hôtel de), Saint-Lieffard (ruelle et Croix-), Syon (mont).
— (Adam de), *de Villa teignosa*, chevalier. Rend hommage de cette terre à l'abbaye de St-Denis (1230), I, 592.
— (Philippe de), *de Villa tineosa* (1185), I, 592.
— (Pierre de), de Villeteigneuse (1177), I, 591.
— (Richard de), *de Villa tineosa* (1120), I, 591.
VILLETERRE |*corr*. Villetertre (René de). Voy. Mornay.
VILLETRI. Voy. Velletri.
VILLETROU [?]. Localité comprise dans la baillie de St-Jean de Latran à Paris, V, 244.
VILLETTE, fief situé près d'Andrésy (1683), II, 102.
— (Philippe de), abbé de St-Denis (1398-1418), I, 510-511.
VILLETTE (la), la Villette-Saint-Lazare, *Viletta sancti Lazari*, paroisse de la banlieue de Paris [aujourd. dans Paris]. *Notice*, I, 463-5. — Abbaye de Ste-Perrine. Voy. Paris.
— Curés nommés par les prieurs de St-Lazare de Paris, I, 300.
VILLETTE-AUX-ANES (la) [Seine-et-Marne, ar de Meaux, ham. de Mitry-Mory]. Distincte de la Villeneuve-aux-Anes, II, 519.
VILLETTE-SAINT-DENIS (la), *Villula pauperum*, ham. de La Chapelle, I, 461, 463 ; II, 651, 655, 656.
VILLEVAUDÉ, *Villa voto Deo, Villa vult De, Villavoudai, Villa-Wolde, Villa Validata*, Vilevoudeu, Virevodé, Voudai, Vouday, Voudé (ville de), paroisse du doyenné de Chelles [Seine-et-Marne, arr. de Meaux, cant. de Claye]. *Notice*, II, 522-533.
— Lieux-dits : Bordeaux, Montjay.
— (Barthélemi de), *de Villavodé* (1230), II, 526.
— (Jeanne de), de Villevodé. Dame de Brou (1319), II, 522.
— (Pierre de), *de Vilevendeu, de Villa voto Deo, de Villevult De* (XIIe s.), II, 525, 526, 539.
— (Robert de), chevalier (1264), II, 526.
VILLEVERT [Vilvert. Seine-et-Oise, lieu-dit de Jouy-en-Josas], III, 270.

VILLEVERT ou VILVERD [Seine-et-Oise, lieu-dit de Pecqueuse], III, 429. — Appelé Vauvert (?). Seigneur. Voy. Bertault (Jean).
VILLEVRARD. Voy. Ville-Evrard.
Villevult De. Voy. Villevaudé.
Villeziacum, III, 173. Voy. Vélizy.
VILLIANCOURT, III, 130. Voy. Filliancourt.
VILLIER (Etienne), secrét. du Roi. Seigneur de Fontenay-aux-Roses (XVIIIe s.), III, 563.
VILLIERS, *Villare*. Sens et synon. de ce mot, I, 430; II, 234; III, 60, 309; IV, 80, 627.
VILLIERS [Seine-et-Oise, ham. de Draveil], V, 66.
VILLIERS, Villers-sur-Nozay, *Vilers* ou *Villare supra Nooretum* [Seine-et-Oise, ham. de Nozay], III, 504.
VILLIERS ou VILLIERS-SUR-SAULX [Seine-et-Oise, ham. de Villebon], III, 516. — Seigneurs, III, 512-3.
VILLIERS, I, 632; II, 172. Voy. Villiers-le-Bel.
VILLIERS, près Rets [Villiers-le-Sec ? Seine-et-Oise, arr. de Versailles, com. de Feucherolles]. Acte de Philippe le Long daté de ce lieu (1326), I, 106.
VILLIERS près Tournan, II, 211. Voy. Villers.
VILLIERS (abbaye de). Voy. Villiers-la-Joie.
VILLIERS (fief Saint-Port et). Voy. Saint-Port.
VILLIERS (fief de). Uni à la seigneurie de Villepreux (1701), III, 188.
VILLIERS [près Meudon?]. Seigneurs, III, 241.
VILLIERS (seigneur de). Voy. Socoly (François).
VILLIERS (?), IV, 118.
VILLIERS (Adam de), connétable de France. Seigneur de Villiers-Adam et de l'Isle-Adam (1079), II, 130.
— (Adam de), seigneur de Villiers-le-Sec (XIVe s.), II, 236.
— (Ansel de), chevalier d'Ezanville. Sa sépulture, II, 157.
— (Antoine de). Sa sépulture (1504), II, 135.
— (Charles de), seigneur de Chetainville (1483), IV, 196.
— (Charles de), év. de Beauvais. Abbé du Val; sa sépulture (1535), II, 134.
— (Elisabeth), dame de), femme de Gui de Villiers, II, 178.
— (Etienne de), curé de Stains, I, 582.
— (Gui de), fils d'Amaury. Seigneur de Villiers-le-Bel (1196), II, 178.
— (Gui de), *de Villaribus*. Seigneur de Villiers-sur-Marne (1269), IV, 627-8; — ses biens à Bonneuil, V, 28; — seigneur de Villemenon, 249, 253; — ses biens à Sucy-en-Brie, 384.
— (Jacques de), seigneur de Villiers-le-Bel. Ses prétentions sur les dimes de Sarcelles (1425), II, 179. — Seigneur (?) de Villiers-le-Sec; sentence obtenue contre lui (1425), II, 235.
— (Jacques de), seigneur de l'Isle-Adam, de Valmondois et de Villiers-le-Bel (1460), II, 179. — Le même (?), seigneur de Grisy et de la Grange-Nevelon (1458), V, 157, 293.
— (Jacques de), seigneur des Chapelles-Bourbon (1440), V, 333; — de Neufmoutiers (1457), 340. — Sa fille, femme d'Adam de Cuisse, V, 333.
— (Jean de), fils de Pierre et de Jeanne de Châtillon; maréchal de France. Seigneur de Villiers-le-Bel (ou plutôt de Villiers-Adam); sa mort en 1437, II, 132, 179; IV, 196.
— (Jean de), abbé de St-Denis (XVe s.). Ses ouvrages, I, 511.
— (Jean de), seigneur de l'Isle-Adam et prévôt de Paris. Sa sépulture (1471), II, 135.
— (Jean de), grand-maître de l'ordre de St-Jean de Jérusalem. Construction qu'il fait faire à la commanderie de St-Jean-en-l'Ile à Corbeil (XIIIe s.), IV, 295.
— (Jean de), seigneur de l'Isle-Adam. S'empare de Lagny (1418), IV, 560.
— (Léonore de), fille d'Adam, femme de Gilles de Poissy. Dame de Villiers-le-Sec (1372), II, 236.
— (Louis de) fils de Pierre. Seigneur de Charlemaison; son fief de la Bourgonnerie (1484), V, 329; — des Sergents, 341.
— (Louise de), dame de Villiers [Adam] et de l'Isle-Adam, femme de Jacques d'O, II, 148.
— (Marguerite de), dame de Bondoufle (XVIe s.), IV, 335.
— (Mathieu de), seigneur de Gravin. Sa sépulture (1504), V, 295.
— (Perrenelle de), mère de Jacques de Montmorency. Ses biens à Dueil (1392), I, 606. — Dame de Montmorency; ses droits sur Moussy-le-Neuf (1386, 1387), II, 354. — Dame de Bercy-les-Charenton (1415), 369. Voy. Villiers-le-Sec.
— (Pierre de), grand-maître d'hôtel du Roi. Sa femme Jeanne de Beauvais, II, 156, 158.
— (Pierre de), maître d'hôtel de Charles V. Seigneur de Vaugri-

gneuse, de l'Isle-Adam et de Massy ; mentions en 1364 et 1378, III, 464, 523 [Le même [?] que le précéd.].
— (Pierre de), archidiacre de Sologne. Ses biens à Ressigny (1395), II, 273.
— (Pierre de). Ses vignes à Arcueil (XVe s.), IV, 16.
— (Pierre de). Ses fiefs de la Bourgonnerie (1484) et des Sergents, V, 329, 341.
— (Pierre de), prieur de St-Taurin. Son poème de Sucy-en-Brie, V, 385.
— (Tiphaine de), dame [?] de ce lieu. Sa sépulture (1300), IV, 89, 93.
— (Regnaud de) et ses fils Guillaume et Regnaud. Biens à Palaiseau qu'ils vendent à l'abbaye de Ste-Geneviève (1234), III, 331.

VILLIERS-ADAM, *Villaris Adæ* (ou *Adam*), Villiers-Adam, paroisse du doyenné de Montmorency [Seine-et-Oise, arr. de Pontoise, cant. de l'Isle-Adam]. *Notice*, II, 130-8.
— Lieu-dit : Coquesale.
— (Adam de), *de Villari Adæ*, chevalier (1239), II, 130.
— (Gautier de), de Villers-Adam, chevalier. Mention en 1205 et 1221, II, 130, 132.
— (Jeanne de), femme de Jean de Monceaux. Dame de Villacoublay et de Clichy, I, 426.
— (Louise de), femme de Jacques d'O, II, 148.
— (Mennier de) et sa femme Théophanie. Bienfaiteurs de l'abbaye du Val (1244), II, 131.
— (Philippe, seigneur de). Bienfaiteur de l'abbaye du Val (XIIe s.), II, 132.

VILLIERS-LA-GARENNE, paroisse de la banlieue de Paris [Seine, cant. et comm. de Neuilly-sur-Seine]. *Notice*, I, 430-7. — Autres mentions, I, 393, 420.
— Lieux-dits : Bigatelle, Madrid, Neuilly, Porte-Maillot (la), Ternes (les).

VILLIERS-LA-JOIE ou VILLIERS-LE-CHATEL [Seine-et-Oise, arr. d'Etampes, cant. de la Ferté-Alais, comm. de Cerny]. Abbaye : ses biens, IV, 109 (note), 223, 232, 339. — Seigneur, IV, 354 (note 1).

VILLIERS-LE-BACLE, paroisse du doyenné de Châteaufort [Seine-et-Oise, arr. de Versailles, cant. de Palaiseau]. *Notice*, III, 309-316. — Mentions diverses, II, 176 ; III, 373, 385.
— Lieux-dits : Cardier, Merantais, Montigny, Moulin-Neuf (le), Poullallière (la), Presles, Roy (le), Voisins-le-Thuit.

VILLIERS-LE-BEL, *Villers, Villari Bello (de)*, paroisse du doyenné de Montmorency [Seine-et-Oise, arr. de Pontoise, cant. d'Ecouen]. *Notice*, II, 174-180. — Autres mentions, I, 625, 632 ; II, 172, 183, 195, 202, 206.
— Lieux-dits : Champ-long (le), Gélinier (le), Quatorzième (fief de la).
— (Adam de), chevalier. Ses droits sur le travers de Conflans-Ste-Honorine (1230), II, 95, 178.
— (Adam de), seigneur de ce lieu (1339). Tué à la bataille de Navarette (1365), II, 179.
— (Amaury de), appelé aussi Maurice. Bienfaiteur de l'église de ce lieu (XIIe s.), II, 176, 178.
— (Guillaume de), dit ailleurs Pierre. Bienfaiteur de St-Maur-les-Fossés ; sa sépulture (1263), II, 78.
— (Jean de), bienfaiteur des Bonshommes du Menel (1206), II, 156, 178.
— (Philippe, seigneur de). Voy. Domont (Philippe de).
— (Pierre de), seigneur de ce lieu. Fournit aveu pour la terre d'Oignon (1387), II, 179.

VILLIERS-LE-CHATEL. Voy. Villiers-la-Joie.

VILLIERS-LE-SEC, *Villaris*, paroisse du doyenné de Montmorency [Seine-et-Oise, arr. de Pontoise, cant. d'Ecouen]. *Notice*, II, 234-237.
— Dame, II, 221. — Fief : Haye-Rapine (la).
— (Adam, seigneur de) (XVIe s.). Sa femme Alix de Méry, II, 236.
— (Perrenelle, Perrinette ou Petronelle de), fille d'Adam ; troisième femme de Charles de Montmorency. Dame de la Ferté-Imbauld, II, 236. — Terres comprises dans son douaire, II, 49, 65, 143. — Sa sépulture (1400), II, 135. — Voy. Villiers (Perrenelle de).

VILLIERS-SUR-MARNE, *Villaria, Villarium*, paroisse du doyenné de Lagny [Seine-et-Oise, arr. de Corbeil, cant. de Boissy-Saint-Léger]. *Notice*, IV, 626-629. — Seigneurie : son union à la baronnie de Noisy-le-Grand, IV, 607. — Habit. admis à la léproserie de Gournay, IV, 614.
— Lieux-dits : Désert (le), Lande (la).
— (Gui de). Voy. Villiers (Gui de).

VILLIERS-SUR-ORGE, dépendant des paroisses d'Epinay-sur-Orge et de Longpont [Seine-et-Oise, arr. de Corbeil, cant. de Longjumeau], IV, 83, 86, 89.

VILLIERS-SUR-SAULX, III, 513. Voy. Villiers, ham. de Villebon.
Villioli curtis : Filliancourt, III, 127.
Villoflani (Guillelmus de). Voy. Viroflay (Guillaume de).
VILLOISON, *Osonis Villa, Osum Villa, Ossumvilla, Oysumvilla* [Seine-et-Oise, ham. de Villabé]. *Notice*, IV, 255. — Autres mentions, IV, 242, 247.
VILLONNIÈRE (PETIT de la). Voy. Petit.
Villula pauperum : la Villette-Saint-Denis, II, 651.
VIL OFFLAIN : Viroflay, III, 215.
VILOFLEN (Ives de). Voy. Viroflay.
VILON, lieu-dit de la Queue-en-Brie (1534), IV, 490.
VILTAIN. Voy. Villetain.
VILVERD. Voy. Villevret.
VILVERT, lieu-dit de Châteaufort (XVIIe s), III, 304.
VILVEUDEU : Villevaudé, II, 525.
VIN déclaré par le Parlement n'être point marchandise (1264), II, 53.
— (redevances de), I, 156, 279. — *Vin du roi* (redevance appelée), IV, 16. — Vins renommés, II. 1, 17-18, 82, 101 ; III, 11, 52 ; IV, 427, 428, 429-430, 463, 467.
Vinagium, vinage (droit de), III, 561, 563.
VINAIN, lieu-dit de Bruyères-le-Châtel [?]. Mentionné en 1220, III, 471.
VINCELLES (de). Voy. Barrin (Toussaint).
VINCELOT (Nicolas), procureur fiscal de l'abbaye de Lagny. Rédige le cartulaire de cette abbaye (XVIe s.), IV, 548.
VINCENNES, *Vilcena, Vilcenna, Vilcenia, Vulcenia* [Seine, ch.-l. de cant.]. *Notice*, II, 403-417. — Etymologie, I, 536 ; II, 403-4. — Actes royaux datés de ce lieu (1279), III, 110 ; — (1316), IV. 151 ; — (1371), IV, 455 ; — (1375), III, 99 ; — (1377), II, 389 ; III, 257 ; — (1512), V, 364 ; — (1513), II, 500. — Mentions diverses, I, 222 ; II, 359, 390 ; IV, 39, 406.
— Bois, forêt et parc, II, 403-5, 409, 411 ; — I, 396 ; II, 362, 365, 374, 381, 392, 421, 423 ; V, 388 ; — prieuré des Bonshommes. Voy. Fontenay-sous-Bois.
— Château, II, 405-411 ; — II, 390, 399, 400-401 ; III, 477. — Capitaines ou gouverneurs. Voy. Canone (Roger de), Carnazet (Ives de), Cordelier, Saint-Martin ; — chapelle de St-Martin, II, 407, 412, 413.
— Curé. Voy. Louiset.

— Etangs, II, 409.
— Manufacture de porcelaine, II, 412.
— Obélisque, II, 411.
— Sainte-Chapelle, II, 412-6 ; — ses biens, I, 651 ; III, 260 ; IV, 408, 528-9, 606 ; V, 310, 311, 328, 341, 345. — Le chapitre de la Sainte Chapelle du Vivier lui est réuni, IV, 186 ; — chanoines. Voy. Bretignière (Etienne de la), Larsonneur (Anselme).
— Lieu-dit : Pissotte (la).
VINCENNES (avenue de), à Paris, I, 481.
VINCENT DE... Nostre sire le Roi. Epitaphe à l'abbaye de Maubuisson, II, 122.
VINCENT (Gilles), religieux (prieur) d'Hiverneau. Prieur-curé de Roissy-en-France (1525). II, 281. — Prieur de Notre-Dame de l'Ermitage (1518), V, 60.
— (Olivier). Ses biens à Chennevières-sur-Marne (1457), II, 537.
VINCESTRE. Voy. Winchester.
VINCI (Marie de), dame d'Yerres (1367), V, 214.
VINCOURT, *Vini curtis* [Seine-et-Oise, ham. de Jouy-le-Moutier], II, 105.
Vindresiacum : Andrezy, II, 98.
VINEUIL. Voy. Vigneul.
Vinolis (locus de) : Vigneux, V, 54.
VINS (le marquis de), seigneur de Savigny-sur-Orge (XVIIIe s.), IV, 392.
VINTERFELD (de), seigneur de Dampmard (XVIIIe s.), II, 517.
VINTIMILLE (Charles-François de), comte du Luc. Seigneur de Soucy, III, 457 ; — d'Epinay-sur-Orge, IV, 86 ; — d'Orangis, 373 ; — de Savigny-sur Orge, 389, 392 ; — de Vaux, 397. — Sa sépulture (1740), IV, 389, 392.
— [Charles-Gaspard-Guillaume de], archev. de Paris. Eglise qu'il dédie (1744), I, 54. — Autres actes de son épiscopat, I, 333 ; II, 440. 491, 516 ; III, 178, 199, 291 ; IV, 352 ; V, 62.
VINUEIL. Voy. Vineuil.
VINZELLE (Mafrède de) [*alias* Escafred de la Vinzelle]. Arrêt du Parlement rendu en sa faveur (1318), IV, 97.
VIOLAINES (Nicole), femme de Gilles Chapelain. Possède le fief des Carneaux (1597), IV, 319.
VIOLE (famille). Sa seigneurie de Soisy, I, 633. — Sa sépulture, III, 490.
— (Agnan), sous-doyen de la cathédrale de Chartres. Ses biens à Noiseau (XVIe s.), V, 377.
— (Claude), seigner du Chemin [Guermantes]. Bienfaiteur des Au-

gustins d'Argenteuil (XVIIᵉ s.), II, 16 ; IV, 583-4.
— (Denis), seigneur de Noiseau (XVIᵉ s.), V, 377.
— (Élisabeth), fille d'Eustache, femme de Louis de Bucy. Son épitaphe (1660), V, 377.
— (Eustache), fils de Pierre ; maître d'hôtel du Roi, maître des cérémonies de France. Seigneur de Noiseau ; sa sépulture, V, 376, 377.
— [Eustache], fils de Denis. Seigneur de Noiseau ; tué à Coutras (1587), V, 377.
— (Guillaume) [fils de Nicolas], év. de Paris. Acte relat. à la chapelle du Mont-Valérien (1564), III, 83.
— Aliène, comme abbé de St-Magloire, la terre de Morsang-sur-Orge (1564), IV, 386. — Seigneur de Romaine, V, 360.
— (Isabeau), fille de Nicolas, femme de Sébastien II de la Grange, II, 221.
— (Jean), fils de Nicolas. Seigneur d'Andrezel, V, 424.
— (Jacques) [fils de Jacques], présid. au Parl. Seigneur d'Andrezel ; mort en 1613, V, 424.
— (Marie) [fille de Pierre II], femme de François de Haqueville (xvᵉ s.), IV, 419.
— (Michel) [fils de Jean III], religieux de St-Martin-des-Champs de Paris et abbé de Ste-Euverte d'Orléans, I, 195.
— (Nicolas), fils d'Agnan ; correcteur des Comptes. Seigneur d'Athis (1511), IV, 419 ; — de Noiseau (1478), V, 377 ; — d'Andrezel, 424 ; — de Guermantes, 583.
— (Nicolas) [fils du précéd.], général des Ponts-et-Chaussées (1510). Seigneur de Gentilly [et du Chemin], IV, 9.
— (Nicolas [fils du précéd.], abbé de Notre-Dame-la-Grande de Poitiers. Seigneur de Noiseau ; son épitaphe (1573), V, 377.
— (Nicolas), capitaine des gardes françaises. Seigneur de Servilliers et de Luzarches ; sa sépulture (1654), II, 203, 213, 228.
— (Pierre), gouverneur de Montargis. Seigneur de Noiseau (1399) ; sa femme [Marguerite], fille de Jean le Bouteiller, V, 377.
— (Pierre), cons. au Parl. Seigneur d'Athis (xvᵉ s.), IV, 419.
— (Pierre), cons. au Parl., prévôt des marchands de Paris [1532-1534] Seigneur d'Athis, IV, 419.
— (Pierre), seigneur de Roquemont et de Noiseau (1580), IV, 564 ; V, 377.

— (Pierre), présid. à la Cour des Aides. Seigneur d'Athis (1597), IV, 415.
— (Pierre), fils de Nicolas. Seigneur de Guermantes (xvɪᵉ s.), IV, 583.
— (Pierre), présid. au Parl. Seigneur d'Athis (1610, 1614), IV, 419-420 ;
— de Guermantes (1661), 582, 584.
VIOLE, maître des Comptes. Chargé d'une enquête pour la création du parc de Meudon (1546), III, 235.
VIOLETTE (fief de Lugny, dit), V, 113.
VION (Louis [de]), seigneur de Vaux (xvɪᵉ s.), IV, 539.
Aɪona [la Viosne], rivière, affluent de l'Oise, I, 647.
VIOTEL (Jean). Donne à l'abbaye d'Hérivaux une redevance sur le moulin de Bertinval (1238), II, 214.
VIRE [Calvados], II, 476.
VIREVODÉ : Villevaudé, II, 526.
VIRGINITÉ (abbaye de la) [Loir-et-Cher, arr. de Vendôme]. Abbesse. Voy. Le Roy (Catherine).
Viriaco (Vulgrinus de). Voy. Viry (Vulgrain de).
VIROFLAIN : Viroflay, III, 215.
VIROFLAY, Villa Offleni, Vil Oflen, Vil Offlain, Viroflen, Viroflé, Viroflai, paroisse du doyenné de Châteaufort [Seine-et-Oise, arr. et cant. de Versailles]. Notice, III, 215-217.
— Autres mentions, I, 216 ; III, 200, 211, 212, 220, 302.
— Fief Aymery, III, 217.
— (Guillaume de), de Villoflani, écuyer (xɪvᵉ s.), III, 216.
— (Ives de), de Viloflen. Ses biens à Ourcines (xɪɪɪᵉ s.), III, 216, 223.
— (Jean de), de Villa Offleni (xɪɪɪᵉ s.), III, 216.
VIRSI. Voy. Viercy.
VIRY en Vermandois [Viry-Noureuil, Aisne, arr. de Laon, cant. de Chaunay], IV, 403.
VIRY, Viriacum, Vizy, paroisse du doyenné de Châteaufort [Viry-Châtillon. Seine-et-Oise, arr. de Corbeil, cant. de Longjumeau]. Notice, IV, 399-403. — Mentions diverses, IV, 96, 225, 282, 387, 404, 409, 537.
— Lieux-dits : Celle (la), Châtillon, Marche (la), Piédefer, Prometot.
VIRY (Alpaïde ou Aupes, dame de), vassale de Philippe Auguste, IV, 401.
— (Bouchard de), chevalier, IV, 401 ; V, 110.
— (Eudes de). Voy. Ouriaco (Odo de).
— (Gazon de), chanoine de la cathédrale de Paris. Sa sépulture (xɪɪᵉ s.), IV, 403.
— (Hugues de), chanoine de la cathédrale de Paris. Biens qu'il lui lègue (xɪɪɪᵉ s.), III, 557 ; IV, 35.

— (Jean de), abbé de Ste-Geneviève de Paris (1349-1358). Célèbre à Nanterre le mariage de Jean le Bon, III, 79 ; IV, 403.
— (Philippe de), fondateur d'une chapelle à St-Honoré de Paris (1306), I, 56.
— (Renaud de), fils de Bouchard. Biens qu'il vend au chapitre de Paris (1220), IV, 401 ; V, 110.
— (Vulgrain de), *de Viriaco* (1093), IV, 254, 332, 401.
VIRZY. Voy. Viersy.
Viscosiensis (Gérard, évêque). Voy. Gérard, archev. de Nicosie.
VISÉ (Claude), écuyer. Seigneur d'Auteuil (1647), IV, 18.
VISINIER, avocat. Possède le fief des Moines-Blancs (XVIII° s.), III, 473.
Visiniolum. Voy. Vésinet (le).
VISITATION (chapelles de la) de Palaiseau, III, 326 ; IV, 141. — (religieuses de la). Voy. Chaillot.
VISITE (droit de), II, 492 ; III, 48, 534. Voy. Procuration.
VISSOULS : Wissous, IV, 55.
VISSOU, Vissous. Voy. Wissous.
VITAL, doyen de Moissy. Mentionné en 1147, IV, 311 ; — en 1164, V, 110.
Vita sana, fausse étymol. du nom de Vincennes, II, 403.
VITERBE [Italie] (diocèse de), III, 84 ; — IV, 479.
VITEROLLE (Jean), curé de Champeaux (1287), V, 422.
VITRAUX du XII° s., I, 6 et note ; — du XIII° s., I, 22, 221, 497 ; II, 26, 35, 59, 61, 216, 420 ; IV, 33, 113, 119, 172, 380, 448-9, 484, 485, 496, 622 ; V, 80, 83, 134, 150-1, 169, 172, 343, 379, 402 ; — du XII° ou XIII° s., II, 74 ; III, 112-3, 416 ; — du XIV° s., I, 88, 101 ; II, 436 ; IV, 548 ; — du XV° s., I, 32, 82 ; IV, 81 ; V, 38 ; — du XVI° s., I, 287, 609 ; II, 157, 182, 184, 191, 627 ; III, 54 ; V, 20, 187, 257, 258, 413-4 ; — du XVII° s., II, 223 ; — sans date précisée, I, 167, 324, 638 ; II, 125 (note), 152, 229, 552, 594 ; III, 43, 421, 432, 486, 548 ; IV, 15, 70-71, 221.
VITRÉ [Ille-et-Vilaine], II, 432.
Vitreriis (cura de) : Verrières, III, 530.
Vitriacum : Vitry-sur-Seine, IV, 447.
VITRY : Vitry-sur-Seine ? I, 22 ; II, 21.
VITRY en Brie [Seine-et-Marne, arr. de Melun, cant. de Mormant, ham. de Guignes-Rabutin]. Acte royal daté de ce lieu (1380), II, 470. — Seigneurs. Voy. Hôpital (de l'), Pinon.
— (le maréchal de). Voy. Hôpital (Nicolas de l').
— (la maréchale de), bienfaitrice de la chapelle Ste-Geneviève de Nanterre, III, 74.
VITRY en Champagne, IV, 303. Voy. Vitry-en-Perthois.
VITRY, terre voisine de Noyon (VII° s.), IV, 446.
— (Gui de), seigneur de Tournan, et Hadvise sa femme. Donnent l'égl. de Tournan à l'abbaye de St-Maur (1088), V, 317, 322, 330-1.
— (Gui de), fils de Manassès. Vend la terre de Tournan (1147), V, 322-3.
— (Jacques de), curé d'Argenteuil, puis cardinal (1230), II, 12 ; IV, 455. — Sa *Chronique* citée, II, 476.
— (Jean de). Ses biens à Marly-la-Ville confisqués pendant la domination anglaise (XV° s.), II, 329.
— (Manassès de). Acquiert des terres à Vitry-sur-Seine (vers 1180), IV, 452. — Le même [?], fils de Guy, Seigneur de Tournan (1140), V, 322.
VITRY (de), seigneur de Montrouge. Vend cette terre (vers 1612), III, 590.
VITRY-AUX-LOGES [Loiret, arr. d'Orléans, cant. de Châteauneuf-sur-Loire]. Lettres de Philippe-Auguste datées de ce lieu (1183), III, 262.
— Lieu où mourut Henri I°r (1060), IV, 454.
VITRY-EN-ARTOIS [Pas-de-Calais, arr. d'Arras, ch.-l. de cant.]. Lieu où fut assassiné le roi Sigebert I°r, IV, 454.
VITRY-EN-PERTHOIS [Marne, arr. de Vitry-le-François]. Curé. Voy. Boucher (Pierre le). — Incendie de 1143, IV, 303.
VITRY-SUR-SEINE, *Victoricium*, *Vitriacum*, paroisse du doyenné de Montlhéry [Seine, cant. de Villejuif]. *Notice*, IV, 446-456. — Mentions diverses, I, 22, 199 ; II, 12, 21 ; III, 344 ; IV, 11, 13, 37, 64, 250.
— Lieux-dits : Bienne (fief), Bouvarlet (fief), Champagne, Dame-Gille, Dommiers (fief), Hardouyn, Pasquier (fief), Ragoule (le champ), Tour (fief de la).
— (Ansbert de), *de Victoricio*, chevalier, homme-lige de l'év. de Paris pour son fief à Fresnes-les-Rungis (XIII° s.), IV, 45, 46, 452.
— (Ansel de), bienfaiteur du prieuré de Longpont (XII° s.), IV, 452.
— (Etienne de), fils de Renaud du Plessis, chevalier. Seigneur du Plessis [Paté ?]. Donne l'égl. de St-Julien-le-Pauvre au prieuré de Longpont (XII° s.), I, 97 ; IV, 96, 452.
— (Pétronille de). Sa censive en ce lieu (XIII° s. ?), IV, 452.

VITTEMENT (l'abbé), né à Dormans, ancien recteur de l'Université. Bourse fondée par lui au collège de Beauvais (1279), I, 253.
VIVANT, curé de l'égl. St-Leu de Paris, puis chantre de Notre-Dame. Ses écrits, I, 186.
VIVIAN (René), correcteur des Comptes, I, 416
VIVIEN, abbé de St-Denis, I, 564.
VIVIEN, cardinal, légat du pape Alexandre III. Son séjour à Corbeil (1160), IV, 309.
VIVIEN (XIIᵉ s.), IV, 213.
VIVIEN (Catherine), abbesse de Malnoue (1623). Son épitaphe (1640), V, 403.
— (Catherine), femme de Pierre Feydeau. Dame de la Grange-Batelière ; sa sépulture (1657), I-I, 376-7.
— (Marie), femme de Simon Bachelier. Dame de Beaubourg (1665), IV, 513.
VIVIER (le) de la mairie du Port de Neuilly, hameau de Neuilly-sur-Seine (1554), I, 415.
VIVIER (le), château et fief près d'Aubervilliers, I, 561, 561.
VIVIER (le), lieu-dit d'Issy (1458), III, 7.
VIVIER (le), lieu-dit de Lassy, II, 222.
VIVIER (le) en Brie [Seine-et-Marne, arr. de Coulommiers, cant. de Rozoy, comm. de Fontenay-Trésigny]. Ancien château royal, V, 305.
— Actes royaux qui en sont datés (1309), IV, 233 ; (1319), I, 394; (1368), V, 310. — Fief distrait de la prévôté de Tournan (1359), V, 330 ; — incorporé dans la chatellenie de Châtres-en-Brie (1677), V, 305. — Sainte chapelle : sa réunion à celle de Vincennes (1694), II, 415; — biens du chapitre, III, 260 ; IV, 6, 186, 589 ; V, 309, 310, 311, 328, 345, 591, 592, 593, 597.
VIVIER (Pierre Le Clerc, sieur du), II, 535.
VIVIER (Antoine du), curé de St-Gervais (1538), I, 83.
— (Antoine du), secrét. du duc d'Alençon. Seigneur de Rennemoulin (1580), III, 176.
— (Charles du), écuyer. Sieur de Boislegat et de la Porte ; sa sépulture (1594), II, 239.
— (Henri du) et Catherine, sa sœur. Dépossédés par le roi d'Angleterre de leurs biens à Mesly, V, 22.
VIVIER (du), procureur en la chambre des Comptes (XVIIᵉ s.). Possesseur de la terre d'Echarcon, IV, 241.
VIVIER (Pierre), curé de Chatou (1721), III, 130.

VIVIERS [le Grand-Vivier. Seine-et-Oise, lieu-dit d'Orsay], I, 160 ; III, 396, 397, 400 ; IV, 148.
— (Adam de), curé de Longjumeau. Bienfaiteur des chartreux de Paris, (1560), III, 509.
VIVONNE (André de). Se départ de ses droits sur Villiers-le-Sec (1495), II, 236.
VIZÉ (Jean de), seigneur de Buc, III, 276.
VIZIR (le grand). Tableau du château de Bercy où il est représenté, II, 371.
Vizoor. Voy. Wissous.
VIZY : Viry, IV, 401.
VOCOCOURT, curé de Migny-les-Hameaux, III, 293 (et note).
VODRIÈRE (Jeanne la). Voy. Voirière (Jeanne la).
VOERRIÈRES : Verrières, III, 532.
VOIGNON (Jean), chanoine de Notre-Dame. Ses fiefs de Meudon et de Chingy (1397), III, 233.
VOILE (le Père), parisien [Viole?]. Peintures qu'il fait exécuter dans la bibliothèque du couvent de Marcoussis, III, 400.
VOIRIÈRE (Jeanne la) [appelée par erreur la Vodrière], rec use de l'église des Innocents (1442), I, 50.
VOIRRERIE (la) : la Verrière, III, 290.
VOISE (e), Voise [Seine-et-Oise, éc. de la Celle-les-Bordes], III, 426.
VOISENON : Seine-et-Marne, arr. et cant. de Melun]. Seigneur Voy. Fusée.
VOISIN ou VOISINS, Vicinum, fief situé à Brétigny et dépendant de Vaugrigneuse, IV, 340, 343.
VOISIN ou VOYSIN (François-Daniel), chancelier de France. Sa sépulture, I, 82. — Seigneur de Mesnil-Voisin et de Lardy, IV, 186, 196 ; — de Chetainville, 196 ; — de Gillevoisin (1715), 29.
— (Jean), fondateur d'une chapelle à St-Benoît de Paris, I. 137.
— (Martial), curé de Conflans (1516), II, 362.
VOISIN, conseiller d'Etat. Seigneur de Lardy et de Mesnil-Voisin, IV, 186.
VOISINE, femme de Geoffroy Pooz (XIIᵉ s.), IV, 192.
VOISINIER (Marguerite de Vicupont, dame du), III, 328-9.
VOISINS en Languedoc, dioc. de Carcassonne [?], III, 284.
VOISINS, fief, dépendant de la seigneurie de Varâtre, V, 122
VOISINS ou VOISINS-LE BRETONNEUX, Vicinis (locus de) [Seine-et-Oise, arr. de Rambouillet, cant. de Chevreuse]. Notice, III, 284-286. — Paroisse démembrée de celle de Ma-

35.

gny-les-Hameaux, III, 291. — Fief en relevant, III, 387. — Curé. Voy. le Mercier (Martin). — Autres mentions, III, 352, 372.
— Lieu-dit : Boullart.
VOISINS ou VOISINS LE-THUIT, Voisins-le-Cuit [Seine-et-Oise, ham. de Villiers-le-Bâcle], II, 284 — Seigneurs, III, 310, 311-2, 314, 315-6.
VOISINS (Charlotte de), femme d'Antoine de Goutelas. Sa sépulture, III, 310, 313.
— (Guillaume de), écuyer. Seigneur de ce lieu et de Villiers-le-Bâcle ; sa sépulture (1282), III, 310 ; — mentionné en 1259, 312.
— (Guillaume de), fils du précéd. Seigneur de Villiers-le-Bâcle, III, 312.
— (Guillaume de), seigneur de Villiers-le-Bâcle. Acquiert le fief de Montigny (1486) III, 313.
— (Guillaume de), seigneur de Villiers-le-Bâcle (1545), III, 300.
— (Jean de), écuyer. Sa sépulture (1275), III, 310.
— (Jean de), seigneur de Villaroy et de Villefavreuse. Sa sépulture (1300) III, 260, 318.
— (Jean de), fils de Guillaume. Seigneur de Villiers-le-Bâcle (1329), III, 312.
— (Milon de), chevalier. Ses biens à St-Nom de la Bretèche, III, 151.— Mentionné en 1202 et 1204 ; cède le fief de Forroys pour la fondation de Port-Royal, III, 285.
— (Milon de), de Vicinis, chevalier. Mentionné en 1250 [ou mieux 1206 d'après cartul. des Vaux-de-Cernay] comme ayant traité avec les religieux des Vaux-de-Cernay, III, 286.
— (Oudoin de). Sa sépulture, III, 318.
— (Philippe de) seigneur de Bruyères-le-Châtel ; mort en 1454, III, 474.
— (Pierre de), seigneur de ce lieu (1229), III, 285.
— (Pierre de), fils de Roger de Voisins. Sa sépulture, III, 315.
— (Pierre des). Sa veuve, Jeanne Lescripvaine (1403), I, 316.
— (Pier. de), écuyer (1448), III, 300.
— (Roger de), fils de Guillaume Ier. Seigneur de Voisins-le-Cuit, III, 312, 315.
VOISINS (GIBERT de). Voy. Gilbert.
VOISINS ET LES HAMEAUX, désignant Voisins-le-Bretonneux, III, 284-5.
VOISSY [Foecy ? Cher, arr. de Bourges]. Prieur. Voy. Bonofonte (Antoine de).
VOITEN [Écosse]. Evêque. Voy. S. Ninien.

VOITURE, écrivain. Sa sépulture, I, 64.
VOLANT, lieu-dit près de Châtres, IV, 151.
VOLENGY (Jean de), mentionné en 1220, IV, 476.
VOLEURS. Les habitants de Gonesse étaient tenus de les amener à Paris, II, 270.
Volonnum, lieu-dit voisin de Bondy (VIIe s.), II, 563.
VOLUYRE DE RUFFEC DU BOIS DE LA ROCHE (Hélène de), procuratrice de la communauté des filles et femmes veuves de Vaugirard (XVIIe s.) I, 487.
VOLVIC [Puy-de-Dôme, arr. et cant. de Riom]. Fausse tradition suivant laquelle Notre-Dame de Paris serait en partie construite en pierres extraites des carrières de ce lieu, I, 7.
VORAGINE (Jacques de), auteur de la Légende dorée. Son traducteur, I, 156.
VORGES [Aisne, arr. et cant. de Laon]. Domaine des évêques de Laon mentionné sous le nom de Worchiæ dans un poème satyrique du XIe s., II, 252, 485.
Vorlangus, surnom, IV, 274.
VOUDAI, VOUDAY, VOUDÉ (ville de), formes anciennes du nom de lieu Villevaudé, II, 525, 526.
VOUES, Leudit [près Meudon ?] mentionné en 1236, III, 239.
VOUET (Simon). Peintures exécutées par lui, II, 26 ; III, 102 ; IV, 67.
VOUGNY (Mme de), bienfaitrice de l'égl. de Neuilly, I, 436.
VOVE (la) [Seine-et-Oise, ferme à Palaiseau], III, 332.
VOYE ou de la VIE (Pierre de la), chevalier, neveu du pape Jean XXII. Seigneur de Chilly et de Longjumeau (1317), IV, 65, 75.
VOYER (Charles le), correcteur des Comptes. Seigneur de la Fontaine-Michel à Massy (1618), III, 525.
VOYSIN, chancelier. Voy. Voisin.
VRILLIÈRE (Louis de la), secrét. d'État. Son fief de la Chevrette à Deuil, I, 607.
VULCAIN (statue de), III, 572.
Vulcenia : Vincennes, II, 404.
VULGRIN, chevalier. Confirme au prieuré de Longpont la donation faite par sa femme, Hersende (XIIe s.), IV, 95, 358.
VULGRIN, religieux de Longpont. Sa sœur Rosceline (XIIe s.), IV, 390.
VYON D'HÉROUVAL (Antoine), auditeur des Comptes. Sa sépulture (1689), I, 225.

W[uillelmus], prieur de St-Martin-des-Champs (1200), IV, 49.
Waldo, abbé de St-Germain-des-Prés. Voy. Galon.
WALDOR, résident de l'électeur de Cologne. Sa maison à Rueil, III, 104.
WALERAN, abbé des Fossés. Voy. Valderan.
WALERAN, chantre de la cathédrale, V, 276. Voy. Galeran.
WALERAN, prieur de St-Martin-des-Champs, I, 191.
WALDECHISE, père de S. Corbinien, IV, 133.
WALES (Watequin), anglais. Biens qu'il reçoit pendant la domination anglaise, II, 167, 172.
WALGRAVE, savant anglais. Chapelain de l'abbaye de Chelles (1600), II, 496.
Walreiæ [Watreiæ], terre donnée au VIIIe s. à l'abbaye de St-Denis, III, 421.
Waniacum : Gagny, II, 546.
WAR, radical celtique. Sa signification, II, 501 ; V, 172.
Warchiæ, nom de lieu, II, 252.
WARIN, neveu d'Ansold. Ses biens à Paris, I, 189.
WARIN, comte. Mentionné en 834, V, 24.
WARIN, homme d'armes de Charles le Chauve (841), IV, 270.
WARNACHAIRE, maire du palais. Convoqué par Clotaire II à Bonneuil-sur-Marne (616), V, 24.
Warodus, desservant de l'église de Palaiseau (IXe s.), III, 327.
WASSION, habitant de Romainville (VIIe s.), II, 646.
Water, watre. Sens de ces mots, origines de noms de lieu, IV, 132.
WATTEAU, peintre. Son séjour et sa mort à Nogent-sur-Marne (1721), II, 474.

Watris capum, Watris chafum, mots dérivés de Water, IV, 132.
WAYMEL. Voy. Vernelle.
WERAMOY, lieu-dit voisin de Villepinte (1218), II, 616.
Werchiæ, nom de lieu, II, 252.
WIF, Wiffa. Voy. Guif.
WILIULFE, habitant de Poitiers. Sa mort à Rueil, III, 90.
Wils, mot germanique. Origine de nom de lieu, II, 404.
WINCHESTER [Angleterre]. Evêque. Voy. Jean.
WINDESEIM [Allemagne] (congrégation de). Sa règle appliquée à l'abbaye de Livry, II, 595, 596.
WISSEMBOURG [Alsace]. Chanoine. Voy. Mention (Jean-Louis).
WISSOUS, Viccorium, Vizcorium, Viceor, Vizoor, Viceoz, Villa Cereris, Viceous, Viccour, Viceours, Huissous, Viceous, Vissouls, Vissous, paroisse du doyenné de Montlhéry [Seine-et-Oise, arr. de Corbeil, cant. de Longjumeau]. Notice, IV, 51-56. — Pain, renommé, II, 270.
— Autres mentions, III, 531 ; IV, 50 ; V, 14, 17.
— Lieux-dits : Bièvre, Bonneuil, Broc, Chemino (terre de), Collerie, Mont-Jean, Morvillier. Villemilan.
— (Regnaud de), de Viceors, prêtre. Achète une dîme à Carcelles, II, 173.
WITMER (de). Sa maison à Clamart, III, 250.
Witranni (comitatus). Mentionné au IXe s., III, 227.
Worchiæ, nom de lieu, II, 253. Voy. Vorges.
Wucelli (terra), lieu-dit à Arcueil (XIIIe s.), IV, 16.
Wulferius, abbé de St-Maur. Reçoit l'égl. de Tournan pour son abbaye (1088), V, 317, 330. — Mentionné en 1090, V, 276.

X (pièce de monnaie marquée du monogramme). Conservée à Ste-Geneviève de Paris, I, 236.

XAINCOINS [Sancoins. Cher, arr. de St-Amand, ch.-l. de cant.], III, 303 (note).
XAINTES. Voy. Saintes.

Y[vo?], abbé de Livry (1243), II, 612.
YBERT, bienfaiteur du prieuré de Longpont (XIIe s.), IV, 238.
YBON, chef sicambre. Tradition lui attribuant la fondation de plusieurs villes du Parisis, II, 277, 295.
YDOINE, dame d'Attainville. Sa sépulture (1285), II, 191.
YEBLE. Voy. Yeoles.

YÉBLES [Seine-et-Marne, arr. de Melun, cant. de Mormant]. Curé. Voy. Raoul.

YENCOURT, *Iancurtium*, formes inexactes du nom de Guyancourt, III, 279.

YENVILLE, en Beauce, III, 329. Voy. Janville.

YERRE, affluent du Loir, *Erdera, Erdre, Egre*. Son cours souterrain, V, 222.

YERRE, *Hedera*, affluent de la Seine. Particularités sur son cours, V, 46, 142, 145, 172, 186, 221-2, 272. — Ponts, V, 193, 219.

YERRES, *Erra, Edera, Hedera, Esdera, Hierra, Irrya*, Hierre, paroisse du doyenné du Vieux-Corbeil [Seine-et-Oise, arr. de Corbeil, cant. de Boissy-Saint-Léger]. *Notice*, V, 209-233. — Seigneurie : terre en relevant, IV, 364.
— Abbaye. *Notice*, V, 222-230 ; — appelée de Revillon, *de Rivellone*, IV, 417 ; — l'abbaye de Gif lui est réunie, III, 388, 389, 390 ; — ses biens et cures à sa nomination, II, 363, 364, 398, 611, 615, 622, 634, 652 ; III, 184, 268, 270, 402 (note 2), 529, 554, 571 ; IV, 31, 67, 124, 233, 243, 245, 246, 252, 253, 255, 258, 267, 353, 355, 417 et note, 421, 422, 425, 431, 604 ; V, 33, 34, 39-40, 44-5, 48-9, 54, 64-5, 75, 93, 108, 110, 114, 118, 119, 122-3, 125, 129, 132, 133, 145, 148, 164, 166, 173, 174, 179, 187, 204, 205, 208, 212, 213, 218, 235, 236, 237, 243, 250, 256, 261, 270, 271, 281, 284, 286-7, 291, 292, 300, 383 ; — abbesses. Voy. Clémence, Eustachie, Gagny (Etiennette de), Marguerite, Rivière (Marguerite de la), Versailles (Isabeau de). — Mentions diverses, I, 370-371 (note) ; II, 493 ; III, 261-2, 451 (note) ; V, 118, 366.
— Couvent des Camaldules dits de Grosbois. *Notice*, V, 230-233 ; — 364, 393.

— Lieux-dits : Bouron, Bus (fief du), Concy, Grange (la), Narelle, Roches (les).
— Elisabeth, dame d'), femme de Pierre de Courtenay, V, 214.
— (Geoffroy d'), *de Hedera*, et Ade sa femme. Bienfaiteurs de l'abbaye d'Yerres (XIIe s.), V, 213.
— (Guillaume d'), *de Hierra*, chevalier. Mentionné en 1130, V, 213, 229.
— (Guillaume d'), *de Edera*, chevalier. Ses biens à Montgeron (1280), V, 34, 48, 213. — [Le même?]. Seigneur d'Yerres (1278), IV, 303 ; — de Combs-la-Ville (1255), V, 108.
— (Jean d') et Clémence sa femme. Bienfaiteurs de l'abbaye d'Yerres (1435), V, 208, 213. — Son fief à Mauny (1254), V, 138.
— (Pierre d'), chevalier. Bienfaiteur de la maladrerie de Montgeron, V, 47.

YÈVRE-LE-CHATEAU [Loiret, arr. et cant. de Pithiviers]. Acte de Louis le Gros daté de ce lieu (1120), IV, 180.

YLLARIA, femme de Pierre de Clamart (1277), III, 248.

YON, seigneur de Garancières et de Maule. Fonde deux chapellenies au château de Louans (1346), IV, 59.

YORCK [Angleterre]. Chanoine. Voy. Maurice.

Yporius, curé de Deuil (VIIIe s.), I, 600.

YPRES [Belgique]. Ses marchands au Landit de St-Denis, I, 547.

YSBARE (Augustin). Acquiert le fief de Meudon (XVe s.), III, 233.

Yssiacum : Issy, IV, 22.

YVES, év. de Chartres (1096), IV, 550.

YVES II, év. de St-Paul de Léon. — Bénit une chapelle de l'abbaye de St-Denis (XIIIe s.), I, 499.

YVES, prieur de St-Martin-des-Champs. Ses biens à Clamart (1275), III, 247.

YVETTE. Voy. Ivette.

Yvriacum. Voy. Ivry.

YVRY. Voy. Ivry.

Z (lettre). Changée en D, IV, 183.
ZÉBAUD, archidiacre de Brie (1123), V, 14.

ZODIAQUE (signes du), figurés à l'un des portails de l'abbaye de Chelles, II, 487.

Arcis-sur-Aube. — Imprimerie Léon FRÉMONT.

www.ingramcontent.com/pod-product-compliance
Lightning Source LLC
Chambersburg PA
CBHW070838230426
43667CB00011B/1841